PASSCODE

경찰 형법총론

정선기출 600제

선택형 | 진도별

SD에듀
(주)시대고시기획

머리말

해마다 증가하는 응시인원으로 인하여 갈수록 치열해지고 있는 경쟁 속에서 힘겹게 시험을 준비하는 수험생들을 위하여 「2023 PASSCODE 경찰 형법총론 정선기출 600제」를 펴내는 바이다.

본서는 경찰채용뿐만 아니라 경찰승진 · 간부, 국가직 5급승진 · 7급 · 9급, 법원직 9급, 해경채용 · 승진 · 간부, 법원행정고시 및 변호사시험 등 형법 과목을 포함하는 모든 국가고시에 대비할 수 있는 기출문제집으로, 주요 · 빈출 기출문제를 엄선하여 수록하였고(총 603문제), 부록에는 직렬별 2022년도 최신 기출문제를 진도별로 정리하여 실었다. 2023년을 대비하여 출간하는 만큼 자구수정을 제외한 가장 최근의 개정법령과 판례를 반영하여 해설하였다.

「2023 PASSCODE 경찰 형법총론 정선기출 600제」의 특징은 다음과 같다.

❶ 경찰채용 · 승진 · 간부, 국가직, 법원직, 해경채용 · 승진 · 간부, 법원행정고시 및 변호사시험 기출문제해설을 진도별로 편제하고, 출제경향 파악을 위한 기출연도를 표시하였다.

❷ 정답이해와 더불어 문제풀이에 필요한 주요논점을 빠르고 명확하게 확인하고, 반복학습(회독) 및 시험 전 마무리학습이 용이하도록 제시된 각 지문의 핵심만을 요약 · 제시하였다.

❸ 최신 개정법령과 판례를 완벽하게 반영하여 해설하였고, 지문의 정오를 판단함에 있어 판례해석을 요하는 경우에는, 쉽고 상세한 풀이를 첨부하여 그 이해를 돕고자 노력하였다.

❹ 필요한 경우, 지문과 직접적으로 연관된 판례뿐만 아니라 관련 · 비교 · 유사판례를 함께 수록하여 심화학습을 유도하였고, 판례원문과 동일한 지문의 해설에는 판례번호만을 적시하였다.

❺ 장 · 절 · 관별로 강조하고 있는 핵심내용을 복습하고, 부족한 부분의 이해 및 보충이 가능하도록 주요 · 빈출지문을 재구성한 OX문제와 요약해설을 해당 영역 말미에 배치하였다.

첨언하건대, 점차 상승하고 있는 국가고시의 난도에 수험생들이 무리 없이 대처할 수 있도록, 어려운 개수형 및 사례형 문제를 다수 수록하였음을 밝힌다. 부족한 부분은 추록과 개정판으로써 보완하여 나갈 것을 약속드리며, 본서가 수험생 여러분에게 합격을 위한 좋은 안내서가 되기를 기원한다.

2022년 11월 초

한강이 내려다보이는 연구실에서

대표편저자 안정현

이 책의 구성과 특징

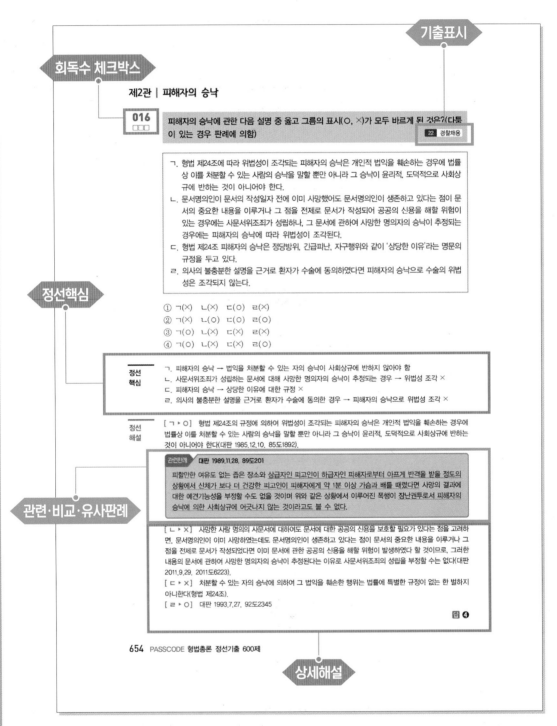

기출표시

회독수 체크박스

제2관 | 피해자의 승낙

016 □□□

피해자의 승낙에 관한 다음 설명 중 옳고 그름의 표시(○, ×)가 모두 바르게 된 것은?(다툼이 있는 경우 판례에 의함) 22 경찰채용

ㄱ. 형법 제24조에 따라 위법성이 조각되는 피해자의 승낙은 개인적 법익을 훼손하는 경우에 법률상 이를 처분할 수 있는 사람의 승낙을 말할 뿐만 아니라 그 승낙이 윤리적, 도덕적으로 사회상규에 반하는 것이 아니어야 한다.
ㄴ. 문서명의인이 문서의 작성일자 전에 이미 사망했어도 문서명의인이 생존하고 있다는 점이 문서의 중요한 내용을 이루거나 그 점을 전제로 문서가 작성되어 공공의 신용을 해할 위험이 있는 경우에는 사문서위조죄가 성립하나, 그 문서에 관하여 사망한 명의자의 승낙이 추정되는 경우에는 피해자의 승낙에 따라 위법성이 조각된다.
ㄷ. 형법 제24조 피해자의 승낙은 정당방위, 긴급피난, 자구행위와 같이 '상당한 이유'라는 명문의 규정을 두고 있다.
ㄹ. 의사의 불충분한 설명을 근거로 환자가 수술에 동의하였다면 피해자의 승낙으로 수술의 위법성은 조각되지 않는다.

정선핵심

① ㄱ(×) ㄴ(×) ㄷ(○) ㄹ(×)
② ㄱ(×) ㄴ(○) ㄷ(○) ㄹ(○)
③ ㄱ(○) ㄴ(×) ㄷ(×) ㄹ(×)
④ ㄱ(○) ㄴ(×) ㄷ(×) ㄹ(○)

정선 핵심

ㄱ. 피해자의 승낙 → 법익을 처분할 수 있는 자의 승낙이 사회상규에 반하지 않아야 함
ㄴ. 사문서위조죄가 성립하는 문서에 대해 사망한 명의자의 승낙이 추정되는 경우 → 위법성 조각 ×
ㄷ. 피해자의 승낙 → 상당한 이유에 대한 규정 ×
ㄹ. 의사의 불충분한 설명을 근거로 환자가 수술에 동의한 경우 → 피해자의 승낙으로 위법성 조각 ×

정선 해설

[ㄱ ▸ ○] 형법 제24조의 규정에 의하여 위법성이 조각되는 피해자의 승낙은 개인적 법익을 훼손하는 경우에 법률상 이를 처분할 수 있는 사람의 승낙을 말할 뿐만 아니라 그 승낙이 윤리적, 도덕적으로 사회상규에 반하는 것이 아니어야 한다(대판 1985.12.10. 85도1892).

관련판례 **대판 1989.11.28. 89도201**

피할만한 여유도 없는 좁은 장소와 상급자인 피고인이 하급자인 피해자로부터 아프게 반격을 받을 정도의 상황에서 신체가 보다 더 건강한 피고인이 피해자에게 약 1분 이상 가슴과 배를 때렸다면 사망의 결과에 대한 예견가능성을 부정할 수도 없을 것이며 위와 같은 상황에서 이루어진 폭행이 장난권투로서 피해자의 승낙에 의한 사회상규에 어긋나지 않는 것이라고도 볼 수 없다.

관련·비교·유사판례

[ㄴ ▸ ×] 사망한 사람 명의의 사문서에 대하여도 문서에 대한 공공의 신용을 보호할 필요가 있다는 점을 고려하면, 문서명의인이 이미 사망하였는데도 문서명의인이 생존하고 있다는 점이 문서의 중요한 내용을 이루거나 그 점을 전제로 문서가 작성되었다면 이미 문서에 관한 공공의 신용을 해할 위험이 발생하였다 할 것이므로, 그러한 내용의 문서에 관하여 사망한 명의자의 승낙이 추정된다는 이유로 사문서위조죄의 성립을 부정할 수는 없다(대판 2011.9.29. 2011도6223).
[ㄷ ▸ ×] 처분할 수 있는 자의 승낙에 의하여 그 법익을 훼손한 행위는 법률에 특별한 규정이 없는 한 벌하지 아니한다(형법 제24조).
[ㄹ ▸ ○] 대판 1993.7.27. 92도2345

답 ④

654 PASSCODE 형법총론 정선기출 600제

상세해설

POINT ⋯ 가능한 모든 지문에 상세한 해설을 수록하였고, 지문마다 OX를 표시하여 빠른 정오판단을 돕고자 하였으며, 반드시 짚고 넘어가야 할 중요한 내용은 밑줄로 강조하였습니다.

정선지문OX

정선지문

01 타인을 공갈하여 취득한 임야를 매각한 경우, 불가벌적 사후행위에 해당한다. 19 해경승진 O | X

02 미등기건물의 관리를 위임받아 보관하고 있는 자가 피해자의 승낙 없이 건물을 자신의 명의로 보존등기를 한 때 이미 횡령죄는 완성되고, 이후 근저당권설정등기를 한 행위는 불가벌적 사후행위에 해당한다. 19 법원9급 O | X

03 1인 회사의 주주가 자신의 개인채무를 담보하기 위하여 회사 소유의 부동산에 대하여 근저당권설정등기를 마쳐주어 배임죄가 성립한 이후에 그 부동산에 대하여 새로운 담보권을 설정해 주는 행위는 불가벌적 사후행위에 해당한다. 18 해경승진 O | X

04 상공회의소 회장이 경리부장에게 지시하여 약 70일 사이에 4회에 걸쳐 상공회의소의 공금을 개인용도로 유용한 후 다시 반환하는 행위를 반복한 경우, 불가벌적 사후행위에 해당한다. 20 해경채용 O | X

05 영리를 목적으로 무면허의료행위를 업으로 하는 자가 반복적으로 여러 개의 무면허의료행위를 단일하고 계속된 범의 아래 일정 기간 계속하여 행하고 그 피해법익도 동일하다면 이들 각 행위를 포괄일죄로 처단하여야 한다. 15 법원9급 O | X

06 등기소 조사계장이 동일 법무사로부터 그가 신청하는 등기신청사건을 신속히 처리하여 달라는 부탁조로 1건당 얼마씩 일정한 기간 동종행위를 같은 장소에서 반복한 것으로 볼 수 있어 일죄이다. 16 법원9급 O | X

07 甲이 A녀가 자동차에서 내릴 수 없는 상태에 있음을 이용하여 강간하려고 결의하고 자동차의 주행속도를 높여 A녀가 자동차에서 탈출하지 못하게 한 뒤 범행장소까지 A녀를 강제로 데려가 강간하려다 미수에 그친 경우 감금죄와 강간미수죄의 실체적 경합관계에 있다. 20 해경채용 O | X

08 甲은 미성년자인 A를 약취한 후 강간을 목적으로 A에게 상해를 가하고 나아가 A에 대한 강간 및 살인미수를 범한 경우, 상해의 결과가 A에 대한 강간 및 살인미수행위과정에서 발생한 것이라 하더라도 甲에게는 A에 대한 상해 등으로 인한 특정범죄 가중처벌 등에 관한 법률위반죄 및 A에 대한 강간 및 살인미수행위로 인한 성폭력범죄의 처벌 등에 관한 특례법위반죄가 각 성립하고 두 죄는 실체적 경합관계에 있다. 16 경찰간부 O | X

09 전자금융거래법에서 규정하는 수개의 접근매체를 한꺼번에 양도한 행위는 하나의 행위로 수개의 전자금융거래법위반죄를 범한 경우에 해당하여 각 죄는 상상적 경합관계에 있다. 20 해경간부 O | X

요약해설

01 대판 1986.2.11. 85도2513

02 대판 1993.3.9. 92도2999

03 새로운 담보권을 설정해 주는 행위는 선순위 근저당권의 담보가치를 공제한 나머지 담보가치 상당의 재산상 이익을 침해하는 행위로서 별도의 배임죄가 성립한다(대판 2005.10.28. 2005도4915).

04 피고인이 횡령한 금원을 반환한 후 다시 횡령하는 행위를 반복하였다고 하여 포괄일죄의 성립에 지장이 있다고 볼 수 없다(대판 2006.6.2. 2005도3431).

05 대판 2014.1.16. 2013도11649

06 대판 1982.10.26. 81도1409

07 감금죄와 강간미수죄는 상상적 경합관계에 있다(대판 1983.4.26. 83도323).

08 대판 2014.2.27. 2013도12301

09 대판 2010.3.25. 2009도1530

정답

01 ○	02 ○	03 ×	04 ×
05 ○	06 ○	07 ×	08 ○
09 ○			

정답

POINT ··· 각 주제를 이해하기 위하여 필수적으로 암기하여야 할 핵심지문과, 전체를 수록하기에는 부적합한 과년도 기출문제의 주요지문만을 엄선하여 OX문제로 재구성하였습니다.

2022년 주요 국가시험 출제경향

총론과 각론 모두에서 균등하게 출제된 경찰채용과는 달리 국가직은 총론, 법원직은 각론의 출제비율이 높았으며, 22년도 역시 비슷한 추세를 보이고 있습니다. 나누어 살펴보면, 총론에서는 위법성론과 공범론에서 다수의 문제가 출제되었으며 특히 21년도에 비하여 위법성론의 비중이 높아진 것을 볼 수 있습니다. 각론에서는 재산에 관한 죄와 관련하여 다수의 문제가 출제되어 그 경향이 특정 주제에 편중된 것처럼 보이나, 세부목차를 기준으로 판단하건대 고루 출제되었다고 평가할 수 있습니다.

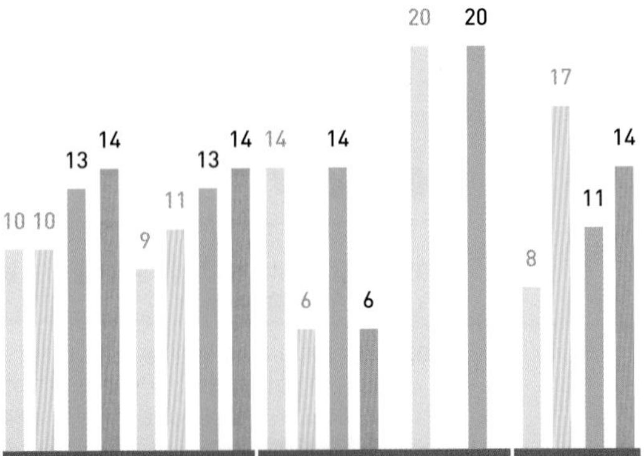

구 분			경찰채용 1차 21	경찰채용 1차 22	경찰채용 2차 21	경찰채용 2차 22	국가9급 검찰 21	국가9급 검찰 22	국가9급 철도경찰 21	국가9급 철도경찰 22	법원9급 21	법원9급 22
형법총론	제1장 형법의 기초이론	제1절 죄형법정주의	-	1	1	1	1	1	1	1	-	-
		제2절 형법의 적용범위	1	1	-	1	-	-	1	1	-	-
	제2장 범죄론	제1절 구성요건론	1	2	1	2	3	1	5	3	-	1
		제2절 위법성론	1	2	1	1	2	2	2	2	1	3
		제3절 책임론	2	1	-	1	2	2	2	2	1	1
		제4절 미수론	1	1	-	-	1	2	2	2	1	-
		제5절 공범론	2	3	3	2	1	2	3	3	2	1
		제6절 특수한 범죄	2	1	1	2	2	2	2	3	-	1
		제7절 죄수론	-	1	2	2	1	-	1	1	1	1
	제3장 형벌론	제1절 형벌의 종류	-	-	-	1	-	-	-	-	-	1
		제2절 형의 양정	-	-	-	-	-	-	-	-	-	1
		제3절 누 범	-	-	-	-	-	-	-	-	-	-
		제4절 선고유예 · 집행유예 · 가석방	-	-	-	-	-	1	-	1	-	1
		제5절 기타 형벌론 종합문제	-	-	-	-	1	1	1	1	2	-
형법각론	제1장 개인적 법익에 관한 죄	제1절 생명과 신체에 관한 죄	1	1	-	1	1	1	-	-	-	-
		제2절 자유에 관한 죄	1	2	2	1	1	1	-	-	3	1
		제3절 명예 · 신용 · 업무 · 경매에 관한 죄	1	1	2	2	-	1	-	-	2	2
		제4절 사생활의 평온에 관한 죄	-	1	-	-	-	-	-	-	-	-
		제5절 재산에 관한 죄	4	4	4	5	2	1	-	-	8	5
	제2장 사회적 법익에 관한 죄	제1절 공공의 안전과 평온에 관한 죄	-	-	-	-	-	1	-	-	1	-
		제2절 공공의 신용에 관한 죄	1	3	1	1	1	-	-	-	1	2
		제3절 사회의 도덕에 관한 죄	-	-	-	2	-	-	-	-	-	-
	제3장 국가적 법익에 관한 죄	제1절 국가의 존립과 권위에 관한 죄	-	-	-	-	-	-	-	-	-	-
		제2절 국가의 기능에 관한 죄	2	2	2	2	1	1	-	-	2	4

이 책의 차례

❖ 정오표 및 추록

www.sdedu.co.kr

SD에듀 : 홈 → 학습자료실 → 정오표/도서업데이트 → "정선기출" 검색

PASSCODE

경찰 형법총론

정선기출 600제

선택형 | 진도별

SD에듀
(주)시대고시기획

제 1 장

형법의 기초이론

제1절 죄형법정주의

001 □□□

죄형법정주의에 관한 다음 설명 중 가장 적절하지 않은 것은?(다툼이 있으면 판례에 의함)

14 경찰채용

① 성문법률주의란 범죄와 형벌은 성문의 법률로 규정되어야 한다는 원칙을 말하며 여기서의 법률은 형식적 의미의 법률을 의미한다.

② 특히 긴급한 필요가 있거나 미리 법률로써 자세히 정할 수 없는 부득이한 사정이 있는 경우에 한하여 수권법률(위임법률)이 구성요건의 점에서는 처벌대상인 행위가 어떠한 것인지 이를 예측할 수 있을 정도로 구체적으로 정하고, 형벌의 점에서는 형벌의 종류 및 그 상한과 폭을 명확히 규정하는 것을 전제로 위임입법이 허용된다.

③ 일반적으로 법률의 위임에 의하여 효력을 갖는 법규명령의 경우 구법에 위임의 근거가 없어 무효였더라도 사후에 법 개정으로 위임의 근거가 부여되면 그때부터는 유효한 법규명령이 된다.

④ 특정범죄 가중처벌 등에 관한 법률의 위임을 받은 동법 시행령에서 농업협동조합중앙회를 '정부관리기업체'의 하나로 규정한 경우 위임입법의 한계를 벗어난 것이다.

정선 핵심

① 성문법률주의 → 범죄와 형벌은 형식적 의미의 법률로 규정되어야 한다는 원칙
② 위임입법의 허용요건 → 특히 긴급한 필요가 있거나 미리 법률로써 자세히 정할 수 없는 부득이한 사정이 있는 경우
③ 무효인 법규명령 → 사후에 위임의 근거가 부여되면 그때부터 유효
④ 농업협동조합중앙회를 정부관리기업체로 규정 → 위임입법의 한계 일탈 ×

정선 해설

[❶ ▸ ○] 대판 2003.11.14. 2003도3600
[❷ ▸ ○] 대판 2002.11.26. 2002도2998
[❸ ▸ ○] 판례의 취지를 고려하면, 위임의 근거가 없던 법규명령이더라도 사후에 그 근거가 마련된 경우에는, 그때부터 유효한 법규명령이 된다.

구 지방세법 시행규칙은 어느 것이나 상위법령으로부터 아무런 위임을 받지 아니하고 취득세와 등록세가 면제되는 공장의 범위와 적용기준까지 규정하여 면세대상의 범위를 축소한 것으로서, 이는 조세법률주의원칙에 위반되는 것임이 분명하여 무효라 할 것이나 지방세법 제110조의3 제2항 및 제128조의2 제2항이 1990.12.31. 개정되어 '이 경우 제1호 및 제2호의 규정에 의한 공장의 범위와 적용기준에 관하여는 제110조의2 제2항의 규정을 준용한다'라는 후단 부분이 신설되어 그 위임근거가 마련됨으로써 신법이 시행되는 1991.1.1. 이후에는 위 시행규칙은 이제 유효하게 되었다 할 것이다(대판 1994.5.24. 93누5666[전합]).

[❹ ▸ ×] 특정범죄 가중처벌 등에 관한 법률 시행령 제2조 제48호가 농업협동조합중앙회를 '정부관리기업체'의 하나로 규정한 것이 위임입법의 한계를 벗어난 것으로서 위헌·위법이라고 할 수 없다(대판 2007.11.30. 2007도6556).

유사판례 **대판 2007.4.27. 2007도1038**

수협중앙회와 그 회원조합은 특정범죄 가중처벌 등에 관한 법률 제4조 제1항 제2호가 규정하고 있는 정부관리기업체의 범주에 포함될 수 있어 같은 법 제4조 제2항의 위임을 받은 같은 법 시행령 제2조 제50호가 수산업협동조합중앙회와 그 회원조합을 같은 법 제4조 제1항 소정의 정부관리기업체의 하나로 규정한 것이 위임입법의 한계를 벗어난 위헌·위법한 규정이라고 할 수 없다.

답 ❹

제1장 제2장 제3장

002 □□□ 죄형법정주의에 관한 설명 중 가장 옳은 것은?(다툼이 있는 경우 판례에 의함)

19 경찰간부

① 성문법률주의란 범죄와 형벌은 성문의 법률로 규정되어야 한다는 원칙을 말하며 여기서의 법률은 형식적 의미의 법률을 의미한다.

② 기업구매전용카드를 이용하여 물품의 판매 등 방법으로 자금을 융통한 경우에 여신전문금융업법상 신용카드의 이용에 해당한다.

③ 구 식품위생법 제11조 제2항이 과대광고 등의 범위 및 기타 필요한 사항을 보건복지부령에 위임하고 있는 것은 과대광고 등으로 인한 형사처벌에 관한 내용을 법률이 아닌 시행령에 규정하고 있다고 판단되므로 위임입법의 한계를 벗어난 것으로 죄형법정주의에 반한다.

④ 구 특정 범죄자에 대한 위치추적 전자장치 부착 등에 관한 법률(2012.12.18. 개정되기 전의 것) 제5조 제1항 제3호는, 검사가 전자장치부착명령을 법원에 청구할 수 있는 경우 중의 하나로 '성폭력범죄를 2회 이상 범하여(유죄의 확정판결을 받은 경우를 포함한다) 그 습벽이 인정된 때'라고 규정하고 있는바, 피부착명령청구자가 소년법에 의한 보호처분을 받은 전력이 이에 해당한다고 보더라도 죄형법정주의에 위배되지 않는다.

정선 핵심

① 성문법률주의 → 범죄와 형벌은 형식적 의미의 법률로 규정되어야 한다는 원칙
② 기업구매전용카드를 이용한 자금융통 → 여신전문금융업법상 신용카드 이용 ×
③ 구 식품위생법이 과대광고 등의 범위를 시행령에 위임 → 죄형법정주의 위반 ×
④ 보호처분을 받은 전력 → 죄형법정주의원칙 위반 ○

정선 해설

[❶ ▸ ○] 죄형법정주의는 성문법률주의를 그 내용으로 하므로, 명령・규칙이나 관습법 등을 처벌근거로 한다면, 이는 죄형법정주의 위반이 된다.

> 헌법 제12조 제1항이 규정하고 있는 죄형법정주의원칙은, 범죄와 형벌을 입법부가 제정한 형식적 의미의 법률로 규정하는 것을 그 핵심적 내용으로 하고, 나아가 형식적 의미의 법률로 규정하더라도 그 법률조항이 처벌하고자 하는 행위가 무엇이며 그에 대한 형벌이 어떠한 것인지를 누구나 예견할 수 있고 그에 따라 자신의 행위를 결정할 수 있도록 구성요건을 명확하게 규정할 것을 요구한다(대판 2003.11.14. 2003도3600).

[❷ ▸ ×] 판례의 취지를 고려하면, 기업구매전용카드를 이용하여 물품의 판매 등 방법으로 자금을 융통한 경우에 여신전문금융업법상 신용카드의 이용에 해당하지 아니한다.

> 피고인이 '기업구매전용카드'를 이용하여 물품의 판매 또는 용역의 제공을 가장하는 방법으로 자금을 융통하였다고 하여 구 여신전문금융업법 위반으로 기소된 경우, 기업구매전용카드는 구 여신전문금융업법에서 규정한 '신용카드'처럼 실물 형태의 '증표'가 발행되는 것이 아니라 단지 구매기업이 이용할 수 있는 카드번호만이 부여될 뿐임을 고려할 때 기업구매전용카드에 의한 거래는 구 여신전문금융업법 제70조 제2항 제2호에서 정한 '신용카드에 의한 거래'에 해당하지 않으므로, 기업구매전용카드는 '신용카드'에 해당하지 않는다(대판 2013.7.25. 2011도14687).

[❸ ▸ ×] 식품위생법 제11조 제2항이 과대광고 등의 범위 및 기타 필요한 사항을 보건복지부령에 위임하고 있는 것은 과대광고 등으로 인한 형사처벌에 관련된 법규의 내용을 빠짐없이 형식적 의미의 법률에 의하여 규정한다는 것은 사실상 불가능하다는 고려에서 비롯된 것이므로 식품위생법 제11조 및 같은 법 시행규칙 제6조 제1항의 규정이 위임입법의 한계나 죄형법정주의에 위반된 것이라고 볼 수는 없다(대판 2002.11.26. 2002도2998).

[❹ ▸ ×] 피부착명령청구자가 소년법에 의한 보호처분(이하 '소년보호처분')을 받은 전력이 있다고 하더라도, 이는 유죄의 확정판결을 받은 경우에 해당하지 아니함이 명백하므로, 피부착명령청구자가 2회 이상 성폭력범죄를 범하였는지를 판단할 때 소년보호처분을 받은 전력을 고려할 것이 아니다(대판 2012.3.22. 2011도15057[전합]).

답 ❶

003 □□□

죄형법정주의에 대한 설명으로 옳지 않은 것은?(다툼이 있는 경우 판례에 의함)

20 국가9급

① 위임입법은 수권법률이 처벌대상행위가 어떠한 것인지를 예측할 수 있을 정도로 구체적으로 정하고, 형벌의 종류 및 그 상한과 폭을 명확히 규정하는 것을 전제로 한다.

② 법규범의 문언은 어느 정도 가치개념을 포함할 수밖에 없지만 가급적 일반적・규범적 개념을 사용하지 않는 것이 바람직하다는 의미에서, 명확성의 원칙이란 기본적으로 최대한의 명확성을 요구하는 것으로 볼 수 있다.

③ 법관의 보충적인 해석을 필요로 하더라도 통상의 해석방법에 의하여 당해 처벌법규의 보호법익과 금지된 행위 및 처벌의 종류와 정도를 알 수 있다면 명확성의 요구에 배치된다고 보기 어렵다.

④ 법률의 시행령이 형사처벌에 관한 사항을 규정하면서 법률의 명시적인 위임 범위를 벗어나 그 처벌의 대상을 확장하는 것은 죄형법정주의의 원칙에 어긋난다.

정선 핵심

① 위임입법의 허용요건 → 수권법률의 구성요건과 형벌의 명확성을 전제
② 명확성의 원칙 → 최소한의 명확성 요구
③ 법관의 보충적인 해석 필요 → 명확성의 원칙 위반 ×
④ 시행령의 처벌대상 확장 → 죄형법정주의원칙 위반 ○

정선 해설

[❶ ▸ ○] 대판 2002.11.26. 2002도2998
[❷ ▸ ×] 법규범의 문언은 어느 정도 가치개념을 포함한 일반적, 규범적 개념을 사용하지 않을 수 없는 것이기 때문에 명확성의 원칙이란 기본적으로 최대한이 아닌 최소한의 명확성을 요구하는 것으로서, 그 문언이 법관의 보충적인 가치판단을 통해서 그 의미내용을 확인할 수 있고, 그러한 보충적 해석이 해석자의 개인적인 취향에 따라 좌우될 가능성이 없다면 명확성의 원칙에 반한다고 할 수 없다(대결 2008.10.23. 2008초기264).
[❸ ▸ ○] 처벌법규의 구성요건이 명확하여야 한다고 하여 모든 구성요건을 단순한 서술적 개념으로 규정하여야 하는 것은 아니고, 다소 광범위하여 법관의 보충적인 해석을 필요로 하는 개념을 사용하였다고 하더라도 통상의 해석방법에 의하여 건전한 상식과 통상적인 법감정을 가진 사람이면 당해 처벌법규의 보호법익과 금지된 행위 및 처벌의 종류와 정도를 알 수 있도록 규정하였다면 처벌법규의 명확성에 배치되는 것이 아니다(대판 2014.1.29. 2013도12939).
[❹ ▸ ○] 대판 2017.2.16. 2015도16014[전합]

답 ❷

004 □□□

소급효 금지의 원칙에 관한 다음 설명 중 옳지 않은 것은 몇 개인가?(다툼이 있는 경우 판례에 의함) 18 경찰간부

ㄱ. 게임산업진흥에 관한 법률 시행령 제18조의3의 시행일 이전에 위 시행령 조항 각 호에 규정된 게임머니를 환전, 환전 알선, 재매입한 영업행위를 처벌하는 것은 형벌법규의 소급효 금지의 원칙에 위배된다.
ㄴ. 구성요건이 신설된 상습강제추행죄가 시행되기 이전의 범행을 상습강제추행죄로는 처벌할 수 없고 행위시법에 기초하여 강제추행죄로 처벌할 수 있을 뿐이다.
ㄷ. 공개명령 제도가 시행된 2010.1.1. 이전에 범한 범죄에도 공개명령 제도를 적용하도록 아동·청소년의 성보호에 관한 법률이 2010.7.23. 개정되었다면 소급입법 금지의 원칙에 반한다.
ㄹ. 도로교통법 제148조의2 제1항 제1호에서 정하고 있는 '도로교통법 제44조 제1항을 2회 이상 위반한' 것에 개정된 도로교통법이 시행된 2011.12.9. 이전에 구 도로교통법 제44조 제1항을 위반한 음주운전전과까지 포함되는 것으로 해석하는 것이 형벌불소급의 원칙에 위배된다고 할 수 없다.
ㅁ. 대법원 양형위원회가 설정한 '양형기준'이 발효하기 전에 공소가 제기된 범죄에 관하여 형을 양정함에 있어서 위 양형기준을 참고자료로 삼은 것은 법률을 소급하여 적용한 위법이 있다.

① 1개　② 2개
③ 3개　④ 4개

정선 핵심

ㄱ. 게임산업진흥에 관한 법률 시행령 시행일 이전 영업행위 처벌 → 소급효 금지의 원칙 위반 ○
ㄴ. 상습강제추행죄가 시행되기 이전의 범행 → 상습강제추행죄로 처벌 ×
ㄷ. 아동·청소년의 성보호에 관한 법률상 공개명령 제도 → 소급효 금지의 원칙 위반 ×
ㄹ. 개정 도로교통법 시행 이전 음주운전전과까지 포함 → 소급효 금지의 원칙 위반 ×
ㅁ. 양형기준 적용 → 소급효 금지의 원칙 위반 ×

정선 해설

[ㄱ ▸ ○] 대판 2009.4.23. 2008도11017

[ㄴ ▸ ○] 구성요건이 신설된 상습강제추행죄가 시행되기 이전의 범행은 상습강제추행죄로는 처벌할 수 없고 행위시법에 기초하여 강제추행죄로 처벌할 수 있을 뿐이며, 이 경우 그 소추요건도 상습강제추행죄에 관한 것이 아니라 강제추행죄에 관한 것이 구비되어야 한다(대판 2016.1.28. 2015도15669).

[ㄷ ▸ ×] 아동·청소년의 성보호에 관한 법률상 공개명령 제도는 범죄행위를 한 자에 대한 응보 등을 목적으로 그 책임을 추궁하는 사후적 처분인 형벌과 구별되어 그 본질을 달리하는 것으로서 형벌에 관한 소급입법 금지의 원칙이 그대로 적용되지 않으므로, 공개명령 제도가 시행된 2010.1.1. 이전에 범한 범죄에도 공개명령 제도를 적용하도록 아동·청소년의 성보호에 관한 법률이 개정되었다고 하더라도 그것이 소급입법 금지의 원칙에 반한다고 볼 수 없다(대판 2011.3.24. 2010도14393).

유사판례 **대판 2012.6.28. 2012도2947**

성폭력범죄의 처벌 등에 관한 특례법에 규정된 등록대상 성폭력범죄를 범한 자에 대해서는 특례법 시행 전에 그 범죄를 범하고 그에 대한 공소제기가 이루어졌더라도 특례법 시행 당시 공개명령 또는 고지명령이 선고되지 아니한 이상 특례법에 의한 공개명령 또는 고지명령의 대상이 된다고 보아야 한다[특례법은 대상이 되는 범죄가 행하여진 시기에 대하여는 아무런 제한을 두고 있지 아니하기 때문이다(註)].

[ㄹ ▸ ○] 도로교통법 제148조의2 제1항 제1호에서 정하고 있는 '도로교통법 제44조 제1항을 2회 이상 위반한' 것에 개정된 도로교통법이 시행된 2011.12.9. 이전에 구 도로교통법 제44조 제1항을 위반한 음주운전전과까지 포함되는 것으로 해석하는 것이 형벌불소급의 원칙이나 일사부재리의 원칙 또는 비례의 원칙에 위배된다고 할 수 없다(대판 2012.11.29. 2012도10269).

[ㅁ ▸ ×] 대법원 양형위원회가 설정한 '양형기준'이 발효하기 전에 공소가 제기된 범죄에 대하여 위 '양형기준'을 참고하여 형을 양정한 경우, 피고인에게 불리한 법률을 소급하여 적용한 위법이 있다고 할 수 없다(대판 2009.12.10. 2009도11448).

답 ❷

005 □□□ 소급효 금지의 원칙에 관한 다음 설명 중 판례의 태도와 일치하는 것은? 16 법원9급

① 보호관찰은 과거의 불법에 대한 책임에 기초하고 있는 제재가 아니라 장래의 위험성으로부터 행위자를 보호하고 사회를 방위하기 위한 합목적적인 조치이므로, 소급효 금지의 원칙이 적용되지 아니한다.

② 행위 당시의 판례에 의하면 처벌대상이 아니었던 행위를 판례의 변경에 따라 처벌하는 것은 평등의 원칙과 형벌불소급의 원칙에 반한다.

③ 가정폭력범죄의 처벌 등에 관한 특례법이 정한 보호처분 중의 하나인 사회봉사명령은 가정폭력범죄를 범한 자에 대하여 환경의 조정과 성행의 교정을 목적으로 하는 것이므로 원칙적으로 형벌불소급의 원칙이 적용되지 아니한다.

④ 대법원 양형위원회의 양형기준은 법관이 합리적인 양형을 정하는 데 참고할 수 있는 구체적이고 객관적인 기준으로 마련된 것으로 법적 구속력을 가지지 아니하나, 법관의 양형에 있어서 그 존중이 요구되는 것이므로, 대법원 양형위원회가 설정한 '양형기준'이 발효하기 전에 공소가 제기된 범죄에 대하여 위 '양형기준'을 참고하여 형을 양정함으로써 결과적으로 형이 더 무거워졌다면 피고인에게 불리한 법률을 소급하여 적용한 위법이 있다고 할 수 있다.

정선 핵심

① 보호관찰 → 소급효 금지의 원칙 위반 ×
② 판례변경에 의한 처벌 → 소급효 금지의 원칙 위반 ×
③ 사회봉사명령 → 형벌불소급의 원칙 적용 O
④ 양형기준 적용 → 소급효 금지의 원칙 위반 ×

정선 해설

[❶ ▸ O] 대판 1997.6.13. 97도703

[❷ ▸ ×] 행위 당시의 판례에 의하면 처벌대상이 되지 아니하는 것으로 해석되었던 행위를 판례의 변경에 따라 확인된 내용의 형법조항에 근거하여 처벌한다고 하여 그것이 헌법상 평등의 원칙과 형벌불소급의 원칙에 반한다고 할 수는 없다(대판 1999.9.17. 97도3349).

[❸ ▸ ×] 사회봉사명령은 실질적으로는 신체적 자유를 제한하게 되므로 형벌불소급의 원칙이 적용된다.

> 가정폭력범죄의 처벌 등에 관한 특례법이 정한 보호처분 중의 하나인 사회봉사명령은 보안처분의 성격을 가지는 것이 사실이나 한편으로 이는 가정폭력범죄행위에 대하여 형사처벌 대신 부과되는 것으로서, 가정폭력범죄를 범한 자에게 의무적 노동을 부과하고 여가시간을 박탈하여 실질적으로는 신체적 자유를 제한하게 되므로, 이에 대하여는 원칙적으로 형벌불소급의 원칙에 따라 행위시법을 적용함이 상당하다(대결 2008.7.24. 2008어4). 위 판례는 가정폭력범죄의 처벌 등에 관한 특례법상 사회봉사명령을 부과하면서, 행위시법상 사회봉사명령 부과시간의 상한인 100시간을 초과하여 상한을 200시간으로 올린 신법을 적용한 것은 위법하다고 판시하고 있다.

[❹ ▸ ×] 대법원 양형위원회가 설정한 '양형기준'이 발효하기 전에 공소가 제기된 범죄에 대하여 위 '양형기준'을 참고하여 형을 양정한 경우, 피고인에게 불리한 법률을 소급하여 적용한 위법이 있다고 할 수 없다(대판 2009.12.10. 2009도11448).

답 ❶

006
□□□

소급효 금지의 원칙에 대한 설명으로 가장 적절한 것은?(다툼이 있는 경우 판례에 의함)

21 경찰승진

① 특정 범죄자에 대한 위치추적 전자장치 부착 등에 관한 법률에 의한 전자감시제도는 보안처분이지만, 실질적으로 행동의 자유를 지극히 제한하므로 형벌에 관한 소급입법금지원칙이 적용된다.
② 소급효 금지의 원칙은 죄형법정주의의 파생원칙으로서 행위자에게 유리한 사후법의 소급효도 인정되지 않는다.
③ 공소시효가 이미 완성된 경우, 그 공소시효를 연장하는 법률은 진정소급입법으로서 예외 없이 소급효 금지의 원칙이 적용된다.
④ 행위 당시의 판례에 의하면 처벌대상이 되지 아니하는 것으로 해석되었던 행위를 판례의 변경에 따라 확인된 내용의 형법조항에 근거하여 처벌한다고 하여 그것이 소급효 금지의 원칙에 반한다고 할 수는 없다.

정선 핵심

① 전자감시제도 → 소급효 금지의 원칙 적용 ×
② 소급효 금지의 원칙 → 유리한 사후법의 소급효 인정
③ 진정소급입법 → 개인의 신뢰이익보다 중대한 공익적 필요의 경우 예외적으로 허용
④ 판례변경에 의한 처벌 → 소급효 금지의 원칙 위반 ×

정선 해설

[❶ ▸ ×] 전자감시제도는 범죄행위를 한 자에 대한 응보를 주된 목적으로 그 책임을 추궁하는 사후적 처분인 형벌과 구별되어 그 본질을 달리하는 것으로서 형벌에 관한 소급입법 금지의 원칙이 그대로 적용되지 않으므로, 위 법률이 개정되어 부착명령 기간을 연장하도록 규정하고 있더라도 그것이 소급입법 금지의 원칙에 반한다고 볼 수 없다(대판 2010.12.23. 2010도11996).

> **비교판례** **대판 2013.7.26. 2013도6220**
>
> 2012.12.18. 개정된 특정 범죄자에 대한 보호관찰 및 전자장치 부착 등에 관한 법률 제9조 제1항 단서에서 정한 전자장치부착기간 하한 가중규정은 같은 법 시행 전에 19세 미만의 사람에 대하여 특정 범죄를 저지른 경우에는 소급적용되지 아니한다[이는 부착기간 하한 가중규정을 소급적용하는 것은 소급효 금지의 원칙에 반한다는 의미이다(註)].

[❷ ▸ ×] 소급효 금지의 원칙은 행위자에게 불리한 사후법의 소급을 금지하는 것이지 유리한 법률의 소급효까지 금지하는 것은 아님을 유의하여야 한다.
[❸ ▸ ×] 진정소급입법이라 하더라도 기존의 법을 변경하여야 할 공익적 필요는 심히 중대한 반면에 그 법적 지위에 대한 개인의 신뢰를 보호하여야 할 필요가 상대적으로 적어 개인의 신뢰이익을 관철하는 것이 객관적으로 정당화될 수 없는 경우에는 예외적으로 허용될 수 있다(헌재 1996.2.16. 96헌가2).
[❹ ▸ ○] 대판 1999.7.15. 95도2870[전합]

답 ❹

007 □□□

소급효금지원칙에 대한 설명으로 가장 옳지 않은 것은?(다툼이 있는 경우 판례에 의함)

18 해경채용

① 형벌을 완화하는 개정을 하면서 구법 시의 행위는 구법을 적용한다는 경과규정을 신법에 두는 것은 허용되지 않는다.
② 진정소급입법은 신뢰보호의 요청에 우선하는 심히 중대한 공익상의 사유가 있는 경우에는 예외적으로 허용될 수 있다.
③ 재판이 확정된 후 법률이 변경되어 그 행위가 범죄를 구성하지 아니하게 된 경우에는 형의 집행을 면제한다.
④ 행위 당시의 판례에 의하면 처벌대상이 되지 않는 것으로 해석되었던 행위를 판례의 변경에 따라 확인된 내용의 형법조항에 근거하여 처벌하는 것은 소급효금지원칙에 반하지 않는다.

정선 핵심

① 경과규정에 의해 종전 형벌법규 적용 → 소급효 금지의 원칙 위반 ×
② 진정소급입법 → 개인의 신뢰이익보다 중대한 공익적 필요의 경우 예외적으로 허용
③ 재판확정 후 법률변경으로 범죄를 구성하지 않는 경우 → 형의 집행 면제
④ 판례변경에 의한 처벌 → 소급효 금지의 원칙 위반 ×

정선 해설

[❶ ▸ ×] 형을 종전보다 가볍게 형벌법규를 개정하면서 그 부칙으로 개정된 법의 시행 전의 범죄에 대하여 종전의 형벌법규를 적용하도록 규정한다 하여 헌법상의 형벌불소급의 원칙이나 신법우선주의에 반한다고 할 수 없다(대판 1999.7.9. 99도1695).

[❷ ▸ ○] 헌재 1996.2.16. 96헌가2

[❸ ▸ ○] 형법 제1조 제3항 참조

법령 범죄의 성립과 처벌(형법 제1조) ③ 재판이 확정된 후 법률이 변경되어 그 행위가 범죄를 구성하지 아니하게 된 경우에는 형의 집행을 면제한다.

[❹ ▸ ○] 형사처벌의 근거가 되는 것은 법률이지 판례가 아니고, 구 법률에 관한 판례의 변경은 그 법률조항의 내용을 확인하는 것에 지나지 아니하여 이로써 위 법률조항 자체가 변경된 것이라고 볼 수는 없으므로, 행위 당시의 판례에 의하면 처벌대상이 되지 아니하는 것으로 해석되었던 행위를 판례의 변경에 따라 확인된 내용의 위 법률조항에 근거하여 처벌한다고 하여 그것이 형벌불소급의 원칙에 반한다고 할 수는 없다(대판 1999.7.15. 95도2870[전합]).

답 ❶

008
□□□

죄형법정주의에 대한 설명으로 가장 적절하지 않은 것은?(다툼이 있는 경우 판례에 의함)

21 경찰채용

① 게임산업진흥에 관한 법률 제28조 제3호에서 게임물 관련 사업자에 대하여 '경품 등의 제공을 통한 사행성 조장'을 원칙적으로 금지하면서 제공이 허용되는 경품의 종류 · 지급기준 · 제공방법 등에 관한 구체적인 내용을 하위법령에 위임한 것은 경품의 환전이나 재매입 등의 우려가 없는 등 사행성을 제거할 수 있는 방법이 될 것이라는 예측이 불가능하여 포괄위임금지의 원칙에 반한다.

② 폭력행위 등 처벌에 관한 법률 제4조 제1항에서 규정하고 있는 범죄단체 구성원으로서의 '활동'은 명확성의 원칙에 반하지 아니한다.

③ 어떤 단체가 특정 후보자를 지지 · 추천하는지 여부를 공직선거법 제250조 제1항에서 규정한 허위사실공표죄의 '경력 등'에 관한 사실에 해당한다고 해석하는 것은 죄형법정주의에 반한다.

④ 도로교통법(2018.12.24. 법률 제16037호로 개정되어 2019.6.25. 시행된 것) 제148조의2 제1항에서 정한 '제44조 제1항 또는 제2항을 2회 이상 위반한 사람'에 개정된 도로교통법이 시행된 2019.6.25. 이전에 구 도로교통법 제44조 제1항 또는 제2항을 위반한 전과가 포함된다고 해석하는 것은 형벌불소급의 원칙에 반하지 아니한다.

정선 핵심

① 제공이 허용되는 경품의 종류 등을 하위법령에 위임 → 포괄위임금지의 원칙 위반 ×
② 범죄단체 구성원으로서의 활동 → 명확성의 원칙 위반 ×
③ 특정 후보자의 지지 · 추천 여부가 경력사실이라고 해석 → 죄형법정주의원칙 위반 ○
④ 개정 도로교통법 시행 이전 음주운전전과까지 포함 → 소급효 금지의 원칙 위반 ×

정선 해설

[❶ ▸ ×] 게임산업법 및 이 사건 의무조항의 입법목적, 관련 조항들을 유기적 · 체계적으로 종합하여 해석해 보면, 대통령령으로 정해질 경품의 종류는 완구류 · 문구류 및 이와 유사한 것들이고, 현금을 비롯한 상품권 및 유가증권과 같은 환가성이 높은 물건, 청소년에게 유해한 영향을 끼치는 물건이 제외될 것이라는 점이 어렵지 않게 예측된다. 또한 이 사건 의무조항이 위임하는 '경품의 지급기준'에 관하여 대통령령으로 정하여질 내용은 게임물의 사행화는 억제하되 게임이용자의 흥미는 유발시킬 있는 정도의 최소한의 금액이 그 기준이 되고, '경품의 제공방법'은 경품의 환전이나 재매입 등의 우려가 없는 등 사행성을 제거할 수 있는 방법이 될 것이라는 점에 대한 대강의 예측이 가능하다. 따라서 이 사건 의무조항은 죄형법정주의 내지 포괄위임금지원칙에 위배되지 아니한다(헌재 2020.12.23. 2017헌바463).

[❷ ▸ ○] 대판 2008.5.29. 2008도1857

[❸ ▸ ○] 공직선거법 제250조 제1항에 규정한 허위사실공표죄에서 '경력 등'이란 후보자의 '경력 · 학력 · 학위 · 상벌'을 말하고(같은 법 제64조 제5항), 그중 '경력'은 후보자의 행동이나 사적(事跡) 등과 같이 후보자의 실적과 능력으로 인식되어 선거인의 공정한 판단에 영향을 미치는 사항을 말한다. 따라서 어떤 단체가 특정 후보자를 지지 · 추천하는지 여부는 후보자의 행동이나 사적 등에 관한 사항이라고 볼 수 없어 위에서 말하는 '경력'에 관한 사실에 포함되지 아니하고, 이와 달리 해석하는 것은 형벌법규를 지나치게 확장 · 유추해석하는 것으로서 죄형법정주의에 반하여 허용될 수 없다(대판 2011.3.10. 2010도16942).

[❹ ▸ ○] 대판 2012.11.29. 2012도10269

답 ❶

009 □□□

소급효금지원칙에 대한 설명으로 옳지 않은 것은?(다툼이 있으면 판례에 의함)

15 국가9급

① 사후입법에 의한 법률의 소급효금지원칙은 각칙상의 구성요건을 신설 또는 개정하는 경우를 의미하며, 총칙규정을 개정하여 처벌범위를 확장하는 경우는 포함하지 않는다.
② 형을 종전보다 가볍게 형벌법규를 개정하면서 그 부칙에서 개정법 시행 전의 범죄에 대하여는 종전의 형벌법규를 적용하도록 규정하는 것은 형벌불소급의 원칙에 반하지 않는다.
③ 형법 제62조의2 제1항에 의하여 형의 집행을 유예하면서 부과하는 보호관찰은 형벌이 아니라 보안처분의 성격을 가지고 있으므로 소급효금지원칙에 적용되지 않는다.
④ 형벌불소급의 원칙은 형사소추가 '언제부터 어떠한 조건하에' 가능한가의 문제에 관한 것이므로, 과거에 이미 행한 범죄에 대하여 공소시효를 정지시키는 법률이라도 그 사유만으로 언제나 소급효금지원칙에 위배되는 것은 아니다.

정선 핵심

① 소급효 금지의 원칙 → 총칙개정으로 처벌범위를 확장의 경우에도 적용
② 경과규정에 의해 종전 형벌법규 적용 → 소급효 금지의 원칙 위반 ×
③ 보호관찰 → 소급효 금지의 원칙 적용 ×
④ 공소시효를 정지시키는 법률 → 소급효 금지의 원칙 위반 ×

정선 해설

[❶ ▸ ×] 총칙규정을 개정하여 처벌범위를 확장하는 경우에도 소급효 금지의 원칙이 적용된다.
[❷ ▸ ○] 대판 1999.7.9. 99도1695
[❸ ▸ ○] 대판 1997.6.13. 97도703
[❹ ▸ ○] 형벌불소급의 원칙은 "행위의 가벌성", 즉 형사소추가 "언제부터 어떠한 조건하에서" 가능한가의 문제에 관한 것이고, "얼마 동안" 가능한가의 문제에 관한 것은 아니므로, 과거에 이미 행한 범죄에 대하여 공소시효를 정지시키는 법률이라 하더라도 그 사유만으로 헌법 제12조 제1항 및 제13조 제1항에 규정한 죄형법정주의의 파생원칙인 형벌불소급의 원칙에 언제나 위배되는 것으로 단정할 수는 없다(헌재 1996.2.16. 96헌가2).

관련판례 **대판 1997.4.17. 96도3376[전합]**

5·18민주화운동 등에 관한 특별법 제2조는 그 제1항에서 그 적용대상을 '1979년 12월 12일과 1980년 5월 18일을 전후하여 발생한 헌정질서 파괴범죄의 공소시효 등에 관한 특례법 제2조의 헌정질서파괴범죄행위'라고 특정하고 있으므로, 그에 해당하는 범죄는 5·18민주화운동 등에 관한 특별법의 시행 당시 이미 형사소송법 제249조에 의한 공소시효가 완성되었는지 여부에 관계없이 모두 그 적용대상이 됨이 명백하다.

답 ❶

제1장 제2장 제3장

010 □□□ 소급효에 관한 다음 설명 중 가장 옳지 않은 것은?

20 법원행시

① 형법 제62조의2 제1항에 따른 보호관찰은 형벌이 아니라 보안처분의 성격을 갖는 것으로서, 과거의 불법에 대한 책임에 기초하고 있는 제재가 아니라 장래의 위험성으로부터 행위자를 보호하고 사회를 방위하기 위한 합목적적인 조치이므로, 그에 관하여 반드시 행위 이전에 규정되어 있어야 하는 것은 아니며, 재판 시의 규정에 의하여 보호관찰을 받을 것을 명할 수 있다고 보아야 할 것이고, 이와 같은 해석이 형벌불소급의 원칙 내지 죄형법정주의에 위배되는 것이라고 볼 수 없다.

② 형사처벌의 근거가 되는 것은 법률이지 판례가 아니고, 형법조항에 관한 판례의 변경은 그 법률조항의 내용을 확인하는 것에 지나지 아니하여 이로써 그 법률조항 자체가 변경된 것이라고 볼 수는 없으므로, 행위 당시의 판례에 의하면 처벌대상이 되지 아니하는 것으로 해석되었던 행위를 판례의 변경에 따라 확인된 내용의 형법조항에 근거하여 처벌한다고 하여 그것이 헌법상 평등의 원칙과 형벌불소급의 원칙에 반한다고 할 수는 없다.

③ 특정 범죄자에 대한 보호관찰 및 전자장치 부착 등에 관한 법률상 전자장치부착명령에 관하여 피고인에게 실질적인 불이익을 추가하는 내용의 법 개정이 있고, 그 규정의 소급적용에 관한 명확한 경과규정이 없는 한 그 규정의 소급적용은 이를 부정하는 것이 피고인의 권익 보장이나, 위 법 부칙에서 일부 조항을 특정하여 그 소급적용에 관한 경과규정을 둔 입법자의 의사에 부합한다고 할 것이다.

④ 아동학대범죄의 처벌 등에 관한 특례법(이하 '아동학대처벌법'이라 한다)의 입법목적 및 같은 법 제34조(공소시효의 정지와 효력)의 취지를 공소시효를 정지하는 특례조항의 신설・소급에 관한 법리에 비추어 보면, 비록 아동학대처벌법이 제34조 제1항("아동학대범죄의 공소시효는 형사소송법 제252조에도 불구하고 아동학대범죄의 피해아동이 성년에 달한 날부터 진행한다")의 소급적용 등에 관하여 명시적인 경과규정을 두고 있지는 아니하나, 위 규정은 완성되지 아니한 공소시효의 진행을 일정한 요건 아래에서 장래를 향하여 정지시키는 것으로서, 시행일인 2014.9.29. 당시 범죄행위가 종료되었으나 아직 공소시효가 완성되지 아니한 아동학대범죄에 대하여도 적용된다.

⑤ 형법 제1조 제2항 및 제8조에 의하면 범죄 후 법률이 변경되어 형이 구법보다 가벼워진 경우에는 신법에 따른다고 규정하고 있으므로, 신법에 경과규정을 두어 이러한 신법의 적용을 배제하는 것도 허용되지 않는다.

정선 핵심

① 보호관찰 → 소급효 금지의 원칙 위반 ×
② 판례변경에 의한 처벌 → 소급효 금지의 원칙 위반 ×
③ 경과규정 없는 전자장치부착기간 하한 2배 가중규정 → 소급효 금지의 원칙 위반 ○
④ 공소시효 미완성 아동학대범죄에 대하여 공소시효정지규정의 적용 → 소급효 금지의 원칙 위반 ×
⑤ 경과규정에 의해 종전 형벌법규 적용 → 소급효 금지의 원칙 위반 ×

정선 해설

[❶ ▸ O] 대판 1997.6.13. 97도703
[❷ ▸ O] 대판 1999.7.15. 95도2870[전합]
[❸ ▸ O] 특정 범죄자에 대한 보호관찰 및 전자장치 부착 등에 관한 법률 부칙은 19세 미만의 사람에 대하여 특정 범죄를 저지른 경우 부착기간 하한을 2배 가중하도록 한 위 법 제9조 제1항 단서에 대하여는 소급적용에 관한 명확한 경과규정을 두지 않았는데, 전자장치부착명령에 관하여 피고인에게 실질적인 불이익을 추가하는 내용의 법 개정이 있고, 그 규정의 소급적용에 관한 명확한 경과규정이 없는 한 그 규정의 소급적용은 이를 부정하는 것이 피고인의 권익 보장이나, 위 법 부칙에서 일부 조항을 특정하여 소급적용에 관한 경과규정을 둔 입법자의 의사에 부합한다(대판 2013.7.25. 2013도6181).

[❹ ▸ ○] 아동학대처벌법이 제34조 제1항의 소급적용 등에 관하여 명시적인 경과규정을 두고 있지는 아니하나, 위 규정은 완성되지 아니한 공소시효의 진행을 일정한 요건 아래에서 장래를 향하여 정지시키는 것으로서, 시행일인 2014.9.29. 당시 범죄행위가 종료되었으나 아직 공소시효가 완성되지 아니한 아동학대범죄에 대하여도 적용된다(대판 2016.9.28. 2016도7273).

[❺ ▸ ×] 형을 종전보다 가볍게 형벌법규를 개정하면서 그 부칙으로 개정된 법의 시행 전의 범죄에 대하여 종전의 형벌법규를 적용하도록 규정한다 하여 헌법상의 형벌불소급의 원칙이나 신법우선주의에 반한다고 할 수 없다(대판 1999.7.9. 99도1695).

답 ❺

011 □□□

죄형법정주의에 대한 설명으로 옳지 않은 것은 모두 몇 개인가?(다툼이 있는 경우 판례에 의함) 20 경찰간부

ㄱ. 항공보안법 제42조(항공기항로변경죄)의 '항로'에 항공기가 지상에서 이동하는 경로도 포함된다고 해석하는 것은 죄형법정주의에 반한다.
ㄴ. 보호관찰은 형벌이 아니라 보안처분의 성격을 갖는 것으로서, 과거의 불법에 대한 책임에 기초하고 있는 제재가 아니라 장래의 위험성으로부터 행위자를 보호하고 사회를 방위하기 위한 합목적적인 조치이므로, 소급효금지원칙이 적용되지 아니한다.
ㄷ. 형벌법규에 대한 체계적·논리적 해석방법은 그 규정의 본질적 내용에 가장 접근한 해석을 위한 것으로서 죄형법정주의의 원칙에 부합한다.
ㄹ. 약사법 제5조 제3항에서 면허증의 대여를 금지한 취지는 약사자격이 없는 자가 타인의 면허증을 빌려 영업을 하게 될 경우 국민의 건강에 위험이 초래된다는 데 있다 할 것이므로, 약사자격이 있는 자에게 빌려주는 행위까지 금지되는 것으로 보는 것은 유추해석에 해당한다.
ㅁ. 의료법 제41조는 "각종 병원에는 응급환자와 입원환자의 진료 등에 필요한 당직의료인을 두어야 한다."라고 규정하고 있을 뿐인데도 시행령에 당직의료인의 수와 자격 등 배치기준을 규정하고 이를 위반하면 의료법 제90조에 의한 처벌의 대상이 되도록 한 것은 위임입법의 한계를 벗어난 것으로 죄형법정주의에 반한다.
ㅂ. 노역장유치는 그 실질이 신체의 자유를 박탈하는 것으로서 징역형과 유사한 형벌적 성격을 가지므로 형벌불소급원칙의 적용대상이 된다.

① 1개 ② 2개
③ 3개 ④ 4개

정선 핵심

ㄱ. 항로에 지상이동 경로도 포함 → 죄형법정주의원칙 위반 ○
ㄴ. 보호관찰 → 소급효 금지의 원칙 적용 ×
ㄷ. 형벌법규에 대한 체계적·논리적 해석 → 죄형법정주의의 원칙 부합
ㄹ. 약사자격이 있는 자에게 면허증대여 금지도 포함 → 유추해석 금지의 원칙 위반 ×
ㅁ. 의료법 시행령에 의한 형사처벌대상의 신설·확장 → 죄형법정주의원칙 위반 ○
ㅂ. 노역장유치 → 형벌불소급의 원칙 적용 ○

제1장
제2장
제3장

정선 해설

[ㄱ ▸ O] 항공보안법에 '항로'가 무엇인지에 관하여 정의한 규정은 없기 때문에 사전적인 정의와 입법자의 의사를 고려하여 판단하건대 '항로'에 항공기가 지상에서 이동하는 경로도 포함된다고 해석하는 것은 죄형법정주의에 반한다고 보아야 한다.

> 본죄의 객체는 '운항 중'의 항공기이다. 그러나 위계 또는 위력으로 변경할 대상인 '항로'는 별개의 구성요건요소로서 그 자체로 죄형법정주의원칙에 부합하게 해석해야 할 대상이 된다. 항로가 공중의 개념을 내포한 말이고, 입법자가 그 말뜻을 사전적 정의보다 넓은 의미로 사용하였다고 볼 자료가 없다. 지상의 항공기가 이동할 때 '운항 중'이 된다는 이유만으로 그때 다니는 지상의 길까지 '항로'로 해석하는 것은 문언의 가능한 의미를 벗어난다(대판 2017.12.21. 2015도8335[전합]).

[ㄴ ▸ O] 대판 1997.6.13. 97도703

[ㄷ ▸ O] 대판 2018.10.25. 2016도11429

[ㄹ ▸ X] 면허증의 대여의 상대방에는 자격 있는 약사도 포함되므로 이러한 행위까지 금지되는 것으로 보는 것이 유추해석이라고 할 수 없다.

> 면허증 대여의 상대방, 즉 차용인이 무자격자인 경우는 물론, 자격 있는 약사인 경우에도 그 대여 이후 면허증차용인에 의하여 대여인 명의로 개설된 약국 등 업소에서 대여인이 직접 약사로서의 업무를 행하지 아니한 채 차용인에게 약국의 운영을 일임하였다면 약사면허증을 대여한 데 해당한다(대판 2003.6.24. 2002도6829).

[ㅁ ▸ O] 의료법 제41조는 각종 병원에 두어야 하는 당직의료인의 수와 자격에 아무런 제한을 두고 있지 않고 이를 하위 법령에 위임하고 있지도 않으므로 시행령 조항은 위임입법의 한계를 벗어난 것으로서 죄형법정주의에 반한다.

> 의료법 제41조가 "환자의 진료 등에 필요한 당직의료인을 두어야 한다."라고 규정하고 있을 뿐인데도 시행령 조항은 당직의료인의 수와 자격 등 배치기준을 규정하고 이를 위반하면 의료법 제90조에 의한 처벌의 대상이 되도록 함으로써 형사처벌의 대상을 신설 또는 확장하였다. 그러므로 시행령 조항은 위임입법의 한계를 벗어난 것으로서 무효이다(대판 2017.2.16. 2015도16014[전합]).

[ㅂ ▸ O] 헌재 2017.10.26. 2015헌바239

답 ❶

012 □□□

죄형법정주의에 대한 설명으로 옳은 것만을 모두 고른 것은?(다툼이 있는 경우 판례에 의함)

17 국가7급

ㄱ. 위치추적 전자장치의 부착명령은 보안처분적 성격을 가지므로 구 특정 범죄자에 대한 위치추적 전자장치 부착 등에 관한 법률을 개정하여 부착명령 기간을 연장하면서 개정법 시행 전에 저지른 범죄에 대하여도 적용하도록 한 것은 소급입법 금지의 원칙에 위반되지 아니한다.
ㄴ. 공공기관의 운영에 관한 법률 제53조가 공공기관의 임직원으로서 공무원이 아닌 사람은 형법 제129조의 적용에서는 이를 공무원으로 본다고 규정하고, 동법 제4조 제1항에서 구체적인 공공기관은 기획재정부장관이 지정할 수 있도록 규정한 것은 죄형법정주의에 위반되지 아니한다.
ㄷ. 국가공무원법 제66조(집단 행위의 금지) 제1항에서 '공무 외의 일을 위한 집단행위'로 포괄적이고 광범위하게 규정하고 있는 것은 명확성의 원칙에 반한다.
ㄹ. 형법이나 국가보안법의 '자수'에는 범행이 발각되고 지명수배된 후의 자진출두도 포함되는 것으로 해석하고 있으므로 공직선거법의 '자수'를 '범행발각 전에 자수한 경우'로 한정하는 해석은 유추해석 금지의 원칙에 위반된다.

① ㄱ, ㄹ
② ㄴ, ㄷ
③ ㄱ, ㄴ, ㄹ
④ ㄱ, ㄴ, ㄷ, ㄹ

정선 핵심

ㄱ. 전자감시제도(위치추적 전자장치의 부착명령) → 소급효 금지의 원칙 위반 ×
ㄴ. 공무원의제규정과 기획재정부장관의 공공기관지정규정 → 죄형법정주의원칙 위반 ×
ㄷ. 공무 외의 일을 위한 집단행위 → 명확성의 원칙 위반 ×
ㄹ. 범행발각 전 자수로 한정 → 유추해석 금지의 원칙 위반 ○

정선 해설

[ㄱ ▸ ○] 대판 2010.12.23. 2010도11996
[ㄴ ▸ ○] 대판 2013.6.13. 2013도1685
[ㄷ ▸ ×] 구 국가공무원법 제66조 제1항은 "공무원은 노동운동이나 그 밖에 공무 외의 일을 위한 집단 행위를 하여서는 아니 된다. 다만, 사실상 노무에 종사하는 공무원은 예외로 한다"라고 규정하고 있다. 국가공무원법이 위와 같이 '공무 외의 일을 위한 집단행위'라고 다소 포괄적이고 광범위하게 규정하고 있다 하더라도, 수범자인 공무원이 구체적으로 어떠한 행위가 여기에 해당하는지를 충분히 예측할 수 없을 정도로 적용 범위가 모호하다거나 불분명하다고 할 수 없으므로 위 규정이 명확성의 원칙에 반한다고 볼 수 없고, 또한 위 규정이 적용 범위가 지나치게 광범위하거나 포괄적이어서 공무원의 표현의 자유를 과도하게 제한한다고 볼 수 없으므로, 과잉금지의 원칙에 반한다고 볼 수도 없다(대판 2017.4.13. 2014두8469).
[ㄹ ▸ ○] 대판 1997.3.20. 96도1167[전합]

답 ❸

013 □□□ 죄형법정주의에 대한 설명으로 옳은 것만을 모두 고르면?(다툼이 있는 경우 판례에 의함)

21 국가9급

ㄱ. 형법상 내란선동죄에서 '선동'은 단지 언어적인 표현행위일 뿐이므로 그 행위에 대한 평가 여하에 따라서는 적용범위가 무한히 확장될 가능성이 있어 죄형법정주의원칙에 반한다.
ㄴ. 형사처벌에 관련된 모든 법규를 예외 없이 형식적 의미의 법률에 의하여 규정한다는 것은 사실상 불가능할 뿐만 아니라 실제에 적합하지도 않다.
ㄷ. 위임명령에 규정될 내용 및 범위의 기본사항은 구체적이고 분명하게 규정되어 있어야 하므로, 법률이나 상위명령으로부터 위임명령에 규정될 내용의 대강만을 예측할 수 있는 경우에는 죄형법정주의원칙에 반한다.
ㄹ. 형벌법규의 의미를 피고인에게 불리한 방향으로 지나치게 확장해석하거나 유추해석하는 것은 죄형법정주의원칙에 반한다.

① ㄱ, ㄴ ② ㄱ, ㄷ
③ ㄴ, ㄹ ④ ㄷ, ㄹ

정선 핵심

ㄱ. 내란선동죄의 선동 → 죄형법정주의원칙 위반 ×
ㄴ. 모든 처벌법규를 예외 없이 형식적 의미의 법률에 규정 → 불가능
ㄷ. 위임명령에 규정될 내용의 대강 예측 → 죄형법정주의원칙 위반 ×
ㄹ. 피고인에게 불리한 확장해석이나 유추해석 → 죄형법정주의원칙 위반 ○

정선 해설

[ㄱ ▸ ×] ㄱ. 지문은 반대의견에서 제시된 견해이다. 다수의견의 태도는 아래의 판례를 참조하라.

[다수의견] 내란선동이란 내란이 실행되는 것을 목표로 하여 피선동자들에게 내란행위를 결의, 실행하도록 충동하고 격려하는 일체의 행위를 말한다. 내란선동은 주로 언동, 문서, 도화 등에 의한 표현행위의 단계에서 문제되는 것이므로 내란선동죄의 구성요건을 해석함에 있어서는 국민의 기본권인 표현의 자유가 위축되거나 본질이 침해되지 아니하도록 죄형법정주의의 기본정신에 따라 엄격하게 해석하여야 한다. 따라서 언어적 표현행위는 매우 추상적이고 다의적일 수 있으므로 그 표현행위가 위와 같은 내란선동에 해당하는지를 가림에 있어서는 선동행위 당시의 객관적 상황, 발언 등의 장소와 기회, 표현방식과 전체적인 맥락 등을 종합하여 신중하게 판단하여야 한다(대판 2015.1.22. 2014도10978[전합]).

[ㄴ ▸ ○] 대판 2006.6.15. 2004도756

[ㄷ ▸ ×] 위임명령에 규정될 내용 및 범위의 기본사항이 구체적으로 규정되어 있어서 누구라도 당해 법률이나 상위명령으로부터 위임명령에 규정될 내용의 대강을 예측할 수 있는 경우에는 죄형법정주의에 반한다고 할 수 없다.

위임명령은 법률이나 상위명령에서 구체적으로 범위를 정한 개별적인 위임이 있을 때에 가능하고, 여기에서 구체적인 위임의 범위는 규제하고자 하는 대상의 종류와 성격에 따라 달라지는 것이어서 일률적 기준을 정할 수는 없지만, 적어도 위임명령에 규정될 내용 및 범위의 기본사항이 구체적으로 규정되어 있어서 누구라도 당해 법률이나 상위명령으로부터 위임명령에 규정될 내용의 대강을 예측할 수 있어야 한다(대판 2004.1.29. 2003두10701).

[ㄹ ▸ ○] 대판 2011.8.25. 2011도7725

답 ❸

014 □□□

죄형법정주의에 대한 설명 중 가장 적절한 것은?(다툼이 있는 경우 판례에 의함)

20 경찰승진

① 위법성 및 책임의 조각사유나 소추조건, 또는 처벌조각사유인 형면제사유에 관하여 그 범위를 제한적으로 유추적용하게 되면 행위자의 가벌성의 범위는 확대되어 행위자에게 불리하게 되므로 유추해석 금지의 원칙에 반한다.

② 대법원 양형위원회가 설정한 양형기준이 발효하기 전에 공소가 제기된 범죄에 대하여 위 양형기준을 참고하여 형을 양정한 경우 피고인에게 불리한 법률을 소급하여 적용하였으므로 소급효금지의 원칙에 반한다.

③ 가정폭력범죄의 처벌 등에 관한 특례법 이 정한 보호처분 중의 하나인 사회봉사명령은 형벌 그 자체가 아니라 보안처분의 성격을 가지는 것이므로 형벌불소급의 원칙이 적용되지 않고 재판시법을 적용함이 상당하다.

④ 헌법재판소가 형벌조항에 대해 헌법불합치결정을 선고하면서 개정시한을 정하여 입법개선을 촉구하였는데도 위 시한까지 법률 개정이 이루어지지 않은 경우 공소가 제기된 피고사건에 대하여 형사소송법 제326조 제4호에 따라 면소를 선고하여야 한다.

정선 핵심

① 가벌성의 범위를 확대하는 제한적 유추 → 유추해석 금지의 원칙 위반 ○
② 양형기준 적용 → 소급효 금지의 원칙 위반 ×
③ 사회봉사명령 → 형벌불소급의 원칙 적용 ○
④ 형벌조항에 대한 헌법불합치결정 → 무죄판결

정선 해설

[❶ ▸ ○] 대판 1997.3.20. 96도1167[전합]

[❷ ▸ ×] 대법원의 양형기준은 법적 구속력이 없기 때문에 양형기준이 발효하기 전에 공소가 제기된 범죄에 대하여 위 양형기준을 참고하여 형을 양정한 경우 소급효 금지의 원칙에 반한다고 할 수 없다.

> 대법원 양형위원회가 설정한 '양형기준'이 발효하기 전에 공소가 제기된 범죄에 대하여 위 '양형기준'을 참고하여 형을 양정한 경우, 피고인에게 불리한 법률을 소급하여 적용한 위법이 있다고 할 수 없다(대판 2009.12.10. 2009도11448).

[❸ ▸ ×] 가정폭력범죄의 처벌 등에 관한 특례법이 정한 보호처분 중의 하나인 사회봉사명령은 보안처분의 성격을 가지는 것이 사실이나 한편으로 이는 가정폭력범죄행위에 대하여 형사처벌 대신 부과되는 것으로서, 가정폭력범죄를 범한 자에게 의무적 노동을 부과하고 여가시간을 박탈하여 실질적으로는 신체적 자유를 제한하게 되므로, 이에 대하여는 원칙적으로 형벌불소급의 원칙에 따라 행위시법을 적용함이 상당하다(대결 2008.7.24. 2008어4).

[❹ ▸ ×] 헌법재판소의 헌법불합치결정은 위헌결정이므로 형사소송법 제325조 전단의 피고사건이 범죄로 되지 아니하는 경우에 해당하여 법원은 피고사건에 대하여 무죄판결을 선고하여야 한다.

> 헌법재판소의 헌법불합치결정은 헌법과 헌법재판소법이 규정하고 있지 않은 변형된 형태이지만 법률조항에 대한 위헌결정에 해당한다. 그리고 헌법재판소법 제47조 제3항 본문은 형벌에 관한 법률조항에 대하여 위헌결정이 선고된 경우 그 조항이 소급하여 효력을 상실한다고 규정하고 있으므로, 형벌에 관한 법률조항이 소급하여 효력을 상실한 경우에 당해 조항을 적용하여 공소가 제기된 피고사건은 범죄로 되지 않은 때에 해당한다. 따라서 법원은 그 피고사건에 대하여 형사소송법 제325조 전단에 따라 무죄를 선고하여야 한다(대판 2018.10.25. 2015도17936).

답 ❶

015
□□□

죄형법정주의에 대한 설명으로 가장 적절한 것은?(다툼이 있는 경우 판례에 의함)

18 경찰채용

① 행위 당시의 판례에 의하면 처벌대상이 되지 아니하는 것으로 해석되었던 행위를 재판 시에 해석을 달리하여 처벌하는 것은 형벌불소급의 원칙에 반한다.
② 공직선거법 제262조의 '자수'를 통상 관용적으로 사용되는 용례와는 달리 범행발각 전에 자수한 경우로 한정하여 해석하여도 유추해석 금지의 원칙에 위반되지 않는다.
③ 약국 개설자가 아니면 의약품을 판매하거나 판매목적으로 취득할 수 없다고 규정한 구 약사법 제44조 제1항의 '판매'에 무상으로 의약품을 양도하는 '수여'를 포함시키는 해석은 죄형법정주의에 위배된다.
④ 항공보안법 제42조(항공기항로변경죄)의 '항로'에 항공기가 지상에서 이동하는 경로도 포함된다고 해석하는 것은 죄형법정주의에 반한다.

정선 핵심

① 판례변경에 의한 처벌 → 소급효 금지의 원칙 위반 ×
② 범행발각 전 자수로 한정 → 유추해석 금지의 원칙 위반 ○
③ 의약품의 판매에 수여를 포함시키는 해석 → 죄형법정주의원칙 위반 ×
④ 항로에 지상이동 경로도 포함 → 죄형법정주의원칙 위반 ○

정선 해설

[❶ ▸ ×] 형사처벌의 근거가 되는 것은 법률이지 판례가 아니고, 구 법률에 관한 판례의 변경은 그 법률조항의 내용을 확인하는 것에 지나지 아니하여 이로써 위 법률조항 자체가 변경된 것이라고 볼 수는 없으므로, 행위 당시의 판례에 의하면 처벌대상이 되지 아니하는 것으로 해석되었던 행위를 판례의 변경에 따라 확인된 내용의 위 법률조항에 근거하여 처벌한다고 하여 그것이 형벌불소급의 원칙에 반한다고 할 수는 없다(대판 1999.7.15. 95도2870[전합]).

[❷ ▸ ×] 공직선거법 제262조의 "자수"를 '범행발각 전에 자수한 경우'로 한정하는 풀이는 "자수"라는 단어가 통상 관용적으로 사용되는 용례에서 갖는 개념 외에 '범행발각 전'이라는 또 다른 개념을 추가하는 것으로서 결국은 '언어의 가능한 의미'를 넘어 공직선거법 제262조의 "자수"의 범위를 그 문언보다 제한함으로써 공직선거법 제230조 제1항 등의 처벌범위를 실정법 이상으로 확대한 것으로서 죄형법정주의의 파생원칙인 유추해석 금지의 원칙에 위반된다(대판 1997.3.20. 96도1167[전합]).

[❸ ▸ ×] 국내에 있는 불특정 또는 다수인에게 무상으로 의약품을 양도하는 수여행위도 구 약사법 제44조 제1항의 '판매'에 포함된다고 보는 것이 체계적이고 논리적인 해석이라 할 것이고, 그와 같은 해석이 죄형법정주의에 위배된다고 볼 수 없다(대판 2011.10.13. 2011도6287).

[❹ ▸ ○] 항공보안법에 '항로'가 무엇인지에 관하여 정의한 규정은 없기 때문에 사전적인 정의와 입법자의 의사를 고려하여 판단하건대 '항로'에 항공기가 지상에서 이동하는 경로도 포함된다고 해석하는 것은 죄형법정주의에 반한다고 보아야 한다.

본죄의 객체는 '운항 중'의 항공기이다. 그러나 위계 또는 위력으로 변경할 대상인 '항로'는 별개의 구성요건요소로서 그 자체로 죄형법정주의원칙에 부합하게 해석해야 할 대상이 된다. 항로가 공중의 개념을 내포한 말이고, 입법자가 그 말뜻을 사전적 정의보다 넓은 의미로 사용하였다고 볼 자료가 없다. 지상의 항공기가 이동할 때 '운항 중'이 된다는 이유만으로 그때 다니는 지상의 길까지 '항로'로 해석하는 것은 문언의 가능한 의미를 벗어난다(대판 2017.12.21. 2015도8335[전합]).

답 ❹

016 □□□

죄형법정주의에 대한 설명으로 가장 적절하지 않은 것은?(다툼이 있는 경우 판례에 의함)

17 경찰채용

① 구성요건이 신설된 상습강제추행죄가 시행되기 이전의 범행은 상습강제추행죄로는 처벌할 수 없고 행위시법에 기초하여 강제추행죄로 처벌할 수 있을 뿐이며, 이 경우 그 소추요건도 상습강제추행죄에 관한 것이 아니라 강제추행죄에 관한 것이 구비되어야 한다.

② 허위로 신고한 사실이 무고행위 당시 형사처분의 대상이 될 수 있었던 경우에는 무고죄는 기수에 이르고, 이후 그러한 사실이 형사범죄가 되지 않는 것으로 판례가 변경되었더라도 특별한 사정이 없는 한 이미 성립한 무고죄에는 영향을 미치지 않는다.

③ 가정폭력범죄의 처벌 등에 관한 특례법상 사회봉사명령을 부과하면서, 행위시법상 사회봉사명령 부과시간의 상한인 100시간을 초과하여 상한을 200시간으로 올린 신법을 적용한 것은 위법하다.

④ 외국환거래법 제30조가 규정하는 몰수·추징의 대상은 범인이 해당 행위로 인하여 취득한 외국환 기타 지급수단 등을 뜻하고, 이는 범인이 외국환거래법에서 규제하는 행위로 인하여 취득한 외국환 등이 있을 때 이를 몰수하거나 추징한다는 취지이나, 여기서 취득이란 해당 범죄행위로 인하여 결과적으로 이를 취득한 때를 말한다고 제한적으로 해석할 필요는 없다.

정선 핵심

① 상습강제추행죄 시행 이전의 범행 → 소추요건이 구비된 강제추행죄로 처벌
② 행위시법에 의한 무고죄 성립 → 판례변경에 의한 영향 ×
③ 사회봉사명령 → 형벌불소급의 원칙 적용 ○
④ 외국환거래법상 취득 → 해당 범죄행위로 인하여 결과적으로 이를 취득한 때

정선 해설

[❶ ▸ ○] 포괄일죄에 관한 기존 처벌법규에 대하여 그 표현이나 형량과 관련한 개정을 하는 경우가 아니라 애초에 죄가 되지 아니하던 행위를 구성요건의 신설로 포괄일죄의 처벌대상으로 삼는 경우에는 신설된 포괄일죄처벌법규가 시행되기 이전의 행위에 대하여는 신설된 법규를 적용하여 처벌할 수 없다(형법 제1조 제1항). 이는 신설된 처벌법규가 상습범을 처벌하는 구성요건인 경우에도 마찬가지라고 할 것이므로, 구성요건이 신설된 상습강제추행죄가 시행되기 이전의 범행은 상습강제추행죄로는 처벌할 수 없고 행위시법에 기초하여 강제추행죄로 처벌할 수 있을 뿐이며, 이 경우 그 소추요건도 상습강제추행죄에 관한 것이 아니라 강제추행죄에 관한 것이 구비되어야 한다(대판 2016.1.28. 2015도15669).

[❷ ▸ ○] 대판 2017.5.30. 2015도15398

[❸ ▸ ○] 판례(대결 2008.7.24. 2008어4)는 가정폭력범죄의 처벌 등에 관한 특례법상 사회봉사명령을 부과하면서, 행위시법상 사회봉사명령 부과시간의 상한인 100시간을 초과하여 상한을 200시간으로 올린 신법을 적용한 것은 위법하다고 판시하고 있다.

[❹ ▸ ×] 외국환거래법 제30조가 규정하는 몰수·추징의 대상은 범인이 해당 행위로 인하여 취득한 외국환 기타 지급수단 등을 뜻하고, 이는 범인이 외국환거래법에서 규제하는 행위로 인하여 취득한 외국환 등이 있을 때 이를 몰수하거나 추징한다는 취지로서, 여기서 취득이란 해당 범죄행위로 인하여 결과적으로 이를 취득한 때를 말한다고 제한적으로 해석함이 타당하다(대판 2017.5.31. 2013도8389).

답 ❹

제1장 제2장 제3장

안심Touch

017 □□□

죄형법정주의에 관한 아래의 판례 중 옳은 것은 모두 몇 개인가? 15 경찰간부

> ㄱ. 음란표현과 저속표현의 헌법적 평가와 관련하여 '음란'은 언론·출판의 자유에 의한 보장을 받지 않는 반면, '저속'은 이러한 정도에 이르지 않는 성표현 등을 의미하는 것으로서 헌법적인 보호영역 안에 있다.
> ㄴ. '공익'을 해할 목적으로 전기통신설비에 의하여 공연히 허위의 통신을 한 자를 형사처벌하는 전기통신기본법 제47조 제1항은 죄형법정주의의 명확성원칙에 위배되지 않는다.
> ㄷ. 복사한 문서의 사본은 문서위조 및 동 행사죄의 객체인 문서에 해당한다.
> ㄹ. 구 정보통신망 이용촉진 및 정보보호 등에 관한 법률 제65조 제1항 제3호에서 규정하는 '불안감'이란 구성요건요소는 명확성의 원칙에 반한다.
> ㅁ. 자신의 뇌물수수혐의에 대한 결백을 주장하기 위하여 제3자로부터 사건 관련자들이 주고받은 이메일 출력물을 교부받아 징계위원회에 제출하는 행위는 '정보통신망에 의하여 처리·보관 또는 전송되는 타인의 비밀'인 이메일의 내용을 '누설하는 행위'에 해당한다.

① 1개　　② 2개
③ 3개　　④ 4개

정선 핵심

ㄱ. 음란표현 → 언론·출판의 자유의 보호영역에 해당
ㄴ. 전기통신기본법상 공익 → 명확성원칙 위반 O
ㄷ. 복사한 문서사본 → 문서위조 및 동 행사죄의 객체 O
ㄹ. 불안감 → 명확성원칙 위반 ×
ㅁ. 이메일 출력물을 징계위원회에 제출하는 행위 → 이메일 내용의 누설에 해당

정선 해설

[ㄱ ▸ ×] 헌법재판소는 종래의 견해를 변경하여 저속한 표현뿐만 아니라 음란한 표현도 헌법상의 언론·출판의 자유의 보호영역에 해당한다고 결정한 바 있다.

> 음란표현이 언론·출판의 자유의 보호영역에 해당하지 아니한다고 해석할 경우 음란표현에 대한 최소한의 헌법상 보호마저도 부인하게 될 위험성이 농후하게 된다는 점을 간과할 수 없으므로 음란표현은 헌법 제21조가 규정하는 언론·출판의 자유의 보호영역 내에 있다고 볼 것인바, 종전에 이와 견해를 달리하여 음란표현은 헌법 제21조가 규정하는 언론·출판의 자유의 보호영역에 해당하지 아니한다는 취지로 판시한 우리 재판소의 의견(95헌가16)을 변경한다(헌재 2009.5.28. 2006헌바109).

[ㄴ ▸ ×] 전기통신기본법 제47조 제1항(이 사건 법률조항)은 "공익을 해할 목적"의 허위의 통신을 금지하는바, 여기서의 "공익"은 형벌조항의 구성요건으로서 구체적인 표지를 정하고 있는 것이 아니라, 헌법상 기본권 제한에 필요한 최소한의 요건 또는 헌법상 언론·출판의 자유의 한계를 그대로 법률에 옮겨 놓은 것에 불과할 정도로 그 의미가 불명확하고 추상적이다. 결국, 이 사건 법률조항은 수범자인 국민에 대하여 일반적으로 허용되는 '허위의 통신' 가운데 어떤 목적의 통신이 금지되는 것인지 고지하여 주지 못하고 있으므로 표현의 자유에서 요구하는 명확성의 요청 및 죄형법정주의의 명확성원칙에 위배하여 헌법에 위반된다(헌재 2010.12.28. 2008헌바157).

[ㄷ ▸ O] 대판 1995.12.26. 95도2389

[ㄹ ▸ ×] 구 정보통신망 이용촉진 및 정보보호 등에 관한 법률 제65조 제1항 제3호에서 규정하는 "불안감"은 평가적·정서적 판단을 요하는 규범적 구성요건요소이고, "불안감"이란 개념이 사전적으로 "마음이 편하지 아니하고 조마조마한 느낌"이라고 풀이되고 있어 이를 불명확하다고 볼 수는 없으므로, 위 규정 자체가 죄형법정주의 및 여기에서 파생된 명확성의 원칙에 반한다고 볼 수 없다(대판 2008.12.24. 2008도9581).

[ㅁ ▸ O] 대판 2008.4.24. 2006도8644

답 ❷

018 □□□

죄형법정주의에 대한 다음 설명 중 옳은 것은 모두 몇 개인가?(다툼이 있으면 판례에 의함)

16 경찰채용

ㄱ. 의사가 환자와 대면하지 아니하고 전화나 화상 등을 이용하여 환자의 용태를 스스로 듣고 판단하여 처방전 등을 발급한 행위는 구 의료법상 '직접 진찰한 의사'가 아닌 자가 처방전 등을 발급한 경우에 해당한다.

ㄴ. 특정 범죄자에 대한 보호관찰 및 위치추적 전자장치 부착 등에 관한 법률 제5조 제1항 제3호는 검사가 전자장치부착명령을 법원에 청구할 수 있는 경우 중의 하나로'성폭력범죄를 2회 이상 범하여(유죄의 확정판결을 받은 경우를 포함한다) 그 습벽이 인정된 때'라고 규정하고 있는데, 피부착명령청구자가 2회 이상 성폭력범죄를 범하였는지를 판단할 때 소년보호처분을 받은 전력을 고려하는 것은 죄형법정주의에 위반되므로 허용되지 아니한다.

ㄷ. 형법(1953.9.18. 법률 제293호로 제정된 것) 제125조(폭행, 가혹행위) 중 '경찰에 관한 직무를 행하는 자 또는 이를 보조하는 자가 그 직무를 행함에 당하여 형사피의자 또는 기타 사람에 대하여 폭행을 가한 때'와 관련된 부분은 죄형법정주의의 명확성의 원칙에 위반된다.

ㄹ. '아동의 덕성을 심히 해할 우려가 있는 도서, 간행물, 광고물, 기타의 내용물의 제작 등의 행위'를 금지하고 이를 위반하는 자를 처벌하는 구아동복지법 제18조 제11호, 제34조 제4호는 명확성의 원칙에 반한다.

① 1개 ② 2개

③ 3개 ④ 4개

정선 핵심

ㄱ. 비대면 진료행위 → 구 의료법 위반 ×

ㄴ. 보호처분을 받은 전력고려 → 죄형법정주의원칙 위반 ○

ㄷ. 형법 제125조 → 명확성의 원칙 위반 ×

ㄹ. 아동의 덕성을 심히 해할 우려 → 명확성의 원칙 위반 ○

정선 해설

[ㄱ ▸ ×] 의사가 환자와 대면하지 아니하고 전화나 화상 등을 이용하여 환자의 용태를 스스로 듣고 판단하여 처방전 등을 발급한 행위는 2007.4.11. 개정되기 전 구 의료법 제18조 제1항에서 정한 '자신이 진찰한 의사' 또는 2007.4.11. 개정된 구 의료법 제17조 제1항에서 정한 '직접 진찰한 의사'가 아닌 자가 처방전 등을 발급한 경우에 해당하지 아니한다(대판 2013.4.11. 2010도1388).

[ㄴ ▸ ○] 대판 2012.3.22. 2011도15057[전합]

[ㄷ ▸ ×] 형법 제125조 중 '경찰에 관한 직무를 행하는 자 또는 이를 보조하는 자가 그 직무를 행함에 당하여 형사피의자 또는 기타 사람에 대하여 폭행을 가한 때'와 관련된 부분(이 사건 법률조항)의 입법목적과 보호법익 그리고 법문의 전체 내용 등을 종합적으로 볼 때 '그 직무를 행함에 당하여'라 함은 '경찰 등이 그 직무를 행하는 기회'라는 뜻으로 해석되는바, 이런 해석이 다소 포괄적이라도 경찰 등의 직무와 폭행 사이에 객관적 관련성을 요구하는 것으로 해석되므로 그 내용이 불명확하여 처벌범위를 자의적으로 확장시킨다고 볼 수도 없다. 경찰관직무집행법 및 관련 법령에 따른 정당한 유형력 행사는 정당행위가 되어 처벌받지 아니하고, 판례도 축적되어 있어 이 사건 법률조항에 따라 처벌되는 행위와 정당한 유형력행사의 구별이 가능하다. 따라서 이 사건 법률조항은 죄형법정주의의 명확성원칙에 위반되지 않는다(헌재 2015.3.26. 2013헌바140).

[ㄹ ▸ ○] 이 사건 아동복지법 조항의 "어질고 너그러운 품성"을 뜻하는 '덕성'이라는 개념은 도덕이나 윤리가 품성으로 인격화된 것을 의미한다 할 것인바, 그 적용범위의 한계가 명확하다고 할 수 없고, 이에 덧붙인 "심히 해할 우려"라는 요소까지 고려하면 과연 무엇을 기준으로 그 덕성을 심히 해하는 경우와 다소 해하기는 하지만 심히 해하는 정도에까지 이르지 못하는 경우를 나눌 수 있을지 알 수 없으며, 나아가 심히 해하는 정도에까지 이르지 못하는 경우 중에서도 심히 해하지는 않을까 하는 우려가 인정되는 경우와 그러한 우려가 인정되지 않는 경우를 다시 나누는 것도 어렵다. 그러므로, 이 사건 아동복지법 조항은 죄형법정주의에서 파생된 명확성의 원칙에 위배된다(헌재 2002.2.28. 99헌가8).

유사판례 **헌재 2010.12.28. 2008헌바157, 헌재 2002.6.27. 99헌마480**

- 공익을 해할 목적으로 전기통신설비에 의하여 공연히 허위의 통신을 한 자를 형사처벌하는 전기통신기본법 제47조 제1항은 죄형법정주의의 명확성원칙 위반된다.
- 공공의 안녕질서 또는 미풍양속을 해하는 내용의 통신을 금하는 전기통신사업법 제53조 제1항이 명확성의 원칙에 위배된다.

답 ❷

019 □□□

죄형법정주의에 대한 설명으로 가장 적절하지 않은 것은?(다툼이 있는 경우 판례에 의함)

20 경찰채용

① 성폭력범죄의 처벌 등에 관한 특례법 제13조는 성적 수치심을 일으킬 수 있는 내용의 말, 글, 물건 등을 통신매체를 이용하여 상대방에게 전달하는 행위를 처벌하고자 함이 명백하므로, 성적 수치심 등을 일으키는 내용의 편지를 피고인이 직접 상대방 주거지 출입문에 끼워 넣음으로써 상대방에게 전달한 행위는 본 규정을 통해 처벌할 수 있다.

② 자동차관리법 제80조 제7호의2는 구체적 · 한정적으로 '자동차 이력 및 판매자 정보를 허위로 제공한 자'만을 처벌하는 것이며 제58조 제3항 위반을 일괄적으로 처벌하는 의미가 아니므로 '허위제공'의 의미를 '단순누락'의 경우도 포함하는 것으로 해석하는 것은 죄형법정주의원칙에 어긋나서 허용되지 않는다.

③ 무면허운전 등을 금지한 도로교통법 제43조는 운전자의 금지사항으로 운전면허를 받지 아니한 경우와 운전면허의 효력이 정지된 경우를 구별하여 대등하게 나열하고 있다. 그렇다면 '운전면허를 받지 아니하고'라는 법률문언의 통상적인 의미에 '운전면허를 받았으나 그 후 운전면허의 효력이 정지된 경우'가 당연히 포함된다고는 해석할 수 없다.

④ 형벌법규는 문언에 따라 엄격하게 해석 · 적용하여야 하고 피고인에게 불리한 방향으로 지나치게 확장해석하거나 유추해석하여서는 안 된다.

정선 핵심

① 편지를 주거지 출입문에 끼워 넣어 전달한 행위 포함 → 유추해석 금지의 원칙 위반 ○
② 허위제공에 단순누락 포함 → 유추해석 금지의 원칙 위반 ○
③ 운전면허를 받지 아니하고 → 운전면허를 받은 후 효력이 정지된 경우 포함 ×
④ 형벌법규의 해석 → 피고인에게 불리한 확장해석이나 유추해석 금지

정선 해설

[❶ ▸ ×] 성적 수치심 등을 일으키는 내용의 편지를 피고인이 직접 상대방 주거지 출입문에 끼워 넣음으로써 상대방에게 전달한 행위가 성폭력범죄의 처벌 등에 관한 특례법 제13조의 구성요건에 해당한다고 보는 것은 유추해석 금지의 원칙에 반하므로 동 규정을 통해 처벌할 수 없다.

성폭력범죄의 처벌 등에 관한 특례법 제13조의 문언에 의하면, 이 규정은 자기 또는 다른 사람의 성적 욕망을 유발하는 등의 목적으로 '전화, 우편, 컴퓨터나 그 밖에 일반적으로 통신매체라고 인식되는 수단을 이용하여' 성적 수치심 등을 일으키는 말, 글, 물건 등을 상대방에게 전달하는 행위를 처벌하고자 하는 것임이 문언상 명백하므로, 위와 같은 통신매체를 이용하지 아니한 채 '직접' 상대방에게 말, 글, 물건 등을 도달하게 하는 행위까지 포함하여 위 규정으로 처벌할 수 있다고 보는 것은 법문의 가능한 의미의 범위를 벗어난 해석으로서 실정법 이상으로 처벌범위를 확대하는 것이다(대판 2016.3.10. 2015도17847).

[❷ ▸ O] 대판 2017.11.14. 2017도13421

[❸ ▸ O] 도로교통법 제43조는 무면허운전 등을 금지하면서 "누구든지 제80조의 규정에 의하여 지방경찰청장으로부터 운전면허를 받지 아니하거나 운전면허의 효력이 정지된 경우에는 자동차 등을 운전하여서는 아니 된다"고 정하여, 운전자의 금지사항으로 운전면허를 받지 아니한 경우와 운전면허의 효력이 정지된 경우를 구별하여 대등하게 나열하고 있다. 그렇다면 '운전면허를 받지 아니하고'라는 법률문언의 통상적인 의미에 '운전면허를 받았으나 그 후 운전면허의 효력이 정지된 경우'가 당연히 포함된다고는 해석할 수 없다(대판 2011.8.25. 2011도7725).

[❹ ▸ O] 대판 2018.7.24. 2018도3443

답 ❶

020 □□□

형벌법규의 해석 등에 관한 다음 설명 중 가장 옳지 않은 것은? 20 법원행시

① 위법성 및 책임의 조각사유나 소추조건 또는 처벌조각사유인 형면제사유에 관하여도 그 범위를 제한적으로 유추적용하는 것은 죄형법정주의의 파생원칙인 유추해석 금지의 원칙에 위반하여 허용될 수 없다.

② 형벌법규의 해석은 엄격하여야 하고, 명문의 형벌법규의 의미를 피고인에게 불리한 방향으로 지나치게 확장해석하거나 유추해석하는 것은 죄형법정주의의 원칙에 어긋나는 것으로서 허용되지 아니하나, 형벌법규의 해석에서도 법률문언의 통상적인 의미를 벗어나지 않는 한 그 법률의 입법취지와 목적, 입법연혁 등을 고려한 목적론적 해석이 배제되는 것은 아니다.

③ 도로교통법 제2조 제26호가 '술이 취한 상태에서의 운전' 등 일정한 경우에 한하여 예외적으로 도로 외의 곳에서 운전한 경우를 운전에 포함한다고 명시하고 있는 반면, 무면허운전에 관해서는 이러한 예외를 명시하고 있지 않지만, 무면허운전을 처벌하는 입법취지와 목적, 입법연혁 등을 고려하면, 도로가 아닌 곳에서 운전면허 없이 운전한 경우에도 무면허운전으로 처벌하는 것은 허용되는 목적론적 해석이다.

④ 형벌법규의 해석에서도 문언의 가능한 의미 안에서 입법취지와 목적 등을 고려한 법률 규정의 체계적 연관성에 따라 문언의 논리적 의미를 분명히 밝히는 체계적·논리적 해석 방법은 규정의 본질적 내용에 가장 접근한 해석을 위한 것으로서 죄형법정주의의 원칙에 부합한다.

⑤ 구 성폭력범죄의 처벌 및 피해자보호 등에 관한 법률(1997.8.22. 법률 제5343호로 개정되기 전의 것) 제8조는, 신체장애로 항거불능인 상태에 있음을 이용하여 여자를 간음하거나 사람에 대하여 추행한 자는 형법 제297조(강간) 또는 제298조(강제추행)에 정한 형으로 처벌한다고 규정하고 있는바, 관련 법률의 장애인에 관한 규정과 형법상의 유추해석 금지의 원칙에 비추어 볼 때, 이 규정에서 말하는 '신체장애'에 정신박약 등으로 인한 정신장애도 포함된다고 보아 그러한 정신장애로 인하여 항거불능상태에 있는 여자를 간음한 경우에도 이 규정에 해당한다고 해석하기는 어렵다.

정선 핵심

① 가벌성의 범위를 확대하는 제한적 유추 → 유추해석 금지의 원칙 위반 O
② 형벌법규의 해석 → 목적론적 해석 가능
③ 도로가 아닌 곳에서의 무면허운전 → 무면허운전으로 처벌 ×
④ 형벌법규의 체계적·논리적 해석 → 죄형법정주의의 원칙 부합
⑤ 구 성폭력범죄의 처벌 및 피해자보호 등에 관한 법률상의 신체장애 → 정신장애 불포함

정선 해설

[❶ ▸ O] 대판 1997.3.20. 96도1167[전합]

[❷ ▸ O] 대판 2018.7.24. 2018도3443

[❸ ▸ ×] 도로에서 운전하지 않았는데도 무면허운전으로 처벌하는 것은 유추해석이나 확장해석에 해당하여 죄형법정주의에 비추어 허용되지 않는다. 따라서 운전면허 없이 자동차 등을 운전한 곳이 위와 같이 일반교통경찰권이 미치는 공공성이 있는 장소가 아니라 특정인이나 그와 관련된 용건이 있는 사람만 사용할 수 있고 자체적으로 관리되는 곳이라면 도로교통법에서 정한 '도로에서 운전'한 것이 아니므로 무면허운전으로 처벌할 수 없다(대판 2017.12.28. 2017도17762).

[❹ ▸ O] 대판 2018.10.25. 2016도11429

[❺ ▸ O] 구 성폭력범죄의 처벌 및 피해자보호 등에 관한 법률 제8조의 신체장애에 정신장애가 포함되지 아니한다는 것이 판례(대판 1998.4.10. 97도3392)의 태도이다. 현행 성폭력범죄의 처벌 등에 관한 특례법 제6조는 처벌의 흠결을 피하기 위하여 신체적인 또는 정신적인 장애가 있는 사람에 대하여 한 강간, 강제추행 등을 가중처벌하고 있다.

> 구 성폭력범죄의 처벌 및 피해자보호 등에 관한 법률(1997.8.22. 법률 제5343호로 개정되기 전의 것) 제8조는, 신체장애로 항거불능인 상태에 있음을 이용하여 여자를 간음하거나 사람에 대하여 추행한 자는 형법 제297조(강간) 또는 제298조(강제추행)에 정한 형으로 처벌한다고 규정하고 있는바, 관련 법률의 장애인에 관한 규정과 형법상의 유추해석 금지의 원칙에 비추어 볼 때, 이 규정에서 말하는 '신체장애'에 정신박약 등으로 인한 정신장애도 포함된다고 보아 그러한 정신장애로 인하여 항거불능상태에 있는 여자를 간음한 경우에도 이 규정에 해당한다고 해석하기는 어렵다(대판 1998.4.10. 97도3392).

답 ❸

021 □□□

죄형법정주의에 대한 설명으로 옳지 않은 것은?(다툼이 있는 경우 판례에 의함)

18 국가9급

① 법률의 시행령이 형사처벌에 관한 사항을 규정하면서 법률의 명시적인 위임범위를 벗어나 그 처벌대상을 확장하는 것은 죄형법정주의의 원칙에 어긋난다.

② 구 가정폭력범죄의 처벌 등에 관한 특례법의 사회봉사명령은 그 성질이 보안처분이지만 소급효 금지의 원칙이 적용된다.

③ 반의사불벌죄에서 처벌을 희망하지 않는다는 의사표시 또는 처벌희망의사표시의 철회는 이른바 소극적 소송조건에 해당하고, 소송조건에는 유추해석 금지의 원칙이 적용되지 않는다.

④ 성폭력범죄의 처벌 등에 관한 특례법 제13조의 통신매체이용음란죄에서 통신매체를 이용하지 아니한 채 '직접' 상대방에게 물건 등을 도달하게 하는 행위까지 포함하여 위 규정으로 처벌할 수 있다고 보는 것은 유추해석 금지의 원칙에 위반된다.

정선 핵심

① 시행령의 처벌대상 확장 → 죄형법정주의의 원칙 위반 O
② 사회봉사명령 → 소급효 금지의 원칙 적용 O
③ 반의사불벌죄의 소극적 소송조건 → 유추해석 금지의 원칙 적용 O
④ 통신매체 없이 직접 도달하게 하는 행위 포함 → 유추해석 금지의 원칙 위반 O

정선 해설

[❶ ▸ O] 대판 2017.2.16. 2015도16014[전합]

[❷ ▸ O] 대결 2008.7.24. 2008어4

[❸ ▸ ×] 반의사불벌죄에 있어서 처벌을 희망하지 않는다는 의사표시 또는 처벌희망의사표시의 철회는 이른바 소극적 소송조건에 해당하고, 소송조건에는 죄형법정주의의 파생원칙인 유추해석 금지의 원칙이 적용된다고 할 것인데, 명문의 근거 없이 그 의사표시에 법정대리인의 동의가 필요하다고 보는 것은 유추해석에 의하여 소극적 소송조건의 요건을 제한하고 피고인 또는 피의자에 대한 처벌가능성의 범위를 확대하는 결과가 되어 죄형법정주의의 내지 거기에서 파생된 유추해석 금지의 원칙에도 반한다(대판 2009.11.19. 2009도6058[전합]).

[❹ ▸ O] 판례(대판 2016.3.10. 2015도17847)의 취지를 고려하면, 성적 수치심 등을 일으키는 내용의 편지를 피고인이 직접 상대방 주거지 출입문에 끼워 넣음으로써 상대방에게 전달한 행위가 성폭력범죄의 처벌 등에 관한 특례법 제13조의 구성요건에 해당한다고 보는 것은 유추해석 금지의 원칙에 반한다.

답 ❸

022 □□□

다음 중 죄형법정주의에 관한 설명으로 옳은 것은 모두 몇 개인가?(다툼이 있는 경우 판례에 의함) 21 해경간부

ㄱ. 구 어선법 시행규칙에서 어선검사증서에 기재할 사항을 구체적으로 규정하면서 기재할 사항에 총톤수를 포함시킨 것은 법의 위임에 따른 것으로서 위임입법의 한계를 벗어났다고 보기 어렵다.

ㄴ. 국내에 있는 불특정 또는 다수인에게 무상으로 의약품을 양도하는 수여행위도 구 약사법 제44조 제1항의 '판매'에 포함된다고 해석하는 것은 유추해석 금지의 원칙에 위반된다.

ㄷ. 유해화학물질관리법 제35조 제1항에서 금지하는 환각물질을 구체적으로 명확하게 규정하지 아니하고 다만 그 성질에 관하여 '흥분·환각 또는 마취의 작용을 일으키는 유해화학물질로서 대통령령이 정하는 물질'로 그 한계를 설정하여 놓고 같은 법 시행령 제22조에서 이를 구체적으로 규정하게 하고, 같은 법 제35조 제1항의 '섭취 또는 흡입'이라고만 규정하고 그 섭취 기준을 따로 정하지 않은 것은 죄형법정주의에 반한다.

ㄹ. 법률을 해석할 때 체계적·논리적 해석방법을 사용할 수 있으나, 문언 자체가 비교적 명확한 개념으로 구성되어 있다면 원칙적으로 이러한 해석방법은 활용할 필요가 없거나 제한될 수밖에 없다.

ㅁ. 구 도시 및 주거환경정비법 제69조 제1항 제6호에서 정한 "관리처분계획의 수립"에 경미한 사항이 아닌 관리처분계획의 주요 부분을 실질적으로 변경하는 것이 포함된다고 해석하는 것은 명확성의 원칙에 위반된다.

ㅂ. 형법 제258조의2 특수상해죄의 신설로 형법 제262조, 제261조의 특수폭행치상죄에 대하여 그 문언상 특수상해죄의 예에 의하여 처벌하는 것이 가능하게 되었다는 이유만으로 형법 제258조의2 제1항의 예에 따라 처벌하는 것은 죄형법정주의원칙에 반한다.

① 1개 ② 2개
③ 3개 ④ 4개

정선 핵심

ㄱ. 어선검사증서에 기재할 사항에 총톤수를 포함 → 위임입법의 한계 일탈 ×
ㄴ. 의약품의 판매에 수여를 포함시키는 해석 → 유추해석 금지의 원칙 위반 ×
ㄷ. 유해화학물질의 섭취 기준을 따로 정하지 않은 것 → 죄형법정주의원칙 위반 ×
ㄹ. 문언 자체가 비교적 명확한 개념으로 구성 → 체계적·논리적 해석 제한
ㅁ. 관리처분계획의 주요 부분의 실질적 변경 포함 → 명확성의 원칙 위반 ×
ㅂ. 특수폭행치상죄를 특수상해죄의 예에 의하여 처벌 → 죄형법정주의원칙 위반 O

정선 해설

[ㄱ ▸ O] 대판 2018.6.28. 2017도13426

[ㄴ ▸ ×] 국내에 있는 불특정 또는 다수인에게 무상으로 의약품을 양도하는 수여행위도 구 약사법 제44조 제1항의 '판매'에 포함된다고 보는 것이 체계적이고 논리적인 해석이라 할 것이고, 그와 같은 해석이 죄형법정주의에 위배된다고 볼 수 없다(대판 2011.10.13. 2011도6287).

[ㄷ ▸ ×] 유해화학물질관리법 제35조 제1항에서 금지하는 환각물질을 구체적으로 명확하게 규정하지 아니하고 다만 그 성질에 관하여 '흥분, 환각 또는 마취의 작용을 일으키는 유해화학물질로서 대통령령이 정하는 물질'로 그 한계를 설정하여 놓고, 같은 법 시행령 제22조에서 이를 구체적으로 규정하게 한 취지는 과학 기술의 급격한 발전으로 말미암아 흥분, 환각 또는 마취의 작용을 일으키는 유해화학물질이 수시로 생겨나기 때문에 이에 신속하게 대처하려는 데에 있으므로, 위임의 한계를 벗어난 것으로 볼 수 없고, 한편 그러한 환각물질은 누구에게나 그 섭취 또는 흡입행위 자체가 금지됨이 마땅하므로, 같은 법 제35조 제1항의 '섭취 또는 흡입'의 개념이 추상적이고 불명확하다거나 지나치게 광범위하다고 볼 수도 없다(대판 2000.10.27. 2000도4187).

[ㄹ ▸ O] 대판 2021.1.21. 2018도5475[전합]

[ㅁ ▸ ×] 구 도시 및 주거환경정비법 제69조 제1항 제6호에서 정한 "관리처분계획의 수립"에는 경미한 사항이 아닌 관리처분계획의 주요 부분을 실질적으로 변경하는 것이 포함된다고 해석함이 타당하고, 이러한 해석이 죄형법정주의 내지 형벌법규 명확성의 원칙을 위반하였다고 보기 어렵다(대판 2019.9.25. 2016도1306).

[ㅂ ▸ O] 대판 2018.7.24. 2018도3443

답 ❸

023 □□□

유추해석(적용)금지원칙에 위반되는 경우만을 모두 고른 것은?(다툼이 있는 경우 판례에 의함) 16 국가9급

ㄱ. 구 음반·비디오물 및 게임물에 관한 법률이 금지하는 '문화관광부장관이 정하여 고시하는 방법에 의하지 아니하고 경품을 제공하는 행위'에 게임제공업자가 제공된 경품을 재매입하는 행위가 해당한다고 보는 경우
ㄴ. 국가보안법 제7조 제1항, 제5항의 '소지'에 '블로그' 등의 이름으로 개설된 사적 인터넷 게시공간의 운영자가 사적 인터넷 게시공간에 게시된 타인의 글을 삭제하지 아니하고 그대로 둔 행위를 '소지'에 해당한다고 보는 경우
ㄷ. 정보통신망 이용촉진 및 정보보호 등에 관한 법률에서 금지하는 '정보통신망에 의하여 처리·보관 또는 전송되는 타인의 정보를 훼손하는 등의 행위'에서 '타인'을 생존하는 개인뿐만 아니라 이미 사망한 자도 포함된다고 보는 경우
ㄹ. 구 형법 제347조의2의 컴퓨터등사용사기죄의 '부정한 명령을 입력하는 행위'에 타인의 인적사항을 도용하여 타인 명의로 발급받은 신용카드의 번호와 그 비밀번호를 인터넷사이트에 입력함으로써 재산상 이익을 취득한 행위가 해당한다고 보는 경우

① ㄱ, ㄴ
② ㄴ, ㄹ
③ ㄱ, ㄴ, ㄹ
④ ㄱ, ㄷ, ㄹ

정선 핵심

ㄱ. 게임제공업자가 재매입하는 행위를 법률이 금지하는 행위로 보는 경우 → 유추해석 금지의 원칙 위반 ○
ㄴ. 타인의 글을 그대로 둔 행위를 소지로 보는 경우 → 유추해석 금지의 원칙 위반 ○
ㄷ. 타인에 이미 사망한 자도 포함된다고 보는 경우 → 유추해석 금지의 원칙 위반 ×
ㄹ. 권한 없는 자가 명령을 입력하는 것도 포함된다고 보는 경우 → 유추해석 금지의 원칙 위반 ×

정선 해설

[ㄱ ▸ ○] 제공된 경품을 재매입하는 행위를 같은 법 제50조 제3호 소정의 제32조 제3호에서 금지하는 '문화관광부장관이 정하여 고시하는 방법에 의하지 아니하고 경품을 제공하는 행위'에 해당한다고 보는 것은 형벌법규를 지나치게 유추 또는 확장해석하여 죄형법정주의의 원칙에 어긋나는 것으로서 허용될 수 없다(대판 2007.6.28. 2007도873).

[ㄴ ▸ ○] 사적 인터넷 게시공간에 게시된 타인의 글을 그대로 둔 것을 국가보안법상 소지라고 보는 것은 유추해석금지원칙에 반한다.

> '블로그', '미니 홈페이지', '카페' 등의 이름으로 개설된 사적(私的) 인터넷 게시공간의 운영자가 사적 인터넷 게시공간에 게시된 타인의 글을 삭제할 권한이 있는데도 이를 삭제하지 아니하고 그대로 두었다는 사정만으로 사적 인터넷 게시공간의 운영자가 타인의 글을 국가보안법 제7조 제5항에서 규정하는 바와 같이 '소지'하였다고 볼 수는 없다(대판 2012.1.27. 2010도8336).

[ㄷ ▸ ×] 대판 2007.6.14. 2007도2162
[ㄹ ▸ ×] 대판 2003.1.10. 2002도2363

답 ❶

024 □□□

죄형법정주의에 대한 설명으로 가장 적절하지 않은 것은?(다툼이 있는 경우 판례에 의함)

19 경찰승진

① '약국개설자가 아니면 의약품을 판매하거나 판매목적으로 취득할 수 없다'고 규정한 구 약사법 제44조 제1항의 '판매'에 무상으로 의약품을 양도하는 '수여'를 포함시키는 해석은 죄형법정주의에 위배되지 아니한다.
② 공공기관의 운영에 관한 법률 제53조가 공기업의 임직원으로서 공무원이 아닌 사람은 형법 제129조의 적용에 있어서는 이를 공무원으로 본다고 규정하고 있을 뿐 구체적인 공기업의 지정에 관하여는 그 하위규범인 기획재정부장관의 고시에 의하도록 규정하였더라도 죄형법정주의에 위배되지 아니한다.
③ '블로그', '미니 홈페이지', '카페' 등의 이름으로 개설된 사적 인터넷 게시공간의 운영자가 게시공간에 게시된 타인의 글을 삭제할 권한이 있는데도 이를 삭제하지 아니하고 그대로 둔 경우를 국가보안법 제7조 제5항의 '소지'행위로 보는 것은 죄형법정주의에 위배되지 아니한다.
④ 의사가 환자와 대면하지 아니하고 전화나 화상 등을 이용하여 환자의 용태를 스스로 듣고 판단하여 처방전 등을 발급한 행위를 구 의료법 상 '직접 진찰한 의사'가 아닌 자가 처방전 등을 발급한 경우에 해당한다고 해석하는 것은 죄형법정주의에 위배된다.

정선 핵심

① 의약품의 판매에 수여를 포함시키는 해석 → 죄형법정주의원칙 위반 ×
② 공무원의제규정과 기획재정부장관의 공공기관지정규정 → 죄형법정주의원칙 위반 ×
③ 타인의 글을 그대로 둔 행위를 소지로 보는 경우 → 유추해석 금지의 원칙 위반 ○
④ 비대면 진료행위를 구 의료법위반행위라고 해석 → 죄형법정주의원칙 위반 ○

정선 해설

[❶ ▸ ○] 대판 2011.10.13. 2011도6287

[❷ ▸ ○] 대판 2013.6.13. 2013도1685

[❸ ▸ ×] 판례(대판 2012.1.27. 2010도8336)의 취지를 고려하면, 사적 인터넷 게시공간에 게시된 타인의 글을 그대로 둔 것을 국가보안법상 소지라고 보는 것은 유추해석금지원칙에 반한다.

[❹ ▸ ○] 의사가 환자와 대면하지 아니하고 전화나 화상 등을 이용하여 환자의 용태를 스스로 듣고 판단하여 처방전 등을 발급한 행위는 2007.4.11. 개정되기 전 구 의료법 제18조 제1항에서 정한 '자신이 진찰한 의사' 또는 2007.4.11. 개정된 구 의료법 제17조 제1항에서 정한 '직접 진찰한 의사'가 아닌 자가 처방전 등을 발급한 경우에 해당하지 아니한다(대판 2013.4.11. 2010도1388).

답 ❸

025 □□□

죄형법정주의에 대한 설명으로 옳은 것은?(다툼이 있는 경우 판례에 의함) 21 경찰간부

① 외국환거래법 제30조가 규정하는 몰수・추징의 대상은 범인이 해당 행위로 인하여 취득한 외국환 기타 지급수단 등을 뜻하고, 여기서 취득이란 해당 범죄행위로 인하여 결과적으로 이를 취득한 때를 말한다고 제한적으로 해석할 필요는 없다.

② 국가보안법 제7조 제5항에서 규정하고 있는 '소지'에 블로그 등의 운영자가 그 사적(私的) 인터넷 게시공간에 게시된 타인의 글을 삭제할 권한이 있는데도 이를 삭제하지 아니하고 그대로 둔 경우를 포함하여 위 규정으로 처벌할 수 있다고 보는 것은 죄형법정주의원칙 위반이라 할 수 없다.

③ 공공기관의 운영에 관한 법률 제53조가 공공기관의 임직원으로서 공무원이 아닌 사람은 형법 제129조의 적용에서는 이를 공무원으로 본다고 규정하고, 동법 제4조 제1항에서 구체적 공공기관은 기획재정부장관의 고시에 의하도록 한 것은 죄형법정주의에 위반되지 않는다.

④ 성폭력범죄의 처벌 등에 관한 특례법 제13조는 '성적 수치심이나 혐오감을 일으키는 말, 음향, 글, 그림, 영상 또는 물건을 상대방에게 도달'하게 하는 경우를 처벌하고 있는바, 상대방에게 성적 수치심을 일으키는 그림 등이 담겨 있는 웹페이지의 인터넷 링크를 보내는 행위가 이에 해당된다고 해석하는 것은 죄형법정주의원칙에 위반된다.

정선 핵심

① 외국환거래법상 취득 → 해당 범죄행위로 인하여 결과적으로 이를 취득한 때
② 타인의 글을 그대로 둔 행위를 소지로 보는 경우 → 유추해석 금지의 원칙 위반 ○
③ 공무원의제규정과 기획재정부장관의 공공기관지정규정 → 죄형법정주의원칙 위반 ×
④ 인터넷 링크를 보내는 행위를 도달로 보는 경우 → 죄형법정주의원칙 위반 ×

정선 해설

[❶ ▸ ×] 외국환거래법 제30조가 규정하는 몰수・추징의 대상은 범인이 해당 행위로 인하여 취득한 외국환 기타 지급수단 등을 뜻하고, 이는 범인이 외국환거래법에서 규제하는 행위로 인하여 취득한 외국환 등이 있을 때 이를 몰수하거나 추징한다는 취지로서, 여기서 취득이란 해당 범죄행위로 인하여 결과적으로 이를 취득한 때를 말한다고 제한적으로 해석함이 타당하다(대판 2017.5.31. 2013도8389).

[❷ ▸ ×] 사적 인터넷 게시공간에 게시된 타인의 글을 그대로 둔 것을 국가보안법상 소지라고 보는 것은 유추해석금지원칙에 반한다.

> '블로그', '미니 홈페이지', '카페' 등의 이름으로 개설된 사적(私的) 인터넷 게시공간의 운영자가 사적 인터넷 게시공간에 게시된 타인의 글을 삭제할 권한이 있는데도 이를 삭제하지 아니하고 그대로 두었다는 사정만으로 사적 인터넷 게시공간의 운영자가 타인의 글을 국가보안법 제7조 제5항에서 규정하는 바와 같이 '소지'하였다고 볼 수는 없다(대판 2012.1.27. 2010도8336).

[❸ ▸ ○] 판례의 취지를 고려하면, 하위규범인 기획재정부장관의 고시에 의하도록 규정하였더라도 죄형법정주의에 반하지 않는다.

> 공공기관의 운영에 관한 법률 제53조가 공기업의 임직원으로서 공무원이 아닌 사람은 형법 제129조의 적용에서는 이를 공무원으로 본다고 규정하고 있을 뿐 구체적인 공기업의 지정에 관하여는 하위규범인 기획재정부장관의 고시에 의하도록 규정한 것이 죄형법정주의에 위배되거나 위임입법의 한계를 일탈한 것으로 볼 수 없다(대판 2013.6.13. 2013도1685).

[❹ ▸ ×] 성폭력범죄의 처벌 등에 관한 특례법 제13조에서 '성적 수치심이나 혐오감을 일으키는 말, 음향, 글, 그림, 영상 또는 물건을 상대방에게 도달하게 한다'는 것은 '상대방이 성적 수치심을 일으키는 그림 등을 직접 접하는 경우뿐만 아니라 상대방이 실제로 이를 인식할 수 있는 상태에 두는 것'을 의미한다. 따라서 행위자의 의사와 그 내용, 웹페이지의 성격과 사용된 링크기술의 구체적인 방식 등 모든 사정을 종합하여 볼 때 상대방에게 성적 수치심을 일으키는 그림 등이 담겨 있는 웹페이지 등에 대한 인터넷 링크(Internet Link)를 보내는 행위는 전체로 보아 성적 수치심을 일으키는 그림 등을 상대방에게 도달하게 한다는 구성요건을 충족한다(대판 2017.6.8. 2016도21389).

답 ❸

026 □□□

죄형법정주의에 대한 설명으로 가장 적절한 것은?(다툼이 있는 경우 판례에 의함)

17 경찰채용

① 공개명령 제도가 시행되기 전에 범한 범죄에도 공개명령 제도를 적용하도록 아동·청소년의 성보호에 관한 법률이 개정되었다면, 이는 소급입법 금지의 원칙에 반한다.

② 위법성 및 책임의 조각사유나 소추조건, 또는 처벌조각사유인 형면제사유에 관하여 그 범위를 제한적으로 유추적용하는 것은 유추해석 금지의 원칙에 반하지 않는다.

③ '약국 개설자가 아니면 의약품을 판매하거나 판매목적으로 취득할 수 없다'고 규정한 구 약사법 제44조 제1항의 '판매'에 무상으로 의약품을 양도하는 '수여'를 포함시키는 해석은 죄형법정주의에 위배된다고 볼 수 없다.

④ 폭력행위 등 처벌에 관한 법률 제4조 제1항에서 규정하고 있는 범죄단체 구성원으로서의 '활동'의 개념은 추상적이고 포괄적이므로 명확성의 원칙에 위배된다.

정선 핵심

① 공개명령 제도 → 소급입법 금지의 원칙 위반 ×
② 가벌성의 범위를 확대하는 제한적 유추 → 유추해석 금지의 원칙 위반 ○
③ 의약품의 판매에 수여를 포함시키는 해석 → 죄형법정주의원칙 위반 ×
④ 범죄단체 구성원으로서의 활동 → 명확성의 원칙 위반 ×

정선 해설

[❶ ▸ ×] 아동·청소년의 성보호에 관한 법률상 공개명령 제도는 범죄행위를 한 자에 대한 응보 등을 목적으로 그 책임을 추궁하는 사후적 처분인 형벌과 구별되어 그 본질을 달리하는 것으로서 형벌에 관한 소급입법 금지의 원칙이 그대로 적용되지 않으므로, 공개명령 제도가 시행된 2010.1.1. 이전에 범한 범죄에도 공개명령 제도를 적용하도록 아동·청소년의 성보호에 관한 법률이 개정되었다고 하더라도 그것이 소급입법 금지의 원칙에 반한다고 볼 수 없다(대판 2011.3.24. 2010도14393).

[❷ ▸ ×] 유추해석 금지의 원칙은 모든 형벌법규의 구성요건과 가벌성에 관한 규정에 준용되는데, 위법성 및 책임의 조각사유나 소추조건, 또는 처벌조각사유인 형면제사유에 관하여 그 범위를 제한적으로 유추적용하게 되면 행위자의 가벌성의 범위는 확대되어 행위자에게 불리하게 되는바, 이는 가능한 문언의 의미를 넘어 범죄구성요건을 유추적용하는 것과 같은 결과가 초래되므로 죄형법정주의의 파생원칙인 유추해석 금지의 원칙에 위반하여 허용될 수 없다(대판 1997.3.20. 96도1167[전합]).

[❸ ▸ ○] 대판 2011.10.13. 2011도6287

[❹ ▸ ×] 폭력행위 등 처벌에 관한 법률 제4조 제1항(이하 이 사건 법률조항)에서 규정하고 있는 범죄단체 구성원으로서의 "활동"의 개념이 다소 추상적이고 포괄적인 측면이 있지만, 어떠한 행위가 위 "활동"에 해당할 수 있는지는 구체적인 사건에 있어서 위 규정의 입법취지 및 처벌의 정도 등을 고려한 법관의 합리적인 해석과 조리에 의하여 보충될 수 있는 점 등을 종합적으로 판단하면, 이 사건 법률조항 중 "활동"부분이 죄형법정주의의 명확성의 원칙에 위배된다고 할 수 없다(대판 2008.5.29. 2008도1857).

답 ❸

027 □□□

죄형법정주의에 대한 설명으로 옳은 것은?(다툼이 있는 경우 판례에 의함) 17 국가9급

① 형벌법규를 하위법령에 위임할 때 처벌법규의 기본사항에 관하여 구체적 기준이나 범위를 정함이 없이 포괄적으로 하위법령에 위임하였다면 명확성의 원칙에 위배되어 죄형법정주의에 반한다.

② 구성요건에 대한 확장적 유추해석은 금지되지만 위법성 및 책임의 조각사유나 소추조건 또는 처벌조각사유인 형면제사유에 관하여 그 범위를 제한적으로 유추해석하는 것은 허용된다.

③ 죄형법정주의의 핵심적 내용의 하나인 소급처벌금지의 원칙은 대법원 양형위원회가 설정한 양형기준에도 적용되므로, 그 양형기준이 발효하기 전에 이미 공소가 제기된 범죄에 대하여는 그 양형기준을 참고하여 형을 양정할 수 없다.

④ 보안처분 중 신상정보공개명령, 위치추적전자장치부착명령에는 소급처벌금지의 원칙이 적용된다.

정선 핵심

① 형벌법규의 포괄적 하위법령 위임 → 죄형법정주의원칙 위반 ○
② 가벌성의 범위를 확대하는 제한적 유추 → 유추해석 금지의 원칙 위반 ○
③ 양형기준 적용 → 소급효 금지의 원칙 위반 ×
④ 신상정보공개명령, 위치추적전자장치부착명령 → 소급효 금지의 원칙 적용 ×

정선 해설

[❶ ▸ ○] 판례의 취지를 고려하면, 처벌법규의 기본사항에 관하여 구체적 정함이 없이 포괄적으로 하위법령에 위임하였다면 명확성의 원칙에 위배되어 죄형법정주의에 반한다.

> 약사법 제77조 제1호 중 제19조 제4항 부분(이 사건 법률조항)은 '약국관리에 필요한 사항'이라는 처벌법규의 구성요건 부분에 관한 기본사항에 관하여 보다 구체적인 기준이나 범위를 정함이 없이 그 내용을 모두 하위법령인 보건복지부령에 포괄적으로 위임함으로써, 약사로 하여금 광범위한 개념인 '약국관리'와 관련하여 준수하여야 할 사항의 내용이나 범위를 구체적으로 예측할 수 없게 하고, 나아가 헌법이 예방하고자 하는 행정부의 자의적인 행정입법을 초래할 여지가 있으므로, 헌법상 포괄위임입법금지원칙 및 죄형법정주의의 명확성원칙에 위반된다(헌재 2000.7.20. 99헌가15).

[❷ ▸ ×] 유추해석 금지의 원칙은 모든 형벌법규의 구성요건과 가벌성에 관한 규정에 준용되는데, 위법성 및 책임의 조각사유나 소추조건, 또는 처벌조각사유인 형면제사유에 관하여 그 범위를 제한적으로 유추적용하게 되면 행위자의 가벌성의 범위는 확대되어 행위자에게 불리하게 되는바, 이는 가능한 문언의 의미를 넘어 범죄구성요건을 유추적용하는 것과 같은 결과가 초래되므로 죄형법정주의의 파생원칙인 유추해석 금지의 원칙에 위반하여 허용될 수 없다(대판 1997.3.20. 96도1167[전합]).

[❸ ▸ ×] 대법원의 양형기준은 법적 구속력이 없기 때문에 양형기준이 발효하기 전에 이미 공소가 제기된 범죄에 대하여 그 양형기준을 참고하여 형을 양정할 수 있다.

> 대법원 양형위원회가 설정한 '양형기준'이 발효하기 전에 공소가 제기된 범죄에 대하여 위 '양형기준'을 참고하여 형을 양정한 경우, 피고인에게 불리한 법률을 소급하여 적용한 위법이 있다고 할 수 없다(대판 2009.12.10. 2009도11448).

[❹ ▸ ×] 판례에 의하면 성폭력범죄의 처벌에 관한 특례법(대판 2011.9.29. 2011도9253)과 아동·청소년의 성보호에 관한 법률(대판 2011.3.24. 2010도14393)상의 신상정보공개명령제도 또는 특정 범죄자에 대한 위치추적 전자장치 부착 등에 관한 법률에 의한 전자감시제도(위치추적전자장치부착명령)(대판 2010.12.23. 2010도11996)는 일종의 보안처분의 성격을 지니고 있는 것으로 소급효 금지의 원칙이 적용되지 아니한다.

답 ❶

028 □□□

죄형법정주의의 파생원칙에 관한 설명으로 옳지 않은 것은 몇 개인가?(다툼이 있는 경우 판례에 의함) 16 경찰간부

ㄱ. 구 국가공무원복무규정 제27조 제2항 제4호(명목 여하를 불문하고 금전 또는 물질로 특정 정당 또는 정치단체를 지지 또는 반대하는 것)는 명확성의 원칙에 위배되었거나 모법인 국가공무원법 제65조 제4항의 위임범위를 벗어났다고 할 수 없다.
ㄴ. 강간상해죄를 1회 범한 것 외에 과거에 성폭력범죄로 소년보호처분을 받은 사실이 있는 경우는 특정 범죄자에 대한 위치추적 전자장치 부착 등에 관한 법률 제5조 제1항 제3호에서 정한 성폭력범죄를 2회 이상 범한 경우에 해당한다.
ㄷ. 2011.1.1. 이전에 아동·청소년 대상 성폭력범죄를 범하고 아직 유죄판결이 확정되지 아니한 자에 대하여는 판결과 동시에 고지명령을 선고할 수 있는 근거를 따로 두고 있지 아니하므로, 2011.1.1. 이후 아동·청소년 대상 성폭력범죄를 저지른 자에 대하여만 판결과 동시에 고지명령을 선고할 수 있다고 보아야 한다.
ㄹ. 범죄의 구성요건은 명확하게 규정되어야 하지만 모든 구성요건이 단순한 서술적 개념으로 규정되어야 하는 것은 아니므로, 통상의 해석방법에 의하여 건전한 상식과 통상적인 법감정을 가진 사람이 당해 처벌법규의 보호법익과 금지된 행위 및 처벌의 종류와 정도를 알 수 있도록 규정하는 한 명확성 원칙에 반하지 아니한다.
ㅁ. 위법성 및 책임의 조각사유나 소추조건 또는 처벌조각 사유인 형면제사유 등의 범위를 제한적으로 유추해석하여 적용하는 것은 허용될 수 없다.

① 0개　② 1개
③ 2개　④ 3개

제1장
제2장
제3장

정선 핵심

ㄱ. 구 국가공무원복무규정 제27조 제2항 제4호 → 명확성의 원칙 위반 ×
ㄴ. 보호처분을 받은 전력 → 성폭력범죄를 2회 이상 범하여 습벽이 인정된 때 ×
ㄷ. 고지명령제도 → 소급효 금지의 원칙 적용 O
ㄹ. 보호법익과 금지행위, 제재를 알 수 있도록 규정 → 명확성의 원칙 위반 ×
ㅁ. 가벌성의 범위를 확대하는 제한적 유추 → 유추해석 금지의 원칙 위반 O

정선 해설

[ㄱ ▸ O] 대판 2014.5.16. 2012도12867

[ㄴ ▸ ×] 피부착명령청구자가 소년법에 의한 보호처분(이하 '소년보호처분')을 받은 전력이 있다고 하더라도, 이는 유죄의 확정판결을 받은 경우에 해당하지 아니함이 명백하므로, 피부착명령청구자가 2회 이상 성폭력범죄를 범하였는지를 판단할 때 소년보호처분을 받은 전력을 고려할 것이 아니다(대판 2012.3.22. 2011도15057[전합]).

[ㄷ ▸ O] '아동·청소년의 성보호에 관한 법률'(2012.12.18. 법률 제11572호로 전부 개정되어 2013.6.19. 시행된 것. 이하 '법률 제11572호 아동성보호법')이 2011.1.1. 이전에 아동·청소년 대상 성폭력범죄를 범하고 아직 유죄판결이 확정되지 아니한 자에 대하여는 일정한 요건 아래 그 유죄판결 확정 후 고지명령을 청구하는 절차 이외에 곧바로 판결과 동시에 고지명령을 선고할 수 있는 근거를 따로 두고 있지 아니하다. 이러한 규정 내용 및 법률 개정의 연혁 등에 비추어 보면, 법률 제11572호 아동성보호법이 시행된 뒤에도 여전히 법률 제10260호 아동성보호법 부칙 규정이 정한 대로 2011.1.1. 이후 '아동·청소년 대상 성폭력범죄를 저지른 자'에 대하여만 판결과 동시에 고지명령을 선고할 수 있다고 보아야 한다(대판 2014.2.13. 2013도14349).

> **비교판례** **대판 2011.3.24. 2010도14393, 대판 2012.6.28. 2012도2947**
>
> - 아동·청소년의 성보호에 관한 법률상 공개명령 제도는 범죄행위를 한 자에 대한 응보 등을 목적으로 그 책임을 추궁하는 사후적 처분인 형벌과 구별되어 그 본질을 달리하는 것으로서 형벌에 관한 소급입법 금지의 원칙이 그대로 적용되지 않으므로, 공개명령 제도가 시행된 2010.1.1. 이전에 범한 범죄에도 공개명령 제도를 적용하도록 아동·청소년의 성보호에 관한 법률이 개정되었다고 하더라도 그것이 소급입법 금지의 원칙에 반한다고 볼 수 없다.
> - 성폭력범죄의 처벌 등에 관한 특례법에 규정된 등록대상 성폭력범죄를 범한 자에 대해서는 특례법 시행 전에 그 범죄를 범하고 그에 대한 공소제기가 이루어졌더라도 특례법 시행 당시 공개명령 또는 고지명령이 선고되지 아니한 이상 특례법에 의한 공개명령 또는 고지명령의 대상이 된다고 보아야 한다[특례법은 대상이 되는 범죄가 행하여진 시기에 대하여는 아무런 제한을 두고 있지 아니하기 때문이다(註)].

[ㄹ ▸ O] 대판 2014.1.29. 2013도12939

[ㅁ ▸ O] 대판 1997.3.20. 96도1167[전합]

답 ❷

029 □□□

다음은 죄형법정주의를 설명한 것이다. 옳지 않은 것은 모두 몇 개인가?(다툼이 있으면 판례에 의함) 14 경찰채용

ㄱ. 식품위생법 제11조 제2항이 과대광고 등의 범위 및 기타 필요한 사항을 보건복지부령에 위임하고 있는 것은, 과대광고 등으로 인한 형사처벌에 관한 내용을 법률이 아닌 시행령에 규정하고 있다고 판단되므로 위임입법의 한계를 벗어난 것으로 죄형법정주의에 반한다.
ㄴ. 군형법 제64조 제1항의 상관면전모욕죄의 구성요건의 해석에 있어 '전화통화'를 면전에서의 대화라고 해석하여 처벌하는 것은 유추해석에 해당되어 죄형법정주의에 반한다.
ㄷ. 공공기관의 운영에 관한 법률 제53조가 공기업의 임직원으로서 공무원이 아닌 사람은 형법 제129조의 적용에서는 이를 공무원으로 본다고 규정하고 있을 뿐 구체적인 공기업의 지정에 관하여는 하위규범인 기획재정부장관의 고시에 의하도록 규정한 것은 위임입법의 한계를 일탈한 것으로서 죄형법정주의에 반한다.
ㄹ. 자신의 뇌물수수혐의에 대한 결백을 주장하기 위하여 제3자로부터 사건 관련자들이 주고받은 이메일 출력물을 교부받아 징계위원회에 제출한 행위를 '정보통신망에 의하여 처리·보관 또는 전송되는 타인의 비밀'인 이메일의 내용을 '누설하는 행위'에 해당한다고 보는 것은 죄형법정주의원칙에 반하는 확장해석이라고 할 수 없다.
ㅁ. 청소년의 성보호에 관한 법률 제16조에 규정된 반의사불벌죄에서 피해자인 청소년에게 의사능력이 있음에도 그 처벌을 희망하지 않는다는 의사표시 또는 처벌희망의사표시의 철회에 명문의 근거 없이 법정대리인의 동의가 필요하다고 보는 것은 죄형법정주의 내지 유추해석 금지의 원칙에 위배된다.

① 0개 ② 1개
③ 2개 ④ 3개

정선 핵심

ㄱ. 과대광고에 관한 사항을 시행령에 위임 → 죄형법정주의원칙 위반 ×
ㄴ. 전화통화를 면전대화라고 해석 → 죄형법정주의원칙 위반 O
ㄷ. 공무원의제규정과 기획재정부장관의 공공기관지정규정 → 죄형법정주의원칙 위반 ×
ㄹ. 이메일 출력물을 제출하는 행위를 누설로 해석 → 죄형법정주의원칙 위반 ×
ㅁ. 소극적 소송조건에 대해 법정대리인의 동의 필요로 해석 → 유추해석 금지의 원칙 위반 O

정선 해설

[ㄱ ▸ ×] 식품위생법 제11조 제2항이 과대광고 등의 범위 및 기타 필요한 사항을 보건복지부령에 위임하고 있는 것은 과대광고 등으로 인한 형사처벌에 관련된 법규의 내용을 빠짐없이 형식적 의미의 법률에 의하여 규정한다는 것은 사실상 불가능하다는 고려에서 비롯된 것이고, 또한 같은 법 시행규칙 제6조 제1항은 처벌대상인 행위가 어떠한 것인지 예측할 수 있도록 구체적으로 규정되어 있다고 할 것이므로 식품위생법 제11조 및 같은 법 시행규칙 제6조 제1항의 규정이 위임입법의 한계나 죄형법정주의에 위반된 것이라고 볼 수는 없다(대판 2002.11.26. 2002도2998).

[ㄴ ▸ O] 대판 2002.12.27. 2002도2539

[ㄷ ▸ ×] 판례의 취지를 고려하면, 하위규범인 기획재정부장관의 고시에 의하도록 규정하였더라도 죄형법정주의에 반하지 아니한다.

공공기관의 운영에 관한 법률 제53조가 공기업의 임직원으로서 공무원이 아닌 사람은 형법 제129조의 적용에서는 이를 공무원으로 본다고 규정하고 있을 뿐 구체적인 공기업의 지정에 관하여는 하위규범인 기획재정부장관의 고시에 의하도록 규정한 것이 죄형법정주의에 위배되거나 위임입법의 한계를 일탈한 것으로 볼 수 없다(대판 2013.6.13. 2013도1685).

[ㄹ ▸ O] 대판 2008.4.24. 2006도8644
[ㅁ ▸ O] 소송법규정에 대하여는 원칙적으로 유추적용이 허용되나, 반의사불벌죄에서의 불처벌의 의사표시와 같은 소극적 소송조건에서는 행위자에게 불리한 유추는 허용되지 아니한다. 한편 2012.12.18. 개정 아동·청소년의 성보호에 관한 법률은 공중 밀집 장소에서의 추행, 통신매체를 이용한 음란행위 등 반의사불벌죄로 규정하고 있던 동법 제16조를 삭제하였다.

반의사불벌죄에 있어서 처벌을 희망하지 않는다는 의사표시 또는 처벌희망의사표시의 철회는 이른바 소극적 소송조건에 해당하고, 소송조건에는 죄형법정주의의 파생원칙인 유추해석 금지의 원칙이 적용된다고 할 것인데, 명문의 근거 없이 그 의사표시에 법정대리인의 동의가 필요하다고 보는 것은 유추해석에 의하여 소극적 소송조건의 요건을 제한하고 피고인 또는 피의자에 대한 처벌가능성의 범위를 확대하는 결과가 되어 죄형법정주의 내지 거기에서 파생된 유추해석 금지의 원칙에도 반한다(대판 2009.11.19. 2009도6058[전합]).

답 ❸

030 □□□

죄형법정주의에 관한 다음 설명 중 옳은 것은 모두 몇 개인가?(다툼이 있으면 판례에 의함)

15 경찰채용

ㄱ. 자신의 뇌물수수혐의에 대한 결백을 주장하기 위하여 제3자로부터 사건 관련자들이 주고받은 이메일 출력물을 교부받아 징계위원회에 제출한 행위를 '정보통신망에 의하여 처리·보관 또는 전송되는 타인의 비밀'인 이메일의 내용을 누설하는 행위에 해당한다고 보는 것은 죄형법정주의원칙에 반하는 확장해석이라고 할 수 없다.
ㄴ. 군형법 제64조 제1항의 상관면전모욕죄의 구성요건의 해석에 있어 '전화통화'를 면전에서의 대화라고 해석하여 처벌하는 것은 유추해석에 해당되어 죄형법정주의에 반한다.
ㄷ. '약국개설자가 아니면 의약품을 판매하거나 판매목적으로 취득할 수 없다'고 규정한 구 약사법 제44조 제1항의 '판매'에 무상으로 의약품을 양도하는 '수여'를 포함시키는 해석은 죄형법정주의에 위배되지 아니한다.
ㄹ. 일반음식점 영업자인 피고인이 주로 술과 안주를 판매함으로써 구 식품위생법상 준수사항을 위반하였다는 내용으로 기소된 사안에서 위 준수사항 중 '주류만을 판매하는 행위'에 안주류와 함께 주로 주류를 판매하는 행위도 포함된다고 해석하는 것은 죄형법정주의에 위배되지 아니한다.
ㅁ. 식품 판매자가 식품을 판매하면서 특정 구매자에게 그 식품이 질병의 치료에 효능이 있다고 설명하고 상담한 행위는 구 식품위생법 제13조 제1항에서 금지하는'식품에 관하여 의약품과 혼동할 우려가 있는 광고'에 해당한다고 보는 것은 죄형법정주의에 위배되지 아니한다.

① 2개 ② 3개
③ 4개 ④ 5개

정선 핵심

ㄱ. 이메일 출력물을 제출하는 행위를 누설로 해석 → 죄형법정주의원칙 위반 ×
ㄴ. 전화통화를 면전대화라고 해석 → 죄형법정주의원칙 위반 O
ㄷ. 의약품의 판매에 수여를 포함시키는 해석 → 죄형법정주의원칙 위반 ×
ㄹ. 주류만을 판매하는 행위에 안주류와 함께 주로 주류를 판매하는 행위도 포함된다고 해석 → 죄형법정주의원칙 위반 O
ㅁ. 식품을 설명·상담한 행위를 광고로 해석 → 죄형법정주의원칙 위반 O

정선 해설

[ㄱ ▸ O] 대판 2008.4.24. 2006도8644

[ㄴ ▸ O] 판례의 취지를 고려하면, '전화통화'를 면전에서의 대화라고 해석하여 처벌하는 것은 유추해석에 해당되어 죄형법정주의에 반한다.

> 군형법 제64조 제1항의 상관면전모욕죄의 구성요건은 '상관을 그 면전에서 모욕하는' 것인데, 여기에서 '면전에서'라 함은 얼굴을 마주 대한 상태를 의미하는 것임이 분명하므로, 전화를 통하여 통화하는 것을 면전에서의 대화라고는 할 수 없다(대판 2002.12.27. 2002도2539).

[ㄷ ▸ O] 대판 2011.10.13. 2011도6287

[ㄹ ▸ X] 일반음식점 영업자인 피고인이 바텐더 형태의 영업장에서 주로 술과 안주를 판매함으로써 구 식품위생법상 준수사항을 위반하였다는 내용으로 기소된 경우, 위 준수사항 중 '주류만을 판매하는 행위'에는 일반음식점영업 허가를 받고 안주류와 함께 주로 주류를 판매하는 행위도 포함된다고 해석하여 유죄를 인정한 원심판결에는 관계 법령의 해석 및 죄형법정주의에 관한 법리오해의 위법이 있다(대판 2012.6.28. 2011도15097).

[ㅁ ▸ X] 식품 판매자가 식품이 질병의 치료에 효능이 있다고 설명하고 상담한 행위는 구 식품위생법상 광고에 해당한다고 보는 것은 죄형법정주의에 위배된다.

> 구 식품위생법 제97조 제1호, 제13조 제1항, 제2항, 구 식품위생법 시행규칙 제8조의 내용을 종합하면, 법 제13조 제1항에서 금지하는 '식품에 관하여 의약품과 혼동할 우려가 있는 광고'란 라디오·텔레비전·신문·잡지·음악·영상·인쇄물·간판·인터넷, 그 밖의 방법으로 식품 등의 품질·영양가·원재료·성분 등에 대하여 질병의 치료에 효능이 있다는 정보를 나타내거나 알리는 행위를 의미한다고 보아야 한다. 따라서 식품 판매자가 식품을 판매하면서 특정 구매자에게 그 식품이 질병의 치료에 효능이 있다고 설명하고 상담하였다고 하더라도 이를 가리켜 법 제13조 제1항에서 금지하는 '광고'를 하였다고 볼 수 없고, 그와 같은 행위를 반복하였다고 하여 달리 볼 것은 아니다(대판 2014.4.30. 2013도15002).

답 ❷

제1장 제2장 제3장

031 □□□

다음은 죄형법정주의에 대한 설명이다. 가장 적절하지 않은 것은?(다툼이 있는 경우 판례에 의함) 13 경찰채용

① 교육감 선거에 공직선거법의 시·도지사 선거에 관한 규정을 준용한 구 지방교육자치에 관한 법률 제22조 제3항은 죄형법정주의에 위배되지 아니한다.

② 일반음식점 영업자인 피고인이 주로 술과 안주를 판매함으로써 구 식품위생법상 준수사항을 위반하였다는 내용으로 기소된 사안에서 위 준수사항 중 '주류만을 판매하는 행위'에 안주류와 함께 주로 주류를 판매하는 행위도 포함된다고 해석하는 것은 죄형법정주의에 위배되지 아니한다.

③ 정비사업 시행에 관한 서류와 관련 자료에 대한 열람·등사 요청에 즉시 응할 의무를 규정하고 이를 위반하는 행위를 처벌하는 구 도시 및 주거환경정비법 제86조 제6호, 제81조 제1항은 죄형법정주의에 위배되지 아니한다.

④ '약국 개설자가 아니면 의약품을 판매하거나 판매목적으로 취득할 수 없다'고 규정한 구 약사법 제44조 제1항의 '판매'에 무상으로 의약품을 양도하는 '수여'를 포함시키는 해석은 죄형법정주의에 위배되지 아니한다.

정선 핵심

① 교육감 선거에 공직선거법의 시·도지사 선거규정준용 → 죄형법정주의원칙 위반 ×
② 주류만을 판매하는 행위에 안주류와 함께 주로 주류를 판매하는 행위도 포함된다고 해석 → 죄형법정주의원칙 위반 ○
③ 구 도시 및 주거환경정비법상 열람·등사의무와 위반행위처벌 → 죄형법정주의원칙 위반 ×
④ 의약품의 판매에 수여를 포함시키는 해석 → 죄형법정주의원칙 위반 ×

정선 해설

[❶ ▸ ○] 구 지방교육자치에 관한 법률 제22조 제3항(이하 '이 사건 지방교육자치법 조항')은 교육감 선거에 공직선거법을 준용하기 위한 객관적인 기준을 제시하고 있으므로 자의를 허용하지 않는 통상의 해석방법에 의하더라도 누구나 이 사건 지방교육자치법 조항에 의하여 공직선거법의 어떠한 조항이 준용될 것인지, 그에 따라 구체적으로 어떠한 행위가 금지되고 있는지를 충분히 알 수 있다고 할 것이므로 헌법이 요구하는 죄형법정주의의 명확성 원칙에 위배된다고 할 수 없다(대판 2012.11.29. 2010도9007).

[❷ ▸ ×] 일반음식점 영업자인 피고인이 바텐더 형태의 영업장에서 주로 술과 안주를 판매함으로써 구 식품위생법상 준수사항을 위반하였다는 내용으로 기소된 경우, 위 준수사항 중 '주류만을 판매하는 행위'에는 일반음식점영업 허가를 받고 안주류와 함께 주로 주류를 판매하는 행위도 포함된다고 해석하여 유죄를 인정한 원심판결에는 관계 법령의 해석 및 죄형법정주의에 관한 법리오해의 위법이 있다(대판 2012.6.28. 2011도15097).

[❸ ▸ ○] 대판 2012.2.23. 2010도8981

[❹ ▸ ○] 대판 2011.10.13. 2011도6287

답 ❷

032 □□□

죄형법정주의에 관한 설명으로 가장 적절하지 않은 것은?(다툼이 있는 경우 판례에 의함)

19 경찰채용

① 의료법 제41조가 "환자의 진료 등에 필요한 당직의료인을 두어야 한다."라고 규정하고 있을 뿐인데도 의료법 시행령 제18조 제1항이 당직의료인의 수와 자격 등 배치기준을 규정하고 이를 위반하면 의료법 제90조에 의한 처벌의 대상이 되도록 함으로써 형사처벌의 대상을 신설 또는 확장한 경우, 본 시행령 조항은 위임입법의 한계를 벗어나 무효이다.
② 과거에 이미 행한 범죄에 대하여 공소시효를 정지시키는 법률이라 하더라도 그 사유만으로 형벌불소급의 원칙에 언제나 위배되는 것은 아니다.
③ 청소년보호법 제30조 제8호 소정의 "풍기를 문란하게 하는 영업행위를 하거나 그를 목적으로 장소를 제공하는 행위"라는 문구는 "청소년에 대하여 이성혼숙을 하게 하거나 그를 목적으로 장소를 제공하는 행위" 등이라고 볼 수 있으므로 명확성원칙에 반하지 않는다.
④ 도로교통법상 도로가 아닌 곳에서 운전면허 없이 운전한 행위를 무면허운전으로 처벌하는 것은 유추해석금지원칙에 반하지 않는다.

정선 핵심

① 의료법 시행령에 의한 형사처벌대상의 신설·확장 → 위임입법의 한계 일탈로 무효
② 공소시효를 정지시키는 법률 → 소급효 금지의 원칙 위반 ×
③ 풍기를 문란하게 하는 영업행위를 하거나 그를 목적으로 장소를 제공하는 행위 → 명확성의 원칙 위반 ×
④ 도로가 아닌 곳에서의 무면허운전처벌 → 유추해석 금지의 원칙 위반 ○

정선 해설

[❶ ▸ O] 대판 2017.2.16. 2015도16014[전합]

[❷ ▸ O] 형벌불소급의 원칙은 "행위의 가벌성" 즉 형사소추가 "언제부터 어떠한 조건하에서" 가능한가의 문제에 관한 것이고, "얼마동안" 가능한가의 문제에 관한 것은 아니므로, 과거에 이미 행한 범죄에 대하여 공소시효를 정지시키는 법률이라 하더라도 그 사유만으로 헌법 제12조 제1항 및 제13조 제1항에 규정한 죄형법정주의의 파생원칙인 형벌불소급의 원칙에 언제나 위배되는 것으로 단정할 수는 없다(헌재 1996.2.16. 96헌가2).

[❸ ▸ O] 청소년보호법 제26조의2 제8호 소정의 "풍기를 문란하게 하는 영업행위를 하거나 그를 목적으로 장소를 제공하는 행위"의 의미는 "청소년에 대하여 이성혼숙을 하게 하거나 그를 목적으로 장소를 제공하는 행위" 등이라고 보이는바, 위 법률조항은 명확성의 원칙에 반하지 아니하여 실질적 죄형법정주의에도 반하지 아니한다(대판 2003.12.26. 2003도5980).

유사판례 **대판 1995.6.16. 94도2413**

형법 제243조, 제244조에서 규정하는 "음란"은 평가적, 정서적 판단을 요하는 규범적 구성요건 요소이고, "음란"이란 개념이 일반 보통인의 성욕을 자극하여 성적 흥분을 유발하고 정상적인 성적 수치심을 해하여 성적 도의관념에 반하는 것이라고 풀이되고 있으므로 이를 불명확하다고 볼 수 없기 때문에, 형법 제243조와 제244조의 규정이 죄형법정주의에 반하는 것이라고 할 수 없다.

[❹ ▸ ×] 도로에서 운전하지 않았는데도 무면허운전으로 처벌하는 것은 유추해석이나 확장해석에 해당하여 죄형법정주의에 비추어 허용되지 않는다. 따라서 운전면허 없이 자동차 등을 운전한 곳이 위와 같이 일반교통경찰권이 미치는 공공성이 있는 장소가 아니라 특정인이나 그와 관련된 용건이 있는 사람만 사용할 수 있고 자체적으로 관리되는 곳이라면 도로교통법에서 정한 '도로에서 운전'한 것이 아니므로 무면허운전으로 처벌할 수 없다(대판 2017.12.28. 2017도17762).

답 ❹

제1장 제2장 제3장

033 □□□

죄형법정주의에 대한 설명이다. 다음 중 옳은 것은 모두 몇 개인가?(다툼이 있으면 판례에 의함) 15 경찰채용

ㄱ. '블로그', '미니 홈페이지', '카페' 등의 이름으로 개설된 사적(私的) 인터넷 게시공간의 운영자가 게시공간에 게시된 타인의 글을 삭제할 권한이 있는데도 이를 삭제하지 아니하고 그대로 둔 경우를 국가보안법 제7조 제5항의 '소지' 행위로 보는 것은 죄형법정주의에 위배된다.
ㄴ. 국내 특정 지역의 수삼과 다른 지역의 수삼으로 만든 홍삼을 주원료로 하여 특정 지역에서 제조한 홍삼 절편의 제품명이나 제조·판매자명에 특정 지역의 명칭을 사용한 행위를 '원산지를 혼동하게 할 우려가 있는 표시를 하는 행위'라고 해석하는 것은 죄형법정주의에 위배된다.
ㄷ. 도로교통법 제43조 '운전면허를 받지 아니하고'라는 법률문언의 의미에 '운전면허를 받았으나 그 후 운전면허의 효력이 정지된 경우'가 포함된다고 해석하는 것은 죄형법정주의에 위배된다.
ㄹ. 정보통신망에 의하여 처리·보관 또는 전송되는 타인의 정보를 훼손하거나 타인의 비밀을 침해·도용 또는 누설하는 행위를 금지·처벌하는 규정인 (구) 정보통신망 이용촉진 및 정보보호 등에 관한 법률 제49조 및 제62조 제6호의 '타인'에는 생존하는 개인뿐만 아니라 이미 사망한 자도 포함된다고 해석하는 것은 죄형법정주의에 위배되지 아니한다.

① 1개 ② 2개
③ 3개 ④ 4개

안심Touch

정선 핵심

ㄱ. 타인의 글을 그대로 둔 행위를 소지로 보는 경우 → 죄형법정주의원칙 위반 O
ㄴ. 특정 지역의 명칭을 사용한 행위를 원산지를 혼동하게 할 우려가 있는 표시를 하는 행위라고 해석하는 경우 → 죄형법정주의원칙 위반 O
ㄷ. '운전면허를 받지 아니하고'의 의미에 '운전면허를 받은 후 효력이 정지된 경우'가 포함된다고 보는 경우 → 죄형법정주의원칙 위반 O
ㄹ. 타인에 이미 사망한 자도 포함된다고 보는 경우 → 죄형법정주의원칙 위반 ×

정선 해설

[ㄱ ▸ O] 판례(대판 2012.1.27. 2010도8336의 취지를 고려하면, 사적 인터넷 게시공간에 게시된 타인의 글을 그대로 둔 것을 국가보안법상 소지라고 보는 것은 유추해석금지원칙에 반한다.

[ㄴ ▸ O] 특정 지역의 명칭을 사용한 행위를 '원산지를 혼동하게 할 우려가 있는 표시를 하는 행위'라고 해석하는 것은 죄형법정주의에 위배된다.

> 국내 특정 지역의 수삼과 다른 지역의 수삼으로 만든 홍삼을 주원료로 하여 특정 지역에서 제조한 홍삼절편의 제품명이나 제조·판매자명에 특정 지역의 명칭을 사용하였다고 하더라도 이를 곧바로 '원산지를 혼동하게 할 우려가 있는 표시를 하는 행위'라고 보기는 어렵다(대판 2015.4.9. 2014도14191).

[ㄷ ▸ O] '운전면허를 받지 아니하고'라는 의미에 '운전면허를 받았으나 그 후 운전면허의 효력이 정지된 경우'가 포함된다고 해석하는 것은 죄형법정주의에 위배된다.

> 도로교통법 제43조는 운전자의 금지사항으로 운전면허를 받지 아니한 경우와 운전면허의 효력이 정지된 경우를 구별하여 대등하게 나열하고 있다. 그렇다면 '운전면허를 받지 아니하고'라는 법률문언의 통상적인 의미에 '운전면허를 받았으나 그 후 운전면허의 효력이 정지된 경우'가 당연히 포함된다고는 해석할 수 없다(대판 2011.8.25. 2011도7725).

[ㄹ ▸ O] 대판 2007.6.14. 2007도2162

답 ❹

034 □□□

죄형법정주의에 관한 다음 설명 중 옳고 그름의 표시(O, ×)가 바르게 된 것은?(다툼이 있으면 판례에 의함) 15 경찰채용

ㄱ. 견인료 납부를 요구하는 교통관리직원을 승용차 앞범퍼 부분으로 들이받아 폭행한 행위를 폭력행위 등 처벌에 관한 법률 제3조 제1항의 '위험한 물건을 휴대한' 행위로 처벌하는 것은 유추해석금지원칙에 반하지 않는다.
ㄴ. 행위 당시의 판례에 의하면 처벌대상이 되지 아니하는 것으로 해석되었던 행위를 재판 시에 해석을 달리하여 처벌할 수 있다.
ㄷ. 폭력행위 등 처벌에 관한 법률 제4조 제1항에서 규정하고 있는 범죄단체 구성원으로서의 '활동'의 개념은 추상적이고 포괄적이므로 명확성의 원칙에 반한다.
ㄹ. 인터넷 화상채팅을 통하여 실시간으로 전송받은 피해자의 유방, 음부 등 신체부위영상을 휴대전화의 카메라로 촬영하였다면 성폭력범죄의 처벌 등에 관한 특례법상 다른 사람의 신체를 촬영한 행위에 해당한다.
ㅁ. 가축분뇨 배출시설을 설치한 자가 설치 당시에 신고대상자가 아니었다면 그 후 법령의 개정에 따라 그 시설이 신고대상에 해당하게 되었더라도, 가축분뇨의 관리 및 이용에 관한 법률상 신고대상자인 '배출시설을 설치하고자 하는 자'에 해당한다고 볼 수 없다.

① ㄱ(○) ㄴ(○) ㄷ(×) ㄹ(×) ㅁ(○)
② ㄱ(○) ㄴ(○) ㄷ(○) ㄹ(×) ㅁ(○)
③ ㄱ(×) ㄴ(○) ㄷ(×) ㄹ(○) ㅁ(×)
④ ㄱ(○) ㄴ(×) ㄷ(×) ㄹ(×) ㅁ(○)

정선 핵심

ㄱ. 승용차로 폭행한 행위를 폭처법위반죄로 처벌 → 유추해석 금지의 원칙 위반 ×
ㄴ. 판례변경에 의한 처벌 → 소급효 금지의 원칙 위반 ×
ㄷ. 범죄단체 구성원으로서의 활동 → 명확성의 원칙 위반 ×
ㄹ. 피해자의 신체부위영상의 촬영 → 다른 사람의 신체를 촬영한 행위 ×
ㅁ. 가축분뇨 배출시설을 설치하였으나 설치 당시에 신고대상자가 아닌 자 → 그 후 법령개정에 의하더라도 배출시설을 설치하고자 하는 자에 해당 ×

정선 해설

[ㄱ ▸ ○] 판례의 취지를 고려하면, 교통관리직원을 승용차 앞범퍼 부분으로 들이받아 폭행한 행위를 폭처법위반죄로 처벌하는 것은 유추해석금지원칙에 반하지 않는다.

> 폭력행위 등 처벌에 관한 법률 제3조 제1항에 있어서 '위험한 물건'이라 함은 흉기는 아니라고 하더라도 널리 사람의 생명, 신체에 해를 가하는 데 사용할 수 있는 일체의 물건을 포함한다고 풀이할 것이므로 견인료 납부를 요구하는 교통관리직원을 승용차 앞범퍼 부분으로 들이받아 폭행한 경우, 승용차는 폭력행위 등 처벌에 관한 법률 제3조 제1항 소정의 '위험한 물건'에 해당한다(대판 1997.5.30. 97도597).

[ㄴ ▸ ○] 대판 1999.7.15. 95도2870[전합]

[ㄷ ▸ ×] 폭력행위 등 처벌에 관한 법률 제4조 제1항(이하 이 사건 법률조항)에서 규정하고 있는 범죄단체 구성원으로서의 "활동"의 개념이 다소 추상적이고 포괄적인 측면이 있지만, 어떠한 행위가 위 "활동"에 해당할 수 있는지는 구체적인 사건에 있어서 위 규정의 입법취지 및 처벌의 정도 등을 고려한 법관의 합리적인 해석과 조리에 의하여 보충될 수 있는 점 등을 종합적으로 판단하면, 이 사건 법률조항 중 "활동"부분이 죄형법정주의의 명확성의 원칙에 위배된다고 할 수 없다(대판 2008.5.29. 2008도1857).

[ㄹ ▸ ×] 형벌법규의 목적론적 해석도 해당 법률문언의 통상적인 의미 내에서만 가능한 것으로, 다른 사람의 신체 이미지가 담긴 영상도 구 성폭력범죄의 처벌 등에 관한 특례법 위반(카메라등이용촬영)의 '다른 사람의 신체'에 포함된다고 해석하는 것은 법률문언의 통상적인 의미를 벗어나는 것이므로 죄형법정주의원칙상 허용될 수 없다(대판 2013.6.27. 2013도4279).

[ㅁ ▸ ○] 가축분뇨의 관리 및 이용에 관한 법률(이하 '가축분뇨법') 제50조 제3호, 제11조 제3항에서 정한 신고대상자는 '대통령령이 정하는 규모 이상의 배출시설을 설치하고자 하는 자 또는 신고한 사항을 변경하고자 하는 자'를 말하고, 배출시설을 설치한 자가 설치 당시에 신고대상자가 아니었다면 그 후 법령의 개정에 따라 그 시설이 신고대상에 해당하게 되었더라도, 위 규정상 신고대상자인 '배출시설을 설치하고자 하는 자'에 해당한다고 볼 수 없다(대판 2011.7.14. 2011도2471).

답 ❶

035 □□□ **다음 설명 중 틀린 것은 모두 몇 개인가?(다툼이 있는 경우 판례에 의함)** 13 경찰채용

ㄱ. 강간상해죄를 1회 범한 것 외에 과거에 성폭력범죄로 소년보호처분을 받은 사실이 있는 경우는 특정 범죄자에 대한 위치추적 전자장치 부착 등에 관한 법률 제5조 제1항 제3호에서 정한 성폭력범죄를 2회 이상 범한 경우에 해당한다.
ㄴ. 구 전자금융거래법에서 말하는 양도에는 단순히 접근매체를 빌려 주거나 일시적으로 사용하게 하는 행위는 포함되지 아니한다.
ㄷ. 보호관찰은 형벌이 아니라 보안처분의 성격을 가지는 것이 사실이나, 실질적으로는 형벌과 마찬가지의 형사제재에 해당하므로 원칙적으로 형벌불소급의 원칙에 따라 행위시법을 적용함이 상당하다.
ㄹ. 구 청소년의 성보호에 관한 법률 제16조에 규정된 반의사불벌죄에서 피해자인 청소년에게 의사능력이 있음에도 그 처벌을 희망하지 않는다는 의사표시 또는 처벌희망의사표시의 철회에 명문의 근거 없이 법정대리인의 동의가 필요하다고 보는 것은 죄형법정주의 내지 유추해석 금지의 원칙에 위배된다.

① 0개 ② 1개
③ 2개 ④ 3개

정선 핵심

ㄱ. 보호처분을 받은 전력 → 성폭력범죄를 2회 이상 범하여 습벽이 인정된 때 ×
ㄴ. 구 전자금융거래법상의 양도 → 단순히 접근매체를 빌려 주거나 일시적으로 사용하게 하는 행위 ×
ㄷ. 보호관찰 → 형벌불소급의 원칙 적용 ×
ㄹ. 소극적 소송조건에 법정대리인의 동의 필요로 해석 → 유추해석 금지의 원칙 위반 ○

정선 해설

[ㄱ ▸ ×] 피부착명령청구자가 소년법에 의한 보호처분(이하 '소년보호처분')을 받은 전력이 있다고 하더라도, 이는 유죄의 확정판결을 받은 경우에 해당하지 아니함이 명백하므로, 피부착명령청구자가 2회 이상 성폭력범죄를 범하였는지를 판단할 때 소년보호처분을 받은 전력을 고려할 것이 아니다(대판 2012.3.22. 2011도15057[전합]).
[ㄴ ▸ ○] 대판 2012.7.5. 2011도16167
[ㄷ ▸ ×] 보호관찰은 보안처분의 성격을 갖는 것으로 사회를 방위하기 위한 합목적적인 조치이므로 형벌불소급의 원칙이 적용되지 아니하여 재판시법에 의하여 보호관찰을 받을 것을 명할 수 있다.

> 개정 형법 제62조의2에서 말하는 보호관찰은 형벌이 아니라 보안처분의 성격을 갖는 것으로서, 과거의 불법에 대한 책임에 기초하고 있는 제재가 아니라 장래의 위험성으로부터 행위자를 보호하고 사회를 방위하기 위한 합목적적인 조치이므로, 그에 관하여 반드시 행위 이전에 규정되어 있어야 하는 것은 아니며, 재판 시의 규정에 의하여 보호관찰을 받을 것을 명할 수 있다고 보아야 할 것이고, 이와 같은 해석이 형벌불소급의 원칙 내지 죄형법정주의에 위배되는 것이라고 볼 수 없다(대판 1997.6.13. 97도703).

[ㄹ ▸ ○] 소송법규정에 대하여는 원칙적으로 유추적용이 허용되나, 반의사불벌죄에서의 불처벌의 의사표시와 같은 소극적 소송조건에서는 행위자에게 불리한 유추는 허용되지 아니한다. 한편 2012.12.18. 개정 아동·청소년의 성보호에 관한 법률은 공중 밀집 장소에서의 추행, 통신매체를 이용한 음란행위 등 반의사불벌죄로 규정하고 있던 동법 제16조를 삭제하였다.

> 반의사불벌죄에 있어서 처벌을 희망하지 않는다는 의사표시 또는 처벌희망의사표시의 철회는 이른바 소극적 소송조건에 해당하고, 소송조건에는 죄형법정주의의 파생원칙인 유추해석 금지의 원칙이 적용된다고 할 것인데, 명문의 근거 없이 그 의사표시에 법정대리인의 동의가 필요하다고 보는 것은 유추해석에 의하여 소극적 소송조건의 요건을 제한하고 피고인 또는 피의자에 대한 처벌가능성의 범위를 확대하는 결과가 되어 죄형법정주의 내지 거기에서 파생된 유추해석 금지의 원칙에도 반한다(대판 2009.11.19. 2009도6058[전합]).

답 ❸

036

□□□

죄형법정주의에 대한 설명으로 옳은 것만을 모두 고른 것은?(다툼이 있는 경우 판례에 의함)

18 국가9급

ㄱ. 항공보안법 제42조의 '항로'를 '항공기가 통행하는 공로'보다 넓게 해석하여 '항공기가 지상에서 이동하는 경로'도 '항로'에 포함하는 것은 문언의 가능한 의미를 벗어난다.
ㄴ. 피고인에게 불리한 유추해석 금지의 원칙은 그 형벌법규의 적용대상이 행정법규가 규정한 사항을 내용으로 하고 있는 경우에 그 행정법규의 규정을 해석하는 데에도 마찬가지로 적용된다.
ㄷ. 국가형벌권의 자의적인 행사로부터 개인의 자유와 권리를 보호하기 위하여 원칙적으로 법률로 범죄와 형벌을 정하여야 한다.
ㄹ. 행위 당시의 판례에 의하면 처벌대상이 되지 아니하는 것으로 해석되었던 행위를 판례의 변경에 따라 확인된 내용의 형법조항에 근거하여 처벌한다고 하여 형벌불소급의 원칙에 반한다고 할 수 없다.

① ㄱ, ㄴ
② ㄱ, ㄷ, ㄹ
③ ㄴ, ㄷ, ㄹ
④ ㄱ, ㄴ, ㄷ, ㄹ

정선 핵심

ㄱ. 항로에 지상이동 경로도 포함 → 죄형법정주의원칙 위반 ○
ㄴ. 유추해석 금지의 원칙 → 행정법규의 해석에도 적용
ㄷ. 보장적 기능 → 법률로 범죄와 형벌을 규정하여 자유·권리를 보호하는 형법의 기능
ㄹ. 판례변경에 의한 처벌 → 소급효 금지의 원칙 위반 ×

정선 해설

[ㄱ ▸ O] 대판 2017.12.21. 2015도8335[전합]

[ㄴ ▸ O] 형벌법규의 해석은 엄격하여야 하고 명문규정의 의미를 피고인에게 불리한 방향으로 지나치게 확장해석하거나 유추 해석하는 것은 죄형법정주의의 원칙에 어긋나는 것으로서 허용되지 않으며, 이러한 법해석의 원리는 그 형벌법규의 적용대상이 행정법규가 규정한 사항을 내용으로 하고 있는 경우에 그 행정법규의 규정을 해석하는 데에도 마찬가지로 적용된다(대판 2007.6.29. 2006도4582).

[ㄷ ▸ O] 국가형벌권의 자의적인 행사로부터 개인의 자유와 권리를 보호하기 위하여 원칙적으로 법률로 범죄와 형벌을 정하여야 한다. 이를 형법의 보장적 기능이라고 한다.

[ㄹ ▸ O] 형사처벌의 근거가 되는 것은 법률이지 판례가 아니고, 구 법률에 관한 판례의 변경은 그 법률조항의 내용을 확인하는 것에 지나지 아니하여 이로써 위 법률조항 자체가 변경된 것이라고 볼 수는 없으므로, 행위 당시의 판례에 의하면 처벌대상이 되지 아니하는 것으로 해석되었던 행위를 판례의 변경에 따라 확인된 내용의 위 법률조항에 근거하여 처벌한다고 하여 그것이 형벌불소급의 원칙에 반한다고 할 수는 없다(대판 1999.7.15. 95도2870[전합]).

답 ④

037
□□□

죄형법정주의에 관한 설명 중 옳고 그름의 표시(○, ×)가 바르게 된 것은?(다툼이 있는 경우 판례에 의함) 17 경찰승진

ㄱ. '약국개설자가 아니면 의약품을 판매하거나 판매목적으로 취득할 수 없다'고 규정한 구 약사법 제44조 제1항의 '판매'에 무상으로 의약품을 양도하는 '수여'를 포함시키는 해석은 죄형법정주의에 위배되지 아니한다.
ㄴ. 2011.1.1. 이전에 아동·청소년 대상 성폭력범죄를 범하고 아직 유죄판결이 확정되지 아니한 자에 대하여는 판결과 동시에 고지명령을 선고할 수 있는 근거를 따로 두고 있지 아니하므로, 2011.1.1. 이후 '아동·청소년 대상 성폭력범죄를 저지른 자'에 대하여만 판결과 동시에 고지명령을 선고할 수 있다고 보아야 한다.
ㄷ. 도로교통법 제43조 '운전면허를 받지 아니하고'라는 법률문언의 의미에 '운전면허를 받았으나 그 후 운전면허의 효력이 정지된 경우'가 당연히 포함된다고 해석할 수 없다.
ㄹ. 국내 특정 지역의 수삼과 다른 지역의 수삼으로 만든 홍삼을 주원료로 하여 특정 지역에서 제조한 홍삼절편의 제품명이나 제조·판매자명에 특정 지역의 명칭을 사용한 행위를 '원산지를 혼동하게 할 우려가 있는 표시를 하는 행위'라고 해석하는 것은 죄형법정주의에 위배된다.

① ㄱ(○) ㄴ(○) ㄷ(○) ㄹ(○)
② ㄱ(○) ㄴ(×) ㄷ(○) ㄹ(×)
③ ㄱ(○) ㄴ(×) ㄷ(×) ㄹ(○)
④ ㄱ(×) ㄴ(○) ㄷ(○) ㄹ(×)

정선 핵심

ㄱ. 의약품의 판매에 수여를 포함시키는 해석 → 죄형법정주의원칙 위반 ×
ㄴ. 고지명령제도 → 소급효 금지의 원칙 적용 ○
ㄷ. 운전면허를 받지 아니하고 → 운전면허를 받은 후 효력이 정지된 경우 포함 ×
ㄹ. 특정 지역의 명칭을 사용한 행위를 원산지를 혼동하게 할 우려가 있는 표시를 하는 행위라고 해석하는 경우 → 죄형법정주의원칙 위반 ○

정선 해설

[ㄱ ▸ ○] 대판 2011.10.13. 2011도6287
[ㄴ ▸ ○] '아동·청소년의 성보호에 관한 법률'(2012.12.18. 법률 제11572호로 전부 개정되어 2013.6.19. 시행된 것. 이하 '법률 제11572호 아동성보호법')이 2011.1.1. 이전에 아동·청소년 대상 성폭력범죄를 범하고 아직 유죄판결이 확정되지 아니한 자에 대하여는 일정한 요건 아래 그 유죄판결 확정 후 고지명령을 청구하는 절차 이외에 곧바로 판결과 동시에 고지명령을 선고할 수 있는 근거를 따로 두고 있지 아니하다. 이러한 규정 내용 및 법률 개정의 연혁 등에 비추어 보면, <u>법률 제11572호 아동성보호법이 시행된 뒤에도 여전히 법률 제10260호 아동성보호법 부칙 규정이 정한 대로 2011.1.1. 이후 '아동·청소년 대상 성폭력범죄를 저지른 자'에 대하여만 판결과 동시에 고지명령을 선고할 수 있다고 보아야</u> 한다(대판 2014.2.13. 2013도14349).
[ㄷ ▸ ○] 대판 2011.8.25. 2011도7725
[ㄹ ▸ ○] 판례(대판 2015.4.9. 2014도14191)의 취지를 고려하면, 특정 지역의 명칭을 사용한 행위를 '원산지를 혼동하게 할 우려가 있는 표시를 하는 행위'라고 해석하는 것은 죄형법정주의에 위배된다.

답 ❶

038 □□□

죄형법정주의에 관한 설명 중 옳은 것은 모두 몇 개인가?(다툼이 있는 경우 판례에 의함)

14 경찰승진

ㄱ. 구성요건에 대한 확장적 유추해석은 금지되지만 위법성 및 책임의 조각사유나 소추조건 또는 처벌조각사유인 형면제사유를 제한적으로 해석하는 것은 유추해석금지원칙에 반하지 아니한다.
ㄴ. 사고피해자를 유기한 도주차량 운전자에게 살인죄보다 무거운 법정형을 규정하였다 하여 그것만으로 적정성의 원칙에 반한다고 할 수 없다.
ㄷ. 공공기관의 운영에 관한 법률 제53조가 공기업의 임직원으로서 공무원이 아닌 사람은 형법 제129조의 적용에서는 이를 공무원으로 본다고 규정하고 있을 뿐 구체적인 공기업의 지정에 관하여는 하위규범인 기획재정부장관의 고시에 의하도록 규정하였더라도 죄형법정주의에 위배되거나 위임입법의 한계를 일탈한 것으로 볼 수 없다.
ㄹ. 대법원 양형위원회가 설정한 '양형기준'이 발효하기 전에 공소가 제기된 범죄에 대하여 위 '양형기준'을 참고하여 형을 양정한 경우 소급적용금지의 원칙을 위반한 것은 아니다.

① 1개　　② 2개
③ 3개　　④ 4개

정선 핵심

ㄱ. 가벌성의 범위를 확대하는 제한적 유추 → 유추해석 금지의 원칙 위반 ○
ㄴ. 특가법상 도주차량운전자의 가중처벌규정 → 적정성의 원칙 위반 ○
ㄷ. 공무원의제규정과 기획재정부장관의 공공기관지정규정 → 죄형법정주의원칙 위반 ×
ㄹ. 양형기준 적용 → 소급효 금지의 원칙 위반 ×

정선 해설

[ㄱ ▸ ×] 유추해석 금지의 원칙은 모든 형벌법규의 구성요건과 가벌성에 관한 규정에 준용되는데, 위법성 및 책임의 조각사유나 소추조건, 또는 처벌조각사유인 형면제사유에 관하여 그 범위를 제한적으로 유추적용하게 되면 행위자의 가벌성의 범위는 확대되어 행위자에게 불리하게 되는바, 이는 가능한 문언의 의미를 넘어 범죄구성요건을 유추적용하는 것과 같은 결과가 초래되므로 죄형법정주의의 파생원칙인 유추해석 금지의 원칙에 위반하여 허용될 수 없다(대판 1997.3.20. 96도1167[전합]).

[ㄴ ▸ ×] 특정범죄 가중처벌 등에 관한 법률 제5조의3 제2항 제1호(이 사건 법률조항)에서 과실로 사람을 치상하게 한 자가 구호행위를 하지 아니하고 도주하거나 고의로 유기함으로써 치사의 결과에 이르게 한 경우에 살인죄와 비교하여 그 법정형을 더 무겁게 한 것은 형벌체계상의 정당성과 균형을 상실한 것으로서 헌법 제10조의 인간으로서의 존엄과 가치를 보장한 국가의 의무와 헌법 제11조의 평등의 원칙 및 헌법 제37조 제2항의 과잉입법 금지의 원칙에 반한다(헌재 1992.4.28. 90헌바24).

[ㄷ ▸ ○] 대판 2013.6.13. 2013도1685

[ㄹ ▸ ○] 판례(대판 2009.12.10. 2009도11448)의 취지를 고려하면, 대법원의 양형기준은 법적 구속력이 없기 때문에 양형기준이 발효하기 전에 공소가 제기된 범죄에 대하여 위 양형기준을 참고하여 형을 양정한 경우 소급효 금지의 원칙에 반한다고 할 수 없다.

답 ❷

039 □□□

죄형법정주의에 관한 다음 설명 중 옳은 것은 모두 몇 개인가?(다툼이 있으면 판례에 의함)

16 경찰채용

ㄱ. 가정폭력범죄의 처벌 등에 관한 특례법상 사회봉사명령을 부과하면서, 행위시법상 사회봉사명령 부과시간의 상한인 100시간을 초과하여 상한을 200시간으로 올린 신법을 적용한 것은 위법하다.
ㄴ. 군사기밀 보호법 제11조가 군사기밀 탐지・수집행위의 법정형을 10년 이하의 징역으로 규정하고 있는 것과 달리 국가보안법 제4조 제1항 제2호 (나)목의 법정형이 사형・무기 또는 7년 이상의 징역으로 규정되어 있다는 등의 사정만으로 위 조항이 지나치게 무거운 형벌을 규정하여 책임주의원칙에 반한다거나 법정형이 형벌체계상 균형을 상실하여 평등원칙에 위배되는 조항이라고 할 수 없으며, 법관의 양형 판단 및 결정권을 중대하게 침해하는 것이라고 볼 수도 없다.
ㄷ. 대법원 양형위원회가 설정한 '양형기준'이 발효하기 전에 공소가 제기된 범죄에 대하여 위 '양형기준'을 참고하여 형을 양정한 사안에서, 피고인에게 불리한 법률을 소급하여 적용한 위법이 있다고 할 수 없다.
ㄹ. 형벌법규의 해석에서 위법성 및 책임의 조각사유나 소추조건 또는 처벌조각사유인 형면제사유에 관하여 그 범위를 제한적으로 유추적용하게 되면 행위자의 가벌성의 범위는 축소된다.

① 1개 ② 2개
③ 3개 ④ 4개

정선 핵심

ㄱ. 사회봉사명령 → 소급효 금지의 원칙 적용 O
ㄴ. 국가보안법상 군사상 기밀누설의 가중처벌 → 책임주의원칙 위반 ×
ㄷ. 양형기준 적용 → 소급효 금지의 원칙 위반 ×
ㄹ. 위법성・책임조각사유나 소추조건 등의 제한적 유추적용 → 가벌성의 범위 확대

정선 해설

[ㄱ ▸ O] 판례(대결 2008.7.24. 2008어4)는 가정폭력범죄의 처벌 등에 관한 특례법상 사회봉사명령을 부과하면서, 행위시법상 사회봉사명령 부과시간의 상한인 100시간을 초과하여 상한을 200시간으로 올린 신법을 적용한 것은 위법하다고 판시하고 있다.

가정폭력범죄의 처벌 등에 관한 특례법이 정한 보호처분 중의 하나인 사회봉사명령은 보안처분의 성격을 가지는 것이 사실이나 한편으로 이는 가정폭력범죄행위에 대하여 형사처벌 대신 부과되는 것으로서, 가정폭력범죄를 범한 자에게 의무적 노동을 부과하고 여가시간을 박탈하여 실질적으로는 신체적 자유를 제한하게 되므로, 이에 대하여는 원칙적으로 형벌불소급의 원칙에 따라 행위시법을 적용함이 상당하다(대결 2008.7.24. 2008어4).

[ㄴ ▸ O] 대판 2013.7.26. 2013도2511
[ㄷ ▸ O] 판례(대판 2009.12.10. 2009도11448)의 취지를 고려하면, 대법원의 양형기준은 법적 구속력이 없기 때문에 양형기준이 발효하기 전에 공소가 제기된 범죄에 대하여 위 양형기준을 참고하여 형을 양정한 경우 소급효 금지의 원칙에 반한다고 할 수 없다.
[ㄹ ▸ X] 유추해석 금지의 원칙은 모든 형벌법규의 구성요건과 가벌성에 관한 규정에 준용되는데, 위법성 및 책임의 조각사유나 소추조건, 또는 처벌조각사유인 형면제사유에 관하여 그 범위를 제한적으로 유추적용하게 되면 행위자의 가벌성의 범위는 확대되어 행위자에게 불리하게 되는바, 이는 가능한 문언의 의미를 넘어 범죄구성요건을 유추적용하는 것과 같은 결과가 초래되므로 죄형법정주의의 파생원칙인 유추해석 금지의 원칙에 위반하여 허용될 수 없다(대판 1997.3.20. 96도1167[전합]).

답 ❸

040 □□□

죄형법정주의와 관련된 설명으로 가장 적절하지 않은 것은?(다툼이 있는 경우 판례에 의함)

22 경찰간부

① 특정 범죄자에 대한 위치추적 전자장치 부착 등에 관한 법률 제5조 제1항 제3호에 검사가 전자장치부착명령을 법원에 청구할 수 있는 경우 중의 하나로 규정된 '성폭력범죄를 2회 이상 범하여'에 소년보호처분을 받은 성폭력범죄행위가 포함된다고 해석하는 것은 유추금지에 반한다.

② 항공보안법 제42조는 "위계 또는 위력으로써 운항 중인 항공기의 항로를 변경하게 하여 정상운항을 방해한 사람은 1년 이상 10년 이하의 징역에 처한다"라고 규정하고 있다. 같은 법 제2조 제1호는 '운항 중'을 '승객이 탑승한 후 항공기의 모든 문이 닫힌 때로부터 내리기 위하여 문을 열 때까지'로 정의하였다. 따라서 승객이 탑승한 후 항공기의 모든 문이 닫힌 때부터 내리기 위하여 문을 열 때까지 항공기가 지상에서 이동하는 경로도 항공보안법 제42조의 '항로'에 포함된다고 해석하는 것은 문언의 가능한 범위를 벗어나는 것이 아니다.

③ 형법 제55조 제1항 제3호는 "유기징역 또는 유기금고를 감경할 때에는 그 형기의 2분의 1로 한다"라고 법률상 감경의 방법을 규정하고 있는데, 유기징역형에 대한 법률상 감경을 하면서 장기 또는 단기 중 어느 하나만을 2분의 1로 감경하는 방식이나 2분의 1보다 넓은 범위의 감경을 하는 방식 등은 죄형법정주의원칙상 허용될 수 없다.

④ 형법 제170조 제2항에서 말하는 '자기 소유인 제166조의 물건 또는 제167조에 기재한 물건을'이라 함은 '자기 소유인 제166조에 기재한 물건 또는 자기의 소유에 속하든, 타인의 소유에 속하든 불문하고 제167조에 기재한 물건'을 의미하는 것이라고 해석한다고 하더라도 죄형법정주의의 원칙상 금지되는 유추해석이나 확장해석에 해당한다고 볼 수는 없다.

정선 핵심

① 소년보호처분을 받은 전력 포함 → 유추해석 금지의 원칙 위반 ○
② 항로에 지상이동 경로도 포함 → 죄형법정주의원칙 위반 ○
③ 징역형에 대한 법률상 감경을 하면서 장기 또는 단기 중 어느 하나만을 감경하거나 2분의 1보다 넓은 범위의 감경 → 죄형법정주의원칙 위반 ○
④ 자기 소유인 속하는 형법 제166조에 기재한 물건 또는 자기의 소유에 속하든, 타인의 소유에 속하든 불문하고 형법 제167조에 기재한 물건이라고 해석 → 유추해석 금지의 원칙 위반 ×

정선 해설

[❶ ▸ O] 대판 2012.3.22. 2011도15057[전합]

[❷ ▸ X] 판례(대판 2017.12.21. 2015도8335[전합])의 취지를 고려하면, 항공보안법에 '항로'가 무엇인지에 관하여 정의한 규정은 없기 때문에 사전적인 정의와 입법자의 의사를 고려하여 판단하건대 '항로'에 항공기가 지상에서 이동하는 경로도 포함된다고 해석하는 것은 문언의 가능한 의미를 벗어난다고 보아야 한다.

[❸ ▸ O] 유기징역형에 대한 법률상 감경을 하면서 형법 제55조 제1항 제3호에서 정한 것과 같이 장기와 단기를 모두 2분의 1로 감경하는 것이 아닌 장기 또는 단기 중 어느 하나만을 2분의 1로 감경하는 방식이나 2분의 1보다 넓은 범위의 감경을 하는 방식 등은 죄형법정주의원칙상 허용될 수 없다(대판 2021.1.21. 2018도5475[전합]).

[❹ ▸ O] 형법 제170조 제2항에서 말하는 '자기 소유인 제166조 또는 제167조에 기재한 물건'이라 함은 '자기 소유인 제166조에 기재한 물건 또는 자기의 소유에 속하든, 타인의 소유에 속하든 불문하고 제167조에 기재한 물건'을 의미하는 것이라고 해석하여야 하며, 이렇게 해석한다고 하더라도 그것이 법규정의 가능한 의미를 벗어나 법형성이나 법창조행위에 이른 것이라고는 할 수 없어 죄형법정주의의 원칙상 금지되는 유추해석이나 확장해석에 해당한다고 볼 수는 없을 것이다(대판 1994.12.20. 94모32[전합]).

답 ❷

정선지문OX

01 형법이 개정되어 추행, 간음, 결혼, 영리목적으로 사람을 약취 또는 유인한 사람을 1년 이상 10년 이하의 징역에 처하도록 변경한 것은 이미 삭제된 특별법의 '무기 또는 5년 이상의 징역'으로 가중처벌하도록 한 것에 비할 때에 형법 제1조 제2항의 '범죄 후 법률이 변경되어 그 행위가 범죄를 구성하지 아니하게 되거나 형이 구법보다 가벼워진 경우'에 해당한다. 14 경찰간부 O | X

02 포괄일죄로 되는 개개의 범죄행위가 법 개정의 전후에 걸쳐서 행하여진 경우에는 신·구법의 법정형에 대한 경중을 비교하여 법정형이 가벼운 법을 적용하여 포괄일죄로 처단하여야 한다. 13 경찰승진 O | X

03 공무원에 대해 허위신고를 하여 공정증서원본에 부실의 사실을 기재하게 하고 그 문서를 행사하는 것을 처벌하는 형법 제229조를 부실의 사실이 기재된 공정증서정본을 그 정을 모르는 법원 직원에게 교부하는 행위에 적용하는 것은 유추해석금지원칙에 반하지 않는다. 20 해경간부 O | X

04 총포·도검·화학류 등 단속법 시행령 제23조 제2항에서 정한 '쏘아 올리는 꽃불류의 사용'에 '설치행위'도 포함된다고 해석하는 것은 유추 해석금지원칙에 어긋난다. 19 해경간부 O | X

05 자동차를 움직이게 할 의도 없이 다른 목적을 위하여 자동차의 시동을 걸었으나 실수 등으로 인하여 자동차가 움직이게 된 경우에는 '자동차의 운전'에 해당하지 않는다. 14 경찰간부 O | X

06 미용목적으로 환자의 눈가와 미간의 주름치료를 한 행위는 치과적 치료목적을 벗어난 시술로서 치과의사의 면허범위를 벗어난 것이므로 의료법 제27조 제1항의 '면허된 것 이외의 의료행위'를 한 것으로 보아야 한다. 18 해경승진 O | X

07 개정 형사소송법 시행 당시 공소시효가 완성되지 아니한 범죄에 대한 공소시효가 위 법률이 개정되면서 신설된 제253조 제3항에 의하여 피고인이 외국에 있는 기간 동안 정지된 경우, 공소제기 시에 공소시효의 기간은 경과되지 아니하였다. 18 경찰승진 O | X

08 재판 확정 후 법률의 변경에 의하여 그 행위가 범죄를 구성하지 아니하는 때에는 형의 선고를 무효로 한다. 18 국가7급 O | X

---

01 대판 2013.7.11. 2013도4862

02 범죄실행 종료 시의 법이라고 할 수 있는 신법을 적용하여 포괄일죄로 처단하여야 한다(대판 1998.2.24. 97도183).

03 공정증서의 정본을 교부한 행위는 부실기재공정증서원본행사죄에 해당하지 아니한다(대판 2002.3.26. 2001도6503).

04 '쏘아 올리는 꽃불류의 사용'에 '설치행위'도 포함된다(대판 2010.5.13. 2009도13332).

05 대판 2004.4.23. 2004도1109

06 면허된 것 이외의 의료행위라고 볼 수 없고, 시술이 미용목적이라 하여 달리 볼 것은 아니다(대판 2016.7.21. 2013도850[전합]).

07 대판 2003.11.27. 2003도4327

08 형의 집행을 면제한다.

정답

01 ○ **02** × **03** × **04** ×
05 ○ **06** × **07** ○ **08** ×

041 □□□

형법의 시간적 적용범위에 대한 설명으로 옳지 않은 것은?(다툼이 있는 경우 판례에 의함)

19 국가9급

① 특수상해죄(형법 제258조의2 제1항)를 신설하면서 그 법정형을 구 폭력행위 등 처벌에 관한 법률 제3조 제1항보다 낮게 규정한 것은 종전의 형벌규정이 과중하다는 데에서 나온 반성적 조치로서 형법 제1조 제2항의 '범죄 후 법률이 변경되어 형이 구법보다 가벼워진 경우'에 해당한다.

② 피해자의 의사에 상관없이 처벌할 수 있었던 근로기준법위반죄가 반의사불벌죄로 개정되었으나 부칙에는 그 적용과 관련한 경과규정이 없다면, 개정 전의 행위에 대해서는 형법 제1조 제1항에 의하여 행위 시의 법률이 적용되어야 한다.

③ 포괄일죄로 되는 개개의 범죄행위가 법 개정의 전후에 걸쳐서 행하여진 경우에는 신·구법의 법정형에 대한 경중을 비교하여볼 필요도 없이 범죄실행 종료 시의 법인 신법을 적용하여 포괄일죄로 처단하여야 한다.

④ 형의 경중의 비교는 원칙적으로 법정형을 표준으로 하고, 병과형 또는 선택형이 있을 때에는 그중 가장 중한 형을 기준으로 하여 다른 형과 경중을 정하는 것이 원칙이다.

정선 핵심

① 특수상해죄의 법정형을 구 폭처법 관련 규정보다 낮게 규정한 경우 → 반성적 고려
② 근로기준법위반죄가 반의사불벌죄로 개정되었으나 경과규정이 없는 경우 → 개정 전의 행위에 대해서 재판시의 법률 적용
③ 포괄일죄로 되는 범죄행위가 법 개정의 전후에 걸쳐 행하여진 경우 → 신법 적용 ○
④ 형의 경중의 비교 → 법정형을 표준으로 하고, 병과형·선택형은 가장 중한 형을 기준

정선 해설

[❶ ▸ ○] 대판 2016.1.28. 2015도18280

[❷ ▸ ×] 판례의 취지를 고려하면, 개정 전의 행위에 대해서는 형법 제1조 제2항에 의하여 재판 시의 법률이 적용되어야 한다.

> 개정 근로기준법 제112조 제2항에 의하면, 종전에는 피해자의 의사에 상관없이 처벌할 수 있었던 근로기준법 제112조 제1항, 제36조 위반죄를 반의사불벌죄로 변경하였고 부칙에는 그 적용과 관련한 경과규정이 없으므로 개정법률에 의하면 위 근로기준법 위반의 공소사실에 대하여는 종전과 달리 형사소송법 제327조 제6호에 따라 판결로써 공소기각의 선고를 하여야 하므로 개정법률이 피고인에게 더 유리하게 되어 피고인에 대하여는 개정법률이 적용되고, 이러한 경우에는 형사소송법 제383조 제2호 소정의 "판결 후 형의 변경이 있는 때"에 준하는 사유가 있다고 보아야 할 것이다(대판 2005.5.28. 2005도4355).

[❸ ▸ ○] 대판 1998.2.24. 97도183

[❹ ▸ ○] 형의 경중의 비교는 원칙적으로 법정형을 표준으로 할 것이고 처단형이나 선고형에 의할 것이 아니며, 법정형의 경중을 비교함에 있어서 법정형 중 병과형 또는 선택형이 있을 때에는 이 중 가장 중한 형을 기준으로 하여 다른 형과 경중을 정하는 것이 원칙이다(대판 1992.11.13. 92도2194).

> 비교판례 **대판 1960.9.16. 4293형상435**
>
> 신구형법의 형의 경중을 비교함에 있어 형을 가중감경할 때는 형의 가중 또는 감경을 한 후에 비교하여야 한다.

답 ❷

042 □□□

형법의 적용범위에 대한 설명으로 옳지 않은 것은?(다툼이 있는 경우 판례에 의함)

19 국가7급

① 행위 시 형법을 적용하면 집행유예결격사유에 해당하지 아니하지만 현행형법을 적용할 경우 집행유예결격사유에 해당한다면, 이 경우 피고인에게 유리한 행위 시 형법을 적용하여야 한다.

② 형벌에 관한 법령이 헌법재판소의 위헌결정으로 인해 그 효력을 상실한 경우 그 법령을 적용하여 공소가 제기된 피고사건에 대하여는 형법 제1조 제2항의 '범죄 후 법률이 변경되어 그 행위가 범죄를 구성하지 아니하게 된 경우'에 해당하므로 법원은 면소판결을 선고하여야 한다.

③ '납세의무자가 정당한 사유 없이 1회계연도에 3회 이상 체납하는 경우'를 처벌하는 구 조세범 처벌법 제10조의 삭제는 경제·사회적 여건 변화를 반영한 정책적 조치에 따른 것으로 보이므로, 이 규정 삭제 이전에 범한 위반행위의 경우 그 가벌성이 소멸되지 않는다.

④ 무기 또는 5년 이상의 징역으로 가중처벌하도록 한 구 특정범죄 가중처벌 등에 관한 법률 제5조의2 제4항의 '추행목적의 유인죄'를 삭제한 것은, 종전의 조치가 과중하다는 데서 나온 반성적 조치에 해당하므로 형법 제1조 제2항의 '범죄 후 법률이 변경되어 그 행위가 범죄를 구성하지 아니하게 되거나 형이 구법보다 가벼워진 경우'에 해당한다.

정선 핵심

① 현행 형법을 적용할 경우 집행유예결격사유 → 유리한 행위 시 형법 적용 O
② 위헌결정이 선고된 법조항을 적용하여 공소제기된 사건 → 무죄판결
③ 구 조세범 처벌법 제10조의 삭제 → 정책적 조치
④ 추행목적의 유인죄를 삭제한 것 → 반성적 조치

정선 해설

[❶ ▸ O] 형법 부칙(2005.7.29.) 제2항에서는 "이 법은 이 법 시행 전에 행하여진 죄에 대하여도 적용한다. 다만, 종전의 규정을 적용하는 것이 행위자에게 유리한 경우에는 그러하지 아니하다."라고 규정하고 있어 판단하건대, 피고인에게 유리한 행위 시 형법을 적용하여야 한다.

> 구 형법시행 중 범한 범죄에 대하여 형을 선고함에 있어, 종전의 형법을 적용하면 형의 집행을 종료한 후 이미 5년이 경과되어 집행유예결격사유에 해당하지 아니하지만, 현행 형법을 적용하면 형의 집행을 종료한 후 3년까지의 기간 중에 범한 죄이어서 집행유예결격사유에 해당하는 경우 피고인에게는 종전 형법을 적용하는 것이 유리하므로 그 법률을 적용하여야 한다(대판 2008.3.27. 2007도7874).

[❷ ▸ ×] 헌법재판소법 제47조 제3항 본문은 형벌에 관한 법률조항에 대하여 위헌결정이 선고된 경우 그 조항이 소급하여 효력을 상실한다고 규정하고 있으므로, 형벌에 관한 법률조항이 소급하여 효력을 상실한 경우에 당해 조항을 적용하여 공소가 제기된 피고사건은 범죄로 되지 않은 때에 해당한다. 따라서 법원은 그 피고사건에 대하여 형사소송법 제325조 전단에 따라 무죄를 선고하여야 한다(대판 2018.10.25. 2015도17936).

[❸ ▸ O] '납세의무자가 정당한 사유 없이 1회계연도에 3회 이상 체납하는 경우'를 처벌하는 구 조세범 처벌법 제10조의 삭제는 경제·사회적 여건 변화를 반영한 정책적 조치에 따른 것으로 보일 뿐 법률이념의 변천에 따른 반성적 고려에서 비롯된 것이라고 보기 어려우므로, 위 규정 삭제 이전에 범한 위반행위의 가벌성이 소멸되지 않는다(대판 2011.7.14. 2011도1303).

[❹ ▸ O] 대판 2013.7.11. 2013도4862

답 ❷

043 □□□

다음 설명 중 가장 옳지 않은 것은?(다툼이 있는 경우 판례에 의하고, 전원합의체 판결의 경우 다수의견에 의함) 18 법원9급

① 범죄가 성립하는지 여부는 행위가 종료되었을 때의 법률에 의한다.
② 포괄일죄범행이 계속되는 사이 법률이 개정된 경우 행위가 종료된 때의 신법을 적용해야 하나, 신법 부칙에서 '이 법 시행 전의 행위에 대한 벌칙의 적용에 있어서는 종전의 규정에 따른다.'는 규정을 두었다면 구법을 적용해야 한다.
③ 범죄행위 시와 재판 시 사이 여러 번 법이 개정되어 형이 변경된 경우, 그중 가장 형이 가벼운 법을 적용해야 한다.
④ 헌법재판소의 헌법불합치결정은 위헌결정에 해당하므로, 그 대상인 형벌조항을 적용하여 기소된 사건은 범죄로 되지 않는 때에 해당하여 법원이 무죄를 선고해야 한다. 이는 헌법재판소가 헌법불합치결정에서 시한을 두고 그때까지 개선입법이 이루어지지 않는 경우 그 다음 날부터 효력을 상실하도록 하였더라도 달리 해석할 수 없다.

정선 핵심

① 범죄의 성립 여부 → 행위 시의 법률
② 포괄일죄범행이 계속 중 개정법 부칙에서 경과규정을 둔 경우 → 신법적용 ○
③ 수차례 개정으로 형이 변경된 경우 → 가장 형이 경한 법규정 적용 ○
④ 헌법불합치결정에서 정한 시한까지 개선입법이 이루어지지 않는 경우 → 무죄판결

정선 해설

[❶ ▸ ○] 대판 1994.5.10. 94도563
[❷ ▸ ×] 아래 판례(대판 2009.9.10. 2009도5075)의 취지를 고려하면, 종전규정을 따른다는 경과규정을 두고 있는 경우에도 범죄실행 종료 시의 법이라고 할 수 있는 신법을 적용하여 처단하여야 한다.

> 2007.1.19. 법률 제8259호로 개정된 방문판매 등에 관한 법률 제23조 제2항이 시행된 이후에도 포괄일죄인 위 법률위반범행이 계속된 경우 그 범죄실행 종료 시의 법이라고 할 수 있는 신법을 적용하여 포괄일죄로 처단하여야 하고, 또한 "이 법 시행 전의 행위에 대한 벌칙의 적용에 있어서는 종전의 규정에 따른다."는 방문판매 등에 관한 법률 부칙(2007.1.19.) 제3조가 적용될 수도 없다(대판 2009.9.10. 2009도5075).

> 비교판례 **대판 2001.9.25. 2001도3990**
>
> 일반적으로 계속범의 경우 실행행위가 종료되는 시점에서의 법률이 적용되어야 할 것이나, 법률이 개정되면서 그 부칙에서 '개정된 법 시행 전의 행위에 대한 벌칙의 적용에 있어서는 종전의 규정에 의한다'는 경과규정을 두고 있는 경우 개정된 법이 시행되기 전의 행위에 대해서는 개정 전의 법을, 그 이후의 행위에 대해서는 개정된 법을 각각 적용하여야 한다.

[❸ ▸ ○] 대판 1968.12.17. 68도1324
[❹ ▸ ○] 대판 2011.6.23. 2008도7562[전합]

답 ❷

044 □□□

형법의 적용범위에 대한 설명으로 가장 적절하지 않은 것은?(다툼이 있는 경우 판례에 의함)

18 경찰채용

① 죄를 지어 외국에서 형의 전부 또는 일부가 집행된 사람에 대해서는 그 집행된 형의 전부 또는 일부를 선고하는 형에 산입한다.

② 포괄일죄로 되는 개개의 범죄행위가 법 개정의 전후에 걸쳐서 행하여진 경우에는 신 구법의 법정형에 대한 경중을 비교하여 볼 필요도 없이 범죄실행 종료 시의 법이라고 할 수 있는 신법을 적용하여 포괄일죄로 처단하여야 한다.

③ 형벌에 관한 법률조항에 대하여 위헌결정이 선고된 경우 당해 조항을 적용하여 공소가 제기된 피고사건은 '범죄 후 법령개폐로 형이 폐지되었을 때'에 해당한다고 볼 수 있으므로, 형사소송법 제326조 제4호에 따라 면소를 선고하여야 한다.

④ 형법 제1조 제2항의 규정은 형벌법령 제정의 이유가 된 법률이념의 변천에 따라 과거에 범죄로 보던 행위에 대하여 그 평가가 달라져 이를 범죄로 인정하고 처벌한 그 자체가 부당하였다거나 또는 과형이 과중하였다는 반성적 고려에서 법령을 개폐하였을 경우에 적용하여야 한다.

정선 핵심

① 외국에서 형의 전부·일부가 집행된 사람 → 집행된 형의 전부·일부를 선고형 산입
② 포괄일죄로 되는 범죄행위가 법 개정의 전후에 걸쳐 행하여진 경우 → 신법 적용 O
③ 위헌결정이 선고된 조항을 적용하여 공소제기된 사건 → 무죄판결
④ 반성적 고려에서 법령을 개폐하였을 경우 → 형법 제1조 제2항 적용 O

정선 해설

[❶ ▸ O] 형법 제7조 참조

> **법령** 외국에서 집행된 형의 산입(형법 제7조) 죄를 지어 외국에서 형의 전부 또는 일부가 집행된 사람에 대해서는 그 집행된 형의 전부 또는 일부를 선고하는 형에 산입한다.

[❷ ▸ O] 대판 1998.2.24. 97도183

[❸ ▸ X] 헌법재판소법 제47조 제3항 본문은 형벌에 관한 법률조항에 대하여 위헌결정이 선고된 경우 그 조항이 소급하여 효력을 상실한다고 규정하고 있으므로, 형벌에 관한 법률조항이 소급하여 효력을 상실한 경우에 당해 조항을 적용하여 공소가 제기된 피고사건은 범죄로 되지 않은 때에 해당한다. 따라서 법원은 그 피고사건에 대하여 형사소송법 제325조 전단에 따라 무죄를 선고하여야 한다(대판 2018.10.25. 2015도17936).

[❹ ▸ O] 대판 1997.12.9. 97도2682

답 ❸

045 □□□

형법의 적용범위에 관한 설명 중 가장 적절하지 않은 것은?(다툼이 있는 경우 판례에 의함)

17 경찰승진

① 포괄일죄로 되는 개개의 범죄행위가 법률 개정 전·후에 걸쳐서 행하여진 경우에는 신·구법의 법정형에 대한 경중을 비교하여 볼 필요도 없이 범죄실행 종료 시의 법이라고 할 수 있는 신법을 적용하여 포괄일죄로 처단하여야 한다.
② 외국인이 외국에서 형법상 약취·유인죄나 인신매매죄 또는 그 미수범과 예비·음모죄를 범한 경우에는 우리나라 형법이 적용된다.
③ 종전에 허가를 받거나 신고를 하여야만 할 수 있던 행위의 일부를 허가나 신고 없이 할 수 있도록 개발제한구역의 지정 및 관리에 관한 특별조치법이 개정되었다 하더라도, 위의 개정된 법령이 시행되기 전에 이미 범한 무허가비닐하우스설치행위에 대한 가벌성이 소멸되지 않는다.
④ '추행목적의 유인죄'를 가중처벌하였던 특정범죄 가중처벌 등에 관한 법률 제5조의2 제4항을 삭제한 것은 종전의 조치가 과중하다는 데서 나온 반성적 조치이므로 형법 제1조 제2항의 법률의 변경에 해당한다.

정선 핵심

① 포괄일죄로 되는 범죄행위가 법 개정의 전후에 걸쳐 행하여진 경우 → 신법적용 ○
② 약취·유인 및 인신매매의 죄의 예비·음모죄 → 외국인의 국외범에게 형법적용 ×
③ 허가 없이 일정행위를 할 수 있도록 개발제한법이 개정된 경우 → 무허가비닐하우스설치행위의 가벌성 소멸 ×
④ 추행목적의 유인죄를 삭제한 것 → 반성적 조치

정선 해설

[❶ ▸ ○] 대판 1998.2.24. 97도183
[❷ ▸ ×] 약취·유인 및 인신매매의 죄의 예비·음모죄(형법 제296조)에 대하여는 세계주의에 관한 형법 제296조의2가 적용되지 아니하므로 우리 형법이 적용되지 아니한다.
[❸ ▸ ○] 대판 2007.9.6. 2007도4197
[❹ ▸ ○] 원심판결 선고 전 시행된 특정범죄 가중처벌 등에 관한 법률에는 제5조의2 제4항이 삭제되고, 형법 제288조 제1항은 "추행, 간음, 결혼 또는 영리의 목적으로 사람을 약취 또는 유인한 사람은 1년 이상 10년 이하의 징역에 처한다."고 규정하여 추행목적의 유인죄에 대한 법정형이 변경되었는데, 그 취지는 추행목적의 유인의 형태와 동기가 다양함에도 불구하고 무기 또는 5년 이상의 징역으로 가중처벌하도록 한 종전의 조치가 과중하다는 데서 나온 반성적 조치라고 보아야 할 것이어서, 이는 형법 제1조 제2항의 '범죄 후 법률이 변경되어 그 행위가 범죄를 구성하지 아니하게 되거나 형이 구법(舊法)보다 가벼워진 경우'에 해당한다(대판 2013.7.11. 2013도4862).

답 ❷

046 □□□

다음 중 법적 견해 변경으로 인한 법률변경으로 볼 수 없는 것은 모두 몇 개인가?(다툼이 있는 경우 판례에 의함) 16 경찰간부

ㄱ. 폐차업자는 폐차 시 원동기를 압축·파쇄 또는 절단하지 않고 원동기 등 기능성장치를 재사용할 수 있도록 변경된 경우
ㄴ. 협회등록법인이 아닌 단순한 등록법인의 미공개 정보를 이용한 내부자거래행위를 처벌대상에서 제외한 경우
ㄷ. 부동산중개업자가 둘 수 있는 중개보조원의 인원수 제한 규정을 폐지한 경우
ㄹ. 숙박업소 종사자의 청소년 숙박업소 출입허용행위를 처벌대상에서 제외한 경우

① 1개 ② 2개
③ 3개 ④ 4개

정선 핵심

반성적 조치의 여부
ㄱ. 압축 않고 원동기 등 기능성장치를 재사용할 수 있도록 변경된 경우 → O(반성적 조치)
ㄴ. 단순한 등록법인의 내부자거래행위를 처벌대상에서 제외한 경우 → O(반성적 조치)
ㄷ. 중개보조원의 인원수 제한규정을 폐지한 경우 → ×(정책적 조치)
ㄹ. 청소년 숙박업소 출입허용행위를 처벌대상에서 제외한 경우 → O(반성적 조치)

정선 해설

[ㄱ ▸ ×] 자동차 생산기술의 발달로 그 부품의 성능과 품질이 향상됨에 따라 폐차되는 자동차의 원동기를 재사용할 필요가 있고 이를 일정한 조건 아래에서 허용하더라도 별다른 문제가 발생할 여지가 많지 않음에도 불구하고 폐차 시 원동기를 압축·파쇄 또는 절단하도록 한 종전의 조치가 부당하다는 데에서 나온 반성적 조치라고 보아야 한다(대판 2003.10.10. 2003도2770).

[ㄴ ▸ ×] 구 증권거래법 제188조의2가 1997.1.13. 법률 제5254호로 개정되면서 장외등록법인 내지 협회등록법인에까지는 이르지 못한 회사의 미공개 중요정보를 이용한 내부자거래를 처벌의 대상에서 제외한 취지는 단순한 등록법인의 경우에는 유가증권의 발행이나 매매거래의 공정성 및 원활한 유통성의 확보나 투자자의 보호 차원에서 별다른 문제가 발생할 여지가 많지 않음에도 불구하고 이러한 경우까지 내부자거래의 규제 대상으로 삼은 종전의 조치가 부당하다는 데에서 나온 반성적 조치라고 보아야 할 것이므로 이는 범죄 후의 법령개폐로 형이 폐지되었을 때에 해당한다(대판 1999.6.11. 98도3097).

[ㄷ ▸ O] 대판 2000.8.18. 2000도2943

[ㄹ ▸ ×] 구 청소년보호법과 달리 1999.7.1.부터 시행된 청소년보호법에서는 오히려, 숙박업은 청소년유해업소 중 청소년의 출입은 가능하나 고용은 유해한 것으로 인정되는 업소에 해당하는 것으로 변경된 점 및 같은 법 개정 당시 그 부칙 등에 같은 법 시행 전의 위와 같은 출입허용행위에 대한 벌칙의 적용에 있어서는 이에 대한 아무런 경과규정을 두지 아니한 점 등을 종합하여 보면, 그 변경은 청소년의 숙박행위까지 처벌대상으로 삼은 종전의 조치가 부당하다는 데서 나온 반성적 조치라고 보아야 할 것이므로 이는 범죄 후 법률의 변경에 의하여 그 행위가 범죄를 구성하지 아니한 경우에 해당한다(대판 2000.12.8. 2000도2626).

답 ❶

047 □□□

형법의 시간적 적용범위에 대한 설명으로 옳지 않은 것은?(다툼이 있는 경우 판례에 의함)

17 국가9급

① 범죄 후 법률이 개정되었으나 개정 전후를 통하여 형의 경중에 차이가 없는 경우에는 신법우선의 원칙에 따라 법원은 개정 후 법률을 적용하여야 한다.

② 형을 종전보다 가볍게 형벌법규를 개정하면서 그 부칙으로 개정된 법의 시행 전의 범죄에 대하여 종전의 형벌법규를 적용하도록 규정하여도 형벌불소급의 원칙이나 신법우선의 원칙에 반한다고 할 수 없다.

③ 누설한 군사기밀사항이 누설행위 이후 군사기밀에서 해제되었다고 하더라도 이를 법률의 변경으로 볼 수 없으므로 재판시법 적용 여부가 문제될 여지는 없다.

④ 공소시효가 완성된 범죄를 소급하여 처벌하기 위한 진정소급입법은 원칙적으로 헌법에 위배된다.

정선 핵심

① 범죄 후 법률이 개정되었으나 형의 경중에 차이가 없는 경우 → 구법적용 ○
② 부칙으로 개정법 시행 전 범죄에 종전 형벌법규 적용 → 형벌불소급의 원칙 위반 ×
③ 누설한 군사기밀이 누설행위 이후 군사기밀 해제 → 법률의 변경 ×
④ 진정소급입법 → 원칙적으로 헌법 위반 ○

정선 해설

[❶ ▸ ×] 법원이 인정하는 범죄사실이 공소사실과 차이가 없이 동일한 경우에는 비록 검사가 재판시법인 개정 후 신법의 적용을 구하였더라도 그 범행에 대한 형의 경중의 차이가 없으면 피고인의 방어권 행사에 실질적으로 불이익을 초래할 우려도 없어 공소장 변경절차를 거치지 않고도 정당하게 적용되어야 할 행위시법인 구법을 적용할 수 있다(대판 2002.4.12. 2000도3350).

> 유사판례 **대판 2011.4.14. 2010도5606**
>
> 피고인이 이 사건 공소사실 기재 범행으로 2004.1.28. 수수하였다는 금액은 3억 6,000만원인데 특정경제범죄 가중처벌 등에 관한 법률이 2007.5.17. 법률 제8444호로 개정되었어도 위 수수액에 관하여는 개정 전후를 통하여 형의 경중이 없으므로 행위시법인 개정 전의 위 법률의 해당 조항을 적용하여야 한다.

[❷ ▸ ○] 형법 제1조 제2항 및 제8조에 의하면 범죄 후 법률이 변경되어 형이 구법(舊法)보다 가벼워진 경우에는 신법에 의한다고 규정하고 있으나 신법에 경과규정을 두어 이러한 신법의 적용을 배제하는 것도 허용되는 것으로서, 형을 종전보다 가볍게 형벌법규를 개정하면서 그 부칙으로 개정된 법의 시행 전의 범죄에 대하여 종전의 형벌법규를 적용하도록 규정한다 하여 헌법상의 형벌불소급의 원칙이나 신법우선주의에 반한다고 할 수 없다(대판 1999.7.9. 99도1695).

[❸ ▸ ○] 대판 2000.1.28. 99도4022

[❹ ▸ ○] 헌재 1996.2.16. 96헌가2

답 ❶

048
□□□

형벌규정의 적용에 대한 설명으로 옳지 않은 것은?(다툼이 있는 경우 판례에 의함)

20 국가9급

① '1개의 죄가 본법시행 전후에 걸쳐서 행하여진 때에는 본법시행 전에 범한 것으로 간주'하는 형법 부칙 제4조 제1항은 신·구형법 사이의 관계가 아닌 다른 법률 사이의 관계에 그대로 적용하거나 유추적용할 것이 아니다.
② 범죄 후 법률의 변경으로 형이 구법보다 경하게 된 때에는 신법에 의하여야 하지만, 신법에 경과규정을 두어 신법의 적용을 배제하는 것도 허용된다.
③ 포괄일죄로 되는 개개의 범죄행위가 법률 개정의 전후에 걸쳐서 행하여진 때는 범죄실행 종료시의 법인 신법을 적용하여 포괄일죄로 처단하여야 한다.
④ 범죄 후 법률의 개정으로 법정형이 가벼워진 경우에도 개정 전 구법의 법정형이 공소시효기간의 기준이 된다.

정선 핵심

① 형법 부칙 제4조 제1항 → 다른 법률 사이의 관계에 적용 ×
② 범죄 후 법률의 변경으로 형이 경하게 된 경우 → 경과규정으로 신법적용 배제 ○
③ 포괄일죄로 되는 범죄행위가 법 개정의 전후에 걸쳐 행하여진 경우 → 신법 적용 ○
④ 범죄 후 법률의 변경으로 형이 경하게 된 경우 → 신법의 법정형이 공소시효기간 기준

정선 해설

[❶ ▸ O] 판례의 취지를 고려하면, 형법 부칙 제4조 제1항은 신·구형법 사이의 관계가 아닌 다른 법률 사이의 관계에 그대로 적용하거나 유추적용할 것이 아니다. 한편 형법 부칙(형법제정 당시 형법 부칙) 제4조 제1항은 1995년 개정형법 부칙 제3조가 "1개의 행위가 이 법 시행 전후에 걸쳐 이루어진 경우에는 이 법 시행 이후에 행한 것으로 본다"고 규정하여 그 효력을 상실하였다.

> 형법 부칙(형법제정 당시 형법 부칙) 제4조 제1항은 "1개의 죄가 본법시행 전후에 걸쳐서 행하여진 때에는 본법시행 전에 범한 것으로 간주한다"고 규정하고 있으나 위 부칙은 형법시행에 즈음하여 구형법과의 관계에서 그 적용범위를 규정한 경과법으로서 형법 제8조에서 규정하는 총칙규정이 아닐 뿐 아니라 범죄의 성립과 처벌은 행위 시의 법률에 의한다고 규정한 형법 제1조 제1항의 해석으로서도 행위종료 시의 법률의 적용을 배제한 점에서 타당한 것이 아니므로 신·구형법과의 관계가 아닌 다른 법과의 관계에서는 위 부칙을 적용 내지 유추적용할 것이 아니다(대판 1986.7.22. 86도1012[전합]).

[❷ ▸ O] 대판 1999.7.9. 99도1695
[❸ ▸ O] 대판 1998.2.24. 97도183
[❹ ▸ X] 범죄 후 법률의 개정에 의하여 법정형이 가벼워진 경우에는 형법 제1조 제2항에 의하여 당해 범죄사실에 적용될 가벼운 법정형(신법의 법정형)이 공소시효기간의 기준이 된다(대판 2008.12.11. 2008도4376).

답 ❹

049
□□□

형법의 적용범위에 대한 설명으로 가장 옳지 않은 것은?(다툼이 있는 경우 판례에 의함)

19 경찰간부

① 구 형법의 같은 조항의 법정형이 "5년 이하의 징역"이었던 것이 "5년 이하의 징역 또는 1천만원 이하의 벌금"이 되어 벌금형이 추가된 것은 형이 무겁게 변경되었음이 분명하다.

② 포괄일죄인 뇌물수수범행이 특정범죄 가중처벌 등에 관한 법률(이하 '특가법') 제2조 제2항의 시행 전후에 걸쳐 행하여진 경우 특가법 제2조 제2항에 규정된 벌금형 산정 기준이 되는 수뢰액은 위 규정이 신설된 이후에 수수한 금액으로 한정된다.

③ 종전에 허가를 받거나 신고를 하여야만 할 수 있던 행위의 일부를 허가나 신고 없이 할 수 있도록 개발제한구역의 지정 및 관리에 관한 특별조치법이 개정되었다 하더라도, 위의 개정된 법령이 시행되기 전에 이미 범한 무허가비닐하우스설치행위에 대한 가벌성이 소멸되지 않는다.

④ 한국인이 한국 내에 있는 미국 문화원에서 방화죄를 범한 경우, 미국 문화원이 국제협정이나 관행에 의하여 치외법권지역이고 미국 본토의 연장으로 본다고 하더라도 대한민국의 형법이 적용된다.

정선 핵심

① 법정형에 벌금형이 추가된 경우 → 형이 경하게 변경
② 뇌물수수범행이 개정 특가법 시행 전후에 행하여진 경우 → 벌금형 산정기준 수뢰액은 규정신설 후 수수금액으로 한정
③ 허가 없이 일정행위를 할 수 있도록 개발제한법이 개정된 경우 → 무허가비닐하우스설치행위의 가벌성 소멸 ×
④ 미국 문화원에서 방화죄를 범한 경우 → 형법 적용 ○

정선 해설

[❶ ▸ ×] 1995.12.29. 법률 제5057호로 개정되어 1996.7.1.부터 시행되는 형법 제231조, 제234조에 의하면 구 형법의 같은 조항의 법정형이 "5년 이하의 징역"이었던 것이 "5년 이하의 징역 또는 1천만원 이하의 벌금"이 되어 벌금형이 추가됨으로써 원심판결 후에 형이 가볍게 변경되었음이 분명하다(대판 1996.7.26. 96도1158).

[❷ ▸ ○] 2008.12.26. 법률 제9169호로 개정·시행된 특정범죄 가중처벌 등에 관한 법률(이하 '특가법')은 제2조 제2항에서 "형법 제129조, 제130조 또는 제132조에 규정된 죄를 범한 자는 그 죄에 대하여 정한 형(제1항의 경우를 포함한다)에 수뢰액의 2배 이상 5배 이하의 벌금을 병과(倂科)한다."라고 규정하여 뇌물수수죄 등에 대하여 종전에 없던 벌금형을 필요적으로 병과하도록 하고 있는데, 헌법 제13조 제1항의 형벌법규 불소급 원칙과 형법 제1조 제1항의 "범죄의 성립과 처벌은 행위 시의 법률에 따른다."는 규정에 비추어 보면, 포괄일죄인 뇌물수수범행이 위 신설 규정의 시행 전후에 걸쳐 행하여진 경우 특가법 제2조 제2항에 규정된 벌금형 산정 기준이 되는 수뢰액은 위 규정이 신설된 2008.12.26. 이후에 수수한 금액으로 한정된다고 보아야 한다(대판 2011.6.10. 2011도4260).

[❸ ▸ ○] 대판 2007.9.6. 2007도4197

[❹ ▸ ○] 대판 1986.6.24. 86도403

답 ❶

제1장 제2장 제3장

안심Touch

050 □□□

형법의 적용에 대한 설명으로 옳지 않은 것은?(다툼이 있는 경우 판례에 의함)

21 국가9급

① 도박죄를 처벌하지 않는 외국의 카지노에서 우리나라 국민이 도박을 한 경우 우리나라 형법이 적용된다.
② 외국인이 외국에 소재한 우리나라 영사관 내에서 외국인 명의의 사문서를 위조한 경우 우리나라 형법이 적용되지 않는다.
③ 외국인이 우리나라 공무원에게 알선한다는 명목으로 금품을 수수한 행위의 장소가 우리나라라면 금품수수의 명목이 된 알선행위의 장소가 외국인 경우에도 우리나라 형법이 적용된다.
④ 외국의 영공을 지나고 있는 우리나라 국적기 안에서 외국인이 다른 외국인을 상해한 경우 우리나라 형법이 적용되지 않는다.

정선 핵심

형법적용의 가부
① 외국 카지노에서 국민이 도박을 한 경우 → ○
② 외국인이 외국에서 외국인 명의의 사문서를 위조한 경우 → ×
③ 금품수수장소가 한국이라면 외국인의 알선행위장소가 외국인 경우 → ○
④ 국적기 안에서 외국인이 다른 외국인을 상해한 경우 → ○

정선 해설

[❶ ▸ O] 형법 제3조는 '본법은 대한민국 영역 외에서 죄를 범한 내국인에게 적용한다'고 하여 형법의 적용범위에 관한 속인주의를 규정하고 있는바, 필리핀국에서 카지노의 외국인 출입이 허용되어 있다 하여도, 형법 제3조에 따라, 필리핀국에서 도박을 한 피고인에게 우리나라 형법이 당연히 적용된다(대판 2001.9.25. 99도3337).
[❷ ▸ O] 대판 2006.9.22. 2006도5010
[❸ ▸ O] 대판 2000.4.21. 99도3403
[❹ ▸ ×] 형법 제4조 참조

법령 **국외에 있는 내국선박 등에서 외국인이 범한 죄(제4조)** 본법은 대한민국 영역 외에 있는 대한민국의 선박 또는 항공기내에서 죄를 범한 외국인에게 적용한다.

답 ❹

051
□□□

형법규정의 적용에 관한 다음 설명 중 옳지 않은 것은 모두 몇 개인가?(다툼이 있으면 판례에 의함)

19 해경간부

ㄱ. 불실의 사실이 기재된 공정증서의 정본을 그 정을 모르는 법원직원에게 교부한 행위를 부실기재공정증서원본행사죄에 해당하는 것으로 해석하는 것은 형법상 금지된 유추해석에 해당한다.
ㄴ. 범죄 후 법률의 변경에 의하여 그 행위가 범죄를 구성하지 아니하게 된 경우에는 수소법원은 무죄판결을 선고하여야 한다.
ㄷ. 실행행위의 도중에 법률이 변경되어 실행행위가 신·구법에 걸쳐 행하여진 때에는 신법시행 전에 이미 실행행위가 착수되었으므로 이 행위에는 구법이 적용되어야 한다.
ㄹ. 범죄 후 법률의 변경에 의하여 신법의 형이 구법보다 경한 때에는 신법에 의한다고 규정하고 있으나 신법에 경과규정을 두어 이러한 신법의 적용을 배제하는 것도 허용된다.

① 0개　　② 1개
③ 2개　　④ 3개

정선 핵심

ㄱ. 공정증서정본을 교부한 행위가 부실기재공정증서원본행사죄에 해당하는 것으로 해석하는 경우 → 유추해석 금지의 원칙 위반 O
ㄴ. 범죄 후 법률의 변경에 의하여 범죄를 구성하지 아니하게 된 경우 → 면소판결
ㄷ. 실행행위가 신·구법에 걸쳐 행하여진 경우 → 신법 적용 O
ㄹ. 범죄 후 법률의 변경으로 형이 경하게 된 경우 → 경과규정으로 신법적용 배제 O

정선 해설

[ㄱ ▸ O] 판례의 취지를 고려하면, 정본을 그 정을 모르는 법원 직원에게 교부한 행위가 부실기재공정증서원본행사죄에 해당하는 것으로 보는 것은 유추해석에 해당한다.

'공정증서원본'에는 공정증서의 정본이 포함된다고 볼 수 없으므로 불실의 사실이 기재된 공정증서의 정본을 그 정을 모르는 법원 직원에게 교부한 행위는 형법 제229조의 부실기재공정증서원본행사죄에 해당하지 아니한다(대판 2002.3.26. 2001도6503).

[ㄴ ▸ X] 범죄 후 법률이 변경되어 그 행위가 범죄를 구성하지 아니하게 되거나 형이 구법보다 가벼워진 경우에는 신법에 따른다(형법 제1조 제2항). 당해 행위가 범죄를 구성하지 아니하게 된 때 공소제기가 있으면 법원은 면소판결을 하여야 한다(형소법 제326조 제4호).

비교판례 **대판 2018.10.25. 2015도17936**

헌법재판소의 헌법불합치결정은 헌법과 헌법재판소법이 규정하고 있지 않은 변형된 형태이지만 법률조항에 대한 위헌결정에 해당한다. 그리고 헌법재판소법 제47조 제3항 본문은 형벌에 관한 법률조항에 대하여 위헌결정이 선고된 경우 그 조항이 소급하여 효력을 상실한다고 규정하고 있으므로, 형벌에 관한 법률조항이 소급하여 효력을 상실한 경우에 당해 조항을 적용하여 공소가 제기된 피고사건은 범죄로 되지 않은 때에 해당한다. 따라서 법원은 그 피고사건에 대하여 형사소송법 제325조 전단에 따라 무죄를 선고하여야 한다.

[ㄷ ▸ X] 실행행위가 신·구법에 걸쳐 행하여진 경우에는 실행행위는 신법시행 시에 종료된 것이므로 신법이 행위시법으로서 적용된다.
[ㄹ ▸ O] 대판 1999.7.9. 99도1695

답 ❸

052 □□□

다음 사례에 관한 설명 중 옳지 않은 것은?(다툼이 있는 경우 판례에 의함) 16 변시

甲은 구 식품위생법 제30조의 규정에 의하여 단란주점의 영업시간을 제한하고 있던 보건복지부 고시를 위반하여 단란주점 영업을 하다가 식품위생법위반죄로 공소가 제기되어 재판을 받고 있던 중에 위 규정의 변경은 없이 보건복지부 고시가 실효되었다.

① 보건복지부 고시의 실효를 법적 견해의 변경으로 인한 반성적 고려에 기인한 것으로 본다면 甲에게 재판시법을 적용해야 한다.
② 형법 제1조 제2항의 법률을 총체적 법률상태 내지 전체로서의 법률을 의미하는 것으로 본다면 보건복지부 고시의 실효는 법률의 변경에 해당한다.
③ 보건복지부 고시의 실효를 형법 제1조 제2항의 법률의 변경으로 볼 수 없다면 甲은 식품위생법위반죄로 처벌되어야 한다.
④ 보건복지부 고시의 실효가 영업시간제한 필요성의 감소와 단속과정에서의 부작용을 줄이기 위한 정책적 필요에 기인한 것으로 본다면 甲에게 행위시법을 적용해야 한다.
⑤ 보건복지부 고시의 실효를 형법 제1조 제2항의 법률의 변경으로 본다면 甲에게 무죄를 선고해야 한다.

정선 핵심

① 보건복지부 고시의 실효가 반성적 고려인 경우 → 재판시법 적용 O
② 형법 제1조 제2항의 법률의 의미를 고려할 경우 → 고시의 실효는 법률의 변경
③ 보건복지부 고시의 실효가 법률의 변경 × → 식품위생법위반죄로 처벌
④ 보건복지부 고시의 실효가 정책적 필요인 경우 → 행위시법 적용 O
⑤ 보건복지부 고시의 실효가 법률의 변경 O → 면소판결

정선 해설

[❶ ▸ O] 동기설에 의하면, 보건복지부 고시의 실효를 법적 견해의 변경으로 인한 반성적 고려에 기인한 것으로 본다면 형법 제1조 제2항에 의하여 신법인 재판시법을 적용하여야 한다.
[❷ ▸ O] 보충규범도 상위규범과 결합하여 전체로서 형법법규를 이루므로 보충규범에 해당하는 보건복지부 고시의 실효도 형법 제1조 제2항의 법률의 변경에 해당한다.
[❸ ▸ O] 보충규범의 개폐는 구성요건의 내용인 행정처분의 변경에 불과하다고 보면 형법 제1조 제1항이 적용되어 甲은 식품위생법위반죄로 처벌되어야 한다.
[❹ ▸ O] 동기설에 의하면, 보건복지부 고시의 실효를 정책적 필요에 기인한 것으로 본다면 형법 제1조 제1항에 의하여 甲에게 행위시법인 식품위생법위반죄를 적용해야 한다.
[❺ ▸ ×] 보건복지부 고시의 실효를 형법 제1조 제2항의 법률의 변경으로 본다면 법원은 형소법 제326조 제4호에 의하여 면소판결을 선고하여야 한다.

답 ❺

053 □□□

다음 중 형법의 시간적 적용범위에 대한 설명으로 가장 옳지 않은 것은?(다툼이 있는 경우 판례에 의함) 21 해경승진

① 법 개정 전후를 통하여 형의 경중에 차이가 없는 경우에는 행위시법을 적용하여야 한다.
② 범죄 후 법률이 변경되어 그 행위가 범죄를 구성하지 아니하게 되거나 형이 구법보다 가벼워진 경우에는 신법에 따른다.
③ 범죄 후 법률의 개정에 의하여 법정형이 가벼워진 경우라도 공소시효의 특성상 범죄시에 적용되었던 구법의 법정형이 공소시효기간의 기준이 된다.
④ 행위 시와 재판 시 사이에 수차례의 법령개폐로 인하여 형의 변경이 있는 때에는 그 전부를 비교하여 가장 형이 가벼운 법을 적용해야 한다.

정선 핵심

① 범죄 후 법률이 개정되었으나 형의 경중에 차이가 없는 경우 → 구법 적용 ○
② 범죄 후 법률이 변경되어 행위가 범죄를 구성하지 아니하거나 형이 구법보다 가벼워진 경우 → 신법 적용 ○
③ 범죄 후 법률이 변경되어 형이 구법보다 가벼워진 경우 → 신법의 법정형이 공소시효기간 기준
④ 수차례 개정으로 형이 변경된 경우 → 가장 형이 경한 법규정 적용 ○

정선 해설

[❶ ▸ ○] 법원이 인정하는 범죄사실이 공소사실과 차이가 없이 동일한 경우에는 비록 검사가 재판시법인 개정 후 신법의 적용을 구하였더라도 그 범행에 대한 형의 경중의 차이가 없으면 피고인의 방어권 행사에 실질적으로 불이익을 초래할 우려도 없어 공소장 변경절차를 거치지 않고도 정당하게 적용되어야 할 행위시법인 구법을 적용할 수 있다(대판 2002.4.12. 2000도3350).
[❷ ▸ ○] 형법 제1조 제2항 참조

> **법령** 범죄의 성립과 처벌(형법 제1조) ② 범죄 후 법률이 변경되어 그 행위가 범죄를 구성하지 아니하게 되거나 형이 구법(舊法)보다 가벼워진 경우에는 신법(新法)에 따른다.

[❸ ▸ ×] 범죄 후 법률의 개정에 의하여 법정형이 가벼워진 경우에는 형법 제1조 제2항에 의하여 당해 범죄사실에 적용될 가벼운 법정형(신법의 법정형)이 공소시효기간의 기준이 된다(대판 2008.12.11. 2008도4376).
[❹ ▸ ○] 행위 시와 재판 시 사이에 수차 법령의 변경이 있는 경우에는 이 점에 관한 당사자의 주장이 없더라도 직권으로 행위시법과 제1, 2 심판시법의 세 가지 규정에 의한 형의 경중을 비교하여 그중 가장 형이 경한 법규정을 적용하여 심판하여야 한다(대판 1968.12.17. 68도1324).

답 ❸

제1장 제2장 제3장

054 □□□

형법의 적용범위에 관한 설명으로 적절한 것은 모두 몇 개인가?(다툼이 있는 경우 판례에 의함) 20 경찰채용

ㄱ. 형법 제7조에서 규정하고 있는 '외국에서 형의 전부 또는 일부가 집행된 사람'이란 '외국 법원의 유죄판결에 의하여 자유형이나 벌금형 등의 전부 또는 일부가 실제로 집행된 사람'을 말한다.
ㄴ. 형법의 적용에 관하여 같은 법 제2조는 대한민국 영역 내에서 죄를 범한 내국인과 외국인에게 적용한다고 규정하고 있으며, 같은 법 제6조 본문은 대한민국 영역 외에서 대한민국 또는 대한민국 국민에 대하여 같은 법 제5조에 기재한 이외의 죄를 범한 외국인에게 적용한다고 규정하고 있는바, 중국 북경시에 소재한 대한민국 영사관 내부는 여전히 중국의 영토에 속할 뿐 이를 대한민국의 영토로서 그 영역에 해당한다고 볼 수 없다.
ㄷ. 독일인이 독일 내에서 북한의 지령을 받아 베를린 주재 북한이익대표부를 방문하고 그곳에서 북한공작원을 만난 행위는 외국인의 국외범에 해당하여, 형법 제5조와 제6조에서 정한 요건에 해당하지 않는 이상 우리 형법으로 처벌할 수 없다.
ㄹ. 형사사건으로 외국 법원에 기소되었다가 무죄판결을 받은 사람은, 설령 그가 무죄판결을 받기까지 상당 기간 미결구금되었더라도 이를 유죄판결에 의하여 형이 실제로 집행된 것으로 볼 수는 없으므로, '외국에서 형의 전부 또는 일부가 집행된 사람'에 해당한다고 볼 수 없다.

① 1개
② 2개
③ 3개
④ 4개

정선 핵심

ㄱ. 외국에서 형의 전부·일부가 집행된 사람 → 자유형의 전부 등이 실제 집행된 사람
ㄴ. 중국 북경시에 소재한 대한민국 영사관 내부 → 중국의 영토
ㄷ. 독일인이 독일에서 북한이익대표부를 방문하여 공작원을 만난 행위 → 형법으로 처벌 ×
ㄹ. 외국 법원으로부터 무죄판결을 받은 사람 → 외국에서 형의 전부·일부가 집행된 사람 ×

정선 해설

[ㄱ ▸ O] 대판 2017.8.24. 2017도5977[전합]

[ㄴ ▸ O] 중국 북경시에 소재한 대한민국 영사관 내부는 여전히 중국의 영토에 속할 뿐 이를 대한민국의 영토로서 그 영역에 해당한다고 볼 수 없을 뿐 아니라, 사문서위조죄가 형법 제6조의 대한민국 또는 대한민국 국민에 대하여 범한 죄에 해당하지 아니함은 명백하다(대판 2006.9.22. 2006도5010).

[ㄷ ▸ O] 독일인이 독일 내에서 북한의 지령을 받아 베를린 주재 북한이익대표부를 방문하고 그곳에서 북한공작원을 만났다면 위 각 구성요건상 범죄지는 모두 독일이므로 이는 외국인의 국외범에 해당하여, 형법 제5조와 제6조에서 정한 요건에 해당하지 않는 이상 위 각 조항을 적용하여 처벌할 수 없다(대판 2008.4.17. 2004도4899[전합]).

[ㄹ ▸ O] 대판 2017.8.24. 2017도5977[전합]

답 ④

055
□□□

다음 중 옳은 것(○)과 옳지 않은 것(×)을 바르게 연결한 것은?(다툼이 있으면 판례에 의함)

14 경찰채용

ㄱ. 카지노의 외국인 출입이 허용된 필리핀에서 카지노에 들어가 도박을 한 대한민국 국적자에게는 대한민국 형법이 적용될 수 없다.
ㄴ. 캐나다 시민권자가 캐나다에서 위조사문서를 행사하였다는 내용으로 기소된 경우 대한민국법원은 그에 대해 재판권이 없다.
ㄷ. 중국 국적자가 중국에서 대한민국 국적 주식회사의 인장을 위조한 경우에는 외국인의 국외범으로 대한민국 법원은 그에 대해 재판권이 없다.
ㄹ. 외국인이 대한민국 공무원에게 알선한다는 명목으로 금품을 수수하는 행위가 대한민국 영역 내에서 이루어진 이상, 비록 금품수수의 명목이 된 알선행위를 하는 장소가 대한민국 영역 외라 하더라도 대한민국 영역 내에서 죄를 범한 것이라고 하여야 할 것이므로, 구 변호사법(2000.1.28. 법률 제6207호로 전문개정되기 전의 것) 제90조 제1호가 적용되어야 한다.

① ㄱ(○) ㄴ(○) ㄷ(○) ㄹ(○)
② ㄱ(×) ㄴ(○) ㄷ(○) ㄹ(○)
③ ㄱ(×) ㄴ(×) ㄷ(○) ㄹ(×)
④ ㄱ(×) ㄴ(○) ㄷ(×) ㄹ(×)

정선 핵심

ㄱ. 한국인이 외국 카지노에서 도박을 한 경우 → 형법적용 ○
ㄴ. 외국인이 외국에서 위조사문서를 행사한 경우 → 형법적용 ×
ㄷ. 중국인이 중국에서 대한민국 국적 주식회사의 인장을 위조한 경우 → 형법적용 ×
ㄹ. 금품수수장소가 한국이라면 외국인의 알선행위장소가 외국인 경우 → 구 변호사법 적용 ○

정선 해설

[ㄱ ▸ ×] 형법 제3조는 '본법은 대한민국 영역 외에서 죄를 범한 내국인에게 적용한다'고 하여 형법의 적용범위에 관한 속인주의를 규정하고 있는바, 필리핀국에서 카지노의 외국인 출입이 허용되어 있다 하여도, 형법 제3조에 따라, 필리핀국에서 도박을 한 피고인에게 우리나라 형법이 당연히 적용된다(대판 2001.9.25. 99도3337).
[ㄴ ▸ ○] 대판 2011.8.25. 2011도6507
[ㄷ ▸ ○] 형법 제239조 제1항의 사인위조죄는 <u>형법 제6조의 대한민국 또는 대한민국국민에 대하여 범한 죄에 해당하지 아니하므로</u> 중국 국적자가 중국에서 대한민국 국적 주식회사의 인장을 위조한 경우에는 외국인의 국외범으로서 그에 대하여 재판권이 없다(대판 2002.11.26. 2002도4929).
[ㄹ ▸ ○] 대판 2000.4.21. 99도3403

답 ❷

제1장
제2장
제3장

안심Touch

056 □□□

형법의 적용범위에 대한 설명으로 옳지 않은 것은?(다툼이 있는 경우 판례에 의함)

14 국가9급

① '추행목적의 유인죄'를 가중처벌하였던 특정범죄 가중처벌 등에 관한 법률 제5조의2 제4항을 삭제한 것은 종전의 조치가 과중하다는 데서 나온 반성적 조치이므로 형법 제1조 제2항의 '법률의 변경'에 해당한다.

② 가정폭력범죄의 처벌 등에 관한 특례법이 정한 사회봉사명령은 보안처분의 성격을 가지는 것이므로 자유 제한적 성질을 갖는다 하여도 형벌불소급의 원칙이 적용되지 않는다.

③ 민사소송절차에서 정당한 사유 없이 명시기일에 출석하지 아니한 자에 대하여 형벌 대신 감치에 처하도록 법령이 개정된 경우에는 '범죄 후 법령 개폐로 형이 폐지되었을 때'에 해당한다.

④ 외국인이 외국에서 형법상 약취·유인죄나 인신매매죄 또는 그 미수범을 범한 경우에는 우리나라 형법이 적용되지만, 단순히 같은 죄의 예비·음모를 한 데 불과한 경우에는 우리나라 형법이 적용되지 않는다.

정선 핵심

① 추행목적의 유인죄를 삭제한 것 → 반성적 조치
② 사회봉사명령 → 소급효 금지의 원칙 적용 O
③ 명시기일 불출석자에 대하여 감치에 처하도록 법령이 개정된 경우 → 반성적 조치
④ 약취·유인 및 인신매매의 죄의 예비·음모죄 → 외국인의 국외범에게 형법적용 ×

정선 해설

[❶ ▸ O] 대판 2013.7.11. 2013도4862

[❷ ▸ ×] 가정폭력범죄의 처벌 등에 관한 특례법이 정한 보호처분 중의 하나인 사회봉사명령은 보안처분의 성격을 가지는 것이 사실이나 한편으로 이는 가정폭력범죄행위에 대하여 형사처벌 대신 부과되는 것으로서, 가정폭력범죄를 범한 자에게 의무적 노동을 부과하고 여가시간을 박탈하여 실질적으로는 신체적 자유를 제한하게 되므로, 이에 대하여는 원칙적으로 형벌불소급의 원칙에 따라 행위시법을 적용함이 상당하다(대결 2008.7.24. 2008어4).

[❸ ▸ O] 대판 2002.9.24. 2002도4300

[❹ ▸ O] 약취·유인 및 인신매매의 죄의 예비·음모죄(형법 제296조)에 대하여는 세계주의에 관한 형법 제296조의2가 적용되지 아니하므로 우리 형법이 적용되지 아니한다.

답 ❷

057
□□□

형법의 적용범위에 대한 설명으로 가장 적절하지 않은 것은?(다툼이 있는 경우 판례에 의함)

21 경찰승진

① 한국인이 외국에서 죄를 지어 현지 법률에 따라 형의 전부 또는 일부의 집행을 받은 때에는 대한민국 법원은 그 집행된 형의 전부 또는 일부를 선고하는 형에 반드시 산입하여야 한다.
② 범죄행위 시와 재판 시 사이에 여러 차례 법령이 개정되어 형의 변경이 있는 경우에는 그 전부의 법령을 비교하여 그중 가장 형이 가벼운 법령을 적용하여야 한다.
③ 범죄행위는 범죄의사가 외부적으로 표현된 상태로서 주관적 내부적인 의사와 객관적 외부적인 표현(동작)을 그 요소로 하는 것이므로, 공모공동정범의 공모지는 형법 제2조(국내범)가 적용되는 범죄지로 볼 수 없다.
④ 형법총칙은 다른 법령에 정한 죄에 적용되지만, 그 법령에 특별한 규정이 있는 때에는 예외로 한다.

정선 핵심

① 외국에서 형의 전부·일부가 집행된 사람 → 집행된 형의 전부·일부를 선고형에 산입
② 수차례 개정으로 형이 변경된 경우 → 가장 형이 경한 법규정 적용 O
③ 공모공동정범의 공모지 → 범죄지 O
④ 형법총칙 → 원칙적으로 다른 법령에 정한 죄에 적용 O

정선 해설

[❶ ▸ O] 형법 제7조 참조

> **법령** 외국에서 집행된 형의 산입(형법 제7조) 죄를 지어 외국에서 형의 전부 또는 일부가 집행된 사람에 대해서는 그 집행된 형의 전부 또는 일부를 선고하는 형에 산입한다.

[❷ ▸ O] 행위 시와 재판 시 사이에 수차 법령의 변경이 있는 경우에는 이 점에 관한 당사자의 주장이 없더라도 직권으로 행위시법과 제1, 2 심판시법의 세 가지 규정에 의한 형의 경중을 비교하여 그중 가장 형이 경한 법규정을 적용하여 심판하여야 한다(대판 1968.12.17. 68도1324).

[❸ ▸ X] 형법 제2조를 적용함에 있어서 공모공동정범의 경우 공모지도 범죄지로 보아야 한다(대판 1998.11.27. 98도2734).

[❹ ▸ O] 형법 제8조 참조

> **법령** 총칙의 적용(형법 제8조) 본법 총칙은 타 법령에 정한 죄에 적용한다. 단, 그 법령에 특별한 규정이 있는 때에는 예외로 한다.

답 ❸

제1장 제2장 제3장

058 □□□

형법의 적용범위에 대한 설명으로 가장 적절하지 않은 것은?(다툼이 있는 경우 판례에 의함)

19 경찰승진

① 외국인 甲이 대한민국 영역 외에서 대한민국 국민의 법익이 직접적으로 침해되는 결과를 야기하는 범죄를 범한 경우에도 대한민국 형법을 적용할 수 있다.

② 한국인 乙이 외국에서 미결구금되었다가 무죄판결을 받은 경우 그 미결구금일수는 국내에서 동일한 행위로 인하여 선고받은 형에 산입하여야 한다.

③ 한국인 丙이 도박죄를 처벌하지 않는 외국 카지노에서 도박을 한 경우에도 대한민국 형법을 적용할 수 있다.

④ 외국인 丁이 외국에서 서울지방경찰청장 명의의 운전면허증을 위조한 경우에도 대한민국 형법을 적용할 수 있다.

정선 핵심

① 외국인이 대한민국 영역 외에서 국민의 법익을 직접적으로 침해하는 범죄를 범한 경우 → 형법 적용 O
② 외국에서 미결구금되었다가 무죄판결을 받은 경우 → 미결구금일수는 산입 ×
③ 한국인이 외국 카지노에서 도박을 한 경우 → 형법 적용 O
④ 외국인이 외국에서 서울지방경찰청장 명의의 운전면허증을 위조한 경우 → 형법 적용 O

정선 해설

[❶ ▸ O] 대판 2011.8.25. 2011도6507

[❷ ▸ ×] 외국에서 이루어진 미결구금을 형법 제57조 제1항에서 규정한 '본형에 당연히 산입되는 미결구금'과 같다고 볼 수 없다. 결국 미결구금이 자유 박탈이라는 효과 면에서 형의 집행과 일부 유사하다는 점만을 근거로, 외국에서 형이 집행된 것이 아니라 단지 미결구금되었다가 무죄판결을 받은 사람의 미결구금일수를 형법 제7조의 유추적용에 의하여 그가 국내에서 같은 행위로 인하여 선고받는 형에 산입하여야 한다는 것은 허용되기 어렵다(대판 2017.8.24. 2017도5977[전합]).

[❸ ▸ O] 판례의 취지를 고려하면, 한국인 丙에게 대한민국 형법을 적용할 수 있다.

> 형법 제3조는 '본법은 대한민국 영역 외에서 죄를 범한 내국인에게 적용한다'고 하여 형법의 적용 범위에 관한 속인주의를 규정하고 있는바, 필리핀국에서 카지노의 외국인 출입이 허용되어 있다 하여도, 형법 제3조에 따라, 필리핀국에서 도박을 한 피고인에게 우리나라 형법이 당연히 적용된다(대판 2001.9.25. 99도3337).

[❹ ▸ O] 서울지방경찰청장 명의의 운전면허증은 공문서이므로 형법 제5조에 의하여 외국인의 국외범인 丁에게 대한민국 형법을 적용할 수 있다.

답 ❷

059 □□□

다음 중 판례의 태도를 옮긴 것으로 가장 옳지 않은 것은? 14 경찰간부

① 외국 시민권자인 피고인이 그 외국에서 위조사문서를 행사하였다면 위조사문서행사는 대한민국 또는 대한민국 국민의 법익을 직접적으로 침해하는 행위라고 볼 수 없으므로 우리나라에 재판권이 없다.

② 예외적으로 내국인의 출입이 허용되는 도박장에 출입하는 것은 법령에 의한 행위로 위법성이 조각되나, 도박죄를 처벌하지 않는 외국 도박장에서 한 도박이라는 사정으로 그 위법성이 조각되지 않는다.

③ 외국인이 대한민국 공무원에게 알선하기 위해 금품을 수수한 행위가 대한민국 영역 내에서 이루어졌으나, 그 명목이 된 알선행위장소가 대한민국 영역 밖인 경우 대한민국의 변호사법에 의하여 처벌될 수 없다.

④ 영국인이 한국 내에서 한국인과 공모만 하고 홍콩에서 중국인으로부터 히로뽕을 매수한 경우, 그 영국인에게는 대한민국의 마약류관리에 관한 법률이 적용된다.

정선 핵심

① 외국인이 외국에서 위조사문서를 행사한 경우 → 형법 적용 ×
② 도박죄를 처벌하지 않는 외국 도박장에서 도박을 한 경우 → 위법성 조각 ×
③ 금품수수장소가 한국이라면 외국인의 알선행위장소가 외국인 경우 → 형법 적용 ○
④ 한국 내에서 공모한 영국인 → 한국의 마약류관리에 관한 법률 적용 ○

정선 해설

[❶ ▸ ○] 캐나다 시민권자인 피고인이 캐나다에서 위조사문서를 행사하였다는 내용으로 기소된 사안에서, 형법 제234조의 위조사문서행사죄는 형법 제5조 제1호 내지 제7호에 열거된 죄에 해당하지 않고, 위조사문서행사를 형법 제6조의 대한민국 또는 대한민국 국민의 법익을 직접적으로 침해하는 행위라고 볼 수도 없으므로 피고인의 행위에 대하여는 우리나라에 재판권이 없는데도, 위 행위가 외국인의 국외범으로서 우리나라에 재판권이 있다고 보아 유죄를 인정한 원심판결에 재판권 인정에 관한 법리오해의 위법이 있다(대판 2011.8.25. 2011도6507).

유사판례 **대판 2006.9.22. 2006도5010**

중국 북경시에 소재한 대한민국 영사관 내부는 여전히 중국의 영토에 속할 뿐 이를 대한민국의 영토로서 그 영역에 해당한다고 볼 수 없을 뿐 아니라, 사문서위조죄가 형법 제6조의 대한민국 또는 대한민국 국민에 대하여 범한 죄에 해당하지 아니함은 명백하다. 따라서 원심이 내국인이 아닌 피고인이 위 영사관 내에서 공소외인 명의의 여권발급신청서 1장을 위조하였다는 취지의 공소사실에 대하여 외국인의 국외범에 해당한다는 이유로 피고인에 대한 재판권이 없다고 판단한 것은 옳고, 거기에 상고이유의 주장과 같이 재판권에 관한 법리오해 등의 잘못은 없다. 상고이유는 받아들일 수 없다.

[❷ ▸ ○] 대판 2004.4.23. 2002도2518

[❸ ▸ ×] 외국인이 대한민국 공무원에게 알선한다는 명목으로 금품을 수수하는 행위가 대한민국 영역 내에서 이루어진 이상, 비록 금품수수의 명목이 된 알선행위를 하는 장소가 대한민국 영역 외라 하더라도 대한민국 영역 내에서 죄를 범한 것이라고 하여야 할 것이므로, 형법 제2조에 의하여 대한민국의 형벌법규인 구 변호사법 제90조 제1호가 적용되어야 한다(대판 2000.4.21. 99도3403).

[❹ ▸ ○] 형법 제2조를 적용함에 있어서 공모공동정범의 경우 공모지도 범죄지로 보아야 할 것이므로 영국인이 한국 내에서 한국인과 공모만 한 경우라도 영국인에게 대한민국의 마약류관리에 관한 법률이 적용된다.

답 ❸

060 □□□

형법의 적용범위에 대한 설명으로 가장 적절하지 않은 것은?(다툼이 있는 경우 판례에 의함)

18 경찰승진

① 형의 경중의 비교는 원칙적으로 법정형을 표준으로 할 것이고 처단형이나 선고형에 의할 것이 아니며, 법정형의 경중을 비교함에 있어서 법정형 중 병과형 또는 선택형이 있을 때에는 이 중 가장 중한 형을 기준으로 하여 다른 형과 경중을 정하는 것이 원칙이다.

② 식품위생법에 의하여 단란주점의 영업시간을 제한하고 있던 보건복지부 고시가 실효되어 그 영업시간 제한이 해제됨으로써 처벌할 수 없게 된 경우 처벌 자체가 부당하다는 반성적 고려에서 비롯된 것이라 보기 어렵다.

③ 범죄에 의하여 외국에서 형의 전부 또는 일부의 집행을 받은 자에 대하여는 형을 감경 또는 면제할 수 있다.

④ 포괄일죄로 되는 개개의 범죄행위가 법 개정의 전후에 걸쳐서 행하여진 경우에는 신·구법의 법정형에 대한 경중을 비교하여 볼 필요도 없이 범죄실행 종료 시의 법이라고 할 수 있는 신법을 적용하여 포괄일죄로 처단하여야 한다.

정선 핵심

① 형의 경중의 비교 → 법정형을 표준으로 병과형·선택형은 가장 중한 형을 기준
② 보건복지부 고시가 실효되어 처벌할 수 없게 된 경우 → 반성적 고려 ×
③ 외국에서 형의 전부·일부가 집행된 사람 → 집행된 형의 전부·일부를 선고형 산입
④ 포괄일죄로 되는 범죄행위가 법 개정의 전후에 걸쳐 행하여진 경우 → 신법 적용 ○

정선 해설

[❶ ▸ ○] 형의 경중의 비교는 원칙적으로 법정형을 표준으로 할 것이고 처단형이나 선고형에 의할 것이 아니며, 법정형의 경중을 비교함에 있어서 법정형 중 병과형 또는 선택형이 있을 때에는 이 중 가장 중한 형을 기준으로 하여 다른 형과 경중을 정하는 것이 원칙이다(대판 1992.11.13. 92도2194).

[❷ ▸ ○] 대판 2000.6.9. 2000도764

[❸ ▸ ×] 형법 제7조 참조

> **법령** 외국에서 집행된 형의 산입(형법 제7조) 죄를 지어 외국에서 형의 전부 또는 일부가 집행된 사람에 대해서는 그 집행된 형의 전부 또는 일부를 선고하는 형에 산입한다.

[❹ ▸ ○] 포괄일죄로 되는 개개의 범죄행위가 법 개정의 전후에 걸쳐서 행하여진 경우에는 신·구법의 법정형에 대한 경중을 비교하여 볼 필요도 없이 범죄실행 종료 시의 법이라고 할 수 있는 신법을 적용하여 포괄일죄로 처단하여야 한다(대판 1998.2.24. 97도183).

답 ❸

061 □□□

형법의 적용범위에 대한 설명으로 가장 적절하지 않은 것은?(다툼이 있는 경우 판례에 의함)

18 경찰채용

① 범죄 후 형벌법령이 개정되어 형이 기존보다 가볍게 변경되더라도 그것이 법률이념의 변천에 따라 과형이 과중하였다고 하는 반성적 고려에 기한 개정이 아닌 때에는 형법 제1조 제1항에 따라 행위 당시의 법령을 적용하여야 한다.

② 헌법재판소의 위헌결정으로 인하여 형벌에 관한 법률 또는 법률조항이 소급하여 그 효력을 상실한 경우에는 당해 법조를 적용하여 기소한 피고사건에 대해서는 면소판결이 아닌 무죄판결을 선고하여야 한다.

③ 미국인이 행사할 목적으로 미국에서 일본화폐인 엔화를 위조한 경우에는 대한민국 형법을 적용하여 처벌할 수 없다.

④ 한국인이 외국에서 죄를 지어 현지 법률에 따라 형의 전부 또는 일부의 집행을 받은 때에는 대한민국 법원은 그 집행된 형의 전부 또는 일부를 선고하는 형에 반드시 산입하여야 한다.

정선 핵심

① 사정의 변천에 따라 법령을 개폐하는 경우 → 행위시법 적용 O
② 위헌결정이 선고된 법조항을 적용하여 공소제기된 사건 → 무죄판결
③ 미국인이 미국에서 일본화폐인 엔화를 위조한 경우 → 형법 적용 O
④ 외국에서 형의 전부・일부가 집행된 사람 → 집행된 형의 전부・일부를 선고형 산입

정선 해설

[❶ ▸ O] 형법 제1조 제2항의 규정은 형벌법령 제정의 이유가 된 법률이념의 변천에 따라 과거에 범죄로 보던 행위에 대하여 그 평가가 달라져 이를 범죄로 인정하고 처벌한 그 자체가 부당하였다거나 또는 과형이 과중하였다는 반성적 고려에서 법령을 개폐하였을 경우에 적용하여야 할 것이고, 이와 같은 법률이념의 변경에 의한 것이 아닌 다른 사정의 변천에 따라 그때그때의 특수한 필요에 대처하기 위하여 법령을 개폐하는 경우에는 이미 그 전에 성립한 위법행위를 현재에 관찰하여도 행위 당시의 행위로서는 가벌성이 있는 것이어서 그 법령이 개폐되었다 하더라도 그에 대한 형이 폐지된 것이라고는 할 수 없다(대판 1997.12.9. 97도2682).

[❷ ▸ O] 대판 2011.9.29. 2009도12515

[❸ ▸ X] 형법은 대한민국 영역 외에서 통화에 관한 죄를 범한 외국인의 국외범에 대하여도 적용된다(형법 제5조 제4호). 따라서 미국인이 행사할 목적으로 미국에서 일본화폐인 엔화를 위조한 경우에는 대한민국 형법을 적용하여 처벌할 수 있다.

[❹ ▸ O] 형법 제7조 참조

법령 외국에서 집행된 형의 산입(형법 제7조) 죄를 지어 외국에서 형의 전부 또는 일부가 집행된 사람에 대해서는 그 집행된 형의 전부 또는 일부를 선고하는 형에 산입한다.

답 ❸

062 □□□

형법의 적용범위에 대한 설명으로 가장 적절하지 않은 것은?(다툼이 있는 경우 판례에 의함)

21 경찰채용

① 외국인이 대한민국 공무원에게 알선한다는 명목으로 금품을 수수하는 행위가 대한민국 영역 내에서 이루어진 이상, 비록 금품수수의 명목이 된 알선행위를 하는 장소가 대한민국 영역 외라 하더라도 대한민국 영역 내에서 죄를 범한 것이라고 하여야 한다.

② 대한민국 영역 외에서 외국인이 우리나라의 공문서를 위조한 경우, 그 행위가 행위지의 법률에 의하여 범죄를 구성하지 않는다면 우리나라 형법을 적용할 수 없다.

③ 내국 법인의 대표자인 외국인이 내국 법인이 외국에 설립한 특수목적법인에 위탁해 둔 자금을 정해진 목적과 용도 외에 임의로 사용하여 횡령한 경우, 그 행위가 외국에서 이루어졌다고 하더라도 행위지의 법률에 의하여 범죄를 구성하지 아니하거나 소추 또는 형의 집행을 면제할 경우가 아니라면 그 외국인에 대해서도 우리나라 형법이 적용된다.

④ 형사사건으로 외국 법원에 기소되었다가 무죄판결을 받은 사람은, 설령 그가 무죄판결을 받기까지 상당 기간 미결구금되었더라도 이를 유죄판결에 의하여 형이 실제로 집행된 것으로 볼 수는 없으므로, '외국에서 형의 전부 또는 일부가 집행된 사람'에 해당한다고 볼 수 없고, 그 미결구금 기간은 형법 제7조에 의한 산입의 대상이 될 수 없다.

정선 핵심

① 금품수수장소가 한국이라면 외국인의 알선행위장소가 외국인 경우 → 형법 적용 O
② 대한민국 영역 외에서 외국인이 우리나라의 공문서를 위조한 경우 → 형법 적용 O
③ 내국 법인의 대표자인 외국인이 특수목적법인에 위탁해 둔 자금을 임의로 사용한 경우 → 형법 적용 O
④ 외국 법원에 기소되었다가 무죄판결을 받은 사람
⇢ 외국에서 형의 전부 또는 일부가 집행된 사람 ×
⇢ 미결구금기간은 형법 제7조에 의한 산입대상 ×

정선 해설

[❶ ▸ O] 대판 2000.4.21. 99도3403

[❷ ▸ ×] 보호주의를 취하고 있는 형법 제5조는 형법 제6조 단서와 같은 규정이 없으므로 대한민국 영역 외에서 외국인이 우리나라의 공문서를 위조한 경우, 그 행위가 행위지의 법률에 의하여 범죄를 구성하지 않아도 우리 형법을 적용할 수 있다.

[❸ ▸ O] 내국 법인의 대표자인 외국인이 내국 법인이 외국에 설립한 특수목적법인에 위탁해 둔 자금을 정해진 목적과 용도 외에 임의로 사용한 데 따른 횡령죄의 피해자는 당해 금전을 위탁한 내국 법인이다. 따라서 그 행위가 외국에서 이루어진 경우에도 행위지의 법률에 의하여 범죄를 구성하지 아니하거나 소추 또는 형의 집행을 면제할 경우가 아니라면 그 외국인에 대해서도 우리 형법이 적용되어(형법 제6조), 우리 법원에 재판권이 있다(대판 2017.3.22. 2016도17465).

> 관련판례 **대판 2008.7.24. 2008도4085**
>
> 피고인이 뉴질랜드 시민권을 취득함으로써 우리나라 국적을 상실하였으므로, 그 후 뉴질랜드에서 대한민국 국민에 대하여 사기행위를 하였더라도 외국인이 대한민국 영역 외에서 대한민국 국민에 대하여 범죄를 저지른 경우에 해당한다.

[❹ ▸ O] 대판 2017.8.24. 2017도5977[전합]

답 ❷

063 □□□

형법의 적용범위에 대한 설명으로 옳은 것만을 모두 고른 것은?(다툼이 있으면 판례에 의함)

16 국가9급

ㄱ. 속지주의원칙에서 범죄지의 결정기준은 범죄 결과 발생지뿐만 아니라 구성요건적 실행행위가 이루어진 곳도 포함된다.
ㄴ. 외국인이 독일에서 북한의 지령을 받아 베를린 주재 북한이익대표부를 방문하여 북한공작원을 만나 반국가단체를 이롭게 한 행위에 대하여 우리나라 형법이 적용된다.
ㄷ. 한반도의 평시상태에서 미군의 군속 중 '통상적으로 대한민국에 거주하고 있는 자'는 '대한민국과 아메리카합중국 간의 상호방위조약 제4조에 의한 시설과 구역 및 대한민국에서의 합중국 군대의 지위에 관한 협정'(SOFA)이 적용되는 군속의 개념에서 배제되므로 우리나라 법원에 재판권이 있다.
ㄹ. 대한민국 영역 외에서 형법 제289조 제1항의 구성요건인 사람을 매매한 행위를 한 외국인에 대해서는 우리나라 형법이 적용된다.

① ㄱ, ㄷ　② ㄴ, ㄷ
③ ㄱ, ㄴ, ㄹ　④ ㄱ, ㄷ, ㄹ

정선 핵심

ㄱ. 범죄지의 결정기준 → 구성요건적 실행행위가 이루어진 곳도 포함
ㄴ. 독일인이 독일에서 북한이익대표부를 방문하여 북한공작원을 만난 행위 → 형법 적용 ×
ㄷ. 평시상태에서 군속 중 통상적으로 대한민국에 거주하고 있는 자 → 형법 적용 ○
ㄹ. 인신매매죄 → 외국인의 국외범에게 형법 적용 ○

정선 해설

[ㄱ ▸ O] 형법 제2조에서 '죄를 범한'이란 실행행위뿐만 아니라 결과발생지도 포함하므로 행위 또는 결과의 어느 것이라도 대한민국의 영역 내에서 발생하면 족하다는 것이 통설이다.

[ㄴ ▸ X] 대판 2008.4.17. 2004도4899[전합]

[ㄷ ▸ O] 판례의 취지를 고려하면, 한반도의 평시상태에서 미군의 군속 중 통상적으로 대한민국에 거주하고 있는 자는 우리나라 법원에 재판권이 있다.

> 대한민국과 아메리카합중국 간의 상호방위조약 제4조에 의한 시설과 구역 및 대한민국에서의 합중국 군대의 지위에 관한 협정 제1조 (가)항 전문(前文), (나)항 전문(前文), 같은 협정 제22조 제4항에 의하면, 미합중국 군대의 군속 중 통상적으로 대한민국에 거주하고 있는 자는 위 협정이 적용되는 군속의 개념에서 배제되므로, 그에 대하여는 대한민국의 형사재판권 등에 관하여 위 협정에서 정한 조항이 적용될 여지가 없다(대판 2006.5.11. 2005도798).

[ㄹ ▸ O] 2013.4.5. 개정형법은 세계주의를 도입하여 형법 제287조부터 제292조까지 및 제294조는 대한민국 영역 밖에서 죄를 범한 외국인에게도 적용한다고 규정하고 있으므로 대한민국 영역 외에서 사람을 매매한 행위를 한 외국인에게 우리 형법이 적용된다.

답 ❹

064 □□□

다음 설명 중 옳은 것은 모두 몇 개인가?

20 법원행시

ㄱ. 형법 제3조는 '본법은 대한민국 영역 외에서 죄를 범한 내국인에게 적용한다.'고 하여 형법의 적용 범위에 관한 속인주의를 규정하고 있는바, 필리핀국에서 카지노의 외국인 출입이 허용되어 있다 하여도, 형법 제3조에 따라, 필리핀국에서 도박을 한 피고인에게 우리나라 형법이 당연히 적용된다.
ㄴ. 형법 제5조, 제6조의 각 규정에 의하면, 외국인이 외국에서 죄를 범한 경우에는 형법 제5조 제1호 내지 제7호에 열거된 죄를 범한 때와 형법 제5조 제1호 내지 제7호에 열거된 죄 이외에 대한민국 또는 대한민국 국민에 대하여 죄를 범한 때에만 대한민국 형법이 적용되어 우리나라에 재판권이 있게 되고, 여기서 '대한민국 또는 대한민국 국민에 대하여 죄를 범한 때'란 대한민국 또는 대한민국 국민의 법익이 직접적으로 침해되는 결과를 야기하는 죄를 범한 경우를 의미한다.
ㄷ. 내국 법인의 대표자인 외국인이 내국 법인이 외국에 설립한 특수목적법인에 위탁해 둔 자금을 정해진 목적과 용도 외에 임의로 사용한 데 따른 횡령죄의 피해자는 당해 금전을 위탁한 내국 법인이다. 따라서 그 행위가 외국에서 이루어진 경우에도 행위지의 법률에 의하여 범죄를 구성하지 아니하거나 소추 또는 형의 집행을 면제할 경우가 아니라면 그 외국인에 대해서도 우리 형법이 적용되어(형법 제6조), 우리 법원에 재판권이 있다.
ㄹ. '본법은 대한민국 영역 내에서 죄를 범한 내국인과 외국인에게 적용한다.'고 규정한 형법 제2조를 적용함에 있어서 공모공동정범의 경우 공모지도 범죄지로 보아야 한다.
ㅁ. 형법 제1조 제2항의 규정은 형벌법령 제정의 이유가 된 법률이념의 변천에 따라 과거에 범죄로 보던 행위에 대하여 그 평가가 달라져 이를 범죄로 인정하고 처벌한 그 자체가 부당하였다거나 또는 과형이 과중하였다는 반성적 고려에서 법령을 개폐하였을 경우에 적용하여야 할 것이고, 이와 같은 법률이념의 변경에 의한 것이 아닌 다른 사정의 변천에 따라 그때그때의 특수한 필요에 대처하기 위하여 법령을 개폐하는 경우에는 이미 그 전에 성립한 위법행위를 현재에 관찰하여도 행위 당시의 행위로서는 가벌성이 있는 것이어서 그 법령이 개폐되었다 하더라도 그에 대한 형이 폐지된 것이라고는 할 수 없다.

① 1개 ② 2개
③ 3개 ④ 4개
⑤ 5개

정선 핵심

ㄱ. 한국인이 외국 카지노에서 도박을 한 경우 → 형법 적용 O
ㄴ. 대한민국·국민에 대하여 죄를 범한 때 → 대한민국·국민의 법익을 직접적으로 침해하는 죄를 범한 경우
ㄷ. 내국 법인의 대표자인 외국인이 특수목적법인에 위탁해 둔 자금을 임의로 사용한 경우 → 형법 적용 O
ㄹ. 공모공동정범의 공모지 → 범죄지
ㅁ. 다른 사정의 변천에 따라 특수한 필요로 법령을 개폐하는 경우 → 행위시법 적용 O

정선 해설

[ㄱ ▸ O] 대판 2001.9.25. 99도3337
[ㄴ ▸ O] 형법 제5조, 제6조의 각 규정에 의하면, 외국인이 외국에서 죄를 범한 경우에는 형법 제5조 제1호 내지 제7호에 열거된 죄를 범한 때와 형법 제5조 제1호 내지 제7호에 열거된 죄 이외에 대한민국 또는 대한민국 국민에 대하여 죄를 범한 때에만 대한민국 형법이 적용되어 우리나라에 재판권이 있게 되고, 여기서 '대한민국 또는 대한민국 국민에 대하여 죄를 범한 때'란 대한민국 또는 대한민국 국민의 법익이 직접적으로 침해되는 결과를 야기하는 죄를 범한 경우를 의미한다(대판 2011.8.25. 2011도6507).

[ㄷ ▸ O] 내국 법인의 대표자인 외국인이 내국 법인이 외국에 설립한 특수목적법인에 위탁해 둔 자금을 정해진 목적과 용도 외에 임의로 사용한 데 따른 횡령죄의 피해자는 당해 금전을 위탁한 내국 법인이다. 따라서 그 행위가 외국에서 이루어진 경우에도 행위지의 법률에 의하여 범죄를 구성하지 아니하거나 소추 또는 형의 집행을 면제할 경우가 아니라면 그 외국인에 대해서도 우리 형법이 적용되어(형법 제6조), 우리 법원에 재판권이 있다(대판 2017.3.22. 2016도17465).

> **관련판례** **대판 2008.7.24. 2008도4085**
>
> 피고인이 뉴질랜드 시민권을 취득함으로써 우리나라 국적을 상실하였으므로, 그 후 뉴질랜드에서 대한민국 국민에 대하여 사기행위를 하였더라도 외국인이 대한민국 영역 외에서 대한민국 국민에 대하여 범죄를 저지른 경우에 해당한다.

[ㄹ ▸ O] 형법 제2조를 적용함에 있어서 공모공동정범의 경우 공모지도 범죄지로 보아야 한다(대판 1998.11.27. 98도2734).
[ㅁ ▸ O] 대판 1997.12.9. 97도2682

답 ❺

065 □□□

형법의 적용범위에 관한 다음 설명 중 가장 옳지 않은 것은?(다툼이 있는 경우 판례에 의함)

18 경찰간부

① 외국인 甲이 외국에서 서울지방경찰청장 명의의 운전면허증을 위조한 경우, 우리나라 형법을 적용할 수 없다.
② 외국인 甲이 공해상을 운항 중인 우리나라 배에서 다른 외국인 선원의 지갑을 훔친 경우 우리나라 형법을 적용할 수 있다.
③ 한국인 甲이 외국에서 외국인 乙을 살해한 경우, 甲에게 행위지의 형법과 우리나라 형법이 모두 적용될 수 있고, 이는 이중처벌금지의 원칙에 위반되지 아니한다.
④ 외국인 甲은 노동력 착취를 위해 자신의 나라에서 외국인 乙을 약취·유인하였다. 그 후 甲이 한국으로 들어와 여행을 하던 중 이 사실이 발각된 경우 우리나라 형법이 적용된다.

정선 핵심

① 외국인이 외국에서 서울지방경찰청장 명의의 운전면허증을 위조한 경우 → 형법적용 O
② 외국인이 공해상의 우리나라 배에서 외국인의 지갑을 훔친 경우 → 형법적용 O
③ 한국인이 외국에서 외국인을 살해한 경우 → 행위지의 형법과 우리 형법이 모두 적용되나 이중처벌 금지의 원칙 위반 ×
④ 약취·유인죄 → 외국인의 국외범에게 형법적용 O

정선 해설

[❶ ▸ ×] 서울지방경찰청장 명의의 운전면허증은 공문서이므로 형법 제5조에 의하여 외국인의 국외범인 甲에게 대한민국 형법을 적용할 수 있다.
[❷ ▸ O] 형법은 대한민국 영역 외에 있는 대한민국의 선박 또는 항공기내에서 죄를 범한 외국인에게 적용(형법 제4조)되므로 외국인 甲에게 우리나라 형법을 적용할 수 있다.
[❸ ▸ O] 한국인 甲이 외국에서 외국인 乙을 살해한 경우, 甲에게 행위지의 형법과 우리나라 형법이 모두 적용될 수 있으므로 외국에서 甲이 집행받은 형의 전부 또는 일부를 산입한 후 잔여 형이 있을 경우 다시 형을 선고하는 것은 일사부재리의 원칙에 반하지 아니한다.
[❹ ▸ O] 2013.4.5. 개정형법은 세계주의를 도입하여 형법 제287조부터 제292조까지 및 제294조는 대한민국 영역 밖에서 죄를 범한 외국인에게도 적용한다고 규정하고 있으므로 외국인 甲에게 우리 형법이 적용된다.

답 ❶

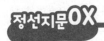

01 구 정보통신망 이용촉진 및 정보보호 등에 관한 법률 제66조의 양벌규정은 법인에 대한 면책규정을 두지 아니하였는데, 같은 법률이 개정되면서 면책규정이 추가된 경우 형법 제1조 제2항에 의하여 신법이 적용된다. 17 경찰간부 O | X

02 '납세의무자가 정당한 사유 없이 1회계연도에 3회 이상 체납하는 경우'를 처벌하는 구 조세범 처벌법 제10조가 삭제된 경우 형법 제1조 제2항에 의하여 신법이 적용된다. 17 경찰간부 O | X

03 '범죄의 성립과 처벌은 행위 시의 법률에 따른다(형법 제1조 제1항)'고 할 때의 '행위 시'라 함은 범죄행위의 종료 시를 의미한다. 16 경찰승진 O | X

04 도로교통법상 지정차로 제도가 폐지된 경우에 그 이전에 범하여진 지정차로위반행위의 가벌성은 당연히 소멸한다. 13 경찰간부 O | X

05 구 의료법이 약효에 관한 광고를 허용하고 그에 대한 벌칙조항을 삭제한 것은 종전의 조치가 부당하다는 반성적 고려에 의한 것이어서 형법 제1조 제2항에 따라 신법을 적용하여야 한다. 14 경찰승진 O | X

06 외국인이 대한민국 영역 외에서 위조유가증권행사죄, 위조공문서행사죄, 위조사문서행사죄를 범한 경우에도 형법이 적용된다. 17 법원9급 O | X

07 독일인이 프랑스에서 대한민국 국민의 주민등록증을 위조한 경우 우리 형법이 적용되지 않는다. 15 국가9급 O | X

08 대한민국 영역 외에서 형법상 공문서에 관한 죄를 범한 외국인에게는 대한민국 형법을 적용한다. 다만, 행위지의 법률에 의하여 범죄를 구성하지 아니하거나 소추 또는 형의 집행을 면제할 경우에는 예외로 한다. 20 국가7급 O | X

09 특수폭행치상죄의 경우 형법 제258조의2의 특수상해죄의 신설에도 불구하고 종전과 같이 형법 제257조 제1항의 상해죄의 예에 의하여 처벌하는 것으로 해석하여야 한다. 19 경찰채용 O | X

01 대판 2012.5.9. 2011도11264

02 삭제 이전에 범한 행위의 가벌성이 소멸되지 않는다(대판 2011.7.14. 2011도1303).

03 대판 1994.5.10. 94도563

04 그 제도 폐지 전에 이미 범하여진 위반행위에 대한 가벌성은 소멸되지 않는다(대판 1999.11.12. 99도3567).

05 대판 2009.2.26. 2006도9311

06 위조사문서행사죄는 형법 제5조에서 열거한 죄에 해당하지 않고 제6조도 적용되지 않는다.

07 형법 제5조에 의하여 우리 형법이 적용된다.

08 형법 제5조에는 제6조 단서와 같은 규정은 없다.

09 대판 2018.7.24. 2018도3443

정답

01 ○	02 ×	03 ○	04 ×
05 ○	06 ×	07 ×	08 ×
09 ○			

제 2 장

범죄론

제1절 구성요건론

제1관 | 범죄의 종류

001 □□□

고소가 없어도 甲이 처벌될 수 있는 경우로 옳은 것은?(다툼이 있는 경우 판례에 의함)

14 국가7급

① 동생 甲이 누나 乙의 책상에서 연애편지를 발견하고는 이를 훔쳐보려고 봉투를 뜯었으나 마침 누나가 들어오는 바람에 그 내용을 읽지 못한 경우
② 이웃에 사는 형의 집에 놀러갔던 친동생 甲이 형과 다툰 후 홧김에 형이 아끼는 도자기를 바닥에 내리쳐 깨뜨린 경우
③ 평소 乙에게 원한을 가지고 있던 甲이, 乙의 사망한 부친이 일제강점기에 친일행위에 앞장섰다는 허위사실을 불특정다수인에게 말한 경우
④ 甲이 이웃 사람들이 있는 자리에서 피해자가 듣는 가운데 구청직원에게 피해자를 가리키면서 "저 망할 년 저기 오네"라고 경멸하는 욕설 섞인 표현을 한 경우

정선 핵심

① 비밀침해죄 → 친고죄 ○
② 손괴죄 → 친고죄 ×
③ 사자의 명예훼손죄 → 친고죄 ○
④ 모욕죄 → 친고죄 ○

정선 해설

[❶ ▸ ×] 동생 甲이 누나 乙의 연애편지를 뜯어 내용을 읽지 못하였더라도 비밀침해죄(형법 제316조 제1항)가 성립한다. 비밀침해죄는 친고죄이므로 누나 乙의 고소가 있어야 공소를 제기할 수 있다.
[❷ ▸ ○] 손괴죄는 친족상도례가 적용되는 상대적 친고죄가 아니므로 형의 고소가 없더라도 동생 甲은 처벌될 수 있다.
[❸ ▸ ×] 사자의 명예훼손죄는 친고죄(형법 제308조, 제312조)이므로 乙의 고소가 있어야 甲을 처벌할 수 있다.
[❹ ▸ ×] 甲의 욕설 섞인 표현은 모욕죄에 해당한다는 것이 판례(대판 1990.9.25. 90도873)이다. 모욕죄는 친고죄이므로 고소가 있어야 甲을 처벌할 수 있다.

답 ❷

002 □□□

고소가 있어야 甲 또는 乙이 처벌되는 경우로만 바르게 짝지은 것은?(다툼이 있는 경우에는 판례에 의함) 06 사시

ㄱ. 甲과 乙이 합동하여 A를 강간하기로 하고 甲만이 A를 강간하고 乙은 방밖에서 망을 본 경우 乙
ㄴ. 甲과 乙이 甲과 따로 사는 甲의 숙부 A의 집에서 그의 고려청자를 절취한 경우 甲
ㄷ. 甲과 乙이 乙과 같이 사는 乙의 숙부 A를 폭행·협박하여 A의 외제승용차를 강취한 경우 乙
ㄹ. 甲이 고향에서 일시 상경한 이종사촌 동생 A의 지갑에서 현금을 절취한 경우 甲
ㅁ. 甲이 자신과 싸운 형 A가 마시는 커피잔에 분뇨를 넣어 사용하지 못하도록 만든 경우 甲
ㅂ. 甲이, 원한이 있던 A의 사망한 부친이 일제시대 때 경찰로서 친일활동을 하였다는 허위의 사실을 공표한 경우 甲

① ㄱ, ㄴ, ㄷ
② ㄱ, ㄹ, ㅁ
③ ㄴ, ㄷ, ㅁ
④ ㄴ, ㄹ, ㅂ
⑤ ㄷ, ㄹ, ㅂ

정선 핵심

ㄱ. 성폭력처벌법상 특수강간죄 → 친고죄 ×
ㄴ. 특수절도죄 → 동거친족이 아니므로 고소 필요
ㄷ. 특수강도죄 → 친고죄 ×
ㄹ. 일시 숙박하는 친족 → 동거친족이 아니므로 고소 필요
ㅁ. 손괴죄 → 친고죄 ×
ㅂ. 사자의 명예훼손죄 → 친고죄 ○

정선 해설

[ㄱ ▸ ×] 甲과 乙은 성폭력범죄의 처벌에 관한 특례법 제4조 제1항의 특수강간죄를 범한 것으로 판단된다. 동법은 2012.12.18. 전부개정에 의해 친고죄에 관한 제15조를 삭제하였으므로 A의 고소가 없더라고 乙을 처벌할 수 있다.

[ㄴ ▸ ○] 甲과 피해자인 숙부 A는 동거하지 않는 친족이므로 특수절도죄(형법 제331조 제2항)에 적용되는 친족상도례규정인 형법 제344조, 제328조 제2항에 의해 숙부 A의 고소가 있어야 甲을 처벌할 수 있다.

[ㄷ ▸ ×] 甲과 숙부 A가 동거친족이라도 특수강도죄(형법 제334조 제2항)의 경우에는 친족상도례가 적용되지 아니하므로 숙부 A의 고소가 없더라도 乙을 처벌할 수 있다.

[ㄹ ▸ ○] 일시숙박하는 친족은 동거친족이라고 할 수 없어 형법 제344조, 제328조 제2항에 의해 이종사촌 동생 A의 고소가 있어야 甲을 처벌할 수 있다.

[ㅁ ▸ ×] 손괴죄는 친고죄가 아니므로 A의 고소가 없더라도 甲을 처벌할 수 있다.

[ㅂ ▸ ○] 사자의 명예훼손죄는 친고죄(형법 제308조, 제312조)이므로 A의 고소가 있어야 甲을 처벌할 수 있다.

답 ❹

003 □□□

친고죄에 대한 설명으로 옳지 않은 것은?(다툼이 있는 경우 판례에 의함) 20 국가9급

① 형법 제317조의 업무상비밀누설죄는 친고죄이다.
② 친고죄의 고소는 절차법적 개념인 소추조건에 해당한다.
③ 양벌규정이 적용되는 친고죄의 공소제기에는 직접행위자 외에 양벌규정으로 처벌받는 자에 대한 별도의 고소를 요한다.
④ 사기죄의 행위자와 피해자가 사돈지간인 경우, 공소제기에 피해자의 고소를 요하지 않는다.

정선 핵심

① 업무상비밀누설죄 → 친고죄 ○
② 친고죄의 고소 → 소추조건 ○
③ 양벌규정이 적용되는 친고죄의 공소제기 → 직접행위자 외에 별도의 고소 불요
④ 사기죄의 행위자와 피해자가 사돈지간인 경우 → 친족상도례 적용 ×

정선 해설

[❶ ▸ O] 형법 제318조는 업무상비밀누설죄(형법 제317조)를 친고죄로 규정하고 있다.
[❷ ▸ O] 일반범죄에서와는 달리 친고죄의 고소는 공소제기의 유효요건인 소추조건에 해당한다.
[❸ ▸ ×] 친고죄의 경우에 있어서도 행위자의 범죄에 대한 고소가 있으면 족하고, 나아가 양벌규정에 의하여 처벌받는 자에 대하여 별도의 고소를 요한다고 할 수는 없다(대판 1996.3.12. 94도2423).
[❹ ▸ O] 판례의 취지를 고려하면, 피해자에 대한 사기죄를 상대적 친고죄라고 할 수 없으므로, 공소제기에 별도로 피해자의 고소를 요하지 않는다.

> 친족상도례가 적용되는 친족의 범위는 민법의 규정에 의하여야 하는데, 민법 제767조는 배우자, 혈족 및 인척을 친족으로 한다고 규정하고 있고, 민법 제769조는 혈족의 배우자, 배우자의 혈족, 배우자의 혈족의 배우자만을 인척으로 규정하고 있을 뿐, 구 민법 제769조에서 인척으로 규정하였던 '혈족의 배우자의 혈족'을 인척에 포함시키지 않고 있다. 따라서 사기죄의 피고인과 피해자가 사돈지간이라고 하더라도 이를 민법상 친족으로 볼 수 없다(대판 2011.4.28. 2011도2170).

답 ❸

004 □□□

다음 중 현행법상 반의사불벌죄로 규정되어 있는 것은 모두 몇 개인가? 19 경찰간부

ㄱ. 업무방해죄	ㄴ. 비밀침해죄
ㄷ. 업무상과실치상죄	ㄹ. 특수폭행죄
ㅁ. 출판물 등에 의한 명예훼손죄	ㅂ. 외국국기·국장모독죄

① 1개
② 2개
③ 3개
④ 4개

정선 핵심

➲ **친고죄와 반의사불벌죄의 구별**

친고죄	반의사불벌죄
• 사자의 명예훼손죄(형법 제308조) • 모욕죄(형법 제311조) • 비밀침해죄(형법 제316조) • 업무상비밀누설죄(형법 제317조) • 재산죄(상대적 친고죄)	• 폭행·존속폭행죄(형법 제260조) • 협박·존속협박죄(형법 제283조) • 과실치상죄(형법 제266조 제1항) • 명예훼손죄(형법 제307조) • 출판물에 의한 명예훼손죄(형법 제309조) • 외국국기·국장모독죄(형법 제109조) • 외국원수·사절에 대한 폭행·협박·모욕죄(형법 제107조, 제108조)

정선 해설

보기 중 출판물 등에 의한 명예훼손죄(형법 제309조), 외국국기·국장모독죄(형법 제109조)가 반의사불벌죄에 해당한다.

답 ❷

005 ☐☐☐

계속범에 대한 설명으로 가장 적절한 것은?(다툼이 있는 경우 판례에 의함) 21 경찰승진

① 형법 제276조 제1항의 체포죄는 일시적으로 신체의 자유를 박탈하는 것으로서 계속범이 아니다.
② 계속범에 있어 공소시효의 기산점은 범행의 종료시점이 아니라 기수시점이다.
③ 일반적으로 계속범의 경우 실행행위가 종료되는 시점에서의 법률이 적용되어야 할 것이나, 법률이 개정되면서 그 부칙에서 '개정된 법 시행 전의 행위에 대한 벌칙의 적용에 있어서는 종전의 규정에 의한다'는 경과규정을 두고 있는 경우 개정된 법이 시행되기 전의 행위에 대해서는 개정 전의 법을, 그 이후의 행위에 대해서는 개정된 법을 각각 적용하여야 한다.
④ 형법 제185조의 일반교통방해죄에 있어 교통방해행위는 계속범이 아닌 즉시범의 성질을 가진다.

정선 핵심

① 체포죄 → 계속범 O
② 계속범의 공소시효의 기산점 → 범행의 종료시점
③ 계속범의 경우 개정법 부칙에서 경과규정을 둔 경우 → 개정법 시행 전 행위는 개정 전의 법을, 그 이후의 행위는 개정법 각각 적용
④ 일반교통방해죄 → 계속범 O

정선 해설

[❶ ▸ ×] 체포죄는 계속범으로서 체포의 행위에 확실히 사람의 신체의 자유를 구속한다고 인정할 수 있을 정도의 시간적 계속이 있어야 기수에 이르고, 신체의 자유에 대한 구속이 그와 같은 정도에 이르지 못하고 일시적인 것으로 그친 경우에는 체포죄의 미수범이 성립할 뿐이다(대판 2020.3.27. 2016도18713).
[❷ ▸ ×] 판례의 취지를 고려하면, 계속범에 있어서 공소시효의 기산점은 범행의 종료시점으로 보는 것이 타당하다.

> 공익법인이 주무관청의 승인을 받지 않은 채 수익사업을 하는 행위는 시간적 계속성이 구성요건적 행위의 요소로 되어 있다는 점에서 계속범에 해당한다고 보아야 할 것인 만큼 승인을 받지 않은 수익사업이 계속되고 있는 동안에는 아직 공소시효가 진행하지 않는다(대판 2006.9.22. 2004도4751).

[❸ ▸ O] 일반적으로 계속범의 경우 실행행위가 종료되는 시점에서의 법률이 적용되어야 할 것이나, 법률이 개정되면서 그 부칙에서 "개정된 법 시행 전의 행위에 대한 벌칙의 적용에 있어서는 종전의 규정에 의한다"는 경과규정을 두고 있는 경우 개정된 법이 시행되기 전의 행위에 대해서는 개정 전의 법을, 그 이후의 행위에 대해서는 개정된 법을 각각 적용하여야 한다(대판 2001.9.25. 2001도3990).

> **비교판례** 대판 2009.9.10. 2009도5075
>
> 2007.1.19. 법률 제8259호로 개정된 방문판매 등에 관한 법률 제23조 제2항이 시행된 이후에도 포괄일죄인 위 법률위반범행이 계속된 경우 그 범죄실행 종료 시의 법이라고 할 수 있는 신법을 적용하여 포괄일죄로 처단하여야 하고, 또한 "이 법 시행 전의 행위에 대한 벌칙의 적용에 있어서는 종전의 규정에 따른다."는 방문판매 등에 관한 법률 부칙(2007.1.19.) 제3조가 적용될 수도 없다.

[❹ ▸ ×] 일반교통방해죄는 이른바 추상적 위험범으로서 교통이 불가능하거나 또는 현저히 곤란한 상태가 발생하면 바로 기수가 되고 교통방해의 결과가 현실적으로 발생하여야 하는 것은 아니다. 또한 일반교통방해죄에서 교통방해 행위는 계속범의 성질을 가지는 것이어서 교통방해의 상태가 계속되는 한 위법상태는 계속 존재한다(대판 2019.4.23. 2017도1056).

답 ❸

006 □□□ **계속범에 대한 설명으로 옳지 않은 것은?(다툼이 있는 경우 판례에 의함)** 19 국가7급

① 체포죄는 계속범으로서 체포의 행위에 확실히 사람의 신체의 자유를 구속한다고 인정할 수 있을 정도의 시간적 계속이 있어야 한다.

② 구 폭력행위 등 처벌에 관한 법률 제4조 소정의 단체 등의 조직죄는 같은 법에 규정된 범죄를 목적으로 하는 단체 또는 집단을 구성함으로써 즉시 성립하고 그와 동시에 완성되는 즉시범이지 계속범이 아니다.

③ 일반교통방해죄는 계속범이 아니므로 교통방해를 유발한 집회에 참가할 당시 이미 다른 참가자들에 의해 교통의 흐름이 차단된 상태였다면 교통방해를 유발한 다른 참가자들과 함께 교통방해의 위법상태를 지속시켰다고 하더라도 일반교통방해죄로 처벌할 수는 없다.

④ 범인도피죄는 범인도피행위가 계속되는 동안에는 범죄행위도 계속되므로, 타인의 범인도피행위 도중에 그 범행을 인식하면서 그와 공동의 범의를 가지고 기왕의 범인도피상태를 이용하여 범인도피행위를 계속한 경우에는 범인도피죄의 공동정범이 성립한다.

정선 핵심

① 체포죄 → 계속범 ○
② 폭처법상 단체 등의 조직죄 → 즉시범 ○
③ 이미 교통의 흐름이 차단된 후 다른 참가자들과 함께 교통방해의 위법상태를 지속한 경우 → 일반교통방해죄 ○
④ 공범의 범인도피행위 중 공동범의로 도피행위를 계속한 경우 → 범인도피죄의 공동정범 ○

정선 해설

[❶ ▸ ○] 대판 2018.2.28. 2017도21249

[❷ ▸ ○] 구 폭력행위 등 처벌에 관한 법률 제4조 소정의 단체 등의 구성죄는 같은 법에 규정된 범죄를 목적으로 한 단체 또는 집단을 구성함으로써 즉시 성립·완성되는 즉시범이므로 범죄성립과 동시에 공소시효가 진행되는 것이다(대판 2005.9.9. 2005도3857).

[❸ ▸ ×] 일반교통방해죄에서 교통방해행위는 계속범의 성질을 가지는 것이어서 교통방해의 상태가 계속되는 한 위법상태는 계속 존재한다. 따라서 교통방해를 유발한 집회에 참가한 경우 참가 당시 이미 다른 참가자들에 의해 교통의 흐름이 차단된 상태였더라도 교통방해를 유발한 다른 참가자들과 암묵적·순차적으로 공모하여 교통방해의 위법상태를 지속시켰다고 평가할 수 있다면 일반교통방해죄가 성립한다(대판 2018.5.11. 2017도9146).

> **관련판례** **대판 2006.1.26. 2005도7283**
>
> 주차장법 제29조 제1항 제2호 위반의 죄는 이른바 계속범으로서, 종전에 용도외 사용행위에 대하여 처벌받은 일이 있다고 하더라도 그 후에도 계속하여 용도외 사용을 하고 있는 이상 종전 재판 후의 사용에 대하여 다시 처벌할 수 있는 것이다.

[❹ ▸ ○] 대판 1995.9.5. 95도577

답 ❸

007 □□□

형법상 구성요건에 대한 설명으로 옳은 것은?(다툼이 있는 경우 판례에 의함)

21 경찰간부

① 특수상해죄(형법 제258조의2)는 흉기를 휴대하거나 2인 이상이 합동하여 상해 또는 존속상해의 죄를 범한 경우를 처벌하는 규정이다.
② 중체포・감금죄(형법 제277조)는 사람을 체포 또는 감금하여 생명에 대한 위험을 발생하게 한 경우를 처벌하는 규정으로, 결과적 가중범이자 구체적 위험범이다.
③ 준사기죄(형법 제348조)는 미성년자의 심신상실 또는 항거불능상태를 이용하여 재물의 교부를 받거나 재산상의 이익을 취득한 경우를 처벌하는 규정이다.
④ 업무상과실장물취득죄(형법 제364조)는 '업무'가 신분요소로 작용하는 경우로서, 업무자의 신분이 있는 경우에만 범죄가 성립하는 진정신분범이다.

정선 핵심

① 특수상해죄 → 단체 또는 다중의 위력을 보이거나 위험한 물건을 휴대하여 죄를 범한 경우
② 중체포・감금죄 → 결과적 가중범 ×, 구체적 위험범 ×
③ 준사기죄 → 미성년자의 사리분별력 부족 또는 사람의 심신장애를 이용하여 재물을 교부받거나 재산상 이익을 취득한 경우
④ 업무상과실장물취득죄 → 진정신분범 ○

정선 해설

[❶ ▸ ×] 형법 제258조의2 참조

> 법령
> **특수상해(형법 제258조의2)** ① 단체 또는 다중의 위력을 보이거나 위험한 물건을 휴대하여 제257조 제1항 또는 제2항의 죄를 범한 때에는 1년 이상 10년 이하의 징역에 처한다.
> ② 단체 또는 다중의 위력을 보이거나 위험한 물건을 휴대하여 제258조의 죄를 범한 때에는 2년 이상 20년 이하의 징역에 처한다.
> ③ 제1항의 미수범은 처벌한다.

[❷ ▸ ×] 중체포・감금죄(형법 제277조)는 체포・감금죄(형법 제276조)에 대하여 행위태양으로 불법이 가중된 가중적 구성요건으로 결과적 가중범이 아니고, 사람을 체포 또는 감금하여 가혹한 행위를 한 때 성립하므로 구체적 위험범이라고 할 수도 없다. 결과적 가중범이 아니므로 사람의 생명・신체에 대한 위험의 발생을 요하지 아니한다.
[❸ ▸ ×] 형법 제348조 참조

> 법령
> **준사기(형법 제348조)** ① 미성년자의 사리분별력 부족 또는 사람의 심신장애를 이용하여 재물을 교부받거나 재산상 이익을 취득한 자는 10년 이하의 징역 또는 2천만원 이하의 벌금에 처한다.
> ② 제1항의 방법으로 제3자로 하여금 재물을 교부받게 하거나 재산상 이익을 취득하게 한 경우에도 제1항의 형에 처한다.

[❹ ▸ ○] 형법상 과실장물취득죄는 처벌하지 아니하므로 업무상과실장물취득죄는 부진정신분범이 아니라 진정신분범에 해당한다.

답 ❹

008 □□□

범죄의 종류에 대한 설명 중 가장 적절한 것은?(다툼이 있는 경우 판례에 의함) 20 경찰승진

① 협박죄는 사람의 의사결정의 자유를 침해하는 침해범으로서 해악의 고지가 상대방에게 도달하여 상대방이 그 의미를 인식하고 나아가 현실적으로 공포심을 일으켰을 때에 비로소 기수가 된다.
② 배임죄의 '손해를 가한 때'란 그 문언상 '손해를 현실적으로 발생하게 한 때'만을 의미하고 실해발생의 위험은 이에 해당하지 않으므로 침해범으로 보아야 한다.
③ 일반교통방해죄는 추상적 위험범으로서 교통이 불가능하거나 또는 현저히 곤란한 상태가 발생하면 바로 기수가 되고 교통방해의 결과가 현실적으로 발생하여야 하는 것은 아니다.
④ 일정한 신분을 가진 자만이 행위주체가 되는 신분범으로 허위공문서작성죄, 공문서위조죄 등이 있다.

정선 핵심

① 협박죄 → 해악의 의미를 안 이상, 현실적으로 공포심을 일으켰는지 불문하고 기수
② 배임죄의 재산상의 손해를 가한 때 → 재산상 실해발생의 위험을 초래한 경우 포함
③ 일반교통방해죄 → 교통방해의 결과가 현실적으로 발생 불요
④ 허위공문서작성죄 → 진정신분범

정선 해설

[❶ ▸ ×] 협박죄가 성립하려면 일반적으로 사람으로 하여금 공포심을 일으키게 하기에 충분한 것이어야 하지만, 상대방이 그에 의하여 현실적으로 공포심을 일으킬 것까지 요구하는 것은 아니며, 그와 같은 정도의 해악을 고지함으로써 상대방이 그 의미를 인식한 이상, 상대방이 현실적으로 공포심을 일으켰는지 여부와 관계없이 그로써 구성요건은 충족되어 협박죄의 기수에 이르는 것으로 해석하여야 한다(대판 2007.9.28. 2007도606[전합]).

[❷ ▸ ×] 배임죄는 타인의 사무를 처리하는 자가 그 임무에 위배하는 행위로써 재산상 이익을 취득하거나 제3자로 하여금 이를 취득하게 하여 본인에게 손해를 가함으로써 성립하는 범죄로, 여기에서 '재산상의 손해를 가한 때'라 함은 현실적인 손해를 가한 경우뿐만 아니라 재산상 실해 발생의 위험을 초래한 경우도 포함된다(대판 2012.12.27. 2012도10822).

[❸ ▸ ○] 대판 2018.5.11. 2017도9146

[❹ ▸ ×] 허위공문서작성죄(형법 제227조)의 주체는 직무에 관하여 문서 또는 도화를 작성할 권한이 있는 공무원에 한정되므로 진정신분범에 해당하나, 공문서위조죄(형법 제225조)는 그 주체의 제한이 없으므로 신분범이 아니다.

답 ❸

009 □□□

범죄유형에 대한 설명으로 옳지 않은 것은?(다툼이 있는 경우 판례에 의함) 20 국가9급

① 내란죄는 다수인이 한 지방의 평온을 해할 정도의 폭동을 하였을 때 이미 그 구성요건이 완전히 충족된다고 할 것이어서 상태범으로 봄이 상당하다.
② 폭력행위 등 처벌에 관한 법률 제4조 소정의 '단체 등의 조직'죄는 같은 법에 규정된 범죄를 목적으로 한 단체 또는 집단을 구성함으로써 즉시 성립하고 그와 동시에 완성되는 즉시범이지 계속범이 아니다.
③ 직무유기죄는 직무를 수행하지 아니하는 위법한 부작위상태가 계속되는 한 가벌적 위법상태가 계속 존재한다고 할 것이므로 즉시범이라고 할 수 없다.
④ 군형법 제79조에 규정된 무단이탈죄는 허가 없이 근무장소 또는 지정장소를 일시이탈한 기간 동안 행위가 지속된다는 점에서 계속범에 해당한다.

정선 핵심

① 내란죄 → 상태범 ○
② 폭처법상 단체 등의 조직죄 → 즉시범 ○
③ 직무유기죄 → 계속범 ○
④ 무단이탈죄 → 즉시범 ○

정선 해설

[❶ ▸ ○] 대판 1997.4.17. 96도3376[전합]
[❷ ▸ ○] 구 폭력행위 등 처벌에 관한 법률 제4조 소정의 단체 등의 구성죄는 같은 법에 규정된 범죄를 목적으로 한 단체 또는 집단을 구성함으로써 즉시 성립·완성되는 즉시범이므로 범죄성립과 동시에 공소시효가 진행되는 것이다(대판 2005.9.9. 2005도3857).

관련판례 대판 2018.6.28. 2017도7937

구 장사법의 문언과 체계에 비추어 보면, 처벌규정이 금지하는 무허가법인묘지를 설치한 죄는 법인묘지의 설치행위, 즉 법인이 '분묘를 설치하기 위하여 부지를 조성하는 행위'를 종료할 때 즉시 성립하고 그와 동시에 완성되는 이른바 즉시범이라고 보아야 한다.

[❸ ▸ ○] 대판 1997.8.29. 97도675
[❹ ▸ ×] 군형법 제79조에 규정된 무단이탈죄는 즉시범으로서 허가 없이 근무장소 또는 지정장소를 일시 이탈함과 동시에 완성되고 그 후의 사정인 이탈 기간의 장단 등은 무단이탈죄의 성립에 아무런 영향이 없다(대판 1983.11.8. 83도2450).

답 ❹

010

범죄형태에 관한 설명 중 옳지 않은 것은?(다툼이 있는 경우 판례에 의함) 19 경찰채용

① 형법의 중손괴죄는 구성요건의 충족을 위해 구체적 위험의 발생을 요구하는 범죄이다.
② 형법의 중감금죄는 구성요건의 충족을 위해 구체적 위험의 발생을 요구하는 범죄이다.
③ 형법의 체포죄는 계속범으로서 체포행위에 시간적 계속이 있어야 한다.
④ 형법의 일반교통방해죄는 계속범의 성질을 갖는다.

정선 핵심

① 중손괴죄 → 부진정결과적 가중범이자 구체적 위험범 ○
② 중감금죄 → 구체적 위험범 ×
③ 체포죄 → 계속범 ○
④ 일반교통방해죄 → 계속범 ○

정선 해설

[❶ ▸ ○] 중손괴죄는 재물손괴죄·공익건조물파괴죄의 부진정결과적 가중범이자 구체적 위험범이다.
[❷ ▸ ×] 중감금죄는 사람을 감금하여 가혹한 행위를 가한 때에 성립하는 범죄로서 구체적 위험범이 아니다(형법 제277조 제1항).
[❸ ▸ ○] 체포죄는 계속범으로서 체포의 행위에 확실히 사람의 신체의 자유를 구속한다고 인정할 수 있을 정도의 시간적 계속이 있어야 기수에 이르고, 신체의 자유에 대한 구속이 그와 같은 정도에 이르지 못하고 일시적인 것으로 그친 경우에는 체포죄의 미수범이 성립할 뿐이다(대판 2020.3.27. 2016도18713).
[❹ ▸ ○] 일반교통방해죄에서 교통방해행위는 계속범의 성질을 가지는 것이어서 교통방해의 상태가 계속되는 한 위법상태는 계속 존재한다(대판 2018.5.11. 2017도9146).

답 ❷

011 □□□

범죄의 성격에 대한 설명으로 옳은 것만을 모두 고르면?(다툼이 있는 경우 판례에 의함)

19 국가9급

ㄱ. 일반교통방해죄는 침해범으로서 교통방해의 결과가 현실적으로 발생할 것을 요한다.
ㄴ. 공무집행방해죄는 추상적 위험범으로서 구체적으로 직무집행의 방해라는 결과 발생을 요하지 아니한다.
ㄷ. 체포죄는 계속범으로서 체포행위에 확실히 사람의 신체의 자유를 구속한다고 인정할 수 있을 정도의 시간적 계속을 요한다.
ㄹ. 범인도피죄는 범인을 도피하게 함으로써 기수에 이름과 동시에 범죄행위도 종료되는 즉시범이다.

① ㄱ, ㄴ ② ㄱ, ㄹ
③ ㄴ, ㄷ ④ ㄷ, ㄹ

정선 핵심

ㄱ. 일반교통방해죄 → 추상적 위험범으로서 현실적인 교통방해의 결과 발생 불요
ㄴ. 공무집행방해죄 → 추상적 위험범으로서 직무집행의 방해라는 결과 발생 불요
ㄷ. 체포죄 → 계속범 O
ㄹ. 범인도피죄 → 계속범 O

정선 해설

[ㄱ ▸ X] 일반교통방해죄는 이른바 추상적 위험범으로서 교통이 불가능하거나 또는 현저히 곤란한 상태가 발생하면 바로 기수가 되고 교통방해의 결과가 현실적으로 발생하여야 하는 것은 아니다(대판 2018.5.11. 2017도9146).
[ㄴ ▸ O] 형법 제136조에서 정한 공무집행방해죄는 직무를 집행하는 공무원에 대하여 폭행 또는 협박한 경우에 성립하는 범죄로서 여기서의 폭행은 사람에 대한 유형력의 행사로 족하고 반드시 그 신체에 대한 것임을 요하지 아니하며, 또한 추상적 위험범으로서 구체적으로 직무집행의 방해라는 결과 발생을 요하지도 아니한다(대판 2018.3.29. 2017도21537).

비교판례 **대판 2017.4.27. 2017도2583**

위계에 의한 공무집행방해죄에서 '위계'라 함은 행위자의 행위목적을 이루기 위하여 상대방에게 오인, 착각, 부지를 일으키게 하여 그 오인, 착각, 부지를 이용하는 것으로서, 상대방이 이에 따라 그릇된 행위나 처분을 하여야만 위 죄가 성립한다. 만약 그러한 행위가 구체적인 직무집행을 저지하거나 현실적으로 곤란하게 하는 데까지는 이르지 않은 경우에는 위계에 의한 공무집행방해죄로 처벌할 수 없다.

[ㄷ ▸ O] 대판 2020.3.27. 2016도18713
[ㄹ ▸ X] 범인도피죄는 범인을 도피하게 함으로써 기수에 이르지만 범인도피행위가 계속되는 동안에는 범죄행위도 계속되고 행위가 끝날 때 비로소 범죄행위가 종료되고, 공범자의 범인도피행위의 도중에 그 범행을 인식하면서 그와 공동의 범의를 가지고 기왕의 범인도피상태를 이용하여 스스로 범인도피행위를 계속한 자에 대하여는 범인도피죄의 공동정범이 성립한다(대판 1995.9.5. 95도577).

답 ❸

012 □□□

다음 중 목적범에 해당하지 않는 것은 모두 몇 개인가?(다툼이 있는 경우 판례에 의함) 20 해경간부

ㄱ. 사문서부정행사죄	ㄴ. 도박장소 등 개설죄
ㄷ. 출판물 등에 의한 명예훼손죄	ㄹ. 위조통화 취득 후 지정행사죄
ㅁ. 공정증서원본부실기재죄	ㅂ. 선거방해죄

① 1개　② 2개
③ 3개　④ 4개

정선 핵심

목적범인지의 여부
ㄴ. 도박장소 등 개설죄 → 목적범 O
ㄷ. 출판물 등에 의한 명예훼손죄 → 목적범 O

정선 해설

보기 중 도박장소 등 개설죄(형법 제247조), 출판물 등에 의한 명예훼손죄(형법 제309조)가 목적범일 뿐 나머지 범죄는 목적범에 해당하지 아니한다.

답 ❹

013 □□□

범죄의 종류에 관한 설명 중 옳지 않은 것은?(다툼이 있는 경우 판례에 의함) 20 변시

① 직무유기죄는 작위의무를 수행하지 아니함으로써 구성요건에 해당하는 사실이 있고 그 후에도 계속하여 그 작위의무를 수행하지 아니하는 위법한 부작위상태가 계속되는 한 가벌적 위법상태는 계속 존재한다고 할 것이므로 즉시범이라고 할 수 없다.
② 협박죄는 사람의 의사결정의 자유를 보호법익으로 하는 위험범이고, 해악의 고지가 상대방에게 도달은 하였으나 상대방이 이를 지각하지 못하였거나 고지된 해악의 의미를 인식하지 못한 경우에도 협박죄는 기수에 이르렀다고 해야 한다.
③ 학대죄는 자기의 보호 또는 감독을 받는 사람에게 육체적으로 고통을 주거나 정신적으로 차별대우를 하는 행위가 있음과 동시에 범죄가 완성되는 상태범 또는 즉시범이다.
④ 도주죄는 즉시범으로서 범인이 간수자의 실력적 지배를 이탈한 상태에 이르렀을 때에 기수가 되어 도주행위가 종료하고, 도주죄의 범인이 도주행위를 하여 기수에 이른 이후에 범인의 도피를 도와주는 행위는 범인도피죄에 해당할 수 있을 뿐 도주원조죄에는 해당하지 아니한다.
⑤ 범인도피죄는 위험범으로서 현실적으로 형사사법의 작용을 방해하는 결과를 초래할 것을 요하지 아니하나, 도피하게 하는 행위는 은닉행위에 비견될 정도로 수사기관의 발견・체포를 곤란하게 하는 행위, 즉 직접 범인을 도피시키는 행위 또는 도피를 직접적으로 용이하게 하는 행위에 한정된다.

정선 핵심

① 직무유기죄 → 계속범 O
② 해악의 고지가 도달하였으나 지각하지 못하였거나 의미를 인식하지 못한 경우 → 협박죄의 미수범 O
③ 학대죄 → 즉시범 O
④ 도주죄가 기수에 이른 후에 도피를 도와주는 행위 → 범인도피죄 O
⑤ 도피하게 하는 행위 → 직접 범인을 도피시키거나 도피를 직접적으로 용이하게 하는 행위에 한정

정선 해설

[❶ ▸ O] 대판 1997.8.29. 97도675

[❷ ▸ X] 협박죄는 사람의 의사결정의 자유를 보호법익으로 하는 위험범이라 봄이 상당하고, 협박죄의 미수범 처벌조항은 해악의 고지가 현실적으로 상대방에게 도달하지 아니한 경우나, 도달은 하였으나 상대방이 이를 지각하지 못하였거나 고지된 해악의 의미를 인식하지 못한 경우 등에 적용될 뿐이다(대판 2007.9.28. 2007도606[전합]).

[❸ ▸ O] 학대죄는 자기의 보호 또는 감독을 받는 사람에게 육체적으로 고통을 주거나 정신적으로 차별대우를 하는 행위가 있음과 동시에 범죄가 완성되는 상태범 또는 즉시범이라 할 것이다(대판 1986.7.8. 84도2922).

[❹ ▸ O] 대판 1991.10.11. 91도1656

[❺ ▸ O] 형법 제151조 소정의 범인도피죄는 위험범으로서 현실적으로 형사사법의 작용을 방해하는 결과가 초래될 것이 요구되지 아니하지만, 같은 조에 함께 규정되어 있는 은닉행위에 비견될 정도로 수사기관의 발견·체포를 곤란하게 하는 행위 즉 직접 범인을 도피시키는 행위 또는 도피를 직접적으로 용이하게 하는 행위에 한정된다고 해석함이 상당하고, 그 자체로는 도피시키는 것을 직접적인 목적으로 하였다고 보기 어려운 어떤 행위의 결과 간접적으로 범인이 안심하고 도피할 수 있게 한 경우까지 포함되는 것은 아니다(대판 2003.2.14. 2002도5374).

답 ❷

014 □□□

범죄의 처벌조건과 소추조건에 대한 설명으로 옳지 않은 것은? 21 국가9급

① 사전수뢰죄(제129조 제2항)에 있어서 '공무원 또는 중재인이 된 사실'은 객관적 처벌조건에 해당한다.

② 처벌조건이 결여되어 벌할 수 없는 행위라도 이에 대한 정당방위는 가능하다.

③ 폭행죄, 협박죄 등 반의사불벌죄에 있어서 피해자의 처벌불원의사는 인적 처벌조각사유에 해당한다.

④ 조세범 처벌법이나 관세법등 일부 특별법의 경우 해당 기관장의 고발이 소추조건이 되는 경우도 있다.

정선 핵심

① 공무원 또는 중재인이 된 사실 → 객관적 처벌조건 O
② 처벌조건이 결여되어 벌할 수 없는 행위 → 정당방위 가능
③ 피해자의 처벌불원의 의사 → 소추조건 O
④ 조세범 처벌법상 국세청장 등의 고발 → 소추조건 O

정선 해설

[❶ ▸ O] 객관적 처벌조건은 범죄의 성부와 관계없이 성립한 범죄에 대한 형벌권의 발생을 좌우하는 외부적·객관적 사유를 말한다. 예컨대, 사전수뢰죄에 있어서 공무원 또는 중재인이 된 사실(형법 제129조 제2항)이 여기에 해당한다.

[❷ ▸ O] 처벌조건은 범죄가 성립한 경우에 형벌권의 발생을 위하여 필요한 조건이다. 따라서 이미 성립한 범죄는 위법하므로 이에 대한 정당방위는 가능하다.

[❸ ▸ X] 반의사불벌죄에 있어서 처벌불원의 의사표시는 소추조건인 소극적 소송조건에 해당한다. 한편 인적 처벌조각사유는 이미 성립한 범죄에 대하여 행위자의 특수한 신분관계로 인하여 형벌권이 발생하지 않는 경우를 말한다. 즉, 친족상도례에 있어서 직계혈족·배우자·동거친족 등의 신분이 이에 해당한다.

[❹ ▸ O] 조세범처벌법 제21조 참조

> **법령** **고발(조세범처벌법 제21조)** 이 법에 따른 범칙행위에 대해서는 국세청장, 지방국세청장 또는 세무서장의 고발이 없으면 검사는 공소를 제기할 수 없다.

답 ❸

015 □□□

다음 설명 중 가장 옳지 않은 것은?(다툼이 있는 경우 판례에 의함) 20 경찰간부

① 포괄일죄에 관한 기존 처벌법규에 대하여 그 표현이나 형량과 관련한 개정을 하는 경우가 아니라, 애초에 죄가 되지 아니하던 행위를 구성요건의 신설로 포괄일죄의 처벌대상으로 삼는 경우에는 신설된 포괄일죄처벌법규가 시행되기 이전의 행위에 대하여는 신설된 법규를 적용하여 처벌할 수 없다.

② 법인 설립 이전의 자연인의 행위를 이유로 양벌규정을 적용하여 법인을 처벌할 수는 없다.

③ 도주죄는 계속범이므로 도주죄의 범인이 도주행위를 하여 기수에 이른 이후에 그 범인의 도피를 도와주는 행위는 도주원조죄에 해당한다.

④ 공무집행방해죄는 직무집행의 방해라는 결과 발생을 요하지 아니하며, 여기서의 폭행은 사람에 대한 유형력의 행사로 족하고 반드시 신체에 대한 것임을 요하지 아니한다.

정선 핵심

① 신설된 포괄일죄처벌법규가 시행되기 이전의 행위 → 소급효 금지의 원칙 적용 ○
② 법인 설립 이전의 자연인의 행위 → 양벌규정을 적용하여 법인 처벌 ×
③ 도주죄가 기수에 이른 후에 도피를 도와주는 행위 → 범인도피죄 ○
④ 공무집행방해죄 → 추상적 위험범으로서 직무집행의 방해라는 결과 발생 불요

정선 해설

[❶ ▸ ○] 대판 2016.1.28. 2015도15669

[❷ ▸ ○] 대판 2018.8.1. 2015도10388

[❸ ▸ ×] 도주죄는 즉시범으로서 범인이 간수자의 실력적 지배를 이탈한 상태에 이르렀을 때에 기수가 되어 도주행위가 종료하는 것이고, 도주원조죄는 도주죄에 있어서의 범인의 도주행위를 야기시키거나 이를 용이하게 하는 등 그와 공범관계에 있는 행위를 독립한 구성요건으로 하는 범죄이므로, 도주죄의 범인이 도주행위를 하여 기수에 이른 이후에 범인의 도피를 도와주는 행위는 범인도피죄에 해당할 수 있을 뿐 도주원조죄에는 해당하지 아니한다(대판 1991.10.11. 91도1656).

[❹ ▸ ○] 공무집행방해죄의 폭행은 공무원에 대한 직접·간접의 유형력의 행사를 말하므로 반드시 사람의 신체에 대한 것임을 요하지 아니하고, 공무집행방해죄는 추상적 위험범이므로 공무의 현실적인 방해결과는 요하지 아니한다(대판 2018.3.29. 2017도21537).

비교판례 **대판 2017.4.27. 2017도2583**

위계에 의한 공무집행방해죄에서 '위계'라 함은 행위자의 행위목적을 이루기 위하여 상대방에게 오인, 착각, 부지를 일으키게 하여 그 오인, 착각, 부지를 이용하는 것으로서, 상대방이 이에 따라 그릇된 행위나 처분을 하여야만 위 죄가 성립한다. 만약 그러한 행위가 구체적인 직무집행을 저지하거나 현실적으로 곤란하게 하는 데까지는 이르지 않은 경우에는 위계에 의한 공무집행방해죄로 처벌할 수 없다.

답 ❸

정선지문OX

01 협박죄는 사람의 의사결정의 자유를 보호법익으로 하는 위험범이다. 14 국가9급 O | X

02 상태범은 행위자의 행위가 위법상태를 한 번 야기함으로 기수가 되고 동시에 종료되는 범죄로, 이미 야기한 위법상태에 포섭되는 기수 후의 행위는 불가벌적 사후행위가 된다. 17 국가9급 O | X

03 거동범은 행위자가 직접 거동을 하여야 하는 범죄로 간접정범의 형태로 범할 수 없는 범죄이다. 17 국가9급 O | X

04 입찰방해죄는 현실적으로 입찰의 공정을 해하는 결과의 발생을 요구하는 결과범이다. 17 5급승진 O | X

05 상태범은 기수와 범죄행위의 종료 시, 범죄행위의 종료 시와 위법상태의 종료 시가 모두 일치한다. 18 경찰승진 O | X

01 대판 2007.9.28. 2007도606

02 그 위법상태는 기수 이후에도 존속한다.

03 자수범이 간접정범의 형태로 범할 수 없는 범죄이다.

04 경매·입찰의 현실적 침해결과는 요하지 않는다(대판 1994.5.24. 94도600).

05 범죄행위의 종료 시와 위법상태의 종료 시는 일치하지 않는다.

정답

01 ○ **02** ○ **03** × **04** × **05** ×

016 □□□

S회사의 대표이사인 甲은 전임 대표이사가 A와 B에게 회사 소유의 상가를 분양하여 대금전액을 완납 받았음을 알면서도 乙과 공모하여 이중분양하기로 하고 乙에게 위 상가의 소유권 이전등기를 해 주었다. 甲과 乙의 죄책에 대한 설명으로 옳지 않은 것은?(다툼이 있는 경우 판례에 의함)

13 국가9급

① 배임죄에 있어서 타인의 사무를 처리할 의무의 주체가 법인이 되는 경우라도 법인은 사법상의 의무주체가 될 뿐 범죄능력이 없다.
② 법인이 처리할 의무를 지는 타인의 사무에 관하여는 법인이 배임죄의 주체가 될 수 없고 그 법인을 대표하여 사무를 처리하는 자연인인 대표기관인 배임죄의 주체가 된다.
③ 형법은 배임죄에 관하여 양벌규정을 두고 있으므로 대표이사 甲 이외에 S회사에 대해서도 벌금형을 부과할 수 있다.
④ 乙이 상가가 A와 B에 매도된 사실을 알고 있으면서 甲과 공모하여 자기명의로 소유권이전등기를 경료함으로써 甲의 배임행위에 적극 가담한 경우 乙은 배임죄의 공동정범으로 처벌될 수 있다.

정선 핵심

① 법인 → 범죄능력 ×
② 법인을 대표하는 자연인인 대표기관 → 배임죄의 주체 ○
③ 형법 → 배임죄에 관한 양벌규정 ×
④ 배임행위에 적극 가담하는 경우 → 업무상배임죄의 공동정범 ○

정선 해설

[❶ ▸ ○] [❷ ▸ ○] 형법 제355조 제2항의 배임죄에 있어서 타인의 사무를 처리할 의무의 주체가 법인이 되는 경우라도 법인은 다만 사법상의 의무주체가 될 뿐 범죄능력이 없는 것이며❶ 그 타인의 사무는 법인을 대표하는 자연인인 대표기관의 의사결정에 따른 대표행위에 의하여 실현될 수밖에 없어 그 대표기관은 마땅히 법인이 타인에 대하여 부담하고 있는 의무내용 대로 사무를 처리할 임무가 있다 할 것이므로 법인이 처리할 의무를 지는 타인의 사무에 관하여는 법인이 배임죄의 주체가 될 수 없고 그 법인을 대표하여 사무를 처리하는 자연인인 대표기관이 바로 타인의 사무를 처리하는 자 즉 배임죄의 주체가 된다❷(대판 1984.10.10. 82도2595[전합]).

[❸ ▸ ×] 형법은 배임죄에 관하여 양벌규정을 두고 있지 아니하므로 대표이사 甲 이외에 S회사에 대해서도 벌금형을 부과할 수 없다.

[❹ ▸ ○] 판례의 취지를 고려하면, 乙이 甲의 배임행위에 적극 가담한 경우 乙은 배임죄의 공동정범으로 처벌될 수 있다.

> 업무상배임죄의 실행으로 인하여 이익을 얻게 되는 수익자 또는 그와 밀접한 관련이 있는 제3자를 배임의 실행행위자와 공동정범으로 인정하기 위하여는 실행행위자의 행위가 피해자 본인에 대한 배임행위에 해당한다는 것을 알면서도 소극적으로 그 배임행위에 편승하여 이익을 취득한 것만으로는 부족하고, 실행행위자의 배임행위를 교사하거나 또는 배임행위의 전(全) 과정에 관여하는 등으로 배임행위에 적극 가담할 것을 필요로 한다(대판 2012.6.28. 2012도3643).

답 ❸

017 □□□

법인의 범죄능력과 양벌규정에 대한 설명 중 가장 적절한 것은?(다툼이 있는 경우 판례에 의함) 20 경찰승진

① 합병으로 인하여 소멸한 법인이 그 종업원 등의 위법행위에 대해 양벌규정에 따라 부담하던 형사책임은 합병으로 인하여 존속하는 법인에 승계된다.
② 양벌규정에 의해서 법인 또는 영업주를 처벌하는 경우 그 처벌은 직접 법률을 위반한 행위자에 대한 처벌에 종속하므로 행위자에 대한 처벌은 법인 또는 개인에 대한 처벌의 전제조건이 된다.
③ 회사 대표자의 위반행위에 대하여 징역형의 형량을 정상참작감경하고 병과하는 벌금형에 대하여 선고유예를 하였다면 양벌규정에 따라 그 회사를 처단함에 있어서도 같은 조치를 취하여야 한다.
④ 지입차주가 세무관서에 독립된 사업자등록을 하고 지입된 차량을 직접 운행 관리하면서 그 명의로 운송계약을 체결하였다고 하더라도, 지입차주는 객관적으로나 외형상으로나 그 차량의 소유자인 지입회사와의 위탁계약에 의하여 그 위임을 받아 운행·관리를 대행하는 지위에 있는 자로서 구 도로법 제100조 제1항에서 정한 대리인 사용인 그 밖의 종업원에 해당한다.

정선 핵심

① 소멸한 법인의 형사책임 → 존속법인에 승계 ×
② 행위자에 대한 처벌 → 법인 또는 개인에 대한 처벌의 전제조건 ×
③ 회사 대표자의 위반행위에 대한 정상참작감경 → 회사에 대하여도 같은 조치의무 ×
④ 지입차주 → 구 도로법상 대리인·사용인 그 밖의 종업원에 해당

정선 해설

[❶ ▸ ×] 양벌규정에 의한 법인의 처벌은 어디까지나 형벌의 일종으로서 행정적 제재처분이나 민사상 불법행위책임과는 성격을 달리하는 점, 형사소송법 제328조가 '피고인인 법인이 존속하지 아니하게 되었을 때'를 공소기각결정의 사유로 규정하고 있는 것은 형사책임이 승계되지 않음을 전제로 한 것이라고 볼 수 있는 점 등에 비추어 보면, <u>합병으로 인하여 소멸한 법인이 그 종업원 등의 위법행위에 대해 양벌규정에 따라 부담하던 형사책임은</u> 그 성질상 이전을 허용하지 않는 것으로서 <u>합병으로 인하여 존속하는 법인에 승계되지 않는다</u>(대판 2007.8.23. 2005도4471).

[❷ ▸ ×] 양벌규정에 의한 영업주의 처벌은 금지위반행위자인 종업원의 처벌에 종속하는 것이 아니라 독립하여 그 자신의 종업원에 대한 선임감독상의 과실로 인하여 처벌되는 것이므로 <u>영업주의 위 과실책임을 묻는 경우 금지위반행위자인 종업원에게 구성요건상의 자격이 없다고 하더라도 영업주의 범죄성립에는 아무런 지장이 없다</u>(대판 1987.11.0. 87도1213).

[❸ ▸ ×] 회사 대표자의 위반행위에 대하여 징역형의 형량을 정상참작감경하고 병과하는 벌금형에 대하여 선고유예를 한 이상 양벌규정에 따라 그 회사를 처단함에 있어서도 같은 조치를 취하여야 한다는 논지는 독자적인 견해에 지나지 아니하여 받아들일 수 없다(대판 1995.12.12. 95도1893).

> **유사판례** 대판 1995.7.25. 95도391
>
> 법인의 직원 또는 사용인이 위반행위를 하여 양벌규정에 의하여 법인이 처벌받는 경우, 법인에게 자수감경에 관한 형법 제52조 제1항의 규정을 적용하기 위하여는 법인의 이사 기타 대표자가 수사책임이 있는 관서에 자수한 경우에 한하고, 그 위반행위를 한 직원 또는 사용인이 자수한 것만으로는 위 규정에 의하여 형을 감경할 수 없다.

> **비교판례** 대판 1996.3.12. 94도2423
>
> 친고죄의 경우에 있어서도 행위자의 범죄에 대한 고소가 있으면 족하고, 나아가 양벌규정에 의하여 처벌받는 자에 대하여 별도의 고소를 요한다고 할 수는 없다.

[❹ ▸ ○] 대판 2009.9.24. 2009도5302

답 ④

제1장 제2장 제3장

018
□□□

다음 중 법인의 범죄능력과 양벌규정에 대한 설명으로 가장 옳지 않은 것은?(다툼이 있는 경우 판례에 의함) 19 해경채용

① 영업주의 과실을 별도로 규정하지 않은 양벌규정을 합헌적 법률해석을 통해 선임감독상의 과실 있는 영업주만을 처벌하는 규정으로 보게 되면, 영업주를 종업원과 동일한 법정형으로 처벌하는 것은 책임주의에 반하지 않는다.
② 형벌의 자기책임원칙에 비추어 볼 때 양벌규정은 법인이 사용인 등에 의하여 위반행위가 발생한 그 업무와 관련하여 상당한 주의 또는 관리감독 의무를 게을리한 때에 한하여 적용된다.
③ 재물을 보관하는 주체가 법인이 되는 경우라도 범죄능력이 없는 법인은 횡령죄의 주체가 될 수 없고, 그 법인을 대표하여 사무를 처리하는 자연인인 대표기관이 타인의 재물을 보관하는 횡령죄의 주체가 된다고 보아야 한다.
④ 합병으로 인하여 소멸한 법인이 그 종업원 등의 위법행위에 대해 양벌규정에 따라 부담하던 형사책임은 합병으로 인하여 존속하는 법인에 승계되지 않는다.

정선 핵심

① 영업주의 과실을 규정하지 않은 양벌규정을 과실 있는 경우만 처벌하는 규정으로 해석 → 책임주의 위반 ○
② 양벌규정 → 법인이 상당한 주의 또는 관리감독 의무를 게을리한 때에 한하여 적용
③ 법인을 대표하는 자연인인 대표기관 → 횡령죄의 주체 ○
④ 소멸한 법인의 형사책임 → 존속법인에 승계 ×

정선 해설

[❶ ▸ ×] 이 사건 법률조항이 종업원의 업무 관련 무면허의료행위가 있으면 이에 대해 영업주가 비난받을 만한 행위가 있었는지 여부와는 관계없이 자동적으로 영업주도 처벌하도록 규정하고 있고, 그 문언상 명백한 의미와 달리 "종업원의 범죄행위에 대해 영업주의 선임감독상의 과실(기타 영업주의 귀책사유)이 인정되는 경우"라는 요건을 추가하여 해석하는 것은 문리해석의 범위를 넘어서는 것으로서 허용될 수 없으므로, 결국 위 법률조항은 다른 사람의 범죄에 대해 그 책임 유무를 묻지 않고 형벌을 부과함으로써, 법정형에 나아가 판단할 것 없이, 형사법의 기본원리인 '책임 없는 자에게 형벌을 부과할 수 없다'는 책임주의에 반한다(헌재 2007.11.29. 2005헌가10).

[❷ ▸ ○] 형벌의 자기책임원칙에 비추어 보면, 위반행위가 발생한 그 업무와 관련하여 법인이 상당한 주의 또는 관리감독 의무를 게을리한 때에 한하여 위 양벌규정이 적용된다고 봄이 상당하다(대판 2010.7.8. 2009도6968).

> **비교판례** 대판 2018.4.12. 2013도6962
>
> 법인은 기관을 통하여 행위하므로, 법인이 대표자를 선임한 이상 그의 행위로 인한 법률효과와 이익은 법인에게 귀속되어야 하고, 법인 대표자의 범죄행위에 대하여는 법인 자신이 책임을 져야 하는데, 법인 대표자의 법규위반행위에 대한 법인의 책임은 법인 자신의 법규위반행위로 평가될 수 있는 행위에 대한 법인의 직접책임이기 때문이다. 주식회사의 주식이 사실상 1인의 주주에 귀속하는 1인회사의 경우에도 회사와 주주는 별개의 인격체로서, 1인회사의 재산이 곧바로 1인주주의 소유라고 할 수 없기 때문에, 양벌규정에 따른 책임에 관하여 달리 볼 수 없다.

[❸ ▸ ○] 판례의 취지를 고려하면, 자연인인 대표기관이 타인의 재물을 보관하는 횡령죄의 주체가 된다고 보아야 한다.

> 법인이 처리할 의무를 지는 타인의 사무에 관하여는 법인이 배임죄의 주체가 될 수 없고 그 법인을 대표하여 사무를 처리하는 자연인인 대표기관이 바로 타인의 사무를 처리하는 자 즉 배임죄의 주체가 된다(대판 1984.10.10. 82도2595[전합]).

[❹ ▸ ○] 대판 2007.8.23. 2005도4471

답 ❶

019 □□□

법인의 범죄능력과 양벌규정에 관한 설명으로 가장 옳지 않은 것은?(다툼이 있는 경우 판례에 의함) 20 해경승진

① 합병으로 인하여 소멸한 법인이 그 종업원 등의 위법행위에 대해 양벌규정에 따라 부담하던 형사책임은 합병으로 인하여 존속하는 법인에 승계되지 않는다.
② 지방자치단체가 국가로부터 위임받은 사무를 처리하는 경우에도 지방자치단체는 국가기관과는 별도의 독립한 공법인이므로 양벌규정에 의한 처벌대상이 되는 법인에 해당한다.
③ 형벌의 자기책임원칙에 비추어 볼 때 양벌규정은 법인이 사용인 등에 의하여 위반행위가 발생한 그 업무와 관련하여 상당한 주의 또는 관리감독 의무를 게을리한 때에 한하여 적용된다.
④ 양벌규정에 의해 자연인과 법인을 함께 처벌하는 경우 행위자에 대하여 부과하는 형량을 정상참작감경 하더라도 법인을 처벌함에 있어서는 정상참작감경을 하지 않아도 된다.

정선 핵심

① 소멸한 법인의 형사책임 → 존속법인에 승계 ×
② 지방자치단체가 기관위임사무를 처리하는 경우 → 양벌규정에 의한 처벌대상 ×
③ 양벌규정 → 법인이 상당한 주의 또는 관리감독 의무를 게을리한 때에 한하여 적용
④ 행위자의 위반행위에 대한 정상참작감경 → 법인에 대하여도 같은 조치의무 ×

정선 해설

[❶ ▸ O] 대판 2007.8.23. 2005도4471
[❷ ▸ ×] 판례의 취지를 고려하면, 기관위임사무의 경우 지방자치단체는 국가기관의 일부로 볼 수 있어 양벌규정에 의한 처벌대상이 될 수 없다고 판단된다.

> 국가가 본래 그의 사무의 일부를 지방자치단체의 장에게 위임하여 처리하게 하는 기관위임사무의 경우 지방자치단체는 국가기관의 일부로 볼 수 있고, 지방자치단체가 그 고유의 자치사무를 처리하는 경우 지방자치단체는 국가기관의 일부가 아니라 국가기관과는 별도의 독립한 공법인으로서 양벌규정에 의한 처벌대상이 되는 법인에 해당한다(대판 2009.6.11. 2008도6530).

[❸ ▸ O] 대판 2010.7.8. 2009도6968
[❹ ▸ O] 회사 대표자의 위반행위에 대하여 징역형의 형량을 정상참작감경하고 병과하는 벌금형에 대하여 선고유예를 한 이상 양벌규정에 따라 그 회사를 처단함에 있어서도 같은 조치를 취하여야 한다는 논지는 독자적인 견해에 지나지 아니하여 받아들일 수 없다(대판 1995.12.12. 95도1893).

답 ❷

020 □□□

양벌규정에 대한 다음 설명 중 가장 적절하지 않은 것은?(다툼이 있으면 판례에 의함)

16 경찰채용

① 합병으로 인하여 소멸한 법인이 그 종업원 등의 위법행위에 대해 양벌규정에 따라 부담하던 형사책임은 그 성질상 이전을 허용하지 않는 것으로서 합병으로 인하여 존속하는 법인에 승계되지 않는다.

② 회사 대표자의 위반행위에 대하여 징역형의 형량을 정상참작감경하고 병과하는 벌금형에 대하여 선고유예를 한 이상 양벌규정에 따라 그 회사를 처단함에 있어서도 같은 조치를 취하여야 한다.

③ 형벌의 자기책임원칙에 비추어 보면, 종업원의 위반행위가 발생한 그 업무와 관련하여 법인이 상당한 주의 또는 관리감독 의무를 게을리한 때에 한하여 양벌규정을 적용한다.

④ 양벌규정에 의하여 법인이 처벌받는 경우, 법인에게 자수감경에 관한 형법 제52조 제1항의 규정을 적용하기 위해서는 법인의 이사 기타 대표자가 수사책임이 있는 관서에 자수한 경우에 한하고, 그 위반행위를 한 직원 또는 사용인이 자수한 것만으로는 위 규정에 의하여 형을 감경할 수 없다.

정선 핵심

① 소멸한 법인의 형사책임 → 존속법인에 승계 ×
② 회사 대표자의 위반행위에 대한 정상참작감경 → 회사에 대하여도 같은 조치의무 ×
③ 양벌규정 → 법인이 상당한 주의 또는 관리감독 의무를 게을리한 때에 한하여 적용
④ 위반행위를 한 직원 또는 사용인이 자수한 경우 → 법인에게 자수감경 규정적용 ×

정선 해설

[❶ ▸ O] 대판 2007.8.23. 2005도4471

[❷ ▸ ×] 회사 대표자의 위반행위에 대하여 징역형의 형량을 정상참작감경하고 병과하는 벌금형에 대하여 선고유예를 한 이상 양벌규정에 따라 그 회사를 처단함에 있어서도 같은 조치를 취하여야 한다는 논지는 독자적인 견해에 지나지 아니하여 받아들일 수 없다(대판 1995.12.12. 95도1893).

> **비교판례** **대판 1996.3.12. 94도2423**
>
> 친고죄의 경우에 있어서도 행위자의 범죄에 대한 고소가 있으면 족하고, 나아가 양벌규정에 의하여 처벌받는 자에 대하여 별도의 고소를 요한다고 할 수는 없다.

[❸ ▸ O] 대판 2010.7.8. 2009도6968

[❹ ▸ O] 법인의 직원 또는 사용인이 위반행위를 하여 양벌규정에 의하여 법인이 처벌받는 경우, 법인에게 자수감경에 관한 형법 제52조 제1항의 규정을 적용하기 위하여는 법인의 이사 기타 대표자가 수사책임이 있는 관서에 자수한 경우에 한하고, 그 위반행위를 한 직원 또는 사용인이 자수한 것만으로는 위 규정에 의하여 형을 감경할 수 없다(대판 1995.7.25. 95도391).

답 ❷

021 □□□

법인의 형사책임에 대한 설명이다. 이 중 가장 옳지 않은 것은?(다툼이 있는 경우 판례에 의함) 14 경찰간부

① 양벌규정에 의한 영업주의 처벌은 금지위반행위자인 종업원의 처벌에 종속하는 것이 아니라 독립하여 그 자신의 종업원에 대한 선임감독상의 과실로 인하여 처벌되는 것이므로 종업원의 범죄성립이나 처벌이 영업주 처벌의 전제조건이 될 필요는 없다.
② 법인의 직원 또는 사용인이 위반행위를 하여 양벌규정에 의하여 법인이 처벌받을 경우, 그 위반행위를 한 직원 또는 사용인이 자수하였다면 자수감경에 관한 형법 제52조 제1항의 규정을 법인에게 적용하여 형을 감경할 수 있다.
③ 헌법재판소는 양벌규정의 처벌근거를 과실책임설에서 구하고 있다.
④ 법인이 아닌 약국을 실질적으로 경영하는 약사가 다른 약사를 고용하여 그 고용된 약사를 명의상의 개설약사로 등록하게 해두고 약사 아닌 종업원을 직접 고용하여 영업하던 중 그 종업원이 약사법위반행위를 한 경우에 형사책임은 그 실질적 경영자가 진다.

정선 핵심

① 종업원의 범죄성립이나 처벌 → 영업주 처벌의 전제조건 ×
② 위반행위를 한 직원 또는 사용인이 자수한 경우 → 법인에게 자수감경 규정적용 ×
③ 양벌규정의 처벌근거(헌재) → 과실책임설
④ 약사 아닌 종업원이 약사법위반행위를 한 경우 → 실질적 경영자가 양벌규정상의 형사책임 ○

정선 해설

[❶ ▸ O] 양벌규정에 의한 영업주의 처벌은 금지위반행위자인 종업원의 처벌에 종속하는 것이 아니라 독립하여 그 자신의 종업원에 대한 선임감독상의 과실로 인하여 처벌되는 것이므로 영업주의 위 과실책임을 묻는 경우 금지위반행위자인 종업원에게 구성요건상의 자격이 없다고 하더라도 영업주의 범죄성립에는 아무런 지장이 없다(대판 1987.11.0. 87도1213).

[❷ ▸ ×] 법인의 직원 또는 사용인이 위반행위를 하여 양벌규정에 의하여 법인이 처벌받는 경우, 법인에게 자수감경에 관한 형법 제52조 제1항의 규정을 적용하기 위하여는 법인의 이사 기타 대표자가 수사책임이 있는 관서에 자수한 경우에 한하고, 그 위반행위를 한 직원 또는 사용인이 자수한 것만으로는 위 규정에 의하여 형을 감경할 수 없다(대판 1995.7.25. 95도391).

[❸ ▸ O] 헌법재판소는 종업원의 범죄행위에 관하여 법인에게 무과실책임을 인정하는 양벌규정에 대하여 위헌결정(헌재 2009.7.30. 2008헌가10)을 함으로써 과실책임설을 취하고 있다.

[❹ ▸ O] 대판 2000.10.27. 2000도3570

답 ❷

022 □□□

행위주체에 대한 설명으로 가장 적절하지 않은 것은?(다툼이 있는 경우 판례에 의함)

18 경찰채용

① 양벌규정에 의한 영업주의 처벌은 금지위반행위자인 종업원의 처벌에 종속하는 것이 아니라 독립하여 그 자신의 종업원에 대한 선임감독상의 과실로 인하여 처벌되는 것이므로 종업원의 범죄성립이나 처벌이 영업주 처벌의 전제조건이 될 필요는 없다.

② 법인격 없는 사단과 같은 단체는 법인과 마찬가지로 사법상의 권리의무의 주체가 될 수 있음은 별론으로 하더라도 법률에 명문의 규정이 없는 한 그 범죄능력은 없다.

③ 합병으로 인하여 소멸한 법인이 그 종업원 등의 위법행위에 대해 양벌규정에 따라 부담하던 형사책임은 합병으로 인하여 존속하는 법인에 승계된다.

④ 지방자치단체 소속 공무원이 지방자치단체 고유의 자치사무를 수행하던 중 구 도로법 제81조 내지 제85조의 규정에 의한 위반행위를 한 경우 지방자치단체는 구 도로법의 양벌규정에 따라 처벌대상이 되는 법인에 해당한다.

정선 핵심

① 종업원의 범죄성립이나 처벌 → 영업주 처벌의 전제조건 ×
② 법인격 없는 사단과 같은 단체 → 범죄능력 ×
③ 소멸한 법인의 형사책임 → 존속법인에 승계 ×
④ 지방자치단체가 고유사무를 처리하는 경우 → 양벌규정에 의한 처벌대상 O

정선 해설

[❶ ▸ O] 대판 2006.2.24. 2005도7673

[❷ ▸ O] 대판 1997.1.24. 96도524

[❸ ▸ ×] 합병으로 인하여 소멸한 법인이 그 종업원 등의 위법행위에 대해 양벌규정에 따라 부담하던 형사책임은 그 성질상 이전을 허용하지 않는 것으로서 합병으로 인하여 존속하는 법인에 승계되지 않는다(대판 2007.8.23. 2005도4471).

[❹ ▸ O] 지방자치단체 소속 공무원이 지방자치단체 고유의 자치사무를 수행하던 중 도로법 제81조 내지 제85조의 규정에 의한 위반행위를 한 경우에는 지방자치단체는 도로법 제86조의 양벌규정에 따라 처벌대상이 되는 법인에 해당한다. 지방자치단체 소속 공무원이 압축트럭 청소차를 운전하여 고속도로를 운행하던 중 제한축중을 초과적재 운행함으로써 도로관리청의 차량운행제한을 위반한 사안에서, 해당 지방자치단체가 도로법 제86조의 양벌규정에 따른 처벌대상이 된다(대판 2005.11.10. 2004도2657).

비교판례 대판 2009.6.11. 2008도6530

지방자치단체 소속 공무원이 지정항만순찰 등의 업무를 위해 관할관청의 승인 없이 개조한 승합차를 운행함으로써 구 자동차관리법을 위반한 사안에서, 지방자치법, 구 항만법, 구 항만법 시행령 등에 비추어 위 항만순찰 등의 업무가 지방자치단체의 장이 국가로부터 위임받은 기관위임사무에 해당하여, 해당 지방자치단체가 구 자동차관리법 제83조의 양벌규정에 따른 처벌대상이 될 수 없다.

답 ❸

01 행위 후 법인에 대한 양벌규정에 면책규정이 신설된 것은 범죄 후 법률의 변경에 의하여 그 행위가 범죄를 구성하지 않거나 형이 구법보다 경한 경우에 해당하므로 신법이 적용된다. 18 국가7급

O | X

02 법인이 설립되기 이전에 자연인이 한 행위에 대하여는 특별한 근거규정이 없는 한 양벌규정을 적용하여 법인을 처벌할 수 없다. 20 국가7급

O | X

03 피고발인을 법인으로 명시한 다음 법인의 등록번호와 대표자의 인적사항을 기재한 고발장의 표시는 자연인인 개인까지 피고발자로 표시한 것이라고 볼 수 있다. 18 해경채용

O | X

04 구 건축법(2015.7.24. 법률 제13433호로 개정되기 전의 것) 제108조 제1항은 같은 법 제11조 제1항에 의한 허가를 받지 아니하고 건축물을 건축한 건축주를 처벌한다고 규정하고, 같은 법 제112조 제4항은 양벌규정으로서 "개인의 대리인, 사용인, 그 밖의 종업원이 그 개인의 업무에 관하여 제107조부터 제111조까지의 규정에 따른 위반행위를 하면 행위자를 벌할 뿐만 아니라 그 개인에게도 해당 조문의 벌금형을 과한다."라고 규정하고 있다. 갑 교회의 총회 건설부장인 피고인이 관할시청의 허가 없이 건물 옥상층에 창고시설을 건축하는 방법으로 건물을 불법증축한 경우, 갑 교회는 을을 대표자로 한 법인격 없는 사단이고, 피고인은 갑 교회에 고용된 사람이므로, 을을 구 건축법 제112조 제4항 양벌규정의 '개인'의 지위에 있다고 보아 피고인을 같은 조항에 의하여 처벌할 수 있다. 20 법원행시

O | X

05 구 산업기술보호법 제38조는 "법인의 대표자나 법인 또는 개인의 대리인, 사용인, 그 밖의 종업원이 그 법인 또는 개인의 업무에 관하여 제36조 제1항부터 제3항까지의 어느 하나에 해당하는 위반행위를 하면 그 행위자를 벌하는 외에 그 법인 또는 개인에게도 해당 조문의 벌금형을 과한다. 다만 법인 또는 개인이 그 위반행위를 방지하기 위하여 해당업무에 관하여 상당한 주의와 감독을 게을리하지 아니한 경우에는 그러하지 아니하다."라고 규정하고 있다. 이러한 양벌규정에 따라 법인은 위반행위가 발생한 그 업무와 관련하여 법인이 상당한 주의 또는 관리·감독 의무를 게을리한 과실로 인하여 처벌된다. 20 법원행시

O | X

01 대판 2012.5.9. 2011도11264

02 대판 2018.8.1. 2015도10388

03 고발의 구비 여부는 개별적으로 논하여야 한다(대판 2004.9.24. 2004도4066).

04 법인격 없는 사단에 고용된 사람이 위반행위를 하였더라도 법인격 없는 사단의 구성원 개개인이 위 건축법 제112조에서 정한 '개인'의 지위에 있다 하여 그를 처벌할 수는 없다(대판 2017.12.28. 2017도13982).

05 대판 2018.7.12. 2015도464

정답

01 ○ **02** ○ **03** × **04** ×
05 ○

023 □□□

인과관계에 관한 설명으로 가장 적절하지 않은 것은?(다툼이 있는 경우 판례에 의함)

19 경찰채용

① 조건설은 인과관계 판단의 출발점을 제시한다는 의의가 있으나, 인과관계의 범위가 무한히 확장될 우려가 있다는 비판을 받고 있다.

② 공장에서 동료 사이에 말다툼을 하던 중 피고인이 피해자에게 상당한 힘을 가하여 넘어뜨린 것이 아니라, 피고인의 삿대질을 피하려고 뒷걸음치던 피해자가 장애물에 걸려 넘어져 두개골 절로 사망한 경우 피고인에게 폭행치사죄의 책임을 물을 수 없다.

③ 자동차가 횡단보도에 먼저 진입한 경우로서 그대로 진행하더라도 보행자의 횡단을 방해하거나 통행에 아무런 위험을 초래하지 아니할 상황이라면 보행자 신호가 녹색으로 바뀐 경우라도 그대로 진행할 수 있다고 보아야 하므로, 피고인이 운전하는 차량이 이미 횡단보도에 먼저 진입한 뒤에 보행자 신호가 녹색으로 바뀌었고, 바뀐 신호만을 보고 횡단보도에 진입한 피해자를 피고인이 그대로 충격하여 피해자에게 상해를 입힌 경우에는 피고인의 과실과 피해자가 입은 상해 사이에는 상당인과관계가 인정되지 않는다.

④ 피고인이 고속도로 2차로를 따라 자동차를 운전하다가 1차로를 진행하던 甲의 차량 앞에 급하게 끼어든 후 곧바로 정차하여, 甲의 차량 및 이를 뒤따르던 차량 두 대는 연이어 급제동하여 정차하였으나, 그 뒤를 따라오던 乙의 차량이 앞의 차량들을 연쇄적으로 추돌케 하여 乙이 사망하고 나머지 차량 운전자 등 피해자들이 상해를 입은 경우, 피고인의 정차 행위와 사상의 결과 발생 사이에 상당인과관계가 인정된다.

정선 핵심

① 조건설 → 인과관계의 범위가 무한히 확장될 우려
② 피고인의 삿대질을 피하던 피해자가 장애물에 걸려 사망한 경우 → 폭행치사죄 ×
③ 피고인의 차량이 횡단보도에 진입한 뒤에 바뀐 보행자 신호만 보고 횡단보도에 진입한 피해자를 충격하여 상해를 입힌 경우 → 인과관계 ○
④ 급하게 끼어든 후 정차하여 뒤따라오던 피해자들을 사망하게 하거나 상해를 입힌 경우 → 인과관계 ○

정선 해설

[❶ ▸ ○] 조건설에 의하면 논리적 조건관계에 있는 모든 조건은 등가치이므로 인과관계가 인정되는 범위가 지나치게 확장된다는 문제가 있다.

[❷ ▸ ○] 판례는 중한 결과에 대한 예견가능성이 없어 결과적 가중범인 폭행치사죄의 성립을 부정한 것이다. 다만, 폭행과 사망 사이의 인과관계는 인정하고 있음을 유의하여야 한다.

> 피고인이 피해자에게 상당한 힘을 가하여 넘어뜨린 것이 아니라 단지 공장에서 동료 사이에 말다툼을 하던 중 피고인이 삿대질하는 것을 피하고자 피해자 자신이 두어 걸음 뒷걸음치다가 회전 중이던 십자형 스빙기계 철받침대에 걸려 넘어진 정도라면, 당시 바닥에 위와 같은 장애물이 있어서 뒷걸음치면 장애물에 걸려 넘어질 수 있다는 것까지는 예견할 수 있었다고 하더라도 그 정도로 넘어지면서 머리를 바닥에 부딪쳐 두개골절로 사망한다는 것은 이례적인 일이어서 통상적으로 일반인이 예견하기 어려운 결과라고 하지 않을 수 없으므로 피고인에게 폭행치사죄의 책임을 물을 수 없다(대판 1990.9.25. 90도1596).

[❸ ▸ ×] 아래 판례의 사실관계를 고려하건대, 피고인이 횡단보도의 보행자 신호가 녹색 등화로 바뀌었음에도 횡단보도 위에서 일시정지를 하지 아니한 업무상과실로 피해자를 충격하여 피해자에게 상해를 입혔다면, 피고인의 과실과 피해자가 입은 상해 사이에 상당인과관계가 인정된다.

모든 차의 운전자는 신호기의 지시에 따라 횡단보도를 횡단하는 보행자가 있을 때에는 횡단보도에의 진입 선후를 불문하고 일시정지하는 등의 조치를 취함으로써 보행자의 통행이 방해되지 아니하도록 하여야 한다. 다만 자동차가 횡단보도에 먼저 진입한 경우로서 그대로 진행하더라도 보행자의 횡단을 방해하거나 통행에 아무런 위험을 초래하지 아니할 상황이라면 그대로 진행할 수 있다(대판 2017.3.15. 2016도17442).

[❹ ▸ O] 대판 2014.7.24. 2014도6206

답 ❸

024 □□□

인과관계에 대한 설명 중 옳은 것을 모두 고른 것은?(다툼이 있는 경우 판례에 의함)

19 경찰승진

ㄱ. 피고인이 고속도로 2차로를 따라 자동차를 운전하다가 1차로를 진행하던 甲의 차량 앞에 급하게 끼어든 후 곧바로 정차하여, 甲의 차량 및 이를 뒤따르던 차량 두 대는 연이어 급정차하였으나, 그 뒤를 따라오던 乙의 차량이 앞의 차량들을 연쇄적으로 추돌케 하여 乙을 사망에 이르게 하고 나머지 차량운전자 등 피해자들에게 상해를 입힌 경우, 피고인의 정차행위와 피해자 사상의 결과 발생 사이에 상당인과관계가 있다.

ㄴ. 한의사인 피고인이 피해자에게 문진하여 과거 봉침(蜂針)을 맞고도 별다른 이상반응이 없었다는 답변을 듣고 알레르기반응검사를 생략한 채 환부에 봉침시술을 하였는데, 피해자가 위 시술 직후 쇼크반응을 나타내는 등 상해를 입은 경우, 피고인이 알레르기반응검사를 하지 않은 과실과 피해자의 상해 사이에 상당인과관계를 인정하기 어렵다.

ㄷ. 피고인은 결혼을 전제로 교제하던 甲의 임신 사실을 알고 수회에 걸쳐 낙태를 권유하였다가 거절당하였음에도 계속 甲에게 출산 여부는 알아서 하되 아이에 대한 친권을 행사할 의사가 없다고 하면서 낙태할 병원을 물색해 주기도 하였는데, 그 후 甲은 피고인에게 알리지 않고 자신이 알아본 병원에서 낙태시술을 받은 경우, 피고인의 낙태교사행위와 甲의 낙태행위 사이에는 인과관계가 인정되지 않는다.

ㄹ. 의사인 피고인이 제왕절개수술 후 대량출혈이 있었던 피해자를 전원(轉院) 조치하였으나 전원받는 병원 의료진에게 피해자가 고혈압환자이고 제왕절개수술 후 대량출혈이 있었던 사정을 설명하지 않아 전원받는 병원 의료진의 조치가 다소 미흡하여 도착 후 약 1시간 20분이 지나 수혈이 시작된 경우, 피고인의 전원지체 등의 과실로 신속한 수혈 등의 조치가 지연된 이상 피해자의 사망과 피고인의 과실 사이에 인과관계가 인정된다.

ㅁ. 피고인이 자동차를 운전하다 횡단보도를 걷던 보행자 甲을 들이받아 그 충격으로 횡단보도 밖에서 甲과 동행하던 피해자 乙이 밀려 넘어져 상해를 입은 경우, 피고인의 구 도로교통법 제27조 제1항에 따른 주의의무를 위반하여 운전한 업무상과실과 乙의 상해 사이에는 인과관계가 인정될 수 없다.

① ㄱ, ㄴ, ㄷ
② ㄱ, ㄴ, ㄹ
③ ㄱ, ㄷ, ㅁ
④ ㄴ, ㄹ, ㅁ

정선 핵심

인과관계의 인정 여부

ㄱ. 급하게 끼어든 후 정차하여 뒤따라오던 피해자들을 사망하게 하거나 상해를 입힌 경우 → ○

ㄴ. 알레르기반응검사 없이 환부에 봉침시술을 받은 후 상해를 입은 경우 → ×

ㄷ. 피고인이 낙태를 권유하였다가 거절당한 후 피해자가 알리지 않고 낙태시술을 받은 경우 → ○

ㄹ. 제왕절개수술 후 대량출혈이 있었으나 전원조치가 지연되어 사망한 경우 → ○

ㅁ. 자동차로 보행자를 충격하여 동행하던 피해자에게 상해를 입힌 경우 → ○

정선 해설

[ㄱ ▸ ○] 대판 2014.7.24. 2014도6206

[ㄴ ▸ ○] 대판 2011.4.14. 2010도10104

[ㄷ ▸ ×] 피고인은 甲에게 직접 낙태를 권유할 당시뿐만 아니라 출산 여부는 알아서 하라고 통보한 이후에도 계속 낙태를 교사하였고, 甲은 이로 인하여 낙태를 결의·실행하게 되었다고 보는 것이 타당하며, 甲이 당초 아이를 낳을 것처럼 말한 사실이 있다는 사정만으로 피고인의 낙태교사행위와 甲의 낙태결의 사이에 인과관계가 단절되는 것은 아니라고 보아야 한다(대판 2013.9.12. 2012도2744).

[ㄹ ▸ ○] 대판 2010.4.29. 2009도7070

[ㅁ ▸ ×] 피고인이 자동차를 운전하다 횡단보도를 걷던 보행자 甲을 들이받아 그 충격으로 횡단보도 밖에서 甲과 동행하던 피해자 乙이 밀려 넘어져 상해를 입은 경우, 위 사고는, 피고인이 횡단보도 보행자 甲에 대하여 구 도로교통법에 따른 주의의무를 위반하여 운전한 업무상과실로 야기되었고, 乙의 상해는 이를 직접적인 원인으로 하여 발생하였다는 이유로, 피고인의 행위가 구 교통사고처리 특례법 제3조 제2항 단서 제6호에서 정한 횡단보도 보행자 보호의무의 위반행위에 해당한다(대판 2011.4.28. 2009도12671).

비교판례 대판 2000.9.5. 2000도2671

고속도로를 운행하는 자동차의 운전자로서는 일반적인 경우에 고속도로를 횡단하는 보행자가 있을 것까지 예견하여 보행자와의 충돌사고를 예방하기 위하여 급정차 등의 조치를 취할 수 있도록 대비하면서 운전할 주의의무가 없고, 다만 고속도로를 무단횡단하는 보행자를 충격하여 사고를 발생시킨 경우라도 운전자가 상당한 거리에서 보행자의 무단횡단을 미리 예상할 수 있는 사정이 있었고, 그에 따라 즉시 감속하거나 급제동하는 등의 조치를 취하였다면 보행자와의 충돌을 피할 수 있었다는 등의 특별한 사정이 인정되는 경우에만 자동차 운전자의 과실이 인정될 수 있다.

답 ❷

025 □□□

인과관계에 대한 설명으로 옳은 것만을 모두 고르면?(다툼이 있는 경우 판례에 의함)

21 국가9급

ㄱ. 부작위범에 있어서 작위의무를 이행하였다면 결과가 발생하지 않았을 것이라는 관계가 인정될 경우 부작위와 그 결과 사이에 인과관계가 있다.

ㄴ. 사기죄는 타인을 기망하여 착오에 빠뜨리고 처분행위를 유발하여 재물을 교부받거나 재산상 이익을 얻음으로써 성립하는 것으로, 기망행위와 상대방의 착오 및 재물의 교부 또는 재산상 이익의 공여 사이에 순차적인 인과관계가 있어야 한다.

ㄷ. 의사가 설명의무를 위반한 채 의료행위를 하였다가 환자에게 상해의 결과가 발생한 경우, 의사에게 업무상과실로 인한 형사책임을 지우기 위해서는 의사의 설명의무 위반과 환자의 상해 사이에 상당인과관계가 존재하여야 한다.

ㄹ. 선행 교통사고와 후행 교통사고 중 어느 쪽이 원인이 되어 피해자가 사망에 이르게 되었는지 밝혀지지 않은 경우, 후행 교통사고를 일으킨 사람의 과실과 피해자의 사망 사이에 인과관계가 인정되기 위해서는 후행 교통사고를 일으킨 사람이 주의의무를 게을리하지 않았다면 피해자가 사망에 이르지 않았을 것이라는 사실이 입증되어야 한다.

① ㄱ, ㄷ　　② ㄱ, ㄴ, ㄹ

③ ㄴ, ㄷ, ㄹ　　④ ㄱ, ㄴ, ㄷ, ㄹ

정선 핵심

ㄱ. 작위의무를 이행하였다면 결과가 발생하지 않았을 것이라는 관계가 인정되는 경우 → 인과관계 ○
ㄴ. 기망행위와 착오 및 재물의 교부·재산상 이익의 공여 → 순차적인 인과관계 필요
ㄷ. 설명의무를 위반한 업무상과실로 인한 형사책임 → 설명의무 위반과 상해 사이에 상당인과관계 필요(한의사도 동일)
ㄹ. 후행 교통사고를 일으킨 사람이 주의의무를 게을리하지 않았다면 사망에 이르지 않았을 것이 인정되는 경우 → 인과관계 ○

정선 해설

[ㄱ▸O] 선원들은 적극적인 구호활동을 통해 보호능력이 없는 승객이나 다른 승무원의 사망 결과를 방지하여야 할 작위의무가 있으므로, 법익침해의 태양과 정도 등에 따라 요구되는 개별적·구체적인 구호의무를 이행함으로써 사망의 결과를 쉽게 방지할 수 있음에도 그에 이르는 사태의 핵심적 경과를 그대로 방관하여 사망의 결과를 초래하였다면, 부작위는 작위에 의한 살인행위와 동등한 형법적 가치를 가지고, 작위의무를 이행하였다면 결과가 발생하지 않았을 것이라는 관계가 인정될 경우에는 작위를 하지 않은 부작위와 사망의 결과 사이에 인과관계가 있다(대판 2015.11.12. 2015도6809[전합]).

[ㄴ▸O] 대판 2009.6.23. 2008도1697

[ㄷ▸O] 대판 2015.6.24. 2014도11315

[ㄹ▸O] 선행 교통사고와 후행 교통사고 중 어느 쪽이 원인이 되어 피해자가 사망에 이르게 되었는지 밝혀지지 않은 경우 후행 교통사고를 일으킨 사람의 과실과 피해자의 사망 사이에 인과관계가 인정되기 위해서는 후행 교통사고를 일으킨 사람이 주의의무를 게을리하지 않았다면 피해자가 사망에 이르지 않았을 것이라는 사실이 증명되어야 하고, 그 증명책임은 검사에게 있다(대판 2007.10.26. 2005도8822).

답 ④

026
□□□

다음 사례 중 인과관계가 인정되는 경우를 모두 고른 것은?(다툼이 있는 경우 판례에 의함)

20 경찰승진

ㄱ. 甲이 좌회전금지구역에서 좌회전하는데 50여 미터 후방에서 따라오던 후행차량이 중앙선을 넘어 甲운전차량의 좌측으로 돌진하여 사고가 발생한 경우 甲의 좌회전금지구역에서 좌회전한 행위와 사고발생 사이
ㄴ. 甲의 살인행위와 피해자 A의 사망과의 사이에 다른 사실이 개재되어 그 사실이 치사의 직접적인 원인이 되었다고 하더라도 그와 같은 사실이 통상 예견할 수 있는 것에 지나지 않는 경우 甲의 살인행위와 A의 사망 사이
ㄷ. 甲이 계속 교제하기를 원하는 자신의 제의를 피해자 A가 거절한다는 이유로 A의 얼굴 등을 구타하는 등 폭행을 가하여 전치 10일간의 흉부피하출혈상 등을 가하였고, A가 계속되는 甲의 폭행을 피하려고 다시 도로를 건너 도주하다가 차량에 치여 사망한 경우 甲의 상해행위와 A의 사망 사이
ㄹ. 甲이 A의 뺨을 1회 때리고 오른손으로 목을 쳐 A로 하여금 뒤로 넘어지면서 머리를 땅바닥에 부딪치게 하여 두부손상 등 상해를 가한 후, A가 병원에서 입원치료를 받다가 합병증인 폐렴으로 인한 패혈증 등으로 사망한 경우 甲의 상해행위와 A의 사망 사이

① ㄱ, ㄷ
② ㄴ, ㄹ
③ ㄱ, ㄴ, ㄷ
④ ㄴ, ㄷ, ㄹ

정선 핵심

인과관계의 인정 여부

ㄱ. 좌회전금지구역에서 좌회전하는데 후행차량이 돌진하여 사고가 발생한 경우 → ×
ㄴ. 행위와 결과 사이에 통상 예견할 수 있는 다른 사실이 개재된 경우 → ○
ㄷ. 계속되는 폭행을 피하려고 도로를 건너 도주하다가 차량에 치여 사망한 경우 → ○
ㄹ. 두부손상 등 상해를 입은 후 병원에서 패혈증 등으로 사망한 경우 → ○

정선 해설

[ㄱ ▸ ×] 피고인이 좌회전금지구역에서 좌회전한 것은 잘못이나 이러한 경우에도 피고인으로서는 50여 미터 후방에서 따라오던 후행차량이 중앙선을 넘어 피고인 운전차량의 좌측으로 돌진하는 등 극히 비정상적인 방법으로 진행할 것까지를 예상하여 사고발생 방지조치를 취하여야 할 업무상주의의무가 있다고 할 수는 없고, 따라서 좌회전금지구역에서 좌회전한 행위와 사고발생 사이에 상당인과관계가 인정되지 아니한다(대판 1996.5.28. 95도1200).

[ㄴ ▸ ○] 판례의 취지를 고려하면, 甲의 살인행위와 A의 사망 사이에는 인과관계가 인정된다.

> 살인의 실행행위가 피해자의 사망이라는 결과를 발생하게 한 유일한 원인이거나 직접적인 원인이어야만 되는 것은 아니므로, 살인의 실행행위와 피해자의 사망과의 사이에 다른 사실이 개재되어 그 사실이 치사의 직접적인 원인이 되었다고 하더라도 그와 같은 사실이 통상 예견할 수 있는 것에 지나지 않는다면 살인의 실행행위와 피해자의 사망과의 사이에 인과관계가 있는 것으로 보아야 한다(대판 1994.3.22. 93도3612).

[ㄷ ▸ ○] 대판 1996.5.10. 96도529
[ㄹ ▸ ○] 대판 2012.3.15. 2011도17648

답 ❹

027
□□□

인과관계에 대한 설명이다. 아래 ㄱ.부터 ㄹ.까지의 설명 중 옳고 그름의 표시(○, ×)가 바르게 된 것은?(다툼이 있는 경우 판례에 의함) 21 경찰승진

ㄱ. 행위가 결과를 발생하게 한 유일하거나 직접적인 원인이 된 경우만이 아니라, 그 행위와 결과 사이에 피해자나 제3자의 과실 등 다른 사실이 개재된 때에도 그와 같은 사실이 통상 예견될 수 있는 것이라면 상당인과관계를 인정할 수 있다.
ㄴ. 피고인이 자동차를 운전하다 횡단보도를 걷던 보행자 갑을 들이받아 그 충격으로 횡단보도 밖에서 갑과 동행하던 피해자 을이 밀려 넘어져 상해를 입은 경우, 피고인의 운전과 을의 상해 사이에는 인과관계가 부정된다.
ㄷ. 아동·청소년의 성보호에 관한 법률 제7조 제5항의 미성년자에 대한 위계간음죄에 있어 위계와 간음행위 사이의 인과관계를 판단함에 있어서는 일반적 평균적 판단능력을 갖춘 성인 또는 충분한 보호와 교육을 받은 또래의 시각에서 인과관계를 판단하여야 하며, 구체적인 범행상황에 놓인 피해자의 입장과 관점을 고려할 것은 아니다.
ㄹ. 강간을 당한 피해자가 집에 돌아가 음독자살하기에 이르른 원인이 강간을 당함으로 인하여 생긴 수치심과 장래에 대한 절망감 등에 있었다면 그 자살행위가 바로 강간행위로 인하여 생긴 당연의 결과라고 볼 수 있으므로 강간행위와 피해자의 자살행위 사이에 인과관계를 인정할 수 있다.

① ㄱ(○) ㄴ(○) ㄷ(×) ㄹ(○)
② ㄱ(○) ㄴ(×) ㄷ(○) ㄹ(×)
③ ㄱ(○) ㄴ(×) ㄷ(×) ㄹ(×)
④ ㄱ(×) ㄴ(○) ㄷ(○) ㄹ(○)

정선 핵심

인과관계의 인정 여부
ㄱ. 행위와 결과 사이에 다른 사실이 개재된 경우 → ○
ㄴ. 자동차로 보행자를 충격하여 동행하던 피해자에게 상해를 입힌 경우 → ○
ㄷ. 아청법상 미성년자에 대한 위계간음죄의 인과관계 → 구체적인 범행상황에 놓인 피해자의 입장과 관점 고려
ㄹ. 강간행위 후 피해자가 자살한 경우 → ×

정선 해설

[ㄱ ▸ ○] 대판 1994.3.22. 93도3612
[ㄴ ▸ ×] 판례의 취지를 고려하면, 피고인의 운전과 乙의 상해 사이에는 인과관계가 인정될 수 있다.

피고인이 자동차를 운전하다 횡단보도를 걷던 보행자 甲을 들이받아 그 충격으로 횡단보도 밖에서 甲과 동행하던 피해자 乙이 밀려 넘어져 상해를 입은 경우, 위 사고는, 피고인이 횡단보도 보행자 甲에 대하여 구 도로교통법에 따른 주의의무를 위반하여 운전한 업무상과실로 야기되었고, 乙의 상해는 이를 직접적인 원인으로 하여 발생하였다는 이유로, 피고인의 행위가 구 교통사고처리 특례법 제3조 제2항 단서 제6호에서 정한 횡단보도 보행자 보호의무의 위반행위에 해당한다(대판 2011.4.28. 2009도12671).

[ㄷ ▸ ×] 위계에 의한 간음죄가 보호대상으로 삼는 아동·청소년, 미성년자, 심신미약자, 피보호자·피감독자, 장애인 등의 성적 자기결정 능력은 그 나이, 성장과정, 환경, 지능 내지 정신기능 장애의 정도 등에 따라 개인별로 차이가 있으므로 간음행위와 인과관계가 있는 위계에 해당하는지 여부를 판단할 때에는 구체적인 범행상황에 놓인 피해자의 입장과 관점이 충분히 고려되어야 하고, 일반적·평균적 판단능력을 갖춘 성인 또는 충분한 보호와 교육을 받은 또래의 시각에서 인과관계를 쉽사리 부정하여서는 안 된다(대판 2020.8.27. 2015도9436[전합]).

[ㄹ ▸ ×] 강간을 당한 피해자가 집에 돌아가 음독자살하기에 이르른 원인이 강간을 당함으로 인하여 생긴 수치심과 장래에 대한 절망감 등에 있었다 하더라도 그 자살행위가 바로 강간행위로 인하여 생긴 당연의 결과라고 볼 수는 없으므로 강간행위와 피해자의 자살행위 사이에 인과관계를 인정할 수는 없다(대판 1982.11.23. 82도1446).

답 ❸

028 □□□

인과관계에 대한 설명으로 옳지 않은 것은?(다툼이 있는 경우 판례에 의함) 21 경찰간부

① 甲이 A의 빰을 1회 때리고 오른손으로 목을 쳐 A가 뒤로 넘어지면서 머리 부분에 손상을 입은 후 병원에서 입원치료를 받다가 합병증으로 사망하였다면 甲의 범행과 A의 사망 사이에 인과관계가 인정된다.

② 수술 후 복막염에 대한 진단과 처치 지연 등 담당의사 甲의 과실이 있어 A가 제때 필요한 조치를 받지 못한 경우, A가 甲의 지시를 일부 따르지 않거나 퇴원한 사실은 A의 사망과 甲의 과실 사이의 인과관계를 단절한다.

③ 甲이 자동차를 운전하다 횡단보도를 걷던 보행자 A를 들이받아 그 충격으로 횡단보도 밖에서 A와 동행하던 B가 밀려 넘어져 상해를 입은 경우, 구 도로교통법 제27조 제1항에 따른 주의의무를 위반하여 운전한 甲의 업무상과실과 B의 상해 사이에는 인과관계가 인정될 수 있다.

④ 한의사인 甲이 A를 문진하여 과거 봉침을 맞고도 별다른 이상 반응이 없었다는 답변을 듣고 알레르기반응검사를 생략한 채 환부에 봉침시술을 하였는데 A가 시술 후 상해를 입은 경우, 甲이 알레르기반응검사를 하지 않은 과실과 A의 상해 사이에 상당인과관계를 인정하기 어렵다.

정선 핵심

인과관계의 인정 여부

① 두부손상 등 상해를 입은 후 병원에서 패혈증 등으로 사망한 경우 → ○
② 수술 후 담당의사의 과실이 있어 제때 필요한 조치를 받지 못한 경우 → ○
③ 자동차로 보행자를 충격하여 동행하던 피해자에게 상해를 입힌 경우 → ○
④ 알레르기반응검사 없이 환부에 봉침시술을 받은 후 상해를 입은 경우 → ×

정선 해설

[❶ ▸ ○] 피고인이 甲의 빰을 1회 때리고 오른손으로 목을 쳐 甲으로 하여금 뒤로 넘어지면서 머리를 땅바닥에 부딪치게 하여 상해를 가하고 그로 인해 사망에 이르게 하였다는 내용으로 기소된 경우, 甲이 두부손상을 입은 후 병원에서 입원치료를 받다가 합병증으로 사망에 이르게 되어 피고인의 범행과 甲의 사망 사이에 인과관계를 부정할 수 없다(대판 2012.3.15. 2011도17648).

[❷ ▸ ×] 피고인의 수술 후 복막염에 대한 진단과 처치 지연 등의 과실로 피해자가 제때 필요한 조치를 받지 못하였다면 피해자의 사망과 피고인의 과실 사이에는 인과관계가 인정된다. 비록 피해자가 피고인의 지시를 일부 따르지 않거나 퇴원한 적이 있더라도, 그러한 사정만으로는 피고인의 과실과 피해자의 사망 사이에 인과관계가 단절된다고 볼 수 없다(대판 2018.5.11. 2018도2844).

> **유사판례** 대판 1984.6.26. 84도831
>
> 피고인이 주먹으로 피해자의 복부를 1회 강타하여 장파열로 인한 복막염으로 사망케 하였다면, 비록 의사의 수술지연 등 과실이 피해자의 사망의 공동원인이 되었다 하더라도 피고인의 행위가 사망의 결과에 대한 유력한 원인이 된 이상 그 폭력행위와 치사의 결과 간에는 인과관계가 있다 할 것이어서 피고인은 피해자의 사망의 결과에 대해 폭행치사의 죄책을 면할 수 없다.

[❸ ▸ ○] 대판 2011.4.28. 2009도12671
[❹ ▸ ○] 대판 2011.4.14. 2010도10104

답 ❷

029 □□□

다음 중 인과관계 또는 예견가능성에 대한 설명으로 옳은 것은 모두 몇 개인가?(다툼이 있는 경우 판례에 의함) 21 해경간부

ㄱ. 인과관계에 관한 학설 중 합법칙적 조건설은 피해자의 잘못이 결합하여 결과가 발생된 경우에는 인과관계를 부정한다.

ㄴ. 甲은 선단 책임선의 선장으로서 종선의 선장에게 조업상의 지시만 할 수 있었고, 선박의 안전관리는 각 선박의 선장이 책임지도록 되어 있었던 경우, 甲이 풍랑 중에 종선에 조업지시를 한 것과 종선의 풍랑으로 인한 매몰사고와의 사이에 인과관계는 인정된다.

ㄷ. 甲이 乙의 뺨을 1회 때리고 오른손으로 목을 쳐 乙로 하여금 뒤로 넘어지면서 머리를 땅바닥에 부딪치게 하여 상해를 가하고 그로 인해 乙이 두부손상을 입은 후 병원에서 입원치료를 받다가 합병증으로 사망한 경우 甲의 행위와 乙의 사망 사이에는 인과관계가 인정되지 않는다.

ㄹ. 甲이 동료인 乙과 말다툼 도중 물건을 든 손으로 삿대질을 하며 폭행을 하였고 乙이 이를 피하기 위해 두어 걸음 뒷걸음치다가 장애물에 걸려 넘어지며 머리를 바닥에 부딪쳐 두개골절로 사망하였다면 甲은 폭행치사의 죄책을 진다.

ㅁ. 甲은 乙의 왼쪽 뺨을 한 대 때렸는데, 뒤로 넘어진 乙은 두개골 파열로 사망하였다. 부검결과에 따르면 乙이 뒤로 넘어진 것은 그가 평소 앓고 있던 악성빈혈 때문이었고, 두개골파열도 乙의 두개골이 비정상적으로 너무 얇았기 때문이었던 것으로 밝혀진 경우, 중요설에 의하면 甲이 乙의 특이체질에 관해 알고 있었는지의 여부와는 관계없이 甲의 폭행과 乙의 사망 사이에는 인과관계가 긍정된다.

① 없음　　② 1개

③ 2개　　④ 3개

정선 핵심

인과관계의 인정 여부

ㄱ. 피해자의 잘못이 결합하여 결과가 발생된 경우 → 합법칙적 조건설은 ○

ㄴ. 선단 책임선의 선장으로 종선에 조업지시를 하였으나 매몰사고가 발생한 경우 → ×

ㄷ. 두부손상 등 상해를 입은 후 병원에서 합병증으로 사망한 경우 → ○

ㄹ. 피고인의 삿대질을 피하던 피해자가 장애물에 걸려 사망한 경우 → 폭행치사죄 ×

ㅁ. 폭행으로 두개골이 비정상적으로 얇은 피해자가 사망한 경우 → 중요설에 의하면, ×

정선 해설

[ㄱ ▸ ×] 합법칙적 조건설이란 결과가 행위에 시간적으로 뒤따르면서 그 행위와 자연법칙적으로 연관되어 있을 때 행위와 결과 간에 인과관계가 인정된다는 견해이다. 이에 의하면 비유형적 인과관계의 경우에 행위가 결과발생의 유일한 조건 또는 가장 유력한 조건일 필요는 없으므로 인과관계가 인정된다. 따라서 피해자의 잘못이 결합하여 결과가 발생된 경우는 물론 피해자의 특이체질 때문에 결과가 발생한 때에도 인과관계가 인정된다.

[ㄴ ▸ ×] 피고인이 선단의 책임선인 제1봉림호의 선장으로 조업 중이었다 하더라도 피고인으로서는 종선의 선장에게 조업상의 지시만 할 수 있을 뿐 선박의 안전관리는 각 선박의 선장이 책임지도록 되어 있었다면 그 같은 상황하에서 피고인이 풍랑 중에 종선에 조업지시를 하였다는 것만으로는 종선의 풍랑으로 인한 매몰사고와의 사이에 인과관계가 성립할 수 없다(대판 1989.9.12. 89도1084).

[ㄷ ▸ ×] 피고인이 甲의 뺨을 1회 때리고 오른손으로 목을 쳐 甲으로 하여금 뒤로 넘어지면서 머리를 땅바닥에 부딪치게 하여 상해를 가하고 그로 인해 사망에 이르게 하였다는 내용으로 기소된 경우, 甲이 두부손상을 입은 후 병원에서 입원치료를 받다가 합병증으로 사망에 이르게 되어 피고인의 범행과 甲의 사망 사이에 인과관계를 부정할 수 없다(대판 2012.3.15. 2011도17648).

제1장 제2장 제3장

[ㄹ ▸ ×] 피고인이 피해자에게 상당한 힘을 가하여 넘어뜨린 것이 아니라 단지 공장에서 동료 사이에 말다툼을 하던 중 피고인이 삿대질하는 것을 피하고자 피해자 자신이 두어 걸음 뒷걸음치다가 회전 중이던 십자형 스빙기계 철받침대에 걸려 넘어진 정도라면, 머리를 바닥에 부딪쳐 두개골절로 사망한다는 것은 이례적인 일이어서 통상적으로 일반인이 예견하기 어려운 결과라고 하지 않을 수 없으므로 피고인에게 폭행치사죄의 책임을 물을 수 없다(대판 1990.9.25. 90도1596).

[ㅁ ▸ ×] 중요설은 인과관계와 객관적 귀속의 문제를 엄격히 구별하여 인과관계의 존부는 조건설에 의하여 판단하지만, 결과귀속은 형법적 중요성에 의하여 규범적으로 판단해야 한다는 견해로, 지문과 같은 비유형적 인과관계의 경우에도 인과관계를 인정하게 된다. 따라서 甲이 乙의 특이체질에 관해 알고 있었는지의 여부와는 관계없이 甲의 폭행과 乙의 사망 사이에는 인과관계가 긍정된다고 보는 것이 타당하나 확정정답이 틀린 지문으로 본 것은 의문이 있다.

> 고등학교 교사가 제자의 잘못을 징계코자 왼쪽 빰을 때려 뒤로 넘어지면서 사망에 이르게 한 경우 위 피해자는 두께 0.5미리밖에 안 되는 비정상적인 얇은 두개골이었고 또 뇌수종을 가진 심신허약자로서 좌측 빰을 때리자 급성뇌성압 상승으로 넘어지게 된 것이라면 위 소위와 피해자의 사망 간에는 이른바 인과관계가 없는 경우에 해당한다(대판 1978.11.28. 78도1961).

답 ❶

030 □□□

인과관계에 대한 설명으로 가장 적절하지 않은 것은?(다툼이 있는 경우 판례에 의함)

17 경찰채용

① 피고인이 주먹으로 피해자의 복부를 1회 강타하여 장파열로 인한 복막염으로 사망케 하였다면, 비록 의사의 수술지연 등 과실이 피해자의 사망의 공동원인이 되었다 하더라도 피고인의 행위가 사망의 결과에 대한 유력한 원인이 된 이상 그 폭행행위와 치사의 결과 간에는 인과관계가 있다.

② 초지조성공사를 도급받은 수급인이 불경운작업(산불작업)을 하도급을 준 이후에 계속하여 그 작업을 감독하지 아니한 잘못이 있다 하더라도 이는 도급자에 대한 도급계약상의 책임이 아니라, 위 하수급인의 과실로 인하여 발생한 산림실화에 상당인과관계가 있는 과실이라고 할 수 있다.

③ 어떤 행위라도 죄의 요소되는 위험발생에 연결되지 아니한 때에는 그 결과로 인하여 벌하지 아니한다.

④ 피고인들이 공동하여 피해자를 폭행하여 당구장 3층에 있는 화장실에 숨어 있던 피해자를 다시 폭행하려고 피고인 갑은 화장실을 지키고, 피고인 을은 당구치는 기구로 문을 내려쳐 부수자 위협을 느낀 피해자가 화장실 창문 밖으로 숨으려다가 실족하여 떨어짐으로써 사망한 경우에는 피고인들의 위 폭행행위와 피해자의 사망 사이에는 인과관계가 있다.

정선 핵심

인과관계의 인정 여부

① 장파열로 인한 복막염으로 사망하였으나 의사의 과실이 공동원인이 된 경우 → ○
② 초지조성공사의 하수급인이 산림실화를 낸 경우 → ×
③ 어떤 행위라도 죄의 요소되는 위험발생에 연결되지 아니한 때 → ×
④ 공동으로 폭행하여 피해자가 창문 밖으로 숨으려다가 실족하여 사망한 경우 → ○

정선 해설

[❶ ▸ O] 대판 1984.6.26. 84도831

[❷ ▸ ×] 초지조성공사를 도급받은 수급인이 불경운작업(산불작업)을 하도급을 준 이후에 계속하여 그 작업을 감독하지 아니한 잘못이 있다 하더라도 이는 도급자에 대한 도급계약상의 책임이지 위 하수급인의 과실로 인하여 발생한 산림실화에 상당인과관계가 있는 과실이라고는 할 수 없다(대판 1987.4.28. 87도297).

[❸ ▸ O] 어떤 행위라도 죄의 요소되는 위험발생에 연결되지 아니한 때에는 그 결과로 인하여 벌하지 아니한다(형법 제17조).

[❹ ▸ O] 피고인들이 공동하여 피해자를 폭행하여 당구장 3층에 있는 화장실에 숨어 있던 피해자를 다시 폭행하려고 피고인 갑은 화장실을 지키고, 피고인 을은 당구치는 기구로 문을 내려쳐 부수자 위협을 느낀 피해자가 화장실 창문 밖으로 숨으려다가 실족하여 떨어짐으로써 사망한 경우에는 피고인들의 위 폭행행위와 피해자의 사망 사이에는 인과관계가 있다고 할 것이므로 폭행치사죄의 공동정범이 성립된다(대판 1990.10.16. 90도1786).

관련판례 **대판 1991.10.11. 91도1755**

피고인이 여러 공범들과 피해자를 상해하기로 공모하고, 피고인 등은 상피고인의 사무실에서 대기하고, 실행행위를 분담한 공모자 일부가 사건현장에 가서 위 피해자를 상해하여 사망케 하였다면 피고인은 상해치사범죄의 공동정범에 해당한다.

답 ❷

031 □□□

다음 판례 중 인과관계를 인정하지 않은 경우는? 18 경찰간부

① 甲은 선단 책임선의 선장으로서 종선의 선장에게 조업상의 지시만 할 수 있을 뿐 선박의 안전관리는 각 선박의 선장이 책임지도록 되어 있었던 경우, 甲이 풍랑 중에 종선에 조업지시를 한 것과 종선의 풍랑으로 인한 매몰사고와의 사이

② 연탄가스 중독환자가 퇴원 시 자신의 병명을 물었으나 의사가 아무런 요양방법을 지도하여 주지 아니하여 병명을 알지 못해 퇴원 즉시 재차 연탄가스에 중독된 경우, 의사의 업무상과실과 재차 연탄가스에 중독된 것과의 사이

③ 임차인이 자신의 비용으로 설치·사용하던 가스설비의 휴즈콕크를 아무런 조치 없이 제거하고 이사를 간 후 가스공급을 개별적으로 차단할 수 있는 주밸브가 열려져 가스가 유입되어 폭발사고가 발생한 경우, 임차인의 과실과 가스폭발사고 사이

④ 4일가량 물조차 제대로 마시지 못하고 잠도 자지 아니하여 거의 탈진상태에 이른 피해자의 손과 발을 17시간 이상 묶어 두고 좁은 차량 속에서 움직이지 못하게 감금한 행위와 묶인 부위의 혈액 순환에 장애가 발생하여 혈전이 형성되고 그 혈전이 폐동맥을 막아 사망에 이르게 된 결과 사이

정선 핵심

인과관계의 인정 여부

① 선단 책임선의 선장으로 종선에 조업지시를 하였으나 매몰사고가 발생한 경우 → ×
② 연탄가스 중독환자가 퇴원 즉시 재차 연탄가스에 중독된 경우 → O
③ 임차인이 휴즈콕크를 제거하여 폭발사고가 발생한 경우 → O
④ 피해자를 장시간 감금하여 혈전으로 사망한 경우 → O

정선 해설

[❶ ▸ X] 피고인이 선단의 책임선인 제1봉림호의 선장으로 조업 중이었다 하더라도 피고인으로서는 종선의 선장에게 조업상의 지시만 할 수 있을 뿐 선박의 안전관리는 각 선박의 선장이 책임지도록 되어 있었다면 그 같은 상황하에서 피고인이 풍랑 중에 종선에 조업지시를 하였다는 것만으로는 종선의 풍랑으로 인한 매몰사고와의 사이에 인과관계가 성립할 수 없다(대판 1989.9.12. 89도1084).

[❷ ▸ O] 대판 1991.2.12. 90도2547

[❸ ▸ O] 대판 2001.6.1. 99도5086

[❹ ▸ O] 4일가량 물조차 제대로 마시지 못하고 잠도 자지 아니하여 거의 탈진상태에 이른 피해자의 손과 발을 17시간 이상 묶어 두고 좁은 차량 속에서 움직이지 못하게 감금한 행위와 묶인 부위의 혈액 순환에 장애가 발생하여 혈전이 형성되고 그 혈전이 폐동맥을 막아 사망에 이르게 된 결과 사이에는 상당인과관계가 있다(대판 2002.10.11. 2002도4315).

답 ❶

032 □□□

다음 중 인과관계가 인정되는 것은 모두 몇 개인가?(다툼이 있는 경우 판례에 의함)

15 경찰간부

ㄱ. 교사인 피고인이 피해자의 뺨을 때리는 순간, 피해자의 두개골이 비정상적으로 얇고 뇌수종 등으로 인한 평소의 허약상태에서 온 급격한 뇌압상승으로 뒤로 넘어지며 사망한 경우
ㄴ. 피고인에게 강간당한 피해자가 집에 돌아가 음독자살한 경우
ㄷ. 의사인 피고인이 피해자를 전원조치하면서 전원받는 병원 의료진에게 피해자가 고혈압환자이고 제왕절개수술 후 대량출혈이 있었던 사정을 설명하지 않아 피해자가 사망한 경우

① 없음 ② 1개
③ 2개 ④ 3개

정선 핵심

인과관계의 인정 여부
ㄱ. 폭행으로 두개골이 비정상적으로 얇은 피해자가 사망한 경우 → ×
ㄴ. 강간행위 후 피해자가 자살한 경우 → ×
ㄷ. 제왕절개수술 후 대량출혈이 있었으나 전원조치가 지연되어 사망한 경우 → ○

정선 해설

[ㄱ ▸ X] 고등학교 교사가 제자의 잘못을 징계코자 왼쪽 뺨을 때려 뒤로 넘어지면서 사망에 이르게 한 경우 위 피해자는 두께 0.5미리밖에 안 되는 비정상적인 얇은 두개골이었고 또 뇌수종을 가진 심신허약자로서 좌측 뺨을 때리자 급성뇌성압 상승으로 넘어지게 된 것이라면 위 소위와 피해자의 사망 간에는 이른바 인과관계가 없는 경우에 해당한다(대판 1978.11.28. 78도1961).

[ㄴ ▸ X] 강간을 당한 피해자가 집에 돌아가 음독자살하기에 이르른 원인이 강간을 당함으로 인하여 생긴 수치심과 장래에 대한 절망감 등에 있었다 하더라도 그 자살행위가 바로 강간행위로 인하여 생긴 당연의 결과라고 볼 수는 없으므로 강간행위와 피해자의 자살행위 사이에 인과관계를 인정할 수는 없다(대판 1982.11.23. 82도1446).

[ㄷ ▸ O] 피고인이 제왕절개수술 후 대량출혈이 있었던 피해자를 전원(轉院) 조치하였으나 전원받는 병원 의료진의 조치가 다소 미흡하여 도착 후 약 1시간 20분이 지나 수혈이 시작된 경우, 피고인의 전원지체 등의 과실로 신속한 수혈 등의 조치가 지연된 이상 피해자의 사망과 피고인의 과실 사이에 인과관계가 인정된다(대판 2010.4.29. 2009도7070).

답 ❷

033 □□□

인과관계에 대한 설명 중 옳지 않은 것을 모두 고른 것은?(다툼이 있는 경우 판례에 의함)

18 경찰채용

ㄱ. 甲은 선단 책임선의 선장으로서 종선의 선장에게 조업상의 지시만 할 수 있을 뿐 선박의 안전관리는 각 선박의 선장이 책임지도록 되어 있었던 경우, 甲이 풍랑 중에 종선에 조업지시를 한 것과 종선의 풍랑으로 인한 매몰사고와의 사이에 인과관계를 인정할 수 있다.
ㄴ. 전문적으로 대출을 취급하면서 차용인에 대한 체계적인 신용조사를 행하는 금융기관이 금원을 대출한 경우에는, 비록 대출 신청 당시 차용인에게 변제기 안에 대출금을 변제할 능력이 없었고, 차용인에게 대출을 하게 되면 부실채권으로 될 것임이 예상됨에도, 자체 신용조사 결과에는 관계없이 '변제기 안에 대출금을 변제하겠다.'는 취지의 차용인의 말만을 그대로 믿고 대출하였다고 하더라도, 차용인의 이러한 기망행위와 금융기관의 대출행위 사이에 인과관계를 인정할 수는 없다.
ㄷ. 甲은 부동산 대지에 대한 전매사실을 숨기고 지주명의로 위장하여 乙과 대지에 관한 매매계약을 체결하였으나 그 이행에 아무런 영향이 없었던 경우, 乙이 전매사실을 알았더라면 매매계약을 맺지 않았으리라는 등 특별한 사정이 없는 한 甲의 위 기망행위와 위 乙의 처분행위 사이에는 인과관계를 인정할 수 없다.
ㄹ. 초지조성공사를 도급받은 수급인 甲이 불경운작업(산불작업)의 하도급을 乙에게 준 이후에 계속하여 그 작업을 감독하지 아니하였는데 乙이 산림실화를 낸 경우, 수급인 甲이 감독하지 아니한 과실과 산림실화 사이에는 인과관계가 인정된다.
ㅁ. 살인의 실행행위가 피해자의 사망이라는 결과를 발생하게 한 유일한 원인이어야 하는 것은 아니나 직접적인 원인일 것을 요하므로 살인의 실행행위와 피해자의 사망과의 사이에 통상 예견할 수 있는 다른 사실이 개재되어 그 사실이 치사의 직접적인 원인이 되었다면 살인의 실행행위와 피해자의 사망과의 사이에 인과관계가 있는 것으로 볼 수 없다.

① ㄱ, ㄴ, ㄹ　　② ㄱ, ㄹ, ㅁ
③ ㄴ, ㄷ, ㄹ　　④ ㄴ, ㄷ, ㅁ

정선 핵심

인과관계의 인정 여부

ㄱ. 선단 책임선의 선장으로 종선에 조업지시를 하였으나 매몰사고가 발생한 경우 → ×
ㄴ. 신용조사를 행하는 금융기관이 차용인의 말만 믿고 대출한 경우 → ×
ㄷ. 전매사실을 숨기고 매매계약을 체결하였으나 이행에 영향이 없었던 경우 → ×
ㄹ. 초지조성공사의 하수급인이 산림실화를 낸 경우 → ×
ㅁ. 살인의 실행행위와 사망과의 사이에 통상 예견할 수 있는 다른 사실이 개재된 경우 → ○

정선 해설

[ㄱ ▸ ×] 피고인이 선단의 책임선인 제1봉림호의 선장으로 조업 중이었다 하더라도 피고인으로서는 종선의 선장에게 조업상의 지시만 할 수 있을 뿐 선박의 안전관리는 각 선박의 선장이 책임지도록 되어 있었다면 그 같은 상황하에서 피고인이 풍랑 중에 종선에 조업지시를 하였다는 것만으로는 종선의 풍랑으로 인한 매몰사고와의 사이에 인과관계가 성립할 수 없다(대판 1989.9.12. 89도1084).

[ㄴ ▸ ○] 대판 2000.6.27. 2000도1155

[ㄷ ▸ O] 판례의 취지를 고려하면, 甲의 위 기망행위와 위 乙의 처분행위 사이에는 인과관계를 인정할 수 없다.

피고인들은 위 매매대금을 모두 수령한 다음 약지대로 그 소유권이전등기도 이행하여 위 학교법인의 소유권취득에도 아무런 영향이 없었으며 동 법인의 위 매매계약에 대한 별다른 의의도 없었음이 인정되므로 매매계약과 그 이행에 아무런 영향이 없었다면 위 학교법인은 피고인들의 위와 같은 방법에 의한 전매사실을 알았다하여 그들과 그 매매계약을 체결하지 아니하였으리라고는 인정되지 아니하니 피고인들의 위 기망행위와 위 법인의 처분행위 사이에 인과관계가 없다(대판 1985.5.14. 84도2751).

[ㄹ ▸ X] 초지조성공사를 도급받은 수급인이 불경운작업(산불작업)을 하도급을 준 이후에 계속하여 그 작업을 감독하지 아니한 잘못이 있다 하더라도 이는 도급자에 대한 도급계약상의 책임이지 위 하수급인의 과실로 인하여 발생한 산림실화에 상당인과관계가 있는 과실이라고는 할 수 없다(대판 1987.4.28. 87도297).

[ㅁ ▸ X] 살인의 실행행위가 피해자의 사망이라는 결과를 발생하게 한 유일한 원인이거나 직접적인 원인이어야만 되는 것은 아니므로, 살인의 실행행위와 피해자의 사망과의 사이에 다른 사실이 개재되어 그 사실이 치사의 직접적인 원인이 되었다고 하더라도 그와 같은 사실이 통상 예견할 수 있는 것에 지나지 않는다면 살인의 실행행위와 피해자의 사망과의 사이에 인과관계가 있는 것으로 보아야 한다(대판 1994.3.22. 93도3612).

답 ❷

034 □□□

인과관계에 대한 설명으로 옳지 않은 것은?(다툼이 있는 경우 판례에 의함) 18 국가7급

① 의사가 설명의무를 위반한 채 의료행위를 하였다가 환자에게 사상의 결과가 발생한 경우 업무상과실치사상죄를 인정하기 위해서는 의사의 설명의무 위반과 환자의 사상의 결과 사이가 아니라, 의료행위와 사상의 결과 사이에 상당인과관계가 존재하여야 한다.

② 사기죄가 성립하려면 행위자의 기망행위, 피기망자의 착오와 그에 따른 처분행위, 그리고 행위자 등의 재물이나 재산상 이익의 취득이 있고, 그 사이에 순차적인 인과관계가 존재하여야 한다.

③ 결과적 가중범인 교통방해에 의한 치사상죄가 성립하려면 교통방해행위와 사상의 결과 사이에 상당인과관계가 있어야 하고 행위 시에 결과의 발생을 예견할 수 있어야 한다.

④ 부진정부작위범의 경우 작위의무를 이행하였다면 결과가 발생하지 않았을 것이라는 관계가 인정될 경우 작위를 하지 않은 부작위와 발생된 결과 사이에 인과관계가 인정된다.

정선 핵심

① 설명의무를 위반한 업무상과실로 인한 형사책임 → 설명의무 위반과 사망 사이에 상당인과관계 필요(한의사도 동일)
② 기망행위와 착오 및 재물의 교부・재산상 이익의 공여 → 순차적인 인과관계 필요
③ 교통방해행위와 사상의 결과 사이에 상당인과관계와 중한 결과 예견가능성 → 교통방해치사상죄 O
④ 작위의무를 이행하였다면 결과가 발생하지 않았을 것이라는 관계가 인정되는 경우 → 인과관계 O

정선 해설

[❶ ▸ X] 의사가 설명의무를 위반한 채 의료행위를 하였다가 환자에게 상해 또는 사망의 결과가 발생한 경우 의사에게 업무상과실로 인한 형사책임을 지우기 위해서는 의사의 설명의무 위반과 환자의 상해 또는 사망 사이에 상당인과관계가 존재하여야 한다(대판 2015.6.24. 2014도11315).

[❷ ▸ O] 대판 2009.6.23. 2008도1697

[❸ ▸ O] 판례의 취지를 고려하면, 교통방해치사상죄가 성립하려면 교통방해행위와 사상의 결과 사이에 상당인과관계가 있어야 하고 행위 시에 사상의 결과 발생에 대한 예견가능성도 인정되어야 한다.

피고인이 고속도로 2차로를 따라 자동차를 운전하다가 1차로를 진행하던 甲의 차량 앞에 급하게 끼어든 후 곧바로 정차하여, 甲의 차량 및 이를 뒤따르던 차량 두 대는 연이어 급제동하여 정차하였으나, 그 뒤를 따라오던 乙의 차량이 앞의 차량들을 연쇄적으로 추돌케 하여 乙을 사망에 이르게 하고 나머지 차량 운전자 등 피해자들에게 상해를 입힌 사안에서, 편도 2차로의 고속도로 1차로 한가운데에 정차한 피고인은 현장의 교통상황이나 일반인의 운전 습관·행태 등에 비추어 고속도로를 주행하는 다른 차량 운전자들이 제한속도 준수나 안전거리 확보 등의 주의의무를 완전하게 다하지 않을 수도 있다는 점을 알았거나 충분히 알 수 있었으므로, 피고인의 정차 행위와 사상의 결과 발생 사이에 상당인과관계가 있고, 사상의 결과 발생에 대한 예견가능성도 인정된다는 이유로, 피고인에게 일반교통방해치사상죄를 인정한 원심판단이 정당하다(대판 2014.7.24. 2014도6206).

[❹ ▸ O] 대판 2015.11.12. 2015도6809[전합]

답 ❶

035 □□□

인과관계에 대한 설명으로 옳지 않은 것은?(다툼이 있는 경우 판례에 의함) 16 국가9급

① 甲이 속셈학원의 강사로 A를 채용하고 학습교재를 설명하겠다는 구실로 유인하여 호텔 객실에 감금한 후 강간하려 하자 A가 완강히 반항하던 중 甲이 전화하는 사이에 객실 창문을 통해 탈출하려다가 추락하여 사망한 경우, 甲의 강간미수행위와 A의 사망 사이에는 인과관계가 있다.

② 甲에 의해 아파트 안방에 감금된 A가 가혹행위를 피하려고 창문을 통하여 아파트 아래 잔디밭에 뛰어 내리다가 사망한 경우, 甲의 중감금행위와 A의 사망 사이에는 인과관계가 있다.

③ 甲으로부터 강간을 당한 A가 집에 돌아와 강간을 당함으로 인하여 생긴 수치심과 장래에 대한 절망감 등으로 자살한 경우, 甲의 강간행위와 A의 사망 사이에는 인과관계가 있다.

④ 甲이 주먹으로 A의 복부를 1회 강타하여 A가 장파열로 인한 복막염으로 사망한 경우, 비록 의사의 수술지연 등 과실이 A의 사망의 공동원인이 되었다 하더라도 甲의 행위가 사망의 결과에 대한 유력한 원인이 된 이상 甲의 폭력행위와 A의 사망 사이에는 인과관계가 있다.

정선 핵심

인과관계의 인정 여부

① 속셈학원의 강사를 강간하려 하자 탈출하려다가 추락하여 사망한 경우 → O
② 아파트 안방에 감금된 피해자가 아래 잔디밭에 뛰어 내리다가 사망한 경우 → O
③ 강간행위 후 피해자가 자살한 경우 → 인과관계 ×
④ 장파열로 인한 복막염으로 사망하였으나 의사의 과실이 공동원인이 된 경우 → O

정선 해설

[❶ ▸ O] 피고인이 자신이 경영하는 속셈학원의 강사로 피해자를 채용하고 학습교재를 설명하겠다는 구실로 유인하여 호텔 객실에 감금한 후 강간하려 하자, 피해자가 완강히 반항하던 중 피고인이 대실시간 연장을 위해 전화하는 사이에 객실 창문을 통해 탈출하려다가 지상에 추락하여 사망한 경우, 피고인의 강간미수행위와 피해자의 사망과의 사이에 상당인과관계가 있다(대판 1995.5.12. 95도425).

[❷ ▸ O] 아파트 안방에 감금된 피해자가 가혹행위를 피하려고 창문을 통하여 아파트 아래 잔디밭에 뛰어 내리다가 사망한 경우, 중감금행위와 피해자의 사망 사이에 인과관계가 있어 중감금치사죄가 성립된다(대판 1991.10.25. 91도2085).

[❸ ▸ ×] 강간을 당한 피해자가 집에 돌아가 음독자살하기에 이르른 원인이 강간을 당함으로 인하여 생긴 수치심과 장래에 대한 절망감 등에 있었다 하더라도 그 자살행위가 바로 강간행위로 인하여 생긴 당연의 결과라고 볼 수는 없으므로 강간행위와 피해자의 자살행위 사이에 인과관계를 인정할 수는 없다(대판 1982.11.23. 82도1446).

[❹ ▸ O] 대판 1984.6.26. 84도831

답 ❸

036 □□□ **인과관계에 대한 설명으로 옳은 것은?(다툼이 있는 경우 판례에 의함)** 17 국가9급

① 甲이 고속도로 2차로를 따라 자동차를 운전하다가 1차로를 진행하던 乙의 차량 앞에 급하게 끼어든 후 곧바로 정차하여 乙의 차량은 급정차하였고 그 뒤를 따라오던 丙의 차량이 乙의 차량과 추돌하여 丙이 사망한 경우, 丙에게 안전거리 미확보의 과실이 인정된다면 甲의 정차행위와 丙의 사망 사이에는 인과관계가 없다.

② 한의사인 甲이 乙에게 문진하여 과거 봉침을 맞고도 별다른 이상반응이 없었다는 답변을 듣고 부작용에 대한 충분한 사전 설명 없이 환부에 봉침시술을 하였는데 乙이 위 시술 직후 쇼크반응을 나타내는 등 상해를 입은 경우, 설명의무를 다하였다 하더라도 乙이 반드시 봉침시술을 거부하였을 것이라고 볼 수 없다면 甲의 설명의무 위반과 乙의 상해 사이에 상당인과관계를 인정하기는 어렵다.

③ 甲이 乙의 뺨을 때리고 오른손으로 목을 쳐 乙이 뒤로 넘어지면서 머리를 땅바닥에 부딪쳐 상해를 입었고 결국 乙은 병원치료를 받다가 합병증으로 사망에 이르게 되었으나 乙이 원래 앓고 있던 간경화 등의 질환이 그 합병증의 유발에 영향을 미친 경우, 甲의 乙에 대한 폭행행위와 乙의 사망 사이에는 인과관계가 없다.

④ 살인의 실행행위와 피해자의 사망과의 사이에 다른 사실이 개재되어 그 사실이 치사의 직접적인 원인이 되었다면 살인의 실행행위와 피해자의 사망과의 사이에 인과관계를 인정할 수 없다.

정선 핵심

인과관계의 인정 여부

① 급하게 끼어든 후 정차하여 뒤따라오던 피해자들을 사망하게 하거나 상해를 입힌 경우 → ○
② 알레르기반응검사 없이 환부에 봉침시술을 받은 후 상해를 입은 경우 → ×
③ 상해의 합병증으로 사망하였으나 지병이 합병증의 유발에 영향을 미친 경우 → ○
④ 살인의 실행행위와 사망과의 사이에 통상 예견할 수 있는 다른 사실이 개재된 경우 → ○

정선 해설

[❶ ▸ ×] 편도 2차로의 고속도로 1차로 한가운데에 정차한 피고인은 현장의 교통상황이나 일반인의 운전 습관·행태 등에 비추어 고속도로를 주행하는 다른 차량 운전자들이 제한속도 준수나 안전거리 확보 등의 주의의무를 완전하게 다하지 않을 수도 있다는 점을 알았거나 충분히 알 수 있었으므로, 피고인의 정차 행위와 사상의 결과 발생 사이에 상당인과관계가 있다(대판 2014.7.24. 2014도6206).

[❷ ▸ ○] 대판 2011.4.14. 2010도10104

[❸ ▸ ×] 피고인이 甲의 뺨을 1회 때리고 오른손으로 목을 쳐 甲으로 하여금 뒤로 넘어지면서 머리를 땅바닥에 부딪치게 하여 상해를 가하고 그로 인해 사망에 이르게 하였다는 내용으로 기소된 경우, 甲이 두부손상을 입은 후 병원에서 입원치료를 받다가 합병증으로 사망에 이르게 되어 피고인의 범행과 甲의 사망 사이에 인과관계를 부정할 수 없다(대판 2012.3.15. 2011도17648).

[❹ ▸ ×] 살인의 실행행위와 피해자의 사망과의 사이에 다른 사실이 개재되어 그 사실이 치사의 직접적인 원인이 되었다고 하더라도 그와 같은 사실이 통상 예견할 수 있는 것에 지나지 않는다면 살인의 실행행위와 피해자의 사망과의 사이에 인과관계가 있는 것으로 보아야 한다(대판 1994.3.22. 93도3612).

답 ❷

037 □□□

인과관계에 관한 설명 중 가장 적절하지 않은 것은?(다툼이 있으면 판례에 의함)

16 경찰승진

① 임산부를 강타한 것이 그 이후 낙태로 이어지고, 그에 따른 심근경색으로 임산부가 사망한 경우 피고인의 구타행위와 피해자의 사망 사이에는 인과관계가 인정된다.
② 임차인이 자신의 비용으로 설치·사용하던 가스설비의 휴즈콕크를 아무런 조치 없이 제거하고 이사를 간 후 주밸브가 열려져 가스가 유입되어 폭발사고가 발생한 경우 임차인의 과실과 가스폭발사고 사이에 상당인과관계가 인정되지 않는다.
③ 피고인들이 공동으로 피해자를 폭행하여 당구장 3층에 있는 화장실에 숨어 있던 피해자를 다시 폭행하려고 피고인 甲은 화장실을 지키고, 피고인 乙은 당구큐대로 화장실 문을 내리쳐 부수자 위협을 느낀 피해자가 화장실 창문 밖으로 숨으려다가 실족하여 떨어짐으로써 사망한 경우 피고인들의 위 폭행행위와 피해자 사망 사이에는 인과관계가 인정된다.
④ 운전자가 상당한 거리에서 보행자의 무단횡단을 미리 예상할 수 없는 야간에 고속도로를 무단횡단하는 보행자를 충격하여 사망에 이르게 한 운전자의 과실과 사고 사이에는 상당인과관계가 인정되지 않는다.

정선 핵심

인과관계의 인정 여부
① 임산부를 강타하여 심근경색으로 사망한 경우 → ○
② 임차인이 휴즈콕크를 제거하여 폭발사고가 발생한 경우 → ○
③ 공동으로 폭행하여 피해자가 창문 밖으로 숨으려다가 실족하여 사망한 경우 → ○
④ 야간에 고속도로를 무단횡단하는 보행자를 충격하여 사망하게 한 경우 → ×

정선 해설

[❶ ▸ ○] 대판 1972.3.28. 72도296
[❷ ▸ ×] 임차인이 자신의 비용으로 설치·사용하던 가스설비의 휴즈콕크를 아무런 조치 없이 제거하고 이사를 간 후 가스공급을 개별적으로 차단할 수 있는 주밸브가 열려져 가스가 유입되어 폭발사고가 발생한 경우, <u>가스 유출로 인한 대형사고의 가능성이 있다는 것은 평균인의 관점에서 객관적으로 볼 때 충분히 예견할 수 있으므로 임차인의 과실과 가스폭발사고 사이의 상당인과관계가 인정</u>된다(대판 2001.6.1. 99도5086).
[❸ ▸ ○] 피고인들이 공동하여 피해자를 폭행하여 당구장 3층에 있는 화장실에 숨어 있던 피해자를 다시 폭행하려고 피고인 갑은 화장실을 지키고, 피고인 을은 당구치는 기구로 문을 내려쳐 부수자 위협을 느낀 피해자가 화장실 창문 밖으로 숨으려다가 실족하여 떨어짐으로써 사망한 경우에는 <u>피고인들의 위 폭행행위와 피해자의 사망 사이에는 인과관계가 있다고 할 것이므로 폭행치사죄의 공동정범이 성립</u>된다(대판 1990.10.16. 90도1786).

> **관련판례** **대판 1991.10.11. 91도1755**
>
> 피고인이 여러 공범들과 피해자를 상해하기로 공모하고, 피고인 등은 상피고인의 사무실에서 대기하고, 실행행위를 분담한 공모자 일부가 사건현장에 가서 위 피해자를 상해하여 사망케 하였다면 피고인은 상해치사범죄의 공동정범에 해당한다.

[❹ ▸ ○] 대판 2000.9.5. 2000도2671

답 ❷

038 □□□

다음 설명 중 판례의 태도와 다른 것은? 14 경찰간부

ㄱ. 피해자의 머리를 한번 받고 경찰봉으로 구타하자 피해자는 출항 시부터 머리가 아프다고 배에 누워 있다 입항할 즈음 외상성 뇌경막하 출혈로 사망하였다는 것이니, 범행시간과 피해자의 사망시간 간에 20여 시간 경과하였다 하더라도 그 사이에 사망의 중간원인을 발견할 자료가 없는 이상 위 시간적 간격이 있었던 사실만으로 피고인의 구타와 피해자의 사망 사이에 인과관계가 없다고 할 수 없다.

ㄴ. 피고인이 자동차를 운전하다 횡단보도를 걷던 보행자 甲을 들이받아 그 충격으로 횡단보도 밖에서 甲과 동행하던 피해자 乙이 밀려 넘어져 상해를 입었다면 그 상해에 대해서까지 피고인은 책임이 없다.

ㄷ. 피고인이 야간에 오토바이를 운전하다가 도로를 무단횡단하던 피해자를 충격하여 피해자로 하여금 위 도로상에 전도케 하고, 그로부터 약 40초 내지 60초 후에 다른 사람이 운전하던 타이탄트럭이 도로위에 전도되어 있던 피해자를 역과하여 사망케 하였다면 그 사망에 책임이 있다.

ㄹ. 승용차로 피해자를 가로막아 승차하게 한 후 피해자의 하차 요구를 무시한 채 당초 목적지가 아닌 다른 장소를 향하여 시속 약 60km 내지 70km의 속도로 진행하여 피해자를 차량에서 내리지 못하게 한 행위는 감금죄에 해당하고, 피해자가 그와 같은 감금상태를 벗어날 목적으로 차량을 빠져 나오려다가 길바닥에 떨어져 상해를 입고 그 결과 사망에 이르렀다면 감금치사죄에 해당한다.

① ㄴ, ㄷ ② ㄱ
③ ㄱ, ㄷ ④ ㄴ

정선 핵심

인과관계의 인정 여부

ㄱ. 피해자에 대한 구타와 사망 간에 시간적 간격이 있는 경우 → O
ㄴ. 자동차로 보행자를 충격하여 동행하던 피해자에게 상해를 입힌 경우 → O
ㄷ. 피고인의 오토바이에 치인 피해자가 트럭에 역과되어 사망한 경우 → O
ㄹ. 승용차에 감금된 피해자가 탈출하다가 상해를 입고 사망에 이른 경우 → 감금치사죄 O

정선 해설

[ㄱ ▸ O] 대판 1984.12.11. 84도2347

[ㄴ ▸ X] 피고인이 자동차를 운전하다 횡단보도를 걷던 보행자 甲을 들이받아 그 충격으로 횡단보도 밖에서 甲과 동행하던 피해자 乙이 밀려 넘어져 상해를 입은 경우, 위 사고는, 피고인이 횡단보도 보행자 甲에 대하여 구 도로교통법에 따른 주의의무를 위반하여 운전한 업무상과실로 야기되었고, 乙의 상해는 이를 직접적인 원인으로 하여 발생하였다는 이유로, 피고인의 행위가 구 교통사고처리 특례법 제3조 제2항 단서 제6호에서 정한 횡단보도 보행자 보호의무의 위반행위에 해당한다(대판 2011.4.28. 2009도12671).

[ㄷ ▸ O] 피고인이 야간에 오토바이를 운전하다가 도로를 무단횡단하던 피해자를 충격하여 피해자로 하여금 위 도로상에 전도케 하고, 그로부터 약 40초 내지 60초 후에 다른 사람이 운전하던 타이탄트럭이 도로위에 전도되어 있던 피해자를 역과하여 사망케 한 경우, 피고인이 전방좌우의 주시를 게을리한 과실로 피해자를 충격하였고 나아가 이 사건 사고지점 부근 도로의 상황에 비추어 야간에 피해자를 충격하여 위 도로에 넘어지게 한 후 40초 내지 60초 동안 그대로 있게 한다면 후속차량의 운전사들이 조금만 전방주시를 태만히 하여도 피해자를 역과할 수 있음이 당연히 예상되었던 경우라면 피고인의 과실행위는 피해자의 사망에 대한 직접적 원인을 이루는 것이어서 양자 간에는 상당인과관계가 있다(대판 1990.5.22. 90도580).

유사판례 **대판 1988.11.8. 88도928**

피고인이 운행하던 자동차로 도로를 횡단하던 피해자를 충격하여 피해자로 하여금 반대차선의 1차선상에 넘어지게 하여 피해자가 반대차선을 운행하던 자동차에 역과되어 사망하게 하였다면 피고인은 그와 같은 사고를 충분히 예견할 수 있었고 또한 피고인의 과실과 피해자의 사망 사이에는 인과관계가 있다고 할 것이므로 피고인은 업무상과실치사죄의 죄책을 면할 수 없다.

[ㄹ ▸ O] 대판 2000.2.11. 99도5286

답 ❹

039 □□□

甲의 행위와 乙의 사망 사이에 인과관계가 인정되는 경우를 모두 고르면?(다툼이 있는 경우 판례에 의함) 13 국가7급

ㄱ. 甲이 운행하던 자동차에 치여 반대차선의 1차선 상에 넘어진 도로횡단자 乙이 그 직후 반대차선을 운행하던 화물차에 역과되어 사망한 경우
ㄴ. 甲이 주먹으로 乙의 복부를 1회 힘껏 때린 결과 장파열을 일으켜 병원에 입원한 乙이 의사의 수술지연으로 결국 복막염으로 사망한 경우
ㄷ. 甲이 야간에 2차선의 굽은 도로 위에 미등 및 차폭등을 켜지 않은 채 화물차를 주차시켜 놓은 후에 그것을 미처 보지 못한 乙이 운전하던 오토바이가 그 화물차에 추돌하여 乙이 사망한 경우
ㄹ. 甲이 입힌 자상(刺傷)으로 인하여 급성신부전증이 발생되어 치료를 받게 된 乙이 음식과 수분의 섭취를 억제해야 하는 사실을 모르고 콜라와 김밥 등을 함부로 먹은 탓에 패혈증 등 합병증이 발생하여 사망한 경우

① ㄱ, ㄷ
② ㄴ, ㄹ
③ ㄱ, ㄴ, ㄷ
④ ㄱ, ㄴ, ㄷ, ㄹ

정선 핵심

인과관계의 인정 여부
ㄱ. 피고인의 자동차에 치인 피해자가 반대차선의 화물차에 역과되어 사망한 경우 → O
ㄴ. 장파열로 인한 복막염으로 사망하였으나 의사의 과실이 공동원인이 된 경우 → O
ㄷ. 미등이 꺼져 있는 화물차에 추돌하여 오토바이 운전자가 사망한 경우 → O
ㄹ. 자상(刺傷)으로 인한 급성신부전증이 발생한 피해자가 콜라와 김밥 등을 섭취하여 사망한 경우 → O

정선 해설

[ㄱ ▸ O] 대판 1988.11.8. 88도928
[ㄴ ▸ O] 대판 1984.6.26. 84도831
[ㄷ ▸ O] 판례의 취지를 고려하면, 甲이 화물차를 주차시켜 놓은 행위와 乙이 운전하던 오토바이가 그 화물차에 추돌하여 乙이 사망한 결과 사이에는 인과관계가 인정된다.

야간에 2차선 도로 상에 미등·차폭등을 켜지 않은 채 화물차를 주차시켜 놓음으로써 오토바이가 추돌하여 그 운전자가 사망한 경우, 인과관계가 없다고 할 수 없다(대판 1996.12.20. 96도2030).

비교판례 대판 1990.11.9. 90다카8760

야간에 오토바이 운전자가 오토바이를 운행하던 중 오토바이의 오른쪽 핸들 부분 등이 인도가장자리에 방치된 폐품냉장고에 충돌되고, 그 충돌로 인하여 그곳에서 6, 7미터가량 떨어진 인도경계선에 인접한 차도상에 주차되어 있던 봉고트럭 적재함 아래 부분에 다시 충돌됨으로써 사망한 경우, 봉고트럭을 야간에 차도에 주차함에 있어 미등 및 차폭등을 켜두는 등으로 주차표시를 하지 아니하였다고 하더라도 주차지점이 도로교통법상 주차금지된 곳이 아니며 비록 차도상이기는 하나 도로 우측 편에 주차시켰기 때문에 통상의 차량통행에 지장이 없었고 차를 도로에 주차한 점이나 차의 미등 및 차폭등을 켜 놓지 아니한 것이 가령 도로교통법 위반의 잘못이 있다손 치더라도 그로 인하여 오토바이운전자가 위 차를 뒤늦게 발견하여 사고가 일어났다고 인정되지 않는다면 위 사고와 위 차의 주차 사이에 상당인과 관계가 있다고 할 수 없다.

[ㄹ ▸ O] 판례의 취지를 고려하면, 甲이 입힌 자상(刺傷)행위와 乙의 음식물 섭취로 인한 패혈증에 의한 사망 사이에는 인과관계가 인정된다.

살인의 실행행위와 피해자의 사망과의 사이에 다른 사실이 개재되어 그 사실이 치사의 직접적인 원인이 되었다고 하더라도 그와 같은 사실이 통상 예견할 수 있는 것에 지나지 않는다면 살인의 실행행위와 피해자의 사망과의 사이에 인과관계가 있는 것으로 보아야 한다(대판 1994.3.22. 93도3612).

답 ❹

040 □□□

인과관계에 대한 설명으로 옳지 않은 것은?(다툼이 있는 경우 판례에 의함) 14 국가9급

① 甲이 열차건널목 앞에서 일단멈춤의무를 위반하여 차를 몰아 건너다 열차 좌측 모서리를 들이받고 20미터쯤 열차에 끌려 튕겨나가자, 자동차 왼쪽에서 열차가 지나가기를 기다리던 乙이 이 광경을 보고 놀라 넘어지면서 상해를 입은 경우, 甲의 위반행위와 乙의 상해 사이에는 인과관계가 인정된다.

② 甲이 'ㅏ'자형 삼거리를 녹색등화에 따라 직진하던 중 신호를 위반하여 좌회전하던 乙의 차량과 충돌하였다면, 甲이 사고지점 통과 시 제한속도를 위반하였다 하여도 그러한 잘못과 교통사고 사이에 인과관계가 있다고 볼 수 없다.

③ 甲이 乙과 윤락행위 도중 시비 끝에 乙을 이불로 덮어씌우고 폭행한 후 이불 속에 들어 있는 乙을 두고 나가다가 탁자 위의 乙의 가방 안에서 우발적으로 현금을 가져간 경우 甲의 폭행행위와 재물취거 사이에는 강도죄 성립에 필요한 인과관계가 인정된다.

④ 한의사인 甲이 乙에게 문진하여 12일 전에도 봉침을 맞고도 별다른 이상반응이 없었다는 답변을 듣고 알레르기반응검사를 생략한 채 환부에 봉침시술을 하였다가 乙이 시술 직후 쇼크반응 등의 상해를 입은 경우, 甲의 반응검사 미시행과 乙의 상해 사이에는 인과관계가 인정되지 않는다.

정선 핵심

인과관계의 인정 여부

① 일단멈춤의무를 위반한 자동차와 열차의 충돌사고에 놀라 상해를 입은 경우 → O

② 'ㅏ'자형 삼거리를 제한속도를 위반하여 직진하던 중 좌회전차량과 충돌한 경우 → ×

③ 윤락행위 도중 폭행한 후 우발적으로 피해자의 현금을 가져간 경우 → ×

④ 알레르기반응검사 없이 환부에 봉침시술을 받은 후 상해를 입은 경우 → ×

정선 해설

[❶ ▸ O] 자동차의 운전자가 그 운전상의 주의의무를 게을리하여 열차건널목을 그대로 건너는 바람에 그 자동차가 열차좌측 모서리와 충돌하여 20여 미터쯤 열차진행방향으로 끌려가면서 튕겨나갔고 피해자는 타고 가던 자전거에서 내려 위 자동차 왼쪽에서 열차가 지나가기를 기다리고 있다가 위 충돌사고로 놀라 넘어져 상처를 입었다면 비록 위 자동차와 피해자가 직접 충돌하지는 아니하였더라도 자동차운전자의 위 과실과 피해자가 입은 상처 사이에는 상당한 인과관계가 있다(대판 1989.9.12. 89도866).

[❷ ▸ O] 대판 1993.1.15. 92도2579

[❸ ▸ ×] 피고인의 이 사건 재물 취거행위가 피해자가 이불 속에 들어가 있어 이를 전혀 인식하지 못한 가운데 이루어진데다가 그 원인이 되었던 피고인의 피해자에 대한 폭행행위도 그와는 전혀 무관한 윤락행위 도중의 시비 끝에 발생하게 된 것이 사실이라면, 비록 위 재물의 취득이 피해자에 대한 폭행 직후에 이루어지긴 했지만 위 폭행이 피해자의 재물 탈취를 위한 피해자의 반항억압의 수단으로 이루어졌다고 단정할 수 없어 양자 사이에 인과관계가 존재한다고 보기 어렵다 할 것이다(대판 2009.1.30. 2008도10308).

[❹ ▸ O] 대판 2011.4.14. 2010도10104

답 ❸

041 □□□

인과관계에 관한 설명 중 옳지 않은 것은? 14 사시

① 甲은 주점 도우미인 A와의 윤락행위 도중 시비 끝에 A를 이불로 덮어씌우고 폭행한 후 이불 속에 들어 있는 A를 두고 나가다가 우발적으로 탁자 위에 놓여 있던 A의 손가방 안에서 현금을 가져갔다면, 甲의 폭행행위와 현금 취득 사이에는 인과관계가 인정되지 않는다.

② 甲은 A의 뺨을 1회 때리고 오른손으로 목을 쳐 A로 하여금 뒤로 넘어지면서 머리를 아스팔트 바닥에 부딪히게 하여 두개골 골절, 외상성 지주막하출혈 등의 상해를 가하였지만, A가 병원에서 입원치료를 받다가 합병증인 폐렴으로 인한 패혈증 등으로 사망한 경우 甲의 상해행위와 A의 사망 사이에는 인과관계가 인정된다.

③ 甲이 야간에 차량의 왕래가 빈번한 편도 2차선 도로에서 오토바이를 운전하다가 전방좌우의 주시를 게을리하여 그 도로를 무단횡단하던 A를 충격하여 A를 위 도로에 넘어지게 한 후 약 1분 동안 그대로 있게 하여 다른 사람이 운전하던 트럭이 도로 위에 넘어져 있던 A를 역과하여 사망하게 한 경우 甲의 행위와 A의 사망 사이에는 인과관계가 인정된다.

④ 甲이 주먹으로 A의 복부를 1회 강타하였는데, 이로 인하여 A는 장파열이 되어 병원에 입원하였다. 그런데 의사 乙의 과실에 의한 수술지연이 공동원인이 되어 A가 사망한 경우 甲의 상해행위와 A의 사망 사이에는 인과관계가 인정된다.

⑤ 甲은 乙의 임신 사실을 알고 수회에 걸쳐 낙태를 권유하였다가 거절당하였음에도 계속 乙에게 "출산 여부는 알아서 하되 아이에 대한 친권을 행사할 의사가 없다"라고 하면서 낙태할 병원을 물색해 주기도 하였다. 그 후 乙은 甲에게 알리지 않고 자신이 알아본 병원에서 낙태시술을 받았다면 甲의 낙태교사행위와 乙의 낙태행위 사이에는 인과관계가 인정되지 않는다.

정선 핵심

인과관계의 인정 여부

① 윤락행위 도중 폭행한 후 우발적으로 피해자의 현금을 가져간 경우 → ×
② 두부손상 등 상해를 입은 후 병원에서 합병증으로 사망한 경우 → O
③ 피고인의 오토바이에 치인 피해자가 트럭에 역과되어 사망한 경우 → O
④ 장파열로 인한 복막염으로 사망하였으나 의사의 과실이 공동원인이 된 경우 → O
⑤ 피고인이 낙태를 권유하였다가 거절당한 후 피해자가 알리지 않고 낙태시술을 받은 경우 → O

정선 해설

[❶ ▸ O] 대판 2009.1.30. 2008도10308

[❷ ▸ O] 피고인이 甲의 뺨을 1회 때리고 오른손으로 목을 쳐 甲으로 하여금 뒤로 넘어지면서 머리를 땅바닥에 부딪치게 하여 상해를 가하고 그로 인해 사망에 이르게 하였다는 내용으로 기소된 경우, 甲이 두부손상을 입은 후 병원에서 입원치료를 받다가 합병증으로 사망에 이르게 되어 피고인의 범행과 甲의 사망 사이에 인과관계를 부정할 수 없다(대판 2012.3.15. 2011도17648).

[❸ ▸ O] 피고인이 전방좌우의 주시를 게을리한 과실로 피해자를 충격하였고 나아가 이 사건 사고지점 부근 도로의 상황에 비추어 야간에 피해자를 충격하여 위 도로에 넘어지게 한 후 40초 내지 60초 동안 그대로 있게 한다면 후속차량의 운전사들이 조금만 전방주시를 태만히 하여도 피해자를 역과할 수 있음이 당연히 예상되었던 경우라면 피고인의 과실행위는 피해자의 사망에 대한 직접적 원인을 이루는 것이어서 양자 간에는 상당인과관계가 있다(대판 1990.5.22. 90도580).

[❹ ▸ O] 대판 1984.6.26. 84도831

[❺ ▸ X] 피고인은 甲에게 직접 낙태를 권유할 당시뿐만 아니라 출산 여부는 알아서 하라고 통보한 이후에도 계속 낙태를 교사하였고, 甲은 이로 인하여 낙태를 결의·실행하게 되었다고 보는 것이 타당하며, 甲이 당초 아이를 낳을 것처럼 말한 사실이 있다는 사정만으로 피고인의 낙태교사행위와 甲의 낙태결의 사이에 인과관계가 단절되는 것은 아니라고 보아야 한다(대판 2013.9.12. 2012도2744).

답 ❺

042 □□□

다음 설명 중 인과관계가 인정되지 않는 경우는 모두 몇 개인가?(다툼이 있는 경우 판례에 의함) 13 경찰채용

ㄱ. 피고인의 택시가 차량 신호등이 적색 등화임에도 횡단보도 앞 정지선 직전에 정지하지 않고 상당한 속도로 정지선을 넘어 횡단보도에 진입하였고, 횡단보도에 들어선 이후 차량 신호등이 녹색 등화로 바뀌자 교차로로 계속 직진하여 교차로에 진입하자마자 교차로를 거의 통과하였던 피해자의 승용차 오른쪽 뒤 문짝 부분을 피고인 택시 앞범퍼 부분으로 충돌하여 피해자에게 상해를 입게 한 경우, 피고인의 신호위반행위와 피해자의 상해와의 관계

ㄴ. 한의사인 피고인이 피해자에게 문진할 때 과거 봉침을 맞고도 별다른 이상 반응이 없다는 답변을 듣고 알레르기반응검사를 생략한 채 환부에 봉침시술을 하였는데, 피해자가 위 시술 직후 쇼크반응을 나타내는 등 상해를 입은 경우, 피고인이 알레르기반응검사를 하지 않은 과실과 피해자의 상해와의 관계

ㄷ. 승용차로 피해자를 가로막아 승차하게 한 후 피해자의 하차 요구를 무시한 채 시속 약 60km 내지 70km의 속도로 진행하자, 피해자가 감금상태를 벗어날 목적으로 차량을 빠져나오려다가 길바닥에 떨어져 상해를 입고 그 결과 사망한 경우, 감금행위와 피해자의 사망과의 관계

ㄹ. 피고인이 제왕절개수술 후 대량출혈이 있었던 피해자를 전원 조치하였으나 전원 받은 병원 의료진의 조치가 다소 미흡하여 도착 후 약 1시간 20분이 지나 수혈이 시작된 사안에서, 피고인의 전원지체 등의 과실로 신속한 수혈 등의 조치가 지연되어 피해자가 사망한 경우, 전원지체의 과실로 인한 수혈지연과 사망과의 관계

① 1개 ② 2개
③ 3개 ④ 4개

정선 핵심

인과관계의 인정 여부

ㄱ. 정지선에서 정지하지 않은 피고인의 차량이 피해자의 승용차를 충돌하여 상해를 입게 한 경우 → ○
ㄴ. 알레르기반응검사 없이 환부에 봉침시술을 받은 후 상해를 입은 경우 → ×
ㄷ. 승용차에 감금된 피해자가 탈출하다가 상해를 입고 사망에 이른 경우 → ○
ㄹ. 제왕절개수술 후 대량출혈이 있었으나 전원조치가 지연되어 사망한 경우 → ○

정선 해설

[ㄱ ▸ ○] 피고인이 적색 등화에 따라 정지선 직전에 정지하였더라면 교통사고는 발생하지 않았을 것임이 분명하여 피고인의 신호위반행위가 교통사고 발생의 직접적인 원인이 되었다고 보아야 하는데도, 이와 달리 보아 공소를 기각한 원심판결에 신호위반과 교통사고의 인과관계에 관한 법리오해의 위법이 있다(대판 2012.3.15. 2011도17117).

[ㄴ ▸ ×] 한의사인 피고인이 피해자에게 문진하여 과거 봉침(蜂針)을 맞고도 별다른 이상반응이 없었다는 답변을 듣고 알레르기반응검사를 생략한 채 환부에 봉침시술을 하였는데, 피해자가 위 시술 직후 쇼크반응을 나타내는 등 상해를 입은 경우, 피고인이 알레르기반응검사를 하지 않은 과실과 피해자의 상해 사이에 상당인과관계를 인정하기 어렵다(대판 2011.4.14. 2010도10104).

[ㄷ ▸ ○] 승용차로 피해자를 가로막아 승차하게 한 후 피해자의 하차 요구를 무시한 채 당초 목적지가 아닌 다른 장소를 향하여 시속 약 60km 내지 70km의 속도로 진행하여 피해자를 차량에서 내리지 못하게 한 행위는 감금죄에 해당하고, 피해자가 그와 같은 감금상태를 벗어날 목적으로 차량을 빠져 나오려다가 길바닥에 떨어져 상해를 입고 그 결과 사망에 이르렀다면 감금행위와 피해자의 사망 사이에는 상당인과관계가 있다고 할 것이므로 감금치사죄에 해당한다(대판 2000.2.11. 99도5286).

[ㄹ ▸ ○] 대판 2010.4.29. 2009도7070

답 ❶

043 □□□

인과관계에 관한 다음의 판례 중 가장 옳지 않은 것은? 20 해경승진

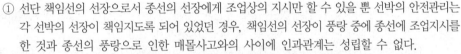

① 선단 책임선의 선장으로서 종선의 선장에게 조업상의 지시만 할 수 있을 뿐 선박의 안전관리는 각 선박의 선장이 책임지도록 되어 있었던 경우, 책임선의 선장이 풍랑 중에 종선에 조업지시를 한 것과 종선의 풍랑으로 인한 매몰사고와의 사이에 인과관계는 성립할 수 없다.
② 도선사가 강제도선구역 내에서 조기 하선함으로 인하여 적기에 충돌회피동작을 취하지 못하여 결국 선박충돌사고가 발생한 경우, 도선사가 하선 후 발생한 충돌사고이므로 도선사의 업무상 과실과 사고발생 사이의 상당인과관계가 인정되지 않는다.
③ 파도수영장에서 물놀이하던 초등학교 6학년생이 수영장 안에 엎어져 있는 것을 수영장 안전요원이 발견하여 인공호흡을 실시하다가 구급차가 오자 인공호흡을 중단하고 의료기관에 후송하였으나 후송도중 사망한 사고에 있어서 그 사망원인이 구체적으로 밝혀지지 않은 경우 상당인과관계가 인정되지 않는다.
④ 살인의 실행행위가 피해자의 사망이라는 결과를 발생하게 한 유일한 원인이거나 직접적인 원인이어야만 되는 것은 아니므로 살인의 실행행위와 피해자의 사망과의 사이에 다른 사실이 개재되어 그 사실이 치사의 직접적인 원인이 되었다고 하더라도 살인의 실행행위와 피해자의 사망과의 사이에 인과관계가 있는 것으로 보아야 한다.

정선 핵심

인과관계의 인정 여부

① 선단 책임선의 선장으로 종선에 조업지시를 하였으나 매몰사고가 발생한 경우 → ×
② 도선사가 조기 하선함으로 선박충돌사고가 발생한 경우 → ○
③ 파도수영장에서 물놀이하던 초등학생의 사망원인이 밝혀지지 않은 경우 → ×
④ 살인의 실행행위와 사망과의 사이에 통상 예견할 수 있는 다른 사실이 개재된 경우 → ○

정선 해설

[❶ ▸ ○] 피고인이 선단의 책임선인 제1봉림호의 선장으로 조업 중이었다 하더라도 피고인으로서는 종선의 선장에게 조업상의 지시만 할 수 있을 뿐 선박의 안전관리는 각 선박의 선장이 책임지도록 되어 있었다면 그 같은 상황하에서 피고인이 풍랑 중에 종선에 조업지시를 하였다는 것만으로는 종선의 풍랑으로 인한 매몰사고와의 사이에 인과관계가 성립할 수 없다(대판 1989.9.12. 89도1084).

[❷ ▸ ×] 도선사(導船士)인 피고인이 강제도선구역 내에서 조기 하선함으로 인하여 그 후 하모니호의 선장 공소 외 1은 부산항 항만교통정보센터로부터 입항선인 판시 씨에스씨엘 칭다오호의 행동이 의심스러우니 주의하라는 경고를 받았음에도 적기에 충돌회피동작을 취하지 못하여 결국 이 사건 선박충돌사고가 발생하게 하였으므로, 피고인이 정당한 사유 없이 하선함으로써 선박운용기술이 떨어지는 중국인 선장으로 하여금 조선하도록 한 업무상 과실과 이 사건 사고발생 사이의 상당인과관계가 인정된다(대판 2007.9.21. 2006도6949).

[❸ ▸ ○] 대판 2002.4.9. 2001도6601

[❹ ▸ ○] 대판 1994.3.22. 93도3612

답 ❷

044 □□□

인과관계 등에 관한 다음 설명 중 가장 옳지 않은 것은? 15 법원9급

① 피고인이 피해자를 유인하여 호텔 객실에 감금한 후 강간하려 하자 피해자가 완강히 반항하던 중 예약된 대실시간이 끝나감에 따라 피고인이 대실시간 연장을 위하여 프론트에 전화를 하는 사이 피해자가 객실 창문을 통해 탈출하려다가 지상에 추락하여 사망한 경우, 피고인의 강간미수행위와 피해자의 사망 사이에 상당인과관계가 인정된다.

② 피고인이 공모자 甲과 빈 가게로 알고 있던 범행장소에서의 절도를 공모한 다음, 甲이 가게에 침입하여 물건을 절취하는 동안 피고인이 밖에서 망을 보던 중 예기치 않았던 인기척 소리가 나서 도주해 버린 이후 甲이 피해자에게 붙들리자 체포를 면탈할 목적으로 폭행을 가하여 상해를 입힌 경우, 피고인에 대하여 준강도상해죄의 공동책임을 지울 수 없다.

③ 피고인이 좌회전금지구역에서 좌회전하는데 50미터 후방에서 따라오던 후행차량이 중앙선을 넘어 피고인 운전차량의 좌측으로 돌진하여 사고가 발생한 경우, 피고인이 좌회전금지구역에서 좌회전한 행위와 사고발생 사이에 상당인과관계가 인정된다.

④ 선행 교통사고와 후행 교통사고 중 어느 쪽이 원인이 되어 피해자가 사망에 이르게 되었는지 밝혀지지 않은 경우, 후행 교통사고를 일으킨 사람의 과실과 피해자의 사망 사이에 인과관계가 인정되기 위해서는 후행 교통사고를 일으킨 사람이 주의의무를 게을리하지 않았다면 피해자가 사망에 이르지 않았을 것이라는 사실이 증명되어야 한다.

정선 핵심

① 속셈학원의 강사를 강간하려 하자 탈출하다가 추락하여 사망한 경우 → 인과관계 ○
② 공범이 예기치 않은 인기척에 도주한 후 체포를 면탈할 목적으로 폭행을 가하여 상해를 입힌 경우 → 준강도상해죄의 공동책임 ×
③ 좌회전금지구역에서 좌회전하는데 후행차량이 돌진하여 사고가 발생한 경우 → 인과관계 ×
④ 후행 교통사고를 일으킨 사람이 주의의무를 게을리하지 않았다면 사망에 이르지 않았을 것이 인정되는 경우 → 인과관계 ○

정선 해설

[❶ ▸ ○] 대판 1995.5.12. 95도425

[❷ ▸ ○] 절도를 공모한 피고인이 다른 공모자 (갑)의 폭행행위에 대하여 사전양해나 의사의 연락이 전혀 없었고, 범행장소가 빈 가게로 알고 있었고, 위 (갑)이 담배창구를 통하여 가게에 들어가 물건을 절취하고 피고인은 밖에서 망을 보던 중 예기치 않았던 인기척 소리가 나므로 도주해버린 이후에 위 (갑)이 창구에 몸이 걸려 빠져 나오지 못하게 되어 피해자에게 붙들리자 체포를 면탈할 목적으로 피해자에게 폭행을 가하여 상해를 입힌 것이고, 피고인은 그동안 상당한 거리를 도주하였을 것으로 추정되는 상황하에서는 피고인이 위 (갑)의 폭행행위를 전연 예기할 수 없었다고 보여지므로 피고인에게 준강도상해죄의 공동책임을 지울 수 없다(대판 1984.2.28. 83도3321).

> **관련판례** 대판 1982.7.13. 82도1352
>
> 피해자가 피고인 甲과 乙이 자기 집에서 물건을 훔쳐 나왔다는 연락을 받고 도주로를 따라 추격하자 범인들이 이를 보고 도주하므로 1킬로미터가량 추격하여 피고인 甲을 체포하여 같이 추격하여 온 동리 사람들에게 인계하고 1킬로미터를 더 추격하여 乙을 체포하여 가지고 간 나무몽둥이로 동인을 1회 구타하자 동인이 위 몽둥이를 빼앗아 피해자를 구타상해를 가하고 도주한 경우, 乙의 소위는 준강도상해죄에 해당한다. 한편 동 구타상해행위를 공모 또는 예기하지 못한 피고인 甲에게까지 준강도상해의 죄책을 문의할 수 없다.

[❸ ▸ ×] 피고인이 좌회전금지구역에서 좌회전한 것은 잘못이나 이러한 경우에도 피고인으로서는 50여 미터 후방에서 따라오던 후행차량이 중앙선을 넘어 피고인 운전차량의 좌측으로 돌진하는 등 극히 비정상적인 방법으로 진행할 것까지를 예상하여 사고발생 방지조치를 취하여야 할 업무상주의의무가 있다고 할 수는 없고, 따라서 좌회전금지구역에서 좌회전한 행위와 사고발생 사이에 상당인과관계가 인정되지 아니한다(대판 1996.5.28. 95도1200).

[❹ ▸ ○] 선행 교통사고와 후행 교통사고 중 어느 쪽이 원인이 되어 피해자가 사망에 이르게 되었는지 밝혀지지 않은 경우 후행 교통사고를 일으킨 사람의 과실과 피해자의 사망 사이에 인과관계가 인정되기 위해서는 후행 교통사고를 일으킨 사람이 주의의무를 게을리하지 않았다면 피해자가 사망에 이르지 않았을 것이라는 사실이 증명되어야 하고, 그 증명책임은 검사에게 있다(대판 2007.10.26. 2005도8822).

답 ❸

045 □□□

인과관계에 관한 다음 설명 중 가장 적절하지 않은 것은?(다툼이 있는 경우 판례에 의함)

13 경찰승진

① 운전자가 차를 세워 시동을 끄고 1단 기어가 들어가 있는 상태에서 시동열쇠를 끼워 놓은 채 11세 남짓한 어린이를 조수석에 남겨두고 차에서 내려온 동안 동인이 시동열쇠를 돌리며 액셀러레이터 페달을 밟아 차량이 진행하여 사고가 발생한 경우, 운전자의 과실은 사고 결과와 인과관계가 없다.

② 파도수영장에서 물놀이하던 초등학교 6학년생이 수영장 안에 엎어져 있는 것을 수영장 안전요원이 발견하여 인공호흡을 실시한 뒤 의료기관에 후송하였으나 후송 도중 사망한 사고에 있어서 그 사망원인이 구체적으로 밝혀지지 아니한 경우, 수영장 안전요원과 수영장 관리책임자에게 업무상주의의무를 게을리한 과실이 있다거나 그 주의의무 위반으로 인하여 피해자가 사망하였다고 볼 수 없다.

③ 피고인이 자동차를 운전하다 횡단보도를 걷던 보행자 甲을 들이받아 그 충격으로 횡단보도 밖에서 甲과 동행하던 피해자 乙이 밀려 넘어져 상해를 입은 경우, 피고인의 (구)도로교통법 제27조 제1항에 따른 주의의무를 위반하여 운전한 업무상과실과 乙의 상해 사이에는 인과관계가 인정된다.

④ 선행과 후행 교통사고 중 어느 쪽이 원인이 되어 피해자가 사망에 이르게 되었는지 밝혀지지 않은 경우, 후행 교통사고를 일으킨 사람의 과실과 피해자의 사망 사이에 인과관계가 인정되기 위해서는 후행 교통사고를 일으킨 사람이 주의의무를 게을리하지 않았다면 피해자가 사망에 이르지 않았을 것이라는 사실이 증명되어야 한다.

정선 핵심

인과관계의 인정 여부

① 11세 남짓한 어린이가 차량을 진행하여 사고가 발생한 경우 → ○
② 파도수영장에서 물놀이하던 초등생의 사망원인이 밝혀지지 않은 경우 → ×
③ 자동차로 보행자를 충격하여 동행하던 피해자에게 상해를 입힌 경우 → ○
④ 후행 교통사고를 일으킨 사람이 주의의무를 게을리하지 않았다면 사망에 이르지 않았을 것이 인정되는 경우 → ○

정선 해설

[❶ ▸ ×] 비록 동인의 행위가 사고의 직접적인 원인이었다 할지라도 그 경우 운전자로서는 위 어린이를 먼저 하차시키던가 운전기기를 만지지 않도록 주의를 주거나 손브레이크를 채운 뒤 시동열쇠를 빼는 등 사고를 미리 막을 수 있는 제반조치를 취할 업무상주의의무가 있다 할 것이어서 이를 게을리한 과실은 사고결과와 법률상의 인과관계가 있다고 봄이 상당하다(대판 1986.7.8. 86도1048).

비교판례 **대판 1971.9.28. 71도1082**

운전수가 발동을 끄고 시동열쇠는 꽂아 둔 채로 하차한 동안에 조수가 이를 운전하다가 사고를 낸 경우에 시동열쇠를 그대로 꽂아 둔 행위와 본건 상해의 결과 발생 사이에는 특별한 사정이 없는 한 인과관계가 없다.

[❷ ▸ ○] 대판 2002.4.9. 2001도6601

[❸ ▸ ○] 대판 2011.4.28. 2009도12671

[❹ ▸ ○] 선행 교통사고와 후행 교통사고 중 어느 쪽이 원인이 되어 피해자가 사망에 이르게 되었는지 밝혀지지 않은 경우 후행 교통사고를 일으킨 사람의 과실과 피해자의 사망 사이에 인과관계가 인정되기 위해서는 후행 교통사고를 일으킨 사람이 주의의무를 게을리하지 않았다면 피해자가 사망에 이르지 않았을 것이라는 사실이 증명되어야 하고, 그 증명책임은 검사에게 있다(대판 2007.10.26. 2005도8822).

답 ❶

01 폭행 또는 협박으로 타인의 재물을 강취하려는 행위와 이에 극도의 흥분을 느끼고 공포심에 사로잡혀 이를 피하려다 상해에 이르게 된 사실과는 상당인과관계가 인정된다. 18 해경간부 O | X

02 소아외과 의사가 5세의 급성 림프구성 백혈병환자의 항암치료를 위하여 쇄골하정맥에 중심정맥도관을 삽입하는 수술을 하는 과정에서 환자의 우측 쇄골하 부위를 주사바늘로 10여 차례 찔러 환자가 우측 쇄골하혈관 및 흉막 관통상에 기인한 외상성 혈흉으로 인한 순환혈액량 감소성 쇼크로 사망한 경우, 담당 소아외과 의사에게 형법 제268조의 업무상과실이 인정된다. 18 해경간부 O | X

03 과실범에서는 미수가 성립될 여지가 없으므로 인과관계를 논할 실익이 없다. 15 경찰채용 O | X

04 술을 마시고 찜질방에 들어온 甲이 찜질방 직원 몰래 후문으로 나가 술을 더 마신 다음 후문으로 다시 들어와 발한실에서 잠을 자다가 사망한 경우, 찜질방 직원 및 영업주가 통제·관리하지 않은 부분과 甲의 사망 사이에는 인과관계가 인정되지 아니한다. 14 경찰채용 O | X

05 결과범에서 인과관계가 부정되는 경우에는 기수책임이 부정된다. 16 5급승진 O | X

01 대판 1996.7.12. 96도1142

02 혈흉이 발생되었다는 사실만으로 이 사건 수술과정에 과실이 있다고 추정할 수도 없다(대판 2008.8.11. 2008도3090).

03 과실범도 결과범이므로 인과관계가 있어야 한다.

04 대판 2010.2.11. 2009도9807

05 미수범처벌규정이 있는 경우에 미수범이 성립한다.

정답

01 ○ 02 × 03 × 04 ○ 05 ○

046 □□□

다음 중 고의의 인식대상을 모두 고른 것은? 20 경찰승진

ㄱ. 수뢰죄에 있어서 공무원이라는 신분
ㄴ. 사전수뢰죄에 있어서 공무원 또는 중재인이 된 사실
ㄷ. 친족상도례가 적용되는 범죄에 있어서 친족관계
ㄹ. 특수폭행죄에 있어서 위험한 물건을 휴대한다는 사실
ㅁ. 친고죄에 있어서 피해자의 고소

① ㄱ, ㄹ
② ㄴ, ㄷ
③ ㄱ, ㄹ, ㅁ
④ ㄴ, ㄷ, ㅁ

정선 핵심

➲ 고의의 인식대상 여부

고의의 인식대상 O	고의의 인식대상 ×
• 주체 · 객체 · 방법 · 행위정황 등 • 구성요건적 결과 • 구체적 위험범에서의 위험 • 존속살해죄의 존속 및 영아살해죄의 영아 • 규범적 구성요건요소(예 재물의 타인성) • 부진정결과적 가중범의 중한 결과	• 과 실 • 객관적 처벌조건인 사전수뢰죄에서의 공무원 또는 중재인이 된 사실 • 인적처벌조각사유인 친족상도례에서의 친족의 신분 • 소추조건인 친고죄에서의 고소 및 반의사불벌죄에서의 처벌희망의사 • 책임능력과 기대가능성 • 추상적 위험범의 위험 • 상습성 • 행위의 가벌성 • 진정결과적 가중범의 중한 결과

정선 해설

고의의 인식대상은 객관적 구성요건요소에 해당하는 모든 사실이다. 보기 중 ㄱ. 수뢰죄에 있어서 공무원이라는 신분, ㄹ. 특수폭행죄에 있어서 위험한 물건을 휴대한다는 사실이 고의의 인식대상에 해당한다.

답 ❶

047 □□□

주관적 구성요건요소에 대한 설명으로 옳지 않은 것은?(다툼이 있는 경우 판례에 의함)

19 5급승진

① 절도죄에서 타인의 물건을 자기에게 취득할 것이 허용된 동일한 물건으로 오인하고 가져온 경우에는 범죄사실에 대한 인식이 있다고 할 수 없으므로 범죄가 성립하지 않는다.
② 방조범은 정범의 실행을 방조한다는 이른바 방조의 고의 이외에도 정범의 행위가 구성요건에 해당하는 행위라는 점에 대한 정범의 고의를 요한다.
③ 내란죄에서 국헌문란의 '목적'은 범죄성립을 위하여 고의 외에 요구되는 초과주관적 구성요건요소로서 엄격한 증명사항에 속하므로 확정적 인식을 요한다.
④ 의료과오사건에 있어서 의사의 과실 유무는 같은 업무에 종사하는 일반적인 의사의 주의 정도를 표준으로 판단하여야 하며, 이때 사고 당시의 의학의 수준, 의료환경과 조건, 의료행위의 특수성 등을 고려하여야 한다.
⑤ 부진정부작위범의 고의는 법익침해의 결과 발생을 방지할 법적 작위의무를 가지고 있는 사람이 의무를 이행함으로써 결과발생을 쉽게 방지할 수 있었음을 예견하고도 결과발생을 용인하고 이를 방관한 채 의무를 이행하지 아니한다는 인식을 하면 족하다.

정선 핵심

① 재물의 타인성에 대해 오인한 경우 → 절도죄 ×
② 방조범의 고의 → 방조의 고의와 정범의 고의 필요
③ 국헌문란의 목적 → 엄격한 증명사항에 속하나 미필적 인식으로 충분
④ 의사의 과실 → 일반적인 의사의 주의 정도를 표준으로 판단
⑤ 부진정부작위범의 고의 → 작위의무를 가지고 있는 자가 결과발생의 방지가능성을 예견하고도 의무를 이행하지 않는다는 인식 필요

정선 해설

[❶ ▸ O] 대판 1983.9.13. 83도1762

[❷ ▸ O] 형법상 방조행위는 정범이 범행을 한다는 정을 알면서 그 실행행위를 용이하게 하는 직접·간접의 행위를 말하므로, 방조범은 정범의 실행을 방조한다는 이른바 방조의 고의와 정범의 행위가 구성요건에 해당하는 행위인 점에 대한 정범의 고의가 있어야 한다(대판 2018.9.13. 2018도7658).

[❸ ▸ ×] 내란죄에 있어서의 국헌문란의 목적은 엄격한 증명사항에 속하고 직접적임을 요하나 결과발생의 희망, 의욕임을 필요로 한다고 할 수는 없고, 또 확정적 인식임을 요하지 아니하며, 다만 미필적 인식이 있으면 족하다 할 것이다(대판 1980.5.20. 80도306).

[❹ ▸ O] 대판 2015.6.24. 2014도11315

[❺ ▸ O] 부진정부작위범의 고의는 반드시 구성요건적 결과 발생에 대한 목적이나 계획적인 범행의도가 있어야 하는 것은 아니고 법익침해의 결과 발생을 방지할 법적 작위의무를 가지고 있는 사람이 의무를 이행함으로써 결과발생을 쉽게 방지할 수 있었음을 예견하고도 결과발생을 용인하고 이를 방관한 채 의무를 이행하지 아니한다는 인식을 하면 족하며, 이러한 작위의무자의 예견 또는 인식 등은 확정적인 경우는 물론 불확정적인 경우이더라도 미필적 고의로 인정될 수 있다(대판 2015.11.12. 2015도6809[전합]).

답 ❸

048
□□□

고의에 대한 설명으로 옳은 것만을 모두 고르면?(다툼이 있는 경우 판례에 의함)

19 국가7급

ㄱ. 부진정부작위범의 고의는 법익침해의 결과 발생을 방지할 법적 작위의무를 가지고 있는 사람이 의무를 이행함으로써 결과발생을 쉽게 방지할 수 있었음을 예견하고도 결과발생을 용인하고 이를 방관한 채 의무를 이행하지 아니한다는 인식을 하면 족하다.
ㄴ. 살인의 범의는 타인의 사망의 결과를 발생시킬 만한 가능 또는 위험이 있음을 인식하거나 예견함이 필요하고 그 인식이나 예견은 확정적인 것은 물론 불확정적인 것이라도 이른바 미필적 고의로 인정되는 것이다.
ㄷ. 방조범은 정범의 실행을 방조한다는 이른바 방조의 고의와 정범의 행위가 구성요건에 해당하는 행위인 점에 대한 정범의 고의가 있어야 하고, 이 경우 방조범에서 요구되는 정범의 고의는 적어도 정범에 의하여 실현되는 범죄의 구체적 내용을 인식할 것을 필요로 한다.
ㄹ. 피고인에게 범행 당시 살인의 범의가 있었는지 여부는 피고인이 범행에 이르게 된 경위, 범행의 동기, 준비된 흉기의 유무·종류·용법, 공격의 부위와 반복성, 사망의 결과 발생가능성 정도 등 범행 전후의 객관적인 사정을 종합하여 판단한다.

① ㄱ, ㄷ
② ㄱ, ㄴ, ㄹ
③ ㄴ, ㄷ, ㄹ
④ ㄱ, ㄴ, ㄷ, ㄹ

정선 핵심

ㄱ. 부진정부작위범의 고의 → 작위의무를 가지고 있는 자가 결과발생의 방지가능성을 예견하고도 의무를 이행하지 않는다는 인식 필요
ㄴ. 살인의 고의 → 미필적 고의로도 인정
ㄷ. 방조범의 정범의 고의 → 정범에 의한 범죄의 구체적 내용 인식 불요
ㄹ. 살인의 고의 유무 → 범행 전후의 객관적인 사정을 종합 판단

정선 해설

[ㄱ ▸ O] 대판 2015.11.12. 2015도6809[전합]
[ㄴ ▸ O] 살인죄에 있어서의 범의는 반드시 살해의 목적이나 계획적인 살해의 의도가 있어야만 인정되는 것은 아니고 자기의 행위로 인하여 타인의 사망의 결과를 발생시킬 만한 가능 또는 위험이 있음을 인식하거나 예견하면 족한 것이고 그 인식 또는 예견은 확정적인 것은 물론 불확정적인 것이라도 이른바 미필적 고의로도 인정되는 것이다(대판 2000.8.18. 2000도2231).
[ㄷ ▸ X] 방조범에서 요구되는 정범의 고의는 정범에 의하여 실현되는 범죄의 구체적 내용을 인식할 것을 요하는 것은 아니고 미필적 인식이나 예견으로 족하다(대판 2018.9.13. 2018도7658).
[ㄹ ▸ O] 대판 2006.4.14. 2006도734

답 ❷

049 □□□

판례의 태도에 대한 설명으로 옳지 않은 것은? 21 국가9급

① 목적범의 성립에 필요한 목적에 대한 인식의 정도는 확정적 인식임을 요한다.
② 존속살해죄가 성립하기 위해서는 존속을 살해한다는 인식이 있어야 한다.
③ 정당방위・과잉방위나 긴급피난・과잉피난이 성립하기 위해서는 방위의사나 피난의사가 있어야 한다.
④ 구체적 사실에 대한 착오 중 방법(타격)의 착오가 발생한 경우 발생사실에 대한 고의가 인정된다.

정선 핵심

① 목적에 대한 인식 정도 → 미필적 인식으로 충분
② 존속살해죄의 고의 → 존속을 살해한다는 인식 필요
③ 정당방위・과잉방위나 긴급피난・과잉피난 → 방위의사나 피난의사 필요
④ 방법(타격)의 착오 → 발생사실에 대한 고의 O

정선 해설

[❶ ▸ ×] 판례의 취지를 고려하면, 목적범의 성립에 필요한 목적에 대한 인식의 정도는 미필적 인식으로 족하다고 판단된다.

> 문서변조죄에 있어서 행사할 목적이란 변조된 문서를 진정한 문서인 것처럼 사용할 목적을 말하는 것으로 적극적 의욕이나 확정적 인식을 요하지 아니하고 미필적 인식이 있으면 족하다(대판 2006.1.26. 2004도788).

[❷ ▸ O] 존속살해죄가 성립하기 위하여는 자기 또는 배우자의 직계존속을 살해한다는 고의가 있어야 한다. 따라서 자기 또는 배우자의 직계존속임을 인식하지 못한 때에는 본죄가 성립하지 않는다.
[❸ ▸ O] 정당방위・과잉방위가 성립하기 위해서는 행위자에게 정당방위상황에 대한 인식과 의사인 방위의사가 필요하다. 마찬가지로 긴급피난・과잉피난의 경우에도 긴급피난상황에 대한 인식과 우월적 이익을 보호한다는 피난의사가 있어야 한다.
[❹ ▸ O] 구성요건적 착오에 관한 법정적 부합설을 취하는 판례(대판 1984.1.24. 83도2813)는 구체적 사실에 대한 착오 중 방법의 착오가 발생한 경우, 발생한 사실에 대한 고의기수책임을 인정한다.

답 ❶

050 □□□

다음 중 고의에 대한 설명 중 가장 옳지 않은 것은?(다툼이 있는 경우 판례에 의함) 20 해경승진

① 새로 목사로 부임한 자가 전임목사에 관한 교회 내의 불미스러운 소문의 진위를 확인하기 위하여 이를 교회 집사들에게 물어본 경우 명예훼손에 대한 미필적 고의가 인정된다.
② 업무방해죄의 성립에 필요한 고의는 반드시 업무방해의 목적이나 계획적인 업무방해의 의도가 있어야 하는 것은 아니고, 자신의 행위로 인하여 타인의 업무가 방해될 가능성 또는 위험에 대한 인식이나 예견으로 충분하다.
③ 공무집행방해죄에 있어서의 범의는 상대방이 직무를 집행하는 공무원이라는 사실, 그리고 이에 대하여 폭행 또는 협박을 한다는 사실을 인식하는 것을 그 내용으로 하며, 그 직무집행을 방해할 의사를 필요로 하지 아니한다.
④ 의무경찰의 지시를 따르지 않고 항의하던 택시 운전자가 신경질적으로 갑자기 좌회전하여 택시우측 앞범퍼 부분으로 의무경찰의 무릎을 들이받은 경우 공무집행방해의 미필적 고의가 있다.

정선 핵심

① 불미스러운 소문을 확인하기 위하여 물어본 경우 → 명예훼손죄의 미필적 고의 ×
② 업무방해죄의 고의 → 업무가 방해될 가능성 또는 위험에 대한 인식·예견으로 충분
③ 공무집행방해죄의 고의 → 직무집행을 방해할 의사 ×
④ 택시범퍼로 의무경찰의 무릎을 들이받은 경우 → 공무집행방해죄의 미필적 고의 ○

정선 해설

[❶ ▸ ×] 새로 목사로서 부임한 피고인이 전임목사에 관한 교회 내의 불미스러운 소문의 진위를 확인하기 위하여 이를 교회 집사들에게 물어보았다면 이는 경험칙상 충분히 있을 수 있는 일로서 명예훼손의 고의 없는 단순한 확인에 지나지 아니하여 사실의 적시라고 할 수 없다 할 것이므로 이 점에서 피고인에게 명예훼손의 고의 또는 미필적 고의가 있을 수 없다(대판 1985.5.28. 85도588).

[❷ ▸ ○] 대판 2012.5.24. 2009도4141

[❸ ▸ ○] [❹ ▸ ○] [1] 공무집행방해죄에 있어서의 범의는 상대방이 직무를 집행하는 공무원이라는 사실, 그리고 이에 대하여 폭행 또는 협박을 한다는 사실을 인식하는 것을 그 내용으로 하고, 그 인식은 불확정적인 것이라도 소위 미필적 고의가 있다고 보아야 하며, 그 직무집행을 방해할 의사를 필요로 하지 아니한다.❸

[2] 운전자에게는, 사고 당시 최소한 택시를 일단 후진하였다가 안전하게 진행하거나 의무경찰로 하여금 안전하게 비켜서도록 한 다음 진행하지 아니하고 그대로 좌회전하는 경우 그로부터 불과 30㎝ 앞에서 서 있던 의무경찰을 충격하리라는 사실을 쉽게 알고도 이러한 결과발생을 용인하는 내심의 의사, 즉 미필적 고의가 있었다고 봄이 경험칙상 당연하다❹(대판 1995.1.24. 94도1949).

비교판례 **대판 1970.1.27. 69도2260**

위계에 의한 공무집행방해죄가 성립되려면 자기의 위계행위로 인하여 공무집행을 방해하려는 의사가 있을 경우에 한한다고 보는 것이 상당하다 할 것이다.

답 ❶

051 □□□

괄호 안에 기재된 범죄에 대한 미필적 고의가 인정되지 않는 것은?(다툼이 있는 경우 판례에 의함) 20 국가9급

① 피고인이 만 12세의 피해자를 강간할 당시 피해자가 자신을 중학교 1학년이라 14세라고 하였고, 피해자는 키와 체중이 동급생보다 큰 편이었으며, 이들이 모텔에 들어갈 때 특별한 제지도 받지 아니하였다. (성폭력범죄의 처벌 등에 관한 특례법 위반 - 13세 미만 미성년자 강간 등)
② 피고인이 피해자의 머리나 가슴 등 치명적인 부위가 아닌 허벅지와 종아리 부위 등을 20여 회 힘껏 찔러 피해자가 과다실혈로 사망하였다. (살인)
③ 피고인이 청소년으로 의심되는 피해자에게 단지 나이만 묻고 신분증 등으로 정확히 연령을 확인하지 않은 채 청소년인 피해자를 성매매 알선을 위한 종업원으로 고용하여 성매매알선행위를 업으로 하였다. (아동·청소년의 성보호에 관한 법률 위반 - 알선영업행위 등)
④ 피고인이 이미 도산이 불가피한 상황으로 대금지급이 불가능하게 될 가능성을 충분히 인식하면서도 이러한 사정을 숨기고 피해자로부터 생산자재용 물품을 납품받았다. (사기)

정선 핵심

미필적 고의의 인정 여부
① 동급생보다 크고 14세라 말하는 피해자를 강간할 때 모텔에서 제지도 없던 경우 → ×
② 허벅지와 종아리 부위 등을 힘껏 찔러 피해자가 과다실혈로 사망한 경우 → ○
③ 청소년인 피해자를 종업원으로 고용하여 성매매알선행위를 하게 한 경우 → ○
④ 대금지급이 불가능하게 될 가능성을 인식하고 물품을 납품받은 경우 → ○

정선 해설

[❶ ▸ ×] 피해자가 13세 미만의 여자라는 객관적 사실로부터 피고인이 그 사실을 알고 있었다는 점이 추단된다고 볼 만한 경험칙 기타 사실상 또는 법적 근거는 이를 어디서도 찾을 수 없다(대판 2012.8.30. 2012도7377).

[❷ ▸ ○] 피고인이 자기들의 가해행위로 인하여 피해자가 사망할 수도 있다는 사실을 인식하지 못하였다고는 볼 수 없고, 오히려 살인의 미필적 고의가 있었다고 볼 수 있다(대판 2002.10.25. 2002도4089).

[❸ ▸ ○] 성을 사는 행위를 알선하는 행위를 업으로 하는 자가 성매매 알선을 위한 종업원을 고용하면서 고용대상자에 대하여 아동·청소년의 보호를 위한 위와 같은 연령확인의무의 이행을 다하지 아니한 채 아동·청소년을 고용하였다면, 특별한 사정이 없는 한 적어도 아동·청소년의 성을 사는 행위의 알선에 관한 미필적 고의는 인정된다고 봄이 타당하다(대판 2014.7.10. 2014도5173).

관련판례 **대판 2001.8.21. 2001도3295, 대판 2002.6.28. 2002도2425**

- 여관업을 하는 자로서는 이성혼숙하려는 자의 외모나 차림 등에 의하여 청소년이라고 의심할 만한 사정이 있는 때에는 신분증이나 기타 확실한 방법에 의하여 청소년인지 여부를 확인하고 청소년이 아닌 것으로 확인된 경우에만 이성혼숙을 허용하여야 할 것이므로, 위와 같은 경우 신분증을 소지하지 않았다는 말을 듣고 단지 구두로만 연령을 확인하여 이성혼숙을 허용하였다면, 적어도 청소년 이성혼숙에 관한 미필적 고의가 있다고 보아도 좋을 것이다.
- 유흥업소의 업주로서는 다른 공적 증명력 있는 증거를 확인해 봄이 없이 단순히 건강진단결과서상의 생년월일 기재만을 확인하는 것으로는 청소년보호를 위한 연령확인의무 이행을 다한 것으로 볼 수 없고, 따라서 이러한 의무이행을 다하지 아니한 채 대상자가 성인이라는 말만 믿고 타인의 건강진단결과서만을 확인한 채 청소년을 청소년유해업소에 고용한 업주에게는 적어도 청소년 고용에 관한 미필적 고의가 있다.

[❹ ▸ ○] 피고인이 경영하던 기업이 도산이 불가피한 상황에 이르렀는데 피고인이 특별한 금융혜택을 받을 수 없음에도 위 상황을 숨기고 대금지급이 불가능하게 될 가능성을 충분히 인식하면서 피해자로부터 생산자재용 물품을 납품받았다면 편취의 미필적 범의가 인정된다(대판 1983.5.10. 83도340[전합]).

답 ❶

제1장 제2장 제3장

052 □□□

고의와 과실에 대한 설명으로 가장 적절하지 않은 것은?(다툼이 있는 경우 판례에 의함)

21 경찰채용

① 채권자 A가 채무자 甲의 신용상태를 인식하고 있어 장래의 변제지체 또는 변제불능에 대한 위험을 예상하고 있거나 예상할 수 있었다면, 甲이 구체적인 변제의사, 변제능력, 거래조건 등 거래 여부를 결정지을 수 있는 중요한 사항을 허위로 말하였다는 등의 사정이 없는 한, 그 후 제대로 변제하지 못했다는 사실만으로 甲에게 사기죄의 고의가 있다고 볼 수 없다.

② 방조범은 정범의 실행을 방조한다는 방조의 고의와 정범의 행위가 구성요건에 해당하는 행위인 점에 대한 정범의 고의가 있어야 하나, 이 경우 정범의 고의는 적어도 정범에 의하여 실현되는 범죄의 구체적 내용을 인식할 것을 필요로 한다.

③ 전기배선이 벽 내부에 매립 설치되어 건물 구조의 일부를 이루고 있다면 그에 관한 관리책임은 일반적으로 소유자에게 있다고 보아야 하나, 그 전기배선을 임차인이 직접 하였으며 그 이상을 미리 알았거나 알 수 있었다는 등의 특별한 사정이 있는 때에는 임차인에게도 그 부분의 하자로 인한 화재를 예방할 주의의무가 인정될 수 있다.

④ 甲은 A와 함께 술을 마시고 중앙선에 서서 도로횡단을 중단한 상황에서 지나가는 차량의 유무를 확인하지 아니하고 고개를 숙인 채 서 있는 A의 팔을 갑자기 잡아끌어 무단횡단을 하다가 지나가던 차량에 A가 충격당하여 사망한 경우, 甲이 술에 취해 있었다 하더라도 甲에게는 A의 안전을 위하여 차량의 통행 여부 및 횡단 가능 여부를 확인하여야 할 주의의무가 인정된다.

정선 핵심

① 변제지체 또는 변제불능 위험을 예상하고 있거나 예상할 수 있었던 경우 → 사기죄의 고의 ×
② 방조범의 정범의 고의 → 정범에 의한 범죄의 구체적 내용 인식 불요
③ 전기배선을 임차인이 하였으며 이상을 알았거나 알 수 있었다는 사정이 있는 경우 → 임차인에게 화재예방 주의의무 O
④ 중앙선에서 A의 팔을 잡아끌어 무단횡단을 하다가 차량에 충격당하여 사망한 경우 → 차량의 통행 여부 등을 확인해야 할 주의의무 O

정선 해설

[❶ ▸ O] 판례의 취지를 고려하면, 채권자 A가 채무자 甲의 변제지체 또는 변제불능에 대한 위험을 예상하고 있거나 예상할 수 있었다면, 甲이 중요한 사항을 허위로 말하였다는 등의 사정이 없는 한 甲에게 사기죄의 고의가 있다고 볼 수 없다.

> 피해자가 피고인의 신용상태를 인식하고 있어 장래의 변제지체 또는 변제불능에 대한 위험을 예상하고 있거나 예상할 수 있었다면, 피고인이 구체적인 변제의사, 변제능력, 거래조건 등 거래 여부를 결정지을 수 있는 중요한 사항을 허위로 말하였다는 등의 사정이 없는 한, 피고인이 그 후 제대로 변제하지 못하였다는 사실만 가지고 변제능력에 관하여 피해자를 기망하였다거나 사기죄의 고의가 있었다고 단정할 수 없다(대판 2016.6.9. 2015도18555).

[❷ ▸ ×] 방조범에 있어서 정범의 고의는 정범에 의하여 실현되는 범죄의 구체적 내용을 인식할 것을 요하는 것은 아니고 미필적 인식 또는 예견으로 족하다(대판 2010.3.25. 2008도4228).
[❸ ▸ O] 대판 2009.5.28. 2009도1040
[❹ ▸ O] 甲이 A와 함께 무단횡단을 하는 도중에 지나가는 차량에 의해 A가 사망하는 교통사고가 발생할 가능성이 있으므로 甲에게는 A의 안전을 위하여 차량의 통행 여부 및 횡단 가능 여부를 확인하여야 할 주의의무가 인정된다.

> 중앙선에 서서 도로횡단을 중단한 피해자의 팔을 갑자기 잡아끌고 피해자로 하여금 도로를 횡단하게 만든 피고인으로서는 위와 같이 무단횡단을 하는 도중에 지나가는 차량에 충격당하여 피해자가 사망하는 교통사고가 발생할 가능성이 있으므로, 이러한 경우에는 피고인이 피해자의 안전을 위하여 차량의 통행 여부 및 횡단 가능 여부를 확인하여야 할 주의의무가 있다 할 것이므로, 피고인으로서는 위와 같은 주의의무를 다하지 않은 이상 교통사고와 그로 인한 피해자의 사망에 대하여 과실책임을 면할 수 없다(대판 2002.8.23. 2002도2800).

답 ❷

053 □□□

다음 설명 중 가장 적절하지 않은 것은?(다툼이 있는 경우 판례에 의함) 13 경찰채용

① 살인죄의 성립에 필요한 고의는 살해의 목적이나 계획적인 살해의 의도가 있었던 경우뿐만 아니라 자기의 행위로 인해 타인의 사망의 결과를 발생시킬 만한 가능 또는 위험이 있음을 인식했거나 예견한 경우에도 인정된다.
② 방조범의 고의는 정범의 실행을 방조하는 것에 대한 인식으로써 족하며 정범의 행위가 구성요건에 해당하는 행위인 점에 대한 인식까지 필요로 하지는 않는다.
③ 미필적 고의가 인정되기 위해서는 범죄사실의 발생가능성에 대한 인식과 더불어 범죄사실이 발생할 위험을 용인하는 내심의 의사가 있어야 한다.
④ 협박죄에 있어서의 고의는 일반적으로 보아 사람으로 하여금 공포심을 일으킬 수 있는 정도의 해악을 고지하는 것에 대한 인식 내지 인용을 말하며, 고지한 해악을 실제로 실현할 의도나 욕구는 필요로 하지 않는다.

정선 핵심

① 살인죄의 고의 → 자기의 행위로 사망의 결과를 발생시킬 만한 가능 또는 위험이 있음을 인식했거나 예견한 경우에도 인정
② 방조범의 고의 → 정범의 행위가 구성요건에 해당하는 행위인 점에 대한 인식 필요
③ 미필적 고의 → 범죄사실의 발생가능성에 대한 인식과 발생할 위험을 용인하는 내심의 의사 필요
④ 협박죄의 고의 → 사람에게 공포심을 일으킬 수 있는 정도의 해악을 고지하는 것에 대한 인식 필요

정선 해설

[❶ ▸ O] 대판 2004.6.24. 2002도995
[❷ ▸ ×] 형법상 방조행위는 정범이 범행을 한다는 정을 알면서 그 실행행위를 용이하게 하는 직접·간접의 행위를 말하므로, 방조범은 정범의 실행을 방조한다는 이른바 방조의 고의와 정범의 행위가 구성요건에 해당하는 행위인 점에 대한 정범의 고의가 있어야 한다(대판 2005.4.29. 2003도6056).
[❸ ▸ O] 대판 2004.5.14. 2004도74
[❹ ▸ O] 협박죄에 있어서의 협박이라 함은 일반적으로 보아 사람으로 하여금 공포심을 일으킬 수 있는 정도의 해악을 고지하는 것을 의미하므로 그 주관적 구성요건으로서의 고의는 행위자가 그러한 정도의 해악을 고지한다는 것을 인식, 인용하는 것을 그 내용으로 하고 고지한 해악을 실제로 실현할 의도나 욕구는 필요로 하지 아니하다(대판 1991.5.10. 90도2102).

답 ❷

054 □□□

미필적 고의에 관한 설명 중 가장 적절하지 않은 것은?(다툼이 있는 경우 판례에 의함)

15 경찰승진

① 새로 목사로 부임한 자가 전임목사에 관한 교회 내의 불미스러운 소문의 진위를 확인하기 위하여 이를 교회 집사들에게 물어본 경우 명예훼손에 대한 미필적 고의가 인정된다.
② 미필적 고의가 있었다고 하려면 범죄사실의 발생가능성에 대한 인식이 있음은 물론 나아가 범죄사실이 발생할 위험을 용인하는 내심의 의사가 있어야 한다.
③ 건장한 체격의 군인이 왜소한 체격인 피해자의 목을 15초 내지 20초 동안 세게 졸라 설골이 부러질 정도로 폭력을 행사하였다면, 피해자가 실신하자 피해자에게 인공호흡을 실시하였다 하여도 살인의 미필적 고의가 인정된다.
④ 의무경찰의 지시에 따르지 않고 항의하던 택시운전자가 신경질적으로 갑자기 좌회전하여 택시 우측 앞범퍼 부분으로 의무경찰의 무릎을 들이받은 경우 공무집행방해의 미필적 고의가 있다.

정선 핵심

① 불미스러운 소문을 확인하기 위하여 물어본 경우 → 명예훼손죄의 미필적 고의 ×
② 미필적 고의 → 범죄사실의 발생가능성에 대한 인식과 발생할 위험을 용인하는 내심의 의사 필요
③ 목을 졸라 설골이 부러질 정도로 폭력을 행사한 경우 → 살인죄의 미필적 고의 O
④ 택시범퍼로 의무경찰의 무릎을 들이받은 경우 → 공무집행방해죄의 미필적 고의 O

정선 해설

[❶ ▸ ×] 새로 목사로서 부임한 피고인이 전임목사에 관한 교회내의 불미스러운 소문의 진위를 확인하기 위하여 이를 교회집사들에게 물어보았다면 이는 경험칙상 충분히 있을 수 있는 일로서 명예훼손의 고의 없는 단순한 확인에 지나지 아니하여 사실의 적시라고 할 수 없다 할 것이므로 이 점에서 피고인에게 명예훼손의 고의 또는 미필적 고의가 있을 수 없다(대판 1985.5.28. 85도588).
[❷ ▸ O] 대판 2004.5.14. 2004도74
[❸ ▸ O] 건장한 체격의 군인이 왜소한 체격의 피해자를 폭행하고 특히 급소인 목을 설골이 부러질 정도로 세게 졸라 사망하게 하였다면 최소한 살인의 미필적 고의는 인정된다(대판 2001.3.9. 2000도5590).

[❹ ▸ O] 의무경찰이 직진하여 오는 택시의 운전자에게 좌회전을 지시하고 불과 30㎝ 앞에서 이유를 설명하고 있다가, 택시 운전자가 신경질적으로 갑자기 좌회전하는 바람에 택시 우측 범퍼로 무릎을 들이받힌 경우, 공무집행방해의 미필적 고의가 인정된다(대판 1995.1.24. 94도1949).

답 ❶

055 □□□

고의와 목적에 대한 설명으로 옳은 것은?(다툼이 있는 경우 판례에 의함) 21 경찰간부

① 방조범의 경우에 정범의 고의는 정범에 의하여 실현되는 범죄의 구체적 내용을 인식할 것을 요하는 것은 아니고 미필적 인식 또는 예견으로 족하다.

② 공직선거법 제93조 제1항의 '선거에 영향을 미치게 하기 위하여'는 목적범규정으로서, 그 목적에 대하여는 미필적 인식으로는 부족하고 적극적 의욕이나 확정적 인식을 필요로 한다.

③ 형법 제305조의 미성년자의제강제추행죄의 성립에 필요한 주관적 구성요건요소는 고의만으로는 부족하며, 성욕을 자극·흥분·만족시키려는 주관적 동기 혹은 목적이 존재해야 한다.

④ 미필적 고의를 판단함에 있어 범죄사실이 발생할 가능성을 용인하고 있었는지의 여부는 외부에 나타난 행위의 형태와 행위의 상황 등 구체적인 사정을 기초로 삼아 일반인이라면 범죄사실의 발생가능성을 어떻게 평가할 것인지를 고려하여 일반인의 입장에서 그 심리상태를 추인하여야 한다.

정선 핵심

① 방조범의 정범의 고의 → 정범에 의한 범죄에 대한 미필적 인식으로 충분
② 선거에 영향을 미치게 하기 위하여 → 미필적 인식으로 충분
③ 미성년자의제강제추행죄의 주관적 요소 → 성욕을 자극·흥분·만족시키려는 주관적 동기 불요
④ 미필적 고의의 판단 → 일반인이라면 범죄사실의 발생가능성을 어떻게 평가할 것인지를 고려하여 행위자의 입장에서 심리상태를 추인

정선 해설

[❶ ▸ O] 대판 2018.9.13. 2018도7658

[❷ ▸ X] 공직선거법 제90조 제1항, 제93조 제1항, 제103조 제3항에서 '선거에 영향을 미치게 하기 위하여'라는 전제 아래 그에 정한 행위를 제한하고 있는 것은 고의 이외에 초과주관적 요소로서 '선거에 영향을 미치게 할 목적'을 범죄성립요건으로 규정한 것이므로, 비록 그 목적에 대한 적극적 의욕이나 확정적 인식을 요하지 아니하고 미필적 인식으로 충분하다(대판 2011.6.24. 2011도3447).

[❸ ▸ X] 형법 제305조의 미성년자의제강제추행죄는 '13세 미만의 아동이 외부로부터의 부적절한 성적 자극이나 물리력의 행사가 없는 상태에서 심리적 장애 없이 성적 정체성 및 가치관을 형성할 권익'을 보호법익으로 하는 것으로서, 그 성립에 필요한 주관적 구성요건요소는 고의만으로 충분하고, 그 외에 성욕을 자극·흥분·만족시키려는 주관적 동기나 목적까지 있어야 하는 것은 아니다(대판 2006.1.13. 2005도6791).

[❹ ▸ X] 고의의 일종인 미필적 고의는 중대한 과실과는 달리 범죄사실의 발생가능성에 대한 인식이 있고 나아가 범죄사실이 발생할 위험을 용인하는 내심의 의사가 있어야 한다. 행위자가 범죄사실이 발생할 가능성을 용인하고 있었는지는 행위자의 진술에 의존하지 않고 외부에 나타난 행위의 형태와 행위의 상황 등 구체적인 사정을 기초로 일반인이라면 범죄사실이 발생할 가능성을 어떻게 평가할 것인지를 고려하면서 행위자의 입장에서 그 심리상태를 추인하여야 한다(대판 2017.1.12. 2016도15470).

답 ❶

056 □□□

다음 설명 중 가장 적절하지 않은 것은?(다툼이 있으면 판례에 의함) 16 경찰채용

① 미필적 고의가 인정되기 위해서는 범죄사실의 발생가능성에 대한 인식이 있음은 물론 나아가 범죄사실이 발생할 위험을 용인하는 내심의 의사가 있어야 한다.

② 강도가 베개로 피해자의 머리 부분을 약 3분간 누르던 중 피해자가 저항을 멈추고 사지가 늘어졌음에도 계속하여 누른 행위에 살해의 고의가 있다.

③ 범죄의 고의는 확정적 고의뿐만 아니라 결과발생에 대한 인식이 있고 그를 용인하는 의사인 이른바 미필적 고의도 포함하므로 형법 제307조 제2항의 허위사실 적시에 의한 명예훼손죄 역시 미필적 고의에 의하여도 성립하고, 위와 같은 법리는 형법 제308조의 사자명예훼손죄의 판단에서도 마찬가지로 적용된다.

④ 야간에 신체의 일부가 집 안으로 들어간다는 인식하에 타인의 집의 창문을 열고 집 안으로 얼굴을 들이미는 행위를 하였다면 주거침입죄의 범의는 인정되지 않는다.

정선 핵심

① 미필적 고의 → 범죄사실의 발생가능성에 대한 인식과 발생할 위험을 용인하는 내심의 의사 필요
② 피해자의 머리 부분을 누르던 중 사지가 늘어졌음에도 계속하여 누른 경우 → 살인죄의 고의 O
③ 형법 제307조 제2항, 형법 제308조의 범죄 → 미필적 고의로도 인정
④ 신체의 일부가 들어간다는 인식하에 얼굴을 들이미는 행위를 한 경우 → 주거침입죄의 고의 O

정선 해설

[❶ ▸ O] 대판 2004.5.14. 2004도74

[❷ ▸ O] 강도가 베개로 피해자의 머리 부분을 약 3분간 누르던 중 피해자가 저항을 멈추고 사지가 늘어졌음에도 계속하여 누른 행위에 살해의 고의가 인정된다(대판 2002.2.8. 2001도6425).

> **관련판례** **대판 1994.12.22. 94도2511**
>
> 피고인이 9세의 여자 어린이에 불과하여 항거를 쉽게 제압할 수 있는 피해자의 목을 감아서 졸라 실신시킨 후 그곳을 떠나버린 이상 그와 같은 자신의 가해행위로 인하여 피해자가 사망에 이를 수도 있다는 사실을 인식하지 못하였다고 볼 수 없으므로, 적어도 그 범행 당시에는 피고인에게 살인의 범의가 인정된다.

[❸ ▸ O] 대판 2014.3.13. 2013도12430

[❹ ▸ ×] 판례에 의하면 야간에 신체의 일부가 집 안으로 들어간다는 인식하에 집 안으로 얼굴을 들이미는 행위를 하였다면, 주거침입죄의 범의가 인정되므로 주거침입죄의 기수가 성립한다고 한다.

> 주거침입죄의 범의는 반드시 신체의 전부가 타인의 주거 안으로 들어간다는 인식이 있어야만 하는 것이 아니라 신체의 일부라도 타인의 주거 안으로 들어간다는 인식이 있으면 족하다(대판 1995.9.15. 94도2561).

답 ❹

057 □□□

고의에 대한 설명으로 가장 적절하지 않은 것은?(다툼이 있는 경우 판례에 의함)

17 경찰채용

① 공무원이 여러 차례의 출장반복의 번거로움을 회피하고 민원사무를 신속히 처리한다는 방침에 따라 사전에 출장조사한 다음 출장조사내용이 변동 없다는 확신하에 출장복명서를 작성하고 다만 그 출장일자를 작성일자로 기재한 것이라면 허위공문서 작성의 범의가 있었다고 볼 수 없다.

② 업무방해죄의 성립에 필요한 고의는 반드시 업무방해의 목적이나 계획적인 업무방해의 의도가 있어야만 하는 것은 아니고, 자신의 행위로 인하여 타인의 업무가 방해될 가능성 또는 위험에 대한 인식이나 예견으로 충분하다.

③ 새로 목사로서 부임한 피고인이 전임목사에 관한 교회내의 불미스러운 소문의 진위를 확인하기 위하여 이를 교회집사들에게 물어보았다면, 이는 경험칙상 충분히 있을 수 있는 일로서 명예훼손의 고의 없는 단순한 확인에 지나지 아니하여 사실의 적시라고 할 수 없다.

④ 피고인이 인신구속에 관한 직무를 집행하는 사법경찰관으로서 체포 당시 상황을 고려하여 경험칙에 비추어 현저하게 합리성을 잃지 않은 채 판단하면 체포요건이 충족되지 아니함을 충분히 알 수 있었는데도, 자신의 재량 범위를 벗어난다는 사실을 인식하고 그와 같은 결과를 용인한 채 사람을 체포하여 권리행사를 방해한 경우 직권남용체포죄와 직권남용권리행사방해죄의 고의는 인정되지 않는다.

정선 핵심

① 출장반복을 회피하기 위해 출장복명서를 작성하고 출장일자를 작성일자로 기재한 경우 → 허위공문서작성죄의 고의 ×

② 업무방해죄의 고의 → 업무가 방해될 가능성 또는 위험에 대한 인식·예견으로 충분

③ 불미스러운 소문을 확인하기 위하여 물어본 경우 → 명예훼손죄의 미필적 고의 ×

④ 재량 범위를 벗어난다는 사실을 인식하면서 사람을 체포하여 권리행사를 방해한 경우 → 직권남용체포죄와 직권남용권리행사방해죄 ○

정선 해설

[❶ ▸ ○] 공무원이 여러 차례의 출장반복의 번거로움을 회피하고 민원사무를 신속히 처리한다는 방침에 따라 사전에 출장조사한 다음 출장조사내용이 변동 없다는 확신하에 출장복명서를 작성하고 다만 그 출장일자를 작성일자로 기재한 것이라면 허위공문서 작성의 범의가 있었다고 볼 수 없다(대판 2001.1.5. 99도4101).

[❷ ▸ ○] 대판 2012.5.24. 2009도4141

[❸ ▸ ○] 대판 1985.5.28. 85도588

[❹ ▸ ×] 범죄의 고의는 확정적 고의뿐만 아니라 결과발생에 대한 인식이 있고 이를 용인하는 의사인 이른바 미필적 고의도 포함하므로, 피고인이 인신구속에 관한 직무를 집행하는 사법경찰관으로서 체포 당시 상황을 고려하여 경험칙에 비추어 현저하게 합리성을 잃지 않은 채 판단하면 체포요건이 충족되지 아니함을 충분히 알 수 있었는데도, 자신의 재량 범위를 벗어난다는 사실을 인식하고 그와 같은 결과를 용인한 채 사람을 체포하여 권리행사를 방해하였다면, 직권남용체포죄와 직권남용권리행사방해죄가 성립한다(대판 2017.3.9. 2013도16162).

답 ❹

058 □□□

고의에 관한 설명 중 가장 적절하지 않은 것은?(다툼이 있으면 판례에 의함)

16 경찰승진

① 강도가 베개로 피해자의 머리 부분을 약 3분간 누르던 중 피해자가 저항을 멈추고 사지가 늘어졌음에도 계속 눌러 사망하게 한 경우 살인죄의 고의가 인정되지 않는다.
② 상해죄의 성립에는 상해의 원인인 폭행에 대한 인식이 있으면 충분하고 상해를 가할 의사의 존재까지는 필요하지 않다.
③ 의무경찰의 지시에 따르지 않고 항의하던 택시운전자가 신경질적으로 갑자기 좌회전하여 택시 우측 앞범퍼 부분으로 의무경찰의 무릎을 들이받은 경우 공무집행방해의 미필적 고의가 있다.
④ 유흥업소 업주가 고용대상자가 성인이라는 말만 믿고, 타인의 건강진단결과서만 확인한 채 청소년을 청소년유해업소에 고용한 경우 청소년 고용에 관한 미필적 고의가 있다.

정선 핵심

① 피해자의 머리 부분을 누르던 중 사지가 늘어졌음에도 계속하여 누른 경우 → 살인죄의 고의 ○
② 상해죄 → 상해를 가할 의사 불요
③ 택시범퍼로 의무경찰의 무릎을 들이받은 경우 → 공무집행방해죄의 미필적 고의 ○
④ 타인의 건강진단결과서만 확인한 채 청소년유해업소에 고용한 경우 → 청소년 고용에 관한 미필적 고의 ○

정선 해설

[❶ ▸ ×] 강도가 베개로 피해자의 머리 부분을 약 3분간 누르던 중 피해자가 저항을 멈추고 사지가 늘어졌음에도 계속하여 누른 행위에 살해의 고의가 인정된다(대판 2002.2.8. 2001도6425).

[❷ ▸ ○] 대판 2000.7.4. 99도4341

[❸ ▸ ○] 대판 1995.1.24. 94도1949

[❹ ▸ ○] 유흥업소의 업주로서는 다른 공적 증명력 있는 증거를 확인해 봄이 없이 단순히 건강진단결과서상의 생년월일 기재만을 확인하는 것으로는 청소년보호를 위한 연령확인의무 이행을 다한 것으로 볼 수 없고, 따라서 이러한 의무이행을 다하지 아니한 채 대상자가 성인이라는 말만 믿고 타인의 건강진단결과서만을 확인한 채 청소년을 청소년유해업소에 고용한 업주에게는 적어도 청소년 고용에 관한 미필적 고의가 있다(대판 2002.6.28. 2002도2425).

답 ❶

059 □□□

다음 설명 중 가장 옳지 않은 것은?(다툼이 있는 경우 판례에 의함) 19 경찰간부

① 공무원이 여러 차례의 출장반복의 번거로움을 회피하고 민원사무를 신속히 처리한다는 방침에 따라 사전에 출장조사를 한 다음 출장조사내용이 변동 없다는 확신하에 출장복명서를 작성하고 다만 그 출장일자를 작성일자로 기재한 것이라면 허위공문서 작성의 범의가 있다고 볼 수 없다.

② 금성호의 선장 甲은 피조개양식장에 피해를 주지 않기 위해 양식장까지의 거리가 약 30미터가 되도록 선박의 닻줄을 7샤클(175미터)에서 5샤클(125미터)로 감아 놓았는데, 태풍을 만나게 되면서 선박의 안전을 위하여 선박의 닻줄을 7샤클로 늘여 놓았다가 피조개양식장을 침범하여 물적 피해를 야기한 경우 손괴의 범의가 있다고 볼 수 있다.

③ 甲이 乙등 3명과 싸우다가 힘이 달리자 식칼을 가지고 이들 3명을 상대로 휘두르다가 이를 말리면서 식칼을 빼앗으려던 피해자 丙에게 상해를 입혔다면 상해를 입은 사람이 목적한 사람이 아닌 다른 사람이라 하더라도 甲은 상해죄의 죄책을 진다.

④ 미필적 고의는 범죄사실의 발생가능성에 대한 인식이 있고 범죄사실이 발생할 위험을 용인하는 내심의 의사가 있어야 하는데, 범죄사실이 발생할 가능성을 용인하고 있었는지는 행위자의 진술에 의존하지 않고 외부에 나타난 행위의 형태와 행위의 상황 등 구체적인 사정을 기초로 일반인이라면 범죄사실이 발생할 가능성을 어떻게 평가할 것인지를 고려하면서 일반인의 입장에서 그 심리상태를 추인하여야 한다.

정선 핵심

① 출장반복을 회피하기 위해 출장복명서를 작성하고 출장일자를 작성일자로 기재한 경우 → 허위공문서작성죄의 고의 ×

② 선박의 닻줄을 놓았다가 피조개양식장에 물적 피해를 야기한 경우 → 손괴의 범의 ○

③ 식칼을 가지고 3명을 상대로 휘두르다가 피해자에게 상해를 입힌 경우 → 상해죄 ○

④ 미필적 고의의 판단 → 일반인이라면 범죄사실의 발생가능성을 어떻게 평가할 것인지를 고려하여 행위자의 입장에서 심리상태를 추인

정선 해설

[❶ ▸ ○] 대판 2001.1.5. 99도4101

[❷ ▸ ○] 판례의 취지를 고려하면, 금성호의 선장 甲에게 손괴의 범의가 있다고 볼 수 있으나 긴급피난에 해당하여 위법성이 조각됨을 유의하여야 한다.

> 피고인들이 피조개양식장에 피해를 주지 아니하도록 할 의도에서 선박의 닻줄을 7샤클(175미터)에서 5샤클(125미터)로 감아 놓았고 그 경우에 피조개양식장까지의 거리는 약 30미터까지 근접한다는 것이므로 닻줄을 50미터 더 늘여서 7샤클로 묘박하였다면 선박이 태풍에 밀려 피조개양식장을 침범하여 물적 손해를 입히리라는 것은 당연히 예상되는 것이고, 그럼에도 불구하고 태풍에 대비한 선박의 안전을 위하여 선박의 닻줄을 7샤클로 늘여 놓았다면 이는 피조개양식장의 물적 피해를 인용한 것이라 할 것이어서 재물손괴의 점에 대한 미필적 고의를 인정할 수 있다(대판 1987.1.20. 85도221).

[❸ ▸ ○] 대판 1987.10.26. 87도1745

[❹ ▸ ×] 고의의 일종인 미필적 고의는 중대한 과실과는 달리 범죄사실의 발생가능성에 대한 인식이 있고 나아가 범죄사실이 발생할 위험을 용인하는 내심의 의사가 있어야 한다. 행위자가 범죄사실이 발생할 가능성을 용인하고 있었는지는 행위자의 진술에 의존하지 않고 외부에 나타난 행위의 형태와 행위의 상황 등 구체적인 사정을 기초로 일반인이라면 범죄사실이 발생할 가능성을 어떻게 평가할 것인지를 고려하면서 행위자의 입장에서 그 심리상태를 추인하여야 한다(대판 2017.1.12. 2016도15470).

답 ❹

060 □□□

고의에 관한 설명 중 옳지 않은 것을 모두 고른 것은?(다툼이 있는 경우 판례에 의함)

17 변시

ㄱ. 부진정부작위범의 고의는 결과발생을 쉽게 방지할 수 있었음을 예견하고도 결과발생을 용인하고 이를 방관하는 미필적 고의만으로는 족하지 않다.
ㄴ. 부진정결과적 가중범의 경우 중한 결과에 대한 고의가 있어도 결과적 가중범이 성립한다.
ㄷ. 일반물건방화죄의 경우 '공공의 위험 발생'은 고의의 내용이므로 행위자는 이를 인식할 필요가 있다.
ㄹ. 친족상도례가 적용되기 위하여는 친족관계가 객관적으로 존재하고, 행위자가 이를 인식하여야 한다.
ㅁ. 형법 제331조 제2항(흉기휴대절도)의 특수절도죄에서 행위자는 흉기를 휴대하고 있다는 사실을 인식할 필요가 없다.

① ㄱ, ㄴ
② ㄴ, ㄷ
③ ㄱ, ㄷ, ㅁ
④ ㄱ, ㄹ, ㅁ
⑤ ㄷ, ㄹ, ㅁ

정선 핵심

ㄱ. 부진정부작위범의 고의 → 작위의무를 가지고 있는 자가 결과발생의 방지가능성을 예견하고도 의무를 이행하지 않는다는 인식 필요
ㄴ. 중한 결과에 대한 고의가 있는 경우 → 부진정결과적 가중범 O
ㄷ. 일반물건방화죄의 공공의 위험 발생 → 행위자는 이를 인식할 필요
ㄹ. 친족상도례 → 고의의 인식대상 ×
ㅁ. 흉기휴대절도의 고의 → 흉기를 휴대하고 있다는 사실을 인식할 필요

정선 해설

[ㄱ ▸ ×] 부진정부작위범의 고의는 반드시 구성요건적 결과 발생에 대한 목적이나 계획적인 범행의도가 있어야 하는 것은 아니고 법익침해의 결과 발생을 방지할 법적 작위의무를 가지고 있는 사람이 의무를 이행함으로써 결과발생을 쉽게 방지할 수 있었음을 예견하고도 결과발생을 용인하고 이를 방관한 채 의무를 이행하지 아니한다는 인식을 하면 족하며, 이러한 작위의무자의 예견 또는 인식 등은 확정적인 경우는 물론 불확정적인 경우이더라도 미필적 고의로 인정될 수 있다(대판 2015.11.12. 2015도6809[전합]).

[ㄴ ▸ O] 대판 2008.11.27. 2008도7311

[ㄷ ▸ O] 일반물건방화죄는 구체적 위험범이므로 공공의 위험을 발생하게 한다는 사실에 대한 고의가 있어야 한다.

[ㄹ ▸ ×] 친족상도례는 객관적 구성요건요소가 아니라 인적 처벌조각사유이므로 고의의 인식대상에 해당하지 아니한다.

[ㅁ ▸ ×] 흉기의 휴대는 행위태양으로 객관적 구성요건요소이므로 행위자는 흉기를 휴대하고 있다는 사실을 인식하여야 한다.

답 ④

제1장 제2장 제3장

061
□□□

고의에 관한 다음 설명 중 가장 적절하지 않은 것은?(다툼이 있으면 판례에 의함)

15 경찰채용

① 유흥업소 업주가 고용대상자가 성인이라는 말만 믿고, 타인의 건강진단결과서만 확인한 채 청소년을 청소년유해업소에 고용한 경우 청소년 고용에 관한 미필적 고의가 있다.
② 공무집행방해죄에 있어서의 범의는 상대방이 직무를 집행하는 공무원이라는 사실, 그리고 이에 대하여 폭행 또는 협박을 한다는 사실을 인식하는 것을 그 내용으로 하며, 그 직무집행을 방해할 의사를 필요로 하지 아니한다.
③ 새로 목사로 부임한 자가 전임목사에 관한 교회 내의 불미스러운 소문의 진위를 확인하기 위하여 이를 교회집사들에게 물어본 경우 명예훼손에 대한 미필적 고의가 있다.
④ 제1종 운전면허 소지자인 피고인이 정기적성검사기간 내에 적성검사를 받지 아니한 경우 피고인이 적성검사기간 도래 여부에 관한 확인을 게을리하여 기간이 도래되었음을 알지 못하였더라도 적성검사기간 내에 적성검사를 받지 않는 데 대한 고의가 있다.

정선 핵심

① 타인의 건강진단결과서만 확인한 채 청소년유해업소에 고용한 경우 → 청소년 고용에 관한 미필적 고의 ○
② 공무집행방해죄의 고의 → 직무집행을 방해할 의사 ×
③ 불미스러운 소문을 확인하기 위하여 물어본 경우 → 명예훼손죄의 미필적 고의 ×
④ 정기적성검사기간 내에 적성검사를 받지 않은 경우 → 적성검사미필에 대한 고의 ○

정선 해설

[❶ ▸ ○] 대판 2002.6.28. 2002도2425
[❷ ▸ ○] 공무집행방해죄에 있어서의 범의는 상대방이 직무를 집행하는 공무원이라는 사실, 그리고 이에 대하여 폭행 또는 협박을 한다는 사실을 인식하는 것을 그 내용으로 하고, 그 인식은 불확정적인 것이라도 소위 미필적 고의가 있다고 보아야 하며, 그 직무집행을 방해할 의사를 필요로 하지 아니한다(대판 1995.1.24. 94도1949).

비교판례 **대판 1970.1.27. 69도2260**
위계에 의한 공무집행방해죄가 성립되려면 자기의 위계행위로 인하여 공무집행을 방해하려는 의사가 있을 경우에 한한다고 보는 것이 상당하다 할 것이다.

[❸ ▸ ×] 새로 목사로서 부임한 피고인이 전임목사에 관한 교회내의 불미스러운 소문의 진위를 확인하기 위하여 이를 교회집사들에게 물어보았다면 이는 경험칙상 충분히 있을 수 있는 일로서 명예훼손의 고의 없는 단순한 확인에 지나지 아니하여 사실의 적시라고 할 수 없다 할 것이므로 이 점에서 피고인에게 명예훼손의 고의 또는 미필적 고의가 있을 수 없다(대판 1985.5.28. 85도588).
[❹ ▸ ○] 제1종 운전면허 소지자인 피고인이 정기적성검사기간 내에 적성검사를 받지 아니하였다고 하여 구 도로교통법 위반으로 기소된 경우, 운전면허증소지자가 운전면허증만 꺼내 보아도 쉽게 알 수 있는 정도의 노력조차 기울이지 않는 것은 적성검사기간 내에 적성검사를 받지 못하게 되는 결과에 대한 방임이나 용인의 의사가 존재한다고 봄이 타당한 점 등에 비추어 볼 때, 피고인이 적성검사기간 도래 여부에 관한 확인을 게을리하여 기간이 도래하였음을 알지 못하였더라도 적성검사기간 내에 적성검사를 받지 않는 데 대한 미필적 고의는 있었다고 봄이 타당하다(대판 2014.4.10. 2012도8374).

관련판례 **대판 2002.10.22. 2002도4203**
면허증에 그 유효기간과 적성검사를 받지 아니하면 면허가 취소된다는 사실이 기재되어 있고, 이미 적성검사 미필로 면허가 취소된 전력이 있는데도 면허증에 기재된 유효기간이 5년 이상 지나도록 적성검사를 받지 아니한 채 자동차를 운전하였다면 비록 적성검사 미필로 인한 운전면허 취소사실이 통지되지 아니하고 공고되었다 하더라도 면허취소사실을 알고 있었다고 보아야 하므로 무면허운전죄가 성립한다.

답 ❸

062
□□□

고의에 대한 설명으로 옳은 것은?(다툼이 있는 경우 판례에 의함) 17 국가9급

① 살인죄에서의 고의는 자기행위로 인하여 타인의 사망결과를 발생시킬 만한 가능성 또는 위험성이 있음을 인식·예견함과 동시에 사망의 결과 발생에 대한 희망을 필요로 한다.
② 운전면허가 취소된 상태에서 운전자가 면허가 취소되었다는 사실을 인식하지 못하고 자동차를 운전한 경우 도로교통법상 무면허운전죄에 해당하지 않는다.
③ 유흥업소의 업주가 고용희망자의 것이 아닌 타인의 건강진단결과서상의 생년월일 기재만을 확인하고 자신이 성인이라는 청소년의 말을 믿고 청소년을 고용한 경우, 청소년 고용에 대한 미필적 고의가 있다고 볼 수 없다.
④ 새로 부임한 목사가 전임목사에 대한 좋지 않은 소문의 진위를 확인하기 위해 교회의 집사들에게 이에 대해 물었다면 명예훼손의 고의 혹은 미필적 고의가 인정된다.

정선 핵심

① 살인의 고의 → 미필적 고의로도 충분
② 면허취소 사실을 인식하지 못하고 자동차를 운전한 경우 → 무면허운전죄 ×
③ 타인의 건강진단결과서만 확인한 채 청소년유해업소에 고용한 경우 → 청소년 고용에 관한 미필적 고의 ○
④ 불미스러운 소문을 확인하기 위하여 물어본 경우 → 명예훼손죄의 미필적 고의 ×

정선 해설

[❶ ▸ ×] 살인죄의 범의는 자기의 행위로 인하여 피해자가 사망할 수도 있다는 사실을 인식, 예견하는 것으로 족하지 피해자의 사망을 희망하거나 목적으로 할 필요는 없고, 확정적인 고의가 아닌 미필적 고의로도 족하다(대판 2002.10.25. 2002도4089).

[❷ ▸ ○] 대판 2004.12.10. 2004도6480

[❸ ▸ ×] 유흥업소의 업주로서는 다른 공적 증명력 있는 증거를 확인해 봄이 없이 단순히 건강진단결과서상의 생년월일 기재만을 확인하는 것으로는 청소년보호를 위한 연령확인의무 이행을 다한 것으로 볼 수 없고, 따라서 이러한 의무이행을 다하지 아니한 채 대상자가 성인이라는 말만 믿고 타인의 건강진단결과서만을 확인한 채 청소년을 청소년유해업소에 고용한 업주에게는 적어도 청소년 고용에 관한 미필적 고의가 있다(대판 2002.6.28. 2002도2425).

[❹ ▸ ×] 새로 목사로서 부임한 피고인이 전임목사에 관한 교회내의 불미스러운 소문의 진위를 확인하기 위하여 이를 교회집사들에게 물어보았다면 이는 경험칙상 충분히 있을 수 있는 일로서 명예훼손의 고의 없는 단순한 확인에 지나지 아니하여 사실의 적시라고 할 수 없다 할 것이므로 이 점에서 피고인에게 명예훼손의 고의 또는 미필적 고의가 있을 수 없다(대판 1985.5.28. 85도588).

답 ❷

063 □□□

다음은 고의에 대한 설명이다. 가장 적절하지 않은 것은?(다툼이 있는 경우 판례에 의함)

13 경찰채용

① 살인죄에 있어 범의는 자기의 행위로 인하여 타인의 사망의 결과를 발생시킬 만한 가능 또는 위험이 있음을 인식 또는 예견하면 족한 것이고 사망의 결과 발생 또는 희망할 것은 필요치 않는다.

② 운전면허증 앞면에 적성검사기간이 기재되어 있고 뒷면 하단에 경고 문구가 있다는 점만으로 피고인이 정기적성검사 미필로 면허가 취소된 사실을 미필적으로나마 인식하였다고 추단하기 어렵다.

③ 상해죄의 성립에는 상해의 원인인 폭행에 대한 인식이 있으면 충분하고 상해를 가할 의사의 존재까지는 필요하지 않다.

④ 甲이 인터넷사이트 내 자살 관련 카페 게시판에 청산염 등 자살용 유독물의 판매광고를 한 행위가 금원의 편취목적으로 이루어지고, 변사자들이 다른 경로로 입수한 청산염을 이용하여 자살한 경우 甲은 자살방조죄에 해당한다.

정선 핵심

① 살인의 고의 → 미필적 고의로도 충분
② 적성검사기간과 경고 문구가 있는 경우 → 면허가 취소된 사실 인식 ×
③ 상해죄 → 상해를 가할 의사 불요
④ 청산염 등 자살용 유독물의 판매광고를 한 경우 → 자살방조죄 ×

정선 해설

[❶ ▸ O] 대판 2002.10.25. 2002도4089

[❷ ▸ O] 운전면허증 앞면에 적성검사기간이 기재되어 있고, 뒷면 하단에 경고 문구가 있다는 점만으로 피고인이 정기적성검사 미필로 면허가 취소된 사실을 미필적으로나마 인식하였다고 추단하기 어렵다(대판 2004.12.10. 2004도6480).

[❸ ▸ O] 상해죄의 성립에는 상해의 원인인 폭행에 대한 인식이 있으면 충분하고 상해를 가할 의사의 존재까지는 필요하지 않다(대판 2000.7.4. 99도4341).

[❹ ▸ ×] 피고인이 인터넷 사이트 내 자살 관련 카페 게시판에 청산염 등 자살용 유독물의 판매광고를 한 행위가 단지 금원편취목적의 사기행각의 일환으로 이루어졌고, 변사자들이 다른 경로로 입수한 청산염을 이용하여 자살한 사정 등에 비추어 보면, 피고인의 행위는 자살방조에 해당하지 않는다(대판 2005.6.10. 2005도1373).

답 ❹

정선지문OX

01 범죄자 자신이 14세 이상이라는 사실은 고의의 인식대상에 해당한다. 13 사시 O | X

02 무고죄에 있어서 범의는 반드시 확정적 고의임을 요하지 아니하고 미필적 고의로 족하므로 무고죄는 그 신고사실이 허위라는 것을 확신함을 필요로 하지 않는다. 18 해경간부 O | X

03 장물알선죄에 있어서 장물의 인식은 확정적 인식임을 요하지 않으며, 장물일지도 모른다는 의심을 가지는 정도의 미필적 인식으로 충분하다. 18 해경간부 O | X

04 장물취득죄에 있어서 장물의 인식은 미필적 인식만으로는 부족하고 확정적 인식임을 요한다. 또한 장물인 정을 알고 있었느냐의 여부는 장물소지자의 신분, 재물의 성질, 거래의 대가, 기타 상황을 참작하여 인정할 수 있다. 14 국가7급 O | X

05 살인예비죄가 성립하기 위해서는 살인죄를 범할 목적 외에도 살인의 준비에 관한 고의가 있어야 한다. 17 국가7급 O | X

06 채권자가 채무자의 신용상태를 인식하고 있어 장래의 변제지체 또는 변제불능에 대한 위험을 예상하고 있거나 예상할 수 있었다면, 채무자가 구체적인 변제의사 · 변제능력 · 거래조건 등 거래 여부를 결정할 수 있는 중요한 사항을 허위로 말하였다는 등의 사정이 없는 한, 채무자가 그 후 제대로 변제하지 못하였다는 사실만 가지고 사기죄의 고의가 있었다고 단정할 수 없다. 17 국가7급 O | X

07 행정상의 단속을 주안으로 하는 법규라 하더라도 '명문규정이 있거나 해석상 과실범도 벌할 뜻이 명확한 경우'를 제외하고는 형법의 원칙에 따라 '고의'가 있어야 벌할 수 있다. 14 경찰승진 O | X

08 채무자가 차용원리금을 변제공탁한 것을 채권자가 아무런 이의 없이 이를 수령하고서도 담보물에 대한 경매절차에 대하여 손을 쓰지 아니하는 바람에 타인에게 경락되게 하고 그 부동산의 경락잔금까지 받아간 경우 배임죄의 미필적 고의가 인정된다. 14 경찰승진 O | X

09 여관업을 하는 자가 신분증을 소지하지 않았다는 말을 듣고 단지 구두로만 연령을 확인하여 이성혼숙을 허용하였다면 청소년 이성혼숙에 대한 미필적 고의가 인정된다. 14 경찰승진 O | X

01 책임과 관련된 사실은 고의의 인식대상이 아니다.

02 대판 1997.3.28. 96도2417

03 대판 1969.1.21. 68도1474

04 장물의 인식은 미필적 인식으로 족하다(대판 2004.12.9. 2004도5904).

05 대판 2009.10.29. 2009도7150

06 대판 2016.6.9. 2015도18555

07 대판 2010.2.11. 2009도9807

08 대판 1988.12.13. 88도184

09 대판 2001.8.21. 2001도3295

정답

01 × 02 ○ 03 ○ 04 ×
05 ○ 06 ○ 07 ○ 08 ○
09 ○

제5관 | 구성요건적 착오

064 □□□

구성요건적 착오에 대한 설명으로 가장 적절한 것은? 21 경찰채용

① 甲이 친구 A를 살해하려고 독약을 놓아두었으나 친구 B가 이를 마시게 되어 사망한 경우, 구체적 부합설과 법정적 부합설 모두 B에 대한 살인죄를 인정한다.

② 甲이 친구 A를 친구 B로 착각하여 살해한 경우, 구체적 부합설의 입장에서는 B에 대한 살인미수와 A에 대한 과실치사죄의 상상적 경합이 된다고 본다.

③ 甲이 친구 A를 살해하려고 하였으나 주위가 어두워 자신의 장모 B를 A로 오인하여 살해한 경우, 판례는 보통살인죄의 형으로 처단하여야 한다고 본다.

④ 甲이 살인의 고의로 친구 A의 머리를 내리쳐 A가 실신하자(제1행위), 그가 죽은 것으로 오인하여 웅덩이에 파묻었는데(제2행위) 실제로는 질식사한 것으로 밝혀진 경우, 판례는 제1행위에 의한 살인미수와 제2행위에 의한 과실치사죄의 실체적 경합을 인정한다.

정선 핵심

① A를 살해하려고 놓아 둔 독약을 B가 마시고 사망한 경우
⇢ 구체적 부합설 : A에 대한 살인미수죄와 B에 대한 과실치사죄의 상상적 경합
⇢ 법정적 부합설 : B에 대한 살인죄

② A를 B로 착각하여 살해한 경우 → 구체적 부합설에 의하면 A에 대한 살인죄

③ A를 살해하려고 하였으나 장모 B를 A로 오인하여 살해한 경우 → B에 대한 보통살인죄

④ 살인의 고의로 A의 머리를 내리쳐 실신하자 웅덩이에 파묻어 乙이 질식사한 경우 → 살인죄

정선 해설

[❶ ▸ ×] 구체적 사실의 착오 중 방법의 착오사례이다. 구체적 부합설에 의하면 A에 대한 살인미수죄와 B에 대한 과실치사죄의 상상적 경합이 성립한다. 법정적 부합설에 의하면 발생사실인 B에 대한 살인죄가 성립한다.

[❷ ▸ ×] 구체적 사실의 착오 중 객체의 착오사례이다. 구체적 부합설에 의하면 A에 대한 살인죄가 성립한다.

[❸ ▸ O] 판례의 취지를 고려하면, 甲이 장모 B임을 인식하지 못하였으므로 장모 B에 대한 보통살인죄로 처벌된다.

> 직계존속임을 인식치 못하고 살인을 한 경우는 형법 제15조 소정의 특히 중한 죄가 되는 사실을 인식하지 못한 행위에 해당한다(대판 1960.10.31. 4293형상494).

[❹ ▸ ×] 甲에 의하여 피해자 A의 살해라는 처음에 예견된 사실이 결국 실현된 것이므로 甲은 살인죄의 죄책을 지게 된다.

> 피해자가 피고인들의 살해의 의도로 행한 구타행위에 의하여 직접 사망한 것이 아니라 죄적을 인멸할 목적으로 행한 매장행위에 의하여 사망하게 되었다 하더라도 전 과정을 개괄적으로 보면 피해자의 살해라는 처음에 예견된 사실이 결국 실현된 것으로서 피고인들은 살인죄의 죄책을 면할 수 없다(대판 1988.6.27. 88도650).

답 ❸

065 □□□

사실의 착오에 대한 설명 중 가장 적절하지 않은 것은? 20 경찰승진

① 甲이 형 A를 살해하기 위하여 집에 들어가 칼로 찔렀는데, 아버지 B를 A로 오인하고 살해한 경우 판례에 따르면 A에 대한 살인미수죄와 B에 대한 존속살해죄의 상상적 경합이 된다.
② 甲이 A를 살해하기 위하여 A의 집안에 독극물이 든 음료수를 두었는데, 예상과 달리 놀러 온 친구 B가 이를 마시고 사망한 경우 판례에 따르면 B에 대한 살인죄가 성립한다.
③ 甲이 상해의 고의로 A를 향해 돌을 던졌으나 빗나가는 바람에 옆에 있던 B가 맞아 상해를 입은 경우 구체적 부합설에 따르면 A에 대한 상해미수죄와 B에 대한 과실치상죄의 상상적 경합이 된다.
④ 甲은 자신을 괴롭히는 직장동료 A를 상해하기 위하여 늦은 밤 퇴근하는 A의 무릎을 몽둥이로 강타하였는데, 알고 보니 외모가 비슷한 B가 맞아 상해를 입은 경우 법정적 부합설에 따르면 B에 대한 상해죄가 성립한다.

정선 핵심

① 아버지 B를 A로 오인하고 살해한 경우 → B에 대한 보통살인죄(판례)
② A를 살해하기 위한 음료수를 B가 마시고 사망한 경우 → B에 대한 살인죄(판례)
③ 상해의 고의로 A를 향해 돌을 던졌으나 옆의 B가 맞아 상해를 입은 경우 → 구체적 부합설에 따르면 A에 대한 상해미수죄와 B에 대한 과실치상죄의 상상적 경합
④ A를 상해하기 위하여 무릎을 강타하였는데, 외모가 비슷한 B가 맞아 상해를 입은 경우 → 법정적 부합설에 의하면 B에 대한 상해죄

정선 해설

[❶ ▸ ×] 판례의 취지를 고려하면, 甲이 아버지 B임을 인식하지 못하였으므로 B에 대한 보통살인죄로 처벌된다.

> 직계존속임을 인식치 못하고 살인을 한 경우는 형법 제15조 소정의 특히 중한 죄가 되는 사실을 인식하지 못한 행위에 해당한다(대판 1960.10.31. 4293형상494).

[❷ ▸ O] 구체적 사실의 착오 중 방법의 착오사례이다. 법정적 부합설에 의하면 B에 대한 살인죄가 성립한다.
[❸ ▸ O] 구체적 사실의 착오 중 방법의 착오사례이다. 구체적 부합설에 의하면 A에 대한 상해미수죄와 B에 대한 과실치상죄의 상상적 경합이 성립한다.
[❹ ▸ O] 구체적 사실의 착오 중 객체의 착오사례이다. 법정적 부합설에 의하면 발생사실에 대한 고의기수를 인정하므로 B에 대한 상해죄가 성립한다.

답 ❶

066 □□□

사실의 착오(구성요건적 착오)에 관한 설명으로 옳은 것을 모두 고른 것은? 19 경찰채용

ㄱ. 형법에는 사실의 착오에 관한 규정이 없어, 사실의 착오 문제를 해결하는 것은 오롯이 학설에 위임되어 있다.
ㄴ. 乙을 살해할 의사로 乙을 향해 총을 쐈으나 빗나가 옆에 있던 丙에게 명중하여 丙이 사망한 경우 구체적 부합설과 법정적 부합설의 결론이 다르다.
ㄷ. 판례의 입장에 따르면 ㄴ.의 사례에서 乙에 대한 살인죄의 미수와 丙에 대한 과실치사죄의 상상적 경합이 성립한다.
ㄹ. 추상적 부합설에 따르면 ㄴ.의 사례에서 살인죄의 고의기수가 성립한다.
ㅁ. 법정적 부합설은 사람을 살해할 의사로 사람을 살해했음에도 불구하고 살인미수라고 하는 것은 일반인의 법감정에 반한다는 비판을 받는다.

① ㄱ, ㄴ ② ㄴ, ㄹ
③ ㄱ, ㄷ ④ ㄷ, ㅁ

정선 핵심

ㄱ. 사실의 착오에 관한 규정 → 형법 제13조, 제15조
ㄴ.·ㄷ.·ㄹ. 乙을 살해할 의사로 총을 쐈으나 옆의 丙에게 명중하여 사망한 경우
⇢ 구체적 부합설 : 乙에 대한 살인미수죄와 丙에 대한 과실치사죄의 상상적 경합
⇢ 법정적 부합설(판례), 추상적 부합설 : 丙에 대한 살인죄
ㅁ. 살해할 의사로 살해했음에도 살인미수라는 것은 법감정에 반한다는 비판 → 구체적 부합설에 대한 비판

정선 해설

[ㄱ ▸ ×] 형법은 사실의 착오(구성요건적 착오)에 관한 규정으로 형법 제13조, 제15조를 규정하고 있다. 다만, 형법 제13조, 제15조는 발생사실에 대한 고의조각을 인정하고 있을 뿐이어서 착오의 경우에 어느 범위 내에서 고의를 인정할 것인가는 학설에 맡겨져 있다.

[ㄴ ▸ O] [ㄹ ▸ O] 구체적 사실의 착오 중 방법의 착오사례이다. 구체적 부합설에 의하면 乙에 대한 살인미수죄와 丙에 대한 과실치사죄의 상상적 경합이 성립한다. 법정적 부합설, 추상적 부합설에 의하면 발생사실인 丙에 대한 살인죄의 성립을 인정한다.

[ㄷ ▸ ×] 판례는 법정적 부합설의 태도를 취하고 있으므로 丙에 대한 살인기수죄를 인정한다.

[ㅁ ▸ ×] 구체적 부합설은 구체적 사실의 착오 중 방법의 착오에서 인식사실에 대해 미수를 인정하고 있으므로 위 지문은 구체적 부합설에 대한 비판으로 보아야 한다.

답 ❷

067 □□□

사실의 착오에 관한 설명 중 옳지 않은 것은 모두 몇 개인가?(다툼이 있으면 판례에 의함)

19 해경간부

> ㄱ. 甲이 乙등 3명과 싸우다가 힘이 달리자 식칼을 가지고 이들을 상대로 휘두르다가 이를 말리면서 식칼을 뺏으려던 피해자 丙에게 상해를 입혔다면 甲은 丙에 대한 과실치상죄의 죄책을 진다.
> ㄴ. 군인 甲이 하사 A를 살해할 목적으로 발사한 총탄에 이를 제지하려고 甲 앞으로 뛰어들던 병장 B가 맞아 사망한 경우 甲은 A에 대한 살인미수죄와 B에 대한 과실치사죄의 상상적 경합이 된다.
> ㄷ. 甲을 乙로 오인하여 살해한 경우 구체적 부합설과 법정적 부합설에 따르면 甲에 대한 과실치사와 乙에 대한 살인미수의 상상적 경합이 된다.
> ㄹ. 아이를 등에 업고 있는 어머니를 살해할 고의로 몽둥이로 내리쳤으나 뜻하지 않게 아이가 머리에 맞아 사망한 경우 법정적 부합설에 따르면 살인죄가 성립한다.
> ㅁ. 구성요건적 사실에 포함되지 않는 범죄의 동기나 책임능력 또는 처벌조각사유에 대한 착오는 사실의 착오가 될 수 없다.

① 2개　　② 3개
③ 4개　　④ 5개

정선 핵심

ㄱ. 식칼을 가지고 3명을 상대로 휘두르다가 피해자에게 상해를 입힌 경우 → 상해죄
ㄴ. A를 살해할 목적으로 발사한 총탄에 B가 맞아 사망한 경우 → B에 대한 살인죄
ㄷ. 甲을 乙로 오인하여 살해한 경우 → 구체적 부합설과 법정적 부합설에 의하면 甲에 대한 살인죄
ㄹ. 어머니를 살해할 고의로 내리쳤으나 어머니 등의 아이가 사망한 경우 → 법정적 부합설에 따르면 살인죄
ㅁ. 범죄의 동기나 책임능력 또는 처벌조각사유에 대한 착오 → 사실의 착오 ×

정선 해설

[ㄱ ▸ ×] 판례의 취지를 고려하면, 지문은 구체적 사실의 착오 중 방법의 착오사례이므로 법정적 부합설에 의하여 발생한 상해사실에 대하여 고의기수책임을 지게 된다.

> 갑이 을등 3명과 싸우다가 힘이 달리자 식칼을 가지고 이들 3명을 상대로 휘두르다가 이를 말리면서 식칼을 뺏으려던 피해자 병에게 상해를 입혔다면 갑에게 상해의 범의가 인정되며 상해를 입은 사람이 목적한 사람이 아닌 다른 사람이라 하여 과실상해죄에 해당한다고 할 수 없다(대판 1987.10.26. 87도1745).

[ㄴ ▸ ×] 지문은 구체적 사실의 착오 중 방법의 착오사례이므로 B에 대한 살인죄가 성립한다.

> "갑"을 살해할 목적으로 총을 발사한 이상 그것이 목적하지 아니한 "을"에게 명중되어 "을"이 사망한 경우에 "을"에 대한 살인의 고의가 있는 것이다(대판 1975.4.22. 75도727).

[ㄷ ▸ ×] 구체적 사실의 착오 중 객체의 착오사례이다. 이 경우 구체적 부합설과 법정적 부합설에 의하면 발생한 사실에 대해 고의기수를 인정하므로 甲에 대한 살인죄가 성립한다.
[ㄹ ▸ O] 사실의 착오에 관한 법정적 부합설을 취하는 판례(대판 1984.1.24. 83도2813)는 구체적 사실에 대한 착오 중 방법의 착오사례의 경우, 발생한 사실에 대한 고의기수책임을 인정하므로 아이에 대한 살인죄가 성립한다.
[ㅁ ▸ O] 사실의 착오의 대상은 모든 객관적 구성요건요소이므로 객관적 구성요건요소 이외의 범죄의 동기나 책임능력 또는 처벌조각사유에 대한 착오는 사실의 착오가 되지 아니한다.

답 ❷

068
□□□

다음 사례에 대한 설명으로 가장 적절하지 않은 것은?(형법 이외에 특별법의 적용은 고려하지 않음) 21 경찰승진

> 갑은 A가 키우는 강아지가 시끄럽게 짖자, A의 강아지를 죽이기 위해 소지하던 엽총을 발사하였다. 하지만 총알이 빗나가 강아지가 아닌 A가 맞아 현장에서 사망하였다.

① 사례는 구성요건적 착오(사실의 착오)의 문제로 추상적 사실의 착오 중 방법의 착오에 해당한다.
② 사례에 있어 법정적 부합설과 추상적 부합설의 결론은 동일하다.
③ 구체적 부합설에 의하면 강아지에 대한 손괴미수죄와 A에 대한 과실치사죄의 상상적 경합이 성립한다.
④ 만약 갑이 A의 부인을 쏘려고 하였으나 빗나가 A가 맞고 사망했다면, 판례는 갑에게 A에 대한 살인죄의 성립을 긍정한다.

정선 핵심

① A의 강아지를 죽이기 위해 엽총을 발사하였으나 A가 맞아 사망한 경우 → 추상적 사실의 착오 중 방법의 착오 O
②·③ 추상적 사실의 착오 중 방법의 착오
⇢ 법정적 부합설 : 강아지에 대한 손괴미수죄와 A에 대한 과실치사죄의 상상적 경합
⇢ 추상적 부합설 : 강아지에 대한 손괴기수죄와 A에 대한 과실치사죄의 상상적 경합
⇢ 구체적 부합설 : 강아지에 대한 손괴미수죄와 A에 대한 과실치사죄의 상상적 경합
④ A의 부인을 쏘려고 하였으나 빗나가 A가 사망한 경우 → A에 대한 살인죄(판례)

정선 해설

[❶ ▸ O] 지문은 행위자가 인식한 사실(강아지)과 발생한 사실(사람인 A)이 서로 다른 가치(이가치)를 가진 객체 간의 착오이자 방법의 착오이므로 추상적 사실의 착오 중 방법의 착오에 해당한다.
[❷ ▸ ×] 추상적 사실의 착오 중 방법의 착오의 경우, 법정적 부합설에 의하면 강아지에 대한 손괴미수죄와 A에 대한 과실치사죄의 상상적 경합이 성립한다. 그러나 추상적 부합설에 의하면 경한 죄의 고의기수를 인정하므로 강아지에 대한 손괴기수죄와 A에 대한 과실치사죄의 상상적 경합이 성립한다.
[❸ ▸ O] 추상적 사실의 착오 중 방법의 착오의 경우, 구체적 부합설에 의하면 강아지에 대한 손괴미수죄와 A에 대한 과실치사죄의 상상적 경합이 성립한다.
[❹ ▸ O] 구체적 사실의 착오 중 방법의 착오사례이다. 판례의 태도인 법정적 부합설에 의하면 발생사실에 고의 전용을 인정하므로 甲에게는 A에 대한 살인죄가 성립한다.

답 ❷

069 □□□

사실의 착오에 대한 사례 중 구체적 부합설과 법정적 부합설의 결론이 다른 것만을 모두 고르면? 20 국가7급

ㄱ. 甲은 A를 B로 오인하여 살해 의사로 총을 쏘았고, A가 이를 맞고 사망하였다.
ㄴ. 甲은 A를 살해하려고 총을 쏘았으나, 총알이 빗나가 옆에 있던 B가 이를 맞고 사망하였다.
ㄷ. 甲은 A의 도자기를 깨뜨리기 위하여 총을 쏘았으나, 총알이 빗나가 B의 거울을 깨뜨렸다.
ㄹ. 甲은 A를 상해하려고 돌을 던졌는데, 돌이 빗나가 A의 개가 이를 맞고 다쳤다.

① ㄴ
② ㄱ, ㄷ
③ ㄴ, ㄷ
④ ㄴ, ㄷ, ㄹ

정선 핵심

ㄴ. A를 살해하려고 총을 쏘았으나, 옆의 B가 이를 맞고 사망한 경우
→ 구체적 부합설 : A에 대한 살인미수죄와 B에 대한 과실치사죄의 상상적 경합
→ 법정적 부합설 : B에 대한 살인죄
ㄷ. A의 도자기를 깨뜨리기 위하여 총을 쏘았으나, B의 거울을 깨뜨린 경우
→ 구체적 부합설 : A의 도자기에 대한 손괴미수죄
→ 법정적 부합설 : B의 거울에 대한 손괴기수죄

정선 해설

[ㄱ ▸ ×] 구체적 사실의 착오 중 객체의 착오사례이다. 이 경우 구체적 부합설과 법정적 부합설은 발생한 사실에 대해 고의기수를 인정하므로 A에 대한 살인죄가 성립한다.
[ㄴ ▸ ○] 구체적 사실의 착오 중 방법의 착오사례이다. 구체적 부합설에 의하면 A에 대한 살인미수죄와 B에 대한 과실치사죄의 상상적 경합이 성립한다. 법정적 부합설에 의하면 B에 대한 살인죄가 성립한다.
[ㄷ ▸ ○] 구체적 사실의 착오 중 방법의 착오사례이다. 구체적 부합설에 의하면 A의 도자기에 대한 손괴미수죄만 성립하나, 법정적 부합설에 의하면 B의 거울에 대한 손괴기수죄가 성립한다.
[ㄹ ▸ ×] 추상적 사실의 착오 중 방법의 착오사례이다. 구체적 부합설과 법정적 부합설에 의하면 A에 대한 상해미수죄와 A의 개에 대한 과실손괴죄의 상상적 경합이 성립하지만, 과실손괴는 처벌규정이 없으므로 A에 대한 상해미수죄만 성립한다.

답 ❸

070 □□□

사실의 착오에 대한 설명으로 옳지 않은 것은? 16 국가9급

① 甲은 A를 살해하려고 기다리다가 그와 닮은 B를 A로 오인하여 살해한 경우 구체적 부합설에 따르면 B에 대한 살인죄가 성립한다.
② 甲은 형 A를 살해하려고 기다리다가 아버지 B를 A로 오인하여 살해한 경우 법정적 부합설에 따르면 보통살인죄의 미수와 존속살해죄의 상상적 경합이 된다.
③ 甲이 A를 살해하려고 총을 쏘았으나 빗나가 옆에 있던 B가 맞아 사망한 경우 구체적 부합설에 따르면 A에 대한 살인미수죄와 B에 대한 과실치사죄의 상상적 경합이 된다.
④ 甲이 A라고 생각하고 전화를 하여 협박하였는데 사실은 A가 아닌 B가 그 협박전화를 받은 경우 법정적 부합설에 따르면 B에 대한 협박죄가 성립한다.

정선 핵심

① A를 살해하려고 기다리다가 B를 A로 오인하여 살해한 경우 → 구체적 부합설에 따르면 B에 대한 살인죄
② A를 살해하려다가 아버지 B를 A로 오인하여 살해한 경우 → 법정적 부합설에 따르면 B에 대한 보통살인죄
③ A를 살해하려고 총을 쏘았으나 옆의 B가 맞아 사망한 경우 → 구체적 부합설에 따르면 A에 대한 살인미수죄와 B에 대한 과실치사죄의 상상적 경합
④ A라고 생각하고 전화하여 협박하였는데 B가 협박전화를 받은 경우 → 법정적 부합설에 따르면 B에 대한 협박죄

정선 해설

[❶ ▸ O] 구체적 사실의 착오 중 객체의 착오사례이다. 이 경우 구체적 부합설은 발생한 사실에 대해 고의기수를 인정하므로 B에 대한 살인죄가 성립한다.
[❷ ▸ X] 판례의 취지를 고려하면, 甲이 아버지 B임을 인식하지 못하였으므로 B에 대한 보통살인죄로 처벌된다.

> 직계존속임을 인식치 못하고 살인을 한 경우는 형법 제15조 소정의 특히 중한 죄가 되는 사실을 인식하지 못한 행위에 해당한다(대판 1960.10.31. 4293형상494).

[❸ ▸ O] 구체적 사실의 착오 중 방법의 착오사례이다. 구체적 부합설에 따르면 A에 대한 살인미수죄와 B에 대한 과실치사죄의 상상적 경합이 성립한다.
[❹ ▸ O] 구체적 사실의 착오 중 객체의 착오사례이다. 법정적 부합설에 따르면 B에 대한 협박죄가 성립한다.

답 ❷

071 □□□

다음 설명 중 가장 적절하지 않은 것은?(다툼이 있으면 판례에 의함) 16 경찰채용

① 甲은 같이 사냥을 하던 동료 乙을 살해하려고 총을 쏘았는데 사격이 미숙하여 옆 자리의 丙이 총알에 맞아 사망하였다. 이 경우 구성요건적 착오에 관한 학설 중 구체적 부합설과 법정적 부합설의 결론은 다르다.
② 甲은 평소 乙의 심한 괴롭힘을 참을 수 없어서 늦은 밤에 乙을 뒤따라가 등을 칼로 찔렀으나 실제로는 乙과 비슷한 외모의 丙이 살해되었다. 이 경우 구성요건적 착오에 관한 구체적 부합설 및 법정적 부합설에 의하면 발생사실에 대하여 고의가 인정되어 丙에 대한 살인죄가 성립한다.
③ 甲이 살해의도로 丙을 향하여 발포하였으나 빗나가 옆에 있던 乙에게 명중하여 사망한 경우, 구성요건적 착오에 관한 어떠한 학설에 의하여도 乙에 대한 살인죄가 성립한다.
④ 피고인의 구타행위로 상해를 입은 피해자가 정신을 잃고 빈사상태에 빠지자 사망한 것으로 오인하고, 자신의 행위를 은폐하고 피해자가 자살한 것처럼 가장하기 위하여 피해자를 베란다 아래의 바닥으로 떨어뜨려 사망케 하였다면, 피고인의 행위는 포괄하여 단일의 상해치사죄에 해당한다.

정선 핵심

① 乙을 살해하려고 총을 쏘았는데 옆의 丙이 사망한 경우
⋯→ 구체적 부합설 : 乙에 대한 살인미수죄와 丙에 대한 과실치사죄의 상상적 경합
⋯→ 법정적 부합설 : 丙에 대한 살인죄
② 乙의 등을 칼로 찔렀으나 비슷한 외모의 丙이 살해된 경우 → 구체적 부합설과 법정적 부합설에 따르면 丙에 대한 살인죄
③ 살해의도로 丙을 향하여 발포하였으나 옆의 乙에게 명중하여 사망한 경우
⋯→ 구체적 부합설 : 丙에 대한 살인미수죄와 乙에 대한 과실치사죄의 상상적 경합
⋯→ 법정적 부합설과 추상적 부합설 : 乙에 대한 살인죄
④ 구타행위로 상해를 입은 피해자를 베란다 아래로 떨어뜨려 사망케 한 경우 → 상해치사죄

정선 해설

[❶ ▸ O] 구체적 사실의 착오 중 방법의 착오사례이다. 구체적 부합설에 의하면 乙에 대한 살인미수죄와 丙에 대한 과실치사죄의 상상적 경합이 성립한다. 법정적 부합설에 의하면 丙에 대한 살인죄가 성립한다.
[❷ ▸ O] 구체적 사실의 착오 중 객체의 착오사례이다. 이 경우 구체적 부합설과 법정적 부합설은 발생한 사실에 대해 고의기수를 인정하므로 丙에 대한 살인죄가 성립한다.
[❸ ▸ ×] 구체적 사실의 착오 중 방법의 착오사례이다. 구체적 부합설에 의하면 丙에 대한 살인미수죄와 乙에 대한 과실치사죄의 상상적 경합이 성립한다. 그러나 법정적 부합설과 추상적 부합설에 의하면 乙에 대한 살인죄가 성립한다.
[❹ ▸ O] 대판 1994.11.4. 94도2361

답 ❸

072 □□□

甲은 자기 부인을 희롱하는 乙을 살해의 고의로 돌로 내리쳤다. 乙이 뇌진탕 등으로 인하여 정신을 잃고 축 늘어지자 甲은 乙이 죽은 것으로 오인하고 증거를 인멸할 목적으로 乙을 개울가로 끌고 가 웅덩이를 파고 땅에 파묻었다. 그러나 부검 결과 乙의 사망은 질식에 의한 것임이 밝혀졌다. 사례의 해결에 대한 설명으로 옳지 않은 것은? 14 국가9급

① 이른바 '개괄적 고의'의 개념을 이용하여 사례를 해결하려는 견해에 의하면, 제1행위와 제2행위를 개괄하는 단일한 고의가 인정되어 甲에게는 살인기수죄가 인정된다.
② 이 경우를 인과관계 착오의 한 형태로 보는 견해에 의하면, 인과과정의 차이가 본질적이지 않다고 인정되는 경우 甲에게는 살인기수죄가 인정된다.
③ 전 과정을 개괄적으로 보면 乙의 살해라는 처음에 예견된 사실이 결국 실현된 것으로서 甲은 살인죄의 죄책을 면할 수 없다는 것이 판례의 입장이다.
④ 제1행위와 제2행위의 독립적 성격을 강조하는 견해에 의하면, 甲에게는 살인미수죄와 사체유기죄의 경합범이 인정된다.

정선 핵심

살인의 고의로 乙의 머리를 내리쳐 실신하자 웅덩이에 파묻어 乙이 질식사한 경우
① 개괄적 고의설 → 살인기수죄
② 인과관계착오설 → 살인기수죄
③ 판례 → 살인죄
④ 미수와 과실의 경합범설 → 제1행위는 살인미수, 제2행위는 사체은닉죄의 불능미수와 과실치사죄의 상상적 경합이 성립하고 제1행위와 제2행위는 실체적 경합

정선 해설

[❶ ▸ O] 제1행위의 고의가 제2행위 부분에 대하여도 개괄적으로 미치는 개괄적 고의개념을 이용하는 개괄적 고의설에 의하면 제1행위와 제2행위를 개괄하는 단일한 고의가 인정되어 甲에게는 살인기수죄가 인정된다.
[❷ ▸ O] 인과과정의 착오가 비본질적인 경우 발생한 결과에 대해 고의기수책임을 인정하는 인과관계착오설에 의하면 사례의 인과과정의 차이가 본질적이지 않다고 인정되는 경우 甲에게는 살인기수죄가 인정된다.
[❸ ▸ O] 판례의 취지를 고려하면, 甲에 의하여 피해자 乙의 살해라는 처음에 예견된 사실이 결국 실현된 것이므로 甲은 살인죄의 죄책을 지게 된다.

피해자가 피고인들의 살해의 의도로 행한 구타행위에 의하여 직접 사망한 것이 아니라 죄적을 인멸할 목적으로 행한 매장행위에 의하여 사망하게 되었다 하더라도 전 과정을 개괄적으로 보면 피해자의 살해라는 처음에 예견된 사실이 결국 실현된 것으로서 피고인들은 살인죄의 죄책을 면할 수 없다(대판 1988.6.27. 88도650).

[❹ ▸ ×] 제1행위에 대하여 미수를 인정하고, 제2행위에 대하여 과실을 인정하는 미수와 과실의 경합범설에 의하면 甲의 제1행위는 살인미수, 제2행위는 사체은닉죄의 불능미수와 과실치사죄의 상상적 경합이 성립하고 제1행위와 제2행위는 실체적 경합관계에 있게 된다.

답 ❹

073
□□□

낚시어선업을 영위하는 甲은 동종 낚시어선업을 영위하는 이웃주민 乙이 자신의 사업영역을 깊숙이 침범하여 사업이 존폐의 기로에 서게 되자, 乙을 살해하기로 결의하고 乙의 뒤를 밟다가 乙이 사람들이 뜸한 지하주차장에 들어서자 몽둥이로 乙의 머리를 강타하여 살해한 다음 자신의 자동차 트렁크에 乙의 사체를 싣고 인근 야산에 암매장하였다. 그러나 사실 甲에게 몽둥이로 폭행을 당할 당시에는 실신한 것에 불과하여 생명이 남아 있었던 乙은 매장당함으로써 질식사한 것이다. 그런데 나중에 알고 보니 甲은 乙의 뒤를 밟은 것이 아니라 乙의 쌍둥이 동생 丙의 뒤를 쫓다가 丙을 살해한 것이었다. 다음 중 위 사례에 대한 설명으로 가장 옳지 않은 것은? 21 해경간부

① 법정적 부합설에 의하면 甲이 丙을 살해한 행위는 丙의 사망사실에 대한 고의귀속이 인정된다.
② 甲이 丙을 살해한 행위와 丙의 사망사실에 대한 고의귀속 여부에 관하여 법정적 부합설과 추상적 부합설의 결론은 동일하다.
③ 객관적 귀속이론에 의하면 발생한 결과가 甲에게 귀속될 수 없기 때문에 살인미수와 과실치사의 상상적 경합이 된다고 한다.
④ 인과관계의 착오의 문제로 해결할 때 丙이 사망한 결정적 원인은 고의가 존재하는 제1행위이고, 甲의 착오는 비본질적 착오에 해당하므로 甲의 행위는 포괄하여 살인기수이다.

정선 핵심

①·② 구체적 사실의 착오 중 객체의 착오사례
⋯▸ 법정적 부합설 : 甲에게 丙에 대한 살인죄 ○
⋯▸ 추상적 부합설 : 법정적 부합설과 같은 결론
③·④ 개괄적 고의의 사례
⋯▸ 객관적 귀속설 : 甲에게 丙에 대한 살인죄 ○
⋯▸ 인과관계착오설 : 甲에게 丙에 대한 살인죄 ○

정선 해설

[❶ ▸ ○] 사안은 구체적 사실의 착오 중 객체의 착오사례와 개괄적 고의의 사례가 결합된 문제로 판단된다. 법정적 부합설에 의하면 발생한 결과에 대한 고의기수책임을 인정하므로 甲이 丙을 살해한 행위로 甲에게 丙에 대한 살인죄가 성립한다.
[❷ ▸ ○] 구체적 사실의 착오 중 객체의 착오사례의 경우 추상적 부합설과 법정적 부합설은 발생한 결과에 대한 고의기수책임을 인정하여 양설의 결론은 동일하다. 따라서 甲이 丙을 살해한 행위로 甲에게 丙에 대한 살인죄가 성립한다.
[❸ ▸ ×] 개괄적 고의의 사례를 고의의 문제가 아니라 객관적 귀속의 문제로 이해하는 객관적 귀속설에 의하면 구성요건적 결과가 일반적인 생활경험에 비추어 죄적은폐를 위한 전형적인 행위로 평가된 제2행위에 의하여 야기되었을 경우에 원칙적으로 객관적 귀속을 인정하게 된다. 사안의 경우 甲은 乙의 사체를 죄적은폐를 위해 인근 야산에 암매장하여 丙이 사망한 결과에 대해 객관적 귀속이 인정되므로 甲에게는 丙에 대한 살인죄가 성립한다.
[❹ ▸ ○] 개괄적 고의의 사례를 인과관계의 착오의 한 형태로 이해하여 결과발생의 결정적 원인은 고의가 존재하는 제1행위이고 인과과정의 상위는 비본질적이기 때문에 발생한 결과에 대한 고의기수책임을 인정하는 인과관계착오설에 의하면 甲의 착오는 비본질적 착오에 해당하므로 甲에게는 丙에 대한 살인죄가 성립한다.

답 ❸

01 판례에 의할 때 甲이 식당주인 A를 살해할 의사로 농약 1포를 숭늉그릇에 투입하여 식당에 놓아두었는데, 식당주인의 딸 B가 이를 마시고 사망한 경우, 甲은 살인죄가 아닌 과실치사죄가 성립한다. 19 해경승진 O | X

02 선박침몰 등과 같은 급박한 상황이 발생한 경우에 선박의 운항을 지배하고 있는 선장 甲이 자신에게 요구되는 개별적·구체적인 구호의무를 이행함으로써 사망의 결과를 쉽게 방지할 수 있음에도 이를 방관하여 승객의 사망을 초래한 경우, 甲은 부작위에 의한 살인죄가 성립한다. 19 해경승진 O | X

03 甲이 乙을 살해할 의사로 乙의 물병에 독약을 탔으나 乙의 개가 이 물을 마시고 죽은 경우 구체적 부합설에 따르면 살인미수죄와 손괴죄의 상상적 경합이 성립한다. 19 경찰승진 O | X

04 甲이 A를 살해하기 위하여 총을 발사하였으나 빗나가 주차되어 있는 자동차 유리창만 깨뜨린 경우 구체적 부합설에 따르면 甲에게 A에 대한 살인미수죄가 성립한다. 18 경찰채용 O | X

05 甲은 절취의 의사로 A의 지갑을 몰래 가지고 왔으나 알고 보니 그 지갑이 B의 지갑이었던 경우 법정적 부합설에 따르면 A에 대한 절도미수죄가 성립한다. 18 국가9급 O | X

06 甲은 잠을 자던 B를 폭력조직원 A로 잘못 알고 죽이기 위해 마구 때려 사망하게 한 경우, B에 대한 살인의 고의가 인정된다. 17 5급승진 O | X

01 식당주인의 딸 B에 대한 살인죄가 성립한다(대판 1968.12.31. 68도884).

02 대판 2015.11.12. 2015도6809[전합]).

03 추상적 사실의 착오 중 방법의 착오 사례이다. 乙에 대한 살인미수죄만 성립한다.

04 추상적 사실의 착오 중 방법의 착오 사례이다. A에 대한 살인미수죄만 성립한다.

05 구체적 사실의 착오 중 객체의 착오 사례이다. B의 지갑에 대한 절도기수죄가 성립한다.

06 대판 1994.3.22. 93도3612

정답

01 × **02** ○ **03** × **04** ○
05 × **06** ○

제1관 | 위법성의 일반이론

074
□□□

주관적 정당화요소에 대한 설명으로 옳지 않은 것은? 12 국가9급

① 위법성이 조각되기 위해서는 객관적 정당화상황과 더불어 주관적 정당화요소가 필요하다는 견해에 의하면 우연방위는 위법성이 조각되지 않는다.
② 순수한 결과반가치론에 의하면 위법성이 조각되기 위해서는 객관적 정당화상황만 있으면 족하고 주관적 정당화요소는 불필요하다고 보기 때문에 우연방위는 위법성이 조각된다.
③ 형법의 규정에 의하면 우연방위행위가 야간 기타 불안스러운 상태 하에서 공포, 경악, 흥분 또는 당황으로 인한 때에는 벌하지 아니한다.
④ 우연방위에 관한 불능미수범설은 우연방위의 경우 객관적으로 존재하는 정당화상황으로 인해 결과반가치는 불능미수의 수준으로 낮아지므로 불능미수에 관한 규정을 유추적용해야 한다고 주장한다.

정선 핵심

① 이원적·인적 불법론 → 우연방위는 위법성 조각 ×
② 순수한 결과반가치론 → 우연방위는 위법성 조각 ○
③ 우연방위에 대한 형법의 규정 ×
④ 불능미수범설
⇢ 결과반가치는 불능미수의 수준으로 낮아지고
⇢ 행위반가치는 존재하므로 불능미수의 규정 유추적용

정선 해설

[❶ ▸ ○] 위법성이 조각되기 위해서는 객관적 정당화상황과 더불어 주관적 정당화요소가 필요하다고 이해하는 이원적·인적 불법론에 의하면 우연방위의 경우 행위반가치가 그대로 존재하므로 위법성이 조각되지 않는다.
[❷ ▸ ○] 불법개념의 본질이 결과반가치에 있다는 결과반가치론에 의하면 주관적 정당화요소가 없어도 객관적 정당화상황만 존재하면 위법성이 조각된다고 이해한다.
[❸ ▸ ×] 우연방위에 대한 형법의 규정은 없다. 지문은 과잉방위에 대한 규정이다(형법 제21조 제3항).
[❹ ▸ ○] 결과반가치와 행위반가치를 동일한 서열에 존재하는 불가피한 요소로 이해하는 이원적·인적 불법론을 전제로 하는 불능미수범설은 우연방위의 경우, 객관적 정당화상황의 존재로 결과반가치는 배제되나 행위반가치는 그대로 존재하여 미수범의 불법구조와 유사하므로 불능미수의 규정을 유추적용해야 한다는 견해이다.

답 ❸

075 □□□

다음 사례에 대한 설명으로 옳지 않은 것은? 20 국가7급

甲은 A를 골탕 먹일 생각으로 A의 집 창문을 향해 돌을 던져 창문을 깨뜨렸다. 하지만 마침 연탄가스에 중도되어 위험한 상태였던 A는 甲이 창문을 깨뜨리는 바람에 생명을 구할 수 있었다.

① 위법성조각사유를 검토함에 있어 주관적 정당화요소가 필요하지 않다는 입장에 따르면 甲의 행위는 불가벌이다.

② 고의범의 위법성조각사유에는 주관적 정당화요소가 필요하다는 입장은 구성요건해당행위의 결과반가치와 행위반가치가 모두 상쇄되어야 위법성이 조각될 수 있다는 점을 근거로 한다.

③ 행위반가치는 인정되나 객관적 정당화상황의 존재로 인해 결과반가치가 인정되지 않으므로 甲에게 불능미수 규정을 유추적용하자는 견해에 따르는 경우, 甲의 행위는 불가벌이다.

④ 구성요건 결과가 발생한 이상 결과반가치가 인정되므로 甲에게 재물손괴죄의 기수를 인정해야 한다는 입장에 대하여는 객관적 정당화상황이 존재함에도 존재하지 않는 경우와 동일하게 평가하는 것은 문제라는 비판이 있다.

정선 핵심

① 결과반가치론을 전제로 하는 위법성조각설 → 甲의 행위는 긴급피난 O
② 기수범설 → 결과반가치와 행위반가치가 모두 상쇄되어야 위법성 조각 O
③ 불능미수범설 → 손괴죄의 불능미수 O
④ 기수범설 → 객관적 정당화상황이 존재하는 경우와 존재하지 않는 경우를 동일하게 평가

정선 해설

[❶ ▸ O] 결과반가치론을 전제로 하는 위법성조각설에 의하면 甲의 행위는 긴급피난에 해당하므로 불가벌이다.
[❷ ▸ O] 기수범설은 위법성조각사유는 모든 객관적 요건과 주관적 요건이 충족된 경우에 인정되는 것으로 이해하는 견해로 사안의 경우 주관적 정당화요소를 인정할 수 없으므로 손괴기수가 성립한다.
[❸ ▸ X] 불능미수범설은 우연방위의 경우, 객관적 정당화상황의 존재로 결과반가치는 배제되나 행위반가치는 그대로 존재하여 미수범의 불법구조와 유사하므로 불능미수의 규정을 유추적용해야 한다는 견해로 甲의 행위에 위험성이 인정될 경우 甲에게는 손괴죄의 불능미수가 성립한다.
[❹ ▸ O] 기수범설은 객관적 정당화상황이 존재하는 경우와 존재하지 않는 경우를 동일하게 평가하여 사태를 주관적으로만 이해하는 문제가 있다.

답 ❸

076 □□□

주관적 정당화요소에 관한 설명 중 가장 적절하지 않은 것은? 12 경찰승진

① 순수한 결과반가치론에 의하면 위법성조각사유에서 주관적 정당화요소가 없어도 위법성이 조각될 수 있다.

② 주관적 정당화요소 불요설에 의하면 우연방위는 위법성이 조각되지 않는다.

③ 일원적·인적 불법론에 의하면 구성요건적 행위는 주관적 정당화요소가 있는 경우에만 행위반가치가 탈락하여 정당화될 수 있다.

④ 우연방위 효과에 관한 불능미수범설은 기수범의 결과반가치는 배제되지만 행위반가치는 그대로 존재하므로 불능미수의 규정을 유추적용해야 한다는 견해이다.

정선 핵심

① 순수한 결과반가치론 → 객관적 정당화상황만 존재하면 위법성 조각 O
② 주관적 정당화요소 불요설 → 우연방위는 위법성 조각 O
③ 일원적·인적 불법론 → 구성요건적 행위는 주관적 정당화요소가 있는 경우 정당화
④ 불능미수범설 → 행위반가치는 존재하므로 불능미수의 규정 유추적용

정선 해설

[❶ ▸ O] 불법개념의 본질이 결과반가치에 있다는 결과반가치론에 의하면 주관적 정당화요소가 없어도 객관적 정당화상황만 존재하면 위법성이 조각된다고 이해한다.

[❷ ▸ X] 주관적 정당화요소 불요설에 의하면 객관적 정당화상황만 존재하는 우연방위의 경우, 주관적 정당화요소가 없더라도 위법성이 조각되는 것으로 보게 된다.

[❸ ▸ O] 불법을 행위자의 주관적인 불법의사에 의하여 나타나는 행위반가치로 구성하고 결과반가치는 객관적 처벌조건으로 이해하는 일원적·인적 불법론에 의하면 구성요건적 행위는 주관적 정당화요소가 있는 경우에만 행위반가치가 탈락하여 정당화될 수 있게 된다.

[❹ ▸ O] 결과반가치와 행위반가치를 동일한 서열에 존재하는 불가피한 요소로 이해하는 이원적·인적 불법론을 전제로 하는 불능미수범설은 우연방위의 경우, 객관적 정당화상황의 존재로 결과반가치는 배제되나 행위반가치는 그대로 존재하여 불능미수범과 구조적으로 유사하므로 불능미수의 규정을 유추적용해야 한다는 견해이다.

답 ❷

077 □□□

다음 사례에 대한 설명으로 옳은 것은? 17 국가9급

> 甲은 자기 집 2층에서 아래를 내려다보던 중 乙이 자신의 집 정원에서 어슬렁거리는 것을 보았다. 甲은 乙과 원수지간으로 그렇지 않아도 乙을 살해할 생각을 가지고 있던 터라 옆에 있던 사냥용 엽총으로 정조준하여 乙을 향해 발사하여 즉사케 하였다. 그런데 나중에 알고 보니 乙도 甲을 살해하기 위해 甲의 집에 폭탄을 설치하고 폭발시키려던 순간이었다.

① 정당방위의 성립요건 중 방위의사 필요설에 따르면 甲에게는 방위의사가 없었으므로 정당방위가 성립하지 않고 과실치사죄가 성립한다.
② 정당방위의 성립요건 중 현재성을 갖추고 있지 못하므로 甲은 살인죄로 처벌된다.
③ 정당방위의 성립요건 중 방위의사 불요설에 따르면 甲에게는 방위의사가 없었더라도 정당방위는 성립하여 위법성이 조각된다.
④ 이 사례의 구조를 불능미수와 유사하다고 보는 입장에서는 甲의 행위는 위험성이 없는 것으로 보아 불가벌로 취급한다.

정선 핵심

① 방위의사 필요설(기수범설, 불능미수범설) → 살인죄나 살인죄의 불능미수 O
② 乙도 甲의 집에 폭탄을 설치하고 폭발시키려 했던 경우 → 침해의 현재성 O
③ 방위의사 불요설(위법성조각설) → 정당방위로 위법성 조각 O
④ 불능미수범설 → 살인죄의 불능미수 O

정선 해설

[❶ ▸ ×] 우연방위에 대한 기수범설이나 불능미수범설이 방위의사 필요설에 해당한다. 이들 학설에 의하면 甲에게는 방위의사가 없었으므로 정당방위가 성립하지 않고 살인죄(기수범설)나 살인죄의 불능미수(불능미수범설)가 성립한다.

[❷ ▸ ×] 乙도 甲을 살해하기 위해 甲의 집에 폭탄을 설치하고 폭발시키려던 순간이었다면 정당방위의 성립요건 중 침해의 현재성은 구비된 것으로 보인다.

[❸ ▸ O] 위법성조각설이 방위의사 불요설에 해당한다. 이 학설에 의하면 甲에게는 방위의사가 없었더라도 정당방위는 성립하여 위법성이 조각된다.

[❹ ▸ ×] 이원적·인적 불법론을 전제로 하는 불능미수범설은 우연방위의 경우, 객관적 정당화상황의 존재로 결과반가치는 배제되나 행위반가치는 그대로 존재하여 불능미수범과 구조적으로 유사하므로 불능미수의 규정을 유추적용해야 한다는 견해이다. 이 학설에 의하면 甲의 행위에는 위험성이 인정되므로 살인죄의 불능미수가 성립한다.

답 ❸

078 □□□

다음 사례에 대한 설명으로 가장 옳지 않은 것은? 20 해경승진

> 충남 태안군 선적 연안복합어선의 선장 甲은 자신이 조업하던 장소에서 주꾸미를 잡던 낚시어선들 때문에 평소 불만이 쌓여 있던 중 분풀이를 하기 위하여 안흥외항에 정박해 있던 乙의 낚시어선에 돌을 던졌다. 甲은 돌에 사람이 맞아 상해를 입어도 상관없다고 생각했다. 이로 인해 갑판에 있던 乙이 돌에 맞아 상해를 입었다. 그런데 사실 乙은 자신의 처와 바람을 피운 甲에게 감정이 좋지 않아 甲을 살해하려고 수렵용 공기총으로 甲의 머리를 겨누고 있던 중이었다.

① 형법의 규정에 의하면 우연방위행위가 야간 기타 불안스러운 상태 하에서 공포·경악·흥분 또는 당황으로 인한 때에는 벌하지 아니한다.
② 주관적 정당화요소가 필요하다는 견해 중 기수범설에 의하면 甲은 행위반가치만으로 고의불법이 인정되므로 상해죄의 기수가 된다.
③ 주관적 정당화요소가 불필요하다는 견해에 의하면 甲의 행위는 위법성이 조각되어 무죄가 된다.
④ 주관적 정당화요소가 필요하다는 견해 중 불능미수범설은 행위반가치는 존재하지만 결과반가치가 배제되어 미수범의 불법구조와 유사하다는 점을 이론적 근거로 한다.

정선 핵심

① 우연방위에 대한 형법규정 → ×
② 기수범설 → 상해죄의 기수 O
③ 위법성조각설 → 위법성 조각 O
④ 불능미수범설 → 상해죄의 불능미수 O

정선 해설

[❶ ▸ ×] 우연방위에 대한 형법의 규정은 없다. 지문은 과잉방위에 대한 규정이다(형법 제21조 제3항).
[❷ ▸ O] 우연방위에 대한 기수범설이나 불능미수범설이 주관적 정당화요소가 필요하다는 견해에 해당한다. 기수범설에 의하면 甲의 행위반가치를 상쇄하는 주관적 정당화요소가 존재하지 아니하므로 상해죄의 기수가 된다.
[❸ ▸ O] 위법성조각설이 주관적 정당화요소가 불필요하다는 견해에 해당한다. 이 학설에 의하면 甲에게는 방위의사가 없었더라도 위법성이 조각된다.
[❹ ▸ O] 이원적·인적 불법론을 전제로 하는 불능미수범설은 우연방위의 경우, 객관적 정당화상황의 존재로 결과반가치는 배제되나 행위반가치는 그대로 존재하여 불능미수범과 구조적으로 유사하므로 불능미수의 규정을 유추적용해야 한다는 견해이다. 이 학설에 의하면 甲의 행위에는 위험성이 인정되므로 상해죄의 불능미수가 성립한다.

답 ❶

079 □□□

甲은 평소 미워하던 乙과 우연히 마주치자 상해의 의사로 乙의 얼굴을 주먹으로 강타하여 코피가 나게 하였는데, 마침 그때 乙은 甲을 살해하려고 칼로 甲을 공격하려던 순간이었음이 밝혀졌다. 이에 대한 설명으로 옳은 것만을 모두 고르면? 19 국가9급

ㄱ. 위법성조각사유에 있어서는 주관적 정당화요소가 요구되지 않는다는 견해에 따르면, 甲의 행위는 정당방위로서 위법성이 조각될 수 있다.
ㄴ. 판례에 따르면 정당방위가 성립하기 위하여는 행위자에게 방위의사가 있어야 하고 그 방위행위가 상당성이 있어야 하므로, 甲의 행위는 정당방위가 될 수 없다.
ㄷ. 위법성조각사유에 있어서는 주관적 정당화요소가 요구되지만 위 사례에서는 결과반가치가 부정된다는 견해에 따르면, 甲은 상해죄의 불능미수로 처벌될 수 있다.

① ㄱ, ㄴ　　② ㄱ, ㄷ
③ ㄴ, ㄷ　　④ ㄱ, ㄴ, ㄷ

정선 핵심

ㄱ. 결과반가치론을 전제로 하는 위법성조각설 → 甲의 행위는 정당방위 ○
ㄴ. 주관적 정당화요소 필요설(판례) → 정당방위 ×
ㄷ. 불능미수범설 → 상해죄의 불능미수 ○

정선 해설

[ㄱ ▸ O] 결과반가치론을 전제로 하는 위법성조각설에 의하면 객관적 정당화상황만으로 위법성이 조각되므로 甲의 행위는 정당방위에 해당하여 불가벌이다.

[ㄴ ▸ O] 판례는 주관적 정당화요소가 필요하다는 입장이므로 사안의 甲의 행위에는 방위의사가 인정되지 아니하여 정당방위가 성립할 수 없다.

[ㄷ ▸ O] 이원적·인적 불법론을 전제로 하는 불능미수범설은 우연방위의 경우, 객관적 정당화상황의 존재로 결과반가치는 배제되나 행위반가치는 그대로 존재하여 미수범의 불법구조와 유사하므로 불능미수의 규정을 유추적용해야 한다는 견해이다. 사안의 경우 甲의 행위에 위험성이 인정된다면 甲은 상해죄의 불능미수로 처벌될 수 있다.

답 ④

080 □□□

위법성조각사유에 대한 설명으로 가장 적절한 것은?(다툼이 있는 경우 판례에 의함)

20 경찰채용

① 형법 제252조 제1항 촉탁·승낙살인죄는 피해자 승낙을 배제하는 효과를 그 내용으로 하고 있으므로, 본 죄의 위법성 조각은 불가능하다.

② 무수혈 인공고관절수술의 위험성을 충분히 설명받았으나, 진지한 의사결정에 의한 수혈거부의 사가 존재하여 무수혈 수술 동의 아래 수술을 진행하였는데 생명에 위험이 발생할 수 있는 응급상황이 발생하였음에도 환자의 자기결정권을 존중하여 수혈하지 않다가 환자가 과다출혈로 사망에 이른 경우 의사는 업무상과실치사의 죄책을 진다.

③ 위법성의 본질을 결과반가치에서만 구하는 입장은 우연방위에 대해 위법성을 탈락시킨다.

④ 주식회사 대표이사로서 회사의 계산으로 사전투표와 직접투표를 한 주주들에게 무상으로 20만원 상당의 상품교환권 등을 각 제공한 것은 주주총회 의결권 행사와 관련된 이익의 공여이지만 사회 통념상 허용되는 범위를 넘지 않는 행위로서 위법성이 조각된다.

정선 핵심

① 촉탁·승낙살인죄에 해당하는 소극적 안락사 → 일정한 요건을 갖추면 정당행위 O
② 무수혈 수술동의로 수혈하지 않다가 과다출혈로 사망한 경우 → 업무상과실치사죄 ×
③ 순수한 결과반가치론 → 우연방위는 위법성 조각 O
④ 주주들에게 무상으로 상품교환권을 제공한 경우 → 주주의 권리행사에 관한 이익공여죄 O

정선 해설

[❶ ▸ ×] 형법 제252조 제1항 촉탁·승낙살인죄의 경우에도 일정한 요건을 갖춘 소극적 안락사의 경우 형법 제20조의 정당행위에 해당하여 위법성이 조각될 수 있다.

[❷ ▸ ×] 판례의 취지를 고려하면, 환자의 자기결정권을 존중하여 수혈하지 않다가 환자가 과다출혈로 사망에 이른 경우 의사는 업무상과실치사의 죄책을 지지 아니한다.

> 환자의 명시적인 수혈거부의사가 존재하여 수혈하지 아니함을 전제로 환자의 승낙(동의)을 받아 수술하였는데 수술과정에서 수혈을 하지 않으면 생명에 위험이 발생할 수 있는 응급상태에 이른 경우에, 환자의 생명을 보존하기 위해 불가피한 수혈 방법의 선택을 고려함이 원칙이라 할 수 있지만, 한편으로 환자의 생명 보호에 못지않게 환자의 자기결정권을 존중하여야 할 의무가 대등한 가치를 가지는 것으로 평가되는 때에는 이를 고려하여 진료행위를 하여야 한다. 환자의 생명과 자기결정권을 비교형량하기 어려운 특별한 사정이 있다고 인정되는 경우에 의사가 자신의 직업적 양심에 따라 환자의 양립할 수 없는 두 개의 가치 중 어느 하나를 존중하는 방향으로 행위하였다면, 이러한 행위는 처벌할 수 없다(2014.6.26. 2009도14407).

[❸ ▸ O] 불법개념의 본질이 결과반가치에 있다는 결과반가치론에 의하면 주관적 정당화요소가 없어도 객관적 정당화상황만 존재하면 위법성이 조각된다고 이해한다.

[❹ ▸ ×] 피고인이 갑 회사의 계산으로 사전투표와 직접투표를 한 주주들에게 무상으로 20만원 상당의 상품교환권 등을 각 제공한 것은 주주총회 의결권 행사와 관련된 이익의 공여로서 사회통념상 허용되는 범위를 넘어서는 것이어서 상법상 주주의 권리행사에 관한 이익공여의 죄에 해당한다(대판 2018.2.8. 2015도7397).

답 ❸

01 이른바 불능미수범설에 따르면 우연방위의 결과를 초래하는 과실행위는 무죄이다. 20 해경간부 O | X

02 사회통념상 용인되는 정도를 넘어선 폭행 또는 협박을 행사하여 재산상 이익을 취득한 경우에도 채권추심을 위한 것이라면 공갈죄는 성립하지 않고 폭행죄 또는 협박죄만 성립한다. 18 해경승진 O | X

03 명예훼손행위의 주요한 동기 내지 목적이 공공의 이익을 위한 것이라면 부수적으로 다른 사익적 목적이나 동기가 내포되어 있더라도 위법성이 조각될 수 있다. 18 해경승진 O | X

04 경찰관 甲은 격렬하게 저항하는 강도범 乙을 제압하기 위하여 경고사격을 하려다가 그만 실수로 근처에 서 있던 丙에게 상해를 입혔다. 그런데 丙은 乙의 공범으로, 丙이 상해를 입은 시점은 각목으로 甲을 가격하려던 순간이었던 경우, 주관적 정당화요소가 필요하다는 견해에 의하더라도 甲의 행위는 행위반가치가 없으므로 위법성이 조각된다. 19 국가7급 O | X

05 甲은 늦게 귀가하는 아들에게 화가 나 있던 중 오전 2시경 누군가가 현관문을 열고 들어오는 소리를 듣고 그를 아들이라고 생각하고 폭행의 고의로 거실에 있던 나무장식품을 던졌다. 나무장식품에 맞아 기절한 사람은 아들이 아니라 절도하려고 침입한 괴한이었던 경우, 결과반가치론에 따르면 甲에게 방위의사가 없으므로 위법성이 조각되지 않는다. 18 국가7급 O | X

01 과실범의 불능미수는 불가벌이다.

02 공갈죄가 성립한다(대판 1996.9.24. 96도2151).

03 대판 1999.6.8. 99도1543

04 기수범설에 의하면 과실치사죄, 불능미수범설에 의하면 불가벌이 된다.

05 결과반가치론에 따르면 위법성이 조각된다.

정답

01 ○ **02** × **03** ○ **04** × **05** ×

081
□□□

다음은 정당방위에 관한 설명이다. 옳은 것을 모두 골라 놓은 것은?(다툼이 있는 경우 판례에 의함) 16 경찰간부

ㄱ. 침해되는 법익의 종류, 정도, 침해의 방법, 침해행위의 완급과 방위행위에 의하여 침해될 법익의 종류, 정도 등 일체의 구체적 사정들을 고려하여 그 방위행위가 사회윤리에 비추어 용인될 수 있어야 정당방위로 인정된다.
ㄴ. 정당방위에서의 방어행위란 순수한 수비적 방어를 말하는 것이고, 적극적 반격을 포함하는 반격방어의 형태는 포함되지 않는다.
ㄷ. 경찰관의 불심검문을 받게 된 피고인이 운전면허증을 교부한 후 경찰관에게 큰 소리로 욕설을 하였고 이에 경찰관이 모욕죄의 현행범으로 체포하겠다고 고지한 후 피고인의 어깨를 잡자 이를 면하려고 반항하는 과정에서 경찰관에게 상해를 입힌 행위는 정당방위에 해당하지 않는다.
ㄹ. 사용자가 적법한 직장폐쇄 기간 중 일방적으로 업무에 복귀하겠다고 하면서 자신의 퇴거요구에 불응한 채 계속하여 사업장 내로 진입을 시도하는 해고 근로자를 폭행, 협박한 사용자의 행위는 사업장 내의 평온과 노동조합의 업무방해행위를 방지하기 위한 행위로서 정당방위에 해당한다.
ㅁ. 이혼소송 중인 남편이 찾아와 가위로 폭행하고 변태적 성행위를 강요하는 데에 격분하여 처가 칼로 남편의 복부를 찔러 사망에 이르게 한 경우, 그 행위는 방위행위로서의 한도를 넘어선 것으로 사회통념상 용인될 수 없다는 이유로 정당방위나 과잉방위에 해당하지 않는다.

① ㄱ, ㄴ, ㅁ
② ㄱ, ㄹ, ㅁ
③ ㄴ, ㄷ, ㄹ
④ ㄴ, ㄹ, ㅁ

정선 핵심

정당방위의 인정 여부
ㄱ. 방위행위가 사회윤리에 비추어 용인될 수 있는 경우 → ○
ㄴ. 방어행위 → 반격방어의 형태도 포함
ㄷ. 모욕죄의 현행범으로 불법체포하려는 경찰관에게 상해를 입힌 경우 → ○
ㄹ. 사용자가 적법한 직장폐쇄 기간 중 진입을 시도하는 해고 근로자를 폭행, 협박한 경우 → ○
ㅁ. 변태적 성행위를 강요하는 남편을 찔러 사망에 이르게 한 경우 → 정당방위나 과잉방위 ×

정선 해설

[ㄱ ▸ O] 대판 2007.3.29. 2006도9307
[ㄴ ▸ X] 정당방위의 성립요건으로서의 방어행위에는 순수한 수비적 방어뿐 아니라 적극적 반격을 포함하는 반격방어의 형태도 포함되나, 그 방어행위는 자기 또는 타인의 법익침해를 방위하기 위한 행위로서 상당한 이유가 있어야 한다(대판 1992.12.22. 92도2540).
[ㄷ ▸ X] 피고인이 경찰관의 불심검문을 받아 운전면허증을 교부한 후 경찰관에게 큰 소리로 욕설을 하였는데, 경찰관이 모욕죄의 현행범으로 체포하겠다고 고지한 후 피고인의 오른쪽 어깨를 붙잡자 반항하면서 경찰관에게 상해를 가한 경우, 경찰관이 피고인을 체포한 행위는 적법한 공무집행이라고 볼 수 없고, 피고인이 체포를 면하려고 반항하는 과정에서 상해를 가한 것은 불법체포로 인한 신체에 대한 현재의 부당한 침해에서 벗어나기 위한 행위로서 정당방위에 해당한다(대판 2011.5.26. 2011도3682).
[ㄹ ▸ O] 대판 2005.6.9. 2004도7218
[ㅁ ▸ O] 대판 2001.5.15. 2001도1089

답 ❷

082 □□□

다음 설명 중 가장 옳지 않은 것은? 20 법원9급

① 정당방위의 성립요건으로서의 방어행위에는 순수한 수비적 방어뿐만 아니라 적극적 반격을 포함하는 반격방어의 형태도 포함되나, 그 방어행위는 자기 또는 타인의 법익침해를 방위하기 위한 행위로서 상당한 이유가 있어야 한다.

② 서로 격투를 하는 자 상호 간에는 공격행위와 방어행위가 연속적으로 교차되고 방어행위는 동시에 공격행위가 되는 양면적 성격을 띠는 것이므로 어느 한쪽 당사자의 행위만을 가려내어 방어를 위한 정당행위라거나 정당방위에 해당한다고 보기 어려운 것이 보통이다.

③ 겉으로는 서로 싸움을 하는 것처럼 보이더라도 실제로는 한쪽 당사자가 일방적으로 위법한 공격을 가하고 상대방은 이러한 공격으로부터 자신을 보호하고 이를 벗어나기 위한 저항수단으로서 유형력을 행사한 경우에는, 그 행위가 새로운 적극적 공격이라고 평가되지 아니하는 한, 이는 사회관념상 허용될 수 있는 상당성이 있는 것으로서 위법성이 조각된다.

④ 형사소송법 제148조의 증언거부권은 헌법 제12조 제2항에 의한 불이익진술의 강요금지원칙을 구체화한 자기부죄거부특권에 관한 것이다. 따라서 자신에 대해 유죄판결이 이미 확정된 증인이라 하더라도 공범에 대한 사건에서는 증언을 거부할 수 있고, 특히 증인이 자신에 대한 형사사건에서 시종일관 범행을 부인하였다면 증인이 진실대로 진술할 것을 기대할 가능성이 없는 경우에 해당한다.

정선 핵심

① 방어행위 → 반격방어의 형태도 포함되나 상당한 이유 필요
② 서로 공격할 의사로 싸우는 경우 → 정당방위 또는 과잉방위 ×
③ 저항수단으로 유형력을 행사했으나 소극적 방어의 한도 내인 경우 → 위법성 조각 O
④ 유죄판결이 확정된 피고인이 공범사건에서 범행사실을 부인하는 증언을 한 경우 → 위증죄 O

정선 해설

[❶ ▸ O] 대판 1992.12.22. 92도2540

[❷ ▸ O] [❸ ▸ O] 서로 격투를 하는 자 상호 간에는 공격행위와 방어행위가 연속적으로 교차되고 방어행위는 동시에 공격행위가 되는 양면적 성격을 띠는 것이므로 어느 한쪽 당사자의 행위만을 가려내어 방어를 위한 정당행위라거나 또는 정당방위에 해당한다고 보기 어려운 것이 보통이나,❷ 외관상 서로 격투를 하는 것처럼 보이는 경우라고 할지라도 실지로는 한쪽 당사자가 일방적으로 불법한 공격을 가하고 상대방은 이러한 불법한 공격으로부터 자신을 보호하고 이를 벗어나기 위한 저항수단으로 유형력을 행사한 경우라면, 그 행위가 적극적인 반격이 아니라 소극적인 방어의 한도를 벗어나지 않는 한 그 행위에 이르게 된 경위와 그 목적수단 및 행위자의 의사 등 제반 사정에 비추어 볼 때 사회통념상 허용될 만한 상당성이 있는 행위로서 위법성이 조각된다고 보아야 할 것이다❸(대판 1999.10.12. 99도3377).

> **비교판례** 대판 1968.5.7. 68도370
>
> 싸움을 함에 있어서 격투를 하는 자 중의 한사람의 공격이 그 격투에서 당연히 예상할 수 있는 정도를 초과하여 살인의 흉기 등을 사용하여온 경우에는 이를 '부당한 침해'라고 아니할 수 없으므로 이에 대하여는 정당방위를 허용하여야 한다고 해석하여야 할 것이다.

[❹ ▸ ×] 자신의 강도상해범행을 일관되게 부인하였으나 유죄판결이 확정된 피고인이 별건으로 기소된 공범의 형사사건에서 자신의 범행사실을 부인하는 증언을 한 사안에서, 피고인에게 사실대로 진술할 기대가능성이 있으므로 위증죄가 성립한다(대판 2008.10.23. 2005도10101).

답 ❹

제1장 제2장 제3장

083
□□□

정당방위 및 과잉방위에 대한 설명으로 가장 적절하지 않은 것은?(다툼이 있는 경우 판례에 의함) 21 경찰승진

① 경찰관의 불법한 현행범체포에 대해 그 체포를 면하려고 반항하는 과정에서 그 경찰관에게 상해를 입힌 행위는 정당방위에 해당하여 위법성을 조각한다.
② 정당방위의 상당성 판단에는 상대적 최소침해의 원칙 이외에 보충성의 원칙이 필수적으로 요구된다.
③ 형법 제21조 제2항에 의하면 과잉방위의 경우에는 그 형을 감면할 수 있다.
④ 정당방위의 방어행위에는 순수한 수비적 방어뿐만 아니라 적극적 반격을 포함하는 반격방어의 형태도 포함된다.

정선 핵심

① 불법한 체포를 면하려는 과정에서 경찰관에게 상해를 가한 경우 → 정당방위 O
② 정당방위의 상당성 → 보충성의 원칙 불요
③ 형법 제21조 제2항의 과잉방위 → 임의적 감면
④ 방어행위 → 반격방어의 형태도 포함

정선 해설

[❶ ▸ O] 경찰관의 불법한 체포를 면하려고 반항하는 과정에서 경찰관에게 상해를 가한 경우, 불법 체포로 인한 신체에 대한 현재의 부당한 침해에서 벗어나기 위한 행위로서 정당방위에 해당한다(대판 2000.7.4. 99도4341).

[❷ ▸ X] 방위자는 방위에 적합한 여러 수단 중에서 침해자에게 가장 경미한 손실을 입히는 수단을 선택하여야 하나, 보충성은 별도로 요구되지 아니한다.

[❸ ▸ O] 방위행위가 그 정도를 초과한 경우에는 정황(情況)에 따라 그 형을 감경하거나 면제할 수 있다(형법 제21조 제2항).

[❹ ▸ O] 정당방위의 성립요건으로서의 방어행위에는 순수한 수비적 방어뿐 아니라 적극적 반격을 포함하는 반격방어의 형태도 포함되나, 그 방어행위는 자기 또는 타인의 법익침해를 방위하기 위한 행위로서 상당한 이유가 있어야 한다(대판 1992.12.22. 92도2540).

답 ❷

084
□□□

정당방위에 대한 설명으로 옳지 않은 것은?(다툼이 있는 경우 판례에 의함) 19 5급승진

① 시위참가자들이 집회예정장소로 이동하는 과정에서 출발 또는 이동을 차단하려는 경찰관들의 위법한 제지에 대항하기 위해 공동하여 경찰관들에게 PVC파이프를 휘둘러 경찰관들을 때리고 진압방패와 채증장비를 빼앗는 등의 폭행행위를 한 것은 정당방위에 해당하지 않는다.
② 경찰관이 현행범을 체포하는 과정에서 피의사실요지나 체포이유 등을 고지하지 않는 등 적법절차를 준수하지 않았다면, 현행범이 그 체포를 면하려고 반항하는 과정에서 경찰관에게 2주간의 치료를 요하는 상해를 가한 것은 정당방위에 해당한다.
③ 甲이 자신의 주거에 침입한 도둑 A를 수회 때려 넘어뜨려 제압한 이후, A가 도망하려 할 뿐 반격이 없었음에도 불구하고 머리 등에 무자비하게 폭행을 가하여 뇌사 후 사망에 이르게 한 것은 정당방위는 물론 과잉방위도 인정되지 않는다.
④ 112신고를 받고 출동한 정복경찰관 A가 자신의 신분증을 제시하지 않은 상태에서, 甲이 술값을 내지 않고 가려고 한다는 말을 술집주인으로부터 듣고 만취상태의 甲을 불심검문하려고 하였다. 이때 甲이 이에 불응하면서 막무가내로 바깥으로 나가려하여 A가 제지하자 甲이 거칠게 반항하면서 A를 폭행한 것은 정당방위에 해당한다.
⑤ 의붓아버지의 강간행위 이후 계속적으로 성관계를 강요받아 온 甲(여)이, 남자친구 乙과 사전 공모하여 범행을 준비하고, 의붓아버지가 제대로 반항할 수 없는 상태에서 식칼로 심장을 찔러 살해한 것은 정당방위에 해당하지 않는다.

정선 핵심

정당방위의 인정 여부
① 집회예정장소로 이동하는 과정에서 경찰관들에게 폭행행위를 한 경우 → ×
② 현행범으로 불법체포하려는 경찰관에게 상해를 입힌 경우 → ○
③ 침입한 도둑을 폭행하여 뇌사 후 사망에 이르게 한 경우 → 정당방위, 과잉방위 ×
④ 신분증을 제시하지 않은 경찰관의 불심검문에 불응하고 폭행한 경우 → ×
⑤ 의붓아버지의 심장을 찔러 살해한 경우 → ×

정선 해설

[❶ ▸ ○] 대판 2009.6.11. 2009도2114
[❷ ▸ ○] 대판 2006.11.23. 2006도2732
[❸ ▸ ○] 자신의 주거에 침입한 도둑을 수회 때려 넘어뜨려 제압한 이후, 도둑이 도망하려 할 뿐 반격이 없었음에도 불구하고 머리 등에 무자비하게 폭행을 가하여 뇌사 후 사망에 이르게 한 것은 정당방위는 물론 과잉방위도 인정되지 않는다(대판 2016.5.12. 2016도2794).
[❹ ▸ ×] 판례의 취지를 고려하면, 정복경찰관 A의 불심검문은 적법한 공무집행으로 보인다. 따라서 甲이 거칠게 반항하면서 A를 폭행한 것은 정당방위에 해당하지 아니한다.

> 경찰관직무집행법(이하 '법') 제3조 제4항은 경찰관이 불심검문을 하고자 할 때에는 자신의 신분을 표시하는 증표를 제시하여야 한다고 규정하고, 경찰관직무집행법 시행령 제5조는 위 법에서 규정한 신분을 표시하는 증표는 경찰관의 공무원증이라고 규정하고 있는데, 불심검문을 하게 된 경위, 불심검문 당시의 현장상황과 검문을 하는 경찰관들의 복장, 피고인이 공무원증 제시나 신분 확인을 요구하였는지 여부 등을 종합적으로 고려하여, 검문하는 사람이 경찰관이고 검문하는 이유가 범죄행위에 관한 것임을 피고인이 충분히 알고 있었다고 보이는 경우에는 신분증을 제시하지 않았다고 하여 그 불심검문이 위법한 공무집행이라고 할 수 없다(대판 2014.12.11. 2014도7976).

[❺ ▸ ○] 대판 1992.12.22. 92도2540

답 ❹

085
□□□

다음 중 甲의 행위가 과잉방위로서 '야간이나 그 밖의 불안한 상태에서 공포를 느끼거나 경악(驚愕)하거나 흥분하거나 당황하였기 때문에 그 행위를 하였을 때'(형법 제21조 제3항)에 해당하는 것은?(다툼이 있는 경우 판례에 의함) 13 국가9급

① 甲은 자신의 아내와 함께 밤늦게 귀가하는 도중 술에 취한 乙이 갑자기 甲의 아내를 땅에 넘어뜨려 깔고 앉아서 구타하여 甲이 乙을 제지하였지만 乙이 자신의 말을 듣지 아니하고 돌로 아내를 때리려는 순간 그 침해를 방위하기 위하여 乙의 복부를 한차례 발로 차서 외상성 십이지장 천공상을 입게 하여 사망에 이르게 하였다.

② 甲은 남편에 대해 이혼소송을 제기하고 별거하던 중 남편이 찾아와 가위로 폭행하고 변태적 성행위를 강요하는 데에 격분하여 칼로 남편의 복부를 찔러 사망에 이르게 하였다.

③ 술에 만취한 乙이 누나와 말다툼을 하다가 누나의 머리채를 잡고 때리자 이를 본 누나의 남편 甲이 화가 나서 乙과 싸움을 하는 과정에서 몸무게가 85kg이나 되는 乙이 62kg의 甲을 침대 위에 넘어뜨리고 甲의 가슴 위에 올라타 목 부분을 누르자, 호흡이 곤란하게 된 甲이 안간힘을 쓰면서 허둥대다가 침대 위에 놓여 있던 과도로 乙에게 상해를 가하였다.

④ 甲이 乙로부터 뺨을 맞는 등 폭행을 당하자 乙의 멱살을 잡고 다투었고 이를 본 주위 사람들이 싸움을 제지하였으나 甲이 乙에게 대항하기 위하여 깨어진 병으로 乙을 찌를 듯이 겨누어 협박하였다.

정선 핵심

과잉방위(형법 제21조 제3항)의 인정 여부

① 야간에 술에 취한 피해자가 피고인의 아내를 때리려는 순간 발로 차서 사망에 이르게 한 경우 → 형법 제21조 제3항의 적용으로 무죄

② 변태적 성행위를 강요하는 남편을 찔러 사망에 이르게 한 경우 → 정당방위나 과잉방위 ×

③ 아내와 싸우던 처남이 피고인의 목 부분을 누르자 과도로 상해를 가한 경우 → 정당방위나 과잉방위 ×

④ 깨어진 병으로 피해자를 찌를 듯이 겨누어 협박한 경우 → 과잉방위 ×

정선 해설

[❶ ▸ O] 피고인의 행위가 형법 제21조 제2항 소정의 과잉방위에 해당한다 할지라도 위 행위가 당시 야간에 술이 취한 피해자의 불의의 행패와 폭행으로 인한 불안스러운 상태에서 공포를 느끼거나 경악(驚愕)하거나 흥분하거나 당황하였기 때문에 그 행위를 한 것에 기인된 것이라면 형법 제21조 제3항이 적용되어 피고인은 무죄이다(대판 1974.2.26. 73도2380).

관련판례 대판 2005.7.8. 2005도2807

피고인이 피해자 일행들로부터 폭행을 당하던 중에 피해자 일행에게 반격을 하겠다기보다는 그들의 공격으로부터 벗어나기 위하여 맥주병을 들고 나와서 위협을 하던 중 피고인을 뒤에서 끌어안은 피해자와 함께 넘어져 뒹굴며 옥신각신 하는 과정에서 맥주병이 깨지게 되고 그 깨진 맥주병에 피해자가 이개절상[귓바퀴를 자름(註)] 등의 상해를 입게 된 것으로서 피고인이 순간적으로 공포를 느끼거나 경악(驚愕)하거나 흥분하거나 당황하였기 때문에 위와 같은 행위에 이르게 되었다고 인정되므로 피고인의 행위는 형법 제21조 제3항에 의하여 벌할 수 없는 경우에 해당한다.

[❷ ▸ ×] 이혼소송 중인 남편이 찾아와 가위로 폭행하고 변태적 성행위를 강요하는 데에 격분하여 처가 칼로 남편의 복부를 찔러 사망에 이르게 한 경우, 그 행위는 방위행위로서의 한도를 넘어선 것으로 사회통념상 용인될 수 없으므로 정당방위나 과잉방위에 해당하지 않는다(대판 2001.5.15. 2001도1089).

비교판례 **대판 1986.11.11. 86도1862**

평소 흉포한 성격인데다가 술까지 몹시 취한 피해자가 심하게 행패를 부리던 끝에 피고인들을 모두 죽여 버리겠다면서 식칼을 들고 공소 외 1에게 달려들어 찌를 듯이 면전에 칼을 들이대다가 공소 외 2로부터 제지를 받자, 다시 공소 외 2의 목을 손으로 졸라 숨쉬기를 어렵게 한 위급한 상황에서 피고인이 순간적으로 공소 외 2를 구하기 위하여 피해자에게 달려들어 그의 목을 조르면서 뒤로 넘어뜨리고 피해자의 몸 위에 타고 앉아 그의 목을 계속하여 졸라 누름으로써 결국 피해자로 하여금 질식하여 사망에 이르게 한 행위는 당시 야간에 흉포한 성격에 술까지 취한 피해자가 식칼을 들고 피고인을 포함한 가족들의 생명, 신체를 위협하는 불의의 행패와 폭행을 하여 온 불안스러운 상태하에서 공포를 느끼거나 경악(驚愕)하거나 흥분하거나 당황하였기 때문에 저질러진 것이라고 보아야 할 것이다.

[❸ ▸ ×] 가해자의 행위가 피해자의 부당한 공격을 방위하기 위한 것이라기보다는 서로 공격할 의사로 싸우다가 먼저 공격을 받고 이에 대항하여 가해하게 된 것이라고 봄이 상당한 경우, 그 가해행위는 방어행위인 동시에 공격행위의 성격을 가지므로 정당방위 또는 과잉방위행위라고 볼 수 없다(대판 2000.3.28. 2000도228).

[❹ ▸ ×] 피고인이 피해자로부터 빰을 맞는 등 폭행을 당하여 서로 멱살을 잡고 다투자 주위 사람들이 싸움을 제지하였으나 피해자에게 대항하기 위하여 깨어진 병으로 피해자를 찌를 듯이 겨누어 협박한 경우, 피고인의 행위는 정당방위나 야간의 공포나 당황으로 인한 과잉방위에 해당하지 아니한다(대판 1991.5.28. 91도80).

답 ❶

086 □□□

정당방위에 대한 설명으로 가장 적절한 것은?(다툼이 있는 경우 판례에 의함)

18 경찰채용

① 가해자의 행위가 피해자의 부당한 공격을 방위하기 위한 것이라기보다는 서로 공격할 의사로 싸우다가 먼저 공격을 받고 이에 대항하여 가해하게 된 것인 경우에는 형법 제21조 제2항의 과잉방위가 성립한다.

② 피고인이 피해자로부터 먼저 폭행·협박을 당하다가 이를 피하기 위하여 피해자를 칼로 찔러 즉사케 한 경우, 그 행위가 피해자의 폭행·협박의 정도에 비추어 방위행위로서의 한도를 넘어선 것으로서 사회통념상 용인될 수 없다고 판단될 때에는 형법 제21조 제2항의 과잉방위가 성립한다.

③ 생명·신체에 대한 현재의 부당한 침해를 방위하기 위한 상당한 행위가 있고, 이어서 정당방위의 요건인 상당성을 결여한 행위가 연속적으로 이루어진 경우 극히 짧은 시간 내에 계속하여 행하여진 가해자의 이와 같은 일련의 행위는 이를 전체로서 하나의 행위라고 보아 형법 제21조 제2항의 과잉방위가 성립한다고 볼 여지가 있다.

④ 경찰관이 적법절차를 준수하지 않은 채 실력으로 현행범인을 연행하려 한 경우 이에 저항하는 과정에서 경찰관에게 상해를 입힌 행위는 그것이 자신의 신체에 대한 현재의 부당한 침해를 방위하기 위한 행위로서 상당한 이유가 있는 것이었다 하더라도 정당방위가 되지 못한다.

정선 핵심

① 서로 공격할 의사로 싸우는 경우 → 정당방위 또는 과잉방위 ×
② 폭행·협박을 피하기 위하여 피해자를 칼로 찔러 즉사케 한 경우 → 과잉방위 ×
③ 상당한 행위와 상당성을 결여한 행위가 짧은 시간 내에 계속하여 행하여진 경우 → 과잉방위 ○
④ 불법한 현행범체포를 면하려는 과정에서 상해를 가한 경우 → 정당방위 ○

정선 해설

[❶ ▸ ×] 피해자 일행 중 1명의 뺨을 때린 데에서 비롯된 가해자 등의 행위는 피해자 일행의 부당한 공격을 방위하기 위한 것이라기보다는 서로 공격할 의사로 싸우다가 먼저 공격을 받고 이에 대항하여 가해하게 된 것이라고 봄이 상당하고 이와 같은 싸움의 경우 가해행위는 방어행위인 동시에 공격행위의 성격을 가지므로 정당방위 또는 과잉방위행위라고 볼 수 없다(대판 1993.8.24. 92도1329).

[❷ ▸ ×] 피고인이 피해자를 7군데나 식칼로 찔러 사망케 한 행위가 피해자의 구타행위로 말미암아 유발된 범행이었다 하더라도 그와 같은 사정만으로는 위 소위가 정당방위 또는 과잉방위에 해당된다고 볼 수 없다(대판 1983.9.27. 83도1906).

[❸ ▸ O] 대판 1986.11.11. 86도1862

[❹ ▸ ×] 경찰관의 불법한 체포를 면하려고 반항하는 과정에서 경찰관에게 상해를 가한 경우, 불법 체포로 인한 신체에 대한 현재의 부당한 침해에서 벗어나기 위한 행위로서 정당방위에 해당한다(대판 2000.7.4. 99도4341).

답 ❸

087 □□□

정당방위에 대한 다음의 설명 중 가장 적절하지 않은 것은?(다툼이 있으면 판례에 의함)

15 경찰채용

① 정당방위의 성립요건으로서의 방어행위는 순수한 수비적 방어뿐 아니라 적극적 반격을 포함하는 반격방어의 형태도 포함한다.

② 정당방위에 있어서는 반드시 방위행위에 보충의 원칙은 적용되지 않으나 방위에 필요한 한도 내의 행위로서 사회윤리에 위배되지 않는 상당성이 있는 행위임을 요한다.

③ 서로 공격할 의사로 싸우다가 먼저 공격을 받고 이에 대항하여 가해하게 된 경우 그 가해행위는 정당방위가 될 여지는 없으나 과잉방위가 될 수는 있다.

④ 이혼소송 중인 남편이 찾아와 가위로 폭행하고 변태적 성행위를 강요하는 데에 격분하여 처가 칼로 남편의 복부를 찔러 사망에 이르게 한 경우는 정당방위나 과잉방위에 해당되지 않는다.

정선 핵심

① 방어행위 → 반격방어의 형태도 포함
② 정당방위 → 사회윤리에 위배되지 않는 상당성 필요
③ 서로 공격할 의사로 싸우는 경우 → 정당방위 또는 과잉방위 ×
④ 변태적 성행위를 강요하는 남편을 찔러 사망에 이르게 한 경우 → 정당방위나 과잉방위 ×

정선 해설

[❶ ▸ O] 정당방위의 성립요건으로서의 방어행위에는 순수한 수비적 방어뿐 아니라 적극적 반격을 포함하는 반격방어의 형태도 포함되나, 그 방어행위는 자기 또는 타인의 법익침해를 방위하기 위한 행위로서 상당한 이유가 있어야 한다(대판 1992.12.22. 92도2540).

[❷ ▸ O] 정당방위에 있어서는 반드시 방위행위에 보충의 원칙은 적용되지 않으나 방위에 필요한 한도 내의 행위로서 사회윤리에 위배되지 않는 상당성 있는 행위임을 요한다(대판 1991.9.10. 91다19913).

[❸ ▸ ×] 가해자의 행위가 피해자의 부당한 공격을 방위하기 위한 것이라기보다는 서로 공격할 의사로 싸우다가 먼저 공격을 받고 이에 대항하여 가해하게 된 것이라고 봄이 상당한 경우, 그 가해행위는 방어행위인 동시에 공격행위의 성격을 가지므로 정당방위 또는 과잉방위행위라고 볼 수 없다(대판 2000.3.28. 2000도228).

[❹ ▸ O] 대판 2001.5.15. 2001도1089

답 ❸

088 □□□

정당방위에 관한 다음 설명 중 옳고 그름의 표시(○, ×)가 바르게 된 것은?(다툼이 있으면 판례에 의함) 19 해경간부

ㄱ. 정당방위의 성립요건으로서의 방어행위는 순수한 수비적 방어뿐 아니라 적극적 반격을 포함하는 반격방어의 형태도 포함한다.
ㄴ. 정당방위가 인정되기 위해서 요구되는 부당한 공격의 현재성에 관해서는 현행법상 예외를 인정하지 않는다.
ㄷ. 甲이 乙소유의 자동차를 절취하여 乙의 친구인 丙을 그 차에 감금시키자 丙이 그 차의 창문을 부수고 탈출한 경우 丙의 자동차 창문손괴행위는 정당방위에 해당한다.
ㄹ. 긴급피난에 대한 정당방위는 인정되지만 정당방위에 대한 정당방위는 인정되지 않는다.
ㅁ. 서로 공격할 의사로 싸우다가 먼저 공격을 받고 이에 대항하여 가해하게 된 경우 그 가해행위는 정당방위가 될 여지는 없으나 과잉방위가 될 수는 있다.

① ㄱ(○) ㄴ(×) ㄷ(×) ㄹ(×) ㅁ(○)
② ㄱ(×) ㄴ(○) ㄷ(○) ㄹ(○) ㅁ(○)
③ ㄱ(×) ㄴ(○) ㄷ(×) ㄹ(×) ㅁ(×)
④ ㄱ(○) ㄴ(×) ㄷ(×) ㄹ(×) ㅁ(×)

정선 핵심

ㄱ. 방어행위 → 반격방어의 형태도 포함
ㄴ. 폭처법 제8조 제1항 → 예방적 정당방위 인정
ㄷ. 丙의 자동차 창문손괴행위 → 긴급피난
ㄹ. 긴급피난에 대한 정당방위 → 인정 ×
ㅁ. 서로 공격할 의사로 싸우는 경우 → 정당방위 또는 과잉방위 ×

정선 해설

[ㄱ ▸ ○] 대판 1992.12.22. 92도2540
[ㄴ ▸ ×] 폭처법 제8조 제1항 참조

법령 정당방위 등(폭처법 제8조) ① 이 법에 규정된 죄를 범한 사람이 흉기나 그 밖의 위험한 물건 등으로 사람에게 위해를 가하거나 가하려 할 때 이를 예방하거나 방위하기 위하여 한 행위는 벌하지 아니한다.

[ㄷ ▸ ×] 방위행위는 침해자 및 그 도구에 대하여만 할 수 있고, 제3자에 대한 반격은 긴급피난이 가능할 뿐이다. 지문에서 丙의 행위는 乙의 자동차에 대한 손괴죄의 구성요건에 해당하지만 긴급피난에 의하여 위법성이 조각된다.
[ㄹ ▸ ×] 적법한 침해에 대하여는 긴급피난만이 가능할 뿐이므로 긴급피난에 대하여 정당방위는 인정되지 아니하고 마찬가지로 정당방위에 대한 정당방위는 인정되지 않는다.
[ㅁ ▸ ×] 피해자 일행 중 1명의 뺨을 때린 데에서 비롯된 가해자 등의 행위는 피해자 일행의 부당한 공격을 방위하기 위한 것이라기보다는 서로 공격할 의사로 싸우다가 먼저 공격을 받고 이에 대항하여 가해하게 된 것이라고 봄이 상당하고 이와 같은 싸움의 경우 가해행위는 방어행위인 동시에 공격행위의 성격을 가지므로 정당방위 또는 과잉방위행위라고 볼 수 없다(대판 1993.8.24. 92도1329).

답 ❹

제1장 제2장 제3장

정선지문OX

01 甲소유의 밤나무 단지에서 乙이 밤 18개를 부대에 주워 담는 것을 본 甲이 그 부대를 빼앗으려다가 반항하는 乙의 뺨과 팔목을 때려 상처를 입힌 경우 甲의 그러한 행위는 乙의 절취행위를 방지하기 위한 것으로서 정당방위가 성립한다. 19 경찰간부 O | X

02 공직선거 후보자 甲이 연설 중 유권자들의 적절한 투표권 행사를 위해 다른 후보자 乙의 과거 행적에 대한 신문에 게재된 자료를 제시하면서 후보자의 자질을 문제 삼자 乙이 물리적으로 甲의 연설을 중단시킨 것은 정당방위에 해당한다. 20 해경승진 O | X

03 검사 甲이 검찰청에 자진출석한 乙변호사사무실 사무장 丙을 합리적 근거 없이 긴급체포하자 변호사 乙이 이를 제지하는 과정에서 검사 甲에게 상해를 가한 행위는 정당방위에 해당한다. 19 경찰승진 O | X

04 절도범이 물건을 훔쳐서 도망가는 것을 발견하고 제3자가 현장에서 그를 추격하여 체포하는 행위는 정당방위가 될 수 있다. 18 해경승진 O | X

05 치한이 심야에 혼자 귀가 중인 부녀자에게 달려들어 양팔을 붙잡고 어두운 골목길로 끌고 들어가 하체를 더듬으며 억지로 키스를 하려 하자, 그 부녀자가 치한의 혀를 깨물어 0.5cm 절단한 경우에는 정당방위가 인정되지 않는다. 15 경찰승진 O | X

06 피고인이 피해자로부터 뺨을 맞고 손톱깎이 칼에 찔려 약 1cm 정도의 상처를 입게 되자, 20cm의 과도로 피해자의 복부를 찌른 것은 정당방위에 해당한다. 15 경찰승진 O | X

07 어떠한 행위가 위법성조각사유로서 정당행위나 정당방위가 되는지 여부는 구체적인 경우에 따라 합목적적·합리적으로 가려야 하고 행위의 적법 여부는 국가질서를 벗어나서 이를 가릴 수 없는 것이다. 19 국가7급 O | X

08 병역법 제88조 제1항은 국방의 의무를 실현하기 위하여 현역입영 또는 소집통지서를 받고도 정당한 사유 없이 이에 응하지 않은 사람을 처벌함으로써 입영기피를 억제하고 병력구성을 확보하기 위한 규정이다. 이 조항에 따르면 정당한 사유가 있는 경우에는 피고인을 벌할 수 없는데, 여기에서 정당한 사유는 구성요건해당성을 조각하는 사유이다. 19 국가7급 O | X

01 상당성을 결여하여 정당방위라고 할 수 없다(대판 1984.9.25. 84도1611).

02 상당성을 결여하여 정당방위의 요건을 갖추지 못하였다(대판 2003.11.13. 2003도3606).

03 대판 2006.9.8. 2006도148

04 타인의 법익을 보호하기 위한 정당방위도 인정된다.

05 부녀자의 범행은 위법성이 결여된 행위이다(대판 1989.8.8. 89도358).

06 정당방위에 해당한다고 볼 수 없다(대판 1968.12.24. 68도1229).

07 대판 2004.3.26. 2003도7878

08 대판 2018.11.1. 2016도10912[전합]

정답

01 × 02 × 03 ○ 04 ○
05 × 06 × 07 ○ 08 ○

089
□□□

다음 중 긴급피난에 관한 설명으로 옳은 경우(○)와 옳지 않은 경우(×)를 바르게 표시한 것은?(다툼이 있는 경우 판례에 의함) 20 해경채용

ㄱ. 긴급피난의 본질에 관하여 위법성조각설을 따를 경우 긴급피난에 대한 정당방위나 긴급피난이 모두 가능하다.
ㄴ. 의사 甲이 수혈 없이는 살 수 없는 응급환자 A를 구조하기 위하여 A와 혈액형이 동일한 환자 B의 동의를 받지 않고 강제채혈을 한 경우 긴급피난의 상당성요건 중 보충성의 원칙과 관련되어 문제된다.
ㄷ. 긴급피난을 '정 대 정(正對正)'의 관계라고 말하는 것은 '공격적 긴급피난'의 경우 피난자의 정당화된 행위와 위난과 관계없이 침해되는 제3자의 법익과의 관계를 염두에 두고 있기 때문이다.
ㄹ. 책임조각설은 '자신을 위한 긴급피난'의 경우에 비하여 '타인을 위한 긴급피난'의 경우의 불처벌근거를 설명하는 데 보다 적합하다.
ㅁ. 제한적 종속형식을 전제로 한 경우 긴급피난을 위법성조각사유로 이해하는 입장에 따르면 긴급피난행위를 한 자에 대한 교사범의 성립은 인정될 수 없다.

① ㄱ(○) ㄴ(○) ㄷ(×) ㄹ(○) ㅁ(×)
② ㄱ(×) ㄴ(×) ㄷ(○) ㄹ(×) ㅁ(○)
③ ㄱ(×) ㄴ(○) ㄷ(×) ㄹ(×) ㅁ(×)
④ ㄱ(○) ㄴ(×) ㄷ(○) ㄹ(○) ㅁ(○)

정선 핵심

ㄱ. 위법성조각설 → 긴급피난에 대한 정당방위 ×, 긴급피난 ○
ㄴ. 환자의 동의를 받지 않고 강제채혈을 한 경우 → 수단의 사회윤리적 적합성과 관련
ㄷ. 긴급피난 → 정 대 정(正對正)의 관계
ㄹ. 책임조각설 → 타인을 위한 긴급피난에 대한 설명 곤란
ㅁ. 위법성조각설 → 긴급피난행위를 한 자(제한적 종속형식)에 대한 교사범 ×

정선 해설

[ㄱ ▸ ×] 긴급피난의 본질에 관한 위법성조각설에 의하면 긴급피난행위에 대하여 공범의 성립과 정당방위는 불가능하지만 긴급피난은 가능하다고 한다.
[ㄴ ▸ ×] 본인의 동의 없는 강제채혈은 그 수단의 사회윤리적 적합성 여부와 관련된다.
[ㄷ ▸ ○] 정당방위와 달리 긴급피난은 위난의 원인을 불문하고 피난행위도 위난의 원인을 야기한 자와 관계없는 제3자에게도 가능하다는 점에서 '정 대 정(正對正)'의 관계라고 말할 수 있다.
[ㄹ ▸ ×] 긴급피난의 본질에 관한 책임조각설은 피난행위는 적법행위의 기대가능성이 없기 때문에 책임이 조각된다는 견해로 타인의 법익을 위한 긴급피난도 기대가능성이 없다고 할 수 없다는 점에서 문제가 있다.
[ㅁ ▸ ○] 위법성조각설에 의하면, 긴급피난행위는 구성요건해당성은 인정되나 위법성이 조각되므로, 공범의 성립에 관한 제한적 종속형식에 의하면 교사범이 성립할 수 없다.

답 ❷

090
□□□

긴급피난에 관한 설명으로 가장 옳지 않은 것은?(다툼이 있는 경우 판례에 의함)

14 법원9급

① 아파트 입주자대표회의 회장이 다수 입주민들의 민원에 따라 위성방송 수신을 방해하는 케이블TV방송의 시험방송 송출을 중단시키기 위하여 위 케이블TV방송의 방송안테나를 절단하도록 지시한 행위는 긴급피난에 해당한다고 볼 수 없다.

② 임신의 지속이 모체의 건강을 해칠 우려가 현저할뿐더러 기형아 내지 불구아를 출산할 가능성 마저도 없지 않다는 판단 하에 부득이 취하게 된 산부인과 의사의 낙태수술행위는 긴급피난에 해당한다.

③ 母가 갑자기 기절을 하여 이를 치료하기 위하여 군무를 이탈하였다면 이는 긴급피난에 해당한다.

④ 신고된 甲대학교에서의 집회가 집회장소 사용 승낙을 하지 아니한 甲대학교측의 요청으로 경찰관들에 의하여 저지되자, 신고 없이 乙대학교로 옮겨 집회를 한 것은 긴급피난에 해당한다고 볼 수 없다.

정선 핵심

긴급피난의 인정 여부

① 아파트 입주자대표회의 회장이 케이블TV방송의 안테나 절단을 지시한 경우 → ×
② 기형아 출산을 우려한 산부인과 의사가 낙태수술을 한 경우 → ○
③ 어머니가 갑자기 기절을 하여 치료를 위해 군무를 이탈한 경우 → ×
④ 집회신고한 대학교가 아닌 신고 없는 다른 대학교로 옮겨 집회를 한 경우 → ×

정선 해설

[❶ ▸ ○] 대판 2006.4.13. 2005도9396

[❷ ▸ ○] 임신의 지속이 모체의 건강을 해칠 우려가 현저할 뿐더러 기형아 내지 불구아를 출산할 가능성마저도 없지 않다는 판단하에 부득이 취하게 된 산부인과 의사의 낙태 수술행위는 정당행위 내지 긴급피난에 해당되어 위법성이 없는 경우에 해당된다(대판 1976.7.13. 75도1205).

> **[유의사항]** 헌법재판소가 자기낙태죄(형법 제269조 제1항), 업무상동의낙태죄(형법 제270조 제1항)조항에 대하여 헌법불합치결정을 하면서 정한 개정시한까지 입법자가 당해 조항을 개정하지 않음으로써 동 조항들은 그 효력을 상실하였다. 따라서 현행법에 의하면 산부인과 의사의 낙태수술행위는 긴급피난에 의해서가 아니라 구성요건해당성이 인정되지 아니하여 불가벌이 되는 것으로 이해하여야 한다.

[❸ ▸ ×] 피고인의 모친이 갑자기 기절을 하여 이를 치료하기 위하여 군무를 이탈하였더라도 이는 본조 범행의 동기에 불과하므로 이를 법률상 긴급피난에 해당한다고 할 수 없다(대판 1969.6.10. 69도690).

[❹ ▸ ○] 대판 1990.8.14. 90도870

답 ❸

01 긴급피난이란 자기 또는 타인의 법익에 대한 현재의 위난을 피하기 위한 상당한 이유 있는 행위를 말하고, 여기서 '상당한 이유 있는 행위'에 해당하기 위해 피난행위가 위난에 처한 법익을 보호하기 위한 유일한 수단이어야 하는 것은 아니다. 19 국가7급 O | X

02 위법성조각설에서는 생명과 생명의 법익이 충돌하는 경우와 같이 이익형량이 불가능한 경우의 불처벌근거를 적법행위에 대한 기대불가능성에서 찾는다. 17 국가7급 O | X

03 위법성조각설에 대하여는 "자기에게 닥친, 불법하지 아니한 위난을 타인에게 전가시켜 같은 가치의 법익을 침해하는 행위는 사회윤리적 규범에 반하는 것이므로 위법하다고 해야 한다."는 비판이 있다. 17 국가7급 O | X

04 책임조각설은 '자신을 위한 긴급피난'의 경우에 비하여 '타인을 위한 긴급피난'의 경우의 불처벌근거를 설명하는 데 보다 적합하다. 17 국가7급 O | X

05 특정 후보자에 대한 공직선거법에 의한 선거운동 제한규정을 위반한 낙선운동은 시민불복종운동이므로 긴급피난의 요건을 갖춘 행위로 볼 수 있다. 19 해경간부 O | X

06 정당방위와 달리 긴급피난에 있어 피난행위는 위난에 처한 법익을 보호하기 위한 유일한 수단일 필요는 없다. 19 해경승진 O | X

07 피고인이 상관으로부터 뺨을 한 대 얻어맞고 그 뒤통수를 대검 뒷자루로 한번 치자 그도 야전삽으로 대항하던 중 위 대검으로 다시 쇄골부분을 찔러 사망케 한 경우, 긴급피난이 성립한다. 19 해경채용 O | X

01 피난행위는 유일한 수단이어야 한다.

02 보호받는 이익이 우월할 경우 위법성이 조각된다는 견해로, 이익교량을 할 수 없는 경우에는 기대불가능성으로 인하여 책임이 조각된다고 이해한다.

03 이 견해에 의하면 이익교량을 할 수 없는 경우에는 책임이 조각된다고 이해한다.

04 책임조각설에 대하여는 타인의 법익을 위한 긴급피난까지 기대가능성이 없다고 할 수 없다는 비판이 있다.

05 피고인들의 위 각 행위가 시민불복종운동으로서 정당행위 또는 긴급피난의 요건을 갖춘 행위로 볼 수는 없다(대판 2004.4.27. 2002도315).

06 긴급피난의 성립에는 보충성의 요건을 요한다.

07 급박한 경우에 해당한다 할 수 없어, 긴급피난이 성립되지 아니한다(대판 1970.8.18. 70도1364).

정답

01 × **02** ○ **03** ○ **04** × **05** × **06** × **07** ×

제4관 | 피해자의 승낙

091 □□□

피해자의 승낙에 대한 설명 중 가장 적절하지 않은 것은?(다툼이 있는 경우 판례에 의함)

20 경찰승진

① 문서의 위조라고 하는 것은 작성권한 없는 자가 타인 명의를 모용하여 문서를 작성하는 것을 말하는 것이므로 사문서를 작성함에 있어 그 명의자의 명시적이거나 묵시적인 승낙(위임)이 있었다면 이는 사문서 위조에 해당한다고 할 수 없다.

② 甲이 동거중인 피해자의 지갑에서 현금을 꺼내가는 것을 피해자가 현장에서 목격하고도 만류하지 아니하였다면 피해자가 이를 허용하는 묵시적 의사가 있었다고 볼 수 있으므로 절도죄가 성립하지 않는다.

③ 甲이 기관장들의 조찬모임에서의 대화내용을 도청하기 위한 도청장치를 설치할 목적으로 손님을 가장하여 그 조찬모임 장소인 음식점에 들어간 경우 영업주가 그 출입을 허용하지 않았을 것으로 보는 것이 경험칙에 부합하므로, 주거침입죄가 성립한다.

④ 甲이 피해자 A와 공모하여 교통사고를 가장하여 보험금을 편취할 목적으로 피해자에게 동의를 받아 상해를 가한 경우 피해자의 승낙으로 위법성이 조각된다.

정선 핵심

① 명의자의 명시적이거나 묵시적인 승낙이 있는 경우 → 사문서위조죄 ×
② 피해자의 지갑에서 현금을 꺼내가는 것을 만류하지 않은 경우 → 절도죄 ×
③ 도청장치를 설치할 목적으로 음식점에 들어간 경우 → 주거침입죄 ○
④ 보험금을 편취하기 위해 피해자의 동의를 받아 상해를 가한 경우 → 피해자의 승낙 ×

정선 해설

[❶ ▸ ○] 대판 1988.1.12. 87도2256

[❷ ▸ ○] 대판 1985.11.26. 85도1487

[❸ ▸ ○] 일반인의 출입이 허용된 음식점이라 하더라도, 영업주의 명시적 또는 추정적 의사에 반하여 들어간 것이라면 주거침입죄가 성립되는바, 기관장들의 조찬모임에서의 대화내용을 도청하기 위한 도청장치를 설치할 목적으로 손님을 가장하여 그 조찬모임 장소인 음식점에 들어간 경우에는 영업주가 그 출입을 허용하지 않았을 것으로 보는 것이 경험칙에 부합하므로, 그와 같은 행위는 주거침입죄가 성립한다(대판 1997.3.28. 95도2674).

[❹ ▸ ×] 피고인이 피해자와 공모하여 교통사고를 가장하여 보험금을 편취할 목적으로 피해자에게 상해를 가하였다면 피해자의 승낙이 있었다고 하더라도 이는 위법한 목적에 이용하기 위한 것이므로 피고인의 행위가 피해자의 승낙에 의하여 위법성이 조각된다고 할 수 없다(대판 2008.12.11. 2008도9606).

답 ❹

092 □□□

위법성조각사유에 대한 설명으로 옳지 않은 것은?(다툼이 있는 경우 판례에 의함)

20 국가9급

① 위법성조각사유로서의 피해자의 승낙은 언제든지 자유롭게 철회할 수 있고, 그 철회의 방법에는 아무런 제한이 없다.

② 피고인들이 태풍에 대비하여 미리 선박을 이동하여 놓아야 할 책임을 다하지 아니한 상태에서 태풍을 만나게 되자 선원의 안전을 위하여 부득이 닻줄을 풀어 인근 피조개양식장에 피해를 야기하였다면 긴급피난을 인정할 수 없다.

③ 행위 당시 승낙을 얻을 수 없었던 상황에서 모든, 객관적 사정을 종합하여 볼 때 명의자가 당연히 그 작성을 승낙했을 것으로 추정되는 경우 사문서의 위·변조죄가 성립하지 않는다.

④ 연립주택 아래층의 乙이 위층 甲의 집으로 통하는 상수도관 밸브를 잠가 수돗물이 나오지 않자 이로 인해 고통을 겪던 甲이 이를 확인하고 밸브를 열기 위하여 乙의 집에 들어간 행위는 사회상규에 위배되지 않는 행위에 해당한다.

정선 핵심

① 피해자의 승낙 → 자유롭게 철회할 수 있고, 철회의 방법에는 제한 ×
② 선박의 닻줄을 놓았다가 피조개양식장에 물적 피해를 야기한 경우 → 긴급피난 ○
③ 명의자가 사문서작성을 승낙했을 것으로 추정되는 경우 → 사문서위·변조죄 ×
④ 연립주택 아래층의 상수도관 밸브를 열기 위해 피해자의 주거에 들어간 경우 → 사회상규에 위배되지 않는 행위 ○

정선 해설

[❶ ▸ ○] 대판 2011.5.13. 2010도9962

[❷ ▸ ×] 선박의 이동에도 새로운 공유수면점용허가가 있어야 하고 휴지선을 이동하는 데는 예인선이 따로 필요한 관계로 비용이 많이 들어 다른 해상으로 이동을 하지 못하고 있는 사이에 태풍을 만나게 되고 그와 같은 위급한 상황에서 선박과 선원들의 안전을 위하여 사회통념상 가장 적절하고 필요불가결하다고 인정되는 조치를 취하였다면 형법상 긴급피난으로서 위법성이 없어서 범죄가 성립되지 아니한다고 보아야 하고 미리 선박을 이동시켜 놓아야 할 책임을 다하지 아니함으로써 위와 같은 긴급한 위난을 당하였다는 점만으로는 긴급피난을 인정하는 데 아무런 방해가 되지 아니한다(대판 1987.1.20. 85도221).

[❸ ▸ ○] 사문서의 위·변조죄는 작성권한 없는 자가 타인 명의를 모용하여 문서를 작성하는 것을 말하는 것이므로 사문서를 작성·수정함에 있어 그 명의자의 명시적이거나 묵시적인 승낙이 있었다면 사문서의 위·변조죄에 해당하지 않고, 한편 행위 당시 명의자의 현실적인 승낙은 없었지만 행위 당시의 모든 객관적 사정을 종합하여 명의자가 행위 당시 그 사실을 알았다면 당연히 승낙했을 것이라고 추정되는 경우 역시 사문서의 위·변조죄가 성립하지 않는다고 할 것이다(대판 2008.4.10. 2007도9987).

[❹ ▸ ○] 대판 2004.2.13. 2003도7393

답 ❷

093
□□□

위법성조각사유에 대한 설명으로 가장 적절한 것은?(다툼이 있는 경우 판례에 의함)

18 경찰채용

① 甲이 스스로 야기한 강간범행의 와중에서 피해자 A가 甲의 손가락을 깨물며 반항하자 물린 손가락을 비틀며 잡아 뽑다가 A에게 치아결손의 상해를 입힌 경우 甲의 상해행위는 긴급피난으로 위법성이 조각된다.

② 대표이사 甲이 '회사의 직원이 회사의 이익을 빼돌린다'는 소문을 확인할 목적으로, 비밀번호를 설정함으로써 비밀장치를 한 전자기록인 피해자 A가 사용하던 '개인용 컴퓨터의 하드디스크'를 떼어 내어 다른 컴퓨터에 연결한 다음 의심이 드는 단어로 파일을 검색한 결과 범죄행위를 확인할 수 있는 메신저 대화 내용, 이메일 등을 출력한 경우 甲의 전자기록등내용탐지행위는 정당행위로 위법성이 조각된다.

③ 甲이 교통사고를 가장하여 보험금을 편취할 목적으로 피해자 A와 공모하여 A의 승낙을 받고 그에게 상해를 가한 경우 甲의 상해행위는 피해자의 승낙에 의하여 위법성이 조각된다.

④ 甲이 피해자 A가 사용 중인 공중화장실의 용변칸에 노크하여 남편으로 오인한 A가 용변칸 문을 열자 강간할 의도로 용변칸에 들어간 경우 A가 명시적 또는 묵시적으로 이를 승낙하였다고 볼 수 있으므로 甲의 주거침입행위는 위법성이 조각된다.

정선 핵심

① 물린 손가락을 잡아 뽑다가 피해자에게 치아결손의 상해를 입힌 경우 → 긴급피난 ×
② 회사의 이익을 빼돌린다는 소문을 확인하기 위해 이메일 등을 출력한 경우 → 정당행위 ○
③ 보험금을 편취하기 위해 피해자의 동의를 받아 상해를 가한 경우 → 피해자의 승낙 ×
④ 남편으로 오인하여 문을 열자 강간할 의도로 용변칸에 들어간 경우 → 주거침입죄 ○

정선 해설

[❶ ▸ ×] 피고인이 스스로 야기한 강간범행의 와중에서 피해자가 피고인의 손가락을 깨물며 반항하자 물린 손가락을 비틀며 잡아 뽑다가 피해자에게 치아결손의 상해를 입힌 소위를 가리켜 법에 의하여 용인되는 피난행위라 할 수 없다(대판 1995.1.12. 94도2781).

> **비교판례** **대판 1989.8.8. 89도358**
>
> 갑과 을이 공동으로 인적이 드문 심야에 혼자 귀가 중인 병녀에게 뒤에서 느닷없이 달려들어 양팔을 붙잡고 어두운 골목길로 끌고 들어가 담벽에 쓰러뜨린 후 갑이 음부를 만지며 반항하는 병녀의 옆구리를 무릎으로 차고 억지로 키스를 함으로 병녀가 정조와 신체를 지키려는 일념에서 엉겁결에 갑의 혀를 깨물어 설절단상을 입혔다면 병녀의 범행은 자기의 신체에 대한 현재의 부당한 침해에서 벗어나려고 한 행위로서 그 행위에 이르게 된 경위와 그 목적 및 수단, 행위자의 의사 등 제반사정에 비추어 위법성이 결여된 행위이다.

[❷ ▸ ○] 대판 2009.12.24. 2007도6243

[❸ ▸ ×] 피고인이 피해자와 공모하여 교통사고를 가장하여 보험금을 편취할 목적으로 피해자에게 상해를 가하였다면 피해자의 승낙이 있었다고 하더라도 이는 위법한 목적에 이용하기 위한 것이므로 피고인의 행위가 피해자의 승낙에 의하여 위법성이 조각된다고 할 수 없다(대판 2008.12.11. 2008도9606).

[❹ ▸ ×] 피고인이 피해자가 사용 중인 공중화장실의 용변칸에 노크하여 남편으로 오인한 피해자가 용변칸 문을 열자 강간할 의도로 용변칸에 들어간 것이라면 피해자가 명시적 또는 묵시적으로 이를 승낙하였다고 볼 수 없어 주거침입죄에 해당한다(대판 2003.5.30. 2003도1256).

답 ❷

094 □□□

피해자의 승낙에 대한 설명으로 옳지 않은 것은?(다툼이 있는 경우 판례에 의함)

16 국가7급

① 무고죄는 부수적으로 부당하게 처벌 또는 징계받지 아니할 개인의 이익을 보호하는 죄이므로 피무고인이 무고사실에 대하여 승낙한 경우 무고인을 처벌할 수 없다.

② 피고인이 피해자가 사용 중인 공중화장실의 용변 칸에 노크 하여 남편으로 오인한 피해자가 용변 칸 문을 열자 강간할 의도로 용변 칸에 들어간 것이라면 피해자가 명시적 또는 묵시적으로 승낙하였다고 볼 수 없다.

③ 문서명의인이 이미 사망하였는데도 문서명의인이 생존하고 있다는 점이 문서의 중요한 내용을 이루거나 그 점을 전제로 문서가 작성되었다면 이미 그 문서에 관한 공공의 신용을 해할 위험이 발생하였다 할 것이므로, 그러한 내용의 문서에 관하여 사망한 명의자의 승낙이 추정된다는 이유로 사문서 위조죄의 성립을 부정할 수는 없다.

④ 13세 미만 미성년자에 대한 간음죄는 폭행이나 협박의 방법에 의하지 않고 피해자인 미성년자의 승낙이 있었다고 하더라도 성립한다.

정선 핵심

① 피무고인이 무고사실에 대하여 승낙한 경우 → 무고죄 O
② 남편으로 오인하여 문을 열자 강간할 의도로 용변칸에 들어간 경우 → 주거침입죄 O
③ 명의인의 생존을 전제로 문서가 작성된 경우 → 사망한 명의자의 승낙이 추정되어도 사문서위조죄 O
④ 폭행·협박에 의하지 않고 미성년자의 승낙이 있는 경우 → 13세 미만 미성년자에 대한 간음죄 O

정선 해설

[❶ ▸ X] 대판 2005.9.30. 2005도2712
[❷ ▸ O] 대판 2003.5.30. 2003도1256
[❸ ▸ O] 사망한 사람 명의의 사문서에 대하여도 문서에 대한 공공의 신용을 보호할 필요가 있다는 점을 고려하면, 문서명의인이 이미 사망하였는데도 문서명의인이 생존하고 있다는 점이 문서의 중요한 내용을 이루거나 그 점을 전제로 문서가 작성되었다면 이미 문서에 관한 공공의 신용을 해할 위험이 발생하였다 할 것이므로, 그러한 내용의 문서에 관하여 사망한 명의자의 승낙이 추정된다는 이유로 사문서위조죄의 성립을 부정할 수는 없다(대판 2011.9.29. 2011도6223).
[❹ ▸ O] 13세 미만 미성년자는 동의능력이 인정되지 아니하므로 동의가 있었다고 하더라도 13세 미만 미성년자에 대한 간음죄가 성립한다.

형법 제305조에 규정된 13세 미만 부녀에 대한 의제강간, 추행죄는 그 성립에 있어 위계 또는 위력이나 폭행 또는 협박의 방법에 의함을 요하지 아니하며 피해자의 동의가 있었다고 하여도 성립하는 것이다(대판 1982.10.12. 82도2183).

답 ❶

제1장 제2장 제3장

095 □□□

피해자의 승낙 또는 추정적 승낙에 대한 설명으로 옳지 않은 것은?(다툼이 있는 경우 판례에 의함) 21 국가9급

① 회사의 임원이 임무위배행위로 재산상 이익을 취득하여 회사에 손해를 가한 경우, 그 임무위배행위에 대하여 사실상 대주주의 양해를 얻었다고 하더라도 업무상배임죄가 성립한다.
② 명의자 이외의 자의 의뢰로 사문서를 작성하는 경우에 명의자의 명시적인 승낙이 없다는 것을 알았지만 명의자가 사문서작성 사실을 알았다면 승낙하였을 것이라고 작성자가 기대하거나 예측한 것만으로도 승낙은 추정된다.
③ 피해자의 승낙은 개인적 법익을 훼손하는 경우에 법률상 이를 처분할 수 있는 사람의 승낙을 말할 뿐만 아니라 그 승낙이 윤리적, 도덕적으로 사회상규에 반하는 것이 아니어야 한다.
④ 피해자의 승낙이 객관적으로 존재하지 않음에도 불구하고 행위자는 그것이 존재한다고 오신한 때에는 위법성조각사유의 전제사실에 대한 착오의 문제가 된다.

정선 핵심

① 임무위배행위로 손해를 가하였으나 대주주의 양해를 얻은 경우 → 업무상배임죄 O
② 명의자가 알았다면 승낙하였을 것이라고 기대하거나 예측한 경우 → 승낙 추정 ×
③ 피해자의 승낙 → 법익을 처분할 수 있는 자의 승낙이 사회상규에 반하지 않아야 함
④ 피해자의 승낙의 존재를 오신한 경우 → 위법성조각사유의 전제사실에 대한 착오

정선 해설

[❶ ▸ O] 대판 2000.5.26. 99도2781

[❷ ▸ ×] 사문서의 위·변조죄는 작성권한 없는 자가 타인 명의를 모용하여 문서를 작성하는 것을 말하는 것이므로 사문서를 작성·수정함에 있어 그 명의자의 명시적이거나 묵시적인 승낙이 있었다면 사문서의 위·변조죄에 해당하지 않고, 한편 행위 당시 명의자의 현실적인 승낙은 없었지만 행위 당시의 모든 객관적 사정을 종합하여 명의자가 행위 당시 그 사실을 알았다면 당연히 승낙했을 것이라고 추정되는 경우 역시 사문서의 위·변조죄가 성립하지 않는다고 할 것이나, <u>명의자의 명시적인 승낙이나 동의가 없다는 것을 알고 있으면서도 명의자 이외의 자의 의뢰로 문서를 작성하는 경우 명의자가 문서작성 사실을 알았다면 승낙하였을 것이라고 기대하거나 예측한 것만으로는 그 승낙이 추정된다고 단정할 수 없다</u>(대판 2008.4.10. 2007도9987).

[❸ ▸ O] 형법 제24조의 규정에 의하여 위법성이 조각되는 피해자의 승낙은 개인적 법익을 훼손하는 경우에 법률상 이를 처분할 수 있는 사람의 승낙을 말할 뿐만 아니라 그 승낙이 윤리적, 도덕적으로 사회상규에 반하는 것이 아니어야 한다(대판 1985.12.10. 85도1892).

> **관련판례** **대판 1989.11.28. 89도201**
>
> 피할만한 여유도 없는 좁은 장소와 <u>상급자인 피고인이 하급자인 피해자로부터 아프게 반격을 받을 정도의 상황에서 신체가 보다 더 건강한 피고인이 피해자에게 약 1분 이상 가슴과 배를 때렸다면</u> 사망의 결과에 대한 예견가능성을 부정할 수도 없을 것이며 위와 같은 상황에서 이루어진 폭행이 <u>장난권투로서 피해자의 승낙에 의한 사회상규에 어긋나지 않는 것이라고도 볼 수 없다</u>.

[❹ ▸ O] 피해자의 승낙이 있었음에도 불구하고 행위자가 이를 알지 못하고 행위하였을 때에는 주관적 정당화요소를 결한 경우의 문제로서 불능미수가 성립한다(다수설). 반대로 피해자의 승낙이 없었음에도 불구하고 행위자가 승낙이 있는 것으로 오인한 경우에는 위법성조각사유의 전제사실에 관한 착오 문제가 발생한다.

답 ❷

096 □□□

피해자의 승낙에 대한 설명으로 가장 적절하지 않은 것은?(다툼이 있는 경우 판례에 의함)

21 경찰채용

① 甲이 동거 중인 A의 지갑에서 현금을 꺼내 가는 것을 A가 현장에서 목격하고도 만류하지 아니한 경우에는 이를 허용하는 A의 묵시적 의사가 있었다고 볼 수 있다.

② 건물의 소유자라고 주장하는 甲과 그것을 점유 관리하고 있는 A 사이에 건물의 소유권에 대한 분쟁이 계속되고 있는 상황에서 甲이 그 건물에 침입하는 경우에는 그 침입에 대한 A의 승낙이 있었다고 볼 수 없다.

③ 甲이 乙과 공모하여 교통사고를 가장하여 보험금을 편취할 목적으로 乙에게 승낙을 받고 상해를 가한 경우에는 피해자의 승낙에 의하여 위법성이 조각된다고 할 수 없다.

④ 甲은 자신의 아버지 A소유 부동산 매매에 관한 권한 일체를 위임받아 이를 매도한 후 갑자기 A가 사망하자 소유권 이전에 사용할 목적으로 A가 자신에게 인감증명서 발급을 위임한다는 취지의 위임장을 작성하여, 주민센터 담당직원에게 제출한 경우에는 甲이 A가 승낙하였을 것이라고 기대하거나 예측한 것만으로도 사망한 A의 승낙이 추정된다.

정선 핵심

① 피해자의 지갑에서 현금을 꺼내가는 것을 만류하지 않은 경우 → 절도죄 ×
② 분쟁이 있는 상황에서 소유자라고 주장하는 자가 건물에 침입하는 경우 → 피해자의 승낙 ×
③ 보험금을 편취하기 위해 피해자의 동의를 받아 상해를 가한 경우 → 피해자의 승낙 ×
④ 아버지가 사망하자 인감증명서 발급을 위한 위임장을 작성·제출한 경우 → 승낙 추정 ×

정선 해설

[❶ ▸ ○] 대판 1985.11.26. 85도1487

[❷ ▸ ○] 건물의 소유자라고 주장하는 피고인과 그것을 점유관리하고 있는 피해자 사이에 건물의 소유권에 대한 분쟁이 계속되고 있는 상황이라면 피고인이 그 건물에 침입하는 것에 대한 피해자의 추정적 승낙이 있었다거나 피고인의 이 사건 범행이 사회상규에 위배되지 않는다고 볼 수 없다(대판 1989.9.12. 89도889).

[❸ ▸ ○] 대판 2008.12.11. 2008도9606

[❹ ▸ ×] 피고인이 자신의 부(父) 甲에게서 甲 소유 부동산의 매매에 관한 권한 일체를 위임받아 이를 매도하였는데, 그 후 甲이 갑자기 사망하자 부동산 소유권 이전에 사용할 목적으로 甲이 자신에게 인감증명서 발급을 위임한다는 취지의 인감증명 위임장을 작성한 후 주민센터 담당직원에게 이를 제출한 경우, 甲의 사망으로 포괄적인 명의사용의 근거가 되는 위임관계 내지 포괄적인 대리관계는 종료된 것으로 보아야 하므로 특별한 사정이 없는 한 피고인은 더 이상 위임받은 사무처리와 관련하여 甲의 명의를 사용하는 것이 허용된다고 볼 수 없다는 점을 고려하면, 이미 사망한 甲이 '병안 중'이라는 사유로 피고인에게 인감증명서 발급을 위임한다는 취지의 인감증명 위임장이 작성됨으로써 문서에 관한 공공의 신용을 해할 위험성이 발생하였다 할 것이고, 피고인이 명의자 甲이 승낙하였을 것이라고 기대하거나 예측한 것만으로는 사망한 甲의 승낙이 추정된다고 단정할 수 없다(대판 2011.9.29. 2011도6223).

답 ❹

097 □□□

위법성조각사유에 대한 설명으로 옳은 것은?(다툼이 있는 경우 판례에 의함)

21 경찰간부

① 甲이 자신의 아버지 乙에게서 乙소유 부동산 매매에 관한 일체의 권한을 위임받아 이를 매도하였는데, 그 후 乙이 사망하자 부동산 소유권 이전에 사용할 목적으로 乙이 甲에게 인감증명서 발급을 위임한다는 취지의 인감증명 위임장을 작성한 후 주민센터 담당직원에게 제출한 경우, 사망한 명의자 乙의 승낙이 추정되므로 위법성이 조각된다.

② 경찰관의 불심검문을 받게 된 甲이 운전면허증을 교부한 후 경찰관에게 큰 소리로 욕설을 하였고 이에 경찰관이 모욕죄의 현행범으로 체포하겠다고 고지한 후 甲의 어깨를 잡자, 甲이 이를 면하려고 반항하는 과정에서 경찰관에게 상해를 입힌 행위는 정당방위에 해당한다.

③ 운전자가 자신의 차를 가로막고 서서 통행을 방해하는 피해자를 향해 차를 조금씩 전진시키고 피해자가 뒤로 물러나면 다시 차를 전진시키는 방식의 운행을 반복한 경우, 정당방위에 해당하여 폭행죄가 성립하지 않는다.

④ 피해자의 승낙은 언제든지 자유롭게 철회될 수 있고 그 방법에는 제한이 없으며, 법익이 침해된 이후의 사후 승낙도 위법성을 조각할 수 있다.

정선 핵심

① 아버지가 사망하자 인감증명서 발급을 위한 위임장을 작성·제출한 경우 → 승낙 추정 ×
② 모욕죄의 현행범으로 불법체포하려는 경찰관에게 상해를 입힌 경우 → 정당방위 O
③ 피해자를 향해 차를 조금씩 전진시키는 행위를 반복하는 경우 → 폭행죄 O
④ 피해자의 승낙 → 자유롭게 철회할 수 있고, 철회의 방법에는 제한 ×

정선 해설

[❶ ▸ ×] 피고인이 자신의 부(父) 乙에게서 乙 소유 부동산의 매매에 관한 권한 일체를 위임받아 이를 매도하였는데, 그 후 乙이 갑자기 사망하자 부동산 소유권 이전에 사용할 목적으로 乙이 자신에게 인감증명서 발급을 위임한다는 취지의 인감증명 위임장을 작성한 후 주민센터 담당직원에게 이를 제출한 경우, 피고인이 명의자 乙이 승낙하였을 것이라고 기대하거나 예측한 것만으로는 사망한 乙의 승낙이 추정된다고 단정할 수 없다(대판 2011.9.29. 2011도6223).

[❷ ▸ O] 대판 2011.5.26. 2011도3682

[❸ ▸ ×] 자신의 차를 가로막는 피해자를 부딪친 것은 아니라고 하더라도, 피해자를 부딪칠 듯이 차를 조금씩 전진시키는 것을 반복하는 행위 역시 피해자에 대해 위법한 유형력을 행사한 것이라고 보아야 한다(대판 2016.10.27. 2016도9302).

[❹ ▸ ×] 피해자의 승낙은 언제든지 자유롭게 철회될 수 있고 그 방법에는 제한이 없으나 법익이 침해된 이후의 사후 승낙은 위법성이 조각되지 아니한다.

답 ❷

01 피무고자의 승낙을 받아 허위사실을 기재한 고소장을 수사기관에 제출하였다면 무고죄로 처벌할 수 없다. 20 국가9급 O | X

02 사문서위조죄나 공정증서원본부실기재죄가 성립한 이후, 피해자의 동의 등으로 문서에 기재된 대로 효과의 승인을 받거나 등기가 실체적 권리관계에 부합하게 되더라도 이미 성립한 범죄에 아무런 영향이 없다. 20 국가9급 O | X

03 진단상 과오가 없었으면 당연히 설명받았을 내용을 설명받지 못한 피해자로부터 수술승낙을 받았다면, 그 승낙은 부정확한 설명에 근거한 것으로서 수술의 위법성을 조각할 수 없다. 20 국가9급 O | X

04 피해자 乙이 살인을 승낙하지 않았음에도 불구하고 승낙이 있다고 오인하고 甲이 그를 살해한 경우 위법성조각사유의 전제사실에 대한 착오가 문제된다. 15 국가9급 O | X

05 형법 제24조(피해자의 승낙)에 따르면, 처분할 수 있는 자의 승낙에 의하여 그 법익을 훼손한 행위는 법률에 특별한 규정이 있는 경우에 한하여 벌하지 아니한다. 16 경찰채용 O | X

06 타인의 인장을 조각할 당시에 명의자로부터 명시적이거나 묵시적인 승낙 내지 위임을 받은 경우, 인장위조죄가 성립하지 아니한다. 17 국가7급 O | X

07 어떠한 물건을 점유자의 의사에 반하여 취거하는 행위가 결과적으로 소유자의 이익으로 된다는 사정 또는 소유자의 추정적 승낙이 있다고 볼 만한 사정이 있는 경우, 불법영득의 의사가 부정된다. 20 국가7급 O | X

08 절도죄의 구성요건에서 재물의 타인성에 관하여 착오를 일으킨 경우 법률의 착오에 해당한다. 20 경찰간부 O | X

09 관련 민사소송에서 쟁점이 된 제3자로부터 급여를 받은 사실을 숨기기 위해 통장의 입금자 부분을 화이트테이프로 지우고 복사하였을 뿐 입금자를 제3자로 변경하지 않았다면, 통장명의자인 은행의 추정적 승낙이 있었다고 볼 수 있다. 20 경찰간부 O | X

10 건물의 소유자라고 주장하는 甲과 그것을 점유관리하고 있는 乙 사이에 건물의 소유권에 대한 분쟁이 계속되고 있는 상황에서 甲이 그 건물에 침입한 경우 그 침입에 대한 乙의 승낙은 추정되지 않는다. 18 해경승진 O | X

01 피무고자의 승낙이 있었다고 하더라도 무고죄의 성립에는 영향을 미치지 못한다 할 것이다(대판 2005.9.30. 2005도2712).

02 대판 2001.11.9. 2001도3959

03 대판 1993.7.27. 92도2345

04 촉탁승낙살인죄에 있어서 촉탁 내지 승낙에 대한 착오는 감경적 구성요건 사실에 관한 착오로서 촉탁·승낙이 없음에도 불구하고 있다고 오인하고 살해한 경우 제15조 제1항에 의해 촉탁·승낙살인죄가 성립한다.

05 법률에 특별한 규정이 없는 한 벌하지 아니한다(형법 제24조).

06 대판 2014.9.26. 2014도9213

07 다른 특별한 사정이 없는 한 그러한 사유만으로 불법영득의 의사가 없다고 할 수는 없다(대판 2014.2.21. 2013도14139).

08 사실의 착오에 해당한다.

09 통장 명의자인 甲 은행장이 행위 당시 그러한 사실을 알았다면 이를 당연히 승낙했을 것으로 추정된다고 볼 수 없다(대판 2011.9.29. 2010도14587).

10 대판 1989.9.12. 89도889

정답

01 × 02 ○ 03 ○ 04 ×
05 × 06 ○ 07 × 08 ×
09 × 10 ○

098
□□□

정당행위에 해당하여 위법성이 조각되는 것만을 모두 고른 것은?(다툼이 있는 경우 판례에 의함) 19 경찰채용

ㄱ. 의사가 모발이식시술을 하면서 이에 관하여 어느 정도 지식을 가지고 있는 간호조무사로 하여금 환자의 머리 부위 진피층까지 찔러 넣는 방법으로 수여부에 모발을 삽입하는 행위 자체 중 일정 부분을 직접 하도록 맡겨둔 채 별반 관여하지 않은 경우
ㄴ. 공사업자가 이전 공사대금의 잔금을 지급받지 못하자 추가로 자동문의 번호키설치공사를 도급받아 시공하면서 자동문이 수동으로만 여닫히게 설정하여 일시적으로 자동잠금장치로서 역할을 할 수 없게 한 경우
ㄷ. 신문기자인 피고인이 고소인에게 2회에 걸쳐 증여세 포탈에 대한 취재를 요구하면서 이에 응하지 않으면 자신이 취재한 내용대로 보도하겠다고 말하여 협박한 경우
ㄹ. 실내 어린이놀이터에서 자신의 딸(4세)에게 피해자가 다가와 딸이 가지고 놀고 있는 블록을 발로 차고 손으로 집어 들면서 쌓아 놓은 블록을 무너뜨리고, 이에 딸이 울자 피고인이 피해자에게 "하지 마, 그러면 안 되는 거야"라고 말하면서 몇 차례 피해자를 제지하자 피해자가 갑자기 딸의 눈 쪽을 향해 오른손을 뻗었고 이를 본 피고인이 왼손을 내밀어 피해자의 행동을 제지하여 피해자가 바닥에 넘어져 충격방지용 고무매트가 깔린 바닥에 엉덩방아를 찧게끔 한 경우
ㅁ. 건설업체 노조원들이 '임·단협 성실교섭 촉구 결의대회'를 개최하면서 신고하지 아니하고 700여 명이 이동하는 중에 앞선 100여 명이 30분간에 걸쳐 편도 2차로를 모두 차지하고 삼보일배행진을 하여 차량의 통행을 다소간 방해한 경우

① ㄱ, ㄴ, ㄷ
② ㄴ, ㄹ, ㅁ
③ ㄷ, ㄹ, ㅁ
④ ㄱ, ㄷ, ㅁ

정선 핵심

정당행위의 인정 여부
ㄱ. 간호조무사에게 모발이식시술을 맡겨둔 채 관여하지 않은 경우 → ×
ㄴ. 자동문을 수동으로만 작동하게 하여 일시적으로 자동잠금장치로서 역할을 할 수 없게 한 경우 → ×
ㄷ. 증여세 포탈 취재에 응하지 않으면 취재한 내용대로 보도하겠다고 말한 경우 → O
ㄹ. 딸에 대한 돌발적인 공격을 막아 피해자가 엉덩방아를 찧게끔 한 경우 → O
ㅁ. 건설업체 노조원들이 삼보일배행진을 하여 차량의 통행을 방해한 경우 → O

정선 해설

[ㄱ ▸ X] 의사가 모발이식시술을 하면서 이에 관하여 어느 정도 지식을 가지고 있는 간호조무사로 하여금 모발이식시술행위 중 일정 부분을 직접 하도록 맡겨둔 채 별반 관여하지 않은 것은 정당행위에 해당하지 않는다(대판 2007.6.28. 2005도8317).

[ㄴ ▸ X] 자동문을 자동으로 작동하지 않고 수동으로만 개폐가 가능하게 하여 자동잠금장치로서 역할을 할 수 없도록 한 경우에도 재물손괴죄가 성립한다(대판 2016.11.25. 2016도9219).

[ㄷ ▸ O] 대판 2011.7.14. 2011도639

[ㄹ ▸ O] 피고인의 이러한 행위는 피해자의 갑작스런 행동에 놀라서 자신의 어린 딸이 다시 얼굴에 상처를 입지 않도록 보호하기 위한 것으로 딸에 대한 피해자의 돌발적인 공격을 막기 위한 본능적이고 소극적인 방어행위라고 평가할 수 있고, 따라서 이를 사회상규에 위배되는 행위라고 보기는 어렵다고 할 것이다(대판 2014.3.27. 2012도11204).

[ㅁ ▸ O] 대판 2009.7.23. 2009도840

답 ③

099 □□□

정당행위로서 위법성이 조각되는 경우로 가장 적절하지 않은 것은?(다툼이 있으면 판례에 의함) 16 경찰승진

① 남편과의 이혼소송 중, 남편이 내연녀의 방에서 간통을 할 것이라는 추측 하에 이혼소송에 사용할 증거를 확보하기 위하여 그 현장사진을 촬영할 목적으로 그 방에 침입한 경우
② 신문기자인 甲이 고소인에게 2회에 걸쳐 증여세 포탈에 대한 취재를 요구하면서 이에 응하지 않으면 자신이 취재한 내용대로 보도하겠다고 말한 경우
③ 쟁의행위에 대한 찬반투표 실시를 위하여 근무시간 중에 노동조합 임시총회를 개최하고 3시간에 걸친 투표 후 1시간의 여흥시간을 가진 경우
④ 차를 손괴하고 도망하려는 피해자를 도망하지 못하게 멱살을 잡고 흔들어 피해자에게 전치 14일의 흉부찰과상을 가한 경우

정선 핵심

정당행위의 인정 여부
① 간통현장사진을 촬영할 목적으로 내연녀의 방에 침입한 경우 → ×
② 증여세 포탈 취재에 응하지 않으면 취재한 내용대로 보도하겠다고 말한 경우 → ○
③ 근무시간 중에 노동조합 임시총회를 개최하고 투표 후 여흥시간을 가진 경우 → ○
④ 차를 손괴하고 도망하려는 피해자에게 전치 14일의 흉부찰과상을 가한 경우 → ○

정선 해설

[❶ ▸ ×] 간통 현장을 직접 목격하고 그 사진을 촬영하기 위하여 상간자의 주거에 침입한 행위가 정당행위에 해당하지 않는다(대판 2003.9.26. 2003도3000).

> **[유의사항]** 간통죄는 2015.2.26. 헌법재판소에서 위헌결정되어 2016.1.6. 삭제되었으나, 이 지문은 구법에 의하여 해설하였음을 밝힌다.

[❷ ▸ ○] 신문기자인 피고인이 고소인에게 2회에 걸쳐 증여세 포탈에 대한 취재를 요구하면서 이에 응하지 않으면 자신이 취재한 내용대로 보도하겠다고 말하여 협박하였다는 취지로 기소된 경우, 위 행위가 설령 협박죄에서 말하는 해악의 고지에 해당하더라도 특별한 사정이 없는 한 사회상규에 반하지 아니하는 행위라고 보는 것이 타당하다(대판 2011.7.14. 2011도639).
[❸ ▸ ○] 대판 1994.2.22. 93도613
[❹ ▸ ○] 대판 1999.1.26. 98도3029

답 ❶

100 □□□

다음 설명 중 가장 옳지 않은 것은?

17 법원9급

① 정리해고 등 기업의 구조조정 실시 여부는 경영주체의 고도의 경영상 결단에 속하는 사항으로서 이는 원칙적으로 단체교섭의 대상이 될 수 없고 그것이 긴박한 경영상의 필요나 합리적 이유 없이 불순한 의도로 추진되는 등의 특별한 사정이 없는 한 노동조합이 그 실시 자체를 반대하기 위해 쟁의행위에 나아가는 것은 허용되지 않으나, 그 실시로 인해 근로자들의 지위나 근로조건의 변경이 필연적으로 수반되는 경우에 한해 그 쟁의행위의 목적의 정당성을 인정할 수 있다.

② '회사 직원이 회사의 이익을 빼돌린다'는 소문을 확인할 목적으로, 비밀번호를 설정함으로써 비밀장치를 한 전자기록인 피해자가 사용하던 '개인용 컴퓨터 하드디스크'를 떼어 내어 다른 컴퓨터에 연결한 다음 의심 드는 단어로 파일을 검색하여 메신저 대화내용, 이메일 등을 출력한 경우라면 정당행위에 해당한다.

③ 신문기자인 피고인이 고소인에게 2회에 걸쳐 증여세 포탈에 대한 취재를 요구하면서 이에 응하지 않으면 자신이 취재한 내용대로 보도하겠다고 말하여 협박한 경우 이는 정당행위에 해당한다.

④ 수지침 한 봉지를 사 가지고 수지침 전문가인 피고인을 찾아와 수지침시술을 부탁하므로 피고인이 아무런 대가 없이 시술행위를 해 준 경우 사회통념상 허용될 만한 정도의 상당성이 있는 것으로 정당행위에 해당한다.

정선 핵심

정당행위의 인정 여부

① 근로조건의 변경이 수반되는 구조조정의 실시를 반대하는 쟁의행위의 정당성 → ×
② 회사의 이익을 빼돌린다는 소문을 확인하기 위해 이메일 등을 출력한 경우 → O
③ 증여세 포탈 취재에 응하지 않으면 취재한 내용대로 보도하겠다고 말한 경우 → O
④ 아무런 대가 없이 수지침시술행위를 해 준 경우 → O

정선 해설

[❶ ▸ ×] 기업의 구조조정의 실시 여부는 경영주체에 의한 고도의 경영상 결단에 속하는 사항으로서 이는 원칙적으로 단체교섭의 대상이 될 수 없고, 그것이 긴박한 경영상의 필요나 합리적인 이유 없이 불순한 의도로 추진되는 등의 특별한 사정이 없는 한, 노동조합이 실질적으로 그 실시 자체를 반대하기 위하여 쟁의행위에 나아간다면, 비록 그 실시로 인하여 근로자들의 지위나 근로조건의 변경이 필연적으로 수반된다 하더라도 그 쟁의행위는 목적의 정당성을 인정할 수 없다(대판 2014.8.20. 2011두25746).

[❷ ▸ O] 대판 2009.12.24. 2007도6243

[❸ ▸ O] 신문기자인 피고인이 고소인에게 2회에 걸쳐 증여세 포탈에 대한 취재를 요구하면서 이에 응하지 않으면 자신이 취재한 내용대로 보도하겠다고 말하여 협박하였다는 취지로 기소된 경우, 위 행위가 설령 협박죄에서 말하는 해악의 고지에 해당하더라도 특별한 사정이 없는 한 사회상규에 반하지 아니하는 행위라고 보는 것이 타당하다(대판 2011.7.14. 2011도639).

[❹ ▸ O] 대판 2000.4.25. 98도2389

비교판례 **대판 2002.12.26. 2002도5077**

외국에서 침구사자격을 취득하였으나 국내에서 침술행위를 할 수 있는 면허나 자격을 취득하지 못한 자가 단순한 수지침 정도의 수준을 넘어 체침을 시술한 경우, 사회상규에 위배되지 아니하는 무면허의료행위로 인정될 수 없다.

답 ❶

101 □□□

정당행위에 대한 설명 중 옳은 것은 모두 몇 개인가?(다툼이 있는 경우 판례에 의함)

21 경찰간부

ㄱ. 방송기자가 방송프로그램에서 약 8년 전에 이루어진 사적 대화의 불법녹음을 대화자의 실명과 구체적인 대화의 내용까지 공개한 것은, 그 내용이 공적 관심의 대상이 되기 어렵고 행위의 수단이나 방법이 상당성을 결여한 것으로 정당행위에 해당하지 않는다.
ㄴ. 기업의 구조조정 실시 여부는 원칙적으로 단체교섭의 대상이 될 수 없으나, 구조조정의 실시가 필연적으로 근로자들의 지위나 근로조건의 변경을 수반하기 때문에 이를 반대하기 위하여 진행한 노동조합의 쟁의행위는 목적의 정당성이 인정된다.
ㄷ. 1년 이상 관리비를 체납한 고액체납자의 점포에 대하여 이사회의 결의 및 시장번영회의 관리규정에 따라 행한 번영회장의 단전조치는 동기와 목적, 수단과 방법 등을 고려할 때 정당한 행위로 인정될 수 있다.
ㄹ. 노동조합이 쟁의행위의 일시·장소·참가인원 및 그 방법에 관한 서면신고를 하지 않고 쟁의를 한 경우에는 신고절차의 미준수로 인해 쟁의행위의 정당성이 부정된다.
ㅁ. 재건축조합 조합장이 조합탈퇴의 의사표시를 한 자를 상대로 '사업시행구역 안에 있는 그 소유의 건물을 명도하고 이를 재건축사업에 제공하여 행하는 업무를 방해하여서는 아니 된다'는 가처분의 판결을 받아 건물을 철거한 것은 형법 제20조의 업무로 인한 정당행위에 해당한다.

① 2개 ② 3개
③ 4개 ④ 5개

정선 핵심

ㄱ. 사적 대화의 불법녹음을 실명과 구체적인 내용까지 공개한 경우 → 정당행위 ×
ㄴ. 근로조건의 변경이 수반되는 구조조정의 실시를 반대하는 쟁의행위의 정당성 → ×
ㄷ. 시장번영회 회장이 고액체납자의 점포에 대해 단전조치를 한 경우 → 정당행위 ○
ㄹ. 쟁의행위에 관한 서면신고를 하지 않고 쟁의를 한 경우 쟁의행위의 정당성 → ○
ㅁ. 재건축조합장이 법원의 가처분판결을 받아 조합원의 건물을 철거한 경우 → 정당행위 ○

정선 해설

[ㄱ ▸ ○] 대판 2011.3.17. 2006도8839[전합]
[ㄴ ▸ ×] 기업의 구조조정의 실시 여부는 경영주체에 의한 고도의 경영상 결단에 속하는 사항으로서 이는 원칙적으로 단체교섭의 대상이 될 수 없고, 그것이 긴박한 경영상의 필요나 합리적인 이유 없이 불순한 의도로 추진되는 등의 특별한 사정이 없는 한, 노동조합이 실질적으로 그 실시 자체를 반대하기 위하여 쟁의행위에 나아간다면, 비록 그 실시로 인하여 근로자들의 지위나 근로조건의 변경이 필연적으로 수반된다 하더라도 그 쟁의행위는 목적의 정당성을 인정할 수 없다(대판 2014.8.20. 2011두25746).
[ㄷ ▸ ○] 시장번영회 회장이 이사회의 결의와 시장번영회의 관리규정에 따라서 관리비 체납자의 점포에 대하여 실시한 단전조치는 정당행위로서 업무방해죄를 구성하지 아니한다(대판 2004.8.20. 2003도4732).

유사판례 **대판 1994.4.15. 93도2899**

시장번영회의 회장으로서 시장번영회에서 제정하여 시행중인 관리규정을 위반하여 칸막이를 천장에까지 설치한 일부 점포주들에 대해 실시한 단전조치는 사회통념상 허용될 만한 정도의 상당성이 있는 것이므로 피고인의 각 행위는 형법 제20조 소정의 정당행위에 해당한다.

비교판례 **대판 2006.4.27. 2005도8074**

차임이나 관리비를 단 1회도 연체한 적이 없는 피해자가 임대차계약의 종료 후 임대료와 관리비를 인상하는 내용의 갱신계약 여부에 관한 의사표시나 명도의무를 지체하고 있다는 이유만으로 그 종료일로부터 16일 만에 피해자의 사무실에 대하여 단전조치를 취한 피고인의 행위는 정당행위에 해당하지 아니한다.

[ㄹ ▸ ×] 노동조합 및 노동관계조정법 시행령 제17조에서 규정하고 있는 쟁의행위의 일시·장소·참가인원 및 그 방법에 관한 서면신고의무는 쟁의행위를 함에 있어 그 세부적·형식적 절차를 규정한 것으로서 쟁의행위에 적법성을 부여하기 위하여 필요한 본질적인 요소는 아니므로, 신고절차의 미준수만을 이유로 쟁의행위의 정당성을 부정할 수는 없다(대판 2007.12.28. 2007도5204).
[ㅁ ▸ O] 대판 1998.2.13. 97도2877

답 ❷

102 □□□

쟁의행위에 대한 설명으로 옳은 것은?(다툼이 있는 경우 판례에 의함)

20 국가9급

① 쟁의행위가 추구하는 목적 중 일부가 정당하지 못한 경우에는 주된 목적 내지 진정한 목적을 기준으로 그 정당성 여부를 판단하여야 한다.
② 기업 구조조정의 실시로 근로자들의 지위나 근로조건의 변경이 필연적으로 수반되는 경우, 특별한 사정이 없더라도 이를 반대하는 쟁의행위의 정당성을 인정할 수 있다.
③ 조합원의 민주적 의사결정이 실질적으로 확보된 때에는 쟁의행위의 개시에 앞서 노동조합 및 노동관계조정법 제41조 제1항에 의한 투표절차를 거치지 아니한 경우에도 쟁의행위의 정당성은 상실되지 않는다.
④ 쟁의행위로서의 직장 또는 사업장시설 점거는 그 범위가 직장 또는 사업장시설 일부분에 그치고 사용자 측의 출입이나 관리지배를 배제하지 않는 병존적인 경우라도 이미 정당성의 한계를 벗어난 것이다.

정선 핵심

① 쟁의행위의 정당성 → 주된 목적을 기준으로 정당성 여부 판단
② 기업 구조조정의 실시를 반대하는 쟁의행위의 정당성 → ×
③ 찬반투표절차를 거치지 아니한 쟁의행위의 정당성 → ×
④ 병존적인 점거의 쟁의행위의 정당성 → O

정선 해설

[❶ ▸ O] 대판 2014.11.13. 2011도393
[❷ ▸ ×] 기업의 구조조정의 실시 여부는 경영주체에 의한 고도의 경영상 결단에 속하는 사항으로서 이는 원칙적으로 단체교섭의 대상이 될 수 없고, 그것이 긴박한 경영상의 필요나 합리적인 이유 없이 불순한 의도로 추진되는 등의 특별한 사정이 없는 한, 노동조합이 실질적으로 그 실시 자체를 반대하기 위하여 쟁의행위에 나아간다면, 비록 그 실시로 인하여 근로자들의 지위나 근로조건의 변경이 필연적으로 수반된다 하더라도 그 쟁의행위는 목적의 정당성을 인정할 수 없다(대판 2014.8.20. 2011두25746).
[❸ ▸ ×] 근로자의 쟁의행위가 형법상 정당행위가 되기 위하여는 그 절차에 관하여 쟁의행위를 함에 있어 조합원의 직접·비밀·무기명투표에 의한 찬성결정이라는 절차를 거쳐야 한다는 노동조합 및 노동관계조정법 제41조 제1항의 규정은 노동조합의 자주적이고 민주적인 운영을 도모함과 아울러 쟁의행위에 참가한 근로자들이 사후에 그 쟁의행위의 정당성 유무와 관련하여 어떠한 불이익을 당하지 않도록 그 개시에 관한 조합의사의 결정에 보다 신중을 기하기 위하여 마련된 규정이므로 위의 절차를 위반한 쟁의행위는 그 절차를 따를 수 없는 객관적인 사정이 인정되지 아니하는 한 정당성이 상실된다(대판 2001.10.25. 99도4837[전합]).
[❹ ▸ ×] 판례의 취지를 고려하면, 사용자 측의 출입이나 관리지배를 배제하지 않는 병존적인 점거의 경우, 정당한 쟁의행위라고 볼 수 있다.

노동조합의 조합원들이 쟁의행위로 사용자인 서울특별시건축사회의 사무실 일부를 점거한 경우, 점거한 곳의 범위와 평소의 사용형태, 사용자측에서 이를 사용하지 못하게 됨으로써 입은 피해의 내용과 정도 등에 비추어 이는 폭력의 행사에 해당하지 않는 사업장시설의 부분적·병존적인 점거로서 사용자의 재산권과 조화를 이루고 있고, 사용자의 업무가 실제로 방해되었거나 업무방해의 결과를 초래할 위험성이 발생하였다고 보기 어려우므로, 위 점거행위는 노동관계 법령에 따른 정당한 행위로서 위법성이 조각되어 업무방해죄의 책임을 물을 수 없다(대판 2007.12.28. 2007도5204).

답 ①

103 □□□

다음 중 정당행위로서 위법성이 조각되는 경우는 모두 몇 개인가?(다툼이 있는 경우 판례에 의함) 21 해경승진

ㄱ. A회사의 정기주주총회에 적법하게 참석한 주주 甲은 A회사 측이 A회사를 부실하게 운영하여 소수주주들에게 손해를 입혔다는 점을 주장하면서 강제로 A회사의 사무실을 뒤져 회계장부를 찾아 낸 경우
ㄴ. 피해어민들이 피해보상주장을 관철하기 위해 집단적인 시위를 하고, 선박의 입·출항 업무를 방해하며 이를 진압하려는 해양경찰관에게 대나무 등을 들고 구타하여 상해를 입히는 등의 행위를 한 경우
ㄷ. 쟁의행위에 대한 찬반투표 실시를 위하여 근무시간 중에 노동조합 임시총회를 개최하고 3시간에 걸친 투표 후 1시간의 여흥시간을 가진 경우
ㄹ. 사채업자인 피고인이 채무자에게 '채무를 변제하지 않으면 채무자가 숨기고 싶어 하는 과거행적과 사채를 쓴 사실 등을 남편과 시댁에 알리겠다.'는 문자메시지를 발송한 경우
ㅁ. 재건축조합원이 조합과 분쟁이 생기면서 건물의 철거를 거부하자 이에 조합장인 피고인이 건물을 철거해도 좋다는 법원의 가처분판결을 받아 재건축조합원의 건물을 철거한 경우

① 4개　② 3개
③ 2개　④ 1개

정선 핵심

정당행위의 인정 여부

ㄱ. 소수주주들에게 손해를 입혔다고 하면서 강제로 회사의 사무실에서 회계장부를 찾아 낸 경우 → ×
ㄴ. 피해어민들의 집단적인 시위를 진압하려는 해양경찰관을 구타하여 상해를 입힌 경우 → ×
ㄷ. 근무시간 중에 노동조합 임시총회를 개최하고 투표 후 여흥시간을 가진 경우 → ○
ㄹ. 피해자의 과거행적과 사채를 쓴 사실 등을 남편과 시댁에 알리겠다는 문자메시지를 발송한 경우 → ×
ㅁ. 재건축조합장이 법원의 가처분판결을 받아 조합원의 건물을 철거한 경우 → ○

정선 해설

[ㄱ ▸ ×] 판례의 취지를 고려하면, 주주 甲은 상법 제466조에 의해 회계장부의 열람을 청구하거나 법원에 그 이행을 구할 수 있으므로 강제로 A회사의 사무실을 뒤져 회계장부를 찾아 낸 경우에는 정당행위가 되지 아니하고 방실수색죄(형법 제321조)가 성립한다.

회사의 정기주주총회에 적법하게 참석한 주주라고 할지라도 회사의 구체적인 회계장부나 서류철 등을 열람하기 위하여는 별도로 상법 제466조 등에 정해진 바에 따라 회사에 대하여 그 열람을 청구하여야 하고, 만일 회사에서 정당한 이유 없이 이를 거부하는 경우에는 법원에 그 이행을 청구하여 그 결과에 따라 회계장부 등을 열람할 수 있을 뿐 주주총회 장소라고 하여 회사 측의 의사에 반하여 회사의 회계장부를 강제로 찾아 열람할 수는 없다고 할 것이며, 설사 회사 측이 회사운영을 부실하게 하여 소수주주들에게 손해를 입게 하였다고 하더라도 위와 같은 사정만으로 주주총회에 참석한 주주가 강제로 사무실을 뒤져 회계장부를 찾아내는 것이 사회통념상 용인되는 정당행위로 되는 것은 아니다(대판 2001.9.7. 2001도2917).

[ㄴ ▸ ×] 피해어민들이 그들의 피해보상주장을 관철하기 위하여 집단적인 시위를 하고, 선박의 입・출항 업무를 방해하며 이를 진압하려는 경찰관들을 대나무 사앗대 등을 들고 구타하여 상해를 입히는 등의 행위를 한 경우 각 범행의 수단, 방법 및 그 결과 등에 비추어 위 각 범행이 사회통념상 용인될 만한 상당성이 있는 정당행위라고는 할 수 없다(대판 1991.5.10. 91도346).

[ㄷ ▸ ○] 대판 1994.2.22. 93도613

[ㄹ ▸ ×] 사채업자인 피고인은 피해자에게, 채무를 변제하지 않으면 피해자가 숨기고 싶어 하는 과거의 행적과 사채를 쓴 사실 등을 남편과 시댁에 알리겠다는 등의 문자메시지를 발송한 경우, 이는 피해자에게 공포심을 일으키기에 충분하다고 보아야 할 것이어서 피고인에게 협박의 고의가 있었음을 충분히 인정할 수 있으며, 피고인이 정당한 절차와 방법을 통해 그 권리를 행사하지 아니하고 피해자에게 위와 같이 해악을 고지한 것이 사회의 관습이나 윤리관념 등 사회통념에 비추어 용인할 수 있는 정도의 것이라고 볼 수는 없다(대판 2011.5.26. 2011도2412).

[ㅁ ▸ ○] 대판 1998.2.13. 97도2877

답 ③

104 □□□

형법 제20조(정당행위)에 대한 설명으로 옳지 않은 것은?(다툼이 있는 경우 판례에 의함)

19 국가9급

① 어떤 행위가 사회상규에 위배되지 아니하는 정당한 행위로서 위법성이 조각되는 것인지는 구체적인 사정 아래 합목적적, 합리적으로 고찰하여 개별적으로 판단되어야 한다.

② 현역입영 통지서를 받고도 정당한 사유 없이 이에 응하지 않은 사람을 처벌하는 병역법 제88조 제1항의 정당한 사유는 구성요건해당성을 조각하는 사유가 아니라 위법성조각사유인 정당행위로 보아야 한다.

③ 어떤 행위가 정당행위에 해당한다고 하기 위해서는 그 행위의 동기나 목적의 정당성, 행위의 수단이나 방법의 상당성, 보호이익과 침해이익의 법익균형성, 긴급성, 다른 수단이나 방법이 없다는 보충성 등의 요건을 갖추어야 한다.

④ '사회상규에 위배되지 아니하는 행위'는 법질서 전체의 정신이나 그 배후에 놓여 있는 사회윤리 내지 사회통념에 비추어 용인될 수 있는 행위를 말한다.

정선 핵심

① 사회상규에 위배되지 아니하는 행위인지 여부 → 구체적인 사정 아래 합목적적, 합리적으로 고찰하여 개별적으로 판단

② 병역법 제88조 제1항의 정당한 사유 → 구성요건해당성조각사유

③ 정당행위의 인정요건 → 목적의 정당성, 방법의 상당성, 법익균형성, 긴급성, 보충성

④ 사회상규에 위배되지 아니하는 행위 → 법질서 전체의 정신이나 배후에 놓여 있는 사회윤리 내지 사회통념에 비추어 용인될 수 있는 행위

정선 해설

[❶ ▸ O] [❸ ▸ O] [❹ ▸ O] 형법 제20조가 정한 '사회상규에 위배되지 아니하는 행위'란 법질서 전체의 정신이나 그 배후에 놓여 있는 사회윤리나 사회통념에 비추어 용인될 수 있는 행위를 말한다.❹ 어떠한 행위가 사회상규에 위배되지 아니하는 정당한 행위로서 위법성이 조각되는 것인지는 구체적인 사정 아래에서 합목적적, 합리적으로 고찰하여 개별적으로 판단되어야 한다.❶ 이와 같은 정당행위를 인정하려면 첫째 그 행위의 동기나 목적의 정당성, 둘째 행위의 수단이나 방법의 상당성, 셋째 보호이익과 침해이익의 법익균형성, 넷째 긴급성, 다섯째 그 행위 외에 다른 수단이나 방법이 없다는 보충성 등의 요건을 갖추어야 한다❸(대판 2017.5.30. 2017도2758).

[❷ ▸ ×] 병역법 제88조 제1항은 국방의 의무를 실현하기 위하여 현역입영 또는 소집통지서를 받고도 정당한 사유 없이 이에 응하지 않은 사람을 처벌함으로써 입영기피를 억제하고 병력구성을 확보하기 위한 규정이다. 위 조항에 따르면 정당한 사유가 있는 경우에는 피고인을 벌할 수 없는데, 여기에서 정당한 사유는 구성요건해당성을 조각하는 사유이다. 이는 형법상 위법성조각사유인 정당행위나 책임조각사유인 기대불가능성과는 구별된다(대판 2018.11.1. 2016도10912[전합]).

답 ❷

105 □□□

정당행위에 대한 설명이다. 아래 ㄱ.부터 ㄹ.까지의 설명 중 옳고 그름의 표시(O, ×)가 바르게 된 것은?(다툼이 있는 경우 판례에 의함) 19 경찰승진

ㄱ. 신문기자인 甲이 고소인에게 2회에 걸쳐 증여세 포탈에 대한 취재를 요구하면서 이에 응하지 않으면 자신이 취재한 내용대로 보도하겠다고 말한 경우 정당행위로서 위법성이 조각된다.
ㄴ. A주식회사 임원인 甲이 회사 직원들 및 그 가족들에게 수여할 목적으로 전문의약품인 타미플루 39,600정 등을 제약회사로부터 매수하여 취득한 행위는 사회상규에 위배되지 아니하는 정당행위로서 위법성이 조각된다.
ㄷ. 감정평가업자가 아닌 공인회계사가 타인의 의뢰에 의하여 일정한 보수를 받고 구 부동산 가격공시 및 감정평가에 관한 법률 이 정한 토지에 대한 감정평가를 업으로 행하는 것은 특별한 사정이 없는 한 형법 제20조가 정한 '법령에 의한 행위'로서 정당행위에 해당한다고 볼 수 없다.
ㄹ. A회사 대표이사인 피고인 甲이 '회사 직원이 회사의 이익을 빼돌린다'는 소문을 확인할 목적으로, 비밀번호를 설정함으로써 비밀장치를 한 전자기록인 피해자가 사용하던 '개인용 컴퓨터 하드디스크'를 떼어 내어 다른 컴퓨터에 연결한 다음 의심 드는 단어로 파일을 검색하여 메신저 대화내용, 이메일 등을 출력한 경우라면 정당행위에 해당한다고 볼 수 없다.

① ㄱ(O) ㄴ(O) ㄷ(×) ㄹ(×)
② ㄱ(O) ㄴ(×) ㄷ(O) ㄹ(×)
③ ㄱ(O) ㄴ(×) ㄷ(×) ㄹ(O)
④ ㄱ(×) ㄴ(×) ㄷ(O) ㄹ(O)

정선 핵심

정당행위의 인정 여부
ㄱ. 증여세 포탈 취재에 응하지 않으면 취재한 내용대로 보도하겠다고 말한 경우 → O
ㄴ. 직원들과 가족들에게 수여하기 위해 타미플루를 제약회사로부터 취득한 경우 → ×
ㄷ. 감정평가업자가 아닌 공인회계사가 토지에 대한 감정평가를 행한 경우 → ×
ㄹ. 회사의 이익을 빼돌린다는 소문을 확인하기 위해 이메일 등을 출력한 경우 → O

정선 해설

[ㄱ ▸ O] 대판 2011.7.14. 2011도639

[ㄴ ▸ X] 甲 주식회사 임원인 피고인들이 회사 직원들 및 그 가족들에게 수여할 목적으로 다량의 의약품을 매수하여 취득하였다고 하여 구 약사법위반죄로 기소된 경우, 위 행위는 같은 법 제44조 제1항 위반행위에 해당하므로, 사회상규에 위배되지 아니하는 정당행위로 볼 수 없다(대판 2011.10.13. 2011도6287).

[ㄷ ▸ O] 감정평가업자가 아닌 공인회계사가 타인의 의뢰에 의하여 일정한 보수를 받고 부동산공시법이 정한 토지에 대한 감정평가를 업으로 행하는 것은 부동산공시법 제43조 제2호에 의하여 처벌되는 행위에 해당하고, 특별한 사정이 없는 한 형법 제20조가 정한 '법령에 의한 행위'로서 정당행위에 해당한다고 볼 수는 없다(대판 2015.11.27. 2014도191).

[ㄹ ▸ X] '회사의 직원이 회사의 이익을 빼돌린다'는 소문을 확인할 목적으로, 비밀번호를 설정함으로써 비밀장치를 한 전자기록인 피해자가 사용하던 '개인용 컴퓨터의 하드디스크'를 떼어 내어 다른 컴퓨터에 연결한 다음 의심이 드는 단어로 파일을 검색하여 메신저 대화 내용, 이메일 등을 출력한 경우, 피고인의 그러한 행위는 사회통념상 허용될 수 있는 상당성이 있는 행위로서 형법 제20조의 '정당행위'에 해당한다(대판 2009.12.24. 2007도6243).

답 ❷

106

□□□

정당행위에 관한 다음 설명 중 가장 옳지 않은 것은?(다툼이 있는 경우 판례에 의함)

19 경찰간부

① 집행관 甲이 압류집행을 위하여 채무자의 주거에 들어가려고 하였으나 채무자의 아들 乙이 이를 방해하는 등 저항하므로 주거에 들어가는 과정에서 몸싸움을 하던 도중 乙에게 2주간의 상해를 가한 행위는 정당행위에 해당한다.

② 회사의 긴박한 경영상의 필요에 의하여 실시되는 정리해고 자체를 전혀 수용할 수 없다는 노동조합 측의 입장 관철을 주된 목적으로 하는 쟁의행위는 정당행위에 해당하지 않는다.

③ 국가정책적 견지에서 도박죄의 보호법익보다 좀 더 높은 국가이익을 위하여 예외적으로 내국인의 출입을 허용하는 폐광지역개발 지원에 관한 특별법 등에 따라 카지노에 출입하는 것은 업무로 인한 행위로서 정당행위에 해당하여 위법성이 조각된다.

④ 비료를 매수하여 시비한 결과 사과나무묘목이 고사하자 그 비료를 생산한 회사에게 손해배상을 요구하면서 사장 이하 간부들에게 욕설을 하거나 응접탁자 등을 들었다 놓았다 하거나 현수막을 만들어 보이면서 시위를 할 듯한 태도를 보이는 경우 정당행위에 해당하여 위법성이 조각된다.

정선 핵심

정당행위의 인정 여부

① 집행관이 압류집행과정에서 채무자의 아들에게 상해를 가한 경우 → O

② 정리해고 자체를 전혀 수용할 수 없다는 쟁의행위의 정당성 → ×

③ 폐광지역개발지원에관한특별법 등에 따라 카지노에 출입하는 경우 → 법령에 의한 행위로 위법성 조각 O

④ 사과나무묘목이 고사하자 비료회사에 시위를 할 듯한 태도를 보이는 경우 → O

정선 해설

[❶ ▸ O] 대판 1993.10.12. 93도875

[❷ ▸ O] 대판 2014.8.20. 2011두25746

[❸ ▸ X] 국가 정책적 견지에서 도박죄의 보호법익보다 좀 더 높은 국가이익을 위하여 예외적으로 내국인의 출입을 허용하는 폐광지역개발지원에관한특별법 등에 따라 카지노에 출입하는 것은 법령에 의한 행위로 위법성이 조각된다고 할 것이나, 도박죄를 처벌하지 않는 외국 카지노에서의 도박이라는 사정만으로 그 위법성이 조각된다고 할 수 없다(대판 2004.4.23. 2002도2518).

[❹ ▸ O] 피고인 등이 비료를 매수하여 시비한 결과 딸기묘목 또는 사과나무묘목이 고사하자 그 비료를 생산한 회사에게 손해배상을 요구하면서 사장 이하 간부들에게 욕설을 하거나 응접탁자 등을 들었다 놓았다 하거나 현수막을 만들어 보이면서 시위를 할 듯한 태도를 보이는 등 하였다 하여도 이는 손해배상청구권에 기한 것으로서 그 방법이 사회통념상 인용된 범위를 일탈한 것이라 단정하기 어려우므로 공갈 및 공갈미수의 죄책을 인정할 수 없다(대판 1980.11.25. 79도2565).

관련판례 **대판 1990.8.14. 90도114**

피고인이 그 소유건물에 인접한 대지 위에 건축허가조건에 위반되게 건물을 신축, 사용하는 소유자로부터 일조권 침해 등으로 인한 손해배상에 관한 합의금을 받은 것은 사회통념상 용인되는 범위를 넘지 않는 것이어서 공갈죄가 성립되지 않는다.

답 ❸

107 □□□

정당행위에 관한 다음 설명 중 가장 적절하지 않은 것은?(다툼이 있으면 판례에 의함)

15 경찰채용

① '회사의 직원이 회사의 이익을 빼돌린다'는 소문을 확인할 목적으로, 비밀번호를 설정한 피해자의'개인용 컴퓨터의 하드디스크'를 떼어 내어 다른 컴퓨터에 연결한 다음, 의심이 드는 단어로 파일을 검색하여 메신저 대화 내용, 이메일 등을 출력한 행위는 정당행위에 해당하지 않는다.

② 신문기자가 기사 작성 자료를 수집하기 위해 취재에 응해 줄 것을 요청하고 취재한 내용을 관계 법령에 저촉되지 않는 범위 내에서 보도하는 것은 정당행위에 해당한다.

③ 국회의원인 피고인이 구 국가안전기획부 내 정보수집팀이 대기업 고위관계자와 중앙일간지 사주 간의 사적 대화를 불법녹음한 자료를 입수한 후 그 대화내용과 위 대기업으로부터 이른바 떡값 명목의 금품을 수수하였다는 검사들의 실명이 게재된 보도자료를 작성하여 자신의 인터넷 홈페이지에 게재한 경우, 정당행위에 해당한다고 볼 수 없다.

④ 사용자가 제3자와 공동으로 관리하는 공간을 관리자의 의사에 반하여 침입·점거한 경우, 비록 사용자에 대하여 정당한 쟁의행위로 평가되더라도 이를 공동으로 관리하는 제3자에 대하여서까지 위법성이 조각된다고 볼 수는 없다.

정선 핵심

정당행위의 인정 여부

① 회사의 이익을 빼돌린다는 소문을 확인하기 위해 이메일 등을 출력한 경우 → O
② 증여세 포탈 취재에 응하지 않으면 취재한 내용대로 보도하겠다고 말한 경우 → O
③ 국회의원이 사적 대화를 불법 녹음한 자료를 자신의 홈페이지에 게재한 경우 → ×
④ 사용자와 공동으로 관리하는 제3자의 의사에 반하여 침입·점거한 경우 → ×

정선 해설

[❶ ▸ ×] '회사의 직원이 회사의 이익을 빼돌린다'는 소문을 확인할 목적으로, 비밀번호를 설정함으로써 비밀장치를 한 전자기록인 피해자가 사용하던 '개인용 컴퓨터의 하드디스크'를 떼어 내어 다른 컴퓨터에 연결한 다음 의심이 드는 단어로 파일을 검색하여 메신저 대화 내용, 이메일 등을 출력한 경우, 피해자의 범죄혐의를 구체적이고 합리적으로 의심할 수 있는 상황에서 피고인이 긴급히 확인하고 대처할 필요가 있었다는 사정 등에 비추어, 피고인의 그러한 행위는 사회통념상 허용될 수 있는 상당성이 있는 행위로서 형법 제20조의 '정당행위'에 해당한다(대판 2009.12.24. 2007도6243).

[❷ ▸ O] 대판 2011.7.14. 2011도639

[❸ ▸ O] 국회의원인 피고인이, 구 국가안전기획부 내 정보수집팀이 대기업 고위관계자와 중앙일간지 사주 간의 사적 대화를 불법 녹음한 자료를 입수한 후 그 대화내용과, 위 대기업으로부터 이른바 떡값 명목의 금품을 수수하였다는 검사들의 실명이 게재된 보도자료를 작성하여 자신의 인터넷 홈페이지에 게재하였다고 하여 통신비밀보호법 위반으로 기소된 경우, 위 게재에 의하여 얻어지는 이익 및 가치가 통신비밀이 유지됨으로써 얻어지는 이익 및 가치를 초월한다고 볼 수 없으므로, 위 행위는 형법 제20조의 정당행위에 해당한다고 볼 수 없다(대판 2011.5.13. 2009도14442).

[❹ ▸ O] 대판 2010.3.11. 2009도5008

답 ❶

108 □□□

甲의 행위가 정당행위에 해당하는 것만을 모두 고른 것은?(다툼이 있으면 판례에 의함)

16 국가9급

ㄱ. 甲은 자신의 승용차를 손괴하고 도망하려는 A를 도망하지 못하게 멱살을 잡고 흔들어 A에게 전치 14일의 흉부찰과상을 입게 하였다.
ㄴ. 시장번영회 회장 甲은 1년 이상 관리비를 체납한 고액체납자의 점포에 대하여 이사회의 결의와 시장번영회의 관리규정에 따라서 단전조치를 실시하였다.
ㄷ. 甲은 A를 상대로 한 목재대금청구소송의 계속 중, A가 양도소득세를 포탈한 사실을 발견하고 이를 이용하여 위 목재대금을 받아내기로 마음먹고 A에게 위와 같은 비위사실을 관계기관에 진정하겠다고 말하여 이에 겁을 먹은 A로부터 목재대금을 지급하겠다는 약속을 받아냈다.
ㄹ. X회사의 정기주주총회에 적법하게 참석한 주주 甲은 X회사 측이 X회사를 부실하게 운영하여 소수주주들에게 손해를 입혔다는 점을 주장하면서 강제로 X회사의 사무실을 뒤져 회계장부를 찾아냈다.

① ㄱ, ㄴ
② ㄱ, ㄷ
③ ㄴ, ㄹ
④ ㄷ, ㄹ

정선 핵심

정당행위의 인정 여부

ㄱ. 차를 손괴하고 도망하려는 피해자에게 전치 14일의 흉부찰과상을 가한 경우 → O
ㄴ. 시장번영회 회장이 고액체납자의 점포에 대해 단전조치를 한 경우 → O
ㄷ. 양도소득세포탈사실을 진정하겠다고 하여 목재대금지급약속을 받아낸 경우 → ×
ㄹ. 소수주주들에게 손해를 입혔다고 하면서 강제로 회사의 사무실에서 회계장부를 찾아 낸 경우 → ×

정선 해설

[ㄱ ▸ O] 피고인의 차를 손괴하고 도망하려는 피해자를 도망하지 못하게 멱살을 잡고 흔들어 피해자에게 전치 14일의 흉부찰과상을 가한 경우, 정당행위에 해당한다(대판 1999.1.26. 98도3029).

비교판례 **대판 1965.12.21. 65도899**

현행범을 추적하여 그 범인의 부(父)의 집에 들어가서 동인과 시비 끝에 상해를 입힌 경우에 주거침입죄가 성립한다.

[ㄴ ▸ O] 대판 2004.8.20. 2003도4732

[ㄷ ▸ X] 피고인이 피해자를 상대로 목재대금청구소송 계속 중 피해자에게 피해자의 양도소득세포탈사실을 관계기관에 진정하여 일을 벌리려 한다고 말하여 겁을 먹은 피해자로부터 목재대금을 지급하겠다는 약속을 받아낸 행위는 사회상규에 어긋나지 않는다고 할 수 없다(대판 1990.11.23. 90도1864).

[ㄹ ▸ ×] 회사의 정기주주총회에 적법하게 참석한 주주라고 할지라도 강제로 사무실을 뒤져 회계장부를 찾아내는 것은 사회통념상 용인되는 정당행위로 되는 것은 아니다(대판 2001.9.7. 2001도2917).

비교판례 **대판 2009.12.24. 2007도6243**

'회사의 직원이 회사의 이익을 빼돌린다'는 소문을 확인할 목적으로, 비밀번호를 설정함으로써 비밀장치를 한 전자기록인 피해자가 사용하던 '개인용 컴퓨터의 하드디스크'를 떼어 내어 다른 컴퓨터에 연결한 다음 의심이 드는 단어로 파일을 검색하여 메신저 대화 내용, 이메일 등을 출력한 경우, 피해자의 범죄혐의를 구체적이고 합리적으로 의심할 수 있는 상황에서 피고인이 긴급히 확인하고 대처할 필요가 있었다는 사정 등에 비추어, 피고인의 그러한 행위는 사회통념상 허용될 수 있는 상당성이 있는 행위로서 형법 제20조의 '정당행위'에 해당한다.

답 ❶

109 □□□

위법성조각사유에 대한 설명으로 옳지 않은 것은?(다툼이 있는 경우 판례에 의함)

18 국가7급

① 정당행위를 인정하려면 그 행위의 동기나 목적의 정당성, 행위의 수단이나 방법의 상당성, 법익균형성, 긴급성의 요건을 갖추어야 하며, 이러한 요건이 갖추어진 경우 그 행위의 보충성은 요구되지 않음이 원칙이다.

② 게시된 음란물이 음란성에 관한 학술적, 사상적 표현과 결합하여 표현된 결합표현물인 경우 음란 표현의 해악이 상당한 방법으로 해소되거나 다양한 의견과 사상의 경쟁메커니즘에 의해 해소될 수 있는 정도라는 등의 특별한 사정이 있다면 결합표현물에 의한 표현행위는 사회상규에 위배되지 아니한다.

③ 국가정보원의 사이버팀 직원들이 상부에서 하달된 지시에 따라 정치적인 목적을 가지고 인터넷 게시글과 댓글 작성, 찬반클릭 행위, 트윗과 리트윗활동을 한 경우 구 국가정보원법에 따른 직무범위 내의 정당한 행위로 볼 수 없다.

④ 경찰관이 현행범인 체포의 요건을 갖추지 못하였음에도 실력으로 현행범인을 체포하려고 한 경우 현행범이 그 체포를 면하려고 반항하는 과정에서 경찰관에게 상해를 가한 행위는 위법성이 조각된다.

정선 핵심

① 정당행위의 인정요건 → 목적의 정당성, 방법의 상당성, 법익균형성, 긴급성, 보충성
② 결합표현물에 의한 표현행위가 특별한 사정이 있는 경우 → 사회상규에 위배되지 아니하는 행위 ○
③ 국가정보원의 사이버팀 직원들이 인터넷 게시글과 댓글작성활동을 한 경우 → 정당행위 ×
④ 불법한 현행범체포를 면하려는 과정에서 상해를 가한 경우 → 정당방위 ○

정선 해설

[❶ ▸ ×] 정당행위를 인정하려면 첫째 그 행위의 동기나 목적의 정당성, 둘째 행위의 수단이나 방법의 상당성, 셋째 보호이익과 침해이익의 법익균형성, 넷째 긴급성, 다섯째 그 행위 외에 다른 수단이나 방법이 없다는 보충성 등의 요건을 갖추어야 한다(대판 2017.5.30. 2017도2758).
[❷ ▸ ○] 방송통신심의위원회 심의위원인 피고인이 자신의 인터넷 블로그에 위원회에서 음란정보로 의결한 '남성의 발기된 성기 사진'을 게시함으로써 정보통신망을 통하여 음란한 화상 또는 영상인 사진을 공공연하게 전시하였다고 하여 정보통신망 이용촉진 및 정보보호 등에 관한 법률 위반(음란물유포)으로 기소된 경우, 피고인의 게시물은 사진과 학술적, 사상적 표현 등이 결합된 결합 표현물로서, 사진들은 음란물에 해당하나 음란성으로 인한 해악은

이에 결합된 학술적, 사상적 표현들과 비판 및 논증에 의해 해소되었고, 결합 표현물인 게시물을 통한 사진들의 게시는 목적의 정당성, 수단이나 방법의 상당성, 보호법익과 침해법익 간의 법익균형성이 인정되어 형법 제20조에 정하여진 '사회상규에 위배되지 아니하는 행위'에 해당한다(대판 2017.10.26. 2012도13352).

관련판례 **대판 2003.11.28. 2003도3972**

피고인이 방송국 홈페이지의 시청자 의견란에 작성·게시한 글 중 일부의 표현은 이미 방송된 프로그램에 나타난 기본적인 사실을 전제로 한 뒤, 그 사실관계나 이를 둘러싼 문제에 관한 자신의 판단과 나아가 이러한 경우에 피해자가 취한 태도와 주장한 내용이 합당한가 하는 점에 대하여 자신의 의견을 개진하고, 피해자에게 자신의 의견에 대한 반박이나 반론을 구하면서, 자신의 판단과 의견의 타당함을 강조하는 과정에서 부분적으로 그와 같은 표현을 사용한 것으로서 사회상규에 위배되지 않는다고 봄이 상당하다.

[❸ ▸ O] 대판 2018.4.19. 2017도14322[전합]
[❹ ▸ O] 대판 2002.5.10. 2001도300

답 ❶

110 □□□

정당행위에 관한 설명 중 가장 적절하지 않은 것은?(다툼이 있는 경우 판례에 의함)

17 경찰승진

① 국회의원인 피고인이 구 국가안전기획부 내 정보수집팀이 대기업 고위관계자와 중앙일간지 사주 간의 사적 대화를 불법 녹음한 자료를 입수한 후 그 대화내용과 위 대기업으로부터 이른바 떡값 명목의 금품을 수수하였다는 검사들의 실명이 게재된 보도자료를 작성하여 자신의 인터넷 홈페이지에 게재한 경우, 정당행위에 해당한다고 볼 수 없다.

② 신문기자인 피고인이 고소인에게 2회에 걸쳐 증여세 포탈에 대한 취재를 요구하면서 이에 응하지 않으면 자신이 취재한 내용대로 보도하겠다고 말하여 협박한 경우, 사회상규에 반하는 행위로 위법성이 조각되지 않는다.

③ 분쟁이 있던 옆집 사람이 야간에 술에 만취한 채 시비를 하여 거실로 들어오려 하므로 이를 제지하여 밀어내는 과정에서 2주간의 치료가 필요한 요부좌상을 입힌 경우, 피고인의 행위는 정당행위이다.

④ 대출의 조건 및 용도가 임야매수자금으로 한정되어 있는 정책자금을 대출받으면서 임야매수자금 외의 용도에 사용할 목적으로 임야매수자금을 실제보다 부풀린 허위계약서를 제출하여 대출받은 경우, 정책자금을 대출받은 자가 대출의 조건 및 용도에 위반하여 자금을 사용하는 관행이 있더라도 사회상규에 위배되지 않는 정당한 행위라고 할 수 없다.

정선 핵심

정당행위의 인정 여부

① 국회의원이 사적 대화를 불법 녹음한 자료를 자신의 홈페이지에 게재한 경우 → ×
② 증여세 포탈 취재에 응하지 않으면 취재한 내용대로 보도하겠다고 말한 경우 → ○
③ 분쟁이 있던 옆집 사람을 거실에서 밀어내는 과정에서 상해를 입힌 경우 → ○
④ 임야매수자금을 실제보다 부풀린 허위계약서로 대출받은 경우 → ×

정선 해설

[❶ ▸ O] 국회의원인 피고인이, 구 국가안전기획부 내 정보수집팀이 대기업 고위관계자와 중앙일간지 사주 간의 사적 대화를 불법 녹음한 자료를 입수한 후 그 대화내용과, 위 대기업으로부터 이른바 떡값 명목의 금품을 수수하였다는 검사들의 실명이 게재된 보도자료를 작성하여 자신의 인터넷 홈페이지에 게재하였다고 하여 통신비밀보호법 위반으로 기소된 경우, 피고인이 불가피하게 위 녹음 자료에 담겨 있던 대화 내용을 공개한 것이 아니고, 이를 공개하지 아니하면 공익에 대한 중대한 침해가 발생할 가능성이 현저한 경우로서 비상한 공적 관심의 대상이 되는

경우에 해당한다고 보기 어려우며, 불법 녹음된 대화의 상세한 내용과 관련 당사자의 실명을 그대로 공개하여 방법의 상당성을 결여하였고, 위 게재에 의하여 얻어지는 이익 및 가치가 통신비밀이 유지됨으로써 얻어지는 이익 및 가치를 초월한다고 볼 수 없으므로, 위 행위는 형법 제20조의 정당행위에 해당한다고 볼 수 없다(대판 2011.5.13. 2009도14442).

[판결요지] 국회의원인 피고인이, 위와 같은 보도자료를 작성하여 국회 법제사법위원회 개의 당일 국회 의원회관에서 기자들에게 배포한 경우, 피고인이 국회 법제사법위원회에서 발언할 내용이 담긴 위 보도자료를 사전에 배포한 행위는 국회의원 면책특권의 대상이 되는 직무부수행위에 해당하므로, 피고인에 대한 허위사실적시명예훼손 및 통신비밀보호법 위반의 점에 대한 공소를 기각하여야 한다(대판 2011.5.13. 2009도14442).

[❷ ▸ ×] 신문기자인 피고인이 고소인에게 2회에 걸쳐 증여세 포탈에 대한 취재를 요구하면서 이에 응하지 않으면 자신이 취재한 내용대로 보도하겠다고 말하여 협박하였다는 취지로 기소된 경우, 위 행위가 설령 협박죄에서 말하는 해악의 고지에 해당하더라도 특별한 사정이 없는 한 사회상규에 반하지 아니하는 행위라고 보는 것이 타당하다(대판 2011.7.14. 2011도639).

[❸ ▸ ○] 대판 1995.2.28. 94도2746

[❹ ▸ ○] 대판 2007.4.27. 2006도7634

답 ❷

111 □□□

정당행위에 관한 설명 중 가장 적절하지 않은 것은?(다툼이 있는 경우 판례에 의함)

15 경찰승진

① 대공수사관이 조사 중인 피의자를 고문한 경우에는 그것이 상사의 명령에 의한 것이라도 정당행위가 되지 않는다.

② 불법선거운동을 적발할 목적으로 타인의 주거에 몰래 들어가 도청장치를 설치한 행위는 정당행위에 해당하지 않는다.

③ 기도원 운영자가 정신분열증 환자의 치료목적으로 안수기도를 하다가 환자에게 상해를 입힌 경우 정당행위에 해당한다.

④ 아파트 입주자대표회의의 임원 또는 아파트관리회사의 직원들이 기존 관리회사의 직원들로부터 업무집행을 제지받던 중 저수조 청소를 위하여 출입문에 설치된 자물쇠를 손괴하고 중앙공급실에 침입한 행위는 정당행위에 해당한다.

정선 핵심

정당행위의 인정 여부

① 대공수사관이 조사 중인 피의자를 상사의 명령에 의해 고문한 경우 → ×

② 불법선거운동을 적발하기 위해 타인의 주거에 들어가 도청장치를 설치한 경우 → ×

③ 정신분열증 환자의 치료목적으로 안수기도를 하다가 상해를 입힌 경우 → ×

④ 아파트 입주자대표회의의 임원의 정당행위의 인정 여부

⇢ 저수조 청소를 위하여 중앙공급실에 침입한 행위 : ○

⇢ 관리비고지서를 빼앗거나 사무실의 집기를 들어낸 행위 : ×

정선 해설

[❶ ▸ ○] 대공수사단 직원은 상관의 명령에 절대 복종하여야 한다는 것이 불문율로 되어 있다 할지라도 국민의 기본권인 신체의 자유를 침해하는 고문행위 등이 금지되어 있는 우리의 국법질서에 비추어 볼 때 그와 같은 불문율이 있다는 것만으로는 고문치사와 같이 중대하고도 명백한 위법명령에 따른 행위가 정당한 행위에 해당하거나 강요된 행위로서 적법행위에 대한 기대가능성이 없는 경우에 해당하게 되는 것이라고는 볼 수 없다(대판 1988.2.23. 87도2358).

[❷ ▸ ○] 대판 1997.3.28. 95도2674

[❸ ▸ ×] 대판 2008.8.21. 2008도2695

[❹ ▸ O] 아파트 입주자대표회의의 임원 또는 아파트관리회사의 직원들인 피고인들이 기존 관리회사의 직원들로부터 계속 업무집행을 제지받던 중 저수조 청소를 위하여 출입문에 설치된 자물쇠를 손괴하고 중앙공급실에 침입한 행위는 정당행위에 해당하나, 관리비고지서를 빼앗거나 사무실의 집기 등을 들어낸 행위는 정당행위에 해당하지 않는다(대판 2006.4.13. 2003도3902).

답 ❸

112 □□□

정당행위에 대한 〈보기〉의 설명 중 옳지 않은 것으로만 짝지어 놓은 것은?(다툼이 있는 경우 판례에 의함) 17 경찰간부

ㄱ. 감정평가업자가 아닌 공인회계사가 타인의 의뢰에 의하여 일정한 보수를 받고 부동산공시법이 정한 토지에 대한 감정평가를 업으로 행하는 것은 특별한 사정이 없는 한 형법 제20조가 정한 '법령에 의한 행위'로서 정당행위에 해당한다고 볼 수 없다.
ㄴ. 甲노조는 대학 당국이 집회를 허가하지 않았지만 학생회가 동의하였으므로 위법하지 않다고 생각하고 집회를 목적으로 대학 내 학생회관에 들어간 경우 정당행위로서 위법성이 조각된다.
ㄷ. 甲주식회사 임원인 乙이 회사 직원들 및 그 가족들에게 수여할 목적으로 전문의약품인 타미플루 39,600정 등을 제약회사로부터 매수하여 취득한 행위는 사회상규에 위배되지 아니하는 정당행위로서 위법성이 조각된다.
ㄹ. 회사간부인 甲이 회사의 이익을 빼돌린다는 소문을 확인할 목적으로, 피해자가 사용하면서 비밀번호를 설정하여 비밀장치를 한 전자기록인 개인용 컴퓨터의 하드디스크를 검색한 것은 정당행위로 위법성이 조각된다.

① ㄱ, ㄴ ② ㄱ, ㄹ
③ ㄴ, ㄷ ④ ㄷ, ㄹ

정선 핵심

정당행위의 인정 여부
ㄱ. 감정평가업자가 아닌 공인회계사가 토지에 대한 감정평가를 행한 경우 → ×
ㄴ. 학생회의 동의를 얻어 집회를 목적으로 학생회관에 들어간 경우 → ×
ㄷ. 직원들과 가족들에게 수여하기 위해 타미플루를 제약회사로부터 취득한 경우 → ×
ㄹ. 회사의 이익을 빼돌린다는 소문을 확인하기 위해 이메일 등을 출력한 경우 → O

정선 해설

[ㄱ ▸ O] 대판 2015.11.27. 2014도191
[ㄴ ▸ X] 학생회관의 관리권은 그 대학당국에 귀속된다고 보아야 하므로 학생회의 동의가 있어 그 침입이 위법하지 않다고 믿었다 하더라도 정당사유가 있다고 볼 수 없어 주거침입죄를 구성한다(대판 1995.4.14. 95도12).
[ㄷ ▸ X] 甲 주식회사 임원인 피고인들이 회사 직원들 및 그 가족들에게 수여할 목적으로 다량의 의약품을 매수하여 취득하였다고 하여 구 약사법위반죄로 기소된 경우, 위 행위는 같은 법 제44조 제1항 위반행위에 해당하므로, 사회상규에 위배되지 아니하는 정당행위로 볼 수 없다(대판 2011.10.13. 2011도6287).
[ㄹ ▸ O] '회사의 직원이 회사의 이익을 빼돌린다'는 소문을 확인할 목적으로, 비밀번호를 설정함으로써 비밀장치를 한 전자기록인 피해자가 사용하던 '개인용 컴퓨터의 하드디스크'를 떼어 내어 다른 컴퓨터에 연결한 다음 의심이 드는 단어로 파일을 검색하여 메신저 대화 내용, 이메일 등을 출력한 경우, 피해자의 범죄혐의를 구체적이고 합리적으로 의심할 수 있는 상황에서 피고인이 긴급히 확인하고 대처할 필요가 있었다는 사정 등에 비추어, 피고인의 그러한 행위는 사회통념상 허용될 수 있는 상당성이 있는 행위로서 형법 제20조의 '정당행위'에 해당한다(대판 2009.12.24. 2007도6243).

답 ❸

01 여자 화장실 내에서 주저앉아 있는 여자 甲이 자신의 가방을 빼앗으려고 다가오는 남자의 어깨를 순간적으로 밀친 행위는 정당행위로 인정된다. 18 국가9급 O | X

02 한의사 면허나 자격이 없는 甲이 한약재 달인 물을 처방하는 등 소위 통합의학에 기초하여 환자를 진찰하여 처방하는 행위는 정당행위로 인정되지 않는다. 18 국가9급 O | X

03 강제연행을 모면하기 위하여 팔꿈치로 뿌리치면서 가슴을 잡고 벽에 밀어붙인 행위는 소극적인 저항으로 사회상규에 위반되지 않는다. 19 법원9급 O | X

04 甲이 주민들이 농기계 등으로 그 주변의 농경지나 임야에 통행하기 위해 이용하는 자신 소유의 도로에 깊이 1m 정도의 구덩이를 판 경우 자구행위나 정당행위에 해당하지 않는다. 18 국가9급 O | X

05 甲과 자신의 남편과의 불륜을 의심하게 된 乙이 아들과 함께 서로 합세하여 甲을 구타하기 시작하였고, 甲은 이를 벗어나기 위하여 손을 휘저으며 발버둥치는 과정에서 乙등에게 상해를 가한 경우, 甲의 행위는 위법성이 조각되지 아니한다. 18 경찰간부 O | X

06 피해자가 양손으로 피고인의 넥타이를 잡고 늘어져 후경부피하출혈상을 입을 정도로 목이 졸리게 된 피고인이 피해자를 떼어놓기 위하여 왼손으로 자신의 목 부근 넥타이를 잡은 상태에서 오른손으로 피해자의 손을 잡아 비틀면서 서로 밀고 당기고 하였다면, 피고인의 그와 같은 행위는 목이 졸린 상태에서 벗어나기 위한 소극적인 저항행위에 불과하여 정당행위에 해당하여 죄가 되지 아니한다. 16 법원9급 O | X

07 甲이 A로부터 며칠간에 걸쳐 집요한 괴롭힘을 당해 온데다가 A가 甲이 교수로 재직하고 있는 대학교의 강의실 출입구에서 甲의 진로를 막아서면서 甲을 물리적으로 저지하려 하자 극도로 흥분된 상태에서 그 행패에서 벗어나기 위하여 A의 팔을 뿌리쳐서 A가 상해를 입게 된 경우, 甲의 행위는 A의 부당한 행패를 저지하기 위한 본능적인 소극적 방어행위에 지나지 아니하여 사회통념상 허용될 만한 정도의 상당성이 있어 정당행위라고 봄이 상당하다. 15 경찰간부 O | X

01 대판 1992.3.27. 91도2831

02 대판 2009.10.15. 2006도6870

03 대판 1982.2.23. 81도2958

04 대판 2002.4.26. 2001도6903

05 사회관념상 상당성 있는 방어행위로서 위법성이 조각된다(대판 2010.2.11. 2009도12958).

06 대판 1996.5.28. 96도979

07 대판 1995.8.22. 95도936

정답

01 ○ 02 ○ 03 ○ 04 ○
05 × 06 ○ 07 ○

113 □□□

다음 중 위법성이 조각되지 않는 것은 모두 몇 개인가?(다툼이 있는 경우 판례에 의함)

16 경찰간부

ㄱ. 특정 상가건물관리회의 회장이 위 관리회의 결산보고를 하면서 전 관리회장이 체납관리비 등을 둘러싼 분쟁으로 자신을 폭행하여 유죄판결을 받은 사실을 알린 경우
ㄴ. 피해자와 공모하여 교통사고를 가장하여 보험금을 편취할 목적으로 그 피해자의 승낙을 받고 그에 따라 피해자에게 상해를 가한 경우
ㄷ. 아파트 입주자대표회의 회장이 다수 입주민들의 민원에 따라 위성방송 수신을 방해하는 케이블 TV방송의 시험방송 송출을 중단시키기 위해 시험방송송출중단요청도 해 보지 않은 채 케이블 TV방송의 안테나를 절단하도록 지시한 경우
ㄹ. 노동조합이 노동위원회에 노동쟁의 조정신청을 하여 조정절차가 마쳐지지 않은 채 조정기간이 끝나 쟁의행위에 이른 경우

① 1개 ② 2개
③ 3개 ④ 4개

정선 핵심

위법성 조각의 인정 여부
ㄱ. 상가건물관리회의 회장이 자신을 폭행한 전 회장이 유죄판결을 받은 사실을 알린 경우 → ○
ㄴ. 보험금을 편취하기 위해 피해자의 동의를 받아 상해를 가한 경우 → ×
ㄷ. 아파트 입주자대표회의 회장이 케이블TV방송의 안테나 절단을 지시한 경우 → ×
ㄹ. 조정절차가 마쳐지지 않은 채 조정기간이 끝나 노조가 쟁의행위에 이른 경우 → ○

정선 해설

[ㄱ ▸ ×] 특정 상가건물관리회의 회장이 위 관리회의 결산보고를 하면서 전 관리회장이 체납관리비 등을 둘러싼 분쟁으로 자신을 폭행하여 유죄판결을 받은 사실을 알린 경우, 건물관리회원 전체의 관심과 이익에 관한 것으로서 형법 제310조에 의하여 위법성이 조각된다(대판 2008.11.13. 2008도6342).

[ㄴ ▸ ○] 대판 2008.12.11. 2008도9606

[ㄷ ▸ ○] 대판 2006.4.13. 2005도9396

[ㄹ ▸ ×] 노동쟁의는 특별한 사정이 없는 한 그 절차에 있어 조정절차를 거쳐야 하는 것이지만, 이는 반드시 노동위원회가 조정결정을 한 뒤에 쟁의행위를 하여야만 그 절차가 정당한 것은 아니라고 할 것이고, 노동조합이 노동위원회에 노동쟁의 조정신청을 하여 조정절차가 마쳐지거나 조정이 종료되지 아니한 채 조정기간이 끝나면 조정절차를 거친 것으로서 쟁의행위를 할 수 있다(대판 2003.12.26. 2001도1863).

답 ❷

114 □□□

다음 중 위법성이 조각되는 경우(O)와 조각되지 않는 경우(×)를 바르게 연결한 것은?(다툼이 있으면 판례에 의함) 14 경찰채용

ㄱ. 행방불명된 남편에 대하여 불리한 민사판결이 선고된 경우 적법한 다른 방법을 강구하지 않고 남편명의의 항소장을 임의로 작성하여 법원에 제출하였다.
ㄴ. 공사수급인이 권리행사에 빙자하여 도급인 측에 대하여 비리를 관계기관에 고발하겠다는 내용의 협박 내지 사무실의 장시간 무단점거 및 직원들에 대한 폭행 등의 위법수단을 써서 기성고공사대금 명목으로 금품을 지급받았다.
ㄷ. 피고인이 그 소유건물에 인접한 대지 위에 건축허가 조건에 위반되게 건물을 신축・사용하는 소유자로부터 일조권 침해 등으로 인한 손해배상에 관한 합의금을 받았다.
ㄹ. 피해자로부터 범인으로 오인되어 경찰에 끌려가 구타당하여 입원한 경우에 피해자에게 그 치료비를 요구하고 응하지 않으면 무고죄로 고소하겠다고 언명하였다.

① ㄱ(O) ㄴ(×) ㄷ(×) ㄹ(×)
② ㄱ(O) ㄴ(O) ㄷ(×) ㄹ(O)
③ ㄱ(×) ㄴ(×) ㄷ(O) ㄹ(×)
④ ㄱ(×) ㄴ(×) ㄷ(O) ㄹ(O)

정선 핵심

ㄱ. 행방불명된 남편명의의 항소장을 임의로 작성하여 제출한 경우 → 사문서위조죄 O
ㄴ. 공사수급인이 위법한 수단을 써서 기성고공사대금을 지급받은 경우 → 공갈죄 O
ㄷ. 위법건물 소유자로부터 일조권 침해로 인한 손해배상을 받은 경우 → 공갈죄 ×
ㄹ. 범인으로 오인되어 경찰에게 구타당하여 입원한 경우에 피해자에게 치료비를 요구한 경우 → 공갈죄 ×

정선 해설

[ㄱ ▸ ×] 행방불명된 남편에 대하여 불리한 민사판결이 선고되었다 하더라도 그러한 사정만으로써는 적법한 다른 방법을 강구하지 아니하고 남편 명의의 항소장을 임의로 작성하여 법원에 제출한 행위가 사회통념상 용인되는 극히 정상적인 생활형태의 하나로서 위법성이 없다 할 수 없다(대판 1994.11.8. 94도1657).

[ㄴ ▸ ×] 수급인이 권리행사에 빙자하여 도급인 측에 대하여 비리를 관계기관에 고발하겠다는 내용의 협박 내지 사무실의 장시간 무단점거 및 직원들에 대한 폭행 등의 위법수단을 써서 기성고공사대금 명목으로 금 80,000,000원을 교부받은 소위는 사회통념상 허용되는 범위를 넘는 것으로서 이는 공갈죄에 해당한다(대판 1991.12.13. 91도2127).

비교판례 **대판 1980.11.25. 79도2565**

피고인 등이 비료를 매수하여 시비한 결과 딸기묘목 또는 사과나무묘목이 고사하자 그 비료를 생산한 회사에게 손해배상을 요구하면서 사장 이하 간부들에게 욕설을 하거나 응접탁자 등을 들었다 놓았다 하거나 현수막을 만들어 보이면서 시위를 할 듯한 태도를 보이는 등 하였다 하여도 이는 손해배상청구권에 기한 것으로서 그 방법이 사회통념상 인용된 범위를 일탈한 것이라 단정하기 어려우므로 공갈 및 공갈미수의 죄책을 인정할 수 없다.

[ㄷ ▸ O] 대판 1990.8.14. 90도114
[ㄹ ▸ O] 대판 1971.11.9. 71도1629

답 ❹

115 □□□

위법성조각사유에 관한 설명이다. 다음 중 가장 적절하지 않은 것은?(다툼이 있으면 판례에 의함) 15 경찰채용

① 조합원에 대하여 파업 실시에 관한 찬반투표를 실시하지는 않았지만 노동조합의 조합원 총회를 거쳐 파업을 실시하였고, 파업에 참여한 인원 등에 비추어 조합원 대다수가 파업에 찬성한 것으로 보이는 쟁의행위는 정당행위에 해당하지 않는다.

② 쟁의행위에서 추구되는 목적이 여러 가지이고 그중 일부가 정당하지 못한 경우에는 주된 목적 내지 진정한 목적의 당부에 의하여 그 쟁의목적의 당부를 판단하여야 하나, 부당한 요구사항을 뺏더라면 쟁의행위를 하지 않았을 것이라고 인정되는 경우라고 하여 그 쟁의행위 전체가 정당성을 갖지 못한다고 볼 수는 없다.

③ 대출의 조건 및 용도가 임야매수자금으로 한정되어 있는 정부정책자금을 대출받으면서 임야매수자금 외의 용도에 사용할 목적으로 임야매수자금을 실제보다 부풀린 허위계약서를 제출하여 대출받은 행위는, 정책자금을 대출받은 자가 대출의 조건 및 용도에 위반하여 자금을 사용하는 관행이 있더라도 사회상규에 위배되지 않는 정당한 행위라고 할 수 없다.

④ 임차인이 임대차기간이 만료된 방을 비워주지 못하겠다고 억지를 쓰며 폭언을 함으로 임대인의 며느리가 홧김에 그 방의 창문을 쇠스랑으로 부수자, 이에 격분하여 임차인이 배척(속칭 빠루)을 들고 휘둘러 구경꾼인 마을주민에게 상해를 입힌 행위는 정당방위에 해당하지 않는다.

정선 핵심

① 찬반투표절차를 거치지 아니한 쟁의행위의 정당성 → ×
② 부당한 요구사항이 없다면 쟁의행위를 하지 않았을 경우 쟁의행위의 정당성 → ×
③ 임야매수자금을 실제보다 부풀린 허위계약서로 대출받은 경우 → 정당행위 ×
④ 임대차기간이 만료된 방에서 퇴거하지 않던 임차인이 배척(빠루)을 휘둘러 마을주민에게 상해를 입힌 경우 → 정당방위 ×

정선 해설

[❶ ▸ O] 대판 2001.10.25. 99도4837[전합]

[❷ ▸ ×] 대판 2014.11.13. 2011도393

[❸ ▸ O] 임야매수자금으로 대출받은 돈을 임야매수를 위해 사용하지는 않더라도 임업경영의 목적으로 사용하는 한 산림조합이나 정부가 이를 용인하여 왔다거나, 정책자금을 대출받은 사람들이 대출의 조건 및 용도에 위반하여 자금을 사용하는 관행이 있다고는 인정할 수 없을 뿐만 아니라, 설령 그러한 관행이 존재한다고 하더라도 이는 법에 어긋나는 것이므로 그러한 관행을 이유로 대출 조건과 용도가 임야매수자금으로 한정된 정책자금을 실제보다 부풀려 대출받아 편취한 행위가 사회상규에 위배되지 않는 정당한 행위라거나 비난가능성이 없다고 할 수는 없다(대판 2007.4.27. 2006도7634).

[❹ ▸ O] 임차인이 임대차기간이 만료된 방을 비워주지 못하겠다고 억지를 쓰며 폭언을 함으로 임대인의 며느리가 홧김에 그 방의 창문을 쇠스랑으로 부수자, 이에 격분하여 임차인이 배척(속칭 빠루)을 들고 휘둘러 구경꾼인 마을주민에게 상해를 입힌 행위는 정당방위에 해당하지 않는다(대판 1996.4.9. 96도241).

답 ❷

116
□□□

위법성조각사유에 대한 아래 ㄱ.부터 ㄹ.까지의 설명 중 옳고 그름의 표시(○, ×)가 모두 바르게 된 것은?(다툼이 있는 경우 판례에 의함) 21 경찰채용

ㄱ. 정당방위상황은 존재하지만 방위의사 없이 행위한 경우, 위법성조각사유의 요건에 있어 주관적 정당화요소가 필요 없다고 보는 견해에서는 여전히 행위반가치는 존재하므로 이를 불능미수범으로 취급하여야 한다고 본다.
ㄴ. 위법하지 않은 정당한 침해에 대한 정당방위는 인정되지 않는다.
ㄷ. 수급인 소속 근로자의 쟁의행위가 도급인의 사업장에서 일어나 도급인의 형법상 보호되는 법익을 침해한 경우, 사용자인 수급인에 대한 관계에서 쟁의행위의 정당성을 갖추었다면 사용자가 아닌 도급인에 대한 관계에서도 법령에 의한 정당한 행위로서 위법성이 조각된다.
ㄹ. 사용자가 당해 사업과 관계없는 자를 쟁의행위로 중단된 업무의 수행을 위하여 채용 또는 대체하는 경우, 쟁의행위에 참가한 근로자들이 위법한 대체근로를 저지하기 위하여 상당한 정도의 실력을 행사하는 것은 정당행위로서 위법성이 조각된다.

① ㄱ(×) ㄴ(○) ㄷ(×) ㄹ(○)
② ㄱ(○) ㄴ(×) ㄷ(○) ㄹ(×)
③ ㄱ(×) ㄴ(○) ㄷ(○) ㄹ(○)
④ ㄱ(○) ㄴ(○) ㄷ(×) ㄹ(×)

정선 핵심

ㄱ. 순수한 결과반가치론(위법성조각설) → 객관적 정당화상황만 존재하면 위법성 조각 ○
ㄴ. 위법하지 않은 정당한 침해 → 정당방위 ×
ㄷ. 수급인 소속 근로자의 쟁의행위가 도급인의 법익을 침해한 경우 → 도급인에 대한 관계에서 법령에 의한 정당한 행위 ×
ㄹ. 위법한 대체근로를 저지하기 위해 상당한 실력을 행사하는 경우 → 정당행위 ○

정선 해설

[ㄱ ▸ ×] 결과반가치론을 전제로 하는 위법성조각설에 의하면 객관적 정당화상황만으로 위법성이 조각되므로 불가벌이 된다.
[ㄴ ▸ ○] 어떠한 행위가 정당방위로 인정되려면 그 행위가 자기 또는 타인의 법익에 대한 현재의 부당한 침해를 방어하기 위한 것으로서 상당성이 있어야 하므로, 위법하지 않은 정당한 침해에 대한 정당방위는 인정되지 아니한다(대판 2003.11.13. 2003도3606).
[ㄷ ▸ ×] [ㄹ ▸ ○] 쟁의행위가 정당행위로 위법성이 조각되는 것은 사용자에 대한 관계에서 인정되는 것이므로, 제3자의 법익을 침해한 경우에는 원칙적으로 정당성이 인정되지 않는다. 그런데 도급인은 원칙적으로 수급인 소속 근로자의 사용자가 아니므로, 수급인 소속 근로자의 쟁의행위가 도급인의 사업장에서 일어나 도급인의 형법상 보호되는 법익을 침해한 경우에는 사용자인 수급인에 대한 관계에서 쟁의행위의 정당성을 갖추었다는 사정만으로 사용자가 아닌 도급인에 대한 관계에서까지 법령에 의한 정당한 행위로서 법익침해의 위법성이 조각된다고 볼 수는 없다.ⓒ 사용자는 쟁의행위 기간 중 그 쟁의행위로 중단된 업무의 수행을 위하여 당해 사업과 관계없는 자를 채용 또는 대체할 수 없다. 사용자가 당해 사업과 관계없는 자를 쟁의행위로 중단된 업무의 수행을 위하여 채용 또는 대체하는 경우, 쟁의행위에 참가한 근로자들이 위법한 대체근로를 저지하기 위하여 상당한 정도의 실력을 행사하는 것은 쟁의행위가 실효를 거둘 수 있도록 하기 위하여 마련된 위 규정의 취지에 비추어 정당행위로서 위법성이 조각된다ⓔ(대판 2020.9.3. 2015도1927).

답 ❶

제1장 제2장 제3장

117 □□□

위법성조각사유에 대한 설명 중 옳지 않은 것은 모두 몇 개인가?(다툼이 있는 경우에는 판례에 의함) 20 법원행시

ㄱ. 내국인의 출입을 허용하는 폐광지역개발지원에 관한 특별법 등에 따라 카지노에 출입하는 것은 법령에 의한 행위로 위법성이 조각된다.
ㄴ. 검사가 참고인 조사를 받는 줄 알고 검찰청에 자진출석한 변호사사무실 사무장을 합리적 근거 없이 긴급체포하자 그 변호사가 이를 제지하는 과정에서 위 검사에게 상해를 가한 것은 정당방위에 해당한다.
ㄷ. 이혼소송 중인 남편이 찾아와 가위로 폭행하고 변태적 성행위를 강요하는 데에 격분하여 처가 칼로 남편의 복부를 찔러 사망에 이르게 한 경우, 그 행위는 정당방위나 과잉방위에 해당하지 않는다.
ㄹ. 신문기자가 기사 작성을 위한 자료를 수집하기 위해 취재활동을 하면서 취재원에게 취재에 응해 줄 것을 요청하고 취재한 내용을 관계 법령에 저촉되지 않는 범위 내에서 보도하는 것은 신문기자의 일상적 업무 범위에 속하는 것으로서, 특별한 사정이 없는 한 사회통념상 용인되는 행위라고 보아야 한다.

① 1개 ② 2개
③ 3개 ④ 4개
⑤ 없음

정선 핵심

ㄱ. 폐광지역개발지원에관한특별법 등에 따라 카지노에 출입하는 경우 → 법령에 의한 행위로 위법성 조각 ○
ㄴ. 자진출석한 사무장을 합리적 근거 없이 긴급체포하자 변호사가 제지하는 과정에서 검사에게 상해를 가한 경우 → 정당방위 ○
ㄷ. 변태적 성행위를 강요하는 남편을 찔러 사망에 이르게 한 경우 → 정당방위나 과잉방위 ×
ㄹ. 증여세 포탈 취재에 응하지 않으면 취재한 내용대로 보도하겠다고 말한 경우 → 정당행위 ○

정선 해설

[ㄱ ▸ O] 대판 2004.4.23. 2002도2518
[ㄴ ▸ O] 검사가 참고인 조사를 받는 줄 알고 검찰청에 자진출석한 변호사사무실 사무장을 합리적 근거 없이 긴급체포하자 그 변호사가 이를 제지하는 과정에서 검사에게 상해를 가한 것은 정당방위에 해당한다(대판 2006.9.8. 2006도148).
[ㄷ ▸ O] 이혼소송 중인 남편이 찾아와 가위로 폭행하고 변태적 성행위를 강요하는 데에 격분하여 처가 칼로 남편의 복부를 찔러 사망에 이르게 한 경우, 그 행위는 방위행위로서의 한도를 넘어선 것으로 사회통념상 용인될 수 없으므로 정당방위나 과잉방위에 해당하지 않는다(대판 2001.5.15. 2001도1089).
[ㄹ ▸ O] 신문기자인 피고인이 고소인에게 2회에 걸쳐 증여세 포탈에 대한 취재를 요구하면서 이에 응하지 않으면 자신이 취재한 내용대로 보도하겠다고 말하여 협박하였다는 취지로 기소된 경우, 위 행위가 설령 협박죄에서 말하는 해악의 고지에 해당하더라도 특별한 사정이 없는 한 사회상규에 반하지 아니하는 행위라고 보는 것이 타당하다(대판 2011.7.14. 2011도639).

답 ❺

118
□□□

위법성조각사유에 대한 설명으로 옳은 것은?(다툼이 있는 경우 판례에 의함)

12 국가9급

① 경찰관의 현행범인 체포행위가 불법인 경우에는, 현행범이 체포를 면하려고 경찰관에게 상해를 가한 것은 불법체포로 인한 신체에 대한 현재의 부당한 침해에서 벗어나기 위한 행위로서 정당방위에 해당한다.

② 신문기자가 국가정보기관에 의해 불법 감청된 자료임을 알고서 이를 기사화한 경우라면 국민의 알권리 내지 공익의 면이 항상 우월하기 때문에 통신비밀보호법위반죄 여부에 있어서 위법성이 조각되는 정당행위로 평가되어야 한다.

③ 교회 담임목사를 출교 처분한다는 취지의 교단산하 판결위원회의 판결문을 복사하여 예배를 보러온 신도들에게 배포한 경우에는 그 주요한 동기가 공공의 이익을 위한 것이라도 형법 제310조에 의한 위법성 조각은 인정될 수 없다.

④ 사문서위조죄는 사회적 법익에 관한 범죄이기 때문에 명의자의 명시적 또는 묵시적 승낙(위임)이 있었더라도 사문서위조죄는 성립한다.

정선 핵심

① 모욕죄의 현행범으로 불법체포하려는 경찰관에게 상해를 입힌 경우 → 정당방위 O
② 신문기자가 불법 감청된 자료임을 알고 기사화한 경우 → 정당행위 ×
③ 교회 담임목사를 출교 처분한다는 취지의 판결위원회의 판결문을 복사하여 배포한 경우 → 형법 제310조에 의한 위법성 조각 O
④ 명의자의 명시적 또는 묵시적 승낙(위임)이 있는 경우 → 사문서위조죄 ×

정선 해설

[❶ ▸ O] 대판 2011.5.26. 2011도3682

[❷ ▸ ×] 방송사 기자인 피고인이, 구 국가안전기획부 정보수집팀이 타인 간의 사적 대화를 불법 녹음하여 생성한 도청자료인 녹음테이프와 녹취보고서를 입수한 후 이를 자사의 방송프로그램을 통하여 공개한 경우, 보도와 관련된 모든 사정을 종합하여 볼 때 위 보도에 의하여 얻어지는 이익 및 가치가 통신비밀이 유지됨으로써 얻어지는 이익 및 가치보다 우월하다고 볼 수 없으므로, 피고인의 위 공개행위는 형법 제20조의 정당행위에 해당하지 않는다(대판 2011.3.17. 2006도8839[전합]).

[❸ ▸ ×] 교회 담임목사를 출교처분한다는 취지의 교단산하 재판위원회의 판결문은 성질상 교회나 교단 소속신자들 사이에서는 당연히 전파, 고지될 수 있는 것이므로 위 판결문을 복사하여 예배를 보러온 신도들에게 배포한 행위에 의하여 그 목사의 개인적인 명예가 훼손된다 하여도 그것은 진실한 사실로서 오로지 교단 또는 그 산하교회 소속신자들의 이익에 관한 때에 해당하거나 적어도 사회상규에 위배되지 아니하는 행위에 해당하여 위법성이 없다. 이 경우 피고인들의 소행에 피해자를 비방할 목적이 함께 숨어 있었다고 하더라도 그 주요한 동기가 공공의 이익을 위한 것이라면 형법 제310조의 적용을 배제할 수 없다(대판 1989.2.14. 88도899).

[❹ ▸ ×] 사문서의 위·변조죄는 작성권한 없는 자가 타인 명의를 모용하여 문서를 작성하는 것을 말하므로 사문서를 작성·수정할 때 명의자의 명시적이거나 묵시적인 승낙이 있었다면 사문서의 위·변조죄에 해당하지 않는다(대판 2011.9.29. 2010도14587).

답 ❶

제1장 제2장 제3장

119
□□□

위법성조각사유에 관한 설명 중 옳지 않은 것은?(다툼이 있는 경우에는 판례에 의함)

14 변시

① 인근 상가의 통행로로 이용되고 있는 토지의 사실상 지배권자가 위 토지에 철주와 철망을 설치하고 포장된 아스팔트를 걷어냄으로써 통행로로 이용하지 못하게 한 경우 자구행위에 해당하지 않는다.

② 甲이 자신의 부(父) 乙에게서 乙 소유의 부동산 매매에 관한 권한일체를 위임받아 이를 매도하였는데 그 후 乙이 갑자기 사망하자 소유권 이전에 사용할 목적으로 乙이 甲에게 인감증명서발급을 위임한다는 취지의 인감증명위임장을 작성한 경우, 乙의 추정적 승낙이 인정되므로 사문서위조죄가 성립하지 않는다.

③ 자신의 남편과 甲이 불륜을 저지른 것으로 의심한 乙이 이를 따지기 위해 乙의 아들 등과 함께 甲의 집안으로 들어와 서로 합세하여 甲을 구타하자 그로부터 벗어나기 위해 손을 휘저으며 발버둥치는 과정에서 乙에게 상해를 가한 甲의 행위는 위법성이 조각된다.

④ 가해자의 행위가 피해자의 부당한 공격을 방위하기 위한 것이라기보다는 서로 공격할 의사로 싸우다가 먼저 공격을 받고 이에 대항하여 가해하게 된 경우 그 가해행위는 방어행위인 동시에 공격행위의 성격을 가지므로 정당방위라고 볼 수 없다.

⑤ 선박의 이동에도 새로운 공유수면점용허가가 있어야 하고 휴지선을 이동하는 데는 예인선이 따로 필요한 관계로 비용이 많이 들어 다른 해상으로 이동을 하지 못하고 있는 사이에 태풍을 만나게 되고 그와 같은 위급한 상황에서 선박과 선원들의 안전을 위한 조치를 취한 결과 인근양식장에 피해를 준 경우 긴급피난에 해당한다.

정선 핵심

① 통행로로 이용되고 있는 토지에 철주와 철망을 설치하고 아스팔트를 걷어낸 경우 → 자구행위 ×
② 아버지가 사망하자 인감증명서 발급을 위한 위임장을 작성·제출한 경우 → 사문서위조죄 ○
③ 불륜녀로 의심하여 구타하자 벗어나기 위한 과정에서 상해를 가한 경우 → 정당방위 ○
④ 서로 공격할 의사로 싸우는 경우 → 정당방위 ×
⑤ 선박의 닻줄을 놓았다가 피조개양식장에 물적 피해를 야기한 경우 → 긴급피난 ○

정선 해설

[❶ ▸ ○] 인근 상가의 통행로로 이용되고 있는 토지의 사실상 지배권자가 위 토지에 철주와 철망을 설치하고 포장된 아스팔트를 걷어냄으로써 통행로로 이용하지 못하게 한 경우, 이는 일반교통방해죄를 구성하고 자구행위에 해당하지 않는다(대판 2007.12.28. 2007도7717).

[❷ ▸ ×] 판례의 취지를 고려하면, 사망한 乙의 승낙이 추정된다고 단정할 수 없으므로 사문서위조죄가 성립한다.

> 피고인이 자신의 부(父) 乙에게서 乙 소유 부동산의 매매에 관한 권한 일체를 위임받아 이를 매도하였는데, 그 후 乙이 갑자기 사망하자 부동산 소유권 이전에 사용할 목적으로 乙이 자신에게 인감증명서 발급을 위임한다는 취지의 인감증명 위임장을 작성한 후 주민센터 담당직원에게 이를 제출한 경우, 피고인이 명의자 乙이 승낙하였을 것이라고 기대하거나 예측한 것만으로는 사망한 乙의 승낙이 추정된다고 단정할 수 없다(대판 2011.9.29. 2011도6223).

[❸ ▸ ○] 상대방 일행이 서로 합세하여 甲을 구타하였고, 甲은 이를 벗어나기 위하여 손을 휘저으며 발버둥치는 과정에서 상대방 등에게 상해를 가하게 된 경우, 甲의 행위는 정당방위에 해당하여 위법성이 조각된다(대판 2010.2.11. 2009도12958).

[❹ ▸ ○] 대판 2011.5.13. 2010도16970

[❺ ▸ ○] 대판 1987.1.20. 85도221

답 ❷

120 □□□

다음 설명 중 위법성이 조각되는 경우는 모두 몇 개인가?(다툼이 있는 경우 판례에 의함)

13 경찰채용

ㄱ. 아파트 입주자대표회의 회장이 다수 입주민들의 민원에 따라 위성방송 수신을 방해하는 케이블TV방송의 시험방송 송출을 중단시키기 위하여 위 케이블TV방송의 방송안테나를 절단하도록 지시한 경우
ㄴ. 전교조 소속 교사들이 학교운영의 공공성, 투명성의 보장을 요구하며 학교법인 이사장 및 교장의 거주지 앞에서 그들의 주소까지 명시하여 명예를 훼손한 경우
ㄷ. 사채업자인 피고인이 피해자에게 채무를 변제하지 않으면 피해자가 숨기고 싶어 하는 과거의 행적과 사채를 쓴 사실 등을 남편과 시댁에 알리겠다는 등의 문자메시지를 발송한 경우
ㄹ. 피고인이 피해자와 공모하여 교통사고를 가장하여 보험금을 편취할 목적으로 피해자에게 상해를 가한 경우
ㅁ. 특정 상가건물관리회의 회장이 위 관리회의 결산보고를 하면서 전 관리회장이 체납관리비 등을 둘러싼 분쟁으로 자신을 폭행하여 유죄판결을 받은 사실을 알린 경우

① 1개 ② 2개
③ 3개 ④ 4개

정선 핵심

위법성 조각의 인정 여부
ㄱ. 아파트 입주자대표회의 회장이 케이블TV방송의 안테나 절단을 지시한 경우 → ×
ㄴ. 전교조 소속 교사들이 학교법인 이사장의 거주지 앞에서 명예를 훼손한 경우 → ×
ㄷ. 피해자의 과거행적과 사채를 쓴 사실 등을 남편과 시댁에 알리겠다는 문자메시지를 발송한 경우 → ×
ㄹ. 보험금을 편취하기 위해 피해자의 동의를 받아 상해를 가한 경우 → ×
ㅁ. 상가건물관리회의 회장이 자신을 폭행한 전 회장이 유죄판결을 받은 사실을 알린 경우 → ○

정선 해설

[ㄱ ▸ ×] 아파트 입주자대표회의 회장이 다수 입주민들의 민원에 따라 위성방송 수신을 방해하는 케이블TV방송의 시험방송 송출을 중단시키기 위하여 위 케이블TV방송의 방송안테나를 절단하도록 지시한 행위를 긴급피난 내지는 정당행위에 해당한다고 볼 수 없다(대판 2006.4.13. 2005도9396).
[ㄴ ▸ ×] 학교운영의 공공성, 투명성의 보장을 요구하여 학교가 합리적이고 정상적으로 운영되게 할 목적으로 공연히 사실을 적시하였더라도, 피해자들의 거주지 앞에서 그들의 주소까지 명시하여 명예를 훼손하였다면, 이는 공공의 이익을 위한 사실의 적시로 볼 수 없어 위법성이 조각되지 아니한다(대판 2008.3.14. 2006도6049).
[ㄷ ▸ ×] 사채업자인 피고인이 채무자 甲에게, 채무를 변제하지 않으면 甲이 숨기고 싶어 하는 과거 행적과 사채를 쓴 사실 등을 남편과 시댁에 알리겠다는 등의 문자메시지를 발송한 경우, 피고인에게 협박죄를 인정하는 한편 위와 같은 행위가 정당행위에 해당하지 아니한다(대판 2011.5.26. 2011도2412).
[ㄹ ▸ ×] 피고인이 피해자와 공모하여 교통사고를 가장하여 보험금을 편취할 목적으로 피해자에게 상해를 가하였다면 피해자의 승낙이 있었다고 하더라도 이는 위법한 목적에 이용하기 위한 것이므로 피고인의 행위가 피해자의 승낙에 의하여 위법성이 조각된다고 할 수 없다(대판 2008.12.11. 2008도9606).
[ㅁ ▸ ○] 대판 2008.11.13. 2008도6342

답 ❶

121
□□□

위법성조각사유에 관한 다음 설명 중 가장 적절한 것은?(다툼이 있으면 판례에 의함)

16 경찰채용

① 이혼소송 중인 남편이 찾아와 가위로 폭행하고 변태적 성행위를 강요하는 데에 격분하여 칼로 남편의 복부를 찔러 사망에 이르게 한 경우, 그 행위는 과잉방위에 해당한다.
② 현행범인으로서의 요건을 갖추고 있었다고 인정되지 않는 상황에서 경찰관들이 동행을 거부하는 자를 체포하거나 강제로 연행하려고 하였다면, 이는 적법한 공무집행이라고 볼 수 없고, 그 체포를 면하려고 반항하는 과정에서 경찰관에게 상해를 가한 것은 불법체포로 인한 신체에 대한 현재의 부당한 침해에서 벗어나기 위한 행위로서 정당방위에 해당하여 위법성이 조각된다.
③ 형법 제24조(피해자의 승낙)에 따르면, 처분할 수 있는 자의 승낙에 의하여 그 법익을 훼손한 행위는 법률에 특별한 규정이 있는 경우에 한하여 벌하지 아니한다.
④ 검문 중이던 경찰관들이, 자전거를 이용한 날치기 사건 범인과 흡사한 인상착의의 甲이 자전거를 타고 다가오는 것을 발견하고 정지를 요구하였으나 멈추지 않아, 앞을 가로막고 소속과 성명을 고지한 후 검문에 협조해 달라는 취지로 말하였음에도 불응하고 그대로 전진하자, 따라가서 재차 앞을 막고 검문에 응하라고 요구하였는데, 이에 甲이 경찰관들의 멱살을 잡아 밀치거나 욕설을 하는 등 항의를 하였다면 甲의 행위는 정당방위에 해당한다.

정선 핵심

① 변태적 성행위를 강요하는 남편을 찔러 사망에 이르게 한 경우 → 정당방위나 과잉방위 ×
② 모욕죄의 현행범으로 불법체포하려는 경찰관에게 상해를 입힌 경우 → 정당방위 ○
③ 처분할 수 있는 자의 승낙에 의하여 법익을 훼손한 경우 → 특별한 규정이 없는 한 불가벌
④ 자전거 날치기 범인과 흡사한 자에 대한 적법한 불심검문을 행한 경찰관들의 멱살을 잡거나 욕설을 한 경우 → ×

정선 해설

[❶ ▸ ×] 이혼소송 중인 남편이 찾아와 가위로 폭행하고 변태적 성행위를 강요하는 데에 격분하여 처가 칼로 남편의 복부를 찔러 사망에 이르게 한 경우, 그 행위는 방위행위로서의 한도를 넘어선 것으로 사회통념상 용인될 수 없으므로 정당방위나 과잉방위에 해당하지 않는다(대판 2001.5.15. 2001도1089).

[❷ ▸ ○] 대판 2011.5.26. 2011도3682

[❸ ▸ ×] 형법 제24조 참조

법령 **피해자의 승낙(형법 제24조)** 처분할 수 있는 자의 승낙에 의하여 그 법익을 훼손한 행위는 법률에 특별한 규정이 없는 한 벌하지 아니한다.

[❹ ▸ ×] 판례의 취지를 고려하면, 검문 중이던 경찰관의 적법한 공무집행에 대해 甲이 경찰관들의 멱살을 잡아 밀치거나 욕설을 하는 등 항의를 하였다면 甲의 행위는 정당방위에 해당하지 아니한다.

검문 중이던 경찰관들이, 자전거를 이용한 날치기 사건 범인과 흡사한 인상착의의 피고인이 자전거를 타고 다가오는 것을 발견하고 정지를 요구하였으나 멈추지 않아, 앞을 가로막고 검문에 협조해 달라고 하였음에도 불응하고 그대로 전진하자, 따라가서 재차 앞을 막고 검문에 응하라고 요구하였는데, 이에 피고인이 경찰관들의 멱살을 잡아 밀치는 등 항의하여 공무집행방해 등으로 기소된 경우, 경찰관들의 행위는 적법한 불심검문에 해당한다고 보아야 하는데도, 이와 달리 보아 피고인에게 무죄를 선고한 원심판결에 법리오해의 위법이 있다(대판 2012.9.13. 2010도6203).

답 ❷

122 □□□

위법성조각사유에 대한 설명으로 옳지 않은 것은?(다툼이 있는 경우 판례에 의함)

14 국가7급

① 이혼소송 중인 남편이 찾아와 가위로 폭행하고 변태적 성행위를 강요하는 데에 격분하여 처가 칼로 남편의 복부를 찔러 사망에 이르게 한 경우, 처의 행위는 긴박한 상황에서 생명과 신체에 대한 현재의 부당한 침해를 방위하기 위해 행해졌으므로 정당방위나 과잉방위에 해당한다.

② 경찰관의 행위가 적법한 공무집행을 벗어나 불법하게 체포한 것으로 볼 수밖에 없다면, 그 체포를 면하려고 반항하는 과정에서 경찰관에게 상해를 가한 것은 불법체포로 인한 신체에 대한 현재의 부당한 침해에서 벗어나기 위한 행위로서 정당방위에 해당한다.

③ 피고인이 스스로 야기한 강간범행의 와중에서 피해자가 피고인의 손가락을 깨물며 반항하자 물린 손가락을 비틀며 잡아 뽑다가 피해자에게 치아결손의 상해를 입힌 경우 피고인의 행위는 긴급피난에 해당하지 않는다.

④ 산부인과 의사가 자신의 시진, 촉진 결과 등을 과신한 나머지 정밀한 진단방법을 실시하지 아니한 채 피해자의 병명이 자궁 외 임신인 것을 자궁근종으로 오진하고, 의학의 전문지식이 없는 피해자에게 자궁적출수술의 불가피성만을 강조하고 자궁 외 임신에 관한 설명을 하지 아니한 채 피해자의 승낙을 받아 자궁적출수술을 한 경우에는 수술이 유효한 승낙 하에 이루어진 것이 아니므로 업무상과실치상죄가 성립한다.

정선 핵심

① 변태적 성행위를 강요하는 남편을 찔러 사망에 이르게 한 경우 → 정당방위나 과잉방위 ×
② 모욕죄의 현행범으로 불법체포하려는 경찰관에게 상해를 입힌 경우 → 정당방위 ○
③ 물린 손가락을 잡아 뽑다가 피해자에게 치아결손의 상해를 입힌 경우 → 긴급피난 ×
④ 자궁 외 임신에 관한 설명 없이 피해자의 승낙을 받아 자궁적출수술을 한 경우 → 피해자의 승낙 ×

정선 해설

[❶ ▸ ×] 이혼소송 중인 남편이 찾아와 가위로 폭행하고 변태적 성행위를 강요하는 데에 격분하여 처가 칼로 남편의 복부를 찔러 사망에 이르게 한 경우, 그 행위는 방위행위로서의 한도를 넘어선 것으로 사회통념상 용인될 수 없으므로 정당방위나 과잉방위에 해당하지 않는다(대판 2001.5.15. 2001도1089).

[❷ ▸ ○] 대판 2011.5.26. 2011도3682

[❸ ▸ ○] 피고인이 스스로 야기한 강간범행의 와중에서 피해자가 피고인의 손가락을 깨물며 반항하자 물린 손가락을 비틀며 잡아 뽑다가 피해자에게 치아결손의 상해를 입힌 소위를 가리켜 법에 의하여 용인되는 피난행위라 할 수 없다(대판 1995.1.12. 94도2781).

[❹ ▸ ○] 판례의 취지를 고려하면, 산부인과 의사는 업무상과실치상죄의 죄책을 지게 된다.

> 산부인과 전문의 수련과정 2년차인 의사가 피해자의 병명을 자궁근종으로 오진하고 이에 근거하여 의학에 대한 전문지식이 없는 피해자에게 자궁적출술의 불가피성만을 강조하였을 뿐 위와 같은 진단상의 과오가 없었으면 당연히 설명받았을 자궁 외 임신에 관한 내용을 설명받지 못한 피해자로부터 수술승낙을 받았다면 위 승낙은 부정확 또는 불충분한 설명을 근거로 이루어진 것으로서 수술의 위법성을 조각할 유효한 승낙이라고 볼 수 없다(대판 1993.7.27. 92도2345).

답 ❶

123
□□□

정당방위와 정당행위에 관한 설명 중 옳지 않은 것은?(다툼이 있으면 판례에 의함)

15 사시

① 甲은 아들이 타인이 보는 자리에서 인륜상 용납할 수 없는 폭언을 하면서 식칼을 들고 대들어 주위에서 식칼을 뺏는 동안 문 밖으로 피신했다. 그러나 아들이 계속 쫓아와 폭행하려 하자 甲이 아들의 후두부를 주먹으로 1회 강타하여 이로 인해 아들이 돌이 있는 지면에 넘어져 즉석에서 사망하게 되었다면 甲의 행위는 정당방위에 해당한다.

② 집행관 甲이 강제집행을 하기 위해 채무자의 주거에 들어가려 하였으나 채무자의 아들인 A가 집행력 있는 판결정본과 신분증을 확인하고도 甲을 밀쳐내며 못 들어오게 하자 이를 배제하고 안으로 들어가려는 과정에서 A를 떠밀면서 몸싸움을 하게 되어 A에게 전치 2주의 두부타박상을 입혔다면 甲의 상해행위는 통상의 사회통념상 허용될 수 있는 상당성이 있는 행위라고 볼 수 없다.

③ 甲은 야간에 술에 취한 자가 자신이 운전 중인 차량에 뛰어들어 함부로 타려 하자 이에 항의하면서 주취자와 몸싸움을 하게 되었다. 주취자가 甲의 바지춤을 잡아당겨 바지가 찢어졌으며 甲을 잡아끌고 가다 넘어져, 甲이 주취자의 배 위쪽에서 그의 양 손목을 잡아 약 3분가량 눌렀다면, 이러한 甲의 행위는 정당방위에 해당한다.

④ 의사 甲이 모발이식시술을 하면서 모발이식시술에 관하여 어느 정도 지식을 지닌 간호조무사로 하여금 모발이식용 기기로 모발을 삽입하는 행위를 하도록 한 채 별반 관여를 하지 않았다면 甲의 행위는 정당행위에 해당하지 않는다.

⑤ 사용자 甲의 회사에서 정리해고된 乙이 적법하게 단행된 직장폐쇄기간 중 일방적으로 업무에 복귀하겠다고 하면서 甲의 퇴서요구에 불응한 채 계속해서 사업장 내로 진입을 시도하자 甲이 이에 대응하여 乙을 폭행·협박한 행위는 정당방위에 해당한다.

정선 핵심

① 폭언을 하는 아들의 후두부를 강타하여 넘어져 사망하게 한 경우 → 정당방위 ○
② 집행관이 압류집행과정에서 채무자의 아들에게 상해를 가한 경우 → 정당행위 ○
③ 주취자의 배 위쪽에서 그의 양 손목을 잡아 약 3분가량 누른 경우 → 정당방위 ○
④ 간호조무사에게 모발이식시술을 맡겨둔 채 관여하지 않은 경우 → 정당행위 ×
⑤ 사용자가 적법한 직장폐쇄 기간 중 진입을 시도하는 해고 근로자를 폭행, 협박한 경우 → 정당방위 ○

정선 해설

[❶ ▸ O] 대판 1974.5.14. 73도2401

[❷ ▸ ×] 집행관이 압류집행을 위하여 채무자의 주거에 들어가는 과정에서 상해를 가한 경우, 이는 상당성이 있는 행위로서 위법성이 조각된다(대판 1993.10.12. 93도875).

[❸ ▸ O] 피해자가 피고인 운전의 차량 앞에 뛰어 들어 함부로 타려고 하고 이에 항의하는 피고인의 바지춤을 잡아 당겨 찢고 피고인을 끌고 가려다가 넘어지자, 피고인이 피해자의 양 손목을 경찰관이 도착할 때까지 약 3분간 잡아 누른 경우, 이는 정당방위에 해당한다(대판 1999.6.11. 99도943).

[❹ ▸ O] 의사가 모발이식시술을 하면서 이에 관하여 어느 정도 지식을 가지고 있는 간호조무사로 하여금 모발이식시술행위 중 일정 부분을 직접 하도록 맡겨둔 채 별반 관여하지 않은 것은 정당행위에 해당하지 않는다(대판 2007.6.28. 2005도8317).

[❺ ▸ O] 대판 2005.6.9. 2004도7218

답 ❷

124 □□□

다음 설명 중 가장 적절하지 않은 것은?(다툼이 있으면 판례에 의함) 16 경찰채용

① 甲이 점유자와 소유자가 다른 승용차를 점유자의 의사에 반하여 자신의 점유로 옮긴 경우, 이러한 甲의 행위가 결과적으로 소유자의 이익으로 된다는 사정 또는 소유자의 추정적 승낙이 있다고 볼 만한 사정이 있다고 하더라도, 다른 특별한 사정이 없는 한 그러한 사유만으로 불법영득의 의사가 없다고 할 수는 없다.

② 甲이 경찰관의 불심검문을 받아 운전면허증을 교부한 후 경찰관에게 큰 소리로 욕설을 하였는데, 경찰관이 모욕죄의 현행범으로 체포하겠다고 고지한 후 甲의 오른쪽 어깨를 붙잡자 반항하면서 경찰관에게 상해를 가한 사안에서 甲이 체포를 면하려고 반항하는 과정에서 상해를 가한 것은 정당방위에 해당한다.

③ 甲 정당 당직자인 피고인들이 국회 외교통상 상임위원회 회의장 앞 복도에서 출입이 봉쇄된 회의장 출입구를 뚫을 목적으로 회의장 출입문 및 그 안쪽에 쌓여 있던 집기를 손상하거나, 국회심의를 방해할 목적으로 회의장 내에 물을 분사한 경우, 국민의 대의기관인 국회에서의 행위인 이상 피고인들의 행위는 위법성이 조각되는 정당행위라고 볼 수 있다.

④ 쟁의행위에 대한 찬반투표 실시를 위하여 전체 조합원이 참석할 수 있도록 근무시간 중에 노동조합 임시총회를 개최하고 3시간에 걸친 투표 후 1시간의 여흥시간을 가졌더라도 그 임시총회 개최행위는 전체적으로 노동조합의 정당한 행위에 해당한다.

정선 핵심

① 승용차를 점유자의 의사에 반하여 취거하였으나 결과적으로 소유자의 이익이 되거나 추정적 승낙이 있는 경우 → 불법영득의 의사 O

② 모욕죄의 현행범으로 불법체포하려는 경찰관에게 상해를 입힌 경우 → 정당방위 O

③ 정당 당직자의 행위에 대한 위법성조각사유 인정 여부
 ⇢ 국회 상임위원회 회의장 출입문 및 그 안쪽의 집기를 손상한 경우 : 정당행위, 긴급피난 ×
 ⇢ 국회심의를 방해할 목적으로 회의장 내에 물을 분사한 경우 : 정당행위, 긴급피난 ×

④ 근무시간 중에 노동조합 임시총회를 개최하고 투표 후 여흥시간을 가진 경우 → 정당행위 O

정선 해설

[❶ ▸ O] 대판 2014.2.21. 2013도14139

[❷ ▸ O] 피고인이 경찰관의 불심검문을 받아 운전면허증을 교부한 후 경찰관에게 큰 소리로 욕설을 하였는데, 경찰관이 모욕죄의 현행범으로 체포하겠다고 고지한 후 피고인의 오른쪽 어깨를 붙잡자 반항하면서 경찰관에게 상해를 가한 경우, 경찰관이 피고인을 체포한 행위는 적법한 공무집행이라고 볼 수 없고, 피고인이 체포를 면하려고 반항하는 과정에서 상해를 가한 것은 불법체포로 인한 신체에 대한 현재의 부당한 침해에서 벗어나기 위한 행위로서 정당방위에 해당한다(대판 2011.5.26. 2011도3682).

[❸ ▸ ×] 甲 정당 당직자인 피고인들 등이 국회 외교통상 상임위원회 회의장 앞 복도에서 출입이 봉쇄된 회의장 출입구를 뚫을 목적으로 회의장 출입문 및 그 안쪽에 쌓여 있던 집기를 손상하거나, 국회심의를 방해할 목적으로 회의장 내에 물을 분사한 경우, 피고인들의 공용물건손상 및 국회회의장소동 행위를 위법성이 조각되는 정당행위나 긴급피난의 요건을 갖춘 행위로 평가하기 어렵다(대판 2013.6.13. 2010도13609).

[❹ ▸ O] 대판 1994.2.22. 93도613

답 ❸

125 □□□

다음 설명 중 옳은 것만을 모두 고른 것은?(다툼이 있으면 판례에 의함) 16 국가9급

ㄱ. 甲은 동거녀가 자기의 지갑에서 현금을 꺼내가는 것을 보고도 아무런 만류를 하지 않았다면 이를 허용하는 묵시적 의사가 있다고 볼 수 있다.
ㄴ. 甲은 부도를 내고 도피한 피해자 상점의 물건들을 다른 채권자들이 취거해 갈 수 있다고 생각하고 자신의 청구권을 우선적으로 확보할 생각으로 무단 침입하여 피해자의 가구를 들고 나온 경우 정당한 자구행위로 볼 수 없다.
ㄷ. 방송사 기자인 甲이 구 국가안전기획부 정보수집팀이 타인 간의 사적 대화를 불법 녹음하여 생성한 도청자료인 녹음테이프와 녹취보고서를 입수한 후 이를 자사의 방송프로그램을 통하여 공개한 경우, 형법 제20조의 정당행위에 해당하지 않는다.
ㄹ. 작성권한이 없는 甲이 사문서를 작성·수정함에 있어 그 명의자의 현실적 승낙은 없었지만 행위 당시의 모든 객관적 사정을 종합하여 명의자가 행위 당시 그 사실을 알았더라면 당연히 승낙했을 것이라고 추정되는 경우에는 사문서위·변조죄가 성립하지 않는다.

① ㄱ, ㄹ
② ㄱ, ㄴ, ㄷ
③ ㄴ, ㄷ, ㄹ
④ ㄱ, ㄴ, ㄷ, ㄹ

정선 핵심

ㄱ. 피해자의 지갑에서 현금을 꺼내가는 것을 만류하지 않은 경우 → 절도죄 ×
ㄴ. 청구권을 우선적으로 확보하기 위해 침입하여 피해자의 가구를 들고 나온 경우 → 자구행위 ×
ㄷ. 방송사 기자가 사적 대화를 불법녹음한 도청자료를 공개한 경우 → 정당행위 ×
ㄹ. 명의자가 사문서작성을 승낙했을 것으로 추정되는 경우 → 사문서위·변조죄 ×

정선 해설

[ㄱ ▸ O] 대판 1985.11.26. 85도1487
[ㄴ ▸ O] 대판 2006.3.24. 2005도8081
[ㄷ ▸ O] 대판 2011.3.17. 2006도8839[전합]
[ㄹ ▸ O] 사문서의 위·변조죄는 작성권한 없는 자가 타인 명의를 모용하여 문서를 작성하는 것을 말하므로 사문서를 작성·수정할 때 명의자의 명시적이거나 묵시적인 승낙이 있었다면 사문서의 위·변조죄에 해당하지 않고, 한편 행위 당시 명의자의 현실적인 승낙은 없었지만 행위 당시의 모든 객관적 사정을 종합하여 명의자가 행위 당시 그 사실을 알았다면 당연히 승낙했을 것이라고 추정되는 경우 역시 사문서의 위·변조죄가 성립하지 않는다고 할 것이다(대판 2011.9.29. 2010도14587).

관련판례 **대판 1993.3.9. 92도3101**

피고인이 종친회의결의서를 작성할 당시 피고인의 동생들이 그 결의서의 작성을 승낙하였고, 나머지 종친회원들이 그 작성을 명시적, 구체적으로 위임하거나 승낙한 사실이 없더라도 그들이 피고인의 아들들이나 그 형제들의 아들들일뿐만 아니라 그들이 피고인의 행위를 나중에 추인한 것으로 볼 수 있다면 추정적 승낙을 인정할 여지가 있다.

답 ④

126 □□□

위법성조각사유에 대한 설명으로 옳은 것은?(다툼이 있는 경우 판례에 의함)

21 국가9급

① 甲이 A를 강간하던 중 A가 손가락을 깨물며 반항하자, 甲이 물린 손가락을 비틀어 잡아 뽑다가 A에게 치아결손을 가한 행위는 긴급피난에 해당한다.
② 경찰관이 현행범인으로서의 요건을 갖추지 못한 甲을 체포하려고 하자, 甲이 체포를 면하려고 반항하는 과정에서 경찰관에게 상해를 가한 행위는 정당방위에 해당한다.
③ 친권자 甲이 스스로의 감정을 이기지 못하고 야구방망이로 때릴 듯이 자녀 A에게 "죽여 버린다"고 말하여 협박한 행위는 정당행위에 해당한다.
④ 정당 당직자 甲이 국회 상임위원회 회의장 앞 복도에서 출입이 봉쇄된 회의장 출입구를 뚫을 목적으로 회의장 출입문 및 그 안쪽에 쌓여 있던 집기를 손상한 행위는 정당행위에 해당한다.

정선 핵심

① 물린 손가락을 잡아 뽑다가 피해자에게 치아결손의 상해를 입힌 경우 → 긴급피난 ×
② 모욕죄의 현행범으로 불법체포하려는 경찰관에게 상해를 입힌 경우 → 정당방위 ○
③ 친권자가 야구방망이로 자녀에게 "죽여 버린다"고 협박한 경우 → 정당행위 ×
④ 국회 상임위원회 회의장 출입문 및 그 안쪽의 집기를 손상한 경우 → 정당행위, 긴급피난 ×

정선 해설

[❶ ▸ ×] 피고인이 스스로 야기한 강간범행의 와중에서 피해자가 피고인의 손가락을 깨물며 반항하자 물린 손가락을 비틀며 잡아 뽑다가 피해자에게 치아결손의 상해를 입힌 소위를 가리켜 법에 의하여 용인되는 피난행위라 할 수 없다(대판 1995.1.12. 94도2781).

[❷ ▸ ○] 대판 2011.5.26. 2011도3682

[❸ ▸ ×] 판례의 취지를 고려하면, 친권자 甲의 행위는 정당행위에 해당하지 아니한다.

> 친권자가 스스로의 감정을 이기지 못하고 야구방망이로 때릴 듯이 피해자에게 "죽여 버린다."고 말하여 협박하는 것은 그 자체로 피해자의 인격 성장에 장해를 가져올 우려가 커서 이를 교양권의 행사라고 보기도 어렵다(대판 2002.2.8. 2001도6468).

[❹ ▸ ×] 甲 정당 당직자인 피고인들 등이 국회 외교통상 상임위원회 회의장 앞 복도에서 출입이 봉쇄된 회의장 출입구를 뚫을 목적으로 회의장 출입문 및 그 안쪽에 쌓여 있던 집기를 손상하거나, 국회심의를 방해할 목적으로 회의장 내에 물을 분사한 경우, 피고인들의 공용물건손상 및 국회회의장소동 행위를 위법성이 조각되는 정당행위나 긴급피난의 요건을 갖춘 행위로 평가하기 어렵다(대판 2013.6.13. 2010도13609).

답 ❷

127 □□□

다음 설명 중 甲의 행위가 위법성이 조각되는 경우를 모두 고른 것은?(다툼이 있는 경우 판례에 의함) 17 변시

ㄱ. 甲이 군무기피의 목적이 있었으나 국군보안사령부의 민간인에 대한 정치사찰을 폭로한다는 명목으로 군무를 이탈한 경우
ㄴ. 甲이 乙과 말다툼을 하던 중 乙이 건초더미에 있던 낫을 들고 반항하자 乙로부터 낫을 빼앗아 그 낫으로 乙의 가슴, 배, 왼쪽 허벅지 부위 등을 수차례 찔러 乙이 사망한 경우
ㄷ. 甲은 자신의 아파트로 찾아와 소란을 피우는 친구 乙에게 출입문을 열어주었으나, 乙이 신발을 신은 채 거실로 들어와 함께 온 아들과 합세하여 남편과의 불륜관계를 추궁하며 자신을 구타하자, 그로부터 벗어나기 위해 손을 휘저으며 발버둥을 치는 과정에서 乙에게 상해를 가한 경우
ㄹ. 변호사 甲은 참고인 조사를 받는 줄 알고 검찰청에 자진출석한 자신의 사무장 乙을 합리적 근거 없이 검사가 긴급체포하자 이를 제지하는 과정에서 검사에게 상해를 가한 경우
ㅁ. 甲이 乙의 개가 자신의 애완견을 물어뜯는 공격을 하자 소지하고 있던 기계톱으로 乙의 개를 절개하여 죽인 경우

① ㄱ, ㄴ
② ㄴ, ㅁ
③ ㄷ, ㄹ
④ ㄱ, ㄷ, ㄹ
⑤ ㄷ, ㄹ, ㅁ

정선 핵심

ㄱ. 국군보안사령부의 민간인에 대한 정치사찰을 폭로한다는 명목으로 군무를 이탈한 경우 → 정당방위, 정당행위 ×
ㄴ. 말다툼을 하던 피해자로부터 낫을 빼앗아 수차례 찔러 사망하게 한 경우 → 정당방위 ×
ㄷ. 불륜녀로 의심하여 구타하자 벗어나기 위한 과정에서 상해를 가한 경우 → 정당방위 ○
ㄹ. 자진출석한 사무장을 합리적 근거 없이 긴급체포하자 변호사가 제지하는 과정에서 검사에게 상해를 가한 경우 → 정당방위 ○
ㅁ. 애완견을 공격하는 피해자의 개를 기계톱으로 절개하여 죽인 경우 → 긴급피난 ×

정선 해설

[ㄱ ▸ ×] 서면화된 인사발령 없이 국군보안사령부 서빙고분실로 배치되어 이른바 "혁노맹"사건 수사에 협력하게 된 사정만으로 군무이탈행위에 군무기피목적이 없었다고 할 수 없고, 국군보안사령부의 민간인에 대한 정치사찰을 폭로한다는 명목으로 군무를 이탈한 행위는 정당방위나 정당행위에 해당하지 아니한다(대판 1993.6.8. 93도766).

[ㄴ ▸ ×] 피고인이 피해자와 말다툼을 하다가 건초더미에 있던 낫을 들고 반항하는 피해자로부터 낫을 빼앗아 그 낫으로 피해자의 가슴, 배, 등, 뒤통수, 목, 왼쪽 허벅지 부위 등을 10여 차례 찔러 피해자로 하여금 다발성 자상에 의한 기흉 등으로 사망하게 한 경우, 피고인의 이 사건 범행행위가 피해자의 피고인에 대한 현재의 부당한 침해를 방위하거나 그러한 침해를 예방하기 위한 행위로 상당한 이유가 있는 경우에 해당한다고 볼 수 없다(대판 2007.4.26. 2007도1794).

[ㄷ ▸ ○] 대판 2010.2.11. 2009도12958

[ㄹ ▸ ○] 대판 2006.9.8. 2006도148

[ㅁ ▸ ×] 피고인으로서는 자신의 진돗개를 보호하기 위하여 몽둥이나 기계톱 등을 휘둘러 피해자의 개들을 쫓아버리는 방법으로 자신의 재물을 보호할 수 있었을 것이므로 피해견을 기계톱으로 내리쳐 등 부분을 절개한 것은 피난행위의 상당성을 넘은 행위로서 형법 제22조 제1항에서 정한 긴급피난의 요건을 갖춘 행위로 보기 어렵다(대판 2016.1.28. 2014도2477).

답 ③

128 □□□

위법성조각사유에 대한 설명으로 옳지 않은 것은?(다툼이 있는 경우 판례에 의함)

19 국가9급

① 정당방위는 자기 또는 타인의 법익에 대한 현재의 부당한 침해를 방어하기 위한 것으로서 상당성이 있어야 하므로, 정당한 침해에 대한 정당방위는 인정되지 않는다.

② 긴급피난에 해당하려면 피난행위가 위난에 처한 법익을 보호하기 위한 유일한 수단이어야 하고, 피해자에게 가장 경미한 손해를 주는 방법을 택하여야 하며, 피난행위로 보전되는 이익은 이로 인해 침해되는 이익보다 우월해야 하고, 피난행위는 그 자체가 사회윤리나 법질서 전체의 정신에 비추어 적합한 수단이어야 한다.

③ 점유할 권리 없는 자의 점유라고 하더라도 그 주거의 사실상의 평온은 보호되어야 하므로, 권리자가 그 권리실행으로서 자력구제의 수단으로 건조물에 침입한 경우에도 주거침입죄가 성립한다.

④ 사문서를 수정할 당시 명의자가 현실적으로 승낙하지 않았다면, 설령 명의자가 그 사실을 알았다면 당연히 승낙했을 것이라고 추정되더라도 사문서변조죄가 성립한다.

정선 핵심

① 위법하지 않은 정당한 침해 → 정당방위 ×
② 긴급피난의 상당한 이유 인정요건 → 보충성의 원칙, 최소침해의 원칙, 균형성의 원칙, 적합성의 원칙
③ 권리자가 자력구제의 수단으로 건조물에 침입한 경우 → 주거침입죄 ○
④ 명의자가 사문서작성을 승낙했을 것으로 추정되는 경우 → 사문서위·변조죄 ×

정선 해설

[❶ ▸ O] 대판 2017.3.15. 2013도2168

[❷ ▸ O] 대판 2016.1.28. 2014도2477

[❸ ▸ O] 비닐하우스의 소유권이 피고인에게 있다 하더라도, 피해자가 공소외인으로부터 이 사건 비닐하우스를 인도받아 점유하고 있는 이상 피고인이 함부로 이 사건 비닐하우스의 열쇠를 손괴하고 그 안에 들어간 행위는 재물손괴죄 및 주거침입죄에 해당한다(대판 2007.3.15. 2006도7044).

[❹ ▸ ×] 사문서의 위·변조죄는 작성권한 없는 자가 타인 명의를 모용하여 문서를 작성하는 것을 말하는 것이므로 사문서를 작성·수정함에 있어 그 명의자의 명시적이거나 묵시적인 승낙이 있었다면 사문서의 위·변조죄에 해당하지 않고, 한편 행위 당시 명의자의 현실적인 승낙은 없었지만 행위 당시의 모든 객관적 사정을 종합하여 명의자가 행위 당시 그 사실을 알았다면 당연히 승낙했을 것이라고 추정되는 경우 역시 사문서의 위·변조죄가 성립하지 않는다고 할 것이다(대판 2008.4.10. 2007도9987).

답 ❹

129 □□□

위법성조각사유에 관한 설명 중 가장 적절하지 않은 것은?(다툼이 있으면 판례에 의함)

16 경찰승진

① 의사 甲이 모발이식시술을 하면서 모발이식시술에 관하여 어느 정도 지식을 지닌 간호조무사로 하여금 모발이식용 기기로 모발을 삽입하는 행위를 하도록 한 채 별반 관여를 하지 않았다면, 甲의 행위는 정당행위에 해당한다.

② 신고된 甲대학교에서의 집회가 집회장소 사용 승낙을 하지 아니한 甲대학교측의 요청으로 경찰관들에 의하여 저지되자, 신고 없이 乙대학교로 옮겨 집회를 한 것은 긴급피난에 해당한다고 볼 수 없다.

③ 임신의 지속이 모체의 건강을 해칠 우려가 현저할 뿐더러 기형아 내지 불구아를 출산할 가능성마저도 없지 않다는 판단하에 부득이 취하게 된 산부인과 의사의 낙태수술행위는 정당행위 내지 긴급피난에 해당되어 위법성이 없는 경우에 해당한다.

④ 선장 甲은 피조개 양식장 앞의 해상에 허가 없이 선박을 정박시켜 놓고 있다가 태풍이 내습하자 선원들과 선박의 안전을 위하여 닻줄을 늘여 정박하였는데, 태풍이 도래하여 풍랑이 심하게 이는 바람에 늘어진 닻줄이 피조개 양식장 바다 밑을 쓸고 지나가면서 양식장에 상당한 피해를 입힌 경우 긴급피난에 해당한다.

정선 핵심

① 간호조무사에게 모발이식시술을 맡겨둔 채 관여하지 않은 경우 → 정당행위 ×
② 집회신고한 대학교가 아닌 신고 없는 다른 대학교로 옮겨 집회를 한 경우 → 긴급피난 ×
③ 기형아 출산을 우려한 산부인과 의사가 낙태수술을 한 경우 → 긴급피난 ○
④ 선박의 닻줄을 놓았다가 피조개양식장에 물적 피해를 야기한 경우 → 긴급피난 ○

정선 해설

[❶ ▸ ×] 의사가 모발이식시술을 하면서 이에 관하여 어느 정도 지식을 가지고 있는 간호조무사로 하여금 모발이식시술행위 중 일정 부분을 직접 하도록 맡겨둔 채 별반 관여하지 않은 것은 정당행위에 해당하지 않는다(대판 2007.6.28. 2005도8317).

[❷ ▸ ○] 대판 1990.8.14. 90도870

[❸ ▸ ○] 임신의 지속이 모체의 건강을 해칠 우려가 현저할 뿐더러 기형아 내지 불구아를 출산할 가능성마저도 없지 않다는 판단하에 부득이 취하게 된 산부인과 의사의 낙태 수술행위는 정당행위 내지 긴급피난에 해당되어 위법성이 없는 경우에 해당된다(대판 1976.7.13. 75도1205).

[유의사항] 헌법재판소가 자기낙태죄(형법 제269조 제1항), 업무상동의낙태죄(형법 제270조 제1항)조항에 대하여 헌법불합치결정을 하면서 정한 개정시한까지 입법자가 당해 조항을 개정하지 않음으로써 동 조항들은 그 효력을 상실하였다. 따라서 현행법에 의하면 산부인과 의사의 낙태수술행위는 긴급피난에 의해서가 아니라 구성요건해당성이 인정되지 아니하여 불가벌이 되는 것으로 이해하여야 한다.

[❹ ▸ ○] 대판 1987.1.20. 85도221

답 ❶

130 □□□

다음 〈보기〉와 동일한 이유로 위법성이 조각되는 경우는?(다툼이 있는 경우 판례에 의함)

17 경찰간부

> 금성호의 선장 甲은 피조개양식장에 피해를 주지 않기 위해 양식장까지의 거리가 약 30미터가 되도록 선박의 닻줄을 7샤클(175미터)에서 5샤클(125미터)로 감아 놓았는데, 태풍을 만나게 되면서 선박의 안전을 위하여 선박의 닻줄을 7샤클로 늘여 놓았다가 피조개양식장을 침범하여 물적 피해를 야기하였다.

① 갑자기 기절한 어머니의 치료를 위하여 군무를 이탈한 경우
② 임신의 지속이 모체의 건강을 해칠 우려가 현저하고, 기형아 내지 불구아를 출산할 가능성도 있다는 판단 하에 산부인과의사가 낙태 수술을 한 경우
③ 아파트 입주자대표회의 회장이 다수 입주민들의 민원에 따라 위성방송 수신을 방해하는 케이블TV방송의 시험방송 송출을 중단시키기 위하여 위 케이블TV방송의 방송안테나를 절단하도록 지시한 경우
④ A정당 당직자인 甲등이 국회 외교통상 상임위원회 회의장 앞 복도에서 출입이 봉쇄된 회의장 출입구를 뚫을 목적으로 회의장 출입문 및 그 안쪽에 쌓여 있던 집기를 손상하거나, 국회심의를 방해할 목적으로 회의장 내에 물을 분사한 경우

정선 핵심

① 어머니가 갑자기 기절을 하여 치료를 위해 군무를 이탈한 경우 → 긴급피난 ×
② 기형아 출산을 우려한 산부인과 의사가 낙태수술을 한 경우 → 긴급피난 ○
③ 아파트 입주자대표회의 회장이 케이블TV방송의 안테나 절단을 지시한 경우 → 긴급피난 ×
④ 정당 당직자의 행위에 대한 위법성조각사유 인정 여부
⋯→ 국회 상임위원회 회의장 출입문 및 그 안쪽의 집기를 손상한 경우 : 정당행위, 긴급피난 ×
⋯→ 국회심의를 방해할 목적으로 회의장 내에 물을 분사한 경우 : 정당행위, 긴급피난 ×

정선 해설

보기의 경우, 긴급피난(형법 제22조)에 의하여 위법성이 조각된다.

[❶ ▸ ×] 피고인의 모친이 갑자기 기절을 하여 이를 치료하기 위하여 군무를 이탈하였더라도 이는 본조 범행의 동기에 불과하므로 이를 법률상 긴급피난에 해당한다고 할 수 없다(대판 1969.6.10. 69도690).

[❷ ▸ ○] 임신의 지속이 모체의 건강을 해칠 우려가 현저할 뿐더러 기형아 내지 불구아를 출산할 가능성마저도 없지 않다는 판단하에 부득이 취하게 된 산부인과 의사의 낙태 수술행위는 정당행위 내지 긴급피난에 해당되어 위법성이 없는 경우에 해당된다(대판 1976.7.13. 75도1205).

> **[유의사항]** 헌법재판소가 자기낙태죄(형법 제269조 제1항), 업무상동의낙태죄(형법 제270조 제1항)조항에 대하여 헌법불합치결정을 하면서 정한 개정시한까지 입법자가 당해 조항을 개정하지 않음으로써 동 조항들은 그 효력을 상실하였다. 따라서 현행법에 의하면 산부인과 의사의 낙태수술행위는 긴급피난에 의해서가 아니라 구성요건해당성이 인정되지 아니하여 불가벌이 되는 것으로 이해하여야 한다.

[❸ ▸ ×] 아파트 입주자대표회의 회장이 다수 입주민들의 민원에 따라 위성방송 수신을 방해하는 케이블TV방송의 시험방송 송출을 중단시키기 위하여 위 케이블TV방송의 방송안테나를 절단하도록 지시한 행위를 긴급피난 내지는 정당행위에 해당한다고 볼 수 없다(대판 2006.4.13. 2005도9396).

[❹ ▸ ×] 甲 정당 당직자인 피고인들 등이 국회 외교통상 상임위원회 회의장 앞 복도에서 출입이 봉쇄된 회의장 출입구를 뚫을 목적으로 회의장 출입문 및 그 안쪽에 쌓여 있던 집기를 손상하거나, 국회심의를 방해할 목적으로 회의장 내에 물을 분사한 경우, 피고인들의 공용물건손상 및 국회회의장소동 행위를 위법성이 조각되는 정당행위나 긴급피난의 요건을 갖춘 행위로 평가하기 어렵다(대판 2013.6.13. 2010도13609).

답 ❷

131
□□□

甲의 행위에 대하여 위법성이 조각되는 경우만을 모두 고른 것은?(다툼이 있는 경우 판례에 의함) 16 국가7급

ㄱ. 甲이 피해자와 공모하여 교통사고를 가장하여 보험금을 편취할 목적으로 피해자에게 동의를 받아 상해를 가한 경우
ㄴ. 한의사 자격이나 이에 관한 어떠한 면허도 없는 甲이 찜질방에서 찾아오는 사람들을 대상으로 약간의 돈을 받고 아픈 부위의 혈을 주물러 근육을 풀어 주고 그 부위에 부항을 뜬 후 그곳을 부항침으로 찌르는 등, 단순히 수지침 정도의 수준에 그치지 아니하고 부항침과 부항을 이용하여 체내의 혈액을 밖으로 배출되도록 한 경우
ㄷ. 甲이 골프클럽 경기보조원들의 구직편의를 위해 제작된 인터넷 사이트 내 회원 게시판에 특정 골프클럽의 운영상 불합리성을 비난하는 글을 게시하면서 위 클럽 담당자에 대하여 한심하고 불쌍한 인간이라는 등 경멸적 표현을 한 경우
ㄹ. 검문 중이던 경찰관이 자전거를 이용한 날치기 사건 범인과 흡사한 인상착의로 자전거를 타고 다가오는 甲을 발견하고 그에게 성명과 신분 및 사유를 고지하며 정지를 요구하자 불응하였고, 이에 따라가서 재차 앞을 막고 검문에 응하라고 요구하자 甲이 경찰관의 멱살을 잡아 밀치는 등의 항의를 한 경우
ㅁ. 아파트 입주자대표회의 회장 甲이 다수 입주민들의 민원에 따라 위성방송 수신을 방해하는 케이블TV 방송의 시험방송 송출을 중단시키기 위하여 소수 입주민이 이용하고 있는 케이블TV 방송의 방송안테나를 절단하도록 지시한 경우

① ㄷ　② ㄴ, ㄹ
③ ㄱ, ㄷ, ㅁ　④ ㄷ, ㄹ, ㅁ

정선 핵심

위법성 조각의 인정 여부
ㄱ. 보험금을 편취하기 위해 피해자의 동의를 받아 상해를 가한 경우 → ×
ㄴ. 부항침과 부항을 이용하여 체내의 혈액을 배출되도록 한 경우 → ×
ㄷ. 골프클럽 담당자에게 한심하고 불쌍한 인간이라는 등 경멸적 표현을 한 경우 → ○
ㄹ. 자전거 날치기 범인과 흡사한 자에 대한 적법한 불심검문을 행한 경찰관들의 멱살을 잡거나 욕설을 한 경우 → ×
ㅁ. 아파트 입주자대표회의 회장이 케이블TV방송의 안테나 절단을 지시한 경우 → ×

정선 해설

[ㄱ ▸ ×] 대판 2008.12.11. 2008도9606
[ㄴ ▸ ×] 피고인이 행한 부항시술행위가 보건위생상 위해가 발행할 우려가 전혀 없다고 볼 수 없는데다가, 피고인이 한의사 자격이나 이에 관한 어떠한 면허도 없이 영리를 목적으로 위와 같은 치료행위를 한 것이고, 단순히 수지침 정도의 수준에 그치지 아니하고 부항침과 부항을 이용하여 체내의 혈액을 밖으로 배출되도록 한 것이므로, 이러한 피고인의 시술행위는 사회상규에 위배되지 아니하는 행위로서 위법성이 조각되는 경우에 해당한다고 할 수 없다(대판 2004.10.28. 2004도3405).

비교판례 **대판 2000.4.25. 98도2389**

수지침은 시술부위나 시술방법 등에 있어서 예로부터 동양의학으로 전래되어 내려오는 체침의 경우와 현저한 차이가 있고, 일반인들의 인식도 이에 대한 관용의 입장에 기울어져 있으므로, 구체적인 경우에 있어서 개별적으로 보아 법질서 전체의 정신이나 그 배후에 놓여 있는 사회윤리 내지 사회통념에 비추어 용인될 수 있는 행위에 해당한다고 인정되는 경우에는 형법 제20조 소정의 사회상규에 위배되지 아니하는 행위로서 위법성이 조각된다고 할 것이다.

[ㄷ ▸ O] 대판 2008.7.10. 2008도1433

[ㄹ ▸ ×] 판례의 취지를 고려하면, 검문 중이던 경찰관의 적법한 공무집행에 대해 甲이 경찰관들의 멱살을 잡아 밀치는 등의 항의를 하였다면 甲의 행위는 정당방위에 해당하지 아니한다.

> 검문 중이던 경찰관들이, 자전거를 이용한 날치기 사건 범인과 흡사한 인상착의의 피고인이 자전거를 타고 다가오는 것을 발견하고 정지를 요구하였으나 멈추지 않아, 앞을 가로막고 검문에 협조해 달라고 하였음에도 불응하고 그대로 전진하자, 따라가서 재차 앞을 막고 검문에 응하라고 요구하였는데, 이에 피고인이 경찰관들의 멱살을 잡아 밀치는 등 항의하여 공무집행방해 등으로 기소된 경우, 경찰관들의 행위는 적법한 불심검문에 해당한다고 보아야 하는데도, 이와 달리 보아 피고인에게 무죄를 선고한 원심판결에 법리오해의 위법이 있다(대판 2012.9.13. 2010도6203).

[ㅁ ▸ ×] 아파트 입주자대표회의 회장이 다수 입주민들의 민원에 따라 위성방송 수신을 방해하는 케이블TV방송의 시험방송 송출을 중단시키기 위하여 위 케이블TV방송의 방송안테나를 절단하도록 지시한 행위를 긴급피난 내지는 정당행위에 해당한다고 볼 수 없다(대판 2006.4.13. 2005도9396).

답 ❶

132 □□□

위법성조각사유에 관한 설명 중 가장 적절한 것은?(다툼이 있는 경우 판례에 의함)

17 경찰승진

① 정당방위에서의 방위행위란 순수한 수비적 방위를 말하는 것이고, 적극적 반격을 포함하는 반격방어의 형태는 포함되지 않는다.

② 명예훼손죄의 특별한 위법성조각사유를 규정한 형법 제310조의 요소 중 사실의 진실성에 대한 착오가 있는 경우에는 위법성조각사유의 전제사실에 관한 착오 또는 법률의 착오가 문제될 뿐이기 때문에 위법성 그 자체는 조각될 여지가 없다.

③ 방위행위, 피난행위 그리고 자구행위가 그 정도를 초과한 때에는 공통적으로 정황에 의하여 형을 감경 또는 면제할 수 있다.

④ 형법 제24조에 따르면 처분할 수 있는 자의 승낙에 의하여 그 법익을 훼손한 행위는 법률에 특별한 규정이 있는 경우에 한하여 벌하지 아니한다.

정선 핵심

① 방어행위 → 반격방어의 형태도 포함
② 사실의 진실성에 대한 착오가 있는 경우 → 상당한 이유가 있으면 위법성 조각(판례)
③ 방위행위, 피난행위, 자구행위가 그 정도를 초과한 경우 → 임의적 감면
④ 처분할 수 있는 자의 승낙에 의하여 법익을 훼손한 경우 → 특별한 규정이 없는 한 불가벌

정선 해설

[❶ ▸ ×] 정당방위의 성립요건으로서의 방어행위에는 순수한 수비적 방어뿐 아니라 적극적 반격을 포함하는 반격방어의 형태도 포함되나, 그 방어행위는 자기 또는 타인의 법익침해를 방위하기 위한 행위로서 상당한 이유가 있어야 한다(대판 1992.12.22. 92도2540).

[❷ ▸ ×] 형법 제310조의 규정은 인격권으로서의 개인의 명예의 보호와 헌법 제21조에 의한 정당한 표현의 자유의 보장이라는 상충되는 두 법익의 조화를 꾀한 것이라고 보아야 할 것이므로, 두 법익 간의 조화와 균형을 고려한다면 적시된 사실이 진실한 것이라는 증명이 없더라도 행위자가 진실한 것으로 믿었고 또 그렇게 믿을 만한 상당한 이유가 있는 경우에는 위법성이 없다고 보아야 할 것이다(대판 2007.12.14. 2006도2074).

[❸ ▸ O] 방위행위, 피난행위 그리고 자구행위가 그 정도를 초과한 때에는 공통적으로 정황에 의하여 형을 감경 또는 면제할 수 있다(형법 제21조 제2항, 제22조 제3항, 제23조 제2항).
[❹ ▸ ×] 형법 제24조 참조

법령 피해자의 승낙(형법 제24조) 처분할 수 있는 자의 승낙에 의하여 그 법익을 훼손한 행위는 법률에 특별한 규정이 없는 한 벌하지 아니한다.

답 ❸

133 □□□

정당방위와 긴급피난에 대한 설명으로 옳지 않은 것은?(다툼이 있는 경우 판례에 의함)

13 국가9급

① 정당방위는 부당한 침해에 대한 방어행위인데 반해 긴급피난은 부당한 침해가 아닌 위난에 대해서도 가능하다.
② 피고인이 스스로 야기한 강간범행의 와중에서 피해자가 피고인의 손가락을 깨물며 반항하자 물린 손가락을 비틀어 잡아 뽑다가 피해자에게 치아결손의 상해를 입힌 행위는 긴급피난에 해당하지 않는다.
③ 피고인이 경찰관의 불심검문을 받아 운전면허증을 교부한 후 경찰관에게 큰 소리로 욕설을 하였는데, 경찰관이 피고인을 모욕죄의 현행범으로 체포하려고 하자 피고인이 반항하면서 경찰관에게 상해를 가한 경우 피고인의 행위는 정당방위에 해당한다.
④ 정당방위와 달리 긴급피난에 있어 피난행위는 위난에 처한 법익을 보호하기 위한 유일한 수단일 필요는 없다.

정선 핵심

① 부당한 침해가 아닌 위난 → 긴급피난 O
② 물린 손가락을 잡아 뽑다가 피해자에게 치아결손의 상해를 입힌 경우 → 긴급피난 ×
③ 모욕죄의 현행범으로 불법체포하려는 경찰관에게 상해를 입힌 경우 → 정당방위 O
④ 긴급피난의 상당한 이유 → 보충성의 원칙 필요

정선 해설

[❶ ▸ O] 정당방위는 부당한 침해에 대한 방어행위이나, 긴급피난은 위난이 위법할 것임을 요하지 아니하므로 부당한 침해가 아닌 위난에 대해서도 긴급피난이 가능하다.
[❷ ▸ O] 대판 1995.1.12. 94도2781
[❸ ▸ O] 피고인이 경찰관의 불심검문을 받아 운전면허증을 교부한 후 경찰관에게 큰 소리로 욕설을 하였는데, 경찰관이 모욕죄의 현행범으로 체포하겠다고 고지한 후 피고인의 오른쪽 어깨를 붙잡자 반항하면서 경찰관에게 상해를 가한 경우, 경찰관이 피고인을 체포한 행위는 적법한 공무집행이라고 볼 수 없고, 피고인이 체포를 면하려고 반항하는 과정에서 상해를 가한 것은 불법체포로 인한 신체에 대한 현재의 부당한 침해에서 벗어나기 위한 행위로서 정당방위에 해당한다(대판 2011.5.26. 2011도3682).
[❹ ▸ ×] 정당방위와 달리 긴급피난에 있어 피난행위의 상당성은 엄격한 요건이 요구된다. 따라서 피난행위는 위난에 처한 법익을 보호하기 위한 유일한 수단일 것을 요한다(보충성의 원칙).

답 ❹

134 □□□

다음 설명 중 옳게 설명한 것은 모두 몇 개인가?

15 법원9급

ㄱ. 강간범행의 와중에서 피해자가 가해자의 손가락을 깨물며 반항하자, 가해자가 물린 손가락을 비틀며 잡아 뽑다가 피해자에게 치아결손의 상해를 입힌 경우, 긴급피난이 인정되지 아니한다.
ㄴ. 사용자의 직장폐쇄가 정당한 쟁의행위로 인정되지 아니하는 경우, 적법한 쟁의행위로서 사업장을 점거 중인 근로자들이 직장폐쇄를 단행한 사용자로부터 퇴거요구를 받고 이에 불응한 채 직장점거를 계속하더라도 퇴거불응죄를 구성하지 아니한다.
ㄷ. 절도범으로 오인받은 자가 야간에 군중들로부터 무차별구타를 당하자 이를 방위하기 위하여 소지하고 있던 손톱깎이에 달린 줄칼을 휘둘러 상해를 입힌 행위는 정당방위에 해당한다.
ㄹ. 시장번영회 회장이 이사회의 결의와 시장번영회의 관리규정에 따라서 관리비 체납자의 점포에 대하여 실시한 단전조치는 정당행위로서 업무방해죄를 구성하지 아니한다.

① 1개
② 2개
③ 3개
④ 4개

정선 핵심

ㄱ. 물린 손가락을 잡아 뽑다가 피해자에게 치아결손의 상해를 입힌 경우 → 긴급피난 ×
ㄴ. 위법한 직장폐쇄 중 퇴거요구를 받았으나 직장점거를 계속하는 경우 → 퇴거불응죄 ×
ㄷ. 절도범으로 오인받은 자가 무차별구타를 당하자 손톱깎이에 달린 줄칼을 휘둘러 상해를 입힌 경우 → 정당방위 ○
ㄹ. 시장번영회 회장이 고액체납자의 점포에 대해 단전조치를 한 경우 → 업무방해죄 ×

정선 해설

[ㄱ ▸ ○] 대판 1995.1.12. 94도2781
[ㄴ ▸ ○] 사용자 측의 노사 간 교섭에 소극적인 태도, 노동조합의 파업이 노사 간 교섭력의 균형과 사용자 측 업무수행에 미치는 영향 등에 비추어 노동조합이 파업을 시작한 지 불과 4시간 만에 사용자가 바로 직장폐쇄조치를 취한 것은 정당한 쟁의행위로 인정되지 아니하므로, 사용자측 시설을 정당하게 점거한 조합원들이 사용자로부터 퇴거요구를 받고 이에 불응하였더라도 퇴거불응죄가 성립하지 아니한다(대판 2007.12.28. 2007도5204).

비교판례 **대판 1991.8.13. 91도1324**

근로자들의 직장점거가 개시 당시 적법한 것이었다 하더라도 사용자가 이에 대응하여 적법하게 직장폐쇄를 하게 되면, 사용자의 사업장에 대한 물권적 지배권이 전면적으로 회복되는 결과 사용자는 점거중인 근로자들에 대하여 정당하게 사업장으로부터의 퇴거를 요구할 수 있고 퇴거를 요구받은 이후의 직장점거는 위법하게 되므로, 적법히 직장폐쇄를 단행한 사용자로부터 퇴거요구를 받고도 불응한 채 직장점거를 계속한 행위는 퇴거불응죄를 구성한다.

[ㄷ ▸ ○] 절도범으로 오인받은 자가 야간에 군중들로부터 무차별구타를 당하자 이를 방위하기 위하여 소지하고 있던 손톱깎이 칼을 휘둘러 상해를 입힌 행위는 정당방위에 해당한다(대판 1970.9.17. 70도1473).
[ㄹ ▸ ○] 대판 2004.8.20. 2003도4732

답 ④

135 □□□ 위법성조각사유에 관한 다음 설명 중 가장 옳지 않은 것은?

21 법원행시

① 어떠한 행위가 정당방위로 인정되려면 그 행위가 자기 또는 타인의 법익에 대한 현재의 부당한 침해를 방어하기 위한 것으로서 상당성이 있어야 하므로, 위법하지 않은 정당한 침해에 대한 정당방위는 인정되지 아니한다.

② 자기 또는 타인의 법익에 대한 현재의 위난을 피하기 위한 행위가 그 정도를 초과한 경우 그 행위가 야간 기타 불안스러운 상태하에서 공포, 경악, 흥분 또는 당황으로 인한 때에는 벌하지 아니한다.

③ 형법 제24조의 규정에 의하여 위법성이 조각되는 피해자의 승낙은 개인적 법익을 훼손하는 경우에 법률상 이를 처분할 수 있는 사람의 승낙을 말할 뿐만 아니라 그 승낙이 윤리적, 도덕적으로 사회상규에 반하는 것이 아니어야 하므로, 폭행치사죄에 대한 피해자의 승낙은 위법성을 조각하지 못한다.

④ 명의인이 문서의 작성일자 전에 이미 사망하였다 하더라도 그러한 문서 역시 공공의 신용을 해할 위험이 있는 경우에는 사문서위조죄가 성립하나, 그 문서에 관하여 사망한 명의자의 승낙이 추정되는 경우에는 피해자의 승낙에 따라 위법성이 조각된다.

⑤ 2인 이상이 하나의 공간에서 공동생활을 하고 있는 경우에는 각자 주거의 평온을 누릴 권리가 있으므로, 사용자가 제3자와 공동으로 관리·사용하는 공간을 사용자에 대한 쟁의행위를 이유로 관리자의 의사에 반하여 침입·점거한 경우, 비록 그 공간의 점거가 사용자에 대한 관계에서 정당한 쟁의행위로 평가될 여지가 있다 하여도 이를 공동으로 관리·사용하는 제3자의 명시적 또는 추정적인 승낙이 없는 이상 위 제3자에 대하여서까지 이를 정당행위라고 하여 주거침입의 위법성이 조각된다고 볼 수는 없다.

정선 핵심

① 위법하지 않은 정당한 침해 → 정당방위 ×
② 형법 제22조 제3항의 불가벌적 과잉피난 → 불가벌
③ 폭행치사죄에 대해 피해자의 승낙이 있는 경우 → 위법성 조각 ×
④ 문서명의인의 생존이 중요한 내용을 이루거나 이를 전제로 문서가 작성되었으나 사망한 명의자의 승낙이 추정되는 경우 → 위법성 조각 ×
⑤ 사용자와 공동으로 관리하는 제3자의 의사에 반하여 침입·점거한 경우 → 위법성 조각 ×

정선 해설

[❶ ▸ O] 대판 2017.3.15. 2013도2168

[❷ ▸ O] 자기 또는 타인의 법익에 대한 현재의 위난을 피하기 위한 행위가 그 정도를 초과한 경우 그 행위가 야간 기타 불안스러운 상태하에서 공포, 경악, 흥분 또는 당황으로 인한 때에는 벌하지 아니한다(형법 제22조 제3항, 제21조 제2항·제3항).

[❸ ▸ O] 대판 1985.12.10. 85도1892

[❹ ▸ ×] 명의인이 문서의 작성일자 전에 이미 사망하였더라도 그러한 문서 역시 공공의 신용을 해할 위험성이 있으므로 사문서위조죄가 성립한다. 위와 같이 사망한 사람 명의의 사문서에 대하여도 문서에 대한 공공의 신용을 보호할 필요가 있다는 점을 고려하면, 문서명의인이 이미 사망하였는데도 문서명의인이 생존하고 있다는 점이 문서의 중요한 내용을 이루거나 그 점을 전제로 문서가 작성되었다면 이미 문서에 관한 공공의 신용을 해할 위험이 발생하였다 할 것이므로, 그러한 내용의 문서에 관하여 사망한 명의자의 승낙이 추정된다는 이유로 사문서위조죄의 성립을 부정할 수는 없다(대판 2011.9.29. 2011도6223).

[❺ ▸ O] 2인 이상이 하나의 공간에서 공동생활을 하고 있는 경우에는 각자 주거의 평온을 누릴 권리가 있으므로, 사용자가 제3자와 공동으로 관리·사용하는 공간을 사용자에 대한 쟁의행위를 이유로 관리자의 의사에 반하여 침입·점거한 경우, 비록 그 공간의 점거가 사용자에 대한 관계에서 정당한 쟁의행위로 평가될 여지가 있다 하여도 이를 공동으로 관리·사용하는 제3자의 명시적 또는 추정적인 승낙이 없는 이상 위 제3자에 대하여서까지 이를 정당행위라고 하여 주거침입의 위법성이 조각된다고 볼 수는 없다(대판 2010.3.11. 2009도5008).

[판결요지] 근로자들이 사용자인 (주)코스콤 이외에도 (주)한국증권선물거래소가 병존적으로 관리·사용하는 빌딩 로비에 쟁의행위를 이유로 침입하여, 그중 일부를 점거하며 10여 일간 숙식하면서 선전전, 강연, 토론 등의 방법으로 농성한 사안에서, 위 행위가 제3자인 (주)한국증권선물거래소에 대한 관계에서도 정당하다고 하여 무죄로 인정한 원심판결에 쟁의행위의 위법성 조각 등에 관한 법리오해 또는 심리미진의 위법이 있다는 이유로 파기한 사례(대판 2010.3.11. 2009도5008).

답 ❹

136 □□□ **다음 설명 중 옳지 않은 것은?(다툼이 있는 경우에는 판례에 의함)** 12 변시

① 고의에 의한 방위행위가 위법성이 조각되기 위해서는 정당방위상황뿐 아니라 행위자에게 방위의사도 인정되어야 한다.

② 피해자의 승낙에 의한 행위가 위법성이 조각되기 위해서는 그 승낙이 유효해야 할 뿐 아니라 그 승낙에 기한 행위가 사회상규에 위배되지 아니한 경우이어야 한다.

③ 추정적 승낙이란 피해자의 현실적인 승낙이 없었다고 하더라도 행위 당시의 모든 객관적 사정에 비추어 볼 때 만일 피해자가 행위의 내용을 알았더라면 당연히 승낙하였을 것으로 예견되는 경우를 말한다.

④ 정당방위의 성립요건으로서의 방어행위는 순수한 수비적 방어뿐만 아니라 적극적 반격을 포함하는 반격방어의 형태도 포함된다.

⑤ 자구행위가 그 정도를 초과하더라도 야간 기타 불안스러운 상태하에서 공포·경악·흥분·당황으로 인한 경우에는 벌하지 아니한다.

정선 핵심

① 정당방위 → 정당방위상황과 방위의사 필요
② 피해자의 승낙 → 유효한 승낙에 기한 행위가 사회상규에 반하지 않아야 함
③ 추정적 승낙 → 행위의 내용을 알았더라면 당연히 승낙하였을 것으로 예견되는 경우
④ 방어행위 → 반격방어의 형태도 포함
⑤ 불가벌적 과잉자구행위 → 형법 규정 ×

정선 해설

[❶ ▸ O] 고의에 의한 방위행위가 위법성이 조각되기 위해서는 객관적 정당화상황과 주관적 정당화요소가 모두 필요하다는 것이 학설, 판례(대판 1997.4.17. 96도3376[전합])의 일반적인 태도이다.

[❷ ▸ O] 대판 1985.12.10. 85도1892

[❸ ▸ O] 추정적 승낙이란 피해자의 현실적인 승낙이 없었다고 하더라도 행위 당시의 모든 객관적 사정에 비추어 볼 때 만일 피해자가 행위의 내용을 알았더라면 당연히 승낙하였을 것으로 예견되는 경우를 말한다(대판 2006.3.24. 2005도8081).

[❹ ▸ O] 정당방위의 성립요건으로서의 방어행위에는 순수한 수비적 방어뿐 아니라 적극적 반격을 포함하는 반격방어의 형태도 포함되나, 그 방어행위는 자기 또는 타인의 법익침해를 방위하기 위한 행위로서 상당한 이유가 있어야 한다(대판 1992.12.22. 92도2540).

[❺ ▸ ×] 과잉자구행위의 경우, 정당방위나 긴급피난과는 달리 '자구행위가 그 정도를 초과하더라도 야간 기타 불안스러운 상태하에서 공포·경악·흥분·당황으로 인한 경우에는 벌하지 아니한다'라는 규정은 없다.

답 ❺

137 □□□

다음 설명 중 가장 옳지 않은 것은?

20 법원행시

① 정보통신망을 통한 명예훼손이나 허위사실적시명예훼손행위에는 위법성 조각에 관한 형법 제310조가 적용되지 않는다.

② 상관의 적법한 직무상 명령에 따른 행위는 정당행위로서 형법 제20조에 의하여 그 위법성이 조각된다고 할 것이나, 상관의 위법한 명령에 따라 범죄행위를 한 경우에는 상관의 명령에 따랐다고 하여 부하가 한 범죄행위의 위법성이 조각될 수는 없다.

③ 자신의 내면에 형성된 양심을 이유로 집총과 군사훈련을 수반하는 병역의무를 이행하지 않는 사람에게 형사처벌 등 제재를 해서는 안 된다. 따라서 진정한 양심에 따른 병역거부라면, 이는 병역법 제88조 제1항의 '정당한 사유'에 해당한다.

④ 공직선거법 제250조 제2항의 허위사실공표죄가 성립하는 경우에도 그 행위가 공공의 이익을 위한 것이라면 위법성이 조각된다.

⑤ 어떠한 행위가 위법성조각사유로서의 정당행위나 정당방위가 되는지의 여부는 구체적인 경우에 따라 합목적적, 합리적으로 가려야 하고, 또 행위의 적법 여부는 국가질서를 벗어나서 이를 가릴 수 없는 것이므로, 정당행위로 인정되려면 첫째 행위의 동기나 목적의 정당성, 둘째 행위의 수단이나 방법의 상당성, 셋째 보호법익과 침해법익과의 법익균형성, 넷째 긴급성, 다섯째 그 행위 이외의 다른 수단이나 방법이 없다는 보충성의 요건을 모두 갖추어야 하고, 정당방위로 인정되려면 그 행위가 자기 또는 타인의 보호법익에 대한 현재의 부당한 침해를 방어하기 위한 것으로서 상당성이 있어야 한다.

정선 핵심

① 정보통신망을 통한 명예훼손·허위사실적시명예훼손행위 → 형법 제310조 적용 ×
② 상관의 명령에 따른 행위의 위법성 조각 여부
⋯→ 상관의 적법한 직무상 명령에 따른 행위 : 정당행위로 위법성 조각 ○
⋯→ 절대적 구속력이 있는 위법한 상관의 명령에 따른 행위 : 책임조각 ○
⋯→ 구속력 없는 위법한 명령에 따른 행위 : 위법성, 책임조각 ×
③ 진정한 양심에 따른 병역거부 → 병역법 제88조 제1항의 정당한 사유 ○
④ 공직선거법상 허위사실공표죄 → 공공의 이익을 이유로 위법성 조각 ×
⑤ 정당행위의 인정요건 → 목적의 정당성, 방법의 상당성, 법익균형성, 긴급성, 보충성

정선 해설

[❶ ▸ ○] 대판 2006.8.25. 2006도648

[❷ ▸ ○] 절대적 구속력이 있는 위법한 상관의 명령에 복종한 행위는 기대불가능성에 의하여 책임이 조각될 수 있으나, 구속력 없는 위법한 명령에 복종한 행위는 위법성과 책임이 조각되지 아니한다.

[❸ ▸ ○] 자신의 내면에 형성된 양심을 이유로 집총과 군사훈련을 수반하는 병역의무를 이행하지 않는 사람에게 형사처벌 등 제재를 해서는 안 된다. 양심적 병역거부자에게 병역의무의 이행을 일률적으로 강제하고 그 불이행에 대하여 형사처벌 등 제재를 하는 것은 양심의 자유를 비롯한 헌법상 기본권 보장체계와 전체 법질서에 비추어 타당하지 않을 뿐만 아니라 소수자에 대한 관용과 포용이라는 자유민주주의 정신에도 위배된다. 따라서 진정한 양심에 따른 병역거부라면, 이는 병역법 제88조 제1항의 '정당한 사유'에 해당한다(대판 2018.11.1. 2016도10912[전합]).

[❹ ▸ ×] 공직선거법 제250조 제2항의 허위사실공표죄가 성립하는 경우에는 그 행위가 공공의 이익을 위한 것이라고 하여 위법성이 조각된다고 볼 수 없다(대판 2011.12.22. 2008도11847).

[❺ ▸ ○] 대판 1992.9.25. 92도1520

답 ❹

138 □□□

다음 중 위법성이 조각되는 경우와 가장 관련이 없는 것은?(다툼이 있으면 판례에 의함)

13 경찰간부

① 甲이 경찰관의 불심검문을 받아 운전면허증을 교부한 후 경찰관에게 불심검문에 항의하면서 큰 소리로 욕설을 하였는데, 경찰관이 甲을 모욕죄의 현행범으로 체포하려고 甲의 오른쪽 어깨를 붙잡자 반항하면서 경찰관에게 상해를 가한 경우
② 차량통행 문제로 자신의 아버지와 피해자가 다툴시 피해자의 차량 전진으로 아버지가 위험에 처하자 피해자의 머리털을 잡아당겨 상처를 입힌 경우
③ 피해자로부터 지갑을 잠시 건네받아 임의로 지갑에서 현금카드를 꺼내어 현금자동인출기에서 현금을 인출하고 곧바로 피해자에게 현금카드를 반환한 경우
④ 전국교직원노동조합 소속 교사가 작성·배포한 보도 자료의 일부에 사실과 다른 기재가 있으나 전체적으로 그 기재 내용이 진실하고 공공의 이익을 위한 것이라고 볼 수 있는 경우

정선 핵심

① 모욕죄의 현행범으로 불법체포하려는 경찰관에게 상해를 입힌 경우 → 정당방위로 위법성 조각 ○
② 차량 전진으로 아버지가 위험에 처하자 피해자의 머리털을 잡아당겨 상처를 입힌 경우 → 정당방위로 위법성 조각 ○
③ 피해자의 현금카드를 꺼내어 현금을 인출하고 곧바로 현금카드를 반환한 경우 → 절도죄의 구성요건해당성 ×
④ 전교조 소속 교사가 작성·배포한 보도 자료가 전체적으로 진실하고 공공의 이익을 위한 것이라고 볼 수 있는 경우 → 형법 제310조에 의해 위법성 조각 ○

정선 해설

[❶ ▸ ○] 대판 2011.5.26. 2011도3682

[❷ ▸ ○] 차량통행문제를 둘러싸고 피고인의 부와 다툼이 있던 피해자가 그 소유의 차량에 올라타 문안으로 운전해 들어가려 하자 피고인의 부가 양팔을 벌리고 이를 제지하였으나 위 피해자가 이에 불응하고 그대로 그 차를 피고인의 부 앞쪽으로 약 3미터가량 전진시키자 위 차의 운전석 부근 옆에 서 있던 피고인이 부가 위 차에 다치겠으므로 이에 당황하여 위 차를 정지시키기 위하여 운전석 옆 창문을 통하여 피해자의 머리털을 잡아당겨 그의 흉부가 위 차의 창문틀에 부딪혀 약간의 상처를 입게 한 행위는 부의 생명, 신체에 대한 현재의 부당한 침해를 방위하기 위한 행위로서 정당방위에 해당한다(대판 1986.10.14. 86도1091).

[❸ ▸ ×] 판례의 취지를 고려하면, 현금카드에 대한 불법영득의사가 없어 현금카드에 대한 절도죄의 구성요건해당성이 인정되지 아니한다. 따라서 위법성이 조각되는 경우와는 관련이 없다.

> 피해자로부터 지갑을 잠시 건네받아 임의로 지갑에서 현금카드를 꺼내어 현금자동인출기에서 현금을 인출하고 곧바로 피해자에게 현금카드를 반환한 경우, 현금카드에 대한 불법영득의사가 없다(대판 1998.11.10. 98도2642).

[❹ ▸ ○] 대판 2001.10.9. 2001도3594

답 ❸

139 □□□

위법성조각사유에 관한 설명으로 적절한 것을 모두 고른 것은?(다툼이 있으면 판례에 의함)

20 경찰채용

ㄱ. 재건축조합의 조합장이 조합탈퇴의 의사표시를 한 자를 상대로 '사업시행구역 안에 있는 그 소유의 건물을 명도하고 이를 재건축사업에 제공하여 행하는 업무를 방해하여서는 아니 된다'는 가처분의 판결을 받아 위 건물을 철거한 행위는 형법 제20조에 정한 업무로 인한 정당행위에 해당한다.
ㄴ. 인근 상가의 통행로로 이용되고 있는 토지의 사실상 지배권자가 위 토지에 철주와 철망을 설치하고 포장된 아스팔트를 걷어냄으로써 통행로로 이용하지 못하게 한 것은 자구행위로 위법성이 조각된다.
ㄷ. 피해자의 승낙에서의 사전적 승낙이 있었다 하더라도 행위 이전에 피해자는 언제든지 자유롭게 승낙을 철회할 수 있으며, 승낙을 철회한 경우에는 승낙은 더 이상 존재하지 않게 된다.
ㄹ. 사회상규에 반하지 않는 행위는 국가질서의 존중이라는 인식을 바탕으로 한 국민일반의 건전한 도의적 감정에 반하지 아니하는 행위를 가리키는 것으로, 초법규적인 기준에 의해 평가되어서는 안 된다.

① ㄱ, ㄴ
② ㄱ, ㄷ
③ ㄴ, ㄷ
④ ㄴ, ㄹ

정선 핵심

ㄱ. 재건축조합장이 법원의 가처분판결을 받아 조합원의 건물을 철거한 경우 → ○
ㄴ. 통행로로 이용되고 있는 토지에 철주와 철망을 설치하고 아스팔트를 걷어낸 경우 → 자구행위 ×
ㄷ. 피해자의 승낙 → 자유롭게 철회할 수 있고, 철회의 방법에는 제한 ×
ㄹ. 사회상규에 반하지 않는 행위 → 초법규적인 기준에 의해 평가

정선 해설

[ㄱ ▸ O] 재건축조합의 조합장이 조합탈퇴의 의사표시를 한 자를 상대로 '사업시행구역 안에 있는 그 소유의 건물을 명도하고 이를 재건축사업에 제공하여 행하는 업무를 방해하여서는 아니 된다'는 가처분의 판결을 받아 위 건물을 철거한 것은 형법 제20조에 정한 업무로 인한 정당행위에 해당한다(대판 1998.2.13. 97도2877).

[ㄴ ▸ X] 인근 상가의 통행로로 이용되고 있는 토지의 사실상 지배권자가 위 토지에 철주와 철망을 설치하고 포장된 아스팔트를 걷어냄으로써 통행로로 이용하지 못하게 한 경우, 이는 일반교통방해죄를 구성하고 자구행위에 해당하지 않는다(대판 2007.12.28. 2007도7717).

[ㄷ ▸ O] 대판 2011.5.13. 2010도9962

[ㄹ ▸ X] 사회상규에 반하지 않는 행위라 함은 국가질서의 존중이라는 인식을 바탕으로 한 국민일반의 건전한 도의적 감정에 반하지 아니한 행위로서 초법규적인 기준에 의하여 이를 평가할 것이다(대판 1983.11.22. 83도2224).

답 ❷

01 자구행위에 의하여 보호되는 청구권은 보전할 수 있는 권리임을 요하므로, 명예와 같은 원상회복이 불가능한 권리는 자구행위의 청구권에 포함되지 않는다. 18 해경승진 O | X

02 형법 제23조 제1항은 타인의 청구권 보전을 위한 자구행위도 가능한 것으로 명시하고 있다. 21 경찰승진 O | X

03 피해자의 승낙을 구성요건해당성배제사유로 보는 견해에 의하면, 피해자의 승낙이 존재하지 않음에도 불구하고 존재한다고 오인한 경우에는 과실범이 성립할 수 있다. 19 해경채용 O | X

04 위법성조각사유인 정당방위의 근거로는 자기보호원리, 법수호원리, 이익교량원칙이 있으며, 지방자치단체가 소유하는 건물에 대한 손괴에 대해서도 정당방위는 가능하다. 14 국가9급 O | X

05 정당방위는 자기 또는 타인의 법익에 대한 현재의 부당한 침해를 방어하기 위한 것으로서 상당성이 있어야 하므로, 정당한 침해에 대한 정당방위는 인정되지 않는다. 19 국가9급 O | X

06 경찰관이 임의동행을 요구하며 손목을 잡고 뒤로 꺾어 올리는 등으로 제압하자 거기에서 벗어나려고 몸싸움을 하는 과정에서 경찰관에게 경미한 상해를 입힌 경위는 위법성이 결여된 행위에 해당한다. 19 법원9급 O | X

07 현직 군수로서 전국동시지방선거 지방자치단체장 선거에 특정 정당 후보로 출마가 확실시되는 피고인이 같은 정당 지역청년위원장 등 선거구민 20명에게 약 36만원 상당의 식사를 제공하여 기부행위를 한 경우 위법성이 인정된다. 14 경찰승진 O | X

01 자구행위는 보전이 가능한 권리만을 대상으로 한다.

02 타인의 청구권을 위한 자구행위는 인정되지 아니한다.

03 구성요건해당성을 배제하는 피해자의 동의를 양해라고 할 때 행위자가 양해가 있는 것으로 오인한 경우에는 사실의 착오로서 고의가 조각되고 과실범의 성립 여부가 문제된다.

04 긴급피난과는 달리 이익교량원칙은 정당방위의 근거가 아님을 유의하여야 한다.

05 적법한 침해에 대하여는 긴급피난만 가능하다.

06 대판 1999.12.28. 98도138

07 대판 2011.2.24. 2010도14720

정답

01 ○ 02 × 03 ○ 04 ×
05 ○ 06 ○ 07 ○

제1관 | 책임능력

140
□□□

형법상 책임에 관한 설명 중 옳은 것은?(다툼이 있으면 판례에 의함) 15 사시

① 기대가능성의 존부판단은 행위 당시 행위자가 처해 있던 구체적 사정 하에서의 행위자의 능력을 기준으로 한다.
② 평소 간질증세가 있었다면 범행 당시에 간질이 발작하지 않았더라도 행위자에게 형법 제10조의 책임무능력 또는 한정책임능력요건이 충족된다.
③ 범행 당시 정신분열증을 앓고 있던 甲에게 A를 살해한다는 명확한 의식이 있었고 甲이 범행경위를 소상하게 기억하고 있다는 점만으로는 甲이 범행 당시에 심신상실상태가 아니었다고 단정할 수 없다.
④ 사춘기 이전의 소아들을 상대로 한 성행위를 중심으로 성적 흥분을 강하게 일으키는 공상, 성적 충동, 성적 행동이 반복되어 나타나는 소아기호증과 같은 질환이 있다는 사정은 그 자체만으로 형의 감면사유인 심신장애에 해당한다고 볼 수 있다.
⑤ 의사의 감정서에 심신상실이라는 기재가 있다면 법적·규범적 관점에서도 감정서의 기재대로 심신상실이라고 판단하여야 한다.

정선 핵심

① 기대가능성의 유무 → 평균인의 관점에서 판단
② 범행 당시에 간질이 발작하지 않은 경우 → 심신장애 ×
③ 범행 당시 정신분열증을 앓고 있던 경우 → 심신상실 ○
④ 소아기호증 → 정신병이 있는 사람과 동등하다고 평가할 수 있거나 다른 심신장애사유와 경합된 경우에는 심신장애 ○
⑤ 심신장애의 유무 → 법률문제로 전문감정인의 의견에 구속 ×

정선 해설

[❶ ▸ ×] 피고인에게 적법행위를 기대할 가능성이 있는지 여부를 판단하기 위해서는 행위 당시의 구체적인 상황 하에 행위자 대신에 사회적 평균인을 두고 이 평균인의 관점에서 그 기대가능성 유무를 판단하여야 한다(대판 2015.11.12. 2015도6809[전합]).

[❷ ▸ ×] 피고인이 평소 간질병 증세가 있었더라도 범행 당시에는 간질병이 발작하지 아니하였다면 이는 책임감면사유인 심신장애 내지는 심신미약의 경우에 해당하지 아니한다(대판 1983.10.11. 83도1897).

[❸ ▸ O] 범행 당시 정신분열증으로 심신장애의 상태에 있었던 피고인이 피해자를 살해한다는 명확한 의식이 있었고 범행의 경위를 소상하게 기억하고 있다고 하여 범행 당시 사물의 변별능력이나 의사결정능력이 결여된 정도가 아니라 미약한 상태에 있었다고 단정할 수는 없다(대판 1990.8.14. 90도1328).

> **비교판례** 대판 1992.8.18. 92도1425
>
> 정신적 장애가 있는 자라고 하여도 범행 당시 정상적인 사물판별능력이나 행위통제능력이 있었다면 심신장애로 볼 수 없다.

[❹ ▸ ×] 소아기호증과 같은 질환이 있다는 사정은 그 자체만으로는 형의 감면사유인 심신장애에 해당하지 아니한다고 봄이 상당하고, 다만 그 증상이 매우 심각하여 원래의 의미의 정신병이 있는 사람과 동등하다고 평가할 수 있거나, 다른 심신장애사유와 경합된 경우 등에는 심신장애를 인정할 여지가 있다(대판 2007.2.8. 2006도7900).

관련판례 **대판 1995.2.24. 94도3163**

원칙적으로는 충동조절장애와 같은 성격적 결함은 형의 감면사유인 심신장애에 해당하지 않는다고 봄이 상당하고, 다만 그러한 성격적 결함이 매우 심각하여 원래의 의미의 정신병을 가진 사람과 동등하다고 평가할 수 있다든지, 또는 다른 심신장애사유와 경합된 경우에는 심신장애를 인정할 여지가 있을 것이다.

[❺ ▸ ×] 형법 제10조에 규정된 심신장애의 유무 및 정도의 판단은 법률적 판단으로서 반드시 전문감정인의 의견에 기속되어야 하는 것은 아니고, 정신질환의 종류와 정도, 범행의 동기, 경위, 수단과 태양, 범행 전후의 피고인의 행동, 반성의 정도 등 여러 사정을 종합하여 법원이 독자적으로 판단할 수 있다(대판 2007.11.29. 2007도8333).

답 ❸

141 □□□

책임능력에 관한 설명 중 옳은 것(○)과 옳지 않은 것(×)을 올바르게 조합한 것은?(다툼이 있는 경우 판례에 의함) 21 변시

ㄱ. 형법 제10조에 규정된 심신장애의 유무 및 정도에 관한 법원의 판단은 전문감정인의 의견에 기속된다.
ㄴ. 사춘기 이전의 소아들을 상대로 한 성행위를 중심으로 성적 흥분을 강하게 일으키는 공상, 성적 충동, 성적 행동이 반복되어 나타나는 소아기호증과 같은 질환이 있다는 사정은 그 자체만으로 형의 감면사유인 심신장애에 해당한다.
ㄷ. 음주운전을 할 의사를 가지고 음주만취한 후 운전을 결행하여 교통사고를 일으켰다면 음주시에 교통사고를 일으킬 위험성을 예견하였는데도 자의로 심신장애를 야기한 경우에 해당하므로 심신장애로 인한 감경 등을 할 수 없다.
ㄹ. 대마초 흡연 시에 이미 범행을 예견하고 자의로 심신장애를 야기한 경우, 그로 인해 그 범행 시에 의사결정능력이 없거나 미약했다면 심신장애로 인한 감경 등을 할 수 있다.
ㅁ. 반사회적 인격장애 혹은 기타 성격적 결함에 기하여 자신의 충동을 억제하지 못하여 범죄를 저지르는 경우, 특별한 사정이 없는 한 이와 같은 자에 대해서는 자신의 충동을 억제하고 법을 준수하도록 요구할 수 없다.

① ㄱ(×) ㄴ(○) ㄷ(×) ㄹ(○) ㅁ(×)
② ㄱ(×) ㄴ(×) ㄷ(○) ㄹ(○) ㅁ(×)
③ ㄱ(×) ㄴ(×) ㄷ(×) ㄹ(×) ㅁ(○)
④ ㄱ(×) ㄴ(×) ㄷ(○) ㄹ(×) ㅁ(×)
⑤ ㄱ(○) ㄴ(○) ㄷ(○) ㄹ(○) ㅁ(×)

정선 핵심

ㄱ. 심신장애의 유무 → 법률문제로 전문감정인의 의견에 구속 ×
ㄴ. 소아기호증 → 그 자체로는 심신장애 ×
ㄷ. 음주운전의사로 음주만취한 후 교통사고를 일으킨 경우 → 심신장애로 인한 감경 ×
ㄹ. 대마초 흡연 시에 범행을 예견하고 심신장애를 야기한 경우 → 심신장애로 인한 감경 ×
ㅁ. 반사회적 인격장애로 범죄를 저지르는 경우 → 충동억제와 준법 요구 가능

정선 해설

[ㄱ ▸ ×] 형법 제10조에 규정된 심신장애의 유무 및 정도의 판단은 법률적 판단으로서 반드시 전문감정인의 의견에 기속되어야 하는 것은 아니고, 정신질환의 종류와 정도, 범행의 동기, 경위, 수단과 태양, 범행 전후의 피고인의 행동, 반성의 정도 등 여러 사정을 종합하여 법원이 독자적으로 판단할 수 있다(대판 1999.8.24. 99도1194).
[ㄴ ▸ ×] 소아기호증과 같은 질환이 있다는 사정은 그 자체만으로는 형의 감면사유인 심신장애에 해당하지 아니한다고 봄이 상당하고, 다만 그 증상이 매우 심각하여 원래의 의미의 정신병이 있는 사람과 동등하다고 평가할 수 있거나, 다른 심신장애사유와 경합된 경우 등에는 심신장애를 인정할 여지가 있다(대판 2007.2.8. 2006도7900).
[ㄷ ▸ ○] 대판 2007.7.27. 2007도4484
[ㄹ ▸ ×] 대마초 흡연 시에 이미 범행을 예견하고도 자의로 심신장애를 야기한 경우 형법 제10조 제3항에 의하여 심신장애로 인한 감경 등을 할 수 없다(대판 1996.6.11. 96도857).
[ㅁ ▸ ×] 인격장애 혹은 기타 성격적 결함에 기하여 자신의 충동을 억제하지 못하여 범죄를 저지르게 되는 현상은 정상인에게서도 얼마든지 찾아볼 수 있는 일로서, 특별한 사정이 없는 한 이와 같은 성격적 결함을 가진 자에 대하여 자신의 충동을 억제하고 법을 준수하도록 요구하는 것이 기대할 수 없는 행위를 요구하는 것이라고 할 수 없다(대판 2016.2.19. 2015도12980[전합]).

답 ④

142 □□□

형법 제10조에 대한 설명으로 옳은 것은?(다툼이 있는 경우 판례에 의함) 21 국가9급

① 심신장애는 생물학적 요소로서 정신병이나 정신박약 또는 비정상적 정신상태와 같은 정신적 장애가 있는 것만으로도 인정된다.
② 심신장애의 유무 및 정도의 판단은 사실적 판단이므로 법원으로서는 전문감정인의 의견에 기속되어야 한다.
③ 형법 제10조 제3항은 고의에 의한 원인에 있어서의 자유로운 행위를 포함하고 과실에 의한 원인에 있어서의 자유로운 행위는 포함하지 않는다.
④ 무생물인 옷 등을 성적 각성과 희열의 자극제로 믿고 이를 성적 흥분을 고취시키는 데 쓰는 성주물성애증이라는 정신질환의 경우, 그 증상이 매우 심각하여 정신병이 있는 사람과 동등하다고 평가할 수 있으면 심신장애를 인정할 수 있다.

정선 핵심

① 심신장애 → 정신병 등 정신적 장애와 판별능력 및 행위통제능력의 결여·감소
② 심신장애의 유무 → 법률문제로 전문감정인의 의견에 구속 ×
③ 형법 제10조 제3항 → 과실에 의한 원인에 있어서의 자유로운 행위도 적용
④ 성주물성애증 → 정신병이 있는 사람과 동등하다고 평가할 수 있거나 다른 심신장애사유와 경합된 경우에는 심신장애 ○

정선 해설

[❶ ▸ ×] 형법 제10조에 규정된 심신장애는 생물학적 요소로서 정신병, 정신박약 또는 비정상적 정신상태와 같은 정신적 장애가 있는 외에 심리학적 요소로서 이와 같은 정신적 장애로 말미암아 사물에 대한 판별능력과 그에 따른 행위통제능력이 결여되거나 감소되었음을 요한다(대판 1992.8.18. 92도1425).
[❷ ▸ ×] 형법 제10조에 규정된 심신장애의 유무 및 정도의 판단은 법률적 판단으로서 반드시 전문감정인의 의견에 기속되어야 하는 것은 아니고, 정신질환의 종류와 정도, 범행의 동기, 경위, 수단과 태양, 범행 전후의 피고인의 행동, 반성의 정도 등 여러 사정을 종합하여 법원이 독자적으로 판단할 수 있다(대판 2007.7.12. 2007도3391).
[❸ ▸ ×] 형법 제10조 제3항은 고의에 의한 원인에 있어서의 자유로운 행위만이 아니라 과실에 의한 원인에 있어서의 자유로운 행위까지도 포함하는 것으로서 위험의 발생을 예견할 수 있었는데도 자의로 심신장애를 야기한 경우도 그 적용 대상이 된다(대판 2007.7.27. 2007도4484).

[❹ ▸ O] 무생물인 옷 등을 성적 각성과 희열의 자극제로 믿고 이를 성적 흥분을 고취시키는 데 쓰는 성주물성애증이라는 정신질환이 있다고 하더라도 그러한 사정만으로는 절도범행에 대한 형의 감면사유인 심신장애에 해당한다고 볼 수 없고, 다만 그 증상이 매우 심각하여 원래의 의미의 정신병이 있는 사람과 동등하다고 평가할 수 있거나, 다른 심신장애사유와 경합된 경우 등에는 심신장애를 인정할 여지가 있다(대판 2013.1.24. 2012도12689).

관련판례 **대판 1984.3.13. 84도76**

피고인의 범행동기 및 범행 후의 정황진술내용과 피고인의 우울성 인격장애는 병적인 것이 아니라 성격적 결함을 말하는 것이라는 정신감정결과에 비추어 보면 피고인은 범행 당시 심신장애상태에 있지 않았다고 봄이 상당하다.

답 ❹

143 □□□

책임에 관한 설명 중 옳지 않은 것은?(다툼이 있는 경우 판례에 의함) 20 변시

① 형법 제10조에 규정된 심신장애는 정신병 또는 비정상적 정신상태와 같은 정신적 장애가 있는 외에 정신적 장애로 말미암아 사물에 대한 변별능력과 그에 따른 행위통제능력이 결여되거나 감소되었음을 요하므로, 정신적 장애가 있는 자라고 하여도 범행 당시 정상적인 사물변별능력이나 행위통제능력이 있었다면 심신장애로 볼 수 없다.

② 이미 유죄의 확정판결을 받은 자는 공범의 형사사건에서 그 범행에 대한 증언을 거부할 수 없을 뿐만 아니라 사실대로 증언하여야 하고, 설사 자신의 형사사건에서 그 범행을 부인하였다 하더라도 이를 이유로 사실대로 진술할 것을 기대할 가능성이 없다고 볼 수는 없다.

③ 심신장애의 유무는 사실문제로서 그 판단에 전문감정인의 정신감정결과가 중요한 참고자료가 되기는 하나, 법원이 반드시 그 의견에 구속되는 것은 아니다.

④ 성주물성애증이 있다는 사정만으로는 심신장애에 해당한다고 볼 수 없으나, 그 증상이 매우 심각하여 원래 의미의 정신병이 있는 사람과 동등하다고 평가할 수 있거나 다른 심신장애사유와 경합된 경우 등에는 심신장애를 인정할 여지가 있다.

⑤ 사회통념상 모든 성의와 노력을 다했어도 임금이나 퇴직금의 체불이나 미불을 방지할 수 없었다는 것을 인정할 정도가 되어 사용자에게 더 이상의 적법행위를 기대할 수 없거나 불가피한 사정이었음이 인정되는 경우에는 근로기준법이나 근로자퇴직급여 보장법에서 정하는 임금 및 퇴직금 등의 기일 내 지급의무위반죄의 책임이 조각된다.

정선 핵심

① 범행 당시 정상적인 사물변별능력이나 행위통제능력 있었던 경우 → 심신장애 ×
② 유죄판결이 확정된 피고인이 공범사건에서 범행사실을 부인하는 증언을 한 경우 → 위증죄 O
③ 심신장애의 유무 → 법률문제로 전문감정인의 의견에 구속 ×
④ 성주물성애증 → 정신병이 있는 사람과 동등하다고 평가할 수 있거나 다른 심신장애사유와 경합된 경우에는 심신장애 O
⑤ 모든 성의를 다했어도 임금 등의 체불을 방지할 수 없었던 경우 → 임금 및 퇴직금 등의 기일 내 지급의무위반죄의 책임조각 O

정선 해설

[❶ ▸ O] 형법 제10조에 규정된 심신장애는 생물학적 요소로서 정신병 또는 비정상적 정신상태와 같은 정신적 장애가 있는 외에 심리학적 요소로서 이와 같은 정신적 장애로 말미암아 사물에 대한 변별능력과 그에 따른 행위통제능력이 결여되거나 감소되었음을 요하므로, 정신적 장애가 있는 자라고 하여도 범행 당시 정상적인 사물변별능력이나 행위통제능력이 있었다면 심신장애로 볼 수 없다(대판 2018.9.13. 2018도7658).

비교판례 대판 1990.8.14. 90도1328

범행 당시 정신분열증으로 심신장애의 상태에 있었던 피고인이 피해자를 살해한다는 명확한 의식이 있었고 범행의 경위를 소상하게 기억하고 있다고 하여 범행 당시 사물의 변별능력이나 의사결정능력이 결여된 정도가 아니라 미약한 상태에 있었다고 단정할 수는 없는 것인바, 피고인이 피해자를 살해할 만한 다른 동기가 전혀 없고, 오직 피해자를 "사탄"이라고 생각하고 피해자를 죽여야만 피고인, 자신이 천당에 갈 수 있다고 믿어 살해하기에 이른 것이라면, 피고인은 범행 당시 정신분열증에 의한 망상에 지배되어 사물의 선악과 시비를 구별할 만한 판단능력이 결여된 상태에 있었던 것으로 볼 여지가 없지 않다.

[❷ ▸ ○] 대판 2008.10.23. 2005도10101

[❸ ▸ ×] 심신장애의 유무는 법원이 형벌제도의 목적 등에 비추어 판단하여야 할 법률문제로서 그 판단에 전문감정인의 정신감정결과가 중요한 참고자료가 되기는 하나, 법원이 반드시 그 의견에 구속되는 것은 아니고, 그러한 감정결과뿐만 아니라 범행의 경위, 수단, 범행 전후의 피고인의 행동 등 기록에 나타난 여러 자료 등을 종합하여 독자적으로 심신장애의 유무를 판단하여야 한다(대판 2018.9.13. 2018도7658).

[❹ ▸ ○] 대판 2013.1.24. 2012도12689

[❺ ▸ ○] 기업이 불황이라는 사유만으로 사용자가 근로자에 대한 임금이나 퇴직금을 체불하는 것은 허용되지 아니하지만, 모든 성의와 노력을 다했어도 임금이나 퇴직금의 체불이나 미불을 방지할 수 없었다는 것이 사회통념상 긍정할 정도가 되어 사용자에게 더 이상의 적법행위를 기대할 수 없거나 불가피한 사정이었음이 인정되는 경우에는 그러한 사유는 근로기준법이나 근로자퇴직급여 보장법에서 정하는 임금 및 퇴직금 등의 기일 내 지급의무위반죄의 책임조각사유로 된다(대판 2015.2.12. 2014도12753).

답 ❸

144 □□□

책임능력에 관한 설명 중 틀린 것은 모두 몇 개인가?(다툼이 있으면 판례에 의함)

19 해경승진

ㄱ. 우울증 기타 정신병이 있는 피고인이 특히 생리도벽으로 절도범행을 저지른 의심이 들 경우에 법원은 전문가의 감정을 구하지 않고 독자적으로 그 심신장애 여부를 심리할 수 있다.
ㄴ. 단순한 충동조절장애와 같은 성격적 결함은 원칙적으로 심신장애에 해당하지 않는다.
ㄷ. 피고인의 심신장애의 정도가 불분명한 경우, 법원은 정신장애의 내용 및 그 정도 등에 관하여 정신과의사로 하여금 감정을 하게 한 다음, 그 감정결과를 중요한 참고자료로 삼아 범행의 경위, 수단, 범행 전후의 행동 등 제반사정을 종합하여 범행 당시의 심신상실 여부를 경험칙에 비추어 의학적으로 판단하여야 한다.
ㄹ. 편집형 정신분열증 환자로서 심신상실의 상태에 있었다는 감정인의 의견을 배척하고 법원이 스스로 심신미약으로 인정할 수는 없다.
ㅁ. 사물변별능력이나 의사결정능력은 판단능력 또는 의지능력과 관련된 것으로서 사실의 인식능력이나 기억능력과 반드시 일치하는 것은 아니다.
ㅂ. 행위자에게 정신적 장애가 있는 경우에는 범행 당시 정상적인 사물변별능력과 행위통제능력이 있었다고 하더라도 형법 제10조의 심신장애가 인정된다.

① 2개　　② 3개
③ 4개　　④ 5개

정선 핵심

ㄱ. 생리도벽으로 절도범행을 저지른 의심이 들 경우 → 반드시 전문가의 감정 필요
ㄴ. 충동조절장애 → 정신병이 있는 사람과 동등하다고 평가할 수 있거나 다른 심신장애사유와 경합된 경우에는 심신장애 ○
ㄷ. 심신장애의 정도가 불분명한 경우 → 정신과의사의 감정을 참고로 규범적으로 판단
ㄹ. 심신미약의 유무 → 법원의 독자적 판단 ○
ㅁ. 사물변별능력이나 의사결정능력 → 사실의 인식능력이나 기억능력과 일치 ×
ㅂ. 정신적 장애가 있으나 범행 시 사물변별능력과 행위통제능력이 있었던 경우 → 심신장애 ×

정선 해설

[ㄱ ▸ ×] 판례의 취지를 고려하면, 심신장애의 의심이 있는 경우에는 반드시 전문가의 감정을 거쳐야 한다.

> 피고인이 생리기간 중에 심각한 충동조절장애에 빠져 절도범행을 저지른 것으로 의심이 되는데도 전문가에게 피고인의 정신상태를 감정시키는 등의 방법으로 심신장애 여부를 심리하지 아니한 원심판결에는 심리미진과 심신장애에 관한 법리오해의 위법이 있다(대판 2002.5.24. 2002도1541).

[ㄴ ▸ O] 대판 1995.2.24. 94도3163

[ㄷ ▸ ×] 피고인의 정신상태에 관하여 충실한 정보획득 및 관계 상황의 포괄적인 조사·분석을 위하여 피고인의 정신장애의 내용 및 그 정도 등에 관하여 정신의로 하여금 감정을 하게 한 다음, 그 감정결과를 중요한 참고자료로 삼아 범행의 경위, 수단, 범행 전후의 행동 등 제반 사정을 종합하여 범행 당시의 심신상실 여부를 경험칙에 비추어 규범적으로 판단하여 그 당시 심신상실의 상태에 있었던 것으로 인정되는 경우에는 무죄를 선고하여야 한다(대판 1998.4.10. 98도549).

[ㄹ ▸ ×] 심신장애 유무와 그 정도를 판단함에 있어 반드시 감정인의 의견에 따라야 하는 것은 아니다(대판 1990.11.27. 90도2210).

[ㅁ ▸ O] 판례의 취지를 고려하면, 사물변별능력이나 의사결정능력은 사실의 인식능력이나 기억능력과 반드시 일치하는 것은 아니라고 할 수 있다.

> 범행 당시 정신분열증으로 심신장애의 상태에 있었던 피고인이 피해자를 살해한다는 명확한 의식이 있었고 범행의 경위를 소상하게 기억하고 있다고 하여 범행 당시 사물의 변별능력이나 의사결정능력이 결여된 정도가 아니라 미약한 상태에 있었다고 단정할 수는 없다(대판 1990.8.14. 90도1328).

[ㅂ ▸ ×] 정신적 장애가 있는 자라고 하여도 범행 당시 정상적인 사물판별능력이나 행위통제능력이 있었다면 심신장애로 볼 수 없다(대판 1992.8.18. 92도1425).

답 ③

145 □□□

책임능력에 대한 설명으로 옳지 않은 것은?(다툼이 있는 경우 판례에 의함) 20 국가9급

① 형사미성년자는 책임능력의 결여로 인하여 형사처벌의 대상이 되지는 않지만, 그 연령에 따라 소년법상 보호처분의 대상이 될 수 있다.
② 정신적 장애가 있는 자라도 범행 당시 정상적인 사물변별능력이나 행위통제능력이 있었다면 심신장애로 볼 수 없다.
③ 심신장애의 유무 및 정도의 판단은 법률적 판단으로서 반드시 전문감정인의 의견에 기속되어야 하는 것은 아니므로, 정신분열증의 경우에도 법원은 여러 사정을 종합하여 심신장애의 유무 및 정도를 독자적으로 판단할 수 있다.
④ 듣거나 말하는 데 모두 장애가 있는 사람이라도 행위 당시 사물을 변별하고 이에 따라 행위를 통제할 능력이 있는 경우에는 형을 감경하지 않는다.

정선
핵심

① 형사미성년자로 촉법소년, 우범소년에 해당하는 자 → 소년법상 보호처분의 대상
② 정신적 장애가 있으나 범행 시 사물변별능력과 행위통제능력이 있었던 경우 → 심신장애 ×
③ 정신분열증의 유무 → 법원이 독자적으로 판단 가능
④ 청각 및 언어장애인 → 필요적 감경

정선
해설

[❶ ▸ O] 소년법에 의하면 촉법소년(형벌법령에 저촉되는 행위를 한 10세 이상 14세 미만인 소년), 우범소년(앞으로 형벌법령에 저촉될 행위를 할 우려가 있는 10세 이상의 소년)에 대하여는 보호처분이 가능하다(소년법 제4조 제1항 제2호·제3호).

[❷ ▸ O] 정신적 장애가 있는 자라고 하여도 범행 당시 정상적인 사물판별능력이나 행위통제능력이 있었다면 심신장애로 볼 수 없다(대판 1992.8.18. 92도1425).

[❸ ▸ O] 대판 2018.9.13. 2018도7658

[❹ ▸ ×] 듣거나 말하는 데 모두 장애가 있는 사람의 행위에 대해서는 행위 당시 사물을 변별하고 이에 따라 행위를 통제할 능력의 유무를 불문하고 형을 필요적으로 감경한다(형법 제11조 참조).

답 ❹

146
□□□

책임능력에 관한 다음 설명 중 옳지 않은 것은 모두 몇 개인가?(다툼이 있으면 판례에 의함)

14 경찰채용

ㄱ. 도의적 책임론은 책임능력을 형벌능력으로 파악하나, 사회적 책임론은 책임능력을 범죄능력이라고 한다.
ㄴ. 책임무능력자로 하기 위해서는 심신상실로 인하여 사물을 변별할 능력이 없으며 의사를 결정할 능력이 없어야 한다.
ㄷ. 심신장애로 인하여 사물을 변별할 능력이나 의사를 결정할 능력이 미약한 자의 행위는 형을 감면한다.
ㄹ. 법원이 심신장애 여부를 판단함에 있어서는 반드시 전문가의 감정을 거쳐야 한다.
ㅁ. 행위 시 책임능력이 없는 자의 행위는 어떠한 경우에도 형벌을 부과할 수 없다.

① 2개
② 3개
③ 4개
④ 5개

정선
핵심

ㄱ. 책임능력의 이해
  ⋯▸ 도의적 책임론 : 범죄능력
  ⋯▸ 사회적 책임론 : 형벌능력
ㄴ. 책임무능력자 → 심신상실로 사물변별능력 또는 의사결정능력이 없어야 함
ㄷ. 심신미약자 → 임의적 감경
ㄹ. 심신장애의 유무 → 법률문제로 전문감정인의 의견에 구속 ×
ㅁ. 원인에 있어서 자유로운 행위에 의하여 행위 시에 책임능력이 없는 경우 → 처벌 O

정선 해설

[ㄱ ▸ ×] 도의적 책임론에 의하면 책임무능력자는 처음부터 유책행위를 할 수 없으므로 책임능력은 범죄능력을 의미하게 된다. 반면 사회적 책임론에 의하면 책임무능력자가 사회적으로 위험한 성격을 가지고 있는 경우에는 사회방위처분인 보안처분이 필요하므로 책임능력은 형벌능력을 의미한다.

[ㄴ ▸ ×] 심신상실로 인하여 사물을 변별할 능력이 없거나 의사를 결정할 능력이 없어야 한다. 즉 둘 중 하나만 결여되어도 심신상실자로 책임무능력자가 된다.

[ㄷ ▸ ×] 형법 제10조 제2항이 심신미약자의 행위에 대하여 임의적 감경으로 개정되었다.

> **법령** 심신장애인(형법 제10조) ① 심신장애로 인하여 사물을 변별할 능력이 없거나 의사를 결정할 능력이 없는 자의 행위는 벌하지 아니한다.
> ② 심신장애로 인하여 전항의 능력이 미약한 자의 행위는 형을 감경할 수 있다.

[ㄹ ▸ ×] 형법 제10조에 규정된 심신장애의 유무 및 정도의 판단은 법률적 판단으로서 반드시 전문감정인의 의견에 기속되어야 하는 것은 아니고, 정신질환의 종류와 정도, 범행의 동기, 경위, 수단과 태양, 범행 전후의 피고인의 행동, 반성의 정도 등 여러 사정을 종합하여 법원이 독자적으로 판단할 수 있다(대판 2007.7.12. 2007도3391).

[ㅁ ▸ ×] 행위 시 책임능력이 없는 자의 행위는 형벌을 부과할 수 없는 것이 원칙이나 원인에 있어서 자유로운 행위는 그러하지 아니하다(형법 제10조 제3항 참조).

답 ❹

147 □□□

책임능력에 대한 설명으로 가장 적절하지 않은 것은?(다툼이 있는 경우 판례에 의함)

19 경찰승진

① 충동조절장애와 같은 성격적 결함은 원칙적으로 심신장애에 해당하지 않으나 그 정도가 매우 심각하여 원래의 의미의 정신병을 가진 사람과 동등하다고 평가할 수 있는 경우에는 심신장애를 인정할 수 있다.

② 행위자에게 정신적 장애가 있는 경우라고 하여도 범행 당시 정상적인 사물변별능력과 행위통제능력이 있었다면 심신장애로 볼 수 없다.

③ 형법 제10조에 규정된 심신장애의 유무 및 정도의 판단은 의학적 판단으로서 법원이 반드시 전문감정인의 의견에 기속되어야 하는 것은 아니다.

④ 형사미성년자의 행위는 벌하지 아니하고, 듣거나 말하는 데 모두 장애가 있는 사람의 행위는 형을 필요적으로 감경한다.

정선 핵심

① 충동조절장애 → 정신병이 있는 사람과 동등하다고 평가할 수 있거나 다른 심신장애사유와 경합된 경우에는 심신장애 ○

② 정신적 장애가 있으나 범행 시 사물변별능력과 행위통제능력이 있었던 경우 → 심신장애 ×

③ 심신장애의 유무 → 법률문제로 전문감정인의 의견에 구속 ×

④ 처벌인정 여부
→ 형사미성년자 : 불가벌
→ 청각 및 언어장애인 : 필요적 감경

제1장
제2장
제3장

정선 해설

[❶ ▸ O] 원칙적으로는 충동조절장애와 같은 성격적 결함은 형의 감면사유인 심신장애에 해당하지 않는다고 봄이 상당하고, 다만 그러한 성격적 결함이 매우 심각하여 원래의 의미의 정신병을 가진 사람과 동등하다고 평가할 수 있다든지, 또는 다른 심신장애사유와 경합된 경우에는 심신장애를 인정할 여지가 있을 것이다(대판 1995.2.24. 94도3163).

[❷ ▸ O] 대판 2018.9.13. 2018도7658

[❸ ▸ ×] 형법 제10조 제1항 및 제2항 소정의 심신장애의 유무 및 정도의 판단은 법률적 판단으로서 반드시 전문감정인의 의견에 기속되어야 하는 것은 아니다(대판 1994.5.13. 94도581).

[❹ ▸ O] 형법 제9조, 제11조 참조

법령

형사미성년자(형법 제9조) 14세 되지 아니한 자의 행위는 벌하지 아니한다.

청각 및 언어장애인(형법 제11조) 듣거나 말하는 데 모두 장애가 있는 사람의 행위에 대해서는 형을 감경한다.

답 ❸

148 □□□

책임능력에 관한 다음 설명 중 옳은 것은 모두 몇 개인가? 20 법원행시

ㄱ. 형법 제10조에 규정된 심신장애는 생물학적 요소로서 정신병, 정신박약 또는 비정상적 정신상태와 같은 정신적 장애가 있는 외에 심리학적 요소로서 이와 같은 정신적 장애로 말미암아 사물에 대한 판별능력과 그에 따른 행위통제능력이 결여되거나 감소되었음을 요하므로, 정신적 장애가 있는 자라고 하여도 범행 당시 정상적인 사물판별능력이나 행위통제능력이 있었다면 심신장애로 볼 수 없다.

ㄴ. 사춘기 이전의 소아들을 상대로 한 성행위를 중심으로 성적 흥분을 강하게 일으키는 공상, 성적 충동, 성적 행동이 반복되어 나타나는 소아기호증은 성적인 측면에서의 성격적 결함으로 인하여 나타나는 것으로서, 소아기호증과 같은 질환이 있다는 사정은 그 자체만으로는 형의 감면사유인 심신장애에 해당하지 아니한다고 봄이 상당하고, 다만 그 증상이 매우 심각하여 원래의 의미의 정신병이 있는 사람과 동등하다고 평가할 수 있거나, 다른 심신장애사유와 경합된 경우 등에는 심신장애를 인정할 여지도 있다.

ㄷ. 형법 제11조에서는 듣거나 말하는 데 모두 장애가 있는 사람의 행위는 형을 감경한다고 하고 있으므로, 청각장애인 또는 언어장애인은 위 제11조에 따라 형을 감경받는다.

ㄹ. 범행 당시 정신분열증으로 심신장애의 상태에 있었던 피고인이 피해자를 살해한다는 명확한 의식이 있었고 범행의 경위를 소상하게 기억하고 있다고 하더라도 이러한 사실의 인식능력이나 기억능력이 있다는 것만 가지고 범행 당시 사물의 변별능력이나 의사결정능력이 결여된 정도가 아니라 미약한 상태에 있었다고 단정할 수 없다.

ㅁ. 원칙적으로 충동조절장애와 같은 성격적 결함은 형의 감면사유인 심신장애에 해당하지 아니한다고 봄이 상당하지만, 충동조절장애와 같은 성격적 결함이라 할지라도 그것이 매우 심각하여 원래의 의미의 정신병을 가진 사람과 동등하다고 평가할 수 있는 경우에는 그로 인한 범행은 심신장애로 인한 범행으로 보아야 한다.

① 1개 ② 2개
③ 3개 ④ 4개
⑤ 없음

정선 핵심

ㄱ. 정신적 장애가 있으나 범행 시 사물변별능력과 행위통제능력이 있었던 경우 → 심신장애 ×
ㄴ. 소아기호증 → 정신병이 있는 사람과 동등하다고 평가할 수 있거나 다른 심신장애사유와 경합된 경우에는 심신장애 ○
ㄷ. 청각장애인 또는 언어장애인 → 필요적 감경의 대상 ×
ㄹ. 범행 당시 정신분열증을 앓고 있던 경우 → 심신상실 ○
ㅁ. 충동조절장애 → 정신병이 있는 사람과 동등하다고 평가할 수 있거나 다른 심신장애사유와 경합된 경우에는 심신장애 ○

정선 해설

[ㄱ ▸ ○] 대판 2018.9.13. 2018도7658
[ㄴ ▸ ○] 소아기호증과 같은 질환이 있다는 사정은 그 자체만으로는 형의 감면사유인 심신장애에 해당하지 아니한다고 봄이 상당하고, 다만 그 증상이 매우 심각하여 원래의 의미의 정신병이 있는 사람과 동등하다고 평가할 수 있거나, 다른 심신장애사유와 경합된 경우 등에는 심신장애를 인정할 여지가 있다(대판 2007.2.8. 2006도7900).
[ㄷ ▸ ×] 듣거나 말하는 데 모두 장애가 있는 사람의 행위에 대해서는 형을 감경한다(형법 제11조). 따라서 청각장애인 또는 언어장애인은 제11조에 따라 형을 감경받을 수 없다.
[ㄹ ▸ ○] 범행 당시 정신분열증으로 심신장애의 상태에 있었던 피고인이 피해자를 살해한다는 명확한 의식이 있었고 범행의 경위를 소상하게 기억하고 있다고 하여 범행 당시 사물의 변별능력이나 의사결정능력이 결여된 정도가 아니라 미약한 상태에 있었다고 단정할 수는 없다(대판 1990.8.14. 90도1328).
[ㅁ ▸ ○] 대판 1995.2.24. 94도3163

답 ④

149 □□□

책임능력에 대한 설명으로 가장 적절한 것은?(다툼이 있는 경우 판례에 의함)

21 경찰승진

① 형법 제10조 제3항은 고의에 의한 원인에 있어 자유로운 행위만이 아니라 과실에 의한 원인에 있어 자유로운 행위까지도 적용된다.
② 형법 제10조 제2항에 의하면 심신미약자의 행위는 형을 감경하여야 한다.
③ 형법 제10조에서 말하는 사물을 판별할 능력 또는 의사를 결정할 능력은 자유의사를 전제로 한 의사결정의 능력에 관한 것으로서, '그 능력의 유무와 정도' 및 '그 능력에 관해 확정된 사실이 심신상실 또는 심신미약에 해당하는지 여부'는 모두 감정사항에 속하는 사실문제에 해당한다.
④ 법률상 감경을 규정한 소년법 제60조 제2항의 적용대상인 소년인지 여부를 판단하는 기준시점은 사실심판결 선고 시가 아니라 행위 시이다.

정선 핵심

① 형법 제10조 제3항 → 과실에 의한 원인에 있어서의 자유로운 행위도 적용
② 심신미약자 → 임의적 감경
③ 심신상실 또는 심신미약 해당 여부 → 법률문제 ○
④ 소년 여부의 판단기준시점 → 사실심판결 선고 시

정선 해설

[❶ ▸ O] 대판 2007.7.27. 2007도4484

[❷ ▸ ×] 형법 제10조 제2항이 심신미약자의 행위에 대하여 임의적 감경으로 개정되었다.

> **법령** 심신장애인(형법 제10조) ① 심신장애로 인하여 사물을 변별할 능력이 없거나 의사를 결정할 능력이 없는 자의 행위는 벌하지 아니한다.
> ② 심신장애로 인하여 전항의 능력이 미약한 자의 행위는 형을 감경할 수 있다.

[❸ ▸ ×] 형법 제10조에서 말하는 사물을 판별할 능력 또는 의사를 결정할 능력은 자유의사를 전제로 한 의사결정의 능력에 관한 것으로서, 그 능력의 유무와 정도는 감정사항에 속하는 사실문제라 할지라도 그 능력에 관한 확정된 사실이 심신상실 또는 심신미약에 해당하는 여부는 법률문제에 속한다(대판 1968.4.30. 68도400).

[❹ ▸ ×] 소년법이 적용되는 '소년'이란 심판 시에 19세 미만인 사람을 말하므로, 소년법의 적용을 받으려면 심판 시에 19세 미만이어야 한다. 따라서 소년법 제60조 제2항의 적용대상인 '소년'인지의 여부도 심판 시, 즉 사실심판결 선고 시를 기준으로 판단되어야 한다(대판 2009.5.28. 2009도2682).

답 ❶

150 □□□

다음 설명 중 가장 옳지 않은 것은?(다툼이 있는 경우 판례에 의함) 20 경찰간부

① 원칙적으로 충동조절장애와 같은 성격적 결함은 형의 감면사유인 심신장애에 해당하지 아니하나, 다만 그것이 매우 심각하여 원래의 의미의 정신병을 가진 사람과 동등하다고 평가할 수 있는 경우에는 그로 인한 범행은 심신장애로 인한 범행으로 보아야 한다.

② 형사미성년자라도 12세 소년에게는 보호처분이 가능하며, 과거에 소년법에 의한 보호처분을 받은 사실도 상습성의 인정자료로 삼을 수 있다.

③ 심신장애 여부에 대한 최종적인 결정을 위해서는 먼저 정신과의사나 심리학자 등의 감정이 필수적으로 이루어져야 하는 것은 아니다.

④ 원인에 있어 자유로운 행위에 관한 형법 제10조 제3항은 위험의 발생을 예견할 수 있었는데도 자의로 심신장애를 야기한 경우에는 적용되지 않는다.

정선 핵심

① 충동조절장애 → 정신병이 있는 사람과 동등하다고 평가할 수 있거나 다른 심신장애사유와 경합된 경우에는 심신장애 O

② 형사미성년자
 ⇢ 12세 소년에게 보호처분 가능
 ⇢ 소년법에 의한 보호처분사실 : 상습성의 인정자료 O

③ 심신장애의 유무 → 법원의 독자적 판단 O

④ 형법 제10조 제3항 → 과실에 의한 원인에 있어서의 자유로운 행위도 적용

정선 해설

[❶ ▸ O] 대판 1995.2.24. 94도3163

[❷ ▸ O] 소년법에 의하면 촉법소년(형벌법령에 저촉되는 행위를 한 10세 이상 14세 미만인 소년), 우범소년(앞으로 형벌법령에 저촉될 행위를 할 우려가 있는 10세 이상의 소년)에 대하여는 보호처분이 가능하다(소년법 제4조 제1항 제2호·제3호).

> 상습성을 인정하는 자료에는 아무런 제한이 없으므로 과거에 소년법에 의한 보호처분을 받은 사실도 상습성 인정의 자료로 삼을 수 있다(대판 1990.6.26. 90도887).

[❸ ▸ O] 대판 1984.4.24. 84도527

[❹ ▸ ×] 형법 제10조 제3항은 고의에 의한 원인에 있어서의 자유로운 행위만이 아니라 과실에 의한 원인에 있어서의 자유로운 행위까지도 포함하는 것으로서 위험의 발생을 예견할 수 있었는데도 자의로 심신장애를 야기한 경우도 그 적용 대상이 된다(대판 2007.7.27. 2007도4484).

답 ❹

151 □□□ 책임능력에 관한 다음 설명 중 가장 옳지 않은 것은? 20 법원9급

① 심신장애로 인하여 사물을 변별할 능력이나 의사를 결정할 능력이 미약한 자가 2019.12.1. 절도죄를 저지른 경우 반드시 형을 감경하여야 한다.

② 심신장애의 유무 및 정도의 판단은 법률적 판단으로서 반드시 전문감정인의 의견에 기속되어야 하는 것은 아니다.

③ 2005.3.3.에 출생한 자가 2019.1.1.에 절도죄를 저지른 경우 그 행위에 대하여 형벌을 과할 수 없다.

④ 듣거나 말하는 데 모두 장애가 있는 사람이 2019.12.1. 절도죄를 저지른 경우 반드시 형을 감경하여야 한다.

정선 핵심

① 심신미약자 → 임의적 감경

② 심신장애의 유무 → 법률문제로 전문감정인의 의견에 구속 ×

③ 형사미성년자 → 불가벌

④ 청각 및 언어장애인 → 필요적 감경

정선 해설

[❶ ▸ ×] 형법 제10조 제2항이 2018.12.18. 심신미약자의 행위에 대하여 임의적 감경하는 것으로 개정되어, 심신미약자가 2019.12.1. 절도죄를 저지른 경우 임의적 감경의 대상이 된다.

> **법령** 심신장애인(형법 제10조) ① 심신장애로 인하여 사물을 변별할 능력이 없거나 의사를 결정할 능력이 없는 자의 행위는 벌하지 아니한다.
> ② 심신장애로 인하여 전항의 능력이 미약한 자의 행위는 형을 감경할 수 있다.

[❷ ▸ O] 형법 제10조 제1항 및 제2항 소정의 심신장애의 유무 및 정도의 판단은 법률적 판단으로서 반드시 전문감정인의 의견에 기속되어야 하는 것은 아니다(대판 1994.5.13. 94도581).

[❸ ▸ O] 2005.3.3.에 출생한 자는 2019.3.2. 24:00에 14세가 되므로 2019.1.1.에 절도죄를 저지른 경우 14세 미만자의 행위가 되어 그 행위에 대하여 형벌을 과할 수 없다.

[❹ ▸ O] 듣거나 말하는 데 모두 장애가 있는 사람의 행위에 대해서는 형을 감경한다(형법 제11조).

답 ❶

152 □□□

원인에 있어서 자유로운 행위에 관한 설명으로 가장 적절하지 않은 것은? 20 경찰채용

① 원인행위를 실행행위로 보는 견해에 따르면 행위와 책임의 동시존재의 원칙에 부합하고, 책임무능력상태에서의 실행행위는 책임이 없거나 행위라고 할 수도 없기 때문에 원인행위 자체를 실행행위로 보지 않으면 원인에 있어서 자유로운 행위를 처벌할 수 없게 된다.

② 원인행위와 실행행위의 불가분적 연관에서 책임의 근거를 인정하는 견해에 따르면 원인설정행위는 실행행위 또는 그 착수행위가 될 수 없지만 책임능력 없는 상태에서의 실행행위와 불가분의 연관을 갖는 것이므로 원인설정행위에 책임비난의 근거가 있다.

④ 원인행위를 실행행위로 보는 견해에 따르면 원인설정행위를 실행행위로 파악하기 때문에 구성요건적 행위정형성을 중시하여 죄형법정주의의 보장적 기능에 부합한다.

④ 책임능력 결함상태에서의 실행행위를 책임의 근거로 인정하는 견해에 따르면 반무의식상태에서 실행 행위가 이루어지는 한 그 주관적 요소를 인정할 수 있지만, 대부분의 경우에 책임능력이 인정되어 법적 안정성을 해하는 결과를 초래한다.

정선 핵심

➲ 원인에 있어서 자유로운 행위에 대한 학설의 이해

구 분	구성요건모델	예외모델	반무의식상태설
가벌성의 근거	불법의 실체를 갖춘 원인설정행위	원인설정행위와 실행행위의 불가분적 연관	심신장애상태에서의 실행행위
실행의 착수시기	원인설정행위 시	책임능력결함상태에서의 실행행위	책임능력결함상태에서의 실행행위
행위와 책임의 동시존재원칙	유 지	예 외	유 지
비 판	구성요건의 정형성을 무시하여 가벌성을 확장	-	대부분의 경우 책임능력이 인정되어 법적 안정성을 해할 우려

정선 해설

[❶ ▸ O] 구성요건모델은 불법의 실체를 갖춘 원인설정행위가 가벌성의 근거가 된다고 주장하여 행위와 책임의 동시존재의 원칙을 유지하고자 한다.

[❷ ▸ O] 예외모델은 원인설정행위와 실행행위의 불가분적 연관에서 가벌성의 근거를 찾아 행위와 책임의 동시존재원칙에 대한 예외를 인정한다.

[❸ ▸ X] 원인행위를 실행행위로 이해하면 실행행위의 정형성을 무시하게 되어 죄형법정주의의 보장적 기능을 침해하게 된다.

[❹ ▸ O] 반무의식상태설은 심신상태에서의 실행행위가 가벌성의 근거가 된다는 견해로 이 학설에 의하면 대부분의 경우에 책임능력이 인정되어 법적 안정성을 해하는 결과를 초래한다.

답 ❸

153 □□□

원인에 있어서 자유로운 행위의 가벌성 근거에 관한 견해(ㄱ~ㄷ)와 연결되는 내용 또는 그 비판(a~e)이 바르게 이어진 것은? 19 해경채용

ㄱ. 가벌성의 근거를 자신을 도구로 이용하는 간접정범으로 이해하는 견해
ㄴ. 가벌성의 근거를 원인설정행위와 실행행위의 불가분적 관련에서 찾는 견해
ㄷ. 가벌성의 근거를 책임능력 결함상태에서의 실행행위에서 찾는 견해

a. 甲이 주취상태로 A를 살해하려는 계획을 세우고 술을 마시다가 그대로 잠이 들어버린 경우에도 살인미수죄를 인정해야 한다는 비판을 받는다.
b. 원인행위가 책임비난의 근거이고 실행행위다. 따라서 행위와 책임의 동시존재원칙이 그대로 유지될 수 있다.
c. 책임능력결함상태에서의 실행행위에 실행의 착수가 있고 책임비난의 근거는 원인행위에 있다.
d. 乙이 B를 상대로 강도하기로 마음먹고 용기를 얻기 위해 향정신성의약품을 섭취한 후 심신미약 상태로 B에 대한 강도의 기수에 이른 경우 실행의 착수시기는 향정신성의약품을 섭취한 때가 아니라 폭행·협박한 때로 본다.
e. 반무의식상태에서의 행위라는 개념을 인정하여 이를 유책한 실행행위라고 한다면 사실상 대부분의 경우에 책임능력이 인정되어 법적 안정성을 해한다는 비판을 받는다.

① ㄱ – a, ㄴ – b ② ㄱ – a, ㄴ – c
③ ㄱ – d, ㄷ – e ④ ㄴ – b, ㄷ – d

제1장 **제2장** 제3장

정선 핵심

➲ 원인에 있어서 자유로운 행위에 대한 학설의 이해

구 분	구성요건모델	예외모델	반무의식상태설
가벌성의 근거	불법의 실체를 갖춘 원인설정행위	원인설정행위와 실행행위의 불가분적 연관	심신장애상태에서의 실행행위
실행의 착수시기	원인설정행위 시	책임능력결함상태에서의 실행행위	책임능력결함상태에서의 실행행위
행위와 책임의 동시존재원칙	유 지	예 외	유 지
비 판	구성요건의 정형성을 무시하여 가벌성을 확장	–	대부분의 경우 책임능력이 인정되어 법적 안정성을 해할 우려

정선 해설

ㄱ. 구성요건모델은 가벌성의 근거가 원인설정행위에 있다고 보고 원인설정행위를 실행행위로 이해하므로 구성요건의 정형성을 무시하여 가벌성을 확장하는 문제가 있다. 이 모델에 의하면 원인설정행위가 책임비난의 근거이고 실행행위이므로 행위와 책임의 동시존재원칙이 그대로 유지될 수 있다. ㄱ.은 a.·b.와 연결된다.
ㄴ. 예외모델은 가벌성의 근거가 원인설정행위와 실행행위의 불가분적 연관에 있다고 보고 행위와 책임의 동시존재원칙의 예외로 책임능력결함상태에서의 실행행위에 실행의 착수를 인정한다. ㄴ.은 c.·d.와 연결된다.
ㄷ. 반무의식상태설 가벌성의 근거가 심신장애상태에서의 실행행위에 있다고 보고 책임능력결함상태에서의 실행행위에 실행의 착수를 인정한다. 이 학설에 의하면 대부분의 경우 책임능력이 인정되어 법적 안정성을 해할 우려가 있다. ㄷ.은 e.와 연결된다.

답 ❷

154 □□□

원인에 있어서 자유로운 행위에 관한 다음 설명 중 옳지 않은 것은 몇 개인가? 18 경찰간부

ㄱ. 원인설정행위에 실행의 착수시기를 인정하는 견해에 대해서는 행위와 책임능력의 동시존재원칙이 유지되기 어렵다는 비판이 제기된다.
ㄴ. 구성요건적 결과 실현행위에 실행의 착수시기를 인정하는 견해에서는 행위와 책임능력의 동시존재원칙에 대한 예외를 인정한다.
ㄷ. 원인에 있어서 자유로운 행위가 간접정범과 유사하다는 견해에서는 이용행위에 해당하는 원인설정행위 시를 실행의 착수시기로 본다.
ㄹ. 판례는 형법 제10조 제3항이 고의에 의한 원인에 있어서의 자유로운 행위뿐만 아니라 과실에 의한 원인에 있어서의 자유로운 행위까지도 포함하는 것이라고 판시하였다.

① 0개 ② 1개
③ 2개 ④ 3개

정선 핵심

ㄱ.·ㄷ. 구성요건모델
→ 행위와 책임의 동시존재의 원칙 유지
→ 실행의 착수시기 : 원인설정행위 시
ㄴ. 예외모델 → 행위와 책임의 동시존재의 원칙의 예외
ㄹ. 형법 제10조 제3항 → 과실에 의한 원인에 있어서의 자유로운 행위도 적용

정선 해설

[ㄱ ▸ X] 구성요건모델은 행위와 책임의 동시존재의 원칙을 유지한다.
[ㄴ ▸ O] 예외모델은 불법의 실체는 실행행위 시에, 책임능력은 원인설정행위 시에 존재한다고 함으로써 행위와 책임의 동시존재의 원칙의 예외를 인정한다.
[ㄷ ▸ O] 구성요건모델은 원인에 있어서 자유로운 행위는 자신을 도구로 이용하는 간접정범과 유사하다고 보아 이용행위에 해당하는 원인설정행위 시를 실행의 착수시기로 이해한다.
[ㄹ ▸ O] 대판 2007.7.27. 2007도4484

답 ❷

155 □□□

원인에 있어서 자유로운 행위의 가벌성 근거를 원인설정행위 자체에서 찾는 견해가 있다. 이 견해에 대한 설명 또는 비판으로 옳은 것은? 17 국가9급

① 책임능력 결함상태에서 구성요건해당행위를 시작한 때에 실행의 착수가 있는 것으로 본다.
② 실행의 착수에 구성요건적 행위정형성이 결여되어 죄형법정주의에 반할 위험이 있다.
③ 행위와 책임의 동시존재원칙의 예외를 인정하는 결과가 되어 책임주의에 반할 위험이 있다.
④ 이 견해에 의하면 살인의 의사로 음주하여 만취하였으나 살해행위로 나아가지 않았다면 살인미수는 인정되지 않는다.

정선 핵심

구성요건모델의 이해
① 실행의 착수시기 → 원인설정행위 시
② 구성요건적 행위정형성이 결여되어 죄형법정주의에 반할 위험
③ 행위와 책임의 동시존재의 원칙 유지
④ 살인의 의사로 음주·만취하였으나 살해행위로 나아가지 않은 경우 → 살인미수죄 O

정선 해설

[❶ ▸ ×] [❷ ▸ O] 구성요건모델은 가벌성의 근거가 원인설정행위에 있다고 보고 원인설정행위를 실행행위로 이해하므로 구성요건의 정형성을 무시하여 가벌성을 확장하는 문제가 있다.
[❸ ▸ ×] 가벌성의 근거가 원인설정행위에 있다고 보게 되면 실행행위시점과 책임능력존재시점이 일치하게 되어 행위와 책임의 동시존재원칙을 유지하게 된다.
[❹ ▸ ×] 구성요건모델은 원인설정행위 시에 실행의 착수가 있다고 이해하므로 살인의 의사로 음주하여 만취하였다면 살인미수가 성립된다.

답 ❷

156 □□□

원인에 있어서 자유로운 행위에 관한 설명 중 가장 적절한 것은?(다툼이 있는 경우 판례에 의함) 17 경찰승진

① 우리 형법상 원인에 있어서 자유로운 행위에는 심신상실, 심신미약 규정을 적용하지 아니하므로 책임조각 내지 책임감경이 되지 아니하고 책임능력자로 취급하여 처벌하고 있다.
② 원인에 있어서 자유로운 행위의 가벌성의 근거를 자신을 도구로 이용하는 간접정범으로 이해하여 원인설정행위를 실행행위로 파악하여 원인설정행위 시의 책임능력을 기초로 책임을 인정하는 견해는 구성요건의 정형성을 중시하여 죄형법정주의의 보장적 기능을 관철하는 데 부합하는 이론이다.
③ 원인에 있어서 자유로운 행위의 가벌성의 근거를 원인설정행위와 실행행위의 불가분적 관련에서 찾는 견해는 행위와 책임능력의 동시존재의 원칙을 따르는 이론이다.
④ 원인에 있어서 자유로운 행위에 관한 형법 제10조 제3항은 위험의 발생을 예견할 수 있었는데도 자의로 심신장애를 야기한 경우에는 적용되지 않는다.

정선 핵심

① 원인에 있어서 자유로운 행위자 → 책임능력자로 취급하여 처벌
② 구성요건모델 → 구성요건의 정형성을 무시하여 보장적 기능을 침해할 위험
③ 예외모델 → 행위와 책임의 동시존재의 원칙의 예외
④ 형법 제10조 제3항 → 과실에 의한 원인에 있어서의 자유로운 행위도 적용

정선 해설

[❶ ▸ O] 형법 제10조 참조

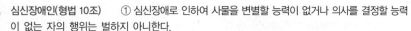

법령 심신장애인(형법 10조) ① 심신장애로 인하여 사물을 변별할 능력이 없거나 의사를 결정할 능력이 없는 자의 행위는 벌하지 아니한다.
② 심신장애로 인하여 전항의 능력이 미약한 자의 행위는 형을 감경할 수 있다.
③ 위험의 발생을 예견하고 자의로 심신장애를 야기한 자의 행위에는 전2항의 규정을 적용하지 아니한다.

[❷ ▸ ×] 구성요건모델은 가벌성의 근거가 자신을 도구로 이용하는 간접정범과 유사한 원인설정행위에 있다고 보고 원인설정행위를 실행행위로 이해하므로 구성요건의 정형성을 무시하여 가벌성을 확장하는 문제가 있다. 즉 원인행위를 실행행위로 이해하면 죄형법정주의의 보장적 기능을 침해하게 된다.

[❸ ▸ ×] 예외모델은 불법의 실체는 실행행위 시에, 책임능력은 원인설정행위 시에 존재한다고 함으로써 행위와 책임의 동시존재의 원칙의 예외를 인정한다.

[❹ ▸ ×] 형법 제10조 제3항은 고의에 의한 원인에 있어서의 자유로운 행위만이 아니라 과실에 의한 원인에 있어서의 자유로운 행위까지도 포함하는 것으로서 위험의 발생을 예견할 수 있었는데도 자의로 심신장애를 야기한 경우도 그 적용 대상이 된다(대판 2007.7.27. 2007도4484).

답 ❶

157 □□□

책임능력에 관련된 다음 설명 중 옳지 않은 것은 모두 몇 개인가?(다툼이 있는 경우 판례에 의함) 19 경찰간부

ㄱ. 정신적 장애가 있는 자라고 하여도 범행 당시 정상적인 사물변별능력이나 행위통제능력이 있었다면 형법 제10조에 규정된 심신장애로 볼 수 없다.
ㄴ. 무생물인 옷 등을 성적각성과 희열의 자극제로 믿고 이를 성적 흥분을 고취시키는 데 쓰는 성주물성애증이라는 정신질환이 있다는 사정만으로는 형의 감면사유인 심신장애에 해당하는 것으로 볼 수 없다.
ㄷ. 심신장애로 인하여 사물을 변별할 능력이나 의사를 결정할 능력이 미약한 자의 행위는 형을 감경한다.
ㄹ. 음주운전을 할 의사를 가지고 음주만취 후 운전을 하다가 교통사고를 일으켰다면 음주 시에 교통사고를 일으킬 위험성을 예견하였는데도 자의로 심신장애를 야기한 경우에 해당하므로 형법 제10조 제3항에 의하여 심신장애로 인한 감경 등을 할 수 없다.

① 1개　② 2개
③ 3개　④ 4개

정선 핵심

ㄱ. 범행 당시 정상적인 사물변별능력이나 행위통제능력 있었던 경우 → 심신장애 ×
ㄴ. 성주물성애증 → 정신병이 있는 사람과 동등하다고 평가할 수 있거나 다른 심신장애사유와 경합된 경우에는 심신장애 ○
ㄷ. 심신미약자 → 임의적 감경
ㄹ. 음주운전의사로 음주만취한 후 교통사고를 일으킨 경우 → 심신장애로 인한 감경 ×

정선 해설

[ㄱ ▸ ○] 형법 제10조에 규정된 심신장애는 생물학적 요소로서 정신병 또는 비정상적 정신상태와 같은 정신적 장애가 있는 외에 심리학적 요소로서 이와 같은 정신적 장애로 말미암아 사물에 대한 변별능력과 그에 따른 행위통제능력이 결여되거나 감소되었음을 요하므로, 정신적 장애가 있는 자라고 하여도 범행 당시 정상적인 사물변별능력이나 행위통제능력이 있었다면 심신장애로 볼 수 없다(대판 2018.9.13. 2018도7658).

[ㄴ ▸ ○] 대판 2013.1.24. 2012도12689

[ㄷ ▸ ×] 심신장애로 인하여 사물을 변별할 능력이 없거나 의사를 결정할 능력이 미약한 자의 행위는 형을 감경할 수 있다(형법 제10조 제2항).

[ㄹ ▸ O] 피고인이 음주운전을 할 의사를 가지고 음주만취한 후 운전을 결행하여 교통사고를 일으켰다면 피고인은 음주 시에 교통사고를 일으킬 위험성을 예견하였는데도 자의로 심신장애를 야기한 경우에 해당하므로 형법 제10조 제3항에 의하여 심신장애로 인한 감경 등을 할 수 없다(대판 1992.7.28. 92도999).

답 ❶

158 □□□

다음 설명 중 옳은 것은 모두 몇 개인가?(다툼이 있으면 판례에 의함) 16 경찰채용

ㄱ. 자신의 강도상해범행을 일관되게 부인하였으나 유죄판결이 확정된 甲이 별건으로 기소된 공범 乙의 형사사건에서 증인으로 출석하여 자신의 범행사실을 부인하는 증언을 한 경우, 자신에 대한 형사사건에서 시종일관 그 범행을 부인하였다고 하여 甲에 대하여 사실대로 증언할 기대가능성이 없다고 볼 수 없다.
ㄴ. 정신적 장애가 있는 자라고 하여도 범행 당시 정상적인 사물변별능력이나 행위통제능력이 있었다면 심신장애로 볼 수 없다.
ㄷ. 심신장애로 인하여 사물을 변별할 능력이나 의사를 결정할 능력이 미약한 자의 행위는 형을 감경한다.
ㄹ. 일본 영주권을 가진 재일교포가 영리를 목적으로 관세물품을 구입한 것이 아니라거나 국내입국 시 관세신고를 하지 않아도 되는 것으로 착오하였다는 등의 사정은 형법 제16조의 법률의 착오에 해당한다.
ㅁ. 원인에 있어서 자유로운 행위에 관한 형법 제10조 제3항은 위험의 발생을 예견할 수 있었는데도 자의로 심신장애를 야기한 경우에는 적용되지 않는다.

① 2개 ② 3개
③ 4개 ④ 5개

정선 핵심

ㄱ. 유죄판결이 확정된 피고인이 공범사건에서 범행사실을 부인하는 증언을 한 경우 → 위증죄 O
ㄴ. 정신적 장애가 있으나 범행 시 사물변별능력과 행위통제능력이 있었던 경우 → 심신장애 ×
ㄷ. 심신미약자 → 임의적 감경
ㄹ. 일본 영주권을 가진 재일교포가 관세물품의 구입·신고과정에서 착오한 경우 → 법률의 착오 ×
ㅁ. 형법 제10조 제3항 → 과실에 의한 원인에 있어서의 자유로운 행위도 적용

정선 해설

[ㄱ ▸ O] 판례의 취지를 고려하면, 甲은 사실대로 증언할 기대가능성이 없다고 볼 수 없어 위증죄가 성립한다.

이미 유죄의 확정판결을 받은 피고인은 공범의 형사사건에서 그 범행에 대한 증언을 거부할 수 없을 뿐만 아니라 나아가 사실대로 증언하여야 하고, 설사 피고인이 자신의 형사사건에서 시종일관 그 범행을 부인하였다 하더라도 이러한 사정은 위증죄에 관한 양형참작사유로 볼 수 있음은 별론으로 하고 이를 이유로 피고인에게 사실대로 진술할 것을 기대할 가능성이 없다고 볼 수는 없다(대판 2008.10.23. 2005도10101).

[ㄴ ▸ O] 대판 2018.9.13. 2018도7658
[ㄷ ▸ X] 심신장애로 인하여 사물을 변별할 능력이 없거나 의사를 결정할 능력이 미약한 자의 행위는 형을 감경할 수 있다(형법 제10조 제2항).

[ㄹ ▸ ×] 일본 영주권을 가진 재일교포가 영리를 목적으로 관세물품을 구입한 것이 아니라거나 국내입국 시 관세신고를 하지 않아도 되는 것으로 착오하였다는 등의 사정만으로는 형법 제16조의 법률의 착오에 해당하지 않는다(대판 2007.5.11. 2006도1993).

[ㅁ ▸ ×] 형법 제10조 제3항은 고의에 의한 원인에 있어서의 자유로운 행위만이 아니라 과실에 의한 원인에 있어서의 자유로운 행위까지도 포함하는 것으로서 위험의 발생을 예견할 수 있었는데도 자의로 심신장애를 야기한 경우도 그 적용 대상이 된다(대판 2007.7.27. 2007도4484).

답 ❶

159 □□□ 책임능력에 대한 다음 설명 중 적절한 것만을 고른 것은 모두 몇 개인가? 21 경찰채용

ㄱ. 심신장애로 인하여 사물을 변별할 능력 또는 의사를 결정할 능력이 미약한 자의 행위는 형을 감경한다.

ㄴ. 심신장애의 유무 및 정도에 관한 판단은 전문감정인의 의견에 구속되며, 법원이 독자적으로 이를 판단하여서는 안 된다는 것이 판례의 태도이다.

ㄷ. 원인에 있어서 자유로운 행위의 가벌성의 근거를 원인설정 행위에서 찾아 원인행위 시를 실행의 착수시기로 파악하는 견해에 대해서는, 책임능력과 행위의 동시존재의 원칙이 인정될 수 없다는 비판이 제기되고 있다.

ㄹ. 원인에 있어서 자유로운 행위의 가벌성의 근거를 원인행위와 실행행위의 불가분적 연관에서 찾아 실행행위를 심신장애상태하에서의 행위로 파악하는 견해에 대해서는, 실행행위의 정형성을 무시하여 예비행위와의 구별이 곤란하다는 비판이 제기되고 있다.

① 1개 ② 2개
③ 3개 ④ 없음

정선 핵심

ㄱ. 심신미약자 → 임의적 감경
ㄴ. 심신장애의 유무 → 법률문제로 전문감정인의 의견에 구속 ×
ㄷ.·ㄹ. 구성요건모델
→ 행위와 책임의 동시존재원칙 유지
→ 실행행위의 정형성을 무시하여 예비와의 구별이 곤란하다는 비판

정선 해설

[ㄱ ▸ ×] 심신장애로 인하여 사물을 변별할 능력이 없거나 의사를 결정할 능력이 미약한 자의 행위는 형을 감경할 수 있다(형법 제10조 제2항).

[ㄴ ▸ ×] 형법 제10조에 규정된 심신장애의 유무 및 정도의 판단은 법률적 판단으로서 반드시 전문감정인의 의견에 기속되어야 하는 것은 아니고, 정신질환의 종류와 정도, 범행의 동기, 경위, 수단과 태양, 범행 전후의 피고인의 행동, 반성의 정도 등 여러 사정을 종합하여 법원이 독자적으로 판단할 수 있다(대판 2007.11.29. 2007도8333).

[ㄷ ▸ ×] 구성요건모델에 의하면 가벌성의 근거가 원인설정행위에 있다고 보게 되므로 실행행위시점과 책임능력존재시점이 일치하게 되어 행위와 책임의 동시존재원칙을 유지하게 된다.

[ㄹ ▸ ×] 구성요건모델은 가벌성의 근거가 자신을 도구로 이용하는 간접정범과 유사한 원인설정행위에 있다고 보고 원인설정행위를 실행행위로 이해하므로 구성요건의 정형성을 무시하여 가벌성을 확장하고 예비행위와의 구별이 곤란하게 한다는 문제가 있다.

답 ❹

01 도의적 책임론은 형사책임의 근거를 행위자의 자유의사에 찾으며, 가벌성 판단에서 행위보다 행위자에 중점을 두는 객관주의 책임론의 입장이다. 20 해경채용 O | X

02 사회적 책임론에 따르면, 책임의 근거는 행위자의 반사회적 성격에 있으므로 사회생활을 하고 있는 책임무능력자에 대하여도 사회방위를 위해 보안처분을 가하여야 한다. 이러한 의미에서 책임능력은 형벌능력을 의미한다. 20 해경채용 O | X

03 심리적 책임론에 따르면, 책임의 본질은 결과에 대한 인식과 의사인 고의 또는 결과를 인식하지 못한 과실에 있으며, 범죄성립의 모든 객관적·외적 요소는 구성요건과 위법성단계에, 주관적·내적 요소는 책임단계에 배치한다. 13 변시 O | X

04 책임의 본질을 행위에 대한 행위자의 심리적 사실관계로 이해하는 견해에 대해서는 고의 또는 과실은 있으나 책임조각 사유(예컨대 강요된 행위)에 의해 책임이 부정되는 이유를 설명하기 어렵다는 비판이 제기된다. 13 국가9급 O | X

05 10세인 형사미성년자에 대해서는 좁은 의미의 형벌뿐만 아니라 보안처분도 부과할 수 없다. 19 경찰채용 O | X

06 범행 당시를 기억하지 못한다는 사실만으로 바로 범행 시 심신상실상태에 있었다고 단정할 수는 없다. 13 경찰채용 O | X

07 형사미성년자의 책임능력은 생물학적·심리적 혼합방법으로 판단한다. 18 해경승진 O | X

08 피고인들이 피해자들을 살해할 의사를 가지고 범행을 공모한 후에 대마초를 흡연하고, 위 각 범행에 이른 것이라면 형법 제10조 제3항에 의하여 심신장애로 인한 감경 등을 할 수 없다. 18 국가7급 O | X

09 甲은 술을 마시면 난폭한 행위를 하는 희귀성정신병 소질을 가진 자인데, 甲은 과실로 술을 많이 마시고 심신미약상태에서 술집 여급 乙을 칼로 찔러 살해한 경우 甲은 과실치사죄로 처벌된다. 18 해경간부 O | X

10 자의로 심신장애를 야기하였다면 언제나 원인에 있어서 자유로운 행위에 해당한다. 16 경찰간부 O | X

---

01 가벌성 판단에서 행위자보다 행위에 중점을 둔다.

02 사회적으로 위험한 성격을 가진 책임무능력자에 대해 사회를 보호하기 위해 사회방위처분인 보안처분이 필요하므로 책임능력은 형벌능력을 의미한다.

03 이 견해는 책임의 본질을 고의 또는 과실이라는 심리적 사실관계와 동일시하고 있다.

04 심리적 책임론은 고의는 있으나 책임조각사유에 의하여 책임이 부정되는 경우를 설명할 수 없으며 결과에 대해 심리적 관계가 없는 인식 없는 과실의 책임을 인정할 수 없다는 비판이 있다.

05 촉법소년과 우범소년에게는 소년법상 보호처분의 부과가 가능하다(소년법 제4조 제1항 참조).

06 대판 1985.5.28, 85도361

07 형사미성년자는 생물학적 방법을 취하고 있다.

08 대판 1996.6.11, 96도857

09 과실에 의한 원인에 있어서 자유로운 행위는 과실범의 책임을 진다.

10 형법 제10조 제3항에 해당하려면 첫째 행위자가 위험의 발생을 예견하여야 하고, 둘째 심신장애상태를 자의로 야기하여야 한다.

정답

01 × 02 ○ 03 ○ 04 ○
05 × 06 ○ 07 × 08 ○
09 ○ 10 ×

제2관 | 위법성의 인식

160 □□□

위법성 인식과 법률의 착오에 대한 설명으로 옳은 것은?(다툼이 있는 경우 판례에 의함)

21 국가9급

① 위법성 인식의 체계적 지위에 관한 학설 중 고의설에 따르면 법률의 착오와 사실의 착오 모두 고의가 조각된다.

② 위법성 인식에 필요한 노력의 정도는 행위자 개인의 인식능력의 문제이므로 행위자가 속한 사회집단에 따라 달리 평가되어서는 안 된다.

③ 형법 제16조의 법률의 착오는 처벌규정의 존재를 인식하지 못한 법률의 부지뿐만 아니라 일반적으로 범죄가 되는 행위이지만 자기의 특수한 경우에는 법령에 의하여 허용되는 행위로 오인한 경우를 말한다.

④ 형법 제16조에 따르면 법률의 착오에 있어서 오인에 정당한 이유가 있으면 벌하지 않으며 정당한 이유가 없는 경우에는 형을 감경할 수 있다.

정선 핵심

① 고의설 → 법률의 착오와 사실의 착오 모두 고의조각
② 위법성 인식을 위한 노력 정도 → 행위자가 속한 사회집단에 따라 달리 평가되어야 함
③ 법률의 착오 → 법률의 부지 포함 ×
④ 형법 제16조 → 오인에 정당한 이유가 있으면 불가벌이나 없으면 고의책임 부담

정선 해설

[❶ ▸ ○] 위법성 인식의 체계적 지위에 관한 학설 중 고의설은 고의를 책임요소로 이해하고 고의의 내용으로서 구성요건에 해당하는 객관적 사실에 대한 인식 이외에 위법성의 인식 또는 위법성 인식의 가능성이 필요하다는 견해이다. 이에 따르면 사실의 착오는 고의에 필요한 구성요건적 불법요소에 대한 인식이 없는 경우이므로 고의가 조각되며, 법률의 착오에서 위법성의 인식은 고의의 구성요소이므로 위법성의 인식이 없으면 고의가 조각되어 고의범으로 벌할 수 없다.

[❷ ▸ ×] [❸ ▸ ×] 형법 제16조에서 "자기가 행한 행위가 법령에 의하여 죄가 되지 아니한 것으로 오인한 행위는 그 오인에 정당한 이유가 있는 때에 한하여 벌하지 아니한다."라고 규정하고 있는 것은 단순한 법률의 부지를 말하는 것이 아니고,❸ 일반적으로 범죄가 되는 경우이지만 자기의 특수한 경우에는 법령에 의하여 허용된 행위로서 죄가 되지 아니한다고 그릇 인식하고 그와 같이 그릇 인식함에 정당한 이유가 있는 경우에는 벌하지 않는다는 취지이다. 그리고 여기서 정당한 이유가 있는지 여부는 행위자에게 자기행위의 위법의 가능성에 대해 심사숙고하거나 조회할 수 있는 계기가 있어 자신의 지적 능력을 다하여 이를 회피하기 위한 진지한 노력을 다하였더라면 스스로의 행위에 대하여 위법성을 인식할 수 있는 가능성이 있었음에도 이를 다하지 못한 결과 자기 행위의 위법성을 인식하지 못한 것인지 여부에 따라 판단하여야 할 것이고, 이러한 위법성의 인식에 필요한 노력의 정도는 구체적인 행위정황과 행위자 개인의 인식능력 그리고 행위자가 속한 사회집단에 따라 달리 평가되어야 한다❷(대판 2015.2.12. 2014도11501).

[❹ ▸ ×] 형법 제16조 참조

법령 법률의 착오(형법 제16조) 자기의 행위가 법령에 의하여 죄가 되지 아니하는 것으로 오인한 행위는 그 오인에 정당한 이유가 있는 때에 한하여 벌하지 아니한다.

답 ❶

161 □□□

위법성 인식에 관한 설명 중 옳지 않은 것은?(다툼이 있으면 판례에 의함) 13 사시

① 엄격책임설과 제한책임설은 위법성조각사유의 객관적 전제사실의 착오에 대한 법적 효과를 달리 본다는 점에서 차이가 있다.

② 엄격고의설과 제한고의설은 위법성의 인식이 없을 경우 고의범의 성립을 배제한다는 점에서 같으나, 고의 인정을 위해 필요로 하는 위법성의 인식 정도를 달리 본다는 점에서 구별된다.

③ 위법성의 인식은 구체적인 해당 법조문까지 인식할 것을 요하는 것은 아니고, 그 범죄사실이 사회 정의와 조리에 어긋난다는 것을 인식하는 것으로 족하다.

④ 광역시의회 의원이 선서구민들에게 의정보고서를 배부하기에 앞서 미리 관할선거관리위원회 소속 공무원들에게 자문을 구하고 그들의 지적에 따라 수정한 의정보고서를 배부하면서 그 행위가 관계 법령에 위반되지 않는다고 믿었다면 이는 위법성을 인식하지 못한 데에 정당한 이유가 있는 경우에 해당하지 않는다.

⑤ 행위자가 위법성의 인식을 위해 기울여야 할 노력의 정도는 구체적인 행위정황, 행위자 개인의 인식능력뿐만 아니라 행위자가 속한 사회집단에 따라서도 달리 평가하여야 한다.

정선 핵심

① 엄격책임설과 제한책임설의 비교
→ 엄격책임설 : 위법성조각사유의 객관적 전제사실의 착오는 금지착오
→ 제한적 책임설 : 이는 법적 효과에 있어서 구성요건적 착오와 동일

② 엄격고의설과 제한적 고의설의 비교
→ 엄격고의설 : 현실적인 위법성의 인식이 필요
→ 제한적 고의설 : 위법성의 인식가능성으로 충분

③ 위법성의 인식 → 범죄사실이 사회 정의와 조리에 어긋난다는 것을 인식

④ 광역시의회 의원이 관할선거관리위원회 공무원들에게 자문을 구하고 의정보고서를 배부한 경우 → 정당한 이유 ○

⑤ 위법성 인식을 위한 노력 정도 → 구체적인 행위정황, 행위자의 인식능력, 행위자가 속한 사회집단에 따라서도 달리 평가하여야 함

➲ 위법성 인식의 체계적 지위

사유 \ 학설		엄격고의설	제한적 고의설	엄격책임설	제한적 책임설
위법성을 현실적으로 인식한 경우		고의책임	고의책임	고의책임	고의책임
위법성을 현실적으로 인식하지 못한 경우	인식가능성은 있었던 경우	과실책임	고의책임	책임감경	책임감경
	인식가능성이 없었던 경우	불가벌	불가벌	불가벌	불가벌
위법성조각사유의 존재에 대한 착오		-		금지착오	금지착오
위법성조각사유의 한계에 대한 착오				금지착오	금지착오
위법성조각사유의 전제사실에 대한 착오				금지착오	구성요건적 착오효과

정선 해설

[❶ ▸ O] 엄격책임설에 의하면 위법성조각사유의 객관적 전제사실의 착오도 금지착오에 해당하나, 제한적 책임설에 의하면 그 법적 효과에 있어서 구성요건적 착오와 동일하다고 이해한다.

[❷ ▸ O] 엄격고의설은 고의의 성립에 현실적인 위법성의 인식이 필요하다고 하나, 제한적 고의설에 의하면 고의의 성립에 위법성의 인식가능성으로 족하다는 점에서 구별된다.

[❸ ▸ O] 대판 1987.3.24. 86도2673

[❹ ▸ ×] 광역시의회 의원이 선거구민들에게 의정보고서를 배부하기에 앞서 미리 관할 선거관리위원회 소속 공무원들에게 자문을 구하고 그들의 지적에 따라 수정한 의정보고서를 배부하였다면 형법 제16조에 해당하여 벌할 수 없다(대판 2005.6.10. 2005도835).

[❺ ▸ ○] 위법성의 인식에 필요한 노력의 정도는 구체적인 행위정황과 행위자 개인의 인식능력 그리고 행위자가 속한 사회집단에 따라 달리 평가되어야 한다(대판 2015.2.12. 2014도11501).

답 ❹

162 □□□

甲은 하산하다가 야생멧돼지에게 쫓겨 급히 도망치며 달리던 중 마침 乙의 전원주택을 발견하고 그 집으로 뛰어 들어가 몸을 숨겨 위기를 모면하였다. 집주인 乙은 甲을 도둑으로 오인하여, 그를 쫓아내려는 의도로 "도둑이야!"라고 외쳤다. 甲이 자초지종을 설명하려고 다가가자 乙은 자신을 공격하려는 것으로 오인하여 그의 가슴을 힘껏 밀어 넘어뜨렸다. 이 사안에서 乙이 오인한 점에 대하여는 정당한 이유가 인정된다고 볼 때, 甲과 乙의 형사책임에 관한 설명 중 옳은 것은? 12 변시

① 엄격책임설에 따르면 乙의 행위는 폭행의 구성요건적 고의뿐 아니라 위법성의 인식도 부정되지는 않으므로 폭행죄가 인정된다.
② 제한책임설(유추적용설)에 따르면 乙은 폭행의 구성요건적 고의가 배제되어 무죄이다.
③ 법효과제한적 책임설에 따르면 乙의 행위는 폭행의 구성요건적 고의가 인정되므로 폭행죄의 죄책을 진다.
④ 엄격고의설에 따르면 乙의 행위는 폭행의 고의가 인정되므로 폭행죄의 죄책을 진다.
⑤ 甲의 주거침입행위는 자구행위에 해당하여 무죄이다.

정선 핵심

➲ 위법성조각사유의 전제사실에 대한 착오의 법적 효과

구 분	착오의 성격	착오의 효과	배후자의 책임
엄격고의설	불분명	책임요소인 고의조각으로 과실범규정이 있으면 과실범으로 처벌	간접정범
제한적 고의설	불분명	착오에 과실이 있으면 고의기수로 처벌, 없으면 불가벌	간접정범
소극적 구성요건표지이론	구성요건적 착오	불법고의가 조각되므로 과실범규정이 있으면 과실범으로 처벌	간접정범
엄격책임설	금지착오	착오에 정당한 이유가 없으면 고의기수로 처벌 정당한 이유가 있으면 책임조각	공범 또는 간접정범
유추적용설	제3의 착오	불법고의가 조각되므로 과실범규정이 있으면 과실범으로 처벌	간접정범
법효과제한적 책임설	제3의 착오	책임고의가 조각되므로 과실범규정이 있으면 과실범으로 처벌	공범 또는 간접정범

정선 해설

[❶ ▸ ×] 엄격책임설에 의하면 위법성조각사유의 객관적 전제사실의 착오는 금지착오에 해당하고 乙이 오인한 점에 정당한 이유가 인정되므로 책임이 조각되어 불가벌이다.

[❷ ▸ ○] 유추적용설에 의하면 위법성조각사유의 객관적 전제사실의 착오의 경우 구성요건적 착오의 규정을 유추적용하여 구성요건적 고의(불법고의)가 조각되므로 과실범규정이 있으면 과실범으로 처벌되게 된다. 사안의 경우 과실폭행은 처벌규정이 없으므로 불가벌이다.

[❸ ▸ ×] 법효과제한적 책임설에 책임고의가 조각되고 과실폭행은 처벌규정이 없으므로 불가벌이다.
[❹ ▸ ×] 엄격고의설에 의하면 위법성조각사유의 객관적 전제사실의 착오가 있는 경우 고의가 조각되고 과실폭행은 처벌규정이 없으므로 불가벌이다.
[❺ ▸ ×] 甲의 주거침입행위는 청구권의 실행불능 또는 현저한 실행곤란을 피하기 위한 행위가 아니므로 자구행위에는 해당하지 아니한다. 다만, 현재의 위난을 피하기 위한 행위로서 긴급피난에 해당할 수는 있다.

답 ❷

163 □□□

다음 사례에서 甲의 죄책에 대한 설명으로 가장 옳은 것은?(다툼이 있는 경우 판례에 의함)

21 해경승진

> 乙은 지인들과 함께 등산하다가 야생동물에게 쫓겨 급히 도망치며 달리던 중 마침 甲의 전원주택을 발견하고 그 집으로 뛰어 들어가 몸을 숨겨 위기를 모면하였다. 이때 집주인 甲은 乙을 도둑으로 오인하여, 그를 쫓아내려는 의도로 "도둑이야!"라고 외쳤다. 乙은 甲에게 자초지종을 설명하려다가가자 甲은 乙이 자신을 공격하려는 것으로 오인하여 乙의 가슴을 힘껏 밀어 넘어뜨렸다.

① 위 사례는 오상방위에 해당하며, 판례에 따르면 오인에 정당한 이유가 있는 경우 책임이 조각된다.
② 위 사례는 허용구성요건의 착오에 해당하며, 법효과제한적 책임설에 따르면 甲에게 폭행의 구성요건적 고의가 인정되나 책임고의가 부정되어 폭행죄가 성립하지 않는다.
③ 위 사례는 우연방위에 해당하며, 甲에게는 주관적 정당화 요소가 결여되어 있으므로 불능미수유추설에 따르면 폭행죄가 성립되지 않으며 미수범으로 처벌된다.
④ 위 사례는 법률의 착오 중 포섭의 착오에 해당하며, 판례에 따르면 오인에 정당한 이유가 있는 경우 책임이 조각된다.

정선 핵심

① 오상방위 → 오인에 정당한 이유가 있는 경우 위법성 조각(판례)
② 위법성조각사유의 객관적 전제사실에 대한 착오(허용구성요건의 착오)의 법적 효과
→ 법효과제한적 책임설 : 책임고의가 조각되므로 과실범규정이 있으면 과실범 처벌되나 폭행죄는 과실범처벌규정이 없으므로 불가벌

정선 해설

[❶ ▸ ×] 사안에서 정당방위 상황은 인정되지 아니하나 甲은 乙이 자신을 공격하려는 것으로 오인하여 방위의사로 乙의 가슴을 힘껏 밀어 넘어뜨렸으므로 오상방위에 해당한다. 판례는 오인에 정당한 이유가 있는 경우 위법성이 조각된다는 태도를 취하고 있다.

> 중대장과 함께 외출나간 그 처로부터 마중을 나오라는 연락을 받고 당번병으로서 당연히 해야 할 일로 생각하고 동인을 마중하여 그 다음 날 01:00경 귀가하였다면 위와 같은 당번병의 관사이탈 행위는 중대장의 직접적인 허가를 받지 아니하였다 하더라도 당번병으로서의 그 임무범위 내에 속하는 일로 오인하고 한 행위로서 그 오인에 정당한 이유가 있어 위법성이 없다고 볼 것이다(대판 1986.10.28. 86도1406).

[❷ ▸ ○] [❸ ▸ ×] [❹ ▸ ×] 사안의 오상방위는 위법성조각사유의 객관적 전제사실에 대한 착오로 허용구성요건의 착오에 해당한다. 동 착오의 법적 효과에 관한 법효과제한적 책임설에 따르면 甲에게 폭행죄의 구성요건적 고의가 인정되나 책임고의가 부정되어 고의는 조각되고, 과실범문제가 되나 폭행죄는 과실범처벌규정이 없으므로 폭행죄는 성립하지 아니한다.

답 ❷

164 □□□

다음 중 위법성의 인식에 대한 설명으로 가장 옳지 않은 것은? 20 해경채용

① 엄격책임설과 제한적 책임설은 위법성조각사유의 객관적 전제사실의 착오에 대한 법적 효과를 달리 본다는 점에서 차이가 있다.

② 甲은 야간에 악수를 청하는 이웃집 사람을 강도로 오인하고 방어할 생각으로 그를 때려 상해를 입혔으나, 오인에 정당한 이유가 없는 경우 법효과제한적 책임설보다 엄격책임설에 의할 때 죄책이 더 무겁다.

③ 엄격고의설과 제한적 고의설은 위법성의 인식이 없을 경우 고의범의 성립을 배제한다는 점에서 같으나, 고의 인정을 위해 필요로 하는 위법성의 인식 정도를 달리 본다는 점에서 구별된다.

④ 제한적 책임설은 '현재의 부당한 침해'라는 정당방위 상황이 객관적으로 존재하지 않음에도 불구하고 행위자는 존재하는 것으로 잘못 알고 방위행위를 한 경우, 이를 법률의 착오로 보고 '오인에 정당한 이유'가 있으면 책임이 조각된다고 본다.

정선 핵심

① 엄격책임설과 제한책임설의 비교
→ 엄격책임설 : 위법성조각사유의 객관적 전제사실의 착오는 금지착오
→ 제한적 책임설 : 이는 법적 효과에 있어서 구성요건적 착오와 동일

② 위법성조각사유의 객관적 전제사실의 착오의 법적 효과
→ 엄격책임설 : 오인에 정당한 이유가 없으므로 상해죄로 처벌
→ 법효과제한적 책임설 : 책임고의가 조각되어 과실치상죄로 처벌

③ 엄격고의설과 제한적 고의설의 비교
→ 엄격고의설 : 현실적인 위법성의 인식이 필요
→ 제한적 고의설 : 위법성의 인식가능성으로 충분

④ 오상방위의 법적 효과
→ 제한적 책임설 : 법적 효과에 있어서 구성요건적 착오와 동일

정선 해설

[❶ ▸ O] 엄격책임설에 의하면 위법성조각사유의 객관적 전제사실의 착오도 금지착오에 해당하나, 제한적 책임설에 의하면 그 법적 효과에 있어서 구성요건적 착오와 동일하다고 이해한다.

[❷ ▸ O] 엄격책임설에 의하면 甲의 착오는 위법성조각사유의 객관적 전제사실의 착오에 해당하고 그 오인에 정당한 이유가 없으므로 고의범의 책임이 인정되어 상해죄로 처벌된다. 반면 법효과제한적 책임설에 의하면 책임고의가 조각되어 과실범처벌규정이 있으면 과실범으로 처벌되므로 甲은 과실치상죄의 죄책을 지게 된다. 따라서 엄격책임설이 법효과제한적 책임설보다 무거운 죄책을 지게 된다.

[❸ ▸ O] 엄격고의설은 고의의 성립에 현실적인 위법성의 인식이 필요하다고 하나, 제한적 고의설에 의하면 고의의 성립에 위법성의 인식가능성으로 족하다는 점에서 구별된다.

[❹ ▸ ×] 제한적 책임설에 의하면 위법성조각사유의 객관적 전제사실의 착오의 경우 그 법적 효과에 있어서 구성요건적 착오와 동일하다고 이해한다.

답 ❹

165
□□□

금지착오에 대한 설명 중 가장 적절하지 않은 것은?(다툼이 있는 경우 판례에 의함)

20 경찰승진

① 행위자가 처벌되지 않는 행위를 처벌되는 행위로 오인하고 행위를 한 경우 금지착오에 해당하며 오인에 정당한 이유가 있으면 책임이 조각된다.
② 사인이 현행범인을 체포하면서 그 범인을 자기 집안에 24시간까지 감금할 수 있다고 오인하고 감금한 경우 금지착오에 해당한다.
③ 단순한 법률의 부지의 경우는 형법 제16조의 적용대상이 되지 않는다는 것이 판례의 입장이다.
④ 약 23년간 경찰공무원으로 근무해 온 형사계 강력 1반장이 검사의 수사지휘대로만 하면 모두 적법한 것이라고 믿고 허위공문서를 작성한 경우 오인에 정당한 이유가 없다.

정선 핵심

① 처벌되지 않는 행위를 처벌되는 행위로 오인한 경우 → 환각범으로 불가벌
② 체포된 현행범인을 24시간까지 감금할 수 있다고 오인한 경우 → 위법성조각사유의 법적 한계에 대한 착오로 금지착오 ○
③ 법률의 착오 → 법률의 부지 포함 ×
④ 형사계 강력반장이 검사의 지휘대로 허위공문서를 작성한 경우 → 정당한 이유 ×

정선 해설

[❶ ▸ ×] 행위자가 처벌되지 않는 행위를 처벌되는 행위로 오인하고 행위를 한 경우는 반전된 금지착오로 환각범에 해당한다. 환각범은 불가벌이다.
[❷ ▸ ○] 사인이 현행범인을 체포하면서 그 범인을 자기 집안에 24시간까지 감금할 수 있다고 오인하고 감금한 경우는 위법성조각사유의 법적 한계에 대한 착오로 금지착오에 해당한다.
[❸ ▸ ○] 형법 제16조에서 "자기가 행한 행위가 법령에 의하여 죄가 되지 아니한 것으로 오인한 행위는 그 오인에 정당한 이유가 있는 때에 한하여 벌하지 아니한다."라고 규정하고 있는 것은 단순한 법률의 부지를 말하는 것이 아니고, 일반적으로 범죄가 되는 경우이지만 자기의 특수한 경우에는 법령에 의하여 허용된 행위로서 죄가 되지 아니한다고 그릇 인식하고 그와 같이 그릇 인식함에 정당한 이유가 있는 경우에는 벌하지 않는다는 취지이다(대판 2015.2.12. 2014도11501).
[❹ ▸ ○] 대판 1995.11.10. 95도2088

답 ❶

166 □□□

법률의 착오에 대한 설명 중 옳고 그름의 표시(○, ×)가 바르게 된 것은?(다툼이 있는 경우 판례에 의함) 21 경찰간부

ㄱ. 위법성의 인식에 필요한 노력의 정도는 일반인의 입장에서 판단되어야 하며, 구체적인 행위정황과 행위자 개인의 의사능력 그리고 행위자가 속한 사회집단 등에 따라 다르게 평가될 수 없다.
ㄴ. 정기간행물의 등록을 강제하는 법률규정이 있다는 것을 몰랐고 또 간행물이 발행될 당시뿐만 아니라 그 발행이 중단되고 오랜 기간이 지난 다음에도 이에 대하여 문제가 제기된 바 없었다면, 자신의 간행물 발행행위가 죄가 되지 아니한다고 믿는 데 정당한 이유가 있다고 할 수 있다.
ㄷ. 甲이 변리사로부터 받은 A의 상표권을 침해하지 않는다는 취지의 회답과 감정결과 통보, 특허청의 상표출원등록 등을 근거로 자신의 행위가 상표권을 침해하는 것이 아니라고 믿은 데에는 정당한 이유가 인정되지 않는다.
ㄹ. 사립학교 운영자 甲이 A학교의 교비회계에 속하는 수입을 수회에 걸쳐 B외국인학교에 대여하는 과정에서 관할청의 소속 공무원들이 참석한 A학교 학교운영위원회에서 B학교에 대한 자금대여 안건을 보고하였기 때문에 대여행위가 법률상 죄가 되지 않는 것으로 오인하였다면 그와 같은 그릇된 인식에 정당한 이유가 있다.

① ㄱ(×) ㄴ(○) ㄷ(×) ㄹ(×)
② ㄱ(○) ㄴ(○) ㄷ(×) ㄹ(×)
③ ㄱ(×) ㄴ(×) ㄷ(○) ㄹ(×)
④ ㄱ(×) ㄴ(×) ㄷ(×) ㄹ(○)

정선 핵심

정당한 이유의 인정 여부

ㄱ. 위법성 인식을 위한 노력 정도 → 구체적인 행위정황, 행위자의 인식능력, 행위자가 속한 사회집단에 따라서도 달리 평가하여야 함
ㄴ. 정기간행물을 등록하지 않고 발행한 경우 → ×
ㄷ. 변리사의 회답으로 자신의 행위가 상표권을 침해하지 않는다고 믿은 경우 → ×
ㄹ. 사립학교의 교비회계수입을 수회에 걸쳐 외국인학교에 대여한 경우 → ×

정선 해설

[ㄱ ▸ ×] 위법성의 인식에 필요한 노력의 정도는 구체적인 행위정황과 행위자 개인의 인식능력 그리고 행위자가 속한 사회집단에 따라 달리 평가되어야 한다(대판 2015.2.12. 2014도11501).
[ㄴ ▸ ×] 정기간행물을 등록하지 않고 발행한 피고인들이 정기간행물의 등록을 강제하는 법률규정이 있다는 것을 몰랐고 또 그 간행물이 발행될 당시뿐만 아니라 그 발행이 중단되고 오랜 기간이 지난 다음에도 이에 대하여 문제가 제기된 바 없었다는 사정만으로는 피고인들이 그 행위가 죄가 되지 아니한다고 믿은 데 정당한 이유가 있다고 할 수 없다(대판 1994.12.9. 93도3223).
[ㄷ ▸ ○] 피고인들이 변리사로부터 그들의 행위가 고소인의 상표권을 침해하지 않는다는 취지의 회답과 감정결과를 통보받았고, 특허청도 피고인들의 상표출원을 받아들여서 이를 등록하여 주기까지 하였다는 등 피고인들이 주장하는 사유들만으로는 위와 같은 기준에서 볼 때 피고인 박석용이 자신의 행위가 고소인의 상표권을 침해하는 것이 아니라고 믿은 데에 정당한 이유가 있다고 볼 수 없다(대판 1998.10.13. 97도3337).

비교판례 **대판 1982.1.19. 81도646**

피고인은 1974. 말경 발가락삽입부가 5개로 형성된 양말을 주문받아 1975.1부터 이를 생산하던 중 피해자로부터 동인의 의장권을 침해한다 하여 그 제조의 중지요청을 받고 그 즉시 변리사 김경진에게 문의하였던바, 양자의 의장이 색채와 모양에 있어 큰 차이가 있으므로 동일유사하다고 할 수 없다는 회답을 받고, 같은 해 3.12 피고인 스스로 자신이 제조하는 양말에 대하여 의장등록출원을 한 결과 같은 해 12.22 특허국으로부터 등록사정까지 받게 되었으므로 피고인으로서는 자신이 제조하는 양말이 타인의 의장권을 침해하는 것이 아니라고 믿을 수밖에 없었다고 할 것이니, 위 양말을 제조판매하는 행위가 법령에 의하여 죄가 되지 않는다고 오인함에 있어서 정당한 이유가 있는 경우에 해당하여 처벌할 수 없는 것이다.

[ㄹ ▸ ×] 사립학교인 갑 외국인학교 경영자인 피고인이 갑 학교의 교비회계에 속하는 수입을 수회에 걸쳐 을 외국인학교에 대여하였다고 하여 사립학교법 위반으로 기소된 경우, 갑 학교의 교비회계에 속하는 수입을 을 학교에 대여하는 것은 구 사립학교법 제29조 제6항에 따라 금지되며, 피고인이 위와 같은 대여행위가 법률상 허용되는 것으로서 죄가 되지 않는다고 그릇 인식하고 있었더라도 그와 같이 그릇된 인식에 정당한 이유가 없다(대판 2017.3.15. 2014도12773).

답 ③

167 □□□

형법 제16조의 법률의 착오에 대한 설명으로 옳지 않은 것은?(다툼이 있는 경우 판례에 의함) 17 국가9급

① 엄격고의설에 따르면 법률의 착오와 사실의 착오의 구별이 없어지고 양자를 같은 기준에 의하여 처리하게 된다.
② 제한고의설에 따르면 법률의 착오의 법적 효과는 착오의 회피가능성에 의하여 좌우된다.
③ 엄격책임설에 따르면 위법성 인식이 없는 경우에는 고의가 조각되는 것이 아니라 책임이 조각된다.
④ '정당한 이유'의 유무는 행위자가 자신의 지적 능력을 다하여 위법을 회피하기 위한 진지한 노력을 다하였더라면 자기행위에 대하여 위법성을 인식할 수 있었는지 여부에 따라 판단하여야 한다.

정선 핵심

① 엄격고의설 → 법률의 착오와 사실의 착오 모두 고의조각
② 제한적 고의설 → 위법성의 인식가능성에 따라 판단
③ 엄격책임설 → 위법성 인식이 없는 경우 책임 조각 또는 감경
④ 정당한 이유의 유무 → 지적 능력으로 진지한 노력을 다하였다면 위법성을 인식할 수 있었는지 여부로 판단

정선 해설

[❶ ▸ ○] 엄격고의설은 고의가 성립하기 위해서는 구성요건에 해당하는 객관적 사실의 인식 이외에 현실적인 위법성의 인식이 있어야 한다는 견해이다. 따라서 구성요건에 해당하는 객관적 사실의 인식이 없는 사실의 착오와 위법성 인식이 없는 법률의 착오는 모두 고의가 조각된다는 점에서 동일하다.
[❷ ▸ ×] 제한적 고의설에 의하면 위법성을 현실적으로 인식한 경우뿐만 아니라 인식가능성이 있는 경우에도 고의가 성립한다고 이해한다.
[❸ ▸ ○] 엄격책임설에 의하면 위법성 인식은 고의와는 분리된 독립된 책임요소로 이해하여 위법성 인식이 없더라도 고의의 성립에는 영향이 없고 책임조각이나 감경이 있을 뿐이라고 한다.

[❹ ▸ O] 정당한 이유가 있는지 여부는 행위자에게 자기행위의 위법의 가능성에 대해 심사숙고하거나 조회할 수 있는 계기가 있어 자신의 지적 능력을 다하여 이를 회피하기 위한 진지한 노력을 다하였더라면 스스로의 행위에 대하여 위법성을 인식할 수 있는 가능성이 있었음에도 이를 다하지 못한 결과 자기 행위의 위법성을 인식하지 못한 것인지 여부에 따라 판단하여야 할 것이고, 이러한 위법성의 인식에 필요한 노력의 정도는 구체적인 행위정황과 행위자 개인의 인식능력 그리고 행위자가 속한 사회집단에 따라 달리 평가되어야 한다(대판 2015.2.12. 2014도11501).

답 ❷

168 □□□

법률의 착오에 대한 설명으로 옳지 않은 것은?(다툼이 있는 경우 판례에 의함)

20 국가9급

① 법률의 착오에 정당한 이유가 있는지 여부를 판단함에 있어서는 구체적인 행위정황과 행위자 개인의 인식능력이 고려되어야 한다.

② 형법 제16조가 '자기의 행위가 법령에 의하여 죄가 되지 아니하는 것으로 오인한 행위는 그 오인에 정당한 이유가 있는 때에 한하여 벌하지 아니한다'라고 규정하고 있는 것은 단순한 법률의 부지의 경우를 말하는 것이 아니다.

③ 대법원 판례에 비추어 자신의 행위가 무허가의약품의 제조·판매행위에 해당하지 아니하는 것으로 오인하였다고 하더라도, 사안을 달리하는 사건에 관한 대법원판례의 취지를 오해하였던 것에 불과한 경우에는 그와 같은 사정만으로는 그 오인에 정당한 사유가 있다고 볼 수 없다.

④ 부동산중개업자가 중개수수료 산정에 관한 지방자치단체의 조례를 잘못 해석하여 법에서 허용하는 금액을 초과한 중개수수료를 수수한 경우는 자신의 행위가 법령에 저촉되지 않는 것으로 오인함에 정당한 사유가 있는 경우에 해당한다.

정선 핵심

① 정당한 이유의 유무 → 구체적인 행위정황과 행위자의 인식능력이 고려되어야 함
② 법률의 착오 → 법률의 부지 포함 ×
③ 판례에 비추어 무허가의약품의 제조·판매행위가 아닌 것으로 오인한 경우 → 정당한 이유 ×
④ 조례를 잘못 해석하여 허용금액을 초과한 중개수수료를 수수한 경우 → 정당한 이유 ×

정선 해설

[❶ ▸ O] 대판 2015.2.12. 2014도11501

[❷ ▸ O] 형법 제16조에서 "자기가 행한 행위가 법령에 의하여 죄가 되지 아니한 것으로 오인한 행위는 그 오인에 정당한 이유가 있는 때에 한하여 벌하지 아니한다."라고 규정하고 있는 것은 단순한 법률의 부지를 말하는 것이 아니다(대판 2015.2.12. 2014도11501).

[❸ ▸ O] 피고인이 대법원의 판례에 비추어 자신의 행위가 무허가의약품의 제조·판매행위에 해당하지 아니하는 것으로 오인하였다고 하더라도, 이는 사안을 달리하는 사건에 관한 대법원의 판례의 취지를 오해하였던 것에 불과하여 그와 같은 사정만으로는 그 오인에 정당한 사유가 있다고 볼 수 없다(대판 1995.7.28. 95도1081).

[❹ ▸ ×] 부동산중개업자가 아파트 분양권의 매매를 중개하면서 중개수수료 산정에 관한 지방자치단체의 조례를 잘못 해석하여 법에서 허용하는 금액을 초과한 중개수수료를 수수한 경우가 법률의 착오에 해당하지 않는다(대판 2005.5.27. 2004도62).

답 ❹

169
□□□

위법성의 인식과 법률의 착오에 대한 설명으로 옳지 않은 것은?(다툼이 있는 경우 판례에 의함) 18 국가9급

① 범죄의 성립에 있어서 위법의 인식은 그 범죄사실이 사회정의와 조리에 어긋난다는 것을 인식하는 것으로서 족하고 구체적인 해당 법조문까지 인식할 필요는 없다.

② 형법 제16조의 법률의 착오는 행위자가 법률을 부지한 경우뿐만 아니라, 일반적으로 범죄가 되는 경우이지만 자기의 특수한 경우에는 법령에 의하여 허용된 행위로서 죄가 되지 아니한다고 그릇 인식하고, 그와 같이 그릇 인식함에 정당한 이유가 있는 경우에는 벌하지 않는다는 취지이다.

③ 형법 제16조의 정당한 이유가 있는지 여부는 행위자에게 자기 행위의 위법의 가능성에 대해 심사숙고하거나 조회할 수 있는 계기가 있어 자신의 지적 능력을 다하여 이를 회피하기 위한 진지한 노력을 다하였더라면 스스로의 행위에 대하여 위법성을 인식할 수 있는 가능성이 있었음에도 이를 다하지 못한 결과 자기 행위의 위법성을 인식하지 못한 것인지 여부에 따라 판단하여야 한다.

④ 위법성의 인식에 필요한 노력의 정도는 구체적인 행위정황과 행위자 개인의 인식능력, 그리고 행위자가 속한 사회집단에 따라 달리 평가되어야 한다.

정선 핵심

① 위법성의 인식 → 범죄사실이 사회 정의와 조리에 어긋난다는 것을 인식
② 법률의 착오 → 법률의 부지 포함 ×
③ 정당한 이유의 유무 → 지적 능력으로 진지한 노력을 다하였다면 위법성을 인식할 수 있었는지 여부로 판단
④ 위법성 인식을 위한 노력 정도 → 구체적인 행위정황, 행위자의 인식능력, 행위자가 속한 사회집단에 따라서도 달리 평가하여야 함

정선 해설

[❶ ▸ O] 대판 1987.3.24. 86도2673

[❷ ▸ ×] [❸ ▸ O] [❹ ▸ O] 형법 제16조에서 "자기가 행한 행위가 법령에 의하여 죄가 되지 아니한 것으로 오인한 행위는 그 오인에 정당한 이유가 있는 때에 한하여 벌하지 아니한다."라고 규정하고 있는 것은 단순한 법률의 부지를 말하는 것이 아니고, 일반적으로 범죄가 되는 경우이지만 자기의 특수한 경우에는 법령에 의하여 허용된 행위로서 죄가 되지 아니한다고 그릇 인식하고 그와 같이 그릇 인식함에 정당한 이유가 있는 경우에는 벌하지 않는다는 취지이다.❷ 그리고 여기서 정당한 이유가 있는지 여부는 행위자에게 자기행위의 위법의 가능성에 대해 심사숙고하거나 조회할 수 있는 계기가 있어 자신의 지적 능력을 다하여 이를 회피하기 위한 진지한 노력을 다하였더라면 스스로의 행위에 대하여 위법성을 인식할 수 있는 가능성이 있었음에도 이를 다하지 못한 결과 자기 행위의 위법성을 인식하지 못한 것인지 여부에 따라 판단하여야 할 것이고,❸ 이러한 위법성의 인식에 필요한 노력의 정도는 구체적인 행위정황과 행위자 개인의 인식능력 그리고 행위자가 속한 사회집단에 따라 달리 평가되어야 한다❹(대판 2015.2.12. 2014도11501).

답 ❷

170 □□□

형법 제16조의 법률의 착오에 대한 설명으로 옳은 것은?(다툼이 있는 경우 판례에 의함)

18 국가7급

① 십전대보초를 제조·판매하다가 검거되어 검찰의 혐의없음결정을 받은 적이 있는 자가 다시 전과 동일한 방법으로 한약 가지 수에만 차이가 있는 가감삼십전대보초를 허가 없이 제조·판매한 경우 그 오인에 정당한 이유가 없다.

② 법률의 착오에 정당한 이유가 있는지 여부는 행위자가 위법한 행위를 하지 않으려는 진지한 노력을 했음에도 위법성을 인식하지 못한 것인지 여부를 기준으로 판단해야 하며, 위법성 인식에 필요한 노력의 정도는 행위자 개인의 인식능력 및 행위자가 속한 사회집단에 따라 달리 평가되어서는 안 된다.

③ 구 건설폐기물의 재활용촉진에 관한 법률 제16조 제1항의 위반행위를 하면서 이를 판단하는 데 직접적인 자료가 되지 않는 환경부의 질의회신을 받은 경우 그 오인에 정당한 이유가 있다.

④ 변호사 자격을 가진 국회의원 甲이 선거에 영향을 미칠 수 있는 내용이 포함된 의정보고서를 발간하는 과정에서 보좌관을 통해 선거관리위원회 직원에게 구두로 문의하여 답변을 받은 결과 그 의정보고서 발간이 선거법규에 저촉되지 않는다고 오인한 경우 그 오인에 정당한 이유가 없다.

정선 핵심

① 가감삼십전대보초를 허가 없이 제조·판매한 경우 → 정당한 이유 ○

② 정당한 이유

⋯→ 정당한 이유의 유무 : 지적 능력으로 진지한 노력을 다하였다면 위법성을 인식할 수 있었는지 여부로 판단

⋯→ 위법성 인식을 위한 노력 정도 : 구체적인 행위정황, 행위자의 인식능력, 행위자가 속한 사회집단에 따라서도 달리 평가하여야 함

③ 구 건설폐기물법 위반행위를 하면서 이를 판단하는 데 직접적인 자료가 되지 않는 환경부의 질의회신을 받은 경우 → 정당한 이유 ×

④ 변호사 자격을 가진 국회의원이 선거관리위원회 직원에게 문의하여 의정보고서를 발간한 경우 → 정당한 이유 ×

정선 해설

[❶ ▸ ×] 가감삼십전대보초와 한약 가짓수에만 차이가 있는 십전대보초를 제조하고 그 효능에 관하여 광고를 한 사실에 대하여 이전에 검찰의 혐의없음결정을 받은 적이 있다면, 피고인이 비록 한의사 약사 한약업사 면허나 의약품판매업 허가가 없이 의약품인 가감삼십전대보초를 판매하였다고 하더라도 자기의 행위가 법령에 의하여 죄가 되지 않는 것으로 믿을 수밖에 없었고, 또 그렇게 오인함에 있어서 정당한 이유가 있는 경우에 해당한다(대판 1995.8.25. 95도717).

[❷ ▸ ×] 정당한 이유가 있는지 여부는 행위자에게 자기행위의 위법의 가능성에 대해 심사숙고하거나 조회할 수 있는 계기가 있어 자신의 지적 능력을 다하여 이를 회피하기 위한 진지한 노력을 다하였더라면 스스로의 행위에 대하여 위법성을 인식할 수 있는 가능성이 있었음에도 이를 다하지 못한 결과 자기 행위의 위법성을 인식하지 못한 것인지 여부에 따라 판단하여야 할 것이고, 이러한 위법성의 인식에 필요한 노력의 정도는 구체적인 행위정황과 행위자 개인의 인식능력 그리고 행위자가 속한 사회집단에 따라 달리 평가되어야 한다(대판 2015.2.12. 2014도11501).

[❸ ▸ ×] 구 건설폐기물의 재활용촉진에 관한 법률 제16조 제1항의 위반행위를 하면서 이를 판단하는 데 직접적인 자료가 되지 않는 환경부의 질의회신을 받은 것만으로는 정당한 이유가 있는 법률의 착오에 해당하지 않는다(대판 2009.1.30. 2008도8607).

유사판례 **대판 1998.6.23. 97도1189**

관할 환경청이 비록 폐기물 배출업자가 차량을 임차하여 폐기물을 수집·운반하는 경우에도 그 임차차량에 대하여 특정 폐기물 수집·운반차량증을 발급해 주고 있었다 하더라도, 그러한 사정만으로는 관할 환경청이 폐기물 배출업자가 폐기물의 수집·운반만을 위하여 무허가업자로부터 폐기물 운반차량을 그 운전사와 함께 임차하는 형식을 취하면서 실질적으로는 무허가업자에게 위탁하여 폐기물을 수집·운반하게 하는 행위까지 적법한 것으로 해석하였다고 볼 수 없으므로, 피고인이 피고인 회사의 폐기물 수집·운반 방법이 죄가 되지 아니하는 것으로 믿었다 하더라도 그와 같이 믿는 데 정당한 이유가 있었다고 보기 어렵다.

[④ ▸ O] 대판 2006.3.24. 2005도3717

답 ④

171 □□□

법률의 착오에 대한 설명으로 가장 적절하지 않은 것은?(다툼이 있는 경우 판례에 의함)

18 경찰승진

① 자기의 행위가 법령에 의하여 죄가 되지 아니하는 것으로 오인한 행위는 그 오인에 정당한 이유가 있는 때에 한하여 벌하지 아니한다.
② 자격기본법에 의한 민간자격관리자로부터 대체의학자격증을 수여받은 자가 사업자등록을 한 후 침술원을 개설하였다고 한다면, 자신의 행위가 무면허의료행위에 해당되지 아니하여 죄가 되지 않는다고 믿은 데에 정당한 사유가 있었다고 볼 수 있다.
③ 숙박업자가 자신이 운영하는 숙박업소에서 위성방송수신장치를 이용하여 수신한 외국의 음란한 위성방송프로그램을 투숙객 등에게 제공하였는데, 그 이전에 그와 유사한 행위로 '혐의없음' 처분을 받은 전력이 있다거나 일정한 시청차단장치를 설치하였더라도 형법 제16조의 정당한 이유가 있다고 볼 수 없다.
④ 광역시의회 의원이 선거구민들에게 의정보고서를 배부하기에 앞서 관할 선거관리위원회 소속 공무원들에게 자문을 구하고 그들의 지적에 따라 수정한 의정보고서를 배부한 경우, 형법 제16조의 정당한 이유가 있다고 볼 수 있다.

정선 핵심

정당한 이유의 인정 여부
① 형법 제16조 → 오인에 정당한 이유가 있는 때는 불가벌
② 대체의학자격증을 수여받은 자가 사업자등록을 한 후 침술원을 개설한 경우 → ×
③ 숙박업소에서 위성방송수신장치를 이용하여 외국의 위성방송프로그램을 제공한 경우 → ×
④ 광역시의회 의원이 관할선거관리위원회 공무원들에게 자문을 구하고 의정보고서를 배부한 경우 → O

정선 해설

[❶ ▸ O] 형법 제16조 참조

법령 **법률의 착오(형법 제16조)** 자기의 행위가 법령에 의하여 죄가 되지 아니하는 것으로 오인한 행위는 그 오인에 정당한 이유가 있는 때에 한하여 벌하지 아니한다.

[❷ ▸ ×] 자격기본법에 의한 민간자격관리자로부터 대체의학자격증을 수여받은 자가 사업자등록을 한 후 침술원을 개설하였다고 하더라도 국가의 공인을 받지 못한 민간자격을 취득하였다는 사실만으로는 자신의 행위가 무면허의료행위에 해당되지 아니하여 죄가 되지 않는다고 믿는 데에 정당한 사유가 있었다고 할 수 없다(대판 2003.5.13. 2003도939).

관련판례 **대판 2002.5.10. 2000도2807**

기공원을 운영하면서 환자들을 대상으로 척추교정시술행위를 한 자가 정부 공인의 체육종목인 '활법'의 사회체육지도자 자격증을 취득한 자라 하여도 자신의 행위가 무면허의료행위에 해당되지 아니하여 죄가 되지 않는다고 믿은 데에 정당한 사유가 있었다고 할 수 없다.

[❸ ▸ O] 구 풍속영업의 규제에 관한 법률 제3조 제2호 위반행위를 한 피고인이 그 이전에 그와 유사한 행위로 '혐의없음' 처분을 받은 전력이 있다거나 일정한 시청차단장치를 설치하였다는 등의 사정만으로는, 형법 제16조의 정당한 이유가 있다고 볼 수 없다(대판 2010.7.15. 2008도11679).

[❹ ▸ O] 대판 2005.6.10. 2005도835

답 ❷

172 □□□

법률의 착오에 대한 설명 중 옳은 것을 모두 고른 것은?(다툼이 있는 경우 판례에 의함)

19 경찰승진

ㄱ. 직장상사의 지시로 인하여 그 부하가 범법행위에 가담한 경우, 직무상 지휘·복종관계에 있다 하여 범법행위에 가담하지 않을 기대가능성이 부정된다고 할 수 없다.

ㄴ. 법률의 착오에 정당한 이유가 있는지 여부는 행위자가 위법한 행위를 하지 않으려는 진지한 노력을 했음에도 위법성을 인식하지 못한 것인지 여부를 기준으로 판단해야 하지만, 위법성 인식에 필요한 노력의 정도는 행위자 개인의 인식능력 및 행위자가 속한 사회집단에 따라 달리 평가되어서는 안 된다.

ㄷ. 광역시의회 의원 甲이 선거구민들에게 의정보고서를 배부하기에 앞서 미리 관할 선거관리위원회 소속 공무원들에게 자문을 구하고 그들의 지적에 따라 수정한 의정보고서를 배부한 경우, 甲의 행위는 형법 제16조의 정당한 이유가 인정된다.

ㄹ. 변호사 자격을 가진 국회의원이 낙천대상자로 선정된 사유에 대한 해명을 넘어 다른 동료 의원들이나 네티즌의 낙천대상자 선정이 부당하다는 취지의 반론을 담은 의정보고서를 발간하는 과정에서 보좌관을 통하여 선거관리위원회 직원에게 구두로 문의하여 답변 받은 결과 선거법규에 저촉되지 않는다고 오인한 경우 정당한 이유가 있다고 볼 수 있다.

① ㄱ, ㄷ　　② ㄱ, ㄹ

③ ㄴ, ㄷ　　④ ㄴ, ㄹ

정선 핵심

ㄱ. 지휘·복종관계에 있는 직장상사의 지시로 범법행위에 가담한 경우 → 기대가능성 O

ㄴ. 위법성 인식을 위한 노력 정도 → 구체적인 행위정황, 행위자의 인식능력, 행위자가 속한 사회집단에 따라서도 달리 평가하여야 함

ㄷ. 광역시의회 의원이 관할선거관리위원회 공무원들에게 자문을 구하고 의정보고서를 배부한 경우 → 정당한 이유 O

ㄹ. 변호사 자격을 가진 국회의원이 선거관리위원회 직원에게 문의하여 의정보고서를 발간한 경우 → 정당한 이유 ×

정선 해설

[ㄱ▸O] 대판 2007.5.11. 2007도1373

[ㄴ▸×] 정당한 이유가 있는지 여부는 행위자에게 자기행위의 위법의 가능성에 대해 심사숙고하거나 조회할 수 있는 계기가 있어 자신의 지적 능력을 다하여 이를 회피하기 위한 진지한 노력을 다하였더라면 스스로의 행위에 대하여 위법성을 인식할 수 있는 가능성이 있었음에도 이를 다하지 못한 결과 자기 행위의 위법성을 인식하지 못한 것인지 여부에 따라 판단하여야 할 것이고, 이러한 위법성의 인식에 필요한 노력의 정도는 구체적인 행위정황과 행위자 개인의 인식능력 그리고 행위자가 속한 사회집단에 따라 달리 평가되어야 한다(대판 2015.2.12. 2014도11501).

[ㄷ▸O] 대판 2005.6.10. 2005도835

[ㄹ▸×] 피고인이 그 보좌관을 통하여 관할 선거관리위원회 직원에게 문의하여 의정보고서에 선거구 활동 기타 업적의 홍보에 필요한 사항 등의 내용을 게재하는 것이 허용된다는 답변을 들은 것만으로는, 자신의 지적 능력을 다하여 이를 회피하기 위한 진지한 노력을 다 하였다고 볼 수 없고, 그 결과 자신의 행위의 위법성을 인식하지 못한 것이라고 할 것이므로 그에 대해 정당한 이유가 있다고 하기 어렵다(대판 2006.3.24. 2005도3717).

답 ❶

173 □□□

형법 제16조(법률의 착오)에서 규정하는 '정당한 이유'가 있다고 인정되는 것은 모두 몇 개인가?(다툼이 있는 경우 판례에 의함) 19 경찰간부

ㄱ. 긴급명령이 시행된 지 오래되지 않아 비밀보장의무의 내용에 관해 확립된 규정이나 관계기관의 유권해석 및 금융관행이 확립되어 있지 아니하므로 금융거래의 내용을 공개한 경우
ㄴ. 법규해석을 잘못하여 공무원이 직무상 실시한 봉인 등의 표시가 법률상 효력이 없다고 믿고 손상, 은닉, 기타의 방법으로 그 효용을 해한 경우
ㄷ. 채권자가 관할 공무원과 변호사에게 문의 확인하여 자기의 채권이 신고해야 할 기업사채에 해당하지 않는다고 믿고 신고를 하지 않은 경우
ㄹ. 무선설비기기 수입업자가 무선설비의 납품처 직원으로부터 형식등록이 필요 없다는 취지의 답변을 듣고, 이미 무선설비의 형식승인을 받은 다른 수입업자가 있음을 이용하여 동일한 제품을 법에서 정한 형식 승인 없이 수입·판매한 경우

① 1개 ② 2개
③ 3개 ④ 4개

정선 핵심

정당한 이유의 인정 여부

ㄱ. 비밀보장의무의 내용이 확립되지 않은 상태에서 금융거래의 내용을 공개한 경우 → ×
ㄴ. 공무원이 직무상 실시한 봉인 등이 법률상 효력이 없다고 효용을 해한 경우 → ×
ㄷ. 채권자가 공무원과 변호사에게 문의하여 기업사채를 신고하지 않은 경우 → O
ㄹ. 무선설비기기 수입업자가 형식 승인 없이 무선설비를 수입·판매한 경우 → ×

정선 해설

[ㄱ▸×] 긴급명령위반행위 당시 긴급명령이 시행된 지 그리 오래되지 않아 금융거래의 실명전환 및 확인에만 관심이 집중되어 있었기 때문에 비밀보장의무의 내용에 관하여 확립된 규정이나 판례, 학설은 물론 관계 기관의 유권해석이나 금융관행이 확립되어 있지 아니하였다는 사정은 단순한 법률의 부지에 불과하며, 그 위반행위가 형사재판 변호인들의 자료 요청에서 기인하였다고 하더라도 변호인들에게 구체적으로 긴급명령 위반 여부에 관하여 자문을 받은 것은 아닌데다가, 해당 은행에서는 긴급명령상의 비밀보장에 관하여 상당한 교육을 시행하였음을 알 수 있어 피고인들의 금융실명거래 및 비밀보장에 관한 긴급재정경제명령 위반행위가 죄가 되지 않는다고 믿은 데에 정당한 이유가 있는 경우에 해당하지 않는다(대판 1997.6.27. 95도1964).

[ㄴ ▸ X] 공무원이 그 직무에 관하여 실시한 봉인 등의 표시를 손상 또는 은닉 기타의 방법으로 그 효용을 해함에 있어서 그 봉인 등의 표시가 법률상 효력이 없다고 믿은 것은 법규의 해석을 잘못하여 행위의 위법성을 인식하지 못한 것이라고 할 것이므로 그와 같이 믿은 데에 정당한 이유가 없는 이상, 그와 같이 믿었다는 사정만으로는 공무상표시무효죄의 죄책을 면할 수 없다(대판 2000.4.21. 99도5563).

> **비교판례** 대판 1970.9.22. 70도1206
>
> 민사소송법 기타 공법의 해석을 잘못하여 압류물의 효력이 없어진 것으로 착오하였거나 또는 봉인 등을 손상 또는 효력을 해할 권리가 있다고 오신한 경우에는 형벌법규의 부지와 구별되어 범의를 조각한다고 해석할 것이다.

[ㄷ ▸ O] 대판 1976.1.13. 74도3680

[ㄹ ▸ X] 무선설비의 형식승인을 받은 다른 수입업자가 있음을 이용하여 동일한 제품을 형식승인 없이 수입·판매한 행위는 무선설비에 대한 관계 법령의 취지 및 내용에 비추어 볼 때 전파법위반죄에 해당하고, 무선설비의 납품처 직원으로부터 형식등록이 필요 없다는 취지의 답변을 들었다는 사정만으로는 형법 제16조의 법률의 착오에 해당하지 않는다(대판 2009.6.11. 2008도10373).

답 ❶

174 □□□ 법률의 착오에 관한 다음 설명 중 가장 적절하지 않은 것은?(판례에 의함) 15 경찰채용

① 정당한 이유가 있는지 여부는 행위자가 자기 행위의 위법성에 대해 심사숙고하거나 조회할 수 있는 계기가 있었는데도 자신의 지적 능력을 다하여 진지한 노력을 다하지 못한 결과 위법성을 인식하지 못한 것인지 여부에 따라 판단하여야 한다.

② 일본 영주권을 가진 재일교포가 영리를 목적으로 관세물품을 구입한 것이 아니라거나 국내입국 시 관세신고를 하지 않아도 되는 것으로 착오한 경우 정당한 이유가 있다.

③ '탐정업이 인·허가 또는 등록사항이 아니다'는 민원사무 담당공무원의 말을 듣고 신용조사업법이 금지하는 소재탐지나 사생활 조사 등을 한 경우 위 행위가 죄가 되지 않는다고 믿은 데에 정당한 이유가 있었다고 할 수 없다.

④ 자기의 행위가 법령에 의하여 죄가 되지 아니하는 것으로 오인한 행위는 그 오인에 정당한 이유가 있는 때에 한하여 벌하지 아니한다.

정선 핵심

① 정당한 이유의 유무 → 지적 능력으로 진지한 노력을 다하였다면 위법성을 인식할 수 있었는지 여부로 판단
② 일본 영주권을 가진 재일교포가 관세물품의 구입·신고과정에서 착오한 경우 → 정당한 이유 ×
③ 탐정업이 인·허가사항이 아니라는 담당공무원의 말을 듣고 소재탐지나 사생활 조사를 한 경우 → 정당한 이유 ×
④ 형법 제16조 → 오인에 정당한 이유가 있는 때는 불가벌

정선 해설

[❶ ▸ O] 대판 2015.2.12. 2014도11501

[❷ ▸ X] 일본 영주권을 가진 재일교포가 영리를 목적으로 관세물품을 구입한 것이 아니라거나 국내입국 시 관세신고를 하지 않아도 되는 것으로 착오하였다는 등의 사정만으로는 형법 제16조의 법률의 착오에 해당하지 않는다(대판 2007.5.11. 2006도1993).

[❸ ▸ O] 피고인이 민원사무담당 공무원에게 문의하여 탐정업이 인·허가 또는 등록사항이 아니라는 대답을 얻었으며 세무서에 탐정업 및 심부름대행업에 관한 사업자등록을 하였다 하더라도, 신용조사업법에서 금지하고 있는 특정인 소재탐지, 사생활 조사 등의 행위가 죄가 되지 않는다고 믿은 데에 정당한 이유가 있었다고는 할 수 없다(대판 1994.8.26. 94도780).

[❹ ▸ O] 형법 제16조 참조

법령 법률의 착오(형법 제16조) 자기의 행위가 법령에 의하여 죄가 되지 아니하는 것으로 오인한 행위는 그 오인에 정당한 이유가 있는 때에 한하여 벌하지 아니한다.

답 ❷

175 □□□

형법 제16조 법률의 착오에 관한 내용으로 옳지 않은 것은?(다툼이 있는 경우 판례에 의함)

16 경찰간부

① 변호사 자격을 가진 국회의원이 낙천대상자로 선정된 사유에 대한 해명을 넘어 다른 동료의원들이나 네티즌의 낙천대상자 선정이 부당하다는 취지의 반론을 담은 의정보고서를 발간하는 과정에서 보좌관을 통하여 선거관리위원회 직원에게 문의하여 답변 받은 결과 선거법규에 저촉되지 않는다고 오인한 경우 정당한 이유가 없다.

② 자격기본법에 의한 민간자격관리자로부터 대체의학자격증을 수여받은 자가 사업자등록을 한 후 침술원을 개설하여 침술행위를 하는 것은 무면허의료행위에 해당되지 아니하여 죄가 되지 않는다고 믿은 데에 정당한 이유가 없다.

③ 공무원이 그 직무에 관하여 실시한 봉인 등의 표시가 절차상 하자가 있어서 법률상 효력이 없다고 믿고 그 봉인 등의 표시를 손상 또는 은닉 기타의 방법으로 그 효용을 해하는 행위는 그 오인에 정당한 이유가 있다고 볼 수 없다.

④ 피고인이 과거 지방선거에서 이 사건 홍보물과 같은 내용의 선거홍보물을 사용하였지만 처벌받지 않아 이 사건 홍보물의 내용이 구 공직선거법에 위반됨을 알지 못한 경우 법률의 착오에 정당한 이유가 있다.

정선 핵심

정당한 이유의 인정 여부

① 변호사 자격을 가진 국회의원이 선거관리위원회 직원에게 문의하여 의정보고서를 발간한 경우 → ×

② 대체의학자격증을 수여받은 자가 사업자등록을 한 후 침술원을 개설한 경우 → ×

③ 공무원이 직무상 실시한 봉인 등이 법률상 효력이 없다고 효용을 해한 경우 → ×

④ 지방선거에서 사용하였지만 처벌받지 않은 홍보물과 같은 내용의 홍보물이 구 공직선거법에 위반됨을 알지 못한 경우 → ×

정선 해설

[❶ ▸ O] 대판 2006.3.24. 2005도3717

[❷ ▸ O] 대판 2003.5.13. 2003도939

[❸ ▸ O] 공무원이 그 직무에 관하여 실시한 봉인 등의 표시를 손상 또는 은닉 기타의 방법으로 그 효용을 해함에 있어서 그 봉인 등의 표시가 법률상 효력이 없다고 믿은 것은 법규의 해석을 잘못하여 행위의 위법성을 인식하지 못한 것이라고 할 것이므로 그와 같이 믿은 데에 정당한 이유가 없는 이상, 그와 같이 믿었다는 사정만으로는 공무상표시무효죄의 죄책을 면할 수 없다(대판 2000.4.21. 99도5563).

비교판례 대판 1970.9.22. 70도1206

민사소송법 기타 공법의 해석을 잘못하여 압류물의 효력이 없어진 것으로 착오하였거나 또는 봉인 등을 손상 또는 효력을 해할 권리가 있다고 오신한 경우에는 형벌법규의 부지와 구별되어 범의를 조각한다고 해석할 것이다.

[❹ ▸ ×] 피고인이 과거 지방선거에서 이 사건 홍보물과 같은 내용의 선거홍보물을 사용하였지만 처벌받지 않았다거나 이 사건 홍보물의 내용이 구 공직선거법에 위반됨을 알지 못하였다는 사유만으로는 피고인의 행위에 범의가 없다거나 형법 제16조 소정의 법률의 착오에 해당하는 '정당한 이유'가 있다고 볼 수 없다(대판 2006.3.10. 2005도6316).

답 ❹

176 □□□

다음 중 법률의 착오에 정당한 이유가 있는 것을 모두 고른 것은?(다툼이 있는 경우 판례에 의함) 17 경찰채용

ㄱ. 변호사 자격을 가진 국회의원이 낙천대상자로 선정된 사유에 대한 해명을 넘어, 다른 동료의원들이나 네티즌의 낙천대상자 선정이 부당하다는 취지의 반론을 담은 의정보고서를 발간하는 과정에서, 보좌관을 통해 선거관리위원회 직원에게 문의하여 답변 받은 결과 선거법규에 저촉되지 않는다고 인식한 경우
ㄴ. 부동산중개업자가 부동산중개업협회의 자문을 통하여 인원수의 제한 없이 중개보조원을 채용하는 것이 허용된다고 믿고 구 부동산중개업법이 정하는 제한인원을 초과하여 중개보조원을 채용한 경우
ㄷ. 지방자치단체장이 관행적으로 간담회를 열어 업무추진비지출 형식으로 참석자들에게 음식물을 제공해 오면서 법령에 의하여 허용되는 행위라고 오인한 경우
ㄹ. 중국 국적 선박을 구입한 피고인이 외환은행 담당자의 안내에 따라 매도인인 중국 해운회사에 선박을 임대하여 받기로 한 용선료를 재정경제부장관에게 미리 신고하지 아니하고 선박매매대금과 상계함으로써 구 외국환거래법을 위반한 경우

① ㄱ, ㄴ
② ㄴ, ㄷ
③ ㄷ, ㄹ
④ 없음

정선 핵심

정당한 이유 유무
ㄱ. 변호사 자격을 가진 국회의원이 선거관리위원회 직원에게 문의하여 의정보고서를 발간한 경우 → ×
ㄴ. 제한인원을 초과하여 중개보조원을 채용한 경우 → ×
ㄷ. 지방자치단체장이 관행적으로 간담회를 열어 음식물을 제공한 경우 → ×
ㄹ. 중국 국적 선박을 구입한 후 임대하여 받을 용선료를 재정경제부장관에게 신고하지 아니하고 상계한 경우 → ×

정선 해설

[ㄱ ▸ ×] 피고인이 그 보좌관을 통하여 관할 선거관리위원회 직원에게 문의하여 의정보고서에 선거구 활동 기타 업적의 홍보에 필요한 사항 등의 내용을 게재하는 것이 허용된다는 답변을 들은 것만으로는 자신의 지적 능력을 다하여 이를 회피하기 위한 진지한 노력을 다 하였다고 볼 수 없고, 그 결과 자신의 행위의 위법성을 인식하지 못한 것이라고 할 것이므로 그에 대해 정당한 이유가 있다고 하기 어렵다(대판 2006.3.24. 2005도3717).
[ㄴ ▸ ×] 부동산중개업자가 부동산중개업협회의 자문을 통하여 인원수의 제한 없이 중개보조원을 채용하는 것이 허용되는 것으로 믿고서 제한인원을 초과하여 중개보조원을 채용함으로써 부동산중개업법 위반행위에 이르게 되었다고 하더라도 그러한 사정만으로 자신의 행위가 법령에 저촉되지 않는 것으로 오인함에 정당한 이유가 있는 경우에 해당한다거나 범의가 없었다고 볼 수는 없다(대판 2000.8.18. 2000도2943).
[ㄷ ▸ ×] 지방자치단체장이 관행적으로 간담회를 열어 업무추진비 지출 형식으로 참석자들에게 음식물을 제공해 오면서 법령에 의하여 허용되는 행위라고 오인하였다 하더라도, 그 오인에 정당한 이유가 없어 법률의 착오에 해당하지 않는다(대판 2007.11.16. 2007도7205).

[ㄹ ▸ ×] 중국 국적 선박을 구입한 피고인이 매도인인 중국 해운회사에 선박을 임대하여 받기로 한 용선료를 재정경제부장관에게 미리 신고하지 아니하고 선박매매대금과 상계한 경우, 피고인이 자신의 행위가 죄가 되지 아니하는 것으로 오인하였거나 그와 같은 오인에 정당한 이유가 있었다고 할 수 없어 피고인의 행위는 구 외국환거래법위반죄에 해당한다(2011.7.14. 2011도2136).

답 ④

177 □□□

법률의 착오에 정당한 이유가 있는 것만을 모두 고른 것은?(다툼이 있는 경우 판례에 의함)

16 국가7급

ㄱ. 지방자치단체장 甲이 법령에 의하여 허용되는 행위라고 오인하고 관행적으로 간담회를 열어 업무추진비 형식으로 참석자들에게 음식물을 제공한 경우
ㄴ. 甲이 허가를 담당하는 공무원이 허가를 요하지 않는다고 잘못 알려 준 것을 믿고 임야상에 토석을 쌓아둠으로써 산림법 위반행위를 한 경우
ㄷ. 비디오물감상실업자 甲이 개정된 청소년보호법이 시행된 이후 구청 문화관광과에서 실시한 교육과정에서 '만 18세 미만의 연소자' 출입금지표시를 업소출입구에 부착하라는 행정지도를 믿고 비디오물감상실에 18세 이상 19세 미만의 청소년을 출입시킨 경우
ㄹ. 甲이 한국간행물윤리위원회나 정보통신윤리위원회가 이 사건 만화를 청소년유해매체물로 판정하였을 뿐 음란물로 관계기관에 형사처벌 또는 행정처분을 요청하지 않았기 때문에 만화를 음란하지 않다고 믿고 구 전기통신기본법 위반행위를 방조한 경우
ㅁ. 부동산중개업자 甲이 부동산중개업협회의 자문을 통하여 인원수의 제한 없이 중개보조원을 채용하는 것이 허용되는 것으로 믿고 제한인원을 초과하여 중개보조인을 채용함으로써 구 부동산중개업법을 위반한 경우

① ㄱ, ㄴ　　② ㄴ, ㄷ
③ ㄷ, ㄹ　　④ ㄹ, ㅁ

정선 핵심

정당한 이유 유무

ㄱ. 지방자치단체장이 관행적으로 간담회를 열어 음식물을 제공한 경우 → ×
ㄴ. 담당공무원이 잘못 알려 주어 임야상에 토석을 쌓아둠으로써 산림법 위반행위를 한 경우 → ○
ㄷ. 비디오물감상실업자가 행정지도를 믿고 18세 이상 19세 미만의 청소년을 출입시킨 경우 → ○
ㄹ. 한국간행물윤리위원회가 이 사건 만화를 음란물로 형사처벌을 요청하지 않았기 때문에 음란하지 않다고 믿고 구 전기통신기본법 위반행위를 방조한 경우 → ×
ㅁ. 제한인원을 초과하여 중개보조원을 채용한 경우 → ×

정선 해설

[ㄱ ▸ ×] 지방자치단체장이 관행적으로 간담회를 열어 업무추진비 지출 형식으로 참석자들에게 음식물을 제공해 오면서 법령에 의하여 허용되는 행위라고 오인하였다 하더라도, 그 오인에 정당한 이유가 없어 법률의 착오에 해당하지 않는다(대판 2007.11.16. 2007도7205).

[ㄴ ▸ ○] 대판 2005.8.19. 2005도1697

[ㄷ ▸ ○] 대판 2002.5.17. 2001도4077

[ㄹ ▸ ×] 한국간행물윤리위원회나 정보통신윤리위원회가 시정요구나 형사처벌 등을 요청하지 아니하고 청소년유해매체물로만 판정하였다는 점이 곧 그러한 판정을 받은 만화가 음란하지 아니하다는 의미는 결코 아니라고 할 것이므로, 피고인들의 나이, 학력, 경력, 직업, 지능 정도 등 제반 사정에 비추어 보면 피고인들의 행위가 죄가 되지 아니하는 것으로 오인한 데 정당한 이유가 있다고 볼 수 없다(대판 2006.4.28. 2003도4128).

[ㅁ ▸ ×] 부동산중개업자가 부동산중개업협회의 자문을 통하여 인원수의 제한 없이 중개보조원을 채용하는 것이 허용되는 것으로 믿고서 제한인원을 초과하여 중개보조원을 채용함으로써 부동산중개업법 위반행위에 이르게 되었다고 하더라도 그러한 사정만으로 자신의 행위가 법령에 저촉되지 않는 것으로 오인함에 정당한 이유가 있는 경우에 해당한다거나 범의가 없었다고 볼 수는 없다(대판 2000.8.18. 2000도2943).

답 ❷

178
□□□

다음 중 법률의 착오에 정당한 이유가 있는 것으로 가장 적절한 것은?(다툼이 있으면 판례에 의함) 14 경찰채용

① 식품위생법의 규정에 의하여 즉석판매제조가공영업을 허가받은 자가 의약품의 일종인 '녹동달오리골드'를 제조하면서 무면허의약품제조행위가 아니라고 생각한 경우
② 한국간행물윤리위원회나 정보통신윤리위원회가 만화에 대하여 심의하여 음란성 등을 이유로 청소년유해매체물로 판정하였을 뿐 더 나아가 시정요구를 하거나 관계기관에 형사처벌 또는 행정처분을 요청하지 않았기 때문에 피고인들의 행위가 죄가 되지 아니하는 것으로 생각한 경우
③ '탐정업이 인·허가 또는 등록사항이 아니다'는 민원사무 담당공무원의 말을 듣고 신용조사업법이 금지하는 소재탐지나 사생활 조사 등을 한 경우
④ 광역시의회 의원이 선거구민들에게 의정보고서를 배부하기 앞서 미리 관할 선거관리위원회 소속 공무원들에게 자문을 구하고 그들의 지적에 따라 수정한 의정보고서를 배부한 경우

정선 핵심

정당한 이유의 인정 여부
① 녹동달오리골드를 제조하면서 무면허의약품제조행위가 아니라고 생각한 경우 → ×
② 한국간행물윤리위원회가 이 사건 만화를 음란물로 형사처벌을 요청하지 않았기 때문에 음란하지 않다고 믿고 구 전기통신기본법 위반행위를 방조한 경우 → ×
③ 탐정업이 인·허가사항이 아니라는 담당공무원의 말을 듣고 소재탐지나 사생활 조사 등을 한 경우 → ×
④ 광역시의회 의원이 관할선거관리위원회 공무원들에게 자문을 구하고 의정보고서를 배부한 경우 → ○

정선 해설

[❶ ▸ ×] 삼원농산은 남원시로부터 식품위생법 제22조 제1항, 동법 시행규칙 제22조의 규정에 의하여 즉석판매제조가공영업을 허가받고 이 사건 '녹동달오리골드'를 제조하였다는 것인바, 그와 같은 사유만으로 피고인의 이 사건 무면허 의약품 제조행위로 인한 보건범죄 단속에 관한 특별조치법위반죄의 범행이 형법 제16조에서 말하는 '그 오인에 정당한 이유가 있는 때'에 해당한다고 할 수 없다(대판 2004.1.15. 2001도1429).
[❷ ▸ ×] 한국간행물윤리위원회나 정보통신윤리위원회가 시정요구나 형사처벌 등을 요청하지 아니하고 청소년유해매체물로만 판정하였다는 점이 곧 그러한 판정을 받은 만화가 음란하지 아니하다는 의미는 결코 아니라고 할 것이므로, 피고인들의 나이, 학력, 경력, 직업, 지능 정도 등 제반 사정에 비추어 보면 피고인들의 행위가 죄가 되지 아니하는 것으로 오인한 데 정당한 이유가 있다고 볼 수 없다(대판 2006.4.28. 2003도4128).
[❸ ▸ ×] 피고인이 민원사무담당 공무원에게 문의하여 탐정업이 인·허가 또는 등록사항이 아니라는 대답을 얻었으며 세무서에 탐정업 및 심부름대행업에 관한 사업자등록을 하였다 하더라도, 신용조사업법에서 금지하고 있는 특정인 소재탐지, 사생활 조사 등의 행위가 죄가 되지 않는다고 믿은 데에 정당한 이유가 있었다고는 할 수 없다(대판 1994.8.26. 94도780).
[❹ ▸ ○] 대판 2005.6.10. 2005도835

답 ❹

179
□□□

형법 제16조(법률의 착오)의 '정당한 이유'에 관한 다음 설명 중 가장 옳지 않은 것은?

17 법원9급

① 정당한 이유가 있는지 여부는 행위자에게 자기 행위의 위법의 가능성에 대해 심사숙고하거나 조회할 수 있는 계기가 있어 자신의 지적 능력을 다하여 이를 회피하기 위한 진지한 노력을 다하였더라면 스스로의 행위에 대하여 위법성을 인식할 수 있는 가능성이 있었음에도 이를 다하지 못한 결과 자기 행위의 위법성을 인식하지 못한 것인지 여부에 따라 판단하여야 한다.

② 행정청의 허가가 있어야 함에도 불구하고 허가를 받지 아니하여 처벌대상이 되는 행위를 한 경우라도 허가를 담당하는 공무원이 허가를 요하지 않는 것으로 잘못 알려주어 이를 믿었기 때문인 경우 형법 제16조에 해당하여 벌할 수 없다.

③ 광역시의회 의원이 선거구민들에게 의정보고서를 배부하기에 앞서 미리 관할 선거관리위원회 소속 공무원들에게 자문을 구하고 그들의 지적에 따라 수정한 의정보고서를 배부한 경우 형법 제16조에 해당하여 벌할 수 없다.

④ 부동산중개업자가 부동산중개업협회의 자문을 통하여 인원수의 제한 없이 중개보조원을 채용하는 것이 허용되는 것으로 믿고서 제한인원을 초과하여 중개보조원을 채용한 경우 형법 제16조에 해당하여 벌할 수 없다.

정선 핵심

정당한 이유의 인정 여부

① 정당한 이유의 유무 → 지적 능력으로 진지한 노력을 다하였다면 위법성을 인식할 수 있었는지 여부로 판단
② 행정청의 허가가 없어 처벌대상행위를 했더라도 담당공무원이 허가를 요하지 않는 것으로 잘못 알려준 경우 → ○
③ 광역시의회 의원이 관할선거관리위원회 공무원들에게 자문을 구하고 의정보고서를 배부한 경우 → ○
④ 제한인원을 초과하여 중개보조원을 채용한 경우 → ×

정선 해설

[❶ ▸ ○] 대판 2015.2.12. 2014도11501

[❷ ▸ ○] 행정청의 허가가 있어야 함에도 불구하고 허가를 받지 아니하여 처벌대상의 행위를 한 경우라도 허가를 담당하는 공무원이 허가를 요하지 않는 것으로 잘못 알려 주어 이를 믿었기 때문에 허가를 받지 아니한 것이라면 허가를 받지 않더라도 죄가 되지 않는 것으로 착오를 일으킨 데 대하여 정당한 이유가 있는 경우에 해당하여 처벌할 수 없다(대판 1993.9.14. 92도1560).

> **[판결이유]** 피고인은 산림훼손지역에 대하여 비록 산림법 제90조 소정의 허가를 받은 바 없다 하더라도 허가담당 공무원이 허가를 요하지 아니한다고 잘못 알려 주어 이 사건 범행 당시 자기의 행위가 법령에 의하여 죄가 되지 않는 것으로 믿을 수밖에 없었고 또 그렇게 오인함에 있어서 정당한 이유가 있는 경우에 해당한다고 보아야 할 것이므로 피고인을 산림법 위반으로 처벌할 수는 없다(대판 1993.9.14. 92도1560).

[❸ ▸ ○] 대판 2005.6.10. 2005도835

[❹ ▸ ×] 부동산중개업자가 부동산중개업협회의 자문을 통하여 인원수의 제한 없이 중개보조원을 채용하는 것이 허용되는 것으로 믿고서 제한인원을 초과하여 중개보조원을 채용함으로써 부동산중개업법 위반행위에 이르게 되었다고 하더라도 그러한 사정만으로 자신의 행위가 법령에 저촉되지 않는 것으로 오인함에 정당한 이유가 있는 경우에 해당한다거나 범의가 없었다고 볼 수는 없다(대판 2000.8.18. 2000도2943).

답 ❹

180
□□□

다음 중 법률의 착오에 있어 '정당한 이유'를 인정한 것은?(다툼이 있는 경우 판례에 의함)

13 경찰채용

① 비디오물감상실업자가 개정된 법이 시행된 이후, 구청 문화관광과에서 실시한 교육과정에서 '만 18세 미만의 연소자' 출입금지 표시를 업소에 부착하라는 행정지도를 믿고 자신의 비디오감상실에 18세 이상 19세 미만의 청소년을 출입시킨 행위가 관련 법률에 의하여 허용된다고 믿은 경우
② 장애인복지법에 따른 보장구제조업 허가를 받아 이를 제조하는 자가 별도의 허가를 받지 않고 정형외과용 의료도구인 다리교정장치를 제조한 경우
③ 유선비디오방송은 자가 통신설비로 볼 수 없어 허가대상이 되지 않는다는 체신부장관의 회신을 믿고 당국의 허가 없이 유선비디오 방송설비를 설치한 경우
④ 부동산중개업자가 부동산중개업협회의 자문을 통하여 인원수의 제한 없이 중개보조원을 채용하는 것이 허용된다고 믿고 구 부동산중개업법이 정하는 제한인원을 초과하여 중개보조원을 채용한 경우

정선 핵심

정당한 이유 유무
① 비디오물감상실업자가 행정지도를 믿고 18세 이상 19세 미만의 청소년을 출입시킨 경우 → O
② 보장구제조업 허가를 받아 이를 제조하는 자가 다리교정장치를 제조한 경우 → ×
③ 체신부장관의 회신을 믿고 허가 없이 유선비디오 방송설비를 설치한 경우 → ×
④ 제한인원을 초과하여 중개보조원을 채용한 경우 → ×

정선 해설

[❶ ▸ O] 대판 2002.5.17. 2001도4077
[❷ ▸ ×] 장애인복지법 제50조 제1항 소정의 보장구제조업허가를 받아 제조되는 보장구는 어디까지나 장애인의 장애를 보완하기 위하여 필요한 기구에 불과하므로 위 허가를 받았다고 하여 다리교정기와 같은 정형외과용 교정장치를 제조할 수 있도록 허용되는 것이 아님은 분명하므로, 설령 장애인복지법 제50조 제1항에 의해 보장구제조허가를 받았고 또 한국보장구협회에서 다리교정기와 비슷한 기구를 제작·판매하고 있던 자라 하더라도, 다리교정기가 의료용구에 해당되지 않는다고 믿은 데에 정당한 사유가 있다고 볼 수는 없다(대판 1995.12.26. 95도2188).
[❸ ▸ ×] 유선비디오 방송업자들의 질의에 대하여 체신부장관이 유선비디오 방송은 자가통신설비로 볼 수 없어 같은 법 제15조 제1항 소정의 허가대상이 되지 않는다는 견해를 밝힌 바 있다 하더라도 그 견해가 법령의 해석에 관한 법원의 판단을 기속하는 것은 아니므로 그것만으로 피고인에게 범의가 없었다고 할 수 없다(대판 1989.2.14. 87도1860).

> **비교판례** **대판 1975.3.25. 74도2882**
>
> 교통부장관의 허가를 얻어 설립된 사단법인 한국교통사고상담센터의 하부직원이 목적사업인 교통사고 피해자의 위임을 받아 사고 회사와의 사이에 화해의 중재나 알선을 하고 피해자로부터 교통부장관이 승인한 조정수수료를 받은 것은 직무수행상의 행위로서 위법의 인식을 기대하기 어렵고 적어도 형법 제16조에 이른바 법률의 착오에 해당한다고 봄이 상당하다.

[❹ ▸ ×] 부동산중개업자가 부동산중개업협회의 자문을 통하여 인원수의 제한 없이 중개보조원을 채용하는 것이 허용되는 것으로 믿고서 제한인원을 초과하여 중개보조원을 채용함으로써 부동산중개업법 위반행위에 이르게 되었다고 하더라도 그러한 사정만으로 자신의 행위가 법령에 저촉되지 않는 것으로 오인함에 정당한 이유가 있는 경우에 해당한다거나 범의가 없었다고 볼 수는 없다(대판 2000.8.18. 2000도2943).

답 ❶

181
□□□

다음 중 판례가 정당한 이유를 인정한 경우는 모두 몇 개인가?

15 경찰간부

ㄱ. 이복동생이름으로 군복무중 휴가를 얻어 귀가하여 자기는 다른 호적에 입적되어 있고 이복동생은 군복무를 필한 사실을 알고 다른 사람의 이름으로 군대생활을 할 필요가 없다고 생각하고 귀대하지 않은 경우
ㄴ. 한국교통사고상담센터 직원이 교통사고 피해자의 위임을 받아 회사와의 사이에 화해의 중재나 알선을 하고 피해자로부터 교통부장관이 승인한 조정수수료를 받은 경우
ㄷ. 중국 국적 선박을 구입한 피고인이 외환은행 담당자의 안내에 따라 매도인인 중국해운회사에 선박을 임대하여 받기로 한 용선료를 재정경제부장관에게 미리 신고하지 아니하고 선박매매대금과 상계함으로써 구 외국환거래법을 위반한 경우
ㄹ. 채권자가 관할 공무원과 변호사에게 문의·확인하여 자기의 채권이 신고해야 할 기업사채에 해당하지 않는다고 믿고 신고를 하지 않은 경우
ㅁ. 유선비디오 방송설비는 허가대상이 되지 않는다는 체신부장관의 회신을 믿고 당국의 허가 없이 유선비디오 방송설비를 설치한 경우

① 1개 ② 2개
③ 3개 ④ 4개

정선 핵심

정당한 이유의 인정 여부
ㄱ. 이복동생이름으로 군복무중 휴가를 얻어 귀가하여 귀대하지 않은 경우 → ○
ㄴ. 한국교통사고상담센터 직원이 피해자로부터 교통부장관이 승인한 조정수수료를 받은 경우 → ○
ㄷ. 중국 국적 선박을 구입한 후 임대하여 받을 용선료를 재정경제부장관에게 신고하지 아니하고 상계한 경우 → ×
ㄹ. 채권자가 공무원과 변호사에게 문의하여 기업사채를 신고하지 않은 경우 → ○
ㅁ. 체신부장관의 회신을 믿고 허가 없이 유선비디오 방송설비를 설치한 경우 → ×

정선 해설

[ㄱ ▸ ○] 대판 1974.7.23. 74도1399
[ㄴ ▸ ○] 대판 1975.3.25. 74도2882
[ㄷ ▸ ×] 중국 국적 선박을 구입한 피고인이 매도인인 중국 해운회사에 선박을 임대하여 받기로 한 용선료를 재정경제부장관에게 미리 신고하지 아니하고 선박매매대금과 상계한 경우, 피고인이 자신의 행위가 죄가 되지 아니하는 것으로 오인하였거나 그와 같은 오인에 정당한 이유가 있었다고 할 수 없어 피고인의 행위는 구 외국환거래법위반죄에 해당한다(2011.7.14. 2011도2136).
[ㄹ ▸ ○] 판례의 취지를 고려하면, 채권자가 경제의 안정과 성장에 관한 긴급명령에 위반한 행위가 죄가 되지 아니하는 것으로 오인함에 정당한 이유가 있으므로 처벌할 수 없다는 의미이다.

> 겨우 국문 정도 해득할 수 있는 60세의 부녀자가 채무자로부터 사채신고권유를 받았지만 지상에 보도된 내용을 참작하고 관할 공무원과 자기가 소송을 위임하였던 변호사에게 문의 확인한바 본건 채권이 이미 소멸되었다고 믿고 또는 그렇지 않다고 하더라도 신고하여야 할 기업사채에 해당하지 않는다고 믿고 신고를 하지 아니한 경우에는 이를 벌할 수 없다고 할 것이다(대판 1976.1.13. 74도3680).

[ㅁ ▸ ×] 유선비디오 방송업자들의 질의에 대하여 체신부장관이 유선비디오 방송은 자가통신설비로 볼 수 없어 같은 법 제15조 제1항 소정의 허가대상이 되지 않는다는 견해를 밝힌 바 있다 하더라도 그 견해가 법령의 해석에 관한 법원의 판단을 기속하는 것은 아니므로 그것만으로 피고인에게 범의가 없었다고 할 수 없다(대판 1989.2.14. 87도1860).

답 ❸

182 □□□

형법 제16조의 '그 오인에 정당한 이유'가 있다고 인정되는 경우는?(다툼이 있으면 판례에 의함) 16 국가9급

① 지방자치단체장이 관행적으로 간담회를 열어 업무추진비 지출 형식으로 참석자들에게 음식물을 제공하는 것이 허용되는 행위라고 오인한 경우

② 광역시의회 의원이 선거구민들에게 의정보고서를 배부하기에 앞서 미리 관할 선거관리위원회 소속 공무원들에게 자문을 구하고 그들의 지적에 따라 수정한 의정보고서를 배부한 경우

③ 일본 영주권을 가진 재일교포가 관세물품을 영리목적으로 구입한 것이 아니기 때문에 입국 시 관세신고를 하지 않아도 되는 것으로 오인한 경우

④ 부동산중개업자가 부동산중개업협회의 자문을 통하여 인원수의 제한 없이 중개보조원을 채용하는 것이 허용되는 것으로 믿고서 제한인원을 초과하여 중개보조원을 채용한 경우

정선 핵심

정당한 이유의 인정 여부

① 지방자치단체장이 관행적으로 간담회를 열어 음식물을 제공한 경우 → ×

② 광역시의회 의원이 관할선거관리위원회 공무원들에게 자문을 구하고 의정보고서를 배부한 경우 → ○

③ 일본 영주권을 가진 재일교포가 관세물품의 구입·신고과정에서 착오한 경우 → ×

④ 제한인원을 초과하여 중개보조원을 채용한 경우 → ×

정선 해설

[❶ ▸ ×] 지방자치단체장이 관행적으로 간담회를 열어 업무추진비 지출 형식으로 참석자들에게 음식물을 제공해 오면서 법령에 의하여 허용되는 행위라고 오인하였다 하더라도, 그 오인에 정당한 이유가 없어 법률의 착오에 해당하지 않는다(대판 2007.11.16. 2007도7205).

[❷ ▸ ○] 대판 2005.6.10. 2005도835

[❸ ▸ ×] 일본 영주권을 가진 재일교포가 영리를 목적으로 관세물품을 구입한 것이 아니라거나 국내입국 시 관세신고를 하지 않아도 되는 것으로 착오하였다는 등의 사정만으로는 형법 제16조의 법률의 착오에 해당하지 않는다(대판 2007.5.11. 2006도1993).

[❹ ▸ ×] 부동산중개업자가 부동산중개업협회의 자문을 통하여 인원수의 제한 없이 중개보조원을 채용하는 것이 허용되는 것으로 믿고서 제한인원을 초과하여 중개보조원을 채용함으로써 부동산중개업법 위반행위에 이르게 되었다고 하더라도 그러한 사정만으로 자신의 행위가 법령에 저촉되지 않는 것으로 오인함에 정당한 이유가 있는 경우에 해당한다거나 범의가 없었다고 볼 수는 없다(대판 2000.8.18. 2000도2943).

답 ❷

183
□□□

법률의 착오에 '정당한 이유'가 없어 처벌되는 것은 다음 중 모두 몇 개인가?(다툼이 있으면 판례에 의함) 15 경찰채용

ㄱ. 부동산중개업자가 아파트 분양권의 매매를 중개하면서 중개수수료 산정에 관한 지방자치단체의 조례를 잘못 해석하여 법에서 허용하는 금액을 초과한 중개수수료를 수수한 경우
ㄴ. 유선비디오 방송 설비는 허가 대상이 되지 않는다는 체신부장관의 회신을 믿고 당국의 허가 없이 유선비디오 방송 설비를 설치한 경우
ㄷ. 비디오물감상실업자가 개정된 법이 시행된 이후, 구청 문화관광과에서 실시한 교육과정에서 '만 18세 미만의 연소자'출입금지 표시를 업소에 부착하라는 행정지도를 믿고 자신의 비디오감상실에 18세 이상 19세 미만의 청소년을 출입시킨 행위가 관련 법률에 의하여 허용된다고 믿은 경우
ㄹ. 중국 국적 선박을 구입한 피고인이 외환은행 담당자의 안내에 따라 매도인인 중국 해운회사에 선박을 임대하여 받기로 한 용선료를 재정경제부장관에게 미리 신고하지 아니하고 선박매매대금과 상계함으로써 (구) 외국환거래법을 위반한 경우

① 1개　　② 2개
③ 3개　　④ 4개

정선 핵심

정당한 이유의 인정 여부
ㄱ. 조례를 잘못 해석하여 허용금액을 초과한 중개수수료를 수수한 경우 → ×
ㄴ. 체신부장관의 회신을 믿고 허가 없이 유선비디오 방송설비를 설치한 경우 → ×
ㄷ. 비디오물감상실업자가 행정지도를 믿고 18세 이상 19세 미만의 청소년을 출입시킨 경우 → ○
ㄹ. 중국 국적 선박을 구입한 후 임대하여 받을 용선료를 재정경제부장관에게 신고하지 아니하고 상계한 경우 → ×

정선 해설

[ㄱ ▸ ○] 피고인이 이 사건 아파트 분양권의 매매를 중개할 당시 '일반주택'이 아닌 '일반주택을 제외한 중개대상물'을 중개하는 것이어서 교부 받은 수수료가 법에서 허용되는 범위 내의 것으로 믿고 이 사건 위반행위에 이르게 되었다고 하더라도 그러한 사정만으로는 자신의 행위가 법령에 저촉되지 않는 것으로 오인함에 정당한 사유가 있는 경우에 해당한다거나 피고인에게 범의가 없었다고 볼 수는 없다(대판 2005.5.27. 2004도62).

관련판례 **대판 2000.8.18. 2000도2943**
부동산중개업자가 부동산중개업협회의 자문을 통하여 인원수의 제한 없이 중개보조원을 채용하는 것이 허용되는 것으로 믿고서 제한인원을 초과하여 중개보조원을 채용함으로써 부동산중개업법 위반행위에 이르게 되었다고 하더라도 그러한 사정만으로 자신의 행위가 법령에 저촉되지 않는 것으로 오인함에 정당한 이유가 있는 경우에 해당한다거나 범의가 없었다고 볼 수는 없다.

[ㄴ ▸ ○] 대판 1989.2.14. 87도1860
[ㄷ ▸ ×] 비디오물감상실업자가 자신의 비디오물감상실에 18세 이상 19세 미만의 청소년을 출입시킨 행위가 관련 법률에 의하여 허용된다고 믿었고, 그렇게 믿었던 것에 대하여 정당한 이유가 있는 경우에 해당한다(대판 2002.5.17. 2001도4077).
[ㄹ ▸ ○] 대판 2011.7.14. 2011도2136

답 ❸

184 □□□

법률의 착오에 관한 다음 설명 중 옳지 않은 것은 모두 몇 개인가?(다툼이 있는 경우 판례에 의함) 20 법원행시

ㄱ. 형법 제16조에서 "자기가 행한 행위가 법령에 의하여 죄가 되지 아니한 것으로 오인한 행위는 그 오인에 정당한 이유가 있는 때에 한하여 벌하지 아니한다."라고 규정하고 있는 것은 단순한 법률의 부지를 말하는 것이 아니고, 일반적으로 범죄가 되는 경우이지만 자기의 특수한 경우에는 법령에 의하여 허용된 행위로서 죄가 되지 아니한다고 그릇 인식하고 그와 같이 그릇 인식함에 정당한 이유가 있는 경우에는 벌하지 않는다는 취지이다.

ㄴ. 형법 제16조의 정당한 이유가 있는지 여부는 행위자에게 자기 행위의 위법의 가능성에 대해 심사숙고하거나 조회할 수 있는 계기가 있어 일반인의 지적 능력을 다하여 이를 회피하기 위한 진지한 노력을 다하였더라면 스스로의 행위에 대하여 위법성을 인식할 수 있는 가능성이 있었음에도 이를 다하지 못한 결과 자기 행위의 위법성을 인식하지 못한 것인지 여부에 따라 판단하여야 한다.

ㄷ. 형법 제16조의 정당한 이유와 관련한 위법성의 인식에 필요한 노력의 정도는 구체적인 행위정황과 행위자 개인의 인식능력 그리고 행위자가 속한 사회집단에 따라 달리 평가되어야 한다.

ㄹ. 행정청의 허가가 있어야 함에도 불구하고 허가를 받지 아니하여 처벌대상의 행위를 한 경우라도, 허가를 담당하는 공무원이 허가를 요하지 않는 것으로 잘못 알려주어 이를 믿었기 때문에 허가를 받지 아니한 것이라면 허가를 받지 않더라도 죄가 되지 않는 것으로 착오를 일으킨 데 대하여 정당한 이유가 있는 경우에 해당하여 처벌할 수 없다고 할 것이다.

① 1개　② 2개
③ 3개　④ 4개
⑤ 없음

정선 핵심

ㄱ. 법률의 착오 → 법률의 부지 포함 ×
ㄴ. 정당한 이유의 유무 → 자신의 지적 능력으로 진지한 노력을 다하였다면 위법성을 인식할 수 있었는지 여부로 판단
ㄷ. 위법성 인식을 위한 노력 정도 → 구체적인 행위정황, 행위자의 인식능력, 행위자가 속한 사회집단에 따라서도 달리 평가하여야 함
ㄹ. 행정청의 허가가 없어 처벌대상행위를 했더라도 담당공무원이 허가를 요하지 않는 것으로 잘못 알려준 경우 → 정당한 이유 ○

정선 해설

[ㄱ ▸ O] [ㄴ ▸ X] [ㄷ ▸ O] 형법 제16조에서 "자기가 행한 행위가 법령에 의하여 죄가 되지 아니한 것으로 오인한 행위는 그 오인에 정당한 이유가 있는 때에 한하여 벌하지 아니한다."라고 규정하고 있는 것은 단순한 법률의 부지를 말하는 것이 아니고, 일반적으로 범죄가 되는 경우이지만 자기의 특수한 경우에는 법령에 의하여 허용된 행위로서 죄가 되지 아니한다고 그릇 인식하고 그와 같이 그릇 인식함에 정당한 이유가 있는 경우에는 벌하지 않는다는 취지이다.ㄱ 그리고 여기서 정당한 이유가 있는지 여부는 행위자에게 자기행위의 위법의 가능성에 대해 심사숙고하거나 조회할 수 있는 계기가 있어 자신의 지적 능력을 다하여 이를 회피하기 위한 진지한 노력을 다하였더라면 스스로의 행위에 대하여 위법성을 인식할 수 있는 가능성이 있었음에도 이를 다하지 못한 결과 자기 행위의 위법성을 인식하지 못한 것인지 여부에 따라 판단하여야 할 것이고,ㄴ 이러한 위법성의 인식에 필요한 노력의 정도는 구체적인 행위정황과 행위자 개인의 인식능력 그리고 행위자가 속한 사회집단에 따라 달리 평가되어야 한다ㄷ(대판 2015.2.12. 2014도11501).

[ㄹ ▸ O] 대판 1993.9.14. 92도1560

답 ①

185
□□□

위법성조각사유의 전제사실에 대한 착오에 관한 설명으로 가장 옳지 않은 것은?

19 경찰간부

① 오상방위, 오상피난, 오상자구행위 등이 이에 해당한다.
② 甲이 야간에 악수를 청하는 이웃집 사람을 강도로 오인하고 방어할 생각으로 그를 때려 상해를 입힌 경우, 정당한 이유가 없다면 소극적 구성요건표지이론에 의할 때 상해죄가 성립한다.
③ 엄격고의설에 의하면 위법성조각사유의 전제사실에 대한 착오가 있는 경우에는 위법성 인식이 없으므로 고의가 조각된다.
④ 정당방위 상황이 객관적으로 존재하지 않음에도 불구하고 행위자는 존재하는 것으로 잘못 알고 방위행위를 한 경우, 엄격책임설은 이를 법률의 착오로 보고 '오인에 정당한 이유'가 있으면 책임이 조각된다고 본다.

정선 핵심

① 오상방위, 오상피난, 오상자구행위 → 위법성조각사유의 전제사실에 대한 착오
② 강도로 오인하고 때려 상해를 입힌 경우 → 소극적 구성요건표지이론에 의하면 과실치상죄 O
③·④ 위법성조각사유의 전제사실에 대한 착오
⤑ 엄격고의설 : 현실적 위법성 인식이 없는 경우 과실범의 성립 여부 문제
⤑ 엄격책임설 : 착오에 정당한 이유가 있는 경우에는 책임 조각

정선 해설

[❶ ▸ O] 위법성조각사유의 전제사실에 대한 착오는 행위자가 존재하지 아니하는 위법성조각사유의 객관적 전제사실을 존재한다고 오인하고 위법성조각사유에 해당하는 행위를 한 경우를 말하고 오상방위, 오상피난, 오상자구행위 등이 이에 해당한다.

[❷ ▸ X] 소극적 구성요건표지이론에 의하면 위법성조각사유의 전제사실에 대한 착오의 경우 위법성조각사유의 부존재에 대한 인식이 없기 때문에 구성요건적 착오로서 불법고의가 조각되고 과실범의 성립 여부만 문제된다. 지문의 경우 甲에게는 과실치상죄가 성립한다.

[❸ ▸ O] 엄격고의설은 고의가 성립하기 위해서는 구성요건에 해당하는 객관적 사실의 인식 이외에 현실적인 위법성의 인식이 있어야 한다는 견해이다. 따라서 착오로 인하여 현실적 위법성 인식이 없으면 고의가 조각되고 과실범의 성립 여부만 문제된다.

[❹ ▸ O] 엄격책임설에 의하면 위법성조각사유의 전제사실에 대한 착오의 경우 구성요건적 고의는 조각될 수 없으나 착오로 인하여 위법성을 인식하지 못한 것이므로 금지착오로 이해하여 착오에 정당한 이유가 있는 경우에는 책임이 조각되게 된다.

답 ❷

186 □□□

위법성조각사유의 전제사실에 대한 착오의 설명으로 가장 적절한 것은?(다툼이 있는 경우 판례에 의함) 21 경찰승진

① 엄격책임설에 의하면 위법성조각사유의 전제사실에 대한 착오의 경우 형법 제13조를 직접 적용함으로써 고의범의 성립이 부정되고 과실이 있는 경우 과실범으로 처벌한다.
② 위법성조각사유의 요건을 총체적 불법구성요건의 소극적 표지로 이해하는 소극적 구성요건표지이론에 의하면 위법성조각사유의 전제사실에 대한 착오를 고의범으로 처벌한다.
③ 고의설과 법효과제한적 책임설은 위법성조각사유의 전제사실에 대한 착오의 법적 효과에 있어 동일한 결론을 취한다.
④ 유추적용설에 의하면 위법성조각사유의 전제사실에 대한 착오의 경우 형법 제13조를 유추적용함으로써 구성요건적 고의는 인정되지만 책임고의를 부정하여 고의범의 성립을 부정한다.

정선 핵심

위법성조각사유의 전제사실에 대한 착오
① 엄격책임설 → 착오에 정당한 이유가 있는 경우 책임조각
② 소극적 구성요건표지이론 → 불법고의는 조각되고 과실범의 성립 여부 문제
③ 고의설과 법효과제한적 책임설의 비교
 ⋯→ 엄격고의설 : 현실적 위법성 인식이 없는 경우 과실범의 성립 여부 문제
 ⋯→ 제한적 고의설 : 위법성의 인식가능성이 있는 경우 고의범 성립, 가능성조차 없으면 책임조각
 ⋯→ 법효과제한적 책임설 : 책임고의가 조각되어 과실범의 문제
④ 유추적용설 → 구성요건적 고의(불법고의)는 조각

정선 해설

[❶ ▸ ×] 엄격책임설에 의하면 위법성조각사유의 전제사실에 대한 착오의 경우 구성요건적 고의는 조각될 수 없으나 착오로 인하여 위법성을 인식하지 못한 것이므로 금지착오로 보아 형법 제16조를 적용하여 착오에 정당한 이유가 있는 경우에는 책임이 조각되게 된다.
[❷ ▸ ×] 소극적 구성요건표지이론에 의하면 위법성조각사유의 전제사실에 대한 착오의 경우 위법성조각사유의 부존재에 대한 인식이 없기 때문에 구성요건적 착오로서 불법고의가 조각되고 과실범의 성립 여부만 문제된다.
[❸ ▸ ○] 엄격고의설에 의하면 현실적 위법성 인식이 없는 경우에는 고의범은 성립하지 아니하나 과실이 있으면 과실범의 성립 여부가 문제된다. 법효과제한적 책임설에 의하면 위법성조각사유의 전제사실에 대한 착오의 경우 책임고의가 조각되어 그 법적 효과만 구성요건적 고의가 조각된 것처럼 과실범의 문제로 처리하자는 견해이다. 다만, 제한적 고의설에 의하면 위법성의 인식가능성이 있는 경우에도 고의범이 성립하고 가능성조차 없으면 책임이 조각된다는 점에서 법효과제한적 책임설과는 차이가 있음을 유의하여야 한다.
[❹ ▸ ×] 유추적용설은 위법성조각사유의 전제사실에 대한 착오의 경우 행위자에게 구성요건적 불법을 실행하려는 행위반가치가 없기 때문에 구성요건적 착오에 관한 규정을 유추적용하여 구성요건적 고의(불법고의)가 조각되는 것으로 이해하는 견해이다.

답 ❸

187 □□□

甲은 乙의 애인 A를 자신의 애인 B로 오인하여 놀라게 할 생각으로 뒤에서 그녀의 어깨를 껴안았는데, 乙은 甲을 성폭행범으로 오인하고 甲을 주먹으로 때려 전치 4주의 타박상을 입혔다. 이에 대한 설명으로 옳은 것은?(다툼이 있는 경우 판례에 의함) 19 국가9급

① 甲이 A를 B로 오인하였다고 하더라도 강제추행의 고의는 부정되지 않으므로 甲은 A에 대한 강제추행의 죄책을 진다.

② 乙이 甲을 성폭행범으로 오인하였다고 하더라도 乙이 의도적으로 甲을 때려 상해를 입힌 이상, 법효과제한적 책임설에 따르면 乙은 상해의 죄책을 진다.

③ 엄격책임설에 따르면 乙이 甲을 성폭행범으로 오인하는 데 정당한 이유가 인정된다면 상해죄의 구성요건해당성은 인정되나 책임이 부정되어 상해죄는 성립하지 않는다.

④ 만약 甲이 추행의 의사로 A를 뒤에서 팔을 벌려 껴안으려 했다면 A가 뒤돌아보면서 소리치는 바람에 A를 껴안지 못하였더라도 甲은 A에 대한 강제추행 기수의 죄책을 진다.

정선 핵심

① 양해가 존재하는 것으로 착오하고 양해 없이 행한 경우 → 강제추행죄의 고의조각
② 법효과제한적 책임설 → 과실치상죄 ○
③ 엄격책임설 → 정당한 이유가 인정된다면 상해죄 ×
④ 추행의 의사로 뒤에서 껴안으려 했으나 소리치는 바람에 껴안지 못한 경우 → 강제추행미수죄 ○

정선 해설

[❶ ▸ ×] 甲이 乙의 애인 A를 자신의 애인 B로 오인한 것은 구체적 사실의 착오 중 객체의 착오로 甲의 강제추행의 고의를 조각하지 아니한다. 다만, 뒤에서 A의 어깨를 껴안은 것은 양해가 존재하는 것으로 착오하고 양해 없이 행한 것이므로 구성요건적 착오에 해당하여 결국 강제추행의 고의를 조각하게 된다.

[❷ ▸ ×] 법효과제한적 책임설에 의하면 위법성조각사유의 전제사실에 대한 착오의 경우 책임고의가 조각되어 그 법적 효과만 구성요건적 고의가 조각된 것처럼 과실범의 문제로 처리하자는 견해이다. 따라서 甲을 주먹으로 때려 전치 4주의 타박상을 입힌 乙에게는 과실치상죄가 성립한다.

[❸ ▸ ○] 엄격책임설에 의하면 위법성조각사유의 전제사실에 대한 착오의 경우 구성요건적 고의는 조각될 수 없으나 착오로 인하여 위법성을 인식하지 못한 것이므로 금지착오로 보아야 하므로 착오에 정당한 이유가 있는 경우에는 책임이 조각되게 된다. 따라서 乙이 甲을 성폭행범으로 오인하는 데 정당한 이유가 인정된다면 상해죄는 성립하지 않는다.

[❹ ▸ ×] 판례의 취지를 고려하면, 甲은 A에 대한 강제추행 미수의 죄책을 지게 된다.

피고인이 밤에 술을 마시고 배회하던 중 버스에서 내려 혼자 걸어가는 피해자 갑을 발견하고 마스크를 착용한 채 뒤따라가다가 인적이 없고 외진 곳에서 가까이 접근하여 껴안으려 하였으나, 갑이 뒤돌아보면서 소리치자 그 상태로 몇 초 동안 쳐다보다가 다시 오던 길로 되돌아갔다고 하여 아동·청소년의 성보호에 관한 법률 위반으로 기소된 경우, 피고인의 행위는 아동·청소년에 대한 강제추행미수죄에 해당한다(대판 2015.9.10. 2015도6980).

답 ❸

188 □□□

위법성조각사유의 전제사실의 착오에 관한 학설과 그에 제기되는 비판을 연결한 것 중 가장 옳지 않은 것은? 18 경찰간부

① 엄격고의설 - 과실범은 법률에 특별한 규정이 있는 때에만 예외적으로 처벌되기 때문에 처벌의 공백이 생길 수 있다.

② 소극적 구성요건표지이론 - 구성요건해당성이 없는 행위와 구성요건에는 해당하나 위법성이 조각되는 행위 사이에 존재하는 가치 차이를 무시한다.

③ 엄격책임설 - 위법성조각사유의 전제사실의 착오에 빠져 자신의 행위에 위법성의 인식이 없는 자를 고의범으로 처벌하는 것은 일반인의 법감정에 반한다.

④ 법효과제한적 책임설 - 위법성조각사유의 전제사실의 착오에 빠진 자를 교사하여 죄를 범하게 한 경우 그 교사자를 교사범으로 처벌할 수 없다.

정선 핵심

위법성조각사유의 전제사실의 착오

① 엄격고의설 → 과실범처벌규정이 없는 경우 형사정책적 결함

② 소극적 구성요건표지이론 → 구성요건해당성이 없는 행위와 구성요건에는 해당하나 위법성이 조각되는 행위 사이의 가치차이 무시

③ 엄격책임설 → 착오가 회피 가능한 경우 고의범으로 처벌하는 것은 법감정에 반한다는 비판

④ 법효과제한적 책임설 → 구성요건적 고의는 존재하므로 착오에 빠진 자를 교사한 경우 교사범으로 처벌

정선 해설

[❶ ▸ O] 엄격고의설은 고의가 성립하기 위해서는 구성요건에 해당하는 객관적 사실의 인식 이외에 현실적인 위법성의 인식이 있어야 한다는 견해이다. 따라서 착오로 인하여 현실적 위법성 인식이 없으면 고의가 조각되고 과실범의 성립 여부만 문제된다. 이 견해는 상습범 등의 경우 현실적인 위법성 인식이 없는 것이 일반적이므로 고의가 조각되며, 과실범처벌규정도 없는 경우에는 처벌할 수 없다는 형사정책적 결함이 있다.

[❷ ▸ O] 소극적 구성요건표지이론에 의하면 위법성조각사유의 전제사실에 대한 착오의 경우 위법성조각사유의 부존재에 대한 인식이 없기 때문에 구성요건적 착오로서 불법고의가 조각되고 과실범의 성립 여부만 문제된다. 이 견해는 처음부터 구성요건해당성이 없는 행위와 구성요건에는 해당하나 위법성이 조각되는 행위 사이에 존재하는 가치 차이를 무시한다는 비판이 있다.

[❸ ▸ O] 엄격책임설에 의하면 위법성조각사유의 전제사실에 대한 착오의 경우 구성요건적 고의는 조각될 수 없으나 착오로 인하여 위법성을 인식하지 못한 것이므로 금지착오로 보아야 하므로 착오에 정당한 이유가 있는 경우에는 책임이 조각되게 된다. 그러나 이 견해는 착오가 회피 가능한 경우 행위자를 고의범으로 처벌하는 것은 일반인의 법감정에 반한다는 비판이 있다.

[❹ ▸ X] 법효과제한적 책임설에 의하면 위법성조각사유의 전제사실에 대한 착오의 경우 책임고의가 조각되어 그 법적 효과만 구성요건적 고의가 조각된 것처럼 과실범의 문제로 처리하자는 견해이다. 이 견해에 의하면 구성요건적 고의는 그대로 존재하므로 위법성조각사유의 전제사실의 착오에 빠진 자를 교사하여 죄를 범하게 한 경우 그 교사자를 교사범으로 처벌할 수 있으나, 유추적용설에 의하면 구성요건적 고의가 조각되는 것으로 이해하므로 교사범이 성립할 여지가 없다.

답 ❹

189 □□□

다음 사례에 대한 설명으로 가장 적절하지 않은 것은?(재물손괴죄는 논외로 함)

21 경찰채용

> 경찰관 甲은 가정폭력이 있다는 112 신고를 받고 현장에 출동하였다. 甲은 해당 주소를 확인하고 초인종을 수차례 눌렀으나 아무런 반응이 없었고, 집안에서 '살려 달라'는 비명소리가 크게 들렸으며 신고자와의 통화도 연결되지 않았다. 사태의 급박함을 감지한 甲은 피해자를 구조하기 위하여 경찰관 직무집행법 제7조 제1항 및 가정폭력범죄의 처벌 등에 관한 특례법 제5조에 따라 해당 주소의 집 출입문을 강제로 개방하고 집안으로 진입하였다. 그런데 비명소리는 평소 귀가 어둡던 A가 즐겨보는 드라마에서 나오던 것으로 실제 가정폭력은 없었던 것으로 확인되었다.

① 甲에게 위법성의 인식이 없어 고의가 조각된다고 보는 견해에 따르면, 甲의 행위는 불가벌이다.
② 위의 사안을 법률의 착오(금지착오)의 문제로 파악하는 견해에 따르면, 甲의 오인에 정당한 이유가 있으면 벌하지 아니한다.
③ 고의의 이중적 지위를 인정하는 견해에 따르면, 甲에게 심정반가치적 요소가 없어 책임고의는 탈락되지만 구성요건적 고의는 인정되므로 주거침입죄가 성립한다고 본다.
④ 판례는 甲이 위와 같은 착오를 일으킨 경우, 그 오인에 정당한 이유가 있다면 위법성이 조각된다는 입장을 취하고 있다.

정선 핵심

위법성조각사유의 전제사실의 착오
① 고의설 → 주거침입죄는 과실범처벌규정이 없으므로 불가벌
② 엄격책임설 → 오인에 정당한 이유가 있는 경우 불가벌
③ 법효과제한적 책임설 → 책임고의가 조각되므로 주거침입죄 ×
④ 오인에 정당한 이유가 있는 경우 → 위법성 조각(판례)

정선 해설

[❶ ▸ O] 고의설에 의하면 甲의 행위는 책임이 조각되고 甲에게 과실이 있더라도 주거침입죄는 과실범처벌규정이 없으므로 甲의 행위는 불가벌이다.
[❷ ▸ O] 엄격책임설에 의하면 위법성조각사유의 전제사실에 대한 착오의 경우 금지착오로 보아야 하므로 착오에 정당한 이유가 있는 경우에는 책임이 조각되게 된다. 따라서 甲의 오인에 정당한 이유가 있으면 벌하지 아니한다.
[❸ ▸ X] 법효과제한적 책임설에 의하면 위법성조각사유의 전제사실에 대한 착오의 경우 책임고의가 조각되어 그 법적 효과만 구성요건적 고의가 조각된 것처럼 과실범의 문제로 처리하자는 견해이다. 甲에게는 구성요건적 고의는 인정되지만 책임고의가 조각되므로 주거침입죄는 성립하지 아니한다.
[❹ ▸ O] 판례는 착오에 정당한 이유가 있으면 위법성이 조각된다는 태도를 취하고 있는 것으로 보인다.

> 중대장과 함께 외출나간 그 처로부터 마중을 나오라는 연락을 받고 당번병으로서 당연히 해야 할 일로 생각하고 동인을 마중하여 그 다음 날 01:00경 귀가하였다면 위와 같은 당번병의 관사이탈 행위는 중대장의 직접적인 허가를 받지 아니하였다 하더라도 당번병으로서의 그 임무범위 내에 속하는 일로 오인하고 한 행위로서 그 오인에 정당한 이유가 있어 위법성이 없다고 볼 것이다(대판 1986.10.28. 86도1406).

답 ❸

190 □□□

형법상 착오의 처리에 대한 다음 설명 중 적절하지 않은 것만을 고른 것은 모두 몇 개인가? (다툼이 있는 경우 판례에 의함) 20 경찰채용

ㄱ. 행위자가 제1행위에 의하여 이미 의도한 결과가 발생했다고 믿었으나 실제로는 연속된 제2행위에 의하여 그 결과가 발생 된 사안은, 제1행위에 대한 미수범과 제2행위에 대한 과실범의 실체적 경합범으로 처리된다.
ㄴ. 정당방위 상황이 존재하지 않는데도 불구하고 그러한 상황이 존재한다고 오인한 상태에서 행한 방위행위에 대해서, 위법성 인식을 독자적인 책임요소로 파악하는 엄격책임설에 따르면 구성요건적 고의는 언제나 인정된다.
ㄷ. 위법하지 않은 행위를 행위자는 위법한 것으로 오인한 경우, 그 행위자는 금지규범에 대한 착오를 일으킨 것이며 그러한 법률의 무지에 대해서 형벌을 부여해야 한다.
ㄹ. 추상적 사실의 착오 중 객체의 착오 및 방법의 착오에 대한 구체적 부합설과 법정적 부합설의 결론은 동일하다.

① 없음 ② 1개
③ 2개 ④ 3개

정선 핵심

ㄱ. 개괄적 고의사례 → 제2행위의 결과의 고의기수책임 인정(판례)
ㄴ. 오상방위 → 구성요건적 고의는 조각될 수 없으나 책임 조각(엄격책임설)
ㄷ. 위법하지 않은 행위를 위법한 것으로 오인한 경우 → 환각범으로 불가벌
ㄹ. 추상적 사실의 착오
 ⋯→ 구체적 부합설 : 인식사실의 미수와 발생사실의 과실의 상상적 경합
 ⋯→ 법정적 부합설 : 인식사실의 미수와 발생사실의 과실의 상상적 경합

정선 해설

[ㄱ ▸ X] 개괄적 고의사례에서 판례는 제2행위의 결과는 행위자가 처음부터 예견한 사실이 결국 실현된 것으로 보아 제2행위의 결과의 고의기수책임을 인정하는 견해를 취하고 있다.

> 피해자가 피고인들의 살해의 의도로 행한 구타행위에 의하여 직접 사망한 것이 아니라 죄적을 인멸할 목적으로 행한 매장행위에 의하여 사망하게 되었다 하더라도 전 과정을 개괄적으로 보면 피해자의 살해라는 처음에 예견된 사실이 결국 실현된 것으로서 피고인들은 살인죄의 죄책을 면할 수 없다(대판 1988.6.27. 88도650).

[ㄴ ▸ O] 엄격책임설에 의하면 위법성조각사유의 전제사실에 대한 착오의 경우 구성요건적 고의는 조각될 수 없으나 착오로 인하여 위법성을 인식하지 못한 것이므로 금지착오로 보아야 하므로 착오에 정당한 이유가 있는 경우에는 책임이 조각되게 된다.
[ㄷ ▸ X] 행위자가 처벌되지 않는 행위를 처벌되는 행위로 오인하고 행위를 한 경우는 반전된 금지착오로 환각범에 해당한다. 환각범은 불가벌이다.
[ㄹ ▸ O] 구체적 부합설과 법정적 부합설은 추상적 사실의 착오 중 객체의 착오 및 방법의 착오에 대해 인식사실의 미수와 발생사실의 과실의 상상적 경합을 인정한다.

답 ③

191 □□□ 착오에 대한 설명으로 옳지 않은 것은?(다툼이 있는 경우 판례에 의함) 19 국가7급

① 甲이 한밤중에 좁은 골목길을 지나가던 A를 강도범으로 오인하여 방위의 의사로 아령이 든 가방으로 쳐서 A에게 전치 3주의 상해를 입힌 경우, 위법성 인식의 체계적 지위에 관한 고의설에 의하면 상해죄의 고의범으로 처벌할 수 없다.

② 甲이 살인의 고의로 형수 A를 향하여 골프채를 휘둘렀으나 A의 등에 업혀 있던 조카 B가 머리를 맞고 그 자리에서 사망한 경우, 甲에게는 B에 대한 살인죄가 성립한다.

③ 의사 甲이 고질적인 만성질환으로 평소 안락사를 요청하던 A로부터 "부탁한다"라는 말과 함께 봉투를 건네받자 이를 유서와 안락사비용으로 오인하여 촉탁살인의 고의로 독극물을 주입하여 A를 살해한 경우, 공판과정에서 A의 촉탁이 없었음이 판명되었다면 형법 제15조 제1항에 의하면 甲에게는 보통살인죄가 성립한다.

④ 甲이 상해의 고의로 주차장에 서 있던 乙에게 돌을 던졌으나 빗나가서 의도치 않게 그 옆에 주차되어 있던 乙의 자동차가 파손되었다면, 甲에게는 상해미수죄가 성립한다.

정선 핵심

① 강도로 오인하여 아령이 든 가방으로 A에게 상해를 입힌 경우 → 고의설에 의하면 현실적 위법성 인식이 없는 경우 상해죄 ×
② A에게 골프채를 휘둘렀으나 B가 맞고 사망한 경우 → B에 대한 살인죄(판례) ○
③ 촉탁이 있다고 오인하여 촉탁살인의 고의로 A를 살해한 경우 → 촉탁살인죄 ○
④ 乙에게 돌을 던졌으나 乙의 자동차가 파손된 경우 → 乙에 대한 상해미수죄(법정적 부합설) ○

정선 해설

[❶ ▸ O] 엄격고의설에 의하면 현실적 위법성 인식이 없는 경우에는 고의범은 성립하지 아니하나 과실이 있으면 과실범의 성립 여부가 문제된다. 다만, 제한적 고의설에 의하면 위법성 인식의 가능성이 있는 경우에도 고의범을 인정하므로 상해죄의 고의범으로 처벌될 수 있다.

[❷ ▸ O] 구체적 사실의 착오 중 방법의 착오사례이다. 판례는 법정적 부합설의 태도를 취하여 발생사실인 B의 사망사실에 고의기수책임을 인정하므로 甲에게는 B에 대한 살인죄가 성립한다.

[❸ ▸ ×] 촉탁살인의 고의로 보통살인죄를 범한 경우에는 형법 제15조 제1항이 직접 적용되는 경우이므로 甲은 촉탁살인죄의 죄책을 진다.

[❹ ▸ O] 추상적 사실의 착오 중 방법의 착오사례이다. 법정적 부합설에 의하면 乙에 대한 상해미수죄와 자동차에 대한 재물손괴죄의 상상적 경합이 성립하나 과실재물손괴는 처벌하지 아니하므로 결국 乙에 대한 상해미수죄가 성립한다.

답 ❸

01 직업소개업자가 관할관청에 외국인 근로자의 국내입국절차를 대행하여 주는 허가절차에 관하여 문의하였으나, 담당공무원이 아직 허가 관련 법규가 제정되지 아니하여 허가를 받지 않아도 되는 것으로 잘못 알려 주어 법에서 정한 허가를 받지 않고 외국인 근로자를 국내업체에 취업·알선한 경우, 정당한 이유가 인정된다. 20 해경간부

O | X

02 마약취급의 면허가 없는 자가 제약회사에서 쓰는 마약은 구해 주어도 죄가 되지 않는 것으로 오인하고 생아편을 구해 준 경우, 법률의 착오에 정당한 이유가 없다. 18 해경승진 O | X

03 현행범을 체포한 대학생이 현행범은 24시간 이내에 경찰에 인도하면 적법하다고 생각하고 정당한 이유 없이 그를 자기 집에 20시간 감금하고 경찰에 인도한 경우 대학생의 형사책임에 대하여 엄격책임설과 제한적 책임설은 결론을 달리한다. 16 국가7급 O | X

04 甲이 변호사에게 문의하여 자문을 받고 압류물을 집행관의 승인 없이 관할구역 밖으로 옮기는 행위가 허용되는 행위로 생각하고 이와 같은 행위를 하였다면, 甲의 오인에는 정당한 이유가 인정된다.
19 해경간부 O | X

05 행위자가 자기의 행위와 관련된 금지규범을 알지 못한 경우도 그 부지에 정당한 이유가 있는 경우에는 벌하지 않는다. 16 경찰승진

O | X

06 임대업자가 임차인으로 하여금 계약상의 의무이행을 강요하기 위한 수단으로 계약서의 조항을 근거로 임차물에 대하여 일방적으로 단전·단수조치를 함에 있어 자신의 행위가 죄가 되지 않는다고 오인하더라도, 특별한 사정이 없는 한 그 오인에는 정당한 이유가 있다고 볼 수는 없다. 14 국가7급 O | X

07 소매치기 甲녀가 도주 중 행인 乙에게 강간범이 쫓아온다고 거짓말하여 이를 믿은 乙로 하여금 甲 자신을 추격해오던 피해자에게 상해를 가하게 한 경우, 소극적 구성요건표지이론 및 구성요건착오유추적용설에 따르면 甲에게 상해죄의 교사범이 성립한다(단, 乙에 대한 甲의 우월적 의사지배는 부정되고, 제한종속형식에 따름). 17 변시

O | X

01 대판 1995.7.11. 94도1814

02 대판 1983.9.13. 83도1927

03 지문은 위법성조각사유의 한계에 대한 착오로 양설이 금지착오로 이해한다는 점에서 양설의 결론은 일치한다.

04 자문을 받았다는 사정만으로는 정당한 이유가 있다고 할 수 없다(대판 1992.5.26. 91도894).

05 형법 제16조에서 "자기가 행한 행위가 법령에 의하여 죄가 되지 아니한 것으로 오인한 행위는 그 오인에 정당한 이유가 있는 때에 한하여 벌하지 아니한다."라고 규정하고 있는 것은 단순한 법률의 부지를 말하는 것이 아니다(대판 2015.2.12. 2014도11501).

06 대판 2006.4.27. 2005도8074

07 소극적 구성요건표지이론 및 구성요건착오유추적용설에 의하면 구성요건적 고의가 조각되므로 상해죄의 구성요건해당성이 인정되지 아니하므로, 정범의 행위가 구성요건에 해당하고 위법해야 공범성립을 인정하는 제한적 종속형식에 따르면 甲에게 상해죄의 교사범은 성립하지 아니한다.

정답

01 ○ 02 ○ 03 × 04 ×
05 × 06 ○ 07 ×

제3관 | 기대가능성

192 □□□

기대가능성에 대한 설명 중 옳은 것만을 모두 고르면?(다툼이 있는 경우 판례에 의함)

20 국가7급

ㄱ. 영업정지처분에 대한 집행정지 신청이 잠정적으로 받아들여졌다는 사정만으로는 구 음반·비디오물 및 게임물에 관한 법률 위반으로 기소된 피고인에게 적법행위의 기대가능성이 없다고 볼 수 없다.
ㄴ. 자신의 강도상해범행을 일관되게 부인하였으나 유죄판결이 확정된 피고인의 경우, 별건으로 기소된 공범의 형사사건에서 자신이 유죄판결을 받은 사실관계에 대해 사실대로 진술할 것에 대한 기대가능성이 없다.
ㄷ. 사용자가 퇴직금 지급을 위하여 최선의 노력을 다하였으나 경영부진으로 인한 자금사정 등으로 도저히 지급기일 내에 퇴직금을 지급할 수 없었던 경우, 퇴직금의 기일 내 지급의무 이행에 대한 기대가능성이 없다.
ㄹ. 불법건축물이라는 이유로 일반음식점 영업신고의 접수가 거부되었고 이전에 무신고 영업행위로 형사처벌까지 받았음에도 계속하여 일반음식점 영업행위를 한 피고인의 행위는 식품위생법상 무신고 영업행위로서 적법행위에 대한 기대가능성이 없는 경우에는 해당하지 아니한다.
ㅁ. 직장의 상사가 범법행위를 하는 데 부하직원이 가담한 경우, 범법행위에 가담하지 않을 기대가능성이 있다고 할 수 없다.

① ㄱ, ㄴ, ㅁ ② ㄱ, ㄷ, ㄹ
③ ㄱ, ㄷ, ㅁ ④ ㄴ, ㄷ, ㄹ

정선 핵심

ㄱ. 영업정지처분에 대한 집행정지신청이 잠정적으로 받아들여진 경우 → 기대가능성 ○
ㄴ. 유죄판결이 확정된 피고인이 공범사건에서 범행사실을 부인하는 증언을 한 경우 → 위증죄 ○
ㄷ. 최선의 노력을 다하였으나 퇴직금을 지급할 수 없었던 경우 → 기대가능성 ×
ㄹ. 형사처벌까지 받았음에도 무신고 영업행위를 계속한 경우 → 기대가능성 ○
ㅁ. 지휘·복종관계에 있는 직장상사의 지시로 범법행위에 가담한 경우 → 기대가능성 ○

정선 해설

[ㄱ ▸ O] 대판 2010.11.11. 2007도8645
[ㄴ ▸ X] 자신의 강도상해범행을 일관되게 부인하였으나 유죄판결이 확정된 피고인이 별건으로 기소된 공범의 형사사건에서 자신의 범행사실을 부인하는 증언을 한 사안에서, 피고인에게 사실대로 진술할 기대가능성이 있으므로 위증죄가 성립한다(대판 2008.10.23. 2005도10101).
[ㄷ ▸ O] 대판 2001.2.23. 2001도204
[ㄹ ▸ O] 불법 건축물이라는 이유로 일반음식점 영업신고의 접수가 거부되었고, 이전에 무신고 영업행위로 형사처벌까지 받았음에도 계속하여 일반음식점 영업행위를 한 피고인의 행위는, 식품위생법상 무신고 영업행위로서 정당행위 또는 적법행위에 대한 기대가능성이 없는 경우에 해당하지 아니한다(대판 2009.4.23. 2008도6829).
[ㅁ ▸ X] 직장상사의 범법행위에 가담한 부하에 대하여 직무상 지휘·복종관계에 있다는 이유만으로 범법행위에 가담하지 않을 기대가능성이 없다고는 할 수 없다(대판 2007.5.11. 2007도1373).

답 ❷

193
□□□

기대가능성에 대한 설명으로 옳지 않은 것은?(다툼이 있는 경우 판례에 의함)

21 경찰간부

① 영업정지처분에 대한 집행정지 신청이 잠정적으로 받아들여졌다는 사정만으로는 구 음반・비디오물 및 게임물에 관한 법률 위반으로 기소된 피고인에게 적법행위의 기대가능성이 없다고 볼 수는 없다.
② 사용자가 근로자에 대한 퇴직금의 지급을 위해 최선의 노력을 다하였으나 경영부진으로 인한 자금사정으로 도저히 지급기일 내에 퇴직금을 지급할 수 없었던 경우 적법행위에 대한 기대가능성이 없다.
③ 자신의 강도상해범행을 일관되게 부인하였으나, 유죄판결이 확정된 자가 별건으로 기소된 공범의 형사사건에서 유죄가 확정된 자신의 강도상해범행사실을 부인하는 증언을 한 경우에는 사실대로 진술할 기대가능성이 있다.
④ 교수가 출제교수들로부터 대학원입학전형시험 문제를 제출받아 알게 된 것을 틈타서 수험생 등에게 그 시험문제를 알려주었고, 그렇게 알게 된 위 수험생이 답안쪽지를 작성한 다음 이를 답안지에 그대로 베껴 써서 그 정을 모르는 시험감독관에게 제출하였다면 기대가능성이 없는 경우에 해당한다.

정선 핵심

① 영업정지처분에 대한 집행정지신청이 잠정적으로 받아들여진 경우 → 기대가능성 ○
② 최선의 노력을 다하였으나 퇴직금을 지급할 수 없었던 경우 → 기대가능성 ×
③ 유죄판결이 확정된 피고인이 공범사건에서 범행사실을 부인하는 증언을 한 경우 → 위증죄 ○
④ 교수가 대학원입학전형시험 문제를 수험생 등에게 알려 준 경우 → 기대가능성 ○

정선 해설

[❶ ▸ ○] 영업정지처분에 대한 집행정지 결정은 피고인이 제기한 영업정지처분 취소사건의 본안판결 선고 시까지 그 처분의 효력을 정지한 것으로서 행정청의 처분의 위법성을 확정적으로 선언하지도 않았으므로, 위 집행정지 신청이 잠정적으로 받아들여졌다는 사정만으로는, 구 음반・비디오물 및 게임물에 관한 법률 위반으로 기소된 피고인에게 적법행위의 기대가능성이 없다고 볼 수는 없다(대판 2010.11.11. 2007도8645).

[❷ ▸ ○] 대판 2001.2.23. 2001도204

[❸ ▸ ○] 대판 2008.10.23. 2005도10101

[❹ ▸ ×] 교수인 피고인 갑이 출제교수들로부터 대학원신입생전형시험문제를 제출받아 피고인 을, 병에게 그 시험문제를 알려주자 그들이 답안쪽지를 작성한 다음 이를 답안지에 그대로 베껴 써서 그 정을 모르는 시험감독관에게 제출한 경우, 위계로써 입시감독업무를 방해한 것이므로 업무방해죄에 해당한다(대판 1991.11.12. 91도2211).

답 ❹

194
□□□

다음 중 기대가능성에 대한 설명으로 가장 옳지 않은 것은?(다툼이 있는 경우 판례에 의함)

21 해경승진

① 직장의 상사가 범법행위를 하는 데 가담한 부하에게 직무상 지휘·복종관계에 있다하여 범법행위에 가담하지 않을 기대가능성이 없다고 할 수 없다.
② 피고인이 주종관계에 있는 공동피고인의 지시를 거절할 수가 없어 뇌물을 공여하였더라도, 그와 같은 사정만으로 피고인에게 뇌물공여 이외의 반대행위를 기대할 수 없는 경우라고 볼 수는 없다.
③ 영업정지처분에 대한 집행정지 결정이 잠정적으로 받아들여졌다는 사정만으로는 피고인에게 적법행위의 기대가능성이 없다고 볼 수는 없다.
④ 통일부장관의 접촉 승인 없이 북한 주민과 접촉한 행위는 적법행위에 대한 기대가능성이 없는 경우에 해당한다.

정선 핵심

기대가능성의 인정 여부
① 지휘·복종관계에 있는 직장상사의 지시로 범법행위에 가담한 경우 → O
② 주종관계에 있는 공동피고인의 지시로 뇌물을 공여한 경우 → O
③ 영업정지처분에 대한 집행정지신청이 잠정적으로 받아들여진 경우 → O
④ 통일부장관의 접촉 승인 없이 북한 주민과 접촉한 경우 → O

정선 해설

[❶ ▸ O] 직장상사의 범법행위에 가담한 부하에 대하여 직무상 지휘·복종관계에 있다는 이유만으로 범법행위에 가담하지 않을 기대가능성이 없다고는 할 수 없다(대판 2007.5.11. 2007도1373).
[❷ ▸ O] 피고인이 비서라는 특수신분 때문에 주종관계에 있는 공동피고인들의 지시를 거절할 수 없어 뇌물을 공여한 것이었다 하더라도 그와 같은 사정만으로는 피고인에게 뇌물공여 이외의 반대행위를 기대할 수 없는 경우였다고 볼 수 없다(대판 1983.3.8. 82도2873).
[❸ ▸ O] 대판 2010.11.11. 2007도8645
[❹ ▸ ×] 통일부장관의 접촉 승인 없이 북한 주민과 접촉한 행위가 정당행위 혹은 적법행위에 대한 기대가능성이 없는 경우에 해당하지 아니한다(대판 2003.12.26. 2001도6484).

답 ❹

195 □□□

기대가능성에 대한 설명으로 가장 적절하지 않은 것은?(다툼이 있는 경우 판례에 의함)

21 경찰승진

① 피고인에게 적법행위를 기대할 가능성이 있는지 여부를 판단하기 위하여는 행위 당시의 구체적인 상황하에 행위자 대신에 사회적 평균인을 두고 이 평균인의 관점에서 그 기대가능성 유무를 판단하여야 한다.

② 형법 제12조 소정의 '저항할 수 없는 폭력'은 심리적인 의미에 있어서 육체적으로 어떤 행위를 절대적으로 할 수밖에 없게 하는 경우와 윤리적 의미에서 강압된 경우를 의미한다.

③ 이미 유죄의 확정판결을 받은 피고인이라도 자신의 형사사건에서 시종일관 범행을 부인하였다면, 그 피고인이 별건으로 기소된 공범의 형사사건에서 증인으로 진술하는 경우 자기부죄거부의 권리에 입각하여 그 피고인에게 사실대로 진술할 것을 기대할 수는 없다.

④ 직장상사의 지시로 인하여 그 부하가 범법행위에 가담한 경우 비록 직무상 지휘 복종 관계가 인정된다고 하더라도 그것 때문에 범법행위에 가담하지 않을 기대가능성이 부정된다고 볼 수는 없다.

정선 핵심

① 기대가능성이 있는지의 여부 → 평균인의 관점에서 판단
② 저항할 수 없는 폭력 → 심리적 폭력과 윤리적 폭력 포함
③ 유죄판결이 확정된 피고인이 공범사건에서 범행사실을 부인하는 증언을 한 경우 → 위증죄 O
④ 지휘·복종관계에 있는 직장상사의 지시로 범법행위에 가담한 경우 → 기대가능성 O

정선 해설

[❶ ▸ O] 대판 2008.10.23. 2005도10101

[❷ ▸ O] 형법 제12조에서 말하는 강요된 행위는 저항할 수 없는 폭력이나 생명, 신체에 위해를 가하겠다는 협박 등 다른 사람의 강요에 의하여 이루어진 행위를 의미하는데, 여기서 저항할 수 없는 폭력은 심리적 의미에 있어서 육체적으로 어떤 행위를 절대적으로 하지 아니할 수 없게 하는 경우와 윤리적 의미에 있어서 강압된 경우를 말한다(대판 2009.6.11. 2008도11784).

[❸ ▸ ×] 자신의 강도상해범행을 일관되게 부인하였으나 유죄판결이 확정된 피고인이 별건으로 기소된 공범의 형사사건에서 자신의 범행사실을 부인하는 증언을 한 사안에서, 피고인에게 사실대로 진술할 기대가능성이 있으므로 위증죄가 성립한다(대판 2008.10.23. 2005도10101).

[❹ ▸ O] 대판 2007.5.11. 2007도1373

답 ❸

196 □□□

책임조각에 대한 설명으로 가장 적절하지 않은 것은?(다툼이 있는 경우 판례에 의함)

20 경찰채용

① 야간에 자신의 방에 들어오는 룸메이트를 강도로 오인하고 상해의 고의는 없이 방어할 의사로 그를 폭행하였는데 강도로 오인한 과실이 회피 가능하였을 경우, 법률효과제한적 책임설에 따르면 행위자는 무죄가 된다.

② 엄청난 체력과 힘의 소유자인 체육선생이 연약한 만 16세 여학생 甲의 손목을 잡고 휘둘러 甲의 손으로 옆에 앉아 있던 乙에게 상해를 입힌 경우, 甲의 상해행위는 형법 제12조 강요된 행위에 의해 책임이 조각된다.

③ 경기불황상황에서 임금지급을 위한 모든 성의와 노력을 다했으나 경영부진으로 인한 자금사정 등 도저히 지급기일 안에 임금을 지급할 수 없었다는 등의 피할 수 없는 사정이 인정된다면 근로기준법 제36조 위반범죄의 책임이 조각된다.

④ 수학여행을 온 대학교 3학년생들 중 일부만의 학생증을 제시받아 성년임을 확인한 후 나이트클럽에 단체로 입장시켰으나 그들 중 1인이 미성년자인 경우, 미성년자가 섞여 있을지도 모른다는 것을 예상하여 그들의 증명서를 일일이 확인할 것을 요구하는 것은 사회통념상 기대가능성이 없으므로 책임이 조각된다.

정선 핵심

① 룸메이트를 강도로 오인하여 폭행한 경우 → 법효과제한적 책임설에 의하면 불가벌
② 체육선생이 甲의 손목을 잡고 휘둘러 乙에게 상해를 입힌 경우 → 甲의 행위는 상해죄의 구성요건해당성 ×
③ 모든 성의와 노력을 다했으나 임금을 지급할 수 없었던 경우 → 책임조각
④ 수학여행을 온 대학생들을 나이트클럽에 입장시켰으나 1인이 미성년자인 경우 → 기대가능성 ×

정선 해설

[❶ ▸ O] 법효과제한적 책임설에 의하면 위법성조각사유의 전제사실에 대한 착오의 경우 책임고의가 조각되어 그 법적 효과에 있어서만 구성요건적 고의가 조각된 것처럼 과실범의 문제로 처리하자는 견해이다. 이 학설에 의하면 강도로 오인한 과실이 회피 가능하였을 경우 과실폭행이 되나 처벌규정이 없으므로 불가벌이다.

[❷ ▸ X] 판례의 취지를 고려하면, 절대적 폭력은 형법 제12조의 폭력에서 제외된다. 따라서 체육선생의 절대적 폭력에 의하여 여학생 甲이 乙에게 상해를 입힌 경우, 甲의 상해행위는 상해죄의 구성요건해당성이 없는 것으로 보는 것이 타당하다.

형법 제12조에서 말하는 강요된 행위는 저항할 수 없는 폭력이나 생명, 신체에 위해를 가하겠다는 협박 등 다른 사람의 강요에 의하여 이루어진 행위를 의미하는데, 여기서 저항할 수 없는 폭력은 심리적 의미에 있어서 육체적으로 어떤 행위를 절대적으로 하지 아니할 수 없게 하는 경우와 윤리적 의미에 있어서 강압된 경우를 말한다(대판 2009.6.11. 2008도11784).

[❸ ▸ O] 대판 2001.2.23. 2001도204

[❹ ▸ O] 대판 1987.1.20. 86도874

답 ❷

제1장 제2장 제3장

안심Touch

01 통일부장관의 접촉 승인 없이 북한 주민과 접촉한 행위는 적법행위에 대한 기대가능성이 없는 경우에 해당하지 아니한다. 19 경찰간부 O | X

02 입학시험에 응시한 수험생으로서 자기 자신이 부정한 방법으로 탐지한 것이 아니고 우연한 기회에 미리 출제될 시험문제를 알게 되어 그에 대한 답을 암기하였을 경우 그 암기한 답에 해당된 문제가 출제되었다 하여도 위와 같은 경위로서 암기한 답을 그 입학시험 답안지에 기재하여서는 아니 된다는 것을 그 일반수험생에게 기대한다는 것은 보통의 경우 도저히 불가능하다 할 것이므로 업무방해죄를 구성하지 않는다. 19 경찰간부 O | X

03 위조통화취득 후 지정행사죄의 법정형이 위조통화행사죄보다 현저히 낮은 것은 적법행위에 대한 기대가능성 법리의 구체화로 볼 수 있다. 17 국가9급 O | X

04 형법 제12조에서 말하는 강요된 행위는 어떤 사람의 성장교육과정을 통하여 형성된 내재적인 관념 내지 확신으로 인하여 행위자 스스로의 의사결정이 사실상 강제되는 결과를 낳게 하는 경우도 포함한다. 21 경찰간부 O | X

05 행위자가 강제상태를 자초한 경우에는 적법행위에 대한 기대가능성이 없다고 할 수 없으므로 강요된 행위에 해당하지 않는다. 18 해경간부 O | X

06 강요의 수단인 폭력 또는 협박과 강요된 행위사이에 인과관계가 없는 경우에 강요자에게는 아무런 죄책을 물을 수 없다. 18 해경간부 O | X

07 자의로 북한에 탈출한 이상 그 구성원과의 회합은 예측하였던 행위이므로 강요된 행위라고 인정될 수 없다. 13 경찰승진 O | X

08 강요의 수단인 폭력 또는 협박과 강요된 행위사이에 인과관계가 없을 경우에는 피강요자의 책임이 조각되지 않고 피강요자가 강요자와 공범이 될 수 있다. 00 사시 O | X

01 대판 2003.12.26. 2001도6484

02 대판 1966.3.22. 65도1164

03 위조통화취득 후 지정행사죄는 그 동기가 유혹적이고 기대가능성이 적다는 것을 고려한 것이다.

04 <u>스스로의</u> 의사결정이 사실상 강제되는 결과를 낳게 하는 경우까지 의미한다고 볼 수 없다(대판 1990.3.27. 89도1670).

05 강제상태를 자초한 경우 기대가능성이 없다고 할 수 없다.

06 피해자에 대한 범죄의 미수와 피강요자에 대한 강요미수죄의 상상적 경합이 성립한다.

07 대판 1973.1.30. 72도2585

08 피강요자가 강요자와 공범이 될 수 있다는 것이 다수설의 태도이다.

정답

01 ○ 02 ○ 03 ○ 04 ×
05 ○ 06 × 07 ○ 08 ○

197 □□□

책임에 관한 설명 중 옳은 것을 모두 고른 것은?(다툼이 있는 경우 판례에 의함)

17 변시

ㄱ. 충동조절장애와 같은 성격적 결함은 정신병이 아니기 때문에 그 정도에 상관없이 심신장애에 해당하지 않는다.
ㄴ. 형법 제12조(강요된 행위)의 '저항할 수 없는 폭력'이란 윤리적 의미에서 강압된 경우가 아니라 심리적 의미에서 육체적으로 어떤 행위를 절대적으로 하지 아니할 수 없게 하는 경우를 말한다.
ㄷ. 형법 제10조에 규정된 심신장애의 유무 및 정도의 판단은 법률적 판단으로서 반드시 전문감정인의 의견에 기속되어야 하는 것은 아니고, 여러 사정을 종합하여 법원이 독자적으로 판단할 수 있다.
ㄹ. 자신의 강도상해범행을 일관되게 부인하였으나 유죄판결이 확정된 자는, 별건으로 기소된 공범의 형사사건에서 자신의 범행사실을 사실대로 진술할 기대가능성이 있기 때문에 자신의 범행을 부인하는 허위의 증언을 한 경우 위증죄가 성립한다.

① ㄱ, ㄴ
② ㄱ, ㄹ
③ ㄴ, ㄷ
④ ㄷ, ㄹ
⑤ ㄴ, ㄷ, ㄹ

정선 핵심

ㄱ. 충동조절장애 → 정신병이 있는 사람과 동등하다고 평가할 수 있거나 다른 심신장애사유와 경합된 경우에는 심신장애 ○
ㄴ. 저항할 수 없는 폭력 → 심리적 폭력과 윤리적 폭력 포함
ㄷ. 심신장애의 유무 → 법률문제로 전문감정인의 의견에 구속 ×
ㄹ. 유죄판결이 확정된 피고인이 공범사건에서 범행사실을 부인하는 증언을 한 경우 → 위증죄

정선 해설

[ㄱ ▸ ×] 원칙적으로는 충동조절장애와 같은 성격적 결함은 형의 감면사유인 심신장애에 해당하지 않는다고 봄이 상당하고, 다만 그러한 성격적 결함이 매우 심각하여 원래의 의미의 정신병을 가진 사람과 동등하다고 평가할 수 있다든지, 또는 다른 심신장애사유와 경합된 경우에는 심신장애를 인정할 여지가 있을 것이다(대판 1995.2.24. 94도3163).

[ㄴ ▸ ×] 형법 제12조에서 말하는 강요된 행위는 저항할 수 없는 폭력이나 생명, 신체에 위해를 가하겠다는 협박 등 다른 사람의 강요에 의하여 이루어진 행위를 의미하는데, 여기서 저항할 수 없는 폭력은 심리적 의미에 있어서 육체적으로 어떤 행위를 절대적으로 하지 아니할 수 없게 하는 경우와 윤리적 의미에 있어서 강압된 경우를 말한다(대판 2009.6.11. 2008도11784).

[ㄷ ▸ ○] 대판 2007.11.29. 2007도8333

[ㄹ ▸ ○] 대판 2008.10.23. 2005도10101

답 ❹

198 □□□ 위법성 인식과 심신장애에 대한 다음 설명 중 가장 옳지 않은 것은? 19 법원9급

① 형법 제10조에 규정된 심신장애의 유무 및 정도의 판단은 사실적 판단으로서 반드시 전문감정인의 의견에 기속되어야 하는 것은 아니다.

② 음주운전을 할 의사를 가지고 음주만취한 후 운전을 결행하여 교통사고를 일으켰다면, 음주시에 교통사고를 일으킬 위험성을 예견하였는데도 자의로 심신장애를 야기한 경우에 해당하므로 심신장애로 인한 감경 등을 할 수 없다.

③ 충동을 억제하지 못하여 범죄를 저지르게 되는 현상은 정상인에게서도 얼마든지 찾아볼 수 있으므로, 원칙적으로 충동조절장애와 같은 성격적 결함은 형의 감면사유인 심신장애에 해당하지 아니한다.

④ 범죄의 성립에 있어서 위법의 인식은 그 범죄사실이 사회정의와 조리에 어긋난다는 것을 인식하는 것으로서 족하고 구체적인 해당 법조문까지 인식할 것을 요하는 것은 아니다.

정선 핵심

① 심신장애의 유무 → 법률문제로 전문감정인의 의견에 구속 ×
② 음주운전의사로 음주만취한 후 교통사고를 일으킨 경우 → 심신장애로 인한 감경 ×
③ 충동조절장애 → 원칙적으로 형의 감면사유인 심신장애 ×
④ 위법성의 인식 → 범죄사실이 사회 정의와 조리에 어긋난다는 것을 인식

정선 해설

[❶ ▸ ×] 형법 제10조에 규정된 심신장애의 유무 및 정도의 판단은 법률적 판단으로서 반드시 전문감정인의 의견에 기속되어야 하는 것은 아니고, 정신질환의 종류와 정도, 범행의 동기, 경위, 수단과 태양, 범행 전후의 피고인의 행동, 반성의 정도 등 여러 사정을 종합하여 법원이 독자적으로 판단할 수 있다(대판 2007.11.29. 2007도8333).

[❷ ▸ ○] 대판 1992.7.28. 92도999

[❸ ▸ ○] 대판 1995.2.24. 94도3163

[❹ ▸ ○] 범죄의 성립에 있어서 위법의 인식은 그 범죄사실이 사회정의와 조리에 어긋난다는 것을 인식하는 것으로서 족하고 구체적인 해당 법조문까지 인식할 것을 요하는 것은 아니다(대판 1987.3.24. 86도2673).

답 ❶

01 규범적 책임개념에서 기대가능성은 적법한 타 행위의 가능성으로서 책임비난의 근거가 된다. 14 국가9급 O | X

02 형법 제12조 '강요된 행위'에서의 '저항할 수 없는 폭력'이란 사람을 저항할 수 없도록 만드는 절대적·물리적인 유형력의 행사를 의미한다. 17 5급승진 O | X

01 적법행위의 기대가능성이 책임의 중심요소가 된다.

02 절대적 폭력은 형법 제12조의 폭력의 개념에 포함되지 아니한다.

정답

01 ○ 02 ×

제4절 미수론

제1관 | 장애미수

199 □□□

다음 중 형법상 미수범처벌규정이 없는 범죄는 모두 몇 개인가? 17 경찰채용

ㄱ. 사인위조죄	ㄴ. 불법체포죄
ㄷ. 특수도주죄	ㄹ. 영아살해죄
ㅁ. 인질치사죄	ㅂ. 점유이탈물횡령죄
ㅅ. 사문서부정행사죄	

① 1개
② 2개
③ 3개
④ 4개

정선 해설 보기의 범죄 중 ㅂ. 점유이탈물횡령죄, ㅅ. 사문서부정행사죄는 미수범처벌규정이 없다.

답 ❷

200 □□□

다음 중 미수범이 처벌되는 경우는 모두 몇 개인가? 15 경찰간부

ㄱ. 영아살해	ㄴ. 중상해
ㄷ. 특수체포	ㄹ. 존속협박
ㅁ. 인질치사	

① 2개
② 3개
③ 4개
④ 5개

정선 해설 미수범이 처벌되는 경우는 ㄱ. 영아살해죄(형법 제251조, 제254조), ㄷ. 특수체포죄(형법 제278조, 제280조), ㄹ. 존속협박죄(형법 제283조 제2항, 제286조), ㅁ. 인질치사죄(형법 제324조의4, 제324조의5)이다.

답 ❸

201 □□□

실행의 착수시기 또는 기수시기에 관한 설명 중 옳지 않은 것은?(다툼이 있는 경우에는 판례에 의함) 12 변시

① 위장결혼의 당사자 및 브로커와 공모한 피고인이 허위로 결혼사진을 찍고 혼인신고에 필요한 서류를 준비하여 위장결혼의 당사자에게 건네준 것만으로는 공전자기록등부실기재죄의 실행에 착수한 것으로 볼 수 없다.

② 부동산의 매도인이 제1차 매수인에게서 중도금을 수령한 후, 다시 제2차 매수인에게서 계약금만을 지급받더라도 배임죄의 실행의 착수는 인정된다.

③ 피고인이 방화의 의사로 뿌린 휘발유가 인화성이 강한 상태로 피고인의 처와 자녀가 있는 주택 주변과 피해자의 몸에 적지 않게 살포되어 있는 사정을 알면서도 라이터를 켜 불꽃을 일으킴으로써 피해자의 몸에 불이 붙은 경우, 비록 외부적 사정으로 불이 방화목적물인 주택 자체에 옮겨 붙지는 아니하였다 하더라도 현존건조물방화죄의 실행의 착수가 인정된다.

④ 피해자의 해외도피를 방지하기 위하여 피해자를 협박하고 이에 피해자가 겁을 먹고 있는 상태를 이용하여 피해자 소유의 여권을 교부하게 함으로써 피해자가 그의 여권을 강제회수당하였다면 강요죄의 기수가 성립한다.

⑤ 위조사문서행사죄는 상대방이 위조된 문서의 내용을 실제로 인식할 필요 없이 상대방으로 하여금 위조된 문서를 인식할 수 있는 상태에 둠으로써 기수가 된다.

정선 핵심

① 허위의 결혼사진과 혼인신고서류를 위장결혼의 당사자에게 준 경우 → 공전자기록등부실기재죄의 실행의 착수 ×
② 부동산매도인이 제1매수인에게 중도금을 수령하고 제2매수인에게 계약금만을 지급받은 경우 → 배임죄의 실행의 착수 ×
③ 라이터를 켜 피해자의 몸에 불을 붙였으나 주택 자체에 옮겨 붙지 않은 경우 → 현주건조물방화죄의 실행의 착수 ○
④ 피해자를 협박하여 피해자가 여권을 강제회수당한 경우 → 강요죄 ○
⑤ 상대방이 위조된 문서를 인식할 수 있는 상태에 두는 경우 → 위조사문서행사죄 ○

정선 해설

[❶ ▸ ○] 대판 2009.9.24. 2009도4998
[❷ ▸ ×] 피고인이 제1차 매수인으로부터 계약금 및 중도금 명목의 금원을 교부받은 후 제2차 매수인에게 부동산을 매도하기로 하고 계약금만을 지급받은 뒤 더 이상의 계약이행에 나아가지 않았다면 배임죄의 실행의 착수가 있었다고 볼 수 없다(대판 2003.3.25. 2002도7134).
[❸ ▸ ○] 대판 2002.3.26. 2001도6641
[❹ ▸ ○] 대판 1993.7.27. 93도901
[❺ ▸ ○] 위조사문서의 행사는 상대방으로 하여금 위조된 문서를 인식할 수 있는 상태에 둠으로써 기수가 되고 상대방이 실제로 그 내용을 인식하여야 하는 것은 아니므로, 위조된 문서를 우송한 경우에는 그 문서가 상대방에게 도달한 때에 기수가 되고 상대방이 실제로 그 문서를 보아야 하는 것은 아니다(대판 2005.1.28. 2004도4663).

답 ❷

202 □□□

실행의 착수에 대한 설명으로 가장 적절하지 않은 것은?(다툼이 있는 경우 판례에 의함)

19 경찰승진

① 유치권자가 피담보채권인 공사대금채권을 실제와 달리 허위로 부풀려 유치권에 의한 경매를 신청한 경우 소송사기죄의 실행의 착수가 인정된다.

② 2인 이상이 합동하여 주간에 절도의 목적으로 타인의 주거에 침입하였으나 아직 절취할 물건의 물색행위를 시작하기 전이라면 형법 제331조 제2항의 특수절도죄의 실행에 착수한 것은 아니다.

③ 법원을 기망하여 자기에게 유리한 판결을 얻고자 소송을 제기한 자가 상대방의 주소를 허위로 기재하여 소송을 제기함으로써 그 허위주소로 소송서류가 송달되어 그로 인하여 상대방 아닌 다른 사람이 그 서류를 받아 소송을 진행한 경우에는 소송사기죄의 실행의 착수가 인정되지 않는다.

④ 필로폰을 매수하려는 자에게서 필로폰을 구해 달라는 부탁과 함께 돈을 지급받았다고 하더라도, 당시 필로폰을 소지 또는 입수한 상태에 있었다는 등 매매행위에 근접·밀착한 상태에서 대금을 지급받은 것이 아니라 단순히 필로폰을 구해 달라는 부탁과 함께 대금 명목으로 돈을 지급받은 것에 불과한 경우에는 필로폰매매행위의 실행의 착수에 이른 것이라고 볼 수 없다.

정선 핵심

① 공사대금채권을 허위로 크게 부풀려 경매를 신청한 경우 → 소송사기죄의 실행의 착수 ○
② 2인 이상이 합동하여 주간에 절도의 목적으로 주거에 침입하였으나 물색행위 전인 경우 → 특수절도죄의 실행의 착수 ×
③ 허위주소로 소송서류가 송달되어 소송이 진행된 경우 → 소송사기죄의 실행의 착수 ○
④ 단순히 필로폰을 구해 달라는 부탁과 대금으로 돈을 지급받은 경우 → 필로폰매매행위의 실행의 착수 ×

정선 해설

[❶ ▸ ○] 대판 2012.11.15. 2012도9603

[❷ ▸ ○] 대판 2009.12.24. 2009도9667

[❸ ▸ ×] 소송사기는 소송에서 주장하는 권리가 존재하지 않는 사실을 알고 있으면서도 법원을 기망한다는 인식을 가지고 소를 제기하면 이로써 실행의 착수가 있고 소장의 유효한 송달을 요하지 아니한다고 할 것인바, 이러한 법리는 제소자가 상대방의 주소를 허위로 기재함으로써 그 허위주소로 소송서류가 송달되어 그로 인하여 상대방 아닌 다른 사람이 그 서류를 받아 소송이 진행된 경우에도 마찬가지로 적용된다(대판 2006.11.10. 2006도5811).

[❹ ▸ ○] 필로폰을 매수하려는 자에게서 필로폰을 구해 달라는 부탁과 함께 돈을 지급받았다고 하더라도, 당시 필로폰을 소지 또는 입수한 상태에 있었거나 그것이 가능하였다는 등 매매행위에 근접·밀착한 상태에서 대금을 지급받은 것이 아니라 단순히 필로폰을 구해 달라는 부탁과 함께 대금 명목으로 돈을 지급받은 것에 불과한 경우에는 필로폰매매행위의 실행의 착수에 이른 것이라고 볼 수 없다(대판 2015.3.20. 2014도16920).

유사판례 대판 1983.11.22. 83도2590

피고인이 히로뽕 제조원료 구입비로 금 3,000,000원을 제1심 공동피고인에게 제공하였는데 공동피고인이 그로써 구입할 원료를 물색 중 적발되었다면 피고인의 소위는 히로뽕 제조에 착수하였다고 볼 수 없다.

답 ❸

203 □□□

다음 중 甲에게 괄호 속의 범죄의 미수가 성립되는 경우는?(다툼이 있으면 판례에 의함)

15 사시

① 동업자 甲과 A의 합유물인 수목을 가식(假植)·관리 해오던 甲이 수목을 횡령할 의도로 A의 허락 없이 제3자와 수목에 관한 매매계약을 체결하고 계약금만을 지급받은 생태에서, 이를 알게 된 A에 의해 수목에 관한 분리, 반출, 명인방법 등의 현실적·구체적인 일체의 조치가 저지된 경우(횡령죄)

② 방송국 프로듀서 甲이 특정 가수의 노래만을 자주 방송하여 달라는 청탁과 함께 그 대가로 1,000만원을 교부받았으나 위 청탁대로 이행하지 않은 경우(배임수재죄)

③ 甲이 예고등기를 하면 경매대상 부동산의 경매가격이 하락되는 점을 이용하여 낙찰희망자로부터 재산상 이익을 얻을 의도로 허위주장으로 소유권보존등기말소청구소송을 제기한 후 법원의 촉탁으로 예고등기가 경료되자 소를 취하하여 소송이 종결되도록 한 경우(사기죄)

④ 매도인 甲이 자신의 부동산에 관해 제1매수인과 매매계약을 체결하고 계약금만 수령한 상태에서, 제2매수인에게 그 부동산의 소유권이전등기를 경료한 경우(배임죄)

⑤ 매도인 甲이 자신의 동산에 관해 제1매수인과 매매계약을 체결하고 계약금과 중도금을 수령한 상태에서, 제2매수인에게 그 동산을 인도한 경우(배임죄)

정선 핵심

① 합유물인 수목에 대한 매매계약을 체결하고 계약금만을 지급받은 생태에서 피해자에게 적발되어 계약이 무위로 그친 경우 → 횡령죄의 미수 ○

② 방송국 프로듀서가 청탁에 대한 대가를 받았으나 이행하지 않은 경우 → 배임수재죄의 기수 ○

③ 허위주장으로 소유권보존등기말소청구소송을 제기한 후 예고등기가 경료되자 소를 취하한 경우 → 사기죄의 실행의 착수 ×

④ 제1매수인에게 계약금만 수령하고, 제2매수인에게 그 부동산의 소유권이전등기를 경료한 경우 → 배임죄 ×

⑤ 제1매수인에게 계약금과 중도금을 수령하고, 제2매수인에게 그 동산을 인도한 경우 → 배임죄 ×

정선 해설

[❶ ▸ ○] 대판 2012.8.17. 2011도9113

[❷ ▸ ×] 판례의 취지를 고려하면, 방송국 프로듀서 甲에게는 배임수재죄의 기수가 성립한다.

> 배임수재죄의 수재자에 대한 부정한 청탁이라 함은 업무상배임에 이르는 정도는 아니나 사회상규 또는 신의성실의 원칙에 반하는 것을 내용으로 하는 청탁을 의미하므로 방송국에서 프로그램의 제작연출 등의 사무를 처리하는 프로듀서에게 담당 방송프로그램에 특정 가수의 노래만을 자주 방송하여 달라고 한 청탁은 사회상규나 신의성실의 원칙에 반하는 부정한 청탁이라 할 것이다(대판 1991.1.15. 90도2257).

[❸ ▸ ×] 소송결과 원고가 승소한다고 가정하더라도 각 피고의 등기가 말소될 뿐이고 이것만으로 피고인이 위 부동산에 관한 어떠한 권리를 취득하거나 의무를 면하는 것은 아니어서 법원을 기망하여 재물이나 재산상 이익을 편취한 것이라고 보기 어려우므로 위 소제기행위를 사기의 실행에 착수한 것이라고 할 수 없다(대판 2009.4.9. 2009도128).

[❹ ▸ ×] 이중매매에 있어서 매도인이 매수인의 사무를 처리하는 자로서 배임죄의 주체가 되기 위하여는 매도인이 계약금을 받은 것만으로는 부족하고 적어도 중도금을 받는 등 매도인이 더 이상 임의로 계약을 해제할 수 없는 상태에 이르러야 한다(대판 2007.6.14. 2007도379).

[❺ ▸ ×] 매도인 甲은 배임죄의 주체가 될 수 없으므로 배임죄는 물론 배임미수죄도 성립하지 아니한다.

매매의 목적물이 동산일 경우, 매도인은 매수인에게 계약에 정한 바에 따라 그 목적물인 동산을 인도함으로써 계약의 이행을 완료하게 되고 그때 매수인은 매매목적물에 대한 권리를 취득하게 되는 것이므로, 매도인에게 자기의 사무인 동산인도채무 외에 별도로 매수인의 재산의 보호 내지 관리 행위에 협력할 의무가 있다고 할 수 없다. 동산매매계약에서의 매도인은 매수인에 대하여 그의 사무를 처리하는 지위에 있지 아니하므로, 매도인이 목적물을 매수인에게 인도하지 아니하고 이를 타에 처분하였다 하더라도 형법상 배임죄가 성립하는 것은 아니다(대판 2011.1.20. 2008도10479[전합]).

답 ❶

204 □□□

다음 중 실행의 착수에 대한 설명으로 가장 옳지 않은 것은?(다툼이 있는 경우 판례에 의함)

20 해경승진

① 야간에 아파트에 침입하여 물건을 훔칠 의도하에 아파트의 베란다 철제난간까지 올라가 유리창문을 열려고 시도하였다면 야간주거침입죄의 실행에 착수한 것으로 보아야 한다.

② 위장결혼의 당사자 및 중국 측 브로커와의 공모하에 허위로 결혼사진을 찍고, 혼인신고서에 필요한 서류를 준비하여 위장결혼의 당사자에게 건네준 것만으로는 아직 공전자기록등부실기재죄에 있어서 실행에 착수한 것으로 볼 수 없다.

③ 양팔을 높이 들어 갑자기 뒤에서 껴안으려는 행위를 하는 경우 행위자의 팔이 피해자의 몸에 닿지 않으면 강제추행죄의 실행의 착수를 인정할 수 없다.

④ 소송사기의 고의로 소를 제기한 경우 아직 그 소장이 피고에게 송달되지 않아도 사기죄의 실행의 착수가 인정된다.

정선 핵심

실행의 착수 인정 여부

① 야간에 베란다 철제난간까지 올라가 유리창문을 열려고 시도한 경우 → 야간주거침입죄의 실행의 착수 ○
② 허위의 결혼사진과 혼인신고서류를 위장결혼의 당사자에게 준 경우 → 공전자기록등부실기재죄의 실행의 착수 ×
③ 양팔로 갑자기 뒤에서 껴안으려고 한 경우 → 아동·청소년에 대한 강제추행미수죄의 실행의 착수 ○
④ 소송사기의 고의로 소를 제기하였으나 소장이 송달되지 않은 경우 → 소송사기죄의 실행의 착수 ○

정선 해설

[❶ ▸ ○] 야간에 아파트에 침입하여 물건을 훔칠 의도하에 아파트의 베란다 철제난간까지 올라가 유리창문을 열려고 시도하였다면 야간주거침입절도죄의 실행에 착수한 것으로 보아야 한다(대판 2003.10.24. 2003도4417).

> 비교판례 **대판 2008.3.27. 2008도917**
> 야간에 다세대주택에 침입하여 물건을 절취하기 위하여 가스배관을 타고 오르다가 순찰 중이던 경찰관에게 발각되어 그냥 뛰어내렸다면, 야간주거침입절도죄의 실행의 착수에 이르지 못한 것이다.

[❷ ▸ ○] 대판 2009.9.24. 2009도4998

[❸ ▸ ×] 피고인이 가까이 접근하여 갑자기 뒤에서 껴안는 행위는 그 자체로 이른바 '기습추행' 행위로 볼 수 있으므로, 피고인의 팔이 갑의 몸에 닿지 않았더라도 양팔을 높이 들어 갑자기 뒤에서 껴안으려는 행위는 갑의 의사에 반하는 유형력의 행사로서 폭행행위에 해당하며, 그때 '기습추행'에 관한 실행의 착수가 있는데, 마침 갑이 뒤돌아보면서 소리치는 바람에 몸을 껴안는 추행의 결과에 이르지 못하고 미수에 그쳤으므로, 피고인의 행위는 아동·청소년에 대한 강제추행미수죄에 해당한다(2015.9.10. 2015도6980).

[❹ ▸ ○] 대판 2006.11.10. 2006도5811

답 ❸

205 □□□

미수범의 성립에 대한 설명으로 옳은 것은?(다툼이 있는 경우 판례에 의함) 20 국가9급

① 일반적으로 사람으로 하여금 공포심을 일으키게 하기에 충분한 해악을 고지하여 상대방이 그 의미를 인식하였지만 현실적으로 공포심을 일으키지 않은 경우 - 협박죄의 미수범

② 신체의 일부만 주거 안으로 들어갔지만 사실상의 주거의 평온을 해할 수 있는 정도에 이른 경우 - 주거침입죄의 미수범

③ 법원을 기망하여 유리한 판결을 얻어 내고 이에 터 잡아 상대방으로부터 재물이나 재산상 이익을 취득하려고 소송을 제기하였지만 패소판결이 확정되는 등 유리한 판결을 받지 못하고 소송이 종료된 경우 - 사기죄의 미수범

④ 노상에 세워져 있는 자동차 안의 물건을 훔칠 생각으로 자동차의 유리창을 통하여 그 내부를 손전등으로 비추어 본 경우 - 절도죄의 미수범

정선 핵심

① 충분한 해악을 고지하여 의미를 인식하였지만 현실적으로 공포심을 일으키지 않은 경우 → 협박죄의 기수범 ○
② 신체의 일부만 들어갔지만 사실상의 주거의 평온을 해할 정도에 이른 경우 → 주거침입죄의 기수범 ○
③ 소송사기의 고의로 소송을 제기하였지만 유리한 판결을 받지 못하고 종료된 경우 → 소송사기죄의 미수범 ○
④ 자동차의 내부를 손전등으로 비추어 본 경우 → 절도죄의 실행의 착수 ×

정선 해설

[❶ ▸ ×] 협박죄가 성립하려면 일반적으로 사람으로 하여금 공포심을 일으키게 하기에 충분한 것이어야 하지만, 상대방이 그에 의하여 현실적으로 공포심을 일으킬 것까지 요구하는 것은 아니며, 그와 같은 정도의 해악을 고지함으로써 상대방이 그 의미를 인식한 이상, 상대방이 현실적으로 공포심을 일으켰는지 여부와 관계없이 그로써 구성요건은 충족되어 협박죄의 기수에 이르는 것으로 해석하여야 한다(대판 2007.9.28. 2007도606[전합]).

[❷ ▸ ×] 주거침입죄는 사실상의 주거의 평온을 보호법익으로 하는 것이므로, 반드시 행위자의 신체의 전부가 범행의 목적인 타인의 주거 안으로 들어가야만 성립하는 것이 아니라 신체의 일부만 타인의 주거 안으로 들어갔다고 하더라도 거주자가 누리는 사실상의 주거의 평온을 해할 수 있는 정도에 이르렀다면 범죄구성요건을 충족하는 것이라고 보아야 한다(대판 1995.9.15. 94도2561).

[❸ ▸ ○] 판례의 취지를 고려하면, 패소판결이 확정되는 등 유리한 판결을 받지 못하고 소송이 종료된 경우 소송사기죄의 미수범이 성립한다.

> 피고인 또는 그와 공모한 자가 자신이 토지의 소유자라고 허위의 주장을 하면서 소유권보존등기명의자를 상대로 보존등기의 말소를 구하는 소송을 제기한 경우 그 소송에서 위 토지가 피고인 또는 그와 공모한 자의 소유임을 인정하여 보존등기 말소를 명하는 내용의 승소확정판결을 받는다면, 이는 법원을 기망하여 유리한 판결을 얻음으로써 '대상 토지의 소유권에 대한 방해를 제거하고 그 소유명의를 얻을 수 있는 지위'라는 재산상 이익을 취득한 것이고, 그 경우 기수시기는 위 판결이 확정된 때이다(대판 2006.4.7. 2005도9858[전합]).

[❹ ▸ ×] 노상에 세워 놓은 자동차 안에 있는 물건을 훔칠 생각으로 자동차의 유리창을 통하여 그 내부를 손전등으로 비추어 본 것에 불과하다면, 타인의 재물에 대한 지배를 침해하는 데 밀접한 행위를 한 것이라고는 볼 수 없어 절취행위의 착수에 이른 것이었다고 볼 수 없다(대판 1985.4.23. 85도464).

답 ❸

206 □□□ 실행의 착수에 관한 판례의 입장과 일치하는 것은 모두 몇 개인가?

19 해경간부

ㄱ. 사기도박에서 사기적인 방법으로 도금을 편취하려고 하는 자가 상대방에게 도박에 참가할 것을 권유하는 때에 실행의 착수가 있다.
ㄴ. 금품을 절취하기 위하여 고속버스 선반위에 놓여진 손가방의 한쪽걸쇠만 열었다 하여도 절도범행의 실행에 착수하였다 할 것이다.
ㄷ. 범죄수익은닉의 규제 및 처벌 등에 관한 법률상 범죄수익 등의 은닉에 관한 죄의 경우, 강도범행을 통해 강취할 돈을 송금받기 위해 계좌를 개설한 때 실행의 착수가 있다.
ㄹ. 야간에 다세대주택에 침입하여 물건을 절취하기 위하여 가스배관을 타고 오르다가 순찰 중인 경찰관에게 발각되어 뛰어내린 경우 야간주거침입절도죄의 실행의 착수가 인정된다.
ㅁ. 이른바 '기습추행'의 경우 피고인의 팔이 피해자의 몸에 닿지 않았더라도 양팔을 높이 들어 갑자기 뒤에서 껴안으려고 한 경우 강제추행죄의 실행의 착수가 인정된다.

① 1개　　② 2개
③ 3개　　④ 4개

정선 핵심

ㄱ. 사기도박에서 도박에 참가할 것을 권유하는 경우 → 사기죄의 실행의 착수 ○
ㄴ. 금품을 절취하기 위하여 손가방의 한쪽걸쇠만 연 경우 → 절도죄의 실행의 착수 ○
ㄷ. 강취할 돈을 송금받기 위해 계좌를 개설한 경우 → 범죄수익은닉규제법의 실행의 착수 ×
ㄹ. 야간에 가스배관을 타고 올라가다가 발각되자 뛰어내린 경우 → 야간주거침입절도죄의 실행의 착수 ×
ㅁ. 양팔로 갑자기 뒤에서 껴안으려고 한 경우 → 아동·청소년에 대한 강제추행미수죄의 실행의 착수 ○

정선 해설

[ㄱ ▸ O] 대판 2011.1.13. 2010도9330
[ㄴ ▸ O] 대판 1983.10.25. 83도2432
[ㄷ ▸ X] 은행강도범행으로 강취할 돈을 송금받을 계좌를 개설한 것만으로는 범죄수익 등의 은닉에 관한 죄의 실행에 착수한 것으로 볼 수 없다(대판 2007.1.11. 2006도5288).
[ㄹ ▸ X] 야간에 다세대주택에 침입하여 물건을 절취하기 위하여 가스배관을 타고 오르다가 순찰 중이던 경찰관에게 발각되어 그냥 뛰어내렸다면, 야간주거침입절도죄의 실행의 착수에 이르지 못한 것이다(대판 2008.3.27. 2008도917).
[ㅁ ▸ O] 피고인이 가까이 접근하여 갑자기 뒤에서 껴안는 행위는 그 자체로 이른바 '기습추행' 행위로 볼 수 있으므로, 피고인의 팔이 갑의 몸에 닿지 않았더라도 양팔을 높이 들어 갑자기 뒤에서 껴안으려는 행위는 갑의 의사에 반하는 유형력의 행사로서 폭행행위에 해당하며, 그때 '기습추행'에 관한 실행의 착수가 있는데, 마침 갑이 뒤돌아보면서 소리치는 바람에 몸을 껴안는 추행의 결과에 이르지 못하고 미수에 그쳤으므로, 피고인의 행위는 아동·청소년에 대한 강제추행미수죄에 해당한다(2015.9.10. 2015도6980).

답 ③

207 □□□

실행의 착수에 대한 설명으로 옳지 않은 것은?(다툼이 있는 경우 판례에 의함)

20 국가9급

① 주거침입죄의 실행의 착수는 구성요건의 일부를 실현하는 행위까지 요구하는 것은 아니고 범죄구성요건의 실현에 이르는 현실적 위험성을 포함하는 행위를 개시하는 것으로 족하다.
② 부동산 이중양도에 있어서 매도인이 제2차 매수인으로부터 계약금만을 지급받고 중도금을 수령한 바 없다면 배임죄의 실행의 착수가 있었다고 볼 수 없다.
③ 주간에 주거에 침입하여 야간에 절도를 범한 경우 주거침입을 한 때에 야간주거침입절도죄의 실행에 착수한 것으로 보는 것이 타당하다.
④ 소매치기가 피해자의 상의 호주머니로부터 금품을 훔치려고 그 호주머니에 손을 뻗쳐 그 겉을 더듬은 때에는 절도죄의 실행에 착수하였다고 봄이 상당하다.

정선 핵심

① 주거침입죄의 실행의 착수 → 범죄구성요건을 실현하는 현실적 위험성을 포함하는 행위개시로 충분
② 부동산매도인이 제2매수인에게 계약금만을 지급받은 경우 → 배임죄의 실행의 착수 ×
③ 주간에 주거에 침입하여 야간에 절도한 경우 → 야간주거침입절도죄의 실행의 착수 ×
④ 소매치기가 피해자의 호주머니에 손을 뻗쳐 겉을 더듬은 경우 → 절도죄의 실행의 착수 ○

정선 해설

[❶ ▸ ○] 대판 2006.9.14. 2006도2824
[❷ ▸ ○] 대판 2003.3.25. 2002도7134
[❸ ▸ ×] 형법 제330조의 규정형식과 그 구성요건의 문언에 비추어 보면, 형법은 야간에 이루어지는 주거침입행위의 위험성에 주목하여 그러한 행위를 수반한 절도를 야간주거침입절도죄로 중하게 처벌하고 있는 것으로 보아야 하고, 따라서 주거침입이 주간에 이루어진 경우에는 야간주거침입절도죄가 성립하지 않는다고 해석하는 것이 타당하다(대판 2011.4.14. 2011도300).
[❹ ▸ ○] 소매치기의 경우 피해자의 양복상의 주머니로부터 금품을 절취하려고 그 호주머니에 손을 뻗쳐 그 겉을 더듬은 때에는 절도의 범행은 예비단계를 지나 실행에 착수하였다고 봄이 상당하다(대판 1984.12.11. 84도2524).

비교판례 대판 1986.11.11. 86도1109

소를 흥정하고 있는 피해자의 뒤에 접근하여 그가 들고 있던 가방으로 돈이 들어 있는 피해자의 하의 왼쪽 주머니를 스치면서 지나간 행위는 단지 피해자의 주의력을 흐트려 주머니 속에 들은 금원을 절취하기 위한 예비단계의 행위에 불과한 것이고 이로써 실행의 착수에 이른 것이라고는 볼 수 없다.

답 ❸

208
□□□

실행의 착수시기에 대한 설명 중 가장 적절한 것은?(다툼이 있는 경우 판례에 의함)

20 경찰승진

① 침입 대상인 아파트에 사람이 있는지를 확인하기 위해 그 집의 초인종을 누른 경우 주거의 사실상의 평온을 침해할 객관적인 위험성이 있으므로 주거침입죄의 실행의 착수가 인정된다.
② 야간에 다세대주택 2층의 불이 꺼져 있는 것을 보고 물건을 절취하기 위하여 가스배관을 타고 올라가다가, 발은 1층 방범창을 딛고 두 손은 1층과 2층 사이에 있는 가스배관을 잡고 있던 상태에서 순찰 중이던 경찰관에게 발각되자 그대로 뛰어내린 경우 야간주거침입절도죄의 실행의 착수가 인정되지 않는다.
③ 야간에 아파트에 침입하여 물건을 훔칠 의도하에 아파트의 베란다 철제난간까지 올라가 유리창문을 열려고 시도하고 실제로 집안에 들어가지는 못한 경우 야간주거침입절도죄의 실행의 착수가 인정되지 않는다.
④ 노상에 세워 놓은 자동차 안에 있는 물건을 훔칠 생각으로 자동차의 유리창을 통하여 그 내부를 손전등으로 비추어 본 경우 유리창을 따기 위해 면장갑을 끼고 있었고 칼을 소지하고 있었다면 절도죄의 실행의 착수가 인정된다.

정선 핵심

① 사람이 있는지 확인하기 위해 초인종을 누른 경우 → 주거침입죄의 실행의 착수 ×
② 야간에 가스배관을 타고 올라가다가 발각되자 뛰어내린 경우 → 야간주거침입절도죄의 실행의 착수 ×
③ 야간에 베란다 철제난간까지 올라가 유리창문을 열려고 시도한 경우 → 야간주거침입죄의 실행의 착수 O
④ 자동차의 내부를 손전등으로 비추어 본 경우 → 절도죄의 실행의 착수 ×

정선 해설

[❶ ▸ ×] 침입 대상인 아파트에 사람이 있는지를 확인하기 위해 그 집의 초인종을 누른 행위만으로는 침입의 현실적 위험성을 포함하는 행위를 시작하였다거나, 주거의 사실상의 평온을 침해할 객관적인 위험성을 포함하는 행위를 한 것으로 볼 수 없다(대판 2008.4.10. 2008도1464).
[❷ ▸ O] 대판 2008.3.27. 2008도917
[❸ ▸ ×] 야간에 아파트에 침입하여 물건을 훔칠 의도하에 아파트의 베란다 철제난간까지 올라가 유리창문을 열려고 시도하였다면 야간주거침입절도죄의 실행에 착수한 것으로 보아야 한다(대판 2003.10.24. 2003도4417).
[❹ ▸ ×] 노상에 세워 놓은 자동차 안에 있는 물건을 훔칠 생각으로 자동차의 유리창을 통하여 그 내부를 손전등으로 비추어 본 것에 불과하다면, 타인의 재물에 대한 지배를 침해하는 데 밀접한 행위를 한 것이라고는 볼 수 없어 절취행위의 착수에 이른 것이었다고 볼 수 없다(대판 1985.4.23. 85도464).

답 ❷

209 □□□

실행의 착수에 대한 설명으로 가장 적절하지 않은 것은?(다툼이 있는 경우 판례에 의함)

17 경찰채용

① 가압류는 강제집행의 보전방법에 불과하고 그 기초가 되는 허위의 채권에 의하여 실제로 청구의 의사표시를 한 것이라고 할 수 없으므로 소의 제기 없이 가압류신청을 한 것만으로는 사기죄의 실행에 착수한 것이라고 할 수 없다.

② 부동산경매절차에서 피고인들이 허위의 공사대금채권을 근거로 유치권 신고를 한 경우, 소송사기의 실행의 착수가 인정된다.

③ 피고인이 히로뽕 제조원료 구입비로 금 3,000,000원을 제1심 공동피고인에게 제공하였는데 공동피고인이 그로써 구입할 원료를 물색 중 적발되었다면 피고인의 행위는 히로뽕 제조에 착수하였다고 볼 수 없다.

④ 부정경쟁방지 및 영업비밀보호에 관한 법률 제18조 제2항에서 정하고 있는 영업비밀부정사용죄에 있어서는, 행위자가 당해 영업비밀과 관계된 영업활동에 이용 혹은 활용할 의사 아래 그 영업활동에 근접한 시기에 영업비밀을 열람하는 행위를 하였다면 그 실행의 착수가 있다.

정선 핵심

① 허위의 채권을 피보전권리로 가압류를 신청한 경우 → 사기죄의 실행의 착수 ×
② 허위의 공사대금채권을 근거로 유치권신고를 한 경우 → 소송사기죄의 실행의 착수 ×
③ 히로뽕 제조원료 구입비를 제공받은 공동피고인이 원료물색 중 적발된 경우 → 히로뽕 제조의 착수 ×
④ 이용의 의사로 영업활동에 근접한 시기에 영업비밀을 열람하는 경우 → 영업비밀부정사용죄의 실행의 착수 ○

정선 해설

[❶ ▸ ○] 대판 1982.10.26. 82도1529

[❷ ▸ ×] 부동산경매절차에서 피고인들이 허위의 공사대금채권을 근거로 유치권 신고를 한 경우, 소송사기의 실행의 착수가 있다고 볼 수 없다(대판 2009.9.24. 2009도5900).

[❸ ▸ ○] 대판 1983.11.22. 83도2590

[❹ ▸ ○] 부정경쟁방지 및 영업비밀보호에 관한 법률 제18조 제2항에서 정하고 있는 영업비밀부정사용죄에 있어서는, 행위자가 당해 영업비밀과 관계된 영업활동에 이용 혹은 활용할 의사 아래 그 영업활동에 근접한 시기에 영업비밀을 열람하는 행위(영업비밀이 전자파일의 형태인 경우에는 저장의 단계를 넘어서 해당 전자파일을 실행하는 행위)를 하였다면 그 실행의 착수가 있다(대판 2009.10.15. 2008도9433).

답 ❷

210 □□□

실행의 착수에 관한 다음 설명 중 가장 옳지 않은 것은?(다툼이 있는 경우 판례에 의함)

15 법원9급

① 2인 이상이 합동하여 주간에 절도의 목적으로 타인의 주거에 침입하였으나 아직 절취할 물건의 물색행위를 시작하기 전이라면 형법 제331조 제2항의 특수절도죄의 실행에 착수한 것이 아니다.

② 입영대상자가 병역면제처분을 받을 목적으로 병원으로부터 허위의 병사용진단서를 발급받은 행위만으로는 사위행위에 의한 병역기피를 이유로 한 병역법위반죄의 실행에 착수한 것이 아니다.

③ 태풍피해복구보조금지원절차가 행정당국에 의한 실사를 거쳐 피해자로 확인된 경우에 한하여 보조금지원신청을 할 수 있는 경우, 피해신고는 국가의 보조금 지원 여부 및 정도를 결정함에 있어 그 직권조사를 개시하기 위한 참고자료에 불과하다고 하더라도, 허위의 피해신고를 한 이상 보조금 편취로 인한 사기죄의 실행에 착수한 것이다.

④ 소송사기는 법원을 기망한다는 고의를 가지고 소를 제기하면 이로써 실행의 착수가 있는 것이고, 소장의 유효한 송달까지 요하는 것은 아니다.

정선 핵심

① 2인 이상이 합동하여 주간에 절도의 목적으로 주거에 침입하였으나 물색행위 전인 경우 → 특수절도죄의 실행의 착수 ×

② 입영대상자가 허위의 병사용진단서를 발급받은 경우 → 병역법위반죄의 실행의 착수 ×

③ 허위의 태풍피해복구보조금지원신청을 한 경우 → 사기죄의 실행의 착수 ×

④ 소송사기죄의 실행의 착수 → 소장의 유효한 송달 불요

정선 해설

[❶ ▸ O] 대판 2009.12.24. 2009도9667

[❷ ▸ O] 입영대상자가 병역면제처분을 받을 목적으로 병원으로부터 허위의 병사용진단서를 발급받았다고 하더라도 이러한 행위만으로는 사위행위의 실행에 착수하였다고 볼 수 없다(대판 2005.9.28. 2005도3065).

[❸ ▸ ×] 태풍피해복구보조금지원절차가 행정당국에 의한 실사를 거쳐 피해자로 확인된 경우에 한하여 보조금지원신청을 할 수 있도록 되어 있는 경우, 피해신고는 국가가 보조금의 지원 여부 및 정도를 결정함에 있어 그 직권조사를 개시하기 위한 참고자료에 불과하다는 이유로 허위의 피해신고만으로는 위 보조금편취범행의 실행에 착수한 것이라고 볼 수 없다(대판 1999.3.12. 98도3443).

> **관련판례** **대판 2003.6.13. 2003도1279**
>
> 장애인단체의 지회장이 지방자치단체로부터 보조금을 더 많이 지원받기 위하여 허위의 보조금정산보고서를 제출한 경우, 보조금정산보고서는 보조금의 지원 여부 및 금액을 결정하기 위한 참고자료에 불과하고 직접적인 서류라고 할 수 없으므로 보조금편취범행(기망)의 실행에 착수한 것으로 보기 어렵다.

[❹ ▸ O] 대판 2006.11.10. 2006도5811

답 ❸

211 □□□

실행의 착수에 관한 설명으로 가장 옳은 것은?(다툼이 있는 경우 판례에 의함)

20 경찰간부

① 예비·음모 후 실행의 착수로 나아가기를 자의로 포기한 경우 중지범규정을 유추적용할 수 있다.

② 2인 이상이 합동하여 주간에 피해자의 아파트 출입문 시정장치를 손괴하다가 발각되어 도주한 경우 형법 제331조 제2항 특수절도죄의 실행의 착수가 인정된다.

③ 이른바 '기습추행'의 경우 피고인의 팔이 피해자의 몸에 닿지 않았더라도 양팔을 높이 들어 갑자기 뒤에서 껴안으려고 한 경우 강제추행죄의 실행의 착수가 인정된다.

④ 범죄수익은닉의 규제 및 처벌 등에 관한 법률상 범죄수익 등의 은닉에 관한 죄의 경우, 강도범행을 통해 강취할 돈을 송금받기 위해 계좌를 개설한 때 실행의 착수가 인정된다.

정선 핵심

실행의 착수 인정 여부

① 예비의 중지 → 부정(판례)

② 2인 이상이 합동하여 주간에 출입문 시정장치를 손괴하다가 도주한 경우 → 특수절도죄의 실행의 착수 ×

③ 양팔로 갑자기 뒤에서 껴안으려고 한 경우 → 아동·청소년에 대한 강제추행미수죄의 실행의 착수 ○

④ 강취할 돈을 송금받기 위해 계좌를 개설한 경우 → 범죄수익은닉규제법의 실행의 착수 ×

정선 해설

[❶ ▸ ×] 중지범은 범죄의 실행에 착수한 후 자의로 그 행위를 중지한 때를 말하는 것이고, 실행의 착수가 있기 전인 예비·음모의 행위를 처벌하는 경우에 있어서는 중지범의 관념은 이를 인정할 수 없다(대판 1991.6.25. 91도436).

[❷ ▸ ×] 2인 이상이 합동하여 야간이 아닌 주간에 절도의 목적으로 타인의 주거에 침입하였다 하여도 아직 절취할 물건의 물색행위를 시작하기 전이라면 특수절도죄의 실행에는 착수한 것으로 볼 수 없는 것이어서 그 미수죄가 성립하지 않는다(대판 2009.12.24. 2009도9667).

[❸ ▸ ○] 2015.9.10. 2015도6980

[❹ ▸ ×] <u>은행강도범행으로 강취할 돈을 송금받을 계좌를 개설한 것만으로는 범죄수익 등의 은닉에 관한 죄의 실행에 착수한 것으로 볼 수 없다</u>(대판 2007.1.11. 2006도5288).

답 ❸

제1장 제2장 제3장

212

□□□

실행의 착수에 관한 설명 중 옳지 않은 것으로 짝지은 것은?(다툼이 있는 경우 판례에 의함)

18 경찰간부

ㄱ. 야간에 다세대주택에 침입하여 물건을 절취하기 위하여 가스배관을 타고 오르다가 순찰 중이던 경찰관에게 발각되어 그냥 뛰어내린 경우 야간주거침입절도죄의 실행의 착수가 있다.
ㄴ. 가압류는 강제집행의 보전방법에 불과한 것이어서 허위의 채권을 피보전권리로 삼아 가압류를 하였다고 하더라도 본안소송을 제기하지 아니하였다면 사기죄의 실행에 착수가 없다.
ㄷ. 간첩의 목적으로 외국 또는 북한에서 국내에 침투 또는 월남하는 경우에는 기밀탐지가 가능한 국내에 침투 상륙함으로써 간첩죄의 실행의 착수가 있다.
ㄹ. 허위채권에 기한 공정증서를 집행권원으로 하여 채무자의 소유권이전등기청구권에 대하여 압류신청을 한 것만으로는 소송사기의 실행에 착수한 것으로 볼 수 없다.
ㅁ. 甲이 강간할 목적으로 乙의 집에 침입해 안방에 들어가 누워 자고 있는 乙의 가슴과 엉덩이를 만지면서 간음을 기도하였다면 실행의 착수가 있다.

① ㄱ, ㄴ, ㅁ ② ㄴ, ㄷ, ㄹ
③ ㄱ, ㄹ, ㅁ ④ ㄴ, ㄹ, ㅁ

정선 핵심

ㄱ. 야간에 가스배관을 타고 올라가다가 발각되자 뛰어내린 경우 → 야간주거침입절도죄의 실행의 착수 ×
ㄴ. 허위의 채권을 피보전권리로 가압류를 신청한 경우 → 사기죄의 실행의 착수 ×
ㄷ. 간첩의 목적으로 국내에 침투 상륙한 경우 → 간첩죄의 실행의 착수 ○
ㄹ. 허위채권에 기해 채무자의 소유권이전등기청구권에 대하여 압류신청을 한 경우 → 소송사기의 실행의 착수 ○
ㅁ. 피해자의 가슴과 엉덩이를 만지며 간음을 기도한 경우 → 강간죄의 실행의 착수 ×

정선 해설

[ㄱ ▸ ×] 야간에 다세대주택에 침입하여 물건을 절취하기 위하여 가스배관을 타고 오르다가 순찰 중이던 경찰관에게 발각되어 그냥 뛰어내렸다면, 야간주거침입절도죄의 실행의 착수에 이르지 못한 것이다(대판 2008.3.27. 2008도917).

[ㄴ ▸ ○] 가압류는 강제집행의 보전방법에 불과하고 그 기초가 되는 허위의 채권에 의하여 실제로 청구의 의사표시를 한 것이라고 할 수 없으므로 소의 제기 없이 가압류신청을 한 것만으로는 사기죄의 실행에 착수한 것이라고 할 수 없다(대판 1982.10.26. 82도1529).

[ㄷ ▸ ○] 대판 1984.9.11. 84도1381

[ㄹ ▸ ×] 소유권이전등기청구권에 대한 압류는 당해 부동산에 대한 경매의 실시를 위한 사전 단계로서의 의미를 가지나, 전체로서의 강제집행절차를 위한 일련의 시작행위라고 할 수 있으므로, 허위 채권에 기한 공정증서를 집행권원으로 하여 채무자의 소유권이전등기청구권에 대하여 압류신청을 한 시점에 소송사기의 실행에 착수하였다고 볼 것이다(대판 2015.2.12. 2014도10086).

비교판례 **대판 2009.12.10. 2009도9982**

피고인(甲회사 운영자)이 '甲회사의 乙에 대한 채권'이 존재하지 않는다는 사실을 알면서 그 사실을 모르는 丙(甲회사에 대한 채권자)에게 '甲회사의 乙에 대한 채권'의 압류 및 전부(추심)명령을 신청하게 하여 그 명령을 받게 한 경우, 丙이 甲회사에 대하여 진정한 채권을 가지고 있는 이상, 위와 같은 사정만으로는 법원을 기망하였다고 볼 수 없고, 丙이 乙을 상대로 전부(추심)금 소송을 제기하지 않은 이상 소송사기의 실행에 착수하였다고 볼 수도 없다.

[ㅁ ▸ ×] 강간죄의 실행의 착수가 있었다고 하려면 강간의 수단으로서 폭행이나 협박을 한 사실이 있어야 할 터인데 피고인이 강간할 목적으로 피해자의 집에 침입하였다 하더라도 안방에 들어가 누워 자고 있는 피해자의 가슴과 엉덩이를 만지면서 간음을 기도하였다는 사실만으로는 강간의 수단으로 피해자에게 폭행이나 협박을 개시하였다고 하기는 어렵다(대판 1990.5.25. 90도607).

답 ❸

213 □□□

실행의 착수시기에 대한 설명으로 가장 적절하지 않은 것은?(다툼이 있는 경우 판례에 의함)

18 경찰채용

① 필로폰을 매수하려는 자에게서 필로폰을 구해 달라는 부탁과 함께 돈을 지급받은 경우 당시 필로폰을 소지 또는 입수한 상태에 있었거나 그것이 가능하였다는 등 매매행위에 근접밀착한 상태에서 대금을 지급받은 것이라면 마약류 관리에 관한 법률 위반(향정)죄의 필로폰 매매행위의 실행에 착수하였다고 볼 수 있다.

② 강제집행절차를 통한 소송사기는 집행절차의 개시신청을 한 때 또는 진행 중인 집행절차에 배당신청을 한 때에 사기죄의 실행에 착수하였다고 볼 수 있다.

③ 위장결혼의 당사자 및 브로커와 공모한 피고인이 허위로 결혼사진을 찍고 혼인신고에 필요한 서류를 준비하여 위장결혼의 당사자에게 건네준 것만으로도 공전자기록등부실기재죄의 실행에 착수하였다고 볼 수 있다.

④ 피고인이 피해자 A를 추행하기 위하여 뒤따라가다가 외진 곳에서 가까이 접근하여 껴안으려 하였으나, A가 뒤돌아보면서 소리치자 그 상태로 몇 초 동안 쳐다보다가 다시 오던 길로 되돌아간 경우, 피고인의 팔이 A의 몸에 닿지 않았지만 양팔을 높이 들어 갑자기 뒤에서 껴안으려고 하는 것만으로도 강제추행죄의 실행의 착수가 있다고 볼 수 있다.

정선 핵심

① 단순히 필로폰을 구해 달라는 부탁과 대금으로 돈을 지급받은 경우 → 필로폰매매행위의 실행의 착수 ×
② 집행절차의 개시신청을 한 때 또는 배당신청을 한 경우 → 사기죄의 실행의 착수 ○
③ 허위의 결혼사진과 혼인신고서류를 위장결혼의 당사자에게 준 경우 → 공전자기록등부실기재죄의 실행의 착수 ×
④ 양팔로 갑자기 뒤에서 껴안으려고 한 경우 → 아동·청소년에 대한 강제추행미수죄의 실행의 착수 ○

정선 해설

[❶ ▸ ○] 대판 2015.3.20. 2014도16920

[❷ ▸ ○] 강제집행절차를 통한 소송사기는 집행절차의 개시신청을 한 때 또는 진행 중인 집행절차에 배당신청을 한 때에 실행에 착수하였다고 볼 것이다(대판 2015.2.12. 2014도10086).

[❸ ▸ ×] 공전자기록등부실기재죄에 있어서의 실행의 착수 시기는 공무원에 대하여 허위의 신고를 하는 때라고 보아야 할 것인바, 피고인이 위장결혼의 당사자 및 중국 측 브로커와의 공모 하에 허위로 결혼사진을 찍고, 혼인신고에 필요한 서류를 준비하여 위장결혼의 당사자에게 건네준 것만으로는 아직 공전자기록등부실기재죄에 있어서 실행에 착수한 것으로 보기 어렵다(대판 2009.9.24. 2009도4998).

[❹ ▸ ○] 2015.9.10. 2015도6980

답 ❸

214 □□□

실행의 착수시기 및 미수에 대한 설명으로 가장 적절한 것은?(다툼이 있는 경우 판례에 의함) 18 경찰승진

① 피고인이 임야를 편취할 목적으로 소송을 제기하였으나 소제기 시 이미 소송의 상대방이 사망하였을 경우에는 소송에서 승소판결을 받는다고 하더라도 판결의 효력이 해당 임야의 재산상속인에게 미칠 수 없으므로 이는 사기죄의 불능미수에 해당한다.

② 행위자가 처음부터 미수에 그치겠다는 고의를 가진 경우라도 미수범이 성립할 수 있다.

③ 금융기관 직원이 전산단말기를 이용하여 다른 공범들이 지정한 특정 계좌에 돈이 입금된 것처럼 허위의 정보를 입력하는 방법으로 위 계좌로 입금되도록 한 경우, 그 후 그러한 입금이 취소되어 현실적으로 인출되지 못한 경우는 컴퓨터등사용사기미수죄에 해당한다.

④ 甲이 부동산경매절차에서 피담보채권인 공사대금채권을 실제와 달리 허위로 부풀려 유치권에 의한 경매를 신청한 경우 소송사기죄의 실행의 착수에 해당한다.

정선 핵심

① 소제기 시 이미 상대방이 사망한 경우 → 사기죄 ×
② 행위자가 미수의 고의를 가진 경우 → 미수범 ×
③ 금융기관 직원이 허위정보를 입력하여 공범들이 지정한 특정 계좌로 돈이 입금되도록 한 경우 → 컴퓨터 등 사용사기죄 ○
④ 공사대금채권을 허위로 크게 부풀려 경매를 신청한 경우 → 소송사기죄의 실행의 착수 ○

정선 해설

[❶ ▸ ×] 소송사기에 있어서 피기망자인 법원의 재판은 피해자의 처분행위에 갈음하는 내용과 효력이 있는 것이어야 하고, 그렇지 아니하는 경우에는 착오에 의한 재물의 교부행위가 있다고 할 수 없어서 사기죄는 성립되지 아니한다고 할 것이므로, 피고인의 제소가 사망한 자를 상대로 한 것이라면 이와 같은 사망한 자에 대한 판결은 그 내용에 따른 효력이 생기지 아니하여 상속인에게 그 효력이 미치지 아니하고 따라서 사기죄를 구성한다고 할 수 없다(대판 2002.1.11. 2000도1881).

[❷ ▸ ×] 처음부터 미수에 그치게 하겠다는 미수의 고의는 형법상 고의라고 할 수 없으므로 미수범이 성립하지 아니한다.

[❸ ▸ ×] 금융기관 직원이 전산단말기를 이용하여 다른 공범들이 지정한 특정 계좌에 돈이 입금된 것처럼 허위의 정보를 입력하는 방법으로 위 계좌로 입금되도록 한 경우, 이러한 입금절차를 완료함으로써 장차 그 계좌에서 이를 인출하여 갈 수 있는 재산상 이익을 취득하였으므로 형법 제347조의2에서 정하는 컴퓨터 등 사용사기죄는 기수에 이르렀고, 그 후 그러한 입금이 취소되어 현실적으로 인출되지 못하였다고 하더라도 이미 성립한 컴퓨터 등 사용사기죄에 어떤 영향이 있다고 할 수는 없다(대판 2006.9.14. 2006도4127).

[❹ ▸ ○] 대판 2012.11.15. 2012도9603

답 ❹

215
□□□

실행의 착수시기 또는 기수에 대한 설명 중 가장 적절하지 않은 것은?(다툼이 있는 경우 판례에 의함) 18 경찰채용

① 위장결혼의 당사자 및 중국 측 브로커와의 공모 하에 허위로 결혼사진을 찍고, 혼인신고에 필요한 서류를 준비하여 위장결혼의 당사자에게 건네준 것만으로는 아직 공전자기록등부실기재죄에 있어서 실행에 착수한 것으로 볼 수 없다.

② 피고인이 방화의 의사로 뿌린 휘발유가 인화성이 강한 상태로 주택 주변과 피해자의 몸에 적지 않게 살포되어 있는 사정을 알면서도 라이터를 켜 불꽃을 일으킴으로써 피해자의 몸에 불이 붙은 경우, 비록 외부적 사정에 의하여 불이 방화목적물인 주택 자체에 옮겨 붙지는 아니하였다 하더라도 현존건조물방화죄의 실행의 착수가 있었다고 볼 수 있다.

③ 금융기관 직원이 전산단말기를 이용하여 다른 공범들이 지정한 특정 계좌에 돈이 입금된 것처럼 허위의 정보를 입력하는 방법으로 위 계좌로 입금되도록 한 경우, 그 후 그러한 입금이 취소되어 현실적으로 인출되지 못하였다면 컴퓨터등사용사기죄의 미수에 해당한다.

④ 피고인이 지하철 환승에스컬레이터 내에서 짧은 치마를 입고 있는 피해자의 뒤에 서서 카메라폰으로 성적 수치심을 느낄 수 있는 치마 속 신체 부위를 피해자 의사에 반하여 동영상 촬영 중 경찰관에게 발각되어 저장버튼을 누르지 않고 촬영을 종료하였더라도 동영상 촬영을 시작하여 일정한 시간이 경과하였다면 구 성폭력범죄의 처벌 및 피해자보호 등에 관한 법률 상 '카메라등이용촬영죄'의 기수에 해당한다.

정선 핵심

① 허위의 결혼사진과 혼인신고서류를 위장결혼의 당사자에게 준 경우 → 공전자기록등부실기재죄의 실행의 착수 ×
② 라이터를 켜 피해자의 몸에 불을 붙었으나 주택 자체에 옮겨 붙지 않은 경우 → 현주건조물방화죄의 실행의 착수 ○
③ 금융기관 직원이 허위정보를 입력하여 공범들이 지정한 특정 계좌로 돈이 입금되도록 한 경우 → 컴퓨터 등 사용사기죄 ○
④ 카메라폰으로 신체 부위를 피해자 의사에 반하여 촬영 중 저장버튼을 누르지 않고 종료한 경우 → 카메라등이용촬영죄의 기수 ○

정선 해설

[❶ ▸ ○] 대판 2009.9.24. 2009도4998
[❷ ▸ ○] 대판 2002.3.26. 2001도6641
[❸ ▸ ×] 금융기관 직원이 전산단말기를 이용하여 다른 공범들이 지정한 특정 계좌에 돈이 입금된 것처럼 허위의 정보를 입력하는 방법으로 위 계좌로 입금되도록 한 경우, 이러한 입금절차를 완료함으로써 장차 그 계좌에서 이를 인출하여 갈 수 있는 재산상 이익을 취득하였으므로 형법 제347조의2에서 정하는 컴퓨터 등 사용사기죄는 기수에 이르렀고, 그 후 그러한 입금이 취소되어 현실적으로 인출되지 못하였다고 하더라도 이미 성립한 컴퓨터 등 사용사기죄에 어떤 영향이 있다고 할 수는 없다(대판 2006.9.14. 2006도4127).
[❹ ▸ ○] 대판 2011.6.9. 2010도10677

답 ❸

216 □□□

실행의 착수에 대한 설명으로 옳지 않은 것은?(다툼이 있는 경우 판례에 의함)

17 국가9급

① 야간에 아파트에 침입하여 물건을 훔칠 의도하에 아파트의 베란다 철제난간까지 올라가 유리창문을 열려고 시도하였다면 야간주거침입절도죄의 실행에 착수한 것으로 보아야 한다.
② 사기죄는 편취의 의사로 기망행위를 개시한 때에 실행에 착수한 것으로 보아야 하므로, 사기도박에서도 사기적인 방법으로 도금을 편취하려고 하는 자가 상대방에게 도박에 참가할 것을 권유하는 등 기망행위를 개시한 때에 실행의 착수가 있는 것으로 보아야 한다.
③ 제1차 매수인으로부터 계약금 및 중도금 명목의 금원을 교부받은 후 제2차 매수인에게 부동산을 매도하기로 하고 계약금만을 지급받은 뒤 더 이상의 계약이행에 나아가지 않았다면 배임죄의 실행의 착수가 있었다고 볼 수 없다.
④ 양팔을 높이 들어 갑자기 뒤에서 껴안으려는 행위를 하는 경우 행위자의 팔이 피해자의 몸에 닿지 않으면 강제추행죄의 실행의 착수를 인정할 수 없다.

정선 핵심

① 야간에 베란다 철제난간까지 올라가 유리창문을 열려고 시도한 경우 → 야간주거침입죄의 실행의 착수 ○
② 사기도박에서 도박에 참가할 것을 권유하는 경우 → 사기죄의 실행의 착수 ○
③ 부동산의 제1매수인에게 계약금과 중도금을 수령하고 제2매수인에게 계약금만을 지급받은 뒤 계약이행에 나아가지 않은 경우 → 배임죄의 실행의 착수 ×
④ 양팔로 갑자기 뒤에서 껴안으려고 한 경우 → 아동·청소년에 대한 강제추행미수죄의 실행의 착수 ○

정선 해설

[❶ ▸ O] 대판 2003.10.24. 2003도4417

[❷ ▸ O] 사기죄는 편취의 의사로 기망행위를 개시한 때에 실행에 착수한 것으로 보아야 하므로, 사기도박에서도 사기적인 방법으로 도금을 편취하려고 하는 자가 상대방에게 도박에 참가할 것을 권유하는 등 기망행위를 개시한 때에 실행의 착수가 있는 것으로 보아야 한다(대판 2011.1.13. 2010도9330).

[❸ ▸ O] 대판 2007.6.14. 2007도379

[❹ ▸ ×] 피고인이 가까이 접근하여 갑자기 뒤에서 껴안는 행위는 그 자체로 이른바 '기습추행' 행위로 볼 수 있으므로, 피고인의 팔이 갑의 몸에 닿지 않았더라도 양팔을 높이 들어 갑자기 뒤에서 껴안으려는 행위는 갑의 의사에 반하는 유형력의 행사로서 폭행행위에 해당하며, 그때 '기습추행'에 관한 실행의 착수가 있는데, 마침 갑이 뒤돌아보면서 소리치는 바람에 몸을 껴안는 추행의 결과에 이르지 못하고 미수에 그쳤으므로, 피고인의 행위는 아동·청소년에 대한 강제추행미수죄에 해당한다(2015.9.10. 2015도6980).

답 ❹

217 □□□

실행의 착수에 대한 설명으로 옳지 않은 것은?(다툼이 있는 경우 판례에 의함)

16 국가7급

① 침입 대상인 아파트에 사람이 있는지를 확인하기 위해 그 집의 초인종을 누른 행위만으로는 주거침입죄의 실행의 착수가 인정되지 않는다.

② 법원을 기망하여 자기에게 유리한 판결을 얻고자 소송을 제기한 자가 상대방의 주소를 허위로 기재하여 소송을 제기함으로써 그 허위주소로 소송서류가 송달되어 그로 인하여 상대방 아닌 다른 사람이 그 서류를 받아 소송을 진행한 경우 소송사기죄의 실행의 착수가 인정되지 않는다.

③ 야간에 손전등과 박스 포장용 노끈을 이용하여 도로에 주차된 차량의 문을 열고 현금 등을 훔치기로 마음먹고 차량의 문이 잠겨 있는지 확인하기 위해 양손으로 운전석 문의 손잡이를 잡고 열려고 하던 중 경찰관에게 발각된 경우 절도죄의 실행의 착수가 인정된다.

④ 종량제 쓰레기봉투에 인쇄할 시장 명의의 문안이 새겨진 필름을 제조하는 행위에 그친 경우 시장 명의의 공문서인 종량제 쓰레기봉투를 위조하는 공문서위조죄의 실행의 착수에 이르지 아니한 준비행위에 불과하다.

정선 핵심

① 사람이 있는지 확인하기 위해 초인종을 누른 경우 → 주거침입죄의 실행의 착수 ×
② 허위주소로 소송서류가 송달되어 소송이 진행된 경우 → 소송사기죄의 실행의 착수 ○
③ 야간에 손전등과 박스 포장용 노끈을 이용하여 절도의 고의로 운전석 문의 손잡이를 잡고 열려고 하던 중 발각된 경우 → 절도죄의 실행의 착수 ○
④ 종량제 쓰레기봉투에 인쇄할 필름을 제조하는 행위에 그친 경우 → 공문서위조죄의 실행의 착수 ×

정선 해설

[❶ ▸ ○] 대판 2008.4.10. 2008도1464

[❷ ▸ ×] 소송사기는 소송에서 주장하는 권리가 존재하지 않는 사실을 알고 있으면서도 법원을 기망한다는 인식을 가지고 소를 제기하면 이로써 실행의 착수가 있고 소장의 유효한 송달을 요하지 아니한다고 할 것인바, 이러한 법리는 제소자가 상대방의 주소를 허위로 기재함으로써 그 허위주소로 소송서류가 송달되어 그로 인하여 상대방 아닌 다른 사람이 그 서류를 받아 소송이 진행된 경우에도 마찬가지로 적용된다(대판 2006.11.10. 2006도5811).

[❸ ▸ ○] 대판 2009.9.24. 2009도5595

[❹ ▸ ○] 종량제 쓰레기봉투에 인쇄할 시장 명의의 문안이 새겨진 필름을 제조하는 행위에 그친 경우에는 아직 위 시장 명의의 공문서인 종량제 쓰레기봉투를 위조하는 범행의 실행의 착수에 이르지 아니한 것으로서 그 준비단계에 불과한 것이다(대판 2007.2.23. 2005도7430).

관련판례 대판 1966.12.6. 66도1317

피고인이 행사할 목적으로 미리 준비한 물건들과 옵세트인쇄기를 사용하여 한국은행권 100원권을 사진 찍어 그 필름원판 7매와 이를 확대하여 현상한 인화지 7매를 만들었음에 그쳤다면 아직 통화위조의 착수에는 이르지 아니하였고 그 준비단계에 불과하다.

답 ❷

218 □□□

다음은 실행의 착수시기에 대한 설명이다. 가장 적절하지 않은 것은?(다툼이 있는 경우 판례에 의함) 13 경찰채용

① 주간에 피해자의 아파트 출입문 시정장치를 손괴하다가 마침 귀가하던 피해자에게 발각되어 피고인이 도주한 경우 형법 제331조 제2항의 특수절도죄의 실행의 착수를 인정할 수 없다.
② 다가구용 단독주택인 빌라의 잠기지 않은 대문을 열고 들어가 공용계단으로 빌라 3층까지 올라갔다가 1층으로 내려온 경우 주거침입죄의 실행의 착수를 인정할 수 있다.
③ 사기도박에서 사기적인 방법으로 도금을 편취하려고 하는 자가 상대방에게 도박에 참가할 것을 권유하는 등 기망행위를 개시한 때에 실행의 착수를 인정할 수 있다.
④ 부정경쟁방지 및 영업비밀보호에 관한 법률 제18조 제2항에서 정하고 있는 영업비밀부정사용죄에 있어서는 행위자가 당해 영업비밀과 관계된 영업활동에 이용 혹은 활용할 의사 아래 그 영업활동에 근접한 시기에 영업비밀을 열람하는 행위를 한 경우 그 실행의 착수를 인정할 수 없다.

정선 핵심

① 2인 이상이 합동하여 주간에 출입문 시정장치를 손괴하다가 도주한 경우 → 특수절도죄의 실행의 착수 ×
② 다가구용 단독주택인 빌라의 공용계단으로 3층까지 올라갔다가 내려온 경우 → 주거침입죄의 실행의 착수 ○
③ 사기도박에서 도박에 참가할 것을 권유하는 경우 → 사기죄의 실행의 착수 ○
④ 이용의 의사로 영업활동에 근접한 시기에 영업비밀을 열람하는 경우 → 영업비밀부정사용죄의 실행의 착수 ○

정선 해설

[❶ ▸ ○] 대판 2009.12.24. 2009도9667

[❷ ▸ ○] 다가구용 단독주택인 빌라의 잠기지 않은 대문을 열고 들어가 공용계단으로 빌라 3층까지 올라갔다가 1층으로 내려온 경우, 주거인 공용계단에 들어간 행위가 거주자의 의사에 반한 것이라면 주거에 침입한 것이라고 보아야 한다(대판 2009.8.20. 2009도3452).

[❸ ▸ ○] 대판 2011.1.13. 2010도9330

[❹ ▸ ×] 부정경쟁방지 및 영업비밀보호에 관한 법률 제18조 제2항에서 정하고 있는 영업비밀부정사용죄에 있어서는, 행위자가 당해 영업비밀과 관계된 영업활동에 이용 혹은 활용할 의사 아래 그 영업활동에 근접한 시기에 영업비밀을 열람하는 행위(영업비밀이 전자파일의 형태인 경우에는 저장의 단계를 넘어서 해당 전자파일을 실행하는 행위)를 하였다면 그 실행의 착수가 있다(대판 2009.10.15. 2008도9433).

답 ❹

219 □□□

실행의 착수에 관한 다음 설명 중 가장 옳지 않은 것은?(다툼이 있는 경우 판례에 의함)

17 법원9급

① 피고인이 피해자 소유 자동차 안에 들어 있는 밍크코트를 발견하고 이를 절취할 생각으로 다른 사람이 망을 보고 있는 상태에서 차량 앞문손잡이를 당기다가 피해자에게 발각된 경우 절도의 실행에 착수하였다고 볼 수 있다.

② 사기죄는 편취의 의사로 기망행위를 개시한 때에 실행에 착수한 것으로 보아야 하므로 사기도박에 있어 도금을 편취하려는 자가 상대방에게 참가할 것을 권유한 것만으로도 원칙적으로 사기죄의 실행에 착수한 것으로 볼 수 있다.

③ 야간에 아파트에 침입하여 물건을 훔칠 의도로 아파트 베란다 철제난간까지 올라가 유리창문을 열려고 시도하였다면 야간주거침입절도죄의 실행에 착수한 것으로 보아야 한다.

④ 제3자가 피보험자 본인인 것처럼 가장하여 타인의 사망을 보험사고로 하는 생명보험계약을 체결한 행위는 원칙적으로 사기죄의 실행에 착수한 것으로 볼 수 있다.

정선 핵심

① 밍크코트를 절취할 생각으로 차량손잡이를 당기다가 발각된 경우 → 절도죄의 실행의 착수 ○
② 사기도박에서 도박에 참가할 것을 권유하는 경우 → 사기죄의 실행의 착수 ○
③ 야간에 베란다 철제난간까지 올라가 유리창문을 열려고 시도한 경우 → 야간주거침입죄의 실행의 착수 ○
④ 제3자가 피보험자 본인인 것처럼 가장하여 생명보험계약을 체결한 경우 → 사기죄의 실행의 착수 ×

정선 해설

[❶ ▸ ○] 절도죄의 실행의 착수시기는 재물에 대한 타인의 사실상의 지배를 침해하는 데 밀접한 행위가 개시된 때라 할 것인바 피해자 소유 자동차 안에 들어 있는 밍크코트를 발견하고 이를 절취할 생각으로 공범이 위 차 옆에서 망을 보는 사이 위 차 오른쪽 앞문을 열려고 앞문손잡이를 잡아당기다가 피해자에게 발각되었다면 절도의 실행에 착수하였다고 봄이 상당하다(대판 1986.12.23. 86도2256).

> **비교판례** **대판 1985.4.23. 85도464**
>
> 노상에 세워 놓은 자동차 안에 있는 물건을 훔칠 생각으로 자동차의 유리창을 통하여 그 내부를 손전등으로 비추어 본 것에 불과하다면 타인의 재물에 대한 지배를 침해하는 데 밀접한 행위를 한 것이라고는 볼 수 없어 절취행위의 착수에 이른 것이었다고 볼 수 없다.

[❷ ▸ ○] 대판 2011.1.13. 2010도9330

[❸ ▸ ○] 대판 2003.10.24. 2003도4417

[❹ ▸ ×] 타인의 사망을 보험사고로 하는 생명보험계약을 체결함에 있어 제3자가 피보험자인 것처럼 가장하여 체결하는 등으로 그 유효요건이 갖추어지지 못한 경우에도, 특별한 사정이 없는 한, 그와 같이 하자 있는 보험계약을 체결한 행위만으로는 미필적으로라도 보험금을 편취하려는 의사에 의한 기망행위의 실행에 착수한 것으로 볼 것은 아니다(대판 2013.11.14. 2013도7494).

답 ❹

220
□□□

실행의 착수시기에 관한 설명 중 가장 적절하지 않은 것은?(다툼이 있는 경우 판례에 의함)

15 경찰승진

① 피고인이 노상에 세워 놓은 자동차 안에 있는 물건을 훔칠 생각으로 유리창을 따기 위해 면장갑을 끼고 칼을 소지한 채 자동차의 유리창을 통하여 그 내부를 손전등으로 비추어 보았다면 절도의 실행의 착수에 이른 것이다.

② 사기도박에서 사기적인 방법으로 도금을 편취하려고 하는 자가 상대방에게 도박에 참가할 것을 권유하는 때에 실행의 착수가 있다.

③ 현주건조물에 방화하기 위하여 매개물에 불을 붙인 경우에는 현주건조물방화죄의 실행의 착수가 있다.

④ 간첩의 목적으로 외국 또는 북한에서 국내에 침투 또는 월남하는 경우에는 기밀탐지가 가능한 국내에 침투·상륙함으로써 간첩죄의 실행의 착수가 있다.

정선 핵심

① 자동차의 내부를 손전등으로 비추어 본 경우 → 절도죄의 실행의 착수 ×
② 사기도박에서 도박에 참가할 것을 권유하는 경우 → 사기죄의 실행의 착수 O
③ 현주건조물에 방화하기 위하여 매개물에 불을 붙인 경우 → 현주건조물방화죄의 실행의 착수 O
④ 간첩의 목적으로 국내에 침투 상륙한 경우 → 간첩죄의 실행의 착수 O

정선 해설

[❶ ▸ ×] 노상에 세워 놓은 자동차 안에 있는 물건을 훔칠 생각으로 자동차의 유리창을 통하여 그 내부를 손전등으로 비추어 본 것에 불과하다면, 타인의 재물에 대한 지배를 침해하는 데 밀접한 행위를 한 것이라고는 볼 수 없어 절취행위의 착수에 이른 것이었다고 볼 수 없다(대판 1985.4.23. 85도464).

[❷ ▸ O] 대판 2011.1.13. 2010도9330

[❸ ▸ O] 판례의 취지를 고려하면, 매개물에 불을 붙인 경우에 현주건조물방화죄의 실행의 착수가 있다고 보아야 한다.

> 매개물을 통한 점화에 의하여 건조물을 소훼함을 내용으로 하는 형태의 방화죄의 경우에, 범인이 그 매개물에 불을 켜서 붙였거나 또는 범인의 행위로 인하여 매개물에 불이 붙게 됨으로써 연소작용이 계속될 수 있는 상태에 이르렀다면, 그것이 곧바로 진화되는 등의 사정으로 인하여 목적물인 건조물 자체에는 불이 옮겨 붙지 못하였다고 하더라도, 방화죄의 실행의 착수가 있었다고 보아야 할 것이다(대판 2002.3.26. 2001도6641).

[❹ ▸ O] 대판 1984.9.11. 84도1381

답 ❶

221 □□□

실행의 착수에 관한 다음 설명 중 가장 적절하지 않은 것은?(다툼이 있으면 판례에 의함)

15 경찰채용

① 장애인단체의 지회장이 지방자치단체로부터 다음 해의 보조금을 더 많이 지원받기 위하여 참고자료로 이용되는 허위의 보조금정산보고서를 제출한 경우에는 보조금편취범행의 실행에 착수한 것으로 보기 어렵다.

② 소매치기가 피해자의 양복 상의(上衣) 주머니에 있는 금품을 절취하려고 그 호주머니에 손을 뻗쳐 그 겉을 더듬은 경우 절도의 범행은 실행에 착수하였다고 봄이 상당하다.

③ 피고인이 노상에 세워 놓은 자동차 안에 있는 물건을 훔칠 생각으로, 유리창을 따기 위해 면장갑을 끼고 칼을 소지한 채 자동차의 유리창을 통하여 그 내부를 손전등으로 비추어 보았다면 절도의 실행의 착수에 이른 것이다.

④ 사기도박에서 사기적인 방법으로 도금을 편취하려고 하는 자가 상대방에게 도박에 참가할 것을 권유하는 때에는 실행에 착수하였다고 할 것이다.

정선 핵심

① 장애인단체의 지회장이 허위의 보조금정산보고서를 제출한 경우 → 사기죄의 실행의 착수 ×
② 소매치기가 양복 상의(上衣) 주머니에 손을 뻗쳐 그 겉을 더듬은 경우 → 절도죄의 실행의 착수 ○
③ 자동차의 내부를 손전등으로 비추어 본 경우 → 절도죄의 실행의 착수 ×
④ 사기도박에서 도박에 참가할 것을 권유하는 경우 → 사기죄의 실행의 착수 ○

정선 해설

[❶ ▸ ○] 대판 2003.6.13. 2003도1279

[❷ ▸ ○] 소매치기의 경우 피해자의 양복상의 주머니로부터 금품을 절취하려고 그 호주머니에 손을 뻗쳐 그 겉을 더듬은 때에는 절도의 범행은 예비단계를 지나 실행에 착수하였다고 봄이 상당하다(대판 1984.12.11. 84도2524).

[❸ ▸ ×] 노상에 세워 놓은 자동차 안에 있는 물건을 훔칠 생각으로 자동차의 유리창을 통하여 그 내부를 손전등으로 비추어 본 것에 불과하다면, 타인의 재물에 대한 지배를 침해하는 데 밀접한 행위를 한 것이라고는 볼 수 없어 절취행위의 착수에 이른 것이었다고 볼 수 없다(대판 1985.4.23. 85도464).

[❹ ▸ ○] 대판 2011.1.13. 2010도9330

답 ❸

정선지문OX

01 격분하여 사람을 살해하려고 밖으로 나가 낫을 들고 피해자에게 다가서려고 하였으나 제3자가 제지하자 그 틈을 타서 피해자가 도망간 경우 살인죄의 실행에 착수하지 않은 것이다. 18 국가9급 O | X

02 관세를 포탈할 범의를 가지고 선박을 이용하여 물품을 영해 내에 반입한 경우에는 관세포탈죄의 실행의 착수가 인정되지 않는다. 20 해경간부 O | X

03 무면허로 물품을 수입하기로 공모하고 일본국으로부터 수입된 물품이 부산항에 반입되어 보세창고에 장치되게 한 경우에는 관세포탈죄의 실행에 착수한 것이다. 20 해경간부 O | X

04 피보험자로 가장하여 타인의 사망을 보험사고로 하는 생명보험계약 체결 당시에 이미 고의로 보험사고를 일으키려는 의도를 가지고 있었던 경우, 사기죄의 실행의 착수가 인정된다. 15 국가9급 O | X

05 절도미수범이 체포를 면탈하기 위하여 폭행을 가한 경우에는 절도행위가 기수에 이르지 않았더라도 준강도죄의 기수가 성립한다. 18 법원9급 O | X

01 낫을 들고 피해자에게 접근함으로써 실행행위에 착수한 것이다(대판 1986.2.25. 85도2773).

02 영해 내에 반입한 때 실행의 착수가 있었다고 할 것이다(대판 1984.7.24. 84도832).

03 죄를 범할 목적으로 예비를 한 자에 해당한다(대판 1990.6.8. 90도707).

04 대판 2013.11.14. 2013도7494

05 준강도죄의 기수 여부는 절도행위의 기수 여부로 판단하여야 한다(대판 2004.11.18. 2004도5074[전합]).

정답

01 × **02** × **03** × **04** ○ **05** ×

제2관 | 중지미수

222 □□□

중지미수의 자의성 판단기준을 '자율적 동기와 타율적 동기'에 근거하여 판단할 때 다음 중 甲에게 자의성이 인정되는 경우만으로 짝지은 것은? 18 경찰간부

ㄱ. 甲이 기밀탐지임무를 부여받고 대한민국에 입국하여 기밀을 탐지수집 중 경찰관이 甲의 행적을 탐문하고 갔다는 말을 전해 듣고 지령사항 수행을 보류하고 있던 중 체포되었다.
ㄴ. 甲은 乙과 함께 丙이 경영하는 사무실의 금품을 절취하기로 공모한 후 甲은 그 부근 포장마차에 있고 乙은 사무실의 열려진 출입문을 통하여 안으로 들어가 물건을 물색하고 있는 동안 甲은 자신의 범행전력 등을 생각하여 가책을 느낀 나머지 丙에게 乙의 침입사실을 알려 丙과 함께 乙을 체포하였다.
ㄷ. 甲은 乙과 대지를 공유하는 자로서 乙의 승낙을 받지 않고 공유대지를 담보에 제공하고 가등기를 경료하였다가 그 후 가등기를 말소하였다.
ㄹ. 甲은 乙을 폭행한 다음 강간하려고 하다가 乙이 다음번에 만나 친해지면 응해 주겠다는 취지의 간곡한 부탁을 하여 그 목적을 이루지 못한 후, 乙을 자신의 차에 태워 집에 데려다 주었다.

① ㄱ, ㄷ　② ㄱ, ㄹ
③ ㄴ, ㄹ　④ ㄷ, ㄹ

정선 핵심

자의성의 인정 여부
ㄱ. 기밀을 탐지수집 중 경찰관의 탐문소식을 듣고 보류하던 중 체포된 경우 → ×
ㄴ. 특수절도를 공모한 자 중 1인이 다른 공범의 침입을 피해자에게 알리고 함께 공범을 체포한 경우 → ○
ㄷ. 공유자 중 1인이 공유대지를 담보로 하여 가등기를 경료하였다가 말소한 경우 → ×
ㄹ. 다음번에 만나 친해지면 응해 주겠다고 하여 목적을 이루지 못한 경우 → ○

정선 해설

[ㄱ ▸ ×] 피고인이 기밀탐지임무를 부여받고 대한민국에 입국 기밀을 탐지수집 중 경찰관이 피고인의 행적을 탐문하고 갔다는 말을 전해 듣고 지령사항 수행을 보류하고 있던 중 체포되었다면 피고인은 기밀탐지의 기회를 노리다가 검거된 것이므로 이를 중지범으로 볼 수는 없다(대판 1984.9.11. 84도1381).

[ㄴ ▸ ○] 피고인은 원심 상피고인과 함께 대전역 부근에 있는 공소 외 정영석이 경영하는 천광상회 사무실의 금품을 절취하기로 공모하여 피고인은 그 부근 포장마차에 있고 원심 상피고인은 위 천광상회의 열려진 출입문을 통하여 안으로 들어가 물건을 물색하고 있는 동안 피고인은 자신의 범행전력 등을 생각하여 가책을 느낀 나머지 스스로 결의를 바꾸어 위 정영석에게 원심 상피고인의 침입사실을 알려 그와 함께 원심 상피고인을 체포하여서 그 범행을 중지하여 결과발생을 방지하였다는 것이므로 피고인의 소위는 중지미수의 요건을 갖추었다고 할 것이다(대판 1986.3.11. 85도2831).

[ㄷ ▸ ×] 타인의 재물을 공유하는 자가 공유자의 승낙을 받지 않고 공유대지를 담보에 제공하고 가등기를 경료한 경우 횡령행위는 기수에 이르고 그 후 가등기를 말소했다고 하여 중지미수에 해당하는 것이 아니며 가등기 말소 후에 다시 새로운 영득의사의 실현행위가 있을 때에는 그 두개의 횡령행위는 경합범관계에 있다(대판 1978.11.28. 78도2175).

[ㄹ ▸ ○] 대판 1993.10.12. 93도1851

답 ❸

223 □□□

다음 설명 중 가장 적절하지 않은 것은?(다툼이 있으면 판례에 의함) 16 경찰채용

① 주간에 사람의 주거 등에 침입하여 야간에 타인의 재물을 절취한 경우 형법 제330조의 야간주거침입절도죄가 성립한다.

② 위장결혼의 당사자 및 브로커와 공모한 피고인이 허위로 결혼사진을 찍고 혼인신고에 필요한 서류를 준비하여 위장결혼의 당사자에게 건네준 것만으로는 공전자기록등부실기재죄의 실행에 착수한 것으로 볼 수 없다.

③ 본안소송을 제기하지 아니한 채 허위채권에 기하여 가압류를 한 것만으로는 사기죄의 실행에 착수하였다고 할 수 없다.

④ 피해자에게 위조한 예금통장 사본 등을 보여 주면서 외국회사에서 투자금을 받았다고 거짓말하며 자금 대여를 요청하였으나, 피해자와 함께 그 입금 여부를 확인하기 위해 은행에 가던 중 은행 입구에서 차용을 포기하고 돌아간 경우, 사기죄의 중지미수로 볼 수 없다.

정선 핵심

① 주간에 주거에 침입하여 야간에 절취한 경우 → 야간주거침입절도죄 ×
② 허위의 결혼사진과 혼인신고서류를 위장결혼의 당사자에게 준 경우 → 공전자기록등부실기재죄의 실행의 착수 ×
③ 허위의 채권을 피보전권리로 삼아 가압류한 경우 → 사기죄의 실행의 착수 ×
④ 외국회사에서 투자금을 받았다고 하며 자금 대여를 요청하였으나 차용을 포기한 경우 → 사기죄의 중지미수 ×

정선 해설

[❶ ▸ ×] 형법 제330조의 규정형식과 그 구성요건의 문언에 비추어 보면, 형법은 야간에 이루어지는 주거침입행위의 위험성에 주목하여 그러한 행위를 수반한 절도를 야간주거침입절도죄로 중하게 처벌하고 있는 것으로 보아야 하고, 따라서 주거침입이 주간에 이루어진 경우에는 야간주거침입절도죄가 성립하지 않는다고 해석하는 것이 타당하다(대판 2011.4.14. 2011도300).

[❷ ▸ O] 대판 2009.9.24. 2009도4998

[❸ ▸ O] 대판 1982.10.26. 82도1529

[❹ ▸ O] 피고인이 甲에게 위조한 예금통장 사본 등을 보여 주면서 외국회사에서 투자금을 받았다고 거짓말하며 자금 대여를 요청하였으나, 甲과 함께 그 입금 여부를 확인하기 위해 은행에 가던 중 은행 입구에서 차용을 포기하고 돌아가 사기미수로 기소된 경우, 피고인이 범행이 발각될 것이 두려워 범행을 중지한 것으로서 일반 사회통념상 범죄를 완수함에 장애가 되는 사정에 해당하여 자의에 의한 중지미수로 볼 수 없다(대판 2011.11.10. 2011도10539).

답 ❶

224 □□□

중지미수범에 관한 다음 설명 중 옳지 않은 것을 모두 고른 것은?(다툼이 있으면 판례에 의함) 14 경찰채용

ㄱ. 甲과 乙은 피해자를 텐트 안으로 끌고 가 차례로 성관계를 하기로 하고, 甲이 텐트 밖에서 망을 보는 사이 乙은 피해자의 반항을 억압한 후 강간하였고, 이어 甲이 텐트 안으로 들어가 피해자를 강간하려 하였으나 피해자가 반항을 하며 강간을 하지 말아 달라고 사정을 하여 강간을 하지 않았다면 甲은 중지미수에 해당한다.
ㄴ. 장롱 안에 있는 옷가지에 불을 놓아 건물을 소훼하려 하였으나 불길이 치솟는 것을 보고 겁이 나서 물을 부어 불을 끈 것이라면 자의에 의한 중지미수라고는 볼 수 없다.
ㄷ. 피고인이 甲에게 위조한 예금통장 사본 등을 보여 주면서 외국회사에서 투자금을 받았다고 거짓말하며 자금 대여를 요청하였으나, 甲과 함께 그 입금 여부를 확인하기 위해 은행에 가던 중 은행 입구에서 차용을 포기하고 돌아갔다면 중지미수로 볼 수 없다.
ㄹ. 강도가 강간하려고 하였으나 잠자던 피해자의 어린 딸이 잠에서 깨어 울고 있고, 또 피해자가 시장에 간 남편이 곧 돌아온다고 하면서 임신 중이라고 말하자 강간을 중지한 경우에는 중지미수에 해당한다.
ㅁ. 甲이 乙을 살해하려고 그의 목 부위와 왼쪽 가슴 부위를 칼로 수회 찔러 乙의 가슴 부위에서 많은 피가 흘러나오는 것을 발견하고 겁을 먹고 그만두었다면 중지미수에 해당한다.

① ㄱ, ㄴ, ㄷ, ㅁ　　② ㄱ, ㄹ, ㅁ
③ ㄴ, ㄹ, ㅁ　　④ ㄱ, ㄷ, ㄹ

정선 핵심

중지미수의 인정 여부
ㄱ. 공범이 공모 하에 강간행위에 나아갔으나 피고인은 강간을 하지 않은 경우 → ×
ㄴ. 불길이 치솟는 것을 보고 겁이 나서 중지한 경우 → ×
ㄷ. 외국회사에서 투자금을 받았다고 하며 자금 대여를 요청하였으나 차용을 포기한 경우 → ×
ㄹ. 강도가 강간하려고 하였으나 피해자의 어린 딸이 깨어 울어 중지한 경우 → ×
ㅁ. 많은 피가 흘러나오는 것을 발견하고 겁을 먹고 그만둔 경우 → ×

정선 해설

[ㄱ ▸ ×] 공동피고인이 피고인과의 공모 하에 강간행위에 나아간 이상 비록 피고인이 강간행위에 나아가지 않았다 하더라도 중지미수에 해당하지는 않는다고 할 것이다(대판 2005.2.25. 2004도8259).
[ㄴ ▸ O] 대판 1997.6.13. 97도957
[ㄷ ▸ O] 대판 2011.11.10. 2011도10539
[ㄹ ▸ ×] 강도가 강간하려고 하였으나 잠자던 피해자의 어린 딸이 잠에서 깨어 우는 바람에 도주하였고, 또 피해자가 시장에 간 남편이 곧 돌아온다고 하면서 임신 중이라고 말하자 도주한 경우에는 자의로 강간행위를 중지하였다고 볼 수 없다(대판 1993.4.13. 93도347).

관련판례 대판 1992.7.28. 92도917

피고인 갑, 을, 병이 강도행위를 하던 중 피고인 갑, 을은 피해자를 강간하려고 작은 방으로 끌고 가 팬티를 강제로 벗기고 음부를 만지던 중 피해자가 수술한 지 얼마 안 되어 배가 아프다면서 애원하는 바람에 그 뜻을 이루지 못하였다면, 이는 일반의 경험상 강간행위를 수행함에 장애가 되는 외부적 사정에 의하여 범행을 중지한 것에 지나지 않는 것으로서 중지범의 요건인 자의성을 결여하였다.

[ㅁ ▸ ×] 피고인이 피해자를 살해하려고 그의 목 부위와 왼쪽 가슴 부위를 칼로 수 회 찔렀으나 피해자의 가슴 부위에서 많은 피가 흘러나오는 것을 발견하고 겁을 먹고 그만두는 바람에 미수에 그친 것이라면, 많은 피가 흘러나오는 것에 놀라거나 두려움을 느끼는 것은 일반 사회통념상 범죄를 완수함에 장애가 되는 사정에 해당한다고 보아야 할 것이므로, 이를 자의에 의한 중지미수라고 볼 수 없다(대판 1999.4.13. 99도640).

답 ❷

225 ☐☐☐

중지미수에 관한 다음 설명 중 가장 옳지 않은 것은? 15 법원9급

① 범죄의 실행행위에 착수하고 그 범죄가 완수되기 전에 자기의 자유로운 의사에 따라 범죄의 실행행위를 중지한 경우 자의에 의한 중지가 일반 사회통념상 장애에 의한 미수라고 보여지는 경우가 아니면 이는 중지미수에 해당한다.

② 피고인이 장롱 안에 있는 옷가지에 불을 놓아 건물을 소훼하려 하였으나 불길이 치솟는 것을 보고 겁이 나서 물을 부어 불을 끈 것이라면, 중지미수에 해당한다.

③ 피고인이 피해자를 강간하려다가 피해자의 다음번에 만나 친해지면 응해 주겠다는 취지의 간곡한 부탁으로 인하여 그 목적을 이루지 못한 후 피해자를 자신의 차에 태워 집에까지 데려다 주었다면, 중지미수에 해당한다.

④ 피고인이 피해자를 살해하려고 그의 목 부위와 왼쪽 가슴 부위를 칼로 수 회 찔렀으나 피해자의 가슴 부위에서 많은 피가 흘러나오는 것을 발견하고 겁을 먹고 그만두는 바람에 미수에 그친 것이라면, 중지미수에 해당하지 않는다.

정선 핵심

중지미수의 인정 여부

① 일반 사회통념상 범죄를 완수함에 장애가 되지 않는 사정에 의해 자유로운 의사에 따라 범죄의 실행행위를 중지한 경우 → ○

② 불길이 치솟는 것을 보고 겁이 나서 중지한 경우 → ×

③ 다음번에 만나 친해지면 응해 주겠다고 하여 목적을 이루지 못한 경우 → ○

④ 많은 피가 흘러나오는 것을 발견하고 겁을 먹고 그만둔 경우 → ×

정선 해설

[❶ ▸ ○] 범죄의 실행행위에 착수하고 그 범죄가 완수되기 전에 자기의 자유로운 의사에 따라 범죄의 실행행위를 중지한 경우에 그 중지가 일반 사회통념상 범죄를 완수함에 장애가 되는 사정에 의한 것이 아니라면 이는 중지미수에 해당한다(대판 2011.11.10. 2011도10539).

[❷ ▸ ×] 피고인이 장롱 안에 있는 옷가지에 불을 놓아 건물을 소훼하려 하였으나 불길이 치솟는 것을 보고 겁이 나서 물을 부어 불을 끈 것이라면, 치솟는 불길에 놀라거나 자신의 신체안전에 대한 위해 또는 범행발각 시의 처벌 등에 두려움을 느끼는 것은 일반 사회통념상 범죄를 완수함에 장애가 되는 사정에 해당한다고 보아야 할 것이므로, 이를 자의에 의한 중지미수라고는 볼 수 없다(대판 1997.6.13. 97도957).

관련판례 **대판 2011.11.10. 2011도10539**

피고인이 甲에게 위조한 예금통장 사본 등을 보여 주면서 외국회사에서 투자금을 받았다고 거짓말하며 자금 대여를 요청하였으나, 甲과 함께 그 입금 여부를 확인하기 위해 은행에 가던 중 은행 입구에서 차용을 포기하고 돌아가 사기미수로 기소된 경우, 피고인이 범행이 발각될 것이 두려워 범행을 중지한 것으로서 일반 사회통념상 범죄를 완수함에 장애가 되는 사정에 해당하여 자의에 의한 중지미수로 볼 수 없다.

[❸ ▸ ○] 대판 1993.10.12. 93도1851

[❹ ▸ ○] 대판 1999.4.13. 99도640

답 ❷

226 □□□

미수범에 대한 설명으로 옳지 않은 것은?(다툼이 있는 경우 판례에 의함) 18 국가9급

① 다가구용 단독주택인 빌라의 잠기지 않은 대문을 몰래 열고 들어가 공용계단으로 빌라 3층까지 올라갔다가 1층으로 내려온 경우 주거침입죄의 미수이다.

② 일정량 이상을 먹으면 사람이 죽을 수도 있는 '초우뿌리' 달인 물을 피해자에게 마시게 하여 살해하려다 미수에 그친 경우 살인죄의 불능범이 아닌 살인죄의 미수이다.

③ 피해자를 강간하려다가 피해자가 다음번에 만나 친해지면 응해 주겠다는 취지로 간곡히 부탁하자 그 목적을 이루지 못하고 피해자를 집에까지 데려다 준 경우 강간죄의 중지미수이다.

④ 다른 공범의 범행을 중지하게 하지 아니한 이상 자기만의 범의를 철회, 포기하여도 중지미수로는 인정될 수 없다.

정선 핵심

① 다가구용 단독주택인 빌라의 공용계단으로 3층까지 올라갔다가 내려온 경우 → 공동주거침입위반죄의 기수범 ○
② 초우뿌리를 달인 물로 살해하려다 미수에 그친 경우 → 살인죄의 미수 ○
③ 다음번에 만나 친해지면 응해 주겠다고 하여 목적을 이루지 못한 경우 → 강간죄의 중지미수 ○
④ 공범의 범행을 중지하게 하지 않고 자기만의 범의를 철회한 경우 → 중지미수 ×

정선 해설

[❶ ▸ ×] 판례의 취지를 고려하면, 피고인은 폭처법 제2조 제2항 제1호(공동주거침입)위반죄의 기수범의 죄책을 지게 된다.

> 다가구용 단독주택인 빌라의 잠기지 않은 대문을 열고 들어가 공용계단으로 빌라 3층까지 올라갔다가 1층으로 내려온 경우, 주거인 공용계단에 들어간 행위가 거주자의 의사에 반한 것이라면 주거에 침입한 것이라고 보아야 한다(대판 2009.8.20. 2009도3452).

[❷ ▸ ○] 일정량 이상을 먹으면 사람이 죽을 수도 있는 '초우뿌리'나 '부자' 달인 물을 마시게 하여 피해자를 살해하려다 미수에 그친 행위가 불능범이 아닌 살인미수죄에 해당한다(대판 2007.7.26. 2007도3687).

[❸ ▸ ○] 대판 1993.10.12. 93도1851

[❹ ▸ ○] 다른 공범의 범행을 중지하게 하지 아니한 이상 자기만의 범의를 철회, 포기하여도 중지미수로는 인정될 수 없는 것이다(대판 2005.2.25. 2004도8259).

답 ❶

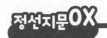

01 실행미수의 중지미수가 성립하기 위한 객관적 요건인 결과발생의 방지는 원칙적으로 행위자 자신이 직접 결과의 발생을 방지할 것을 요하지만 행위자의 진지한 요청에 의해 제3자의 도움을 받아서 행하여도 무방하다. 05 사시 O | X

02 공동정범자 중 한 사람이 자의로 다른 공동정범자 전원의 실행을 중지시키거나 결과의 발생을 방지한 경우, 중지미수의 효과는 다른 공동정범에게 미치지 아니한다. 05 사시 O | X

03 재단법인의 이사장 직무대리인 甲이 후원회기부금을 정상 회계처리하지 않고 자신과 친분관계에 있는 A에게 확실한 담보도 제공받지 아니한 채 대여하였다가 후회하고 A로부터 원금을 회수한 경우, 배임죄의 중지미수가 성립한다. 18 해경간부 O | X

04 중지미수의 법적 성격에 대한 책임감소·소멸설은 형의 면제 효과를 설명하기 어렵다는 비판을 받는다. 14 국가9급 O | X

05 중지미수의 자의성에 대한 주관설은 자의성의 개념을 지나치게 확대한다는 비판을 받는다. 14 국가9급 O | X

06 행위자가 기수의 고의 없이 미수의 고의만을 가졌던 경우 기수범은 물론 미수범도 성립하지 않는다. 17 5급승진 O | X

07 밀수입범행에 착수하였으나 범행 당일 미리 제보를 받고 잠복근무를 하고 있는 세관직원들을 보고 범행의 발각을 두려워한 나머지 그 범행을 완수하지 못한 경우는 중지미수에 해당된다. 17 5급승진 O | X

08 형법 제25조의 미수범(장애미수)의 경우 이를 기수범의 형과 동일하게 처벌하는 것은 불가능하다. 18 경찰채용 O | X

09 소송사기의 목적으로 법원에 소장을 제출한 경우, 아직 피고에게 소장부본이 송달되지 않아도 사기죄의 실행의 착수가 있다. 18 경찰채용 O | X

---

01 범인 자신이 결과를 방지한 것과 동일시할 수 있다면 가능하다.

02 자의로 중지한 자는 중지미수, 다른 가담자는 장애미수의 죄책을 지게 된다.

03 A가 이자금을 제때에 불입하고 나중에 원금을 변제하였다 하더라도 배임죄가 성립한다(대판 2000.12.8. 99도3338).

04 책임이 소멸한다면 무죄판결을 하여야 하기 때문이다.

05 자의성의 개념을 지나치게 좁게 본다는 문제가 있다.

06 미수의 고의는 형법상 고의로 인정되지 아니하므로 기수범은 물론 미수범도 성립하지 않는다.

07 피고인의 자의에 의한 범행의 중지가 아니다(대판 1986.1.21. 85도2339).

08 장애미수(형법 제25조 제2항)는 임의적 감경이므로 기수범과 동일한 형으로 처벌할 수 있다.

09 소송사기는 소장의 유효한 송달을 요하지 아니한다(대판 2006.11.10. 2006도5811).

정답

01 ○ 02 ○ 03 × 04 ○
05 × 06 ○ 07 × 08 ×
09 ○

227 □□□

다음 사례에서 불능미수의 학설에 관한 설명으로 가장 적절하지 않은 것은?

20 경찰채용

甲은 평소 맘에 들지 않던 乙이 동네 벤치에 누워 있는 것을 발견하고 살해하기 위해 총을 발사하였다. 그러나 乙은 甲이 총을 발사하기 전에 이미 심장마비로 사망한 상태였다.

① 구 객관설(절대적 불능·상대적 불능 구별설)에 의하면 결과발생이 어떠한 경우에도 개념적으로 불가능하여 위험성이 인정되지 않는다.
② 구체적 위험설에 의하면 일반인이 乙을 살아 있는 것으로 오인한 경우뿐만 아니라 乙을 사망한 것으로 인식한 경우에도 행위자 甲의 인식이 우선시되므로 위험성이 인정된다.
③ 추상적 위험설에 의하면 甲은 乙을 살아 있는 사람으로 인식하고 있었으므로 위험성이 인정된다.
④ 주관설에 의하면 위 사례의 경우 위험성이 인정된다.

정선 핵심

① 구 객관설 → 乙에 대한 발포는 절대적 불능이므로 위험성이 없어 불가벌
② 구체적 위험설 → 일반인의 인식을 우선하면 위험성이 없어 불가벌
③ 추상적 위험설 → 위험성이 인정되어 살인죄의 불능미수
④ 주관설 → 위험성이 인정되므로 살인죄의 불능미수

정선 해설

[❶ ▸ O] 구 객관설에 의하면 결과발생이 개념적으로 불가능한 절대적 불능은 위험성이 없어 불가벌이나, 일반적으로는 가능하지만 구체적·특수한 경우에만 불가능한 상대적 불능의 경우에는 위험성이 있어 불능미수가 된다고 이해한다. 甲이 총을 발사하기 전에 이미 심장마비로 사망한 乙에 대한 발포는 절대적 불능에 해당하므로 위험성이 없어 불가벌이다.

[❷ ▸ X] 구체적 위험설에 의하면, 일반인이 乙을 이미 사망한 것으로 인식한 경우, 일반인의 인식을 우선하면 위험성이 인정되지 아니하므로, 불가벌이다.

> 구체적 위험설에 의하면 행위자가 행위 당시에 인식한 사정 및 일반인이 인식할 수 있었던 사정을 기초로 일반적 경험법칙에 따라 객관적인 입장에서 사후적으로 판단하여 구체적 위험성이 인정되면 불능미수가 된다고 이해한다. 이때 행위자가 인식한 사정과 일반인이 인식한 사정이 다를 때에는 일반인이 인식한 사정을 기초로 한다.

[❸ ▸ O] 추상적 위험설에 의하면, 甲은 乙을 살아 있는 사람으로 인식하고 있었으므로, 위험성이 인정되어 살인죄의 불능미수가 성립한다.

> 추상적 위험설에 의하면 행위자가 행위 당시에 인식한 사실을 기초로 하여 행위자가 생각한대로의 사정이 존재하였으면 일반인의 관점에서 추상적으로 결과발생의 위험성이 있다고 판단되면 불능미수가 인정된다.

[❹ ▸ O] 주관설에 의하면 행위자에게 범죄실현의사를 표현하는 행위가 있으면 객관적인 결과발생의 위험성의 유무를 불문하고 불능미수로 보게 된다. 사안에서 甲의 행위에는 위험성이 인정되므로 甲은 살인죄의 불능미수의 죄책을 지게 된다.

답 ❷

228
□□□

다음 설명 중 옳은 것은 모두 몇 개 인가?(다툼이 있는 경우 판례에 의함) 20 경찰간부

ㄱ. 주체의 착오로 인해 결과발생이 불가능한 경우에도 불능미수가 성립될 수 있는지에 대해서는 형법상 명문의 규정이 없다.
ㄴ. 장애미수 또는 중지미수는 범죄의 실행에 착수할 당시 실행행위를 놓고 판단하였을 때 행위자가 의도한 범죄의 기수가 성립할 가능성이 있었으므로 처음부터 기수가 될 가능성이 객관적으로 배제되는 불능미수와 구별된다.
ㄷ. 임대인과 소액 임대차계약을 체결한 임차인이 임차건물에 거주하기는 하였으나 그의 처만이 전입신고를 마친 후에 경매절차에서 배당을 받기 위하여 임대차계약서상의 임차인 명의를 처로 변경하여 경매법원에 배당요구를 한 경우 불능범에 해당한다.
ㄹ. 피고인이 피해자가 심신상실 또는 항거불능의 상태에 있다고 인식하고 그러한 상태를 이용하여 간음할 의사로 피해자를 간음하였으나 피해자가 실제로는 심신상실 또는 항거불능의 상태에 있지 않은 경우, 준강간죄의 불능미수에 해당한다.
ㅁ. 일반적으로 공범이 자신의 행위를 중지한 것만으로는 중지미수가 성립하지 않지만, 다른 공범 또는 정범의 행위를 중단시키기 위하거나 결과발생을 저지하기 위한 진지한 노력이 있었을 경우에는 비록 결과가 발생하였다고 할지라도 그 공범에게는 예외적으로 중지미수가 성립될 수 있다.

① 1개 ② 2개
③ 3개 ④ 4개

정선 핵심

ㄱ. 주체의 착오로 인해 결과발생이 불가능한 경우 → 불능미수에 관한 규정 ×
ㄴ. 가능미수(장애미수 또는 중지미수) → 기수의 성립가능성이 있어 불능미수와 구별
ㄷ. 계약서의 임차인 명의를 처로 변경하여 배당요구한 경우 → 사기죄의 불능범 ○
ㄹ. 피해자가 심신상실 또는 항거불능의 상태에 있다고 오인하고 간음한 경우 → 준강간죄의 불능미수 ○
ㅁ. 다른 공범에 의한 결과발생을 저지하기 위한 진지한 노력이 있었으나 결과가 발생한 경우 → 중지미수 ×

정선 해설

[ㄱ ▸ ○] 주체의 착오란 신분 없는 자가 신분 있는 것으로 오인하고 진정신분범을 범하는 경우를 말하는 것으로 형법 제27조는 실행의 수단이나 대상의 착오의 경우에만 불능미수가 성립함을 규정하고 있다.
[ㄴ ▸ ○] 장애미수 또는 중지미수는 구성요건적 결과 발생의 가능성이 있다는 점에서 처음부터 그 가능성이 없는 불능미수와 구별된다.
[ㄷ ▸ ○] 임차인이 임대차계약서상의 임차인 명의를 처로 변경하여 경매법원에 배당요구를 한 경우 사기죄의 불능범에 해당한다.

실제의 임차인이 전세계약서상의 임차인 명의를 처의 명의로 변경하지 아니하였다 하더라도 소액임대차보증금에 대한 우선변제권 행사로서 배당금을 수령할 권리가 있다 할 것이어서, 경매법원이 실제의 임차인을 처로 오인하여 배당결정을 하였더라도 이로써 재물의 편취라는 결과의 발생은 불가능하다 할 것이고, 이러한 임차인의 행위를 객관적으로 결과발생의 가능성이 있는 행위라고 볼 수도 없으므로 형사소송법 제325조에 의하여 무죄를 선고하여야 한다(대판 2002.2.8. 2001도6669).

[ㄹ ▸ ○] 대판 2019.3.28. 2018도16002[전합]
[ㅁ ▸ ×] 다른 공범의 범행을 중지하게 하지 아니한 이상 자기만의 범의를 철회, 포기하여도 중지미수로는 인정될 수 없는 것이다(대판 2005.2.25. 2004도8259).

답 ④

229
□□□

미수와 예비에 대한 설명으로 가장 적절한 것은?(다툼이 있는 경우 판례에 의함)

21 경찰채용

① 불능미수와 장애미수는 모두 형을 감경 또는 면제할 수 있다.
② 범행이 발각될 것이 두려워 범행을 중지한 경우, 자의에 의한 중지미수로 볼 수 없다.
③ 소송비용을 편취할 의사로 소송비용의 지급을 구하는 손해배상청구의 소를 제기한 경우, 이는 객관적으로 소송비용의 청구방법에 관한 법률적 지식을 가진 일반인의 판단으로 보아 결과발생의 가능성이 있어 위험성이 인정되므로 사기죄의 불능미수로 볼 수 있다.
④ 예비행위를 자의로 중지한 경우 중지미수의 규정을 준용하여 형을 감경 또는 면제한다.

정선 핵심

① 미수범의 처벌
⋯→ 불능미수 : 임의적 감면
⋯→ 장애미수 : 임의적 감경
② 범행이 발각될 것이 두려워 범행을 중지한 경우 → 중지미수 ×
③ 소송비용을 편취할 의사로 손해배상청구의 소를 제기한 경우 → 사기죄의 불능범 ○
④ 예비의 중지 → 부정(판례)

정선 해설

[❶ ▸ ×] 불능미수(형법 제27조)는 형을 임의적 감면할 수 있고, 장애미수(형법 제25조)는 임의적 감경할 수 있다.
[❷ ▸ ○] 판례의 취지를 고려하면, 범행이 발각될 것이 두려워 중지한 경우, 자의에 의한 중지미수로 볼 수 없다.

> 범행 당일 미리 제보를 받은 세관직원들이 범행장소 주변에 잠복근무를 하고 있어 그들이 왔다 갔다 하는 것을 본 피고인이 범행의 발각을 두려워한 나머지 자신이 분담하기로 한 실행행위에 이르지 못한 경우, 이는 피고인의 자의에 의한 범행의 중지가 아니어서 형법 제26조 소정의 중지범에 해당한다고 볼 수 없다(대판 1986.1.21. 85도2339).

[❸ ▸ ×] 소송비용을 편취할 의사로 소송비용의 지급을 구하는 손해배상청구의 소를 제기하였다고 하더라도 이는 객관적으로 소송비용의 청구방법에 관한 법률적 지식을 가진 일반인의 판단으로 보아 결과발생의 가능성이 없어 위험성이 인정되지 않는다고 할 것이므로 사기죄의 불능범에 해당한다(대판 2005.12.8. 2005도8105).
[❹ ▸ ×] 중지범은 범죄의 실행에 착수한 후 자의로 그 행위를 중지한 때를 말하는 것이고, 실행의 착수가 있기 전인 예비·음모의 행위를 처벌하는 경우에 있어서는 중지범의 관념은 이를 인정할 수 없다(대판 1991.6.25. 91도436).

답 ❷

230 □□□

불능미수에 관한 다음 설명 중 가장 옳지 않은 것은? 20 법원행시

① 피고인이 피해자가 심신상실 또는 항거불능의 상태에 있다고 인식하고 그러한 상태를 이용하여 간음할 의사로 피해자를 간음하였으나 피해자가 실제로는 심신상실 또는 항거불능의 상태에 있지 않은 경우에는, 실행의 수단 또는 대상의 착오로 인하여 준강간죄에서 규정하고 있는 구성요건적 결과의 발생이 처음부터 불가능하였고 실제로 그러한 결과가 발생하였다고 할 수 없다. 피고인이 준강간의 실행에 착수하였으나 범죄가 기수에 이르지 못하였으므로 준강간죄의 미수범이 성립한다. 피고인이 행위 당시에 인식한 사정을 놓고 일반인이 객관적으로 판단하여 보았을 때 준강간의 결과가 발생할 위험성이 있었으므로 준강간죄의 불능미수가 성립한다.

② 불능미수는 행위자가 실제로 존재하지 않는 사실을 존재한다고 오인하였다는 측면에서 존재하는 사실을 인식하지 못한 사실의 착오와 다르다.

③ 불능범의 판단 기준으로서 위험성 판단은 피고인이 행위 당시에 인식한 사정을 놓고 이것이 객관적으로 일반인의 판단으로 보아 결과발생의 가능성이 있느냐를 따져야 한다.

④ 임대인과 임대차계약을 체결한 임차인이 임차건물에 거주하기는 하였으나 그의 처만이 전입신고를 마친 후에 경매절차에서 배당을 받기 위하여 임대차계약서상의 임차인 명의를 처로 변경하여 경매법원에 배당요구를 한 경우, 실제의 임차인이 임차인 명의 변경 없이 소액임대차보증금에 대한 우선변제권 행사로서 배당금을 수령할 권리가 있었다고 하더라도, 경매법원이 실제의 임차인을 처로 오인하여 처에게 배당결정을 한 이상 재물편취의 결과가 발생하였으므로, 임차인에게 사기죄가 성립한다.

⑤ 형법 제27조에서 정한 '실행의 수단 또는 대상의 착오'는 행위자가 시도한 행위방법 또는 행위객체로는 결과의 발생이 처음부터 불가능하다는 것을 의미한다. 그리고 '결과발생의 불가능'은 실행의 수단 또는 대상의 원시적 불가능성으로 인하여 범죄가 기수에 이를 수 없는 것을 의미한다고 보아야 한다.

정선 핵심

① 피해자가 심신상실 또는 항거불능의 상태에 있다고 오인하고 간음한 경우 → 준강간죄의 불능미수 O
② 불능미수 → 존재하는 사실을 인식하지 못한 사실의 착오와 구별
③ 위험성 → 피고인이 행위 당시에 인식한 사정을 놓고 일반인이 객관적으로 판단
④ 계약서의 임차인 명의를 처로 변경하여 배당요구한 경우 → 사기죄의 불능범 O
⑤ 결과발생의 불가능 → 실행의 수단·대상의 원시적 불가능성으로 인하여 범죄가 기수에 이를 수 없는 것

정선 해설

[❶ ▸ O] [❷ ▸ O] 대판 2019.3.28. 2018도16002[전합]
[❸ ▸ O] 불능범과 구별되는 불능미수의 성립요건인 '위험성'은 피고인이 행위 당시에 인식한 사정을 놓고 일반인이 객관적으로 판단하여 결과발생의 가능성이 있는지 여부를 따져야 한다(대판 2019.3.28. 2018도16002[전합]).
[❹ ▸ X] 임차인이 임대차계약서상의 임차인 명의를 처로 변경하여 경매법원에 배당요구를 한 경우 사기죄의 불능범에 해당한다.

실제의 임차인이 전세계약서상의 임차인 명의를 처의 명의로 변경하지 아니하였다 하더라도 소액임대차보증금에 대한 우선변제권 행사로서 배당금을 수령할 권리가 있다 할 것이어서, 경매법원이 실제의 임차인을 처로 오인하여 배당결정을 하였더라도 이로써 재물의 편취라는 결과의 발생은 불가능하다 할 것이고, 이러한 임차인의 행위를 객관적으로 결과발생의 가능성이 있는 행위라고 볼 수도 없으므로 형사소송법 제325조에 의하여 무죄를 선고하여야 한다(대판 2002.2.8. 2001도6669).

[❺ ▸ O] 형법 제27조에서 정한 '실행의 수단 또는 대상의 착오'는 행위자가 시도한 행위방법 또는 행위객체로는 결과의 발생이 처음부터 불가능하다는 것을 의미한다. 그리고 '결과발생의 불가능'은 실행의 수단 또는 대상의 원시적 불가능성으로 인하여 범죄가 기수에 이를 수 없는 것을 의미한다고 보아야 한다(대판 2019.3.28. 2018도16002[전합]).

답 ❹

231 □□□

다음 사례에 대한 설명 중 옳은 것만을 모두 고르면?(다툼이 있는 경우 판례에 의함)

20 국가7급

> 甲은 A가 술에 만취하여 항거불능상태에 있는 것으로 오인하고 누워 있는 A를 간음하였으나 사실은 그러한 상태가 아니었다. 또한 간음 당시 항거를 불가능하게 하거나 현저히 곤란하게 할 정도의 폭행이나 협박도 존재하지 않았다.

ㄱ. 준강간의 고의는 피해자가 심신상실 또는 항거불능의 상태에 있다는 것과 그러한 상태를 이용하여 간음한다는 구성요건적 결과 발생의 가능성을 인식하고 그러한 위험을 용인하는 내심의 의사를 말한다.
ㄴ. 甲이 의도한 준강간죄의 기수가 성립될 가능성이 처음부터 없었으므로 준강간의 결과가 발생할 위험성도 인정되지 않는다.
ㄷ. 甲이 실행에 착수할 당시 A가 실제로는 심신상실 또는 항거불능의 상태에 있지 않았다 하더라도, 그러한 상태에 있다고 인식하고 A를 간음하였으므로 착오와 상관없이 준강간죄의 기수가 성립한다.
ㄹ. 준강간죄에서 행위의 대상은 '심신상실 또는 항거불능의 상태에 있는 사람'이 아니라 '사람'이고, '심신상실 또는 항거불능의 상태를 이용'하는 것은 구성요건의 특별한 행위양태에 해당한다.
ㅁ. 甲의 착오는 실행의 수단 또는 대상의 착오에 해당한다.

① ㄱ, ㅁ ② ㄱ, ㄴ, ㅁ
③ ㄱ, ㄹ, ㅁ ④ ㄴ, ㄷ, ㄹ

정선 핵심

ㄱ. 준강간의 고의 → 피해자가 심신상실 또는 항거불능의 상태에 있고 그러한 상태를 이용하여 간음한다는 구성요건적 결과 발생의 가능성을 인식하고 위험을 용인하는 내심의 의사
ㄴ.·ㄷ.·ㅁ. 대상의 착오로 피해자가 심신상실 또는 항거불능의 상태에 있다고 오인하고 간음한 경우 → 준강간죄의 불능미수 O
ㄹ. 반대의견 → 심신상실 또는 항거불능의 상태를 이용하는 것은 구성요건의 특별한 행위양태에 해당하고, 구성요건행위의 객체는 사람

정선 해설

[ㄱ ▸ O] 대판 2019.3.28. 2018도16002[전합]

[ㄴ ▸ ×] [ㄷ ▸ ×] [ㅁ ▸ O] 피고인이 피해자가 심신상실 또는 항거불능의 상태에 있다고 인식하고 그러한 상태를 이용하여 간음할 의사로 피해자를 간음하였으나 피해자가 실제로는 심신상실 또는 항거불능의 상태에 있지 않은 경우에는, 실행의 수단 또는 대상의 착오로 인하여 준강간죄에서 규정하고 있는 구성요건적 결과의 발생이 처음부터 불가능하였으나 피고인이 행위 당시에 인식한 사정을 놓고 일반인이 객관적으로 판단하여 보았을 때 준강간의 결과가 발생할 위험성이 있었으므로 준강간죄의 불능미수가 성립한다(대판 2019.3.28. 2018도16002[전합]).

[ㄹ ▸ ×] 지문은 반대의견에서 제시된 견해이다. 이에 의하면 준강간죄의 기수를 인정하게 된다.

> **[반대의견]** 다수의견은 준강간죄의 행위의 객체를 '심신상실 또는 항거불능의 상태에 있는 사람'이라고 보고 있다. 그러나 심신상실 또는 항거불능의 상태를 이용하는 것은 범행방법으로서 구성요건의 특별한 행위양태에 해당하고, 구성요건행위의 객체는 사람이다(대판 2019.3.28. 2018도16002[전합]).

답 ❶

232 □□□

다음 중 갑의 행위와 미수(불가벌적 불능범 포함)의 연결이 바르게 된 것을 모두 고른 것은? (다툼이 있는 경우 판례에 의함) 21 경찰승진

> ㄱ. 소송비용을 편취할 의사로 민사소송법상 소송비용의 지급을 구하는 손해배상청구의 소를 제기한 갑의 행위 - 형법 제347조 사기죄의 불능미수
> ㄴ. 甲은 피해자가 심신상실 또는 항거불능의 상태에 있다고 인식하고 그러한 상태를 이용하여 간음할 의사로 피해자를 간음하였으나 피해자가 실제로는 심신상실 또는 항거불능의 상태에 있지 않은 경우, 갑의 행위 - 형법 제299조 준강간죄의 불가벌적 불능범
> ㄷ. 피해자를 살해하기 위해 그의 목 부위와 왼쪽 가슴 부위를 칼로 수 회 찔렀으나 피해자의 가슴 부위에서 많은 피가 흘러나오는 것을 발견하고 겁을 먹고 범행을 그만둔 갑의 행위 - 형법 제250조 살인죄의 중지미수
> ㄹ. 강도행위 중에 피해자를 강간하려고 작은 방으로 끌고 가 팬티를 강제로 벗기고 음부를 만지자 피해자가 수술한 지 얼마 안 되어 배가 아프다면서 애원하는 바람에 강간을 그만둔 갑의 행위 - 형법 제339조 강도강간죄의 장애미수

① ㄱ, ㄴ, ㄹ　　② ㄱ, ㄷ
③ ㄴ, ㄷ　　④ ㄹ

정선 핵심

ㄱ. 소송비용을 편취할 의사로 손해배상청구의 소를 제기한 경우 → 사기죄의 불능범 O
ㄴ. 피해자가 심신상실 또는 항거불능의 상태에 있다고 오인하고 간음한 경우 → 준강간죄의 불능미수 O
ㄷ. 많은 피가 흘러나오는 것을 발견하고 겁을 먹고 그만둔 경우 → 살인죄의 중지미수 ×
ㄹ. 강도 중에 강간하려고 하자 피해자가 애원하는 바람에 강간을 그만둔 경우 → 강도강간죄의 장애미수 O

정선 해설

[ㄱ ▸ ×] 소송비용을 편취할 의사로 소송비용의 지급을 구하는 손해배상청구의 소를 제기하였다고 하더라도 이는 객관적으로 소송비용의 청구방법에 관한 법률적 지식을 가진 일반인의 판단으로 보아 결과발생의 가능성이 없어 위험성이 인정되지 않는다고 할 것이므로 사기죄의 불능범에 해당한다(대판 2005.12.8. 2005도8105).

[ㄴ ▸ X] 피고인이 피해자가 심신상실 또는 항거불능의 상태에 있다고 인식하고 그러한 상태를 이용하여 간음할 의사로 피해자를 간음하였으나 피해자가 실제로는 심신상실 또는 항거불능의 상태에 있지 않은 경우에는, 피고인이 행위 당시에 인식한 사정을 놓고 일반인이 객관적으로 판단하여 보았을 때 준강간의 결과가 발생할 위험성이 있었으므로 준강간죄의 불능미수가 성립한다(대판 2019.3.28. 2018도16002[전합]).

[ㄷ ▸ X] 피고인이 피해자를 살해하려고 그의 목 부위와 왼쪽 가슴 부위를 칼로 수 회 찔렀으나 피해자의 가슴 부위에서 많은 피가 흘러나오는 것을 발견하고 겁을 먹고 그만두는 바람에 미수에 그친 것이라면, 많은 피가 흘러나오는 것에 놀라거나 두려움을 느끼는 것은 일반 사회통념상 범죄를 완수함에 장애가 되는 사정에 해당한다고 보아야 할 것이므로, 이를 자의에 의한 중지미수라고 볼 수 없다(대판 1999.4.13. 99도640).

[ㄹ ▸ O] 대판 1992.7.28. 92도917

답 ❹

233 □□□

甲은 2017.4.17. 22:30경 자신의 집에서 甲의 처 A, 피해자 B와 함께 술을 마시다가 다음 날 01:00경 A가 먼저 잠이 들고 02:00경 B도 안방으로 들어가자 B를 따라 들어간 뒤, 누워 있는 B의 옆에서 B의 가슴을 만지고 팬티 속으로 손을 넣어 음부를 만지다가, B의 입을 막고 바지와 팬티를 벗긴 후 1회 간음하였다. 당시 B는 주량을 다소 초과하여 술을 마시기는 하였으나 심신상실이나 항거불능상태였다고는 볼 수 없고, 정상적인 판단이 가능하고 깨어 있는 상태였으나 甲이 일련의 성행위를 하는 동안 제대로 저항하지 않았었고, 甲은 B가 술과 잠에 취해 제대로 저항하지 못하는 상태에 있다고 생각하고 이를 적극적으로 이용하려고 한 것으로 판명되었다. 甲의 형사책임을 논증하는 설명으로 가장 적절하지 않은 것은?(다툼이 있는 경우 판례에 의함)

22 경찰간부

① 형법은 폭행 또는 협박의 방법이 아닌 심신상실 또는 항거불능의 상태를 이용하여 간음한 행위를 강간죄에 준하여 처벌하고 있으므로, 준강간의 고의는 피해자가 심신상실 또는 항거불능의 상태에 있다는 것과 그러한 상태를 이용하여 간음한다는 구성요건적 결과 발생의 가능성을 인식하고 그러한 위험을 용인하는 내심의 의사를 말한다.

② 형법 제27조에서 '결과발생이 불가능'하다는 것은 범죄기수의 불가능뿐만 아니라 범죄실현의 불가능을 포함하는 개념이다. 행위가 종료된 사후적 시점에서 판단하게 되면 형법에 규정된 모든 형태의 미수범은 결과가 발생하지 않은 사태라고 볼 수 있으므로, 만약 '결과불발생', 즉 결과가 현실적으로 발생하지 않았다는 것과 '결과발생 불가능', 즉 범죄실현이 불가능하다는 것을 구분하지 않는다면 장애미수범과 불능미수범은 구별되지 않는다.

③ 불능범과 구별되는 불능미수의 성립요건인 '위험성'은 피고인이 행위 당시에 특별히 인식한 사정과 일반인이 인식할 수 있었던 사정을 기초로 일반인이 객관적으로 판단하여 결과발생의 가능성이 있는지 여부를 따져야 한다.

④ 甲은 B가 심신상실 또는 항거불능의 상태에 있다고 인식하고 그러한 상태를 이용하여 간음할 의사로 피해자를 간음하였으나 B가 실제로는 심신상실 또는 항거불능의 상태에 있지 않은 경우에는, 실행의 수단 또는 대상의 착오로 인하여 준강간죄에서 규정하고 있는 구성요건적 결과의 발생이 처음부터 불가능하였고 실제로 그러한 결과가 발생하였다고 할 수 없다. 따라서 甲은 준강간죄의 불능미수범의 죄책을 진다.

정선 핵심

① 준강간의 고의 → 피해자가 심신상실 또는 항거불능의 상태에 있고 그러한 상태를 이용하여 간음한다는 구성요건적 결과 발생의 가능성을 인식하고 위험을 용인하는 내심의 의사
② 결과발생 불가능 → 결과불발생과는 구별되는 개념
③ 위험성의 판단기준 → 추상적 위험설(최근 판례)
④ 피해자가 심신상실 또는 항거불능의 상태에 있다고 오인하고 간음한 경우 → 준강간죄의 불능미수 O

정선 해설

[❶ ▸ O] 대판 2019.3.28. 2018도16002[전합]

[❷ ▸ O] 형법 제27조에서 '결과발생이 불가능'하다는 것은 범죄기수의 불가능뿐만 아니라 범죄실현의 불가능을 포함하는 개념이다. 행위가 종료된 사후적 시점에서 판단하게 되면 형법에 규정된 모든 형태의 미수범은 결과가 발생하지 않은 사태라고 볼 수 있으므로, 만약 '결과불발생', 즉 결과가 현실적으로 발생하지 않았다는 것과 '결과발생 불가능', 즉 범죄실현이 불가능하다는 것을 구분하지 않는다면 장애미수범과 불능미수범은 구별되지 않는다. 다시 말하면, 형법 제27조의 '결과발생의 불가능'은 사실관계의 확정단계에서 밝혀지는 '결과불발생'과는 엄격히 구별되는 개념이다(대판 2019.3.28. 2018도16002[전합]).

[❸ ▸ X] 불능범과 구별되는 불능미수의 성립요건인 '위험성'은 피고인이 행위 당시에 인식한 사정을 놓고 일반인이 객관적으로 판단하여 결과발생의 가능성이 있는지 여부를 따져야 한다(대판 2019.3.28. 2018도16002[전합]).

[❹ ▸ O] 대판 2019.3.28. 2018도16002[전합]

답 ❸

01 히로뽕 제조를 시도하였으나 그 약품배합 미숙으로 완제품을 만들지 못한 경우에는 불가벌적 불능범이 성립한다. 13 경찰간부 O | X

02 판례에 의하면 불능범과 구별되는 불능미수의 성립요건인 '위험성'은 행위 당시에 행위자가 인식한 사정과 일반인이 인식할 수 있는 사정을 기초로 일반적 경험법칙에 따라 판단한다. 20 경찰승진 O | X

03 피해자를 독살하려 하였으나 피해자가 토함으로써 그 목적을 이루지 못하였다고 하더라도, 사용한 독의 양이 치사량 미달이어서 결과발생이 불가능한 경우가 있을 수 있으므로 불능미수 해당 여부를 심리해야 한다. 20 해경간부 O | X

04 불능범은 범죄행위의 성질상 결과발생 또는 법익침해의 가능성이 절대로 있을 수 없는 경우를 말한다. 15 국가9급 O | X

05 권총에 탄알을 장전하여 발사하였으나 탄알이 불량이어서 불발된 경우에도 이러한 행위는 결과발생을 초래할 위험이 내포되어 있었다 할 것이므로 이를 불능범이라 할 수 없다. 16 법원9급 O | X

06 피고인이 요구르트 한 병마다 섞은 농약 1.6CC가 그 치사량에 약간 미달한다 하더라도 이를 피해자가 마시는 경우 마시는 사람의 연령, 체질, 영양 기타의 신체의 상황 여하에 따라 상당한 차이가 있을 수 있는 것이라면 사망의 결과 발생가능성을 배제할 수는 없다. 16 5급승진 O | X

01 결과발생의 위험성이 있다고 할 것이므로 이를 습관성의약품제조미수범으로 처단한 것은 정당하다(대판 1985.3.26. 85도206).

02 판례는 추상적 위험설 또는 구 객관설에 의하여 위험성을 판단한 바 있다.

03 대판 1984.2.14. 83도2967

04 대판 2007.7.26. 2007도3687

05 대판 1954.1.30. 4283형상103

06 대판 1984.2.28. 83도3331

정답

01 × 02 × 03 ○ 04 ○
05 ○ 06 ○

234 □□□

다음 중 형법상 예비·음모죄의 처벌규정이 있는 범죄는 모두 몇 개인가? 13 경찰채용

ㄱ. 영아살해죄	ㄴ. 미성년자약취·유인죄
ㄷ. 통화유사물제조죄	ㄹ. 허위유가증권작성죄
ㅁ. 공문서위조죄	ㅂ. 타인 소유의 일반물건방화죄

① 1개 ② 2개
③ 3개 ④ 4개

정선 해설

보기의 범죄 중 미성년자약취·유인죄만 예비·음모죄를 처벌하는 규정(형법 제287조, 제296조)이 있다.

답 ❶

235 □□□

다음 중 예비·음모에 대한 설명으로 가장 옳은 것은?(다툼이 있는 경우 판례에 의함) 20 해경승진

① 예비·음모의 행위를 처벌하는 경우에 있어서 중지범의 관념을 인정할 수 있다.
② 내란음모죄에 해당하는 합의가 있다고 하기 위해서는 단순히 내란에 관한 범죄결심을 외부에 표시·전달하는 것만으로는 부족하고 객관적으로 내란범죄의 실행을 위한 합의라는 것이 명백히 인정되고, 그러한 합의에 실질적인 위험성이 인정되어야 한다.
③ 절도를 준비하면서 뜻하지 않게 절도범행이 발각될 경우에 대비하여 체포를 면탈할 목적으로 칼을 휴대하고 있었다면 강도예비죄가 성립한다.
④ 형법상 영아살해죄와 도주원조죄는 예비·음모의 처벌규정을 두고 있다.

정선 핵심

① 예비의 중지 → 부정(판례)
② 내란음모죄 → 객관적으로 내란죄의 실행을 위한 합의라고 인정되고, 실질적 위험성이 인정
③ 준강도할 목적이 있음에 그치는 경우 → 강도예비·음모죄 ×
④ 영아살해죄 → 예비·음모죄의 처벌규정 ×

정선 해설

[❶ ▸ ×] 중지범은 범죄의 실행에 착수한 후 자의로 그 행위를 중지한 때를 말하는 것이고, 실행의 착수가 있기 전인 예비·음모의 행위를 처벌하는 경우에 있어서는 중지범의 관념은 이를 인정할 수 없다(대판 1991.6.25. 91도436).

[❷ ▸ O] 대판 2015.1.22. 2014도10978[전합]

[❸ ▸ ×] 판례의 취지를 고려하면, 행위자는 절도예비죄는 물론 강도예비죄로도 처벌되지 아니한다.

> 강도예비·음모죄가 성립하기 위해서는 예비·음모행위자에게 미필적으로라도 '강도'를 할 목적이 있음이 인정되어야 하고 그에 이르지 않고 단순히 '준강도'할 목적이 있음에 그치는 경우에는 강도예비·음모죄로 처벌할 수 없다(대판 2006.9.14. 2004도6432).

[❹ ▸ X] 영아살해죄는 예비 · 음모죄를 처벌하지 아니하나, 도주원조죄는 예비 · 음모의 처벌규정(형법 제147조, 제150조)을 두고 있다.

답 ❷

236 □□□

예비 · 음모죄에 대한 설명으로 가장 적절하지 않은 것은?(다툼이 있는 경우 판례에 의함)

21 경찰승진

① 예비행위를 자의로 중지한 경우 중지미수에 관한 형법 제26조가 준용된다.
② 형법 제28조는 예비죄의 처벌이 가져올 범죄의 구성요건을 부당하게 유추 내지 확장해석하는 것을 금지하고 있기 때문에 형법각칙의 예비죄를 처단하는 규정을 바로 독립된 구성요건개념에 포함시킬 수는 없다.
③ 판례는 예비죄의 공동정범 성립이 가능하다는 입장이다.
④ 내란음모죄에 해당하는 합의가 있다고 하기 위해서는 단순히 내란에 관한 범죄결심을 외부에 표시전달하는 것만으로는 부족하고 객관적으로 내란범죄의 실행을 위한 합의라는 것이 명백히 인정되고, 그러한 합의에 실질적인 위험성이 인정되어야 한다.

정선 핵심

① 예비의 중지 → 부정(판례)
② 예비죄의 법적 성격 → 발현형태설(판례)
③ 예비죄의 공동정범 → 인정(판례)
④ 내란음모죄의 성립요건 → 객관적으로 내란범죄의 실행을 위한 합의라는 것이 명백히 인정되고, 합의에 실질적인 위험성 인정

정선 해설

[❶ ▸ X] 중지범은 범죄의 실행에 착수한 후 자의로 그 행위를 중지한 때를 말하는 것이고, 실행의 착수가 있기 전인 예비 · 음모의 행위를 처벌하는 경우에 있어서는 중지범의 관념은 이를 인정할 수 없다(대판 1991.6.25. 91도436).

[❷ ▸ O] 판례의 취지를 고려하면, 우리 형법은 예비죄의 법적 성격으로 발현형태설을 취하고 있음을 알 수 있다.

> 형법 제28조에 의하면 범죄의 음모 또는 예비행위가 실행의 착수에 이르지 아니한 때에는 법률에 특별한 규정이 없는 한 벌하지 아니한다고 규정하여 예비죄의 처벌이 가져올 범죄의 구성요건을 부당하게 유추 내지 확장해석하는 것을 금지하고 있기 때문에 형법각칙의 예비죄를 처단하는 규정을 바로 독립된 구성요건 개념에 포함시킬 수는 없다고 하는 것이 죄형법정주의의 원칙에도 합당하는 해석이라 할 것이다(대판 1976.5.25. 75도1549).

[❸ ▸ O] 대판 1976.5.25. 75도1549

[❹ ▸ O] 내란음모죄에 해당하는 합의가 있다고 하기 위해서는 단순히 내란에 관한 범죄결심을 외부에 표시 · 전달하는 것만으로는 부족하고 객관적으로 내란범죄의 실행을 위한 합의라는 것이 명백히 인정되고, 그러한 합의에 실질적인 위험성이 인정되어야 한다(대판 2015.1.22. 2014도10978[전합]).

답 ❶

237 □□□ 예비죄에 대한 설명으로 옳은 것은?(다툼이 있는 경우 판례에 의함) 20 국가7급

① 甲이 절도범행이 발각되었을 경우 체포를 면탈하는 데 도움이 될 수 있을 것이라는 정도의 생각에서 등산용 칼을 휴대하고 있던 중에 붙잡힌 경우, 甲에게 강도예비죄가 성립한다.
② 甲은 강도를 하려고 흉기를 구하던 乙에게 자신이 가지고 있던 전자충격기를 건네주었는데 乙이 실행행위로 나아가지 않은 경우, 甲에게 乙의 강도예비죄에 대한 방조범이 성립한다.
③ 甲이 자신을 배신한 A를 살해하려고 사냥용 총을 구입한 직후 스스로 후회하고 총을 폐기한 경우, 甲에게 살인죄의 중지미수 규정이 준용될 수 있다.
④ 甲이 A를 살해하기 위하여 乙, 丙 등을 고용하면서 그들에게 대가의 지급을 약속한 경우, 甲에게는 살인예비죄가 성립한다.

정선 핵심

① 준강도할 목적이 있음에 그치는 경우 → 강도예비·음모죄 ×
② 전자충격기를 주었는데 乙이 실행행위로 나아가지 않은 경우 → 강도예비죄의 방조범 ×
③ A를 살해하려고 총을 구입한 후 후회하고 폐기한 경우 → 중지미수 규정 적용 ×
④ A를 살해하기 위해 사람들을 고용하며 대가의 지급을 약속한 경우 → 살인예비죄 ○

정선 해설

[❶ ▸ ×] 강도예비·음모죄가 성립하기 위해서는 예비·음모행위자에게 미필적으로라도 '강도'를 할 목적이 있음이 인정되어야 하고 그에 이르지 않고 단순히 '준강도'할 목적이 있음에 그치는 경우에는 강도예비·음모죄로 처벌할 수 없다(대판 2006.9.14. 2004도6432).

[❷ ▸ ×] 판례의 취지를 고려하면, 정범 乙이 실행행위로 나아가지 않았다면 甲에게 乙의 강도예비죄에 대한 방조범은 성립하지 아니한다.

> 형법 제32조 제1항 소정 타인의 범죄란 정범이 범죄의 실현에 착수한 경우를 말하는 것이므로 종범이 처벌되기 위하여는 정범의 실행의 착수가 있는 경우에만 가능하고 형법 전체의 정신에 비추어 정범이 실행의 착수에 이르지 아니한 예비의 단계에 그친 경우에는 이에 가공하는 행위가 예비의 공동정범이 되는 경우를 제외하고는 종범의 성립을 부정하고 있다고 보는 것이 타당하다(대판 1976.5.25. 75도1549).

[❸ ▸ ×] 중지범은 범죄의 실행에 착수한 후 자의로 그 행위를 중지한 때를 말하는 것이고, 실행의 착수가 있기 전인 예비·음모의 행위를 처벌하는 경우에 있어서는 중지범의 관념은 이를 인정할 수 없다(대판 1991.6.25. 91도436).

[❹ ▸ ○] 甲이 A를 살해하기 위하여 丙, 丁 등을 고용하면서 그들에게 대가의 지급을 약속한 경우, 甲에게는 살인죄를 범할 목적 및 살인의 준비에 관한 고의뿐만 아니라 살인죄의 실현을 위한 준비행위를 하였음이 인정되므로 살인예비죄가 성립한다.

> 甲이 乙을 살해하기 위하여 丙, 丁 등을 고용하면서 그들에게 대가의 지급을 약속한 경우, 甲에게는 살인죄를 범할 목적 및 살인의 준비에 관한 고의뿐만 아니라 살인죄의 실현을 위한 준비행위를 하였음이 인정되므로 살인예비죄가 성립한다(대판 2009.10.29. 2009도7150).

답 ❹

238
□□□

예비 · 음모에 대한 설명으로 가장 적절하지 않은 것은?(다툼이 있는 경우 판례에 의함)

17 경찰채용

① 강도예비 · 음모죄가 성립하기 위해서는 예비 · 음모행위자에게 미필적으로라도 '강도'를 할 목적이 있음이 인정되어야 하고, 그에 이르지 않고 단순히 '준강도'할 목적이 있음에 그치는 경우에는 강도예비 · 음모죄로 처벌할 수 없다.

② 형법상 폭발물사용죄와 미성년자약취 · 유인죄는 예비 · 음모의 처벌규정을 두고 있다.

③ 피고인이 본범이 절취한 차량이라는 정을 알면서도 본범 등으로부터 그들이 위 차량을 이용하여 강도를 하려 함에 있어 차량을 운전해 달라는 부탁을 받고 위 차량을 운전해 준 경우, 피고인은 강도예비와 아울러 장물운반의 고의를 가지고 위와 같은 행위를 하였다고는 볼 수 없다.

④ 피고인이 행사할 목적으로 미리 준비한 물건들과 옵세트인쇄기를 사용하여 한국은행권 100원권을 사진 찍어 그 필름원판 7매와 이를 확대하여 현상한 인화지 7매를 만들었음에 그쳤다면 아직 통화위조의 착수에는 이르지 아니하였고 그 준비단계에 불과하다.

정선 핵심

① 준강도할 목적이 있음에 그치는 경우 → 강도예비 · 음모죄 ×
② 폭발물사용죄와 미성년자약취 · 유인죄 → 예비 · 음모죄의 처벌규정 ○
③ 강도예비죄와 장물운반죄 → 상상적 경합 ○
④ 옵세트인쇄기로 한국은행권 필름원판과 인화지를 만든 경우 → 통화위조죄의 실행의 착수 ×

정선 해설

[❶ ▸ ○] 대판 2006.9.14. 2004도6432

[❷ ▸ ○] 폭발물사용죄(형법 제119조, 제120조)와 미성년자약취 · 유인죄(형법 제287조, 제296조)는 예비 · 음모죄의 처벌규정을 두고 있다.

[❸ ▸ ×] 본범자와 공동하여 장물을 운반한 경우에 본범자는 장물죄에 해당하지 않으나 그 외의 자의 행위는 장물운반죄를 구성하므로, 피고인이 본범이 절취한 차량이라는 정을 알면서도 본범 등으로부터 그들이 위 차량을 이용하여 강도를 하려 함에 있어 차량을 운전해 달라는 부탁을 받고 위 차량을 운전해 준 경우, 피고인은 강도예비와 아울러 장물운반의 고의를 가지고 위와 같은 행위를 하였다고 봄이 상당하다(대판 1999.3.26. 98도3030).

[❹ ▸ ○] 피고인의 행위는 통화예비에 해당하나 처벌규정이 없으므로 불가벌이다.

> 피고인이 행사할 목적으로 미리 준비한 물건들과 옵세트인쇄기를 사용하여 한국은행권 100원권을 사진 찍어 그 필름원판 7매와 이를 확대하여 현상한 인화지 7매를 만들었음에 그쳤다면 아직 통화위조의 착수에는 이르지 아니하였고 그 준비단계에 불과하다(대판 1966.12.6. 66도1317).

답 ❸

239 □□□

甲의 행위에 대해 형법상 예비·음모죄로 처벌할 수 없는 것은?(다툼이 있는 경우 판례에 의함) 14 사시

① 甲이 강도의사로 범행대상의 집 설계도를 제공하면서 乙과 침입경로 등 강도방법을 구체적으로 모의한 행위
② 자신을 죽여 달라는 친구의 부탁을 받고 甲이 독약을 준비하였다가 버린 행위
③ 甲이 사람을 살해하기 위해 乙을 고용하여 대금지급을 약속하는 등 모의한 행위
④ 甲이 통행인으로부터 현금을 강취하려고 범행도구인 칼을 휴대하고 심야에 인적이 드문 주택가를 배회한 행위
⑤ 甲이 통화를 위조하여 행사할 목적으로 위조에 필요한 용지와 옵세트인쇄기를 준비하고, 진정한 한국은행 일만원권을 사진 찍어 그 필름원판 7매와 이를 확대하여 현상한 인화지를 준비한 행위

정선 핵심

① 강도의사로 설계도를 제공하며 乙과 강도방법을 구체적으로 모의한 경우 → 강도예비·음모죄 ○
② 죽여 달라는 부탁을 받고 독약을 준비하였다가 버린 경우 → 촉탁살인죄의 예비죄 ×
③ 사람을 살해하기 위해 乙을 고용하여 대금지급을 약속한 경우 → 살인예비죄 ○
④ 통행인으로부터 현금을 강취하려고 칼을 휴대하고 주택가를 배회한 경우 → 강도예비죄 ○
⑤ 옵세트인쇄기로 한국은행권 필름원판과 인화지를 만든 경우 → 처벌규정이 없어 불가벌

정선 해설

[❶ ▸ ×] 甲과 乙의 행위는 범죄실현을 위한 외적 준비행위이므로 강도예비·음모죄가 성립한다.
[❷ ▸ ○] 촉탁살인죄는 예비죄처벌규정이 없으므로 甲이 독약을 준비하였다가 이를 버린 경우 촉탁살인죄의 예비죄로 처벌할 수 없다.
[❸ ▸ ×] 판례의 취지를 고려하면, 甲이 사람을 살해하기 위하여 乙을 고용하면서 대가의 지급을 약속한 경우, 甲에게는 살인죄를 범할 목적 및 살인의 준비에 관한 고의뿐만 아니라 살인죄의 실현을 위한 준비행위를 하였음이 인정되므로 살인예비죄가 성립한다.

> 甲이 乙을 살해하기 위하여 丙, 丁 등을 고용하면서 그들에게 대가의 지급을 약속한 경우, 甲에게는 살인죄를 범할 목적 및 살인의 준비에 관한 고의뿐만 아니라 살인죄의 실현을 위한 준비행위를 하였음이 인정되므로 살인예비죄가 성립한다(대판 2009.10.29. 2009도7150).

[❹ ▸ ×] 강도에 공할 흉기를 휴대하고 통행인의 출현을 대기하는 행위는 강도예비에 해당한다(대판 1948.8.17. 4281형상80).
[❺ ▸ ×] 甲의 행위는 통화예비에 해당하나 처벌규정이 없으므로 불가벌이다.

> 피고인이 행사할 목적으로 미리 준비한 물건들과 옵세트인쇄기를 사용하여 한국은행권 100원권을 사진 찍어 그 필름원판 7매와 이를 확대하여 현상한 인화지 7매를 만들었음에 그쳤다면 아직 통화위조의 착수에는 이르지 아니하였고 그 준비단계에 불과하다(대판 1966.12.6. 66도1317).

답 ❷

240 □□□

예비 · 음모에 대한 다음 설명 중 옳지 않은 것은 모두 몇 개인가?(다툼이 있으면 판례에 의함) 16 경찰채용

ㄱ. 정범이 실행의 착수에 이르지 아니한 예비단계에 그친 경우에는 이에 가공한다 하더라도 예비의 공동정범이 되는 때를 제외하고는 종범으로 처벌할 수 없다.
ㄴ. 예비 · 음모의 행위를 처벌하는 경우에 있어서 예비행위를 자의로 중지했을 때에는 중지범에 관한 규정을 준용한다.
ㄷ. 강도예비 · 음모죄가 성립하기 위해서는 예비 · 음모행위자에게 미필적으로라도 강도를 할 목적이 있음이 인정되어야 하고 그에 이르지 않고 단순히 준강도 할 목적이 있음에 그치는 경우에는 강도예비 · 음모죄로 처벌할 수 없다.
ㄹ. 형법 제147조 도주원조죄와 제185조 일반교통방해죄는 예비 · 음모의 처벌규정이 있다.
ㅁ. 내란음모죄에 해당하는 합의가 있다고 하기 위해서는 단순히 내란에 관한 범죄결심을 외부에 표시 · 전달하는 것만으로는 부족하고 객관적으로 내란범죄의 실행을 위한 합의라는 것이 명백히 인정되고, 그러한 합의에 실질적인 위험성이 인정되어야 한다.

① 1개 ② 2개
③ 3개 ④ 4개

정선 핵심

ㄱ. 예비의 단계에 그친 정범에게 가공한 경우 → 예비의 공동정범은 별론, 종범 ×
ㄴ. 예비의 중지 → 부정(판례)
ㄷ. 준강도할 목적이 있음에 그치는 경우 → 강도예비 · 음모죄 ×
ㄹ. 도주원조죄 → 예비 · 음모죄의 처벌규정 ○
ㅁ. 내란음모죄의 성립요건 → 객관적으로 내란범죄의 실행을 위한 합의라는 것이 명백히 인정되고, 합의에 실질적인 위험성 인정

정선 해설

[ㄱ ▸ ○] 대판 1976.5.25. 75도1549
[ㄴ ▸ ×] 중지범은 범죄의 실행에 착수한 후 자의로 그 행위를 중지한 때를 말하는 것이고, 실행의 착수가 있기 전인 예비 · 음모의 행위를 처벌하는 경우에 있어서는 중지범의 관념은 이를 인정할 수 없다(대판 1991.6.25. 91도436).
[ㄷ ▸ ○] 대판 2006.9.14. 2004도6432
[ㄹ ▸ ×] 도주원조죄는 예비 · 음모죄의 처벌규정(형법 제147조, 제150조)이 있으나, 일반교통방해죄는 처벌규정이 없다.
[ㅁ ▸ ○] 내란음모죄에 해당하는 합의가 있다고 하기 위해서는 단순히 내란에 관한 범죄결심을 외부에 표시 · 전달하는 것만으로는 부족하고 객관적으로 내란범죄의 실행을 위한 합의라는 것이 명백히 인정되고, 그러한 합의에 실질적인 위험성이 인정되어야 한다(대판 2015.1.22. 2014도10978[전합]).

답 ❷

241 □□□

범죄실현단계에 대한 설명으로 옳지 않은 것은?(다툼이 있는 경우 판례에 의함)

21 경찰간부

① 부동산 이중양도에 있어서 매도인이 제2차 매수인으로부터 계약금만을 지급받고 중도금을 수령한 바 없다면 배임죄의 실행의 착수가 있었다고 볼 수 없다.
② 절도를 준비하면서 뜻하지 않게 절도범행이 발각되었을 때 체포를 면탈하는 데 도움이 될 수 있을 것이라고 생각하며 칼을 휴대하고 있었더라도 강도예비죄가 성립하지 않는다.
③ 중지범은 범죄의 실행에 착수한 후 자의로 그 행위를 중지한 때를 말하는 것이고 실행의 착수가 있기 전인 예비·음모의 행위를 처벌하는 경우에 있어서 중지범의 관념은 이를 인정할 수 없다.
④ 살인예비죄가 성립하기 위하여는 살인죄를 범할 목적과 살인의 준비에 관한 고의가 있어야 할 뿐만 아니라 나아가 실행의 착수까지에는 이르지 아니하는 살인죄의 실현을 위한 준비행위가 있어야 하는데, 이 준비행위는 물적인 것에 한정되지 않고 특별한 정형이 있는 것이 아니므로 준비행위는 단순한 범행의 의사 또는 계획만으로도 인정된다.

정선 핵심

① 부동산매도인이 제2매수인에게 계약금만을 지급받은 경우 → 배임죄의 실행의 착수 ×
② 준강도할 목적이 있음에 그치는 경우 → 강도예비·음모죄 ×
③ 예비의 중지 → 부정(판례)
④ 살인예비죄의 성립요건
→ 객관적 요건 : 객관적으로 살인죄 실현에 실질적으로 기여할 수 있는 외적 행위를 필요

정선 해설

[❶ ▸ O] 대판 2003.3.25. 2002도7134
[❷ ▸ O] 대판 2006.9.14. 2004도6432
[❸ ▸ O] 대판 1991.6.25. 91도43
[❹ ▸ X] 형법 제255조, 제250조의 살인예비죄가 성립하기 위하여는 형법 제255조에서 명문으로 요구하는 살인죄를 범할 목적 외에도 살인의 준비에 관한 고의가 있어야 하며, 나아가 실행의 착수까지에는 이르지 아니하는 살인죄의 실현을 위한 준비행위가 있어야 한다. 여기서의 준비행위는 물적인 것에 한정되지 아니하며 특별한 정형이 있는 것도 아니지만, 단순히 범행의 의사 또는 계획만으로는 그것이 있다고 할 수 없고 객관적으로 보아서 살인죄의 실현에 실질적으로 기여할 수 있는 외적 행위를 필요로 한다(대판 2009.10.29. 2009도7150).

답 ❹

242 □□□

예비·음모에 관한 다음 설명 중 가장 적절하지 않은 것은?(다툼이 있는 경우 판례에 의함)

13 경찰승진

① 음모란 2인 이상의 자 사이에 성립한 범죄실행의 합의를 말하는 것으로, 객관적으로 보아 특정한 범죄의 실행을 위한 준비행위라는 것이 명백히 인식되고 그 합의에 실질적인 위험성이 인정될 때에 비로소 음모죄가 성립한다.

② 예비의 궁극적 목적은 기본범죄의 실현을 통해 달성될 수 있으므로 예비죄의 성립에는 기본범죄에 대한 확실한 인식이 있어야 하며 단순한 미필적 인식으로는 부족하다.

③ 통화위조·변조죄와 인지·우표위조·변조죄는 예비·음모를 처벌하는 범죄이다.

④ 도주원조죄와 간수자도주원조죄는 예비·음모의 처벌규정이 있으나, 도주죄와 특수도주죄는 예비·음모의 처벌규정이 없다.

정선 핵심

① 음모죄의 성립요건 → 객관적으로 특정한 범죄의 실행을 위한 준비행위라는 것이 명백히 인식되고 실질적인 위험성이 인정될 때

② 예비죄의 성립요건
→ 주관적 요건 : 준비에 관한 고의, 기본범죄를 범할 목적(미필적 인식으로 충분)

③ 통화위조·변조죄와 인지·우표위조·변조죄 → 예비·음모죄의 처벌규정 ○

④ 도주원조죄와 간수자도주원조죄 → 예비·음모죄의 처벌규정 ○

정선 해설

[❶ ▸ ○] 대판 1999.11.12. 99도3801

[❷ ▸ ×] 판례의 취지를 고려하면, 예비죄의 성립은 미필적 인식으로는 족하다고 하는 것이 타당하다.

> 강도예비·음모죄가 성립하기 위해서는 예비·음모행위자에게 미필적으로라도 '강도'를 할 목적이 있음이 인정되어야 하고 그에 이르지 않고 단순히 '준강도'할 목적이 있음에 그치는 경우에는 강도예비·음모죄로 처벌할 수 없다(대판 2006.9.14. 2004도6432).

[❸ ▸ ○] 통화위조·변조죄(형법 제207조 제1항 내지 제3항, 제213조)와 인지·우표위조·변조죄(형법 제218조 제1항, 제224조)는 예비·음모죄의 처벌규정을 두고 있다.

[❹ ▸ ○] 지문 중 도주원조죄와 간수자도주원조죄만 예비·음모죄의 처벌규정(형법 제147조, 제148조, 제150조)이 있다.

답 ❷

243 □□□

예비 · 음모죄에 대한 설명으로 옳지 않은 것은?(다툼이 있는 경우 판례에 의함)

17 국가9급

① 甲이 살인의 용도로 흉기를 준비하였으나 살해 대상자가 누구인지 확정되지 못한 경우에는 살인예비죄가 성립하지 않는다.

② 살인의사로 총을 구입하는 甲에게 자금을 제공한 乙은 甲에게 살인예비죄가 인정되더라도 살인예비죄의 방조범으로 처벌될 수는 없다.

③ 甲이 乙을 살해하기 위하여 丙, 丁 등을 고용하면서 그들에게 대가의 지급을 약속한 경우, 甲에게는 살인예비죄가 성립한다.

④ 예비는 예외적으로 특별규정이 있는 경우에만 처벌되지만 예비죄를 처벌하기 위해서는 당해 법률규정에서 예비 · 음모의 구체적인 형벌의 종류와 양을 정해 둘 필요는 없다.

정선 핵심

① 살해 대상자가 누구인지 확정되지 못한 경우 → 살인예비죄 ×
② 살인의사로 총을 구입하는 甲에게 자금을 제공한 경우 → 살인예비죄의 방조범 ×
③ 乙을 살해하기 위해 사람들을 고용하며 대가지급을 약속한 경우 → 살인예비죄 ○
④ 예비 · 음모죄의 처벌규정에서 형벌의 종류와 양의 규정이 없는 경우 → 예비죄 처벌 ×

정선 해설

[❶ ▸ O] 살해의 용도에 공하기 위한 흉기를 준비하였다 하더라도 그 흉기로서 살해할 대상자가 확정되지 아니한 경우 살인예비죄로 다스릴 수 없다(대판 1959.9.1. 4292형상387).

[❷ ▸ O] 대판 1976.5.25. 75도1549

[❸ ▸ O] 대판 2009.10.29. 2009도7150

[❹ ▸ X] 판례의 취지를 고려하면, 당해 법률규정에서 예비 · 음모의 구체적인 형벌의 종류와 양을 규정하고 있지 않다면 예비죄로 처벌할 수 없다.

> 부정선거관련자처벌법 제5조 제4항에 동법 제5조 제1항의 예비음모는 이를 처벌한다고만 규정하고 있을 뿐이고 그 형에 관하여 따로 규정하고 있지 아니한 이상 죄형법정주의의 원칙상 위 예비음모를 처벌할 수 없다(대판 1977.6.28. 77도251).

답 ❹

244 □□□

예비죄에 관한 설명 중 옳은 것은?(다툼이 있는 경우 판례에 의함) 17 변시

① 정범의 범죄를 방조하려는 자가 예비단계에서의 방조에 그친 경우, 정범이 실행에 착수하였더라도 방조자를 처벌할 수 없다.
② 정범이 예비죄로 처벌되는 경우에는 예비죄의 방조가 성립될 수 있다.
③ 자신을 죽여 달라는 친구의 부탁을 받고 독약을 준비하였다가 이를 버린 경우 촉탁살인죄의 예비죄로 처벌할 수 있다.
④ 정범이 실행에 착수하지 아니하는 한 예비의 공동정범은 성립할 수 없다.
⑤ 절도를 준비하면서 뜻하지 않게 절도범행이 발각될 경우에 대비하여 체포를 면탈할 목적으로 칼을 휴대하고 있었더라도 강도예비죄가 성립하지 않는다.

정선 핵심

① 정범의 실행의 착수 전에 방조한 경우 → 정범이 실행행위에 나아갔다면 종범 ○
② 예비의 단계에 그친 정범에게 가공한 경우 → 예비의 공동정범은 별론, 종범 ×
③ 죽여 달라는 부탁을 받고 독약을 준비하였다가 버린 경우 → 촉탁살인죄의 예비죄 ×
④ 예비죄의 공동정범 → 인정(판례)
⑤ 준강도할 목적이 있음에 그치는 경우 → 강도예비·음모죄 ×

정선 해설

[❶ ▸ ×] 종범은 정범이 실행행위에 착수하여 범행을 하는 과정에서 이를 방조한 경우뿐 아니라, 정범의 실행의 착수 이전에 장래의 실행행위를 미필적으로나마 예상하고 이를 용이하게 하기 위하여 방조한 경우에도 그 후 정범이 실행행위에 나아갔다면 성립할 수 있다(대판 2013.11.14. 2013도7494).

[❷ ▸ ×] [❹ ▸ ×] 형법 제32조 제1항 소정 타인의 범죄란 정범이 범죄의 실현에 착수한 경우를 말하는 것이므로 종범이 처벌되기 위하여는 정범의 실행의 착수가 있는 경우에만 가능하고 형법 전체의 정신에 비추어 정범이 실행의 착수에 이르지 아니한 예비의 단계에 그친 경우에는 이에 가공하는 행위가 예비의 공동정범이 되는 경우를 제외하고는 종범의 성립을 부정하고 있다고 보는 것이 타당하다(대판 1976.5.25. 75도1549).

[❸ ▸ ×] 촉탁살인죄는 예비죄처벌규정이 없으므로 독약을 준비하였다가 이를 버린 경우 촉탁살인죄의 예비죄로 처벌할 수 없다.

[❺ ▸ ○] 대판 2006.9.14. 2004도6432

답 ❺

제1장 제2장 제3장

245 □□□

예비 · 음모에 대한 설명으로 옳지 않은 것은?(다툼이 있는 경우 판례에 의함)

15 국가9급

① 정범이 예비단계에 그친 경우 이에 가공한 행위는 예비죄의 공동정범으로는 물론 방조범으로도 처벌할 수 없다.

② 예비 · 음모를 처벌한다는 규정이 있더라도 그 형을 따로 정하고 있지 않은 경우에는 처벌할 수 없다.

③ 예비 · 음모를 처벌하는 경우에 있어 행위자가 자의로 실행의 착수를 포기하였더라도 중지범규정을 적용할 수 없다.

④ 살인죄의 예비행위는 단순히 범행의 의사 또는 계획만으로는 부족하고, 객관적으로 보아 살인죄 실현에 실질적으로 기여할 수 있는 외적 행위를 필요로 한다.

정선 핵심

① 예비의 단계에 그친 정범에게 가공한 경우 → 예비의 공동정범은 별론, 종범 ×
② 예비 · 음모죄의 처벌규정에서 형벌의 종류와 양의 규정이 없는 경우 → 예비죄 처벌 ×
③ 예비의 중지 → 부정(판례)
④ 살인예비죄의 성립요건
⤑ 객관적 요건 : 객관적으로 살인죄 실현에 실질적으로 기여할 수 있는 외적 행위를 필요

정선 해설

[❶ ▸ ×] 형법 제32조 제1항 소정 타인의 범죄란 정범이 범죄의 실현에 착수한 경우를 말하는 것이므로 종범이 처벌되기 위하여는 정범의 실행의 착수가 있는 경우에만 가능하고 형법 전체의 정신에 비추어 정범이 실행의 착수에 이르지 아니한 예비의 단계에 그친 경우에는 이에 가공하는 행위가 예비의 공동정범이 되는 경우를 제외하고는 종범의 성립을 부정하고 있다고 보는 것이 타당하다(대판 1976.5.25. 75도1549).

[❷ ▸ O] 판례의 취지를 고려하면, 법률에서 예비 · 음모의 구체적인 형을 따로 규정하고 있지 않다면 예비죄로 처벌할 수 없다.

> 부정선거관련자처벌법 제5조 제4항에 동법 제5조 제1항의 예비음모는 이를 처벌한다고만 규정하고 있을 뿐이고 그 형에 관하여 따로 규정하고 있지 아니한 이상 죄형법정주의의 원칙상 위 예비음모를 처벌할 수 없다(대판 1977.6.28. 77도251).

[❸ ▸ O] 대판 1991.6.25. 91도436

[❹ ▸ O] 대판 2009.10.29. 2009도7150

답 ❶

246 □□□

음모 또는 예비에 관한 설명으로 옳지 않은 것은 몇 개인가?(다툼이 있는 경우 판례에 의함)

14 법원9급

ㄱ. 일본으로 밀항하고자 甲에게 도항비로 일화 100만엔을 주기로 약속한 바 있었으나 그 후 이 밀항을 포기하였다면 이는 밀항의 예비이다.
ㄴ. 예비죄도 각칙에 규정되어 있어 실행행위성을 인정할 수 있으므로, 예비에 대한 방조도 가능하다.
ㄷ. 범죄의 음모 또는 예비행위가 실행의 착수에 이르지 아니한 때에는 법률에 특별한 규정이 없는 한 벌하지 아니한다.
ㄹ. 예비죄는 단순한 고의뿐만 아니라 기본범죄를 범할 목적이 있을 것을 요하는 목적범이다.
ㅁ. 예비의 공동정범은 성립 가능하다.
ㅂ. 음모·예비죄의 중지미수는 불가능하므로 형법 제26조(중지미수 규정)에 따라 형을 감면할 수 없다.

① 1개 ② 2개
③ 3개 ④ 4개

정선 핵심

ㄱ. 일본으로 밀항하고자 도항비를 주기로 약속했으나 밀항을 포기한 경우 → 밀항죄의 예비 ×
ㄴ. 예비의 단계에 그친 정범에게 가공한 경우 → 예비의 공동정범은 별론, 종범 ×
ㄷ. 음모·예비행위가 실행의 착수에 이르지 아니한 경우 → 특별한 규정이 없는 한 불가벌
ㄹ. 예비죄의 성립요건
 ⋯→ 주관적 요건 : 준비에 관한 고의, 기본범죄를 범할 목적
 ⋯→ 객관적 요건 : 실행의 착수까지에는 이르지 아니하는 범죄의 실현을 위한 준비행위
ㅁ. 예비죄의 공동정범 → 인정(판례)
ㅂ. 예비의 중지 → 부정(판례)

정선 해설

[ㄱ ▸ ×] 판례의 취지를 고려하면, 도항비를 주기로 약속한 바 있었으나 밀항을 포기하였더라도 밀항의 예비는 해당하지 아니한다. 한편 2013.5.22. 개정 밀항단속법은 예비이외에 음모도 처벌하고 있으므로 양자를 구별할 실익은 없게 되었다.

일본으로 밀항하고자 공소외인에게 도항비로 일화 100만엔을 주기로 약속한 바 있었으나 그 후 이 밀항을 포기하였다면 이는 밀항의 음모에 지나지 않는 것으로 밀항의 예비 정도에는 이르지 아니한 것이다(대판 1986.6.24. 86도437).

[ㄴ ▸ ×] [ㅁ ▸ O] 형법 제32조 제1항 소정 타인의 범죄란 정범이 범죄의 실현에 착수한 경우를 말하는 것이므로 종범이 처벌되기 위하여는 정범의 실행의 착수가 있는 경우에만 가능하고 형법 전체의 정신에 비추어 정범이 실행의 착수에 이르지 아니한 예비의 단계에 그친 경우에는 이에 가공하는 행위가 예비의 공동정범이 되는 경우를 제외하고는 종범의 성립을 부정하고 있다고 보는 것이 타당하다(대판 1976.5.25. 75도1549).
[ㄷ ▸ O] 범죄의 음모 또는 예비행위가 실행의 착수에 이르지 아니한 때에는 법률에 특별한 규정이 없는 한 벌하지 아니한다(형법 제28조).
[ㄹ ▸ O] 대판 2009.10.29. 2009도7150
[ㅂ ▸ O] 대판 1991.6.25. 91도436

답 ❷

정선지문OX

01 폭력행위 등 처벌에 관한 법률 제7조는 "정당한 이유 없이 이 법에 규정된 범죄에 공용될 우려가 있는 흉기나 그 밖의 위험한 물건을 휴대하거나 제공 또는 알선한 사람은 3년 이하의 징역 또는 300만원 이하의 벌금에 처한다."라고 정하고 있는데, 이러한 폭력행위처벌법 위반(우범자)죄는 대상범죄인 '이 법에 규정된 범죄'의 예비죄로서의 성격을 지니고 있다. 18 국가7급 O|X

02 보험사기를 준비하기 위한 타인의 보험계약체결과정에서 甲이 피보험자를 가장하는 등으로 이를 도운 행위는 그 사기범행을 위한 예비행위에 대한 방조의 여지가 있을 뿐이라 할 것이고, 甲의 행위는 그 후 정범이 실행행위에 나아갔다고 하여도 정범에 대한 방조가 되는 것은 아니다. 18 국가7급 O|X

03 같은 부대에 근무하던 甲과 乙이 수회에 걸쳐 '총을 훔쳐 전역 후 은행이나 현금수송차량을 털어 한탕하자'는 말을 나눈 경우, 강도음모죄가 성립된다. 18 경찰간부 O|X

04 과실에 의한 예비나 과실범의 예비는 불가벌이다. 13 사시 O|X

05 하자 있는 보험계약을 체결한 행위는 보험사고의 우연성과 같은 보험의 본질을 해칠 정도라고 볼 수 있는 특별한 사정이 없더라도 보험사기의 실행의 착수로 보아야 한다. 19 국가9급 O|X

06 예비행위 이후 실행의 착수로 나아간 행위자에게 미수 또는 기수의 죄가 적용될 경우, 예비행위는 별도로 처벌되지 않는다. 15 경찰간부 O|X

---

01 폭력행위처벌법 제7조에서 말하는 '이 법에 규정된 범죄'는 '폭력행위처벌법에 규정된 범죄'만을 말한다고 해석함이 타당하다(대판 2018.1.24. 2017도15914).

02 종범은 정범의 실행의 착수 이전에 장래의 실행행위를 미필적으로나마 예상하고 이를 용이하게 하기 위하여 방조한 경우에도 그 후 정범이 실행행위에 나아갔다면 성립할 수 있다(대판 2013.11.14. 2013도7494).

03 수회에 걸쳐 '총을 훔쳐 전역 후 은행이나 현금수송차량을 털어 한탕하자'는 말을 나눈 정도만으로는 강도음모죄를 인정하기에 부족하다(대판 1999.11.12. 99도3801).

04 예비죄가 성립하기 위하여는 고의가 있어야 한다.

05 '보험사고의 우연성'이라는 보험의 본질을 해할 정도에 이르러야 비로소 보험금 편취를 위한 고의의 기망행위에 해당한다(대판 2017.4.26. 2017도1405).

06 법조경합 중 보충관계이다.

정답

01 ○ 02 × 03 × 04 ○ 05 × 06 ○

247 □□□

다음 설명 중 가장 옳지 않은 것은?(다툼이 있는 경우 판례에 의함) 16 법원9급

① 권총에 탄알을 장전하여 발사하였으나 탄알이 불량이어서 불발된 경우에도 이러한 행위는 결과발생을 초래할 위험이 내포되어 있었다 할 것이므로 이를 불능범이라 할 수 없다.

② 임차인이 임차건물에 거주하기는 하였으나 그의 처만이 전입신고를 마친 후에 경매절차에서 배당을 받기 위하여 임대차계약서상의 임차인 명의를 처로 변경하여 경매법원에 배당요구를 한 경우, 임차인 명의를 처의 명의로 변경하지 아니하였다 하더라도 소액임대차보증금에 대한 우선변제권 행사로서 배당금을 수령할 권리가 있다 할 것이어서, 재물의 편취라는 결과의 발생은 불가능하다 할 것이고, 이러한 임차인의 행위를 객관적으로 결과발생의 가능성이 있는 행위라고 볼 수도 없다.

③ 타인의 재물을 공유하는 자가 공유자의 승낙을 받지 않고 공유대지를 담보로 가등기를 경료하고 그 후 가등기를 말소하였다면 중지미수에 해당한다.

④ 범행 당일 미리 제보를 받은 세관직원들이 범행장소 주변에 잠복근무를 하고 있어 그들이 왔다 갔다 하는 것을 본 피고인이 범행의 발각을 두려워한 나머지 자신이 분담하기로 한 실행행위에 이르지 못한 경우, 이는 피고인의 자의에 의한 범행의 중지가 아니어서 중지범에 해당한다고 볼 수 없다.

정선 핵심

① 권총 탄알이 불량이어서 불발된 경우 → 살인죄의 불능미수 ○
② 계약서의 임차인 명의를 처로 변경하여 배당요구한 경우 → 사기죄의 불능범 ○
③ 공유자 중 1인이 공유대지를 담보로 하여 가등기를 경료하였다가 말소한 경우 → 중지미수 ×
④ 범행이 발각될 것이 두려워 범행을 중지한 경우 → 중지미수 ×

정선 해설

[❶ ▸ O] 권총에 탄알을 장전하여 발사하였으나 탄알이 불량이어서 불발된 경우, 불능미수의 위험성에 관한 어떤 학설에 의하더라도 구성요건 실현의 가능성이 인정되므로 불능미수에 해당한다.

[❷ ▸ O] 판례(대판 2002.2.8. 2001도6669)의 취지를 고려하면, 임차인이 임대차계약서상의 임차인 명의를 처로 변경하여 경매법원에 배당요구를 한 경우 사기죄의 불능범에 해당한다.

[❸ ▸ X] 타인의 재물을 공유하는 자가 공유자의 승낙을 받지 않고 공유대지를 담보에 제공하고 가등기를 경료한 경우 횡령행위는 기수에 이르고 그 후 가등기를 말소했다고 하여 중지미수에 해당하는 것이 아니며 가등기 말소 후에 다시 새로운 영득의사의 실현행위가 있을 때에는 그 두개의 횡령행위는 경합범관계에 있다(대판 1978.11.28. 78도2175).

[❹ ▸ O] 대판 1986.1.21. 85도2339

답 ❸

248 □□□

예비 · 음모 및 미수범에 관한 설명 중 가장 적절하지 않은 것은?(다툼이 있는 경우 판례에 의함) 14 경찰승진

① 상해죄, 퇴거불응죄, 재물손괴죄, 공무집행방해죄는 형법상 미수범처벌규정이 있다.

② 기수범에 비하여 장애미수는 형을 감경할 수 있고 중지미수는 형을 감경 또는 면제하며 불능미수는 형을 감경 또는 면제할 수 있다.

③ 강도예비 · 음모죄가 성립하기 위해서는 예비 · 음모행위자에게 미필적으로라도 '강도'를 할 목적이 있음이 인정되어야 하고 그에 이르지 않고 단순히 '준강도'할 목적이 있음에 그치는 경우에는 강도예비 · 음모죄로 처벌할 수 없다.

④ 정범이 실행의 착수에 이르지 아니한 예비단계에 그친 경우에는 이에 가공한다 하더라도 예비의 공동정범이 되는 때를 제외하고는 종범으로 처벌할 수 없다.

정선 핵심

① 상해죄, 퇴거불응죄, 재물손괴죄 → 미수범처벌규정 ○
② 미수범의 처벌
⋯→ 장애미수 : 임의적 감경
⋯→ 중지미수 : 필요적 감면
⋯→ 불능미수 : 임의적 감면
③ 준강도할 목적이 있음에 그치는 경우 → 강도예비 · 음모죄 ×
④ 예비의 단계에 그친 정범에게 가공한 경우 → 예비의 공동정범은 별론, 종범 ×

정선 해설

[❶ ▸ ×] 상해죄(형법 제257조 제1항 · 제3항), 퇴거불응죄(형법 제319조 제2항, 제322조), 재물손괴죄(형법 제366조, 제371조)는 미수범처벌규정이 있으나, 공무집행방해죄(형법 제136조)는 미수범처벌규정이 없다.

[❷ ▸ ○] 장애미수는 임의적 감경(형법 제25조 제2항)으로, 중지미수는 필요적 감면(형법 제26조)으로, 불능미수(형법 제27조)는 임의적 감면으로 처벌한다.

[❸ ▸ ○] 대판 2006.9.14. 2004도6432

[❹ ▸ ○] 대판 1976.5.25. 75도1549

답 ❶

249 □□□

다음은 예비 · 음모 및 미수에 대한 설명이다. 가장 적절하지 않은 것은?(다툼이 있으면 판례에 의함) 14 경찰채용

① 협박죄(형법 제283조 제1항), 특수도주죄(형법 제146조), 증거인멸죄(형법 제155조 제1항)는 미수범처벌규정이 있다.

② 판례는 예비죄의 공동정범의 성립은 인정하나, 예비죄의 종범의 성립은 부정한다.

③ 강도예비 · 음모죄가 성립하기 위해서는 예비 · 음모행위자에게 미필적으로라도 '강도'를 할 목적이 있음이 인정되어야 하고 그에 이르지 않고 단순히 '준강도'할 목적이 있음에 그치는 경우에는 강도예비 · 음모죄로 처벌할 수 없다.

④ 피해자를 살해하려고 그의 가슴을 칼로 수회 찔렀으나, 가슴 부위에서 많은 피가 흘러나오는 것을 발견하고 겁을 먹고 그만둔 경우, 자의에 의한 중지미수라고 볼 수 없다.

정선 핵심

① 협박죄, 특수도주죄 → 미수범처벌규정 ○
② 예비의 단계에 그친 정범에게 가공한 경우 → 예비의 공동정범은 별론, 종범 ×
③ 준강도할 목적이 있음에 그치는 경우 → 강도예비·음모죄 ×
④ 많은 피가 흘러나오는 것을 발견하고 겁을 먹고 그만둔 경우 → 중지미수 ×

정선 해설

[❶ ▸ ×] 협박죄(형법 제283조 제1항, 제286조), 특수도주죄(형법 제146조, 제149조)는 미수범처벌규정이 있으나 증거인멸죄는 미수범처벌규정이 없다.

[❷ ▸ ○] 대판 1976.5.25. 75도1549

[❸ ▸ ○] 강도예비·음모죄가 성립하기 위해서는 예비·음모행위자에게 미필적으로라도 '강도'를 할 목적이 있음이 인정되어야 하고 그에 이르지 않고 단순히 '준강도'할 목적이 있음에 그치는 경우에는 강도예비·음모죄로 처벌할 수 없다(대판 2006.9.14. 2004도6432).

[❹ ▸ ○] 대판 1999.4.13. 99도640

답 ❶

250 □□□

예비와 미수에 관한 설명 중 옳은 것을 모두 고른 것은?(다툼이 있는 경우 판례에 의함)

15 변시

ㄱ. 미수범은 구성요건의 객관적 요소가 하나라도 충족되지 아니한 때에 성립하는 것으로, 현행법상 고의범은 물론이고 과실범에 대해서도 성립될 수 있다.
ㄴ. 공동정범 중 1인이 자의로 범행을 중지하였다 하더라도 다른 공범자들의 실행행위를 중지시키지 아니하거나 결과발생을 방지하지 아니한 이상 중지범을 인정할 수 없다.
ㄷ. 중지범은 범죄실행의 착수 이후의 개념이므로 예비·음모죄에 대하여는 중지범을 인정할 수 없다.
ㄹ. 길가에 세워져 있는 자동차 안의 금품을 절취하기 위하여 준비한 손전등으로 유리창을 통해 자동차의 내부를 비추어 보다가 발각되었다면, 절도죄의 실행의 착수를 인정하기 어려워 절도미수죄로 처벌할 수 없으나 절도예비죄로는 처벌할 수 있다.

① ㄱ, ㄴ
② ㄴ, ㄷ
③ ㄷ, ㄹ
④ ㄱ, ㄴ, ㄹ
⑤ ㄴ, ㄷ, ㄹ

정선 핵심

ㄱ. 과실범의 미수 → 성립 ×
ㄴ. 자의로 중지하였으나 다른 공범자들의 실행행위를 중지시키지 아니하거나 결과발생을 방지하지 않은 경우 → 중지미수 ×
ㄷ. 예비의 중지 → 부정(판례)
ㄹ. 자동차의 내부를 손전등으로 비추어 본 경우 → 불가벌

정선 해설

[ㄱ ▸ ×] 미수범은 구성요건의 객관적 요소가 하나라도 충족되지 아니한 때에 성립하는 것이 아니라 범죄의 실행에 착수하여 행위를 종료하지 못하였거나 결과가 발생하지 아니한 때에 성립한다. 또한 확정적 행위의사를 요하므로 과실범의 미수는 인정되지 아니한다.

[ㄴ ▸ ○] 다른 공범[공동정범(註)]의 범행을 중지하게 하지 아니한 이상 자기만의 범의를 철회, 포기하여도 중지미수로는 인정될 수 없는 것이다(대판 2005.2.25. 2004도8259).

[ㄷ ▸ O] 대판 1991.6.25. 91도436

[ㄹ ▸ X] 판례의 취지를 고려하면, 손전등으로 비추어보다가 발각되었다면 절도예비에 해당하나 처벌규정이 없으므로 불가벌이다.

> 노상에 세워 놓은 자동차 안에 있는 물건을 훔칠 생각으로 자동차의 유리창을 통하여 그 내부를 손전등으로 비추어 본 것에 불과하다면, 타인의 재물에 대한 지배를 침해하는 데 밀접한 행위를 한 것이라고는 볼 수 없어 절취행위의 착수에 이른 것이었다고 볼 수 없다(대판 1985.4.23. 85도464).

답 ❷

251 □□□

예비·음모죄와 미수에 관한 다음 설명 중 옳지 않은 것은 몇 개인가?(다툼이 있는 경우 판례에 의함) 17 경찰간부

ㄱ. 같은 부대에 근무하던 甲과 乙이 수회에 걸쳐 '총을 훔쳐 전역 후 은행이나 현금수송차량을 털어 한탕하자'는 말을 나눈 경우, 강도음모죄가 성립된다.
ㄴ. 정범이 실행의 착수에 이르지 아니한 예비의 단계에 그친 경우에는 이에 가공하는 행위가 예비의 공동정범이 되는 경우를 제외하고는 예비죄의 방조범으로 처벌할 수 없다.
ㄷ. 甲이 제1차 매수인으로부터 계약금 및 중도금 명목의 금원을 교부받은 후 제2차 매수인에게 부동산을 매도하기로 하고 계약금을 지급받았더라도 배임죄의 실행의 착수가 있었다고 볼 수 없다.
ㄹ. 중지범은 범행의 실행에 착수한 후 자의로 그 행위를 중지한 때를 말하는 것이므로 실행의 착수가 있기 전인 예비·음모의 행위를 처벌하는 경우에 있어서는 중지범의 관념을 인정할 여지가 없다.

① 1개 ② 2개
③ 3개 ④ 4개

정선 핵심

ㄱ. 총을 훔쳐 전역 후 한탕 하자 → 강도음모죄 ×
ㄴ. 예비의 단계에 그친 정범에게 가공한 경우 → 예비의 공동정범은 별론, 종범 ×
ㄷ. 부동산의 제1매수인에게 계약금과 중도금을 수령하고 제2매수인에게 계약금만을 지급받은 뒤 계약이행에 나아가지 않은 경우 → 배임죄의 실행의 착수 ×
ㄹ. 예비의 중지 → 부정(판례)

정선 해설

[ㄱ ▸ X] 판례의 취지를 고려하면, 甲과 乙이 나눈 말에 강도실행을 위한 준비행위라는 것이 명백히 인식되거나, 그 말의 실질적인 위험성이 인정되지 아니하므로 강도음모죄는 성립하지 아니한다.

> 피고인 1과 피고인 3이 수회에 걸쳐 '총을 훔쳐 전역 후 은행이나 현금수송차량을 털어 한탕 하자'는 말을 나눈 정도만으로는 강도음모죄를 인정하기에 부족하다(대판 1999.11.12. 99도3801).

[ㄴ ▸ O] 대판 1976.5.25. 75도1549

[ㄷ ▸ O] 대판 2007.6.14. 2007도379

[ㄹ ▸ O] 대판 1991.6.25. 91도436

답 ❶

252 □□□

미수 및 예비죄에 관한 설명 중 옳지 않은 것을 모두 고른 것은?(다툼이 있는 경우 판례에 의함) 21 변시

ㄱ. 중지범은 범죄의 실행에 착수한 후 자의로 그 행위를 중지한 때를 말하는 것이므로 실행의 착수가 있기 전인 예비의 중지범은 인정할 수 없다.
ㄴ. 공동정범 중 1인의 자의에 의한 실행중지만으로는 그의 중지미수를 인정할 수 없으며, 공동정범 전원의 실행행위를 중지시키거나 모든 결과발생을 완전히 방지한 때 공동정범 전체의 중지미수가 인정된다.
ㄷ. 정범이 예비단계에 그친 경우, 이를 방조한 자도 예비죄의 종범으로 처벌된다.
ㄹ. 살인예비죄가 성립하기 위하여 살인죄를 범할 목적 이외에 살인의 준비에 관한 고의가 있어야 하는 것은 아니다.
ㅁ. 가벌적 불능미수와 불가벌적 불능범의 구별 기준인 '위험성'은 행위 당시에 행위자가 인식한 사정 및 일반인이 인식할 수 있었던 사정을 기초로 일반적 경험법칙에 따라 사후 판단한다.

① ㄱ, ㄴ, ㄷ
② ㄱ, ㄷ, ㄹ
③ ㄴ, ㄷ, ㄹ
④ ㄴ, ㄹ, ㅁ
⑤ ㄴ, ㄷ, ㄹ, ㅁ

정선 핵심

ㄱ. 예비의 중지 → 부정(판례)
ㄴ. 공동정범 전원의 실행행위를 중지시키거나 모든 결과발생을 방지한 경우
 ⇢ 자의로 중지한 자 : 중지미수
 ⇢ 다른 공동정범 : 장애미수
ㄷ. 예비의 단계에 그친 정범에게 가공한 경우 → 예비의 공동정범은 별론, 종범 ×
ㄹ. 살인예비죄의 성립요건
 ⇢ 주관적 요건 : 준비에 관한 고의, 기본범죄를 범할 목적
ㅁ. 위험성의 판단기준 → 추상적 위험설(최근 판례)

정선 해설

[ㄱ ▸ O] 대판 1991.6.25. 91도436
[ㄴ ▸ X] 공동정범 중 1인의 자의에 의한 실행중지만으로는 그의 중지미수를 인정할 수 없으며 공동정범 전원의 실행행위를 중지시키거나 모든 결과발생을 완전히 방지한 때 비로소 자의로 중지한 자에게는 중지미수가 인정되지만 다른 공동정범은 장애미수가 된다.

> 다른 공범[공동정범(註)]의 범행을 중지하게 하지 아니한 이상 자기만의 범의를 철회, 포기하여도 중지미수로는 인정될 수 없는 것이다(대판 2005.2.25. 2004도8259).

[ㄷ ▸ X] 형법 제32조 제1항 소정 타인의 범죄란 정범이 범죄의 실현에 착수한 경우를 말하는 것이므로 종범이 처벌되기 위하여는 정범의 실행의 착수가 있는 경우에만 가능하고 형법 전체의 정신에 비추어 정범이 실행의 착수에 이르지 아니한 예비의 단계에 그친 경우에는 이에 가공하는 행위가 예비의 공동정범이 되는 경우를 제외하고는 종범의 성립을 부정하고 있다고 보는 것이 타당하다(대판 1976.5.25. 75도1549).
[ㄹ ▸ X] 형법 제255조, 제250조의 살인예비죄가 성립하기 위하여는 형법 제255조에서 명문으로 요구하는 살인죄를 범할 목적 외에도 살인의 준비에 관한 고의가 있어야 하며, 나아가 실행의 착수까지에는 이르지 아니하는 살인죄의 실현을 위한 준비행위가 있어야 한다. 여기서의 준비행위는 물적인 것에 한정되지 아니하며 특별한 정형이 있는 것도 아니지만, 단순히 범행의 의사 또는 계획만으로는 그것이 있다고 할 수 없고 객관적으로 보아서 살인죄의 실현에 실질적으로 기여할 수 있는 외적 행위를 필요로 한다(대판 2009.10.29. 2009도7150).
[ㅁ ▸ X] 불능범과 구별되는 불능미수의 성립요건인 '위험성'은 피고인이 행위 당시에 인식한 사정을 놓고 일반인이 객관적으로 판단하여 결과발생의 가능성이 있는지 여부를 따져야 한다(대판 2019.3.28. 2018도16002[전합]).

답 ❺

253
□□□

다음 중 미수에 관한 설명으로 가장 옳지 않은 것은?(다툼이 있는 경우 판례에 의함)

21 해경간부

① 불능미수의 위험성 판단방법에 관한 주관설에 따르면 미신범을 제외하고는 모두 불능범이 아닌 불능미수로 본다.

② 불능미수는 실행의 수단이나 대상의 착오로 처음부터 구성요건이 충족될 가능성이 없는 경우로 결과적으로 구성요건의 충족은 불가능하지만 그 행위의 위험성이 있으면 불능미수로 처벌한다.

③ 중지미수에 있어서 자의성 판단기준에 관한 학설 중 Frank의 공식은 할 수 있었음에도 불구하고 하기를 원하지 않아서 중지한 경우에는 중지미수이고, 하려고 하였지만 할 수가 없어서 중지한 경우에는 장애미수라는 견해이다.

④ 일반 사회통념상 범죄를 완수함에 장애가 되는 사정이 없음에도 공모자 중의 1인이 자의로 범죄의 실행행위를 중지한 경우라면, 그 후 다른 공모자의 실행으로 인해 범죄의 결과가 발생하여도 자의로 중지한 공모자에 한해서는 형법 제26조의 중지범(중지미수)이 성립한다.

정선 핵심

① 주관설 → 불가벌적 불능범은 모두 불능미수 O
② 실행의 수단이나 대상의 착오가 있으나 행위의 위험성이 있는 경우 → 불능미수 O
③ Frank의 공식 → 하기를 원하지 않아서 중지한 경우에는 중지미수이고, 할 수가 없어서 중지한 경우에는 장애미수
④ 공동정범 전원의 실행행위를 중지시키거나 모든 결과발생을 방지한 경우
⤑ 자의로 중지한 자 : 중지미수
⤑ 다른 공동정범 : 장애미수

정선 해설

[❶ ▸ O] 주관설은 범죄실현의 의사를 표현하는 행위가 있으면 법질서는 위험하게 되므로 객관적인 결과발생의 위험성의 유무를 불문하고 불능미수로 처벌하여야 한다는 견해로, 이에 의하면 미신범을 제외하고는 모두 불능범이 아닌 불능미수로 보게 된다.

[❷ ▸ O] 대판 2019.3.28. 2018도16002[전합]

[❸ ▸ O] Frank의 공식은 할 수 있었음에도 불구하고 하기를 원하지 않아서 중지한 경우에는 중지미수이고, 하려고 하였지만 할 수가 없어서 중지한 경우에는 장애미수라는 견해로, 자의성의 인정범위가 너무 넓다는 비판이 있다.

[❹ ▸ X] 공동정범 중 1인의 자의에 의한 실행중지만으로는 그의 중지미수를 인정할 수 없으며 공동정범 전원의 실행행위를 중지시키거나 모든 결과발생을 완전히 방지한 때 비로소 자의로 중지한 자에게는 중지미수가 인정되지만 다른 공동정범은 장애미수가 된다.

답 ❹

254 □□□

미수·기수에 대한 설명으로 옳지 않은 것은?(다툼이 있는 경우 판례에 의함)

21 국가9급

① 공동정범 중 1인이 다른 공범의 범행을 중지하게 하지 아니하고 자기만의 범의를 철회, 포기한 경우 중지미수로 인정될 수 없다.

② 불능범과 구별되는 불능미수의 성립요건인 '위험성'은 행위자가 행위 당시에 인식한 사정을 놓고 일반인이 객관적으로 판단하여 결과발생의 가능성이 있는지 여부를 따져야 한다.

③ 甲이 A에게 위조한 예금통장 사본 등을 보여 주면서 외국회사에서 투자금을 받았다고 거짓말하며 자금 대여를 요청한 후 A와 함께 그 입금 여부를 확인하기 위해 은행에 가던 중 범행이 발각될 것이 두려워 은행 입구에서 그 차용을 포기하고 돌아간 경우 사기죄의 장애미수에 해당한다.

④ 甲이 타인의 명의를 빌려 예금계좌를 개설한 후 통장과 도장은 명의인에게 보관시키고 자신은 위 계좌의 현금인출카드를 소지한 채 명의인을 기망하여 위 계좌로 돈을 송금하게 하였지만 그 돈을 인출하지 않고 있던 중 명의인이 이를 인출한 경우, 甲은 사기죄의 장애미수에 해당한다.

정선 핵심

① 공범의 범행을 중지하게 하지 않고 자기만의 범의를 철회한 경우 → 중지미수 ×
② 위험성 → 행위자가 행위 당시에 인식한 사정을 놓고 일반인이 객관적으로 판단
③ 외국회사에서 투자금을 받았다고 하며 자금 대여를 요청하였으나 차용을 포기한 경우 → 사기죄의 장애미수 ○
④ 타인의 명의로 개설한 예금계좌에 명의인에게 돈을 송금하게 하였지만 인출하지 않고 있던 중 명의인이 인출한 경우 → 사기죄 ○

정선 해설

[❶ ▸ ○] 대판 2005.2.25. 2004도8259

[❷ ▸ ○] 종래 판례는 추상적 위험설 또는 구 객관설에 의하여 위험성을 판단한 바 있으나, 최근 판례는 다시 행위자가 행위 당시에 인식한 사정을 기초로 일반인이 객관적으로 판단하여 결과발생의 가능성이 있는지 여부를 따져 위험성을 인정하는 추상적 위험설의 태도를 취하고 있다.

> 피고인이 행위 당시에 인식한 사정을 놓고 일반인이 객관적으로 판단하여 보았을 때 준강간의 결과가 발생할 위험성이 있었으므로 준강간죄의 불능미수가 성립한다(대판 2019.3.28. 2018도16002[전합]).

[❸ ▸ ○] 대판 2011.11.10. 2011도10539

[❹ ▸ ×] 타인의 명의를 빌려 예금계좌를 개설한 후, 통장과 도장은 명의인에게 보관시키고 자신은 위 계좌의 현금인출카드를 소지한 채, 명의인을 기망하여 위 예금계좌로 돈을 송금하게 한 경우, 이로써 송금받은 돈을 자신의 지배하에 두게 되어 편취행위는 기수에 이르렀다고 할 것이고, 이후 편취금을 인출하지 않고 있던 중 명의인이 이를 인출하여 갔다 하더라도 이는 범죄성립 후의 사정일 뿐 사기죄의 성립에 영향이 없다(대판 2003.7.25. 2003도2252).

답 ❹

255 □□□

다음 설명 중 옳은 것만을 모두 고르면?(다툼이 있는 경우 판례에 의함) 21 국가9급

ㄱ. 장애미수와 중지미수는 범죄실행에 착수할 당시 실행행위를 놓고 판단하였을 때 행위자가 의도한 범죄의 기수가 성립할 가능성이 있었으므로, 처음부터 기수가 될 가능성이 객관적으로 배제되는 불능미수와 구별된다.
ㄴ. 예비행위를 자의로 중지한 경우 예비의 형이 중지미수의 형보다 무거운 때에는 중지미수의 규정을 준용할 수 있다.
ㄷ. 사람을 약취·유인한 자가 인질을 안전한 장소로 풀어 준 때와 같이 예외적인 경우에는 범죄가 기수에 이른 후에도 형법총칙상 중지미수의 규정을 준용한다.
ㄹ. 범죄의 실행에 착수하였으나 피해자의 간곡한 부탁으로 인하여 그 목적을 이루지 못하고 자기의 자유로운 의사에 따라 범죄의 실행을 중지한 경우에는 중지미수에 해당한다.

① ㄱ, ㄴ　② ㄱ, ㄹ
③ ㄴ, ㄷ　④ ㄷ, ㄹ

정선 핵심

ㄱ. 가능미수와 불능미수의 구별 → 구성요건적 결과 발생가능성의 유무
ㄴ. 예비의 중지 → 부정(판례)
ㄷ. 해방감경규정이 적용되는 경우 → 중지미수 규정 적용 ×
ㄹ. 다음번에 만나 친해지면 응해 주겠다고 하여 목적을 이루지 못한 경우 → 중지미수 ○

정선 해설

[ㄱ ▸ O] 장애미수와 중지미수는 범죄실행에 착수할 당시 행위자가 의도한 범죄의 기수가 성립할 가능성이 있으므로 가능미수가 되지만, 불능미수는 실행의 수단 또는 대상의 착오로 인하여 결과의 발생이 불가능하더라도 위험성이 있는 때에는 처벌하는 점이 다르다.
[ㄴ ▸ X] 중지범은 범죄의 실행에 착수한 후 자의로 그 행위를 중지한 때를 말하는 것이고, 실행의 착수가 있기 전인 예비·음모의 행위를 처벌하는 경우에 있어서는 중지범의 관념은 이를 인정할 수 없다(대판 1991.6.25. 91도436).
[ㄷ ▸ X] 형법 제295조의2의 해방감경규정은 이미 기수에 달하여 돌이킬 수 없는 상황에 있는 행위자에 대하여 중지의 유혹을 줌으로써 피인취자를 보호하고자 하는 형사정책적 목적을 가진 규정이므로 기수 이전에 적용하는 중지미수 규정은 위와 같은 경우 적용되지 아니한다.
[ㄹ ▸ O] 대판 1993.10.12. 93도1851

답 ❷

256 □□□

미수범에 대한 설명으로 가장 적절하지 않은 것은?(다툼이 있는 경우 판례에 의함)

20 경찰채용

① 소송비용을 편취할 의사로 소송비용의 지급을 구하는 손해배상청구의 소를 제기한 사안에서, 재산 침해의 위험성을 법률적 지식을 가진 일반인이 아닌 행위자의 인식을 기초로 판단하여 그 위험성은 인정되나, 소송비용지급청구는 소송비용액확정절차를 통해서만 가능하기 때문에 결과발생이 불가능하므로 소송사기죄의 불능범으로서 무죄가 된다.

② 위험한 물건인 전자충격기를 피해자의 허리에 대고 피해자를 폭행하여 강간하려다가 미수에 그치고 피해자에게 약 2주간의 치료를 요하는 안면부 좌상 등의 상해를 입힌 경우, 성폭력범죄의 처벌 등에 관한 특례법상 특수강간치상죄의 기수범이 성립한다.

③ 절도죄의 실행의 착수시기는 재물에 대한 타인의 사실상의 지배를 침해하는 데에 밀접한 행위를 개시한 때라고 보아야 하므로, 야간이 아닌 주간에 절도의 목적으로 타인의 주거에 침입하였다고 하여도 아직 절취할 물건의 물색행위를 시작하기 전이라면 주거침입죄만 성립할 뿐 절도죄의 실행에 착수한 것으로 볼 수 없다.

④ 피고인이 피해자를 살해하려고 목과 왼쪽 가슴 부위를 칼로 수 회 찔렀으나 많은 피가 흘러나오는 것을 발견하고 겁을 먹고 그만두는 바람에 미수에 그쳤더라도 중지미수에 해당하지 않는다.

정선 핵심

① 소송비용을 편취할 의사로 손해배상청구의 소를 제기한 경우 → 사기죄의 불능범 ○
② 전자충격기로 폭행하여 강간하려다가 미수에 그치고 피해자에게 상해를 입힌 경우 → 특수강간치상죄 ○
③ 주간에 절도의 목적으로 타인의 주거에 침입하여 물색행위 전인 경우 → 주거침입죄 ○
④ 많은 피가 흘러나오는 것을 발견하고 겁을 먹고 그만둔 경우 → 중지미수 ×

정선 해설

[❶ ▸ ×] 소송비용을 편취할 의사로 소송비용의 지급을 구하는 손해배상청구의 소를 제기하였다고 하더라도 이는 객관적으로 소송비용의 청구방법에 관한 법률적 지식을 가진 일반인의 판단으로 보아 결과발생의 가능성이 없어 위험성이 인정되지 않는다고 할 것이므로 사기죄의 불능범에 해당한다(대판 2005.12.8. 2005도8105).

[❷ ▸ ○] 판례의 취지를 고려하면, 전자충격기를 피해자의 허리에 대고 피해자를 폭행하여 강간하려다가 미수에 그치고 피해자에게 상해를 입힌 경우, 특수강간치상죄의 기수범이 성립한다.

> 성폭력범죄의 처벌 및 피해자보호 등에 관한 법률 제9조 제1항에 의하면 같은 법 제6조 제1항에서 규정하는 특수강간의 죄를 범한 자뿐만 아니라, 특수강간이 미수에 그쳤다고 하더라도 그로 인하여 피해자가 상해를 입었으면 특수강간치상죄가 성립하는 것이다(대판 2008.4.24. 2007도10058).

[❸ ▸ ○] 대판 2009.12.24. 2009도9667

[❹ ▸ ○] 대판 1999.4.13. 99도640

답 ❶

제1장 제2장 제3장

257 □□□

예비·음모와 미수에 관한 설명으로 가장 옳은 것은?(다툼이 있는 경우 판례에 의함)

16 경찰간부

① 판례는 예비단계에서 범행을 중지한 경우에 형의 불균형 시정을 위해 중지미수규정의 준용에 긍정설을 취한다.

② 내란음모죄에 해당하는 합의가 있다고 하기 위해서는 단순히 내란에 관한 범죄결심을 외부에 표시·전달하는 것만으로는 부족하고 객관적으로 내란범죄의 실행을 위한 합의라는 것이 명백히 인정되고, 그러한 합의에 실질적인 위험성이 인정되어야 한다.

③ 신용카드를 절취한 사람이 대금을 결제하기 위하여 신용카드를 제시하고 카드회사의 승인까지 받았다면 매출전표에 서명한 사실이 없고 최종적으로 매출취소로 거래가 종료되었더라도 신용카드부정사용죄는 기수에 이르렀다고 보아야 한다.

④ 중지미수가 성립하기 위해서는 행위자가 단독으로 결과발생을 방지해야 하며 방지노력과 결과의 미발생 사이에 인과관계도 인정되어야 한다.

정선 핵심

① 예비의 중지 → 부정(판례)
② 내란음모죄의 성립요건 → 객관적으로 내란범죄의 실행을 위한 합의라는 것이 명백히 인정되고, 합의에 실질적인 위험성 인정
③ 신용카드 매출전표에 서명한 사실이 없고 매출취소로 거래가 종결된 경우 → 신용카드부정사용죄의 미수로 불가벌
④ 제3자에 의한 결과방지가 행위자가 결과를 방지한 것과 동일시될 수 있는 경우 → 중지미수 O

정선 해설

[❶ ▸ X] 중지범은 범죄의 실행에 착수한 후 자의로 그 행위를 중지한 때를 말하는 것이고, 실행의 착수가 있기 전인 예비·음모의 행위를 처벌하는 경우에 있어서는 중지범의 관념은 이를 인정할 수 없다(대판 1991.6.25. 91도436).

[❷ ▸ O] 대판 2015.1.22. 2014도10978[전합]

[❸ ▸ X] 신용카드를 절취한 사람이 대금을 결제하기 위하여 신용카드를 제시하고 카드회사의 승인까지 받았다고 하더라도 매출전표에 서명한 사실이 없고 도난카드임이 밝혀져 최종적으로 매출취소로 거래가 종결되었다면, 신용카드 부정사용의 미수행위에 불과하다(대판 2008.2.14. 2007도8767).

[❹ ▸ X] 방지행위는 원칙적으로 행위자에 의하여 이루어져야 하나, 제3자에 의한 결과방지가 행위자 자신이 결과를 방지한 것과 동일시될 수 있을 정도인 경우에는 타인에 의한 방지행위도 중지미수가 성립할 수 있다.

답 ❷

01 甲은 원수 A의 집에 방화하려고 화염병을 만들어 A의 집을 찾아갔으나 집안에서 아이들의 즐거운 웃음소리가 들리자 차마 화염병을 던질 수 없어 그대로 돌아온 경우, 현주건조물방화예비죄가 성립한다.
18 해경간부 O | X

02 대법원은 불능미수의 판단 기준으로서 일관하여 위험성 판단은 피고인이 행위 당시에 인식한 사정을 놓고 이것이 객관적으로 일반인의 판단으로 보아 결과발생의 가능성이 있느냐를 따져야 한다는 입장을 취하고 있다. 17 국가9급 O | X

01 예비·음모의 행위를 처벌하는 경우에 있어서는 중지범의 관념을 인정할 수 없다.

02 판례는 추상적 위험설 또는 구 객관설에 의하여 위험성을 판단한 바 있다.

정답

01 ○ **02** ×

제1관 | 정범 · 공범의 일반이론

258 □□□

다음 중 공범에 관한 설명으로 가장 옳지 않은 것은?(다툼이 있는 경우 판례에 의함)

21 해경간부

① 단일정범개념에 대해서는 가벌성의 확대를 초래한다는 비판이 있다.
② 구성요건 행위의 일부를 직접 분담하여 실행하지 않은 공모자에게 공모공동정범으로서의 죄책을 물을 수 있으려면 전체 범죄에서 그가 차지하는 지위나 역할 등에 비추어 범죄에 대한 본질적 기여를 통한 기능적 행위지배가 존재하여야 한다.
③ 甲이 A중공업 직원 乙이 영업비밀인 선박부품설계도면을 해외로 유출하기 위하여 무단 반출하였다는 사실을 알고 몇 개월 후 乙에게 접근하여 설계도면을 취득하려고 하였다면 업무상배임죄의 공동정범이 될 수 없다.
④ 甲은 乙에게 A의 도자기를 강취해 올 것을 교사하였고 乙은 이를 승낙하였으나 차일피일 미루고 있는 경우, 甲이 乙을 교사한 행위에 대하여 처벌하는 것은 공범종속성설의 논리적 결과이다.

정선 핵심

① 단일정범개념 → 가벌성의 확대 초래
② 범죄에 대한 본질적 기여를 통한 기능적 행위지배 → 실행하지 않은 공모자에게 공모공동정범 ○
③ 선박부품설계도면을 무단 반출하였다는 사실을 알고 설계도면을 취득하려고 한 경우 → 업무상배임죄의 공동정범 ×
④ 효과 없는 교사의 경우 甲을 예비·음모에 준하여 처벌하는 것 → 공범독립성설과 공범종속성설을 절충하는 태도

정선 해설

[❶ ▸ ○] 단일정범체계는 구성요건 실현에 기여한 자들을 모두 정범으로 간주하고 양형의 단계에서 각자의 구체적인 범죄기여도에 따라 세분화하여 형량을 정하는 방법으로 이를 전제로 하는 확장적 정범개념이론이 범죄참가형태를 명백하게 구별해 주지 못하므로 가벌성의 확대를 초래한다는 비판이 있다.

[❷ ▸ ○] 대판 2010.7.15. 2010도3544

[❸ ▸ ○] 회사직원이 영업비밀을 경쟁업체에 유출하거나 스스로의 이익을 위하여 이용할 목적으로 무단으로 반출한 때 업무상배임죄의 기수에 이르렀다고 할 것이고, 그 이후에 위 직원과 접촉하여 영업비밀을 취득하려고 한 자는 업무상배임죄의 공동정범이 될 수 없다(대판 2003.10.30. 2003도4382).

[❹ ▸ ×] 공범종속성설에 의하면 피교사자의 실행행위를 기준으로 실행의 착수를 논하므로 기도된 교사(형법 제31조 제2항 · 제3항)는 교사의 미수가 아니라 불가벌이다. 따라서 甲은 乙을 교사하였고 乙은 승낙하였으나 차일피일 미루고 있는 것과 같은 효과 없는 교사(형법 제31조 제2항)의 경우 甲을 예비 · 음모에 준하여 처벌하는 것은 공범독립성설과 공범종속성설을 절충하는 태도로 보아야 한다.

답 ❹

259 □□□

다음 설명 중 옳지 않은 것은?(다툼이 있는 경우 판례에 의함) 18 국가7급

① 변호사 아닌 자에게 고용되어 법률사무소의 개설·운영에 관여한 변호사의 행위가 일반적인 형법 총칙상의 공모, 교사 또는 방조에 해당된다고 하더라도 변호사를 변호사 아닌 자의 공범으로 처벌할 수는 없다.

② 의료법의 무면허의료행위죄란 면허 없이 의료행위를 하는 경우에 성립하는 범죄로, 면허 있는 의료인이 면허 없는 자의 의료행위에 공모하여 가공한 경우 무면허의료행위죄의 공동정범으로 처벌된다.

③ 농업협동조합법 제50조 제2항 소정의 호별방문죄는 '임원이 되고자 하는 자'라는 신분자가 스스로 호별방문을 한 경우만을 처벌하는 것으로 보아야 하고, 비록 신분자가 비신분자와 통모하였거나 신분자가 비신분자를 시켜 방문케 하였다고 하더라도 비신분자만이 호별방문을 한 경우에는 신분자는 물론 비신분자도 같은 죄로 의율하여 처벌할 수는 없다.

④ 세무사법의 직무상 비밀누설죄는 세무사 등이 직무상 비밀을 타인에게 누설하는 경우에 성립하는 범죄로, 세무사와 공모하여 세무사로부터 직무상 비밀을 전달받은 세무사 등이 아닌 자는 해당 세무사법위반죄의 공동정범으로 처벌된다.

정선 핵심

① 변호사가 변호사 아닌 자에게 고용되어 법률사무소를 개설·운영하는 행위에 관여한 경우 → 구 변호사법위반죄의 공범 ×
② 의료인이 면허 없는 자의 의료행위에 가공한 경우 → 무면허의료행위죄의 공동정범 ○
③ 비신분자만이 호별방문을 한 경우 → 신분자는 물론 비신분자도 같은 죄로 처벌 ×
④ 세무사로부터 직무상 비밀을 전달받은 세무사 등이 아닌 자 → 세무사법위반죄의 공동정범 ×

정선 해설

[❶ ▸ ○] 대판 2004.10.28. 2004도3994

[❷ ▸ ○] 불구성적 신분을 가진 의료인이 무면허의료행위에 공모하여 가공한 경우에 비신분자(면허 없는 자)의 불법효과가 연대적으로 미치므로 무면허의료행위죄의 공동정범으로 처벌된다.

> 의료인이 의료인의 자격이 없는 일반인의 의료기관 개설행위에 공모하여 가공하면 구 의료법 제87조 제1항 제2호, 제33조 제2항 위반죄의 공동정범에 해당한다(대판 2017.4.7. 2017도378).

[❸ ▸ ○] 농업협동조합법 제50조 제2항 소정의 호별방문죄는 '임원이 되고자 하는 자'라는 신분자가 스스로 호별방문을 한 경우만을 처벌하는 것으로 보아야 하고, 비록 신분자가 비신분자와 통모하였거나 신분자가 비신분자를 시켜 방문케 하였다고 하더라도 비신분자만이 호별방문을 한 경우에는 신분자는 물론 비신분자도 같은 죄로 의율하여 처벌할 수는 없다(대판 2003.6.13. 2003도889).

[❹ ▸ ×] 판례의 취지를 고려하면, 세무사와 공모하여 직무상 비밀을 전달받은 세무사 아닌 자는 세무사법위반죄의 공동정범으로 처벌되지 아니한다.

> 2인 이상의 서로 대향된 행위의 존재를 필요로 하는 대향범에 대하여는 공범에 관한 형법총칙 규정을 적용할 수 없는바, 세무사법은 제22조 제1항 제2호, 제11조에서 세무사와 세무사였던 자 또는 그 사무직원과 사무직원이었던 자가 그 직무상 지득한 비밀을 누설하는 행위를 처벌하고 있을 뿐 비밀을 누설받은 상대방을 처벌하는 규정이 없고, 세무사의 사무직원이 직무상 지득한 비밀을 누설한 행위와 그로부터 그 비밀을 누설받은 행위는 대향범관계에 있으므로 이에 공범에 관한 형법총칙 규정을 적용할 수 없다(대판 2007.10.25. 2007도6712).

답 ❹

260 □□□ 필요적 공범에 대한 설명 중 가장 적절한 것은?(다툼이 있는 경우 판례에 의함)

20 경찰승진

① 필요적 공범인 뇌물공여죄와 뇌물수수죄가 성립하기 위해서는 반드시 관여된 자 모두의 행위가 범죄로 성립되어야 하므로 일방에게 뇌물공여죄가 성립하려면 상대방 측에서 뇌물수수죄가 성립되어야 한다.

② 공무원이 직무상 비밀을 누설한 경우 형법 제127조의 공무상 비밀누설죄로 처벌이 되며, 그 대향범인 비밀누설을 받은 자는 형법총칙의 공범규정이 적용되어 공무상비밀누설죄의 공범이 된다.

③ 변호사 甲이 변호사 아닌 자에게 고용되어 법률사무소를 개설·운영하는 행위에 관여한 행위가 형법총칙의 교사 방조에 해당할 경우 변호사 甲을 구 변호사법 제109조 제2호, 제34조 제4항 위반죄의 공범으로 처벌할 수 있다.

④ 甲이 세무사의 사무직원으로부터 그가 직무상 보관하고 있던 임대사업자 등의 인적사항, 사업자소재지가 기재된 서면을 교부 받은 경우 구 세무사법상 직무상 비밀누설죄의 공동정범에 해당하지 않는다.

정선 핵심

① 뇌물공여죄의 성립 → 뇌물수수죄의 성립 불요
② 공무원으로부터 직무상 비밀누설을 받은 자 → 공무상비밀누설죄의 공범 ×
③ 변호사가 변호사 아닌 자에게 고용되어 법률사무소를 개설·운영하는 행위에 관여한 경우 → 구 변호사법위반죄의 공범 ×
④ 세무사 사무직원으로부터 직무상 비밀누설을 받은 자 → 직무상비밀누설죄의 공동정범 ×

정선 해설

[❶ ▸ ×] 뇌물공여죄가 성립하기 위하여는 뇌물을 공여하는 행위와 상대방 측에서 금전적으로 가치가 있는 그 물품 등을 받아들이는 행위가 필요할 뿐 반드시 상대방 측에서 뇌물수수죄가 성립하여야 하는 것은 아니다(대판 2013.11.28. 2013도9003).

[❷ ▸ ×] 2인 이상의 서로 대향된 행위의 존재를 필요로 하는 대향범에 대하여는 공범에 관한 형법총칙 규정이 적용될 수 없다. 형법 제127조는 공무원 또는 공무원이었던 자가 법령에 의한 직무상 비밀을 누설하는 행위만을 처벌하고 있을 뿐 직무상 비밀을 누설받은 상대방을 처벌하는 규정이 없는 점에 비추어, 직무상 비밀을 누설받은 자에 대하여는 공범에 관한 형법총칙 규정이 적용될 수 없다(대판 2017.6.19. 2017도4240).

[❸ ▸ ×] 변호사가 변호사 아닌 자에게 고용되어 법률사무소의 개설·운영에 관여하는 행위는 위 범죄가 성립하는 데 당연히 예상될 뿐만 아니라 범죄의 성립에 없어서는 아니 되는 것인데도 이를 처벌하는 규정이 없는 이상, 그 입법취지에 비추어 볼 때 변호사 아닌 자에게 고용되어 법률사무소의 개설·운영에 관여한 변호사의 행위가 일반적인 형법 총칙상의 공모, 교사 또는 방조에 해당된다고 하더라도 변호사를 변호사 아닌 자의 공범으로서 처벌할 수는 없다(대판 2004.10.28. 2004도3994).

[❹ ▸ ○] 판례의 취지를 고려하면, 甲이 임대사업자 등의 인적사항 등이 기재된 서면을 교부받은 행위는 직무상 비밀누설죄의 공동정범에 해당하지 않는다고 보아야 한다.

> 2인 이상의 서로 대향된 행위의 존재를 필요로 하는 대향범에 대하여는 공범에 관한 형법총칙 규정을 적용할 수 없는바, 세무사법은 제22조 제1항 제2호, 제11조에서 세무사와 세무사였던 자 또는 그 사무직원과 사무직원이었던 자가 그 직무상 지득한 비밀을 누설하는 행위를 처벌하고 있을 뿐 비밀을 누설받는 상대방을 처벌하는 규정이 없고, 세무사의 사무직원이 직무상 지득한 비밀을 누설한 행위와 그로부터 그 비밀을 누설받은 행위는 대향범관계에 있으므로 이에 공범에 관한 형법총칙 규정을 적용할 수 없다(대판 2007.10.25. 2007도6712).

답 ❹

261 □□□

다음 사례에 관한 설명으로 가장 적절하지 않은 것은?(다툼이 있는 경우 판례에 의함)

20 경찰채용

변호사가 아닌 甲은 변호사를 고용하여 법률사무소를 개설·운영하기 위해 평소 친분이 있는 회사원 丙을 찾아가 변호사를 소개해 달라고 부탁하였다. 이에 丙은 변호사 乙을 추천해 주었고, 변호사 乙은 甲의 제안을 승낙한 후 甲에게 고용되어 법률사무소를 개설하여 운영하는 데 참여하였다.

① 변호사법 제109조 제2호, 제34조 제4항은 변호사 아닌 자가 변호사를 고용하여 법률사무소를 개설·운영하는 행위를 처벌하도록 규정하고 있다.
② 甲이 변호사 乙을 고용하여 법률사무소를 개설·운영하는 행위에 있어서는 甲은 변호사 乙을 고용하고 乙은 甲에게 고용된다는 서로 대향적인 행위의 존재가 반드시 필요하다.
③ 甲에게 고용되어 법률사무소의 개설·운영에 관여한 변호사 乙의 행위가 일반적인 형법 총칙상의 공범에 해당된다고 하더라도 乙을 甲의 변호사법위반죄의 공범으로 처벌할 수는 없다.
④ 丙이 변호사 아닌 甲을 교사·방조한 경우에도 丙은 형법총칙상의 공범규정이 적용될 여지가 없다.

정선 핵심

① 변호사법 → 변호사 아닌 자가 변호사를 고용하여 법률사무소를 개설·운영하는 행위를 처벌
② 변호사가 아닌 甲이 변호사를 고용하여 법률사무소를 개설·운영하는 경우 → 대향적 행위 필요
③ 변호사가 변호사 아닌 자에게 고용되어 법률사무소를 개설·운영하는 행위에 관여한 경우 → 변호사법위반죄의 공범 ×
④ 丙이 변호사 아닌 甲을 교사·방조한 경우 → 공범규정 적용 ○

정선 해설

[❶ ▸ ○] 변호사법 제109조 제2호, 제34조 제4항 참조

> **법령**
> **벌칙(변호사법 제109조)** 다음 각 호의 어느 하나에 해당하는 자는 7년 이하의 징역 또는 5천만원 이하의 벌금에 처한다. 이 경우 벌금과 징역은 병과(倂科)할 수 있다.
> 2. 제33조 또는 제34조(제57조, 제58조의16 또는 제58조의30에 따라 준용되는 경우를 포함한다)를 위반한 자
>
> **변호사가 아닌 자와의 동업금지 등(변호사법 제34조)** ④ 변호사가 아닌 자는 변호사를 고용하여 법률사무소를 개설·운영하여서는 아니 된다.

[❷ ▸ ○] [❸ ▸ ○] 변호사 아닌 자가 변호사를 고용하여 법률사무소를 개설·운영하는 행위에 있어서는 변호사 아닌 자는 변호사를 고용하고 변호사는 변호사 아닌 자에게 고용된다는 서로 대향적인 행위의 존재가 반드시 필요하고,❷ 그 입법취지에 비추어 볼 때 변호사 아닌 자에게 고용되어 법률사무소의 개설·운영에 관여한 변호사의 행위가 일반적인 형법 총칙상의 공모, 교사 또는 방조에 해당된다고 하더라도 변호사를 변호사 아닌 자의 공범으로서 처벌할 수는 없다❸(대판 2004.10.28. 2004도3994).
[❹ ▸ ×] 대향범 중 일방만 처벌하는 관계에 있는 甲과 乙의 외부관여자인 丙에게는 형법총칙상의 공범규정이 적용되므로 丙에게는 변호사법위반죄의 공범이 성립할 수 있다.

답 ❹

제1장 제2장 제3장

262 □□□

ㄱ.부터 ㅁ.까지는 정범과 공범의 구별에 관한 학설에 대한 설명이다. 옳고 그름의 표시(○, ×)가 바르게 된 것은? 21 경찰채용

> ㄱ. '구성요건상의 실행행위의 전부 또는 일부를 스스로 하는 자'를 정범, '구성요건적 행위 이외의 행위로써 구성요건 실현에 기여하는 자'를 공범으로 보는 형식적 객관설에 따르면, 간접정범을 정범으로 인정하기 어렵다.
> ㄴ. '스스로 구성요건상의 정형적 행위를 한 자'만을 정범으로 이해하는 제한적 정범개념에 따르면, 형법 제31조, 제32조는 형벌확장사유로서 정범 이외에 특별히 공범의 처벌을 인정하는 규정이다.
> ㄷ. '정범자의 의사로 행위한 자'는 정범, '공범자의 의사로 행위한 자'는 공범이라는 의사설에 따르면, 청부살인업자는 구성요건적 행위를 스스로 모두 수행하기에 항상 정범이 된다.
> ㄹ. '자기 자신의 이익을 위한 목적으로 행위한 자'는 정범, '타인의 이익을 위한 목적으로 행위한 자'는 공범이라는 이익설에 따르면, 제3자를 위하여 강도행위를 한 자는 공범이 된다.
> ㅁ. 행위지배설에 따르면, 이용자가 자신의 우월한 지위에 의하여 피이용자를 수중에 두고 도구처럼 그의 의사를 조종(지배)하여 그로 하여금 범죄를 행하게 하면 행위지배가 인정되어 정범이 된다.

① ㄱ(×) ㄴ(○) ㄷ(×) ㄹ(○) ㅁ(×)
② ㄱ(○) ㄴ(×) ㄷ(○) ㄹ(○) ㅁ(○)
③ ㄱ(○) ㄴ(○) ㄷ(×) ㄹ(○) ㅁ(○)
④ ㄱ(○) ㄴ(○) ㄷ(×) ㄹ(×) ㅁ(○)

정선 핵심

ㄱ. 형식적 객관설 → 간접정범을 정범으로 인정 ×
ㄴ. 제한적 정범개념 → 공범규정은 형벌확장사유
ㄷ. 의사설 → 청부살인업자는 공범의사로 행위하기 때문에 공범
ㄹ. 이익설 → 제3자를 위하여 강도행위를 한 자는 공범
ㅁ. 행위지배설 → 피이용자를 도구처럼 조종하여 범죄를 행하게 한 경우는 정범

정선 해설

[ㄱ ▸ O] 형식적 객관설에 의하면 스스로 실행행위를 하지 않은 간접정범이나 집단의 배후조종자를 정범으로 인정할 수 없다는 비판이 있다.
[ㄴ ▸ O] 제한적 정범개념에 의하면 정범만이 원칙적으로 가벌적이므로 형법이 교사범·종범에 대한 처벌규정을 둔 것은 구성요건적 행위이외의 행위에까지 가벌성을 확장한 처벌확장사유에 해당한다.
[ㄷ ▸ X] 주관설 중 의사설에 의하면 청부살인업자의 경우 타인의 범죄에 가담할 의사인 공범의사로 행위를 하기 때문에 정범이 아니라 항상 공범으로 보아야 한다는 문제가 있다.
[ㄹ ▸ O] 주관설 중 이익설에 의하면 제3자를 위하여 강도행위를 한 자는 타인의 이익을 위한 목적으로 행위한 자에 해당하므로 공범이 된다.
[ㅁ ▸ O] 행위지배설에 따르면 구성요건에 해당하는 행위를 직접 실행하여 행위 자체를 지배하면 즉 실행지배가 있으면 직접정범으로, 타인을 도구로 이용하여 범죄를 실행하면 간접정범으로, 공동의 결의에 의하여 분업적으로 구성요건을 실현함으로써 성립하는 즉 기능적 행위지배가 있으면 공동정범으로 판단한다.

답 ❸

263 □□□

다음 중 공범에 대한 설명으로 옳은 것은 모두 몇 개인가? 20 해경채용

ㄱ. 제한적 정범개념에 의하면 교사 · 방조범에 대한 처벌규정은 가벌성을 확장한 형벌확장사유가 되며, 정범과 공범의 구별에 관한 주관설과 결합된다.
ㄴ. 확장적 정범개념에 의하면 정범과 공범의 구별은 원칙적으로 필요로 하지 않고, 단일정범개념으로 충분하다.
ㄷ. 단일정범개념에 대해서는 가벌성의 확대를 초래한다는 비판이 있다.
ㄹ. 제한적 정범개념에 의하면 공범규정은 형벌제한사유가 된다.
ㅁ. 공범종속성설은 유력한 근거로 이른바 '기도된 교사'를 규정한 형법 제31조 제2항과 제3항을 든다.

① 1개　　② 2개
③ 3개　　④ 4개

정선 핵심

ㄱ.·ㄹ. 제한적 정범개념
⇢ 객관설과 결합
⇢ 공범규정은 형벌확장사유
ㄴ. 확장적 정범개념 → 단일정범개념을 논리적 전제
ㄷ. 단일정범개념 → 가벌성의 확대 초래
ㅁ. 기도된 교사(형법 제31조 제2항 · 제3항) → 공범독립성설의 근거

정선 해설

[ㄱ ▸ X] [ㄹ ▸ X] 제한적 정범개념은 구성요건에 해당하는 행위를 스스로 행한 자만이 정범이고 구성요건적 행위 이외의 행위에 의하여 결과야기에 가공한 자는 공범에 불과하다는 이론이다. 이에 의하면 정범만이 가벌적이므로 교사 · 방조범에 대한 처벌규정은 형벌확장사유가 되며, 구성요건에 해당하는 행위와 이에 가공한 행위는 객관적으로 구별되므로 객관설과 결합된다.
[ㄴ ▸ O] 확장적 정범개념은 구성요건적 결과 발생에 조건을 설정한 자는 모두 정범이 된다는 이론으로 단일정범개념을 그 논리적 전제로 하고 있다.
[ㄷ ▸ O] 단일정범개념을 그 논리적 전제로 하는 확장적 정범개념은 범죄참가형태를 명백하게 구별해 주지 못하므로 가벌성을 확대한다는 비판이 있다.
[ㅁ ▸ X] 공범독립성설은 교사 · 방조행위 자체가 반사회적인 독립된 범죄라는 데서 공범의 가벌성을 찾아 교사 · 방조행위가 있으면 정범의 실행행위가 없더라도 공범이 성립할 수 있다는 견해로 기도된 교사에 대한 형법 제31조 제2항 · 제3항을 공범독립성설의 유력한 근거로 제시하고 있다.

답 ❷

264 □□□

공범에 관한 설명 중 가장 옳지 않은 것은?(다툼이 있는 경우 판례에 의함) 19 경찰간부

① 공범종속성설에 따르면, 기도된 교사(제31조 제2항의 효과 없는 교사와 제31조 제3항의 실패한 교사)는 공범의 미수를 처벌하는 것으로서 당연규정(원칙규정)으로 본다.

② 극단적 종속형식에 따르면, 甲이 乙(만 13세)을 부추겨 교회에 있는 시계를 절취해 오도록 한 경우 甲은 절도죄의 간접정범이 된다.

③ 거래상대방의 대향적 행위의 존재를 필요로 하는 유형의 배임죄에 있어서 거래상대방이 배임행위를 교사하거나 그 배임행위의 전 과정에 관여하는 등으로 배임행위에 적극 가담함으로써 그 실행행위자와의 계약이 반사회적 법률행위에 해당하여 무효로 되는 경우라면 그 상대방은 배임죄의 교사범 또는 공동정범이 될 수 있다.

④ 형법 제127조는 공무원 또는 공무원이었던 자가 법령에 의한 직무상 비밀을 누설하는 행위만을 처벌하고 있으므로 직무상 비밀을 누설받은 자에 대하여는 공범에 관한 형법총칙 규정이 적용될 수 없다.

정선 핵심

① 기도된 교사(형법 제31조 제2항 · 제3항)
 ⋯▸ 공범종속성설 : 특별규정
 ⋯▸ 공범독립성설 : 당연규정

② 甲이 乙(만 13세)에게 시계를 절취해 오도록 한 경우 → 극단적 종속형식에 의하면 절도죄의 간접정범 ○

③ 배임행위에 적극 가담하는 경우 → 업무상배임죄의 공동정범 ○

④ 공무원으로부터 직무상 비밀누설을 받은 자 → 공무상비밀누설죄의 공범 ×

➲ 종속성의 정도

종속형식	공범성립요건
최소한 종속형식	정범의 행위가 구성요건에 해당하기만 하면 공범성립
제한적 종속형식	정범의 행위가 구성요건에 해당하고 위법하면 공범성립
극단적 종속형식	정범의 행위가 구성요건에 해당하고 위법 · 유책하면 공범성립
확장적 종속형식	정범의 행위가 구성요건에 해당하고 위법 · 유책할 뿐만 아니라, 가벌성의 요건까지 구비하여 공범성립

정선 해설

[❶ ▸ ×] 공범종속성설에 의하면 정범이 적어도 실행에 착수해야 공범이 성립하므로 미수의 공범은 가능하나 공범의 미수는 있을 수 없으므로 기도된 교사를 특별규정으로 이해한다. 반면 공범독립성설에 의하면 미수의 공범은 물론 공범의 미수도 처벌받아야 하므로 기도된 교사는 당연규정이 된다.

[❷ ▸ ○] 극단적 종속형식에 의하면 정범의 행위가 구성요건에 해당하고 위법 · 유책하면 공범이 성립한다. 이 종속형식에 의하면, 乙은 책임무능력자인 형사미성년자이므로, 甲이 乙에게 시계를 절취해 오도록 한 경우에 甲은 절도죄의 교사범이 아닌 절도죄의 간접정범이 된다.

[❸ ▸ ○] 대판 2011.10.27. 2010도7624

[❹ ▸ ○] 대판 2017.6.19. 2017도4240

답 ❶

265 □□□

공범의 종속성과 관련된 설명 중 옳은 것을 모두 고른 것은? 08 사시

ㄱ. 공범종속성설에 의하면 공범은 정범이 일정한 범죄성립요건을 구비한 때에 한하여 성립한다.
ㄴ. 제한적 종속형식에 의하면 甲이 13세인 乙에게 절도행위를 교사한 경우에는 甲에게 절도교사죄가 성립될 수 없다.
ㄷ. 공범종속성설은 형법 제31조 제2·3항(기도된 교사)을 특별규정으로 이해하고 있다.
ㄹ. 공범독립성설은 형법 제33조(공범과 신분) 단서를 원칙규정으로 보며, 같은 조 본문을 예외규정으로 파악한다.
ㅁ. 甲이 乙을 교사하여 乙의 아버지의 물건을 훔쳐 오게 한 경우에 극단적 종속형식에 따르면 甲에게 절도교사죄가 성립하지 않는다.
ㅂ. 공범독립성설은 자살교사·방조를 처벌하는 형법 제252조 제2항을 당연규정으로 파악한다.

① ㄱ, ㄷ, ㅂ
② ㄷ, ㄹ, ㅂ
③ ㄱ, ㄴ, ㄷ, ㄹ
④ ㄱ, ㄴ, ㄹ, ㅂ
⑤ ㄱ, ㄷ, ㄹ, ㅂ

정선 핵심

ㄱ. 공범종속성설 → 공범은 적어도 정범이 구성요건에 해당하는 실행행위로 나아가야 성립
ㄴ. 13세인 乙에게 절도행위를 교사한 경우 → 제한적 종속형식에 의하면 절도교사죄 ○
ㄷ. 기도된 교사(형법 제31조 제2항·제3항)
 ⇢ 공범종속성설 : 특별규정
ㄹ. 공범과 신분
 ⇢ 공범종속성설 : 형법 제33조 본문이 원칙규정
 ⇢ 공범독립성설 : 형법 제33조 단서가 원칙규정
ㅁ. 乙을 교사하여 乙의 아버지의 물건을 훔쳐 오게 한 경우 → 극단적 종속형식에 의하면 절도교사죄 ○
ㅂ. 자살교사·방조죄
 ⇢ 공범종속성설 : 특별규정
 ⇢ 공범독립성설 : 당연규정

정선 해설

[ㄱ ▸ O] 공범종속성설은 정범의 행위를 야기하거나 촉진하였다는 점에서 공범의 가벌성을 찾는 견해로 공범은 적어도 정범이 구성요건에 해당하는 실행행위로 나아가야만 성립할 수 있다는 견해로 제한적 종속형식이 통설이다.
[ㄴ ▸ X] 제한적 종속형식에 의하면 정범의 행위가 구성요건에 해당하고 위법하면 공범이 성립하므로 甲이 책임무능력자인 형사미성년자인 乙에게 절도행위를 교사한 경우에는 甲에게 절도교사죄가 성립될 수 있다.
[ㄷ ▸ O] 공범종속성설에 의하면 기도된 교사의 경우 종속할 수 있는 정범의 실행행위가 존재하지 아니하기 때문에 원칙적으로 불가벌이 된다. 따라서 이 설은 기도된 교사를 특별규정으로 보게 된다.
[ㄹ ▸ O] 공범독립성설에 의하면 신분의 개별성을 규정한 형법 제33조 단서를 원칙규정으로 보며, 같은 조 본문을 예외규정으로 이해한다.
[ㅁ ▸ X] 乙에게는 인적처벌조각사유인 친족상도례가 적용되나 乙의 행위는 구성요건에 해당하고 위법·유책하므로 정범의 행위가 구성요건에 해당하고 위법·유책하면 공범성립을 인정하는 극단적 종속형식에 의하더라도 甲에게는 절도교사죄가 성립할 수 있다.
[ㅂ ▸ O] 공범독립성설에 의하면 범죄가 아닌 자살에 가공한 행위를 처벌하는 형법 제252조 제2항을 당연규정으로 파악하게 된다.

답 ⑤

01 매도 · 매수와 같이 2인 이상의 서로 대향된 행위의 존재를 필요로 하는 범죄에서 따로 처벌규정이 없는 매도인은 상대방의 매수범행에 대하여 공범으로 처벌되지 아니한다. 17 5급승진 O | X

02 오로지 공무원을 함정에 빠뜨릴 의사로 직무와 관련되었다는 형식을 빌려 그 공무원에게 금품을 공여한 경우 공무원이 그 금품을 직무와 관련하여 수수한다는 의사를 가지고 수수하더라도 뇌물수수죄가 성립하지 아니한다. 17 5급승진 O | X

03 금품 등을 공여한 자에게 따로 처벌규정이 없더라도 금품 등을 공여한 자의 행위에만 관여하여 그 공여행위를 교사하거나 방조한 행위는 금품을 수수한 상대방의 범행에 대해서는 공범관계가 성립한다. 15 국가9급 O | X

04 정치자금을 기부하는 자의 범죄가 성립하지 않으면 정치자금을 기부받는 자가 정치자금법이 정하지 않은 방법으로 정치자금을 제공받는다는 의사를 가지고 받더라도 정치자금부정수수죄가 성립하지 아니한다. 18 경찰승진 O | X

05 의사가 직접 환자를 진찰하지 않고 처방전을 작성하여 교부한 행위와 대향범관계에 있는 '처방전을 교부받은 행위'에 대하여 공범에 관한 형법총칙 규정을 적용할 수 없다. 18 경찰승진 O | X

06 자가용화물자동차의 소유자에게 대가를 지급하고 운송을 의뢰하여 화물운송이라는 용역을 제공받았더라도, 이러한 유상운송행위의 상대방에게는 형법총칙상의 공범규정이 적용되지 않아 자가용화물자동차의 유상운송을 금지 · 처벌하는 화물자동차운수사업법위반죄의 공범으로 처벌할 수 없다. 20 해경간부 O | X

07 피고인이 의약품을 판매할 수 없는 甲이 판매목적으로 의약품을 취득한다는 정을 알면서 甲에게 의약품을 공급해 준 경우 피고인을 甲의 판매목적 의약품 취득이라는 약사법 위반의 공범으로 처벌할 수 있다. 17 법원9급 O | X

08 성년인 甲은 영리목적을 가진 乙의 주선에 따라 A녀와 간음을 한 경우, 형법총칙상 공범규정이 적용된다. 13 사시 O | X

01 대판 2001.12.28. 2001도5158

02 필요적 공범의 성립에는 반드시 협력자 전부가 책임이 있음을 요하지 않는다(대판 2008.3.13. 2007도10804).

03 금품 등의 수수와 같이 2인 이상의 서로 대향된 행위의 존재를 필요로 하는 관계에 있어서는 공범이나 방조범에 관한 형법총칙 규정의 적용이 있을 수 없다(대판 2014.1.16. 2013도6969).

04 정치자금을 기부받는 자가 정치자금법이 정하지 않은 방법으로 정치자금을 제공받는다는 의사를 가지고 받으면 정치자금부정수수죄가 성립한다(대판 2017.11.14. 2017도3449).

05 대판 2011.10.13. 2011도6287

06 대판 2005.11.25. 2004도8819

07 처벌규정이 없는 매도인은 상대방의 매수범행에 대하여 공범으로 처벌되지 아니한다(대판 2001.12.28. 2001도5158).

08 음행매개죄(형법 제242조)에서 매개자와 간음자 및 간음의 상대방은 필요적 공범이므로 간음의 상대방과 간음자에게는 형법총칙상의 공범규정이 적용되지 아니한다.

정답

01 ○	02 ×	03 ×	04 ×
05 ○	06 ○	07 ×	08 ×

제2관 | 간접정범

266 □□□

간접정범에 관한 다음 설명 중 가장 옳지 않은 것은? 18 법원행시

① 강제추행죄는 사람의 성적 자유 내지 성적 자기결정의 자유를 보호하기 위한 죄로서 정범 자신이 직접 범죄를 실행하여야 성립하는 자수범이라고 볼 수 없으므로, 처벌되지 아니하는 타인을 도구로 삼아 피해자를 강제로 추행하는 간접정범의 형태로도 범할 수 있다.

② 수표발행인 아닌 자는 부정수표단속법 제4조("수표금액의 지급 또는 거래정지처분을 면할 목적으로 금융기관에 거짓 신고를 한 자는 10년 이하의 징역 또는 20만원 이하의 벌금에 처한다")가 정한 허위신고죄의 주체가 될 수 없고, 허위신고의 고의 없는 발행인을 이용하여 간접정범의 형태로 허위신고죄를 범할 수도 없다.

③ 甲이 乙 명의 차용증을 가지고 있기는 하나 그 채권의 존재에 관하여 乙과 다툼이 있는 상황에서 당초에 없던 월 2푼의 약정이자에 관한 내용 등을 부가한 乙 명의 차용증을 새로 위조하여, 이를 바탕으로 자신의 처에 대한 채권자인 丙에게 차용원금 및 위조된 차용증에 기한 약정이자 2,500만원을 양도하고, 이러한 사정을 모르는 丙으로 하여금 乙을 상대로 양수금청구소송을 제기하도록 한 경우, 적어도 위 약정이자 2,500만원 중 법정지연손해금 상당의 돈을 제외한 나머지 돈에 관한 甲의 행위는 丙을 도구로 이용한 간접정범 형태의 소송사기죄를 구성한다.

④ 공무원 아닌 자가 관공서에 허위 내용의 증명원을 제출하여 그 내용이 허위인 정을 모르는 담당공무원으로부터 그 증명원 내용과 같은 증명서를 발급받은 경우 공문서위조죄의 간접정범이 성립할 수 있다.

⑤ 감금죄는 간접정범의 형태로도 행하여질 수 있는 것이므로, 인신구속에 관한 직무를 행하는 자 또는 이를 보조하는 자가 피해자를 구속하기 위하여 진술조서 등을 허위로 작성한 후 이를 기록에 첨부하여 구속영장을 신청하고, 진술조서 등이 허위로 작성된 정을 모르는 검사와 영장전담판사를 기망하여 구속영장을 발부받은 후 그 영장에 의하여 피해자를 구금하였다면 직권남용감금죄가 성립한다.

정선 핵심

간접정범의 인정 여부

① 처벌되지 아니하는 타인을 도구로 삼아 피해자를 강제로 추행하는 경우 → 강제추행죄의 간접정범 ○

② 허위신고의 고의 없는 발행인을 이용한 경우 → 허위신고죄의 간접정범 ×

③ 위조한 차용증을 바탕으로 乙에 대한 차용금채권을 丙에게 양도하고, 丙에게 양수금청구소송을 제기하게 한 경우 → 소송사기죄의 간접정범 ○

④ 허위내용의 증명원을 제출하여 선의의 공무원으로부터 같은 내용의 증명서를 발급받은 경우 → 공문서위조죄의 간접정범 ×

⑤ 선의의 검사와 영장전담판사를 기망하여 구속영장을 발부받은 후 그 영장에 의하여 피해자를 구금하게 한 경우 → 직권남용감금죄 ○

정선 해설

[❶ ▸ ○] 대판 2018.2.8. 2016도17733

[❷ ▸ ○] 부정수표 단속법 제4조가 '수표금액의 지급 또는 거래정지처분을 면할 목적'을 요건으로 하고, 수표금액의 지급책임을 부담하는 자 또는 거래정지처분을 당하는 자는 발행인에 국한되는 점에 비추어 볼 때, 그와 같은 <u>발행인이 아닌 자는 부정수표 단속법 제4조 위반죄의 주체가 될 수 없고 거짓 신고의 고의 없는 발행인을 이용하여 간접정범의 형태로 그 죄를 범할 수도 없다</u>(대판 2014.1.23. 2013도13804).

관련판례 대판 2003.6.13. 2003도889

농업협동조합법 제50조 제2항 소정의 호별방문죄는 '임원이 되고자 하는 자'라는 신분자가 스스로 호별방문을 한 경우만을 처벌하는 것으로 보아야 하고, 비록 신분자가 비신분자와 통모하였거나 신분자가 비신분자를 시켜 방문케 하였다고 하더라도 비신분자만이 호별방문을 한 경우에는 신분자는 물론 비신분자도 같은 죄로 의율하여 처벌할 수는 없다.

[❸ ▸ O] 대판 2007.9.6. 2006도3591

[❹ ▸ X] 어느 문서의 작성권한을 갖는 공무원이 그 문서의 기재 사항을 인식하고 그 문서를 작성할 의사로써 이에 서명날인하였다면, 설령 그 서명날인이 타인의 기망으로 착오에 빠진 결과 그 문서의 기재사항이 진실에 반함을 알지 못한 데 기인한다고 하여도, 그 문서의 성립은 진정하며 여기에 하등 작성명의를 모용한 사실이 있다고 할 수는 없으므로, 공무원 아닌 자가 관공서에 허위 내용의 증명원을 제출하여 그 내용이 허위인 정을 모르는 담당공무원으로부터 그 증명원 내용과 같은 증명서를 발급받은 경우 공문서위조죄의 간접정범으로 의율할 수는 없다(대판 2001.3.9. 2000도938).

[❺ ▸ O] 대판 2006.5.25. 2003도3945

답 ❹

267 □□□

다음 설명 중 가장 적절하지 않은 것은?(다툼이 있는 경우 판례에 의함) 20 경찰채용

① 甲, 乙, 丙은 사전모의에 따라 피해자들을 야산으로 유인한 다음 암묵적인 합의에 따라 각자 마음에 드는 피해자들을 데리고 불과 100m 이내의 거리에 있는 곳으로 흩어져 동시 또는 순차적으로 피해자들을 각각 강간하였다면, 각 강간의 실행행위도 시간적으로나 장소적으로 협동관계에 있었다고 보아 특수강간죄가 성립한다.

② 자기에게 유리한 판결을 얻기 위하여 증거가 조작되어 있다는 사실을 인식하지 못하는 제3자를 이용하여 그로 하여금 소송의 당사자가 되게 하고 법원을 기망하여 소송 상대방의 재물 또는 재산상 이익을 취득하려 하였다면 간접정범의 형태에 의한 소송사기죄가 성립한다.

③ 간접정범의 피이용자가 甲을 乙로 오인하여 살해하였을 경우, 법정적 부합설에 따르면 간접정범은 살인의 고의기수범에 해당한다.

④ 甲과 乙은 술집으로 가던 도중 앞서 가던 甲과 피해자가 부딪혀 시비가 붙고, 이에 甲은 피해자를 뒤로 밀어 피해자가 바닥에 뒷머리를 부딪치게 하고 술집을 향해 떠났다. 이에 뒤따라오던 乙이 이 장면을 보고 달려와 피해자를 또다시 가격하여 피해자가 뇌지주막하출혈상으로 사망에 이른 경우, 甲과 乙은 상해치사의 공동정범으로 처벌된다.

정선 핵심

① 사전모의에 따라 동시·순차적으로 피해자들을 각각 강간한 경우 → 피해자 3명 모두에 대한 특수강간죄 O

② 선의의 제3자를 이용하여 소송의 당사자가 되게 하고 상대방의 재물 또는 재산상 이익을 취득하려 한 경우 → 소송사기죄의 간접정범 O

③ 피이용자가 甲을 乙로 오인하여 살해하였을 경우 → 간접정범은 살인죄의 기수범 O

④ 의사의 연락 없이 피해자를 가격하여 사망에 이른 경우 → 상해치사죄의 공동정범의 예에 의해 처벌

정선 해설

[❶ ▸ O] 피고인 등이 비록 특정한 1명씩의 피해자만 강간하거나 강간하려고 하였다 하더라도, 사전의 모의에 따라 강간할 목적으로 심야에 인가에서 멀리 떨어져 있어 쉽게 도망할 수 없는 야산으로 피해자들을 유인한 다음 곧바로 암묵적인 합의에 따라 각자 마음에 드는 피해자들을 데리고 불과 100m 이내의 거리에 있는 곳으로 흩어져 동시 또는 순차적으로 피해자들을 각각 강간하였다면, 그 각 강간의 실행행위도 시간적으로나 장소적으로 협동관계에 있었다고 보아야 할 것이므로, 피해자 3명 모두에 대한 특수강간죄 등이 성립된다(대판 2004.8.20. 2004도2870).

[❷ ▸ O] 대판 2007.9.6. 2006도3591

[❸ ▸ O] 피이용자가 객체의 착오를 일으킨 경우, 법정적 부합설에 의하면 발생사실에 대한 간접정범이 성립하므로 간접정범은 甲에 대한 살인기수로 처벌된다.

[❹ ▸ ×] 판례의 취지를 고려하면, 甲과 乙은 공동가공의 의사가 인정되지 아니하므로 상해치사죄의 공동정범이 성립하는 것이 아니라 형법 제263조의 동시범의 특례가 적용되어 상해치사죄의 공동정범의 예에 의해 처벌된다.

> 피고인과 원심상피고인의 각 범행은 우연한 사실에 기하여 우발적으로 발생한 독립적인 것으로 보일 뿐 양인간에 범행에 관한 사전모의가 있었던 것으로는 보여지지 않고, 또 원심상피고인이 피고인의 범행을 목격하고 이에 가세한 것으로는 인정되나 피고인이 원심상피고인의 가세사실을 미리 인식하였거나 의욕하였던 것으로 보기 어려우며, 범행과정에서 피고인과 원심상피고인 사이에 암묵적으로라도 공동실행의 의사가 형성된 것으로 보기도 어려우니, 그 판시내용과 같은 범죄사실을 인정하여 피고인을 상해치사죄의 공동정범으로 본 원심판단에는 공동정범의 법리를 오해하여 법률적용을 잘못한 위법이 있다고 할 것이다(대판 1985.5.14. 84도2118).

답 ❹

268 □□□

간접정범에 대한 설명으로 가장 적절하지 않은 것은?(다툼이 있는 경우 판례에 의함)

18 경찰승진

① 정유회사 경영자인 甲의 청탁으로, A 지역구 국회의원 乙이 甲과 A 지역구 지방자치단체장 사이에 정유공장의 지역구 유치를 위한 간담회를 주선하고, 甲은 위와 같은 사실을 알지 못하는 자신의 회사 직원들로 하여금 乙이 사실상 지배·장악하고 있던 후원회에 후원금을 기부하게 한 경우, 乙은 정치자금법위반죄가, 甲은 정치자금법위반죄의 간접정범이 성립한다.

② 공무원이 아닌 甲이 관공서에 허위내용의 증명원을 제출하여 그러한 사실을 모르는 공무원인 A로부터 그 증명원 내용과 같은 증명서를 발급받은 경우, 甲은 공문서위조죄의 간접정범에 해당하지 아니한다.

③ 甲이 채권의 존재에 관하여 乙과 다툼이 있는 상황에서 존재하지 않는 약정이자에 관한 내용을 부가하여 위조한 乙 명의 차용증을 바탕으로 乙에 대한 차용금채권을 丙에게 양도하고, 이러한 사정을 모르는 丙으로 하여금 乙을 상대로 양수금청구소송을 제기하게 한 경우, 甲은 소송당사자가 아니므로 甲의 위와 같은 행위는 사기죄에 해당하지 아니한다.

④ 경찰서보안과장인 甲이 A의 음주운전을 눈감아 주기 위하여 그에 대한 음주운전적발보고서를 찢어버리고, 부하인 B로 하여금 일련번호가 동일한 가짜 음주운전적발보고서에 乙에 대한 음주운전사실을 기재케 하여 그 정을 모르는 담당경찰관으로 하여금 주취운전자 음주측정처리부에 乙에 대한 음주운전사실을 기재하도록 한 경우, 甲은 허위공문서 작성 및 동 행사죄의 간접정범에 해당한다.

정선 핵심

① 정유회사 경영자인 甲의 청탁으로, 국회의원 乙이 간담회를 주선하고, 甲은 회사 직원들에게 후원금을 기부하게 한 경우 → 乙은 정치자금법위반죄, 甲은 정치자금법위반죄의 간접정범 O
② 허위내용의 증명원을 제출하여 선의의 공무원으로부터 같은 내용의 증명서를 발급받은 경우 → 공문서위조죄의 간접정범 ×
③ 위조한 차용증을 바탕으로 乙에 대한 차용금채권을 丙에게 양도하고, 丙에게 양수금청구소송을 제기하게 한 경우 → 소송사기죄의 간접정범 O
④ 경찰서보안과장이 A의 음주운전을 눈감아 주기 위하여 음주측정처리부에 乙에 대한 음주운전사실을 기재하도록 한 경우 → 허위공문서 작성 및 동 행사죄의 간접정범 O

정선 해설

[❶ ▸ O] 판례의 취지를 고려하면, 乙(피고인 1)은 정치자금법위반죄가, 甲(피고인 2)은 정치자금법위반죄의 간접정범이 성립한다.

> 비록 형식적으로는 위 후원금이 후원회에 기부된 것이라고 하더라도 실질적으로는 후원회의 회계를 사실상 지배·장악하고 있던 피고인 1 본인이 바로 후원금을 기부받은 것으로 볼 수 있어 정치자금법 제32조 제3호가 금지하는 공무원이 담당·처리하는 사무에 관하여 청탁 또는 알선하는 일과 관련하여 정치자금을 수수한 것이라 할 것이고, 피고인 2는 자세한 내막을 알지 못하여 정치자금법위반죄를 구성하지 않는 직원들의 기부행위를 유발하고 이를 이용하여 자신의 범죄를 실현한 것이어서 간접정범으로서의 죄책을 면할 수 없다(대판 2008.9.11. 2007도7204).

[❷ ▸ O] 대판 2001.3.9. 2000도938
[❸ ▸ ×] 甲이 丙으로 하여금 乙을 상대로 양수금청구소송을 제기하게 한 경우, 甲은 사기죄의 간접정범이 성립한다.

> 자기에게 유리한 판결을 얻기 위하여 소송상의 주장이 사실과 다름이 객관적으로 명백하거나 증거가 조작되어 있다는 정을 인식하지 못하는 제3자를 이용하여 그로 하여금 소송의 당사자가 되게 하고 법원을 기망하여 소송 상대방의 재물 또는 재산상 이익을 취득하려 하였다면 간접정범의 형태에 의한 소송사기죄가 성립하게 된다(대판 2007.9.6. 2006도3591).

[❹ ▸ O] 대판 1996.10.11. 95도1706

답 ❸

269 □□□

간접정범에 대한 설명으로 옳지 않은 것은?(다툼이 있는 경우 판례에 의함) 16 국가7급

① 작성권한 있는 공무원의 직무를 보좌하여 공문서를 기안 또는 초안하는 직권이 있는 공무원 甲이 허위인 정을 모르는 작성권자를 기망하여 허위의 공문서를 작성하도록 한 경우 甲은 허위공문서작성죄의 간접정범이 되지 않는다.
② 경찰관 甲은 피의자를 구속하기 위해 허위의 진술조서 등에 기초해 구속영장을 신청하였고, 이러한 사정을 모르는 검사와 영장전담판사에 의해 구속영장이 발부되어 피의자가 구속된 경우 甲은 형법 제124조 제1항의 직권남용감금죄의 간접정범이 된다.
③ 甲이 존재하지 않는 약정이자에 관한 내용을 부가하여 위조한 乙 명의 차용증을 바탕으로 乙에 대한 차용금채권을 丙에게 양도하고, 이러한 사정을 모르는 丙으로 하여금 乙을 상대로 양수금청구소송을 제기하게 한 경우 甲은 소송사기죄의 간접정범이 된다.
④ 음주운전적발업무 담당경찰관 甲은 A의 음주운전을 눈감아 주기 위해 그에 대한 음주운전자 적발보고서를 찢어버리고, 부하로 하여금 B에 대한 가짜 음주운전적발보고서를 작성하게 하고, 이러한 사실을 모르는 담당경찰관으로 하여금 주취운전자 음주측정처리부에 B의 음주운전사실을 기재하도록 한 경우 甲은 허위공문서작성죄 및 동 행사죄의 간접정범이 된다.

정선 핵심

간접정범의 성립 여부

① 공문서 작성의 보조자가 선의의 작성권자를 기망하여 허위의 공문서를 작성하도록 한 경우 → 허위공문서작성죄의 간접정범 ○
② 선의의 검사와 영장전담판사를 기망하여 구속영장을 발부받은 후 그 영장에 의하여 피해자를 구금하게 한 경우 → 직권남용감금죄 ○
③ 위조한 차용증을 바탕으로 乙에 대한 차용금채권을 丙에게 양도하고, 丙에게 양수금청구소송을 제기하게 한 경우 → 소송사기죄의 간접정범 ○
④ 경찰서보안과장이 A의 음주운전을 눈감아 주기 위하여 음주측정처리부에 B에 대한 음주운전사실을 기재하도록 한 경우 → 허위공문서 작성 및 동 행사죄의 간접정범 ○

정선 해설

[❶ ▸ ×] 작성권한 있는 공무원의 직무를 보좌하여 공문서를 기안 또는 초안하는 직권이 있는 자가 그 직위를 이용하여 행사할 목적으로 직무상 기안하는 문서에 허위의 내용을 기재하고 허위인 정을 모르는 상사로 하여금 그 초안내용이 진실한 것으로 오신케 하여 서명날인케 함으로써 허위내용의 공문서를 작성토록 하였다면 소위 허위공문서작성죄의 간접정범의 죄책을 면할 수 없다(대판 1990.2.27. 89도1816).

[❷ ▸ ○] 대판 2006.5.25. 2003도3945

[❸ ▸ ○] 甲이 丙으로 하여금 乙을 상대로 양수금청구소송을 제기하게 한 경우, 甲은 사기죄의 간접정범이 성립한다.

> 甲이 乙 명의 차용증을 가지고 있기는 하나 그 채권의 존재에 관하여 乙과 다툼이 있는 상황에서 당초에 없던 월 2푼의 약정이자에 관한 내용 등을 부가한 乙 명의 차용증을 새로 위조하여, 이를 바탕으로 자신의 처에 대한 채권자인 丙에게 차용원금 및 위조된 차용증에 기한 약정이자 2,500만원을 양도하고, 이러한 사정을 모르는 丙으로 하여금 乙을 상대로 양수금청구소송을 제기하도록 한 경우, 적어도 위 약정이자 2,500만원 중 법정지연손해금 상당의 돈을 제외한 나머지 돈에 관한 甲의 행위는 丙을 도구로 이용한 간접정범 형태의 소송사기죄를 구성한다(대판 2007.9.6. 2006도3591).

[❹ ▸ ○] 판례의 취지를 고려하면, 음주운전적발업무 담당경찰관 甲은 허위공문서 작성 및 동 행사죄의 간접정범의 죄책을 지게 된다.

> 경찰서 보안과장인 피고인이 갑의 음주운전을 눈감아 주기 위하여 그에 대한 음주운전자 적발보고서를 찢어버리고, 부하로 하여금 일련번호가 동일한 가짜 음주운전적발보고서에 을에 대한 음주운전사실을 기재케 하여 그 정을 모르는 담당 경찰관으로 하여금 주취운전자 음주측정처리부에 을에 대한 음주운전사실을 기재하도록 한 이상, 을이 음주운전으로 인하여 처벌을 받았는지 여부와는 관계없이 허위공문서 작성 및 동 행사죄의 간접정범으로서의 죄책을 면할 수 없다(대판 1996.10.11. 95도1706).

답 ❶

270 □□□

다음 중 (　　) 안의 범죄의 간접정범이 성립하지 않는 경우는?(다툼이 있는 경우 판례에 의함) 16 경찰간부

① 경찰서 보안과장인 피고인이 甲의 음주운전을 눈감아 주기 위하여 그에 대한 음주운전자 적발보고서를 찢어버리고, 부하로 하여금 일련번호가 동일한 가짜 음주운전적발보고서에 乙에 대한 음주운전사실을 기재케 하여 그 정을 모르는 담당경찰관으로 하여금 주취운전자 음주측정처리부에 乙에 대한 음주운전사실을 기재하도록 한 경우 (허위공문서작성죄)
② 국헌문란의 목적을 가진 자가 이에 대한 고의는 있으나 목적 없는 대통령을 이용하여 비상계엄의 전국확대를 의결·선포케 한 경우 (내란죄)
③ 공무원이 아닌 甲이 행사할 목적으로 관공서에 허위내용의 증명원을 제출하여 그 내용이 허위라는 사실을 모르는 담당공무원으로부터 그 증명원의 내용과 같은 증명서를 발급받은 경우 (공문서위조죄)
④ 축산업협동조합이 점유하고 있는 A소유의 창고 패널을 절취할 의사를 가진 자가 위 조합으로부터 허락을 받지 않은 채, 그 정을 모르는 A로 하여금 창고의 패널을 취거하여 영득한 경우 (절도죄)

정선 핵심

간접정범의 성립 여부
① 경찰서보안과장이 A의 음주운전을 눈감아 주기 위하여 음주측정처리부에 乙에 대한 음주운전사실을 기재하도록 한 경우 → 허위공문서 작성 및 동 행사죄의 간접정범 ○
② 국헌문란의 목적을 가진 자가 고의는 있으나 목적 없는 도구를 이용한 경우 → 내란죄의 간접정범 ○
③ 허위내용의 증명원을 제출하여 선의의 공무원으로부터 같은 내용의 증명서를 발급받은 경우 → 공문서위조죄의 간접정범 ×
④ 축협이 점유하고 있는 A소유의 창고 패널을 절취할 의사가 있는 자가 선의의 A로 하여금 취거하여 영득하게 한 경우 → 절도죄의 간접정범 ○

정선 해설

[❶ ▸ ○] 판례(대판 1996.10.11. 95도1706)의 취지를 고려하면, 경찰서 보안과장인 피고인은 허위공문서작성죄의 간접정범의 죄책을 지게 된다.
[❷ ▸ ○] 대판 1997.4.17. 96도3376[전합]
[❸ ▸ ×] 어느 문서의 작성권한을 갖는 공무원이 그 문서의 기재 사항을 인식하고 그 문서를 작성할 의사로써 이에 서명날인하였다면, 설령 그 서명날인이 타인의 기망으로 착오에 빠진 결과 그 문서의 기재사항이 진실에 반함을 알지 못한 데 기인한다고 하여도, 그 문서의 성립은 진정하며 여기에 하등 작성명의를 모용한 사실이 있다고 할 수는 없으므로, 공무원 아닌 자가 관공서에 허위 내용의 증명원을 제출하여 그 내용이 허위인 정을 모르는 담당공무원으로부터 그 증명원 내용과 같은 증명서를 발급받은 경우 공문서위조죄의 간접정범으로 의율할 수는 없다(대판 2001.3.9. 2000도938).
[❹ ▸ ○] 피고인이 축산업협동 공소 외 1 조합이 점유하는 타인 소유의 창고의 패널을 점유자인 공소 외 1 조합으로부터 명시적인 허락을 받지 않은 채 소유자인 위 타인으로 하여금 취거하게 한 경우 소유자를 도구로 이용한 절도죄의 간접정범이 성립될 수 있다(대판 2006.9.28. 2006도2963).

답 ❸

271 □□□

간접정범에 대한 설명으로 옳지 않은 것은?(다툼이 있는 경우 판례에 의함) 19 국가9급

① 처벌되지 아니하는 타인의 행위를 적극적으로 유발하고 이를 이용하여 자신의 범죄를 실현한 자는 간접정범의 죄책을 지고, 그 과정에서 타인의 의사를 부당하게 억압하여야 하는 것은 아니다.

② 강제추행죄는 처벌되지 아니하는 타인을 도구로 삼아 피해자를 강제로 추행하는 간접정범의 형태로도 범할 수 있으나, 이때 피해자는 그 타인에 포함되지 않는다.

③ 공문서의 작성권한이 있는 공무원(A)의 직무를 보좌하는 공무원이 행사할 목적으로 그 직위를 이용하여 허위의 내용이 기재된 문서 초안을 그 정을 모르는 A에게 제출하여 결재하도록 한 경우에는 허위공문서작성죄의 간접정범이 성립한다.

④ 자기에게 유리한 판결을 얻기 위해 증거가 조작되어 있다는 점을 알지 못하는 제3자를 이용하여 그를 소송의 당사자가 되게 하고 법원을 기망하여 소송 상대방의 재물을 취득하였다면 간접정범 형태의 소송사기죄가 성립한다.

정선 핵심

① 간접정범 → 타인의 행위를 이용하는 과정에서 타인의 의사를 부당하게 억압 불요
② 처벌되지 아니하는 피해자인 타인을 도구로 삼아 강제로 추행하는 경우 → 강제추행죄의 간접정범 ○
③ 공문서 작성의 보조자가 허위의 문서 초안을 선의의 상사에게 제출하여 결재하도록 한 경우 → 허위공문서작성죄의 간접정범 ○
④ 선의의 제3자를 이용하여 소송의 당사자가 되게 하고 상대방의 재물 또는 재산상 이익을 취득하려 한 경우 → 소송사기죄의 간접정범 ○

정선 해설

[❶ ▸ ○] 대판 2008.9.11. 2007도7204

[❷ ▸ ×] 강제추행죄는 사람의 성적 자유 내지 성적 자기결정의 자유를 보호하기 위한 죄로서 정범 자신이 직접 범죄를 실행하여야 성립하는 자수범이라고 볼 수 없으므로, 처벌되지 아니하는 타인을 도구로 삼아 피해자를 강제로 추행하는 간접정범의 형태로도 범할 수 있다. 여기서 강제추행에 관한 간접정범의 의사를 실현하는 도구로서의 타인에는 피해자도 포함될 수 있으므로, 피해자를 도구로 삼아 피해자의 신체를 이용하여 추행행위를 한 경우에도 강제추행죄의 간접정범에 해당할 수 있다(대판 2018.2.8. 2016도17733).

[❸ ▸ ○] 대판 1990.2.27. 89도1816

[❹ ▸ ○] 대판 2007.9.6. 2006도3591

답 ❷

제1장
제2장
제3장

01 출판물에 의한 명예훼손죄는 간접정범에 의하여 범하여질 수도 있으므로 타인을 비방할 목적으로 허위의 기사 재료를 그 정을 모르는 기자에게 제공하여 신문 등에 보도되게 한 경우에도 성립할 수 있다. 18 해경간부 O | X

02 신용카드를 제시받은 상점점원이 그 카드의 금액란을 정정기재하였다 하더라도 그것이 카드소지인이 위 점원에게 자신이 위 금액을 정정기재할 수 있는 권리가 있는 양 기망하여 이루어졌다면 이는 간접정범에 의한 유가증권변조죄가 성립한다. 18 경찰채용 O | X

01 대판 2002.6.28. 2000도3045

02 대판 1984.11.27. 84도1862

정답

01 ○ **02** ○

272
□□□

다음 중 공동정범에 대한 설명으로 가장 옳은 것은?(다툼이 있는 경우 판례에 의함)

20 해경간부

① 편면적 방조범이 인정되는 것과 같이 편면적 공동정범도 인정된다.
② 가담자 상호 간에 암묵적인 방법에 의한 의사의 연락은 그 연락방법이 명시적이지 않기 때문에 공동정범에 있어서 공동가공의 의사로 볼 수 없다.
③ 공모공동정범에 있어서 공모자 중 1인이 다른 공모자가 실행행위에 이르기 전에 그 공모관계에서 이탈한 경우, 주도적 공모자는 범행을 저지하기 위하여 적극적으로 노력하는 등 실행에 미친 영향력을 제거하지 아니하는 한 공모관계에서 이탈되지 않는다.
④ 포괄일죄의 범행 도중에 공동정범으로 가담한 자는 그 범행에 가담할 때에 이미 이루어진 종전의 범행을 알았다면, 가담 이전의 행위를 포함한 범행 전체에 대하여 공동정범으로 책임을 진다.

정선 핵심

① 편면적 공범의 인정 여부
→ 편면적 방조범 : ○
→ 편면적 공동정범 : ×
② 공동정범의 성립요건
→ 주관적 요건 : 공동가공의 의사는 명시적일 것 불요
③ 공모관계의 이탈
→ 실행의 착수 전 이탈 : 주도적 공모자는 실행에 미친 영향력을 제거해야 함
④ 승계적 공동정범의 후행자의 귀책범위
→ 종전의 범행을 알았더라도 가담 이후의 범행에 대하여 공동정범 ○

정선 해설

[❶ ▸ ×] 판례의 취지를 고려하면, 편면적 종범과는 달리 편면적 공동정범은 인정되지 아니하며 동시범 또는 종범이 문제될 뿐이라고 판단된다.

> 공동가공의 의사는 공동행위자 상호 간에 있어야 하며 행위자 일방의 가공의사만으로는 공동정범관계가 성립할 수 없다(대판 1985.5.14. 84도2118).

[❷ ▸ ×] 2인 이상이 범죄에 공동가공하는 공범관계에 있어 공모는 법률상 어떤 정형을 요구하는 것이 아니고 2인 이상이 공모하여 범죄에 공동가공하여 범죄를 실현하려는 의사의 결합만 있으면 되는 것으로서, 순차적으로 또는 암묵적으로 상통하여 그 의사의 결합이 이루어지면 공모관계가 성립한다(대판 2013.8.23. 2013도5080).
[❸ ▸ ○] 대판 2008.4.10. 2008도1274
[❹ ▸ ×] 포괄일죄의 범행 도중에 공동정범으로 범행에 가담한 자는 비록 그가 그 범행에 가담할 때에 이미 이루어진 종전의 범행을 알았다 하더라도 그 가담 이후의 범행에 대하여만 공동정범으로 책임을 진다(대판 1997.6.27. 97도163).

답 ❸

273
□□□

공동정범에 대한 설명이다. 아래 ㄱ.부터 ㄹ.까지의 설명 중 옳고 그름의 표시(○, ×)가 바르게 된 것은?(다툼이 있는 경우 판례에 의함) 19 경찰승진

ㄱ. 甲은 乙과 공모하여 가출 청소년 丙(여, 16세)에게 낙태수술비를 벌도록 해 주겠다고 유인하였고, 乙로 하여금 丙의 성매매 홍보용 나체사진을 찍도록 하였으며, 丙이 중도에 약속을 어길 경우 민·형사상 책임을 진다는 각서를 작성하도록 한 후, 甲이 별건으로 체포되어 구치소에 수감 중인 동안 丙이 乙의 관리 아래 성매매를 계속한 경우, 丙의 성매매기간 동안 甲은 수감되어 있었으므로 甲은 공모관계에서 이탈하였다고 할 수 있다.

ㄴ. 공동가공의 의사는 타인의 범행을 인식하면서도 이를 제지하지 아니하고 용인하는 것만으로는 부족하고 공동의 의사로 특정한 범죄행위를 하기 위하여 일체가 되어 서로 다른 사람의 행위를 이용하여 자기의 의사를 실행에 옮기는 것을 내용으로 하는 것이어야 한다.

ㄷ. 업무상배임죄로 이익을 얻는 수익자 또는 그와 밀접한 관련이 있는 제3자를 배임의 실행행위자와 공동정범으로 인정하기 위해서는 실행행위자의 행위가 피해자 본인에 대한 배임행위에 해당한다는 것을 알면서 소극적으로 배임행위에 편승하여 이익을 취득한 것으로 족하며, 실행행위자의 배임행위를 교사하거나 또는 배임행위의 전체 과정에 관여하는 등으로 배임행위에 적극 가담할 것을 요하지 않는다.

ㄹ. 전국노점상연합회가 주관한 도로행진시위에 단순 가담자인 甲이 다른 시위 참가자들과 시위 중 경찰관 등에 대한 특수공무집행방해행위로 체포된 경우 체포된 이후에 이루어진 다른 시위 참가자들의 범행에 대해서는 공모공동정범의 죄책을 인정할 수 없다.

① ㄱ(×) ㄴ(○) ㄷ(×) ㄹ(○)
② ㄱ(○) ㄴ(×) ㄷ(○) ㄹ(×)
③ ㄱ(×) ㄴ(○) ㄷ(○) ㄹ(×)
④ ㄱ(○) ㄴ(×) ㄷ(×) ㄹ(○)

정선 핵심

ㄱ. 甲이 수감 중인 동안 丙이 乙의 관리 아래 성매매를 계속한 경우 → 공모관계의 이탈 ×
ㄴ. 공동정범의 성립요건
⇢ 주관적 요건 : 공동가공의 의사는 공동의 의사로 특정한 범죄행위를 하기 위하여 다른 사람의 행위를 이용하여 자기의 의사를 실행에 옮기는 것을 내용으로 해야 함
ㄷ. 배임행위에 적극 가담하는 경우 → 업무상배임죄의 공동정범 ○
ㄹ. 전국노점상연합회의 도로행진시위에 참가하여 체포된 단순 가담자 → 다른 참가자들의 범행에 대해서 공모공동정범 ×

정선 해설

[ㄱ ▸ ×] 판례의 취지를 고려하면, 甲은 공모관계에서 이탈하였다고 할 수 없어, 乙과 함께 미성년자유인죄, 구 청소년의 성보호에 관한 법률위반죄의 책임을 진다

> 공모관계에서의 이탈은 공모자가 공모에 의하여 담당한 기능적 행위지배를 해소하는 것이 필요하므로 공모자가 공모에 주도적으로 참여하여 다른 공모자의 실행에 영향을 미친 때에는 범행을 저지하기 위하여 적극적으로 노력하는 등 실행에 미친 영향력을 제거하지 아니하는 한 공모자가 구속되었다는 등의 사유만으로 공모관계에서 이탈하였다고 할 수 없다(대판 2010.9.9. 2010도6924).

[ㄴ ▸ ○] 대판 2000.4.7. 2000도576

[ㄷ ▸ ×] 업무상배임죄의 실행으로 인하여 이익을 얻게 되는 수익자 또는 그와 밀접한 관련이 있는 제3자를 배임의 실행행위자와 공동정범으로 인정하기 위하여는 실행행위자의 행위가 피해자 본인에 대한 배임행위에 해당한다는 것을 알면서도 소극적으로 그 배임행위에 편승하여 이익을 취득한 것만으로는 부족하고, 실행행위자의 배임행위를 교사하거나 또는 배임행위의 전(全) 과정에 관여하는 등으로 배임행위에 적극 가담할 것을 필요로 한다(대판 2012.6.28. 2012도3643).

[ㄹ ▸ O] 대판 2009.6.23. 2009도2994

답 ❶

274 □□□

공범에 대한 설명으로 옳지 않은 것은?(다툼이 있는 경우 판례에 의함) 20 국가9급

① 우연히 만난 자리에서 서로 협력하여 공동의 범의를 실현하려는 의사가 암묵적으로 상통하여 범행에 공동가공하더라도 공동정범은 성립된다.

② 2인 이상이 공동하여 죄를 범한 때에는 각자를 그 죄의 정범으로 처벌하지만, 반드시 같은 형으로 처벌할 필요는 없다.

③ 구성요건 행위 일부를 직접 분담하여 실행하지 않은 공모자에게 공모공동정범으로서의 죄책을 물을 수 있으려면 전체 범죄에서 그가 차지하는 지위나 역할 등에 비추어 범죄에 대한 본질적 기여를 통한 기능적 행위지배가 존재하여야 한다.

④ 의료인은 무면허의료행위의 주체가 될 수 없으므로 의료인 아닌 자의 무면허의료행위에 공모하여 가공하더라도 무면허의료행위의 공동정범은 될 수 없고 방조범이 될 수 있을 뿐이다.

정선 핵심

① 공동정범의 성립요건
→ 주관적 요건 : 공동가공의 의사는 사전에 있을 것 불요
② 공동정범의 처벌 → 반드시 같은 형으로 처벌할 필요 ×
③ 범죄에 대한 본질적 기여를 통한 기능적 행위지배 → 실행하지 않은 공모자에게 공모공동정범 O
④ 의료인이 의료인 아닌 자의 의료행위에 가공한 경우 → 무면허의료행위죄의 공동정범 O

정선 해설

[❶ ▸ O] 공동정범이 성립하기 위하여는 반드시 공범자 간에 사전에 모의가 있어야 하는 것은 아니며, 우연히 만난 자리에서 서로 협력하여 공동의 범의를 실현하려는 의사가 암묵적으로 상통하여 범행에 공동가공하더라도 공동정범은 성립된다(대판 1984.12.26. 82도1373).

[❷ ▸ O] 공동정범은 각자가 그 죄의 정범으로 처벌되지만 책임조각사유, 형의 가중·감경사유, 인적 처벌조각사유는 그러한 사유가 있는 자에게만 적용되므로 양형에 있어서는 차이가 있을 수 있다.

[❸ ▸ O] 대판 2010.7.15. 2010도3544

[❹ ▸ ×] 판례의 취지를 고려하면, 불구성적 신분을 가진 의료인이 무면허의료행위에 공모하여 가공한 경우에 비신분자(면허 없는 자)의 불법효과가 연대적으로 미치므로 무면허의료행위죄의 공동정범으로 처벌된다.

의료인이 의료인의 자격이 없는 일반인의 의료기관 개설행위에 공모하여 가공하면 구 의료법 제87조 제1항 제2호, 제33조 제2항 위반죄의 공동정범에 해당한다(대판 2017.4.7. 2017도378).

답 ❹

275 □□□

공동정범에 대한 설명으로 가장 적절한 것은?(다툼이 있는 경우 판례에 의함)

18 경찰채용

① 甲, 乙, 丙세 사람이 한자리에 모여 절도범행을 공모한 후, 공모한 바대로 甲과 乙두 사람이 직접 A의 집에 들어가 안에 있는 물건을 훔쳐 오고 丙은 A의 집에서 한참 떨어진 현장에서 트럭을 준비하고 대기하다 甲과 乙이 물건을 가져오자 트럭에 싣고 함께 도주한 사안에서, 丙이 甲과 乙의 행위를 자기 의사의 수단으로 하여 위의 범행을 저질렀다고 평가할 수 있는 정범성의 표지를 갖추고 있는 한 공동정범의 일반이론에 비추어 丙에게는 일반절도죄의 공동정범이 성립한다.

② 甲이 한 달여에 걸쳐 연속적으로 마약류를 제조하고 있었는데, 뒤늦게 乙이 甲의 그 같은 제조행위를 알고 도중에 공동정범으로 범행에 가담하여 甲과 함께 마약류 제조행위를 계속하였다고 하는 사안에서 乙이 범행에 가담할 당시에 이미 이루어진 종전의 범행을 알고 있었던 이상, 乙은 가담 이전의 제조행위에 대해서까지 공동정범으로 책임을 져야 한다.

③ 공모공동정범에 있어서 공모자 중의 1인이 다른 공모자가 실행행위에 이르기 전에 그 공모관계에서 이탈한 때에는 그 이후의 다른 공모자의 행위에 관하여 공동정범으로서의 책임은 지지 않는다 할 것이고 그 이탈의 표시는 명시적이어야 한다.

④ 포괄일죄의 범행 도중에 공동정범으로 가담한 자는 비록 그가 그 범행에 가담할 때에 이미 이루어진 종전의 범행을 알았다 하더라도 그 가담 이후의 범행에 대해서만 공동정범으로 책임을 진다.

정선 핵심

① 甲, 乙, 丙이 절도범행을 공모한 후 대기한 丙이 정범성의 표지를 갖춘 경우 → 합동절도죄의 공동정범 O

② 乙이 마약류 제조범행에 가담할 당시에 종전의 범행을 알고 있었던 경우 → 가담 이후의 제조행위에 대하여 공동정범 O

③ 공모관계의 이탈
⇢ 실행의 착수 전 이탈 : 이탈의 표시는 명시적일 것 불요

④ 승계적 공동정범의 후행자의 귀책범위
⇢ 종전의 범행을 알았더라도 가담 이후의 범행에 대하여 공동정범 O

정선 해설

[❶ ▸ ×] 판례의 취지를 고려하면, 丙은 합동절도의 범행을 하였다고 평가할 수 있는 정범성의 표지를 갖추고 있다고 보이므로 합동절도죄의 공동정범이 성립한다.

> 3인 이상의 범인이 합동절도의 범행을 공모한 후 적어도 2인 이상의 범인이 범행현장에서 시간적, 장소적으로 협동관계를 이루어 절도의 실행행위를 분담하여 절도범행을 한 경우에는 공동정범의 일반이론에 비추어 그 공모에는 참여하였으나 현장에서 절도의 실행행위를 직접 분담하지 아니한 다른 범인에 대하여도 그가 현장에서 절도범행을 실행한 위 2인 이상의 범인의 행위를 자기 의사의 수단으로 하여 합동절도의 범행을 하였다고 평가할 수 있는 정범성의 표지를 갖추고 있다고 보여지는 한 그 다른 범인에 대하여 합동절도의 공동정범의 성립을 부정할 이유가 없다고 할 것이다(대판 1998.5.21. 98도321[전합]).

[❷ ▸ ×] 연속된 (히로뽕)제조행위 도중에 공동정범으로 범행에 가담한 자는 비록 그가 그 범행에 가담할 때에 이미 이루어진 종전의 범행을 알았다 하더라도 그 가담 이후의 범행에 대하여만 공동정범으로 책임을 지는 것이라고 할 것이니, 비록 이 사건에서 공소 외 1의 위 제조행위 전체가 포괄하여 하나의 죄가 된다 할지라도 피고인에게 그 가담 이전의 제조행위에 대하여까지 유죄를 인정할 수는 없다고 할 것이다(대판 1982.6.8. 82도884).

[❸ ▸ ×] 공모공동정범에 있어서 그 공모자중의 1인이 다른 공모자가 실행행위에 이르기 전에 그 공모관계에서 이탈한 때에는 그 이후의 다른 공모자의 행위에 관하여 공동정범으로서의 책임은 지지 않는다고 할 것이고 그 이탈의 표시는 반드시 명시적임을 요하지 않는다(대판 1986.1.21. 85도2371).

[❹ ▸ O] 대판 1997.6.27. 97도163

답 ❹

276
□□□

공동정범에 대한 설명으로 가장 적절하지 않은 것은?(다툼이 있는 경우 판례에 의함)

21 경찰채용

① 甲이 A를 살해하고자 A의 음료수 잔에 치사량의 독약을 넣고 사라진 후 그 사실을 알고 있는 乙이 독자적으로 A를 확실히 살해하고자 한 번 더 치사량의 독약을 넣어 A가 이를 마시고 사망한 경우, 甲과 乙은 상호 간에 의사의 연락이 없어 공동정범이 성립되지 아니한다.
② 甲이 강도살인의 의사로 먼저 A를 살해한 직후 마침 그곳을 지나가던 乙이 이를 보고 甲의 양해하에 절취의 의사로 참가하여 甲은 A의 지갑과 현금을, 乙은 A의 시계와 금반지를 가져간 경우, 승계적 공동정범을 인정하더라도 乙은 살인에 대한 책임은 지지 아니한다.
③ 행동대원 甲, 乙, 丙은 조직의 두목으로부터 지시를 받고 상대조직 행동대장 A를 살해하기로 공모하였으나, 甲은 쇠파이프 등을 들고 차량에 탑승하던 중 사태의 심각성을 실감하고 범행에 휘말리기 싫어서 조용히 혼자 빠져나와 택시를 타고 집으로 갔다. 이후 乙과 丙이 공모한 대로 A의 사무실로 가서 A를 살해한 경우, 甲에게는 살인죄의 공동정범이 성립한다.
④ 조직의 보스 甲은 부하인 乙과 반대조직의 보스 A를 살해하기로 공모하고, 甲은 자신의 사무실에서 진행상황을 실시간으로 보고 받고 乙이 A의 사무실로 가서 A를 살해한 경우, 공모공동정범을 인정하는 견해에 따르면 甲에게는 살인죄의 공동정범이 성립한다.

정선 핵심

① 甲과 乙이 의사의 연락이 없이 A를 살해한 경우 → 살인죄의 공동정범 ×
② 甲이 A를 살해한 직후 乙이 가담한 경우 → 乙은 살인에 대한 책임 ×
③ 행동대원 甲이 실행의 착수 이전이 이탈한 경우 → 살인죄의 공동정범 ×
④ 甲은 부하인 乙과 A를 살해하기로 공모하고, 甲은 보고 받고 乙이 A를 살해한 경우 → 살인죄의 공동정범 ○

정선 해설

[❶ ▸ O] 판례에 의하면 乙이 독자적으로 한 번 더 치사량의 독약을 넣어 A가 이를 마시고 사망한 경우와 같은 편면적 공동정범은 인정되지 아니하고 甲과 乙은 상호 간에 의사의 연락도 없으므로 살인죄의 공동정범은 성립하지 아니한다.

> 공동가공의 의사는 공동행위자 상호 간에 있어야 하며 행위자 일방의 가공의사만으로는 공동정범관계가 성립할 수 없다(대판 1985.5.14. 84도2118).

[❷ ▸ O] 승계적 공동정범의 경우 후행자의 귀책범위가 문제되는데 판례는 가담 이후의 범행에 대하여만 공동정범으로 책임을 지는 것이라고 판시(대판 1982.6.8. 82도884)하고 있다. 따라서 乙은 살인에 대한 책임은 지지 아니하고 A의 시계와 금반지에 대한 특수절도의 죄책(형법 제331조 제2항)을 지는 데 그치게 된다.

[❸ ▸ ×] 판례의 취지를 고려하면, 행동대원 甲은 상대조직 행동대장 A를 살해하기 전에 공모관계에서 이탈하였으므로 甲에게는 A에 대한 살인죄의 공동정범이 성립하지 아니한다.

> 피고인은 같은 조직원으로부터 연락을 받고 '파라다이스'파에게 보복을 하러 간다는 말을 듣고 사태의 심각성을 실감하고 범행에 휘말리기 싫어서 그곳에서 택시를 타고 집에 왔으므로 피해자 1에 대한 폭력행위 등 처벌에 관한 법률 위반 및 피해자 2에 대한 살인의 점에 대하여 다른 조직원들과의 사이에 '파라다이스'파 조직원들을 공격하여 상해를 가하거나 살해하기로 하는 모의가 있었다고 보기 어렵고, 가사 피고인에게도 그 범행에 가담하려는 의사가 있어 공모 관계가 인정된다 하더라도 다른 조직원들이 각 이 사건 범행에 이르기 전에 그 공모 관계에서 이탈한 것이라 할 것이므로 피고인은 위 공모 관계에서 이탈한 이후의 행위에 대하여는 공동정범으로의 책임을 지지 않는다고 할 것이다(대판 1996.1.26. 94도2654).

[❹ ▸ O] 조직의 보스 甲은 부하인 乙과 반대조직의 보스 A를 살해하기로 공모하고, 사무실에서 진행상황을 보고 받았다는 점에서 乙이 A를 살해한 행위에 대한 장악력이 인정되므로 범죄에 대한 본질적 기여를 통한 기능적 행위지배가 존재하여 甲에게는 살인죄의 공동정범이 성립한다.

구성요건행위를 직접 분담하여 실행하지 아니한 공모자가 공모공동정범으로 인정되기 위하여는 전체 범죄에 있어서 그가 차지하는 지위·역할이나 범죄경과에 대한 지배 내지 장악력 등을 종합하여 그가 단순한 공모자에 그치는 것이 아니라 범죄에 대한 본질적 기여를 통한 기능적 행위지배가 존재하는 것으로 인정되어야 한다 (2010.7.15. 2010도3544).

답 ❸

277 □□□

공동정범에 관한 다음 설명 중 가장 옳은 것은?(다툼이 있는 경우 판례에 의함)

18 경찰간부

① 甲은 乙로부터 캠코더 등을 밀수입해 오면 팔아주겠느냐는 제의를 받고 팔아주겠다고 승낙한 다음 乙이 물품을 밀수입해 오자 대금을 지불하고 이를 인도받아 타에 처분하였다면 밀수입범행의 공동정범이 된다.

② 甲은 A회사의 영업비밀을 다른 벤처기업에 유출하거나 스스로의 이익을 위하여 이용할 목적으로 CD에 저장한 다음 반출하여 집으로 가져와 보관한 후에, 乙에게 그 사실을 말하여 乙이 甲과 접촉해 A회사의 영업비밀을 취득하려 하였다면 乙은 업무상배임죄의 공동정범이 될 수 있다.

③ 甲은 乙과 공모하여 가출 청소년 丙(여, 16세)에게 낙태수술비를 벌도록 해 주겠다고 유인하였고, 乙로 하여금 丙의 성매매 홍보용 나체사진을 찍도록 하였으며, 丙이 중도에 약속을 어길 경우 민형사상 책임을 진다는 각서를 작성하도록 한 후, 甲이 별건으로 체포되어 구치소에 수감 중인 동안 丙이 乙의 관리 아래 성매매를 계속한 경우, 丙의 성매매기간 동안 甲은 수감되어 있었으므로 甲은 공모관계에서 이탈하였다고 할 수 있다.

④ 건설회사의 유일한 지배자인 대표 甲이 장기간에 걸쳐 건설공사현장소장 乙의 뇌물공여행위를 보고 받고 이를 확인·결재하는 등의 방법으로 관여한 경우, 비록 사전에 구체적인 대상 및 액수를 정하여 뇌물공여를 지시하지 아니하였다고 하더라도 그 핵심적 경과를 계획적으로 조종하거나 촉진하는 등으로 기능적 행위지배를 하였다고 보아 공모공동정범이 성립한다.

정선 핵심

① 캠코더 등을 밀수입해 오면 팔아주겠다고 승낙한 경우 → 밀수입죄의 공동정범 ×
② 배임행위에 적극 가담하는 행위가 인정되지 아니하는 경우 → 업무상배임죄의 공동정범 ×
③ 甲이 수감 중인 동안 丙이 乙의 관리 아래 성매매를 계속한 경우 → 공모관계의 이탈 ×
④ 건설회사의 대표가 현장소장의 뇌물공여행위를 확인·결재하는 방법으로 관여한 경우 → 공모공동정범 ○

정선 해설

[❶ ▸ ×] 전자제품 등을 밀수입해 올 테니 이를 팔아 달라는 제의를 받고 승낙한 경우, 그 승낙은 물품을 밀수입해 오면 이를 취득하거나 그 매각알선을 하겠다는 의사표시로 볼 수 있을 뿐 밀수입범행을 공동으로 하겠다는 공모의 의사를 표시한 것으로는 볼 수 없다(대판 2000.4.7. 2000도576).

[❷ ▸ ×] 판례(대판 2012.6.28. 2012도3643)의 취지를 고려하면, 乙이 甲과 접촉해 A회사의 영업비밀을 취득하려 한 것을 배임행위에 적극 가담한 것이라고 볼 수 없으므로 乙은 업무상배임죄의 공동정범이 될 수 없다고 판단된다.

[❸ ▸ ×] 甲은 공모관계에서 이탈하였다고 할 수 없어, 乙과 함께 미성년자유인죄, 구 청소년의 성보호에 관한 법률위반죄의 책임을 진다(대판 2010.9.9. 2010도6924).

[❹ ▸ ○] 대판 2010.7.15. 2010도3544

답 ❹

278 □□□

공동정범에 대한 설명으로 가장 적절하지 않은 것은?(다툼이 있는 경우 판례에 의함)

18 경찰승진

① 甲이 부녀를 유인하여 성매매를 통해 수익을 얻을 것을 乙과 공모한 후, 乙로 하여금 유인된 A녀(16세)의 성매매 홍보용 나체사진을 찍도록 하고, A가 중도에 약속을 어길 경우 민·형사상 책임을 진다는 각서를 작성하도록 하였지만, 甲이 별건으로 체포되어 구치소에 수감 중인 동안 A가 乙의 관리 아래 성매수의 대가로 받은 돈을 A, 乙 및 甲의 처 등이 나누어 사용한 경우, 甲은 공모관계에서 이탈한 것으로 인정된다.

② 甲이 피해자일행을 한사람씩 나누어 강간하자는 乙의 제의에 아무런 대답도 하지 않고 따라다니다가 자신의 강간 상대방으로 남겨진 A에게 일체의 신체적 접촉도 시도하지 않은 채 乙이 인근 숲 속에서 강간을 마칠 때까지 A와 함께 이야기만 나눈 경우, 甲에게 乙의 강간범행에 공동으로 가공할 의사가 있었다고 볼 수 없다.

③ 2인 이상이 범죄에 공동가공하는 공범관계에서 공모는 법률상 어떤 정형을 요구하는 것이 아니고, 2인 이상이 공모하여 어느 범죄에 공동가공하여 그 범죄를 실현하려는 의사의 결합만 있으면 되는 것으로서, 비록 전체의 모의과정이 없었다고 하더라도 수인 사이에 순차적으로 또는 암묵적으로 상통하여 그 의사의 결합이 이루어지면 공모관계가 성립한다.

④ 건설 관련 회사의 유일한 지배자인 甲이 회사 대표의 지위에서 장기간에 걸쳐 건설공사 현장소장들의 뇌물공여행위를 보고받고 이를 확인·결재하는 등의 방법으로 위 행위에 관여하였다면, 비록 사전에 구체적인 대상 및 액수를 정하여 뇌물공여를 지시하지 않았다고 하더라도 공모공동정범의 죄책이 인정된다.

정선 핵심

① 甲이 수감 중인 동안 A가 乙의 관리 아래 성매매를 계속한 경우 → 공모관계의 이탈 ×
② 강간모의에 아무런 대답을 하지 않고 신체적 접촉도 없이 이야기만 나눈 경우 → 강간범행에 공동가공의 의사 ×
③ 공동정범의 성립요건
 ⇢ 주관적 요건 : 전체모의과정 없이 순차적·암묵적 의사의 결합이 있으면 공모관계 ○
④ 건설회사의 대표가 현장소장의 뇌물공여행위를 확인·결재하는 방법으로 관여한 경우 → 공모공동정범 ○

정선 해설

[❶ ▸ ×] 판례(대판 2010.9.9. 2010도6924)의 취지를 고려하면, 甲은 공모관계에서 이탈하였다고 할 수 없어, 乙과 함께 미성년자유인죄, 구 청소년의 성보호에 관한 법률위반죄의 책임을 진다.

[❷ ▸ ○] 피해자 일행을 한 사람씩 나누어 강간하자는 피고인 일행의 제의에 아무런 대답도 하지 않고 따라다니다가 자신의 강간 상대방으로 남겨진 공소외인에게 일체의 신체적 접촉도 시도하지 않은 채 다른 일행이 인근 숲 속에서 강간을 마칠 때까지 공소외인과 함께 이야기만 나눈 경우, 피고인에게 다른 일행의 강간범행에 공동으로 가공할 의사가 있었다고 볼 수 없다(대판 2003.3.28. 2002도7477).

[❸ ▸ ○] 대판 1994.9.9. 94도1831

[❹ ▸ ○] 대판 2010.7.15. 2010도3544

답 ❶

279 □□□

공동정범에 대한 설명으로 옳은 것은?(다툼이 있는 경우 판례에 의함) 21 국가9급

① 다른 공모자가 실행에 착수한 이후에 그 공범관계에서 이탈한 공모자는 자신이 관여하지 않은 부분에 대하여 공동정범으로서 죄책을 부담하지 않는다.

② 공동정범은 범행에서의 역할이나 개별적 양형참작사유에도 불구하고 각자를 정범으로서 동일한 선고형으로 벌한다.

③ 공동실행의 의사는 범죄행위 시에 존재하면 족하고 반드시 사전에 공모함을 요하지 아니한다.

④ 공동정범 가운데 1인이 공모한 내용과 질적으로 다른 내용의 결과발생을 야기한 경우 다른 공동정범은 그 범행에 대한 과실범의 책임을 진다.

정선 핵심

① 공모관계의 이탈
→ 실행의 착수 후 이탈 : 관여하지 않은 부분에 대하여 공동정범 ○

② 공동정범의 처벌 → 양형에 있어서는 차이 ○

③ 공동정범의 성립요건
→ 주관적 요건 : 공동가공의 의사는 사전공모 불요

④ 공동정범과 착오
→ 추상적 사실의 착오 중 질적 초과 : 초과 부분은 공동정범 ×

정선 해설

[❶ ▸ ×] 피고인이 포괄일죄의 관계에 있는 범행의 일부를 실행한 후 공범관계에서 이탈하였으나 다른 공범자에 의하여 나머지 범행이 이루어진 경우, 피고인이 관여하지 않은 부분에 대하여도 죄책을 부담한다(대판 2011.1.13. 2010도9927).

[❷ ▸ ×] 공동정범은 각자가 그 죄의 정범으로 처벌되지만 책임조각사유, 형의 가중·감경사유, 인적 처벌조각사유는 그러한 사유가 있는 자에게만 적용되므로 양형에 있어서는 차이가 있을 수 있다.

[❸ ▸ ○] 공동정범이 성립함에 있어 필요한 범죄를 공동실행할 의사는 범죄행위 시에 존재하면 족하고 반드시 사전공모함을 요하지 아니한다(대판 1970.1.27. 69도2225).

[❹ ▸ ×] 공모사실과 발생사실이 전혀 별개의 구성요건에 속하는 질적 초과의 경우에는 그 초과 부분은 공동정범이 성립하지 아니하고 실행자는 단독정범이 된다.

답 ❸

280 □□□

공동정범에 대한 설명으로 옳지 않은 것은?(다툼이 있는 경우 판례에 의함) 19 국가9급

① 특수강도의 범행을 모의하였더라도 범행의 실행에 가담하지 아니하고 공모자들이 빼어온 장물의 처분을 알선만 하였다면 장물알선죄로 의율할 수 있을 뿐 특수강도의 공동정범으로는 처벌할 수 없다.

② 여러 사람이 공동하여 상해의 고의로 범행 중 한 사람이 중한 상해를 가하여 피해자가 사망에 이른 경우, 나머지 사람들은 사망의 결과를 예견할 수 없는 때가 아닌 한 상해치사의 죄책을 면할 수 없다.

③ 자동차 명의수탁자가 제3자에게 자동차를 몰래 가져가 매도할 것을 허락하고 제3자가 피해자인 명의신탁자 몰래 자동차를 가져간 경우, 제3자와 명의수탁자는 절도죄의 공동정범의 죄책을 진다.

④ 교통방해를 유발한 집회에 참가한 경우 참가 당시 이미 다른 참가자들에 의해 교통의 흐름이 차단된 상태였더라도 그들과 암묵적·순차적으로 공모하여 교통방해의 위법상태를 지속시켰다고 평가할 수 있다면 일반교통방해죄가 성립한다.

정선 핵심

① 특수강도의 범행을 모의한 후 장물의 처분을 알선만 한 경우 → 특수강도의 공동정범 ○
② 피해자가 상해로 사망한 때 사망의 결과를 예견할 수 있는 경우 → 상해치사죄의 공동정범 ○
③ 명의수탁자의 허락으로 제3자가 명의신탁자 몰래 자동차를 가져간 경우 → 절도죄의 공동정범 ○
④ 이미 교통의 흐름이 차단된 후 다른 참가자들과 함께 암묵적·순차적으로 공모하여 교통방해의 위법상태를 지속한 경우 → 일반교통방해죄 ○

정선 해설

[❶ ▸ ×] 특수강도의 범행을 모의한 이상 범행의 실행에 가담하지 아니하고, 공모자들이 강취해 온 장물의 처분을 알선만 하였다 하더라도, 특수강도의 공동정범이 된다 할 것이므로 장물알선죄로 의율할 것이 아니다(대판 1983.2.22. 82도3103).

[❷ ▸ ○] 대판 2000.5.12. 2000도745

[❸ ▸ ○] 자동차 명의신탁관계에서 제3자가 명의수탁자로부터 승용차를 가져가 매도할 것을 허락받고 인감증명 등을 교부받아 위 승용차를 명의신탁자 몰래 가져간 경우, 위 제3자와 명의수탁자의 공모·가공에 의한 절도죄의 공모공동정범이 성립한다(대판 2007.1.11. 2006도4498).

[❹ ▸ ○] 일반교통방해죄에서 교통방해행위는 계속범의 성질을 가지는 것이어서 교통방해의 상태가 계속되는 한 위법상태는 계속 존재한다. 따라서 교통방해를 유발한 집회에 참가한 경우 참가 당시 이미 다른 참가자들에 의해 교통의 흐름이 차단된 상태였더라도 교통방해를 유발한 다른 참가자들과 암묵적·순차적으로 공모하여 교통방해의 위법상태를 지속시켰다고 평가할 수 있다면 일반교통방해죄가 성립한다(대판 2018.5.11. 2017도9146).

비교판례 **대판 2018.1.24. 2017도11408**

이미 교통의 흐름이 완전히 차단된 상태의 도로를 다수인이 행진하여 점거하는 것은 교통방해의 추상적 위험조차 발생시키지 않는다고 보아야 한다. 교통의 흐름이 완전히 차단된 상태에서 피고인이 도로에 걸어 나간 것만으로는 교통방해의 위험을 발생시켰다고 볼 수 없고, 집회참가자들의 도로 점거 이후 시위에 합류한 피고인에게 차벽 설치 전 다른 집회참가자들이 한 도로점거에 대한 책임을 물을 수 없다. 피고인이 다른 집회참가자들과 도로점거를 사전에 공모하였다는 증거가 없는 이상 공모공동정범의 죄책을 물을 수도 없다.

답 ❶

제1장 제2장 제3장

281 □□□

공동정범에 대한 설명으로 가장 적절한 것은?(다툼이 있는 경우 판례에 의함)

17 경찰채용

① 우연히 만난 자리에서 서로 협력하여 공동의 범의를 실현하려는 의사가 암묵적으로 상통하여 범행에 공동가공한 것이라면 공동정범은 성립하지 않는다.
② 타인의 범행을 인식하면서도 이를 제지하지 아니하고 용인하는 심리상태만으로 공동정범의 공동가공의 의사가 인정될 수 있다.
③ 딱지어음을 발행하여 매매하였더라도, 딱지어음의 전전유통경로나 중간 소지인들 및 그 기망방법을 구체적으로 몰랐던 경우라면 사기죄의 공모관계를 인정할 수 없다.
④ 업무상배임죄로 이익을 얻는 수익자 또는 그와 밀접한 관련이 있는 제3자를 배임의 실행행위자와 공동정범으로 인정하기 위해서는 실행행위자의 행위가 피해자 본인에 대한 배임행위에 해당한다는 것을 알면서도 소극적으로 배임행위에 편승하여 이익을 취득한 것만으로는 부족하고, 실행행위자의 배임행위를 교사하거나 또는 배임행위의 전 과정에 관여하는 등으로 배임행위에 적극 가담할 것이 필요하다.

정선 핵심

①·② 공동정범의 성립요건 : 주관적 요건
→ 공동가공의 의사는 사전공모 불요
→ 공동가공의 의사는 공동의 의사로 특정한 범죄행위를 하기 위하여 다른 사람의 행위를 이용하여 자기의 의사를 실행에 옮기는 것을 내용으로 해야 함
③ 딱지어음을 발행하여 매매하였더라도, 전전유통경로 등을 구체적으로 몰랐던 경우 → 사기죄의 공동정범 ○
④ 배임행위에 적극 가담하는 경우 → 업무상배임죄의 공동정범 ○

정선 해설

[❶ ▸ ×] 공동정범이 성립하기 위하여는 반드시 공범자 간에 사전에 모의가 있어야 하는 것은 아니며, 우연히 만난 자리에서 서로 협력하여 공동의 범의를 실현하려는 의사가 암묵적으로 상통하여 범행에 공동가공하더라도 공동정범은 성립된다(대판 1984.12.26. 82도1373).

[❷ ▸ ×] 공동가공의 의사는 타인의 범행을 인식하면서도 이를 제지하지 아니하고 용인하는 것만으로는 부족하고, 공동의 의사로 특정한 범죄행위를 하기 위하여 일체가 되어 서로 다른 사람의 행위를 이용하여 자기의 의사를 실행에 옮기는 것을 내용으로 하는 것이어야 한다(대판 2000.4.7. 2000도576).

[❸ ▸ ×] 이른바 딱지어음을 발행하여 매매한 이상 사기의 실행행위에 직접 관여하지 아니하였다고 하더라도 공동정범으로서의 책임을 면하지 못하고, 딱지어음의 전전유통경로나 중간 소지인들 및 그 기망방법을 구체적으로 몰랐다고 하더라도 공모관계를 부정할 수는 없다(대판 1997.9.12. 97도1706).

[❹ ▸ ○] 대판 2012.6.28. 2012도3643

답 ❹

282 □□□

공동정범에 관한 다음 설명 중 가장 적절하지 않은 것은?(다툼이 있으면 판례에 의함)

15 경찰채용

① 공동가공의 의사는 타인의 범행을 인식하면서도 이를 제지하지 아니하고 용인하는 것만으로는 부족하고 공동의 의사로 특정한 범죄행위를 하기 위하여 일체가 되어 서로 다른 사람의 행위를 이용하여 자기의 의사를 실행에 옮기는 것을 내용으로 하는 것이어야 한다.

② 이른바 딱지어음을 발행하여 매매한 이상 사기의 실행행위에 직접 관여하지 아니하였다고 하더라도 공동정범으로서의 책임을 면하지 못하고, 딱지어음의 전전유통경로나 중간소지인들 및 그 기망방법을 구체적으로 몰랐다고 하더라도 공모관계를 부정할 수는 없다.

③ 공범자의 범인도피행위 도중에 그 범행을 인식하면서 그와 공동의 범의를 가지고 기왕의 범인도피상태를 이용하여 스스로 범인도피행위를 계속한 자는 범인도피죄의 공동정범이 성립한다.

④ 우연히 만난 자리에서 서로 협력하여 공동의 범의를 실현하려는 의사가 암묵적으로 상통하여 범행에 공동가공한 것이라면 공동정범은 성립하지 않는다.

정선 핵심

①·④ 공동정범의 성립요건 : 주관적 요건
→ 공동가공의 의사는 공동의 의사로 특정한 범죄행위를 하기 위하여 다른 사람의 행위를 이용하여 자기의 의사를 실행에 옮기는 것을 내용으로 해야 함
→ 공동가공의 의사는 사전공모 불요

② 딱지어음을 발행하여 매매하였더라도, 전전유통경로 등을 구체적으로 몰랐던 경우 → 사기죄의 공동정범 ○

③ 공범과 공동의 범의로 기왕의 도피상태를 이용하여 도피행위를 계속한 경우 → 범인도피죄의 공동정범 ○

정선 해설

[❶ ▸ ○] 대판 2000.4.7. 2000도576

[❷ ▸ ○] 대판 1997.9.12. 97도1706

[❸ ▸ ○] 범인도피죄는 범인을 도피하게 함으로써 기수에 이르지만, 범인도피행위가 계속되는 동안에는 범죄행위도 계속되고 행위가 끝날 때 비로소 범죄행위가 종료된다. 따라서 <u>공범자의 범인도피행위 도중에 그 범행을 인식하면서 그와 공동의 범의를 가지고 기왕의 범인도피상태를 이용하여 스스로 범인도피행위를 계속한 경우에는 범인도피죄의 공동정범이 성립</u>하고, 이는 공범자의 범행을 방조한 종범의 경우도 마찬가지이다(대판 2012.8.30. 2012도6027).

[❹ ▸ ×] 공동정범이 성립하기 위하여는 반드시 공범자 간에 사전에 모의가 있어야 하는 것은 아니며, 우연히 만난 자리에서 서로 협력하여 공동의 범의를 실현하려는 의사가 암묵적으로 상통하여 범행에 공동가공하더라도 공동정범은 성립된다(대판 1984.12.26. 82도1373).

답 ❹

283 □□□

공동정범에 대한 설명으로 옳지 않은 것은?(다툼이 있는 경우 판례에 의함) 20 국가9급

① 2인 이상이 상호 의사연락하에 과실행위를 함으로써 범죄가 되는 결과를 발생케 한 경우 과실범의 공동정범이 성립된다.

② 3인 이상의 범인이 합동절도의 범행을 공모하였지만 범행현장에 있지 않은 자에 대해서는 합동범의 공동정범을 인정할 수 없다.

③ 결과적 가중범의 공동정범은 행위를 공동으로 할 의사가 있으면 성립하고 그 결과를 공동으로 할 의사까지는 필요 없다.

④ 공모자가 공모에 주도적으로 참여하여 다른 공모자의 실행에 영향을 미친 때에는 그 영향력을 제거하지 아니하는 한 공모관계에서 이탈하였다고 할 수 없다.

정선 핵심

① 2인 이상이 의사연락하에 과실행위로 범죄의 결과를 발생케 한 경우 → 과실범의 공동정범 ○
② 3인 이상의 범인이 합동절도를 공모한 후 현장에 있지 않은 자가 정범성의 표지를 갖춘 경우 → 합동절도의 공동정범 ○
③ 결과적 가중범의 공동정범 → 결과를 공동으로 할 의사 불요
④ 공모관계의 이탈
⤑ 실행의 착수 전 이탈 : 주도적 공모자는 실행에 미친 영향력을 제거해야 함

정선 해설

[❶ ▸ ○] 대판 1962.3.29. 4294형상598

[❷ ▸ ×] 3인 이상의 범인이 합동절도의 범행을 공모한 후 적어도 2인 이상의 범인이 범행현장에서 시간적, 장소적으로 협동관계를 이루어 절도의 실행행위를 분담하여 절도범행을 한 경우에는 공동정범의 일반이론에 비추어 그 공모에는 참여하였으나 현장에서 절도의 실행행위를 직접 분담하지 아니한 다른 범인에 대하여도 그가 현장에서 절도범행을 실행한 위 2인 이상의 범인의 행위를 자기 의사의 수단으로 하여 합동절도의 범행을 하였다고 평가할 수 있는 정범성의 표지를 갖추고 있다고 보여지는 한 그 다른 범인에 대하여 합동절도의 공동정범의 성립을 부정할 이유가 없다고 할 것이다(대판 1998.5.21. 98도321[전합]).

[❸ ▸ ○] 결과적 가중범인 상해치사의 공동정범은 폭행 기타의 신체침해행위를 공동으로 할 의사가 있으면 성립되고, 결과를 공동으로 할 의사는 필요 없다(대판 1993.8.24. 93도1674).

[❹ ▸ ○] 대판 2008.4.10. 2008도1274

답 ❷

284 □□□

甲은 乙·丙과 함께 A회사 창고에서 피혁을 훔칠 것을 공모하였다. 그 후 甲은 절취할 마음이 생기지 않아서, 만나기로 한 시간에 약속장소에 가지 않고 포장마차에서 술을 마신 뒤 여관에서 잠을 잤다. 그러나 乙과 丙은 약속장소에서 甲을 기다리다가 자기들끼리 절취하기로 하고 乙은 창고 앞에서 망을 보고 丙은 창고에서 피혁을 절취하였다. 다음 중 가장 타당한 것은?(판례에 의함) 13 경찰간부

① 甲은 특수절도 예비·음모죄, 乙과 丙은 특수절도죄
② 甲은 무죄, 乙과 丙은 특수절도죄
③ 甲, 乙, 丙 모두 특수절도죄의 공동정범
④ 甲은 절도죄의 예비·음모죄, 乙과 丙은 특수절도죄

정선 해설

乙은 창고 앞에서 망을 보고 丙은 창고에서 피혁을 절취하였고 별도의 위법성조각사유, 책임조각사유는 보이지 아니하므로 乙과 丙은 합동범인 특수절도죄(형법 제331조 제2항)의 죄책을 진다. 甲은 절도 내지 특수절도를 공모하였으나 약속장소에 가지 아니하여 乙과 丙의 특수절도죄의 실행의 착수 이전에 이탈이 인정된다. 甲이 乙 및 丙과 공모한 부분은 예비·음모에 해당하나 절도죄는 예비·음모를 처벌하지 아니하므로 甲은 불가벌이다.

답 ❷

285 □□□

다음 설명 중 가장 옳지 않은 것은?(다툼이 있는 경우 판례에 의함) 20 경찰간부

① 해적 甲, 乙이 두목의 사전지시에 따라 선원들을 윙브리지로 세워 해군의 위협사격을 받게 함으로써 '인간방패'로 사용한 경우, 甲이 사전모의는 하였지만 선원들을 윙브리지로 내몰았을 당시 총을 버리고 도망갔다면 공모관계에서 이탈한 것에 해당한다.
② 대향범은 대립적 범죄로서 2인 이상의 서로 대향된 행위의 존재를 필요로 하는 필요적 공범관계에 있는 범죄로, 대향범간에는 공범에 관한 형법총칙 규정이 적용되지 않는다.
③ 시간적 차이가 있는 독립된 폭행행위가 경합하여 사망의 결과가 일어나고 그 사망의 원인된 행위가 판명되지 않은 경우 공동정범의 예에 의하여 처벌한다.
④ 자기 자신을 무고하기로 제3자와 공모하고 이에 따라 무고행위에 가담하였더라도 무고죄의 공동정범으로 처벌할 수 없다.

정선 핵심

① 선원들을 인간방패로 사용하자 사전모의한 甲이 도망한 경우 → 공모관계의 이탈 ×
② 대향범 → 형법총칙 규정 적용 ×
③ 시간적 차이가 있는 독립된 폭행행위의 경합 → 동시범의 특례적용 ○
④ 자기 자신을 무고하기로 공모하고 무고행위에 가담한 경우 → 무고죄의 공동정범 ×

정선 해설

[❶ ▸ ×] 이 사건 해적들 사이에는 해군이 다시 구출작전에 나설 경우 선원들을 '인간방패'로 사용하는 것에 관하여 사전공모가 있었고, 해군의 총격이 있는 상황에서 선원들을 윙브리지로 내몰 경우 선원들이 사망할 수 있다는 점을 당연히 예견하고 나아가 이를 용인하였다고 할 것이므로 살인의 미필적 고의 또한 인정되며, 나아가 선원들을 윙브리지로 내몰았을 때 살해행위의 실행에 착수한 것으로 판단된다. 그리고 위와 같은 행위는 사전공모에 따른 것으로서 피고인 2, 피고인 3 및 피고인 4가 당시 총을 버리고 도망갔다고 하더라도 그것만으로는 공모관계에서 이탈한 것으로 볼 수 없다(대판 2011.12.22. 2011도12927).

[❷ ▸ O] 대판 2017.6.19. 2017도4240

[❸ ▸ O] 시간적 차이가 있는 독립된 상해행위나 폭행행위가 경합하여 사망의 결과가 일어나고 그 사망의 원인된 행위가 판명되지 않은 경우에는 공동정범의 예에 의하여 처벌할 것이다(대판 2000.7.28. 2000도2466).

[❹ ▸ O] 대판 2017.4.26. 2013도12592

답 ❶

286 □□□

공동정범에 대한 설명으로 옳은 것은?(다툼이 있는 경우 판례에 의함) 14 국가7급

① 판례는 범죄공동설의 입장에서 공동정범의 주관적 요건 대신 객관적 요건만으로 과실범의 공동정범을 인정하고 있다.

② 다른 공모자들과 강도모의를 주도한 피고인이, 다른 공모자들이 피해자를 뒤쫓아 가자 단지 "어?"라고만 하고 더 이상 만류하지 아니하여 공모자들이 강도상해의 범행을 한 경우 피고인은 그 공모관계에서 이탈하였다고 인정된다.

③ 피고인이 포괄일죄의 일부에 공동정범으로 가담한 경우 그가 그때에 이미 이루어진 종전의 범행을 알았다면 그 가담 이후의 범행에 대해서만이 아니라 전체에 대한 공동정범으로서 책임을 지며, 이러한 법리는 결합범인 단순일죄의 일부에 공동정범으로 가담한 경우에도 동일하게 적용된다.

④ 구성요건행위를 직접 분담하여 실행하지 아니한 공모자가 공모공동정범으로 인정되기 위하여는 전체 범죄에 있어서 그가 차지하는 지위·역할이나 범죄경과에 대한 지배 내지 장악력 등을 종합하여 그에게 범죄에 대한 본질적 기여를 통한 기능적 행위지배가 존재하여야 한다.

정선 핵심

① 행위공동설(판례) → 과실범의 공동정범 O
② 강도모의를 주도한 피고인이 다른 공모자들의 강도상해의 범행을 만류하지 아니한 경우 → 공모관계의 이탈 ×
③ 승계적 공동정범의 후행자의 귀책범위
⋯→ 종전의 범행을 알았더라도 가담 이후의 범행에 대하여 공동정범 O
⋯→ 결합범인 단순일죄의 일부에 가담한 경우에도 동일
④ 범죄에 대한 본질적 기여를 통한 기능적 행위지배 → 실행하지 않은 공모자에게 공모공동정범 O

정선 해설

[❶ ▸ ×] 판례는 행위공동설의 입장에서 과실범의 공동정범을 인정하고 있다.

> 2인 이상이 어떠한 과실행위를 서로의 의사연락아래 하여 범죄되는 결과를 발생케 한 경우에는 과실범의 공동정범이 성립된다(대판 1962.3.29. 4294형상598).

[❷ ▸ ×] 판례의 취지를 고려하면, 강도모의를 주도한 피고인이 다른 공모자들의 강도상해의 범행을 더 이상 만류하지 아니한 경우 피고인은 그 공모관계에서 이탈하였다고 볼 수 없다.

> 공모관계에서의 이탈은 공모자가 공모에 의하여 담당한 기능적 행위지배를 해소하는 것이 필요하므로 공모자가 공모에 주도적으로 참여하여 다른 공모자의 실행에 영향을 미친 때에는 범행을 저지하기 위하여 적극적으로 노력하는 등 실행에 미친 영향력을 제거하지 아니하는 한 공모관계에서 이탈하였다고 할 수 없다(대판 2008.4.10. 2008도1274).

[❸ ▸ ×] 승계적 공동정범에서 후행자는 가담 이후의 범죄에 대하여만 공동정범으로 책임을 진다는 것이 판례의 태도이고 결합범의 경우도 포괄일죄의 일종이라는 점에서 동일한 법리가 적용되리라 판단된다.

> 포괄일죄의 범행 도중에 공동정범으로 범행에 가담한 자는 비록 그가 그 범행에 가담할 때에 이미 이루어진 종전의 범행을 알았다 하더라도 그 가담 이후의 범행에 대하여만 공동정범으로 책임을 진다(대판 1997.6.27. 97도163).

[❹ ▸ ○] 대판 2010.7.15. 2010도3544

답 ❹

287 □□□

공범에 관한 다음 설명 중 옳은 것은 모두 몇 개인가?(다툼이 있으면 판례에 의함)

19 해경간부

ㄱ. 공동피고인이 위조된 부동산임대차계약서를 담보로 제공하고 피해자로부터 돈을 빌려 편취할 것을 계획하면서 피해자가 계약서상의 임대인에게 전화를 하여 확인할 것에 대비하여 피고인에게 미리 전화를 하여 임대인행세를 하여 달라고 부탁하였고, 피고인은 위와 같은 사정을 잘 알면서도 이를 승낙하여 실제로 피해자의 남편으로부터 전화를 받자 자신이 실제의 임대인인 것처럼 행세하여 전세금액 등을 확인함으로써 위조사문서의 행사에 관하여 역할분담을 한 경우 위조사문서행사죄의 공동정범이 성립한다.
ㄴ. 부작위범 사이의 공동정범은 다수의 부작위범에게 공통된 의무가 부여되어 있고 그 의무를 공통으로 이행할 수 있을 때에만 성립한다.
ㄷ. 공모자들이 그 공모한 범행을 수행하거나 목적달성을 위해 나아가는 도중에 부수적인 다른 범죄가 파생되리라고 예상하거나 충분히 예상할 수 있는데도 그러한 가능성을 외면한 채 이를 방지하기에 족한 합리적인 조치를 취하지 아니하고 공모한 범행에 나아갔다가 결국 그와 같이 예상되던 범행들이 발생하였다면, 당초의 공모자들 사이에 그 범행 전부에 대하여 암묵적인 공모는 물론 그에 대한 기능적 행위지배가 존재한다고 보아야 한다.
ㄹ. 상대방에게 오토바이를 훔쳐 오면 그것을 자기가 사 주겠다고 부추긴 경우에 부추긴 사람에게는 절도죄의 공동실행의 의사를 인정할 수가 없으므로 절도죄의 공동정범이 되지는 못한다.

① 1개 ② 2개
③ 3개 ④ 4개

정선 핵심

ㄱ. 공동피고인이 위조된 부동산임대차계약서를 담보로 피해자로부터 돈을 빌려 편취할 것을 계획하고 피고인은 임대인인 것처럼 행세한 경우 → 위조사문서행사죄의 공동정범 ○
ㄴ. 부작위범에게 공통의무가 있고 공통으로 이행할 수 있는 경우 → 부작위범의 공동정범 ○
ㄷ. 공모한 범행을 수행 중에 부수적인 범죄가 파생되리라 예상할 수 있는데도 합리적인 조치를 취하지 아니하여 예상되던 범행들이 발생한 경우 → 범행 전부에 대하여 암묵적인 공모와 기능적 행위지배 존재
ㄹ. 오토바이를 훔쳐 오면 사 주겠다고 부추긴 경우 → 절도죄의 공동정범 ×

정선 해설

[ㄱ ▸ ○] 공동피고인이 위조된 부동산임대차계약서를 담보로 제공하고 피해자로부터 돈을 빌려 편취할 것을 계획하면서 피고인에게 미리 전화를 하여 임대인 행세를 하여달라고 부탁하였고, 피고인은 임대인인 것처럼 행세하여 전세금액 등을 확인한 경우, 피고인의 행위는 위조사문서행사에 있어서 기능적 행위지배의 공동정범요건을 갖추었다고 할 것이다(대판 2010.1.28. 2009도10139).

[ㄴ ▸ O] 부작위범 사이의 공동정범은 다수의 부작위범에게 공통된 의무가 부여되어 있고 그 의무를 공통으로 이행할 수 있을 때에만 성립한다(대판 2008.3.27. 2008도89).

[ㄷ ▸ O] 대판 2007.4.26. 2007도428

[ㄹ ▸ O] 판례의 취지를 고려하면, 행위자가 상대방에게 부추긴 것만으로는 절도죄의 공동가공의 의사를 인정할 수가 없으므로 절도죄의 공동정범이 되지는 못한다고 판단된다.

오토바이를 절취하여 오면 그 물건을 사 주겠다고 한 것이 절도죄에 있어 공동정범의 성립을 인정하기 위하여 필요한 공동가공의 의사가 있었다고 보기 어렵다(대판 1997.9.30. 97도1940).

답 ❹

288
□□□

공동정범에 관한 설명 중 가장 적절하지 않은 것은?(다툼이 있으면 판례에 의함)

16 경찰승진

① 포괄일죄의 범행 도중에 공동정범으로 범행에 가담한 자는 비록 그가 그 범행에 가담할 때에 이미 이루어진 종전의 범행을 알았다 하더라도 그 가담 이후의 범행에 대하여만 공동정범으로 책임을 진다.

② 부하들이 흉기를 들고 싸움을 하고 있는 도중에 폭력단체의 두목급 수괴 甲이 사건 현장에서 "전부 죽이라"고 고함을 치자, 그 부하들이 피해자들을 난자하여 사망케 한 경우에 甲도 살인죄의 공동정범의 죄책을 진다.

③ 다른 3명의 공모자들과 강도모의를 주도한 甲이, 다른 공모자들이 피해자를 뒤쫓아 가자 단지 '어?'라고만 하고 더 이상 만류하지 아니하여 공모자들이 강도상해의 범행을 한 경우, 甲은 그 공모관계에서 이탈하였다고 볼 수 없다.

④ 우연히 만난 자리에서 서로 협력하여 공동의 범의를 실현하려는 의사가 암묵적으로 상통하여 범행에 공동가공한 것이라면 공동정범은 성립하지 않는다.

정선 핵심

① 승계적 공동정범의 후행자의 귀책범위
⇢ 종전의 범행을 알았더라도 가담 이후의 범행에 대하여 공동정범 ○
② 전부 죽이라고 고함치자, 피해자들을 난자하여 사망케 한 경우 → 살인죄의 공동정범 ○
③ 강도모의를 주도한 피고인이 다른 공모자들의 강도상해의 범행을 만류하지 아니한 경우 → 공모관계의 이탈 ×
④ 공동정범의 성립요건
⇢ 주관적 요건 : 공동가공의 의사는 사전공모 불요

정선 해설

[❶ ▸ O] 대판 1997.6.27. 97도163

[❷ ▸ O] 부하들이 흉기를 들고 싸움을 하고 있는 도중에 폭력단체의 두목급 수괴의 지위에 있는 甲이 그 현장에 모습을 나타내고 더욱이 부하들이 흉기들을 소지하고 있어 살상의 결과를 초래할 것을 예견하면서도 전부 죽이라는 고함을 친 행위는 부하들의 행위에 큰 영향을 미치는 것으로서 甲은 이로써 위 싸움에 가세한 것이라고 보지 아니할 수 없고, 나아가 부하들이 칼, 야구방망이 등으로 피해자들을 난타, 난자하여 사망케 한 것이라면 甲은 살인죄의 공동정범으로서의 죄책을 면할 수 없다(대판 1987.10.13. 87도1240).

[❸ ▸ O] 판례(대판 2008.4.10. 2008도1274)의 취지를 고려하면, 강도모의를 주도한 甲이, 다른 공모자들의 강도상해의 범행을 더 이상 만류하지 아니한 경우 甲은 그 공모관계에서 이탈하였다고 볼 수 없다.

[❹ ▸ ×] 공동정범이 성립하기 위하여는 반드시 공범자 간에 사전에 모의가 있어야 하는 것은 아니며, 우연히 만난 자리에서 서로 협력하여 공동의 범의를 실현하려는 의사가 암묵적으로 상통하여 범행에 공동가공하더라도 공동정범은 성립된다(대판 1984.12.26. 82도1373).

답 ❹

289 □□□

공모관계 이탈 및 공범관계 이탈에 대한 설명으로 옳지 않은 것은?(다툼이 있는 경우 판례에 의함) 20 국가7급

① 공모자가 공모에 주도적으로 참여하여 다른 공모자의 실행에 영향을 미친 때에는 범행을 저지하기 위하여 적극적으로 노력하는 등 실행에 미친 영향력을 제거하지 아니하는 한 공모관계에서 이탈하였다고 할 수 없다.
② 단순공모자 중의 어떤 사람이 다른 공모자가 실행행위에 이르기 전에 그 공모관계에서 이탈한 때에는 그 이후의 다른 공모자의 행위에 관하여 공동정범으로서의 책임은 지지 않는다고 할 것이고, 그 이탈의 표시는 반드시 명시적임을 요하지 않는다.
③ 피고인이 공범과 함께 가출청소년에게 성매매를 하도록 한 후 피고인이 별건으로 구속된 상태에서 공범들이 그 청소년에게 계속 성매매를 하게 한 경우, 구속 이후 범행에 대하여는 피고인의 실질적인 행위지배가 인정되지 않으므로 피고인에게는 공동정범의 죄책이 인정되지 않는다.
④ 피고인이 공범들과 주식시세 조종의 목적으로 허위매수주문, 통정매매행위 등을 반복적으로 행하다가 회사를 퇴사하는 등의 사정으로 공범관계에서 이탈하였으나 다른 공범에 의하여 포괄일죄 관계에 있는 나머지 범행이 이루어진 경우, 피고인은 자신이 관여하지 않은 부분에 대하여도 죄책을 부담한다.

정선 핵심

①·②·④ 공모관계의 이탈
→ 실행의 착수 전 이탈 : 주도적 공모자는 실행에 미친 영향력을 제거해야 함
→ 실행의 착수 전 이탈 : 이탈의 표시는 명시적일 것 불요
→ 실행의 착수 후 이탈 : 관여하지 않은 포괄일죄 관계에 있는 나머지 부분에 대하여 공동정범 ○
③ 피고인이 구속된 상태에서 공범들이 청소년에게 계속 성매매를 하게 한 경우 → 구속 이후 범행에 대하여 공동정범 ○

정선 해설

[❶ ▸ ○] 대판 2008.4.10. 2008도1274
[❷ ▸ ○] 대판 1986.1.21. 85도2371
[❸ ▸ ×] 판례(대판 2010.9.9. 2010도6924)의 취지를 고려하면, 피고인은 공모관계에서 이탈하였다고 할 수 없어, 공범과 함께 미성년자유인죄, 구 청소년의 성보호에 관한 법률위반죄의 책임을 진다.
[❹ ▸ ○] 피고인이 다른 공범들과 특정 회사 주식의 시세조정주문을 내기로 공모한 다음 시세조정행위의 일부를 실행한 후 공범관계로부터 이탈하였고, 다른 공범들이 그 이후의 나머지 시세조정행위를 계속한 경우, 피고인이 다른 공범들의 범죄실행을 저지하지 않은 이상 그 이후 나머지 공범들이 행한 시세조정행위에 대하여도 공동정범으로서의 죄책을 부담한다(대판 2011.1.13. 2010도9927).

답 ❸

290 □□□ 공동정범에 관한 판례의 태도가 아닌 것은? 16 경찰간부

① 공모공동정범에 있어 그 공모자 중의 1인이 다른 공모자가 실행행위에 이르기 전에 그 공모관계에서 이탈한 때에는 그 이후의 타 공모자의 행위에 대해 공동정범으로서의 책임을 지지 않는다.

② 결과적 가중범인 상해치사죄의 공동정범은 폭행 기타의 신체침해행위를 공동으로 할 의사가 있으면 성립되고 결과를 공동으로 할 의사는 필요 없으므로 패싸움 중 한 사람이 칼로 찔러 상대방을 죽게 한 경우에 다른 공범자가 그 결과에 대한 인식이 없었다고 하더라도 상해치사죄의 책임이 인정된다.

③ 합동하여 강도를 하던 여러 명 중 한 사람이 살인을 하였다면 그의 살해행위에 관하여 예견할 수 있었던 다른 가담자는 강도치사죄의 죄책을 진다.

④ 甲의 연속된 마약제조로 성립된 포괄일죄의 일부분에 乙이 甲의 종전의 범행사실을 알고 공동정범으로 가담했다면 乙에게는 그 가담 이전의 甲의 범죄 부분에 대해서도 공동정범의 책임이 인정된다.

정선 핵심

① 공모관계의 이탈
→ 실행의 착수 전 이탈 : 이탈 이후의 다른 공모자의 행위에 대한 책임 ×

② 패싸움 중 칼로 상대방을 죽게 하였으나 공범자에게 결과 인식이 없는 경우 → 상해치사죄의 공동정범 ○

③ 강도의 기회에 폭행·상해를 가하여 살해한 경우, 공모자가 살인행위나 치사의 결과를 예견할 수 있었던 경우 → 강도치사죄의 공동정범 ○

④ 乙이 마약류 제조범행에 가담할 당시에 종전의 범행을 알고 있었던 경우 → 가담 이후의 제조행위에 대하여 공동정범 ○

정선 해설

[❶ ▸ ○] 대판 2008.4.10. 2008도1274

[❷ ▸ ○] 대판 1978.1.17. 77도2193

[❸ ▸ ○] 강도의 공범자 중 1인이 강도의 기회에 피해자에게 폭행 또는 상해를 가하여 살해한 경우, 다른 공모자가 살인의 공모를 하지 아니하였다고 하여도 그 살인행위나 치사의 결과를 예견할 수 없었던 경우가 아니면 강도치사죄의 죄책을 면할 수 없다고 할 것이다(대판 1991.11.12. 91도2156).

[❹ ▸ ×] 연속된 (히로뽕)제조행위 도중에 공동정범으로 범행에 가담한 자는 비록 그가 그 범행에 가담할 때에 이미 이루어진 종전의 범행을 알았다 하더라도 그 가담 이후의 범행에 대하여만 공동정범으로 책임을 지는 것이라고 할 것이니, 비록 이 사건에서 공소 외 1의 위 제조행위 전체가 포괄하여 하나의 죄가 된다 할지라도 피고인에게 그 가담 이전의 제조행위에 대하여 까지 유죄를 인정할 수는 없다고 할 것이다(대판 1982.6.8. 82도884).

답 ❹

291 □□□

공범에 관한 다음 설명 중 가장 옳지 않은 것은?(다툼이 있는 경우 판례에 의함)

16 법원9급

① 2인 이상이 범죄에 공동가공하는 공범관계에서 공모는 법률상 어떤 정형을 요구하는 것이 아니고 2인 이상이 공모하여 어느 범죄에 공동가공하여 그 범죄를 실현하려는 의사의 결합만 있으면 되는 것으로서, 비록 전체의 모의과정이 없었다고 하더라도 수인 사이에 순차적으로 또는 암묵적으로 상통하여 그 의사의 결합이 이루어지면 공모관계가 성립한다.

② 공모관계에서의 이탈은 공모자가 공모에 의하여 담당한 기능적 행위지배를 해소하는 것이 필요하므로, 공모자가 공모에 주도적으로 참여하여 다른 공모자의 실행에 영향을 미친 때에는 범행을 저지하기 위하여 적극적으로 노력하는 등 실행에 미친 영향력을 제거하지 아니하는 한 공모관계에서 이탈되었다고 할 수 없다.

③ 피고인이 포괄일죄의 관계에 있는 범행의 일부를 실행한 후 공범관계에서 이탈하였으나 다른 공범자에 의하여 나머지 범행이 이루어진 경우, 피고인이 관여하지 않은 부분에 대하여도 죄책을 부담한다.

④ 포괄일죄의 범행 도중에 공동정범으로 범행에 가담한 자는 그가 그 범행에 가담할 때 이미 이루어진 종전의 범행을 알고 이를 용인한 것이므로 전체 범행에 대하여 공동정범으로 책임을 진다.

정선 핵심

① 공동정범의 성립요건
→ 주관적 요건 : 전체 모의과정 없이 순차적·암묵적 의사의 결합이 있으면 공모관계 ○

②·③ 공모관계의 이탈
→ 실행의 착수 전 이탈 : 주도적 공모자는 실행에 미친 영향력을 제거해야 함
→ 실행의 착수 후 이탈 : 관여하지 않은 부분에 대하여 공동정범 ○

④ 승계적 공동정범의 후행자의 귀책범위
→ 종전의 범행을 알았더라도 가담 이후의 범행에 대하여 공동정범 ○

정선 해설

[❶ ▸ ○] 공모공동정범에 있어서 공모는 법률상 어떤 정형을 요구하는 것은 아니고 2인 이상이 공모하여 범죄에 공동가공하여 범죄를 실현하려는 의사의 결합만 있으면 되는 것으로서, 비록 전체의 모의과정이 없었다고 하더라도 수인 사이에 순차적으로 또는 암묵적으로 상통하여 그 의사의 결합이 이루어지면 공모관계가 성립한다 할 것이고, 이러한 공모가 이루어진 이상 실행행위에 직접 관여하지 아니한 자라도 다른 공범자의 행위에 대하여 공동정범으로서의 형사책임을 지는 것이다(대판 1994.9.9. 94도1831).

[❷ ▸ ○] 대판 2008.4.10. 2008도1274

[❸ ▸ ○] 대판 2011.1.13. 2010도9927

[❹ ▸ ×] 포괄일죄의 범행 도중에 공동정범으로 범행에 가담한 자는 비록 그가 그 범행에 가담할 때에 이미 이루어진 종전의 범행을 알았다 하더라도 그 가담 이후의 범행에 대하여만 공동정범으로 책임을 진다(대판 1997.6.27. 97도163).

비교판례 **대판 2011.1.13. 2010도9927**

피고인이 포괄일죄의 관계에 있는 범행의 일부를 실행한 후 공범관계에서 이탈하였으나 다른 공범자에 의하여 나머지 범행이 이루어진 경우, 피고인이 관여하지 않은 부분에 대하여도 죄책을 부담한다.

답 ❹

제1장 제2장 제3장

292 □□□

공범에 관한 설명이다. 다음 중 가장 적절하지 않은 것은?(다툼이 있으면 판례에 의함)

15 경찰채용

① 부작위범 사이의 공동정범은 다수의 부작위범에게 공통된 의무가 부여되어 있고 그 의무를 공통으로 이행할 수 있을 때에만 성립한다.

② 형법 제357조 제1항의 배임수재죄와 제2항의 배임증재죄는 통상 필요적 공범의 관계에 있기는 하나 이것은 반드시 수재자와 증재자가 같이 처벌받아야 하는 것을 의미하는 것은 아니고 증재자에게는 정당한 업무에 속하는 청탁이라도 수재자에게는 부정한 청탁이 될 수도 있다.

③ 공동정범은 행위자 상호 간에 범죄행위를 공동으로 한다는 공동가공의 의사를 가지고 범죄를 공동 실행하는 경우에 성립하는데, 그 공동가공의 의사는 행위자 일방의 가공의사만으로도 인정될 수 있다.

④ 공무원을 함정에 빠뜨릴 의사로 직무와 관련되었다는 형식을 빌려 그 공무원에게 금품을 공여한 경우에도 공무원이 그 금품을 직무와 관련하여 수수한다는 의사를 가지고 받아들이면 뇌물수수죄가 성립한다.

정선 핵심

① 부작위범에게 공통의무가 있고 공통으로 이행할 수 있는 경우 → 부작위범의 공동정범 ○
② 증재자에게는 정당한 업무에 속하는 청탁 → 수재자에게는 부정한 청탁 가능
③ 공동가공의 의사 → 행위자 일방의 가공의사만으로 인정 ×
④ 함정에 빠뜨릴 의사로 금품을 공여하여 공무원이 수수한 경우 → 뇌물수수죄 ○

정선 해설

[❶ ▸ ○] 대판 2008.3.27. 2008도89

[❷ ▸ ○] 형법 제357조 제1항의 배임수재죄와 같은 조 제2항의 배임증재죄는 통상 필요적 공범의 관계에 있기는 하나 이것은 반드시 수재자와 증재자가 같이 처벌받아야 하는 것을 의미하는 것은 아니고 증재자에게는 정당한 업무에 속하는 청탁이라도 수재자에게는 부정한 청탁이 될 수도 있는 것이다(대판 1991.1.15. 90도2257).

[❸ ▸ ×] 공동가공의 의사는 공동행위자 상호 간에 있어야 하며 행위자 일방의 가공의사만으로는 공동정범관계가 성립할 수 없다(대판 1985.5.14. 84도2118).

[❹ ▸ ○] 공무원을 함정에 빠뜨릴 의사로 직무와 관련되었다는 형식을 빌려 그 공무원에게 금품을 공여한 경우에도 공무원이 그 금품을 직무와 관련하여 수수한다는 의사를 가지고 받아들이면 뇌물수수죄가 성립한다(대판 2008.3.13. 2007도10804).

답 ❸

293
□□□

다음은 공동정범에 대한 설명이다. 가장 적절하지 않은 것은?(다툼이 있으면 판례에 의함)

14 경찰채용

① 딱지어음을 발행하였으나 딱지어음의 전전유통경로, 중간소지인들, 기망방법을 구체적으로 몰랐던 경우에는 사기죄의 공모관계를 인정할 수 없다.

② 공동가공의 의사는 타인의 범행을 인식하면서도 이를 제지하지 아니하고 용인하는 것만으로는 부족하고 공동의 의사로 특정한 범죄행위를 하기 위하여 일체가 되어 서로 다른 사람의 행위를 이용하여 자기의 의사를 실행에 옮기는 것을 내용으로 하는 것이어야 한다.

③ 포괄일죄의 범행 도중에 공동정범으로 범행에 가담한 자는 이미 이루어진 종전의 범행을 알았다 하더라도 그 가담 이후의 범행에 대하여만 공동정범으로 책임을 진다.

④ 건설 관련 회사의 유일한 지배자가 회사 대표의 지위에서 장기간에 걸쳐 건설공사 현장소장들의 뇌물공여행위를 보고받고 이를 확인·결재하는 등의 방법으로 위 뇌물공여행위에 관여한 경우, 비록 사전에 구체적인 대상 및 액수를 정하여 뇌물공여를 지시하지 아니하였더라도 뇌물죄의 공동정범의 죄책을 진다.

정선 핵심

① 딱지어음을 발행하여 매매하였더라도, 전전유통경로 등을 구체적으로 몰랐던 경우 → 사기죄의 공동정범 ○
② 공동정범의 성립요건
→ 주관적 요건 : 공동가공의 의사는 공동의 의사로 특정한 범죄행위를 하기 위하여 다른 사람의 행위를 이용하여 자기의 의사를 실행에 옮기는 것을 내용으로 해야 함
③ 승계적 공동정범의 후행자의 귀책범위
→ 종전의 범행을 알았더라도 가담 이후의 범행에 대하여 공동정범 ○
④ 건설회사의 대표가 현장소장의 뇌물공여행위를 확인·결재하는 방법으로 관여한 경우 → 공모공동정범 ○

정선 해설

[❶ ▸ ×] 이른바 딱지어음을 발행하여 매매한 이상 사기의 실행행위에 직접 관여하지 아니하였다고 하더라도 공동정범으로서의 책임을 면하지 못하고, 딱지어음의 전전유통경로나 중간 소지인들 및 그 기망방법을 구체적으로 몰랐다고 하더라도 공모관계를 부정할 수는 없다(대판 1997.9.12. 97도1706).

[❷ ▸ O] 대판 2000.4.7. 2000도576

[❸ ▸ O] 포괄일죄의 범행 도중에 공동정범으로 범행에 가담한 자는 비록 그가 그 범행에 가담할 때에 이미 이루어진 종전의 범행을 알았다 하더라도 그 가담 이후의 범행에 대하여만 공동정범으로 책임을 진다(대판 1997.6.27. 97도163).

[❹ ▸ O] 대판 2010.7.15. 2010도3544

답 ❶

294 □□□

각 사례에 대한 설명으로 옳지 않은 것은?(다툼이 있는 경우 판례에 의함, 특별법은 논외로 함) 13 국가9급

① 甲, 乙, 丙은 재물을 절취하기로 공모한 후 丙은 약 100m 떨어진 곳에서 망을 보고 甲과 乙은 현장에 가서 재물을 절취하였다. - 甲, 乙, 丙은 모두 특수절도죄의 죄책을 진다.

② 甲, 乙은 보석절도를 모의하고 주간에 함께 A의 주거에 침입하여 乙은 1층에서 망을 보고 甲은 2층에서 보석을 찾았으나 발견하지 못하자 화가 난 甲이 갑자기 장식장을 깨 버렸다. - 甲은 주거침입죄, 특수절도미수죄 및 손괴죄의 죄책을 지고, 乙은 주거침입죄와 특수절도미수죄의 죄책을 진다.

③ 甲은 오토바이 판매점을 경영하는 자로서 乙에게 "오토바이를 훔쳐 오라. 그리하면 장물은 내가 사 주겠다"라고 말하여 乙은 인근에서 오토바이를 절취하였다. - 甲, 乙은 절도죄의 공동정범의 죄책을 진다.

④ 甲과 乙은 강도를 공모하고 혼자 사는 여성 A의 집에 침입하여 甲이 재물을 강취하기 위해 A를 폭행하던 중 욕정이 발동하여 A를 강간하였고 乙은 그 사실을 알지 못한 채 물건을 가지고 나왔다. - 甲은 강도강간죄, 乙은 특수강도죄의 죄책을 진다.

정선 핵심

① 甲과 乙이 현장에서 재물을 절취하는 동안 丙은 망을 본 경우 → 甲, 乙, 丙은 모두 특수절도죄 O
② 주간에 침입하여 보석을 발견하지 못하자 甲이 장식장을 깨버린 경우 → 甲은 주거침입죄, 특수절도미수죄 및 손괴죄, 乙은 주거침입죄와 특수절도미수죄 O
③ 乙에게 오토바이를 훔쳐 오면 사 주겠다고 한 경우 → 乙은 절도죄, 甲은 절도교사죄 O
④ 甲이 재물을 강취하기 위해 A를 폭행하던 중 강간했으나 乙은 그 사실을 모른 경우 → 甲은 강도강간죄, 乙은 특수강도죄 O

정선 해설

[❶ ▸ O] 판례의 취지를 고려하면, 甲, 乙, 丙은 합동범인 특수절도죄(형법 제331조 제2항)의 죄책을 진다.

> 피고인이 甲, 乙과 공모한 후 甲, 乙은 피해자 회사의 사무실 금고에서 현금을 절취하고, 피고인은 위 사무실로부터 약 100m 떨어진 곳에서 망을 보는 방법으로 합동하여 재물을 절취하였다고 하여 주위적으로 기소된 경우, 제반 사정에 비추어 甲, 乙의 합동절도범행에 대한 공동정범으로서 죄책을 면할 수 없다(대판 2011.5.13. 2011도2021).

[❷ ▸ O] 甲과 乙은 각각 주거침입죄(형법 제319조 제1항)와 특수절도미수죄(형법 제331조 제2항, 제342조)의 죄책을 진다. 甲의 장식장에 대한 손괴는 공모사실에 대한 양적 초과로 乙은 이에 대해 책임을 지지 아니한다. 따라서 甲은 주거침입죄와 특수절도미수죄의 죄책 외에 별도로 손괴죄(형법 제366조)의 죄책을 지게 된다.

[❸ ▸ X] 甲이 乙에게 오토바이를 훔쳐 오면 내가 사 주겠다고 말한 것만으로는 乙의 절도죄에 대한 공동가공의 의사를 인정할 수가 없으므로, 乙은 절도죄(형법 제329조), 甲은 절도교사죄(형법 제329조, 제31조 제1항)의 죄책을 지는 것으로 보아야 한다.

> 오토바이를 절취하여 오면 그 물건을 사 주겠다고 한 것이 절도죄에 있어 공동정범의 성립을 인정하기 위하여 필요한 공동가공의 의사가 있었다고 보기 어렵다(대판 1997.9.30. 97도1940).

[❹ ▸ O] 甲과 乙은 강도를 공모하고 A의 집에 침입하여 甲이 A를 폭행하고 乙이 재물을 가지고 나왔으므로 특수강도죄의 죄책을 진다. 한편 甲이 공모사실을 초과하여 A를 강간하여 특수강간죄를 범한 부분은 질적 초과이므로 공동정범은 성립하지 아니한다. 결국 甲은 강도강간죄(형법 제339조), 乙은 특수강도죄(형법 제334조 제2항)의 죄책을 지게 된다.

답 ❸

295 □□□

공동정범에 대한 설명 중 가장 적절하지 않은 것은?(다툼이 있는 경우 판례에 의함)

20 경찰승진

① 포괄일죄의 범행 도중에 공동정범으로 범행에 가담한 자는 그가 그 범행에 가담할 때에 이미 이루어진 종전의 범행을 알았다면 그 가담 이후의 범행뿐만 아니라 가담 이전의 범행에 대해서도 공동정범으로 책임을 진다.
② 공모공동정범에서 공모자 중 1인이 공모에 주도적으로 참여하여 다른 공모자의 실행에 영향을 미친 주도적 공모자인 경우에는 범행을 저지하기 위하여 적극적으로 노력하는 등 실행에 미친 영향력을 제거하여야 공모관계에서 이탈하였다고 볼 수 있다.
③ 공모공동정범에 있어서 주관적 요건인 공모가 이루어졌다면 실행행위에 관여하지 않았더라도 다른 공범자의 행위에 대하여 형사책임을 진다.
④ 공모자 중 어떤 사람이 다른 공모자가 실행행위에 이르기 전에 그 공모관계에서 이탈한 때에는 그 이후의 다른 공모자의 행위에 관하여 원칙적으로 공동정범으로서의 책임은 지지 않는다고 할 것이고 그 이탈의 표시는 반드시 명시적일 필요는 없다.

정선 핵심

① 승계적 공동정범의 후행자의 귀책범위
→ 종전의 범행을 알았더라도 가담 이후의 범행에 대하여 공동정범 ○
② 공모관계의 이탈
→ 실행의 착수 전 이탈 : 주도적 공모자는 실행에 미친 영향력을 제거해야 함
③ 공모공동정범에서 공모가 이루어진 경우 → 실행행위를 분담하지 않은 자도 공동정범 ○
④ 공모관계의 이탈
→ 실행의 착수 전 이탈 : 이탈의 표시는 명시적일 것 불요

정선 해설

[❶ ▸ ×] 포괄일죄의 범행 도중에 공동정범으로 범행에 가담한 자는 비록 그가 그 범행에 가담할 때에 이미 이루어진 종전의 범행을 알았다 하더라도 그 가담 이후의 범행에 대하여만 공동정범으로 책임을 진다(대판 1997.6.27. 97도163).

[❷ ▸ ○] 대판 2008.4.10. 2008도1274

[❸ ▸ ○] 2인 이상이 범죄에 공동가공하는 공범관계에 있어 공모는 법률상 어떤 정형을 요구하는 것이 아니고 2인 이상이 공모하여 범죄에 공동가공하여 범죄를 실현하려는 의사의 결합만 있으면 되는 것으로서, 순차적으로 또는 암묵적으로 상통하여 그 의사의 결합이 이루어지면 공모관계가 성립하고, 이러한 공모가 이루어진 이상 실행행위에 직접 관여하지 아니한 사람이라도 다른 공범자의 행위에 대하여 공동정범으로서의 형사책임을 진다(대판 2013.8.23. 2013도5080).

[❹ ▸ ○] 대판 1986.1.21. 85도2371

답 ❶

296 □□□

다음 설명 중 가장 적절한 것은?(다툼이 있는 경우 판례에 의함) 13 경찰채용

① 공동정범의 주관적 요건에 해당되는 공동가공의 의사는 타인의 범행을 인식하면서도 그것을 제지하지 않고 용인하는 것만으로는 부족하고 공동의 의사로 특정한 범죄행위를 하기 위해 일체가 되어 서로 다른 사람의 행위를 이용해서 자기의 의사를 실행에 옮기는 것이어야 한다.

② 3인이 합동절도의 범행을 공모한 후 그 가운데 2인이 범행현장에서 시간적·장소적으로 협동관계를 이루어 절도의 실행행위를 분담해서 절도범행을 한 경우에, 절도의 실행행위를 직접 분담하지 않은 1인은 단순절도의 공동정범이 될 수 있을 뿐이고 합동절도의 공동정범이 될 수는 없다.

③ 공모에 주도적으로 참여해서 다른 공모자의 실행에 영향을 미친 공모자라도 다른 공모자가 실행행위에 이르기 전에 그 공모관계에서 이탈한 때에는 그 이후의 다른 공모자의 행위에 관해서는 공동정범으로서의 책임을 질 여지는 없다.

④ 결과적 가중범의 공동정범이 인정되기 위해서는 행위를 공동으로 할 의사 외에 결과를 공동으로 할 의사도 필요하다.

정선 핵심

① 공동정범의 성립요건
⋯→ 주관적 요건 : 공동가공의 의사는 공동의 의사로 특정한 범죄행위를 하기 위하여 다른 사람의 행위를 이용하여 자기의 의사를 실행에 옮기는 것을 내용으로 해야 함

② 3인 이상의 범인이 합동절도를 공모한 후 현장에 있지 않은 자가 정범성의 표지를 갖춘 경우 → 합동절도의 공동정범 ○

③ 공모관계의 이탈
⋯→ 실행의 착수 전 이탈 : 주도적 공모자는 실행에 미친 영향력을 제거해야 함

④ 결과적 가중범의 공동정범 → 결과를 공동으로 할 의사 불요

정선 해설

[❶ ▸ ○] 대판 2000.4.7. 2000도576

[❷ ▸ ×] 3인 이상의 범인이 합동절도의 범행을 공모한 후 적어도 2인 이상의 범인이 범행현장에서 시간적, 장소적으로 협동관계를 이루어 절도의 실행행위를 분담하여 절도범행을 한 경우에는 공동정범의 일반이론에 비추어 그 공모에는 참여하였으나 현장에서 절도의 실행행위를 직접 분담하지 아니한 다른 범인에 대하여도 그가 현장에서 절도범행을 실행한 위 2인 이상의 범인의 행위를 자기 의사의 수단으로 하여 합동절도의 범행을 하였다고 평가할 수 있는 정범성의 표지를 갖추고 있다고 보여지는 한 그 다른 범인에 대하여 합동절도의 공동정범의 성립을 부정할 이유가 없다고 할 것이다(대판 1998.5.21. 98도321[전합]).

[❸ ▸ ×] 공모관계에서의 이탈은 공모자가 공모에 의하여 담당한 기능적 행위지배를 해소하는 것이 필요하므로 공모자가 공모에 주도적으로 참여하여 다른 공모자의 실행에 영향을 미친 때에는 범행을 저지하기 위하여 적극적으로 노력하는 등 실행에 미친 영향력을 제거하지 아니하는 한 공모관계에서 이탈하였다고 할 수 없다(대판 2008.4.10. 2008도1274).

[❹ ▸ ×] 결과적 가중범인 상해치사의 공동정범은 폭행 기타의 신체침해행위를 공동으로 할 의사가 있으면 성립되고, 결과를 공동으로 할 의사는 필요 없다(대판 1993.8.24. 93도1674).

답 ❶

297 □□□

공동정범에 관한 다음 설명 중 옳은 것은 모두 몇 개인가?(다툼이 있는 경우 판례에 의함)

17 법원행시

ㄱ. 자기 자신을 무고하기로 제3자와 공모하고 이에 따라 무고행위에 가담하였더라도 무고죄의 공동정범으로 처벌할 수 없다.
ㄴ. 업무상배임죄의 실행으로 이익을 얻게 되는 수익자는 실행행위자의 행위가 피해자 본인에 대한 배임행위에 해당한다는 점을 인식한 상태에서 배임의 의도가 전혀 없었던 실행행위자에게 배임행위를 교사하거나 또는 배임행위의 전 과정에 관여하는 등으로 배임행위에 적극 가담한 경우에 한하여 배임의 실행행위자에 대한 공동정범으로 인정할 수 있다.
ㄷ. 공범자가 공갈행위의 실행에 착수한 후 그 범행을 인식하면서 그와 공동의 범의를 가지고 그 후의 공갈행위를 계속하여 재물의 교부나 재산상 이익의 취득에 이른 때에는 공갈죄의 공동정범이 성립한다.
ㄹ. 세무사법은 세무사와 세무사였던 자 또는 그 사무직원과 사무직원이었던 자가 직무상 지득한 비밀을 누설하는 행위를 처벌하고 있을 뿐 비밀을 누설받는 상대방을 처벌하는 규정이 없으므로, 세무사의 사무직원으로부터 그가 직무상 지득한 비밀을 기재한 서면을 교부받은 행위는 세무사법상 직무상 비밀누설죄의 공동정범에 해당하지 않는다.
ㅁ. 공동가공의사는 타인의 범행을 인식하면서도 이를 제지하지 아니하고 용인하는 것만으로는 부족하고, 공동의 의사로 특정한 범죄행위를 하기 위해 일체가 되어 서로 다른 사람의 행위를 이용하여 자기의 의사를 실행에 옮기는 것을 내용으로 하는 것이어야 한다.

① 1개 ② 2개
③ 3개 ④ 4개
⑤ 5개

정선 핵심

ㄱ. 자기 자신을 무고하기로 공모하고 무고행위에 가담한 경우 → 무고죄의 공동정범 ×
ㄴ. 배임행위에 적극 가담하는 경우 → 업무상배임죄의 공동정범 ○
ㄷ. 공범자가 공갈행위의 실행에 착수한 후 공동의 범의를 가지고 공갈행위를 계속하여 재물의 교부나 재산상 이익의 취득한 경우 → 공갈죄의 공동정범 ○
ㄹ. 세무사 사무직원으로부터 직무상 비밀누설을 받은 자 → 직무상비밀누설죄의 공동정범 ×
ㅁ. 공동정범의 성립요건
⇢ 주관적 요건 : 공동가공의 의사는 공동의 의사로 특정한 범죄행위를 하기 위하여 다른 사람의 행위를 이용하여 자기의 의사를 실행에 옮기는 것을 내용으로 해야 함

정선 해설

[ㄱ ▸ ○] 대판 2017.4.26. 2013도12592
[ㄴ ▸ ○] 대판 2012.6.28. 2012도3643
[ㄷ ▸ ○] 대판 1997.2.14. 96도1959
[ㄹ ▸ ○] 판례의 취지를 고려하면, 상대방이 직무상 지득한 비밀을 기재한 서면을 교부받은 행위는 직무상 비밀누설죄의 공동정범에 해당하지 않는다고 보아야 한다.

2인 이상의 서로 대향된 행위의 존재를 필요로 하는 대향범에 대하여는 공범에 관한 형법총칙 규정을 적용할 수 없는바, 세무사법은 제22조 제1항 제2호, 제11조에서 세무사와 세무사였던 자 또는 그 사무직원과 사무직원이었던 자가 그 직무상 지득한 비밀을 누설하는 행위를 처벌하고 있을 뿐 비밀을 누설받는 상대방을 처벌하는 규정이 없고, 세무사의 사무직원이 직무상 지득한 비밀을 누설한 행위와 그로부터 그 비밀을 누설받은 행위는 대향범관계에 있으므로 이에 공범에 관한 형법총칙 규정을 적용할 수 없다(대판 2007.10.25. 2007도6712).

[ㅁ ▸ ○] 대판 2000.4.7. 2000도576

답 ⑤

298 □□□

상해죄의 동시범의 특례(형법 제263조)에 대한 설명으로 가장 옳지 않은 것은?(다툼이 있는 경우 판례에 의함) 14 경찰간부

① 형법 제263조의 동시범은 상해와 폭행죄에 관한 특별규정으로서 동 규정은 그 보호법익을 달리하는 강간치상죄에는 적용할 수 없다.

② 시간적 차이가 있는 독립된 상해행위나 폭행행위가 경합하여 사망의 결과가 일어나고 그 사망의 원인된 행위가 판명되지 않은 경우에도 공동정범의 예에 의하여 처벌한다.

③ 만일 흉기로 피해자의 얼굴을 찍은 것이 피고인들 중 어느 한 사람의 소행일 가능성이 없고 피고인들 및 제3자 상호 간에 의사의 연락이 있었다고 볼 수 없다면, 피고인들에 대하여 흉기에 의한 상해행위 부분까지 그 죄책을 물을 수는 없다.

④ 상해죄의 동시범은 독립행위가 경합하여 특히 상해의 결과를 발생하게 하고 그 결과발생의 원인이 된 행위가 밝혀지지 아니한 경우 공동정범의 예에 따라 처단하는 것이므로, 행위자 일방의 공동가공의사만 있었다면 이를 동시범으로 처단할 수 없다.

정선 핵심

① 강간치상죄 → 동시범의 특례적용 ×
② 시간적 차이가 있는 독립된 상해·폭행행위의 경합 → 동시범의 특례적용 ○
③ 흉기로 피해자의 얼굴을 찍은 것이 피고인들의 소행일 가능성이 없는 경우 → 동시범의 특례적용 ×
④ 일방의 공동가공의사만 있는 경우 동시범, 편면적 공범의 인정 여부
⇢ 동시범, 편면적 방조범 : ○
⇢ 편면적 공동정범 : ×

정선 해설

[❶ ▸ O] 강간치상죄에는 동시범의 특례가 적용되지 아니하므로 각자 강간죄가 성립한다.

> 형법 제263조의 동시범은 상해와 폭행죄에 관한 특별규정으로서 동 규정은 그 보호법익을 달리하는 강간치상죄에는 적용할 수 없다(대판 1984.4.24. 84도372).

[❷ ▸ O] 대판 2000.7.28. 2000도2466

[❸ ▸ O] 상해죄에 있어서의 동시범은 두 사람 이상이 가해행위를 하여 상해의 결과를 가져온 경우에 그 상해가 어느 사람의 가해행위로 말미암은 것인지 분명치 않다면 가해자 모두를 공동정범으로 보자는 것이므로 가해행위를 한 것 자체가 분명하지 않은 사람에 대하여 동시범으로 다스릴 수 없음은 더 말할 것도 없다. 만일 흉기로 피해자의 얼굴을 찍은 것이 피고인들 중 어느 한 사람의 소행일 가능성이 없는 상황이라면 피고인들 및 제3자 상호 간에 의사의 연락이 있었다고 볼 수 없는 이 사건에 있어서 피고인들에 대하여 흉기에 의한 상해행위 부분까지 그 죄책을 물을 수는 없을 것이다(대판 1984.5.15. 84도488).

[❹ ▸ ×] 판례의 취지를 고려하면, 편면적 공동정범은 인정되지 아니하나, 동시범 또는 종범은 가능하다고 판단된다.

> 공동가공의 의사는 공동행위자 상호 간에 있어야 하며 행위자 일방의 가공의사만으로는 공동정범관계가 성립할 수 없다(대판 1985.5.14. 84도2118).

답 ❹

299 □□□

다음 사례에 대한 설명으로 가장 적절하지 않은 것은?(다툼이 있는 경우 판례에 의함)

21 경찰채용

> 甲은 상해의 의사로, 乙은 폭행의 의사로 상호의사 연락 없이 같은 날, 같은 장소에서 30분 간격으로 A를 때렸고, 이로 인해 A에게 상해의 결과가 발생하였다. 그러나 A의 상해의 결과가 甲의 행위로 인한 것인지, 乙의 행위로 인한 것인지가 밝혀지지 않았다.

① 이는 동시범의 문제로 형법 제19조가 아닌 형법 제263조가 적용되어야 한다.
② 만약 A의 상해가 甲의 행위가 아닌 乙의 폭행으로 인해 발생한 것으로 밝혀졌다면, 甲은 상해미수죄로 처벌된다.
③ 만약 乙이 폭행을 했다는 것 자체가 불분명하다면, 형법 제263조가 적용되지 아니한다.
④ 만약 A에게 甲과 乙의 행위로 상해가 아닌 사망의 결과가 발생하였다면, 형법 제263조가 적용되지 아니한다.

정선 핵심

① 시간적 차이가 있는 독립된 상해 · 폭행행위의 경합 → 동시범의 특례적용 ○
② A의 상해가 乙의 폭행으로 인한 것임이 밝혀진 경우 → 甲은 상해미수죄 ○
③ 乙이 폭행을 한 것 자체가 불분명한 경우 → 동시범의 특례적용 ×
④ A에게 사망의 결과가 발생한 경우 → 동시범의 특례적용 ○

정선 해설

[❶ ▸ O] [❹ ▸ ×] 판례의 취지를 고려하면, 甲의 상해와 乙의 폭행이 30분의 시간적 차이가 있고 甲과 乙의 행위로 A가 사망했더라도 형법 제263조의 동시범의 특례가 적용되어야 한다.

> 시간적 차이가 있는 독립된 상해행위나 폭행행위가 경합하여 사망의 결과가 일어나고 그 사망의 원인된 행위가 판명되지 않은 경우에는 공동정범의 예에 의하여 처벌할 것이다(대판 2000.7.28. 2000도2466).

[❷ ▸ O] 원인된 행위가 판명된 경우에는 각자 실행한 범위 내에서 책임을 지면 된다. 따라서 甲은 상해미수죄(형법 제257조 제1항 · 제3항)의 죄책을 지게 되고 乙은 폭행치상죄(형법 제262조)의 죄책을 지게 된다.
[❸ ▸ O] 상해죄에 있어서의 동시범은 두 사람 이상이 가해행위를 하여 상해의 결과를 가져올 경우에 그 상해가 어느 사람의 가해행위로 인한 것인지가 분명치 않다면 가해자 모두를 공동정범으로 본다는 것이므로 가해행위를 한 것 자체가 분명치 않은 사람에 대하여는 동시범으로 다스릴 수 없다(대판 1984.5.15. 84도488).

답 ❹

300 □□□

동시범의 특례(형법 제263조)에 관한 설명 중 옳지 않은 것을 모두 고른 것은?(다툼이 있는 경우 판례에 의함) 20 변시

ㄱ. A가 甲으로부터 폭행을 당하고 얼마 후 함께 A를 폭행하자는 甲의 연락을 받고 달려 온 乙로부터 다시 폭행을 당하고 사망하였으나 사망의 원인행위가 판명되지 않았다면, 형법 제263조가 적용되어 甲과 乙은 폭행치사죄의 공동정범의 예에 의해 처벌된다.
ㄴ. A가 행인 甲으로부터 상해를 입은 후 얼마 지나지 않아 다시 다른 행인 乙로부터 상해를 입고 사망하였으나 사망의 원인행위가 판명되지 않았다면, 형법 제263조가 적용되어 甲과 乙은 상해치사죄의 공동정범의 예에 의해 처벌된다.
ㄷ. A가 甲으로부터 폭행을 당하고 얼마 후 乙이 甲과 의사연락 없이 A를 폭행하자 A가 乙의 계속되는 폭행을 피하여 도로를 무단횡단하다 지나가던 차량에 치어 사망하였다면, 형법 제263조가 적용되어 甲과 乙은 폭행치사죄의 공동정범의 예에 의해 처벌된다.
ㄹ. A가 甲이 운전하는 차량에 의해 교통사고를 당한 후 얼마 지나지 않아 다시 乙이 운전하는 차량에 의해 교통사고를 당하고 사망하였으나 사망의 원인행위가 판명되지 않았다면, 형법 제263조가 적용되어 甲과 乙은 교통사고처리특례법위반(치사)죄의 공동정범의 예에 의해 처벌된다.

① ㄱ, ㄷ
② ㄴ, ㄹ
③ ㄱ, ㄴ, ㄷ
④ ㄱ, ㄷ, ㄹ
⑤ ㄴ, ㄷ, ㄹ

정선 핵심

ㄱ. A가 甲에게 폭행을 당하고 甲으로부터 연락을 받은 乙에게 다시 폭행을 당하였으나 사망의 원인행위가 판명되지 않은 경우 → 폭행치사죄의 공동정범 ○
ㄴ. 시간적 차이 있는 독립된 甲과 乙의 상해행위의 경합 → 상해치사죄의 공동정범의 예로 처벌 ○
ㄷ. A가 甲에게 폭행을 당하고 얼마 후 乙이 의사연락 없이 A를 폭행하자 A가 乙의 폭행을 피하여 무단횡단하다 사망한 경우 → 甲에게는 폭행죄, 乙에게는 폭행치사죄 ○
ㄹ. 교통사고처리특례법위반(치사)죄 → 동시범의 특례적용 ×

정선 해설

[ㄱ ▸ ×] 甲과 乙 사이에 A를 폭행하자는 의사의 연락이 있기 때문에 동시범의 특례는 적용되지 아니하나, A의 사망이라는 중한 결과발생에 대한 예견가능성이 있다고 할 것이므로 甲과 乙은 폭행치사죄의 공동정범이 성립한다.

[ㄴ ▸ O] 판례의 취지를 고려하면, 동시범의 특례가 적용되어 甲과 乙은 상해치사죄의 공동정범의 예에 의해 처벌된다.

> 시간적 차이가 있는 독립된 상해행위나 폭행행위가 경합하여 사망의 결과가 일어나고 그 사망의 원인된 행위가 판명되지 않은 경우에는 공동정범의 예에 의하여 처벌할 것이다(대판 2000.7.28. 2000도2466).

[ㄷ ▸ ×] 동시범의 특례는 원인된 행위가 판명되지 아니한 경우에 적용된다. 지문에서 A는 乙의 폭행을 피하려다 사망한 것이므로 乙의 폭행과 A의 사망 간에는 인과관계와 객관적 귀속이 인정되어 乙은 폭행치사죄의 죄책을 지게 된다. 다만, 甲의 폭행과 A의 사망 간의 인과관계가 인정되지 아니하므로 甲에게는 폭행죄가 성립할 뿐이다.

[ㄹ ▸ ×] 동시범의 특례는 폭행과 상해의 죄에 대한 특별규정이므로 과실범인 교통사고처리특례법위반(치사)죄에는 적용되지 아니한다. 甲과 乙은 각자 교통사고처리특례법위반(업무상과실치상 · 업무상과실치사)죄의 죄책을 지게 된다.

답 ❹

301 □□□

공동정범과 합동범에 대한 설명으로 옳지 않은 것은?(다툼이 있는 경우 판례에 의함)

21 경찰간부

① 공동정범에서 공모나 모의는 순차적·암묵적으로 상통하여 이루어질 수 있다.
② 포괄일죄의 일부에 공동정범으로 가담하면서 종전에 이루어진 범행을 알았다면, 가담 이후의 범행은 물론 전체 범죄에 대해 공동정범으로서의 책임을 진다.
③ 합동범이 성립하기 위하여는 주관적 요건으로서의 공모와 객관적 요건으로서의 실행행위의 분담이 있어야 하고, 그 실행행위에 있어서는 시간적·장소적 협동관계에 있어야 한다.
④ 공범자의 범인도피행위 도중에 그 범행을 인식하면서 그와 공동의 범의를 가지고 기왕의 범인도피상태를 이용하여 스스로 범인도피행위를 계속한 자에 대하여는 범인도피죄의 공동정범이 성립한다.

정선 핵심

① 공동정범의 성립요건
→ 주관적 요건 : 공동가공의 의사는 순차적·암묵적으로 이루어질 수 있음
② 승계적 공동정범의 후행자의 귀책범위
→ 종전의 범행을 알았더라도 가담 이후의 범행에 대하여 공동정범 ○
③ 합동범의 성립 → 공모와 시간적·장소적 협동관계
④ 공범과 공동의 범의로 기왕의 도피상태를 이용하여 도피행위를 계속한 경우 → 범인도피죄의 공동정범 ○

정선 해설

[❶ ▸ ○] 대판 2013.8.23. 2013도5080
[❷ ▸ ×] 포괄일죄의 범행 도중에 공동정범으로 범행에 가담한 자는 비록 그가 그 범행에 가담할 때에 이미 이루어진 종전의 범행을 알았다 하더라도 그 가담 이후의 범행에 대하여만 공동정범으로 책임을 진다(대판 1997.6.27. 97도163).
[❸ ▸ ○] 합동범은 주관적 요건으로서 공모 외에 객관적 요건으로서 현장에서의 실행행위의 분담을 요하나 이 실행행위의 분담은 반드시 동시에 동일 장소에서 실행행위를 특정하여 분담하는 것만을 뜻하는 것이 아니라 시간적으로나 장소적으로 서로 협동관계에 있다고 볼 수 있으면 충분하다(대판 1992.7.28. 92도917).
[❹ ▸ ○] 대판 2012.8.30. 2012도6027

답 ❷

302 □□□

공범에 대한 설명으로 옳지 않은 것은?(다툼이 있는 경우 판례에 의함) 18 국가9급

① 공동정범은 공동가공의 의사와 그 공동의사에 의한 기능적 행위지배를 통한 범죄실행이라는 주관적·객관적 요건을 충족함으로써 성립하므로, 공모자 중 구성요건행위를 직접 분담하여 실행하지 아니한 사람도 위 요건을 충족하면 공모공동정범으로서의 죄책을 진다.
② 시간적 차이가 있는 독립된 폭행행위가 경합하여 사망의 결과가 일어나고, 그 사망의 원인된 행위가 판명되지 않는 경우 공동정범의 예에 의하여 처벌한다.
③ 순차적 또는 암묵적으로 상통할 뿐 전체의 모의과정이 없었다면 공모관계가 성립하지 않으므로 공동정범으로 처벌할 수 없다.
④ 합동범이 성립하기 위하여는 주관적 요건으로서의 공모와 객관적 요건으로서의 실행행위의 분담이 있어야 하고 그 실행행위에 있어서는 시간적으로나 장소적으로 협동관계에 있어야 한다.

정선 핵심

① 공동가공의 의사와 기능적 행위지배를 통한 범죄실행 → 실행하지 아니한 사람도 공모공동정범 O
② 시간적 차이가 있는 독립된 폭행행위의 경합 → 동시범의 특례적용 O
③ 공동정범의 성립요건
⟶ 주관적 요건 : 전체모의과정 없이 순차적·암묵적 의사의 결합이 있으면 공모관계 O
④ 합동범의 성립 → 공모와 시간적·장소적 협동관계

정선 해설

[❶ ▸ O] 대판 2010.7.15. 2010도3544
[❷ ▸ O] 대판 2000.7.28. 2000도2466
[❸ ▸ ×] 공모공동정범에 있어서 공모는 법률상 어떤 정형을 요구하는 것은 아니고 2인 이상이 공모하여 범죄에 공동가공하여 범죄를 실현하려는 의사의 결합만 있으면 되는 것으로서, 비록 전체의 모의과정이 없었다고 하더라도 수인 사이에 순차적으로 또는 암묵적으로 상통하여 그 의사의 결합이 이루어지면 공모관계가 성립한다 할 것이고, 이러한 공모가 이루어진 이상 실행행위에 직접 관여하지 아니한 자라도 다른 공범자의 행위에 대하여 공동정범으로서의 형사책임을 지는 것이다(대판 1994.9.9. 94도1831).
[❹ ▸ O] 대판 1992.7.28. 92도917

답 ❸

01 실행행위가 종료함과 동시에 범죄가 기수에 이르는 이른바 '즉시범'에서는 범죄가 기수에 이르기 이전에 가담하는 경우에만 공동정범이 성립하고 범죄가 기수에 이른 이후에는 공동정범이 성립될 수 없다. 17 국가9급 O | X

02 독립행위가 경합하여 상해의 결과를 발생하게 한 경우에 있어서 원인된 행위가 판명되지 아니한 때에는 각 행위자를 미수범으로 처벌한다. 19 해경채용 O | X

03 공모에 의한 범죄의 공동실행은 모든 공범자가 스스로 범죄의 구성요건을 실현하는 것을 전제로 하지 아니하고, 그 실현행위를 하는 공범자에게 그 행위결정을 강화하도록 협력하는 것으로도 가능하다. 20 해경승진 O | X

04 공동가공의 의사는 사전에 반드시 어떠한 모의과정이 있어야 하는 것은 아니며, 범의 내용에 대하여 포괄적 또는 개별적인 의사연락이나 인식이 있었다면 전원에 대하여 공모관계가 성립한다. 16 5급승진 O | X

05 독립행위의 경합이 있는 경우 결과발생의 원인된 행위가 판명되었더라도 모두 미수로 처벌된다. 00 사시 O | X

06 독립한 과실행위와 과실행위가 경합하여 화재가 발생한 경우 그 원인된 행위가 판명되지 않았더라도 모두 실화죄로 처벌된다. 00 사시 O | X

07 甲과 乙은 각기 살인의 의사를 가지고 상호연락 없이 A에게 30분의 시간적 간격을 두고 타격을 가하였는데, A가 사망하였다. 누구의 행위로 사망한 것인지 밝혀지지 않은 경우에 甲과 乙은 각기 살인죄의 죄책을 진다. 18 해경간부 O | X

08 판례는 "2인 이상이 합동하여" 범죄를 행하는 합동범의 성립요건에 대하여 주관적 요건으로서의 공모와 객관적 요건으로서의 범행현장에서의 범행의 실행의 분담을 요구하므로, 합동하여 범행하기로 공모하였으나 현장에 가지 않은 자는 합동범의 공동정범이 될 수 없다. 15 경찰간부 O | X

01 즉시범은 기수기까지 공동정범의 성립이 가능하다.

02 공동정범의 예에 의한다(형법 제263조).

03 대판 2006.12.22. 2006도1623

04 대판 2006.2.23. 2005도8645

05 원인된 행위가 판명된 경우에는 인과관계가 있는 행위를 한 자는 기수범으로, 그렇지 아니한 자는 미수범으로 처벌된다.

06 형법 제19조가 적용되어 미수가 되지만 실화죄는 과실범으로 미수범처벌규정이 없으므로 불가벌이다.

07 형법 제19조에 의하여 각자 살인미수죄의 죄책을 진다.

08 현장에서 절도의 실행행위를 직접 분담하지 아니한 다른 범인에 대하여도 합동절도의 공동정범의 성립을 부정할 이유가 없다(대판 1998.5.21. 98도321[전합]).

정답

01 ○	02 ×	03 ○	04 ○
05 ×	06 ×	07 ×	08 ×

303 □□□

다음 설명 중 가장 옳은 것은? 21 법원9급

① 교사범이란 정범인 피교사자로 하여금 범죄를 결의하게 하여 그 죄를 범하게 한 때에 성립하므로, 교사자의 교사행위에도 불구하고 피교사자가 범행을 승낙하지 아니하거나 피교사자의 범행결의가 교사자의 교사행위에 의하여 생긴 것으로 보기 어려운 경우에는 이른바 실패한 교사로서 형법 제31조 제3항에 의하여 교사자를 음모 또는 예비에 준하여 처벌할 수 있을 뿐이다.
② 교사자가 피교사자에게 피해자를 "정신 차릴 정도로 때려 주라"고 교사하였다는 사정만으로는 상해에 대한 교사로 보기까지는 어렵다.
③ 막연히 "범죄를 하라"거나 "절도를 하라"고 하는 등의 행위만으로는 교사행위가 되기에 부족하므로, 교사범이 성립하기 위해서는 범행의 일시, 장소, 방법 등의 사항을 특정하여 교사하여야 한다.
④ 대리응시자들의 시험장 입장이 시험관리자의 승낙 또는 그 추정된 의사에 반한 불법침입이라 하더라도, 이와 같은 침입을 교사한 사람에게 주거침입교사죄가 성립된다고 볼 수는 없다.

정선 핵심

① 실패한 교사 → 교사자를 음모 또는 예비에 준하여 처벌(형법 제31조 제3항)
② "정신 차릴 정도로 때려 주라"고 교사한 경우 → 상해에 대한 교사 ○
③ 교사범의 성립요건
  ⇢ 교사행위 : 범행의 세부적인 사항까지 특정 불요
④ 대리응시자에게 시험장 입장을 교사한 경우 → 주거침입교사죄 ○

정선 해설

[❶ ▸ ○] 대판 2013.9.12. 2012도2744
[❷ ▸ ×] 교사자가 피교사자에게 피해자를 "정신 차릴 정도로 때려 주라"고 교사하였다면 이는 상해에 대한 교사로 봄이 상당하다(대판 1997.6.24. 97도1075).
[❸ ▸ ×] 막연히 "범죄를 하라"거나 "절도를 하라"고 하는 등의 행위만으로는 교사행위가 되기에 부족하다 하겠으나, 타인으로 하여금 일정한 범죄를 실행할 결의를 생기게 하는 행위를 하면 되는 것으로서 교사의 수단방법에 제한이 없다 할 것이므로, <u>교사범이 성립하기 위하여는 범행의 일시, 장소, 방법 등의 세부적인 사항까지를 특정하여 교사할 필요는 없는 것이고, 정범으로 하여금 일정한 범죄의 실행을 결의할 정도에 이르게 하면 교사범이 성립</u>된다(대판 1991.5.14. 91도542).
[❹ ▸ ×] 대리응시자들의 시험장의 입장은 시험관리자의 승낙 또는 그 추정적 의사에 반한 불법침입이라 아니할 수 없고 따라서 피고인이 대리응시자에게 시험장 입장을 교사한 이상 주거침입교사죄가 성립한다고 아니할 수 없다(대판 1967.12.19. 67도1281).

답 ❶

304 □□□

교사범에 대한 설명 중 가장 적절한 것은?(다툼이 있는 경우 판례에 의함) 20 경찰승진

① 고의에 의한 교사행위뿐만 아니라 과실에 의한 교사행위도 가능하다.
② 피교사자가 이미 범죄의 결의를 가지고 있는 경우에도 교사범이 성립할 수 있다.
③ 교사를 받은 자가 범죄의 실행을 승낙조차 하지 않은 이른바 실패한 교사의 경우 교사자와 피교사자를 음모 또는 예비에 준하여 처벌한다.
④ 교사범이 공범관계로부터 이탈하기 위해서는 피교사자가 범죄의 실행행위에 나아가기 전에 교사범에 의하여 형성된 피교사자의 범죄실행의 결의를 해소하여야 한다.

정선 핵심

① 과실에 의한 교사행위 → ×
② 교사범의 성립요건
 → 교사행위 : 피교사자가 이미 범죄의 결의를 가지고 있는 경우 교사범 ×
③ 실패한 교사 → 교사자를 음모 또는 예비에 준하여 처벌(형법 제31조 제3항)
④ 공범관계의 이탈 → 실행행위에 나아가기 전에 교사범에 의하여 형성된 피교사자의 범죄실행의 결의를 해소해야 함

정선 해설

[❶ ▸ ×] 교사자의 고의는 교사의 고의와 정범의 고의라는 이중의 고의가 필요하다(이중의 고의설). 이에 의하면 교사자에게는 구성요건적 결과 발생에 대한 인식으로서의 기수의 고의가 필요하므로 과실에 의한 교사는 인정되지 아니한다.
[❷ ▸ ×] 교사범이란 타인(정범)으로 하여금 범죄를 결의하게 하여 그 죄를 범하게 한 때에 성립하는 것이고 피교사자는 교사범의 교사에 의하여 범죄실행을 결의하여야 하는 것이므로, 피교사자가 이미 범죄의 결의를 가지고 있을 때에는 교사범이 성립할 여지가 없다(대판 1991.5.14. 91도542).
[❸ ▸ ×] 교사자의 교사행위에도 불구하고 피교사자가 범행을 승낙하지 아니하거나 피교사자의 범행결의가 교사자의 교사행위에 의하여 생긴 것으로 보기 어려운 경우에는 이른바 실패한 교사로서 형법 제31조 제3항에 의하여 교사자를 음모 또는 예비에 준하여 처벌할 수 있을 뿐이다(대판 2013.9.12. 2012도2744).
[❹ ▸ ○] 대판 2012.11.15. 2012도7407

답 ❹

제1장 제2장 제3장

305 □□□

교사범에 대한 설명으로 가장 적절하지 않은 것은?(다툼이 있는 경우 판례에 의함) 17 경찰채용

① 교사자가 피교사자에게 피해자를 "정신 차릴 정도로 때려 주라"고 교사하였다면 이는 상해에 대한 교사로 봄이 상당하다.
② 교사범이 성립하기 위해서는 교사자가 피교사자에게 범행의 일시, 장소, 방법 등의 세부적인 사항까지를 특정하여 교사하여야 한다.
③ 피무고자의 교사·방조 하에 제3자가 피무고자에 대한 허위의 사실을 신고한 경우에는 제3자의 행위는 무고죄의 구성요건에 해당하여 무고죄를 구성하므로, 제3자를 교사·방조한 피무고자도 교사·방조범으로서의 죄책을 부담한다.
④ 형법 제127조는 공무원 또는 공무원이었던 자가 법령에 의한 직무상 비밀을 누설하는 행위만을 처벌하고 있을 뿐, 직무상 비밀을 누설받은 상대방을 처벌하는 규정이 없는 점에 비추어 볼 때, 직무상 비밀을 누설받은 자에 대하여는 공범에 관한 형법총칙 규정이 적용될 수 없다.

정선 핵심

① "정신 차릴 정도로 때려 주라"고 교사한 경우 → 상해에 대한 교사 ○
② 교사범의 성립요건
  ⋯→ 교사행위 : 범행의 세부적인 사항까지 특정 불요
③ 무고죄의 성립 여부
  ⋯→ 피무고자의 교사·방조로 피무고자에 대한 허위의 사실을 신고한 경우 : 무고죄의 교사·방조범 ○
④ 공무원으로부터 직무상 비밀누설을 받은 자 → 공무상비밀누설죄의 공범 ×

정선 해설

[❶ ▸ ○] 교사자가 피교사자에게 피해자를 "정신 차릴 정도로 때려 주라"고 교사하였다면 이는 상해에 대한 교사로 봄이 상당하다(대판 1997.6.24. 97도1075).

> **비교판례** 대판 1984.5.15. 84도418
>
> 피고인이 연소한 제1심 상피고인에게 밥값을 구하여 오라고 말한 것이 절도범행을 교사한 것이라고 볼 수 없다.

[❷ ▸ ×] 교사범이 성립하기 위하여는 범행의 일시, 장소, 방법 등의 세부적인 사항까지를 특정하여 교사할 필요는 없는 것이고, 정범으로 하여금 일정한 범죄의 실행을 결의할 정도에 이르게 하면 교사범이 성립된다(대판 1991.5.14. 91도542).
[❸ ▸ ○] 대판 2008.10.23. 2008도4852
[❹ ▸ ○] 대판 2011.4.28. 2009도3642

답 ❷

306 □□□

교사범에 대한 설명으로 옳지 않은 것은?(다툼이 있는 경우 판례에 의함) 21 국가9급

① 피교사자가 이미 교사한 범죄와 동일한 범죄의 결의를 가지고 있을 때에는 교사범이 성립할 여지가 없다.
② 甲이 乙에게 A를 살해할 것을 교사하고 乙이 이를 승낙하고도 실행의 착수에 이르지 아니하였다면 甲은 처벌되지 아니한다.
③ 甲이 乙에게 乙의 어머니 물건을 훔치도록 교사한 경우 정범인 乙이 처벌되지 아니하더라도 甲은 절도죄의 교사범으로 처벌된다.
④ 자기의 지휘·감독을 받는 자를 교사하여 범죄행위의 결과를 발생하게 한 때에는 정범에 정한 형의 장기 또는 다액의 2분의 1까지 가중한다.

정선 핵심

① 교사범의 성립요건
  ⋯→ 교사행위 : 피교사자가 이미 범죄의 결의를 가지고 있는 경우 교사범 ×
② 살인을 교사하였으나 乙이 실행의 착수에 이르지 아니한 경우 → 살인죄의 음모·예비에 준하여 처벌
③ 乙에게 乙의 어머니 물건을 훔치도록 교사한 경우 → 절도죄의 교사범 ○
④ 자기의 지휘·감독을 받는 자를 교사한 경우 → 정범에 정한 형의 장기 또는 다액의 2분의 1까지 가중

정선 해설

[❶ ▸ O] 대판 1991.5.14. 91도542

[❷ ▸ ×] 피교사자 乙이 A를 살해할 것을 승낙하고도 실행의 착수에 이르지 아니하였다면 교사자 甲은 형법 제31조 제2항에 의하여 살인죄의 음모·예비에 준하여 처벌된다.

> **법령** 교사범(형법 제31조) ② 교사를 받은 자가 범죄의 실행을 승낙하고 실행의 착수에 이르지 아니한 때에는 교사자와 피교사자를 음모 또는 예비에 준하여 처벌한다.

[❸ ▸ O] 乙은 乙의 어머니의 물건을 절도하였으나, 친족상도례가 적용되어 처벌되지 아니한다. 그러나 乙의 행위는 위법·유책하므로, 제한적 종속형식에 의하면 甲은 절도죄의 교사범으로 처벌된다.

[❹ ▸ O] 형법 제34조 제2항 참조

> **법령** 간접정범, 특수한 교사, 방조에 대한 형의 가중(형법 제34조) ② 자기의 지휘, 감독을 받는 자를 교사 또는 방조하여 전항의 결과를 발생하게 한 자는 교사인 때에는 정범에 정한 형의 장기 또는 다액에 그 2분의 1까지 가중하고 방조인 때에는 정범의 형으로 처벌한다.

답 ❷

307 □□□

공범에 대한 설명으로 옳지 않은 것은?(다툼이 있는 경우 판례에 의함) 17 국가7급

① 처벌되지 아니하는 타인의 행위를 적극적으로 유발하고 이를 이용하여 자신의 범죄를 실현한 자는 간접정범의 죄책을 지게 되고, 그 과정에서 타인의 의사를 부당하게 억압하여야만 간접정범에 해당하는 것은 아니다.

② 공무원이 아닌 자는 형법 제228조(공정증서원본등의 부실기재)의 경우를 제외하고는 허위공문서작성죄의 간접정범으로 처벌할 수 없으나, 공무원과 공동하여 허위공문서작성죄를 범한 때에는 허위공문서작성죄의 공동정범의 죄책을 진다.

③ 범인이 자신을 위하여 친족으로 하여금 허위의 자백을 하게 하여 범인도피죄를 범하게 하는 행위는 범인도피교사죄에 해당한다.

④ 직무수행 중에 있는 다른 공무원이 직무수행을 거부하여 직무유기죄가 성립하는 경우, 병가중인 공무원은 직무유기죄의 주체가 될 수 없으므로 이에 가담하더라도 직무유기죄의 공동정범의 죄책을 지지 아니한다.

정선 핵심

① 간접정범 → 타인의 행위를 이용하는 과정에서 타인의 의사를 부당하게 억압 불요
② 허위공문서작성죄의 성립 여부
→ 공무원이 아닌 자 : 허위공문서작성죄의 간접정범 ×
→ 공무원이 아닌 자가 공무원과 공동한 경우 : 허위공문서작성죄의 공동정범 ○
③ 자신을 위하여 타인으로 하여금 범인도피죄를 범하게 한 경우 → 범인도피교사죄 ○
④ 병가 중인 공무원이 직무수행을 거부하는 다른 공무원에 가담한 경우 → 직무유기죄의 공동정범 ○

정선 해설

[❶ ▸ O] 대판 2008.9.11. 2007도7204

[❷ ▸ O] 공무원이 아닌 자는 형법 제228조의 경우를 제외하고는 허위공문서작성죄의 간접정범으로 처벌할 수 없으나, 공무원이 아닌 자가 공무원과 공동하여 허위공문서작성죄를 범한 때에는 공무원이 아닌 자도 형법 제33조, 제30조에 의하여 허위공문서작성죄의 공동정범이 된다(대판 2006.5.11. 2006도1663).

> 비교판례 **대판 1990.2.27. 89도1816**
>
> 작성권한 있는 공무원의 직무를 보좌하여 공문서를 기안 또는 초안하는 직권이 있는 자가 그 직위를 이용하여 행사할 목적으로 직무상 기안하는 문서에 허위의 내용을 기재하고 허위인 정을 모르는 상사로 하여금 그 초안내용이 진실한 것으로 오신케 하여 서명날인케 함으로써 허위내용의 공문서를 작성토록 하였다면 소위 허위공문서작성죄의 간접정범의 죄책을 면할 수 없다.

[❸ ▸ O] 대판 2006.12.7. 2005도3707

[❹ ▸ ×] 병가중인 자의 경우 구체적인 작위의무 내지 국가기능의 저해에 대한 구체적인 위험성이 있다고 할 수 없어 본죄의 주체로 될 수는 없다고 할 것이나 신분이 없는 자라 하더라도 신분이 있는 자의 행위에 가공하는 경우 본죄의 공동정범이 성립하는 것이고, 병가중인 피고인들과 나머지 피고인들 사이에 직무유기의 공범관계가 인정되는 터이므로 병가중인 피고인들도 직무유기죄의 공동정범으로 처벌받아야 할 것이다(대판 1997.4.22. 95도748).

답 ❹

308 □□□

교사범에 관한 설명으로 옳지 않은 것은 몇 개인가?(다툼이 있는 경우 판례에 의함)

14 법원9급

ㄱ. 간접교사도 판례상 긍정된다.
ㄴ. 피교사자가 이미 범죄의 결의를 가지고 있을 때에는 교사범이 성립할 여지가 없다.
ㄷ. 정범에게 범죄의 습벽이 있어 그 습벽과 함께 교사행위가 원인이 되어 정범이 범죄를 실행한 경우 교사행위와 정범의 범죄실행 사이에 인과관계가 단절되어 교사범이 성립될 여지가 없다.
ㄹ. 경찰관이 취객을 상대로 한 이른바 부축빼기 절도범을 단속하기 위하여, 공원 인도에 쓰러져 있는 취객근처에서 감시하고 있다가, 마침 피고인이 나타나 취객을 부축하여 10m 정도를 끌고 가 지갑을 뒤지자 현장에서 체포하여 기소한 경우, 위법한 함정수사가 아니다.
ㅁ. 공범종속성의 원칙상 교사범의 선고형이 정범의 선고형보다 더 무거울 수는 없다.

① 1개 ② 2개
③ 3개 ④ 4개

정선 핵심

ㄱ. 간접교사 → 인정(판례)
ㄴ. 교사범의 성립요건
⇢ 교사행위 : 피교사자가 이미 범죄의 결의를 가지고 있는 경우 교사범 ×
ㄷ. 정범의 범죄의 습벽과 교사행위가 원인이 되어 범죄를 실행한 경우 → 교사범 O
ㄹ. 취객근처에 있다가 부축빼기 절도범을 현장에서 체포한 경우 → 위법한 함정수사 ×
ㅁ. 교사범의 선고형 → 정범의 형보다 무거울 수도 있음

정선 해설

[ㄱ ▸ O] 갑이 을에게 범죄를 저지르도록 요청한다 함을 알면서 갑의 부탁을 받고 갑의 요청을 을에게 전달하여 을로 하여금 범의를 야기케 하는 것은 교사에 해당한다(대판 1974.1.29. 73도3104).

[ㄴ ▸ O] 대판 1991.5.14. 91도542

[ㄷ ▸ X] 교사범의 교사가 정범이 죄를 범한 유일한 조건일 필요는 없으므로, 교사행위에 의하여 정범이 실행을 결의하게 된 이상 비록 정범에게 범죄의 습벽이 있어 그 습벽과 함께 교사행위가 원인이 되어 정범이 범죄를 실행한 경우에도 교사범의 성립에 영향이 없다(대판 1991.5.14. 91도542).

[ㄹ ▸ O] 판례의 취지를 고려하면, 경찰관이 취객근처에서 감시하고 있다가 부축빼기 절도범인 피고인을 현장에서 체포하여 기소한 경우, 위법한 함정수사가 아니다.

> 본래 범의를 가지지 아니한 자에 대하여 수사기관이 사술이나 계략 등을 써서 범의를 유발케 하여 범죄인을 검거하는 함정수사는 위법함을 면할 수 없고, 이러한 함정수사에 기한 공소제기는 그 절차가 법률의 규정에 위반하여 무효인 때에 해당한다 할 것이지만, 범의를 가진 자에 대하여 단순히 범행의 기회를 제공하는 것에 불과한 경우에는 위법한 함정수사라고 단정할 수 없다(대판 2007.5.31. 2007도1903).

[ㅁ ▸ X] 교사범은 정범의 형과 동일한 형으로 처벌(형법 제31조 제1항)되나, 법정형이 그러하다는 의미이다. 따라서 교사범의 선고형이 정범의 형보다 무거울 수도 있다.

답 ❷

309 □□□ 교사범 등에 관한 다음 설명 중 옳은 것은 모두 몇 개인가?

21 법원행시

ㄱ. 구 관세법(1984.8.7. 법률 제3746호로 개정되기 전의 것) 제198조 제3항은 "몰수할 물품의 전부 또는 일부를 몰수할 수 없을 때에는 그 몰수할 수 없는 물품의 범칙 당시의 국내 도매가격에 상당한 금액을 범인으로부터 추징한다."라고 규정하고 있는바 여기서 말하는 범인의 범위는 공동정범자 및 교사범을 포함하나 종범은 제외된다.
ㄴ. 방조의 대상이 되는 정범의 실행행위의 착수가 없는 이상 방조죄만이 독립하여 성립될 수 없다.
ㄷ. 형법 제98조 제1항에 따른 간첩방조죄를 저지른 경우, 형법상 간첩죄의 법정형에서 형법 제32조에 따른 종범감경을 하여 처단하여야 한다.
ㄹ. 종범에 대한 선고형이 정범보다 가볍지 않다 하더라도 위법이라 할 수 없다.
ㅁ. 범인이 자신을 위하여 타인으로 하여금 허위의 자백을 하게 하여 범인도피죄를 범하게 하는 행위는 범인도피교사죄에 해당한다.

① 1개 ② 2개
③ 3개 ④ 4개
⑤ 5개

정선 핵심

ㄱ. 관세법상 추징당할 범인의 범위 → 공동정범, 종범, 교사범도 포함
ㄴ. 방조의 대상인 정범의 실행행위의 착수가 없는 경우 → 방조죄 ×
ㄷ. 간첩방조죄 → 종범감경 ×
ㄹ. 종범의 선고형 → 정범보다 가볍지 않더라도 위법 ×
ㅁ. 자신을 위하여 타인으로 하여금 범인도피죄를 범하게 한 경우 → 범인도피교사죄 ○

정선 해설

[ㄱ ▸ ×] 관세법 제198조 제3항은 몰수할 물품의 전부 또는 일부를 몰수할 수 없을 때에는 그 몰수할 수 없는 물품의 범칙 당시의 국내 도매가격에 상당한 금액을 범인으로부터 추징한다라고 규정하고 있는바 여기서 말하는 범인의 범위는 공동정범자뿐만 아니라 종범 또는 교사범도 포함된다(대판 1985.6.25. 85도652).

[ㄴ ▸ O] 방조죄는 정범의 범죄에 종속하여 성립하는 것으로서 방조의 대상이 되는 정범의 실행행위의 착수가 없는 이상 방조죄만이 독립하여 성립될 수 없다(대판 1979.2.27. 78도3113).

[ㄷ ▸ ×] 형법 제98조 제1항의 간첩방조죄는 정범인 간첩죄와 대등한 독립죄로서 간첩죄와 동일한 법정형으로 처단하게 되어 있어 형법 총칙 제32조 소정의 감경대상이 되는 종범과는 그 실질이 달라 종범감경을 할 수 없는 것이므로 그 가중규정인 국가보안법 제4조 제1항 제2호의 반국가단체의 간첩방조죄에 대하여도 그 정범인 반국가단체의 간첩죄와 동일한 법정형으로 처단하여야 하고 종범감경을 할 수 없다(대판 1986.9.23. 86도1429).

[ㄹ ▸ O] 대판 2015.8.27. 2015도8408

[ㅁ ▸ O] 대판 2006.12.7. 2005도3707

답 ③

310 □□□

교사범에 대한 설명으로 옳지 않은 것은?(다툼이 있는 경우 판례에 의함) 20 국가9급

① 정범의 성립은 교사범의 구성요건의 일부를 형성하고 교사범이 성립함에는 정범의 범죄행위가 인정되는 것이 그 전제요건이 된다.

② A가 B에게 범죄를 저지르도록 요청한다는 것을 알고 있는 甲이 A의 부탁을 받고 A의 요청을 B에게 전달하여 B로 하여금 범의를 야기케 하는 것은 교사에 해당되지 않는다.

③ 중상해를 교사하였으나 피교사자가 살인을 실행한 경우, 교사자가 피해자의 사망이라는 결과를 예견할 수 있었던 때에는 교사자에게 상해치사죄의 교사범으로서의 죄책을 지울 수 있다.

④ 교사를 받은 자가 범죄의 실행을 승낙하지 아니하였더라도 교사한 범죄의 예비·음모를 처벌하는 규정이 있다면 교사자를 예비 또는 음모에 준하여 처벌한다.

정선 핵심

① 교사범 성립의 전제요건
  ⟶ 정범의 성립 : 교사범의 구성요건의 일부를 형성
  ⟶ 교사범의 성립 : 정범의 범죄행위가 인정

② 甲이 A의 요청을 B에게 전달하여 B로 하여금 범의를 야기케 하는 경우 → 교사범 ○

③ 중상해를 교사하였으나 사망이라는 결과를 예견할 수 있었던 경우 → 상해치사죄의 교사범 ○

④ 피교사자가 범죄의 실행을 승낙하지 아니한 경우 → 교사자를 예비·음모에 준하여 처벌

정선 해설

[❶ ▸ O] 교사범이 성립하기 위해서는 교사자의 교사행위와 정범의 실행행위가 있어야 하는 것이므로, 정범의 성립은 교사범의 구성요건의 일부를 형성하고 교사범이 성립함에는 정범의 범죄행위가 인정되는 것이 그 전제요건이 된다(대판 2000.2.25. 99도1252).

[❷ ▸ ×] 판례의 취지를 고려하면, 甲이 A의 부탁을 받고 A의 요청을 B에게 전달하여 B로 하여금 범의를 야기케 하는 간접교사도 교사에 해당한다.

> 갑이 을에게 범죄를 저지르도록 요청한다 함을 알면서 갑의 부탁을 받고 갑의 요청을 을에게 전달하여 을로 하여금 범의를 야기케 하는 것은 교사에 해당한다(대판 1974.1.29. 73도3104).

[❸ ▸ O] 교사자가 피교사자에 대하여 상해 또는 중상해를 교사하였는데 피교사자가 이를 넘어 살인을 실행한 경우에, 일반적으로 교사자는 상해죄 또는 중상해죄의 죄책을 지게 되는 것이지만 이 경우에 교사자에게 피해자의 사망이라는 결과에 대하여 과실 내지 예견가능성이 있는 때에는 상해치사죄의 죄책을 지울 수 있다(대판 2002.10.25. 2002도4089).

[❹ ▸ O] 피교사자가 범죄의 실행을 승낙하지 아니한 때(실패한 교사)에는 교사한 범죄의 예비·음모를 처벌하는 규정이 있다면 교사자를 예비 또는 음모에 준하여 처벌한다(형법 제31조 제3항).

답 ❷

311 □□□

정범 및 공범에 관한 설명 중 옳은 것은?(다툼이 있는 경우 판례에 의함) 19 경찰채용

① 모해할 목적으로 위증을 교사하였더라도 위증한 정범에게 모해의 목적이 없다면 공범종속성원칙에 따라 교사자를 모해위증죄의 교사범으로 처벌할 수 없다.
② 교사를 받은 자가 범죄의 실행을 승낙하고 실행의 착수에 이르지 아니한 때에는 교사자만 음모 또는 예비에 준하여 처벌한다.
③ 자기의 지휘, 감독을 받는 자를 방조하여 범죄의 결과를 발생하게 한 자는 정범에 정한 형의 장기에 그 2분의 1까지 가중한 형으로 처벌한다.
④ 피해자를 도구로 삼아 피해자의 신체를 이용하여 추행행위를 한 경우에도 강제추행죄의 간접정범에 해당할 수 있다.

정선 핵심

① 모해할 목적으로 위증을 교사하였으나 정범에게 모해의 목적이 없는 경우 → 모해위증죄의 교사범 O
② 피교사자가 범죄의 실행을 승낙하고 실행의 착수에 이르지 아니한 경우 → 교사자와 피교사자를 음모·예비에 준하여 처벌
③ 자기의 지휘, 감독을 받는 자를 방조한 경우 → 정범의 형으로 처벌
④ 처벌되지 아니하는 피해자인 타인을 도구로 삼아 강제로 추행하는 경우 → 강제추행죄의 간접정범 O

정선 해설

[❶ ▸ X] 판례의 취지를 고려하면, 모해할 목적은 형법 제33조 단서 소정의 "신분 때문에 형의 경중이 달라지는 경우"에 해당하여 동 규정이 형법 제31조 제1항보다 우선 적용되므로 모해할 목적으로 위증을 교사한 경우 정범에게 모해의 목적이 없더라도 교사자를 모해위증죄의 교사범으로 처벌할 수 있다.

> [1] 피고인이 갑을 모해할 목적으로 을에게 위증을 교사한 이상, 가사 정범인 을에게 모해의 목적이 없었다고 하더라도, 형법 제33조 단서의 규정에 의하여 피고인을 모해위증교사죄로 처단할 수 있다.
> [2] 형법 제31조 제1항은 협의의 공범의 일종인 교사범이 그 성립과 처벌에 있어서 정범에 종속한다는 일반적인 원칙을 선언한 것에 불과하고, 신분 때문에 형의 경중이 달라지는 경우에 신분이 있는 사람이 신분이 없는 사람을 교사하여 죄를 범하게 한 때에는 형법 제33조 단서가 형법 제31조 제1항에 우선하여 적용됨으로써 신분이 있는 교사범이 신분이 없는 정범보다 중하게 처벌된다(대판 1994.12.23. 93도1002).

[❷ ▸ X] 피교사자가 범죄의 실행을 승낙하고 실행의 착수에 이르지 아니한 때(효과 없는 교사)에는 교사자와 피교사자를 음모 또는 예비에 준하여 처벌한다(형법 제31조 제2항).
[❸ ▸ X] 형법 제34조 제2항 참조

> **법령** **간접정범, 특수한 교사, 방조에 대한 형의 가중(형법 제34조)** ② 자기의 지휘, 감독을 받는 자를 교사 또는 방조하여 전항의 결과를 발생하게 한 자는 교사인 때에는 정범에 정한 형의 장기 또는 다액에 그 2분의 1까지 가중하고 방조인 때에는 정범의 형으로 처벌한다.

[❹ ▸ O] 대판 2018.2.8. 2016도17733

답 ❹

312 □□□

甲은 丙에게 자신과 사업관계로 다툼이 있었던 乙을 혼내 주되, 평생 후회하면서 살도록 허리 아래 부분을 찌르고, 특히 허벅지나 종아리를 찔러 병신을 만들라는 취지로 이야기 하면서 차량과 칼 구입비 명목으로 경비 90만원 정도를 주었으며, 丙은 피해자 乙의 종아리 부위 등을 20여 회나 칼로 찔러 사망하게 한 경우 甲과 丙의 죄책은?(다툼이 있는 경우 판례에 의함) 16 경찰간부

① 甲은 상해죄의 교사범, 丙은 살인죄의 정범
② 甲은 상해치사죄의 교사범, 丙은 상해치사죄의 정범
③ 甲은 상해치사죄의 교사범, 丙은 살인죄의 정범
④ 甲은 살인죄의 교사범, 丙은 살인죄의 정범

정선 해설

사안에서 丙은 피해자 乙의 종아리 부위 등을 20여 회나 칼로 찔러 사망하게 하여 살인의 고의를 인정할 수 있으므로 丙은 살인죄의 죄책을 지게 되고, 甲은 丙에게 상해 또는 중상해를 교사하였고 乙의 사망에 대한 예견가능성이 있다고 보이므로 甲은 상해치사죄의 교사범의 죄책을 진다.

교사자가 피교사자에 대하여 상해 또는 중상해를 교사하였는데 피교사자가 이를 넘어 살인을 실행한 경우에, 일반적으로 교사자는 상해죄 또는 중상해죄의 죄책을 지게 되는 것이지만 이 경우에 교사자에게 피해자의 사망이라는 결과에 대하여 과실 내지 예견가능성이 있는 때에는 상해치사죄의 죄책을 지울 수 있다(대판 2002.10.25. 2002도4089).

답 ❸

313 □□□

교사범에 대한 설명 중 가장 옳지 않은 것은?(다툼이 있는 경우 판례에 의함) 15 경찰간부

① 피무고자의 교사・방조 하에 제3자가 피무고자에 대한 허위의 사실을 신고한 경우에는 제3자를 교사・방조한 피무고자는 교사・방조범의 죄책을 진다.
② 형법 제127조는 공무원 또는 공무원이었던 자가 법령에 의한 직무상 비밀을 누설하는 행위만을 처벌하고 있을 뿐 직무상 비밀을 누설받은 상대방을 처벌하는 규정이 없으므로, 직무상 비밀을 누설받은 자를 공무상비밀누설죄의 교사범 또는 방조범으로 처벌할 수 없다.
③ 甲이 乙을 교사하여 丙을 살해하려 하였으나 乙이 살인의 실행에 착수하지 않은 경우, 甲은 살인죄의 예비・음모에 준하여 처벌된다.
④ 甲이 乙에게 A의 자동차를 강취할 것을 교사하였으나 乙이 A의 자동차를 절취한 경우 甲은 절도죄의 교사범으로 처벌된다.

정선 핵심

① 무고죄의 성립 여부
→ 피무고자의 교사・방조로 피무고자에 대한 허위의 사실을 신고한 경우 : 무고죄의 교사・방조범 ○
② 공무원으로부터 직무상 비밀누설을 받은 자 → 공무상비밀누설죄의 공범 ×
③ 乙을 교사하여 살해하려 하였으나 실행에 착수하지 않은 경우 → 살인예비・음모죄 ○
④ 자동차를 강취할 것을 교사하였으나 乙이 절취한 경우 → 강도예비・음모죄 ○

정선 해설

[❶ ▸ ○] 대판 2008.10.23. 2008도4852
[❷ ▸ ○] 대판 2017.6.19. 2017도4240

[❸ ▸ O] 甲이 乙을 교사하여 丙을 살해하려 하였으나 乙이 살인의 실행에 착수하지 않은 경우, 효과 없는 교사에 해당하여 甲은 형법 제31조 제2항에 의하여 살인예비·음모죄로 처벌된다.
[❹ ▸ ×] 추상적 사실의 착오 중 교사내용에 미달하는 경우이다. 교사자는 교사한 범죄의 예비·음모(형법 제31조 제2항)와 피교사자가 실행한 범죄의 교사범의 상상적 경합이 성립하고, 예비·음모형이 중한 경우에는 예비·음모죄만 성립한다. 결국 甲은 강도예비·음모죄로 처벌된다.

답 ❹

314 □□□

다음 설명 중 옳지 않은 것은?(다툼이 있는 경우에는 판례에 의함) 03 사시

① 甲이 乙에게 丙을 살해할 것을 교사하고 乙이 이를 승낙한 후 실행의 착수에 이르지 아니한 경우, 甲은 살인의 예비·음모죄로 처벌된다.
② 甲이 乙에게 丙의 재물을 절취할 것을 교사하였으나 乙이 방화를 한 경우, 甲은 무죄이다.
③ 甲과 乙이 과도를 들고 재물을 강취하기로 공모하고 甲은 대문 밖에서 망을 보고 乙은 공모한대로 丙의 집에 들어가 丙에게 과도를 휘둘러 상해를 입혔다. 그러나 甲은 상해를 가할 것까지는 공모하지 않았을 경우, 甲은 특수강도죄로 처벌된다.
④ 甲이 乙에게 丙이 거주하는 집에 방화하도록 교사하였으나 乙이 방화는 하지 않고 丙을 살해한 경우, 甲은 현주건조물방화의 예비·음모죄로 처벌된다.
⑤ 甲이 乙에게 丙의 재물을 강취할 것을 교사하였으나 乙이 丙의 재물을 절취한 경우, 甲은 강도의 예비·음모죄로 처벌된다.

정선 핵심

① 乙을 교사하여 살해하려 하였으나 실행에 착수하지 않은 경우 → 살인예비·음모죄 O
② 乙에게 절취를 교사하였으나 방화한 경우 → 불가벌
③ 강도를 공모하고 乙은 丙에게 상해를 입혔으나 상해는 공모하지 않은 경우 → 甲은 강도상해죄 O
④ 乙에게 방화하도록 교사하였으나 살해한 경우 → 현주건조물방화의 예비·음모죄 O
⑤ 乙에게 재물을 강취할 것을 교사하였으나 절취한 경우 → 강도예비·음모죄 O

정선 해설

[❶ ▸ O] 甲이 乙에게 丙을 살해할 것을 교사하고 乙이 이를 승낙한 후 실행의 착수에 이르지 아니한 경우, 효과 없는 교사(형법 제31조 제2항)에 해당하여 甲은 살인예비·음모죄로 처벌된다.
[❷ ▸ O] 甲이 乙에게 절취를 교사하였으나 방화한 것은 질적 초과가 본질적인 경우로, 효과 없는 교사(형법 제31조 제2항)에 해당하여 교사한 범죄의 예비·음모의 처벌규정이 있으면 교사한 범죄의 예비·음모죄로 처벌될 수 있으나 절도예비는 처벌하지 아니하므로 甲은 불가벌이다.
[❸ ▸ ×] 판례의 취지를 고려하면, 甲은 강도상해죄로 처벌된다.

> 강도합동범 중 1인이 피고인과 공모한대로 과도를 들고 강도를 하기 위하여 피해자의 거소를 들어가 피해자를 향하여 칼을 휘두른 이상 이미 강도의 실행행위에 착수한 것임이 명백하고, 그가 피해자들을 과도로 찔러 상해를 가하였다면 대문 밖에서 망을 본 공범인 피고인이 구체적으로 상해를 가할 것까지 공모하지 않았다 하더라도 피고인은 상해의 결과에 대하여도 공범으로서의 책임을 면할 수 없다(대판 1998.4.14. 98도356).

[❹ ▸ O] 甲이 乙에게 방화하도록 교사하였으나 丙을 살해한 것은 질적 초과가 본질적인 경우로, 효과 없는 교사(형법 제31조 제2항)에 해당하여 교사한 범죄의 예비·음모의 처벌규정이 있으면 교사한 범죄의 예비·음모죄로 처벌될 수 있다. 방화죄는 예비·음모의 처벌규정이 있으므로 甲은 현주건조물방화의 예비·음모죄로 처벌된다.
[❺ ▸ O] 추상적 사실의 착오 중 교사내용에 미달하는 경우이다. 교사자는 교사한 범죄의 예비·음모(형법 제31조 제2항)와 피교사자가 실행한 범죄의 교사범의 상상적 경합이 성립하고, 예비·음모형이 중한 경우에는 예비·음모죄만 성립한다. 결국 甲은 강도예비·음모죄로 처벌된다.

답 ❸

제1장 제2장 제3장

01 피교사자가 교사자의 교사행위 당시에는 범행을 승낙하지 않았으나, 이후 그 교사행위에 의하여 범행을 결의한 것으로 인정되는 경우에는 교사범이 성립한다. 18 경찰승진 O | X

02 치과의사가 치과기공사들에게 진료행위를 하도록 지시한 것은 무면허의료행위의 교사에 해당한다. 15 경찰승진 O | X

03 노조 조합원 乙 등 2천여 명이 A회사 본사 건물을 불법으로 점거하는 과정에서 감금, 시설물손괴, 진입 경찰 등에 대한 폭행 및 상해 등의 범죄행위를 저지르게 되었는데, 노조 간부인 甲이 건물 점거 등의 집단행동들을 결정하여 조합원들에게 지시하고 그 지시의 이행 상황을 체계적으로 조직화된 지휘 계통을 통하여 지휘·통제해 왔던 경우, 甲에게 乙의 범죄행위에 대한 교사범이 성립한다. 18 해경간부 O | X

04 사람을 살해할 것을 교사받은 자가 범죄실행을 거부하였다면, 살인을 교사한 자는 살인죄의 예비·음모에 준하여 처벌한다. 16 국가9급 O | X

05 자신의 형사사건에 관한 증거은닉 행위는 피고인의 방어권을 인정하는 취지와 상충하여 처벌의 대상이 되지 아니하므로 자신의 형사사건에 관한 증거은닉을 위하여 타인에게 도움을 요청하는 행위는 언제나 증거은닉교사죄로 처벌되지 아니한다. 18 법원9급 O | X

06 甲이 범행의사 없는 乙에게 공갈을 교사하여 乙이 공갈의 실행에 착수하자 甲이 범행을 그만두라고 만류하였음에도 乙이 공갈의 기수에 이른 경우 甲은 공갈죄의 교사범의 죄책을 진다. 17 5급승진 O | X

07 이미 흉기휴대특수강도를 결심하고 있는 乙을 설득하여 그로 하여금 단순강도를 범하도록 한 甲은 특수강도죄의 교사범으로도 처벌되지 않고 단순강도죄의 교사범으로도 처벌되지 않는다. 19 해경간부 O | X

08 당초의 교사행위에 의하여 형성된 피교사자의 범죄실행의 결의가 더 이상 유지되지 않는 것으로 평가할 수 있다면, 설사 그 후 피교사자가 범죄를 저지르더라도 이는 당초의 교사행위에 의한 것이 아니라 새로운 범죄실행의 결의에 따른 것이므로 교사자는 형법 제31조 제2항에 의한 죄책을 부담함은 별론으로 하고 형법 제31조 제1항의 교사범으로서의 죄책을 부담하지는 않는다. 15 경찰채용 O | X

01 대판 2013.9.12. 2012도2744

02 대판 1986.7.8. 86도749

03 파생적인 범행 하나하나에 대하여 개별적인 의사의 연락이 없었다 하더라도 당초의 공모자들 사이에 그 범행 전부에 대하여 암묵적인 공모는 물론 그에 대한 기능적 행위지배가 존재한다고 보아야 할 것이다(대판 2007.4.26. 2007도428).

04 실패한 교사로 형법 제31조 제3항이 적용된다.

05 방어권의 남용이라고 볼 수 있을 때는 증거은닉교사죄로 처벌할 수 있다(대판 2016.7.29. 2016도5596).

06 대판 2012.11.15. 2012도7407

07 교사는 성립할 수 없으나 방조는 가능하다는 것이 다수설이다.

08 대판 2012.11.15. 2012도7407

정답

01 ○ 02 ○ 03 × 04 ○
05 × 06 ○ 07 ○ 08 ○

315 □□□

종범에 대한 설명으로 가장 적절하지 않은 것은?(다툼이 있는 경우 판례에 의함)

19 경찰승진

① 종범은 정범이 실행행위에 착수하여 범행을 하는 과정에서 이를 방조한 경우뿐 아니라, 정범의 실행의 착수 이전에 장래의 실행행위를 미필적으로나마 예상하고 이를 용이하게 하기 위하여 방조한 경우에도 그 후 정범이 실행행위에 나아갔다면 성립할 수 있다.
② 의사인 피고인이 입원치료를 받을 필요가 없는 환자들이 보험금수령을 위하여 입원치료를 받으려고 하는 사실을 알면서도 입원을 허가하여 형식상으로 입원치료를 받도록 한 후 입원확인서를 발급하여 준 경우, 사기방조죄가 성립한다.
③ 피고인들이, 자신들이 개설한 인터넷 사이트를 통해 회원들로 하여금 음란한 동영상을 게시하도록 하고, 다른 회원들로 하여금 이를 다운받을 수 있도록 하는 방법으로 정보통신망을 통한 음란한 영상의 배포・전시를 방조한 행위가 단일하고 계속된 범의 아래 일정기간 계속하여 이루어졌고 피해법익도 동일한 경우, 방조행위는 포괄일죄의 관계에 있다.
④ 과실범에 대한 교사범은 성립할 수 있으나 과실범에 대한 방조범은 성립할 수 없다.

정선 핵심

① 정범의 실행의 착수 전에 방조한 경우 → 정범이 실행행위에 나아갔다면 종범 ○
② 입원치료를 받을 필요가 없는 환자들의 입원확인서를 발급하여 준 경우 → 사기방조죄 ○
③ 음란영상의 배포방조가 단일하고 계속된 범의 아래 계속하여 이루어진 경우 → 방조행위는 포괄일죄의 관계
④ 과실범에 대한 공범의 성립 여부
⋯→ 과실범에 대한 교사범 : ×
⋯→ 과실범에 대한 방조범 : ×

정선 해설

[❶ ▸ ○] 대판 2013.11.14. 2013도7494

[❷ ▸ ○] 대판 2006.1.12. 2004도6557

[❸ ▸ ○] 피고인들이, 자신들이 개설한 인터넷 사이트를 통해 회원들로 하여금 음란한 동영상을 게시하도록 하고, 다른 회원들로 하여금 이를 다운받을 수 있도록 하는 방법으로 정보통신망을 통한 음란한 영상의 배포, 전시를 방조한 행위가 단일하고 계속된 범의 아래 일정기간 계속하여 이루어졌고 피해법익도 동일한 경우, 포괄일죄의 관계에 있다(대판 2010.11.25. 2010도1588).

[❹ ▸ ×] 과실범에 대한 교사・방조의 경우 정범의 행위가 고의범이 아니므로 과실범에 대한 교사・방조는 성립하지 아니하고 간접정범이 문제될 뿐이다(형법 제34조 제1항).

답 ❹

316 □□□

방조범에 대한 설명으로 옳지 않은 것은?(다툼이 있는 경우 판례에 의함) 21 국가9급

① 甲이 사기범행에 이용되리라는 사정을 알고서도 A에게 자신의 명의로 된 은행 예금계좌의 접근매체를 양도함으로써 A가 B를 속여 B로 하여금 현금을 위 계좌로 송금하게 한 경우, 甲은 사기죄의 방조범이 된다.

② 은행지점장 甲이 정범인 부하직원들의 은행에 대한 배임행위를 인식하면서도 이를 방치한 경우 업무상배임죄의 방조범이 성립한다.

③ 방조죄는 정범의 범죄에 종속하여 성립하는 것으로서, 방조의 대상이 되는 정범의 실행행위의 착수가 없으면 방조죄만 독립하여 성립할 수 없다.

④ 정범의 실행행위 전이나 실행행위 중에 정범을 방조하여 그 실행행위를 용이하게 하는 것뿐만 아니라 정범의 범죄종료 후의 이른바 사후방조도 방조범으로 볼 수 있다.

정선 핵심

① 사기범행에 이용될 것을 알고서 자신계좌의 접근매체를 양도한 경우 → 사기죄의 방조범 ○
② 은행지점장이 부하직원들의 배임행위를 알면서 방치한 경우 → 업무상배임죄의 방조범 ○
③ 예비의 단계에 그친 정범에게 가공한 경우 → 예비의 공동정범은 별론, 종범 ×
④ 정범의 범죄종료 후의 이른바 사후방조 → 방조범 ×

정선 해설

[❶ ▸ ○] 전기통신금융사기(이른바 보이스피싱범죄)의 범인이 피해자를 기망하여 피해자의 자금을 사기이용계좌로 송금·이체받으면 사기죄는 기수에 이르고, 범인이 피해자의 자금을 점유하고 있다고 하여 피해자와의 어떠한 위탁관계나 신임관계가 존재한다고 볼 수 없을 뿐만 아니라, 그 후 범인이 사기이용계좌에서 현금을 인출하였더라도 이는 이미 성립한 사기범행이 예정하고 있던 행위에 지나지 아니하여 새로운 법익을 침해한다고 보기도 어려우므로, 위와 같은 인출행위는 사기의 피해자에 대하여 별도의 횡령죄를 구성하지 아니한다. 이러한 법리는 사기범행에 이용되리라는 사정을 알고서 자신 명의 계좌의 접근매체를 양도함으로써 사기범행을 방조한 종범이 사기이용계좌로 송금된 피해자의 자금을 임의로 인출한 경우에도 마찬가지로 적용된다(대판 2017.5.31. 2017도3894).

[❷ ▸ ○] 대판 1984.11.27. 84도1906

[❸ ▸ ○] 대판 1976.5.25. 75도1549

[❹ ▸ ×] 종범은 정범의 실행행위 중에 이를 방조하는 경우뿐만 아니라, 실행 착수 전에 장래의 실행행위를 예상하고 이를 용이하게 하는 행위를 하여 방조한 경우에도 성립한다. 종범은 정범의 실행행위 전이나 실행행위 중에 정범을 방조하여 그 실행행위를 용이하게 하는 것을 말하므로 정범의 범죄종료 후의 이른바 사후방조를 종범이라고 볼 수 없다(대판 2009.6.11. 2009도1518).

답 ❹

317 □□□

종범에 대한 설명으로 옳지 않은 것은?(다툼이 있는 경우 판례에 의함) 20 국가9급

① 작위는 물론이고 부작위에 의한 종범도 성립할 수 있지만, 정범이 작위범인 경우에는 부작위에 의한 방조자에게 보증인적 지위가 인정되지 않으면 부작위에 의한 종범이 성립하지 않는다.

② 종범이 성립하기 위해서는 방조자에게 자신이 피방조자의 범죄실행을 방조한다는 점에 대한 고의와 피방조자의 행위가 구성요건적 결과를 실현한다는 점에 대한 고의가 둘 다 있어야 한다.

③ 정범이 강도의 예비행위를 할 때 방조행위가 행해졌고 그 후에 정범이 강도의 실행에 착수하지 못했다면 방조자는 강도예비죄의 종범으로 처벌된다.

④ 간호보조원의 무면허진료행위 후에 이를 의사가 진료부에 기재하는 행위는 무면허의료행위의 방조에 해당한다.

정선 핵심

① 부작위에 의한 방조자에게 보증인지위가 없는 경우 → 부작위에 의한 종범 ×
② 종범의 고의 → 방조의 고의와 정범의 고의 필요
③ 정범의 강도예비를 방조하였으나 강도의 실행에 착수하지 않은 경우 → 강도예비죄의 종범 ×
④ 간호보조원의 무면허진료행위 후에 이를 의사가 진료부에 기재하는 경우 → 무면허의료행위의 방조 ○

정선 해설

[❶ ▸ ○] 부작위에 의한 방조자에게 보증인지위가 인정되지 아니하면 부작위에 의한 종범이 성립하지 않는다.

> 형법상 방조는 작위에 의하여 정범의 실행을 용이하게 하는 경우는 물론, 직무상의 의무가 있는 자가 정범의 범죄행위를 인식하면서도 그것을 방지하여야 할 제반 조치를 취하지 아니하는 부작위로 인하여 정범의 실행행위를 용이하게 하는 경우에도 성립된다 할 것인바, 경매업무의 주무계장인 피고인들이 새로 납입되는 입찰보증금에 대한 보관표를 제때에 제출받는 등의 조치를 취하지 않음으로써 새로 발생되는 입찰보증금의 횡령행위에 대하여서는 아무런 방지조치를 취하지 않은 것이 명백하므로 부작위에 의한 방조죄를 저질렀다고 보아야 할 것이다(대판 1996.9.6. 95도2551).

[❷ ▸ ○] 대판 2018.9.13. 2018도7658

[❸ ▸ ×] 판례의 취지를 고려하면, 정범이 강도의 실행에 착수하지 못하여 예비단계에 그친 경우, 방조자에게 강도예비죄의 종범은 인정되지 아니하는 것으로 판단된다.

> 형법 제32조 제1항 소정 타인의 범죄란 정범이 범죄의 실현에 착수한 경우를 말하는 것이므로 종범이 처벌되기 위하여는 정범의 실행의 착수가 있는 경우에만 가능하고 형법 전체의 정신에 비추어 정범이 실행의 착수에 이르지 아니한 예비의 단계에 그친 경우에는 이에 가공하는 행위가 예비의 공동정범이 되는 경우를 제외하고는 종범의 성립을 부정하고 있다고 보는 것이 타당하다(대판 1976.5.25. 75도1549).

[❹ ▸ ○] 대판 1982.4.27. 82도122

답 ❸

318 □□□

다음 중 종범에 관한 설명으로 옳지 않은 것을 모두 고른 것은?(다툼이 있는 경우 판례에 의함) 20 해경간부

ㄱ. 정범의 강도예비행위를 방조하였으나 정범이 실행의 착수에 이르지 못한 경우, 방조자는 강도예비죄의 종범에 해당한다.
ㄴ. 자기의 지휘, 감독을 받는 자를 방조하여 범죄의 결과를 발생하게 한 자는 정범에 정한 형의 장기 또는 다액의 그 2분의 1까지 가중한 형으로 처벌한다.
ㄷ. 법률상 정범의 범행을 방지할 의무가 있는 자가 그 범행을 알면서도 방지하지 아니하여 범행을 용이하게 한 때에는 부작위에 의한 종범이 성립한다.
ㄹ. 종범은 정범의 실행행위 중에 이를 방조하는 경우뿐만 아니라 정범이 실행행위에 나아갔다면 실행의 착수 전에 장래의 실행행위를 예상하고 이를 용이하게 한 경우에도 종범이 성립한다.

① ㄱ
② ㄱ, ㄴ
③ ㄷ, ㄹ
④ ㄱ, ㄴ, ㄷ

정선 핵심

ㄱ. 정범의 강도예비를 방조하였으나 강도의 실행에 착수하지 않은 경우 → 강도예비죄의 종범 ×
ㄴ. 자기의 지휘, 감독을 받는 자를 방조한 경우 → 정범의 형으로 처벌
ㄷ. 부작위에 의한 방조자에게 보증인지위가 있는 경우 → 부작위에 의한 종범 ○
ㄹ. 정범의 실행의 착수 전에 방조한 경우 → 정범이 실행행위에 나아갔다면 종범 ○

정선 해설

[ㄱ ▸ ×] 판례(대판 1976.5.25. 75도1549)의 취지를 고려하면, 정범이 강도의 실행에 착수하지 못하여 예비단계에 그친 경우, 방조자에게 강도예비죄의 종범은 인정되지 아니하는 것으로 판단된다.

[ㄴ ▸ ×] 형법 제34조 제2항 참조

> **법령** **간접정범, 특수한 교사, 방조에 대한 형의 가중(형법 제34조)** ② 자기의 지휘, 감독을 받는 자를 교사 또는 방조하여 전항의 결과를 발생하게 한 자는 교사인 때에는 정범에 정한 형의 장기 또는 다액에 그 2분의 1까지 가중하고 방조인 때에는 정범의 형으로 처벌한다.

[ㄷ ▸ ○] 대판 1996.9.6. 95도2551

[ㄹ ▸ ○] 대판 2013.11.14. 2013도7494

답 ❷

319 □□□

다음 중 방조에 대한 설명으로 적절한 것은?(다툼이 있는 경우 판례에 의함)

20 해경채용

ㄱ. 정범이 실행에 착수하기 전에 방조한 경우에는 그 이후 정범이 실행에 착수하였더라도 방조범이 성립할 수 없다.
ㄴ. 정범의 강도예비행위를 방조하였으나 정범이 실행의 착수에 이르지 못한 경우 방조자는 강도예비죄의 종범에 해당한다.
ㄷ. 방조행위와 정범의 실행행위 사이에 인과관계가 필요하다는 견해는 공범의 처벌근거가 타인의 불법을 야기·촉진시키는 데 있으므로 방조행위가 피방조자의 실행에 아무런 영향을 끼치지 못한 경우에는 처벌근거가 상실된다는 점을 논거로 한다.
ㄹ. 방조행위와 정범의 실행행위 사이에 인과관계가 필요하지 않다는 견해에 따르면, 공범종속설에 따라 기도된 방조의 가벌성을 인정하기 때문에 방조범의 처벌범위가 부당하게 확대된다는 비판이 있다.
ㅁ. 甲이 허위자백을 하여 진범에 대한 범인도피죄의 기수에 이르고 나서야 비로소 甲의 범행을 인식한 A가 기왕의 범인도피상태를 이용하여 甲이 허위자백을 유지하도록 도운 경우 그 이후 甲이 진범을 밝혔다고 하더라도 A의 범인도피방조죄는 성립한다.
ㅂ. 자기의 지휘, 감독을 받는 자를 방조하여 범죄의 결과를 발생하게 한 자는 정범의 형으로 처벌한다.

① ㄴ, ㄹ, ㅂ
② ㄷ, ㄹ, ㅂ
③ ㄱ, ㄷ, ㅁ
④ ㄷ, ㅁ, ㅂ

정선 핵심

ㄱ. 정범의 실행의 착수 전에 방조한 경우 → 정범이 실행행위에 나아갔다면 종범 ○
ㄴ. 정범의 강도예비를 방조하였으나 강도의 실행에 착수하지 않은 경우 → 강도예비죄의 종범 ×
ㄷ. 인과관계필요설 → 방조행위가 피방조자의 실행에 아무런 영향을 끼치지 못한 경우에는 처벌근거 상실
ㄹ. 인과관계불요설 → 공범독립성설에 따라 기도된 방조의 가벌성을 인정하기 때문에 처벌범위가 부당하게 확대된다는 비판
ㅁ. 범인도피죄가 기수에 이른 후 A가 甲이 허위자백을 유지하도록 도운 경우 → 범인도피방조죄 ○
ㅂ. 자기의 지휘, 감독을 받는 자를 방조한 경우 → 정범의 형으로 처벌

정선 해설

[ㄱ ▸ ×] 종범은 정범이 실행행위에 착수하여 범행을 하는 과정에서 이를 방조한 경우뿐 아니라, 정범의 실행의 착수 이전에 장래의 실행행위를 미필적으로나마 예상하고 이를 용이하게 하기 위하여 방조한 경우에도 그 후 정범이 실행행위에 나아갔다면 성립할 수 있다(대판 2013.11.14. 2013도7494).

[ㄴ ▸ ×] 판례(대판 1976.5.25. 75도1549)의 취지를 고려하면, 정범이 강도의 실행에 착수하지 못하여 예비단계에 그친 경우, 방조자에게 강도예비죄의 종범은 인정되지 아니하는 것으로 판단된다.

[ㄷ ▸ ○] 인과관계필요설은 공범의 처벌근거가 타인의 불법을 야기·촉진시키는 데 있으므로 방조행위와 정범의 실행행위 사이에 인과관계가 필요하지 않다는 인과관계불요설에 의하면 방조행위가 피방조자의 실행에 아무런 영향을 끼치지 못한 경우 공범의 처벌근거가 상실된다는 점을 논거로 한다.

[ㄹ ▸ ×] 인과관계불요설은 공범독립성설에 따라 형법상 불가벌인 기도된 방조의 가벌성을 인정하기 때문에 방조범의 처벌범위가 부당하게 확대된다는 비판이 있다.

[ㅁ ▸ ○] 甲의 범인도피죄가 기수에 이른 후 甲의 범행을 인식한 A가 甲이 허위자백을 유지하도록 도운 경우 A에게는 범인도피방조죄가 성립한다.

> 범인도피죄는 범인을 도피하게 함으로써 기수에 이르지만, 범인도피행위가 계속되는 동안에는 범죄행위도 계속되고 행위가 끝날 때 비로소 범죄행위가 종료된다. 따라서 공범자의 범인도피행위 도중에 그 범행을 인식하면서 그와 공동의 범의를 가지고 기왕의 범인도피상태를 이용하여 스스로 범인도피행위를 계속한 경우에는 범인도피죄의 공동정범이 성립하고, 이는 공범자의 범행을 방조한 종범의 경우도 마찬가지이다(대판 2012.8.30. 2012도6027).

[ㅂ ▸ ○] 형법 제34조 제2항 참조

답 ④

제1장 제2장 제3장

320 □□□

방조에 관한 설명 중 옳지 않은 것은?(다툼이 있으면 판례에 의함) 16 사시

① 간첩이라는 정을 알면서 숙식을 제공하거나 심부름으로 안부편지를 전달하는 행위는 간첩방조죄에 해당하지 않는다.
② 병무행정의 시정을 촉구하기 위하여 조직된 단체로 판단되는 병역문제중앙대책위원회의 일원이 스스로 입영기피를 결심한 자에게 이별을 안타까워하는 뜻에서 몸조심하라고 말하면서 악수를 나눈 행위는 입영기피의 방조에 해당한다.
③ 백화점에서 검품 등 상품관리를 담당하는 백화점 직원이 자신이 관리하는 백화점 입점점포의 위조상표부착상품판매사실을 알고도 방치한 행위는 부작위에 의한 상표법 위반과 부정경쟁방지 및 영업비밀보호 등에 관한 법률 위반의 방조에 해당한다.
④ 인터넷 카페의 대표 甲이 기자회견을 열어 A회사에 대하여 불매운동을 하겠다고 하면서 공갈행위를 하였는데 위 카페의 회원 乙이 그러한 사정을 알면서도 그 자리에서 지지의 의사로 공감을 표시하거나 甲의 부탁을 받고 사진을 찍어주는 행위는 공갈죄의 방조에 해당한다.
⑤ 甲과 말다툼을 하던 乙이 '죽고 싶다'고 하며 甲에게 기름을 사오라고 하였고, 그 직후 乙은 甲이 사다 준 휘발유를 뿌리고 불을 붙여 자살했다면, 甲의 행위는 자살방조죄에 해당한다.

정선 핵심

① 간첩에게 숙식을 제공하거나 심부름으로 안부편지를 전달하는 경우 → 간첩방조죄 ×
② 몸조심하라고 말하면서 악수를 나눈 경우 → 입영기피의 방조 ×
③ 백화점 직원이 위조상표부착상품판매사실을 알고도 방치한 경우 → 부작위에 의한 상표법 위반과 부정경쟁방지법 위반의 방조 ○
④ 인터넷 카페의 대표가 불매운동 기자회견을 하는 자리에서 사진을 찍어주는 경우 → 공갈죄의 방조 ○
⑤ 죽고 싶다는 피해자에게 사다 준 휘발유를 피해자가 뿌리고 불을 붙여 자살한 경우 → 자살방조죄 ○

정선 해설

[❶ ▸ ○] 대판 1966.7.12. 66도470, 대판 1967.1.31. 66도1661

[❷ ▸ ×] 이미 스스로 입영기피를 결심하고 집을 나서는 공소 외(갑)에게 피고인이 이별을 안타까와하는 뜻에서 잘되겠지 몸조심하라 하고 악수를 나눈 행위는 입영기피의 범죄의사를 강화시킨 방조행위에 해당한다고 볼 수 없다(대판 1983.4.12. 82도43).

[❸ ▸ ○] 대판 1997.3.14. 96도1639

[❹ ▸ ○] 판례의 취지를 고려하면, 甲이 A회사에 대하여 공갈행위를 하였는데 乙이 그 정을 알면서 공감을 표시하거나 甲의 부탁을 받고 사진을 찍어준 경우, 공갈죄의 방조에 해당한다.

> 피고인 1은 공소 외 2로부터 만나자는 요청을 받고, 자칫 위해를 받을 지도 모른다고 불안감을 느꼈는데, 피고인 2가 동석함으로써 심리적 안정감을 준 것으로 보이는 점 등에 비추어 보면, 피고인 2가 피고인 1의 이 사건 기자회견 장면을 촬영하고, 공소 외 2를 만나는 자리에 피고인 1과 동석한 행위는 피고인 1의 이 사건 범행(공갈)의 방조행위로 충분히 인정된다(대판 2013.4.11. 2010도13774).

[❺ ▸ ○] 피해자가 피고인과 말다툼을 하다가 '죽고 싶다' 또는 '같이 죽자'고 하며 피고인에게 기름을 사오라고 하자 피고인이 휘발유 1병을 사다 주었는데 피해자가 몸에 휘발유를 뿌리고 불을 붙여 자살한 경우, 자살방조죄를 인정된다(대판 2010.4.29. 2010도2328).

답 ❷

321 □□□

방조범에 대한 설명으로 옳지 않은 것은?(다툼이 있는 경우 판례에 의함) 17 국가9급

① 정범이 누구인지에 대하여 확정적으로 인식하지 않은 경우에도 방조범이 성립할 수 있다.
② 정범의 행위에 대한 방조범의 고의는 정범에 의하여 실현되는 범죄의 구체적 내용을 인식할 것을 요하며 미필적 인식으로는 부족하다.
③ 부작위에 의하여도 형법상 방조행위가 성립될 수 있다.
④ 형법상 방조행위는 정범의 실행행위 착수 전에 장래의 실행행위를 예상하고 이를 용이하게 하는 행위를 한 경우에도 성립할 수 있다.

정선 핵심

①·② 종범의 성립요건
→ 방조자의 고의 : 정범이 누구인지 여부, 정범에 의하여 실현되는 범죄의 구체적 내용에 대한 미필적 인식으로 충분
③ 부작위에 의한 방조자에게 보증인지위가 있는 경우 → 부작위에 의한 종범 ○
④ 정범의 실행의 착수 전에 방조한 경우 → 정범이 실행행위에 나아갔다면 종범 ○

정선 해설

[❶ ▸ O] [❷ ▸ ×] 판례의 취지를 고려하면, 방조의 고의는 정범이 누구인지, 정범에 의하여 실현되는 범죄의 구체적 내용을 인식할 것을 요하지 아니하고 미필적 인식으로 족하다.

> 저작권법이 보호하는 복제권의 침해를 방조하는 행위란 정범의 복제권 침해를 용이하게 해 주는 직접·간접의 모든 행위로서, 정범의 복제권 침해행위 중에 이를 방조하는 경우는 물론, 복제권 침해행위에 착수하기 전에 장래의 복제권 침해행위를 예상하고 이를 용이하게 해 주는 경우도 포함하며, 정범에 의하여 실행되는 복제권 침해행위에 대한 미필적 고의가 있는 것으로 충분하고 정범의 복제권 침해행위가 실행되는 일시, 장소, 객체 등을 구체적으로 인식할 필요가 없으며, 나아가 정범이 누구인지 확정적으로 인식할 필요도 없다(대판 2007.12.14. 2005도872).

[❸ ▸ O] 부작위에 의한 방조자에게 보증인지위가 인정되어야 부작위에 의한 종범이 성립한다.
[❹ ▸ O] 대판 2013.11.14. 2013도7494

답 ❷

322 □□□

종범에 관한 설명 중 옳지 않은 것을 모두 고른 것은?(다툼이 있는 경우 판례에 의함)

15 변시

ㄱ. 정범의 강도예비행위를 방조하였으나 정범이 실행의 착수에 이르지 못한 경우 방조자는 강도예비죄의 종범에 해당한다.
ㄴ. 자기의 지휘, 감독을 받는 자를 방조하여 범죄의 결과를 발생하게 한 자는 정범에 정한 형의 장기 또는 다액에 그 2분의 1까지 가중한 형으로 처벌한다.
ㄷ. 법률상 정범의 범행을 방지할 의무가 있는 자가 그 범행을 알면서도 방지하지 아니하여 범행을 용이하게 한 때에는 부작위에 의한 종범이 성립한다.
ㄹ. 종범은 정범의 실행행위 중에 이를 방조하는 경우뿐만 아니라, 정범이 실행행위에 나아갔다면 실행의 착수 전에 장래의 실행행위를 예상하고 이를 용이하게 한 경우에도 종범이 성립한다.

① ㄱ
② ㄱ, ㄴ
③ ㄴ, ㄷ
④ ㄱ, ㄴ, ㄷ
⑤ ㄴ, ㄷ, ㄹ

정선 핵심

ㄱ. 정범의 강도예비를 방조하였으나 강도의 실행에 착수하지 않은 경우 → 강도예비죄의 종범 ×
ㄴ. 자기의 지휘·감독을 받는 자를 방조한 경우 → 정범의 형으로 처벌
ㄷ. 부작위에 의한 방조자에게 보증인지위가 있는 경우 → 부작위에 의한 종범
ㄹ. 정범의 실행의 착수 전에 방조한 경우 → 정범이 실행행위에 나아갔다면 종범 O

정선 해설

[ㄱ ▸ ×] 판례의 취지를 고려하면, 정범이 강도의 실행에 착수하지 못하여 예비단계에 그친 경우, 방조자에게 강도예비죄의 종범은 인정되지 아니하는 것으로 판단된다.

> 형법 제32조 제1항 소정 타인의 범죄란 정범이 범죄의 실현에 착수한 경우를 말하는 것이므로 종범이 처벌되기 위하여는 정범의 실행의 착수가 있는 경우에만 가능하고 형법 전체의 정신에 비추어 정범이 실행의 착수에 이르지 아니한 예비의 단계에 그친 경우에는 이에 가공하는 행위가 예비의 공동정범이 되는 경우를 제외하고는 종범의 성립을 부정하고 있다고 보는 것이 타당하다(대판 1976.5.25. 75도1549).

[ㄴ ▸ X] 형법 제34조 제2항 참조

> **법령** 간접정범, 특수한 교사, 방조에 대한 형의 가중(형법 제34조) ② 자기의 지휘, 감독을 받는 자를 교사 또는 방조하여 전항의 결과를 발생하게 한 자는 교사인 때에는 정범에 정한 형의 장기 또는 다액에 그 2분의 1까지 가중하고 방조인 때에는 정범의 형으로 처벌한다.

[ㄷ ▸ O] 대판 1996.9.6. 95도2551

[ㄹ ▸ O] 대판 2013.11.14. 2013도7494

답 ❷

323 □□□

방조범에 대한 설명으로 옳지 않은 것은?(다툼이 있는 경우 판례에 의함) 17 국가7급

① 간호조무사의 무면허진료행위가 있은 후에 이를 의사가 진료부에 기재한 행위는 무면허의료행위의 방조에 해당한다.

② 자신들이 개설한 인터넷 사이트를 통해 회원들로 하여금 음란한 동영상을 게시하도록 하고 다른 회원들로 하여금 이를 다운받을 수 있도록 하는 방법으로 정보통신망을 통한 음란한 영상의 배포·전시를 방조한 행위가 단일하고 계속된 범의 아래 일정기간 계속하여 이루어졌고 피해법익도 동일한 경우, 방조행위는 포괄일죄의 관계에 있다.

③ 방조행위와 정범의 실행행위 사이에 인과관계가 필요하지 않다는 견해에 따르면, 공범종속성설에 따라 기도된 방조의 가벌성을 인정하기 때문에 방조범의 처벌범위가 부당하게 확대된다는 비판이 있다.

④ 방조행위와 정범의 실행행위 사이에 인과관계가 필요하다는 견해는 공범의 처벌근거가 타인의 불법을 야기·촉진시키는 데 있으므로 방조행위가 피방조자의 실행에 아무런 영향을 끼치지 못한 경우에는 처벌근거가 상실된다는 점을 논거로 한다.

정선 핵심

① 간호보조원의 무면허진료행위 후에 이를 의사가 진료부에 기재하는 경우 → 무면허의료행위의 방조 O
② 음란한 영상의 배포방조가 단일하고 계속된 범의 아래 계속하여 이루어진 경우 → 방조행위는 포괄일죄의 관계
③ 인과관계불요설 → 공범독립성설에 따라 기도된 방조의 가벌성을 인정하기 때문에 처벌범위가 부당하게 확대된다는 비판
④ 인과관계필요설 → 방조행위가 피방조자의 실행에 아무런 영향을 끼치지 못한 경우에는 처벌근거 상실

정선 해설

[❶ ▸ O] 간호보조원의 무면허진료행위가 있은 후에 이를 의사가 진료부에다 기재하는 행위는 정범의 실행행위 종료 후의 단순한 사후행위에 불과하다고 볼 수 없고 무면허의료행위의 방조에 해당한다(대판 1982.4.27. 82도122).

[❷ ▸ O] 대판 2010.11.25. 2010도1588

[❸ ▸ X] 인과관계불요설은 공범독립성설에 따라 형법상 불가벌인 기도된 방조의 가벌성을 인정하기 때문에 방조범의 처벌범위가 부당하게 확대된다는 비판이 있다.

[❹ ▸ O] 인과관계필요설은 공범의 처벌근거가 타인의 불법을 야기·촉진시키는 데 있으므로 방조행위와 정범의 실행행위 사이에 인과관계가 필요하지 않다는 인과관계불요설에 의하면 방조행위가 피방조자의 실행에 아무런 영향을 끼치지 못한 경우 공범의 처벌근거가 상실된다는 점을 논거로 한다.

답 ❸

01 피방조자가 자의로 실행행위를 중지하거나 결과발생을 방지한 때에 방조자는 중지미수가 된다. 10 사시 O I X

02 과실에 의한 방조는 불가능하나 과실범에 대한 방조는 간접정범으로 처벌될 수 있다. 10 사시 O I X

03 방조를 시도하였으나 정범이 범죄실현에 나아가지 아니한 경우에는 예비 또는 음모에 준하여 처벌한다. 10 사시 O I X

04 편면적 교사범은 성립할 수 없으나, 편면적 방조범은 성립할 수 있다. 20 해경승진 O I X

05 부작위에 의한 교사범은 성립할 수 없으나, 부작위에 의한 방조범은 성립할 수 있다. 20 해경승진 O I X

06 과실에 의한 교사범은 성립할 수 없으나, 과실에 의한 방조범은 성립할 수 있다. 20 해경승진 O I X

01 정범이 자의로 중지한 때 정범은 중지미수가 되지만 방조범은 장애미수의 공범이 된다.

02 과실에 의한 방조는 고의가 없으므로 방조가 될 수 없고 정범의 행위는 고의범이어야 하므로 과실범에 대한 방조는 간접정범이 문제될 뿐이다.

03 기도된 방조는 처벌규정이 없어 불가벌이다.

04 범행결의를 위한 적극적인 작용을 하는 교사의 관념상 편면적 교사는 상정하기 어려우나, 방조자와 정범 사이에 공동가공의 의사가 필요한 것은 아니므로 편면적 방조는 가능하다.

05 부작위는 피교사자에게 아무런 심리적 영향을 주지 못하기 때문에 부작위에 의한 교사범은 성립할 수 없으나, 부작위범에게 보증인지위가 인정되는 경우에는 부작위에 의한 방조범은 성립할 수 있다.

06 교사범과 종범은 고의범이기 때문에 과실에 의한 교사·방조는 인정되지 아니한다.

정답

01 × **02** ○ **03** × **04** ○
05 ○ **06** ×

324 □□□

형법 제33조는 "신분이 있어야 성립되는 범죄에 신분 없는 사람이 가담한 경우에는 그 신분 없는 사람에게도 제30조부터 제32조까지의 규정을 적용한다. 다만, 신분 때문에 형의 경중이 달라지는 경우에 신분이 없는 사람은 무거운 형으로 벌하지 아니한다."고 규정하고 있다. 이러한 공범과 신분에 관한 다음 설명 중 가장 옳지 않은 것은? 20 법원9급

① 공무원이 아닌 자가 공무원과 공동하여 허위공문서작성죄를 범한 때에는 공무원이 아닌 자도 허위공문서작성죄의 공동정범이 된다.

② '업무상의 임무'라는 신분관계가 없는 사람이 그러한 신분관계 있는 사람과 공모하여 업무상배임죄를 저질렀다면, 그러한 신분관계가 없는 공범에게도 형법 제33조 본문에 따라 일단 신분범인 업무상배임죄가 성립하되, 다만 과형에서는 같은 조 단서에 따라 단순배임죄의 법정형이 적용된다.

③ 모해할 목적이 있는 甲이 그 목적이 없는 乙을 교사하여 위증죄를 범하게 한 경우, 甲에게는 "타인을 교사하여 죄를 범하게 한 자는 죄를 실행한 자와 동일한 형으로 처벌한다."라고 규정한 형법 제31조 제1항에 우선하여 형법 제33조 단서가 적용되어 乙보다 중하게 처벌된다.

④ 의료인인 甲이 의료인이나 의료법인 아닌 乙의 의료기관 개설행위에 공모하여 가공하면 의료법위반죄의 공동정범에 해당하나, 甲이 乙을 교사하여 진료행위를 하도록 지시하면 무면허의료행위의 교사범에 해당하지 않는다.

정선 핵심

① 허위공문서작성죄의 성립 여부
 ⟶ 공무원이 아닌 자가 공무원과 공동한 경우 : 허위공문서작성죄의 공동정범 ○
② 비신분자가 가감적 신분자와 공모하여 업무상배임죄를 범한 경우
 ⟶ 성립 : 업무상배임죄 ○
 ⟶ 과형 : 단순배임죄 ○
③ 모해할 목적으로 위증을 교사하였으나 정범에게 모해의 목적이 없는 경우 → 모해위증죄의 교사범 ○
④ 불구성적 신분자(의료인 甲)가 비신분자에게 가공한 경우
 ⟶ 의료기관 개설행위에 공모 : 의료법위반죄의 공동정범 ○
 ⟶ 교사하여 진료행위 지시 : 무면허의료행위의 교사범 ○

➲ 구성적 · 가감적 신분과 공범

<table>
<tr><th>신분의 종류</th><th>가공형태</th><th>학 설</th><th>판 례</th></tr>
<tr><td rowspan="3">구성적 신분</td><td rowspan="2">비신분자가 신분자에게 가공한 경우</td><td colspan="2">성립 : 본문적용</td></tr>
<tr><td colspan="2">과형 : 본문적용</td></tr>
<tr><td>신분자가 비신분자에게 가공한 경우</td><td colspan="2">신분자에게는 간접정범이 성립</td></tr>
<tr><td rowspan="4">가감적 신분</td><td rowspan="2">비신분자가 신분자에게 가공한 경우</td><td>성립 : 단서적용</td><td>성립 : 본문적용</td></tr>
<tr><td colspan="2">과형 : 단서적용</td></tr>
<tr><td rowspan="2">신분자가 비신분자에게 가공한 경우</td><td colspan="2">성립 : 단서적용</td></tr>
<tr><td colspan="2">과형 : 단서적용</td></tr>
</table>

정선 해설

[❶ ▸ O] 대판 2006.5.11. 2006도1663

[❷ ▸ O] 업무상의 임무라는 신분관계가 없는 사람이 그러한 신분관계 있는 사람과 공모하여 업무상배임죄를 저질렀다면, 그러한 신분관계가 없는 공범에 대하여는 형법 제33조 단서에 따라 단순배임죄에서 정한 형으로 처단

하여야 한다. 이 경우에는 신분관계 없는 공범에게도 같은 조 본문에 따라 일단 신분범인 업무상배임죄가 성립하고 다만 과형에서만 무거운 형이 아닌 단순배임죄의 법정형이 적용된다(대판 2018.8.30. 2018도10047).

[❸ ▸ O] 판례(대판 1994.12.23. 93도1002)의 취지를 고려하면, 모해할 목적은 형법 제33조 단서 소정의 "신분 때문에 형의 경중이 달라지는 경우"에 해당하여 동 규정이 형법 제31조 제1항보다 우선 적용되므로 모해할 목적으로 위증을 교사한 경우 乙에게 모해의 목적이 없더라도 甲을 모해위증죄의 교사범으로 처벌할 수 있다.

[❹ ▸ ×] 불구성적 신분의 경우 신분자가 비신분자에게 가공하면 정범인 비신분자의 불법효과가 신분자에게도 연대적으로 영향을 미치므로 의료인인 甲이 의료인이나 의료법인 아닌 乙의 의료기관 개설행위에 공모하여 가공하면 의료법위반죄의 공동정범에 해당하고, 甲이 乙을 교사하여 진료행위를 하도록 지시하면 무면허의료행위의 교사범에 해당하게 된다.

답 ❹

325 □□□

공범과 신분에 대한 설명으로 가장 적절하지 않은 것은?(다툼이 있는 경우 판례에 의함)

21 경찰채용

① 비공무원이 공무원과 공동가공의 의사와 이를 기초로 한 기능적 행위지배를 통하여 공무원의 직무에 관하여 뇌물을 수수한 경우, 공무원과 비공무원에게 뇌물수수죄의 공동정범이 성립한다.

② 업무상배임죄에서의 업무상의 임무라는 신분관계가 없는 사람이 신분관계 있는 사람과 공모한 경우, 신분관계가 없는 공범에 대하여는 형법 제33조 단서에 따라 단순배임죄에서 정한 형으로 처단하여야 한다.

③ 의사가 의사 면허 없는 일반인의 무면허의료행위에 공모하여 가공하는 등 기능적 행위지배가 인정된다면, 의사도 의료법상 무면허의료행위의 공동정범으로서의 죄책을 진다.

④ 도박의 습벽이 있는 자가 타인의 도박을 방조하면 상습도박방조의 죄에 해당하는 것이며, 도박의 습벽이 있는 자가 도박을 하고 또 도박방조를 하였을 경우, 상습도박죄와는 별도로 상습도박방조의 죄가 성립하고 양자는 실체적 경합관계에 있다.

정선 핵심

① 비공무원이 공무원과 기능적 행위지배를 통하여 뇌물을 수수한 경우 → 뇌물수수죄의 공동정범 ○
② 비신분자가 가감적 신분자와 공모하여 업무상배임죄를 범한 경우
  ⋯▸ 성립 : 업무상배임죄 ○
  ⋯▸ 과형 : 단순배임죄 ○
③ 불구성적 신분자(의사)가 비신분자에게 가공한 경우
  ⋯▸ 무면허의료행위에 공모 : 무면허의료행위의 공동정범 ○
④ 도박의 습벽이 있는 자가 도박을 하고 도박을 방조한 경우 → 상습도박죄 ○

➲ 소극적 신분과 공범

신분의 종류	가공형태	효 과
불구성적 신분	비신분자가 신분자에게 가공한 경우	비신분자, 신분자의 행위 모두 적법
	신분자가 비신분자에게 가공한 경우	신분자, 비신분자의 행위 모두 불법
책임조각적 신분	비신분자가 신분자에게 가공한 경우	비신분자는 책임인정, 신분자는 책임조각
	신분자가 비신분자에게 가공한 경우	
형벌조각적 신분	비신분자가 신분자에게 가공한 경우	비신분자는 형벌인정, 신분자는 형벌조각
	신분자가 비신분자에게 가공한 경우	

※ 신분자와 비신분자가 공모한 경우는 신분자가 비신분자에게 가공한 경우에 포함됨을 유의하여야 한다.

정선 해설

[❶ ▸ O] 대판 2019.8.29. 2018도2738[전합]
[❷ ▸ O] 대판 2018.8.30. 2018도10047
[❸ ▸ O] 의사가 무면허의료행위가 실시되는 데 간호사와 함께 공모하여 그 공동의사에 의한 기능적 행위지배가 있었다면, 의사도 무면허의료행위의 공동정범으로서의 죄책을 진다(대판 2012.5.10. 2010도5964).

> 관련판례 **대판 1986.7.8. 86도749**
>
> 치과의사가 환자의 대량유치를 위해 치과기공사들에게 내원환자들에게 진료행위를 하도록 지시하여 동인들이 각 단독으로 전항과 같은 진료행위를 하였다면 무면허의료행위의 교사범에 해당한다.

[❹ ▸ ×] 상습도박의 죄나 상습도박방조의 죄에 있어서의 상습성은 행위의 속성이 아니라 행위자의 속성으로서 도박을 반복해서 거듭하는 습벽을 말하는 것인 바, 도박의 습벽이 있는 자가 타인의 도박을 방조하면 상습도박방조의 죄에 해당하는 것이며, 도박의 습벽이 있는 자가 도박을 하고 또 도박방조를 하였을 경우 상습도박방조의 죄는 무거운 상습도박의 죄에 포괄시켜 1죄로서 처단하여야 한다(대판 1984.4.24. 84도195).

답 ❹

326 □□□

공범과 신분에 대한 설명으로 옳은 것은?(다툼이 있는 경우 판례에 의함) 20 국가7급

① 甲이 A를 모해할 목적으로 그러한 목적이 없는 乙에게 위증을 교사한 경우, 甲은 공범종속성의 원칙에 따라 단순위증죄의 교사범으로 처벌된다.
② 의료인 甲이 의료인 아닌 乙의 무면허의료행위에 공모하여 가공한 경우, 의료인의 신분을 가진 甲을 乙의 의료법위반행위의 공범으로 처벌할 수 없다.
③ 신분관계 없는 甲이 신분관계 있는 乙과 공모하여 업무상배임죄를 저질렀다면, 甲에게는 형법 제33조 단서에 의하여 단순배임죄가 성립하고 이에 정한 형으로 처벌된다.
④ 변호사 甲이 변호사 아닌 乙에게 고용되어 법률사무소의 개설·운영에 관여한 경우, 이를 처벌하는 규정이 없는 이상 甲을 乙의 변호사법위반행위의 공범으로 처벌할 수 없다.

정선 핵심

① 모해할 목적으로 위증을 교사하였으나 정범에게 모해의 목적이 없는 경우 → 모해위증죄의 교사범 ○
② 불구성적 신분자(의료인 甲)가 비신분자에게 가공한 경우
 ⇢ 무면허의료행위에 공모 : 무면허의료행위의 공동정범 ○
③ 비신분자가 가감적 신분자와 공모하여 업무상배임죄를 범한 경우
 ⇢ 성립 : 업무상배임죄 ○
 ⇢ 과형 : 단순배임죄 ○
④ 변호사가 변호사 아닌 乙에게 고용되어 법률사무소의 개설·운영에 관여한 경우 → 변호사법위반행위의 공범 ×

정선 해설

[❶ ▸ ×] 모해할 목적은 형법 제33조 단서 소정의 "신분 때문에 형의 경중이 달라지는 경우"에 해당하여 동 규정이 형법 제31조 제1항보다 우선 적용되므로 모해할 목적으로 위증을 교사한 경우 乙에게 모해의 목적이 없더라도 甲을 모해위증죄의 교사범으로 처벌할 수 있다.
[❷ ▸ ×] 의료인일지라도 의료인 아닌 자의 의료행위에 공모하여 가공하면 의료법 제25조 제1항이 규정하는 무면허의료 행위의 공동정범으로서의 책임을 진다(대판 1986.2.11. 85도448).
[❸ ▸ ×] 업무상의 임무라는 신분관계가 없는 사람이 그러한 신분관계 있는 사람과 공모하여 업무상배임죄를 저질렀다면, 그러한 신분관계가 없는 공범에 대하여는 형법 제33조 단서에 따라 단순배임죄에서 정한 형으로 처단하여야 한다. 이 경우에는 신분관계 없는 공범에게도 같은 조 본문에 따라 일단 신분범인 업무상배임죄가 성립하고 다만 과형에서만 무거운 형이 아닌 단순배임죄의 법정형이 적용된다(대판 2018.8.30. 2018도10047).

[❹ ▸ O] 판례의 취지를 고려하면, 변호사 甲을 乙의 변호사법위반행위에 대한 공범으로 처벌할 수 없다.

변호사가 변호사 아닌 자에게 고용되어 법률사무소의 개설·운영에 관여하는 행위는 위 범죄가 성립하는 데 당연히 예상될 뿐만 아니라 범죄의 성립에 없어서는 아니 되는 것인데도 이를 처벌하는 규정이 없는 이상, 그 입법취지에 비추어 볼 때 변호사 아닌 자에게 고용되어 법률사무소의 개설·운영에 관여한 변호사의 행위가 일반적인 형법 총칙상의 공모, 교사 또는 방조에 해당된다고 하더라도 변호사를 변호사 아닌 자의 공범으로서 처벌할 수는 없다(대판 2004.10.28. 2004도3994).

답 ❹

327

□□□

공범과 신분에 관한 설명으로 가장 적절하지 않은 것은?(다툼이 있는 경우 판례에 의함)

20 경찰채용

① 甲이 증인 乙을 사주하여 법정에서 위증하게 한 경우, 甲은 위증죄의 교사범이 성립한다.
② 공무원 甲이 뇌물공여자로 하여금 뇌물수수죄의 공동정범관계에 있는 생계를 같이 하는 아내 乙에게 뇌물을 공여하게 한 경우, 甲은 뇌물수수죄의 공동정범이 성립한다.
③ 비신분자인 아내 甲과 신분자인 아들 乙이 공동하여 남편을 살해한 경우 아내 甲과 아들 乙에게는 존속살해죄의 공동정범이 성립하고, 아내 甲은 보통살인죄의 형으로 처벌된다.
④ 도박의 습벽이 있는 甲이 도박을 하고 또 상습성 없는 乙의 도박을 방조한 경우, 甲은 도박죄로 처벌 된다.

정선 핵심

① 증인 乙을 사주하여 법정에서 위증하게 한 경우 → 위증죄의 교사범 O
② 공무원 甲이 공동정범관계에 있는 乙에게 뇌물을 공여하게 한 경우 → 뇌물수수죄의 공동정범 O
③ 아내 甲과 신분자인 아들 乙이 공동하여 남편을 살해한 경우
→ 아들 乙 : 존속살해죄의 공동정범
→ 아내 甲 : 존속살해죄의 공동정범이 성립하나, 보통살인죄의 형으로 처벌
④ 도박의 습벽이 있는 자가 도박을 하고 도박을 방조한 경우 → 상습도박죄 O

정선 해설

[❶ ▸ O] 위증죄는 진정신분범이므로 형법 제33조 본문이 적용되어 甲은 위증죄의 교사범이 성립한다.
[❷ ▸ O] 공무원 甲이 아내 乙에게 뇌물을 공여하게 한 경우, 乙이 공무원의 신분이 없더라고 형법 제33조 본문에 의해 乙에게도 수뢰죄의 공동정범이 성립한다.
[❸ ▸ O] 판례는 존속살해죄와 같은 부진정신분범의 공범성립은 형법 제33조 본문이, 그 과형은 동조 단서가 각각 적용된다고 한다. 따라서 직계비속인 아들 乙의 존속살해에 가담한 甲에게도 형법 제33조 본문에 의하여 존속살해죄의 공동정범이 성립하지만, 과형은 동조 단서에 의해 보통살인죄의 형으로 처벌된다.
[❹ ▸ X] 도박의 습벽이 있는 甲이 도박을 한 경우 상습도박죄가 성립하고, 상습성 없는 乙의 도박을 방조한 경우는 상습성이라는 신분이 있는 甲이 乙에게 가공한 것이므로 형법 제33조 단서에 따라 甲은 상습도박죄 및 상습도박방조죄가 성립하나 무거운 상습도박죄로 처벌된다.

상습도박의 죄나 상습도박방조의 죄에 있어서의 상습성은 행위의 속성이 아니라 행위자의 속성으로서 도박을 반복해서 거듭하는 습벽을 말하는 것인 바, 도박의 습벽이 있는 자가 타인의 도박을 방조하면 상습도박방조의 죄에 해당하는 것이며, 도박의 습벽이 있는 자가 도박을 하고 또 도박방조를 하였을 경우 상습도박방조의 죄는 무거운 상습도박의 죄에 포괄시켜 1죄로서 처단하여야 한다(대판 1984.4.24. 84도195).

답 ❹

328 □□□

공범과 신분에 대한 설명 중 가장 적절하지 않은 것은?(다툼이 있는 경우 판례에 의함)

20 경찰승진

① 형법 제33조 본문의 신분이 있어야 성립되는 범죄에는 진정신분범뿐만 아니라 부진정신분범도 포함되며, 단서는 비신분자와 신분자의 과형의 개별화에 관한 규정으로 본다.

② 비신분자인 아내와 신분자인 아들이 공동하여 아버지를 살해한 경우 비신분자인 아내는 존속살해죄가 아닌 보통살인죄로 성립·처벌된다.

③ 공무원이 뇌물공여자로 하여금 공무원과 뇌물수수죄의 공동정범관계에 있는 비공무원에게 뇌물을 공여하게 하여 비공무원이 뇌물을 받은 경우 비공무원은 공무원과 함께 뇌물수수죄의 공동정범이 성립하고 제3자뇌물수수죄는 성립하지 않는다.

④ 지방공무원의 신분을 가지지 아니하는 사람이 구 지방공무원법에 따라 처벌되는 지방공무원의 범행에 가공한다면 형법 제33조 본문에 의해서 공범으로 처벌받을 수 있다.

정선 핵심

① 형법 제33조의 해석(판례)
→ 형법 제33조 본문 : 진정·부진정신분범의 공범성립규정
→ 형법 제33조 단서 : 부진정신분범의 과형규정
② 비신분자인 아내와 신분자인 아들이 공동하여 아버지를 살해한 경우
→ 아내 : 존속살해죄의 공동정범이 성립하나, 보통살인죄의 형으로 처벌
③ 공무원이 공동정범관계에 있는 비공무원에게 뇌물을 공여하게 한 경우 → 뇌물수수죄의 공동정범 O
④ 비신분자가 지방공무원의 범행에 가공한 경우 → 공범으로 처벌

정선 해설

[❶ ▸ O] 판례는 형법 제33조 본문을 진정·부진정신분범의 공범성립문제를, 단서는 부진정신분범의 과형문제를 각각 규정한 것이라고 이해한다.

[❷ ▸ X] 판례(대판 1961.8.2. 4294형상284)에 의하면 신분자인 직계비속의 존속살해에 가담한 비신분자인 아내에게도 형법 제33조 본문에 의하여 존속살해죄의 공동정범이 성립하지만, 과형은 동조 단서에 의해 보통살인죄의 형으로 처벌된다.

[❸ ▸ O] 대판 2019.8.29. 2018도2738[전합]

[❹ ▸ O] 지방공무원의 신분을 가지지 아니하는 사람도 구 지방공무원법 제58조 제1항을 위반하여 같은 법 제82조에 따라 처벌되는 지방공무원의 범행에 가공한다면 형법 제33조 본문에 의해서 공범으로 처벌받을 수 있다. 위 법리에 비추어 보면, 구 지방공무원법 제82조가 적용되지 않는 구 지방공무원법상 특수경력직공무원의 경우에도 위 법조항을 위반한 경력직공무원의 범행에 가공한다면 역시 형법 제33조 본문에 의해서 공범으로 처벌받을 수 있다고 보아야 하고, 특수경력직공무원에 대하여 구 지방공무원법 제82조가 직접 적용되지 않는다는 이유만으로 달리 볼 것은 아니다(대판 2012.6.14. 2010도14409).

답 ❷

329 □□□

공범과 신분에 관한 다음 설명 중 가장 옳지 않은 것은 모두 몇 개인가?(다툼이 있는 경우 판례에 의함) 18 해경승진

ㄱ. 판례는 형법 제33조의 해석과 관련하여 본문은 진정신분범과 부진정신분범에 대한 공범성립의 문제를, 단서는 부진정신분범에 한하여 과형의 문제를 각각 규정한 것으로 이해한다.
ㄴ. 상습도박자가 상습성 없는 자의 도박을 방조한 경우에는 제33조 단서에 따라 중하게 처벌될 수 없고 도박죄의 방조범으로 처벌하게 된다.
ㄷ. 진정부작위범의 공동정범은 부작위자들에게 공통된 작위의무가 부여되어 있지 않아도 성립할 수 있다.
ㄹ. 변호사가 변호사 아닌 자에게 고용되어 법률사무소의 개설·운영에 관여하는 행위는 변호사법 위반죄의 방조범으로 처벌할 수 없다.
ㅁ. 공직선거법 제257조 제1항 제1호에서 규정하는 각 기부행위 제한 위반의 죄와 관련하여, 각 기부행위의 주체로 인정되지 아니하는 자가 기부행위의 주체자 등과 공모하여 기부행위를 한 경우, 기부행위 주체자에 해당하는 법조위반의 공동정범으로 처벌할 수 있다.

① 1개 ② 2개
③ 3개 ④ 4개

정선 핵심

ㄱ. 형법 제33조의 해석(판례)
→ 형법 제33조 본문 : 진정·부진정신분범의 공범성립규정
→ 형법 제33조 단서 : 부진정신분범의 과형규정
ㄴ. 상습도박자가 상습성 없는 자의 도박을 방조한 경우 → 상습도박방조죄 O
ㄷ. 부작위범에게 공통의무가 있고 공통으로 이행할 수 있는 경우 → 진정부작위범의 공동정범 O
ㄹ. 변호사가 변호사 아닌 자에게 고용되어 법률사무소를 개설·운영하는 행위에 관여한 경우 → 구 변호사법위반죄의 공범 ×
ㅁ. 기부행위의 주체가 아닌 자가 주체자와 공모하여 기부행위를 한 경우 → 기부행위 주체자에 해당하는 법조위반의 공동정범 ×

정선 해설

[ㄱ ▸ O] 판례는 형법 제33조 본문은 진정신분범과 부진정신분범의 공범성립의 문제를, 단서는 부진정신분범의 과형의 문제를 각각 규정한 것으로 이해한다.

[ㄴ ▸ X] 상습도박의 죄나 상습도박방조의 죄에 있어서의 상습성은 행위의 속성이 아니라 행위자의 속성으로서 도박을 반복해서 거듭하는 습벽을 말하는 것인 바, 도박의 습벽이 있는 자가 타인의 도박을 방조하면 상습도박방조의 죄에 해당하는 것이며, 도박의 습벽이 있는 자가 도박을 하고 또 도박방조를 하였을 경우 상습도박방조의 죄는 무거운 상습도박의 죄에 포괄시켜 1죄로서 처단하여야 한다(대판 1984.4.24. 84도195).

[ㄷ ▸ X] 부작위범 사이의 공동정범은 다수의 부작위범에게 공통된 의무가 부여되어 있고 그 의무를 공통으로 이행할 수 있을 때에만 성립한다(대판 2008.3.27. 2008도89).

[ㄹ ▸ O] 대판 2004.10.28. 2004도3994

[ㅁ ▸ X] 공직선거및선거부정방지법 제257조 제1항 제1호 소정의 각 기부행위 제한 위반의 죄는 같은 법 제113조, 제114조, 제115조에 각기 한정적으로 열거되어 규정하고 있는 신분관계가 있어야만 성립하는 범죄이고 죄형법정주의의 원칙상 유추해석은 할 수 없으므로 위 각 해당 신분관계가 없는 자의 기부행위는 위 각 해당 법조항 위반의 범죄로는 되지 아니하며, 각 기부행위의 주체로 인정되지 아니하는 자가 기부행위의 주체자 등과 공모하여 기부행위를 하였다고 하더라도 그 신분에 따라 각 해당법조로 처벌하여야 하지 기부행위의 주체자의 해당법조의 공동정범으로 처벌할 수도 없다(대판 1997.12.26. 97도2249).

답 ❸

330 □□□

공범과 신분에 대한 설명으로 가장 적절하지 않은 것은?(다툼이 있는 경우 판례에 의함)

21 경찰승진

① 업무상의 임무라는 신분관계가 없는 사람이 그러한 신분관계 있는 사람과 공모하여 업무상배임죄를 저질렀다면, 신분관계 없는 공범에게도 형법 제33조 본문에 따라 일단 신분범인 업무상배임죄가 성립하고 다만 과형에서만 형법 제33조 단서가 적용되어 무거운 형이 아닌 단순배임죄의 법정형이 적용된다.

② 의료인이 의료인이나 의료법인 아닌 자의 의료기관 개설행위에 공모하여 가공하였더라도, 그 의료인을 '의료인이나 의료법인 아닌 자의 의료기관 개설행위를 처벌하는 의료법 위반행위'의 공동정범으로 처벌할 수는 없다.

③ 변호사가 변호사 아닌 자에게 고용되어 법률사무소의 개설운영에 관여하였더라도, 그 변호사를 '변호사 아닌 자가 변호사를 고용하여 법률사무소를 개설운영하는 행위를 처벌하는 변호사법위반행위'의 공범으로 처벌할 수는 없다.

④ 형법 제33조 소정의 이른바 신분관계라 함은 남녀의 성별, 내외국인의 구별, 친족관계, 공무원인 자격과 같은 관계뿐만 아니라 널리 일정한 범죄행위에 관련된 범인의 인적 관계인 특수한 지위 또는 상태를 지칭하는 것이다.

정선 핵심

① 비신분자가 가감적 신분자와 공모하여 업무상배임죄를 범한 경우
→ 성립 : 업무상배임죄 O
→ 과형 : 단순배임죄 O

② 불구성적 신분자(의료인)가 비신분자에게 가공한 경우
→ 의료기관 개설행위에 공모 : 의료법위반죄의 공동정범 O

③ 변호사가 변호사 아닌 자에게 고용되어 법률사무소를 개설·운영하는 행위에 관여한 경우 → 구 변호사법위반죄의 공범 ×

④ 신분관계 → 남녀의 성별 등과 같은 관계뿐만 아니라 범죄행위에 관련된 범인의 인적 관계인 특수한 지위 또는 상태

정선 해설

[❶ ▸ O] 대판 2018.8.30. 2018도10047

[❷ ▸ ×] 의료인이 의료인이나 의료법인 아닌 자의 의료기관 개설행위에 공모하여 가공하면 의료법 제66조 제3호, 제30조 제2항 위반죄의 공동정범에 해당된다(대판 2001.11.30. 2001도2015).

> **관련판례** 대판 1986.7.8. 86도749
>
> 치과의사가 환자의 대량유치를 위해 치과기공사들에게 내원환자들에게 진료행위를 하도록 지시하여 동인들이 각 단독으로 전항과 같은 진료행위를 하였다면 무면허의료행위의 교사범에 해당한다.

[❸ ▸ O] 대판 2004.10.28. 2004도3994

[❹ ▸ O] 대판 1994.12.23. 93도1002

답 ❷

331 □□□

공범과 신분에 관한 설명 중 옳은 것은 모두 몇 개인가?(다툼이 있는 경우 판례에 의함)

19 경찰간부

ㄱ. 신분 때문에 형의 경중이 달라지는 경우에 신분이 있는 사람이 신분이 없는 사람을 교사하여 죄를 범하게 한 때에는 형법 제33조 단서가 형법 제31조 제1항에 우선하여 적용된다.
ㄴ. 변호사가 변호사 아닌 자에게 고용되어 법률사무소의 개설·운영에 관여하는 행위는 변호사법 위반죄의 방조범으로 처벌할 수 없다.
ㄷ. 업무상의 임무라는 신분관계가 없는 사람이 신분관계 있는 사람과 공모하여 업무상배임죄를 범한 경우, 신분관계가 없는 공범에 대하여는 업무상배임죄가 성립한다.
ㄹ. 형법 제33조 소정의 이른바 신분관계라 함은 남녀의 성별, 내·외국인의 구별, 친족관계, 공무원인 자격과 같은 관계뿐만 아니라 널리 일정한 범죄행위에 관련된 범인의 인적 관계인 특수한 지위 또는 상태를 지칭하는 것이다.
ㅁ. 물건의 소유자가 아닌 사람은 형법 제33조 본문에 따라 소유자의 권리행사방해죄의 범행에 가담한 경우에 한하여 그의 공범이 될 수 있을 뿐이다. 그러나 권리행사방해죄의 공범으로 기소된 물건의 소유자에게 고의가 없는 등으로 범죄가 성립하지 않는다면 공동정범이 성립할 여지가 없다.

① 2개 ② 3개
③ 4개 ④ 5개

정선 핵심

ㄱ. 가감적 신분자가 비신분자에게 가공한 경우 → 형법 제33조 단서 우선적용 ○
ㄴ. 변호사가 변호사 아닌 자에게 고용되어 법률사무소를 개설·운영하는 행위에 관여한 경우 → 구 변호사법위반죄의 공범 ×
ㄷ. 비신분자가 가감적 신분자와 공모하여 업무상배임죄를 범한 경우
→ 성립 : 업무상배임죄 ○
→ 과형 : 단순배임죄 ○
ㄹ. 신분관계 → 남녀의 성별 등과 같은 관계뿐만 아니라 범죄행위에 관련된 범인의 인적 관계인 특수한 지위 또는 상태
ㅁ. 비신분자가 소유자의 권리행사방해의 범행에 가담한 경우 → 권리행사방해죄의 공범 ○

정선 해설

[ㄱ ▸ O] 대판 1994.12.23. 93도1002
[ㄴ ▸ O] 대판 2004.10.28. 2004도3994
[ㄷ ▸ O] 업무상의 임무라는 신분관계가 없는 사람이 그러한 신분관계 있는 사람과 공모하여 업무상배임죄를 저질렀다면, 그러한 신분관계가 없는 공범에 대하여는 형법 제33조 단서에 따라 단순배임죄에서 정한 형으로 처단하여야 한다. 이 경우에는 신분관계 없는 공범에게도 같은 조 본문에 따라 일단 신분범인 업무상배임죄가 성립하고 다만 과형에서만 무거운 형이 아닌 단순배임죄의 법정형이 적용된다(대판 2018.8.30. 2018도10047).

관련판례 대판 1997.12.26. 97도2609

신분관계가 없는 사람이 그러한 신분관계에 있는 사람과 공모하여 위 상호신용금고법위반죄를 저질렀다면, 그러한 신분관계가 없는 사람에 대하여는 형법 제33조 단서에 의하여 형법 제355조 제2항에 따라 처단하여야 할 것인바, 그러한 경우에는 신분관계가 없는 사람에게도 일단 업무상배임으로 인한 상호신용금고법 제39조 제1항 제2호 위반죄가 성립한 다음 형법 제33조 단서에 의하여 중한 형이 아닌 형법 제355조 제2항에 정한 형으로 처벌되는 것이다.

[ㄹ ▸ O] 대판 1994.12.23. 93도1002
[ㅁ ▸ O] 대판 2017.5.30. 2017도4578

답 ④

332 □□□

공범과 신분에 대한 설명으로 옳지 않은 것은?(다툼이 있는 경우 판례에 의함)

18 국가9급

① 도박의 습벽이 있는 甲이 도박의 습벽이 없는 A의 도박행위를 방조한 경우 甲에게는 상습도박죄의 방조범이 성립한다.
② 비신분자인 甲이 신분자인 A의 업무상횡령 행위를 교사하여 A로 하여금 업무상횡령을 하게 한 경우 甲에게는 단순횡령죄의 교사범이 성립하지만 업무상횡령죄의 교사범의 형으로 처벌된다.
③ 의료인 甲이 의료인 아닌 A의 무면허의료행위에 공모하여 가공한 경우 甲은 의료법위반(무면허의료행위)죄의 공동정범이 성립한다.
④ 범인 甲이 도피하기 위하여 타인으로 하여금 허위의 자백을 하게 하는 등으로 범인도피죄를 범하게 하는 경우 그것이 방어권의 남용으로 볼 수 있을 때에는 범인도피교사죄에 해당할 수 있다.

정선 핵심

① 도박의 습벽이 있는 甲이 A의 도박행위를 방조한 경우 → 상습도박방조죄 O
② 비신분자가 가감적 신분자를 교사하여 업무상횡령죄를 범하게 한 경우
  ⋯→ 성립 : 업무상횡령죄의 교사범 O
  ⋯→ 과형 : 단순횡령죄의 교사범 O
③ 불구성적 신분자(의료인 甲)가 비신분자에게 가공한 경우
  ⋯→ 무면허의료행위에 공모 : 무면허의료행위의 공동정범 O
④ 자신을 위하여 타인으로 하여금 범인도피죄를 범하게 한 경우 → 범인도피교사죄 O

정선 해설

[❶ ▸ O] 도박의 습벽이 있는 甲이 상습성 없는 A의 도박을 방조한 경우는 상습성이라는 신분이 있는 甲이 A에게 가공한 것이므로 형법 제33조 단서에 따라 甲은 상습도박방조죄가 성립한다.
[❷ ▸ X] 비신분자인 甲이 신분자인 A로 하여금 업무상횡령을 하게 한 경우 형법 제33조 본문에 의해 업무상횡령죄의 교사범이 성립하나 형법 제33조 단서에 의해 단순횡령죄의 교사범으로 처벌된다.

> 면의 예산과는 별도로 면장이 면민들로부터 모금하여 그 개인명으로 예금하여 보관하고 있던 체육대회성금의 업무상 점유보관자는 면장뿐이므로 면의 총무계장이 면장과 공모하여 업무상횡령죄를 저질렀다 하여도 업무상 보관책임 있는 신분관계가 없는 총무계장에 대하여는 형법 제33조 단서에 의하여 형법 제355조 제1항(단순횡령죄)에 따라 처단하여야 한다(대판 1989.10.10. 87도1901).

[❸ ▸ O] 대판 1986.2.11. 85도448
[❹ ▸ O] 판례의 취지를 고려하면, 범인 甲이 타인으로 하여금 범인도피죄를 범하게 하는 경우 그것이 방어권의 남용으로 볼 수 있을 때에는 범인도피교사죄에 해당할 수 있다.

> 범인이 자신을 위하여 타인으로 하여금 허위의 자백을 하게 하여 범인도피죄를 범하게 하는 행위는 방어권의 남용으로 범인도피교사죄에 해당하는바, 이 경우 그 타인이 형법 제151조 제2항에 의하여 처벌을 받지 아니하는 친족, 호주 또는 동거 가족에 해당한다 하여 달리 볼 것은 아니다(대판 2006.12.7. 2005도3707).

답 ❷

333 □□□

공범과 신분에 대한 설명으로 가장 적절하지 않은 것은?(다툼이 있는 경우 판례에 의함)

18 경찰채용

① 업무상 타인의 사무를 처리하는 자가 그러한 신분관계가 없는 사람과 공모하여 업무상배임죄를 저질렀다면 그러한 신분관계가 없는 사람에 대하여는 형법 제33조 단서에 의하여 단순배임죄가 성립한다.

② 공직선거법에서 규정하는 각 기부행위제한 위반죄의 주체 및 각 기부행위의 주체로 인정되지 아니하는 자가 주체자 등과 공모하여 기부행위를 한 경우, 주체자에 해당하는 법조위반죄의 공동정범으로 처벌할 수 없다.

③ 의료인일지라도 의료인 아닌 자의 의료행위에 공모하여 가공하면 의료법상 무면허의료행위의 공동정범으로서의 책임을 진다.

④ 도박의 습벽이 있는 자가 도박의 습벽이 없는 타인의 도박을 방조하면 상습도박방조의 죄가 성립한다.

정선 핵심

① 비신분자가 가감적 신분자와 공모하여 업무상배임죄를 범한 경우
 ⇢ 성립 : 업무상배임죄 ○
 ⇢ 과형 : 단순배임죄 ○

② 기부행위의 주체가 아닌 자가 주체자와 공모하여 기부행위를 한 경우 → 기부행위 주체자에 해당하는 법조위반의 공동정범 ×

③ 불구성적 신분자(의료인)가 비신분자에게 가공한 경우
 ⇢ 무면허의료행위에 공모 : 무면허의료행위의 공동정범 ○

④ 도박의 습벽이 있는 자가 도박을 방조한 경우 → 상습도박방조죄 ○

정선 해설

[❶ ▸ ×] 업무상의 임무라는 신분관계가 없는 사람이 그러한 신분관계 있는 사람과 공모하여 업무상배임죄를 저질렀다면, 그러한 신분관계가 없는 공범에 대하여는 형법 제33조 단서에 따라 단순배임죄에서 정한 형으로 처단하여야 한다. 이 경우에는 신분관계 없는 공범에게도 같은 조 본문에 따라 일단 신분범인 업무상배임죄가 성립하고 다만 과형에서만 무거운 형이 아닌 단순배임죄의 법정형이 적용된다(대판 2018.8.30. 2018도10047).

[❷ ▸ ○] 대판 1997.12.26. 97도2249

[❸ ▸ ○] 대판 1986.2.11. 85도448

[❹ ▸ ○] 상습도박의 죄나 상습도박방조의 죄에 있어서의 상습성은 행위의 속성이 아니라 행위자의 속성으로서 도박을 반복해서 거듭하는 습벽을 말하는 것인 바, 도박의 습벽이 있는 자가 타인의 도박을 방조하면 상습도박방조의 죄에 해당하는 것이며, 도박의 습벽이 있는 자가 도박을 하고 또 도박방조를 하였을 경우 상습도박방조의 죄는 무거운 상습도박의 죄에 포괄시켜 1죄로서 처단하여야 한다(대판 1984.4.24. 84도195).

답 ❶

334 □□□

다음 설명 중 가장 옳지 않은 것은? 20 법원9급

① 간호보조원의 무면허진료행위가 있은 후 의사가 진료부에다가 위 진료행위에 대해 기재하는 행위는 정범의 실행행위종료 후의 단순한 사후행위에 불과한 것으로 볼 수 있으므로, 의사에 대해서는 무면허의료행위의 방조죄가 성립하지 않는다.

② 변호사가 아닌 자에게 고용되어 법률사무소의 개설·운영에 관여한 변호사의 행위는 일반적인 형법 총칙상의 공모, 교사 또는 방조에 해당된다 하더라도 그 변호사를 변호사 아닌 자의 공범으로는 처벌할 수 없다.

③ 의료인이 의료인의 자격이 없는 일반인의 의료기관 개설행위에 공모하여 가공하면 구 의료법 제87조 제1항 제2호, 제33조 제2항 위반죄의 공동정범에 해당한다.

④ 형법 제31조 제1항은 협의의 공범의 일종인 교사범이 그 성립과 처벌에 있어서 정범에 종속한다는 일반적인 원칙을 선언한 것에 불과하다. 신분 때문에 형의 경중이 달라지는 경우에 신분이 있는 사람이 신분이 없는 사람을 교사하여 죄를 범하게 한 때에는 형법 제33조 단서가 형법 제31조 제1항에 우선하여 적용됨으로써 신분이 있는 교사범이 신분이 없는 정범보다 중하게 처벌된다.

정선 핵심

① 간호보조원의 무면허진료행위 후에 이를 의사가 진료부에 기재하는 경우 → 무면허의료행위의 방조 ○
② 변호사가 변호사 아닌 자에게 고용되어 법률사무소를 개설·운영하는 행위에 관여한 경우 → 구 변호사법위반죄의 공범 ×
③ 의료인이 의료인 아닌 자의 의료기관 개설행위에 가공한 경우 → 구 의료법위반죄의 공동정범 ○
④ 가감적 신분자가 비신분자에게 가공한 경우 → 형법 제33조 단서 우선적용

정선 해설

[❶ ▸ ×] 간호보조원의 무면허진료행위가 있은 후에 이를 의사가 진료부에다 기재하는 행위는 정범의 실행행위 종료 후의 단순한 사후행위에 불과하다고 볼 수 없고 무면허의료행위의 방조에 해당한다(대판 1982.4.27. 82도122).
[❷ ▸ ○] 대판 2004.10.28. 2004도3994
[❸ ▸ ○] 의료인이 의료인의 자격이 없는 일반인의 의료기관 개설행위에 공모하여 가공하면 구 의료법 제87조 제1항 제2호, 제33조 제2항 위반죄의 공동정범에 해당한다(대판 2017.4.7. 2017도378).
[❹ ▸ ○] 대판 1994.12.23. 93도1002

답 ❶

335 □□□

공범과 신분에 관한 다음 설명 중 옳지 않은 것은 모두 몇 개인가?(다툼이 있으면 판례에 의함) 14 경찰채용

ㄱ. 판례는 형법 제33조의 해석과 관련하여 본문은 진정신분범과 부진정신분범에 대한 공범성립의 문제를, 단서는 부진정신분범에 한하여 과형의 문제를 각각 규정한 것으로 이해한다.
ㄴ. 치과의사가 환자의 대량유치를 위해 치과기공사들로 하여금 내원환자들에게 진료행위를 하도록 지시하여 동인들이 각 단독으로 진료행위를 하였다면 무면허의료행위의 교사범에 해당한다.
ㄷ. 의료인일지라도 의료인 아닌 자의 의료행위에 공모하여 가공하면 의료법상의 무면허의료행위의 공동정범에 해당된다.
ㄹ. 공직선거법 제257조 제1항 제1호에서 규정하는 각 기부행위 제한 위반의 죄와 관련하여, 각 기부행위의 주체로 인정되지 아니하는 자가 기부행위의 주체자 등과 공모하여 기부행위를 한 경우, 기부행위주체자에 해당하는 법조위반의 공동정범으로 처벌할 수 있다.

① 없음 ② 1개
③ 2개 ④ 3개

정선 핵심

ㄱ. 형법 제33조의 해석(판례)
→ 형법 제33조 본문 : 진정·부진정신분범의 공범성립규정
→ 형법 제33조 단서 : 부진정신분범의 과형규정
ㄴ.·ㄷ. 불구성적 신분자가 비신분자에게 가공한 경우
→ 교사하여 진료행위 지시 : 무면허의료행위의 교사범 ○
→ 무면허의료행위에 공모 : 무면허의료행위의 공동정범 ○
ㄹ. 기부행위의 주체가 아닌 자가 주체자와 공모하여 기부행위를 한 경우 → 기부행위 주체자에 해당하는 법조위반의 공동정범 ×

정선 해설

[ㄱ ▸ O] 판례는 형법 제33조 본문은 진정신분범과 부진정신분범의 공범성립의 문제를, 단서는 부진정신분범의 과형의 문제를 각각 규정한 것으로 이해한다.
[ㄴ ▸ O] 대판 1986.7.8. 86도749
[ㄷ ▸ O] 대판 1986.2.11. 85도448
[ㄹ ▸ X] 공직선거및선거부정방지법 제257조 제1항 제1호 소정의 각 기부행위 제한 위반의 죄는 같은 법 제113조, 제114조, 제115조에 각기 한정적으로 열거되어 규정하고 있는 신분관계가 있어야만 성립하는 범죄이고 죄형법정주의의 원칙상 유추해석은 할 수 없으므로 위 각 해당 신분관계가 없는 자의 기부행위는 위 각 해당 법조항 위반의 범죄로는 되지 아니하며, 각 기부행위의 주체로 인정되지 아니하는 자가 기부행위의 주체자 등과 공모하여 기부행위를 하였다고 하더라도 그 신분에 따라 각 해당법조로 처벌하여야 하지 기부행위의 주체자의 해당법조의 공동정범으로 처벌할 수도 없다(대판 1997.12.26. 97도2249).

답 ❷

336 □□□

다음 설명 중 옳지 않은 것은 모두 몇 개인가? 20 법원행시

ㄱ. 교사자가 피교사자에 대하여 상해 또는 중상해를 교사하였는데 피교사자가 이를 넘어 살인을 실행한 경우에, 일반적으로 교사자는 상해죄 또는 중상해죄의 죄책을 지게 되는 것이지만 이 경우에 교사자에게 피해자의 사망이라는 결과에 대하여 과실 내지 예견가능성이 있는 때에는 상해치사죄의 죄책을 지울 수 있다.

ㄴ. 신분관계가 없는 사람이 신분관계로 인하여 성립될 범죄에 가공한 경우에는 신분관계가 있는 사람과 공범이 성립한다. 이 경우 신분관계가 없는 사람에게 공동가공의 의사와 이에 기초한 기능적 행위지배를 통한 범죄의 실행이라는 주관적·객관적 요건이 충족되면 공동정범으로 처벌한다. 공동가공의 의사는 공동의 의사로 특정한 범죄행위를 하기 위하여 일체가 되어 서로 다른 사람의 행위를 이용하여 자기의 의사를 실행에 옮기는 것을 내용으로 한다. 따라서 공무원이 아닌 사람, 즉 비공무원이 공무원과 공동가공의 의사와 이를 기초로 한 기능적 행위지배를 통하여 공무원의 직무에 관하여 뇌물을 수수하는 범죄를 실행하였다면 공무원이 직접 뇌물을 받은 것과 동일하게 평가할 수 있으므로 공무원과 비공무원에게 형법 제129조 제1항에서 정한 뇌물수수죄의 공동정범이 성립한다.

ㄷ. 형법상 방조행위는 정범이 범행을 한다는 정을 알면서 그 실행행위를 용이하게 하는 직접·간접의 모든 행위를 가리키는 것으로서 유형적, 물질적인 방조뿐만 아니라 정범에게 범행의 결의를 강화하도록 하는 것과 같은 무형적, 정신적 방조행위까지도 이에 해당한다. 종범은 정범의 실행행위 중에 이를 방조하는 경우뿐만 아니라, 실행 착수 전에 장래의 실행행위를 예상하고 이를 용이하게 하는 행위를 하여 방조한 경우에도 성립한다.

ㄹ. 허위공문서 작성의 주체는 직무상 그 문서를 작성할 권한이 있는 공무원에 한하고 작성권자를 보조하는 직무에 종사하는 공무원은 허위공문서작성죄의 주체가 되지 못한다. 다만 공문서의 작성권한이 있는 공무원의 직무를 보좌하는 사람이 그 직위를 이용하여 행사할 목적으로 허위의 내용이 기재된 문서 초안을 그 정을 모르는 상사에게 제출하여 결재하도록 하는 등의 방법으로 작성권한이 있는 공무원으로 하여금 허위의 공문서를 작성하게 한 경우에는 허위공문서작성죄의 간접정범이 성립한다.

ㅁ. 피교사자가 범죄의 실행에 착수한 경우에 있어서 그 범행결의가 교사자의 교사행위에 의하여 생긴 것인지 여부는 교사자와 피교사자의 관계, 교사행위의 내용 및 정도, 피교사자가 범행에 이르게 된 과정, 교사자의 교사행위가 없더라도 피교사자가 범행을 저지를 다른 원인의 존부 등 제반 사정을 종합적으로 고려하여 사건의 전체적 경과를 객관적으로 판단하는 방법에 의하여야 하고, 이러한 판단방법에 의할 때 피교사자가 교사자의 교사행위 당시에는 일응 범행을 승낙하지 아니한 것으로 보인다면, 이후 그 교사행위에 의하여 범행을 결의한 것으로 인정된다고 하더라도 인과관계가 단절되어 교사범이 성립하지 않는다.

① 없음
② 1개
③ 2개
④ 3개
⑤ 4개

정선 핵심

ㄱ. 중상해를 교사하였으나 사망이라는 결과를 예견할 수 있었던 경우 → 상해치사죄의 교사범 O
ㄴ. 비공무원이 공무원과 기능적 행위지배를 통하여 뇌물을 수수한 경우 → 뇌물수수죄의 공동정범 O
ㄷ. 정범의 실행의 착수 전에 방조한 경우 → 정범이 실행행위에 나아갔다면 종범 O
ㄹ. 공문서 작성의 보조자가 허위의 문서 초안을 선의의 상사에게 제출하여 결재하도록 한 경우 → 허위공문서작성죄의 간접정범 O
ㅁ. 피교사자가 교사행위 당시와는 달리 그 후 교사행위에 의하여 범행을 결의한 것으로 인정되는 경우 → 교사범 O

정선 해설

[ㄱ ▸ O] 대판 2002.10.25. 2002도4089

[ㄴ ▸ O] 공무원이 아닌 사람(이하 '비공무원')이 공무원과 공동가공의 의사와 이를 기초로 한 기능적 행위지배를 통하여 공무원의 직무에 관하여 뇌물을 수수하는 범죄를 실행하였다면 공무원이 직접 뇌물을 받은 것과 동일하게 평가할 수 있으므로 공무원과 비공무원에게 형법 제129조 제1항에서 정한 뇌물수수죄의 공동정범이 성립한다(대판 2019.8.29. 2018도2738[전합]).

[ㄷ ▸ O] 대판 2013.11.14. 2013도7494

[ㄹ ▸ O] 대판 1990.2.27. 89도1816

[ㅁ ▸ ×] 피교사자가 범죄의 실행에 착수한 경우 그 범행결의가 교사자의 교사행위에 의하여 생긴 것인지는 교사자와 피교사자의 관계, 교사행위의 내용 및 정도, 피교사자가 범행에 이르게 된 과정, 교사자의 교사행위가 없더라도 피교사자가 범행을 저지를 다른 원인의 존부 등 제반 사정을 종합적으로 고려하여 사건의 전체적 경과를 객관적으로 판단하는 방법에 의하여야 하고, 이러한 판단방법에 의할 때 피교사자가 교사자의 교사행위 당시에는 일응 범행을 승낙하지 아니한 것으로 보여진다 하더라도 이후 그 교사행위에 의하여 범행을 결의한 것으로 인정되는 이상 교사범의 성립에는 영향이 없다(대판 2013.9.12. 2012도2744).

[유의사항] 헌법재판소가 자기낙태죄(형법 제269조 제1항), 업무상동의낙태죄(형법 제270조 제1항)조항에 대하여 헌법불합치결정을 하면서 정한 개정시한까지 입법자가 당해 조항을 개정하지 않음으로써 동 조항들은 그 효력을 상실하였다. 따라서 현행법에 의하면 산부인과 의사의 낙태수술행위는 구성요건해당성이 인정되지 아니하여 불가벌이 되는 것으로 이해하여야 한다.

답 ❷

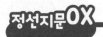

01 통설은 형법 제33조의 해석과 관련하여 본문은 진정신분범의 공범성립과 과형의 문제를, 단서는 부진정신분범의 공범성립과 과형의 문제를 규정한 것으로 이해한다. 13 경찰승진 O | X

02 甲이 자신의 아버지인 줄 모르고 아버지 A를 친구 乙과 함께 살해하였을 경우, 甲은 존속살인죄로 처벌되나 乙은 보통살인죄로 처벌된다. 13 경찰승진 O | X

03 A회사 경리과장 乙의 배임행위를 A회사 직원이 아닌 친구 甲이 함께 한 경우 甲은 제33조 단서에 의해 단순배임죄에 정한 형으로 처단되므로 업무상배임죄의 공동정범이 성립하지 않는다. 19 해경간부 O | X

01 반면 판례는 형법 제33조 본문은 진정신분범과 부진정신분범의 공범성립의 문제를, 단서는 부진정신분범의 과형의 문제를 각각 규정한 것으로 이해한다.

02 甲에게는 형법 제15조 제1항에 의하여 보통살인죄가 성립하고 乙은 A의 직계비속이라는 신분이 없으므로 형법 제33조 단서에 의하여 보통살인죄로 처벌된다.

03 업무상배임죄의 공동정범이 성립하지만 형법 제33조 단서에 의하여 단순배임죄에 정한 형으로 처단하여야 할 것이다(대판 1999.4.27. 99도883).

정답

01 ○ **02** × **03** ×

337 □□□

甲의 죄책에 관한 설명 중 옳지 않은 것은?(다툼이 있는 경우 판례에 의함) 17 변시

① 甲이 자기의 형사사건에 관하여 乙을 교사하여 위증죄를 범하게 한 경우, 위증죄의 교사범이 성립한다.

② 甲이 乙을 교사하여 甲 자신이 형사처분을 받을 목적으로 수사기관에 대하여 乙이 甲에 대한 허위의 사실을 신고하도록 한 경우, 무고죄의 교사범이 성립한다.

③ 甲이 乙을 교사하여 자기의 형사사건에 관한 증거를 변조하도록 하였더라도, 乙이 甲과 공범관계에 있는 형사사건에 관한 증거를 변조한 것에 해당하여 乙이 증거변조죄로 처벌되지 않는 경우, 증거변조죄의 간접정범은 물론 교사범도 성립하지 않는다.

④ 공무원이 아닌 甲이 관공서에 허위 내용의 증명원을 제출하여 그 내용이 허위인 정을 모르는 담당 공무원 乙로부터 그 증명원 내용과 같은 증명서를 발급받은 경우, 공문서위조죄의 간접정범이 성립하지 않는다.

⑤ 무면허로 운전하다가 교통사고를 낸 甲이 동거하고 있는 동생 乙을 경찰서에 대신 출석시켜 자신을 위하여 허위의 자백을 하게 하여 범인도피죄를 범하게 한 경우, 범인도피죄의 교사범이 성립하지 않는다.

정선 핵심

① 자기의 형사사건에 乙을 교사하여 위증죄를 범하게 한 경우 → 위증교사죄 ○
② 무고죄의 성립 여부
→ 甲의 교사·방조로 甲에 대한 허위의 사실을 신고한 경우 : 무고죄의 교사·방조범 ○
③ 증거변조를 교사하였으나 피교사자가 증거변조죄로 처벌되지 않는 경우 → 증거변조죄의 간접정범·교사범 ×
④ 허위내용의 증명원을 제출하여 선의의 공무원으로부터 같은 내용의 증명서를 발급받은 경우 → 공문서위조죄의 간접정범 ×
⑤ 무면허운전자가 자신을 위하여 동생으로 하여금 범인도피죄를 범하게 한 경우 → 범인도피교사죄 ○

정선 해설

[❶ ▸ ○] 대판 2004.1.27. 2003도5114
[❷ ▸ ○] 대판 2008.10.23. 2008도4852
[❸ ▸ ○] 甲이 乙을 교사하여 증거를 변조하도록 하였더라도, 乙이 甲과 공범관계에 있는 형사사건에 관한 증거를 변조한 것에 해당하여 乙이 증거변조죄로 처벌되지 않는 경우, 甲에게 증거변조죄의 간접정범은 물론 교사범도 성립하지 않는다.

> 노동조합 지부장인 피고인 甲이 업무상횡령혐의로 조합원들로부터 고발을 당하자 피고인 乙과 공동하여 조합 회계서류를 무단 폐기한 후 폐기에 정당한 근거가 있는 것처럼 피고인 乙로 하여금 조합 회의록을 조작하여 수사기관에 제출하도록 교사한 경우, 회의록의 변조·사용은 피고인들이 공범관계에 있는 문서손괴죄 형사사건에 관한 증거를 변조·사용한 것으로 볼 수 있어 피고인 乙에 대한 증거변조죄 및 변조증거사용죄가 성립하지 않으며, 피교사자인 피고인 乙이 증거변조죄 및 변조증거사용죄로 처벌되지 않은 이상 피고인 甲에 대하여 공범인 교사범은 물론 그 간접정범도 성립하지 않는다(대판 2011.7.14. 2009도13151).

[❹ ▸ ○] 대판 2001.3.9. 2000도938
[❺ ▸ ×] 판례(대판 2006.12.7. 2005도3707)의 취지를 고려하면, 교통사고를 낸 甲이 동거하고 있는 동생 乙을 경찰서에 대신 출석시켜 범인도피죄를 범하게 한 경우, 범인도피죄의 교사범이 성립한다.

답 ❺

338 □□□

다음 설명 중 가장 옳지 않은 것은? 15 법원9급

① 교사자가 피교사자에 대하여 상해 또는 중상해를 교사하였는데 피교사자가 이를 넘어 살인을 실행한 경우 일반적으로 교사자는 상해죄 또는 중상해죄의 죄책을 지게 되나 교사자에게 피해자의 사망이라는 결과에 대하여 과실 또는 예견가능성이 있는 때에는 상해치사죄의 죄책을 지울 수 있다.

② 교사를 받은 자가 범죄의 실행을 승낙하고 실행의 착수에 이르지 아니한 때에는 교사자와 피교사자를 음모 또는 예비에 준하여 처벌한다.

③ 방조범이 성립하기 위해서는 정범의 실행을 방조한다는 이른바 방조의 고의와 정범의 행위가 구성요건에 해당하는 행위인 점에 대한 정범의 고의가 있어야 한다.

④ 종범은 정범이 실행행위에 착수하여 범행을 하는 과정에서 이를 방조한 경우에만 성립할 뿐 정범의 실행의 착수 전에 장래의 실행행위를 미필적으로나마 예상하고 이를 용이하게 하기 위하여 방조한 경우에는 그 후 정범이 실행행위에 나아갔다고 하더라도 종범이 성립할 수 없다.

정선 핵심

① 중상해를 교사하였으나 사망이라는 결과를 예견할 수 있었던 경우 → 상해치사죄의 교사범 O
② 피교사자가 승낙하고 실행의 착수에 이르지 아니한 경우 → 교사자와 피교사자를 음모·예비에 준하여 처벌
③ 방조범의 고의 → 방조의 고의와 정범의 고의 필요
④ 정범의 실행의 착수 전에 방조한 경우 → 정범이 실행행위에 나아갔다면 종범 O

정선 해설

[❶ ▸ O] 대판 2002.10.25. 2002도4089
[❷ ▸ O] 형법 제31조 제2항 참조

> **법령** 교사범(형법 제31조) ② 교사를 받은 자가 범죄의 실행을 승낙하고 실행의 착수에 이르지 아니한 때에는 교사자와 피교사자를 음모 또는 예비에 준하여 처벌한다.

[❸ ▸ O] 형법상 방조행위는 정범이 범행을 한다는 정을 알면서 그 실행행위를 용이하게 하는 직접·간접의 행위를 말하므로, 방조범은 정범의 실행을 방조한다는 이른바 방조의 고의와 정범의 행위가 구성요건에 해당하는 행위인 점에 대한 정범의 고의가 있어야 한다(대판 2018.9.13. 2018도7658).

[❹ ▸ ×] 종범은 정범이 실행행위에 착수하여 범행을 하는 과정에서 이를 방조한 경우뿐 아니라, 정범의 실행의 착수 이전에 장래의 실행행위를 미필적으로나마 예상하고 이를 용이하게 하기 위하여 방조한 경우에도 그 후 정범이 실행행위에 나아갔다면 성립할 수 있다(대판 2013.11.14. 2013도7494).

답 ❹

339 □□□

공범에 대한 설명으로 옳은 것은?(다툼이 있는 경우 판례에 의함) 13 국가7급

① 피고인이 포괄일죄의 관계에 있는 범행의 일부를 실행한 후 공범관계에서 이탈하였으나 다른 공범자에 의하여 나머지 범행이 이루어진 경우, 피고인에게 자신이 관여하지 않은 이탈 이후 부분에 대하여 공동정범으로서의 죄책을 부담시킬 수 없다.

② 공동정범은 행위자 상호 간에 범죄행위를 공동으로 한다는 공동가공의 의사를 가지고 범죄를 공동실행하는 경우에 성립하는데, 그 공동가공의 의사는 행위자 일방의 가공의사만으로도 인정될 수 있다.

③ 이미 흉기휴대특수강도를 결심하고 있는 乙을 설득하여 그로 하여금 단순강도를 범하도록 한 甲은 특수강도죄의 교사범으로도 처벌되지 않고 단순강도죄의 교사범으로도 처벌되지 않는다.

④ 부작위범 사이의 공동정범은 부작위범 상호 간에 공통된 의무가 부여되어 있지 않더라도 그 의무를 공통으로 이행할 수 있는 경우에는 성립한다.

정선 핵심

① 공모관계의 이탈
 ⋯→ 실행의 착수 후 이탈 : 관여하지 않은 부분에 대하여 공동정범 ○
② 편면적 공범의 인정 여부
 ⋯→ 편면적 방조범 : ○
 ⋯→ 편면적 공동정범 : ×
③ 흉기휴대특수강도를 결심하고 있는 乙을 설득하여 단순강도를 범하도록 한 경우 → 단순강도죄의 방조 ○
④ 부작위범에게 공통의무가 있고 공통으로 이행할 수 있는 경우 → 부작위범의 공동정범 ○

정선 해설

[❶ ▸ ×] 피고인이 포괄일죄의 관계에 있는 범행의 일부를 실행한 후 공범관계에서 이탈하였으나 다른 공범자에 의하여 나머지 범행이 이루어진 경우, 피고인이 관여하지 않은 부분에 대하여도 죄책을 부담한다(대판 2011.1.13. 2010도9927).

[❷ ▸ ×] 공동가공의 의사는 공동행위자 상호 간에 있어야 하며 행위자 일방의 가공의사만으로는 공동정범관계가 성립할 수 없다(대판 1985.5.14. 84도2118).

[❸ ▸ ○] 감경적 구성요건을 교사한 경우, 교사범은 성립할 수 없지만 방조는 가능하다. 따라서 甲은 단순강도죄의 방조의 죄책을 질 수 있다.

[❹ ▸ ×] 부작위범 사이의 공동정범은 다수의 부작위범에게 공통된 의무가 부여되어 있고 그 의무를 공통으로 이행할 수 있을 때에만 성립한다(대판 2008.3.27. 2008도89).

답 ❸

제1장 제2장 제3장

340 □□□

공범에 관한 설명 중 옳은 것은?(다툼이 있는 경우 판례에 의함) 21 변시

① 업무상배임죄에서 업무상 임무라는 신분 관계없는 甲이 신분 있는 乙과 공모하여 업무상배임죄를 범한 경우 甲에게는 단순배임죄가 성립한다.

② 2인 이상의 서로 대향된 행위의 존재를 요구하는 관계인 금품수수에서 금품 공여자에 대한 처벌규정이 없다면, 금품 공여자의 행위에만 관여하여 그 공여행위를 교사·방조한 자는 금품수수자의 범행에 대하여 공범이 되지 않는다.

③ 치과의사 甲이 치과의사면허가 없는 치과기공사 乙에게 치과진료행위를 하도록 교사한 경우 甲은 소극적 신분을 이유로 처벌되지 않는다.

④ 방조범이 성립하기 위하여 방조범과 정범 사이의 의사연락을 요하지는 않지만, 정범이 누구인지와 범행일시, 장소, 객체 등에 대한 구체적 인식과 이러한 정범의 실행을 방조한다는 인식이 필요하다.

⑤ 甲이 범죄를 교사하였고 피교사자 乙이 실행을 승낙하고도 이후 실행의 착수를 하지 않은 경우 교사자인 甲만 예비·음모에 준하여 처벌된다.

정선 핵심

① 비신분자가 가감적 신분자와 공모하여 업무상배임죄를 범한 경우
  ⇢ 성립 : 업무상배임죄 O
  ⇢ 과형 : 단순배임죄 O

② 처벌규정이 없는 금품공여행위를 교사·방조한 경우 → 금품수수자의 범행에 대한 공범 ×

③ 불구성적 신분자(치과의사)가 비신분자에게 가공한 경우
  ⇢ 교사하여 진료행위 지시 : 무면허의료행위의 교사범 O

④ 종범의 성립요건
  ⇢ 방조자의 고의 : 정범이 누구인지 여부, 정범에 의하여 실현되는 범죄의 구체적 내용에 대한 미필적 인식으로 충분

⑤ 피교사자 乙이 승낙하고 실행의 착수에 이르지 아니한 경우 → 교사자와 피교사자를 음모·예비에 준하여 처벌

정선 해설

[❶ ▸ ×] 업무상의 임무라는 신분관계가 없는 사람이 그러한 신분관계 있는 사람과 공모하여 업무상배임죄를 저질렀다면, 그러한 신분관계가 없는 공범에 대하여는 형법 제33조 단서에 따라 단순배임죄에서 정한 형으로 처단하여야 한다. <u>이 경우에는 신분관계 없는 공범에게도 같은 조 본문에 따라 일단 신분범인 업무상배임죄가 성립하고 다만 과형에서만 무거운 형이 아닌 단순배임죄의 법정형이 적용</u>된다(대판 2018.8.30. 2018도10047).

[❷ ▸ O] 대판 2014.1.16. 2013도6969

[❸ ▸ ×] 치과의사가 환자의 대량유치를 위해 치과기공사들에게 내원환자들에게 진료행위를 하도록 지시하여 동인들이 각 단독으로 전항과 같은 진료행위를 하였다면 무면허의료행위의 교사범에 해당한다(대판 1986.7.8. 86도749).

[❹ ▸ ×] 편면적 방조도 인정되므로 방조범이 성립하기 위하여 방조범과 정범 사이의 의사연락은 요하지 아니하고 판례(대판 2007.12.14. 2005도872)의 취지를 고려하면, 방조의 고의는 정범이 누구인지, 정범에 의하여 실현되는 범죄의 구체적 내용을 인식할 것을 요하지 아니하며 정범의 실행을 방조한다는 미필적 인식으로 족하다.

[❺ ▸ ×] 형법 제31조 제2항 참조

> **법령** 교사범(형법 제31조) ② 교사를 받은 자가 범죄의 실행을 승낙하고 실행의 착수에 이르지 아니한 때에는 교사자와 피교사자를 음모 또는 예비에 준하여 처벌한다.

답 ❷

341 □□□

다음 중 교사·방조범에 대한 설명으로 가장 옳지 않은 것은?(다툼이 있는 경우 판례에 의함) 21 해경승진

① 정범의 성립은 교사범의 구성요건의 일부를 형성하고, 교사범이 성립함에는 정범의 범죄행위가 인정되는 것이 그 전제조건이 된다.
② 법률상 정범의 범행을 방지할 의무가 있는 자가 그 범행을 알면서도 방지하지 아니하여 범행을 용이하게 한 때에는 부작위에 의한 종범이 성립한다.
③ 정범이 실행의 착수에 이르지 아니한 예비의 단계에 그친 경우에는 이에 가공하는 행위가 예비의 공동정범이 되는 경우를 제외하고는 이를 종범으로 처벌할 수 없다.
④ 교사자가 중상해를 교사하였는데 피교사자가 살인을 실행한 경우, 교사자에게 사망의 예견가능성이 있었다면 살인죄의 교사범이 성립한다.

정선 핵심

① 교사범 성립의 전제요건
  ⇢ 정범의 성립 : 교사범의 구성요건의 일부를 형성
  ⇢ 교사범의 성립 : 정범의 범죄행위가 인정
② 부작위에 의한 방조자에게 보증인지위가 있는 경우 → 부작위에 의한 종범 ○
③ 예비의 단계에 그친 정범에게 가공한 경우 → 예비의 공동정범은 별론, 종범 ×
④ 중상해를 교사하였으나 사망이라는 결과를 예견할 수 있었던 경우 → 상해치사죄의 교사범 ○

정선 해설

[❶ ▸ ○] 교사범이 성립하기 위해서는 교사자의 교사행위와 정범의 실행행위가 있어야 하는 것이므로, 정범의 성립은 교사범의 구성요건의 일부를 형성하고 교사범이 성립함에는 정범의 범죄행위가 인정되는 것이 그 전제요건이 된다(대판 2000.2.25. 99도1252).

[❷ ▸ ○] 대판 1996.9.6. 95도2551

[❸ ▸ ○] 정범이 실행의 착수에 이르지 아니한 예비의 단계에 그친 경우에는 이에 가공하는 행위가 예비의 공동정범이 되는 경우를 제외하고는 종범의 성립을 부정하고 있다고 보는 것이 타당하다(대판 1976.5.25. 75도1549).

[❹ ▸ ×] 교사자가 피교사자에 대하여 상해 또는 중상해를 교사하였는데 피교사자가 이를 넘어 살인을 실행한 경우에, 일반적으로 교사자는 상해죄 또는 중상해죄의 죄책을 지게 되는 것이지만 이 경우에 교사자에게 피해자의 사망이라는 결과에 대하여 과실 내지 예견가능성이 있는 때에는 상해치사죄의 죄책을 지울 수 있다(대판 2002.10.25. 2002도4089).

답 ❹

342 □□□

교사와 방조에 대한 설명 중 옳은 것은 모두 몇 개인가?(다툼이 있는 경우 판례에 의함)

21 경찰간부

ㄱ. 간호보조원이 무면허진료를 했다고 하더라도 그 내용을 의사가 진료부에 기재하는 행위는 정범의 실행행위 종료 후의 사후행위에 불과하여 의사는 무면허진료행위의 방조책임을 지지 않는다.

ㄴ. 교사자의 교사행위에도 불구하고 피교사자가 범행을 승낙하지 아니하거나 피교사자의 범행결의가 교사자의 교사행위에 의하여 생긴 것으로 보기 어려운 경우에는 교사자를 음모 또는 예비에 준하여 처벌한다.

ㄷ. 甲이 무면허운전을 하던 중 교통사고를 내자 동거하던 동생 乙을 경찰서에 대신 출석시키고 자신을 위하여 허위자백을 하게 한 경우, 甲에게 범인도피죄의 교사범의 죄책을 물을 수 없다.

ㄹ. 백화점 직원이 자신이 관리하는 점포에 가짜 상표가 새겨진 상품이 진열・판매되는 사실을 발견하고도 적절한 조치를 취하지 않아 계속 판매되도록 방치한 행위는 상표법 위반 및 부정경쟁방지법위반행위를 방조한 것에 해당한다.

ㅁ. 甲이 고발을 당하자 乙에게 증거를 변조하도록 교사하였는데 乙이 甲과 공범관계에 있는 형사사건의 증거를 변조한 것에 해당하여 乙이 증거변조로 처벌되지 않는 경우, 甲도 증거변조죄의 교사범으로 처벌받지 않는다.

① 1개 ② 2개

③ 3개 ④ 4개

정선 핵심

ㄱ. 간호보조원의 무면허진료행위 후에 이를 의사가 진료부에 기재하는 경우 → 무면허의료행위의 방조 ○

ㄴ. 교사행위에도 불구하고 범행을 승낙하지 아니하거나 피교사자의 범행결의가 교사행위에 의하여 생긴 것으로 보기 어려운 경우 → 교사자를 음모・예비에 준하여 처벌

ㄷ. 무면허운전자가 자신을 위하여 동생으로 하여금 범인도피죄를 범하게 한 경우 → 범인도피교사죄 ○

ㄹ. 백화점 직원이 위조상표부착상품판매사실을 알고도 방치한 경우 → 부작위에 의한 상표법 위반과 부정경쟁방지법 위반의 방조 ○

ㅁ. 증거변조를 교사하였으나 피교사자가 증거변조죄로 처벌되지 않는 경우 → 증거변조죄의 간접정범・교사범 ×

정선 해설

[ㄱ ▸ ×] 간호보조원의 무면허진료행위가 있은 후에 이를 의사가 진료부에다 기재하는 행위는 정범의 실행행위 종료 후의 단순한 사후행위에 불과하다고 볼 수 없고 무면허의료행위의 방조에 해당한다(대판 1982.4.27. 82도122).

[ㄴ ▸ ○] 교사범이란 정범인 피교사자로 하여금 범죄를 결의하게 하여 그 죄를 범하게 한 때에 성립하므로, 교사자의 교사행위에도 불구하고 피교사자가 범행을 승낙하지 아니하거나 피교사자의 범행결의가 교사자의 교사행위에 의하여 생긴 것으로 보기 어려운 경우에는 이른바 실패한 교사로서 형법 제31조 제3항에 의하여 교사자를 음모 또는 예비에 준하여 처벌할 수 있을 뿐이다(대판 2013.9.12. 2012도2744).

[ㄷ ▸ ×] 무면허 운전으로 사고를 낸 사람이 동생을 경찰서에 대신 출두시켜 자신을 위하여 타인으로 하여금 허위의 자백을 하게 하여 범인도피죄를 범하게 하는 행위는 방어권의 남용으로 범인도피교사죄에 해당하는바, 이 경우 그 타인이 형법 제151조 제2항에 의하여 처벌을 받지 아니하는 친족, 호주 또는 동거 가족에 해당한다 하여 달리 볼 것은 아니다(대판 2006.12.7. 2005도3707).

[ㄹ ▸ ○] 대판 1997.3.14. 96도1639

[ㅁ ▸ ○] 대판 2011.7.14. 2009도13151

답 ❸

343 □□□

정범과 공범에 관한 설명 중 옳은 것은?(다툼이 있으면 판례에 의함)

16 사시

① 허위공문서작성죄의 간접정범은 공문서의 작성권한이 있는 공무원의 직무를 보좌하는 자가 그 직위를 이용하여 행사할 목적으로 허위의 내용이 기재된 문서 초안을 그 정을 모르는 상사에게 제출하여 결재하도록 하는 등의 방법에 의하여서만 가능하므로 이와 공모한 자가 공범이 되기 위해서는 공무원의 신분이 있는 자이어야 한다.

② 상해치사죄의 공동정범은 폭행 기타의 신체침해의 결과를 공동으로 할 의사가 있어야 성립하므로 여러 사람이 상해의 범의로 범행 중 한 사람이 중한 상해를 가하여 피해자가 사망에 이르게 된 경우 나머지 사람들은 사망의 결과를 예견할 수 없었더라도 상해치사의 죄책을 면할 수 없다.

③ 사기죄의 실행행위에 직접 관여하지 아니한 사람도 공모관계가 인정된다면 공모공동정범이 성립할 수 있지만 공모자 중 사기의 기망방법을 구체적으로 몰랐던 자는 공모관계가 부정된다.

④ 교사자가 상해를 교사하였는데 피교사자가 피해자를 사망에 이르게 하였다면 일반적으로 교사자는 상해죄의 죄책을 지게 되는 것이지만, 교사자에게 피해자의 사망이라는 결과에 대하여 과실 내지 예견가능성이 있었다면 상해치사죄의 교사범이 성립한다.

⑤ 방조행위는 정범의 실행행위 중에 이를 방조하는 경우는 물론 실행행위에 착수하기 전에 장래의 실행행위를 예상하고 이를 용이하게 하는 경우도 포함하므로 정범이 실행에 착수하지 않았더라고 방조범이 성립한다.

정선 핵심

① 공문서 작성의 보조자가 선의의 작성권자를 기망하여 허위의 공문서를 작성하도록 한 경우
 ⟶ 공문서 작성의 보조자 : 허위공문서작성죄의 간접정범 ○
 ⟶ 보조자와 공모한 자(공무원 신분불요) : 허위공문서작성죄의 간접정범의 공범 ○
② 피해자가 상해로 사망한 때 사망의 결과를 예견할 수 없는 경우 → 상해치사죄의 공동정범 ×
③ 딱지어음을 발행하여 매매하였더라도, 전전유통경로 등을 구체적으로 몰랐던 경우 → 사기죄의 공동정범 ○
④ 상해를 교사하였으나 사망이라는 결과를 예견할 수 있었던 경우 → 상해치사죄의 교사범 ○
⑤ 예비의 단계에 그친 정범에게 가공한 경우 → 예비의 공동정범은 별론, 종범 ×

정선 해설

[❶ ▸ ×] 공문서의 작성권한이 있는 공무원의 직무를 보좌하는 자가 그 직위를 이용하여 행사할 목적으로 허위의 내용이 기재된 문서 초안을 그 정을 모르는 상사에게 제출하여 결재하도록 하는 등의 방법으로 작성권한이 있는 공무원으로 하여금 허위의 공문서를 작성하게 한 경우에는 간접정범이 성립되고 이와 공모한 자 역시 그 간접정범의 공범으로서의 죄책을 면할 수 없는 것이고, 여기서 말하는 공범은 반드시 공무원의 신분이 있는 자로 한정되는 것은 아니라고 할 것이다(대판 1992.1.17. 91도2837).

[❷ ▸ ×] 결과적 가중범인 상해치사죄의 공동정범은 폭행 기타의 신체침해 행위를 공동으로 할 의사가 있으면 성립되고 결과를 공동으로 할 의사는 필요 없으며, 여러 사람이 상해의 범의로 범행 중 한 사람이 중한 상해를 가하여 피해자가 사망에 이르게 된 경우 나머지 사람들은 사망의 결과를 예견할 수 없는 때가 아닌 한 상해치사의 죄책을 면할 수 없다(대판 2000.5.12. 2000도745).

[❸ ▸ ×] 이른바 딱지어음을 발행하여 매매한 이상 사기의 실행행위에 직접 관여하지 아니하였다고 하더라도 공동정범으로서의 책임을 면하지 못하고, 딱지어음의 전전유통경로나 중간 소지인들 및 그 기망방법을 구체적으로 몰랐다고 하더라도 공모관계를 부정할 수는 없다(대판 1997.9.12. 97도1706).

[❹ ▸ ○] 대판 2002.10.25. 2002도4089

[❺ ▸ ×] 형법 제32조 제1항 소정 타인의 범죄란 정범이 범죄의 실현에 착수한 경우를 말하는 것이므로 종범이 처벌되기 위하여는 정범의 실행의 착수가 있는 경우에만 가능하고 형법 전체의 정신에 비추어 정범이 실행의 착수에 이르지 아니한 예비의 단계에 그친 경우에는 이에 가공하는 행위가 예비의 공동정범이 되는 경우를 제외하고는 종범의 성립을 부정하고 있다고 보는 것이 타당하다(대판 1976.5.25. 75도1549).

답 ❹

제1장 제2장 제3장

344
□□□

정범과 공범에 대한 아래 ㄱ.부터 ㅁ.까지의 설명 중 옳고 그름의 표시(O, ×)가 모두 바르게 된 것은?(다툼이 있는 경우 판례에 의함) 21 경찰채용

ㄱ. 제한적 종속형식의 입장을 취하게 되면, 정범의 책임이 조각되는 경우 공범이 성립할 수 없다는 결론에 이른다.
ㄴ. 교사자가 피교사자에 대하여 상해 또는 중상해를 교사하였는데 피교사자가 이를 넘어 살인을 한 경우, 교사자에게 피해자의 사망이라는 결과에 대하여 고의가 없더라도 살인죄의 교사범이 된다.
ㄷ. 공범관계에 있어 공모는 공범자 상호 간에 직접 또는 간접으로 범죄의 공동실행에 관한 암묵적인 의사의 연락이 있으면 족하고, 비록 전체의 모의과정이 없었다고 하더라도 수인 사이에 의사의 연락이 있으면 공동정범이 성립될 수 있다.
ㄹ. 실행의 착수 전에 장래의 실행행위를 예상하고 이를 용이하게 하는 행위를 하여 방조한 경우, 정범이 그 실행행위에 나아갔다면 종범이 성립할 수 있다.
ㅁ. 목적범에 있어서 목적 없는 고의 있는 도구를 이용한 경우, 피이용자에 대한 의사지배가 인정되지 않으므로 간접정범이 성립할 수 없다.

① ㄱ(O) ㄴ(×) ㄷ(×) ㄹ(×) ㅁ(×)
② ㄱ(×) ㄴ(O) ㄷ(O) ㄹ(O) ㅁ(×)
③ ㄱ(×) ㄴ(×) ㄷ(O) ㄹ(O) ㅁ(×)
④ ㄱ(×) ㄴ(×) ㄷ(O) ㄹ(O) ㅁ(O)

정선 핵심

ㄱ. 제한적 종속형식 → 정범의 책임이 조각되는 경우 공범성립 O
ㄴ. 중상해를 교사하였으나 사망이라는 결과를 예견할 수 있었던 경우 → 상해치사죄의 교사범 O
ㄷ. 공동정범의 성립요건
 → 주관적 요건 : 전체모의과정 없이 순차적·암묵적 의사의 결합이 있으면 공모관계 O
ㄹ. 정범의 실행의 착수 전에 방조한 경우 → 정범이 실행행위에 나아갔다면 종범 O
ㅁ. 목적 없는 고의 있는 도구를 이용한 경우 → 간접정범 O

정선 해설

[ㄱ ▸ ×] 제한적 종속형식에 의하면 정범의 행위가 구성요건에 해당하고 위법하면 공범이 성립하므로 정범의 책임이 조각되는 경우 공범이 성립할 수 있다고 보게 된다.
[ㄴ ▸ ×] 교사자가 피교사자에 대하여 상해 또는 중상해를 교사하였는데 피교사자가 이를 넘어 살인을 실행한 경우에, 일반적으로 교사자는 상해죄 또는 중상해죄의 죄책을 지게 되는 것이지만 이 경우에 교사자에게 피해자의 사망이라는 결과에 대하여 과실 내지 예견가능성이 있는 때에는 상해치사죄의 죄책을 지울 수 있다(대판 2002.10.25. 2002도4089).
[ㄷ ▸ O] 대판 1993.7.13. 92도2832
[ㄹ ▸ O] 대판 2013.11.14. 2013도7494
[ㅁ ▸ ×] 판례의 취지를 고려하면, 목적범에 있어서 고의는 있으나 목적 없는 도구를 이용한 경우에도 간접정범이 성립할 수 있음을 유의하여야 한다.

> 비상계엄 전국확대가 국무회의의 의결을 거쳐 대통령이 선포함으로써 외형상 적법하였다고 하더라도, 이는 피고인들에 의하여 국헌문란의 목적을 달성하기 위한 수단으로 이루어진 것이므로 내란죄의 폭동에 해당하고, 또한 이는 피고인들에 의하여 국헌문란의 목적을 달성하기 위하여 그러한 목적이 없는 대통령을 이용하여 이루어진 것이므로 피고인들이 간접정범의 방법으로 내란죄를 실행한 것으로 보아야 할 것이다(대판 1997.4.17. 96도3376[전합]).

답 ❸

345 □□□

교사범과 방조범에 대한 설명으로 옳지 않은 것만을 모두 고르면?(다툼이 있는 경우 판례에 의함) 14 국가9급

ㄱ. 입영기피를 결심한 자에게 "잘되겠지, 몸조심하라"라고 한 행위는 입영기피의 방조행위에 해당한다.
ㄴ. 절도범들로부터 지속적으로 장물을 취득하여 온 자가 절도범들에게 드라이버 1개를 사주면서 "열심히 일을 하라."라고 말한 것은 절도의 교사가 된다.
ㄷ. 甲의 지시를 받은 乙이 의사와 공모하여 허위진단서를 작성한 경우, 甲과 의사가 서로 대면한 사실이 없더라도 甲은 허위진단서작성죄의 교사범이 될 수 있다.
ㄹ. 미성년자 여부의 판단과 클럽 출입허용 여부를 2층 출입구에서 주인이 결정하게 되어 있었던 경우, 웨이터가 손님들을 출입구로 단순히 안내하였을 뿐이라면 웨이터에게는 미성년자를 출입시킨 행위 또는 그 방조행위가 인정되지 않는다.
ㅁ. 간호보조원의 무면허진료행위 후 의사가 이를 알면서 진료부에 기재하는 행위는 정범의 사실행위 종료 후의 단순한 사후행위에 불과하다고 볼 수 없고 무면허의료행위의 방조에 해당한다.

① ㄱ ② ㄱ, ㅁ
③ ㄱ, ㄷ, ㅁ ④ ㄴ, ㄷ, ㄹ, ㅁ

정선 핵심

ㄱ. 몸조심하라라고 말하면서 악수를 나눈 경우 → 입영기피의 방조 ×
ㄴ. 드라이버 1개를 사주면서 열심히 일을 하라고 말한 경우 → 절도의 교사 ○
ㄷ. 甲의 지시를 받은 乙이 의사와 공모하여 허위진단서를 작성한 경우 → 甲은 허위진단서작성죄의 교사범 ○
ㄹ. 미성년자의 출입 여부를 주인이 결정하게 되어 웨이터가 출입구로 단순히 안내한 경우 → 미성년자를 출입시킨 행위 또는 그 방조행위 ×
ㅁ. 간호보조원의 무면허진료행위 후에 이를 의사가 진료부에 기재하는 경우 → 무면허의료행위의 방조 ○

정선 해설

[ㄱ ▸ ×] 이미 스스로 입영기피를 결심하고 집을 나서는 공소 외(갑)에게 피고인이 이별을 안타까와하는 뜻에서 잘되겠지 몸조심하라 하고 악수를 나눈 행위는 입영기피의 범죄의사를 강화시킨 방조행위에 해당한다고 볼 수 없다(대판 1983.4.12. 82도43).

[ㄴ ▸ ○] 대판 1991.5.14. 91도542

[ㄷ ▸ ○] 피고인이 의사가 아니기 때문에 진단서를 작성할 수 있는 지위에 있지 아니하고, 또한 피고인이 의사인 공소 외 2를 직접이건 간접이건 면담한 사실이 없다손 치더라도 피고인으로부터 교사를 받은 위의 공소 외 3이 피고인이 교사한대로 의사 공소 외 2와 공모하여 허위진단서를 작성하였다면(원심이유지한 제1심 판결이 인정) 형법 제33조에 의하여 피고인은 허위진단서작성의 교사죄의 죄책을 면할 길 없다 할 것이다(대판 1967.1.24. 66도1586).

[ㄹ ▸ ○] 웨이터인 피고인들은 손님들을 단순히 출입구로 안내를 하였을 뿐 미성년자인 여부의 판단과 출입허용 여부는 2층 출입구에서 주인이 결정하게 되어 있었다면 피고인들의 위 안내행위가 곧 미성년자를 클럽에 출입시킨 행위 또는 그 방조행위로 볼 수 없다(대판 1984.8.21. 84도781).

[ㅁ ▸ ○] 대판 1982.4.27. 82도122

답 ❶

346 □□□

공범에 대한 설명 중 옳은 것(○)과 옳지 않은 것(×)을 순서대로 바르게 나열한 것은?(다툼이 있는 경우 판례에 의함) 15 국가9급

ㄱ. 정범의 실행착수 이전에 장래 실행행위를 미필적으로나마 예상하고 이를 용이하게 하기 위하여 방조한 경우에도 그 후 정범이 실행행위에 나아갔다면 종범이 성립할 수 있다.
ㄴ. 법원의 입찰사건에 관한 제반 업무를 담당하는 공무원이 자신이 맡고 있는 입찰사건의 입찰보증금이 사무원에 의해 계속적으로 횡령되고 있는 사실을 알았고, 이를 제지하고 즉시 상관에게 보고하는 등 결과발생을 쉽게 방지할 수 있음에도 불구하고 그 횡령행위를 방지하지 않은 경우 업무상횡령죄의 공동정범이 성립한다.
ㄷ. 강도의 공범자 중 1인이 강도의 기회에 피해자를 살해하였다면 그는 강도살인 기수의 죄책을 지는 것이고 다른 공범자는 고의의 공동이 없었더라도 피해자의 사망이 예견 가능했다면 강도치사의 죄책을 진다.
ㄹ. 내란죄와 같은 목적범의 경우 '국헌문란의 목적'을 가진 자가 그러한 목적이 없는 자를 이용하여 내란죄를 실행할 수는 없다.

① ㄱ(○) ㄴ(×) ㄷ(○) ㄹ(○)
② ㄱ(○) ㄴ(×) ㄷ(○) ㄹ(×)
③ ㄱ(○) ㄴ(○) ㄷ(×) ㄹ(○)
④ ㄱ(×) ㄴ(○) ㄷ(×) ㄹ(○)

정선 핵심

ㄱ. 정범의 실행의 착수 전에 방조한 경우 → 정범이 실행행위에 나아갔다면 종범 ○
ㄴ. 입찰사건 담당공무원이 사무원에 의한 입찰보증금횡령행위를 방지하지 않은 경우 → 업무상횡령죄의 종범 ○
ㄷ. 강도의 기회에 폭행·상해를 가하여 살해한 경우, 공모자가 살인행위나 치사의 결과를 예견할 수 있었던 경우 → 강도치사죄의 공동정범 ○
ㄹ. 국헌문란의 목적을 가진 자가 고의는 있으나 목적 없는 도구를 이용한 경우 → 내란죄의 간접정범 ○

정선 해설

[ㄱ ▸ ○] 대판 2013.11.14. 2013도7494

[ㄴ ▸ ×] 법원의 입찰사건에 관한 제반 업무를 주된 업무로 하는 공무원이 자신이 맡고 있는 입찰사건의 입찰보증금이 계속적으로 횡령되고 있는 사실을 알았다면, 담당 공무원으로서는 이를 제지하고 즉시 상관에게 보고하는 등의 방법으로 그러한 사무원의 횡령행위를 방지해야 할 법적인 작위의무를 이행함으로써 결과발생을 쉽게 방지할 수 있는 공무원이 그 사무원의 새로운 횡령범행을 방조용인한 것을 작위에 의한 법익침해와 동등한 형법적 가치가 있는 것이 아니라고 볼 수는 없다는 이유로, 그 담당 공무원을 업무상횡령의 종범으로 처벌된다(대판 1996.9.6. 95도2551).

[ㄷ ▸ ○] 대판 1991.11.12. 91도2156

[ㄹ ▸ ×] 비상계엄 전국확대가 국무회의의 의결을 거쳐 대통령이 선포함으로써 외형상 적법하였다고 하더라도, 이는 피고인들에 의하여 국헌문란의 목적을 달성하기 위한 수단으로 이루어진 것이므로 내란죄의 폭동에 해당하고, 또한 이는 피고인들에 의하여 국헌문란의 목적을 달성하기 위하여 그러한 목적이 없는 대통령을 이용하여 이루어진 것이므로 피고인들이 간접정범의 방법으로 내란죄를 실행한 것으로 보아야 할 것이다(대판 1997.4.17. 96도3376[전합]).

답 ❷

347 □□□

교사·방조에 관한 설명 중 가장 적절하지 않은 것은?(다툼이 있으면 판례에 의함)

16 경찰승진

① 입영기피를 결심한 자에게 "잘되겠지, 몸조심하라"고 하고 악수를 나눈 행위는 입영기피의 방조행위에 해당한다.

② 절도범들로부터 지속적으로 장물을 취득하여 온 자가 절도범들에게 드라이버 1개를 사주면서 "열심히 일을 하라"라고 말한 것은 절도의 교사가 된다.

③ 교사자가 피교사자에게 피해자를 "정신 차릴 정도로 때려 주라"고 교사하였다면 이는 상해에 대한 교사로 봄이 상당하다.

④ 종범이 처벌되기 위하여는 정범의 실행의 착수가 있는 경우에만 가능하고 정범이 예비의 단계에 그친 경우에는 이를 종범으로 처벌할 수 없다.

정선 핵심

① 몸조심하라고 말하면서 악수를 나눈 경우 → 입영기피의 방조 ×
② 드라이버 1개를 사주면서 열심히 일을 하라고 말한 경우 → 절도의 교사 ○
③ 정신 차릴 정도로 때려주라고 교사한 경우 → 상해에 대한 교사 ○
④ 예비의 단계에 그친 정범에게 가공한 경우 → 예비의 공동정범은 별론, 종범 ×

정선 해설

[❶ ▸ ×] 이미 스스로 입영기피를 결심하고 집을 나서는 공소 외(갑)에게 피고인이 이별을 안타까와하는 뜻에서 잘되겠지 몸조심하라 하고 악수를 나눈 행위는 입영기피의 범죄의사를 강화시킨 방조행위에 해당한다고 볼 수 없다(대판 1983.4.12. 82도43).

[❷ ▸ ○] 대판 1991.5.14. 91도542

[❸ ▸ ○] 대판 1997.6.24. 97도1075

[❹ ▸ ○] 대판 1976.5.25. 75도1549

답 ❶

348 □□□

공범에 관한 다음 설명 중 틀린 것은 모두 몇 개인가?(다툼이 있으면 판례에 의함)

16 경찰채용

ㄱ. 우연히 만난 자리에서 서로 협력하여 공동의 범의를 실현하려는 의사가 암묵적으로 상통하여 범행에 공동가공하더라도 공동정범은 성립된다.
ㄴ. 결과적 가중범인 상해치사죄의 공동정범은 폭행 기타의 신체침해행위를 공동으로 할 의사가 있으면 성립되고 결과를 공동으로 할 의사는 필요 없다.
ㄷ. 타인을 교사하여 죄를 범하게 한 자는 죄를 실행한 자와 동일한 형으로 처벌한다.
ㄹ. 교사를 받은 자가 범죄의 실행을 승낙하고 실행의 착수에 이르지 아니한 때에는 교사자와 피교사자를 음모 또는 예비에 준하여 처벌한다.

① 0개　② 1개
③ 2개　④ 3개

정선 핵심

ㄱ. 공동정범의 성립요건
  ⋯→ 주관적 요건 : 공동가공의 의사는 사전공모 불요
ㄴ. 상해치사죄의 공동정범 → 결과를 공동으로 할 의사 불요
ㄷ. 타인을 교사하여 죄를 범하게 한 경우 → 죄를 실행한 자와 동일한 형으로 처벌
ㄹ. 피교사자가 승낙하고 실행의 착수에 이르지 아니한 경우 → 교사자와 피교사자를 음모·예비에 준하여 처벌

정선 해설

[ㄱ ▸ O] 공동정범이 성립하기 위하여는 반드시 공범자 간에 사전에 모의가 있어야 하는 것은 아니며, 우연히 만난 자리에서 서로 협력하여 공동의 범의를 실현하려는 의사가 암묵적으로 상통하여 범행에 공동가공하더라도 공동정범은 성립된다(대판 1984.12.26. 82도1373).
[ㄴ ▸ O] 대판 1993.8.24. 93도1674
[ㄷ ▸ O] [ㄹ ▸ O] 형법 제31조 제1항·제2항 참조

> **법령** **교사범(형법 제31조)** ① 타인을 교사하여 죄를 범하게 한 자는 죄를 실행한 자와 동일한 형으로 처벌한다.
> ② 교사를 받은 자가 범죄의 실행을 승낙하고 실행의 착수에 이르지 아니한 때에는 교사자와 피교사자를 음모 또는 예비에 준하여 처벌한다.

답 ❶

349 □□□

다음 공범에 관한 판례의 입장과 일치하는 것(O)과 일치하지 않는 것(×)을 올바르게 표시한 것은? 13 경찰간부

ㄱ. 소리바다 서비스를 운영하여 그 이용자들로 하여금 구 저작권법상 복제권의 침해행위를 할 수 있도록 한 것은 그 방조범에 해당한다.
ㄴ. 종범이 처벌되기 위하여는 정범의 실행의 착수가 있는 경우에만 가능하고 정범이 예비의 단계에 그친 경우에는 이를 종범으로 처벌할 수 없다.
ㄷ. 다른 3명의 공모자들과 강도모의를 주도한 피고인이, 다른 공모자들이 피해자를 뒤쫓아 가자 단지 "어?"라고 하고 더 이상 만류하지 아니하여 공모자들이 강도상해를 했다면 피고인은 실행의 착수 이전에 그 공모관계에서 이탈하였기 때문에 강도상해죄가 성립하지 않는다.
ㄹ. 제3자를 교사·방조하여 자신에 대한 허위의 사실을 신고하게 한 경우, 자기무고는 무고죄의 구성요건에 해당하지 아니하므로 피무고자도 무고죄의 교사·방조범의 죄책을 지지 않는다.

① ㄱ(×) ㄴ(O) ㄷ(×) ㄹ(×)
② ㄱ(×) ㄴ(×) ㄷ(×) ㄹ(O)
③ ㄱ(O) ㄴ(×) ㄷ(O) ㄹ(×)
④ ㄱ(O) ㄴ(O) ㄷ(×) ㄹ(×)

정선 핵심

ㄱ. 소리바다 서비스 이용자들이 복제권 침해행위를 할 수 있도록 한 경우 → 복제권 침해행위의 방조 O
ㄴ. 예비의 단계에 그친 정범에게 가공한 경우 → 예비의 공동정범은 별론, 종범 ×
ㄷ. 강도모의를 주도한 피고인이 다른 공모자들의 강도상해의 범행을 만류하지 아니한 경우 → 공모관계의 이탈 ×
ㄹ. 무고죄의 성립 여부
  ⋯→ 피무고자의 교사·방조로 피무고자에 대한 허위의 사실을 신고한 경우 : 무고죄의 교사·방조범 O

정선 해설

[ㄱ ▸ O] MP3파일 공유를 위한 P2P 프로그램인 소리바다 프로그램을 개발하여 이를 무료로 널리 제공하였으며, 이용자들이 용이하게 음악 MP3파일을 다운로드받아 자신의 컴퓨터 공유폴더에 담아 둘 수 있게 하고, 소리바다 서비스가 저작권법에 위배된다는 경고와 서비스중단요청을 받고도 이를 계속한 경우, MP3파일을 다운로드받은 이용자의 행위는 구 저작권법 제2조 제14호의 복제에 해당하고, 소리바다 서비스 운영자의 행위는 구 저작권법상 복제권침해행위의 방조에 해당한다(대판 2007.12.14. 2005도872).

[ㄴ ▸ O] 대판 1976.5.25. 75도1549

[ㄷ ▸ X] 판례의 취지를 고려하면, 강도모의를 주도한 피고인이 다른 공모자들의 강도상해의 범행을 더 이상 만류하지 아니한 경우 피고인은 그 공모관계에서 이탈하였다고 볼 수 없으므로 강도상해죄의 공동정범의 죄책을 진다.

> 공모관계에서의 이탈은 공모자가 공모에 의하여 담당한 기능적 행위지배를 해소하는 것이 필요하므로 공모자가 공모에 주도적으로 참여하여 다른 공모자의 실행에 영향을 미친 때에는 범행을 저지하기 위하여 적극적으로 노력하는 등 실행에 미친 영향력을 제거하지 아니하는 한 공모관계에서 이탈하였다고 할 수 없다(대판 2008.4.10. 2008도1274).

[ㄹ ▸ X] 스스로 본인을 무고하는 자기무고는 무고죄의 구성요건에 해당하지 아니하여 무고죄를 구성하지 않는다. 그러나 피무고자의 교사·방조 하에 제3자가 피무고자에 대한 허위의 사실을 신고한 경우에는 제3자의 행위는 무고죄의 구성요건에 해당하여 무고죄를 구성하므로, 제3자를 교사·방조한 피무고자도 교사·방조범으로서의 죄책을 부담한다(대판 2008.10.23. 2008도4852).

답 ❹

350 다음 설명 중 가장 옳은 것은?

□□□ 17 법원9급

① 피고인들이 1시간의 시간적 간격을 두고 피해자를 각 폭행하여 피해자가 사망에 이르게 되었으나, 피고인들 중 누구의 폭행행위로 피해자가 사망하였는지가 밝혀지지 않았더라도 피고인들을 모두 폭행치사죄로 처벌할 수 있다.

② 피고인이 의약품을 판매할 수 없는 甲이 판매목적으로 의약품을 취득한다는 정을 알면서 甲에게 의약품을 공급해 준 경우 피고인을 甲의 판매목적 의약품 취득이라는 약사법 위반의 공범으로 처벌할 수 있다.

③ 변호사 사무실 직원인 甲이 공무원인 乙에게 부탁을 하여 수사 중인 사건의 체포영장 발부자 명단을 누설받은 경우 甲을 공무상비밀누설교사죄로 처벌할 수 있다.

④ 변호사 아닌 甲이 변호사인 乙을 고용하여 법률사무소를 개설하여 변호사법위반죄를 저지른 경우 乙을 甲의 범죄행위에 대한 공범으로 처벌할 수 있다.

정선 핵심

① 시간적 차이가 있는 독립된 폭행행위의 경합 → 동시범의 특례적용 O
② 의약품을 판매할 수 없는 甲에게 의약품을 공급해 준 경우 → 약사법 위반의 공범 ×
③ 변호사 사무실 직원이 공무원에게 부탁하여 체포영장 발부자 명단을 누설받은 경우 → 공무상비밀누설교사죄 ×
④ 변호사 아닌 甲이 변호사를 고용하여 법률사무소를 개설하여 변호사법위반죄를 저지른 경우 → 구 변호사법위반죄의 공범 ×

정선 해설

[❶ ▸ O] 피고인들은 형법 제263조가 적용되어 모두 폭행치사죄에 의해 처벌된다.

> 시간적 차이가 있는 독립된 상해행위나 폭행행위가 경합하여 사망의 결과가 일어나고 그 사망의 원인된 행위가 판명되지 않은 경우에는 공동정범의 예에 의하여 처벌할 것이다(대판 2000.7.28. 2000도2466).

[❷ ▸ ×] 피고인의 행위에 대하여 형법총칙상 공범이나 방조범규정의 적용되지 아니하므로 甲의 판매목적 의약품 취득이라는 약사법 위반의 공범으로 처벌할 수 없다.

정범의 판매목적의 의약품 취득범행과 대향범관계에 있는 정범에 대한 의약품 판매행위에 대하여는 형법총칙상 공범이나 방조범규정의 적용이 있을 수 없어 정범의 범행에 대한 방조범으로 처벌할 수 없다(대판 2001.12.28. 2001도5158).

[❸ ▸ ×] 체포영장 발부자 명단을 누설받은 甲에 대하여는 형법총칙상 공범이나 방조범규정이 적용되지 아니하므로 甲을 공무상비밀누설교사죄로 처벌할 수 없다.

2인 이상의 서로 대향된 행위의 존재를 필요로 하는 대향범에 대하여는 공범에 관한 형법총칙 규정이 적용될 수 없다. 형법 제127조는 공무원 또는 공무원이었던 자가 법령에 의한 직무상 비밀을 누설하는 행위만을 처벌하고 있을 뿐 직무상 비밀을 누설받은 상대방을 처벌하는 규정이 없는 점에 비추어, 직무상 비밀을 누설받은 자에 대하여는 공범에 관한 형법총칙 규정이 적용될 수 없다(대판 2017.6.19. 2017도4240).

[❹ ▸ ×] 판례의 취지를 고려하면, 변호사 乙을 甲의 범죄행위에 대한 공범으로 처벌할 수 없다.

변호사가 변호사 아닌 자에게 고용되어 법률사무소의 개설·운영에 관여하는 행위는 위 범죄가 성립하는 데 당연히 예상될 뿐만 아니라 범죄의 성립에 없어서는 아니 되는 것인데도 이를 처벌하는 규정이 없는 이상, 그 입법취지에 비추어 볼 때 변호사 아닌 자에게 고용되어 법률사무소의 개설·운영에 관여한 변호사의 행위가 일반적인 형법 총칙상의 공모, 교사 또는 방조에 해당된다고 하더라도 변호사를 변호사 아닌 자의 공범으로서 처벌할 수는 없다(대판 2004.10.28. 2004도3994).

답 ❶

351
□□□

교사범 및 방조범에 관한 설명 중 가장 적절하지 않은 것은?(다툼이 있는 경우 판례에 의함)
17 경찰승진

① 형법 제127조는 공무원 또는 공무원이었던 자가 법령에 의한 직무상 비밀을 누설하는 행위만을 처벌하고 있을 뿐 직무상 비밀을 누설받은 상대방을 처벌하는 규정이 없으므로, 직무상 비밀을 누설받은 자를 공무상 비밀누설죄의 교사범 또는 방조범으로 처벌할 수 없다.
② 자기의 지휘, 감독을 받는 자를 방조하여 범죄의 결과를 발생하게 한 자는 정범에 정한 형의 장기 또는 다액에 그 2분의 1까지 가중한 형으로 처벌한다.
③ 무면허운전으로 사고를 낸 자가 동생을 경찰서에 대신 출두시켜 허위의 자백을 하게 하여 범인도피죄를 범하게 한 경우 동생이 친족 간의 특례규정(형법 제151조 제2항)에 의하여 처벌을 받지 않더라도 범인도피죄의 교사범이 성립한다.
④ 효과 없는 교사는 교사자와 피교사자 모두 예비·음모에 준하여 처벌되지만, 효과 없는 방조는 처벌되지 않는다.

정선 핵심

① 공무원으로부터 직무상 비밀누설을 받은 자 → 공무상비밀누설죄의 공범 ×
② 자기의 지휘, 감독을 받는 자를 방조한 경우 → 정범의 형으로 처벌
③ 무면허운전자가 자신을 위하여 동생으로 하여금 범인도피죄를 범하게 한 경우 → 범인도피교사죄 ○
④ 공범의 미수
⇢ 효과 없는 교사 : 교사자와 피교사자 모두 예비·음모에 준하여 처벌
⇢ 효과 없는 방조 : 불가벌

정선 해설

[❶ ▸ O] 대판 2017.6.19. 2017도4240
[❷ ▸ ×] 형법 제34조 제2항 참조

> **법령** **간접정범, 특수한 교사, 방조에 대한 형의 가중(형법 제34조)** ② 자기의 지휘, 감독을 받는 자를 교사 또는 방조하여 전항의 결과를 발생하게 한 자는 교사인 때에는 정범에 정한 형의 장기 또는 다액에 그 2분의 1까지 가중하고 방조인 때에는 정범의 형으로 처벌한다.

[❸ ▸ O] 판례(대판 2006.12.7. 2005도3707)의 취지를 고려하면, 교통사고를 낸 자가 동생을 경찰서에 대신 출석시켜 범인도피죄를 범하게 한 경우, 범인도피죄의 교사범이 성립한다.
[❹ ▸ O] 효과 없는 교사(형법 제31조 제2항)는 교사자와 피교사자 모두 예비·음모에 준하여 처벌되지만, 효과 없는 방조는 처벌되지 않는다.

답 ❷

352 □□□

정범 및 공범에 관한 설명 중 옳지 않은 것은?(다툼이 있는 경우 판례에 의함)

19 변시

① 형법 제127조는 공무원 또는 공무원이었던 자가 법령에 의한 직무상 비밀을 누설하는 행위만을 처벌하고 있을 뿐 직무상 비밀을 누설받은 상대방을 처벌하는 규정이 없으므로, 직무상 비밀을 누설받은 자에 대하여는 공범에 관한 형법총칙 규정이 적용될 수 없다.
② 甲이 뇌물공여의사 없이 오로지 공무원 乙을 함정에 빠뜨릴 의사로 직무와 관련되었다는 형식을 빌려 乙에게 금품을 공여한 경우에도 乙이 그 금품을 직무와 관련하여 수수한다는 의사를 가지고 받아들이면 甲에게 뇌물공여죄가 성립하지 않는 경우라도 乙에게 뇌물수수죄가 성립한다.
③ 폭력행위 등 처벌에 관한 법률 제2조 제2항에서 '2명 이상이 공동하여' 죄를 범한 때라 함은 수인이 동일한 장소에서 동일한 기회에 상호 다른 사람의 범행을 인식하고 이를 이용하여 범행을 한 경우를 뜻하는 것으로서, 폭행 등의 실행범과의 공모사실은 인정되나 그와 공동하여 범행에 가담하였거나 범행장소에 있었다고 인정되지 아니하는 경우에는 공동하여 죄를 범한 때에 해당하지 아니한다.
④ 합동범은 주관적 요건으로서 공모 외에 객관적 요건으로서 현장에서의 실행행위의 분담을 요하나, 이 실행행위의 분담은 반드시 동시에 동일 장소에서 실행행위를 특정하여 분담하는 것만을 뜻하는 것이 아니라 시간적으로나 장소적으로 서로 협동관계에 있다고 볼 수 있으면 충분하다.
⑤ 간접정범이 성립하기 위해서는 처벌되지 아니하는 타인의 행위를 적극적으로 유발하고 이를 이용하여 자신의 범죄를 실현하여야 하며, 그 과정에서 타인의 의사를 부당하게 억압하여야 한다.

정선 핵심

① 공무원으로부터 직무상 비밀누설을 받은 자 → 공무상비밀누설죄의 공범 ×
② 함정에 빠뜨릴 의사로 금품을 공여하여 공무원이 수수한 경우 → 뇌물수수죄 O
③ 공모사실은 인정되나 공동하여 범행에 가담하였거나 범행장소에 있었다고 인정되지 아니하는 경우 → 폭처법상 공동하여 죄를 범한 때 ×

④ 합동범의 성립 → 공모와 시간적·장소적 협동관계
⑤ 간접정범 → 타인의 행위를 이용하는 과정에서 타인의 의사를 부당하게 억압 불요

정선 해설

[❶ ▸ O] 대판 2017.6.19. 2017도4240

[❷ ▸ O] 판례의 취지를 고려하면, 甲이 공무원 乙을 함정에 빠뜨릴 의사로 乙에게 금품을 공여한 경우에도 乙이 그 금품을 직무와 관련하여 수수한다는 의사를 가지고 받아들이면 乙에게 뇌물수수죄가 성립한다.

> 공무원을 함정에 빠뜨릴 의사로 직무와 관련되었다는 형식을 빌려 그 공무원에게 금품을 공여한 경우에도 공무원이 그 금품을 직무와 관련하여 수수한다는 의사를 가지고 받아들이면 뇌물수수죄가 성립한다(대판 2008.3.13. 2007도10804).

[❸ ▸ O] 폭력행위 등 처벌에 관한 법률 제2조 제2항의 "2인 이상이 공동하여 전항 게기의 죄를 범한 때"라고 함은 그 수인 간에 소위 공범관계가 존재하는 것을 요건으로 하는 것이고 수인이 동일 장소에서 동일 기회에 상호 다른 자의 범행을 인식하고 이를 이용하여 범행을 한 경우임을 요한다고 할 것이므로 폭행의 실행범과의 공모사실은 인정되나 그와 공동하여 범행에 가담하였거나 범행장소에 있었다고 인정되지 아니하는 경우에는 "공동하여" 죄를 범한 때에 해당하지 아니한다(대판 1990.10.30. 90도2022).

[❹ ▸ O] 대판 1992.7.28. 92도917

[❺ ▸ X] 처벌되지 아니하는 타인의 행위를 적극적으로 유발하고 이를 이용하여 자신의 범죄를 실현한 자는 형법 제34조 제1항이 정하는 간접정범의 죄책을 지게 되고, 그 과정에서 타인의 의사를 부당하게 억압하여야만 간접정범에 해당하는 것은 아니다(대판 2008.9.11. 2007도7204).

답 ❺

01 공무원 또는 중재인이 부정한 청탁을 받고 제3자에게 뇌물을 제공하게 하고 제3자가 그러한 공무원 또는 중재인의 범죄행위를 알면서 방조한 경우에는 그에 대한 별도의 처벌규정이 없더라도 방조범에 관한 형법총칙의 규정이 적용되어 제3자뇌물수수방조죄가 인정될 수 있다. 17 경찰채용 O | X

02 甲은 여당의 유력 정치가인 乙이 기업인들로부터 뇌물을 수수하기 전에 乙과 기업인들의 면담을 주선하였고, 그 후 乙이 기업인들로부터 뇌물을 받았다면 甲은 수뢰죄의 종범에 해당한다. 18 경찰간부 O | X

03 1인 회사의 주주가 개인적 거래에 수반하여 법인 소유의 부동산을 담보로 제공한다는 사정을 거래상대방이 알면서 가등기의 설정을 요구하고 그 가등기를 경료받은 경우 거래상대방은 배임행위의 방조범에 해당한다. 18 경찰간부 O | X

04 공모에 의한 범죄의 공동실행은 모든 공범자가 스스로 범죄의 구성요건을 실현하는 것을 전제로 하지 아니하고, 그 실현행위를 하는 공범자에게 그 행위결정을 강화하도록 협력하는 것으로도 가능하다. 21 경찰승진 O | X

01 대판 2017.3.15. 2016도19659

02 대판 1997.4.17. 96도3377[전합]

03 배임행위의 방조범에 해당하지 아니한다(대판 2005.10.28. 2005도4915).

04 대판 2012.4.26. 2010도2905

정답

01 ○ **02** ○ **03** × **04** ○

제1장 제2장 제3장

제6절 특수한 범죄

제1관 | 부작위범

353 □□□

다음 중 부작위범에 대한 설명으로 가장 옳지 않은 것은?(다툼이 있는 경우 판례에 의함)

20 해경승진

① 위험의 발생을 방지할 의무가 있거나 자기의 행위로 인하여 위험발생의 원인을 야기한 자가 그 위험발생을 방지하지 아니한 때에는 그 발생된 결과에 의하여 처벌한다.

② 부작위범 사이의 공동정범은 다수의 부작위범에게 공통된 의무가 부여되어 있고 그 의무를 공통으로 이행할 수 있을 때에만 성립한다.

③ 작위의무는 법령, 법률행위, 선행행위로 인한 경우는 물론 기타 신의성실의 원칙이나 사회상규 또는 조리상 작위의무가 기대되는 경우에도 인정된다.

④ 생존가능성이 있는 환자를 보호자의 요구로 치료중단하고 퇴원을 지시하여 사망하게 한 의사의 경우에는 행위 전체를 규범적으로 평가할 때 치료중단이라는 행위수행에 비난의 중점이 있기 때문에 부작위범으로 평가된다.

정선 핵심

① 위험발생을 방지할 의무가 있거나 위험발생의 원인을 야기한 자가 방지하지 아니한 경우 → 발생된 결과에 의하여 처벌

② 부작위범에게 공통의무가 있고 공통으로 이행할 수 있는 경우 → 부작위범의 공동정범 O

③ 부진정부작위범의 성립요건

⋯→ 작위의무 : 법령, 법률행위, 선행행위, 신의성실의 원칙이나 사회상규 혹은 조리상 작위의무가 기대되는 경우 포함

④ 보호자의 요구로 치료중단하고 퇴원을 지시하여 사망하게 한 경우 → 작위에 의한 살인방조죄 O

정선 해설

[❶ ▸ O] 형법 제18조 참조

> **법령** **부작위범(형법 제18조)** 위험의 발생을 방지할 의무가 있거나 자기의 행위로 인하여 위험발생의 원인을 야기한 자가 그 위험발생을 방지하지 아니한 때에는 그 발생된 결과에 의하여 처벌한다.

[❷ ▸ O] 대판 2008.3.27. 2008도89

[❸ ▸ O] 대판 1996.9.6. 95도2551

[❹ ▸ ×] 치료를 요하는 환자의 퇴원을 간청하여 담당 전문의와 주치의가 치료중단 및 퇴원을 허용하는 조치를 취함으로써 환자를 사망에 이르게 한 경우, 담당 전문의와 주치의에게 환자의 사망이라는 결과 발생에 대한 정범의 고의는 인정되나 환자의 사망이라는 결과나 그에 이르는 사태의 핵심적 경과를 계획적으로 조종하거나 저지·촉진하는 등으로 지배하고 있었다고 보기는 어려워 공동정범의 객관적 요건인 이른바 기능적 행위지배가 흠결되어 있으므로 작위에 의한 살인방조죄만 성립한다(대판 2004.6.24. 2002도995).

답 ❹

354 □□□

부작위범에 관한 설명 중 옳은 것은?(다툼이 있는 경우에는 판례에 의함) 12 변시

① 신의성실의 원칙이나 사회상규 혹은 조리상 작위의무가 기대되는 경우에는 법적인 작위의무가 인정되지 않는다.

② 법적인 작위의무를 지고 있는 자가 결과발생을 쉽게 방지할 수 있었음에도 불구하고 이를 방관한 채 그 의무를 이행하지 아니한 경우에, 그 부작위가 작위에 의한 법익침해와 동등한 형법적 가치가 있는 것이어서 그 범죄의 실행행위로 평가될 만한 것이라면, 부작위범으로 처벌할 수 있다.

③ 부작위에 의한 방조범은 성립하지 않는다.

④ 행위자가 자신의 신체적 활동이나 물리적·화학적 작용을 통하여 적극적으로 타인의 법익상황을 악화시킴으로써 결국 그 타인의 법익을 침해하기에 이르렀더라도 작위에 의하여 악화된 법익상황을 다시 돌이키지 아니한 이상 부작위범이 성립하는 것이 원칙이다.

⑤ 진정부작위범의 경우 다수의 부작위범에게 부여된 작위의무가 각각 다르더라도 각각의 작위의무에 위반되는 행위를 공동으로 하였다면 부작위범의 공동정범이 성립할 수 있다.

정선 핵심

①·② 부진정부작위범의 성립요건
→ 작위의무 : 사회상규 혹은 조리상 작위의무가 기대되는 경우 포함
→ 행위정형의 동가치성의 인정 : 부작위범으로 처벌

③ 부작위에 의한 방조범 → 성립 ○

④ 적극적으로 법익상황을 악화시킴으로써 타인의 법익을 침해하기에 이른 경우 → 작위범 ○

⑤ 부작위범에게 공통의무가 있고 공통으로 이행할 수 있는 경우 → 진정부작위범의 공동정범 ○

정선 해설

[❶ ▸ ×] [❷ ▸ ○] 형법상 부작위범이 인정되기 위해서는 형법이 금지하고 있는 법익침해의 결과 발생을 방지할 법적인 작위의무를 지고 있는 자가 그 의무를 이행함으로써 결과발생을 쉽게 방지할 수 있었음에도 불구하고 그 결과의 발생을 용인하고 이를 방관한 채 그 의무를 이행하지 아니한 경우에, 그 부작위가 작위에 의한 법익침해와 동등한 형법적 가치가 있는 것이어서 그 범죄의 실행행위로 평가될 만한 것이라면, 작위에 의한 실행행위와 동일하게 부작위범으로 처벌할 수 있고,❷ 여기서 작위의무는 법령, 법률행위, 선행행위로 인한 경우는 물론, 기타 신의성실의 원칙이나 사회상규 혹은 조리상 작위의무가 기대되는 경우에도 인정된다 할 것이다❶(대판 2008.2.28. 2007도9354).

[❸ ▸ ×] 형법상 방조행위는 정범의 실행을 용이하게 하는 직접, 간접의 모든 행위를 가리키는 것으로서 작위에 의한 경우뿐만 아니라 부작위에 의하여도 성립되는 것이다(대판 2006.4.28. 2003도4128).

[❹ ▸ ×] 어떠한 범죄가 적극적 작위에 의하여 이루어질 수 있음은 물론 결과의 발생을 방지하지 아니하는 소극적 부작위에 의하여도 실현될 수 있는 경우에, 행위자가 자신의 신체적 활동이나 물리적·화학적 작용을 통하여 적극적으로 타인의 법익상황을 악화시킴으로써 결국 그 타인의 법익을 침해하기에 이르렀다면, 이는 작위에 의한 범죄로 봄이 원칙이고, 작위에 의하여 악화된 법익상황을 다시 되돌이키지 아니한 점에 주목하여 이를 부작위범으로 볼 것은 아니다(대판 2004.6.24. 2002도995).

[❺ ▸ ×] 부작위범 사이의 공동정범은 다수의 부작위범에게 공통된 의무가 부여되어 있고 그 의무를 공통으로 이행할 수 있을 때에만 성립한다(대판 2008.3.27. 2008도89).

답 ❷

355 □□□

부작위범에 대한 설명으로 옳지 않은 것은?(다툼이 있는 경우 판례에 의함) 21 국가9급

① 선행행위로 인한 부작위범의 경우 선행행위에 대한 고의·과실 혹은 유책·위법이 없는 경우에도 작위의무는 발생할 수 있다.

② 부작위범 사이의 공동정범은 다수의 부작위범에게 공통된 의무가 부여되어 있고, 그 의무를 공통으로 이행할 수 있을 때에만 성립한다.

③ 부진정부작위범의 성립요건으로서 작위의무는 법적 작위의무이어야 하므로, 사회상규 혹은 조리상 작위의무가 기대되는 경우에는 인정되지 않는다.

④ 사기죄에 있어서 부작위에 의한 기망은 법률상 고지의무 있는 자가 일정한 사실에 관하여 상대방이 착오에 빠져 있음을 알면서도 이를 고지하지 아니하는 것을 말한다.

정선 핵심

①·③ 부진정부작위범의 성립요건
→ 선행행위로 인한 작위의무 : 선행행위에 대한 고의·과실, 유책·위법이 없는 경우에도 발생
→ 작위의무 : 사회상규 혹은 조리상 작위의무가 기대되는 경우 포함

② 부작위범에게 공통의무가 있고 공통으로 이행할 수 있는 경우 → 부작위범의 공동정범 O

④ 부작위에 의한 기망 → 고지의무 있는 자가 상대방이 착오에 빠져 있음을 알면서 고지하지 아니하는 것

정선 해설

[❶ ▸ O] 도로교통법 제50조 제1항, 제2항 소정의 구호조치나 신고의무는 교통사고를 발생시킨 당해 차량의 운전자에게 그 사고발생에 있어서 고의, 과실 혹은 유책·위법의 유무에 관계없이 부과된 의무라고 해석함이 상당할 것이고 그 교통사고의 결과가 피해자의 구호 및 교통질서의 회복을 위한 조치가 필요한 상황인 이상 당해 교통사고에 관하여 당해 차량의 운전자에게 책임이 있지 아니하였다고 하여 그 의무가 없다고 할 수는 없다(대판 1990.9.25. 90도978).

[❷ ▸ O] 대판 2008.3.27. 2008도89

[❸ ▸ X] 형법상 부작위범이 인정되기 위한 작위의무는 법적인 의무이어야 하므로 단순한 도덕상 또는 종교상의 의무는 포함되지 않으나 작위의무가 법적인 의무인 한 성문법이건 불문법이건 상관이 없고 또 공법이건 사법이건 불문하므로, 법령, 법률행위, 선행행위로 인한 경우는 물론이고 기타 신의성실의 원칙이나 사회상규 혹은 조리상 작위의무가 기대되는 경우에도 법적인 작위의무는 있다(대판 1996.9.6. 95도2551).

[❹ ▸ O] 대판 1998.12.8. 98도3263

답 ❸

356 □□□

부작위범에 관한 설명 중 옳은 것(○)과 옳지 않은 것(×)을 올바르게 조합한 것은?(다툼이 있는 경우 판례에 의함) 21 변시

> ㄱ. 부진정부작위범에서의 보증인지위와 보증의무를 구별하는 입장에 의하면, 보증의무가 존재하지 아니하는 것으로 착오한 경우는 법률의 착오로 취급된다.
> ㄴ. 임대인이 임대차계약을 체결하면서 임차인에게 임대목적물이 경매진행 중인 사실을 알리지 않은 경우 임차인이 등기부를 확인 또는 열람하는 것이 가능하였다면 임대인에게 사기죄가 성립하지 않는다.
> ㄷ. 진정부작위범과 부진정부작위범 모두 작위의무가 법적으로 인정되더라도 작위의무를 이행하는 것이 사실상 불가능한 상황이었다면, 부작위범이 성립할 수 없다.
> ㄹ. 부진정부작위범의 요건으로 행위태양의 동가치성을 요구하는 것은 부진정부작위범의 형사처벌을 확장하는 기능을 한다.
> ㅁ. 의사가 수술 후 치료를 계속하지 않으면 환자가 사망할 수 있음을 알면서도 보호자의 강력한 요청으로 치료를 중단하고 퇴원을 허용하여 보호자의 방치로 환자가 사망한 경우, 그 의사에게는 부작위에 의한 살인방조죄가 성립한다.

① ㄱ(○) ㄴ(×) ㄷ(○) ㄹ(×) ㅁ(×)
② ㄱ(×) ㄴ(○) ㄷ(×) ㄹ(○) ㅁ(×)
③ ㄱ(○) ㄴ(○) ㄷ(×) ㄹ(×) ㅁ(×)
④ ㄱ(×) ㄴ(○) ㄷ(×) ㄹ(×) ㅁ(○)
⑤ ㄱ(○) ㄴ(×) ㄷ(○) ㄹ(○) ㅁ(○)

정선 핵심

ㄱ. 이분설
  → 보증인지위에 대한 착오 : 구성요건적 착오
  → 보증인의무에 대한 착오 : 법률의 착오
ㄴ. 임대목적물이 경매진행 중인 사실을 알리지 않은 경우 → 사기죄 ○
ㄷ. 개별적 행위가능성이 없는 경우 → 부작위범 ×
ㄹ. 행위태양의 동가치성 요구 → 부진정부작위범의 형사처벌을 축소하는 기능
ㅁ. 보호자의 요청으로 치료중단하고 퇴원을 지시하여 사망하게 한 경우 → 작위에 의한 살인방조죄 ○

정선 해설

[ㄱ ▸ ○] 보증인지위와 보증인의무를 구별하는 이분설에 의하면 보증인지위에 대한 착오는 구성요건적 착오가 되지만, 보증인의무에 대한 착오는 법률의 착오가 된다.

[ㄴ ▸ ×] 임대인이 임대차계약을 체결하면서 임차인에게 임대목적물이 경매진행 중인 사실을 알리지 아니한 경우, 임차인이 등기부를 확인 또는 열람하는 것이 가능하더라도 사기죄가 성립한다(대판 1998.12.8. 98도3263).

[ㄷ ▸ ○] 진정부작위범과 부진정부작위범 불문하고 작위의무가 인정되더라도 행위자에게 작위의무를 이행할 수 있는 개별적 행위가능성이 있어야 부작위범의 구성요건해당성을 충족시킬 수 있음을 유의하여야 한다.

[ㄹ ▸ ×] 부진정부작위범의 구성요건인 행위정형의 동가치성은 규범적 구성요건요소로서의 성격을 가지고 있어 동가치성이 인정되지 아니하면 부진정부작위범이 성립하지 아니하므로 형사처벌을 축소하는 기능을 한다고 보아야 한다.

[ㅁ ▸ ×] 치료를 요하는 환자의 퇴원을 간청하여 담당 전문의와 주치의가 치료중단 및 퇴원을 허용하는 조치를 취함으로써 환자를 사망에 이르게 한 경우, 담당 전문의와 주치의에게 환자의 사망이라는 결과 발생에 대한 정범의 고의는 인정되나 환자의 사망이라는 결과나 그에 이르는 사태의 핵심적 경과를 계획적으로 조종하거나 저지·촉진하는 등으로 지배하고 있었다고 보기는 어려워 공동정범의 객관적 요건인 이른바 기능적 행위지배가 흠결되어 있으므로 작위에 의한 살인방조죄만 성립한다(대판 2004.6.24. 2002도995).

답 ❶

제1장 제2장 제3장

357 □□□

부작위범에 대한 다음 설명 중 적절한 것만을 모두 고른 것은?(다툼이 있는 경우 판례에 의함) 21 경찰채용

ㄱ. 작위는 물론 부작위에 의하여도 실현될 수 있는 범죄의 경우, 행위자가 자신의 신체적 활동이나 물리적·화학적 작용을 통하여 적극적으로 타인의 법익상황을 악화시킴으로써 결국 그 타인의 법익을 침해하기에 이르렀다면 이는 작위에 의한 범죄로 봄이 원칙이다.
ㄴ. 부진정부작위범의 작위의무는 법령, 법률행위, 선행행위로 인한 경우에 발생하고 사회상규 혹은 조리로부터는 법적 작위의무가 발생하지 않는다.
ㄷ. 부진정부작위범에서의 고의는 자신의 부작위가 작위와 동가치하다는 점에 대한 인식을 필요로 하므로, 작위의무자의 예견 또는 인식 등이 불확정적인 미필적 고의로는 부진정부작위범의 고의가 인정되지 않는다.
ㄹ. 형법상 방조는 작위에 의하여 정범의 실행을 용이하게 하는 경우는 물론, 직무상의 의무가 있는 자가 정범의 범죄행위를 인식하면서도 그것을 방지하여야 할 제반 조치를 취하지 아니하는 부작위로 인하여 정범의 실행행위를 용이하게 하는 경우에도 성립된다.

① ㄱ, ㄴ
② ㄱ, ㄹ
③ ㄴ, ㄷ
④ ㄷ, ㄹ

정선 핵심

ㄱ. 적극적으로 법익상황을 악화시킴으로써 타인의 법익을 침해하기에 이른 경우 → 작위범 ○
ㄴ. 부진정부작위범의 성립요건
 ⇢ 작위의무 : 법령, 법률행위, 선행행위, 신의성실의 원칙이나 사회상규 혹은 조리상 작위의무가 기대되는 경우 포함
ㄷ. 부진정부작위범의 고의 → 작위의무자의 예견·인식이 불확정적인 미필적 고의로 충분
ㄹ. 부작위에 의한 방조자에게 보증인지위가 있는 경우 → 부작위에 의한 종범 ○

정선 해설

[ㄱ ▸ O] 대판 2004.6.24. 2002도995

[ㄴ ▸ X] 작위의무는 법령, 법률행위, 선행행위로 인한 경우는 물론, 기타 신의성실의 원칙이나 사회상규 혹은 조리상 작위의무가 기대되는 경우에도 인정된다 할 것이다(대판 2008.2.28. 2007도9354).

[ㄷ ▸ X] 부진정부작위범의 고의는 반드시 구성요건적 결과 발생에 대한 목적이나 계획적인 범행의도가 있어야 하는 것은 아니고 법익침해의 결과 발생을 방지할 법적 작위의무를 가지고 있는 사람이 의무를 이행함으로써 결과발생을 쉽게 방지할 수 있었음을 예견하고도 결과발생을 용인하고 이를 방관한 채 의무를 이행하지 아니한다는 인식을 하면 족하며, 이러한 작위의무자의 예견 또는 인식 등은 확정적인 경우는 물론 불확정적인 경우이더라도 미필적 고의로 인정될 수 있다(대판 2015.11.12. 2015도6809[전합]).

[ㄹ ▸ O] 대판 1996.9.6. 95도2551

답 ❷

358 □□□ 부작위범에 관한 설명 중 옳지 않은 것은?(다툼이 있으면 판례에 의함) 15 사시

① 부동산 매도인이 매매잔금을 교부받던 중 매수인이 착오로 1,000만원권 자기앞수표 1장이 초과지급된 사실을 알면서도 그대로 수령한 경우, 부작위에 의한 사기죄가 성립한다.

② 부작위에 의한 방조범이 보증인적 지위에 있는 자로 한정되는 반면, 부작위범에 대한 교사범은 보증인적 지위에 있는 자로 한정되지 않는다.

③ 부동산 이중매매에서 매도인이 제1매수인으로부터 중도금까지 받은 상태에서 제2매수인으로부터 계약금과 중도금을 받을 때까지 제2매수인에게 이런 사정을 고지하지 않은 것만으로는 부작위에 의한 기망을 인정할 수 없다.

④ 형법상 진정부작위범의 미수범을 처벌하는 규정이 있다.

⑤ 중고차매매업자가 할부금융회사에 대한 할부금채무를 승계하기로 하고 매입한 승용차를 다시 매도하면서 할부금채무가 있다는 사실을 매수인에게 고지하지 않은 경우, 부작위에 의한 사기죄가 성립한다.

정선 핵심

① 매매잔금이 초과지급된 사실을 알면서 수령한 경우 → 부작위에 의한 사기죄 ○
② 부작위범과 공범
⇢ 부작위에 의한 방조범 : 보증인적 지위에 있는 자 ○
⇢ 부작위범에 대한 교사범 : 보증인적 지위에 있는 자로 한정 ×
③ 제2매수인에게 부동산 이중매매사실을 고지하지 않은 경우 → 부작위에 의한 기망 ×
④ 퇴거불응죄, 집합명령위반죄 → 진정부작위범이지만 미수범처벌규정 ○
⑤ 중고차매매업자가 승용차를 매도하면서 할부금채무를 고지하지 않은 경우 → 부작위에 의한 사기죄 ×

정선 해설

[❶ ▸ O] 판례의 취지를 고려하면, 부동산 매도인이 매수인이 착오로 1,000만원권 자기앞수표 1장이 초과지급된 사실을 알면서도 수령한 경우, 부작위에 의한 사기죄가 성립한다.

> 매도인이 매매잔금을 교부받기 전 또는 교부받던 중에 그 사실을 알게 되었을 경우에는 특별한 사정이 없는 한 매도인으로서는 매수인에게 사실대로 고지하여 매수인의 그 착오를 제거하여야 할 신의칙상 의무를 지므로 그 의무를 이행하지 아니하고 매수인이 건네주는 돈을 그대로 수령한 경우에는 사기죄에 해당될 것이다(대판 2004.5.27. 2003도4531).

[❷ ▸ O] 부작위범에게 보증인지위가 인정되는 경우에는 부작위에 의한 방조범은 성립할 수 있다. 부작위범에 대한 교사범은 가능하며 이때 교사는 작위에 의한 것이므로 교사범은 반드시 보증인지위에 있을 필요는 없다.

> 형법상 방조행위는 정범의 실행을 용이하게 하는 직접, 간접의 모든 행위를 가리키는 것으로서 작위에 의한 경우뿐만 아니라 부작위에 의하여도 성립되는 것이다(대판 2006.4.28. 2003도4128).

[❸ ▸ O] 대판 2012.1.26. 2011도15179

[❹ ▸ O] 퇴거불응죄(형법 제319조 제2항, 제322조)와 집합명령위반죄(형법 제145조 제2항, 제149조)는 진정부작위범이지만 형법상 미수범처벌규정이 있다.

[❺ ▸ ×] 중고자동차 매매에 있어서 매도인의 할부금융회사 또는 보증보험에 대한 할부금채무가 매수인에게 당연히 승계되는 것이 아니라는 이유로 그 할부금채무의 존재를 매수인에게 고지하지 아니한 것이 부작위에 의한 기망에 해당하지 아니한다(대판 1998.4.14. 98도231).

답 ❺

359 □□□

부작위범에 대한 설명으로 가장 적절하지 않은 것은?(다툼이 있는 경우 판례에 의함)

21 경찰승진

① 형법상 방조행위는 정범의 실행을 용이하게 하는 직접적 행위만을 가리키는 것으로서 작위에 의한 방조만이 가능하고 부작위에 의해서는 성립할 수 없다.

② 부작위범에 있어 작위의무는 법적인 의무이어야 하므로 단순한 도덕상 또는 종교상의 의무는 포함되지 않으나 작위의무가 법적인 의무인 한 성문법이건 불문법이건 상관이 없고 또 공법이건 사법이건 불문하므로, 법령, 법률행위, 선행행위로 인한 경우는 물론이고 기타 신의성실의 원칙이나 사회상규 혹은 조리상 작위의무가 기대되는 경우에도 법적인 작위의무는 있다.

③ 부작위범 사이의 공동정범은 다수의 부작위범에게 공통된 의무가 부여되어 있고 그 의무를 공통으로 이행할 수 있을 때에만 성립한다.

④ 하나의 행위가 부작위범인 직무유기죄와 작위범인 허위공문서작성·행사죄의 구성요건을 동시에 충족하는 경우, 공소제기권자는 재량에 의하여 작위범인 허위공문서작성·행사죄로 공소를 제기하지 않고 부작위범인 직무유기죄로만 공소를 제기할 수 있다.

정선 핵심

① 부작위에 의한 방조범 → 성립 O

② 부진정부작위범의 성립요건

⋯→ 작위의무 : 법령, 법률행위, 선행행위, 신의성실의 원칙이나 사회상규 혹은 조리상 작위의무가 기대되는 경우 포함

③ 부작위범에게 공통의무가 있고 공통으로 이행할 수 있는 경우 → 부작위범의 공동정범 O

④ 하나의 행위가 직무유기죄와 허위공문서작성·행사죄의 구성요건을 동시에 충족하는 경우 → 부작위범인 직무유기죄로만 공소제기 O

정선 해설

[❶ ▸ ×] 형법상 방조행위는 정범의 실행을 용이하게 하는 직접, 간접의 모든 행위를 가리키는 것으로서 작위에 의한 경우뿐만 아니라 부작위에 의하여도 성립되는 것이다(대판 2006.4.28. 2003도4128).

[❷ ▸ O] 대판 1996.9.6. 95도2551

[❸ ▸ O] 대판 2008.3.27. 2008도89

[❹ ▸ O] 대판 2008.2.14. 2005도4202

관련판례 **대판 1999.11.26. 99도1904**

하나의 행위가 부작위범인 직무유기죄와 작위범인 범인도피죄의 구성요건을 동시에 충족하는 경우 공소제기권자는 재량에 의하여 작위범인 범인도피죄로 공소를 제기하지 않고 부작위범인 직무유기죄로만 공소를 제기할 수도 있다.

답 ❶

360 □□□

부작위범에 대한 설명으로 가장 적절한 것은?(다툼이 있는 경우 판례에 의함)

21 경찰채용

① 임대인 甲은 자신의 여관건물에 대하여 임차인 A와 임대차계약을 체결하면서 A에게 당시 그 건물에 관하여 법원의 경매개시결정에 따른 경매절차가 진행 중인 사실을 알리지 아니한 경우, A가 등기부를 확인 또는 열람하는 것이 가능하였다면 기망행위가 있었다고 볼 수 없어 甲은 사기죄로 처벌되지 아니한다.

② 甲이 특정 시술을 받으면 아들을 낳을 수 있을 것이라는 착오에 빠져 있는 A에게 그 시술의 효과와 원리에 관하여 사실대로 고지하지 아니하고 아들을 낳을 수 있는 시술인 것처럼 가장하여 일련의 시술 등을 행하고 의료수가 및 약값의 명목으로 금원을 교부받은 경우, 甲은 사기죄로 처벌된다.

③ 甲이 A와 토지 지상에 창고를 신축하는 데 필요한 형틀공사계약을 체결한 후 그 공사를 완료하였는데 A가 공사대금을 주지 않자 이를 받기 위해 토지에 쌓아 둔 건축자재를 치우지 않은 경우, 甲은 업무방해죄로 처벌된다.

④ 경찰공무원 甲이 지명수배 중인 범인 A를 발견하고도 직무상 의무에 따른 적절한 조치를 취하지 아니하고 오히려 A를 도피하게 하는 행위를 한 경우, 甲은 범인도피죄와 직무유기죄로 처벌된다.

정선 핵심

① 임대목적물이 경매진행 중인 사실을 알리지 않은 경우 → 사기죄 O
② 아들을 낳을 수 있는 시술로 가장하여 금원을 교부받은 경우 → 사기죄 O
③ 형틀공사 대금을 받기 위해 건축자재를 치우지 않은 경우 → 업무방해죄 ×
④ 경찰공무원이 지명수배 중인 A를 발견하고도 도피하게 한 경우 → 범인도피죄 O

정선 해설

[❶ ▸ ×] 임대인이 임대차계약을 체결하면서 임차인에게 임대목적물이 경매진행중인 사실을 알리지 아니한 경우, 임차인이 등기부를 확인 또는 열람하는 것이 가능하더라도 사기죄가 성립한다(대판 1998.12.8. 98도3263).

[❷ ▸ O] 대판 2000.1.28. 99도2884

[❸ ▸ ×] 甲이 A가 공사대금을 주지 않자 토지에 쌓아 둔 건축자재를 치우지 않은 경우, 甲의 행위가 A의 업무에 대한 적극적인 방해행위와 동등한 형법적 가치를 가진다고 할 수 없으므로 甲에게 업무방해죄는 성립하지 아니한다.

> 공사대금을 받을 목적으로 건축자재를 치우지 않았더라도, 피고인이 자신의 공사를 위하여 쌓아 두었던 건축자재를 공사 완료 후에 단순히 치우지 않은 행위가 위력으로써 갑의 추가 공사 업무를 방해하는 업무방해죄의 실행행위로서 갑의 업무에 대하여 하는 적극적인 방해행위와 동등한 형법적 가치를 가진다고 볼 수 없다(대판 2017.12.22. 2017도13211).

[❹ ▸ ×] 피고인이 검사로부터 범인을 검거하라는 지시를 받고서도 그 직무상의 의무에 따른 적절한 조치를 취하지 아니하고 오히려 범인에게 전화로 도피하라고 권유하여 그를 도피케 하였다는 범죄사실만으로는 직무위배의 위법상태가 범인도피행위 속에 포함되어 있는 것으로 보아야 할 것이므로, 이와 같은 경우에는 작위범인 범인도피죄만이 성립하고 부작위범인 직무유기죄는 따로 성립하지 아니한다(대판 1996.5.10. 96도51).

답 ❷

361
□□□

다음 중 부작위범에 관한 설명으로 옳은 것은 모두 몇 개인가?(다툼이 있는 경우 판례에 의함) 21 해경간부

ㄱ. 하나의 행위가 작위범과 부작위범을 동시에 충족할 수는 없다.
ㄴ. 부작위범이 인정되기 위해서는 법적인 작위의무 있는 자의 부작위가 작위에 의한 법익침해와 동등한 형법적 가치가 있는 것이어서 그 범죄의 실행행위로 평가될 만한 것이어야 한다.
ㄷ. 부작위범 사이의 공동정범은 다수의 부작위범에게 공통된 의무가 부여되어 있고 그 의무를 공통으로 이행할 수 있을 때에만 성립하므로, 공중위생관리법상 공중위생영업의 신고의무가 '공중위생영업을 하고자 하는 자'에게 부여되어 있을 경우 영업자의 직원이나 보조자를 미신고로 인한 공중위생관리법위반죄의 공동정범으로 처벌할 수 없다.
ㄹ. 모텔방에 투숙 중 담배를 피운 후 담뱃불을 제대로 끄지 않은 중대한 과실로 화재를 일으킨 투숙객에게도 화재를 소화할 의무가 있음에도 모텔 주인이나 다른 투숙객에게 아무 말 없이 도망쳐 나와 다른 투숙객이 사망했다면, 비록 소화하기 쉽지 않았더라도 부작위에 의한 현주건조물방화치사죄가 성립한다.
ㅁ. 보증인지위에 관한 견해 중 이분설에 의하면 보증인지위에 대한 착오는 금지착오가 되지만 보증인의무에 대한 착오는 구성요건적 착오에 해당하게 된다.

① 없음 ② 1개
③ 2개 ④ 3개

정선 핵심

ㄱ. 하나의 행위 → 작위범과 부작위범을 동시 충족 가능
ㄴ. 부진정부작위범의 성립요건
⇢ 행위정형의 동가치성의 인정 : 부작위범으로 처벌
ㄷ. 영업자의 직원이나 보조자 → 공중위생관리법위반죄의 공동정범 ×
ㄹ. 모텔방 투숙객이 담뱃불을 끄지 않아 발생한 화재를 고지하지 않아 다른 투숙객이 사망한 경우 → 부작위에 의한 현주건조물방화치사죄 ×
ㅁ. 이분설
⇢ 보증인지위에 대한 착오 : 구성요건적 착오
⇢ 보증인의무에 대한 착오 : 법률의 착오

정선 해설

[ㄱ ▸ X] 하나의 행위가 부작위범인 직무유기죄와 작위범인 허위공문서작성·행사죄의 구성요건을 동시에 충족하는 경우, 공소제기권자는 재량에 의하여 작위범인 허위공문서작성·행사죄로 공소를 제기하지 않고 부작위범인 직무유기죄로만 공소를 제기할 수 있다(대판 2008.2.14. 2005도4202).

[ㄴ ▸ O] 대판 2008.2.28. 2007도9354

[ㄷ ▸ O] 판례의 취지를 고려하면, 영업자의 직원이나 보조자는 영업으로 인한 권리의무의 귀속주체에 해당하지 아니하므로 영업자의 직원이나 보조자를 미신고로 인한 공중위생관리법위반죄의 공동정범으로 처벌할 수 없다.

> 부작위범 사이의 공동정범은 다수의 부작위범에게 공통된 의무가 부여되어 있고 그 의무를 공통으로 이행할 수 있을 때에만 성립한다. 공중위생영업의 신고의무는 '공중위생영업을 하고자 하는 자'에게 부여되어 있고, 여기서 '영업을 하는 자'란 영업으로 인한 권리의무의 귀속주체가 되는 자를 의미하므로, 영업자의 직원이나 보조자의 경우에는 영업을 하는 자에 포함되지 않는다(대판 2008.3.27. 2008도89).

[ㄹ ▸ X] 모텔방에 투숙하여 담배를 피운 후 재떨이에 담배를 끄게 되었으나 담뱃불이 완전히 꺼졌는지 여부를 확인하지 않은 채 불이 붙기 쉬운 휴지를 재떨이에 버리고 잠을 잔 과실로 담뱃불이 휴지와 침대시트에 옮겨 붙게 함으로써 화재가 발생한 경우, 화재발생사실을 안 상태에서 모텔을 빠져나오면서도 모텔 주인이나 다른 투숙객들에게 이를 알리지 아니하였다는 사정만으로는 화재를 용이하게 소화할 수 있었다고 보기 어려우므로, 부작위에 의한 현주건조물방화치사상죄는 성립하지 아니한다(대판 2010.1.14. 2009도12109).

[ㅁ ▸ ×] 이분설에 의하면 보증인지위에 대한 착오는 구성요건적 착오가 되지만, 보증인의무에 대한 착오는 법률의 착오가 된다.

답 ❸

362 □□□

부작위범에 대한 설명으로 옳은 것은?(다툼이 있는 경우 판례에 의함) 19 국가7급

① 부작위범 사이의 공동정범은 다수의 부작위범에게 공통된 의무가 부여되어 있고 그 의무를 공통으로 이행할 수 있을 때에만 성립한다.

② 어떠한 범죄가 작위에 의하여 이루어질 수 있음은 물론 결과의 발생을 방지하지 아니하는 부작위에 의하여도 실현될 수 있는 경우, 행위자가 자신의 신체적 활동이나 물리적·화학적 작용을 통하여 적극적으로 타인의 법익상황을 악화시킴으로써 결국 그 타인의 법익을 침해하기에 이르렀다면 이는 작위에 의한 범죄로 봄이 원칙이나, 악화되기 이전의 법익상황이 그 행위자가 과거에 행한 또 다른 작위의 결과에 의하여 유지되고 있었다면 부작위로 보아야 한다.

③ 피고인이 모텔방에 투숙하여 담뱃불이 완전히 꺼졌는지 여부를 확인하지 않은 채 불이 붙기 쉬운 휴지를 재떨이에 버리고 잠을 잔 과실로 화재가 발생하였으나 모텔 주인이나 다른 투숙객들에게 알리지 않아 다른 사람들을 사망케 한 경우, 위 화재가 피고인의 중대한 과실 있는 선행행위로 발생한 이상 피고인에게는 화재를 소화할 법률상 의무가 있다 할 것이어서 화재발생사실을 알리지 않은 부작위만으로도 현주건조물방화치사죄가 성립한다.

④ 압류된 골프장시설을 보관하는 회사의 대표이사가 해당 압류시설의 사용 및 봉인의 훼손을 방지할 수 있는 적절한 조치 없이 골프장을 개장하게 하여 봉인이 훼손되게 한 경우, 그러한 행위를 부작위에 의한 공무상표시무효죄로 볼 것은 아니다.

정선 핵심

① 부작위범에게 공통의무가 있고 공통으로 이행할 수 있는 경우 → 부작위범의 공동정범 ○
② 적극적으로 법익상황을 악화시킴으로써 타인의 법익을 침해하기에 이른 경우 → 작위범 ○
③ 모텔방 투숙객이 담뱃불을 끄지 않아 발생한 화재를 고지하지 않아 다른 투숙객이 사망한 경우 → 부작위에 의한 현주건조물방화치사죄 ×
④ 압류된 골프장시설에 대한 적절한 조치 없이 개장하게 하여 봉인이 훼손되게 한 경우 → 부작위에 의한 공무상표시무효죄 ○

정선 해설

[❶ ▸ ○] 대판 2008.3.27. 2008도89

[❷ ▸ ×] 어떠한 범죄가 적극적 작위에 의하여 이루어질 수 있음은 물론 결과의 발생을 방지하지 아니하는 소극적 부작위에 의하여도 실현될 수 있는 경우에, 행위자가 자신의 신체적 활동이나 물리적·화학적 작용을 통하여 적극적으로 타인의 법익상황을 악화시킴으로써 결국 그 타인의 법익을 침해하기에 이르렀다면, 이는 작위에 의한 범죄로 봄이 원칙이고, 작위에 의하여 악화된 법익상황을 다시 되돌이키지 아니한 점에 주목하여 이를 부작위범으로 볼 것은 아니며 나아가 악화되기 이전의 법익상황이, 그 행위자가 과거에 행한 또 다른 작위의 결과에 의하여 유지되고 있었다 하여 이와 달리 볼 이유가 없다(대판 2004.6.24. 2002도995).

[❸ ▸ ×] 화재가 중대한 과실 있는 선행행위로 발생한 이상 화재를 소화할 법률상 의무는 있다 할 것이나, 화재발생사실을 안 상태에서 모텔을 빠져나오면서도 모텔 주인이나 다른 투숙객들에게 이를 알리지 아니하였다는 사정만으로는 화재를 용이하게 소화할 수 있었다고 보기 어려우므로, 부작위에 의한 현주건조물방화치사상죄는 성립하지 아니한다(대판 2010.1.14. 2009도12109).

[❹ ▸ ×] 압류된 골프장시설을 보관하는 회사의 대표이사가 위 압류시설의 사용 및 봉인의 훼손을 방지할 수 있는 적절한 조치 없이 골프장을 개장하게 하여 봉인이 훼손되게 한 경우, 부작위에 의한 공무상표시무효죄가 성립한다(대판 2005.7.22. 2005도3034).

답 ❶

363 □□□ 부작위범에 관한 다음 설명 중 가장 옳지 않은 것은? 21 법원행시

① 형법은 부작위범의 성립요건을 별도로 규정하지 않고 있으나, 판례는 형법이 금지하고 있는 법익침해의 결과 발생을 방지할 법적인 작위의무를 지고 있는 자가 그 의무를 이행함으로써 결과발생을 쉽게 방지할 수 있었음에도 불구하고 그 결과의 발생을 용인하고 이를 방관한 채 그 의무를 이행하지 아니한 경우에, 그 부작위가 작위에 의한 법익침해와 동등한 형법적 가치가 있는 것이어서 그 범죄의 실행행위로 평가될 만한 것이라면, 작위에 의한 실행행위와 동일하게 부작위범으로 처벌할 수 있다고 하여 부진정부작위범의 성립을 인정하고 있다.

② 작위의무는 법적인 의무이어야 하므로 단순한 도덕상 또는 종교상의 의무는 포함되지 않으나, 작위의무가 법적인 의무인 한 성문법이건 불문법이건 상관이 없고, 또 공법이건 사법이건 불문하므로, 법령, 법률행위, 선행행위로 인한 경우는 물론이고, 기타 신의성실의 원칙이나 사회상규 혹은 조리상 작위의무가 기대되는 경우에도 법적인 작위의무는 있다.

③ 어떠한 범죄가 적극적 작위에 의하여 이루어질 수 있음은 물론 결과의 발생을 방지하지 아니하는 소극적 부작위에 의하여도 실현될 수 있는 경우에, 행위자가 자신의 신체적 활동이나 물리적·화학적 작용을 통하여 적극적으로 타인의 법익상황을 악화시킴으로써 결국 그 타인의 법익을 침해하기에 이르렀다면, 이는 작위에 의한 범죄로 봄이 원칙이고, 작위에 의하여 악화된 법익상황을 다시 되돌이키지 아니한 점에 주목하여 이를 부작위범으로 볼 것은 아니다.

④ 부작위범 사이의 공동정범은 다수의 부작위범에게 공통된 의무가 부여되어 있고 그 의무를 공통으로 이행할 수 있을 때에만 성립한다.

⑤ 형법상 방조행위는 정범의 실행을 용이하게 하는 직접, 간접의 모든 행위를 가리키는 것으로서 작위에 의한 경우뿐만 아니라 부작위에 의하여도 성립되는 것이다.

정선 핵심

①·② 부진정부작위범의 성립요건
⋯→ 행위정형의 동가치성의 인정 : 부작위범으로 처벌
⋯→ 작위의무 : 법령, 법률행위, 선행행위, 신의성실의 원칙이나 사회상규 혹은 조리상 작위의무가 기대되는 경우 포함

③ 적극적으로 법익상황을 악화시킴으로써 타인의 법익을 침해하기에 이른 경우 → 작위범 ○

④ 부작위범에게 공통의무가 있고 공통으로 이행할 수 있는 경우 → 부작위범의 공동정범 ○

⑤ 방조행위 → 작위에 의한 경우 및 부작위에 의하여도 성립

정선 해설

[❶ ▸ ×] 형법상 부작위범이 인정되기 위해서는 형법이 금지하고 있는 법익침해의 결과 발생을 방지할 법적인 작위의무를 지고 있는 자가 그 의무를 이행함으로써 결과발생을 쉽게 방지할 수 있었음에도 불구하고 그 결과의 발생을 용인하고 이를 방관한 채 그 의무를 이행하지 아니한 경우에, 그 부작위가 작위에 의한 법익침해와 동등한 형법적 가치가 있는 것이어서 그 범죄의 실행행위로 평가될 만한 것이라면, 작위에 의한 실행행위와 동일하게 부작위범으로 처벌할 수 있다(대판 2008.2.28. 2007도9354).

[❷ ▸ ○] 대판 1996.9.6. 95도2551

[❸ ▸ ○] 대판 2004.6.24. 2002도995

[❹ ▸ ○] 대판 2008.3.27. 2008도89

[❺ ▸ ○] 형법상 방조행위는 정범의 실행행위를 용이하게 하는 직접, 간접의 모든 행위를 가리키는 것으로서 작위에 의한 경우뿐만 아니라 부작위에 의하여도 성립된다(대판 1997.3.14. 96도1639).

답 ❶

364 □□□

부작위범에 대한 설명으로 옳은 것만을 모두 고르면?(다툼이 있는 경우 판례에 의함)

14 국가9급

> 형법 제18조의 부작위범이 되기 위해서는 ㄱ. 법익침해의 결과 발생을 방지할 법적인 작위의무를 지고 있는 자가 그 의무를 이행하지 아니한 경우에, ㄴ. 그 부작위가 작위에 의한 법익침해와 동등한 형법적 가치가 있는 것이어야 하며, ㄷ. 법적인 작위의무는 법령, 법률행위, 선행행위로 인한 경우는 물론이고 조리상 작위의무가 기대되는 경우에도 인정된다. 한편 ㄹ. 어떤 행위가 작위적 성격과 부작위적 성격을 동시에 갖는 경우에는 이는 작위에 의한 범죄로 봄이 원칙이다.

① ㄱ, ㄴ　　② ㄷ, ㄹ

③ ㄹ　　④ ㄱ, ㄴ, ㄷ, ㄹ

정선 핵심

ㄱ.·ㄴ.·ㄷ. 부진정부작위범의 성립요건
- → 작위의무자의 부작위
- → 행위정형의 동가치성의 인정
- → 작위의무 : 법령, 법률행위, 선행행위, 신의성실의 원칙이나 사회상규 혹은 조리상 작위의무가 기대되는 경우 포함

ㄹ. 적극적으로 법익상황을 악화시킴으로써 타인의 법익을 침해하기에 이른 경우 → 작위범 ○

정선 해설

[ㄱ ▸ O] [ㄴ ▸ O] [ㄷ ▸ O] 형법상 부작위범이 인정되기 위해서는 형법이 금지하고 있는 법익침해의 결과 발생을 방지할 법적인 작위의무를 지고 있는 자가 그 의무를 이행함으로써 결과발생을 쉽게 방지할 수 있었음에도 불구하고 그 결과의 발생을 용인하고 이를 방관한 채 그 의무를 이행하지 아니한 경우에,ㄱ 그 부작위가 작위에 의한 법익침해와 동등한 형법적 가치가 있는 것이어서ㄴ 그 범죄의 실행행위로 평가될 만한 것이라면, 작위에 의한 실행행위와 동일하게 부작위범으로 처벌할 수 있고, 여기서 작위의무는 법령, 법률행위, 선행행위로 인한 경우는 물론, 기타 신의성실의 원칙이나 사회상규 혹은 조리상 작위의무가 기대되는 경우에도 인정된다 할 것이다ㄷ(대판 2008.2.28. 2007도9354).

[ㄹ ▸ O] 판례의 취지를 고려하면, 어떤 행위가 작위적 성격과 부작위적 성격을 동시에 갖는 경우 작위에 의한 범죄가 성립한다.

> 어떠한 범죄가 적극적 작위에 의하여 이루어질 수 있음은 물론 결과의 발생을 방지하지 아니하는 소극적 부작위에 의하여도 실현될 수 있는 경우에, 행위자가 자신의 신체적 활동이나 물리적·화학적 작용을 통하여 적극적으로 타인의 법익상황을 악화시킴으로써 결국 그 타인의 법익을 침해하기에 이르렀다면, 이는 작위에 의한 범죄로 봄이 원칙이고, 작위에 의하여 악화된 법익상황을 다시 되돌이키지 아니한 점에 주목하여 이를 부작위범으로 볼 것은 아니다(대판 2004.6.24. 2002도995).

답 ④

365 □□□

다음 중 부작위범에 대한 설명으로 옳은 것은 모두 몇 개인가?(다툼이 있는 경우 판례에 의함) 20 해경채용

ㄱ. 부작위범에 대한 교사·방조는 가능하지만, 부작위에 의한 교사·방조는 불가능하다.
ㄴ. 진정부작위범과 부진정부작위범의 구별에 관한 학설 중 실질설은 거동범에 대하여는 부진정부작위범이 성립할 여지가 없다고 보는 반면에, 형식설은 결과범은 물론 거동범에 대하여도 부진정부작위범이 성립할 수 있다고 본다.
ㄷ. 타인의 범죄행위를 인식하면서도 그것을 방지해야 할 직무상의 의무가 있는 자가 방지조치를 취하지 아니하여 타인의 실행행위를 용이하게 하는 경우에는 부작위에 의한 공동정범이 성립된다.
ㄹ. 자기의 아들이 바다에 빠져 허우적거리고 있음을 알고도 망나니 같은 아들에 대해서는 구조의무가 없다고 생각하고 구조하지 않은 경우를 환각범이라 한다.
ㅁ. 보증인의무를 구성요건요소로 이해하는 견해에 의하면 부진정부작위범의 구성요건해당성은 위법성을 징표하지 못하며, 구성요건해당성의 범위가 부당하게 확대될 우려가 있다.
ㅂ. 부진정부작위범은 부진정신분범에 해당한다.

① 1개　　② 2개
③ 3개　　④ 4개

정선 핵심

ㄱ. 부작위범과 공범
→ 부작위범에 대한 교사·방조 : ○
→ 부작위에 의한 교사 : ×
→ 부작위에 의한 방조 : ○(보증인지위 있는 경우)
ㄴ. 진정부작위범과 부진정부작위범의 구별
→ 실질설 : 거동범은 부진정부작위범 성립 ×
→ 형식설 : 결과범은 물론 거동범도 부진정부작위범 성립 ○
ㄷ. 타인의 범죄행위에 대한 방지조치를 취하지 아니하여 실행행위를 용이하게 하는 경우 → 부작위에 의한 방조범 ○
ㄹ. 아들에 대한 구조의무가 없다고 생각하고 구조하지 않은 경우 → 법률의 착오
ㅁ. 보증인지위의 체계적 지위
→ 구성요건요소설 : 부진정부작위범의 작위의무는 구성요건요소라고 하는 것은 체계적으로 부당하다는 비판
→ 위법성요소설 : 구성요건해당성의 범위가 부당하게 확대될 우려가 있다는 비판
ㅂ. 부진정부작위범 → 진정신분범 ○

정선 해설

[ㄱ ▸ ×] 부작위범에 대한 교사·방조는 작위에 의한 것이므로 교사·방조범은 반드시 보증인지위가 있을 것을 요하지 아니한다. 한편 부작위는 피교사자에게 아무런 심리적 영향을 주지 못하기 때문에 부작위에 의한 교사범은 성립할 수 없으나, 부작위범에게 보증인지위가 인정되는 경우에는 부작위에 의한 방조범은 성립할 수 있다.
[ㄴ ▸ ○] 실질설에 의하면 요구된 행위를 단순히 부작위함으로써 성립하는 거동범에 대하여는 부진정부작위범이 성립하지 아니하나, 형식설에 의하면 규정형식은 작위범이지만 부작위에 의하여도 범할 수 있는 범죄를 부진정부작위범이라고 이해하고 있으므로 결과범은 물론 거동범에 대하여도 부진정부작위범이 성립할 수 있다고 보게 된다.
[ㄷ ▸ ×] 타인의 범죄행위에 대한 방지조치를 취하지 아니하여 타인의 실행행위를 용이하게 하는 경우에는 부작위에 의한 방조범이 성립할 수 있다.
[ㄹ ▸ ×] 아들에 대한 구조의무가 없다고 착오한 것은 금지착오에 해당한다.
[ㅁ ▸ ×] 보증인의무를 구성요건요소로 이해하는 구성요건요소설에 대하여는 작위범에서는 법적 의무가 구성요건요소가 아님에도 부진정부작위범의 작위의무는 구성요건요소라고 하는 것은 체계적으로 부당하다는 비판이 있다.
[ㅂ ▸ ×] 부진정부작위범은 신분자인 작위의무자만 범할 수 있는 진정신분범에 해당한다.

답 ❶

366 □□□

부작위범에 대한 설명으로 가장 적절하지 않은 것은?(다툼이 있는 경우 판례에 의함)

19 경찰승진

① 부작위범에서 작위의무는 법령, 법률행위, 선행행위로 인한 경우여야 하므로 기타 신의성실의 원칙이나 사회상규 혹은 조리상 작위의무는 여기에 포함되지 않는다.
② 형법상 진정부작위범의 미수범을 처벌하는 규정이 있다.
③ 일반거래의 경험칙상 상대방이 그 사실을 알았다면 당해 법률행위를 하지 않았을 것이 명백한 경우에는 신의칙에 비추어 그 사실을 고지할 법률상 의무가 인정된다.
④ 부작위범 사이의 공동정범은 다수의 부작위범에게 공통된 의무가 부여되어 있고 그 의무를 공통으로 이행할 수 있을 때에만 성립한다.

정선 핵심

① 부진정부작위범의 성립요건
 ⋯→ 작위의무 : 법령, 법률행위, 선행행위, 신의성실의 원칙이나 사회상규 혹은 조리상 작위의무가 기대되는 경우 포함
② 퇴거불응죄, 집합명령위반죄 → 진정부작위범이지만 미수범처벌규정 ○
③ 상대방이 사실을 알았다면 법률행위를 하지 않았을 것이 명백한 경우 → 사실을 고지할 법률상 의무 ○
④ 부작위범에게 공통의무가 있고 공통으로 이행할 수 있는 경우 → 부작위범의 공동정범 ○

정선 해설

[❶ ▸ ×] 형법상 부작위범이 인정되기 위한 작위의무는 법적인 의무이어야 하므로 단순한 도덕상 또는 종교상의 의무는 포함되지 않으나 작위의무가 법적인 의무인 한 성문법이건 불문법이건 상관이 없고 또 공법이건 사법이건 불문하므로, 법령, 법률행위, 선행행위로 인한 경우는 물론이고 기타 신의성실의 원칙이나 사회상규 혹은 조리상 작위의무가 기대되는 경우에도 법적인 작위의무는 있다(대판 1996.9.6. 95도2551).

[❷ ▸ O] 퇴거불응죄(형법 제319조 제2항, 제322조)와 집합명령위반죄(형법 제145조 제2항, 제149조)는 진정부작위범이지만 형법상 미수범처벌규정이 있다.

[❸ ▸ O] 대판 1998.12.8. 98도3263

[❹ ▸ O] 대판 2008.3.27. 2008도89

답 ❶

367 □□□

부작위범에 관한 설명으로 옳은 것을 모두 고른 것은?(다툼이 있는 경우 판례에 의함)

19 경찰채용

ㄱ. 형법은 부작위범의 성립요건을 별도로 규정하고 있다.
ㄴ. 진정부작위범은 그 속성상 미수가 불가능하며, 형법도 진정부작위범의 미수에 대한 처벌규정을 두고 있지 않다.
ㄷ. 부진정부작위범의 구성요건인 보증인적 지위(작위의무)는 신의칙이나 조리에 의해서도 발생한다.
ㄹ. 부진정부작위범을 작위범과 동일하게 평가하기 위해서는 보증인적 지위 외에 부작위와 작위의 동가치성(상응성)을 요하며, 이는 형법이 명문으로 규정하고 있다.
ㅁ. 부작위범의 공동정범은 성립할 수 있으나, 부작위에 의한 교사범은 성립할 수 없다.

① ㄱ, ㄴ, ㄹ　　② ㄱ, ㄷ, ㅁ
③ ㄴ, ㄷ, ㄹ　　④ ㄷ, ㄹ, ㅁ

정선 핵심

ㄱ. 부작위범의 성립요건 → 형법 제18조
ㄴ. 퇴거불응죄, 집합명령위반죄 → 진정부작위범이지만 미수범처벌규정 ○
ㄷ. 부진정부작위범의 성립요건
 ⇢ 작위의무 : 법령, 법률행위, 선행행위, 신의성실의 원칙이나 사회상규 혹은 조리상 작위의무가 기대되는 경우 포함
ㄹ. 부진정부작위범의 성립요건
 ⇢ 보증인의무 : 사회상규 혹은 조리상 작위의무가 기대되는 경우 포함
 ⇢ 행위정형의 동가치성의 인정 : 부작위범으로 처벌(명문규정 ×)
ㅁ. 부작위에 의한 공범
 ⇢ 부작위범의 공동정범 : ○
 ⇢ 부작위에 의한 교사범 : ×

정선 해설

[ㄱ ▸ O] 형법 제18조 참조

법령 부작위범(형법 제18조) 위험의 발생을 방지할 의무가 있거나 자기의 행위로 인하여 위험발생의 원인을 야기한 자가 그 위험발생을 방지하지 아니한 때에는 그 발생된 결과에 의하여 처벌한다.

[ㄴ ▸ X] 진정부작위범은 모두 거동범이므로 미수를 인정할 수 없으나, 진정부작위범인 퇴거불응죄(형법 제319조 제2항, 제322조)와 집합명령위반죄(형법 제145조 제2항, 제149조)는 미수범처벌규정이 있다.
[ㄷ ▸ O] 대판 1996.9.6. 95도2551
[ㄹ ▸ X] 동가치성은 부작위에 의한 범행이 작위에 의한 구성요건의 실현과 같이 평가될 수 있어야 한다는 원칙으로 형법상 명문규정은 없으나 부진정부작위범의 규범적 구성요건요소임을 유의하여야 한다.
[ㅁ ▸ O] 다수의 부작위범에게 공통된 의무가 부여되어 있고 그 의무를 공통으로 이행할 수 있을 때에는 부작위범 사이의 공동정범이 성립(대판 2008.3.27. 2008도89)할 수 있으나, 부작위는 피교사자에게 아무런 심리적 영향을 주지 못하기 때문에 부작위에 의한 교사범은 성립할 수 없다.

답 ❷

368
□□□

다음 중 부작위범에 대한 설명으로 옳지 않은 것은 모두 몇 개인가?(다툼이 있는 경우 판례에 의함) 19 해경채용

ㄱ. 부진정부작위범은 작위범에 비해 불법의 정도가 가벼우므로, 형법은 이를 임의적 감경사유로 규정하고 있다.
ㄴ. 부진정부작위범에 있어서 그 부작위가 작위에 의한 법익침해와 동등한 형법적 가치가 있는 것이어서 그 범죄의 실행행위로 평가될 만한 것이라면 작위에 의한 실행행위와 동일하게 부작위범으로 처벌할 수 있다.
ㄷ. 부작위범 사이의 공동정범은 다수의 부작위범에게 공통된 의무가 부여되어 있고, 그 의무를 공통으로 이행할 수 있을 때에만 성립한다.
ㄹ. 과실에 의한 부진정부작위범의 성립은 불가능하지만 부작위범에 대한 과실에 의한 교사와 방조는 가능하다.
ㅁ. 부작위범을 도구로 이용한 간접정범도 가능하다.
ㅂ. 부작위에 의한 방조범과 부작위범에 대한 교사범은 보증인적 지위에 있는 자로 한정된다.

① 1개 ② 2개
③ 3개 ④ 4개

정선 핵심

ㄱ. 부진정부작위범의 처벌 → 임의적 감경사유 ×
ㄴ. 부진정부작위범의 성립요건
→ 행위정형의 동가치성의 인정 : 부작위범으로 처벌
ㄷ. 부작위범에게 공통의무가 있고 공통으로 이행할 수 있는 경우 → 부작위범의 공동정범 ○
ㄹ.・ㅁ. 범죄의 성립 여부
→ 과실에 의한 부진정부작위범 : ○
→ 부작위범에 대한 과실에 의한 교사와 방조 : ×
→ 부작위범을 도구로 이용한 간접정범 : ○
ㅂ. 부작위범과 공범
→ 부작위에 의한 방조범 : 보증인적 지위에 있는 자 ○
→ 부작위범에 대한 교사범 : 보증인적 지위에 있는 자로 한정 ×

정선 해설

[ㄱ ▸ ×] 부진정부작위범은 작위범에 비해 불법의 정도가 가벼우므로, 이를 임의적 감경사유로 하는 것이 타당하다는 것이 통설의 태도이나 우리 형법은 이에 대한 명문의 규정은 없다.
[ㄴ ▸ ○] 대판 2008.2.28. 2007도9354
[ㄷ ▸ ○] 대판 2008.3.27. 2008도89
[ㄹ ▸ ×] 과실에 의한 부진정부작위범은 과실범의 처벌규정이 있을 때 가능하나, 교사범과 방조범은 고의범이므로 부작위범에 대한 과실에 의한 교사・방조는 불가능하다.
[ㅁ ▸ ○] 부작위범을 도구로 이용한 간접정범은 보증인을 강제・기망하여 의무를 불가능하게 한 경우에 성립할 수 있다.
[ㅂ ▸ ×] 부작위범에게 보증인지위가 인정되는 경우에는 부작위에 의한 방조범은 성립할 수 있다. 부작위범에 대한 교사범은 가능하며 이때 교사는 작위에 의한 것이므로 교사범은 반드시 보증인지위에 있을 필요는 없다.

형법상 방조행위는 정범의 실행을 용이하게 하는 직접, 간접의 모든 행위를 가리키는 것으로서 작위에 의한 경우뿐만 아니라 부작위에 의하여도 성립되는 것이다(대판 2006.4.28. 2003도4128).

답 ❸

369 □□□ **부작위범에 대한 설명으로 옳지 않은 것은?(다툼이 있는 경우 판례에 의함)** 17 국가9급

① 어떤 범죄가 작위와 동시에 부작위에 의하여도 실현될 수 있는 경우, 행위자가 작위에 의하여 타인의 법익을 침해하고 침해상태를 부작위에 의해 유지하였더라도 작위에 의한 범죄로 봄이 원칙이다.
② 익사직전의 아이에 대한 보증인 지위가 인정되더라도 구조가 불가능한 상황에서는 부작위범이 성립할 수 없다.
③ 부작위범에 있어서 작위의무는 윤리적 의무가 아니라 법적 의무이므로 사회상규 혹은 조리에 의한 작위의무는 발생하지 않는다.
④ 기망행위라는 특정한 행위방법을 요건으로 하는 사기죄의 경우에는 부작위에 의한 기망행위가 작위의 기망행위와 동등한 의미를 가진다고 판단될 때 부작위에 의한 사기죄가 성립된다.

정선 핵심

① 적극적으로 법익상황을 악화시킴으로써 타인의 법익을 침해하기에 이른 경우 → 작위범 ○
② 익사직전의 아이에 대해 구조가 불가능한 경우 → 개별적 행위가능성이 없으므로 부작위범 ×
③ 부진정부작위범의 성립요건
⋯→ 보증인의무 : 사회상규 혹은 조리상 작위의무가 기대되는 경우 포함
④ 부작위에 의한 기망행위가 작위의 기망행위와 동등한 의미를 가지는 경우 → 부작위에 의한 사기죄 ○

정선 해설

[❶ ▸ ○] 대판 2004.6.24. 2002도995
[❷ ▸ ○] 부작위범이 성립하기 위해서는 행위개념으로서의 일반적 행위가능성 뿐만 아니라 작위의무를 인정하기 위한 개별적 행위가능성도 인정되어야 한다. 익사직전의 아이에 대해 구조가 불가능한 상황이라면 개별적 행위가능성이 인정되지 아니하여 부작위범은 성립하지 아니한다.
[❸ ▸ ×] 작위의무는 법령, 법률행위, 선행행위로 인한 경우는 물론, 기타 신의성실의 원칙이나 사회상규 혹은 조리상 작위의무가 기대되는 경우에도 인정된다 할 것이다(대판 2008.2.28. 2007도9354).
[❹ ▸ ○] 부진정부작위범의 구성요건인 행위정형의 동가치성은 살인죄와 같은 순수한 결과범이 아니라 사기죄와 같은 행태의존적 결과범에서만 문제된다. 따라서 사기죄의 경우 부작위에 의한 기망행위가 작위의 기망행위와 동등한 의미를 가진다고 판단될 때 부작위에 의한 사기죄가 성립된다.

답 ❸

370 □□□ **다음 설명 중 옳은 것은?(다툼이 있는 경우 판례에 의함)** 13 국가9급

① 구체적 위험범은 현실적 위험의 발생을 객관적 구성요건요소로 하지만 그 위험은 고의의 인식대상이 아니다.
② 타인의 범죄 행위를 인식하면서도 그것을 방지해야 할 직무상의 의무가 있는 자가 방지조치를 취하지 아니하여 타인의 실행행위를 용이하게 하는 경우에는 부작위에 의한 공동정범이 성립된다.
③ 부진정부작위범에 있어서 보증인지위와 보증의무를 구분하는 견해에 따르면 보증인지위에 관한 착오는 위법성의 착오가 된다.
④ 소극적 구성요건표지이론에 따르면 범죄의 성립단계는 총체적 불법구성요건(불법)과 책임으로 나누어지고, 위법성조각사유의 전제사실에 관한 착오는 구성요건착오가 되어 고의가 부정되고 과실범 성립의 문제만 남는다.

정선 핵심

① 구체적 위험범 → 현실적 위험은 고의의 인식대상
② 부작위에 의한 방조자에게 보증인지위가 있는 경우 → 부작위에 의한 종범 ○
③ 보증인지위에 대한 착오 : 구성요건적 착오
  ⇢ 보증인의무에 대한 착오 : 법률의 착오
④ 소극적 구성요건표지이론 → 위법성조각사유의 전제사실에 관한 착오는 고의가 부정되고 과실범 성립의 문제

정선 해설

[❶ ▸ ×] 구체적 위험범은 추상적 위험범과는 달리 위험이 구성요건요소이므로 그에 대한 인식이 고의의 내용이 된다.
[❷ ▸ ×] 판례의 취지를 고려하면, 부작위에 의한 종범이 성립한다.

> 형법상 방조는 작위에 의하여 정범의 실행을 용이하게 하는 경우는 물론, 직무상의 의무가 있는 자가 정범의 범죄행위를 인식하면서도 그것을 방지하여야 할 제반 조치를 취하지 아니하는 부작위로 인하여 정범의 실행행위를 용이하게 하는 경우에도 성립된다 할 것이다(대판 1996.9.6. 95도2551).

[❸ ▸ ×] 이분설에 의하면 보증인지위에 대한 착오는 구성요건적 착오가 되지만, 보증인의무에 대한 착오는 법률의 착오가 된다.
[❹ ▸ ○] 소극적 구성요건표지이론에 의하면 위법성조각사유의 전제사실에 대한 착오의 경우 위법성조각사유의 부존재에 대한 인식이 없기 때문에 구성요건적 착오로서 불법고의가 조각되고 과실범의 성립 여부만 문제된다.

답 ❹

제1장 제2장 제3장

371 □□□

부작위범에 관한 다음 설명 중 가장 옳지 않은 것은?(다툼이 있는 경우 판례에 따르고 전원합의체 판결의 경우 다수의견에 의함) 17 법원9급

① 범죄는 보통 적극적인 행위에 의하여 실행되지만 때로는 결과의 발생을 방지하지 아니한 부작위에 의하여도 실현될 수 있다.
② 부작위가 형법적으로 부작위로서의 의미를 가지기 위해서는 보호법익의 주체에게 해당 구성요건적 결과 발생의 위험이 있는 상황에서 행위자가 구성요건의 실현을 회피하기 위하여 요구되는 행위를 현실적·물리적으로 행할 수 있었음에도 하지 아니하였다고 평가될 수 있어야 한다.
③ 살인죄는 일반적으로는 작위를 내용으로 하는 범죄이다.
④ 이른바 부진정부작위범을 인정하기 위하여는 부작위행위자에게 그 침해위협으로부터 법익을 보호해 주어야 할 작위의무가 있어야 하는데, 여기서의 작위의무는 법령, 법률행위, 선행행위로 인한 것임이 원칙이고 신의성실의 원칙에 기하여 인정될 수 없다.

정선 핵심

① 범죄 → 작위뿐만 아니라 부작위에 의하여도 실현 가능
② 형법상 부작위 → 결과발생 방지가능성 필요
③ 살인죄 → 일반적으로 작위를 내용으로 하는 범죄
④ 부진정부작위범의 성립요건
  ⇢ 작위의무 : 법령, 법률행위, 선행행위, 신의성실의 원칙이나 사회상규 혹은 조리상 작위의무가 기대되는 경우 포함

정선 해설 [❶ ▸ O] [❷ ▸ O] [❸ ▸ O] [❹ ▸ ×] 범죄는 보통 적극적인 행위에 의하여 실행되지만 때로는 결과의 발생을 방지하지 아니한 부작위에 의하여도 실현될 수 있다.❶ 특정한 행위를 하지 아니하는 부작위가 형법적으로 부작위로서의 의미를 가지기 위해서는, 보호법익의 주체에게 해당 구성요건적 결과 발생의 위험이 있는 상황에서 행위자가 구성요건의 실현을 회피하기 위하여 요구되는 행위를 현실적·물리적으로 행할 수 있었음에도 하지 아니하였다고 평가될 수 있어야 한다.❷ 나아가 살인죄와 같이 일반적으로 작위를 내용으로 하는 범죄❸를 부작위에 의하여 범하는 이른바 부진정부작위범의 작위의무는 법령, 법률행위, 선행행위로 인한 경우는 물론, 신의성실의 원칙이나 사회상규 혹은 조리상 작위의무가 기대되는 경우에도 인정된다❹(대판 2015.11.12. 2015도6809[전합]).

답 ❹

372 □□□

형법상 부작위범에 관한 설명 중 가장 적절하지 않은 것은?(다툼이 있는 경우 판례에 의함)

15 경찰채용

① 피고인이 조카인 피해자(10세)를 살해할 것을 마음먹고 저수지로 데리고 가서 미끄러지기 쉬운 제방 쪽으로 유인하여 함께 걷다가 피해자가 물에 빠지자 그를 구호하지 아니하여 피해자를 익사하게 한 경우 피고인에게는 부작위에 의한 살인죄가 성립한다.
② 일반거래의 경험칙상 상대방이 그 사실을 알았다면 당해 법률행위를 하지 않았을 것이 명백한 경우에는 신의칙에 비추어 그 사실을 고지할 법률상 의무가 인정된다.
③ 구 도로교통법 제50조의 교통사고 운전자의 사상자구호조치의무는 위법한 선행행위의 경우에만 작위의무를 인정한 것이라고 할 수 있다.
④ 의사 甲이 특정 시술을 받으면 아들을 낳을 수 있을 것이라는 착오에 빠져 있는 피해자들에게 그 시술의 효과와 원리에 관하여 사실대로 고지하지 아니한 채 아들을 낳을 수 있는 시술인 것처럼 가장하여 일련의 시술과 처방을 행한 경우 부작위에 의한 사기죄가 성립한다.

정선 핵심
① 조카를 물에 빠지게 한 후 구호가 없어 익사케 한 경우 → 부작위에 의한 살인죄 O
② 상대방이 사실을 알았다면 법률행위를 하지 않았을 것이 명백한 경우 → 사실을 고지할 법률상 의무 O
③ 부진정부작위범의 성립요건
⋯→ 사상자구호조치의무 : 선행행위에 대한 고의·과실, 유책·위법이 없는 경우에도 발생
④ 아들을 낳을 수 있는 시술로 가장하여 금원을 교부받은 경우 → 부작위에 의한 사기죄 O

정선 해설
[❶ ▸ O] 대판 1992.2.11. 91도2951
[❷ ▸ O] 대판 1998.12.8. 98도3263
[❸ ▸ ×] 도로교통법 제54조 제1항, 제2항이 규정한 교통사고 발생 시의 구호조치의무 및 신고의무는 교통사고를 발생시킨 당해 차량의 운전자에게 그 사고발생에 있어서 고의·과실 혹은 유책·위법의 유무에 관계없이 부과된 의무라고 해석함이 타당하고, 당해 사고의 발생에 귀책사유가 없는 경우에도 위 의무가 없다 할 수 없다(대판 2015.10.15. 2015도12451).
[❹ ▸ O] 대판 2000.1.28. 99도2884

답 ❸

373 □□□

부작위범에 대한 설명으로 가장 적절하지 않은 것은?(다툼이 있는 경우 판례에 의함) 19 경찰승진

① 부작위범에서 작위의무는 법령, 법률행위, 선행행위로 인한 경우여야 하므로 기타 신의성실의 원칙이나 사회상규 혹은 조리상 작위의무는 여기에 포함되지 않는다.
② 형법상 진정부작위범의 미수범을 처벌하는 규정이 있다.
③ 일반거래의 경험칙상 상대방이 그 사실을 알았다면 당해 법률행위를 하지 않았을 것이 명백한 경우에는 신의칙에 비추어 그 사실을 고지할 법률상 의무가 인정된다.
④ 부작위범 사이의 공동정범은 다수의 부작위범에게 공통된 의무가 부여되어 있고 그 의무를 공통으로 이행할 수 있을 때에만 성립한다.

정선 핵심

① 부진정부작위범의 성립요건
⟶ 작위의무 : 법령, 법률행위, 선행행위, 신의성실의 원칙이나 사회상규 혹은 조리상 작위의무가 기대되는 경우 포함
② 퇴거불응죄, 집합명령위반죄 → 진정부작위범이지만 미수범처벌규정 ○
③ 상대방이 사실을 알았다면 법률행위를 하지 않았을 것이 명백한 경우 → 사실을 고지할 법률상 의무 ○
④ 부작위범에게 공통의무가 있고 공통으로 이행할 수 있는 경우 → 부작위범의 공동정범 ○

정선 해설

[❶ ▸ ×] 형법상 부작위범이 인정되기 위한 작위의무는 법적인 의무이어야 하므로 단순한 도덕상 또는 종교상의 의무는 포함되지 않으나 작위의무가 법적인 의무인 한 성문법이건 불문법이건 상관이 없고 또 공법이건 사법이건 불문하므로, 법령, 법률행위, 선행행위로 인한 경우는 물론이고 기타 신의성실의 원칙이나 사회상규 혹은 조리상 작위의무가 기대되는 경우에도 법적인 작위의무는 있다(대판 1996.9.6. 95도2551).
[❷ ▸ ○] 진정부작위범은 모두 거동범이므로 미수를 인정할 수 없으나, 진정부작위범인 퇴거불응죄(형법 제319조 제2항, 제322조)와 집합명령위반죄(형법 제145조 제2항, 제149조)는 미수범처벌규정이 있다.
[❸ ▸ ○] 대판 1998.12.8. 98도3263
[❹ ▸ ○] 대판 2008.3.27. 2008도89

답 ❶

374 □□□

부작위범에 대한 설명으로 옳은 것은?(다툼이 있는 경우 판례에 의함) 16 국가7급

① 보증인 의무와 보증인 지위를 구별하는 이원설에 따르면, 보증인 의무에 대한 착오는 구성요건적 착오가 되고 보증인 지위에 대한 착오는 금지착오가 된다.
② 도로교통법 제54조와 같이 법령상 특별한 의무가 주어진 경우에는 위법하지 않은 선행행위로부터도 작위의무가 발생한다.
③ 작위의무는 법률에 근거를 둔 법적인 의무이어야 하므로 신의성실의 원칙이나 사회상규 혹은 조리상 작위의무가 기대되는 경우는 포함되지 않는다.
④ 과실에 의한 부진정부작위범의 성립은 불가능하지만 부작위범에 대한 과실에 의한 교사와 방조는 가능하다.

정선 핵심

① 이분설
⋯→ 보증인지위에 대한 착오 : 구성요건적 착오
⋯→ 보증인의무에 대한 착오 : 법률의 착오

② 부진정부작위범의 성립요건
⋯→ 선행행위로 인한 작위의무 : 선행행위에 대한 고의·과실, 유책·위법이 없는 경우에도 발생

③ 부진정부작위범의 성립요건
⋯→ 작위의무 : 법령, 법률행위, 선행행위, 신의성실의 원칙이나 사회상규 혹은 조리상 작위의무가 기대되는 경우 포함

④ 범죄의 성립 여부
⋯→ 과실에 의한 부진정부작위범 : ○
⋯→ 부작위범에 대한 과실에 의한 교사와 방조 : ×

정선 해설

[❶ ▸ ×] 이분설에 의하면 보증인지위에 대한 착오는 구성요건적 착오가 되지만, 보증인의무에 대한 착오는 법률의 착오가 된다.

[❷ ▸ ○] 대판 2015.10.15. 2015도12451

[❸ ▸ ×] 형법상 부작위범이 인정되기 위한 작위의무는 법적인 의무이어야 하므로 단순한 도덕상 또는 종교상의 의무는 포함되지 않으나 작위의무가 법적인 의무인 한 성문법이건 불문법이건 상관이 없고 또 공법이건 사법이건 불문하므로, 법령, 법률행위, 선행행위로 인한 경우는 물론이고 기타 신의성실의 원칙이나 사회상규 혹은 조리상 작위의무가 기대되는 경우에도 법적인 작위의무는 있다(대판 1996.9.6. 95도2551).

[❹ ▸ ×] 과실에 의한 부진정부작위범은 과실범의 처벌규정이 있을 때 가능하나, 교사범과 방조범은 고의범이므로 부작위범에 대한 과실에 의한 교사·방조는 불가능하다.

답 ❷

375 □□□

부작위범에 대한 설명으로 옳은 것만을 모두 고르면?(다툼이 있는 경우 판례에 의함)

19 국가9급

ㄱ. 형법상 부작위는 보호법익의 주체에게 해당 구성요건적 결과 발생의 위험이 있는 상황에서 행위자가 구성요건의 실현을 회피하기 위하여 요구되는 행위를 현실적·물리적으로 행할 수 있었음에도 하지 아니하였다고 평가될 수 있어야 한다.
ㄴ. 부작위에 의한 기망은 법률상 고지의무 있는 자가 일정한 사실에 관하여 상대방이 착오에 빠져 있음을 알면서도 이를 고지하지 아니하는 것을 말한다.
ㄷ. 부작위범 사이의 공동정범은 다수의 부작위범에게 공통된 의무가 부여되어 있고 그 의무를 공통으로 이행할 수 있을 때에만 성립한다.
ㄹ. 업무방해죄와 같이 작위를 내용으로 하는 범죄를 부작위에 의하여 범하는 부진정부작위범이 성립하기 위해서는 부작위를 실행행위로서의 작위와 동일시할 수 있어야 한다.

① ㄱ, ㄴ
② ㄱ, ㄷ, ㄹ
③ ㄴ, ㄷ, ㄹ
④ ㄱ, ㄴ, ㄷ, ㄹ

정선 핵심

ㄱ. 형법상 부작위 → 결과발생 방지가능성 필요
ㄴ. 부작위에 의한 기망 → 고지의무 있는 자가 상대방이 착오에 빠져 있음을 알면서 고지하지 아니하는 것
ㄷ. 부작위범에게 공통의무가 있고 공통으로 이행할 수 있는 경우 → 부작위범의 공동정범 ○
ㄹ. 부진정부작위범의 성립요건
⋯→ 행위정형의 동가치성의 인정 : 업무방해죄와 같은 부진정부작위범 성립

정선 해설

[ㄱ ▸ O] 특정한 행위를 하지 아니하는 부작위가 형법적으로 부작위로서의 의미를 가지기 위해서는, 보호법익의 주체에게 해당 구성요건적 결과 발생의 위험이 있는 상황에서 행위자가 구성요건의 실현을 회피하기 위하여 요구되는 행위를 현실적·물리적으로 행할 수 있었음에도 하지 아니하였다고 평가될 수 있어야 한다(대판 2015.11.12. 2015도6809[전합]).

[ㄴ ▸ O] 대판 1998.12.8. 98도3263

[ㄷ ▸ O] 대판 2008.3.27. 2008도89

[ㄹ ▸ O] 업무방해죄와 같이 작위를 내용으로 하는 범죄를 부작위에 의하여 범하는 부진정부작위범이 성립하기 위해서는 부작위를 실행행위로서의 작위와 동일시할 수 있어야 한다(대판 2017.12.22. 2017도13211).

답 ❹

376 □□□

부작위범에 관한 다음 설명 중 가장 적절한 것은?(다툼이 있으면 판례에 의함)

14 경찰채용

① 진정부작위범과 부진정부작위범의 구별에 관한 학설 중 실질설은 거동범에 대하여는 부진정부작위범이 성립할 여지가 없다고 보는 반면에, 형식설은 결과범은 물론 거동범에 대하여도 부진정부작위범이 성립할 수 있다고 본다.

② 부작위에 의한 사기죄에서 작위의무의 발생근거는 유기죄에서 보호의무의 발생근거보다 그 범위가 좁다.

③ 어떠한 범죄가 적극적 작위 또는 소극적 부작위에 의하여도 실현될 수 있는 경우에, 행위자가 자신의 신체적 활동이나 물리적·화학적 작용을 통하여 적극적으로 타인의 법익상황을 악화시킴으로써 결국 그 타인의 법익을 침해하기에 이르렀다면, 이는 부작위에 의한 범죄로 봄이 원칙이다.

④ 도로교통법 제54조의 교통사고운전자의 사상자구호조치의무는 위법한 선행행위의 경우에만 작위의무를 인정한 것이라고 할 수 있다.

정선 핵심

① 진정부작위범과 부진정부작위범의 구별
 ⋯→ 실질설 : 거동범은 부진정부작위범 성립 ×
 ⋯→ 형식설 : 결과범은 물론 거동범도 부진정부작위범 성립 ○

② 부진정부작위범에서의 작위의무 → 유기죄에서의 보호의무보다 범위가 넓음

③ 적극적으로 법익상황을 악화시킴으로써 타인의 법익을 침해하기에 이른 경우 → 작위범 ○

④ 부진정부작위범의 성립요건
 ⋯→ 사상자구호조치의무 : 선행행위에 대한 고의·과실, 유책·위법이 없는 경우에도 발생

정선 해설

[❶ ▸ O] 실질설에 의하면 요구된 행위를 단순히 부작위함으로써 성립하는 거동범에 대하여는 부진정부작위범이 성립하지 아니하나, 형식설에 의하면 규정형식은 작위범이지만 부작위에 의하여도 범할 수 있는 범죄를 부진정부작위범이라고 이해하고 있으므로 결과범은 물론 거동범에 대하여도 부진정부작위범이 성립할 수 있다고 보게 된다.

[❷ ▸ ×] 부진정부작위범에서의 작위의무는 법령, 법률행위, 선행행위로 인한 경우는 물론이고 기타 신의성실의 원칙이나 사회상규 혹은 조리상 작위의무가 기대되는 경우에도 인정되나(대판 1996.9.6. 95도2551), 유기죄에서의 보호의무는 법률 또는 계약을 근거로 하여서만 발생(대판 1977.1.11. 76도3419)하므로 전자가 후자보다 발생근거의 범위가 넓다.

[❸ ▸ ×] 어떠한 범죄가 적극적 작위에 의하여 이루어질 수 있음은 물론 결과의 발생을 방지하지 아니하는 소극적 부작위에 의하여도 실현될 수 있는 경우에, 행위자가 자신의 신체적 활동이나 물리적·화학적 작용을 통하여 적극적으로 타인의 법익상황을 악화시킴으로써 결국 그 타인의 법익을 침해하기에 이르렀다면, 이는 작위에 의한 범죄로 봄이 원칙이다(대판 2004.6.24. 2002도995).

[❹ ▸ ×] 도로교통법 제54조 제1항, 제2항이 규정한 교통사고 발생 시의 구호조치의무 및 신고의무는 교통사고를 발생시킨 당해 차량의 운전자에게 그 사고발생에 있어서 고의·과실 혹은 유책·위법의 유무에 관계없이 부과된 의무라고 해석함이 타당하고, 당해 사고의 발생에 귀책사유가 없는 경우에도 위 의무가 없다 할 수 없다(대판 2015.10.15. 2015도12451).

답 ❶

377 □□□

부작위범에 관한 다음 설명 중 적절하지 않은 것으로만 묶인 것은?(다툼이 있는 경우 판례에 의함) 13 경찰승진

ㄱ. 진정부작위범의 미수는 불가능하나 형법상 예외적으로 처벌규정이 있으며, 부진정부작위범의 경우는 미수가 인정된다.
ㄴ. 부작위범에서의 작위의무는 법적인 의무이어야 하므로 신의성실의 원칙이나 사회상규 혹은 조리상 작위의무는 여기에 포함되지 않는다.
ㄷ. 매매에 있어서 제3자가 매도인을 상대로 대지 및 지상건물에 대한 명도소송을 제기하여 계속 중이고 점유이전금지가처분까지 되어 있는 사실을 매수인이 알았다면 거래의 경험칙상이 대지를 매수하지 아니하였을 것이 명백한 경우, 매도인은 이와 같은 소송관계를 매수인에게 고지할 법률상 의무가 있다.
ㄹ. 의사가 중환자실에서 인공호흡기를 부착하고 치료를 받던 환자의 처의 요청에 따라 치료를 중단하고 퇴원조치를 하여 그 환자가 집에서 사망한 경우, 그 의사의 행위는 부작위에 의한 살인죄의 방조범이 성립한다.

① ㄱ, ㄷ　　② ㄴ, ㄷ
③ ㄴ, ㄹ　　④ ㄷ, ㄹ

정선 핵심

ㄱ. 부작위범의 미수
⇢ 진정부작위범의 미수 : 퇴거불응죄, 집합명령위반죄는 미수범처벌규정 ○
⇢ 부진정부작위범의 미수 : 법리상 인정가능
ㄴ. 부진정부작위범의 성립요건
⇢ 작위의무 : 법령, 법률행위, 선행행위, 신의성실의 원칙이나 사회상규 혹은 조리상 작위의무가 기대되는 경우 포함
ㄷ. 점유이전금지가처분사실을 알았다면 대지를 매수하지 않을 것이 명백한 경우 → 매수인에게 고지할 법률상 의무 ○
ㄹ. 보호자의 요청으로 치료중단하고 퇴원을 지시하여 사망하게 한 경우 → 작위에 의한 살인방조죄 ○

정선 해설

[ㄱ ▸ ○] 진정부작위범은 모두 거동범이므로 미수를 인정할 수 없으나, 진정부작위범인 퇴거불응죄(형법 제319조 제2항, 제322조)와 집합명령위반죄(형법 제145조 제2항, 제149조)는 미수범처벌규정이 있다. 그러나 부진정부작위범은 결과범이므로 미수범이 성립할 수 있다.

[ㄴ ▸ ×] 형법상 부작위범이 인정되기 위한 작위의무는 법적인 의무이어야 하므로 단순한 도덕상 또는 종교상의 의무는 포함되지 않으나 작위의무가 법적인 의무인 한 성문법이건 불문법이건 상관이 없고 또 공법이건 사법이건 불문하므로, 법령, 법률행위, 선행행위로 인한 경우는 물론이고 기타 신의성실의 원칙이나 사회상규 혹은 조리상 작위의무가 기대되는 경우에도 법적인 작위의무는 있다(대판 1996.9.6. 95도2551).

[ㄷ ▸ ○] 대판 1985.3.26. 84도301

[ㄹ ▸ ×] 치료를 요하는 환자의 퇴원을 간청하여 담당 전문의와 주치의가 치료중단 및 퇴원을 허용하는 조치를 취함으로써 환자를 사망에 이르게 한 경우, 담당 전문의와 주치의에게 환자의 사망이라는 결과 발생에 대한 정범의 고의는 인정되나 환자의 사망이라는 결과나 그에 이르는 사태의 핵심적 경과를 계획적으로 조종하거나 저지·촉진하는 등으로 지배하고 있었다고 보기는 어려워 공동정범의 객관적 요건인 이른바 기능적 행위지배가 흠결되어 있으므로 작위에 의한 살인방조죄만 성립한다(대판 2004.6.24. 2002도995).

답 ❸

378 □□□

부작위범에 대한 설명으로 옳은 것은?(다툼이 있으면 판례에 의함) 16 국가9급

① 보호자의 간청에 따라 치료를 요하는 환자에 대하여 치료중단 및 퇴원을 허용하는 조치를 취함으로써 환자를 사망에 이르게 한 담당 전문의와 주치의에게는 부작위에 의한 살인죄의 공동정범이 성립한다.

② 부작위범의 작위의무에는 법적인 의무뿐만 아니라 도덕상 의무와 종교상 의무도 포함된다.

③ 인터넷 포털사이트 내 오락채널 총괄팀장과 오락채널 내 만화사업의 운영직원은 콘텐츠제공업체들이 게재하는 음란만화의 삭제를 요구할 조리상의 의무가 있다.

④ 토지에 대하여 도시계획이 입안되어 있어 장차 협의매수되거나 수용될 것이라는 사정을 매수인에게 고지하지 아니하고 토지를 매도한 매도인에게는 신의칙상 고지의무가 없으므로 부작위에 의한 사기죄가 성립하지 않는다.

정선 핵심

① 보호자의 요청으로 치료중단하고 퇴원을 지시하여 사망하게 한 경우 → 작위에 의한 살인방조죄 ○
② 부진정부작위범의 성립요건
 ⇢ 작위의무 : 단순한 도덕상 또는 종교상의 의무는 포함 ×
③ 인터넷 포털사이트 오락채널 총괄팀장 → 음란만화 삭제를 요구할 조리상의 의무 ○
④ 장차 협의매수되거나 수용될 것이라는 사정을 고지하지 않은 경우 → 부작위에 의한 사기죄 ○

정선 해설

[❶ ▸ ×] 치료를 요하는 환자의 퇴원을 간청하여 담당 전문의와 주치의가 치료중단 및 퇴원을 허용하는 조치를 취함으로써 환자를 사망에 이르게 한 경우, 담당 전문의와 주치의에게 환자의 사망이라는 결과 발생에 대한 정범의 고의는 인정되나 환자의 사망이라는 결과나 그에 이르는 사태의 핵심적 경과를 계획적으로 조종하거나 저지·촉진하는 등으로 지배하고 있었다고 보기는 어려워 공동정범의 객관적 요건인 이른바 기능적 행위지배가 흠결되어 있으므로 작위에 의한 살인방조죄만 성립한다(대판 2004.6.24. 2002도995).

[❷ ▸ ×] 형법상 부작위범이 인정되기 위한 작위의무는 법적인 의무이어야 하므로 단순한 도덕상 또는 종교상의 의무는 포함되지 않으나 작위의무가 법적인 의무인 한 성문법이건 불문법이건 상관이 없고 또 공법이건 사법이건 불문하므로, 법령, 법률행위, 선행행위로 인한 경우는 물론이고 기타 신의성실의 원칙이나 사회상규 혹은 조리상 작위의무가 기대되는 경우에도 법적인 작위의무는 있다(대판 1996.9.6. 95도2551).

[❸ ▸ ○] 대판 2006.4.28. 2003도4128

[❹ ▸ ×] 토지에 대하여 도시계획이 입안되어 있어 장차 협의매수되거나 수용될 것이라는 사정을 매수인에게 고지하지 아니한 행위가 부작위에 의한 사기죄를 구성한다(대판 1993.7.13. 93도14).

답 ❸

379 □□□ **다음 설명 중 가장 적절한 것은?(다툼이 있는 경우 판례에 의함)** 13 경찰채용

① 진정부작위범의 경우 다수의 부작위범에게 부여된 작위의무가 각각 다르더라도 각각의 작위의무에 위반되는 행위를 공동으로 하였다면 부작위범의 공동정범이 성립할 수 있다.
② 일정한 기간 내에 잘못된 상태를 바로잡으라는 행정청의 지시를 이행하지 않았다는 것을 구성요건으로 하는 범죄는 이른바 진정부작위범으로서 그 의무이행기간의 경과에 의하여 범행이 기수에 이른다.
③ 공무원이 어떠한 위법사실을 발견하고도 직무상 의무에 따른 적절한 조치를 취하지 아니하고 위법사실을 적극적으로 은폐할 목적으로 허위공문서를 작성·행사한 경우에는 허위공문서작성죄와 허위작성공문서행사죄 외에 부작위범인 직무유기죄가 성립한다.
④ 부진정부작위범의 작위의무는 법적인 의무로서 법령, 법률행위 또는 선행행위로 인한 경우에 인정될 수 있으나, 단순한 도덕적 의무라든가 사회상규 혹은 조리에 의하여서는 인정될 수 없다.

정선 핵심

① 부작위범에게 공통의무가 있고 공통으로 이행할 수 있는 경우 → 진정부작위범의 공동정범 ○
② 행정청의 지시불이행을 구성요건으로 하는 범죄 → 진정부작위범으로 의무이행기간의 경과로 기수
③ 위법사실을 은폐할 목적으로 허위공문서를 작성·행사한 경우 → 허위공문서 작성 및 동 행사죄 ○
④ 부진정부작위범의 성립요건
⇢ 작위의무 : 단순한 도덕상 또는 종교상의 의무는 포함 ×
⇢ 작위의무 : 법령, 법률행위, 선행행위, 신의성실의 원칙이나 사회상규 혹은 조리상 작위의무가 기대되는 경우 포함 ○

정선 해설

[❶ ▸ ×] 부작위범 사이의 공동정범은 다수의 부작위범에게 공통된 의무가 부여되어 있고 그 의무를 공통으로 이행할 수 있을 때에만 성립한다(대판 2008.3.27. 2008도89).

[❷ ▸ ○] 일정한 기간 내에 잘못된 상태를 바로잡으라는 행정청의 지시를 이행하지 않았다는 것을 구성요건으로 하는 범죄는 이른바 진정부작위범으로서 그 의무이행기간의 경과에 의하여 범행이 기수에 이름과 동시에 작위의무를 발생시킨 행정청의 지시 역시 그 기능을 다한 것으로 보아야 한다(대판 1994.4.26. 93도1731).

> **[판결요지]** 2개월 내에 작위의무를 이행하라는 행정청의 지시를 이행하지 아니한 행위와 7개월 후 다시 같은 내용의 지시를 받고 이를 이행하지 아니한 행위는 성립의 근거와 일시 및 이행기간이 뚜렷이 구별되어 서로 양립이 가능한 전혀 별개의 범죄로서 동일성이 없다(대판 1994.4.26. 93도1731).

[❸ ▸ ×] 공무원이 어떠한 위법사실을 발견하고도 직무상 의무에 따른 적절한 조치를 취하지 아니하고 위법사실을 적극적으로 은폐할 목적으로 허위공문서를 작성, 행사한 경우에는 직무위배의 위법상태는 허위공문서 작성 당시부터 그 속에 포함되는 것으로 작위범인 허위공문서 작성 및 그 행사죄만이 성립하고 부작위범인 직무유기죄는 따로 성립하지 아니한다(대판 2004.3.26. 2002도5004).

[❹ ▸ ×] 형법상 부작위범이 인정되기 위한 작위의무는 법적인 의무이어야 하므로 단순한 도덕상 또는 종교상의 의무는 포함되지 않으나 작위의무가 법적인 의무인 한 성문법이건 불문법이건 상관이 없고 또 공법이건 사법이건 불문하므로, 법령, 법률행위, 선행행위로 인한 경우는 물론이고 기타 신의성실의 원칙이나 사회상규 혹은 조리상 작위의무가 기대되는 경우에도 법적인 작위의무는 있다(대판 1996.9.6. 95도2551).

답 ❷

380 □□□

부작위범에 대한 설명 중 가장 옳지 않은 것은?(다툼이 있는 경우 판례에 의함)

19 경찰간부

① 부작위범 사이의 공동정범은 다수의 부작위범에게 공통된 의무가 부여되어 있고 그 의무를 공통으로 이행할 수 있을 때에만 성립한다.
② 부작위범이 성립하기 위한 요건인 작위의무는 법령, 법률행위, 선행행위로 인한 경우는 물론 기타 신의성실의 원칙이나 사회상규 혹은 조리상 작위의무가 기대되는 경우에도 인정된다.
③ 신고의무 위반으로 인한 공중위생관리법위반죄는 구성요건이 부작위에 의해서만 실현될 수 있는 진정부작위범에 해당한다.
④ 민법상 부부간의 부양의무에 근거한 법률상 보호의무인 작위의무는 법률상 부부의 경우에 한정되므로 사실혼 관계에서는 인정될 여지가 없다.

정선 핵심

① 부작위범에게 공통의무가 있고 공통으로 이행할 수 있는 경우 → 부작위범의 공동정범 ○
② 부진정부작위범의 성립요건
  ⟶ 작위의무 : 법령, 법률행위, 선행행위, 신의성실의 원칙이나 사회상규 혹은 조리상 작위의무가 기대되는 경우 포함
③ 공중위생관리법위반죄 → 진정부작위범 ○
④ 유기죄의 구성요건
  ⟶ 법률상의 보호의무 : 혼인의 의사와 혼인생활의 실체가 있는 사실혼 관계에서도 인정

정선 해설

[❶ ▸ ○] 대판 2008.3.27. 2008도89
[❷ ▸ ○] 대판 1996.9.6. 95도2551
[❸ ▸ ○] 대판 2008.3.27. 2008도89
[❹ ▸ ×] 형법 제271조 제1항에서 말하는 법률상 보호의무 가운데는 민법 제826조 제1항에 근거한 부부간의 부양의무도 포함되며, 나아가 법률상 부부는 아니지만 사실혼 관계에 있는 경우에도 위 민법 규정의 취지 및 유기죄의 보호법익에 비추어 위와 같은 법률상 보호의무의 존재를 긍정하여야 하지만, 사실혼에 해당하여 법률혼에 준하는 보호를 받기 위하여는 그 당사자 사이에 주관적으로 혼인의 의사가 있고 객관적으로도 사회관념상 가족질서적인 면에서 부부공동생활을 인정할 만한 혼인생활의 실체가 존재하여야 한다(대판 2008.2.14. 2007도3952).

답 ❹

381 □□□

부작위범에 대한 설명 중 옳은 것은?(다툼이 있는 경우에는 판례에 의함) 12 사시

① 보증인지위의 발생근거에 대한 실질설(기능설)은 법령·선행행위·조리 등을 주된 근거로 들며, 형식설(법원설)은 보호의무와 안전의무를 지도적 관점으로 채택한다.
② 보증인지위와 보증인의무의 체계적 지위를 구별하는 이분설에 따를 때 보증인지위와 보증인의무에 대한 착오는 구성요건적 착오에 해당한다.
③ 부작위범 사이의 공동정범은 다수의 부작위범에게 공통된 의무가 부여되어 있고 그 의무를 공통으로 이행할 수 있을 때에만 성립한다.
④ 부작위에 의한 사기죄에서 작위의무의 발생근거는 유기죄에서의 보호의무의 발생근거보다 그 범위가 좁다.
⑤ 살인죄와 같은 단순결과범과 사기죄와 같은 행태의존적 결과범을 구별하는 견해에 따르면 행위정형의 동가성(동가치성)은 전자의 경우에만 특별한 의미를 가진다.

정선 핵심

① 보증인지위의 발생근거
 ⇢ 실질설 : 보호의무와 안전의무로 구별
 ⇢ 형식설 : 법령·계약·선행행위 및 조리 등에 따라 확정
② 이분설
 ⇢ 보증인지위에 대한 착오 : 구성요건적 착오
 ⇢ 보증인의무에 대한 착오 : 법률의 착오
③ 부작위범에게 공통의무가 있고 공통으로 이행할 수 있는 경우 → 부작위범의 공동정범 ○
④ 부진정부작위범에서의 작위의무 → 유기죄에서의 보호의무보다 범위가 넓음
⑤ 행위정형의 동가성(동가치성) → 행태의존적 결과범에서 문제

정선 해설

[❶ ▸ ×] 보증인지위의 발생근거에 대한 실질설은 보증인 지위 및 작위의무의 내용을 보호의무와 안전의무로 구별하는 견해이고, 형식설은 보증인 지위 및 작위의무의 내용을 법령·계약·선행행위 및 조리 등의 형식에 따라 확정하려는 견해이다.

[❷ ▸ ×] 이분설에 의하면 보증인지위에 대한 착오는 구성요건적 착오가 되지만, 보증인의무에 대한 착오는 법률의 착오가 된다.

[❸ ▸ ○] 대판 2008.3.27. 2008도89

[❹ ▸ ×] 부진정부작위범에서의 작위의무는 법령, 법률행위, 선행행위로 인한 경우는 물론이고 기타 신의성실의 원칙이나 사회상규 혹은 조리상 작위의무가 기대되는 경우에도 인정되나(대판 1996.9.6. 95도2551), 유기죄에서의 보호의무는 법률 또는 계약을 근거로 하여서만 발생(대판 1977.1.11. 76도3419)하므로 전자가 후자보다 발생근거의 범위가 넓다.

[❺ ▸ ×] 부진정부작위범의 구성요건인 행위정형의 동가치성은 살인죄와 같은 순수한 결과범이 아니라 사기죄와 같은 행태의존적 결과범에서만 문제된다. 따라서 사기죄의 경우 부작위에 의한 기망행위가 작위의 기망행위와 동등한 의미를 가진다고 판단될 때 부작위에 의한 사기죄가 성립된다.

답 ❸

382 □□□

부작위범에 대한 설명 중 가장 적절하지 않은 것은?(다툼이 있는 경우 판례에 의함)

20 경찰승진

① 부작위범에 대한 교사는 가능하지만, 부작위에 의한 교사는 불가능하다.

② 부진정부작위범은 작위범에 비해 불법의 정도가 가벼우므로 형법 제18조에 의하여 형을 감경할 수 있도록 규정하고 있다.

③ 진정부작위범 사이의 공동정범은 다수의 부작위범에게 공통된 의무가 부여되어 있고 그 의무를 공통으로 이행할 수 있을 때에만 성립한다.

④ 의사 甲이 특정 시술을 받으면 아들을 낳을 수 있을 것이라는 착오에 빠져 있는 피해자들에게 그 시술의 효과와 원리에 관하여 사실대로 고지하지 아니한 채 아들을 낳을 수 있는 시술인 것처럼 가장하여 일련의 시술과 처방을 한 경우 부작위에 의한 사기죄가 성립한다.

정선 핵심

① 부작위범과 공범
→ 부작위범에 대한 교사·방조 : ○
→ 부작위에 의한 교사 : ×
→ 부작위에 의한 방조 : ○(보증인지위 있는 경우)

② 부진정부작위범의 처벌 → 임의적 감경사유 ×

③ 부작위범에게 공통의무가 있고 공통으로 이행할 수 있는 경우 → 진정부작위범의 공동정범 ○

④ 아들을 낳을 수 있는 시술로 가장하여 금원을 교부받은 경우 → 부작위에 의한 사기죄 ○

정선 해설

[❶ ▸ ○] 부작위범에 대한 교사·방조는 작위에 의한 것이므로 교사·방조범은 반드시 보증인지위가 있을 것을 요하지 아니하나, 부작위는 피교사자에게 아무런 심리적 영향을 주지 못하기 때문에 부작위에 의한 교사범은 성립할 수 없다.

[❷ ▸ ×] 부진정부작위범은 작위범에 비해 불법의 정도가 가벼우므로, 이를 임의적 감경사유로 하는 것이 타당하다는 것이 통설의 태도이나 우리 형법은 이에 대한 명문의 규정은 없다.

[❸ ▸ ○] 대판 2008.3.27. 2008도89

[❹ ▸ ○] 대판 2000.1.28. 99도2884

답 ❷

제1장 제2장 제3장

안심Touch

383
□□□

부작위범에 대한 설명으로 가장 적절하지 않은 것은?(다툼이 있는 경우 판례에 의함)

18 경찰채용

① 작위의무는 법적인 의무이어야 하므로 단순한 도덕상 또는 종교상의 의무는 포함되지 않으나 작위의무가 법적인 의무인 한 성문법이건 불문법이건 상관이 없고 또 공법이건 사법이건 불문하므로, 법령, 법률행위, 선행행위로 인한 경우는 물론이고 기타 신의성실의 원칙이나 사회상규 혹은 조리상 작위의무가 기대되는 경우에도 법적인 작위의무는 있다.

② 보호자가 의학적 권고에도 불구하고 치료를 요하는 환자의 퇴원을 간청하여 담당 전문의와 주치의가 치료중단 및 퇴원을 허용하는 조치를 취함으로써 환자를 사망에 이르게 한 경우, 담당 전문의와 주치의의 행위는 부작위에 의한 살인방조죄가 성립한다.

③ 부작위범 사이의 공동정범은 다수의 부작위범에게 공통된 의무가 부여되어 있고 그 의무를 공통으로 이행할 수 있을 때에만 성립한다.

④ 부진정부작위범의 고의는 반드시 구성요건적 결과 발생에 대한 목적이나 계획적인 범행의도가 있어야 하는 것은 아니고 법익침해의 결과 발생을 방지할 법적 작위의무를 가지고 있는 자가 그 의무를 이행함으로써 그 결과발생을 쉽게 방지할 수 있었음을 예견하고도 결과의 발생을 용인하고 이를 방관한 채 그 의무를 이행하지 아니한다는 인식을 하면 족하며, 이러한 작위의무자의 예견 또는 인식 등은 확정적인 것은 물론 불확정적인 것이라도 미필적 고의로 인정될 수 있다.

정선 핵심

① 부진정부작위범의 성립요건
⋯→ 작위의무 : 법령, 법률행위, 선행행위, 신의성실의 원칙이나 사회상규 혹은 조리상 작위의무가 기대되는 경우 포함

② 보호자의 요청으로 치료중단하고 퇴원을 지시하여 사망하게 한 경우 → 작위에 의한 살인방조죄 ○

③ 부작위범에게 공통의무가 있고 공통으로 이행할 수 있는 경우 → 부작위범의 공동정범 ○

④ 부진정부작위범의 고의 → 작위의무자의 예견·인식이 불확정적인 미필적 고의로 충분

정선 해설

[❶ ▸ ○] 대판 1996.9.6. 95도2551

[❷ ▸ ×] 치료를 요하는 환자의 퇴원을 간청하여 담당 전문의와 주치의가 치료중단 및 퇴원을 허용하는 조치를 취함으로써 환자를 사망에 이르게 한 경우, 담당 전문의와 주치의에게 환자의 사망이라는 결과 발생에 대한 정범의 고의는 인정되나 환자의 사망이라는 결과나 그에 이르는 사태의 핵심적 경과를 계획적으로 조종하거나 저지·촉진하는 등으로 지배하고 있었다고 보기는 어려워 공동정범의 객관적 요건인 이른바 기능적 행위지배가 흠결되어 있으므로 작위에 의한 살인방조죄만 성립한다(대판 2004.6.24. 2002도995).

[❸ ▸ ○] 대판 2008.3.27. 2008도89

[❹ ▸ ○] 대판 2015.11.12. 2015도6809[전합]

답 ❷

01 하나의 행위가 작위범과 부작위범의 구성요건을 동시에 충족하는 경우도 있다. 17 경찰승진 O | X

02 조리상 작위의무가 기대된다는 이유로 부작위범의 성립을 인정하는 것은 죄형법정주의에 어긋나므로 허용되지 않는다. 19 해경간부 O | X

03 경찰관이 검사로부터 범인을 검거하라는 지시를 받고서도 적절한 조치를 취하지 아니하고 오히려 범인에게 전화로 도피하라고 권유하여 그를 도피케 하였다면 작위범인 범인도피죄뿐만 아니라 부작위범인 직무유기죄도 성립한다. 18 해경간부 O | X

04 甲이 자신의 아들 乙이 익사하는 것을 보았으나 乙이 아닌 다른 아이인 줄 알고 남의 자식을 구할 의무는 없다고 생각하여 구조하지 않은 경우 이분설에 따르면 보증인 의무에 대한 착오로 금지착오에 해당한다. 17 국가7급 O | X

05 은행지점장이 부하직원의 배임행위를 알면서도 이를 방치한 경우 묵시적인 공모에 의한 배임죄의 공모공동정범이 성립한다. 16 경찰승진 O | X

06 법무사가 아닌 사람이 법무사로 소개되거나 호칭되는 데에도 자신이 법무사가 아니라는 사실을 밝히지 않은 채 법무사 행세를 계속하면서 근저당권설정계약서를 작성하였다면, 부작위에 의한 법무사법위반죄에 해당한다. 13 법원9급 O | X

07 입찰업무를 담당하는 공무원이 부하직원의 입찰보증금 횡령사실을 알고도 이를 방지할 조치를 취하지 아니하고 묵인한 경우, 이는 작위에 의한 법익침해와 동등한 형법적 가치가 있으므로 부작위에 의한 업무상횡령죄의 정범이 성립한다. 13 법원9급 O | X

01 하나의 행위가 부작위범인 직무유기죄와 작위범인 허위공문서작성·행사죄의 구성요건을 동시에 충족하는 경우, 부작위범인 직무유기죄로만 공소를 제기할 수 있다(대판 2008.2.14. 2005도4202).

02 작위의무는 조리상 작위의무가 기대되는 경우에도 인정된다(대판 2015.11.12. 2015도6809[전합]).

03 부작위범인 직무유기죄는 따로 성립하지 아니한다(대판 1996.5.10. 96도51).

04 이분설에 의하면 보증인의 지위에 대한 착오로 구성요건적 착오에 해당한다.

05 부작위에 의한 배임죄의 방조범이 성립한다(대판 1984.11.27. 84도1906).

06 대판 2008.2.28. 2007도9354

07 업무상횡령죄의 종범으로 처벌된다(대판 1996.9.6. 95도2551).

정답

01 ○ 02 × 03 × 04 ×
05 × 06 ○ 07 ×

384 □□□

다음 사례 중 甲에게 중과실이 인정되는 것만을 모두 고르면?(다툼이 있는 경우 판례에 의함) 19 국가9급

ㄱ. 甲이 성냥불로 담배에 불을 붙인 다음 그 성냥불이 꺼진 것을 확인하지 아니한 채 휴지가 들어 있는 플라스틱 휴지통에 던져 화재가 발생한 경우
ㄴ. 임차인이 甲으로부터 임차하여 사용하던 방의 문에 약간의 틈이 있다거나 연통 등 가스배출시설에 사소한 결함이 있는 정도의 하자로 인해 임차인이 그 방에서 연탄가스에 중독되어 사망한 경우
ㄷ. 甲이 84세 노인과 11세 아이를 상대로 안수기도를 하면서 피해자들의 배와 가슴 부분을 세게 때리고 누르는 행위를 노인에게는 약 20분간, 아이에게는 약 30분간 반복하여 사망하게 한 경우
ㄹ. 전기에 관한 전문지식이 없는 호텔오락실의 경영자 甲이 그 오락실 천정에 형광등을 설치하는 공사를 하면서 그 호텔의 전기보안담당자에게 아무런 통고를 하지 아니한 채 무자격전기기술자로 하여금 전기공사를 하게 하여 화재가 발생한 경우

① ㄱ, ㄷ
② ㄴ, ㄷ
③ ㄱ, ㄴ, ㄹ
④ ㄱ, ㄷ, ㄹ

정선 해설

지문 중 ㄱ.(대판 1993.7.27. 93도135), ㄷ.(대판 1997.4.22. 97도538)의 경우에 甲에게 중과실이 인정된다. ㄴ.의 경우 임차인이 연탄가스에 중독되어 사망하였다 하더라도 甲에게 과실이 없어 책임을 물을 수 없고(대판 1986.7.8. 86도383), ㄹ.의 경우 오락실 경영자인 甲에게 중대한 과실이 있다고 보기 어렵다는 것이 판례이다(대판 1989.10.13. 89도204).

답 ❶

385 □□□

다음 설명 중 옳지 않은 것은 모두 몇 개인가?(다툼이 있는 경우 판례에 의함) 20 경찰간부

ㄱ. 정당한 사유 없이 입영에 불응하는 사람을 처벌하는 병역법 제88조의 범죄에서 정당한 사유는 위법성조각사유이다.
ㄴ. 공사현장감독인이 공사의 발주자에 의하여 현장감독에 임명된 것이 아니고, 건설업법상 요구되는 현장건설기술자의 자격도 없다면 업무상과실책임을 물을 수 없다.
ㄷ. 의료사고에서 의사의 과실을 인정하기 위한 요건과 판단기준은 한의사의 그것과 다르다.
ㄹ. 행정상의 단속을 주안으로 하는 법규의 위반행위는 과실범처벌규정은 없으나 해석상 과실범도 벌할 뜻이 명확한 경우에도 형법의 원칙에 따라 고의가 있어야 벌할 수 있다.

① 1개
② 2개
③ 3개
④ 4개

정선 핵심

ㄱ. 병역법 제88조 제1항의 정당한 사유 → 구성요건해당성조각사유
ㄴ. 공사현장감독인이 발주자에 의해 임명되지 않고, 현장건설기술자의 자격도 없는 경우 → 업무상과실책임 O
ㄷ. 의료사고에서 의사의 과실을 인정하기 위한 요건과 판단기준 → 한의사도 동일
ㄹ. 행정단속법규 → 명문규정상, 해석상 과실범을 처벌할 뜻이 명확한 경우를 제외하고는 고의가 있어야 처벌

정선 해설

[ㄱ ▸ X] 병역법 제88조 제1항에 따르면 정당한 사유가 있는 경우에는 피고인을 벌할 수 없는데, 여기에서 정당한 사유는 구성요건해당성을 조각하는 사유이다. 이는 형법상 위법성조각사유인 정당행위나 책임조각사유인 기대불가능성과는 구별된다(대판 2018.11.1. 2016도10912[전합]).

[ㄴ ▸ X] 피고인이 사업 당시 공사현장감독인인 이상 그 공사의 원래의 발주자의 직원이 아니고 또 동 발주자에 의하여 현장감독에 임명된 것도 아니며, 건설업법상 요구되는 현장건설기술자의 자격도 없다는 등의 사유는 업무상 과실책임을 물음에 아무런 영향도 미칠 수 없다(대판 1983.6.14. 82도2713).

[ㄷ ▸ X] 의료사고에서 의사의 과실을 인정하기 위해서는 의사가 결과발생을 예견할 수 있었음에도 이를 예견하지 못하였고 결과발생을 회피할 수 있었음에도 이를 회피하지 못한 과실이 검토되어야 하고, 과실의 유무를 판단할 때에는 같은 업무와 직무에 종사하는 보통인의 주의 정도를 표준으로 하여야 하며, 여기에는 사고 당시의 일반적인 의학의 수준과 의료환경 및 조건, 의료행위의 특수성 등이 고려되어야 하고, 이러한 법리는 한의사의 경우에도 마찬가지이다(대판 2011.4.14. 2010도10104).

[ㄹ ▸ X] 행정상의 단속을 주안으로 하는 법규라 하더라도 '명문규정이 있거나 해석상 과실범도 벌할 뜻이 명확한 경우'를 제외하고는 형법의 원칙에 따라 '고의'가 있어야 벌할 수 있다(대판 2010.2.11. 2009도9807).

답 ❹

386 □□□

다음 사례에서 甲에게 중과실이 인정되는 것만을 모두 고른 것은?(다툼이 있는 경우 판례에 의함) 17 국가7급

ㄱ. 甲이 성냥불로 담배를 붙인 다음 불이 꺼진 것을 확인하지 아니한 채 그 성냥불을 휴지가 들어 있는 플라스틱 휴지통에 던져 화재가 발생한 경우
ㄴ. 총기의 위험성을 잘 알고 있는 경찰관 甲, 乙, 丙이 함께 술을 마셔 모두 만취된 상태에서 乙과 丙이 갑자기 총을 들어 자신들의 머리에 대고 쏘는, 소위 '러시안 룰렛 게임'을 하기에 甲이 "장난치지 말라"며 말로 만류하던 중 순식간에 乙이 자신이 쏜 총에 맞아 사망한 경우
ㄷ. 甲이 평상시와 마찬가지로 연탄아궁이에 불을 피워놓고 연탄아궁이로부터 80cm 떨어진 곳에 스폰지요·솜 등을 쌓아 놓고 퇴근하였는데, 스폰지요·솜 등이 연탄아궁이 쪽으로 넘어지면서 훈소현상에 의하여 점포를 떠난 지 4시간 이상이 지난 뒤 화재가 발생한 경우
ㄹ. 목사 甲이 안수기도를 한다면서 84세의 노인과 11세의 여자아이를 바닥에 눕혀놓고 "마귀야 물러가라", "왜 안 나가느냐" 등 소리를 치면서 손으로 배와 가슴 부분을 세게 때리고 누르는 등의 행위를 20~30분간 반복하여 이들을 사망케 한 경우

① ㄱ, ㄷ
② ㄱ, ㄹ
③ ㄴ, ㄷ
④ ㄴ, ㄹ

정선 해설

지문 중 ㄱ.(대판 1993.7.27. 93도135), ㄹ.(대판 1997.4.22. 97도538)의 경우에 甲에게 중과실이 인정된다. ㄴ.의 경우 甲에게 중과실치사죄의 형사상 책임을 지울 만한 위법한 주의의무 위반이 있었다고 평가할 수 없고(대판 1992.3.10. 91도3172), ㄷ.의 경우 甲의 "중대한 과실"로 인하여 화재가 발생한 것으로 볼 수 없다(대판 1989.1.17. 88도643).

답 ❷

387 □□□

다음 중 과실범에 대한 설명으로 가장 옳지 않은 것은?(다툼이 있는 경우 판례에 의함)

20 해경승진

① 정상적으로 기울여야 할 주의를 게을리하여 죄의 성립요소인 사실을 인식하지 못한 행위는 법률에 특별한 규정이 있는 경우에 한하여 처벌한다.
② 형법상 과실범의 미수를 처벌하는 규정은 존재하지 않는다.
③ 행정상의 단속을 주 내용으로 하는 법규라 하더라도 명문규정이 있거나 해석상 과실범도 벌할 뜻이 명확한 경우를 제외하고는 형법의 원칙에 따라 고의가 있어야 벌할 수 있다.
④ 골프경기 중 골프공을 쳐서 아무도 예상하지 못한 자신의 등 뒤편으로 보내어 등 뒤에 있던 경기보조원(캐디)이 상해를 입은 경우에는 주의의무를 위반한 것으로 볼 수 없으므로 과실치상죄가 성립하지 않는다.

정선 핵심

① 주의를 게을리하여 죄의 성립요소인 사실을 인식하지 못한 경우 → 법률에 특별한 규정이 있는 경우에 한하여 처벌
② 과실범의 미수 → 처벌규정 ×
③ 행정단속법규 → 명문규정상, 해석상 과실범을 처벌할 뜻이 명확한 경우를 제외하고는 고의가 있어야 처벌
④ 골프공을 뒤편으로 보내 경기보조원이 상해를 입은 경우 → 과실치상죄 ○

정선 해설

[❶ ▸ ○] 형법 제14조 참조

법령 **과실(형법 제14조)** 정상적으로 기울여야 할 주의(注意)를 게을리하여 죄의 성립요소인 사실을 인식하지 못한 행위는 법률에 특별한 규정이 있는 경우에만 처벌한다.

[❷ ▸ ○] 과실의 경우 범죄실현의사가 인정되지 아니하므로 형법상 과실범의 미수를 처벌하는 규정은 존재하지 않는다.

[❸ ▸ ○] 행정상의 단속을 주안으로 하는 법규라 하더라도 '명문규정이 있거나 해석상 과실범도 벌할 뜻이 명확한 경우'를 제외하고는 형법의 원칙에 따라 '고의'가 있어야 벌할 수 있다(대판 2010.2.11. 2009도9807).

[판시사항] 술을 마시고 찜질방에 들어온 甲이 찜질방 직원 몰래 후문으로 나가 술을 더 마시고 들어와 잠을 자다가 사망한 사안에서, 찜질방 직원 및 영업주가 공중위생영업자로서의 업무상주의의무를 위반하였다고 본 원심판단에 법리오해 및 심리미진의 위법이 있다고 한 사례(대판 2010.2.11. 2009도9807).

[❹ ▸ ×] 골프경기를 하던 중 골프공을 쳐서 아무도 예상하지 못한 자신의 등 뒤편으로 보내어 등 뒤에 있던 경기보조원(캐디)에게 상해를 입힌 경우에는 주의의무를 현저히 위반하여 사회적 상당성의 범위를 벗어난 행위로서 과실치상죄가 성립한다(대판 2008.10.23. 2008도6940).

답 ❹

388 □□□

과실범에 대한 설명으로 가장 적절한 것은?(다툼이 있는 경우 판례에 의함) 21 경찰채용

① 의사가 설명의무를 위반한 채 의료행위를 하였다가 환자에게 사망의 결과가 발생한 경우, 의사에게 업무상과실로 인한 형사책임을 지우기 위해서는 의사의 설명의무 위반과 환자의 사망 사이에 상당인과관계가 존재할 필요는 없다.

② 농배양을 하지 않은 의사의 과실과 피해자의 사망 사이에 인과관계를 인정하려면, 농배양을 하였더라면 피고인이 투약해 온 항생제와 다른 어떤 항생제를 사용하게 되었을 것이라거나 어떤 다른 조치를 취할 수 있었을 것이고, 따라서 피해자가 사망하지 않았을 것이라는 점이 인정되어야 한다.

③ 과실이 있는 경우, 결과가 발생하지 않거나 과실과 결과 사이에 인과관계가 부정될 때에는 과실미수범으로 처벌된다.

④ 의사들의 주의의무 위반과 처방체계상의 문제점으로 인하여 수술 후 회복과정에 있는 환자에게 인공호흡 준비를 갖추지 않은 상태에서는 사용할 수 없는 약제가 잘못 처방되었고, 종합병원의 간호사로서 환자에 대한 투약과정 및 그 이후의 경과관찰 등의 직무수행을 위하여 처방약제의 기본적인 약효나 부작용 및 주사 투약에 따르는 주의사항 등을 미리 확인·숙지하였다면 과실로 처방된 것임을 알 수 있었음에도 그대로 주사하여 환자가 의식불명상태에 이르게 된 사안에서, 간호사에게는 업무상과실치상의 형사책임은 인정되지 않는다.

정선 핵심

① 설명의무를 위반한 업무상과실로 인한 형사책임 → 설명의무 위반과 사망 사이에 상당인과관계 필요
② 농배양을 하지 않은 과실과 사망의 인과관계 → 농배양을 했다면 사망하지 않았을 것이라는 점이 인정되어야 함
③ 과실범의 미수 → 처벌규정 ×
④ 간호사가 의사의 과실로 처방된 주사제를 주사하여 환자가 의식불명상태에 이른 경우 → 업무상과실치상죄 ○

정선 해설

[❶ ▸ ×] 의사가 설명의무를 위반한 채 의료행위를 하여 피해자에게 상해가 발생하였다고 하더라도, 업무상과실로 인한 형사책임을 지기 위해서는 피해자의 상해와 의사의 설명의무 위반 내지 승낙취득과정의 잘못 사이에 상당인과관계가 존재하여야 한다(대판 2011.4.14. 2010도10104).

[❷ ▸ ○] 대판 1996.11.8. 95도2710

[❸ ▸ ×] 과실범은 구성요건 실현에 대한 인식과 인용의 내심의 의사가 없기 때문에 미수가 성립할 수 없다.

[❹ ▸ ×] 의사들의 주의의무 위반과 처방체계상의 문제점으로 인하여 수술 후 회복과정에 있는 환자에게 인공호흡 준비를 갖추지 않은 상태에서는 사용할 수 없는 약제가 잘못 처방되었고, 종합병원의 간호사로서 환자에 대한 투약과정 및 그 이후의 경과 관찰 등의 직무수행을 위하여 처방약제의 기본적인 약효나 부작용 및 주사 투약에 따르는 주의사항 등을 미리 확인·숙지하였다면 과실로 처방된 것임을 알 수 있었음에도 그대로 주사하여 환자가 의식불명상태에 이르게 된 경우, 간호사에게 업무상과실치상의 형사책임이 인정된다(대판 2009.12.24. 2005도8980).

> 피고인이 위 근이완제인 베큐로니움의 약효 등을 확인하지 않음으로 인해 그 투약의 위험성을 인식하지 못함으로써 처방내용을 재확인할 기회를 놓친 채 그대로 이를 주사 투약한 점에서 위 주의의무를 위반한 과실이 인정된다 하겠고, 이를 투약함으로써 그 약효 내지 부작용으로 인하여 피해자에게 상해가 발생한 이상 그와 같은 결과는 피고인의 주의의무 위반과 상당인과관계가 있다고 할 것이며, 피해자의 상해 발생에 피고인 외에도 다른 사람들의 과실이 주로 작용하였다는 사정이 있다 하여 피고인의 책임을 면제할 사유가 된다고 할 수는 없다(대판 2009.12.24. 2005도8980).

답 ❷

389 □□□

과실범에 대한 설명으로 가장 적절하지 않은 것은?(다툼이 있는 경우 판례에 의함)

20 경찰채용

① 함께 술을 마신 후 만취된 피해자를 촛불이 켜져 있는 방안에 혼자 눕혀 놓고 촛불을 끄지 않고 나오는 바람에 화재가 발생하여 피해자가 사망한 경우, 화재가 발생할 것은 예상할 수 없으므로 과실치사의 책임을 물을 수 없다.

② 육교 밑 차도를 주행하는 자동차 운전자가 전방 보도 위에 서 있는 피해자를 발견했다 하더라도 육교를 눈앞에 둔 피해자가 특히 차도로 뛰어들 거동이나 기색을 보이지 않는 한 일반적으로 차도로 뛰어들어 오리라고 예견하기 어렵다.

③ 고령의 간경변증 환자인 피해자에게 화상 치료를 위한 가피절제술과 피부이식수술을 실시하기 전에 출혈과 혈액량 감소로 신부전이 발생하여 생명이 위험할 수 있다는 점에 대해 피해자와 피해자의 보호자에게 설명을 하지 아니한 채 수술을 실시한 과실로 인하여 환자가 사망한 경우, 의사에게 업무상과실로 인한 형사책임을 지우기 위해서는 의사의 설명의무 위반과 환자의 사망 사이에 상당인과관계가 존재하여야 한다.

④ 과실범의 불법은 객관적 주의의무 위반을 통한 행위반가치 및 구성요건적 결과 발생을 통한 결과반가치에서 찾을 수 있다.

정선 핵심

① 만취된 피해자를 촛불이 켜져 있는 방에 눕혀 놓아 화재가 발생하여 사망한 경우 → 과실치사죄 ○

② 육교 밑 차도를 주행하는 운전자 → 피해자가 차도로 뛰어들어 오리라고 예상하여 감속조치를 취할 업무상주의의무 ×

③ 간경변증 환자에게 설명의무를 이행하지 않고 수술을 실시한 과실로 사망한 경우 → 상당인과관계가 있어야 형사책임 인정

④ 과실범의 불법
- ⋯→ 객관적 주의의무 위반
- ⋯→ 구성요건적 결과 발생(법익침해)

정선 해설

[❶ ▸ ×] 함께 술을 마신 후 만취된 피해자를 촛불이 켜져 있는 방안에 혼자 눕혀 놓고 촛불을 끄지 않고 나오는 바람에 화재가 발생하여 피해자가 사망한 경우, 과실치사책임이 인정된다(대판 1994.8.26. 94도1291).

[❷ ▸ O] 대판 1985.9.10. 84도1572

유사판례 **대판 1993.2.23. 92도2077**

차량의 운전자로서는 횡단보도의 신호가 적색인 상태에서 반대차선상에 정지하여 있는 차량의 뒤로 보행자가 건너오지 않을 것이라고 신뢰하는 것이 당연하고 그렇지 아니할 사태까지 예상하여 그에 대한 주의의무를 다하여야 한다고는 할 수 없다.

[❸ ▸ O] 의사가 설명의무를 위반한 채 의료행위를 하였다가 환자에게 상해 또는 사망의 결과가 발생한 경우 의사에게 업무상과실로 인한 형사책임을 지우기 위해서는 의사의 설명의무 위반과 환자의 상해 또는 사망 사이에 상당인과관계가 존재하여야 한다(대판 2015.6.24. 2014도11315).

[판결이유] 원심은 피고인이 고령의 간경변증 환자인 피해자 공소 외 1에게 화상 치료를 위한 가피절제술과 피부이식수술을 실시하기 전에 출혈과 혈액량 감소로 신부전이 발생하여 생명이 위험할 수 있다는 점에 대해 피해자와 피해자의 보호자에게 설명을 하지 아니한 채 수술을 실시한 과실로 인하여 피해자로 하여금 신부전으로 사망에 이르게 하였다는 공소사실에 대하여 유죄로 판단하였으나 피고인의 설명의무 위반과 피해자의 사망 사이에 상당인과관계가 있다는 사실이 합리적 의심의 여지가 없이 증명되었다고 보기 어렵다(대판 2015.6.24. 2014도11315).

[❹ ▸ O] 그대로 타당한 설명이다.

답 ❶

390
□□□

과실범에 관한 설명이다. 다음 중 가장 적절하지 않은 것은?(다툼이 있으면 판례에 의함)

15 경찰채용

① 건설회사가 건설공사 중 타워크레인의 설치 작업을 전문업자에게 도급주어 타워크레인 설치 작업을 하던 중 발생한 사고에 대하여 건설회사의 현장대리인에게 업무상과실치사상의 죄책을 물을 수 없다.

② 의료사고에 있어 의사의 과실을 인정하기 위해 과실의 유무를 판단함에는 같은 업무와 직무에 종사하는 일반적 보통인의 주의 정도를 표준으로 하여야 하며, 이에는 사고 당시의 일반적인 의학의 수준과 의료 환경 및 조건, 의료행위의 특수성 등이 고려되어야 한다.

③ 형법 제10조 제3항은 고의에 의한 원인에 있어서의 자유로운 행위만을 규정하며, 과실에 의한 원인에 있어서의 자유로운 행위까지 포함하는 것은 아니다.

④ 행정상의 단속을 주 내용으로 하는 법규라 하더라도 명문규정이 있거나 해석상 과실범도 벌할 뜻이 명확한 경우를 제외하고는 형법의 원칙에 따라 고의가 있어야 벌할 수 있다.

정선 핵심

① 전문업자가 타워크레인 설치 작업을 하던 중 사고가 발생한 경우 → 현장대리인에게 업무상과실치사상죄 ×
② 의사의 과실 → 같은 업무와 직무에 종사하는 일반적 보통인의 주의 정도를 표준
③ 형법 제10조 제3항 → 과실에 의한 원인에 있어서의 자유로운 행위도 적용
④ 행정단속법규 → 명문규정상, 해석상 과실범을 처벌할 뜻이 명확한 경우를 제외하고는 고의가 있어야 처벌

정선 해설

[❶ ▸ O] 건설회사가 건설공사 중 타워크레인의 설치작업을 전문업자에게 도급주어 타워크레인 설치작업을 하던 중 발생한 사고에 대하여 건설회사의 현장대리인에게 업무상과실치사상의 죄책을 물을 수 없다(대판 2005.9.9. 2005도3108).

> 관련판례 **대판 2014.4.10. 2012도11361**
>
> 지하철 공사구간 현장안전업무 담당자인 피고인이 공사현장에 인접한 기존의 횡단보도 표시선 안쪽으로 돌출된 강철빔 주위에 라바콘 3개를 설치하고 신호수 1명을 배치하였는데, 피해자가 위 횡단보도를 건너면서 강철빔에 부딪혀 상해를 입은 경우, 제반 사정에 비추어 피고인이 안전조치를 취하여야 할 업무상주의의무를 위반하였다고 보기 어렵다.

[❷ ▸ O] 대판 2011.4.14. 2010도10104

[❸ ▸ ×] 형법 제10조 제3항은 고의에 의한 원인에 있어서의 자유로운 행위만이 아니라 과실에 의한 원인에 있어서의 자유로운 행위까지도 포함하는 것으로서 위험의 발생을 예견할 수 있었는데도 자의로 심신장애를 야기한 경우도 그 적용 대상이 된다(대판 2007.7.27. 2007도4484).

[❹ ▸ O] 대판 2010.2.11. 2009도9807

답 ❸

제1장 제2장 제3장

391 □□□

과실범에 관한 설명 중 가장 적절하지 않은 것은?(다툼이 있는 경우 판례에 의함)

17 경찰승진

① 형법상 과실범의 미수를 처벌하는 규정은 존재하지 않는다.
② 행정상의 단속을 주 내용으로 하는 법규라고 하더라도 '명문규정이 있거나 해석상 과실범도 벌할 뜻이 명확한 경우'를 제외하고는 형법의 원칙에 따라 고의가 있어야 벌할 수 있다.
③ 공사현장감독인이 공사의 발주자에 의하여 현장감독에 임명된 것이 아니고, 건설업법상 요구되는 현장건설기술자의 자격도 없다면 업무상과실책임을 물을 수 없다.
④ 택시운전기사가 심야에 밀집된 주택 사이의 좁은 골목길이자 직각으로 구부러져 가파른 비탈길의 내리막에서 그다지 속도를 줄이지 않고 진행하다가 내리막에 누워 있던 피해자의 몸통 부위를 택시 바퀴로 역과하여 그 자리에서 사망에 이르게 한 경우 그에게 업무상주의의무 위반을 인정할 수 있다.

정선 핵심

① 과실범의 미수 → 처벌규정 ×
② 행정단속법규 → 명문규정상, 해석상 과실범을 처벌할 뜻이 명확한 경우를 제외하고는 고의가 있어야 처벌
③ 공사현장감독인이 발주자에 의해 임명되지 않고, 현장건설기술자의 자격도 없는 경우 → 업무상과실책임 ○
④ 택시운전자 → 누워 있던 피해자를 역과하여 사망에 이르게 하고 도주한 경우 업무상주의의무 위반 ○

정선 해설

[❶ ▸ O] 과실범은 구성요건 실현에 대한 인식과 인용의 내심의 의사가 없기 때문에 미수가 성립할 수 없고 형법상 처벌규정도 존재하지 아니한다.

[❷ ▸ O] 대판 2010.2.11. 2009도9807

[❸ ▸ ×] 피고인이 사업 당시 공사현장감독인인 이상 그 공사의 원래의 발주자의 직원이 아니고 또 동 발주자에 의하여 현장감독에 임명된 것도 아니며, 건설업법상 요구되는 현장건설기술자의 자격도 없다는 등의 사유는 업무상 과실책임을 물음에 아무런 영향도 미칠 수 없다(대판 1983.6.14. 82도2713).

[❹ ▸ O] 대판 2011.5.26. 2010도17506

비교판례 대판 1987.9.22. 87도516

갑이 택시를 운전하여 시속 40킬로미터 속도로 편도 3차선 도로의 1차선을 따라 운행하던 중 차도를 무단횡단하기 위하여 중앙선상에 서 있던 피해자가 뒷걸음질을 치다가 반대방향에서 달려오는 을 운전의 차량에 충격되면서 중앙선을 넘어 갑이 운전하던 위 차량의 전면 바로 앞에 떨어지는 바람에 이를 피하지 못하고 위 피해자를 충격하여 사고가 발생한 경우라면 갑에게 위 피해자가 자기 운행차선으로 튕겨져 나오는 것까지 예상하면서 이에 대비하여야 할 주의의무가 있다고는 할 수 없다.

답 ❸

392 □□□

과실범에 대한 설명으로 가장 적절하지 않은 것은?(다툼이 있는 경우 판례에 의함)

19 경찰승진

① 골프카트 운전자는 골프카트 출발 전에 승객들에게 안전손잡이를 잡도록 고지하고 승객이 안전 손잡이를 잡은 것을 확인하고 출발하여야 할 업무상주의의무가 있다.

② 의료사고에 있어서 의사의 과실 유무를 판단할 때에는 같은 업무와 직종에 종사하는 일반적 보통인의 주의 정도를 표준으로 하여야 하며, 이때 사고 당시의 일반적인 의학의 수준과 의료환경 및 조건, 의료행위의 특수성 등을 고려하여야 한다.

③ 도급인이 수급인에게 공사의 시공이나 개별작업에 관하여 구체적으로 지시·감독하였더라도, 법령에 의하여 도급인에게 구체적인 관리·감독의무가 부여되어 있지 않다면 도급인에게는 수급인의 업무와 관련하여 사고방지에 필요한 안전조치를 해야 할 주의의무가 없다.

④ 교통이 빈번한 간선도로에서 횡단보도의 보행자 신호등이 적색으로 표시된 경우 운전자는 보행자가 동 적색신호를 무시하고 갑자기 뛰어나올 가능성에 대비하여 운전하여야 할 업무상 주의의무는 없다.

정선 핵심

① 골프카트 운전자 → 출발 전 승객의 안전을 확인할 업무상주의의무 ○
② 의사의 과실 → 같은 업무와 직무에 종사하는 일반적 보통인의 주의 정도를 표준
③ 도급인의 주의의무 인정 여부
 ⋯→ 구체적으로 지시·감독한 경우 : ○
 ⋯→ 법령에 의하여 구체적인 관리·감독의무가 부여된 경우 : ○
④ 횡단보도의 신호등이 적색인 때 주행하는 운전자 → 적색신호를 무시하는 보행자를 대비할 주의의무 ×

정선 해설

[❶ ▸ ○] 대판 2010.7.22. 2010도1911

[❷ ▸ ○] 대판 2011.4.14. 2010도10104

[❸ ▸ ×] 법령에 의하여 도급인에게 수급인의 업무에 관하여 구체적인 관리·감독의무가 부여되어 있거나 도급인이 공사의 시공이나 개별작업에 관하여 구체적으로 지시·감독하였다는 등의 특별한 사정이 없는 한, 도급인에게는 수급인의 업무와 관련하여 사고방지에 필요한 안전조치를 할 주의의무가 없다(대판 2015.10.29. 2015도5545).

[❹ ▸ ○] 차량의 운전자로서는 횡단보도의 신호가 적색인 상태에서 반대차선상에 정지하여 있는 차량의 뒤로 보행자가 건너오지 않을 것이라고 신뢰하는 것이 당연하고 그렇지 아니할 사태까지 예상하여 그에 대한 주의의무를 다하여야 한다고는 할 수 없다(대판 1993.2.23. 92도2077).

답 ❸

393
□□□

과실범에 관한 설명 중 가장 적절하지 않은 것은?(다툼이 있는 경우 판례에 의함)

20 경찰채용

① 의료과오사건에서 의사의 과실을 인정하려면 결과발생을 예견할 수 있고 또 회피할 수 있었는데도 예견하거나 회피하지 못한 점을 인정할 수 있어야 하는데, 의사의 과실이 있는지는 같은 업무 또는 분야에 종사하는 평균적인 의사가 보통 갖추어야 할 통상의 주의의무를 기준으로 판단하여야 한다.

② 택시운전자인 피고인이 심야에 밀집된 주택 사이의 좁은 골목길이자 직각으로 구부러져 가파른 비탈길의 내리막에 누워 있던 피해자의 몸통 부위를 자동차 바퀴로 역과하여 사망에 이르게 하고 그 자리에서 도주한 경우, 위 사고 당시 시각과 사고 당시 도로상황 등에 비추어 자동차 운전업무에 종사하는 피고인으로서는 평소보다 더욱 속도를 줄이고 전방 좌우를 면밀히 주시하여 안전하게 운전함으로 써 사고를 미연에 방지할 주의의무가 있다.

③ 야간에 고속도로에서 차량을 운전하는 자는 주간과는 달리 노면상태 및 가시거리상태 등에 따라 고속도로상의 제한 최고속도 이하의 속도로 감속·서행할 주의의무가 있으므로, 야간에 선행사고로 인하여 전방에 정차해 있던 승용차와 그 옆에 서 있던 피해자를 충돌한 경우 운전자에게 제한속도 이하로 감속 운전하지 않은 과실이 있다.

④ 안전배려 내지 안전관리사무에 계속적으로 종사하지 않았더라도 건물의 소유자로서 건물을 비정기적으로 수리하거나 건물의 일부분을 임대한 자는 건물의 화재가 발생하는 것을 미리 막아야 할 업무상주의의무를 부담한다.

정선 핵심

① 의사의 과실 → 평균적인 의사가 보통 갖추어야 할 통상의 주의의무를 기준
② 택시운전자 → 누워 있던 피해자를 역과하여 사망에 이르게 하고 도주한 경우 사고를 방지할 주의의무 ○
③ 야간 고속도로의 차량운전자 → 정차해 있던 승용차와 피해자를 충돌한 경우 감속 운전하지 않은 과실 ○
④ 소유자로서 건물을 비정기적으로 수리하거나 임대한 자 → 화재를 예방할 업무상주의의무 ×

정선 해설

[❶ ▸ O] 대판 2011.4.14. 2010도10104

[❷ ▸ O] 대판 2011.5.26. 2010도17506

[❸ ▸ O] 야간에 고속도로에서 차량을 운전하는 자는 주간에 정상적인 날씨 아래에서 고속도로를 운행하는 것과는 달리 노면상태 및 가시거리상태 등에 따라 고속도로상의 제한최고속도 이하의 속도로 감속·서행할 주의의무가 있다. 야간에 선행사고로 인하여 전방에 정차해 있던 승용차와 그 옆에 서 있던 피해자를 충돌한 사안에서 운전자에게 고속도로상의 제한최고속도 이하의 속도로 감속운전하지 아니한 과실이 있다(대판 1999.1.15. 98도2605).

[❹ ▸ X] 판례의 취지를 고려하면, 건물의 소유자로서 건물을 비정기적으로 수리하거나 건물의 일부분을 임대한 자는 업무상주의의무가 인정되지 아니한다.

> 업무상과실치상죄에 있어서의 '업무'란 사람의 사회생활면에서 하나의 지위로서 계속적으로 종사하는 사무를 말하고, 안전배려 내지 안전관리 사무에 계속적으로 종사하여 위와 같은 지위로서의 계속성을 가지지 아니한 채 단지 건물의 소유자로서 건물을 비정기적으로 수리하거나 건물의 일부분을 임대하였다는 사정만으로는 업무상과실치상죄에 있어서의 '업무'로 보기 어렵다(대판 2009.5.28. 2009도1040).

답 ❹

394 □□□

다음 중 과실범에 대한 설명으로 가장 옳지 않은 것은?(다툼이 있는 경우 판례에 의함)

20 해경승진

① 정상적으로 기울여야 할 주의를 게을리하여 죄의 성립요소인 사실을 인식하지 못한 행위는 법률에 특별한 규정이 있는 경우에 한하여 처벌한다.

② 의사가 설명의무를 위반한 채 의료행위를 하여 피해자에게 상해가 발생하였다 하더라도, 업무상 과실로 인한 형사책임을 지기 위해서는 피해자의 상해와 의사의 설명의무 위반 내지 승낙취득과정의 잘못 사이에 상당인과관계가 존재하여야 하고, 이는 한의사의 경우에도 마찬가지이다.

③ 골프카트 운전자는 골프카트 출발 전에 승객들에게 안전손잡이를 잡도록 고지하고 승객이 안전손잡이를 잡은 것을 확인하고 출발하여야 할 업무상주의의무가 있다.

④ 도급인이 수급인에게 공사의 시공이나 개별작업에 관하여 구체적으로 지시·감독하였더라도 법령에 의하여 도급인에게 구체적인 관리·감독의무가 부여되어 있지 않다면 도급인에게는 수급인의 업무와 관련하여 사고방지에 필요한 안전조치를 해야 할 주의의무가 없다.

정선 핵심

① 주의를 게을리하여 죄의 성립요소인 사실을 인식하지 못한 경우 → 법률에 특별한 규정이 있는 경우에 한하여 처벌

② 설명의무를 위반한 업무상과실로 인한 형사책임 → 설명의무 위반과 사망 사이에 상당인과관계 필요(한의사도 동일)

③ 골프카트 운전자 → 출발 전 승객의 안전을 확인할 업무상주의의무 O

④ 도급인의 주의의무 인정 여부
⋯→ 구체적으로 지시·감독한 경우 : O
⋯→ 법령에 의하여 구체적인 관리·감독의무가 부여된 경우 : O

정선 해설

[❶ ▸ O] 형법 제14조 참조

> **법령** 과실(형법 제14조) 정상적으로 기울여야 할 주의(注意)를 게을리하여 죄의 성립요소인 사실을 인식하지 못한 행위는 법률에 특별한 규정이 있는 경우에만 처벌한다.

[❷ ▸ O] 대판 2011.4.14. 2010도10104

[❸ ▸ O] 대판 2010.7.22. 2010도1911

[❹ ▸ ×] 법령에 의하여 도급인에게 수급인의 업무에 관하여 구체적인 관리·감독의무가 부여되어 있거나 도급인이 공사의 시공이나 개별작업에 관하여 구체적으로 지시·감독하였다는 등의 특별한 사정이 없는 한, 도급인에게는 수급인의 업무와 관련하여 사고방지에 필요한 안전조치를 할 주의의무가 없다(대판 2015.10.29. 2015도5545).

답 ❹

395 □□□

과실범에 대한 설명으로 옳지 않은 것은?(다툼이 있는 경우 판례에 의함) 15 경찰간부

① 형법 제268조의 업무상과실의 유무를 판단함에는 같은 업무와 직무에 종사하는 일반적 보통인의 주의의무 정도를 표준으로 한다.

② 술을 마시고 찜질방에 들어온 피해자가 찜질방 직원 몰래 후문으로 나가 술을 더 마신 다음 후문으로 다시 들어와 발한실에서 잠을 자다가 사망한 경우 찜질방 직원 및 영업주에게 업무상과실치사죄가 성립한다.

③ 간호사에게 정맥주사를 주도록 처방한 의사는 자신의 지시를 받은 간호사가 자신의 기대와는 달리 간호실습생에게 단독으로 주사하게 하리라는 사정을 예견할 수 없었고, 그 스스로 직접 주사를 하거나 또는 직접 주사하지 않더라도 현장에 입회하여 간호사의 주사행위를 직접 감독할 주의의무가 있다고 보기 어렵다.

④ 의료과오사건에 있어서 의사의 과실을 인정하려면 결과발생을 예견할 수 있고 또 회피할 수 있었음에도 이를 하지 못한 점이 인정되어야 한다.

정선 핵심

① 업무상과실 → 같은 업무와 직무에 종사하는 일반적 보통인의 주의의무를 표준
② 피해자가 몰래 나가 술을 더 마시고 들어와 잠을 자다가 사망한 경우 → 찜질방 직원 및 영업주에게 업무상과실치사죄 ×
③ 정맥주사를 처방한 의사 → 간호실습생에게 주사하게 하리라는 사정을 예견할 수 없었고, 간호사의 주사행위를 직접 감독할 주의의무 ×
④ 의사의 과실 → 구성요건적 결과의 예견가능성과 회피가능성 필요

정선 해설

[❶ ▸ O] 의료사고에서 의사의 과실을 인정하기 위해서는 의사가 결과발생을 예견할 수 있었음에도 이를 예견하지 못하였고 결과발생을 회피할 수 있었음에도 이를 회피하지 못한 과실이 검토되어야 하고, 과실의 유무를 판단할 때에는 같은 업무와 직무에 종사하는 보통인의 주의 정도를 표준으로 하여야 한다(대판 2011.4.14. 2010도10104).

[❷ ▸ ×] 판례(대판 2010.2.11. 2009도9807)의 취지를 고려하면, 찜질방 직원 및 영업주에게 업무상과실치사죄가 성립하지 아니한다.

[❸ ▸ O] 간호사가 의사의 처방에 의한 정맥주사(Side Injection방식)를 의사의 입회 없이 간호실습생(간호학과 대학생)에게 실시하도록 하여 의료사고가 발생한 경우, 의사인 피고인에게 스스로 직접 주사를 하거나 또는 직접 주사하지 않더라도 현장에 입회하여 간호사의 주사행위를 직접 감독할 업무상주의의무가 있다고 보기 어렵다(대판 2003.8.19. 2001도3667).

[❹ ▸ O] 대판 2011.4.14. 2010도10104

답 ❷

396
□□□

甲의 행위를 과실범으로 처벌할 수 없는 경우만을 모두 고른 것은?(다툼이 있는 경우 판례에 의함) 14 국가7급

ㄱ. 후행차량 운전자 甲이 선행차량에 이어 피해자를 연속하여 역과하는 과정에서 피해자가 사망한 경우
ㄴ. 의사 甲이 간호사에게 환자에 대한 수혈을 맡겼는데, 간호사가 다른 환자에게 수혈할 혈액을 당해 환자에게 잘못 수혈하여 환자가 사망한 경우
ㄷ. 안내원이 없는 시내버스의 운전사 甲이 버스정류장에서 일단의 승객을 하차시킨 후 통상적으로 버스를 출발시키던 중 뒤늦게 버스 뒤편 좌석에서 일어나 앞쪽으로 걸어 나오던 피해자가 균형을 잃고 넘어진 경우
ㄹ. 정신병동의 당직간호사 甲이 당직을 하던 중 그 정신병동에 입원 중인 환자가 완전감금병동의 화장실 창문을 열고 탈출하려다가 떨어져 사망한 경우
ㅁ. 고속도로상을 운행하는 자동차운전자 甲이 고속도로를 횡단하려는 피해자를 그 차의 제동거리 밖에서 발견하였지만 제때에 제동하지 않아 피해자를 추돌하여 사망한 경우

① ㄱ, ㄴ　② ㄷ, ㄹ
③ ㄱ, ㄷ, ㅁ　④ ㄴ, ㄹ, ㅁ

정선 핵심

과실범의 인정 여부
ㄱ. 후행차량 운전자가 피해자를 연속하여 역과하여 피해자가 사망한 경우 → ○
ㄴ. 의사의 일임을 받은 간호사가 잘못 수혈하여 사망한 경우 → ○
ㄷ. 버스승객인 피해자가 넘어진 경우 → 운전사의 과실 ×
ㄹ. 정신병동의 입원환자가 화장실 창문으로 탈출하려다가 사망한 경우 → 당직간호사의 과실 ×
ㅁ. 운전자가 고속도로를 횡단하려는 피해자를 제동거리 밖에서 발견하였지만 추돌하여 사망하게 한 경우 → ○

정선 해설

[ㄱ ▸ ×] 선행차량에 이어 피고인 운전 차량이 피해자를 연속하여 역과하는 과정에서 피해자가 사망한 경우, 피고인의 업무상과실이 인정된다(대판 2001.12.11. 2001도5005).

유사판례 대판 1990.5.22. 90도580

피고인이 야간에 오토바이를 운전하다가 도로를 무단횡단하던 피해자를 충격하여 피해자로 하여금 위 도로상에 전도케 하고, 그로부터 약 40초 내지 60초 후에 다른 사람이 운전하던 타이탄트럭이 도로위에 전도되어 있던 피해자를 역과하여 사망케 한 경우, 피고인이 전방좌우의 주시를 게을리한 과실로 피해자를 충격하였고 나아가 이 사건 사고지점 부근 도로의 상황에 비추어 야간에 피해자를 충격하여 위 도로에 넘어지게 한 후 40초 내지 60초 동안 그대로 있게 한다면 후속차량의 운전사들이 조금만 전방주시를 태만히 하여도 피해자를 역과할 수 있음이 당연히 예상되었던 경우라면 피고인의 과실행위는 피해자의 사망에 대한 직접적 원인을 이루는 것이어서 양자 간에는 상당인과관계가 있다.

[ㄴ ▸ ×] 간호사가 다른 환자에게 수혈할 혈액을 당해 환자에게 잘못 수혈하여 환자가 사망한 경우, 의사는 당해 의료행위가 환자에게 위해가 미칠 위험이 있는 이상 간호사가 과오를 범하지 않도록 충분히 지도·감독을 하여 사고의 발생을 미연에 방지하여야 할 주의의무가 있고, 이를 소홀히 한 채 만연히 간호사를 신뢰하여 간호사에게 당해 의료행위를 일임함으로써 간호사의 과오로 환자에게 위해가 발생하였다면 의사는 그에 대한 과실책임을 면할 수 없다(대판 1998.2.27. 97도2812).
[ㄷ ▸ ○] 대판 1992.4.28. 92도56

[ㄹ ▸ O] 정신병동에 입원 중인 환자가 완전감금병동의 화장실 창문을 열고 탈출하려다가 떨어져 죽은 사고에 있어서 위 병동의 당직간호사에게 그 업무상주의의무를 게을리한 과실이 있다고 유죄로 인정한 원심판결은 그 업무상주의의무에 관한 법리오해 등 위법이 있다(대판 1992.4.28. 91도1346).

[ㅁ ▸ X] 판례의 취지를 고려하면, 甲에게 신뢰의 원칙이 적용되지 아니하므로 甲의 과실이 인정된다.

> 고속도로상을 운행하는 자동차운전자는 통상의 경우 보행인이 그 도로의 중앙방면으로 갑자기 뛰어드는 일이 없으리라는 신뢰하에서 운행하는 것이지만 위 도로를 횡단하려는 피해자를 그 차의 제동거리 밖에서 발견하였다면 피해자가 반대 차선의 교행차량 때문에 도로를 완전히 횡단하지 못하고 그 진행차선 쪽에서 멈추거나 다시 되돌아 나가는 경우를 예견해야 하는 것이다(대판 1981.3.24. 80도3305).

답 ❷

397 □□□

과실범에 관한 설명 중 가장 적절한 것은?(다툼이 있는 경우 판례에 의함) 15 경찰승진

① 의료과오사건에서 의사의 과실 유무를 판단할 때에는 동일 업종에 종사하는 일반적 보통인의 주의 정도를 표준으로 하고, 사고 당시의 일반적인 의학수준과 의료환경 및 조건 등을 고려하여야 한다.

② 형법 제10조 제3항(원인에 있어서 자유로운 행위)은 고의에 의한 원인에 있어서의 자유로운 행위만을 규정하며, 과실에 의한 원인에 있어서의 자유로운 행위까지 포함하는 것은 아니다.

③ 교량붕괴 사고와 관련하여, 건설업자 甲과 이를 감독하는 공무원 乙 및 완공된 교량의 관리를 담당하는 공무원 丙의 과실이 서로 합쳐져 교량이 붕괴된 사실이 인정되더라도 과실범의 공동정범이 성립되지 않는다.

④ 택시운전기사가 심야에 밀집된 주택 사이의 좁은 골목길이자 직각으로 구부러져 가파른 비탈길의 내리막에서 그다지 속도를 줄이지 않고 진행하다가 내리막에 누워 있던 피해자의 몸통 부위를 택시 바퀴로 역과하여 그 자리에서 사망에 이르게 한 경우 그에게 업무상주의의무 위반을 인정할 수 없다.

정선 핵심

① 의사의 과실 → 일반적 보통인의 주의 정도를 표준으로, 사고 당시의 일반적인 의학 수준과 의료환경 및 조건 등을 고려

② 형법 제10조 제3항 → 과실에 의한 원인에 있어서의 자유로운 행위도 적용

③ 교량붕괴사고의 각 단계에 관여한 자의 과실이 합쳐지면 교량이 붕괴될 수 있다는 점은 쉽게 예상할 수 있었던 경우 → 과실범의 공동정범 O

④ 택시운전자 → 누워 있던 피해자를 역과하여 사망에 이르게 하고 도주한 경우 업무상주의의무 위반 O

정선 해설

[❶ ▸ O] 대판 2011.4.14. 2010도10104

[❷ ▸ X] 형법 제10조 제3항은 고의에 의한 원인에 있어서의 자유로운 행위만이 아니라 과실에 의한 원인에 있어서의 자유로운 행위까지도 포함하는 것으로서 위험의 발생을 예견할 수 있었는데도 자의로 심신장애를 야기한 경우도 그 적용 대상이 된다(대판 2007.7.27. 2007도4484).

[❸ ▸ X] 성수대교와 같은 교량이 그 수명을 유지하기 위하여는 건설업자의 완벽한 시공, 감독공무원들의 철저한 제작시공상의 감독 및 유지·관리를 담당하고 있는 공무원들의 철저한 유지·관리라는 조건이 합치되어야 하는 것이므로, 위 각 단계에서의 과실 그것만으로 붕괴원인이 되지 못한다고 하더라도, 그것이 합쳐지면 교량이 붕괴될 수 있다는 점은 쉽게 예상할 수 있고, 따라서 위 각 단계에 관여한 자는 전혀 과실이 없다거나 과실이 있다고 하여도 교량붕괴의 원인이 되지 않았다는 등의 특별한 사정이 있는 경우를 제외하고는 붕괴에 대한 공동책임을 면할 수 없다(대판 1997.11.28. 97도1740).

[❹ ▸ ×] 사고 당시 시각과 사고 당시 도로상황 등에 비추어 자동차 운전업무에 종사하는 피고인으로서는 평소보다 더욱 속도를 줄이고 전방 좌우를 면밀히 주시하여 안전하게 운전함으로써 사고를 미연에 방지할 주의의무가 있었는데도, 이를 게을리한 채 그다지 속도를 줄이지 아니한 상태로 만연히 진행하던 중 전방 도로에 누워 있던 피해자를 발견하지 못하여 사고를 일으켰으므로, 사고 당시 피고인에게는 이러한 업무상주의의무를 위반한 잘못이 있다(대판 2011.5.26. 2010도17506).

답 ❶

398 □□□

과실범에 관한 설명 중 가장 적절하지 않은 것은?(다툼이 있는 경우 판례에 의함)

14 경찰승진

① 공동정범은 고의범이나 과실범을 불문하고 의사의 연결이 있는 경우이면 그 성립을 인정할 수 있다.

② 고속국도를 주행하는 차량의 운전자는 도로 양측에 휴게소가 있다하더라도 동 도로상에 보행자가 있을 것을 예상하여 감속 등 조치를 할 주의의무는 없다.

③ 술을 마시고 찜질방에 들어온 甲이 찜질방 직원 몰래 후문으로 나가 술을 더 마신 다음 후문으로 다시 들어 와 발한실(發汗室)에서 잠을 자다가 사망한 경우 찜질방 직원 및 영업주에게 몰래 후문으로 출입하는 모든 자를 통제・관리하여야 할 업무상주의의무가 있다고 보기 어렵다.

④ 과실일수죄는 형법상 처벌규정이 있으나 과실교통방해죄는 형법상 처벌규정이 없다.

정선 핵심

① 고의범뿐만 아니라 과실범의 공동정범 → ○
② 고속국도를 주행하는 운전자 → 양측에 휴게소가 있더라도 감속할 주의의무 ×
③ 찜질방 직원 및 영업주 → 피해자가 몰래 나가 술을 더 마시고 들어와 잠을 자다가 사망한 경우 업무상주의의무 ×
④ 과실일수죄, 과실교통방해죄 → 처벌규정 ○

정선 해설

[❶ ▸ ○] 형법 제30조에 공동하여 죄를 범한 때의 죄는 고의범이건 과실범이건 불문한다고 해석하여야 한다(대판 1962.3.29. 61도598).

[❷ ▸ ○] 대판 1977.6.28. 77도403

[❸ ▸ ○] 술을 마시고 찜질방에 들어온 甲이 찜질방 직원 몰래 후문으로 나가 술을 더 마시고 들어와 잠을 자다가 사망한 경우, 찜질방 직원 및 영업주가 공중위생영업자로서의 업무상주의의무를 위반하였다고 본 원심판단에는 법리오해 및 심리미진의 위법이 있다(대판 2010.2.11. 2009도9807).

[❹ ▸ ×] 형법상 과실일수죄(형법 제181조)와 과실교통방해죄(형법 제189조 제1항)는 처벌규정이 있다.

답 ❹

399
□□□

과실범에 대한 설명으로 옳지 않은 것은 모두 몇 개인가?(다툼이 있는 경우 판례에 의함)

16 경찰간부

ㄱ. 술을 마시고 찜질방에 들어온 자가 찜질방 직원 몰래 후문으로 나가 술을 더 마시고 들어와 잠을 자다가 사망한 경우, 찜질방 주인에게는 후문으로 출입하는 모든 자를 통제·관리할 업무상주의의무가 있다.
ㄴ. 녹색등화에 따라 왕복 8차선의 간선도로를 직진하는 차량의 운전자는 특별한 사정이 없는 한 접속도로에서 진행하여 오던 차량이 아예 허용되지 아니하는 좌회전을 감행하여 직진하는 자기 차량의 앞을 가로질러 진행하여 올 경우까지 예상하여 그에 따른 사고를 미리 방지할 특별한 조치까지 강구할 주의의무가 없다.
ㄷ. 대학병원의 과장이라는 이유만으로 외래담당의사 및 담당수련의들의 처치와 치료결과를 주시하고 적절한 수술방법을 지시하거나 담당의사 대신 직접 수술을 하고 농배양을 지시·감독할 주의의무가 있다고 단정할 수 없다.
ㄹ. 형법 제30조 소정의 "2인 이상이 공동하여 죄를 범한 때"의 "죄"에는 고의범이 아닌 과실범은 포함되지 아니하므로 2인 이상이 일정한 과실행위를 서로의 의사연락 하에 실행하여 범죄의 결과가 발생하더라도 과실범의 공동정범은 성립하지 아니한다.

① 0개　　② 1개
③ 2개　　④ 3개

정선 핵심

ㄱ. 찜질방 직원 및 영업주 → 피해자가 몰래 나가 술을 더 마시고 들어와 잠을 자다가 사망한 경우 업무상주의의무 ×
ㄴ. 녹색등화에 따라 직진하는 운전자 → 위법한 좌회전에 대한 업무상주의의무 ×
ㄷ. 대학병원 과장 → 외래담당의사에게 적절한 수술방법을 지시하거나 직접 수술을 하고 농배양을 지시·감독할 주의의무 ×
ㄹ. 2인 이상이 의사연락하에 과실행위로 범죄의 결과를 발생케 한 경우 → 과실범의 공동정범 ○

정선 해설

[ㄱ ▸ ×] 술을 마시고 찜질방에 들어온 甲이 찜질방 직원 몰래 후문으로 나가 술을 더 마시고 들어와 잠을 자다가 사망한 경우, 찜질방 직원 및 영업주가 공중위생영업자로서의 업무상주의의무를 위반하였다고 본 원심판단에는 법리오해 및 심리미진의 위법이 있다(대판 2010.2.11. 2009도9807).
[ㄴ ▸ ○] 대판 1998.9.22. 98도1854
[ㄷ ▸ ○] 대판 1996.11.8. 95도2710
[ㄹ ▸ ×] 2인 이상이 어떠한 과실행위를 서로의 의사연락 아래 하여 범죄되는 결과를 발생케 한 경우에는 과실범의 공동정범이 성립된다(대판 1962.3.29. 4294형상598).

답 ❸

400 □□□

과실에 관한 설명 중 가장 적절하지 않은 것은?(다툼이 있으면 판례에 의함)

16 경찰승진

① 차량의 운전자가 횡단보도의 신호가 적색인 상태에서 반대차선 상에 정지하여 있는 차량의 뒤로 보행자가 건너오는 사태를 예상하여야 할 주의의무가 없다.

② 술을 마시고 찜질방에 들어온 甲이 찜질방 직원 몰래 후문으로 나가 술을 더 마신 다음 후문으로 다시 들어와 발한실에서 잠을 자다가 사망한 경우 찜질방 직원 및 영업주에게 몰래 후문으로 출입하는 모든 자를 통제・관리하여야 할 업무상주의의무가 있다고 보기 어렵다.

③ 의사 甲이 간호사에게 환자에 대한 수혈을 맡겼는데, 간호사가 다른 환자에게 수혈할 혈액을 당해 환자에게 잘못 수혈하여 환자가 사망한 경우 甲의 행위를 과실범으로 처벌할 수 있다.

④ 골프경기 중 골프공을 쳐서 아무도 예상하지 못한 자신의 등 뒤편으로 보내어 등 뒤에 있던 경기보조원(캐디)이 상해를 입은 경우에는 주의의무를 위반한 것으로 볼 수 없으므로 과실치상죄가 성립하지 않는다.

정선 핵심

① 횡단보도의 신호등이 적색인 때 주행하는 운전자 → 적색신호를 무시하는 보행자를 대비할 주의의무 ×
② 찜질방 직원 및 영업주 → 몰래 후문으로 출입하는 모든 자를 통제・관리하여야 할 업무상주의의무 ×
③ 의사의 일임을 받은 간호사가 잘못 수혈하여 사망한 경우 → 업무상과실치사죄 ○
④ 골프공을 뒤편으로 보내 경기보조원이 상해를 입은 경우 → 과실치상죄 ○

정선 해설

[❶ ▸ ○] 대판 1993.2.23. 92도2077

[❷ ▸ ○] 판례(대판 2010.2.11. 2009도9807)의 취지를 고려하면, 찜질방 직원 및 영업주에게 업무상주의의무가 인정되지 아니한다.

[❸ ▸ ○] 대판 1998.2.27. 97도2812

> **관련판례** **대판 1990.5.22. 90도579**
>
> 산부인과 의사인 피고인이 피해자에 대한 임신중절수술을 시행하기 위하여 마취주사를 시주함에 있어 피고인이 직접 주사하지 아니하고, 만연히 간호조무사로 하여금 직접방법에 의하여 에폰톨 500밀리그램이 함유된 마취주사를 피해자의 우측 팔에 놓게 하여 피해자에게 상해를 입혔다면 이에는 의사로서의 주의의무를 다하지 아니한 과실이 있다고 할 것이다.

[❹ ▸ ×] 골프경기를 하던 중 골프공을 쳐서 아무도 예상하지 못한 자신의 등 뒤편으로 보내어 등 뒤에 있던 경기보조원(캐디)에게 상해를 입힌 경우에는 주의의무를 현저히 위반하여 사회적 상당성의 범위를 벗어난 행위로서 과실치상죄가 성립한다(대판 2008.10.23. 2008도6940).

답 ❹

401
□□□

과실범의 신뢰보호의 원칙에 관한 설명 중 옳지 않은 것은?(다툼이 있으면 판례에 의함)

16 사시

① 보행자의 횡단이 금지되어 있는 육교 밑 차도를 주행하는 운전자는 차도에 보행자가 뛰어들 것을 예상하여 감속조치를 취할 업무상주의의무가 있다.

② 중앙선이 표시되어 있지 아니한 비포장도로라고 하더라도 승용차가 넉넉히 서로 마주보고 진행할 수 있는 정도의 너비가 되는 도로라면 특별한 사정이 없는 한 마주 오는 차가 중앙이나 좌측 부분으로 진행하여올 것까지 예상하여 적절한 조치를 취할 업무상주의의무가 없다.

③ 반대방향에서 오는 차량이 이미 중앙선을 침범하여 비정상적인 운행을 하고 있음을 목격한 경우에는 자기의 진행전방에 돌입할 가능성을 예견하고 주의 깊게 운행할 업무상주의의무가 있다.

④ 고속국도를 주행하는 운전자는 도로 양측에 휴게소가 있는 경우라도 도로를 무단 횡단하는 보행자가 있음을 예상하여 감속 등의 조치를 취할 업무상주의의무가 없다.

⑤ 환자의 주치의 겸 정형외과 전공의인 의사는 같은 과 수련의사가 당해 환자에 대하여 한 처방이 적절한 것인지의 여부를 확인하고 감독해야 할 업무상주의의무가 있다.

정선 핵심

① 육교 밑 차도를 주행하는 운전자 → 피해자가 차도로 뛰어들어 오리라고 예상하여 감속조치를 취할 업무상주의의무 ×

② 비포장도로를 운행하는 운전자 → 마주 오는 차가 중앙이나 좌측 부분으로 진행하여올 것까지 예상하여 적절한 조치를 취할 업무상주의의무 ×

③ 반대방향에서 오는 차량이 비정상적인 운행을 하고 있음을 목격한 운전자 → 진행전방에 돌입할 가능성을 예견하고 주의 깊게 운행할 업무상주의의무 ○

④ 고속국도를 주행하는 운전자 → 양측에 휴게소가 있더라도 감속할 업무상주의의무 ×

⑤ 주치의 겸 정형외과 전공의인 의사 → 처방이 적절한 것인지의 여부를 확인하고 감독해야 할 업무상주의의무 ○

정선 해설

[❶ ▸ ×] 육교 밑 차도를 주행하는 자동차운전자가 전방 보도 위에 서 있는 피해자를 발견했다 하더라도 운전자로서는 일반보행자들이 교통관계법규를 지켜 차도를 횡단하지 아니하고 육교를 이용하여 횡단할 것을 신뢰하여 운행하면 족하다 할 것이고 불의에 뛰어드는 보행자를 예상하여 이를 사전에 방지해야 할 조치를 취할 업무상주의의무는 없다(대판 1985.9.10. 84도1572).

[❷ ▸ ○] 대판 1992.7.28. 92도1137

[❸ ▸ ○] 대판 1986.2.25. 85도2651

[❹ ▸ ○] 대판 1977.6.28. 77도403

[❺ ▸ ○] 피고인이 피해자의 주치의 겸 이 사건 병원 정형외과의 전공의로서, 같은 과의 수련의인 공소 외 1이 피고인의 담당 환자인 피해자에 대하여 한 처방이 적절한 것인지의 여부를 확인하고 감독하여야 할 업무상주의의무가 있음에도 불구하고 위 의무를 소홀히 한 나머지, 피해자가 공소 외 1의 잘못된 처방으로 인하여 이 사건 상해를 입게 되었다면 피고인에게는 업무상과실치상죄가 성립한다(대판 2007.2.22. 2005도9229).

답 ❶

402 □□□

과실범에서 신뢰의 원칙에 대한 설명으로 옳지 않은 것은?(다툼이 있는 경우 판례에 의함)

17 국가9급

① 중앙선 표시가 있는 직선도로에서 특별한 사정이 없는 한 그 대향차선상의 차량이 중앙선을 넘어 반대차선에 진입하지 않으리라고 믿는 것이 우리의 경험칙에 합당하다.
② 약사가 의약품을 판매하거나 조제함에 있어서 특별한 사정이 없는 한 그 약의 포장상의 표시를 신뢰하고 이를 사용한 경우에는 과실이 없다.
③ 의사가 환자에 대하여 다른 의사와 의료행위를 분담하는 경우에 다른 의사의 전공과목에 전적으로 속하는 사항에 대하여는 다른 의사가 하는 의료행위의 내용이 적절한 것인지의 여부를 확인하고 감독하여야 할 업무상주의의무가 없다.
④ 횡단보도의 보행자 신호등이 적색으로 표시된 경우에도 운전자는 보행자가 적색신호를 무시하고 갑자기 뛰어나올 가능성에 대비하여 운전하여야 할 업무상의 주의의무가 있다.

정선 핵심

① 대향차선상의 차량 → 반대차선에 진입하지 않으리라고 믿는 것이 경험칙
② 약사가 의약품의 포장상의 표시를 신뢰하고 사용한 경우 → 업무상과실 ×
③ 의료행위를 분담하는 의사 → 다른 의사의 전공과목에 속하는 사항에 대한 의료행위를 확인·감독하여야 할 업무상주의의무 ×
④ 횡단보도의 신호등이 적색인 때 주행하는 운전자 → 적색신호를 무시하는 보행자를 대비할 주의의무 ×

정선 해설

[❶ ▸ ○] 대판 1995.7.11. 95도382

[❷ ▸ ○] 대판 1976.2.10. 74도2046

[❸ ▸ ○] 내과의사가 신경과 전문의에 대한 협의진료 결과 피해자의 증세와 관련하여 신경과 영역에서 이상이 없다는 회신을 받았고, 그 회신 전후의 진료경과에 비추어 그 회신 내용에 의문을 품을 만한 사정이 있다고 보이지 않자 그 회신을 신뢰하여 뇌혈관계통 질환의 가능성을 염두에 두지 않고 내과 영역의 진료 행위를 계속하다가 피해자의 증세가 호전되기에 이르자 퇴원하도록 조치한 경우, 피해자의 지주막하출혈을 발견하지 못한 데 대하여 내과의사의 업무상과실을 부정된다(대판 2003.1.10. 2001도3292).

[❹ ▸ ×] 차량의 운전자로서는 횡단보도의 신호가 적색인 상태에서 반대차선상에 정지하여 있는 차량의 뒤로 보행자가 건너오지 않을 것이라고 신뢰하는 것이 당연하고 그렇지 아니할 사태까지 예상하여 그에 대한 주의의무를 다하여야 한다고는 할 수 없다(대판 1993.2.23. 92도2077).

답 ❹

403 □□□

과실범에 관한 다음 설명 중 가장 옳지 않은 것은?

20 법원행시

① 과실범에 있어서의 비난가능성의 지적 요소란 결과발생의 가능성에 대한 인식으로서 인식 있는 과실에는 이와 같은 인식이 있고, 인식 없는 과실에는 이에 대한 인식자체도 없는 경우이나, 전자에 있어서 책임이 발생함은 물론, 후자에 있어서도 그 결과발생을 인식하지 못하였다는 데에 대한 부주의 즉 규범적 실재로서의 과실책임이 있다.

② 과실 유무는 같은 업무와 직무에 종사하는 일반적 보통인의 주의 정도를 표준으로 판단하여야 한다.

③ 고속도로를 운행하는 자동차의 운전자로서는 일반적인 경우에 고속도로를 횡단하는 보행자가 있을 것까지 예견하여 보행자와의 충돌사고를 예방하기 위하여 급정차 등의 조치를 취할 수 있도록 대비하면서 운전할 주의의무가 없다.

④ 한의사인 피고인이 피해자에게 문진하여 과거 봉침을 맞고도 별다른 이상반응이 없었다는 답변을 듣고 알레르기반응검사(Skin Test)를 생략한 채 환부인 목 부위에 봉침시술을 하였는데, 피해자가 위 시술 직후 아나필락시쇼크반응을 나타내는 등 상해를 입은 경우, 피고인에게 피해자를 상대로 알레르기반응검사를 실시할 주의의무 위반이 인정된다.

⑤ 병원 인턴인 피고인이 응급실로 이송되어 온 익수환자 甲을 담당의사 乙의 지시에 따라 구급차에 태워 다른 병원으로 이송하게 되었고, 피고인이 乙에게서 이송 도중 甲에 대한 앰부배깅(Ambu Bagging)과 진정제투여업무만을 지시받았다면, 피고인에게 일반적으로 구급차 탑승 전 또는 이송 도중 구급차에 비치되어 있는 산소통의 산소잔량을 확인할 주의의무가 있다고 보기는 어렵다.

정선 핵심

① 과실의 종류
→ 인식 있는 과실 : 구성요건의 실현가능성은 인식하였으나 실현되지 않을 것으로 신뢰한 경우
→ 인식 없는 과실 : 구성요건의 실현가능성을 인식하지 못한 경우

② 과실 유무 → 같은 업무와 직무에 종사하는 일반적 보통인의 주의 정도를 표준

③ 고속도로의 자동차운전자 → 보행자와의 충돌사고를 대비하면서 운전할 주의의무 ×

④ 봉침시술 후 상해를 입은 한의사 → 알레르기반응검사를 실시할 주의의무 ×

⑤ 병원 인턴 → 앰부배깅과 진정제투여업무만을 지시받은 경우 산소잔량을 확인할 주의의무 ×

정선 해설

[❶ ▸ O] 과실범의 경우 인식 없는 과실이나 인식 있는 과실은 불법과 책임에 있어서 차이가 없으나, 주관적 예견가능성은 인식 없는 과실에서만 문제된다.

[❷ ▸ O] 대판 2011.4.14. 2010도10104

[❸ ▸ O] 고속도로를 운행하는 자동차의 운전자로서는 일반적인 경우에 고속도로를 횡단하는 보행자가 있을 것까지 예견하여 보행자와의 충돌사고를 예방하기 위하여 급정차 등의 조치를 취할 수 있도록 대비하면서 운전할 주의의무가 없고, 다만 고속도로를 무단횡단하는 보행자를 충격하여 사고를 발생시킨 경우라도 운전자가 상당한 거리에서 보행자의 무단횡단을 미리 예상할 수 있는 사정이 있었고, 그에 따라 즉시 감속하거나 급제동하는 등의 조치를 취하였다면 보행자와의 충돌을 피할 수 있었다는 등의 특별한 사정이 인정되는 경우에만 자동차 운전자의 과실이 인정될 수 있다(대판 2000.9.5. 2000도2671).

[❹ ▸ ×] 한의사인 피고인이 알레르기반응검사(Skin Test)를 생략한 채 환부인 목 부위에 봉침시술을 하였는데, 피해자가 위 시술 직후 아나필락시쇼크반응을 나타내는 등 상해를 입은 경우, 피고인에게 과거 알레르기반응검사 및 약 12일 전 봉침시술에서도 이상반응이 없었던 피해자를 상대로 다시 알레르기반응검사를 실시할 의무가 있다고 보기는 어렵다(대판 2011.4.14. 2010도10104).

[❺ ▸ O] 대판 2011.9.8. 2009도13959

답 ❹

404 □□□

甲의 행위를 과실범으로 처벌할 수 있는 경우만을 모두 고른 것은?(다툼이 있는 경우 판례에 의함) 16 국가7급

ㄱ. 산부인과 의사 甲이 제왕절개수술을 시행 중 태반조기박리를 발견하고도 피해자의 출혈 여부 관찰을 간호사에게 지시하였다가 대량출혈 증상을 조기에 발견하지 못하고 수술 후 약 45분이 지나 대량출혈을 확인하고 전원 조치하였으나 전원을 지체하여 피해자로 하여금 신속한 수혈 등의 조치를 받지 못하게 하여 피해자가 사망한 경우

ㄴ. 산후조리원에 입소한 신생아가 계속하여 잦은 설사 등의 이상증세를 보임에도 불구하고, 산후조리원의 신생아 집단관리를 맡은 책임자인 甲이 의사 등의 진찰을 받도록 하지 않아 신생아가 사망한 경우

ㄷ. 의사들의 주의의무 위반과 처방체계상의 문제점으로 인하여 수술 후 회복과정에 있는 환자에게 인공호흡 준비를 갖추지 않은 상태에서는 사용할 수 없는 약제가 잘못 처방되었음에도 불구하고, 종합병원의 간호사 甲이 환자에 대한 투약과정 및 그 이후의 경과 관찰 등의 직무수행을 위하여 처방약제의 기본적인 약효나 부작용 및 주사 투약에 따르는 주의사항 등을 미리 확인·숙지하였다면 과실로 처방된 것임을 알 수 있었음에도 그대로 주사하여 환자가 의식불명상태에 이르게 된 경우

ㄹ. 병원 인턴 甲이 응급실로 이송되어 온 익수환자를 담당의사의 지시에 따라 구급차에 태워 다른 병원으로 이송하던 중 산소통의 산소잔량을 체크하지 않아 산소공급이 중단된 결과 환자를 폐부종 등으로 사망에 이르게 한 경우

① ㄱ, ㄹ ② ㄴ, ㄷ
③ ㄱ, ㄴ, ㄷ ④ ㄱ, ㄴ, ㄷ, ㄹ

정선 핵심

과실범의 성립 여부

ㄱ. 제왕절개수술 후 대량출혈이 있었으나 전원조치가 지연되어 사망한 경우 → O
ㄴ. 산후조리원 신생아의 사망 → O
ㄷ. 간호사가 의사의 과실로 처방된 주사제를 주사하여 환자가 의식불명상태에 이른 경우 → O
ㄹ. 병원 인턴이 산소잔량을 체크하지 않아 환자를 사망에 이르게 한 경우 → ×

정선 해설

[ㄱ ▸ O] 대판 2010.4.29. 2009도7070

비교판례 **대판 1997.4.8. 96도3082, 대판 2006.10.26. 2004도486**

- 제왕절개분만을 함에 있어서 산모에게 수혈을 할 필요가 있을 것이라고 예상할 수 있었다는 사정이 보이지 않는 한, 산후과다출혈에 대비하여 제왕절개수술을 시행하기 전에 미리 혈액을 준비할 업무상주의의무가 있다고 보기 어렵다.
- 30대 중반의 산모가 제왕절개 수술 후 폐색전증으로 사망한 경우, 제왕절개술로 출산한 30대 중반의 산모에게 발열·호흡곤란과 같이 비특이적인 증상·징후가 나타났다는 사정만을 가지고 담당의사가 폐색전증을 예견하지 못한 것에 어떠한 잘못이 있었다고 볼 수 없고, 따라서 이와 같이 폐색전증을 의심하기 어려운 상황에서 폐색전증을 확진하기 위하여 폐혈관조영술을 일반적으로 실시하여야 할 의무가 있다고 단정할 수도 없다고 할 것이다.

[ㄴ ▸ O] 대판 2007.11.16. 2005도1796
[ㄷ ▸ O] 대판 2009.12.24. 2005도8980
[ㄹ ▸ X] 담당의사 乙에게서 이송 도중 A에 대한 앰부배깅(Ambu Bagging)과 진정제투여업무만을 지시받은 피고인 甲에게 일반적으로 구급차 탑승 전 또는 이송 도중 구급차에 비치되어 있는 산소통의 산소잔량을 확인할 주의의무가 있다고 보기는 어렵다(대판 2011.9.8. 2009도13959).

답 ❸

405
□□□

과실범에 관한 다음 설명 중 가장 옳은 것은?(다툼이 있는 경우 판례에 의함)

18 해경간부

① 미수범은 구성요건의 객관적 요소가 하나라도 충족되지 아니한 때에 성립하는 것으로, 현행법상 고의범은 물론이고 과실범에 대해서도 성립될 수 있다.
② 형법 제10조 제3항(원인에 있어서 자유로운 행위)은 고의에 의한 원인에 있어서의 자유로운 행위만을 규정하며, 과실에 의한 원인에 있어서의 자유로운 행위까지 포함하는 것은 아니다.
③ 형법 제30조 소정의 "2인 이상이 공동하여 죄를 범한 때"의 "죄"는 고의범이 아닌 과실범은 포함되지 아니하므로 2인 이상이 일정한 과실행위를 서로의 의사연락 하에 실행하여 범죄의 결과가 발생하더라도 과실범의 공동정범은 성립하지 아니한다.
④ 행정상의 단속을 주 내용으로 하는 법규라고 하더라도 명문규정이 있거나 해석상 과실범도 벌할 뜻이 명확한 경우를 제외하고는 형법의 원칙에 따라 고의가 있어야 벌할 수 있다.

정선 핵심

① 과실범의 미수 → 처벌규정 ×
② 형법 제10조 제3항 → 과실에 의한 원인에 있어서의 자유로운 행위도 적용
③ 2인 이상이 의사연락하에 과실행위로 범죄의 결과를 발생케 한 경우 → 과실범의 공동정범 O
④ 행정단속법규 → 명문규정상, 해석상 과실범을 처벌할 뜻이 명확한 경우를 제외하고는 고의가 있어야 처벌

정선 해설

[❶ ▸ X] 미수범은 구성요건의 객관적 요소가 하나라도 충족되지 아니한 때에 성립하는 것이 아니라 범죄의 실행에 착수하여 행위를 종료하지 못하였거나 결과가 발생하지 아니한 때에 성립한다. 또한 확정적 행위의사를 요하므로 과실범의 미수는 인정되지 아니한다.
[❷ ▸ X] 형법 제10조 제3항은 고의에 의한 원인에 있어서의 자유로운 행위만이 아니라 과실에 의한 원인에 있어서의 자유로운 행위까지도 포함하는 것으로서 위험의 발생을 예견할 수 있었는데도 자의로 심신장애를 야기한 경우도 그 적용 대상이 된다(대판 2007.7.27. 2007도4484).
[❸ ▸ X] 2인 이상이 어떠한 과실행위를 서로의 의사연락 아래 하여 범죄되는 결과를 발생케 한 경우에는 과실범의 공동정범이 성립된다(대판 1962.3.29. 4294형상598).
[❹ ▸ O] 대판 2010.2.11. 2009도9807

답 ❹

406 □□□ 과실에 대한 설명으로 옳지 않은 것은?(다툼이 있는 경우 판례에 의함) 21 경찰간부

① 간호사가 의사의 처방에 의한 정맥주사를 의사의 입회 없이 간호실습생에게 실시하도록 하여 발생한 의료사고에 대하여는 의사의 과실이 인정된다.

② 고속도로를 무단횡단하는 보행자를 충격하여 사고를 발생시킨 경우라도 운전자가 보행자의 무단횡단을 미리 예상할 수 있었고 필요한 조치를 취하였다면 보행자와의 충돌을 피할 수 있었던 경우, 자동차 운전자의 과실이 인정된다.

③ 차량의 운전자로서는 횡단보도의 신호가 적색인 상태에서 반대차선에 정지해 있는 차량의 뒤로 보행자가 건너오지 않을 것이라고 신뢰하는 것이 당연하고 그렇지 않은 사태까지 예상하여 그에 대한 주의의무를 다하여야 한다고는 할 수 없다.

④ 내과의사가 신경과 전문의와 협진 결과 신경과 영역에서 이상이 없다는 회신을 받았고, 진료경과에 비추어 그 회신 내용에 의문을 품을 만한 사정이 있다고 보이지 않자 이를 신뢰하여 내과 영역의 진료를 계속하다 피해자의 지주막하출혈을 발견하지 못한 경우, 내과의사의 업무상과실이 인정되지 않는다.

정선 핵심

① 간호사가 의사가 처방한 정맥주사를 간호실습생에게 주사하도록 하여 의료사고가 발생한 경우 → 의사의 과실 ×
② 고속도로의 무단횡단을 예상하고 충돌을 피할 수 있었던 경우 → 운전자의 과실 ○
③ 횡단보도의 신호등이 적색인 때 주행하는 운전자 → 적색신호를 무시하는 보행자를 대비할 주의의무 ×
④ 내과의사가 협진 결과를 신뢰하여 지주막하출혈을 발견하지 못한 경우 → 업무상과실 ×

정선 해설

[❶ ▸ ×] 간호사가 의사의 처방에 의한 정맥주사(Side Injection방식)를 의사의 입회 없이 간호실습생(간호학과 대학생)에게 실시하도록 하여 의료사고가 발생한 경우, 의사인 피고인에게 스스로 직접 주사를 하거나 또는 직접 주사하지 않더라도 현장에 입회하여 간호사의 주사행위를 직접 감독할 업무상주의의무가 있다고 보기 어렵다(대판 2003.8.19. 2001도3667).

[❷ ▸ ○] 대판 2000.9.5. 2000도2671

[❸ ▸ ○] 대판 1993.2.23. 92도2077

> **관련판례** 대판 2007.4.26. 2006도9216
>
> 편도 5차선 도로의 1차로를 신호에 따라 진행하던 자동차 운전자에게 도로의 오른쪽에 연결된 소방도로에서 오토바이가 나와 맞은편 쪽으로 가기 위해서 편도 5차선 도로를 대각선 방향으로 가로 질러 진행하는 경우까지 예상하여 진행할 주의의무는 없다.

[❹ ▸ ○] 내과의사가 신경과 전문의에 대한 협의진료 결과 피해자의 증세와 관련하여 신경과 영역에서 이상이 없다는 회신을 받았고, 그 회신 전후의 진료경과에 비추어 그 회신 내용에 의문을 품을 만한 사정이 있다고 보이지 않자 그 회신을 신뢰하여 뇌혈관계통 질환의 가능성을 염두에 두지 않고 내과 영역의 진료 행위를 계속하다가 피해자의 증세가 호전되기에 이르자 퇴원하도록 조치한 경우, 피해자의 지주막하출혈을 발견하지 못한 데 대하여 내과의사의 업무상과실을 부정된다(대판 2003.1.10. 2001도3292).

답 ❶

407 □□□

의료행위에 있어서 과실 여부에 대한 설명으로 옳은 것은?(다툼이 있는 경우 판례에 의함)

20 국가9급

① 의사가 자신의 환자에 대하여 다른 의사를 지휘·감독하는 지위에 있다면, 그 의료영역이 다른 의사에게 전적으로 위임된 경우라도 다른 의사의 의료행위 내용이 적절한 것인지를 확인하고 감독하여야 할 업무상주의의무가 있다.

② 내과의사가 신경과 전문의와의 협의진료 결과를 신뢰하여 뇌혈관계통 질환의 가능성을 배제하고 피해자의 증세 호전에 따라 퇴원조치한 경우, 피해자의 지주막하출혈을 발견하지 못한 데 대한 업무상과실이 인정된다.

③ 의료인의 과실 유무를 판단함에는 같은 업무와 직무에 종사하는 일반적 보통인의 주의 정도를 표준으로 하여야 하며, 사고 당시의 일반적 의학수준과 의료환경 등이 고려되어야 한다.

④ 의사는 적절한 진료방법을 선택할 상당한 범위의 재량을 갖는 것이어서, 어떤 진료방법을 선택하였더라도 진료 결과를 놓고 어느 하나만이 정당하고 이와 다른 조치를 취한 것에 과실이 있다고 할 수 없다.

정선 핵심

① 지휘·감독하는 의사 → 의료영역이 전적으로 위임된 경우 다른 의사의 의료행위 내용을 확인·감독하여야 할 업무상주의의무 ×

② 내과의사가 협진 결과를 신뢰하여 지주막하출혈을 발견하지 못한 경우 → 업무상과실 ×

③ 의사의 과실 → 보통인의 주의 정도를 표준으로 일반적 의학수준 등 고려

④ 의사의 진료방법

⋯→ 진료방법을 선택할 폭넓은 재량권 : ○

⋯→ 진료방법 선택에 관한 과실 유무 : 특정 진료방법에 의한 결과만 근거로 과실에 해당 ×

정선 해설

[❶ ▸ ×] 의사가 다른 의사와 의료행위를 분담하는 경우에도 자신이 환자에 대하여 주된 의사의 지위에 있거나 다른 의사를 사실상 지휘 감독하는 지위에 있다면, 그 의료행위의 영역이 자신의 전공과목이 아니라 다른 의사의 전공과목에 전적으로 속하거나 다른 의사에게 전적으로 위임된 것이 아닌 이상, 의사는 자신이 주로 담당하는 환자에 대하여 다른 의사가 하는 의료행위의 내용이 적절한 것인지의 여부를 확인하고 감독하여야 할 업무상주의의무가 있다(대판 2007.2.22. 2005도9229).

[❷ ▸ ×] 내과의사가 신경과 전문의에 대한 협의진료 결과 피해자의 증세와 관련하여 신경과 영역에서 이상이 없다는 회신을 받았고, 그 회신 전후의 진료경과에 비추어 그 회신 내용에 의문을 품을 만한 사정이 있다고 보이지 않자 그 회신을 신뢰하여 퇴원하도록 조치한 경우, 피해자의 지주막하출혈을 발견하지 못한 데 대하여 내과의사의 업무상과실을 부정된다(대판 2003.1.10. 2001도3292).

> **비교판례** **대판 2007.2.22. 2005도9229**
>
> 피고인이 피해자의 주치의 겸 이 사건 병원 정형외과의 전공의로서, 같은 과의 수련의인 공소 외 1이 피고인의 담당 환자인 피해자에 대하여 한 처방이 적절한 것인지의 여부를 확인하고 감독하여야 할 업무상주의의무가 있음에도 불구하고 위 의무를 소홀히 한 나머지, 피해자가 공소 외 1의 잘못된 처방으로 인하여 이 사건 상해를 입게 되었다면 피고인에게는 업무상과실치상죄가 성립한다.

[❸ ▸ ○] 대판 2011.4.14. 2010도10104

[❹ ▸ ×] 의사에게는 환자의 상황, 당시의 의료수준, 자신의 지식·경험 등에 따라 적절하다고 판단되는 진료방법을 선택할 폭넓은 재량권이 있으므로, 의사가 특정 진료방법을 선택하여 진료를 하였다면 해당 진료방법 선택과정에 합리성이 결여되어 있다고 볼 만한 사정이 없는 이상 진료의 결과만을 근거로 하여 그중 어느 진료방법만이 적절하고 다른 진료방법을 선택한 것은 과실에 해당한다고 말할 수 없다(대판 2015.6.24. 2014도11315).

답 ❸

408 □□□

과실범에 대한 설명으로 옳지 않은 것은?(다툼이 있는 경우 판례에 의함) 16 국가9급

① 골프카트 운전자는 골프카트 출발 전에 승객들에게 안전 손잡이를 잡도록 고지하고 승객이 안전 손잡이를 잡은 것을 확인하고 출발하여야 할 업무상주의의무가 있다.
② 의료사고에 있어서 의료인의 과실 유무를 판단함에는 같은 업무와 직무에 종사하는 일반적 보통인의 주의 정도를 표준으로 하여야 한다.
③ 간호사가 의사의 처방에 의한 정맥주사를 의사의 입회 없이 간호실습생에게 실시하도록 하여 발생한 의료사고에 있어서 의사에게는 입회하여 지도·감독하지 않은 과실이 있다.
④ 심야에 육교 밑 편도 4차선의 대로를 주행하는 운전자에게는 무단횡단자가 있을 것에 대비하여 운전해야 할 일반적인 주의의무는 없다.

정선 핵심

① 골프카트 운전자 → 출발 전 승객의 안전을 확인할 업무상주의의무 O
② 의사의 과실 → 보통인의 주의 정도를 표준으로 일반적 의학수준 등 고려
③ 간호사가 의사가 처방한 정맥주사를 간호실습생에게 주사하도록 하여 의료사고가 발생한 경우 → 의사의 과실 ×
④ 심야에 육교 밑 4차선 대로를 주행하는 운전자 → 무단횡단자가 있을 것에 대비하여 운전해야 할 주의의무 ×

정선 해설

[❶ ▸ O] 대판 2010.7.22. 2010도1911
[❷ ▸ O] 대판 2014.7.24. 2013도16101
[❸ ▸ ×] 간호사가 의사의 처방에 의한 정맥주사(Side Injection방식)를 의사의 입회 없이 간호실습생(간호학과 대학생)에게 실시하도록 하여 의료사고가 발생한 경우, 의사인 피고인에게 스스로 직접 주사를 하거나 또는 직접 주사하지 않더라도 현장에 입회하여 간호사의 주사행위를 직접 감독할 업무상주의의무가 있다고 보기 어렵다(대판 2003.8.19. 2001도3667).
[❹ ▸ O] 사고일시가 한 가을의 심야이고 그 장소가 도로교통이 빈번한 대도시 육교 밑의 편도 4차선의 넓은 길 가운데 2차선 지점인 경우라면 이러한 교통상황 아래에서의 자동차 운전자는 무단횡단자가 없을 것으로 믿고 운전해가면 되는 것이고 도로교통법규에 위반하여 그 자동차의 앞을 횡단하려고 하는 사람이 있을 것까지 예상하여 그 안전까지를 확인해가면서 운전하여야 할 의무는 없다(대판 1988.10.11. 88도1320).

답 ❸

409 □□□

과실범에 대한 설명으로 가장 적절하지 않은 것은?(다툼이 있는 경우 판례에 의함)

17 경찰채용

① 고속국도를 주행하는 차량의 운전자는 도로 양측에 휴게소가 있는 경우에도 동 도로상에 보행자가 있음을 예상하여 감속 등 조치를 할 주의의무가 있다 할 수 없다.
② 과실일수죄는 형법상 처벌규정이 있으나 과실교통방해죄는 형법상 처벌규정이 없다.
③ 의사가 설명의무를 위반한 채 의료행위를 하여 피해자에게 상해가 발생하였다고 하더라도, 업무상과실로 인한 형사책임을 지기 위해서는 피해자의 상해와 의사의 설명의무 위반 내지 승낙취득과정의 잘못 사이에 상당인과관계가 존재하여야 한다.
④ 의료과오사건에 있어서 의사의 과실 유무를 판단함에는 같은 업무와 직무에 종사하는 일반적 보통인의 주의 정도를 표준으로 하여야 하며, 이때 사고 당시의 일반적인 의학의 수준과 의료환경 및 조건, 의료행위의 특수성 등을 고려하여야 한다.

정선 핵심

① 고속국도를 주행하는 운전자 → 양측에 휴게소가 있더라도 감속할 주의의무 ×
② 과실일수죄, 과실교통방해죄 → 처벌규정 O
③ 설명의무를 위반한 업무상과실로 인한 형사책임 → 설명의무 위반과 사망 사이에 상당인과관계 필요(한의사도 동일)
④ 의사의 과실 → 보통인의 주의 정도를 표준으로 일반적 의학수준 등 고려

정선 해설

[❶ ▸ O] 고속국도에서는 보행으로 통행, 횡단하거나 출입하는 것이 금지되어 있으므로 고속국도를 주행하는 차량의 운전자는 도로 양측에 휴게소가 있는 경우에도 동 도로상에 보행자가 있음을 예상하여 감속 등 조치를 할 주의의무가 있다 할 수 없다(대판 1977.6.28. 77도403).

[❷ ▸ ×] 형법상 과실일수죄(형법 제181조)와 과실교통방해죄(형법 제189조 제1항)는 처벌규정이 있다.

[❸ ▸ O] 의사가 설명의무를 위반한 채 의료행위를 하여 피해자에게 상해가 발생하였다고 하더라도, 업무상과실로 인한 형사책임을 지기 위해서는 피해자의 상해와 의사의 설명의무 위반 내지 승낙취득과정의 잘못 사이에 상당인과관계가 존재하여야 한다(대판 2011.4.14. 2010도10104).

[❹ ▸ O] 대판 2011.4.14. 2010도10104

답 ❷

410 □□□

과실에 대한 설명으로 가장 적절한 것은?(다툼이 있는 경우 판례에 의함) 21 경찰승진

① 의료사고에서 의사에게 과실이 있다고 하기 위하여는 의사가 결과발생을 예견할 수 있고 또 회피할 수 있었는데도 이를 예견하지 못하거나 회피하지 못하였음이 인정되어야 하며, 과실의 유무를 판단할 때에는 구체적인 경우 당해 행위자가 기울일 수 있었던 주의 정도를 표준으로 한다.

② 과실범에 관한 이른바 신뢰의 원칙은 상대방이 이미 비정상적인 행태를 보이고 있는 경우에는 적용될 여지가 없는 것이고, 이는 행위자가 경계의무를 게을리하는 바람에 상대방의 비정상적인 행태를 미리 인식하지 못한 경우에도 마찬가지이다.

③ 고속국도에서는 보행으로 통행, 횡단하거나 출입하는 것이 금지되어 있지만, 도로 양측에 휴게소가 있는 경우에는 고속국도를 주행하는 차량의 운전자는 동 도로상에 보행자가 있음을 예상하여 감속 등 조치를 할 주의의무가 있다 할 것이다.

④ 피고인이 성냥불로 담배를 붙인 다음 그 성냥불이 꺼진 것을 확인하지 아니한 채 휴지가 들어 있는 플라스틱 휴지통에 던진 것으로는 형법 제171조 중실화죄에 있어 중대한 과실이 있는 경우에 해당한다고 할 수 없다.

정선 핵심

① 의료사고
→ 결과를 예견하지 못하거나 회피하지 못하였음이 인정되는 경우 : 의사의 과실 ○
→ 과실 유무의 판단 : 보통인의 주의 정도를 표준으로 일반적 의학수준 등 고려

② 신뢰의 원칙의 적용한계
→ 상대방이 이미 비정상적인 행태를 보이고 있는 경우
→ 경계의무를 게을리하여 상대방의 비정상적인 행태를 미리 인식하지 못한 경우

③ 고속국도를 주행하는 운전자 → 양측에 휴게소가 있더라도 감속할 주의의무 ×

④ 담배를 붙인 성냥불을 휴지통에 던진 경우 → 중대한 과실 ○

정선 해설

[❶ ▸ ×] 의료사고에서 의사에게 과실이 있다고 하기 위하여는 의사가 결과발생을 예견할 수 있고 또 회피할 수 있었는데도 이를 예견하지 못하거나 회피하지 못하였음이 인정되어야 하며, 과실의 유무를 판단할 때에는 같은 업무와 직종에 종사하는 일반적 보통인의 주의 정도를 표준으로 하고, 사고 당시의 일반적인 의학의 수준과 의료환경 및 조건, 의료행위의 특수성 등을 고려하여야 한다(대판 2014.7.24. 2013도16101).

[❷ ▸ ○] 과실범에 관한 이른바 신뢰의 원칙은 상대방이 이미 비정상적인 행태를 보이고 있는 경우에는 적용될 여지가 없는 것이고, 이는 행위자가 경계의무를 게을리하는 바람에 상대방의 비정상적인 행태를 미리 인식하지 못한 경우에도 마찬가지이다. 나아가, 결과발생에 즈음한 구체적인 상황에서 요구되는 정상의 주의의무를 다하였다고 하기 위해서는 단순히 법규나 내부지침 등에 나열되어 있는 사항을 형식적으로 이행하였다는 것만으로는 부족하고, 구체적인 상황에서 결과발생을 회피하기 위하여 일반적으로 요구되는 합리적이고 적절한 조치를 한 것으로 평가할 수 있어야 한다(대판 2009.4.23. 2008도11921).

[❸ ▸ ×] 고속국도에서는 보행으로 통행, 횡단하거나 출입하는 것이 금지되어 있으므로 고속국도를 주행하는 차량의 운전자는 도로 양측에 휴게소가 있는 경우에도 동 도로상에 보행자가 있음을 예상하여 감속 등 조치를 할 주의의무가 있다 할 수 없다(대판 1977.6.28. 77도403).

[❹ ▸ ×] 중대한 과실에 해당한다(대판 1993.7.27. 93도135).

답 ❷

411 □□□

과실범에 대한 설명으로 옳은 것은?(다툼이 있으면 판례에 의함) 16 국가9급

① 공사현장감독인이 공사의 발주자에 의하여 현장감독에 임명된 것이 아니고, 건설업법상 요구되는 현장건설기술자의 자격도 없다면 업무상과실 책임을 물을 수 없다.

② 의사 甲이 수술 전에 피해자에 대한 혈청에 의한 간기능검사를 하였더라면 피해자가 사망하지 않았을 것임이 입증되지 않더라도 간기능검사를 시행하지 않은 甲의 과실과 피해자의 사망 사이에는 인과관계가 있다.

③ 환자의 주치의 겸 정형외과 전공의 甲이 같은 과 수련의 乙의 처방에 대한 감독의무를 소홀히 한 나머지, 환자가 乙의 잘못된 처방으로 인하여 상해를 입게 된 경우, 甲은 업무상과실치상죄가 성립한다.

④ 과실범의 주의의무 위반은 정상의 주의를 태만히 하는 것을 의미하고, 그 과실의 유무를 판단함에는 행위 당시의 행위자 자신이 기울일 수 있었던 주의 정도를 기준으로 판단한다.

정선 핵심

① 공사현장감독인이 발주자에 의해 임명되지 않고, 현장건설기술자의 자격도 없는 경우 → 업무상과실책임 ○
② 간기능검사를 하였더라면 사망하지 않았을 것이 입증되지 않은 경우 → 인과관계 ×
③ 정형외과 전공의의 수련의의 처방에 대한 감독상 부주의로 환자가 상해를 입게 된 경우 → 업무상과실치상죄 ○
④ 과실의 유무판단 → 같은 업무와 직무에 종사하는 보통인의 주의 정도를 표준

정선 해설

[❶ ▸ ×] 피고인이 사업 당시 공사현장감독인인 이상 그 공사의 원래의 발주자의 직원이 아니고 또 동 발주자에 의하여 현장감독에 임명된 것도 아니며, 건설업법상 요구되는 현장건설기술자의 자격도 없다는 등의 사유는 업무상 과실책임을 물음에 아무런 영향도 미칠 수 없다(대판 1983.6.14. 82도2713).

[❷ ▸ ×] 판례의 취지를 고려하면, 의사 甲이 혈청에 의한 간기능검사를 하였더라면 피해자가 사망하지 않았을 것임이 입증되지 않았다면 甲의 과실과 피해자의 사망 사이에는 인과관계가 있다고 할 수 없다.

> 혈청에 의한 간기능검사를 시행하지 않거나 이를 확인하지 않은 피고인들의 과실과 피해자의 사망 간에 인과관계가 있다고 하려면 피고인들이 수술 전에 피해자에 대한 간기능검사를 하였더라면 피해자가 사망하지 않았을 것임이 입증되어야 할 것이다(대판 1990.12.11. 90도694).

[❸ ▸ ○] 대판 2007.2.22. 2005도9229

[❹ ▸ ×] 과실의 유무를 판단함에는 같은 업무와 직무에 종사하는 일반적 보통인의 주의 정도를 표준으로 하여야 한다(대판 2009.12.24. 2005도8980).

답 ❸

412 □□□

교통사고와 의료사고에 대한 설명으로 가장 적절하지 않은 것은?(다툼이 있는 경우 판례에 의함) 18 경찰승진

① 비가 내려 노면이 미끄러운 고속도로의 주행선을 진행하던 추월선상의 A 차량이 갑자기 甲의 차선으로 들어왔고, 甲이 A 차량을 피하다가 빗길에 미끄러져 중앙분리대를 넘어가 반대편 추월선상의 B 차량과 충돌하여, B 차량의 운전자가 사망하였다면 甲의 업무상과실이 인정되지 않는다.

② 야간 당직간호사가 담당 환자의 심근경색 증상을 당직의사에게 제대로 보고하지 않아 당직의사가 필요한 조치를 취하지 못한 채 환자가 사망한 경우, 당직간호사에게 업무상과실이 인정된다.

③ 피해자를 감시하도록 업무를 인계받지 않은 간호사 A가 자기 환자의 회복처치에 전념하고 있었다면 회복실에 다른 간호사가 남아 있지 않은 경우에도 회복실 내의 모든 환자에 대하여 적극적, 계속적으로 주시, 점검을 할 의무가 있다고 할 수 없다.

④ 교차로를 녹색등화에 따라 직진하는 차량의 운전자는 다른 차량이 신호를 위반하고 직진하는 차량의 앞을 가로 질러 좌회전할 경우까지를 예상하여 그에 따른 사고발생을 미연에 방지할 업무상의 주의의무는 없다.

정선 핵심

① 甲이 자기의 차선으로 들어온 A 차량을 피하다가 B 차량과 충돌하여, 운전자가 사망한 경우 → 업무상과실 ○
② 당직간호사가 환자의 심근경색을 보고하지 않아 당직의사가 필요한 조치를 취하지 못하여 사망한 경우 → 업무상과실 ○
③ 감시업무를 인계받지 않은 간호사 → 회복실에 다른 간호사가 없는 경우에도 모든 환자에 대하여 적극적, 계속적으로 주시, 점검할 의무 ×
④ 녹색등화에 따라 직진하는 운전자 → 위법한 좌회전을 예상할 업무상주의의무 ×

정선 해설

[❶ ▸ ×] 부득이한 사정으로 할 수 없이 중앙선을 침범한 경우에는 교통사고처리특례법 제3조 제2항 제2호의 중앙선침범에는 해당하지 아니한다 할 것이나 피고인이 고속도로의 주행선을 진행함에 있어서 비가 내려 노면이 미끄러웠고 추월선상에 다른 차가 진행하고 있었으므로 속도를 더 줄이고 추월선상의 차량의 동태를 살피면서 급히 제동할 수 있는 조치를 취하여야 할 주의의무를 게을리하여 추월선상의 차량이 피고인의 차선으로 갑자기 들어오는 것을 피하다가 빗길에 미끄러져 중앙분리대를 넘어가 반대편 추월선상의 자동차와 충돌한 경우에는 업무상과실치사상죄 및 도로교통법 제108조 위반의 범죄를 구성한다(대판 1991.1.15. 90도1918).

[❷ ▸ ○] 대판 2007.9.20. 2006도294

[❸ ▸ ○] 피해자를 감시하도록 업무를 인계받지 않은 간호사가 자기 환자의 회복처치에 전념하고 있었다면 회복실에 다른 간호사가 남아 있지 않은 경우에도 다른 환자의 이상증세가 인식될 수 있는 상황에서라야 이에 대한 조치를 할 의무가 있다고 보일 뿐 회복실 내의 모든 환자에 대하여 적극적, 계속적으로 주시, 점검을 할 의무가 있다고 할 수 없다(대판 1994.4.26. 92도3283).

[❹ ▸ ○] 대판 1990.2.9. 89도1774

답 ❶

413

□□□

과실범에 관한 설명 중 옳지 않은 것은?(다툼이 있으면 판례에 의함) 14 사시

① 인턴이 응급실로 이송되어 온 환자를, 담당의사로부터 이송 도중 환자에 대한 앰부배깅(Ambu Bagging)과 진정제투여업무만을 지시받고, 구급차에 태워 다른 병원으로 이송하던 중 산소통의 산소잔량을 체크하지 않아 산소공급이 중단된 결과 환자가 폐부종 등으로 사망에 이르게 된 경우 특별한 사정이 없는 한 인턴에게 업무상과실이 인정되지 않는다.

② 택시운전기사가 심야에 밀집된 주택 사이의 좁은 골목길이자 직각으로 구부러져 가파른 비탈길의 내리막에서 그다지 속도를 줄이지 않고 진행하다가 내리막에 누워 있던 피해자의 몸통 부위를 택시 바퀴로 역과하여 그 자리에서 사망에 이르게 한 경우 그에게 업무상주의의무 위반을 인정할 수 없다.

③ 의사의 과실을 인정하려면 결과발생을 예견할 수 있고 또 회피할 수 있었음에도 이를 하지 못한 점이 인정되어야 하며, 의사의 과실 유무를 판단함에는 동일 업종에 종사하는 일반적 보통인의 주의 정도를 표준으로 하여, 사고 당시의 일반적인 의학 수준과 의료환경 및 조건 등을 고려하여야 한다.

④ 골프경기를 하던 중 골프공을 쳐서 아무도 예상하지 못한 자신의 등 뒤편으로 보내어 경기보조원에게 상해를 입힌 행위는 사회적 상당성의 범위를 벗어난 행위로서 과실치상죄가 성립한다.

⑤ A가 처음 찜질방에 들어갈 당시에는 목욕장의 정상적 이용이 곤란한 정도로 술이 취한 상태는 아니었지만 그 이후 후문으로 나가 술을 더 마신 다음 찜질방 직원 몰래 후문으로 다시 들어와 발한실에서 잠을 자다가 사망하였다면 찜질방 직원에게 업무상과실이 인정되지 않는다.

정선 핵심

① 병원 인턴 → 앰부배깅과 진정제투여업무만을 지시받은 경우 산소잔량을 확인할 주의의무 ×
② 택시운전자 → 누워 있던 피해자를 역과하여 사망에 이르게 하고 도주한 경우 업무상주의의무 위반 ○
③ 의사의 과실 → 일반적 보통인의 주의 정도를 표준으로, 사고 당시의 일반적인 의학 수준과 의료환경 및 조건 등을 고려
④ 골프공을 등 뒤편으로 보내어 경기보조원에게 상해를 입힌 행위 → 과실치상죄 ○
⑤ 찜질방 직원 및 영업주 → 피해자가 몰래 나가 술을 더 마시고 들어와 잠을 자다가 사망한 경우 업무상주의의무 ×

정선 해설

[❶ ▸ ○] 대판 2011.9.8. 2009도13959

> 관련판례 **대판 2008.8.11. 2008도3090**
>
> 소아외과 의사가 5세의 급성 림프구성 백혈병 환자의 항암치료를 위하여 쇄골하정맥에 중심정맥도관을 삽입하는 수술을 하는 과정에서 환자의 우측 쇄골하 부위를 주사바늘로 10여 차례 찔러 환자가 우측 쇄골하혈관 및 흉막 관통상에 기인한 외상성 혈흉으로 인한 순환혈액량 감소성 쇼크로 사망한 경우, 담당 소아외과 의사에게 형법 제268조의 업무상과실이 없다.

[❷ ▸ ×] 사고 당시 시각과 사고 당시 도로상황 등에 비추어 자동차 운전업무에 종사하는 피고인으로서는 평소보다 더욱 속도를 줄이고 전방 좌우를 면밀히 주시하여 안전하게 운전함으로써 사고를 미연에 방지할 주의의무가 있었는데도, 이를 게을리한 채 그다지 속도를 줄이지 아니한 상태로 만연히 진행하던 중 전방 도로에 누워 있던 피해자를 발견하지 못하여 사고를 일으켰으므로, 사고 당시 피고인에게는 이러한 업무상주의의무를 위반한 잘못이 있다(대판 2011.5.26. 2010도17506).

[❸ ▸ ○] 의료사고에서 의사의 과실을 인정하기 위해서는 의사가 결과발생을 예견할 수 있었음에도 이를 예견하지 못하였고 결과발생을 회피할 수 있었음에도 이를 회피하지 못한 과실이 검토되어야 하고, 과실의 유무를 판단할 때에는 같은 업무와 직무에 종사하는 보통인의 주의 정도를 표준으로 하여야 하며, 여기에는 사고 당시의 일반적인 의학의 수준과 의료환경 및 조건, 의료행위의 특수성 등이 고려되어야 하고, 이러한 법리는 한의사의 경우에도 마찬가지이다(대판 2011.4.14. 2010도10104).

[❹ ▸ O] 대판 2008.10.23. 2008도6940
[❺ ▸ O] 대판 2010.2.11. 2009도9807

답 ❷

414 □□□

과실에 관한 다음 설명 중 가장 옳지 않은 것은?(다툼이 있는 경우 판례 및 통설에 의함)

16 법원행시

① 중과실은 중대한 주의의무 위반을 뜻하는 바, 피고인 정도의 연령이나 경험・지식을 가진 사람으로서는 약간의 주의만 하더라도 쉽게 예견할 수 있음에도 그러한 결과에 대해 주의를 다하지 않은 것은 중대한 과실에 해당한다.
② 의료사고에 있어서 의사의 과실을 인정하기 위해서는 의사가 결과발생을 예견할 수 있었음에도 불구하고 그 결과발생을 예견하지 못하였고, 그 결과발생을 회피할 수 있었음에도 불구하고 그 결과발생을 회피하지 못한 과실이 검토되어야 하고, 그 과실의 유무를 판단함에는 같은 업무와 직무에 종사하는 일반적 보통인의 주의 정도를 표준으로 하여야 한다.
③ 임차인이 자신의 비용으로 설치・사용하던 가스설비의 휴즈콕크를 아무런 조치 없이 제거하고 이사를 간 후 가스공급을 개별적으로 차단할 수 있는 주밸브가 열려져 가스가 유입되어 폭발사고가 발생한 경우, 평균인의 관점에서 객관적으로 볼 때 충분히 예상할 수 있으므로 임차인의 과실과 가스폭발 사고 사이의 상당인과관계를 인정할 수 있다.
④ 신뢰의 원칙이란 과실범에서 주의의무규칙을 준수하는 사람은 다른 참여자들도 그렇게 하리라는 것을 신뢰한 행위결과로 구성요건결과가 발생하더라도 과실행위가 되지 않는다는 것이다.
⑤ 중앙선이 표시되어 있지 아니한 비포장도로에서는 승용차가 마주보고 진행할 수 있는 정도의 너비가 되는 도로라고 하더라도 마주 오는 차가 도로의 중앙이나 좌측 부분으로 진행하여 올 것을 예상하여 필요한 조치를 강구하여야 할 업무상주의의무가 있는 것이 원칙이다.

정선 핵심

① 중대한 과실 → 피고인 정도의 연령 등을 가진 사람으로서는 약간의 주의만 하더라도 쉽게 예견할 수 있음에도 그러한 결과에 대해 주의를 다하지 않은 경우
② 의사의 과실 → 같은 업무와 직무에 종사하는 일반적 보통인의 주의 정도를 표준
③ 임차인이 휴즈콕크를 제거하여 폭발사고가 발생한 경우 → 인과관계 O
④ 신뢰의 원칙 → 객관적 주의의무의 제한원리
⑤ 비포장도로를 운행하는 운전자 → 마주 오는 차가 중앙이나 좌측 부분으로 진행하여올 것까지 예상하여 적절한 조치를 취할 업무상주의의무 ×

정선 해설

[❶ ▸ O] 대판 1960.3.9. 59도761
[❷ ▸ O] 의료사고에서 의사의 과실을 인정하기 위해서는 의사가 결과발생을 예견할 수 있었음에도 이를 예견하지 못하였고 결과발생을 회피할 수 있었음에도 이를 회피하지 못한 과실이 검토되어야 하고, 과실의 유무를 판단할 때에는 같은 업무와 직무에 종사하는 보통인의 주의 정도를 표준으로 하여야 하며, 여기에는 사고 당시의 일반적인 의학의 수준과 의료환경 및 조건, 의료행위의 특수성 등이 고려되어야 하고, 이러한 법리는 한의사의 경우에도 마찬가지이다(대판 2011.4.14. 2010도10104).
[❸ ▸ O] 대판 2001.6.1. 99도5086
[❹ ▸ O] 객관적 주의의무의 제한원리로서의 신뢰의 원칙에 대한 옳은 설명이다.

[❺ ▸ ×] 중앙선이 표시되어 있지 아니한 비포장도로라고 하더라도 승용차가 넉넉히 서로 마주보고 진행할 수 있는 정도의 너비가 되는 도로를 정상적으로 진행하고 있는 자동차의 운전자로서는, 특별한 사정이 없는 한 마주 오는 차도 교통법규(도로교통법 제12조 제3항 등)를 지켜 도로의 중앙으로부터 우측 부분을 통행할 것으로 신뢰하는 것이 보통이므로, 마주 오는 차가 도로의 중앙이나 좌측 부분으로 진행하여 올 것까지 예상하여 특별한 조치를 강구하여야 할 업무상주의의무는 없다(대판 1992.7.28. 92도1137).

답 ❺

415 □□□

과실범에 대한 설명이다. 옳은 것은 몇 개인가?(다툼이 있는 경우 판례에 의함)

22 경찰간부

ㄱ. 도급계약의 경우 원칙적으로 도급인에게는 수급인의 업무와 관련하여 사고방지에 필요한 안전조치를 취할 주의의무가 없으므로 도급인이 공사의 시공이나 개별작업에 관하여 구체적으로 지시·감독한 경우에도 법령에 의하여 도급인에게 구체적인 관리·감독의무가 부여되어 있지 않다면 도급인에게 수급인의 업무와 관련하여 사고방지에 필요한 안전조치를 취할 주의의무를 인정하기 어렵다.
ㄴ. 내과의사 甲이 신경과 전문의와의 협의진료 결과 乙의 증세와 관련하여 신경과 영역에서 이상이 없다는 회신을 받은 후 그 회신을 신뢰하여 뇌혈관계통 질환의 가능성을 염두에 두지 않고 내과영역의 진료행위를 계속하다가 乙의 증세가 호전되어 퇴원조치한 경우, 乙의 지주막하출혈을 발견하지 못한 데 대하여 甲의 업무상과실은 인정된다.
ㄷ. 보통과실로 인하여 장물죄를 범한 경우, 업무상과실 또는 중과실로 인한 경우보다 경한 처벌에 처한다.
ㄹ. 안전배려 내지 안전관리사무에 계속적으로 종사하지 않았더라도 건물의 소유자로서 건물을 비정기적으로 수리하거나 건물의 일부분을 임대한 경우에는 건물에 화재가 발생하는 것을 막아야 할 업무상의 주의의무를 부담한다.
ㅁ. 甲과 乙이 함께 술을 마신 이후 도로 중앙선에 서 있다가 甲이 통행하는 차량의 유무를 확인하지 않고 乙의 팔을 갑자기 끌어당겨 도로를 무단횡단하던 중 지나가던 차량에 乙이 사망한 경우, 만약 甲이 술에 취해 사리분별을 할 수 없었다면 乙의 안전을 위해 차량통행 여부 및 횡단 가능 여부를 확인해야 할 주의의무를 부담하지 않는다.

① 없음　② 1개
③ 2개　④ 3개

정선 핵심

ㄱ. 도급인의 주의의무 인정 여부
⋯→ 구체적으로 지시·감독한 경우 : ○
⋯→ 법령에 의하여 구체적인 관리·감독의무가 부여된 경우 : ○
ㄴ. 내과의사가 협진 결과를 신뢰하여 지주막하출혈을 발견하지 못한 경우 → 업무상과실 ×
ㄷ. 보통과실로 인하여 장물죄를 범한 경우 → 불가벌
ㄹ. 소유자로서 건물을 비정기적으로 수리하거나 임대한 자 → 화재를 예방할 업무상주의의무 ×
ㅁ. 중앙선에서 乙의 팔을 끌어당겨 무단횡단을 하다가 차량에 충격당하여 사망한 경우 → 차량의 통행 여부 등을 확인해야 할 주의의무 ○

정선 해설

[ㄱ ▸ ×] 법령에 의하여 도급인에게 수급인의 업무에 관하여 구체적인 관리·감독의무가 부여되어 있거나 도급인이 공사의 시공이나 개별작업에 관하여 구체적으로 지시·감독하였다는 등의 특별한 사정이 없는 한, 도급인에게는 수급인의 업무와 관련하여 사고방지에 필요한 안전조치를 할 주의의무가 없다(대판 2015.10.29. 2015도5545).

[ㄴ ▸ ×] 내과의사가 신경과 전문의에 대한 협의진료 결과 피해자의 증세와 관련하여 신경과 영역에서 이상이 없다는 회신을 받았고, 그 회신 전후의 진료경과에 비추어 그 회신 내용에 의문을 품을 만한 사정이 있다고 보이지 않자 그 회신을 신뢰하여 뇌혈관계통 질환의 가능성을 염두에 두지 않고 내과 영역의 진료 행위를 계속하다가 피해자의 증세가 호전되기에 이르자 퇴원하도록 조치한 경우, 피해자의 지주막하출혈을 발견하지 못한 데 대하여 내과의사의 업무상과실을 부정된다(대판 2003.1.10. 2001도3292).

[ㄷ ▸ ×] 보통과실로 인하여 장물죄를 범한 경우 단순과실장물취득죄로 처벌하는 것을 생각할 수 있으나 구성요건이 존재하지 않는다.

[ㄹ ▸ ×] 판례(대판 2009.5.28. 2009도1040)의 취지를 고려하면, 건물의 소유자로서 건물을 비정기적으로 수리하거나 건물의 일부분을 임대한 자는 업무상주의의무가 인정되지 아니한다.

[ㅁ ▸ ×] 甲이 A와 함께 무단횡단을 하는 도중에 지나가는 차량에 의해 A가 사망하는 교통사고가 발생할 가능성이 있으므로 甲에게는 A의 안전을 위하여 차량의 통행 여부 및 횡단 가능 여부를 확인하여야 할 주의의무가 인정된다.

> 중앙선에 서서 도로횡단을 중단한 피해자의 팔을 갑자기 잡아끌고 피해자로 하여금 도로를 횡단하게 만든 피고인으로서는 위와 같이 무단횡단을 하는 도중에 지나가는 차량에 충격당하여 피해자가 사망하는 교통사고가 발생할 가능성이 있으므로, 이러한 경우에는 피고인이 피해자의 안전을 위하여 차량의 통행 여부 및 횡단 가능 여부를 확인하여야 할 주의의무가 있다 할 것이므로, 피고인으로서는 위와 같은 주의의무를 다하지 않은 이상 교통사고와 그로 인한 피해자의 사망에 대하여 과실책임을 면할 수 없다(대판 2002.8.23. 2002도2800).

답 ❶

정선지문OX

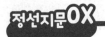

01 업무상과실장물취득죄는 단순과실장물취득죄보다 형이 가중되는 가중적 구성요건이 아니며 부진정신분범이 아니다. 13 경찰승진

O | X

02 과실범의 주의의무의 판단기준에 대한 객관설에서는 행위자의 특별한 지식과 경험은 주의의무 위반의 판단에서 고려하지 않는다. 03 사시

O | X

03 甲이 'ㅏ'형 삼거리 교차로에서 녹색신호에 따라 과속으로 직진하다가 좌측에서 신호를 위반하여 오던 오토바이 운전자와 충돌하여 그를 상해에 이르게 한 경우, 甲에게 업무상주의의무는 인정되지 아니한다. 16 5급승진

O | X

01 단순과실장물취득죄라는 처벌규정은 없고, 업무상과실장물취득죄는 진정신분범에 해당한다.

02 행위자의 특별한 능력은 고려하지 아니하지만 특별한 지식과 경험은 고려된다.

03 대판 1993.1.15. 92도2579

정답

01 ○ **02** × **03** ○

제3관 | 결과적 가중범

416 □□□

결과적 가중범에 대한 설명으로 가장 옳은 것은?(다툼이 있는 경우 판례에 의함)

19 경찰간부

① 중체포・감금죄는 사람을 체포・감금하여 생명에 위협을 야기한 경우 성립하는 결과적 가중범이다.

② 기본범죄를 통하여 고의로 중한 결과를 발생하게 한 경우에 가중처벌하는 부진정결과적 가중범에서, 고의로 중한 결과를 발생하게 한 행위가 별도의 구성요건에 해당하고 그 고의범에 대하여 결과적 가중범에 정한 형보다 더 무겁게 처벌하는 규정이 있는 경우에는 그 고의범과 결과적 가중범이 실체적 경합관계에 있다.

③ 형법 제15조 제2항 결과적 가중범은 기본범죄와 중한 결과 사이의 인과관계에 대해서만 규정하고 있을 뿐, 예견가능성을 명시적으로 요구하고 있지는 않다.

④ 해상강도치사상죄, 현주건조물일수치사상죄, 강도치사상죄, 인질치사상죄 모두 형법상 미수범처벌규정이 있다.

정선 핵심

① 중체포・감금죄 → 결과적 가중범 ×
② 부진정결과적 가중범의 죄수
⇢ 고의범에 대하여 결과적 가중범에 정한 형보다 더 무겁게 처벌하는 경우 : 고의범과 결과적 가중범의 상상적 경합 ○
⇢ 더 무겁게 처벌하는 규정이 없는 경우 : 결과적 가중범 ○
③ 형법 제15조 제2항의 결과적 가중범 → 인과관계와 예견가능성을 명시적으로 요구
④ 해상강도치사상죄, 현주건조물일수치사상죄, 강도치사상죄, 인질치사상죄 → 미수범처벌규정 ○

정선 해설

[❶ ▸ ×] 중체포・감금죄(형법 제277조 제1항)는 사람의 생명・신체에 대한 위험의 발생을 요하지 아니하므로 중상해죄와는 달리 결과적 가중범이 아님을 유의하여야 한다.

[❷ ▸ ×] 부진정결과적 가중범에서, 고의로 중한 결과를 발생하게 한 행위가 별도의 구성요건에 해당하고 그 고의범에 대하여 결과적 가중범에 정한 형보다 더 무겁게 처벌하는 규정이 있는 경우에는 그 고의범과 결과적 가중범이 상상적 경합관계에 있지만, 위와 같이 고의범에 대하여 더 무겁게 처벌하는 규정이 없는 경우에는 결과적 가중범이 고의범에 대하여 특별관계에 있으므로 결과적 가중범만 성립하고 이와 법조경합의 관계에 있는 고의범에 대하여는 별도로 죄를 구성하지 않는다(대판 2008.11.27. 2008도7311).

> **[판결요지]** 직무를 집행하는 공무원에 대하여 위험한 물건을 휴대하여 고의로 상해를 가한 경우에는 특수공무집행방해치상죄만 성립할 뿐, 이와는 별도로 폭력행위 등 처벌에 관한 법률 위반(집단・흉기 등 상해)죄를 구성하지 않는다(대판 2008.11.27. 2008도7311).

[❸ ▸ ×] 현행 형법 제15조 제2항은 중한 결과에 대한 예견가능성을 명시적으로 요구하고 있다.

[❹ ▸ ○] 지문의 현주건조물일수치사상죄(형법 제177조 제2항, 제182조), 해상강도치사상죄(형법 제340조 제2항, 제342조), 강도치사상죄(형법 제337조, 제338조, 제342조), 인질치사상죄(형법 제324조의3, 제324조의4, 제324조의5) 모두 미수범처벌규정이 있다.

답 ❹

417 □□□

결과적 가중범에 대한 설명 중 가장 적절한 것은?(다툼이 있는 경우 판례에 의함)

20 경찰승진

① 결과적 가중범에 있어서 기본범죄는 고의 과실, 기수·미수를 불문한다.
② 진정결과적 가중범이란 고의에 의한 기본범죄에 의하여 중한 결과가 과실뿐만 아니라 고의에 의하여도 발생할 수 있는 것을 말한다.
③ 부진정결과적 가중범에서 고의로 중한 결과를 발생하게 한 행위가 별도의 구성요건에 해당하고 그 고의범에 대하여 결과적 가중범에 정한 형보다 더 무겁게 처벌하는 규정이 없는 경우에는 그 고의범과 결과적 가중범이 상상적 경합관계에 있다.
④ 여러 사람이 상해의 범의로 범행 중 한 사람이 중한 상해를 가하여 피해자가 사망에 이르게 된 경우 나머지 사람들은 사망의 결과를 예견할 수 없는 때가 아닌 한 상해치사의 죄책을 면할 수 없다.

정선 핵심

① 결과적 가중범의 성립요건
→ 고의의 기본범죄이어야 함
② 진정결과적 가중범 → 중한 결과가 과실에 의하여 발생할 수 있는 것
③ 부진정결과적 가중범의 죄수
→ 고의범에 대하여 결과적 가중범에 정한 형보다 더 무겁게 처벌하는 경우 : 고의범과 결과적 가중범의 상상적 경합 ○
→ 더 무겁게 처벌하는 규정이 없는 경우 : 결과적 가중범 ○
④ 피해자가 상해로 사망한 때 사망의 결과를 예견할 수 있는 경우 → 상해치사죄의 공동정범 ○

정선 해설

[❶ ▸ ×] 결과적 가중범에서 기본범죄는 고의범이어야 한다.
[❷ ▸ ×] 진정결과적 가중범이란 고의에 의한 기본범죄에 의하여 중한 결과가 과실에 의하여 발생할 수 있는 것을 말한다.
[❸ ▸ ×] 고의범에 대하여 더 무겁게 처벌하는 규정이 없는 경우에는 결과적 가중범이 고의범에 대하여 특별관계에 있으므로 결과적 가중범만 성립하고 이와 법조경합의 관계에 있는 고의범에 대하여는 별도로 죄를 구성하지 않는다(대판 2008.11.27. 2008도7311).
[❹ ▸ ○] 대판 2000.5.12. 2000도745

답 ❹

418 □□□

결과적 가중범에 대한 설명으로 옳지 않은 것은?(다툼이 있는 경우 판례에 의함)

16 국가9급

① 피해자의 재물을 강취한 후, 그를 살해할 목적으로 현주건조물에 방화하여 사망에 이르게 한 경우 강도살인죄와 현주건조물방화치사죄의 상상적 경합이 된다.

② 결과적 가중범은 행위자가 행위 시에 그 결과의 발생을 예견할 수 없을 때에는 비록 그 행위와 결과 사이에 인과관계가 있다 하더라도 중한 죄로 벌할 수 없다.

③ 과실에 의하여 동일한 결과가 야기된 경우보다도 결과적 가중범을 가중하는 이유는, 고의의 기본범죄 안에 내재되어 있는 전형적인 잠재적 위험이 실현되어 과실범보다 결과반가치가 크기 때문이다.

④ 피고인과 피해자가 여관에 투숙하여 별다른 저항이나 마찰 없이 성관계를 가진 후 피고인이 잠시 나간 사이에 피해자가 방문을 잠그고 구조요청을 한 후라면 피고인의 방문 흔드는 소리에 겁을 먹고 탈출하다가 상해를 입을 것이라고 예견할 수 없다.

정선 핵심

① 강도살인죄와 현주건조물방화치사죄 → 상상적 경합 ○

② 결과적 가중범의 성립요건
 ⇢ 고의의 기본범죄, 중한 결과의 발생, 인과관계, 객관적 귀속
 ⇢ 중한 결과에 대한 예견가능성

③ 결과적 가중범의 가중처벌의 근거 → 고의의 기본범죄 안의 전형적인 잠재적 위험이 실현되어 과실범보다 행위반가치가 크기 때문

④ 여관에서 별다른 저항 없이 성관계를 가진 후 구조요청을 한 경우 → 피해자가 탈출하다가 상해를 입을 것을 예견 ×

정선 해설

[❶ ▸ O] 대판 1998.12.8. 98도3416

[❷ ▸ O] 형법 제15조 제2항은 결과적 가중범의 중한 결과에 대한 예견가능성을 요구하고 있고 판례(대판 1988.4.12. 88도178)도 같은 태도를 취하고 있다.

[❸ ▸ X] 결과적 가중범을 가중하는 이유는, 고의의 기본범죄 안에 내재되어 있는 전형적인 잠재적 위험이 실현되어 과실범보다 행위반가치가 크기 때문이다.

[❹ ▸ O] 피고인과 피해자가 여관에 투숙하여 별다른 저항이나 마찰 없이 성행위를 한 후, 피고인이 잠시 방밖으로 나간 사이에 피해자가 방문을 안에서 잠그고 구내전화를 통하여 여관종업원에게 구조요청까지 한 후라면, 일반경험칙상 이러한 상황아래에서 피해자가 피고인의 방문 흔드는 소리에 겁을 먹고 강간을 모면하기 위하여 3층에서 창문을 넘어 탈출하다가 상해를 입을 것이라고 예견할 수는 없다고 볼 것이므로 이를 강간치상죄로 처단할 수 없다(대판 1985.10.8. 85도1537).

답 ❸

419 □□□

이른바 '부진정'범죄에 대한 설명으로 옳지 않은 것은?(다툼이 있는 경우 판례에 의함)

17 국가7급

① 부진정신분범은 신분이 없어도 범할 수 있지만 신분이 있으면 형이 가중 또는 감경되는 범죄를 말하는데, 형법상 존속살해죄는 보통살인죄와 비교하여 형이 가중되는 부진정신분범이다.

② 부진정목적범은 목적이 없어도 범할 수 있지만 목적이 있으면 형이 가중 또는 감경되는 범죄를 말하는데, 형법상 결혼목적약취유인죄는 미성년자약취유인죄와 비교하여 형이 감경되는 부진정목적범이다.

③ 부진정부작위범의 경우에는 보호법익의 주체가 법익에 대한 침해위협에 대처할 보호능력이 없고, 부작위행위자에게 침해위협으로부터 법익을 보호해 주어야 할 법적 작위의무가 있을 뿐 아니라, 부작위행위자가 그러한 보호적 지위에서 법익침해를 일으키는 사태를 지배하고 있어 작위의무의 이행으로 결과발생을 쉽게 방지할 수 있어야 부작위로 인한 법익침해가 작위에 의한 법익침해와 동등한 형법적 가치가 있는 것으로서 범죄의 실행행위로 평가될 수 있다.

④ 부진정결과적 가중범에 있어서 고의로 중한 결과를 발생하게 한 행위가 별도의 구성요건에 해당하고 그 고의범에 대하여 결과적 가중범에 정한 형보다 더 무겁게 처벌하는 규정이 있는 경우에는 그 고의범과 결과적 가중범의 상상적 경합이 인정된다.

정선 핵심

① 존속살해죄 → 형이 가중되는 부진정신분범 O
② 결혼목적약취유인죄 → 형이 가중되는 부진정목적범 O
③ 행위정형의 동가치성 인정 → 부진정부작위범 성립 O
④ 부진정결과적 가중범의 죄수
→ 고의범에 대하여 결과적 가중범에 정한 형보다 더 무겁게 처벌하는 경우 : 고의범과 결과적 가중범의 상상적 경합 O

정선 해설

[❶ ▸ O] 신분범이란 구성요건이 행위의 주체에 일정한 신분을 요구하는 범죄로 형법상 존속살해죄는 보통살인죄와 비교하여 형이 가중되는 부진정신분범이다.

[❷ ▸ X] 형법상 결혼목적약취유인죄(형법 제288조 제1항)는 미성년자약취유인죄(형법 제287조)와 비교하여 형이 가중되는 부진정목적범이다.

[❸ ▸ O] 부진정부작위범의 경우에는 보호법익의 주체가 법익에 대한 침해위협에 대처할 보호능력이 없고, 부작위행위자에게 침해위협으로부터 법익을 보호해 주어야 할 법적 작위의무가 있을 뿐 아니라, 부작위행위자가 그러한 보호적 지위에서 법익침해를 일으키는 사태를 지배하고 있어 작위의무의 이행으로 결과발생을 쉽게 방지할 수 있어야 부작위로 인한 법익침해가 작위에 의한 법익침해와 동등한 형법적 가치가 있는 것으로서 범죄의 실행행위로 평가될 수 있다(대판 2015.11.12. 2015도6809[전합]).

[❹ ▸ O] 대판 2008.11.27. 2008도7311

답 ❷

420 □□□

결과적 가중범에 관한 설명 중 옳은 것은?(다툼이 있는 경우 판례에 의함) 19 경찰채용

① 친구를 살해할 의도로 그 친구가 살고 있는 집을 방화하여 그를 사망에 이르게 한 경우, 현주건조물방화치사죄만 성립한다.

② 부진정결과적 가중범은 중한 결과를 야기한 기본범죄가 고의범인 경우뿐만 아니라 과실범인 경우에도 인정되는 개념이다.

③ 기본범죄와 중한 결과 사이에 인과관계가 인정된다면, 중한 결과에 대한 예견가능성이 없는 경우라도 결과적 가중범으로 처벌할 수 있다.

④ 형법 제177조 제2항의 현주건조물일수치사죄의 법정형은 사형, 무기 또는 7년 이상의 징역이다.

정선 핵심

① 살해의도로 친구 집에 방화하여 사망에 이르게 한 경우 → 현주건조물방화치사죄 ○

②·③ 결과적 가중범의 성립요건

→ 고의의 기본범죄, 중한 결과의 발생, 인과관계, 객관적 귀속

→ 중한 결과에 대한 예견가능성

④ 현주건조물일수치사죄의 법정형 → 무기 또는 7년 이상의 징역

정선 해설

[❶ ▸ ○] 판례(대판 2008.11.27. 2008도7311)의 취지를 고려하면, 현주건조물방화치사죄의 형이 살인죄의 형보다 중하므로 현주건조물방화치사죄만 성립한다.

[❷ ▸ ×] 결과적 가중범에서 기본범죄는 고의범이어야 한다는 법리는 부진정결과적 가중범의 경우에도 동일하게 적용된다.

[❸ ▸ ×] 형법 제15조 제2항은 결과적 가중범의 중한 결과에 대한 예견가능성을 요구하고 있고 판례(대판 1988.4.12. 88도178)도 같은 태도를 취하고 있다.

[❹ ▸ ×] 형법 제177조 참조

법령

현주건조물등에의 일수(형법 제177조) ① 물을 넘겨 사람이 주거에 사용하거나 사람이 현존하는 건조물, 기차, 전차, 자동차, 선박, 항공기 또는 광갱을 침해한 자는 무기 또는 3년 이상의 징역에 처한다.

② 제1항의 죄를 범하여 사람을 상해에 이르게 한 때에는 무기 또는 5년 이상의 징역에 처한다. 사망에 이르게 한 때에는 무기 또는 7년 이상의 징역에 처한다.

답 ❶

421 □□□

결과적 가중범에 관한 설명으로 가장 적절하지 않은 것은?(다툼이 있는 경우 판례에 의함)

20 경찰채용

① 부진정결과적 가중범이란 고의에 의한 기본범죄에 기하여 중한 결과를 과실뿐만 아니라 고의로 발생케 한 경우에도 성립하는 결과적 가중범을 말한다.

② 진정결과적 가중범만 인정하면 과실로 중한 결과를 발생시킨 경우가 고의로 중한 결과를 발생시킨 경우보다 형이 높아지는 경우가 있으므로 형량을 확보하여 형의 불균형을 시정하기 위해서 부진정결과적 가중범을 인정하고 있다.

③ 만약 부진정결과적 가중범의 개념을 인정하지 않는다면 현주건조물에 방화하여 사람을 살해할 고의가 있었던 경우 현주건조물방화죄와 살인죄의 상상적 경합범이 된다.

④ 자기의 존속을 살해할 목적으로 존속이 현존하는 건조물에 방화하여 사망에 이르게 한 경우는 현주건조물방화치사죄만 성립하고 고의범에 대하여는 별도로 죄를 구성하지 않는다.

정선 핵심

①·② 부진정결과적 가중범
→ 의의 : 중한 결과를 과실(고의)로 발생케 한 경우에 성립하는 결과적 가중범
→ 취지 : 형량을 확보하여 형의 불균형 시정

③ 현주건조물에 방화하여 사람을 살해할 고의가 있었던 경우 → 현주건조물방화죄와 살인죄의 상상적 경합 O

④ 존속살인죄와 현주건조물방화치사죄 → 상상적 경합 O

정선 해설

[❶ ▸ O] [❷ ▸ O] 부진정결과적 가중범을 인정하지 아니하면 과실로 중한 결과를 발생시킨 경우를 고의로 중한 결과를 발생시킨 경우보다 무겁게 처벌하는 문제가 있으므로 형의 불균형을 시정하기 위해서 우리형법상 부진정결과적 가중범이 도입되었고 현주건조물방화치상죄(형법 제164조 제2항 전문), 중상해죄(형법 제258조 제1항)가 이에 해당한다.

[❸ ▸ O] 지문의 경우 부진정결과적 가중범의 개념을 인정하지 않는다면 현주건조물방화죄와 살인죄의 상상적 경합범이 된다.

[❹ ▸ X] 존속살인죄와 현주건조물방화치사죄는 상상적 경합범관계에 있으므로, 법정형이 중한 존속살인죄로 의율함이 타당하다(대판 1996.4.26. 96도485).

유사판례 **대판 1998.12.8. 98도3416**

피고인들이 피해자들의 재물을 강취한 후 그들을 살해할 목적으로 현주건조물에 방화하여 사망에 이르게 한 경우, 피고인들의 행위는 강도살인죄와 현주건조물방화치사죄에 모두 해당하고 그 두 죄는 상상적 경합범관계에 있다.

답 ❹

422 □□□

다음 설명 중 옳고 그름의 표시(○, ×)가 바르게 된 것은?(다툼이 있는 경우 판례에 의하되, 주거침입죄는 논외로 함) 18 경찰채용

ㄱ. 甲이 乙에 대하여 상해를 교사하였는데 乙이 이를 넘어 살인을 실행한 경우에, 甲에게 피해자의 사망이라는 결과에 대하여 과실 내지 예견가능성이 있는 때에는 상해치사죄가 성립한다.
ㄴ. 甲은 乙을 살해하기 위하여 乙의 집으로 갔으나, 乙은 집에 없고 乙의 처 丙이 자신을 알아보자 丙을 야구방망이로 강타하여 실신시킨 후 이불을 뒤집어씌우고 석유를 뿌려 방화함으로써 乙의 집을 전소케 하고 丙을 사망케 한 경우, 甲은 현주건조물방화치사죄가 성립한다.
ㄷ. 甲은 현주건조물에 방화를 한 후 불이 붙은 집에서 빠져 나오려는 乙이 탈출하지 못하도록 방문 앞에 버티어 서서 지킨 결과 乙을 소사케 한 경우, 甲은 현주건조물방화죄와 살인죄의 실체적 경합이 성립한다.
ㄹ. 甲이 乙의 재물을 강취한 뒤 乙을 살해할 의사로 乙의 집에 방화하여 乙을 살해한 행위는 강도살인죄와 현주건조물방화치사죄의 실체적 경합이 성립한다.

① ㄱ(○) ㄴ(○) ㄷ(○) ㄹ(○)
② ㄱ(×) ㄴ(×) ㄷ(×) ㄹ(○)
③ ㄱ(○) ㄴ(×) ㄷ(×) ㄹ(×)
④ ㄱ(○) ㄴ(○) ㄷ(○) ㄹ(×)

정선 핵심

ㄱ. 甲이 乙에게 상해를 교사했으나 사망의 결과에 대한 예견가능성이 있는 경우 → 상해치사죄 ○
ㄴ. 丙을 실신시킨 후 방화함으로써 乙의 집을 전소케 하고 丙을 사망케 한 경우 → 현주건조물방화치사죄 ○
ㄷ. 빠져 나오려는 乙을 탈출하지 못하도록 하여 乙을 소사케 한 경우 → 현주건조물방화죄와 살인죄의 실체적 경합 ○
ㄹ. 강도살인죄와 현주건조물방화치사죄 → 상상적 경합 ○

정선 해설

[ㄱ ▸ ○] 대판 1993.10.8. 93도1873
[ㄴ ▸ ○] 판례의 취지를 고려하면, 甲에게는 현주건조물방화죄와 살인죄의 상상적 경합이 아니라 현주건조물방화치사죄가 성립한다.

> 형법 제164조 후단이 규정하는 현주건조물방화치사상죄는 그 전단에 규정하는 죄에 대한 일종의 가중처벌규정으로서 과실이 있는 경우뿐만 아니라 고의가 있는 경우도 포함된다고 볼 것이므로, 현주건조물 내에 있는 사람을 강타하여 실신케 한 후 동 건조물에 방화하여 소사케 한 피고인을 현주건조물에의 방화죄와 살인죄의 상상적 경합으로 의율할 것은 아니다(대판 1983.1.18. 82도2341).

[ㄷ ▸ ○] 불을 놓은 집에서 빠져 나오려는 피해자들을 막아 소사케 한 행위는 1개의 행위가 수개의 죄명에 해당하는 경우라고 볼 수 없고, 위 방화행위와 살인행위는 법률상 별개의 범의에 의하여 별개의 법익을 해하는 별개의 행위라고 할 것이니, 현주건조물방화죄와 살인죄는 실체적 경합관계에 있다(대판 1983.1.18. 82도2341).
[ㄹ ▸ ×] 피고인들이 피해자들의 재물을 강취한 후 그들을 살해할 목적으로 현주건조물에 방화하여 사망에 이르게 한 경우, 피고인들의 행위는 강도살인죄와 현주건조물방화치사죄에 모두 해당하고 그 두 죄는 상상적 경합범관계에 있다(대판 1998.12.8. 98도3416).

답 ❹

423 □□□

甲은 원한관계에 있는 A를 살해하기로 마음먹고 한밤중에 A의 집으로 가서 A와 A의 딸 B가 잠을 자고 있는 것을 확인한 후 A의 집 주변에 휘발유를 뿌리고 A의 집을 방화하였다. 이로 인해 A는 질식사하였고 B는 잠에서 깨어 현관문을 열고 밖으로 나오려고 하였으나 甲이 밖에서 현관문을 막고 서는 바람에 B도 질식사하였다. 甲의 죄책에 관한 설명 중 옳지 않은 것은?(다툼이 있는 경우 판례에 의함) 20 변시

① 현주건조물방화치사죄는 사망의 결과에 대하여 과실이 있는 경우뿐만 아니라 고의가 있는 경우에도 성립하는 부진정결과적 가중범이다.
② A를 사망하게 한 점에 대해서는 현주건조물방화치사의 죄책을 진다.
③ B를 사망하게 한 점에 대해서는 현주건조물방화죄와 살인죄가 성립하고 두 죄는 실체적 경합관계에 있다.
④ 만약 甲이 A가 혼자 있는 집에 들어가 A를 폭행하여 재물을 강취하고 A를 살해할 목적으로 A의 집을 방화하여 A를 사망에 이르게 하였다면 강도살인죄와 현주건조물방화치사죄가 성립하고 두 죄는 상상적 경합관계에 있다.
⑤ 만약 甲이 A의 집 주변에 휘발유를 뿌린 다음 라이터로 불을 붙였으나 잠을 자고 있던 A가 집 밖으로 뛰어나와 불을 끄는 바람에 A의 집에는 불이 옮겨 붙지 않았지만 그로 인해 A가 화상을 입고 사망하였다면 현주건조물방화치사죄의 미수범으로 처벌된다.

정선 핵심

① 현주건조물방화치사죄 → 부진정결과적 가중범 O
② A를 사망하게 한 점 → 현주건조물방화치사죄 O
③ B를 사망하게 한 점 → 현주건조물방화죄와 살인죄는 실체적 경합 O
④ 강도살인죄와 현주건조물방화치사죄 → 상상적 경합 O
⑤ A의 집에 불을 붙였으나 A가 끄는 바람에 집에는 옮겨 붙지 않았지만 A가 화상으로 사망한 경우 → 현주건조물방화미수죄와 살인미수죄의 상상적 경합 O

정선 해설

[❶ ▸ O] [❷ ▸ O] 甲에게는 현주건조물방화죄와 A에 대한 살인죄의 상상적 경합이 아니라 현주건조물방화치사죄가 성립한다.

> 형법 제164조 후단이 규정하는 현주건조물방화치사상죄는 그 전단에 규정하는 죄에 대한 일종의 가중처벌규정으로서 과실이 있는 경우뿐만 아니라 고의가 있는 경우도 포함된다고 볼 것이므로, 현주건조물 내에 있는 사람을 강타하여 실신케 한 후 동 건조물에 방화하여 소사케 한 피고인을 현주건조물에의 방화죄와 살인죄의 상상적 경합으로 의율할 것은 아니다(대판 1983.1.18. 82도2341).

[❸ ▸ O] 판례의 취지를 고려하면, 현주건조물방화죄와 B에 대한 살인죄가 성립하고 두 죄는 실체적 경합관계에 있다.

> 불을 놓은 집에서 빠져 나오려는 피해자들을 막아 소사케 한 행위는 1개의 행위가 수개의 죄명에 해당하는 경우라고 볼 수 없고, 위 방화행위와 살인행위는 법률상 별개의 범의에 의하여 별개의 법익을 해하는 별개의 행위라고 할 것이니, 현주건조물방화죄와 살인죄는 실체적 경합관계에 있다(대판 1983.1.18. 82도2341).

[❹ ▸ O] 대판 1998.12.8. 98도3416

[❺ ▸ X] 甲이 라이터에 불을 붙였으나 불이 매개물을 떠나 독립적으로 연소할 수 있는 상태에 이른 것은 아니고 별도의 위법성조각사유나 책임조각사유는 발견되지 아니하므로 甲은 현주건조물방화미수죄의 죄책을 지게 된다. 또한 甲은 살인의 고의로 A의 집 주변에 휘발유를 뿌린 다음 라이터로 불을 붙였으나 A가 진화작업을 하다가

화상으로 사망하였으므로 A의 사망의 결과에 대한 인과관계와 객관적 귀속이 인정되지 아니하여 甲은 살인미수죄의 죄책을 지게 된다. 한편 현주건조물방화치사죄의 미수범의 성립 여부가 문제되나 형법상 미수범처벌규정이 없어 이론상 논의에 그치고 있다는 것을 고려하면 부정하는 것이 타당하다고 판단된다. 결국 甲은 현주건조물방화미수죄와 살인미수죄의 상상적 경합으로 처벌된다.

답 ⑤

424 □□□

다음 설명 중 옳지 않은 것은?(다툼이 있는 경우 판례에 의함) 18 국가9급

① 甲이 의도적으로 A를 술에 취하도록 유도하고 수차례 강간한 후 의식불명에 빠진 A를 비닐창고로 옮겨 놓아 A가 저체온증으로 사망한 경우 甲에게는 강간치사죄가 성립한다.
② 교제를 거절한다는 이유로 甲이 A의 배를 발로 차고 얼굴을 주먹으로 때리자 A가 계속되는 甲의 상해행위를 피하려고 도로를 건너 도주하다가 차량에 치여 사망한 경우 甲에게는 상해치사죄가 성립한다.
③ 甲이 살인의 고의로 A의 하복부에 칼로 심한 자상을 입힌 것이 A를 사망하게 한 직접적 원인이 아니었다면, 이로부터 발생된 다른 간접적 원인이 결합되어 사망의 결과가 발생하였더라도 甲에게는 살인죄가 성립하지 않는다.
④ 甲이 4일가량 물조차 제대로 마시지 못하고 잠도 자지 아니하여 거의 탈진상태에 이른 A의 손과 발을 17시간 이상 묶어 두고 좁은 차량 속에서 움직이지 못하게 감금하자 혈전이 형성되고 그 혈전이 폐동맥을 막아 사망의 결과가 발생한 경우 甲에게는 감금치사죄가 성립한다.

정선 핵심

① 강간한 후 의식불명에 빠진 피해자를 비닐창고로 옮겨 놓아 저체온증으로 사망한 경우 → 강간치사죄 ○
② 계속되는 폭행을 피하려고 도로를 건너 도주하다가 차량에 치여 사망한 경우 → 상해치사죄 ○
③ 살인의 고의에 의한 자상과 다른 간접적 원인이 결합되어 A의 사망의 결과가 발생한 경우 → 살인죄 ○
④ 피해자를 장시간 감금하여 혈전으로 사망한 경우 → 감금치사죄 ○

정선 해설

[❶ ▸ O] 대판 2008.2.29. 2007도10120
[❷ ▸ O] 상해행위를 피하려고 하다가 차량에 치어 사망한 경우 상해행위와 피해자의 사망 사이에 상당인과관계가 있으므로 상해치사죄가 성립한다(대판 1996.5.10. 96도529).

> **관련판례** 대판 1967.2.28. 67도45
>
> 평소부터 고혈압 증세에 있는 피해자가 피고인의 폭행행위로 지면에 전도할 때의 자극에 의하여 뇌출혈을 일으켜서 사망하였을 때에는 폭행과 치사 사이에 상당인과 관계가 있다.

[❸ ▸ ×] 판례의 취지를 고려하면, 甲의 행위와 사망 간에는 인과관계가 있으므로 甲은 살인죄가 성립한다.

> 피고인의 자상행위가 피해자를 사망하게 한 직접적 원인은 아니었다 하더라도 이로부터 발생된 다른 간접적 원인이 결합되어 사망의 결과를 발생하게 한 경우라도 그 행위와 사망 간에는 인과관계가 있다(대판 1982.12.28. 82도2525).

[❹ ▸ O] 대판 2002.10.11. 2002도4315

답 ❸

425 □□□

결과적 가중범에 대한 설명으로 옳지 않은 것은?(다툼이 있는 경우 판례에 의함)

20 국가7급

① 부진정결과적 가중범에서 고의로 중한 결과를 발생하게 한 행위가 별도의 구성요건에 해당하고 그 고의범에 대하여 결과적 가중범에 정한 형보다 더 무겁게 처벌하는 규정이 있는 경우, 결과적 가중범이 고의범에 대하여 특별관계에 있으므로 결과적 가중범만 성립한다.

② 피고인이 위험한 물건인 전자충격기를 사용하여 강간을 시도하다가 미수에 그치고 피해자에게 약 2주간의 치료를 요하는 안면부 좌상 등의 상해를 입힌 경우, 성폭력범죄의 처벌 등에 관한 특례법에 의한 특수강간치상죄의 기수가 성립한다.

③ 피고인이 편도 2차로의 고속도로 1차로를 진행하던 A의 차량 앞에 급하게 끼어든 후 곧바로 정차하여 A의 차량 및 이를 뒤따르던 차량 두 대는 급정차하였으나, 그 뒤를 따라오던 B의 차량은 앞의 차량들을 연쇄추돌하여 B가 사망에 이른 경우, 피고인에게는 일반교통방해치사죄가 성립한다.

④ 형법 제188조에 규정된 교통방해에 의한 치사상죄는 결과적 가중범이므로 교통방해행위와 사상의 결과 사이에 상당인과관계가 있어야 하고, 그 행위와 결과 사이에 피해자나 제3자의 과실 등 다른 사실이 개재된 때에도 그와 같은 사실이 통상 예견될 수 있는 것이라면 상당인과관계를 인정할 수 있다.

정선 핵심

① 부진정결과적 가중범의 죄수
→ 고의범에 대하여 결과적 가중범에 정한 형보다 더 무겁게 처벌하는 경우 : 고의범과 결과적 가중범의 상상적 경합 O

② 전자충격기로 폭행하여 강간하려다가 미수에 그치고 피해자에게 상해를 입힌 경우 → 특수강간치상죄 O

③ 급하게 끼어든 후 정차하여 뒤따라오던 피해자들을 사망하게 하거나 상해를 입은 경우 → 교통방해치사상죄 O

④ 교통방해행위와 결과 사이에 통상 예견될 수 있는 다른 사실의 개재된 경우 → 인과관계 O

정선 해설

[❶ ▸ X] 기본범죄를 통하여 고의로 중한 결과를 발생하게 한 경우에 가중처벌하는 부진정결과적 가중범에서, 고의로 중한 결과를 발생하게 한 행위가 별도의 구성요건에 해당하고 그 고의범에 대하여 결과적 가중범에 정한 형보다 더 무겁게 처벌하는 규정이 있는 경우에는 그 고의범과 결과적 가중범이 상상적 경합관계에 있다(대판 2008.11.27. 2008도7311).

[❷ ▸ O] 판례의 취지를 고려하면, 전자충격기를 피해자의 허리에 대고 피해자를 폭행하여 강간하려다가 미수에 그치고 피해자에게 상해를 입힌 경우, 특수강간치상죄의 기수범이 성립한다.

> 성폭력범죄의 처벌 및 피해자보호 등에 관한 법률 제9조 제1항에 의하면 같은 법 제6조 제1항에서 규정하는 특수강간의 죄를 범한 자뿐만 아니라, 특수강간이 미수에 그쳤다고 하더라도 그로 인하여 피해자가 상해를 입었으면 특수강간치상죄가 성립하는 것이다(대판 2008.4.24. 2007도10058).

[❸ ▸ O] 피고인의 행위와 결과 사이에게는 상당인과관계와 결과발생에 대한 예견가능성도 인정되므로 일반교통방해치사죄가 성립한다.

> 편도 2차로의 고속도로 1차로 한가운데에 정차한 피고인은 현장의 교통상황이나 일반인의 운전 습관·행태 등에 비추어 고속도로를 주행하는 다른 차량 운전자들이 제한속도 준수나 안전거리 확보 등의 주의의무를 완전하게 다하지 않을 수도 있다는 점을 알았거나 충분히 알 수 있었으므로, 피고인의 정차 행위와 사상의 결과 발생 사이에 상당인과관계가 있고, 사상의 결과 발생에 대한 예견가능성도 인정된다(대판 2014.7.24. 2014도6206).

[❹ ▸ O] 대판 2014.7.24. 2014도6206

답 ❶

426
□□□

결과적 가중범에 관한 설명 중 옳지 않은 것은 모두 몇 개인가?(다툼이 있는 경우 판례에 의함) 18 해경간부

ㄱ. 형법 제15조 제2항이 규정하고 있는 이른바 결과적 가중범은 행위자가 행위 시에 그 결과의 발생을 예견할 수 없을 때에는 그 행위와 결과 사이에 인과관계가 있다 하더라도 중한 죄로 벌할 수 없다.
ㄴ. 결과적 가중범에 있어서 중한 결과가 발생하였지만 기본범죄가 미수에 그친 경우 결과적 가중범의 미수에 해당한다.
ㄷ. 甲이 음주단속을 피하기 위하여 경찰관의 하차요구에 불응하고 승용차를 계속 진행하는 과정에서 단속 경찰관이 자동차 범퍼에 부딪혀 전치 6주의 상해를 입었다면, 甲에게는 특수공무집행방해치상죄와 폭력행위 등 처벌에 관한 법률 위반(집단·흉기 등 상해)죄의 상상적 경합범이 성립한다.
ㄹ. 폭행치사죄는 결과적 가중범으로써 사망의 결과에 대한 예견가능성 즉 과실이 있어야 하는 것 외에, 폭행과 사망의 결과 사이에 인과관계가 있어야 한다.

① 1개 ② 2개
③ 3개 ④ 4개

정선 핵심

ㄱ. 중한 결과에 대한 예견가능성이 없는 경우 → 결과적 가중범 성립 ×
ㄴ. 기본범죄가 미수에 그쳤으나 중한 결과가 발생한 경우 → 결과적 가중범의 기수 ○
ㄷ. 음주단속을 피하기 위하여 단속 경찰관에게 전치 6주의 상해를 입힌 경우 → 특수공무집행방해치상죄 ○
ㄹ. 폭행치사죄 → 결과적 가중범으로 인과관계와 예견가능성 필요

정선 해설

[ㄱ ▸ O] 대판 1988.4.12. 88도178
[ㄴ ▸ X] 중한 결과가 발생하였다면 기본범죄가 미수에 그친 경우라도 결과적 가중범의 기수에 해당한다고 보는 것이 타당하다(대판 2008.4.24. 2007도10058).
[ㄷ ▸ X] 판례의 취지를 고려하면, 甲이 음주단속을 피하기 위하여 단속 경찰관에게 전치 6주의 상해를 입혔다면, 甲에게는 특수공무집행방해치상죄가 성립한다.

> 직무를 집행하는 공무원에 대하여 위험한 물건을 휴대하여 고의로 상해를 가한 경우에는 특수공무집행방해치상죄만 성립할 뿐, 이와는 별도로 폭력행위 등 처벌에 관한 법률 위반(집단·흉기 등 상해)죄를 구성하지 않는다(대판 2008.11.27. 2008도7311).

[ㄹ ▸ O] 속칭 '생일빵'을 한다는 명목하에 피해자를 가격하여 사망에 이르게 한 경우, 폭행과 사망 간에 인과관계는 인정되지만 폭행 당시 피해자의 사망을 예견할 수 없었다면 폭행치사죄는 성립하지 아니한다(대판 2010.5.27. 2010도2680).

답 ❷

427
□□□

과실범과 결과적 가중범에 대한 설명으로 옳지 않은 것은?(다툼이 있는 경우 판례에 의함)

21 국가9급

① 정상적으로 기울여야 할 주의를 게을리하여 죄의 성립요소인 사실을 인식하지 못한 행위는 법률에 특별한 규정이 있는 경우에만 처벌한다.
② 의료과오사건에서 의사의 과실이 있는지는 같은 업무 또는 분야에 종사하는 평균적인 의사가 보통 갖추어야 할 통상의 주의의무를 기준으로 판단하여야 한다.
③ 형법상 결과적 가중범의 기본범죄에는 고의범·과실범뿐만 아니라 기수·미수도 포함된다.
④ 부진정결과적 가중범에서 고의로 중한 결과를 발생하게 한 행위가 별도의 구성요건에 해당하고 그 고의범에 대하여 결과적 가중범에 정한 형보다 더 무겁게 처벌하는 규정이 없는 경우, 결과적 가중범이 고의범에 대하여 특별관계에 있으므로 결과적 가중범만 성립한다.

정선 핵심

① 주의를 게을리하여 죄의 성립요소인 사실을 인식하지 못한 경우 → 법률에 특별한 규정이 있는 경우에 한하여 처벌
② 의사의 과실 → 평균적인 의사가 보통 갖추어야 할 통상의 주의의무를 기준
③ 결과적 가중범의 성립요건
⇢ 고의의 기본범죄이어야 함
④ 결과적 가중범의 형이 더 무거운 경우 → 결과적 가중범만 성립 O

정선 해설

[❶ ▸ O] 형법 제14조 참조

법령 과실(형법 제14조) 정상적으로 기울여야 할 주의(注意)를 게을리하여 죄의 성립요소인 사실을 인식하지 못한 행위는 법률에 특별한 규정이 있는 경우에만 처벌한다.

[❷ ▸ O] 의료사고에서 의사의 과실을 인정하기 위해서는 의사가 결과발생을 예견할 수 있었음에도 이를 예견하지 못하였고 결과발생을 회피할 수 있었음에도 이를 회피하지 못한 과실이 검토되어야 하고, 과실의 유무를 판단할 때에는 같은 업무와 직무에 종사하는 보통인의 주의 정도를 표준으로 하여야 하며, 여기에는 사고 당시의 일반적인 의학의 수준과 의료환경 및 조건, 의료행위의 특수성 등이 고려되어야 하고, 이러한 법리는 한의사의 경우에도 마찬가지이다(대판 2011.4.14. 2010도10104).
[❸ ▸ X] 진정결과적 가중범, 부진정결과적 가중범의 어느 경우에도 기본범죄는 고의에 의한 것이어야 한다. 다만, 기본범죄의 기수·미수는 불문한다.
[❹ ▸ O] 대판 2008.11.27. 2008도7311

답 ❸

428 □□□

결과적 가중범에 대한 설명으로 옳은 것은?(다툼이 있는 경우 판례에 의함) 20 경찰간부

① 상해치사죄의 공동정범은 폭행 기타의 신체침해 행위를 공동으로 할 의사뿐만 아니라 결과를 공동으로 할 의사가 있어야 성립한다.

② 결과적 가중범은 과실로 인한 중한 결과가 발생하여야 성립하는 범죄이므로 형법에는 결과적 가중범의 미수를 처벌하는 규정이 존재하지 않는다.

③ 상해를 교사하였는데 피교사자가 이를 넘어 살인을 한 경우 교사자에게 사망이라는 결과에 대하여 과실 내지 예견가능성이 있는 때에는 상해치사죄의 교사범이 성립할 수 있다.

④ 피고인들이 피해자들의 재물을 강취한 후 그들을 살해할 목적으로 현주건조물에 방화하여 사망에 이르게 한 경우, 피고인들의 행위는 강도살인죄와 현주건조물방화치사죄에 모두 해당하고 그 두 죄는 실체적 경합범관계에 있다.

정선 핵심

① 상해치사죄의 공동정범 → 결과를 공동으로 할 의사 불요
② 진정결과적 가중범인 인질치사상죄, 강도치사상죄, 해상강도치사상죄 → 미수범처벌규정 ○
③ 상해교사자에게 사망이라는 결과에 대한 예견가능성이 있는 경우 ○ → 상해치사죄의 교사범 ○
④ 강도살인죄와 현주건조물방화치사죄 → 상상적 경합

정선 해설

[❶ ▸ ×] 결과적 가중범인 상해치사의 공동정범은 폭행 기타의 신체침해행위를 공동으로 할 의사가 있으면 성립되고, 결과를 공동으로 할 의사는 필요 없다(대판 1993.8.24. 93도1674).

[❷ ▸ ×] 우리 형법은 진정결과적 가중범인 인질치사상죄(형법 제324조의5), 강도치사상죄, 해상강도치사상죄(형법 제342조)의 경우에 미수범처벌규정을 두고 있다.

[❸ ▸ ○] 대판 1993.10.8. 93도1873

[❹ ▸ ×] 피고인들이 피해자들의 재물을 강취한 후 그들을 살해할 목적으로 현주건조물에 방화하여 사망에 이르게 한 경우, 피고인들의 행위는 강도살인죄와 현주건조물방화치사죄에 모두 해당하고 그 두 죄는 상상적 경합범 관계에 있다(대판 1998.12.8. 98도3416).

답 ❸

제1장 제2장 제3장

429 □□□

결과적 가중범에 대한 설명으로 가장 적절하지 않은 것은?(다툼이 있는 경우 판례에 의함)

21 경찰승진

① 강간이 미수에 그친 경우 그로 인하여 피해자가 상해를 입었다면, 강간치상죄의 기수범이 성립하는 것이 아니라 강간미수죄와 과실치상죄의 상상적 경합이 성립한다.

② 형법 제144조 제2항의 특수공무집행방해치상죄는 중한 결과에 대한 예견가능성이 있었음에도 불구하고 예견하지 못한 경우뿐만 아니라 고의가 있는 경우까지도 포함하는 부진정결과적 가중범이다.

③ 상해치사죄의 공동정범은 폭행 기타의 신체침해 행위를 공동으로 할 의사가 있으면 성립되고 결과를 공동으로 할 의사는 필요로 하지 않는다.

④ 교사자가 피교사자에 대하여 상해 또는 중상해를 교사하였는데 피교사자가 이를 넘어 살인을 실행한 경우에 교사자에게 피해자의 사망이라는 결과에 대하여 과실 내지 예견가능성이 있는 때에는 상해치사죄의 교사범의 죄책을 지울 수 있다.

정선 핵심

① 강간이 미수에 그쳤으나 피해자가 상해를 입은 경우 → 강간치상죄 ○
② 특수공무집행방해치상죄 → 부진정결과적 가중범 ○
③ 상해치사죄의 공동정범 → 결과를 공동으로 할 의사 불요
④ 중상해를 교사하였으나 사망이라는 결과를 예견할 수 있었던 경우 → 상해치사죄의 교사범 ○

정선 해설

[❶ ▸ ×] 강간이 미수에 그친 경우라도 그 수단이 된 폭행에 의하여 피해자가 상해를 입었으면 강간치상죄가 성립하는 것이며, 미수에 그친 것이 피고인이 자의로 실행에 착수한 행위를 중지한 경우이든 실행에 착수하여 행위를 종료하지 못한 경우이든 가리지 않는다(대판 1988.11.8. 88도1628).

> **유사판례** 대판 2008.4.24. 2007도10058
>
> 성폭력범죄의 처벌 및 피해자보호 등에 관한 법률 제9조 제1항에 의하면 같은 법 제6조 제1항에서 규정하는 특수강간의 죄를 범한 자뿐만 아니라, 특수강간이 미수에 그쳤다고 하더라도 그로 인하여 피해자가 상해를 입었으면 특수강간치상죄가 성립하는 것이다.

[❷ ▸ ○] 특수공무집행방해치상죄는 원래 결과적 가중범이기는 하지만, 그 결과에 대한 예견가능성이 있었음에도 불구하고 예견하지 못한 경우뿐만 아니라 고의가 있는 경우까지도 포함하는 부진정결과적 가중범이다(대판 1995.1.20. 94도2842).

[❸ ▸ ○] 대판 1993.8.24. 93도1674

[❹ ▸ ○] 대판 2002.10.25. 2002도4089

답 ❶

430 □□□

결과적 가중범에 관한 다음 설명 중 가장 옳지 않은 것은?(다툼이 있는 경우 판례에 의함)

16 법원9급

① 교통방해에 의한 치사상죄에 있어서, 교통방해행위와 결과 사이에 피해자나 제3자의 과실 등 다른 사실이 개재된 때에도 그와 같은 사실이 통상 예견될 수 있는 것이라면 상당인과관계를 인정할 수 있다.

② 고의의 기본범죄가 미수에 그치더라도 중한 결과가 발생한 경우에는 결과적 가중범의 기수범에 해당한다.

③ 결과적 가중범인 상해치사죄의 공동정범은 폭행 기타의 신체침해 행위를 공동으로 할 의사가 있으면 성립되고 결과를 공동으로 할 의사는 필요 없다.

④ 부진정결과적 가중범에서 고의로 중한 결과를 발생하게 한 행위가 별도의 구성요건에 해당하는 경우, 그 고의범에 대하여 결과적 가중범에 정한 형보다 더 무겁게 처벌하는 규정이 없는 경우에는 그 고의범과 결과적 가중범이 상상적 경합관계에 있다.

정선 핵심

① 교통방해행위와 결과 사이에 통상 예견될 수 있는 다른 사실이 개재된 경우 → 인과관계 ○
② 기본범죄가 미수에 그쳤으나 중한 결과가 발생한 경우 → 결과적 가중범의 기수 ○
③ 상해치사죄의 공동정범 → 결과를 공동으로 할 의사 불요
④ 부진정결과적 가중범의 죄수
→ 더 무겁게 처벌하는 규정이 없는 경우 : 결과적 가중범 ○

정선 해설

[❶ ▸ ○] 형법 제188조에 규정된 교통방해에 의한 치사상죄에 있어서 교통방해행위가 피해자의 사상이라는 결과를 발생하게 한 유일하거나 직접적인 원인이 된 경우만이 아니라, 그 행위와 결과 사이에 피해자나 제3자의 과실 등 다른 사실이 개재된 때에도 그와 같은 사실이 통상 예견될 수 있는 것이라면 상당인과관계를 인정할 수 있다(대판 2014.7.24. 2014도6206).

[❷ ▸ ○] 대판 2008.4.24. 2007도10058

[❸ ▸ ○] 대판 1993.8.24. 93도1674

[❹ ▸ ×] 기본범죄를 통하여 고의로 중한 결과를 발생하게 한 경우에 가중처벌하는 부진정결과적 가중범에서, 고의로 중한 결과를 발생하게 한 행위가 별도의 구성요건에 해당하고 그 고의범에 대하여 더 무겁게 처벌하는 규정이 없는 경우에는 결과적 가중범이 고의범에 대하여 특별관계에 있으므로 결과적 가중범만 성립하고 이와 법조경합의 관계에 있는 고의범에 대하여는 별도로 죄를 구성하지 않는다(대판 2008.11.27. 2008도7311).

답 ❹

01 동료 사이에 말다툼을 하던 중 피고인의 삿대질을 피하려고 뒷걸음치던 피해자가 장애물에 걸려 넘어져 두개골 골절로 사망한 경우 폭행치사죄가 성립한다. 20 해경승진 O | X

02 사람이 현존하는 건조물을 집단방화하기로 공모하고 그 집단행위의 과정에서 일부집단원이 고의로 살상을 가한 경우에 다른 집단원에게 그 사상의 결과가 예견 가능한 것이었다면 다른 집단원도 그 결과에 대해 현주건조물방화치사상의 책임을 진다. 18 해경승진 O | X

03 중체포·감금죄는 사람을 체포·감금하여 생명에 위협을 야기한 경우 성립하는 결과적 가중범이다. 19 해경승진 O | X

04 강도가 택시를 타고 가다가 요금지급을 면할 목적으로 소지한 과도로 운전수를 협박하자 이에 놀란 운전수가 택시를 급우회전하면서 그 충격으로 강도가 겨누고 있던 과도에 어깨 부분이 찔려 상처를 입은 경우에는 강도치상죄가 성립한다. 14 경찰승진 O | X

05 甲이 A의 가슴, 얼굴 등 신체 여러 부위에 심하게 폭행을 가함으로써 A의 심장에 악영향을 초래하여 A가 심근경색 등으로 사망하게 하였더라도 A가 평소에 오른쪽 관상동맥폐쇄 및 심실의 허혈성근섬유화 증세 등 심장질환을 앓고 있던 경우라면 폭행치사죄가 성립하지 아니한다. 18 경찰승진 O | X

06 피고인이 여러 공범들과 피해자를 상해하기로 공모하고 피고인 등은 상피고인의 사무실에서 대기하고 실행행위를 분담한 공모자 일부가 사건현장에 가서 위 피해자를 상해하여 사망케 하였다면 피고인은 상해치사범죄의 공동정범에 해당한다. 18 해경승진 O | X

01 통상적으로 일반인이 예견하기 어려운 결과라고 하지 않을 수 없으므로 피고인에게 폭행치사죄의 책임을 물을 수 없다(대판 1990.9.25. 90도1596).

02 대판 1996.4.12. 96도215

03 중체포·감금죄는 행위태양으로 인하여 불법이 가중되는 가중적 구성요건에 해당한다.

04 대판 1985.1.15. 84도2397

05 폭행의 방법 등에 비추어 피고인의 폭행과 피해자의 사망과 간에 상당인과관계가 있다(대판 1989.10.13. 89도556).

06 대판 1991.10.11. 91도1755

정답

01 × **02** ○ **03** × **04** ○
05 × **06** ○

제7절 죄수론

제1관 | 일죄와 수죄

431 □□□

죄수(罪數)결정기준에 관한 설명으로 가장 적절한 것은?(다툼이 있는 경우 판례에 의함)

20 경찰채용

① 행위표준설은 죄수의 판단을 위한 기본요소를 행위자의 행위에서 구하여 행위가 하나일 때 하나의 죄를, 행위가 다수일 때 수개의 죄를 인정하는 견해로 판례는 연속범의 경우 이 견해를 취하고 있다.
② 법익표준설은 한 사람의 행위자가 실현시킨 범죄실현의 과정에서 몇 개의 보호법익이 침해 또는 위태롭게 되었는가를 기준으로 죄의 개수를 인정하는 견해로 판례는 강간, 공갈죄의 경우 이 견해를 취하고 있다.
③ 의사표준설은 행위자가 실현하려는 범죄의사의 개수에 따라서 죄의 개수를 결정하려는 견해로 행위자에게 1개의 범죄의사가 있으면 1죄를, 수개의 범죄의사가 있으면 수개의 죄를 각각 인정하게 되며, 판례는 연속범의 경우를 제외하고는 원칙적으로 이 견해를 취하고 있다.
④ 구성요건표준설은 구성요건에 해당하는 회수를 기준으로 죄수를 결정하는 견해로 죄수의 결정은 법률적인 구성요건충족의 문제로 해석하여 구성요건을 1회 충족하면 일죄이고, 수개의 구성요건에 해당하면 수죄를 인정하게 되며, 판례는 조세포탈범의 죄수는 위반사실의 구성요건 충족 회수를 기준으로 1죄가 성립하는 것이 원칙이라고 하여 이 견해를 따르는 경우도 있다.

정선 핵심

① 연속범 → 원칙적으로 의사표준설에 의해 죄수판단
② 죄수결정의 기준
⋯› 강간죄 : 행위표준설
⋯› 공갈죄 : 의사표준설
③ 연속범을 제외한 다른 범죄 → 구체적·개별적으로 죄수판단
④ 조세포탈범의 죄수 → 구성요건표준설

정선 해설

[❶ ▸ ×] 판례는 연속범의 경우 원칙적으로 의사표준설에 의해 죄수를 판단하고 있다.

> 단일하고도 계속된 범의 아래 동일한 저작물에 대한 침해행위가 일정 기간 반복하여 행하여진 경우에는 포괄하여 하나의 범죄가 성립한다고 볼 수 있다(대판 2013.8.23. 2011도1957).

[❷ ▸ ×] 판례는 강간죄는 원칙적으로 행위표준설(대판 1982.12.14. 82도2442)을 따르고 있고, 공갈죄는 의사표준설(대판 1996.9.20. 95도1728)을 취하는 것이 일반적인 태도이다.
[❸ ▸ ×] 판례는 연속범의 경우는 원칙적으로 의사표준설(대판 1982.10.26. 81도1409)을 취하고 있고, 연속범을 제외한 다른 범죄는 구체적·개별적으로 죄수를 판단하고 있다.
[❹ ▸ ○] 판례는 조세포탈범의 죄수에 대해 구성요건표준설을 따르고 있다.

> 원래 조세포탈범의 죄수는 위반사실의 구성요건충족회수를 기준으로 1죄가 성립하는 것이 원칙이다(대판 2001.3.13. 2000도4880).

답 ❹

432 □□□

다음 설명 중 가장 적절하지 않은 것은?(다툼이 있으면 판례에 의함) 16 경찰채용

① 불가벌적 수반행위란 법조경합의 한 형태인 흡수관계에 속하는 것으로서, 행위자가 특정한 죄를 범하면 비록 논리 필연적인 것은 아니지만 일반적·전형적으로 다른 구성요건을 충족하고 이때 그 구성요건의 불법이나 책임 내용이 주된 범죄에 비하여 경미하기 때문에 처벌이 별도로 고려되지 않는 경우를 말한다.

② 피해자에 대한 폭행행위가 동일한 피해자에 대한 업무방해죄의 수단이 되었다면, 그러한 폭행행위는 이른바 불가벌적 수반행위에 해당하여 업무방해죄에 대하여 흡수관계에 있다.

③ 수수한 메스암페타민을 장소를 이동하여 투약하고서 잔량을 은닉하는 방법으로 소지한 행위는 사회통념상 수수행위와는 독립한 별개의 행위를 구성한다고 보아야 한다.

④ 국회의원 선거에서 정당의 공천을 받게 하여 줄 의사나 능력이 없음에도 이를 해 줄 수 있는 것처럼 기망하여 공천과 관련하여 금품을 받은 경우, 공직선거법상 공천 관련 금품수수죄와 사기죄가 모두 성립하고 양자는 상상적 경합의 관계에 있다.

정선 핵심

① 불가벌적 수반행위 → 불법·책임내용이 경미하여 처벌이 별도로 고려되지 않는 경우
② 폭행행위가 동일한 피해자에 대한 업무방해죄의 수단이 된 경우 → 업무방해죄에 대하여 흡수관계 ×
③ 수수한 메스암페타민을 투약하고서 잔량을 은닉하여 소지한 경우 → 수수행위와는 독립한 별개의 행위 O
④ 국회의원 선거에서 정당공천을 받을 수 있는 것처럼 기망하여 금품을 받은 경우 → 공천 관련 금품수수죄와 사기죄의 상상적 경합 O

정선 해설

[❶ ▸ O] 대판 2012.10.11. 2012도1895

[❷ ▸ ×] 피해자에 대한 폭행행위가 동일한 피해자에 대한 업무방해죄의 수단이 되었다고 하더라도 그러한 폭행행위가 이른바 '불가벌적 수반행위'에 해당하여 업무방해죄에 대하여 흡수관계에 있다고 볼 수는 없다(대판 2012.10.11. 2012도1895).

[❸ ▸ O] 피고인이 '자신의 집에 메스암페타민을 숨겨두어 소지한 행위'와 그 후 '투약하고 남은 것을 일반투숙객들의 사용에 제공되는 모텔 화장실 천장에 숨겨두어 소지한 행위'를 별개의 독립한 범죄를 구성한다(대판 2011.2.10. 2010도16742).

[❹ ▸ O] 국회의원 선거에서 정당의 공천을 받게 하여 줄 의사나 능력이 없음에도 이를 해 줄 수 있는 것처럼 기망하여 공천과 관련하여 금품을 받은 경우 공직선거법상 공천 관련 금품수수죄와 사기죄가 모두 성립하고 양자는 상상적 경합의 관계에 있다(대판 2013.9.26. 2013도7876).

답 ❷

433 □□□

다음 중 법조경합에 해당하여 처벌되지 않는 행위는? 18 법원9급

① 부정한 이익을 얻거나 기업에 손해를 가할 목적으로 그 기업에 유용한 영업비밀이 담겨 있는 타인의 재물을 절취한 후, 그 영업비밀을 사용하는 행위
② 필로폰을 받아 장소를 옮겨 투약한 다음, 남은 필로폰을 숨겨 소지하는 행위
③ 피해자의 택시 운행업무를 방해하기 위하여 이루어진 폭행행위
④ 공동상속인 중 1인이 상속재산인 임야를 보관 중 다른 상속인들로부터 그들 지분을 나눠달라는 요구를 받고도 거부한 다음, 제3자에게 근저당권설정등기를 경료해 준 행위

정선 핵심

법조경합의 인정 여부
① 영업비밀이 담겨 있는 타인의 재물을 절취한 후, 영업비밀을 사용하는 경우 → ×
② 필로폰을 받아 투약한 다음, 남은 필로폰을 숨겨 소지하는 경우 → ×
③ 택시 운행업무를 방해하기 위하여 폭행한 경우 → ×
④ 공동상속인 중 1인이 상속지분을 나눠달라는 요구를 받고도 거부한 후, 제3자에게 근저당권설정등기를 경료해 준 경우 → ○

정선 해설

[❶ ▸ ×] 부정한 이익을 얻거나 기업에 손해를 가할 목적으로 그 기업에 유용한 영업비밀이 담겨 있는 타인의 재물을 절취한 후 그 영업비밀을 사용하는 경우, 영업비밀의 부정사용행위는 새로운 법익의 침해로 보아야 하므로 위와 같은 부정사용행위가 절도범행의 불가벌적 사후행위가 되는 것은 아니다(대판 2008.9.11. 2008도5364).
[❷ ▸ ×] 피고인이 '자신의 집에 메스암페타민을 숨겨두어 소지한 행위'와 그 후 '투약하고 남은 것을 일반투숙객들의 사용에 제공되는 모텔 화장실 천장에 숨겨두어 소지한 행위'를 별개의 독립한 범죄를 구성한다(대판 2011.2.10. 2010도16742).
[❸ ▸ ×] 피해자에 대한 폭행행위가 동일한 피해자에 대한 업무방해죄의 수단이 되었다고 하더라도 그러한 폭행행위가 이른바 '불가벌적 수반행위'에 해당하여 업무방해죄에 대하여 흡수관계에 있다고 볼 수는 없다(대판 2012.10.11. 2012도1895).
[❹ ▸ ○] 공동상속인 중 1인이 상속재산인 임야를 보관 중 다른 상속인들로부터 매도 후 분배 또는 소유권이전등기를 요구받고도 그 반환을 거부한 경우 이때 이미 횡령죄가 성립하고, 그 후 그 임야에 관하여 다시 제3자 앞으로 근저당권설정등기를 경료해 준 행위는 불가벌적 사후행위로서 별도의 횡령죄를 구성하지 않는다(대판 2010.2.25. 2010도93).

비교판례 **대판 2013.2.21. 2010도10500[전합]**

타인의 부동산을 보관 중인 자가 불법영득의사를 가지고 그 부동산에 근저당권설정등기를 경료함으로써 일단 횡령행위가 기수에 이르렀다 하더라도 그 후 같은 부동산에 별개의 근저당권을 설정하여 새로운 법익침해의 위험을 추가함으로써 법익침해의 위험을 증가시키거나 해당 부동산을 매각함으로써 기존의 근저당권과 관계없이 법익침해의 결과를 발생시켰다면, 특별한 사정이 없는 한 불가벌적 사후행위로 볼 수 없고, 별도로 횡령죄를 구성한다.

답 ❹

434 □□□

불가벌적 사후행위에 대한 설명 중 옳지 않은 것은 모두 몇 개인가?(다툼이 있는 경우 판례에 의함) 18 해경간부

ㄱ. 사람을 살해한 다음 그 시체를 다른 장소로 옮겨 유기한 경우에는 살인죄와 사체유기죄의 경합범이 성립하고 사체유기행위를 불가벌적 사후행위라 할 수는 없다.
ㄴ. 자동차를 절취한 자가 자동차등록판을 떼어 낸 경우는 새로운 법익침해가 있다고 볼 수 없으므로 자동차등록판을 떼어 낸 경우는 불가벌적 사후행위이다.
ㄷ. 후불식 전화카드를 절취한 후 그 카드를 이용하여 공중전화를 한 경우에는 '대가를 지급하지 아니하고' 공중전화를 이용한 경우에 해당되므로 편의시설부정이용의 죄가 구성된다.
ㄹ. 명의수탁자가 신탁 받은 부동산의 일부에 대한 토지수용보상금 중 일부를 소비하고 수용되지 않은 나머지 부동산 전체에 대한 반환을 거부한 경우 이는 새로운 법익의 침해가 있는 것으로 보아 별개의 횡령죄가 성립한다고 보아야 한다.

① 0개 ② 1개
③ 2개 ④ 3개

정선 핵심

불가벌적 사후행위의 인정 여부
ㄱ. 사람을 살해 후 유기한 경우 → ×(살인죄와 사체유기죄의 실체적 경합 O)
ㄴ. 자동차를 절취한 자가 자동차등록판을 떼어 낸 경우 → ×(자동차관리법위반죄 O)
ㄷ. 절취한 후불식 전화카드를 이용하여 공중전화를 한 경우 → ×(사문서부정행사죄 O)
ㄹ. 명의수탁자가 수탁부동산의 일부에 대한 토지수용보상금을 소비하고 나머지 부동산 전체에 대한 반환을 거부한 경우 → O(횡령죄 ×)

정선 해설

[ㄱ ▸ O] 대판 1984.11.27. 84도2263
[ㄴ ▸ X] 판례의 취지를 고려하면, 자동차등록번호판을 떼어 낸 행위는 별도의 자동차관리법위반죄를 구성한다.

자동차를 절취한 후 자동차등록번호판을 떼어 내는 행위는 새로운 법익의 침해로 보아야 하므로 위와 같은 번호판을 떼어 내는 행위가 절도범행의 불가벌적 사후행위가 되는 것은 아니다(대판 2007.9.6. 2007도4739).

[ㄷ ▸ X] 절취한 후불식 전화카드를 공중전화기에 넣어 사용한 것은 권리의무에 관한 타인의 사문서를 부정행사한 경우에 해당한다(대판 2002.6.25. 2002도461).
[ㄹ ▸ X] 별개의 횡령죄를 인정하던 지문의 판례사안(대판 2001.11.27. 2000도3463)은 하단의 전합판결에 의해 폐기되어 이 경우에 횡령죄는 인정되지 아니한다.

명의신탁자가 매수한 부동산에 관하여 부동산실명법을 위반하여 명의수탁자와 맺은 명의신탁약정에 따라 매도인에게서 바로 명의수탁자 명의로 소유권이전등기를 마친 이른바 중간생략등기형 명의신탁을 한 경우, 명의신탁자는 신탁부동산의 소유권을 가지지 아니하고, 명의신탁자와 명의수탁자 사이에 위탁신임관계를 인정할 수도 없다. 따라서 명의수탁자가 명의신탁자의 재물을 보관하는 자라고 할 수 없으므로, 명의수탁자가 신탁받은 부동산을 임의로 처분하여도 명의신탁자에 대한 관계에서 횡령죄가 성립하지 아니한다(대판 2016.5.19. 2014도6992[전합]).

답 ④

435 □□□

다음 중 피고인 甲의 후행행위가 불가벌적 사후행위에 해당하는 것은 모두 몇 개인가?(다툼이 있으면 판례에 의함) 15 경찰채용

ㄱ. A주식회사 대표이사인 피고인 甲이 자신의 채권자 乙에게 차용금에 대한 담보로 A회사 명의 정기예금에 질권을 설정하여 주었는데, 그 후 乙이 피고인 甲의 동의하에 위 정기예금계좌에 입금되어 있던 A회사 자금을 전액 인출한 경우 (후행 예금인출동의행위의 횡령죄 성립 여부)
ㄴ. 피해자 乙종중으로부터 토지를 명의신탁 받아 보관 중이던 피고인 甲이 丙에 대한 개인채무 변제에 사용할 돈을 차용하기 위해 乙종중의 승낙 없이 위 토지에 근저당권설정등기를 경료해 준 후 다시 乙종중의 승낙 없이 丁에게 위 토지를 매도한 경우 (후행 매도행위의 횡령죄 성립 여부)
ㄷ. 피고인 甲이 당초부터 약속어음을 할인하여 줄 의사가 없으면서 있는 것처럼 피해자를 기망하여 약속어음을 교부받은 후 이를 피해자에 대한 채권의 변제에 충당한 경우 (후행 채권변제행위의 횡령죄 성립 여부)
ㄹ. 피고인 甲이 부정한 이익을 얻을 목적으로 타인의 영업비밀이 담긴 CD를 절취하여 그 영업비밀을 부정사용한 경우 (후행부정사용 행위의 영업비밀부정사용죄 성립 여부)

① 1개 ② 2개
③ 3개 ④ 4개

정선 핵심

불가벌적 사후행위의 인정 여부
ㄱ. 예금인출을 동의하는 경우 → O
ㄴ. 명의수탁자가 수탁부동산에 근저당권설정등기를 경료해 준 후 매도한 경우 → ×(횡령죄 O)
ㄷ. 피해자를 기망하여 약속어음을 교부받은 후 피해자에 대한 채권의 변제에 충당한 경우 → O
ㄹ. 타인의 영업비밀이 담긴 CD를 절취하여 영업비밀을 부정사용하는 경우 → ×(영업비밀부정사용죄 O)

정선 해설

[ㄱ ▸ O] 대판 2012.11.29. 2012도10980
[ㄴ ▸ ×] 판례의 취지를 고려하면, 피고인 甲이 乙종중의 승낙 없이 위 토지에 근저당권설정등기를 경료하여 준 후 다시 丁에게 위 토지를 매도한 경우 별도의 횡령죄를 구성한다.

> 타인의 부동산을 보관 중인 자가 불법영득의사를 가지고 그 부동산에 근저당권설정등기를 경료함으로써 일단 횡령행위가 기수에 이르렀다 하더라도 그 후 같은 부동산에 별개의 근저당권을 설정하여 새로운 법익침해의 위험을 추가함으로써 법익침해의 위험을 증가시키거나 해당 부동산을 매각함으로써 기존의 근저당권과 관계없이 법익침해의 결과를 발생시켰다면, 특별한 사정이 없는 한 불가벌적 사후행위로 볼 수 없고, 별도로 횡령죄를 구성한다(대판 2013.2.21. 2010도10500[전합]).

[ㄷ ▸ O] 피고인이 당초부터 피해자를 기망하여 약속어음을 교부받은 경우에는 그 교부받은 즉시 사기죄가 성립하고 그 후 이를 피해자에 대한 피고인의 채권의 변제에 충당하였다 하더라도 불가벌적 사후행위가 됨에 그칠 뿐, 별도로 횡령죄를 구성하지 않는다(대판 1983.4.26. 82도3079).

> **비교판례** 대판 2005.4.29. 2005도741
> 대표이사가 회사의 상가분양 사업을 수행하면서 수분양자들을 기망하여 편취한 분양대금은 회사의 소유로 귀속되는 것이므로, 대표이사가 그 분양대금을 횡령하는 것은 사기범행이 침해한 것과는 다른 법익을 침해하는 것이어서 회사를 피해자로 하는 별도의 횡령죄가 성립된다.

제1장 제2장 제3장

안심Touch

[ㄹ ▸ ×] 부정한 이익을 얻거나 기업에 손해를 가할 목적으로 그 기업에 유용한 영업비밀이 담겨 있는 타인의 재물을 절취한 후 그 영업비밀을 사용하는 경우, 영업비밀의 부정사용행위는 새로운 법익의 침해로 보아야 하므로 위와 같은 부정사용행위가 절도범행의 불가벌적 사후행위가 되는 것은 아니다(대판 2008.9.11. 2008도5364).

답 ❷

436 □□□

불가벌적 사후행위에 해당하는 것으로 가장 적절한 것은?(다툼이 있는 경우 판례에 의함)

17 경찰채용

① 흡연할 목적으로 대마를 매입한 후 흡연할 기회를 포착하기 위하여 2일 이상 하의주머니에 넣고 다님으로써 매입한 대마를 소지한 행위
② 부정한 이익을 얻을 목적으로 타인의 영업비밀이 담긴 CD를 절취하여 그 영업비밀을 부정사용한 행위
③ 절도범인으로부터 장물보관의뢰를 받은 자가 그 정을 알면서 이를 인도받아 보관하고 있다가 임의처분한 행위
④ 자동차를 절취한 후 절취한 자동차에서 자동차등록번호판을 떼어 내는 행위

정선 핵심

불가벌적 사후행위의 인정 여부
① 흡연할 목적으로 대마를 매입한 후 대마를 소지한 경우 → ×(무허가대마소지죄 ○)
② 타인의 영업비밀이 담긴 CD를 절취하여 영업비밀을 부정사용하는 경우 → ×(영업비밀부정사용죄 ○)
③ 장물보관 중 임의처분한 경우 → ○
④ 자동차를 절취한 자가 자동차등록판을 떼어 낸 경우 → ×(자동차관리법위반죄 ○)

정선 해설

[❶ ▸ ×] 흡연할 목적으로 대마를 매입한 후 흡연할 기회를 포착하기 위하여 이틀 이상 하의주머니에 넣고 다님으로써 소지한 행위는 매매행위의 불가분의 필연적 결과라고 평가될 수 없어 대마매매죄와는 별도로 대마소지죄를 구성한다(대판 1990.7.27. 90도543).
[❷ ▸ ×] 부정한 이익을 얻거나 기업에 손해를 가할 목적으로 그 기업에 유용한 영업비밀이 담겨 있는 타인의 재물을 절취한 후 그 영업비밀을 사용하는 경우, 영업비밀의 부정사용행위는 새로운 법익의 침해로 보아야 하므로 위와 같은 부정사용행위가 절도범행의 불가벌적 사후행위가 되는 것은 아니다(대판 2008.9.11. 2008도5364).
[❸ ▸ ○] 대판 1976.11.23. 76도3067
[❹ ▸ ×] 판례(대판 2007.9.6. 2007도4739)의 취지를 고려하면, 자동차등록번호판을 떼어 낸 행위는 별도의 자동차관리법위반죄를 구성한다.

답 ❸

437
□□□

불가벌적 사후행위에 해당하는 경우는 모두 몇 개인가?(판례에 의함)

13 경찰간부

ㄱ. 자동차를 절취한 후 자동차에서 자동차등록번호판을 떼어 내는 행위
ㄴ. 절도범인으로부터 장물보관 의뢰를 받은 자가 그 정을 알면서 이를 인도받아 보관하고 있다가 임의 처분하여 횡령한 행위
ㄷ. 대마취급자가 아닌 자가 절취한 대마를 흡입할 목적으로 소지하는 행위
ㄹ. 절취한 자기앞수표를 음식대금으로 교부하고 거스름돈을 환불받은 행위

① 1개 ② 2개
③ 3개 ④ 4개

정선 핵심

불가벌적 사후행위의 인정 여부
ㄱ. 자동차를 절취한 자가 자동차등록판을 떼어 낸 경우 → ×(자동차관리법위반죄 ○)
ㄴ. 장물보관 중 임의처분한 경우 → ○
ㄷ. 절취한 대마를 흡입할 목적으로 소지하는 경우 → ×(무허가대마소지죄 ○)
ㄹ. 절취한 자기앞수표를 음식대금으로 교부하고 거스름돈을 환불받은 경우 → ○

정선 해설

[ㄱ ▸ ×] 판례(대판 2007.9.6. 2007도4739)의 취지를 고려하면, 자동차등록번호판을 떼어 낸 행위는 별도의 자동차관리법위반죄를 구성한다.
[ㄴ ▸ ○] 대판 1976.11.23. 76도3067
[ㄷ ▸ ×] 대마취급자가 아닌 자가 절취한 대마를 흡입할 목적으로 소지하는 행위는 절도죄의 보호법익과는 다른 새로운 법익을 침해하는 행위이므로 절도죄의 불가벌적 사후행위로서 절도죄에 포괄흡수된다고 할 수 없고 절도죄 외에 별개의 죄를 구성한다고 할 것이며, 절도죄와 무허가대마소지죄는 경합범의 관계에 있다(대판 1999.4.13. 98도3619).
[ㄹ ▸ ○] 절취한 자기앞수표를 음식대금으로 교부하고 거스름돈을 환불받은 행위는 절도의 불가벌적 사후처분행위로서 사기죄가 되지 아니한다(대판 1987.1.20. 86도1728).

답 ❷

438 □□□

불가벌적 사후행위에 대한 설명으로 옳지 않은 것은?(다툼이 있는 경우 판례에 의함)

17 국가7급

① 종친회 회장이 위조한 종친회 규약 등을 공탁관에게 제출하는 방법으로 종친회를 피공탁자로 하여 공탁된 수용보상금을 출급받아 편취한 후, 이를 보관하던 중 종친회의 요구에 대하여 정당한 이유 없이 반환을 거부한 행위는 사기범행의 불가벌적 사후행위에 해당한다.

② 채무자가 자신의 부동산에 甲 명의로 허위의 금전채권에 기한 담보가등기를 설정하여 강제집행면탈죄가 성립된 후, 그 부동산을 乙에게 양도하여 乙 명의로 이루어진 가등기 양도 및 본등기를 경료한 행위는 강제집행면탈범행의 불가벌적 사후행위에 해당한다.

③ 부정한 이익을 얻거나 기업에 손해를 가할 목적으로 그 기업에 유용한 영업비밀이 담겨 있는 타인의 재물을 절취한 후, 그 영업비밀을 부정사용한 행위는 절도범행의 불가벌적 사후행위에 해당하지 아니한다.

④ 자동차를 절취한 후, 훔친 자동차의 번호판을 떼어 내 다른 자동차에 임의로 부착하여 운행한 행위는 자동차절도범행의 불가벌적 사후행위에 해당하지 아니한다.

정선 핵심

불가벌적 사후행위의 인정 여부

① 종친회 회장이 수용보상금을 편취한 후 반환을 거부한 경우 → ○

② 채무자가 甲 명의로 허위의 금전채권에 기한 담보가등기를 설정한 후, 그 부동산을 乙에게 양도하여 가등기 양도 및 본등기를 경료한 경우 → ×(별도의 강제집행면탈죄 ○)

③ 영업비밀이 담겨 있는 타인의 재물을 절취한 후, 영업비밀을 사용하는 경우 → ×(절도죄와 영업비밀부정사용죄의 실체적 경합 ○)

④ 훔친 자동차의 번호판을 떼어 다른 자동차에 부착하여 운행한 경우 → ×(자동차관리법위반죄, 공기호부정사용죄, 부정사용공기호행사죄의 실체적 경합 ○)

정선 해설

[❶ ▸ ○] 대판 2015.9.10. 2015도8592

[❷ ▸ ×] 채무자가 자신의 부동산에 甲명의로 허위의 금전채권에 기한 담보가등기를 설정하고 이를 乙에게 양도하여 乙명의의 본등기를 경료하게 한 경우, 甲명의의 담보가등기설정행위로 강제집행면탈죄가 성립한다고 하여 그 후 乙명의로 이루어진 가등기 양도 및 본등기경료행위가 불가벌적 사후행위가 되는 것은 아니다(대판 2008.5.8. 2008도198).

[❸ ▸ ○] 대판 2008.9.11. 2008도5364

[❹ ▸ ○] 피고인들이 절취한 쏘나타 승용차의 번호판을 떼어 낸 후 미리 절취하여 소지하고 있던 포텐샤 승용차의 번호판을 임의로 부착하여 운행한 행위에 대하여, 피고인들의 절취행위는 특정범죄 가중처벌 등에 관한 법률 제5조의4 제1항, 형법 제331조 제2항에, 자동차등록번호판을 떼어 낸 행위는 자동차관리법 제81조 제1호, 제10조 제2항에, 포텐샤 승용차의 번호판을 쏘나타 승용차에 부착함으로써 부정사용한 행위는 형법 제238조 제1항에, 위와 같이 번호판을 부정사용한 자동차를 운행한 행위는 형법 제238조 제2항, 제1항에 해당하고 각 범죄는 실체적 경합범관계에 있다(대판 2007.9.6. 2007도4739).

답 ❷

439 □□□

죄수에 대한 설명으로 적절한 것을 모두 고른 것은?(다툼이 있는 경우 판례에 의함)

17 경찰채용

ㄱ. 피고인이 수개의 선거비용 항목을 허위기재한 하나의 선거비용보전청구서를 제출하여 대한민국으로부터 선거비용을 과다보전받아 이를 편취하였다면 이는 일죄로 평가되어야 하고, 각 선거비용 항목에 따라 별개의 사기죄가 성립하는 것은 아니다.

ㄴ. 회사에 대한 관계에서 타인의 사무를 처리하는 자가 임무에 위배하는 행위로써 회사로 하여금 회사가 펀드운영사에 지급하여야 할 펀드출자금을 정해진 시점보다 선지급하도록 하여 배임죄를 범한 다음, 그와 같이 선지급된 펀드출자금을 보관하는 자와 공모하여 펀드출자금을 임의로 인출한 후 자신의 투자금으로 사용하기 위하여 임의로 송금하도록 한 행위는 펀드출자금 선지급으로 인한 배임죄와는 다른 새로운 보호법익을 침해하지 않는 행위로서 배임범행의 불가벌적 사후행위가 되는 것이므로, 별죄로서 횡령죄를 구성한다고 볼 수 없다.

ㄷ. 피해자에 대한 폭행행위가 동일한 피해자에 대한 업무방해죄의 수단이 되었다고 하더라도, 그러한 폭행행위가 이른바 '불가벌적 수반행위'에 해당하여 업무방해죄에 대하여 흡수관계에 있다고 볼 수는 없다.

① ㄱ ② ㄴ, ㄷ
③ ㄱ, ㄷ ④ ㄷ

정선 핵심

ㄱ. 수개의 선거비용 항목을 허위기재한 하나의 선거비용보전청구서를 제출하여 선거비용을 과다보전받아 편취한 경우 → 사기죄 ○

ㄴ. 펀드출자금을 선지급하도록 한 후 인출하여 자신의 투자금으로 사용하기 위하여 임의로 송금하도록 한 경우 → 횡령죄 ○

ㄷ. 폭행행위가 동일한 피해자에 대한 업무방해죄의 수단이 된 경우 → 폭행행위는 불가벌적 수반행위 ×

정선 해설

[ㄱ ▸ O] 피고인이 수개의 선거비용 항목을 허위기재한 하나의 선거비용보전청구서를 제출하여 대한민국으로부터 선거비용을 과다보전받아 이를 편취하였다면 이는 일죄로 평가되어야 하고, 각 선거비용 항목에 따라 별개의 사기죄가 성립하는 것은 아니다(대판 2017.5.30. 2016도21713).

[ㄴ ▸ X] 회사에 대한 관계에서 타인의 사무를 처리하는 자가 임무에 위배하는 행위로써 회사로 하여금 펀드출자금을 정해진 시점보다 선지급하도록 하여 배임죄를 범한 다음, <u>선지급된 펀드출자금을 보관하는 자와 공모하여 펀드출자금을 임의로 인출한 후 투자금으로 사용하기 위하여 송금하도록 한 행위가 별죄로서 횡령죄를 구성</u>한다(대판 2014.12.11. 2014도10036).

[ㄷ ▸ O] 대판 2012.10.11. 2012도1895

답 ❸

440 □□□

죄수에 관한 설명으로 옳지 않은 것은?(다툼이 있으면 판례에 의함) 12 사시

① 폭행으로 부녀를 강간한 경우에는 강간죄만 성립하고 이와 별도로 폭행죄는 성립하지 않으며, 양자는 법조경합의 관계에 있다.

② 법조경합의 한 형태인 특별관계란 어느 구성요건이 다른 구성요건의 모든 요소를 포함하는 외에 다른 요소를 구비하여야 성립하는 경우로서 특별관계에 있어서는 특별법의 구성요건을 충족하는 행위는 일반법의 구성요건을 충족한다.

③ 법조경합은 1개의 행위가 외관상 수개의 죄의 구성요건에 해당하는 것처럼 보이나 실질적으로 1죄만 구성하는 경우인데 반해 상상적 경합은 1개의 행위가 실질적으로 수개의 구성요건을 충족하는 경우로서, 실질적으로 1죄인가 또는 수죄인가는 구성요건적 평가와 보호법익의 측면에서 고찰하여 판단하여야 한다.

④ 피해신고를 받고 출동한 두 명의 경찰관에게 욕설을 하면서 순차로 폭행을 하여 경찰관의 정당한 직무집행을 방해한 경우, 포괄하여 하나의 공무집행방해죄가 성립한다.

⑤ 장물죄는 타인(본범)이 불법하게 영득한 재물의 처분에 관여하는 범죄이므로 자기의 범죄에 의하여 영득한 물건에 대하여는 성립하지 아니하고 이는 불가벌적 사후행위에 해당한다.

정선 핵심

① 폭행으로 부녀를 강간한 경우 → 강간죄 ○

②·③ 법조경합과 상상적 경합

⇢ 법조경합의 의의 : 1개의 행위가 외관상 수개의 죄의 구성요건에 해당하는 것처럼 보이나 실질적으로 1죄만 구성하는 경우

⇢ 특별관계 : 특별법의 구성요건을 충족하는 행위는 일반법의 구성요건 충족

⇢ 상상적 경합의 의의 : 1개의 행위가 실질적으로 수개의 구성요건을 충족하는 경우

⇢ 죄수의 결정 : 구성요건적 평가와 보호법익의 측면에서 판단

④ 두 명의 경찰관에게 욕설을 하면서 폭행을 하여 직무집행을 방해한 경우 → 각 공무집행방해죄는 상상적 경합 ○

⑤ 자기의 범죄에 의하여 영득한 물건 → 장물죄 ×

정선 해설

[❶ ▸ O] 폭행 또는 협박으로 부녀를 강간한 경우에는 강간죄만 성립하고, 그것과 별도로 강간의 수단으로 사용된 폭행·협박이 형법상의 폭행죄나 협박죄 또는 폭력행위 등 처벌에 관한 법률 위반의 죄를 구성한다고는 볼 수 없으며, 강간죄와 이들 각 죄는 이른바 법조경합의 관계일 뿐이다(대판 2002.5.16. 2002도51[전합]).

> **관련판례** **대판 1982.6.22. 82도705**
>
> 감금을 하기 위한 수단으로서 행사된 단순한 협박행위는 감금죄에 흡수되어 따로 협박죄를 구성하지 아니한다.

[❷ ▸ O] [❸ ▸ O] 상상적 경합은 1개의 행위가 실질적으로 수개의 구성요건을 충족하는 경우를 말하고, 법조경합은 1개의 행위가 외관상 수개의 죄의 구성요건에 해당하는 것처럼 보이나 실질적으로 1죄만을 구성하는 경우를 말하며, 실질적으로 1죄인가 또는 수죄인가는 구성요건적 평가와 보호법익의 측면에서 고찰하여 판단하여야 한다.❸ 그리고 법조경합의 한 형태인 특별관계란 어느 구성요건이 다른 구성요건의 모든 요소를 포함하는 외에 다른 요소를 구비하여야 성립하는 경우로서, 특별관계에서는 특별법의 구성요건을 충족하는 행위는 일반법의 구성요건을 충족❷하지만 반대로 일반법의 구성요건을 충족하는 행위는 특별법의 구성요건을 충족하지 못한다(대판 2012.8.30. 2012도6503).

[❹ ▸ X] 피해신고를 받고 출동한 두 명의 경찰관에게 욕설을 하면서 순차로 폭행을 하여 신고처리 및 수사업무에 관한 정당한 직무집행을 방해한 경우, 각 공무집행방해죄는 상상적 경합의 관계에 있다(대판 2009.6.25. 2009도3505).

[❺ ▸ O] 대판 1986.9.9. 86도1273

답 ❹

441 □□□

죄수에 대한 설명으로 가장 적절하지 않은 것은?(다툼이 있는 경우 판례에 의함)

21 경찰채용

① 형법 제131조 제1항 수뢰후부정처사죄에 있어서 단일하고도 계속된 범의 아래 일정 기간 반복하여 일련의 뇌물수수행위와 부정한 행위가 행하여졌고 뇌물수수 행위와 부정한 행위 사이에 인과관계가 인정되며 피해법익도 동일한 경우에는 최후의 부정한 행위 이후에 저질러진 뇌물수수 행위도 최후의 부정한 행위 이전의 뇌물수수 행위 및 부정한 행위와 함께 수뢰후부정처사죄의 포괄일죄가 된다.

② 미성년자를 약취한 후 강간목적으로 가혹한 행위 및 상해를 가하고 나아가 강간 및 살인미수를 범한 경우에는 약취한 미성년자에 대한 상해 등으로 인한 특정범죄 가중처벌 등에 관한 법률위반죄와 미성년자에 대한 강간 및 살인미수행위로 인한 성폭력범죄의 처벌 등에 관한 특례법위반죄가 성립하고, 상해의 결과가 피해자에 대한 강간 및 살인미수행위과정에서 발생한 것이라면 각 죄는 상상적 경합관계에 있다.

③ 공무원이 직무관련자에게 제3자와 계약을 체결하도록 요구하여 계약을 체결하게 한 행위가 제3자뇌물수수죄와 직권남용권리행사방해죄의 구성요건에 모두 해당하는 경우에 제3자뇌물수수죄와 직권남용권리행사방해죄는 상상적 경합관계에 있다.

④ 택시운전을 방해하는 과정에서 택시운전사를 폭행한 경우에는 피해자에 대한 폭행행위가 동일한 피해자에 대한 업무방해죄의 수단이 되었다 하더라도 그 폭행행위를 불가벌적 수반행위라 볼 수 없다.

정선 핵심

① 단일하고도 계속된 범의로 행하여진 최후의 부정한 행위 이후의 뇌물수수 행위와 최후의 부정한 행위 이전의 뇌물수수 행위 및 부정한 행위의 경우 → 수뢰후부정처사죄의 포괄일죄 ○
② 미성년자를 약취한 후 강간목적으로 가혹한 행위 및 상해를 가하고 나아가 강간 및 살인미수를 범한 경우 → 특가법위반죄와 성폭력처벌법위반죄의 실체적 경합 ○
③ 제3자뇌물수수죄와 직권남용권리행사방해죄 → 상상적 경합 ○
④ 택시운전을 방해하는 과정에서 택시운전사를 폭행한 경우 → 폭행행위는 불가벌적 수반행위 ×

정선 해설

[❶ ▸ ○] '형법 제129조 및 제130조의 죄를 범하여'란 반드시 뇌물수수 등의 행위가 완료된 이후에 부정한 행위가 이루어져야 함을 의미하는 것은 아니고, 결합범 또는 결과적 가중범 등에서의 기본행위와 마찬가지로 뇌물수수 등의 행위를 하는 중에 부정한 행위를 한 경우도 포함하는 것으로 보아야 한다. 따라서 단일하고도 계속된 범의 아래 일정 기간 반복하여 일련의 뇌물수수 행위와 부정한 행위가 행하여졌고 그 뇌물수수 행위와 부정한 행위 사이에 인과관계가 인정되며 피해법익도 동일하다면, 최후의 부정한 행위 이후에 저질러진 뇌물수수 행위도 최후의 부정한 행위 이전의 뇌물수수 행위 및 부정한 행위와 함께 수뢰후부정처사죄의 포괄일죄로 처벌함이 타당하다(대판 2021.2.4. 2020도12103).

[❷ ▸ ×] 미성년자인 피해자를 약취한 후에 강간을 목적으로 피해자에게 가혹한 행위 및 상해를 가하고 나아가 그 피해자에 대한 강간 및 살인미수를 범하였다면, 이에 대하여는 약취한 미성년자에 대한 상해 등으로 인한 특정범죄 가중처벌 등에 관한 법률위반죄 및 미성년자인 피해자에 대한 강간 및 살인미수행위로 인한 성폭력범죄의 처벌 등에 관한 특례법위반죄가 각 성립하고, 설령 상해의 결과가 피해자에 대한 강간 및 살인미수행위과정에서 발생한 것이라 하더라도 위 각 죄는 서로 형법 제37조 전단의 실체적 경합범관계에 있다(대판 2014.2.27. 2013도12301).

[❸ ▸ ○] 대판 2017.3.15. 2016도19659

[❹ ▸ ○] 대판 2012.10.11. 2012도1895

답 ❷

442

□□□

죄수에 대한 설명으로 가장 적절한 것은?(다툼이 있는 경우 판례에 의함) 18 경찰승진

① 甲이 치료받은 다음 날 오전 병원 앞에서 허위사실이 기재된 현수막을 설치하고 허위사실을 기재한 유인물을 불특정다수에게 배포한 경우, 판례는 허위사실 유포에 의한 업무방해죄와 허위사실적시에 의한 명예훼손죄를 실체적 경합관계로 본다.

② 피해자에 대한 폭행행위가 동일한 피해자에 대한 업무방해죄의 수단이 되는 경우, 업무방해죄가 성립하기 위해서는 일반적으로 사람에 대한 폭행행위를 수반하므로 폭행행위는 업무방해죄의 불가벌적 수반행위에 해당한다.

③ 피고인이 당초부터 피해자를 기망하여 약속어음을 교부받은 경우에는 그 교부받은 즉시 사기죄가 성립하고 그 후 이를 피해자에 대한 피고인의 채권의 변제에 충당하였다 하더라도 불가벌적 사후행위가 됨에 그칠 뿐, 별도로 횡령죄를 구성하지 않는다.

④ 업무상과실로 장물을 보관하다가 임의로 처분한 행위는 별도의 횡령죄를 구성한다.

정선 핵심

① 허위사실 유포에 의한 업무방해죄와 허위사실적시에 의한 명예훼손죄 → 상상적 경합 O
② 폭행행위가 동일한 피해자에 대한 업무방해죄의 수단이 된 경우 → 폭행행위는 불가벌적 수반행위 ×
③ 피해자에게 편취한 약속어음을 피해자에 대한 변제에 충당 → 불가벌적 사후행위 O
④ 업무상과실로 장물을 보관하다가 임의로 처분한 경우 → 횡령죄 ×

정선 해설

[❶ ▸ ×] 허위사실을 유포한 1개의 행위가 형법 제314조 제1항의 허위사실 유포에 의한 업무방해죄 뿐 아니라 형법 제307조 제2항의 허위사실적시에 의한 명예훼손죄에도 해당하는 경우 그 2개의 죄는 상상적 경합관계에 있다(대판 2007.11.15. 2007도7140).

[❷ ▸ ×] 피해자에 대한 폭행행위가 동일한 피해자에 대한 업무방해죄의 수단이 되었다고 하더라도 그러한 폭행행위가 이른바 '불가벌적 수반행위'에 해당하여 업무방해죄에 대하여 흡수관계에 있다고 볼 수는 없다(대판 2012.10.11. 2012도1895).

[❸ ▸ O] 대판 1983.4.26. 82도3079

[❹ ▸ ×] 피고인이 장물인 고려청자를 매각하여 달라는 의뢰를 받음에 있어 이 향로가 장물인지 여부를 확인하여야 할 업무상주의의무가 있음에도 이를 게을리한 과실로 위 향로를 넘겨받아 장물을 보관하던 중, 甲으로부터 금원을 차용하면서 보관 중이던 위 향로를 담보로 제공한 경우 피고인이 업무상과실로 장물인 위 향로를 보관하고 있다가 처분한 행위는 업무상과실장물보관죄의 가벌적 평가에 포함되고 별도로 횡령죄를 구성하지 않는다(대판 2004.4.9. 2003도8219).

비교판례 대판 1969.6.24. 69도692

횡령 교사를 한 후 그 횡령한 물건을 취득한 때에는 횡령교사죄와 장물취득죄의 경합범이 성립된다.

답 ❸

443
□□□

불가법적 사후행위에 관한 설명 중 옳지 않은 것은?(다툼이 있는 경우 판례에 의함)

20 변시

① 재산범죄를 저지른 이후에 별도의 재산범죄의 구성요건에 해당하는 사후행위가 있었다면 비록 그 행위가 불가벌적 사후행위로서 처벌의 대상이 되지 않는다 할지라도 그 사후행위로 인하여 취득한 물건은 재산범죄로 인하여 취득한 물건으로서 장물이 될 수 있다.

② 타인의 부동산을 보관 중인 자가 그 부동산에 근저당권설정등기를 마침으로써 횡령행위가 기수에 이른 후 해당 부동산을 매각함으로써 기존의 근저당권과 관계없이 법익침해의 결과를 발생시켰다면, 특별한 사정이 없는 한 불가벌적 사후행위가 아니라 별도의 횡령죄가 성립한다.

③ 부동산에 피해자 명의의 근저당권을 설정하여 줄 의사가 없음에도 피해자를 속이고 근저당권설정을 약정하여 금원을 편취하고 그 약정이 사기 등을 이유로 취소되지 않은 상황에서 다시 그 부동산에 관하여 제3자 명의로 근저당권설정등기를 마친 경우, 사기죄 이외에 별도의 배임죄는 성립하지 아니한다.

④ 평소 본범과 공동하여 수차 상습으로 절도 등 범행을 함으로써 실질적인 범죄집단을 이루고 있었던 甲이 본범으로부터 장물을 취득하였다면, 본범이 범한 당해 절도범행에 있어서 정범자(공동정범이나 합동범)가 되지 아니하더라도 甲의 장물취득행위는 불가벌적 사후행위에 해당한다.

⑤ 자동차를 절취한 후 자동차등록번호판을 떼어 내는 자동차관리법위반행위는 절도범행의 불가벌적 사후행위에 해당하지 않는다.

정선 핵심

① 재산범죄 후에 별도의 사후행위로 취득한 물건 → 장물 ○
② 타인의 부동산에 근저당권설정등기를 경료 후 그 부동산을 매각한 경우 → 별도의 횡령죄 ○
③ 근저당권설정을 약정하여 금원을 편취하고 다시 제3자 명의로 근저당권설정등기를 마친 경우 → 배임죄 ×
④ 실질적인 범죄집단을 이루고 있었던 자가 당해범죄의 본범으로부터 장물을 취득한 경우 → 장물취득죄 ○
⑤ 자동차를 절취한 자가 자동차등록판을 떼어 낸 경우 → 자동차관리법위반죄 ○

정선 해설

[❶ ▸ ○] 대판 2004.4.16. 2004도353

[❷ ▸ ○] 대판 2013.2.21. 2010도10500[전합]

[❸ ▸ ○] 채무자가 저당권설정계약에 따라 채권자에 대하여 부담하는 저당권을 설정할 의무를 이행하는 것은 채무자 자신의 사무에 해당할 뿐이므로, 채무자를 채권자에 대한 관계에서 '타인의 사무를 처리하는 자'라고 할 수 없다. 따라서 채무자가 제3자에게 먼저 담보물에 관한 저당권을 설정하거나 담보물을 양도하는 등으로 담보가치를 감소 또는 상실시켜 채권자의 채권실현에 위험을 초래하더라도 배임죄가 성립한다고 할 수 없다. 위와 같은 법리는, 채무자가 금전채무에 대한 담보로 부동산에 관하여 양도담보설정계약을 체결하고 이에 따라 채권자에게 소유권이전등기를 해 줄 의무가 있음에도 제3자에게 그 부동산을 처분한 경우에도 적용된다(대판 2020.6.18. 2019도14340[전합]).

[❹ ▸ ×] 판례의 취지를 고려하면, 甲이 본범으로부터 장물을 취득하였고, 본범이 범한 당해 절도범행에 있어서 정범자가 되지 아니하였다면 甲의 장물취득행위는 별죄를 구성한다.

> 장물죄는 타인(본범)이 불법하게 영득한 재물의 처분에 관여하는 범죄이므로 자기의 범죄에 의하여 영득한 물건에 대하여는 성립하지 아니하고 이는 불가벌적 사후행위에 해당하나 여기에서 자기의 범죄라 함은 정범자(공동정범과 합동범을 포함한다)에 한정되는 것이므로 평소 본범과 공동하여 수차 상습으로 절도등 범행을 자행함으로써 실질적인 범죄집단을 이루고 있었다 하더라도, 당해 범죄행위의 정범자(공동정범이나 합동범)로 되지 아니한 이상 이를 자기의 범죄라고 할 수 없고 따라서 그 장물의 취득을 불가벌적 사후행위라고 할 수 없다(대판 1986.9.9. 86도1273).

[❺ ▸ ○] 대판 2007.9.6. 2007도4739

답 ❹

제1장 제2장 제3장

안심Touch

444
□□□

다음 사례 중 포괄일죄에 해당하는 경우를 모두 고른 것은?(다툼이 있는 경우 판례에 의함)

20 경찰승진

ㄱ. 甲이 컴퓨터로 음란동영상을 제공하는 행위를 하였다가 동영상이 저장되어 있던 서버컴퓨터 2대를 압수당한 이후 다시 장비를 갖추어 영업을 재개한 경우
ㄴ. 하나의 사건에 관하여 한 번 선서한 증인 甲이 같은 기일에 여러 가지 사실에 관하여 기억에 반하는 허위의 진술을 한 경우
ㄷ. 甲이 1개의 기망행위에 의하여 다수의 피해자로부터 각각 재산상 이익을 편취한 경우
ㄹ. 은행장 甲이 乙로부터 정식이사가 될 수 있도록 도와달라는 부탁을 받고 1년 동안 12회에 걸쳐 그 사례금 명목으로 합계 1억 2,000만원을 교부받은 경우

① ㄱ, ㄴ ② ㄱ, ㄷ
③ ㄴ, ㄹ ④ ㄷ, ㄹ

정선 핵심

포괄일죄의 해당 여부
ㄱ. 음란동영상이 저장된 서버컴퓨터를 압수당한 후 다시 영업을 재개한 경우 → ×(실체적 경합 ○)
ㄴ. 하나의 사건에 관하여 한 번 선서한 증인이 같은 기일에 여러 가지 사실에 관하여 기억에 반하는 허위의 진술을 한 경우 → ○
ㄷ. 1개의 기망행위에 의하여 다수의 피해자로부터 각각 재산상 이익을 편취한 경우 → ×(상상적 경합 ○)
ㄹ. 단일하고도 계속된 범의 아래 직무에 관하여 여러 차례 금품을 수수한 경우 → ○

정선 해설

[ㄱ ▸ ×] 컴퓨터로 음란동영상을 제공한 제1범죄행위로 서버컴퓨터가 압수된 이후 다시 장비를 갖추어 동종의 제2범죄행위를 하고 제2범죄행위로 인하여 약식명령을 받아 확정된 경우, 피고인에게 범의의 갱신이 있어 제1범죄행위는 약식명령이 확정된 제2범죄행위와 실체적 경합관계에 있다고 보아야 할 것이다(대판 2005.9.30. 2005도4051).

[ㄴ ▸ ○] 대판 1998.4.14. 97도3340

[ㄷ ▸ ×] 다수의 피해자에 대하여 각별로 기망행위를 하여 각각 재산상 이익을 편취한 경우에는 범의가 단일하고 범행방법이 동일하더라도 각 피해자의 피해법익은 독립한 것이므로 이를 포괄일죄로 파악할 수 없고 피해자별로 독립한 사기죄가 성립된다. 다만 피해자들이 하나의 동업체를 구성하는 등으로 피해법익이 동일하다고 볼 수 있는 사정이 있는 경우에는 피해자가 복수이더라도 이들에 대한 사기죄를 포괄하여 일죄로 볼 수도 있을 것이다. 그리고 1개의 기망행위에 의하여 다수의 피해자로부터 각각 재산상 이익을 편취한 경우에는 피해자별로 수개의 사기죄가 성립하고, 그 사이에는 상상적 경합의 관계에 있는 것으로 보아야 한다(대판 2015.4.23. 2014도16980).

[ㄹ ▸ ○] 금융기관 임직원이 그 직무에 관하여 여러 차례 금품을 수수한 경우에 그것이 단일하고도 계속된 범의 아래 일정기간 반복하여 이루어진 것이고 그 피해법익도 동일한 경우에는 각 범행을 통틀어 포괄일죄로 볼 것이다(대판 2000.6.27. 2000도1155).

관련판례 **대판 1990.9.25. 90도1588**

공무원인 이 사건 피고인들이 1987.7.15.부터 1988.12.28.까지 사이에 전후 17회에 걸쳐 정기적으로 동일한 납품업자로부터 금원을 교부받아 그 직무에 관하여 뇌물을 수수한 것이라면, 공무원이 직무에 관하여 뇌물을 수수한다는 단일한 범의 아래 계속하여 일정기간 동종행위를 반복한 것이 분명하므로, 뇌물수수의 포괄일죄로 보아 특정범죄 가중처벌 등에 관한 법률에 의율하여야 한다.

답 ❸

445 □□□

다음 중 죄수에 대한 설명으로 옳은 것은 모두 몇 개인가?(다툼이 있는 경우 판례에 의함)

21 해경승진

ㄱ. 계속적으로 무면허운전을 할 의사를 가지고 여러 날에 걸쳐 수차례 무면허운전행위를 반복하였다면, 무면허운전으로 인한 도로교통법 위반의 포괄일죄가 성립한다.
ㄴ. 공직선거법 제106조 제1항 소정의 호별방문죄에 있어서 각 집의 방문이 '연속적'인 것으로 인정되기 위해서는, 반드시 집을 중단 없이 방문하여야 하거나 동일한 일시 및 기회에 각 집을 방문해야 하는 것은 아니므로 甲, 乙, 丙의 집을 각 4개월, 6개월 기간을 두고 방문한 행위는 포괄일죄의 관계에 있다.
ㄷ. 범죄의 상습성이란 범죄자의 어떤 버릇이나 경향을 의미하는 것으로서, 행위자의 특성을 이루는 성질이 아닌 행위의 본질을 이루는 성질을 의미한다.
ㄹ. 시험을 관리하는 공무원이 돈을 받고 시험문제를 알려준 경우, 공무상비밀누설죄와 수뢰후부정처사죄가 성립하고 양 죄는 상상적 경합관계에 있다.
ㅁ. 특수폭행죄, 아편흡식죄, 부당이득죄의 경우 상습범을 그 죄의 2분의 1까지 가중처벌한다.

① 5개　　② 4개
③ 3개　　④ 2개

정선 핵심

ㄱ. 수차례 무면허운전행위를 반복한 경우 → 무면허운전으로 인한 각 도로교통법위반죄의 실체적 경합 O
ㄴ. 甲, 乙, 丙의 집을 각 4개월, 6개월 기간을 두고 호별방문한 경우 → 호별방문죄의 실체적 경합 O
ㄷ. 범죄의 상습성 → 행위자의 특성을 이루는 성질
ㄹ. 공무상비밀누설죄와 수뢰후부정처사죄 → 상상적 경합 O
ㅁ. 특수폭행죄, 아편흡식죄, 부당이득죄의 상습범 → 그 죄의 2분의 1까지 가중처벌

정선 해설

[ㄱ ▸ X] 무면허운전으로 인한 도로교통법위반죄에 있어서는 사회통념상 운전한 날을 기준으로 운전한 날마다 1개의 운전행위가 있다고 보는 것이 상당하므로 운전한 날마다 무면허운전으로 인한 도로교통법 위반의 1죄가 성립한다고 보아야 할 것이고, 비록 계속적으로 무면허운전을 할 의사를 가지고 여러 날에 걸쳐 무면허운전행위를 반복하였다 하더라도 이를 포괄하여 일죄로 볼 수는 없다(대판 2002.7.23. 2001도6281).

[ㄴ ▸ X] 甲의 집을 방문한 것은 乙의 집과 丙의 집을 방문한 때로부터 3개월 내지 4개월 전이고, 丁의 집을 방문한 것은 乙의 집과 丙의 집을 방문한 때로부터 다시 6개월 내지 7개월 후로서 시간적 간격이 매우 크므로, 甲의 집과 丁의 집을 각 방문한 행위와 乙의 집과 丙의 집을 각 방문한 행위 사이에 시간적 근접성이 있다고 하기는 어려우므로 甲, 乙, 丙, 丁의 집을 방문한 행위를 호별방문죄의 포괄일죄로 볼 수 없다(대판 2007.3.15. 2006도9042).

[ㄷ ▸ X] 범죄의 상습성이란 범죄자의 어떤 버릇, 범죄의 경향을 의미하는 것으로서 행위의 본질을 이루는 성질이 아니고 행위자의 특성을 이루는 성질을 의미한다(대판 2011.1.13 2010도15137).

[ㄹ ▸ O] 판례의 취지를 고려하면, 공무상비밀누설죄와 수뢰후부정처사죄가 성립하고 양 죄는 상상적 경합관계에 있다고 판단된다.

> 피고인이 그 직무상 지득한 구술시험 문제 중에서 소론 사항을 "병"에게 알린 것은 공무상 비밀의 누설인 동시에 형법 제131조 제1항의 부정한 행위를 한 때에 해당한다(대판 1970.6.30. 70도562).

[ㅁ ▸ O] 특수폭행죄(형법 제264조), 아편흡식죄(형법 제203조), 부당이득죄(형법 제351조)의 경우에는 상습범을 그 죄의 2분의 1까지 가중처벌한다.

답 ④

446 □□□

포괄일죄에 관한 다음 설명 중 가장 옳지 않은 것은? 18 법원9급

① 같은 심급에서 선서는 한 번 하고 그 최초 한 선서의 효력을 유지시킨 후 증언하였더라도, 변론기일을 달리하여 수차 증인으로 나가 수개의 허위진술을 하면 각 증인신문기일별로 위증죄의 경합범이 될 뿐 위증죄의 포괄일죄에 해당하지 않는다.
② 음주상태로 자동차를 운전하다가 제1차 사고를 내고 그대로 진행하여 제2차 사고를 낸 경우, 제1차 사고 시의 음주운전죄와 제2차 사고 시의 음주운전죄는 포괄일죄에 해당한다.
③ 사기죄에 있어서 동일한 피해자에 대하여 수회에 걸쳐 기망행위를 하여 금원을 편취한 경우, 그 범의가 단일하고 범행방법이 동일하다면 사기죄의 포괄일죄만이 성립한다.
④ 뇌물을 여러 차례에 걸쳐 수수함으로써 그 행위가 여러 개이더라도 그것이 단일하고 계속적 범의에 의하여 이루어지고 동일법익을 침해한 때에는 포괄일죄로 처벌함이 상당하다.

정선 핵심

① 같은 심급에서 변론기일을 달리하여 수차 증인으로 나가 수개의 허위진술을 하는 경우 → 1개의 위증죄 O
② 음주운전하다가 제1차 사고를 내고 그대로 진행하여 제2차 사고를 낸 경우 → 음주운전죄의 포괄일죄 O
③ 단일한 범의와 동일한 범행방법으로 동일한 피해자에 대하여 수회에 걸쳐 기망행위를 하여 금원을 편취한 경우 → 사기죄의 포괄일죄 O
④ 단일하고 계속적 범의에 의해 여러 차례 뇌물을 수수한 경우 → 뇌물죄의 포괄일죄 O

정선 해설

[❶ ▸ X] 같은 심급에서 변론기일을 달리하여 수차 증인으로 나가 최초 한 선서의 효력을 유지시킨 상태에서 수개의 허위진술을 하는 경우, 1개의 위증죄를 구성한다(대판 2007.3.15. 2006도9463).

[❷ ▸ O] 대판 2007.7.26. 2007도4404

[❸ ▸ O] 단일한 범의의 발동에 의하여 상대방을 기망하고 그 결과 착오에 빠져 있는 동일인으로부터 일정 기간 동안 동일한 방법에 의하여 금원을 편취한 경우에는 이를 포괄적으로 관찰하여 일죄로 처단하는 것이 가능할 것이나, 범의의 단일성과 계속성이 인정되지 아니하거나 범행방법이 동일하지 않은 경우에는 각 범행은 실체적 경합범에 해당한다(대판 2004.6.25. 2004도1751).

비교판례 **대판 1997.6.27. 97도508**

사기죄에 있어서 수인의 피해자에 대하여 각 피해자별로 기망행위를 하여 각각 재물을 편취한 경우에 그 범의가 단일하고 범행방법이 동일하다고 하더라도 포괄1죄가 성립하는 것이 아니라 피해자별로 1개씩의 죄가 성립하는 것으로 보아야 한다.

[❹ ▸ O] 대판 1990.9.25. 90도1588

답 ❶

447 □□□

다음 중 실체법상 일죄가 아닌 것은? 20 법원행시

① 하나의 사건에 관하여 한 번 선서한 증인이 같은 기일에 여러 가지 사실에 관하여 기억에 반하는 허위의 진술을 한 경우의 위증죄
② 불특정다수의 피해자들을 상대로 동일한 방식으로 사기분양을 하여 그들로부터 분양대금을 편취한 경우의 사기죄
③ 혈중알코올농도 0.123%의 음주상태로 자동차를 운전하다가 제1차 사고를 내고 그대로 진행하여 제2차 사고를 낸 경우의 도로교통법 위반(음주운전)죄
④ 단일하고 계속된 범의 아래 동일한 뇌물공여자로부터 뇌물을 반복하여 수령하고 그 피해법익이 동일한 경우의 수뢰죄
⑤ 동일한 폭행・협박으로 피해자의 항거가 불능하거나 현저히 곤란한 상태가 계속되는 상태에서 피해자를 수회에 걸쳐 간음하였고, 피고인의 의사 및 범행시각과 장소로 보아 수회의 간음행위를 하나의 계속된 행위로 볼 수 있는 경우의 강간죄

정선 핵심

① 하나의 사건에 관하여 한 번 선서한 증인이 같은 기일에 여러 가지 사실에 관하여 기억에 반하는 허위의 진술을 한 경우 → 위증죄의 포괄일죄 ○
② 불특정다수의 피해자들을 상대로 동일한 방식으로 분양대금을 편취한 경우 → 사기죄의 실체적 경합 ○
③ 음주운전하다가 제1차 사고를 내고 그대로 진행하여 제2차 사고를 낸 경우 → 도로교통법위반죄의 포괄일죄 ○
④ 단일하고 계속된 범의 아래 동일한 뇌물공여자로부터 뇌물을 반복하여 수령하고 그 피해법익이 동일한 경우 → 뇌물죄의 포괄일죄 ○
⑤ 수회의 강간행위를 하나의 계속된 행위로 볼 수 있는 경우 → 강간죄의 단순일죄 ○

정선 해설

[❶ ▸ ○] 하나의 사건에 관하여 한 번 선서한 증인이 같은 기일에 여러 가지 사실에 관하여 기억에 반하는 허위의 진술을 한 경우 이는 하나의 범죄의사에 의하여 계속하여 허위의 진술을 한 것으로서 포괄하여 1개의 위증죄를 구성한다(대판 1998.4.14. 97도3340).

> 비교판례 **대판 2007.3.15. 2006도9463**
>
> 같은 심급에서 변론기일을 달리하여 수차 증인으로 나가 최초 한 선서의 효력을 유지시킨 상태에서 수개의 허위진술을 하는 경우, 1개의 위증죄를 구성한다.

[❷ ▸ ×] 사기죄에 있어서 수인의 피해자에 대하여 각 피해자별로 기망행위를 하여 각각 재물을 편취한 경우에 그 범의가 단일하고 범행방법이 동일하다고 하더라도 포괄1죄가 성립하는 것이 아니라 피해자별로 1개씩의 죄가 성립하는 것으로 보아야 한다(대판 1997.6.27. 97도508).
[❸ ▸ ○] 대판 2007.7.26. 2007도4404
[❹ ▸ ○] 대판 1998.2.10. 97도2836
[❺ ▸ ○] 피해자를 위협하여 항거불능케 한 후 1회 간음하고 2백미터쯤 오다가 다시 1회 간음한 경우에 있어 피고인의 의사 및 그 범행시각과 장소로 보아 두 번째의 간음행위는 처음 한 행위의 계속으로 볼 수 있어 이를 단순일죄로 처단한 것은 정당하다(대판 1970.9.29. 70도1516).

> 비교판례 **대판 1987.5.12. 87도694**
>
> 피해자를 1회 강간하여 상처를 입게 한 후 약 1시간 후에 장소를 옮겨 같은 피해자를 다시 1회 강간한 행위는 그 범행시간과 장소를 달리하고 있을 뿐만 아니라 각 별개의 범의에서 이루어진 행위로서 형법 제37조 전단의 실체적 경합범에 해당한다.

답 ❷

제1장 제2장 제3장

안심Touch

448 □□□

포괄일죄에 대한 설명으로 옳은 것은?(다툼이 있는 경우 판례에 의함) 21 경찰간부

① 공직선거법 제106호 제1항이 규정하고 있는 호별방문죄는 집집을 중단 없이 방문하거나 동일한 일시 및 기회에 방문할 것을 요하지 않으므로, 선거운동이라는 단일한 범의하에 수인의 집을 방문한 경우 시간적 근접성 및 연속성에 대한 판단 없이 포괄일죄가 성립한다.

② 단일한 범의하에 동일한 방법으로 수인의 피해자에 대하여 각 피해자별로 기망행위를 하여 재물을 편취한 경우, 사기죄의 포괄일죄가 성립한다.

③ 같은 심급에서 1회 선서한 이후 그 선서의 효력이 유지된 상태에서 변론기일을 달리하여 수차 증인으로 출석하여 수개의 허위진술을 한 경우 1개의 위증죄가 성립한다.

④ 수개의 등록상표에 대하여 상표권 침해행위가 계속된 경우 등록상표를 달리하는 수개의 상표권 침해행위는 포괄하여 하나의 죄가 성립한다.

정선 핵심

① 각 호별방문행위 사이에 시간적 근접성이 없는 경우 → 호별방문죄의 포괄일죄 ×

② 단일한 범의하에 동일한 방법으로 수인의 피해자에 대하여 각 피해자별로 기망행위를 하여 재물을 편취한 경우 → 사기죄의 실체적 경합 ○

③ 같은 심급에서 변론기일을 달리하여 수개의 허위진술 → 위증죄 ○

④ 수개의 등록상표에 대하여 상표권침해행위가 계속하여 행하여진 경우 → 상표권침해죄의 실체적 경합 ○

정선 해설

[❶ ▸ ×] 공직선거법 제106조 제1항 소정의 호별방문죄에 있어서 각 집의 방문이 '연속적'인 것으로 인정되기 위해서는 반드시 집집을 중단 없이 방문하여야 하거나 동일한 일시 및 기회에 각 집을 방문하여야 하는 것은 아니지만, 각 방문행위 사이에는 어느 정도의 시간적 근접성이 있어야 할 것이고, 이러한 시간적 근접성이 없다면 '연속적'인 것으로 인정될 수는 없다(대판 2007.3.15. 2006도9042).

[❷ ▸ ×] 사기죄에 있어서 수인의 피해자에 대하여 각 피해자별로 기망행위를 하여 각각 재물을 편취한 경우에 그 범의가 단일하고 범행방법이 동일하다고 하더라도 포괄1죄가 성립하는 것이 아니라 피해자별로 1개씩의 죄가 성립하는 것으로 보아야 한다(대판 1997.6.27. 97도508).

관련판례 대판 2015.4.23. 2014도16980

다수의 피해자에 대하여 각별로 기망행위를 하여 각각 재산상 이익을 편취한 경우에는 범의가 단일하고 범행방법이 동일하더라도 각 피해자의 피해법익은 독립한 것이므로 이를 포괄일죄로 파악할 수 없고 피해자별로 독립한 사기죄가 성립된다. 다만 피해자들이 하나의 동업체를 구성하는 등으로 피해법익이 동일하다고 볼 수 있는 사정이 있는 경우에는 피해자가 복수이더라도 이들에 대한 사기죄를 포괄하여 일죄로 볼 수도 있을 것이다. 그리고 1개의 기망행위에 의하여 다수의 피해자로부터 각각 재산상 이익을 편취한 경우에는 피해자별로 수개의 사기죄가 성립하고, 그 사이에는 상상적 경합의 관계에 있는 것으로 보아야 한다.

[❸ ▸ O] 대판 2007.3.15. 2006도9463

[❹ ▸ ×] 수개의 등록상표에 대하여 상표법 제93조에서 정한 상표권침해행위가 계속하여 행하여진 경우에는 각 등록상표 1개마다 포괄하여 1개의 범죄가 성립하므로, 특별한 사정이 없는 한 상표권자 및 표장이 동일하다는 이유로 등록상표를 달리하는 수개의 상표권침해행위를 포괄하여 하나의 죄가 성립하는 것으로 볼 수 없다(대판 2011.7.14. 2009도10759).

답 ❸

449 □□□

포괄일죄가 성립하는 경우로 가장 적절한 것은?(다툼이 있는 경우 판례에 의함)

18 경찰승진

① 甲이 계속적으로 무면허로 운전할 의사를 가지고 여러 날에 걸쳐 무면허운전행위를 반복한 경우(어느 날에 운전을 시작하여 다음 날까지 동일한 기회에 일련의 과정에서 계속 운전을 한 경우와 같은 특별한 경우 등은 제외함)

② 작가협회 회원인 甲이 A의 명의를 도용하여 작가협회 교육원장을 비방하는 내용의 호소문을 작성한 후, 이를 작가협회 회원들에게 우편으로 송달한 경우

③ 금융기관 임직원인 甲이 그 직무에 관하여 乙로부터 정식 이사가 될 수 있도록 도와달라는 부탁을 받고 1년 동안 12회에 걸쳐 그 사례금 명목으로 합계 1억 2,000만원을 교부받은 경우

④ 甲이 히로뽕 완제품을 제조하고, 그때 함께 만든 액체히로뽕 반제품을 땅에 묻어 두었다가 약 1년 9개월 후, 이전에 제조를 요구했던 사람이 아닌 다른 사람들의 요구에 따라 그들과 함께 위 반제품을 완제품으로 제조한 경우

정선 핵심

① 수차례 무면허운전행위를 반복한 경우 → 무면허운전으로 인한 각 도로교통법위반죄의 실체적 경합 ○

② 작가협회 교육원장을 비방하는 호소문을 작성한 후, 회원들에게 송달한 경우 → 사문서위조죄와 명예훼손죄는 실체적 경합 ○

③ 단일하고도 계속된 범의 아래 직무에 관하여 여러 차례 금품을 수수한 경우 → 포괄일죄 ○

④ 히로뽕 완제품과 함께 만든 액체 반제품을 약 1년 9개월 후 완제품으로 제조한 경우 → 향정신성의약품제조죄의 실체적 경합 ○

정선 해설

[❶ ▸ ×] 무면허운전으로 인한 도로교통법위반죄에 있어서는 사회통념상 운전한 날을 기준으로 운전한 날마다 1개의 운전행위가 있다고 보는 것이 상당하므로 운전한 날마다 무면허운전으로 인한 도로교통법 위반의 1죄가 성립한다고 보아야 할 것이고, 비록 계속적으로 무면허운전을 할 의사를 가지고 여러 날에 걸쳐 무면허운전행위를 반복하였다 하더라도 이를 포괄하여 일죄로 볼 수는 없다(대판 2002.7.23. 2001도6281).

[❷ ▸ ×] ㅇㅇ작가협회 회원이 타인의 명의를 도용하여 협회 교육원장을 비방하는 내용의 호소문을 작성한 후 이를 협회 회원들에게 우편으로 송달한 경우, 사문서위조죄와 명예훼손죄가 각 성립하고, 이는 실체적 경합관계가 된다(대판 2009.4.23. 2008도8527).

[❸ ▸ ○] 대판 2000.6.27. 2000도1155

[❹ ▸ ×] 히로뽕 완제품을 제조할 때 함께 만든 액체히로뽕 반제품을 땅에 묻어 두었다가 약 1년 9월 후에 앞서 제조 시의 공범 아닌 자 등의 요구에 따라 그들과 함께 위 반제품으로 그 완제품을 제조한 경우 포괄일죄를 이룬다고 할 수 없으므로 형법 제37조 전단의 경합범으로 의율처단하여야 한다(대판 1991.2.26. 90도2900).

답 ❸

450 □□□

포괄일죄에 관한 다음 설명 중 가장 옳지 않은 것은? 21 법원9급

① 포괄일죄로 되는 개개의 범죄행위가 법 개정의 전후에 걸쳐서 행하여진 경우, 범죄실행 종료시의 법이라고 할 수 있는 신법을 적용한다.
② 포괄일죄의 중간에 다른 종류의 확정판결이 끼어 있는 경우에는 그 확정판결 때문에 포괄적 범죄가 둘로 나뉘는 것이고, 이를 그 확정판결 후의 범죄로서 다룰 것은 아니다.
③ 범죄단체를 구성하거나 이에 가입한 자가 더 나아가 구성원으로 활동하는 경우 이는 포괄일죄의 관계에 있다.
④ 포괄일죄에 있어서는 그 죄의 일부를 구성하는 개개의 행위에 대하여 구체적으로 특정하지 않더라도 그 전체 범행의 시기와 종기, 범행방법, 범행횟수 또는 피해액의 합계 및 피해자나 상대방을 명시하면 이로써 그 범죄사실은 특정된다.

정선 핵심

① 포괄일죄로 되는 범죄행위가 법 개정의 전후에 걸쳐 행하여진 경우 → 신법적용 O
② 포괄일죄의 중간에 다른 종류의 확정판결이 끼어 있는 경우 → 2개의 죄로 분리 ×
③ 범죄단체를 구성·가입한 자가 구성원으로 활동 → 폭처법위반죄의 포괄일죄 O
④ 포괄일죄를 이루는 전체 범행의 시기와 종기, 범행방법, 범행횟수 또는 피해액의 합계 및 피해자나 상대방을 명시한 경우 → 범죄사실 특정 O

정선 해설

[❶ ▸ O] 대판 1998.2.24. 97도183
[❷ ▸ ×] 포괄일죄로 되는 개개의 범죄행위가 다른 종류의 죄의 확정판결의 전후에 걸쳐서 행하여진 경우에는 그 죄는 2죄로 분리되지 않고 확정판결 후인 최종의 범죄행위 시에 완성되는 것이다(대판 2003.8.22. 2002도5341).

> **비교판례** 대판 2000.3.10. 99도2744
>
> 상습범에 있어서 공소제기된 범죄사실과 추가로 발견된 범죄사실 사이에 그것들과 동일한 습벽에 의하여 저질러진 또 다른 범죄사실에 대한 유죄의 확정판결이 있는 경우에는 전후 범죄사실의 일죄성은 그에 의하여 분단되어 공소제기된 범죄사실과 판결이 확정된 범죄사실만이 포괄하여 하나의 상습범을 구성하고, 추가로 발견된 확정판결 후의 범죄사실은 그것과 경합범관계에 있는 별개의 상습범이 되므로, 검사는 공소장변경절차에 의하여 이를 공소사실로 추가할 수는 없고 어디까지나 별개의 독립된 범죄로 공소를 제기하여야 한다.

[❸ ▸ O] 대판 2015.9.10. 2015도7081
[❹ ▸ O] 대판 1997.12.26. 97도2609

답 ❷

451 □□□

포괄일죄에 대한 설명으로 옳지 않은 것은?(다툼이 있는 경우 판례에 의함) 18 국가9급

① 포괄일죄로 되는 개개의 범죄행위가 '다른 종류의 죄'의 확정판결의 전후에 걸쳐서 행하여진 경우에는 그 죄는 2죄로 분리되지 않고 확정판결 후인 최종의 범죄행위 시에 완성되는 것이다.
② 포괄일죄의 범행 도중에 공동정범으로 범행에 가담한 자는 비록 그가 그 범행에 가담할 때에 이미 이루어진 종전의 범행을 알았다 하더라도 그 가담 이후의 범행에 대하여만 공동정범으로 책임을 진다.
③ 포괄일죄로 된 개개의 범죄행위가 법 개정의 전후에 걸쳐서 행하여진 경우에는 신·구법의 법정형에 대한 경중을 비교하여 경한 법을 적용해야 한다.
④ 포괄일죄에 관한 기존 처벌법규에 대하여 그 표현이나 형량과 관련한 개정을 하는 경우가 아니라 애초에 죄가 되지 아니하던 행위를 구성요건의 신설로 포괄일죄의 처벌대상으로 삼는 경우에는 신설된 포괄일죄처벌법규가 시행되기 이전의 행위에 대하여는 신설된 법규를 적용하여 처벌할 수 없다.

정선 핵심

① 포괄일죄의 중간에 다른 종류의 확정판결이 끼어 있는 경우 → 2개의 죄로 분리되지 않고 최종의 범죄행위 시에 완성
② 포괄일죄의 범행 중 공동정범으로 가담한 자 → 가담 이후의 범행에 대하여만 책임
③ 포괄일죄로 되는 범죄행위가 법 개정의 전후에 걸쳐 행하여진 경우 → 신법 적용 ○
④ 신설된 포괄일죄처벌법규가 시행되기 이전의 행위 → 소급효 금지의 원칙 적용 ○

정선 해설

[❶ ▸ O] 포괄일죄로 되는 개개의 범죄행위가 다른 종류의 죄의 확정판결의 전후에 걸쳐서 행하여진 경우에는 그 죄는 2죄로 분리되지 않고 확정판결 후인 최종의 범죄행위 시에 완성되는 것이다(대판 2003.8.22. 2002도5341).

> 비교판례 **대판 2011.3.10. 2010도9317**
>
> 구 병역법 제89조의2 제1호에서 정한 범죄는 정당한 사유 없이 계속적 혹은 간헐적으로 행해진 통산 8일 이상의 복무이탈행위 전체가 하나의 범죄를 구성하고, 계속적 혹은 간헐적으로 행해진 통산 8일 이상의 복무이탈행위 중간에 동종의 죄에 관한 확정판결이 있는 경우에는 일련의 복무이탈행위는 그 확정판결 전후로 분리된다.

[❷ ▸ O] 대판 1997.6.27. 97도163
[❸ ▸ X] 포괄일죄로 되는 개개의 범죄행위가 법 개정의 전후에 걸쳐서 행하여진 경우에는 신·구법의 법정형에 대한 경중을 비교하여 볼 필요도 없이 범죄실행 종료 시의 법이라고 할 수 있는 신법을 적용하여 포괄일죄로 처단하여야 한다(대판 1998.2.24. 97도183).
[❹ ▸ O] 대판 2016.1.28. 2015도15669

답 ❸

452 □□□

죄수(罪數)에 대한 다음 설명 중 적절한 것만을 모두 고른 것은?(다툼이 있는 경우 판례에 의함) 20 경찰채용

ㄱ. 피고인이 강취한 현금카드를 사용하여 현금자동지급기에서 현금을 인출한 행위는 강도죄와는 별도로 절도죄가 성립한다.
ㄴ. 전기통신금융사기(이른바 보이스피싱범죄)의 범인이 피해자를 기망하여 피해자의 돈을 사기이용계좌로 송금·이체받은 후 그 계좌에서 현금을 인출하였다면, 송금·이체 행위에 대해서는 사기죄가, 현금을 인출한 행위에 대해서는 횡령죄가 성립하며 양 죄는 실체적 경합관계에 있다.
ㄷ. 음주로 인한 특정범죄 가중처벌 등에 관한 법률 위반(위험운전치사상)죄와 도로교통법 위반(음주운전)죄가 모두 성립하는 경우 두 죄는 실체적 경합관계에 있다.
ㄹ. 신용카드를 절취한 후 이를 사용한 경우 신용카드의 부정사용행위는 선행 절도범행의 불가벌적 사후행위에 해당한다.

① ㄱ, ㄴ ② ㄴ, ㄷ
③ ㄱ, ㄷ ④ ㄷ, ㄹ

정선 핵심

ㄱ. 강취한 현금카드로 예금인출 → 강도죄와 절도죄의 실체적 경합
ㄴ. 전기통신금융사기의 범인이 송금·이체된 현금을 인출한 경우 → 피해자에 대한 사기죄 외에 횡령죄 ×
ㄷ. 음주로 인한 특가법위반(위험운전치사상)죄와 도로교통법위반(음주운전)죄 → 실체적 경합 ○
ㄹ. 신용카드를 절취한 후 이를 사용한 경우 → 신용카드부정사용죄 ○

정선 해설

[ㄱ ▸ O] 대판 2007.5.10. 2007도1375
[ㄴ ▸ X] 전기통신금융사기(이른바 보이스피싱범죄)의 범인이 피해자를 기망하여 피해자의 자금을 사기이용계좌로 송금·이체받으면 사기죄는 기수에 이르고, 범인이 피해자의 자금을 점유하고 있다고 하여 피해자와의 어떠한 위탁관계나 신임관계가 존재한다고 볼 수 없을 뿐만 아니라, 그 후 범인이 사기이용계좌에서 현금을 인출하였더라도 이는 이미 성립한 사기범행이 예정하고 있던 행위에 지나지 아니하여 새로운 법익을 침해한다고 보기도 어려우므로, 위와 같은 인출행위는 사기의 피해자에 대하여 별도의 횡령죄를 구성하지 아니한다. 이러한 법리는 사기범행에 이용되리라는 사정을 알고서 자신 명의 계좌의 접근매체를 양도함으로써 사기범행을 방조한 종범이 사기이용계좌로 송금된 피해자의 자금을 임의로 인출한 경우에도 마찬가지로 적용된다(대판 2017.5.31. 2017도3894).

비교판례 **대판 2018.7.19. 2017도17494[전합]**
甲과 乙이 甲 명의로 개설된 예금계좌가 보이스피싱범행에 이용될 것임을 인식하지 못하고 그 접근매체를 보이스피싱 조직원 丙에게 양도한 후 사기피해자 丁이 丙에게 속아 위 계좌로 송금한 사기피해금 중 일부를 별도의 접근매체를 이용하여 임의로 인출한 경우, 계좌명의인은 피해자와 사이에 아무런 법률관계 없이 송금·이체된 사기피해금 상당의 돈을 피해자에게 반환하여야 하므로 피해자를 위하여 사기피해금을 보관하는 지위에 있다고 보아야 하고, 만약, 계좌명의인이 그 돈을 영득할 의사로 인출하면 피해자에 대한 횡령죄가 성립한다.

[ㄷ ▸ O] 대판 2008.11.13. 2008도7143
[ㄹ ▸ X] 신용카드를 절취한 후 이를 사용한 경우 신용카드의 부정사용행위는 새로운 법익의 침해로 보아야 하고 그 법익침해가 절도범행보다 큰 것이 대부분이므로 위와 같은 부정사용행위가 절도범행의 불가벌적 사후행위가 되는 것은 아니다(대판 1996.7.12. 96도1181).

답 ❸

453 □□□

다음 설명 중 가장 옳지 않은 것은?(다툼이 있는 경우 판례에 의함) 14 경찰간부

① 음주운전으로 1차 사고를 낸 후 다시 운전하여 제2차 사고를 낸 경우 음주운전의 포괄일죄가 된다.

② 컴퓨터로 음란물을 제공한 행위로 서버컴퓨터가 압수된 이후 동종의 제2범행을 한 경우 포괄일죄로 판단된다.

③ 공직선거법 제106조 제1항 소정의 호별방문죄에 있어서 각 집의 방문이 '연속적'인 것으로 인정되기 위해서는 반드시 집집을 중단 없이 방문하여야 하거나 동일한 일시 및 기회에 각 집을 방문하여야 하는 것은 아니지만, 각 방문행위 사이에는 어느 정도의 시간적 근접성이 있어야 할 것이고, 이러한 시간적 근접성이 없다면 '연속적'인 것으로 인정될 수는 없다.

④ 상습성을 갖춘 자가 여러 개의 죄를 반복하여 저지른 경우에는 각 죄를 별죄로 보아 경합범으로 처단할 것이 아니라 그 모두를 포괄하여 상습범으로 처단하여야 한다.

정선 핵심

① 음주운전으로 1차 사고를 낸 후 다시 운전하여 제2차 사고를 낸 경우 → 도로교통법위반죄의 포괄일죄 ○
② 음란물을 제공한 행위로 서버컴퓨터가 압수된 이후 제2범행을 한 경우 → 실체적 경합 ○
③ 각 호별방문행위 사이에 시간적 근접성이 없는 경우 → 연속성 ×
④ 상습성을 갖춘 자가 수개의 죄를 반복하여 저지른 경우 → 포괄하여 상습범 인정

정선 해설

[❶ ▸ ○] 대판 2007.7.26. 2007도4404

[❷ ▸ ×] 컴퓨터로 음란동영상을 제공한 제1범죄행위로 서버컴퓨터가 압수된 이후 다시 장비를 갖추어 동종의 제2범죄행위를 하고 제2범죄행위로 인하여 약식명령을 받아 확정된 경우, 피고인에게 범의의 갱신이 있어 제1범죄행위는 약식명령이 확정된 제2범죄행위와 실체적 경합관계에 있다고 보아야 할 것이다(대판 2005.9.30. 2005도4051).

[❸ ▸ ○] 대판 2007.3.15. 2006도9042

[❹ ▸ ○] 상습성을 갖춘 자가 여러 개의 죄를 반복하여 저지른 경우에는 각 죄를 별죄로 보아 경합범으로 처단할 것이 아니라 그 모두를 포괄하여 상습범이라고 하는 하나의 죄로 처단하는 것이 상습범의 본질 또는 상습범가중처벌 규정의 입법취지에 부합한다(대판 2004.9.16. 2001도3206[전합]).

답 ❷

454 □□□

죄수에 관한 다음 설명 중 옳은 것은 모두 몇 개인가? 19 법원행시

ㄱ. 강도가 시간적으로 접착된 상황에서 가족을 이루는 수인에게 폭행·협박을 가하여 집안에 있는 재물을 탈취한 경우 그 재물은 가족의 공동점유 아래 있는 것으로서, 이를 탈취하는 행위는 그 소유자가 누구인지에 불구하고 단일한 강도죄의 죄책을 진다.
ㄴ. 수인의 피해자에 대하여 각별로 기망행위를 하여 각각 재물을 편취한 경우에는 범의가 단일하고 범행방법이 동일하더라도 각 피해자의 피해법익은 독립한 것이므로 이를 포괄일죄로 파악할 수 없고 피해자별로 독립한 사기죄가 성립된다.
ㄷ. 뇌물을 여러 차례에 걸쳐 수수함으로써 그 행위가 여러 개이더라도 그것이 단일하고 계속적 범의에 의하여 이루어지고 동일법익을 침해한 때에는 포괄일죄로 처벌함이 상당하다.
ㄹ. 미성년자의제강간죄 또는 미성년자의제강제추행죄는 행위 시마다 1개의 범죄가 성립한다.
ㅁ. 비의료인이 의료기관을 개설하여 운영하는 도중 의료시설과 의료진을 그 동일성을 상실할 정도로 변경하지 않은 채 단지 개설자 명의만을 다른 의료인 등으로 변경한 경우, 의료기관을 새로 개설하였다고 보기 어려우므로 개설자 명의변경 전후로 의료법위반죄의 포괄일죄로 보아야 한다.

① 1개
② 2개
③ 3개
④ 4개
⑤ 5개

정선 핵심

ㄱ. 강도가 가족을 이루는 수인에게 폭행·협박하여 재물을 탈취한 경우 → 강도죄 ○
ㄴ. 단일한 범의하에 동일한 방법으로 수인의 피해자에 대하여 각 피해자별로 기망행위를 하여 재물을 편취한 경우 → 사기죄의 실체적 경합 ○
ㄷ. 단일·계속적 범의로 뇌물을 여러 차례 수수한 경우 → 뇌물수수죄의 포괄일죄 ○
ㄹ. 미성년자의제강간죄 또는 미성년자의제강제추행죄 → 행위 시마다 1개의 범죄 ○
ㅁ. 비의료인이 개설자 명의를 다른 의료인으로 변경한 경우 → 개설자 명의별로 성립한 범죄의 실체적 경합 ○

정선 해설

[ㄱ ▸ O] 강도가 시간적으로 접착된 상황에서 가족을 이루는 수인에게 폭행·협박을 가하여 집안에 있는 재물을 탈취한 경우 그 재물은 가족의 공동점유 아래 있는 것으로서, 이를 탈취하는 행위는 그 소유자가 누구인지에 불구하고 단일한 강도죄의 죄책을 진다(대판 1996.7.30. 96도1285).

> 비교판례 **대판 1991.6.25. 91도643**
>
> [1] 강도가 동일한 장소에서 동일한 방법으로 시간적으로 접착된 상황에서 수인의 재물을 강취하였다고 하더라도, 수인의 피해자들에게 폭행 또는 협박을 가하여 그들로부터 그들이 각기 점유관리하고 있는 재물을 각각 강취하였다면, 피해자들의 수에 따라 수개의 강도죄를 구성하는 것이고, 다만 강도범인이 피해자들의 반항을 억압하는 수단인 폭행·협박행위가 사실상 공통으로 이루어졌기 때문에, 법률상 1개의 행위로 평가되어 상상적 경합으로 보아야 될 경우가 있는 것은 별문제이다.
> [2] 강도가 여관에 들어가 안내실에 있던 여관의 관리인을 칼로 찔러 상해를 가하고 그로부터 금품을 강취한 다음, 각 객실에 들어가 각 투숙객들로부터 금품을 강취한 행위가 피해자 별로 강도상해죄 및 강도죄의 실체적 경합범이 된다고 본 사례.

[ㄴ ▸ O] 대판 2013.1.24. 2012도10629
[ㄷ ▸ O] 대판 1999.1.29. 98도3584
[ㄹ ▸ O] 미성년자의제강간죄 또는 미성년자의제강제추행죄는 행위 시마다 1개의 범죄가 성립한다(대판 1982.12.14. 82도2442).

[ㅁ ▸ ×] 비의료인이 의료기관을 개설하여 운영하는 도중 개설자 명의를 다른 의료인 등으로 변경한 경우에는 그 범의가 단일하다거나 범행방법이 종전과 동일하다고 보기 어렵다. 따라서 개설자 명의별로 별개의 범죄가 성립하고 각 죄는 실체적 경합범의 관계에 있다고 보아야 한다(대판 2018.11.29. 2018도10779).

답 ❹

455 □□□

다음 중 일죄가 성립하는 경우는?(다툼이 있으면 판례에 의함) 13 사시

① 신용협동조합 전무가 수개의 거래처로부터 각기 다른 일시에 조합정관상의 1인당 대출한도를 초과하여 대출하여 달라는 부탁을 받고 이에 응하여 각기 다른 범의하에 부당대출을 해 준 경우
② 계속적으로 무면허로 운전할 의사를 가지고 10일에 걸쳐 무면허운전을 반복한 경우
③ 히로뽕 완제품을 제조하고 그때 함께 만든 액체히로뽕 반제품을 땅에 묻어 두었다가 약 1년 9개월 후, 이전에 제조를 요구했던 사람이 아닌 다른 사람들의 요구에 따라 그들과 함께 위 반제품으로 완제품을 제조한 경우
④ 법원을 기망하여 승소판결을 받고 그 확정판결에 의해 소유권이전등기를 경료한 경우
⑤ 예금주인 현금카드 소유자를 협박하여 그 카드를 갈취한 후 이를 이용하여 현금자동지급기에서 예금을 인출한 경우

정선 핵심

① 신용협동조합 전무가 수개의 거래처로부터 다른 범의하에 부당대출을 해 준 경우 → 업무상배임죄의 실체적 경합 ○
② 수차례 무면허운전행위를 반복한 경우 → 무면허운전으로 인한 각 도로교통법위반죄의 실체적 경합 ○
③ 히로뽕 완제품과 함께 만든 액체 반제품을 약 1년 9개월 후 완제품으로 제조한 경우 → 향정신성의약품제조죄의 실체적 경합 ○
④ 사기죄와 공정증서원본부실기재죄 → 실체적 경합 ○
⑤ 갈취한 현금카드로 예금인출 → 공갈죄의 포괄일죄 ○

정선 해설

[❶ ▸ ×] 신용협동조합의 전무가 수개의 거래처로부터 각기 다른 일시에 조합정관상의 1인당 대출한도를 초과하여 대출을 하여 달라는 부탁을 받고 이에 응하여 각기 다른 범의하에 부당대출을 하여 줌으로써 수개의 업무상배임행위를 범한 경우, 그것은 포괄일죄에 해당하지 않는다(대판 1997.9.26. 97도1469).
[❷ ▸ ×] 무면허운전으로 인한 도로교통법위반죄에 있어서는 사회통념상 운전한 날을 기준으로 운전한 날마다 1개의 운전행위가 있다고 보는 것이 상당하므로 운전한 날마다 무면허운전으로 인한 도로교통법 위반의 1죄가 성립한다고 보아야 할 것이고, 비록 계속적으로 무면허운전을 할 의사를 가지고 여러 날에 걸쳐 무면허운전행위를 반복하였다 하더라도 이를 포괄하여 일죄로 볼 수는 없다(대판 2002.7.23. 2001도6281).
[❸ ▸ ×] 히로뽕 완제품을 제조할 때 함께 만든 액체히로뽕 반제품을 땅에 묻어 두었다가 약 1년 9월 후에 앞서 제조시의 공범 아닌 자 등의 요구에 따라 그들과 함께 위 반제품으로 그 완제품을 제조한 경우 포괄일죄를 이룬다고 할 수 없으므로 형법 제37조 전단의 경합범으로 의율처단하여야 한다(대판 1991.2.26. 90도2900).
[❹ ▸ ×] 법원을 기망하여 승소판결을 받고 그 확정판결에 의하여 소유권이전등기를 경료한 경우에는 사기죄와 별도로 공정증서원본부실기재죄가 성립하고 양 죄는 실체적 경합범관계에 있다(대판 1983.4.26. 83도188).
[❺ ▸ ○] 대판 2007.5.10. 2007도1375

답 ❺

제1장 제2장 제3장

안심Touch

456 □□□

죄수관계에 대한 설명으로 옳은 것은?(다툼이 있는 경우 판례에 의함) 20 국가7급

① 자동차를 절취한 후 자동차등록번호판을 떼어 낸 경우, 자동차에 대한 절도죄와 별개로 자동차관리법위반죄는 성립하지 않는다.

② 피해자에 대한 업무방해의 수단으로 피해자를 폭행한 경우, 폭행죄와 업무방해죄가 성립하고 양 죄는 상상적 경합의 관계에 있다.

③ 계속적으로 무면허운전을 할 의사를 가지고 여러 날에 걸쳐 수차례 무면허운전행위를 반복하였다면, 무면허운전으로 인한 도로교통법 위반의 포괄일죄가 성립한다.

④ 甲이 종중 소유의 토지를 명의신탁받아 보관하다가 자신의 채무 변제에 사용할 돈을 차용하기 위해 위 토지에 근저당권을 설정하면 횡령죄가 성립하고, 그 후 위 토지를 제3자에게 매도한 행위는 불가벌적 사후행위에 해당한다.

정선 핵심

① 자동차를 절취한 자가 자동차등록판을 떼어 낸 경우 → 절도죄와 자동차관리법위반죄의 실체적 경합 ○
② 피해자에 대한 업무방해의 수단으로 피해자를 폭행한 경우 → 폭행죄와 업무방해죄의 상상적 경합 ○
③ 수차례 무면허운전행위를 반복한 경우 → 무면허운전으로 인한 각 도로교통법위반죄의 실체적 경합 ○
④ 명의수탁자가 수탁부동산에 근저당권설정등기를 경료한 후 제3자에게 매도한 경우 → 횡령죄 ○

정선 해설

[❶ ▸ ×] 판례(대판 2007.9.6. 2007도4739)의 취지를 고려하면, 자동차등록번호판을 떼어 낸 행위는 별도의 자동차관리법위반죄를 구성한다.

[❷ ▸ ○] 대판 2012.10.11. 2012도1895

[❸ ▸ ×] 무면허운전으로 인한 도로교통법위반죄에 있어서는 사회통념상 운전한 날을 기준으로 운전한 날마다 1개의 운전행위가 있다고 보는 것이 상당하므로 운전한 날마다 무면허운전으로 인한 도로교통법 위반의 1죄가 성립한다고 보아야 할 것이고, 비록 계속적으로 무면허운전을 할 의사를 가지고 여러 날에 걸쳐 무면허운전행위를 반복하였다 하더라도 이를 포괄하여 일죄로 볼 수는 없다(대판 2002.7.23. 2001도6281).

> **비교판례** 대판 2007.7.26. 2007도4404
>
> 혈중알코올농도 0.05% 이상의 음주상태로 동일한 차량을 일정기간 계속하여 운전하다가 1회 음주측정을 받았다면 이러한 음주운전행위는 동일 죄명에 해당하는 연속된 행위로서 단일하고 계속된 범의하에 일정기간 계속하여 행하고 그 피해법익도 동일한 경우이므로 포괄일죄에 해당한다.

[❹ ▸ ×] 타인(종중)의 부동산을 보관 중인 자가 불법영득의사를 가지고 그 부동산에 근저당권설정등기를 경료함으로써 일단 횡령행위가 기수에 이르렀다 하더라도 그 후 같은 부동산에 별개의 근저당권을 설정하여 새로운 법익침해의 위험을 추가함으로써 법익침해의 위험을 증가시키거나 해당 부동산을 매각함으로써 기존의 근저당권과 관계없이 법익침해의 결과를 발생시켰다면, 특별한 사정이 없는 한 불가벌적 사후행위로 볼 수 없고, 별도로 횡령죄를 구성한다(대판 2013.2.21. 2010도10500[전합]).

답 ❷

457 □□□

다음 중 죄수관계에 관한 설명으로 옳지 않은 것은 모두 몇 개인가?(다툼이 있는 경우 판례에 의함) 19 해경채용

ㄱ. 자동차를 절취한 후 자동차등록번호판을 떼어 내는 행위는 절도범행의 불가벌적 사후행위에 되는 것은 아니다.
ㄴ. 위조통화를 행사하여 재물을 불법영득한 때에는 위조통화행사죄와 사기죄의 실체적 경합이다.
ㄷ. 시험을 관리하는 공무원이 타인으로부터 돈을 받고 직무상 지득한 시험 문제를 타인에게 알려 준 경우 공무상 비밀누설죄와 수뢰후부정처사죄는 상상적 경합의 관계에 있다.
ㄹ. 범죄피해신고를 받고 출동한 두 명의 경찰관에게 욕설을 하면서 차례로 폭행을 하여 경찰관의 정당한 직무집행을 방해한 경우, 각 공무집행방해죄는 상상적 경합의 관계에 있다.
ㅁ. 피고인이 당초부터 피해자를 기망하여 약속어음을 교부받은 경우에는 그 교부받은 즉시 사기죄가 성립하고, 그 후 이를 피해자에 대한 피고인의 채권의 변제에 충당하였다 하더라도 불가벌적 사후행위가 됨에 그칠 뿐, 별도의 횡령죄를 구성하지 않는다.

① 없음 ② 1개
③ 2개 ④ 3개

정선 핵심

ㄱ. 자동차를 절취한 자가 자동차등록판을 떼어 낸 경우 → 절도죄와 자동차관리법위반죄의 실체적 경합 O
ㄴ. 위조통화행사죄와 사기죄 → 실체적 경합 O
ㄷ. 공무상비밀누설죄와 수뢰후부정처사죄 → 상상적 경합 O
ㄹ. 두 명의 경찰관에게 욕설을 하면서 폭행을 하여 직무집행을 방해한 경우 → 각 공무집행방해죄는 상상적 경합 O
ㅁ. 피해자를 기망하여 약속어음을 교부받은 후 피해자에 대한 채권의 변제에 충당한 경우 → 불가벌적 사후행위 O

정선 해설

[ㄱ ▸ O] 대판 2007.9.6. 2007도4739

[ㄴ ▸ O] 대판 1979.7.10. 79도840

[ㄷ ▸ O] 피고인이 그 직무상 지득한 구술시험 문제 중에서 소론 사항을 "병"에게 알린 것은 공무상 비밀의 누설인 동시에 형법 제131조 제1항[수뢰후부정처사죄(註)]의 부정한 행위를 한 때에 해당한다(대판 1970.6.30. 70도562).

[ㄹ ▸ O] 피해신고를 받고 출동한 두 명의 경찰관에게 욕설을 하면서 순차로 폭행을 하여 신고처리 및 수사업무에 관한 정당한 직무집행을 방해한 경우, 각 공무집행방해죄는 상상적 경합의 관계에 있다(대판 2009.6.25. 2009도3505).

[ㅁ ▸ O] 피고인이 당초부터 피해자를 기망하여 약속어음을 교부받은 경우에는 그 교부받은 즉시 사기죄가 성립하고 그 후 이를 피해자에 대한 피고인의 채권의 변제에 충당하였다 하더라도 불가벌적 사후행위가 됨에 그칠 뿐, 별도로 횡령죄를 구성하지 않는다(대판 1983.4.26. 82도3079).

답 ❶

458 □□□ 죄수에 관한 다음 설명 중 가장 옳지 않은 것은? 20 법원행시

① 비의료인이 의료기관을 개설하여 운영하는 도중 개설자 명의를 다른 의료인 등으로 변경한 경우에는 개설자 명의별로 별개의 범죄가 성립하고 각 죄는 실체적 경합범의 관계에 있다.

② 회사에 대한 관계에서 타인의 사무를 처리하는 자가 임무에 위배하여 회사로 하여금 자신의 채무에 관하여 연대보증채무를 부담하게 한 다음, 회사의 금전을 보관하는 자의 지위에서 위와 같은 선행 임무위배행위로 인하여 회사가 부담하게 된 연대보증채무의 변제에 사용한 행위는 연대보증채무부담으로 인한 배임행위의 불가벌적 사후행위에 해당한다.

③ 피해자 주식회사의 대표이사인 피고인이 자신의 채권자 乙에게 차용금에 대한 담보로 위 회사 명의 정기예금에 질권을 설정하여 주었는데, 그 후 乙이 차용금과 정기예금의 변제기가 모두 도래하자 피고인의 동의를 받아 정기예금 계좌에 입금되어 있던 甲회사 자금을 전액 인출한 경우, 피고인의 예금인출동의행위는 질권설정행위로 인한 배임행위의 불가벌적 사후행위에 해당한다.

④ 피해자 주식회사의 대표이사가 위 피해자 회사의 상가분양사업을 수행하면서 수분양자들을 기망하여 편취한 분양대금은 회사의 소유로 귀속되는 것이므로, 대표이사가 그 분양대금을 횡령하는 것은 사기범행이 침해한 것과는 다른 법익을 침해하는 것이어서 회사를 피해자로 하는 별도의 횡령죄가 성립된다.

⑤ 회사직원이 영업비밀 등을 적법하게 반출하여 반출행위 자체는 업무상배임죄에 해당하지 않는 경우라도, 퇴사 시에 영업비밀 등을 회사에 반환하거나 폐기할 의무가 있음에도 경쟁업체에 유출하거나 스스로의 이익을 위하여 이용할 목적으로 이를 반환하거나 폐기하지 아니하였다면, 이러한 행위는 퇴사 시에 업무상배임죄가 성립한다. 이후 퇴사한 직원이 위와 같이 반환 · 폐기하지 아니한 영업비밀 등을 경쟁업체에 유출한 경우 이는 이미 성립한 업무상배임 행위의 실행행위에 지나지 않아 별도의 업무상배임죄를 구성하지 않는다.

정선 핵심

① 비의료인이 개설자 명의를 다른 의료인으로 변경한 경우 → 개설자 명의별로 성립한 범죄의 실체적 경합 O
② 회사로 하여금 연대보증채무를 부담하게 한 자가 회사의 금전을 연대보증채무의 변제에 사용한 경우 → 횡령죄 O
③ 예금인출을 동의하는 경우 → 불가벌적 사후행위 O
④ 주식회사의 대표이사가 편취한 분양대금을 횡령하는 경우 → 횡령죄 O
⑤ 업무상배임죄의 성립 여부
 ⟶ 적법하게 반출한 영업비밀을 반환 · 폐기하지 아니한 경우 : 퇴사 시 업무상배임죄 O
 ⟶ 반환 · 폐기하지 아니한 영업비밀을 경쟁업체에 유출 : 업무상배임죄 ×

정선 해설

[❶ ▸ O] 대판 2018.11.29. 2018도10779

[❷ ▸ X] 회사에 대한 관계에서 타인의 사무를 처리하는 자가 임무에 위배하여 회사로 하여금 자신의 채무에 관하여 연대보증채무를 부담하게 한 다음, 회사의 금전을 보관하는 자의 지위에서 회사의 이익이 아닌 자신의 채무를 변제하려는 의사로 회사의 자금을 자기의 소유인 경우와 같이 임의로 인출한 후 개인채무의 변제에 사용한 행위는, 배임범행의 불가벌적 사후행위가 되는 것이 아니라 별죄인 횡령죄를 구성한다고 보아야 하며, 횡령행위로 인출한 자금이 선행 임무위배행위로 인하여 회사가 부담하게 된 연대보증채무의 변제에 사용되었다 하더라도 달리 볼 것은 아니다(대판 2011.4.14. 2011도277).

[❸ ▸ O] 대판 2012.11.29. 2012도10980

[❹ ▸ O] 대표이사가 회사의 상가분양 사업을 수행하면서 수분양자들을 기망하여 편취한 분양대금은 회사의 소유로 귀속되는 것이므로, 대표이사가 그 분양대금을 횡령하는 것은 사기범행이 침해한 것과는 다른 법익을 침해하는 것이어서 회사를 피해자로 하는 별도의 횡령죄가 성립된다(대판 2005.4.29. 2005도741).
[❺ ▸ O] 대판 2017.6.29. 2017도3808

답 ❷

459 □□□

상상적 경합에 대한 설명 중 옳은 것만을 모두 고르면?(다툼이 있는 경우 판례에 의함)

20 국가7급

ㄱ. 공무원인 의사가 공무소의 명의로 허위진단서를 작성한 경우, 허위공문서작성죄와 허위진단서작성죄가 성립하고 양 죄는 상상적 경합관계에 있다.
ㄴ. 사문서를 위조하고 그 위조된 사문서를 행사한 경우, 사문서위조죄와 위조사문서행사죄가 성립하고 양 죄는 상상적 경합관계에 있다.
ㄷ. 시험을 관리하는 공무원이 돈을 받고 시험문제를 알려준 경우, 공무상비밀누설죄와 수뢰후부정처사죄가 성립하고 양 죄는 상상적 경합관계에 있다.
ㄹ. 경찰관이 압수물을 범죄혐의의 입증에 사용하도록 하는 등의 적절한 조치를 취하지 아니하고 오히려 피압수자에게 돌려주어 증거를 인멸한 경우, 증거인멸죄와 직무유기죄가 성립하고 양 죄는 상상적 경합관계에 있다.
ㅁ. 배임행위에 사기행위가 수반되어 1개의 행위에 관하여 사기죄와 배임죄의 각 구성요건이 구비된 때에는 양 죄는 상상적 경합관계에 있다.

① ㄷ, ㅁ　　② ㄱ, ㄴ, ㄹ
③ ㄱ, ㄷ, ㅁ　　④ ㄷ, ㄹ, ㅁ

정선 핵심

ㄱ. 공무원인 의사가 허위진단서를 작성한 경우 → 허위공문서작성죄 O
ㄴ. 사문서위조죄와 위조사문서행사죄 → 실체적 경합 O
ㄷ. 공무상비밀누설죄와 수뢰후부정처사죄 → 상상적 경합 O
ㄹ. 경찰서 방범과장이 압수물을 피압수자에게 돌려준 경우 → 증거인멸죄 O
ㅁ. 신용협동조합의 전무가 담당직원을 기망하여 금원을 교부받은 경우 → 사기죄와 업무상배임죄의 상상적 경합 O

정선 해설

[ㄱ ▸ X] 형법 제233조 소정의 허위진단서작성죄의 대상은 공무원이 아닌 의사가 사문서로서 진단서를 작성한 경우에 한정되고, 공무원인 의사가 공무소의 명의로 허위진단서를 작성한 경우에는 허위공문서작성죄만이 성립하고 허위진단서작성죄는 별도로 성립하지 않는다(대판 2004.4.9. 2003도7762).
[ㄴ ▸ X] 피고인이 예금통장을 강취하고 예금자 명의의 예금청구서를 위조한 다음 이를 은행원에게 제출행사하여 예금인출금 명목의 금원을 교부받았다면 강도, 사문서 위조, 동 행사, 사기의 각 범죄가 성립하고 이들은 실체적 경합관계에 있다 할 것이다(대판 1991.9.10. 91도1722).
[ㄷ ▸ O] 대판 1970.6.30. 70도562
[ㄹ ▸ X] 경찰서 방범과장이 직무상의 의무에 따라 압수물을 수사계에 인계하고 검찰에 송치하여 범죄혐의의 입증에 사용하도록 하는 등의 적절한 조치를 취하지 않고, 오히려 부하직원에게 압수한 변조기판을 돌려주라고 지시하여 오락실 업주에게 이를 돌려준 경우, 작위범인 증거인멸죄만이 성립하고 부작위범인 직무유기(거부)죄는 따로 성립하지 아니한다(대판 2006.10.19. 2005도3909[전합]).

제1장 제2장 제3장

안심Touch

[ㅁ ▸ O] 1개의 행위에 관하여 사기죄와 업무상배임죄의 각 구성요건이 모두 구비된 때에는 양 죄를 법조경합관계로 볼 것이 아니라 상상적 경합관계로 봄이 상당하다 할 것이고, 나아가 업무상배임죄가 아닌 단순배임죄라고 하여 양 죄의 관계를 달리 보아야 할 이유도 없다(대판 2002.7.18. 2002도669[전합]).

[판결이유] 신용협동조합의 전무인 피고인이 조합의 담당직원을 기망하여 예금인출금 또는 대출금 명목으로 금원을 교부받은 위 각 행위는, 사기죄와 업무상배임죄의 상상적 경합관계로 봄이 상당하다(대판 2002.7.18. 2002도669[전합]).

답 ❶

460 □□□

죄수 및 경합에 관한 설명 중 옳은 것은?(다툼이 있는 경우 판례에 의함) 19 경찰채용

① 허위공문서작성죄와 동 행사죄가 수뢰후부정처사죄와 각각 상상적 경합관계에 있을지라도 허위공문서작성죄와 동 행사죄 상호 간은 실체적 경합범관계에 있으므로 따로이 경합가중을 해야 한다.
② 감금행위가 단순히 강도상해범행의 수단이 되는 데 그치지 아니하고 강도상해의 범행이 끝난 뒤에도 계속된 경우에는 1개의 행위가 감금죄와 강도상해죄에 해당하는 경우라고 볼 수 있다.
③ 건물관리인이 건물주로부터 월세임대차계약체결업무를 위임받고도 임차인들을 속여 전세임대차계약을 체결하고 그 보증금을 편취한 경우, 사기죄와 업무상배임죄의 상상적 경합관계에 해당한다.
④ 신용협동조합의 전무가 그 조합의 담당직원을 기망하여 예금인출금 또는 대출금 명목으로 금원을 교부받은 경우, 사기죄와 업무상배임죄의 상상적 경합관계에 해당한다.

정선 핵심

① 허위공문서 작성 및 동 행사죄가 수뢰후부정처사죄와 각각 상상적 경합 → 따로 경합가중 ×
② 감금죄와 강도상해죄 → 실체적 경합 O
③ 건물관리인이 임차인들을 속여 전세임대차계약을 체결하고 보증금을 편취한 경우 → 사기죄와 업무상배임죄의 실체적 경합 O
④ 신용협동조합의 전무가 담당직원을 기망하여 금원을 교부받은 경우 → 사기죄와 업무상배임죄의 상상적 경합 O

정선 해설

[❶ ▸ ×] 허위공문서작성죄와 동 행사죄가 수뢰후부정처사죄와 각각 상상적 경합관계에 있을 때에는 허위공문서작성죄와 동 행사죄 상호 간은 실체적 경합범관계에 있다고 할지라도 상상적 경합범관계에 있는 수뢰후부정처사죄와 대비하여 가장 중한 죄에 정한 형으로 처단하면 족한 것이고 따로이 경합가중을 할 필요가 없다(대판 1983.7.26. 83도1378).

유사판례 대판 2001.2.9. 2000도1216

공도화변조죄와 동 행사죄가 수뢰후부정처사죄와 각각 상상적 경합범관계에 있을 때에는 공도화변조죄와 동 행사죄 상호 간은 실체적 경합범관계에 있다고 할지라도 상상적 경합범관계에 있는 수뢰후부정처사죄와 대비하여 가장 중한 죄에 정한 형으로 처단하면 족한 것이고 따로이 경합범가중을 할 필요가 없다.

[❷ ▸ ×] 감금행위가 단순히 강도상해범행의 수단이 되는 데 그치지 아니하고 강도상해의 범행이 끝난 뒤에도 계속된 경우에는 1개의 행위가 감금죄와 강도상해죄에 해당하는 경우라고 볼 수 없고, 이 경우 감금죄와 강도상해죄는 형법 제37조의 경합범관계에 있다(대판 2003.1.10. 2002도4380).

[❸ ▸ ×] 건물관리인이 건물주로부터 월세임대차계약체결업무를 위임받고도 임차인들을 속여 전세임대차계약을 체결하고 그 보증금을 편취한 경우, 사기죄와 별도로 업무상배임죄가 성립하고 두 죄가 실체적 경합범의 관계에 있다(대판 2010.11.11. 2010도10690).

[❹ ▸ ○] 대판 2002.7.18. 2002도669[전합]

답 ❹

461 □□□

죄수(罪數)에 대한 설명으로 가장 적절하지 않은 것은?(다툼이 있는 경우 판례에 의함)

19 경찰승진

① 채권자들에 의한 복수의 강제집행이 예상되는 경우 재산을 은닉 또는 허위양도함으로써 채권자들을 해하였다면 채권자별로 각각 강제집행면탈죄가 성립하고, 상호 상상적 경합범의 관계에 있다.

② 경찰관이 압수물을 범죄혐의의 입증에 사용하도록 하는 등의 적절한 조치를 취하지 않은 채 부하직원에게 지시하여 피압수자에게 돌려준 경우, 작위범인 증거인멸죄만이 성립하고 부작위범인 직무유기죄는 따로 성립하지 아니한다.

③ 범죄피해신고를 받고 출동한 두 명의 경찰관에게 욕설을 하면서 순차로 폭행을 하여 신고처리 및 수사업무에 관한 정당한 직무집행을 방해한 경우, 두 경찰관에 대한 공무집행방해죄는 상상적 경합관계에 있다.

④ 편취한 약속어음을 그와 같은 사실을 모르는 제3자에게 편취사실을 숨기고 할인 받은 경우, 그 약속어음을 취득한 제3자가 선의이고 약속어음의 발행인이나 배서인이 어음금을 지급할 의사와 능력이 있었다면 제3자에 대한 별도의 사기죄는 성립하지 않는다.

정선 핵심

① 복수의 강제집행이 예상되는 재산을 은닉·허위양도한 경우 → 강제집행면탈죄의 상상적 경합 ○
② 경찰서 방범과장이 압수물을 피압수자에게 돌려준 경우 → 증거인멸죄 ○
③ 두 명의 경찰관에게 욕설을 하면서 폭행을 하여 직무집행을 방해한 경우 → 각 공무집행방해죄는 상상적 경합 ○
④ 편취한 약속어음을 편취사실을 숨기고 할인 받은 경우 → 별도의 사기죄 ○

정선 해설

[❶ ▸ ○] 채권자들에 의한 복수의 강제집행이 예상되는 경우 재산을 은닉 또는 허위양도함으로써 채권자들을 해하였다면 채권자별로 각각 강제집행면탈죄가 성립하고, 상호 상상적 경합범의 관계에 있다(대판 2011.12.8. 2010도4129).

[❷ ▸ ○] 대판 2006.10.19. 2005도3909[전합]

[❸ ▸ ○] 대판 2009.6.25. 2009도3505

[❹ ▸ ×] 편취한 약속어음을 그와 같은 사실을 모르는 제3자에게 편취사실을 숨기고 할인받는 행위는 당초의 어음 편취와는 별개의 새로운 법익을 침해하는 행위로서 기망행위와 할인금의 교부행위 사이에 상당인과관계가 있어 새로운 사기죄를 구성한다 할 것이고, 설령 그 약속어음을 취득한 제3자가 선의이고 약속어음의 발행인이나 배서인이 어음금을 지급할 의사와 능력이 있었다 하더라도 이러한 사정은 사기죄의 성립에 영향이 없다(대판 2005.9.30. 2005도5236).

답 ❹

462 □□□

다음 중 상상적 경합관계에 해당하는 경우는?(다툼이 있는 경우 판례에 의함)

15 경찰간부

① 강도범행의 실행에 착수하였으나 강취할 만한 재물이 없어 미수에 그치자, 그 자리에서 항거불능의 상태에 빠진 피해자를 간음할 것을 결의하고 실행에 착수하였으나 역시 미수에 그쳤지만 반항을 억압하기 위한 폭행으로 피해자에게 상해를 입힌 경우, 강도강간미수죄와 강도치상죄
② A에게 수표금액을 지급할 의사나 능력이 없는 상태에서 부도가 예상되는 당좌수표를 발행하여 주고 A로부터 금원을 차용하였으며, 그 당좌수표가 지급기일에 부도처리된 경우, 사기죄와 부정수표단속법위반죄
③ 초병이 일단 그 수소를 이탈한 후 다시 부대에 복귀하기 전에 별도로 군무를 기피할 목적을 일으켜 그 직무를 이탈한 경우, 초병의 수소이탈죄와 군무이탈죄
④ 위조통화를 행사하여 재물을 불법영득한 경우, 위조통화행사죄와 사기죄

정선 핵심

① 강도강간미수죄와 강도치상죄 → 상상적 경합 ○
② 사기죄와 부정수표단속법위반죄 → 실체적 경합 ○
③ 초병의 수소이탈죄와 군무이탈죄 → 실체적 경합 ○
④ 위조통화행사죄와 사기죄 → 실체적 경합 ○

정선 해설

[❶ ▸ O] 대판 1988.6.28. 88도820
[❷ ▸ X] 사기의 수단으로 발행한 수표가 지급거절된 경우 부정수표단속법위반죄와 사기죄는 그 행위의 태양과 보호법익을 달리하므로 실체적 경합범의 관계에 있다(2004.6.25. 2004도1751).

> **비교판례** **대판 2006.1.27. 2005도8704**
>
> 공무원이 취급하는 사건에 관하여 청탁 또는 알선을 할 의사와 능력이 없음에도 청탁 또는 알선을 한다고 기망하고 금품을 교부받은 경우, 사기죄와 변호사법위반죄가 상상적 경합의 관계에 있다.

[❸ ▸ X] 초병이 일단 그 수소를 이탈하면 그 이탈행위와 동시에 수소이탈죄는 완성되고, 그 후 다시 부대에 복귀하기 전이라도 별도로 군무를 기피할 목적을 일으켜 그 직무를 이탈하였다면 초병의 수소이탈죄와 군무이탈죄가 각각 독립하여 성립하고, 그 두 죄는 서로 실체적 경합범의 관계에 있다(대판 1981.10.13. 81도2397).
[❹ ▸ X] 통화위조죄에 관한 규정은 공공의 거래상의 신용 및 안전을 보호하는 공공적인 법익을 보호함을 목적으로 하고 있고, 사기죄는 개인의 재산법익에 대한 죄이어서 양 죄는 그 보호법익을 달리하고 있으므로 위조통화를 행사하여 재물을 불법영득한 때에는 위조통화행사죄와 사기죄의 양 죄가 성립된다(대판 1979.7.10. 79도840).

답 ❶

463 □□□

다음 설명 중 가장 적절한 것은?(다툼이 있으면 판례에 의함)

16 경찰채용

① 甲이 승용차를 운전하던 중 음주단속을 피하기 위하여 위험한 물건인 승용차로 단속 경찰관을 들이받아 위 경찰관의 공무집행을 방해하고 위 경찰관에게 상해를 입게 하였다면 甲의 행위는 폭력행위 등 처벌에 관한 법률 위반(집단·흉기 등 상해)죄와 특수공무집행방해치상죄를 구성하고 두 죄는 상상적 경합관계에 해당한다.

② 계속적으로 무면허운전을 할 의사를 가지고 여러 날에 걸쳐 무면허운전행위를 반복하였다면 이를 포괄일죄로 보아야 한다.

③ 부정한 이익을 얻을 목적으로 타인의 영업비밀이 담긴 CD를 절취하여 그 영업비밀을 부정사용한 경우, 영업비밀의 부정사용행위는 절도죄의 불가벌적 사후행위에 해당한다.

④ 저작권법은 상습으로 동법 제136조 제1항의 죄를 저지른 경우를 가중처벌한다는 규정은 따로 두고 있지 않다. 따라서 수회에 걸쳐 저작권법 제136조 제1항의 죄를 범한 것이 상습성의 발현에 따른 것이라고 하더라도, 이는 원칙적으로 경합범으로 보아야 하는 것이지 하나의 죄로 처단되는 상습범으로 볼 것은 아니다.

정선 핵심

① 승용차로 음주운전 단속경찰관의 공무집행을 방해하고 상해를 입힌 경우 → 특수공무집행방해치상죄 ○
② 수차례 무면허운전행위를 반복한 경우 → 무면허운전으로 인한 각 도로교통법위반죄의 실체적 경합 ○
③ 타인의 영업비밀이 담긴 CD를 절취하여 영업비밀을 부정사용한 경우 → 절도죄와 영업비밀부정사용죄의 실체적 경합 ○
④ 별도의 규정이 없는 한 상습성의 발현에 따른 수회에 걸친 저작권법위반죄 → 실체적 경합 ○

정선 해설

[❶ ▸ ×] 판례의 취지를 고려하면, 甲에게는 특수공무집행방해치상죄만 성립할 뿐 별도로 폭처법상 집단·흉기 등 상해죄는 성립하지 아니한다. 한편 폭처법상 집단·흉기 등 상해죄(동법 제3조 제1항)는 2016.1.6. 삭제되었고, 형법에 특수상해죄(형법 제258조의2)가 신설되어 지문의 경우 특수상해죄가 적용될 수도 있으나 특수공무집행방해치상죄만 성립할 뿐이라는 결론은 동일하다.

> 직무를 집행하는 공무원에 대하여 위험한 물건을 휴대하여 고의로 상해를 가한 경우에는 특수공무집행방해치상죄만 성립할 뿐, 이와는 별도로 폭력행위 등 처벌에 관한 법률 위반(집단·흉기 등 상해)죄를 구성하지 않는다(대판 2008.11.27. 2008도7311).

[❷ ▸ ×] 무면허운전으로 인한 도로교통법위반죄에 있어서는 사회통념상 운전한 날을 기준으로 운전한 날마다 1개의 운전행위가 있다고 보는 것이 상당하므로 운전한 날마다 무면허운전으로 인한 도로교통법 위반의 1죄가 성립한다고 보아야 할 것이고, 비록 계속적으로 무면허운전을 할 의사를 가지고 여러 날에 걸쳐 무면허운전행위를 반복하였다 하더라도 이를 포괄하여 일죄로 볼 수는 없다(대판 2002.7.23. 2001도6281).

[❸ ▸ ×] 부정한 이익을 얻거나 기업에 손해를 가할 목적으로 그 기업에 유용한 영업비밀이 담겨 있는 타인의 재물을 절취한 후 그 영업비밀을 사용하는 경우, 영업비밀의 부정사용행위는 새로운 법익의 침해로 보아야 하므로 위와 같은 부정사용행위가 절도범행의 불가벌적 사후행위가 되는 것은 아니다(대판 2008.9.11. 2008도5364).

[❹ ▸ ○] 대판 2012.5.10. 2011도12131

답 ❹

464 □□□

포괄일죄에 대한 설명으로 옳은 것은?(다툼이 있는 경우 판례에 의함) 21 국가9급

① 수인의 피해자에 대하여 각 피해자별로 기망행위를 하여 각각 재물을 편취한 경우에도 그 범의가 단일하고 범행방법이 동일한 경우에는 사기죄의 포괄일죄가 성립한다.
② 동일한 저작권자의 여러 개의 저작물에 대한 침해행위가 단일하고 동일한 범의 아래 행하여졌다면 저작권법 위반의 포괄일죄가 성립한다.
③ 폭력행위 등 처벌에 관한 법률 제4조 제1항에서는 그 법에 규정된 범죄행위를 목적으로 하는 단체를 구성하거나 이에 가입하는 행위 또는 구성원으로 활동하는 행위를 처벌하도록 규정하고 있으므로, 범죄단체를 구성하거나 이에 가입한 자가 나아가 구성원으로 활동하는 경우에는 폭력행위 등 처벌에 관한 법률 위반의 포괄일죄가 성립한다.
④ 비의료인이 의료기관을 개설하여 운영하는 도중 개설자 명의를 다른 의료인으로 변경한 경우에는 그 범의가 단일하고 범행방법이 종전과 동일하므로 의료법 위반의 포괄일죄가 성립한다.

정선 핵심

① 단일한 범의하에 동일한 방법으로 수인의 피해자에 대하여 각 피해자별로 기망행위를 하여 재물을 편취한 경우
→ 사기죄의 실체적 경합 O
② 저작재산권 침해행위의 죄수
→ 동일한 저작권자의 여러 개의 저작물에 대한 침해행위가 있는 경우 : 저작권법위반죄의 실체적 경합 O
→ 단일하고도 계속된 범의 아래 동일한 저작물에 대한 침해행위가 일정기간 반복하여 행하여진 경우 : 저작권법위반죄의 포괄일죄 O
③ 범죄단체를 구성·가입한 자가 구성원으로 활동 → 폭처법위반죄의 포괄일죄 O
④ 비의료인이 개설자 명의를 다른 의료인으로 변경한 경우 → 개설자 명의별로 성립한 범죄의 실체적 경합 O

정선 해설

[❶ ▸ X] 사기죄에 있어서 수인의 피해자에 대하여 각 피해자별로 기망행위를 하여 각각 재물을 편취한 경우에 그 범의가 단일하고 범행방법이 동일하다고 하더라도 포괄일죄가 성립하는 것이 아니라 피해자별로 1개씩의 죄가 성립하는 것으로 보아야 한다(대판 2013.1.24. 2012도10629).

[❷ ▸ X] 저작재산권 침해행위는 저작권자가 같더라도 저작물별로 침해되는 법익이 다르므로, 각각의 저작물에 대한 침해행위는 원칙적으로 각 별개의 죄를 구성한다. 다만 단일하고도 계속된 범의 아래 동일한 저작물에 대한 침해행위가 일정기간 반복하여 행하여진 경우에는 포괄하여 하나의 범죄가 성립한다고 볼 수 있다(대판 2012.5.10. 2011도12131).

[❸ ▸ O] 대판 2015.9.10. 2015도7081

[❹ ▸ X] 비의료인이 의료기관을 개설하여 운영하는 도중 개설자 명의를 다른 의료인 등으로 변경한 경우에는 그 범의가 단일하다거나 범행방법이 종전과 동일하다고 보기 어렵다. 따라서 개설자 명의별로 별개의 범죄가 성립하고 각 죄는 실체적 경합범의 관계에 있다고 보아야 한다(대판 2018.11.29. 2018도10779).

답 ❸

465 □□□

죄수에 대한 설명으로 옳지 않은 것은?(다툼이 있는 경우 판례에 의함) 18 국가7급

① 공무원 甲이 A를 기망하여 그로부터 뇌물을 수수한 경우 수뢰죄와 사기죄가 모두 성립하고 양 죄는 상상적 경합관계에 있다.

② 경찰공무원이 지명수배 중인 범인을 발견하고도 직무상 의무에 따른 적절한 조치를 취하지 아니하고 오히려 범인을 도피하게 한 경우 범인도피죄와 직무유기죄가 모두 성립하고 양 죄는 실체적 경합관계에 있다.

③ 전기통신금융사기(이른바 보이스피싱범죄)의 범인이 피해자를 기망하여 피해자의 자금을 사기이용계좌로 송금·이체 받으면 사기죄는 기수에 이르고, 그 후 사기범행에 이용되리라는 사정을 알고서 자신 명의 계좌의 접근매체를 양도함으로써 사기범행을 방조한 종범이 사기이용계좌로 송금된 피해자의 자금을 임의로 인출한 경우 별도의 횡령죄는 성립하지 않는다.

④ 여러 개의 위탁관계에 의하여 보관하던 여러 개의 재물을 1개의 행위에 의하여 횡령한 경우 위탁관계별로 수개의 횡령죄가 성립하고, 그 사이에는 상상적 경합관계에 있다.

정선 핵심

① 공무원이 공여자를 기망하여 뇌물을 수수한 경우 → 수뢰죄와 사기죄의 상상적 경합 ○
② 경찰공무원이 지명수배 중인 범인에 대한 적절한 조치 없이 오히려 도피하게 한 경우 → 범인도피죄 ○
③ 사기범행에 이용될 것을 알고서 자신계좌의 접근매체를 양도한 종범이 송금된 피해자의 자금을 임의로 인출한 경우 → 횡령죄 ×
④ 여러 개의 위탁관계에 의한 재물을 1개의 행위에 의하여 횡령한 경우 → 횡령죄의 상상적 경합 ○

정선 해설

[❶ ▸ ○] 대판 2015.10.29. 2015도12838

[❷ ▸ ×] 피고인이 검사로부터 범인을 검거하라는 지시를 받고서도 그 직무상의 의무에 따른 적절한 조치를 취하지 아니하고 오히려 범인에게 전화로 도피하라고 권유하여 그를 도피케 하였다는 범죄사실만으로는 직무위배의 위법상태가 범인도피행위 속에 포함되어 있는 것으로 보아야 할 것이므로, 이와 같은 경우에는 작위범인 범인도피죄만이 성립하고 부작위범인 직무유기죄는 따로 성립하지 아니한다(대판 1996.5.10. 96도51).

[❸ ▸ ○] 대판 2017.5.31. 2017도3894

[❹ ▸ ○] 여러 개의 위탁관계에 의하여 보관하던 여러 개의 재물을 1개의 행위에 의하여 횡령한 경우 위탁관계별로 수개의 횡령죄가 성립하고, 그 사이에는 상상적 경합의 관계가 있는 것으로 보아야 한다(대판 2013.10.31. 2013도10020).

답 ❷

제1장 제2장 제3장

466 □□□

죄수에 관한 다음 설명 중 옳은 것(○)과 틀린 것(×)을 올바르게 조합한 것은?(다툼이 있으면 판례에 의함) 13 경찰승진

ㄱ. 상상적 경합은 1개의 행위가 실질적으로 수개의 구성요건을 충족하는 경우를 말하고, 법조경합은 1개의 행위가 외관상 수개의 죄의 구성요건에 해당하는 것처럼 보이나 실질적으로 1죄만을 구성하는 경우를 말하며, 실질적으로 1죄인가 수죄인가는 보호법익과는 관계없이 구성요건적 평가의 측면을 고찰하여 판단하여야 한다.

ㄴ. 상습성이 있는 자가 같은 종류의 죄를 반복하여 저질렀다 하더라도 상습범을 별도의 범죄유형으로 처벌하는 규정이 없는 한, 각 죄는 원칙적으로 별개의 범죄로서 경합범으로 처단하여야 한다.

ㄷ. 단일하고 계속된 범의 아래 같은 장소에서 반복하여 여러 사람으로부터 계 불입금을 편취한 경우, 피해자의 수에 관계없이 사기죄의 포괄일죄가 성립한다.

ㄹ. 피고인이 여관에서 종업원을 칼로 찔러 상해를 가하고 객실로 끌고 들어가는 등 폭행·협박을 하고 있던 중, 마침 다른 방에서 나오던 여관의 주인도 같은 방에 밀어 넣은 후, 주인으로부터 금품을 강취하고 1층 안내실에서 종업원 소유의 현금을 꺼내 갔다면, 여관종업원과 주인에 대한 각 강도행위는 실체적 경합범의 관계에 있다.

① ㄱ(○) ㄴ(×) ㄷ(×) ㄹ(○)
② ㄱ(○) ㄴ(○) ㄷ(○) ㄹ(×)
③ ㄱ(×) ㄴ(○) ㄷ(×) ㄹ(○)
④ ㄱ(×) ㄴ(○) ㄷ(×) ㄹ(×)

정선 핵심

ㄱ. 법조경합과 상상적 경합
 → 법조경합의 의의 : 1개의 행위가 외관상 수개의 죄의 구성요건에 해당하는 것처럼 보이나 실질적으로 1죄만 구성하는 경우
 → 상상적 경합의 의의 : 1개의 행위가 실질적으로 수개의 구성요건을 충족하는 경우
 → 죄수의 결정 : 구성요건적 평가와 보호법익의 측면에서 판단

ㄴ. 상습범이 같은 종류의 죄를 반복하여 저지른 경우 → 각 죄는 원칙적으로 실체적 경합 ○

ㄷ. 단일하고 계속된 범의 아래 여러 사람으로부터 계 불입금을 편취한 경우 → 사기죄의 상상적 경합 ○

ㄹ. 여관종업원과 주인에 대해 각 강도행위를 한 경우 → 각 강도행위 상상적 경합 ○

정선 해설

[ㄱ ▸ ×] 상상적 경합은 1개의 행위가 실질적으로 수개의 구성요건을 충족하는 경우를 말하고, 법조경합은 1개의 행위가 외관상 수개의 죄의 구성요건에 해당하는 것처럼 보이나 실질적으로 1죄만을 구성하는 경우를 말하며, 실질적으로 1죄인가 또는 수죄인가는 구성요건적 평가와 보호법익의 측면에서 고찰하여 판단하여야 한다(대판 2000.7.7. 2000도1899).

[ㄴ ▸ ○] 대판 2012.5.10. 2011도12131

[ㄷ ▸ ×] 단일하고 계속된 범의 아래 같은 장소에서 반복하여 여러 사람으로부터 계불입금을 편취한 소위는 피해자별로 포괄하여 1개의 사기죄가 성립하고 이들 포괄일죄 상호 간은 상상적 경합관계에 있다고 볼 것이다(대판 1990.1.25. 89도252).

비교판례 **대판 2010.4.29. 2010도2810**

다수의 계(契)를 조직하여 수인의 계원들을 개별적으로 기망하여 계불입금을 편취한 사안에서, 각 피해자별로 독립하여 사기죄가 성립하고 그 사기죄 상호 간은 실체적 경합범관계에 있다.

[ㄹ ▸ ×] 피고인이 여관에서 종업원을 칼로 찔러 상해를 가하고 객실로 끌고 들어가는 등 폭행·협박을 하고 있던 중, 마침 다른 방에서 나오던 여관의 주인도 같은 방에 밀어 넣은 후, 주인으로부터 금품을 강취하고, 1층 안내실에서 종업원 소유의 현금을 꺼내 갔다면, 여관 종업원과 주인에 대한 각 강도행위가 각별로 강도죄를 구성하되 피고인이 피해자인 종업원과 주인을 폭행·협박한 행위는 법률상 1개의 행위로 평가되는 것이 상당하므로 위 2죄는 상상적 경합범관계에 있다고 할 것이다(대판 1991.6.25. 91도643).

비교판례 대판 1991.6.25. 91도643

강도가 여관에 들어가 안내실에 있던 여관의 관리인을 칼로 찔러 상해를 가하고 그로부터 금품을 강취한 다음, 각 객실에 들어가 각 투숙객들로부터 금품을 강취한 행위가 피해자 별로 강도상해죄 및 강도죄의 실체적 경합범이 된다.

답 ❹

467 □□□

죄수관계에 관한 설명 중 적절한 것을 모두 고른 것은?(다툼이 있는 경우 판례에 의함)

17 경찰승진

ㄱ. 채권자들에 의한 복수의 강제집행이 예상되는 경우 재산을 은닉 또는 허위양도함으로써 채권자들을 해하였다면 채권자 별로 각각 강제집행면탈죄가 성립하고, 상호 상상적 경합범의 관계에 있다.
ㄴ. 타인의 사무를 처리하는 자가 여러 사람으로부터 각각 같은 종류의 부정한 청탁을 받고 그들로부터 각각 금품을 수수한 경우, 이는 단일하고 계속된 범의 아래 이루어진 것이고 그 피해법익도 동일하므로 포괄일죄로 보아야 한다.
ㄷ. 甲이 A주식회사로부터 렌탈(임대차)하여 컴퓨터 본체, 모니터 등을 받아 보관하였고, B주식회사로부터 리스(임대차)하여 컴퓨터 본체, 모니터, 그래픽카드, 마우스 등을 보관하다가, 같은 날 성명불상의 업체에 한꺼번에 처분하여 횡령한 경우, 피해자들에 대한 각 횡령죄는 상상적 경합관계에 있다.
ㄹ. 경찰서 생활질서계에 근무하는 피고인 甲이 피고인 乙로부터 뇌물을 수수하면서, 피고인 乙의 자녀 명의 은행 계좌에 관한 현금카드를 받은 뒤 피고인 乙이 위 계좌에 돈을 입금하면 피고인 甲이 현금카드로 돈을 인출하는 방법으로 범죄수익의 취득에 관한 사실을 가장한 경우, '범죄수익은닉의 규제 및 처벌 등에 관한 법률'위반죄와 '특정범죄 가중처벌 등에 관한 법률'위반(뇌물)죄가 성립하고 두 죄가 상상적 경합범관계에 있다.

① ㄱ, ㄴ　　② ㄱ, ㄷ
③ ㄱ, ㄹ　　④ ㄴ, ㄹ

정선 핵심

ㄱ. 복수의 강제집행이 예상되는 재산을 은닉·허위양도한 경우 → 강제집행면탈죄의 상상적 경합 ○
ㄴ. 타인의 사무를 처리하는 자가 여러 사람으로부터 부정한 청탁을 받고 금품을 수수한 경우 → 배임수재죄의 실체적 경합 ○
ㄷ. 여러 개의 위탁관계에 의한 재물을 1개의 행위에 의하여 횡령한 경우 → 횡령죄의 상상적 경합 ○
ㄹ. 경찰서 생활질서계에 근무하는 경찰관이 뇌물을 수수하면서, 공여자의 현금카드로 입금된 돈을 인출하는 방법으로 범죄수익의 취득에 관한 사실을 가장한 경우 → 범죄수익은닉규제법위반죄와 특가법위반(뇌물)죄의 실체적 경합 ○

정선 해설

[ㄱ ▸ O] 대판 2011.12.8. 2010도4129

[ㄴ ▸ X] 판례의 취지를 고려하면, 여러 사람으로부터 각각 같은 종류의 부정한 청탁을 받고 그들로부터 각각 금품을 수수한 경우, 배임수재죄의 실체적 경합이 성립한다.

> 타인의 사무를 처리하는 자가 동일인으로부터 그 직무에 관하여 부정한 청탁을 받고 여러 차례에 걸쳐 금품을 수수한 경우, 그것이 단일하고도 계속된 범의 아래 일정기간 반복하여 이루어진 것이고 그 피해법익도 동일한 때에는 이를 포괄일죄로 보아야 한다. 다만, 여러 사람으로부터 각각 부정한 청탁을 받고 그들로부터 각각 금품을 수수한 경우에는 비록 그 청탁이 동종의 것이라고 하더라도 단일하고 계속된 범의 아래 이루어진 범행으로 보기 어려워 그 전체를 포괄일죄로 볼 수 없다(대판 2008.12.11. 2008도6987).

[ㄷ ▸ O] 여러 개의 위탁관계에 의하여 보관하던 여러 개의 재물을 1개의 행위에 의하여 횡령한 경우 위탁관계별로 수개의 횡령죄가 성립하고, 그 사이에는 상상적 경합의 관계가 있는 것으로 보아야 한다(대판 2013.10.31. 2013도10020).

[ㄹ ▸ X] 피고인 甲에게 범죄수익은닉의 규제 및 처벌 등에 관한 법률위반죄와 특정범죄 가중처벌 등에 관한 법률 위반(뇌물)죄가 성립하고 두 죄가 실체적 경합범관계에 있다(대판 2012.9.27. 2012도6079).

답 ❷

468 □□□

죄수에 대한 설명으로 옳지 않은 것은?(다툼이 있으면 판례에 의함) 16 국가9급

① 계속적으로 무면허운전을 할 의사를 가지고 여러 날에 걸쳐 무면허운전행위를 반복한 경우 도로교통법위반죄의 포괄일죄로 볼 수 없다.

② 피해자를 위협하여 항거 불능케 한 후 1회 간음하고 2백 미터쯤 오다가 다시 1회 간음한 경우 강간죄의 단순일죄가 성립한다.

③ 절도범이 체포 면탈의 목적으로 경찰관에게 폭행을 가한 경우 준강도죄와 공무집행방해죄의 상상적 경합이 성립한다.

④ 동일한 기회에 동일한 범죄의 태양으로 수회에 걸친 예금인출행위로 수인의 피해자에 대해 업무상횡령행위를 행한 경우 업무상횡령죄의 포괄일죄가 성립한다.

정선 핵심

① 수차례 무면허운전행위를 반복한 경우 → 무면허운전으로 인한 각 도로교통법위반죄의 실체적 경합 O
② 피해자를 항거 불능케 한 후 1회 간음하고 2백 미터쯤 오다가 다시 간음한 경우 → 강간죄의 단순일죄 O
③ 준강도죄와 공무집행방해죄 → 상상적 경합 O
④ 동일한 기회에 동일한 범죄의 태양으로 수회에 걸친 예금인출행위로 수인의 피해자에 대해 업무상횡령행위를 행한 경우 → 업무상횡령죄의 실체적 경합 O

정선 해설

[❶ ▸ O] 대판 2002.7.23. 2001도6281

[❷ ▸ O] 피해자를 위협하여 항거 불능케 한 후 1회 간음하고 2백 미터쯤 오다가 다시 1회 간음한 경우에 있어 피고인의 의사 및 그 범행시각과 장소로 보아 두 번째의 간음행위는 처음 한 행위의 계속으로 볼 수 있어 이를 단순일죄로 처단한 것은 정당하다(대판 1970.9.29. 70도1516).

[❸ ▸ O] 대판 1992.7.28. 92도917

[❹ ▸ X] 수개의 업무상횡령 행위라 하더라도 피해법익이 단일하고, 범죄의 태양이 동일하며, 단일 범의의 발현에 기인하는 일련의 행위로 인정되는 경우는 포괄하여 1개의 범죄라고 할 것이지만, 피해자가 수인인 경우는 피해법익이 단일하다고 할 수 없으므로 포괄일죄의 성립을 인정하기 어렵다(대판 2011.2.24. 2010도13801).

답 ❹

469 □□□

다음 설명 중 가장 옳지 않은 것은? 20 법원9급

① 동일한 공무를 집행하는 여럿의 공무원에 대하여 폭행, 협박행위를 한 경우에는 공무를 집행하는 공무원의 수에 따라 여럿의 공무집행방해죄가 성립하고, 위와 같은 폭행, 협박행위가 동일한 장소에서 동일한 기회에 이루어진 것으로서 사회관념상 1개의 행위로 평가되는 경우에는 여럿의 공무집행방해죄는 상상적 경합의 관계에 있다.

② 음주로 인한 특정범죄 가중처벌 등에 관한 법률 위반(위험운전치사상)죄와 도로교통법 위반(음주운전)죄는 입법취지와 보호법익 및 적용영역을 달리하는 별개의 범죄이므로, 1개의 행위에 관하여 양 죄의 각 구성요건이 모두 구비된 때에는 서로 법조경합의 관계로 볼 것이 아니라 상상적 경합관계로 봄이 상당하다.

③ 공무원인 의사가 공무소의 명의로 허위진단서를 작성한 경우에는 허위공문서작성죄만이 성립하고 허위진단서작성죄는 별도로 성립하지 않는다.

④ 강도가 한 개의 강도범행을 하는 기회에 수명의 피해자에게 각 폭행을 가하여 각 상해를 입힌 경우에는 각 피해자별로 수개의 강도상해죄가 성립하고 이들은 실체적 경합범의 관계에 있다.

정선 핵심

① 1개의 행위로 여럿의 공무원에 대한 폭행·협박을 한 경우 → 공무집행방해죄의 상상적 경합 O
② 음주로 인한 특가법위반(위험운전치사상)죄와 도로교통법위반(음주운전)죄 → 실체적 경합 O
③ 공무원인 의사가 허위진단서를 작성한 경우 → 허위공문서작성죄 O
④ 강도가 한 개의 강도범행을 하는 기회에 수명의 피해자에게 폭행을 가하여 상해를 입힌 경우 → 강도상해죄의 실체적 경합 O

정선 해설

[❶ ▸ O] 대판 2009.6.25. 2009도3505

[❷ ▸ ×] 음주로 인한 특정범죄 가중처벌 등에 관한 법률 위반(위험운전치사상)죄와 도로교통법 위반(음주운전)죄는 입법취지와 보호법익 및 적용영역을 달리하는 별개의 범죄이므로, 양 죄가 모두 성립하는 경우 두 죄는 실체적 경합관계에 있다(대판 2008.11.13. 2008도7143).

> **비교판례** **대판 2007.7.26. 2007도4404**
>
> 음주상태로 자동차를 운전하다가 제1차 사고를 내고 그대로 진행하여 제2차 사고를 낸 후 음주측정을 받아 도로교통법 위반(음주운전)죄로 약식명령을 받아 확정되었는데, 그 후 제1차 사고 당시의 음주운전으로 기소된 경우 위 공소사실이 약식명령이 확정된 도로교통법 위반(음주운전)죄와 포괄일죄 관계에 있다.

[❸ ▸ O] 대판 2004.4.9. 2003도7762

[❹ ▸ O] 강도가 한 개의 강도범행을 하는 기회에 수명의 피해자에게 각 폭행을 가하여 각 상해를 입힌 경우에는 각 피해자별로 수개의 강도상해죄가 성립하며 이들은 실체적 경합범의 관계에 있다(대판 1987.5.26. 87도527).

답 ❷

470 □□□

죄수에 대한 설명으로 옳지 않은 것은?(다툼이 있는 경우 판례에 의함) 19 국가9급

① 절도범이 체포를 면탈할 목적으로 자신을 체포하려는 여러 명의 피해자에게 같은 기회에 폭행을 가하여 그중 1인에게만 상해를 가하였다면 하나의 강도상해죄가 성립한다.

② 절도범으로부터 장물보관 의뢰를 받은 자가 그 정을 알면서 장물을 인도받아 보관하고 있다가 임의 처분한 때에는 장물보관죄가 성립하고 그 후의 횡령행위에 대해서는 횡령죄가 성립하지 않는다.

③ 피해자 명의의 신용카드를 부정사용하여 현금자동인출기에서 현금을 인출하고 이를 취득하였다면 신용카드부정사용죄와 절도죄가 성립하고 양 죄는 실체적 경합관계에 있다.

④ 공무원이 직무관련자에게 제3자와 계약을 체결하도록 요구하여 계약을 체결하게 한 행위가 제3자뇌물수수죄와 직권남용권리행사방해죄에 모두 해당하는 경우 양 죄는 실체적 경합관계에 있다.

정선 핵심

① 절도범이 체포를 면탈할 목적으로 여러 명의 피해자에게 폭행을 가하여 1인에게만 상해를 가한 경우 → 강도상해죄의 포괄일죄 O

② 장물보관 중 임의처분한 경우 → 장물보관죄 외에 횡령죄 ×

③ 신용카드부정사용죄와 절도죄 → 실체적 경합 O

④ 제3자뇌물수수죄와 직권남용권리행사방해죄 → 상상적 경합 O

정선 해설

[❶ ▸ O] 대판 2001.8.21. 2001도3447

[❷ ▸ O] 절도범인으로부터 장물보관의뢰를 받은 자가 그 정을 알면서 이를 인도받아 보관하고 있다가 임의처분하였다 하여도 장물보관죄가 성립되는 때에는 이미 그 소유자의 소유물추구권을 침해하였으므로 그 후의 횡령행위는 불가벌적 사후행위에 불과하여 별도로 횡령죄가 성립하지 않는다(대판 1976.11.23. 76도3067).

[❸ ▸ O] 대판 1995.7.28. 95도997

[❹ ▸ ×] 공무원이 직무관련자에게 제3자와 계약을 체결하도록 요구하여 계약체결을 하게 한 행위가 제3자뇌물수수죄의 구성요건과 직권남용권리행사방해죄의 구성요건에 모두 해당하는 경우에는, 제3자뇌물수수죄와 직권남용권리행사방해죄가 각각 성립하되, 이는 사회 관념상 하나의 행위가 수개의 죄에 해당하는 경우이므로 두 죄는 형법 제40조의 상상적 경합관계에 있다(대판 2017.3.15. 2016도19659).

답 ❹

471 □□□

실체적 경합관계가 인정되는 것을 모두 고른 것은?(다툼이 있으면 판례에 의함)

15 사시

ㄱ. 금전소비대차계약서의 주채무자와 연대보증인의 명의를 연명으로 위조한 경우
ㄴ. 절도가 주인집의 방 안에서 재물을 절취하고 그 무렵 세 들어 사는 사람의 방 안에서 재물을 절취한 경우
ㄷ. 종중으로부터 명의신탁을 받아 보관 중이던 토지를 임의로 매각하여 이를 횡령한 후 그 매각대금을 이용하여 다른 토지를 취득하였다가 이를 제3자에게 담보로 제공한 경우
ㄹ. 승용차를 절취한 후 자동차등록번호판을 떼어 낸 경우
ㅁ. 감금행위가 단순히 강도상해범행의 수단이 되는 데 그치지 아니하고 강도상해의 범행이 끝난 뒤에도 계속된 경우

① ㄱ, ㄴ, ㄷ ② ㄱ, ㄹ, ㅁ
③ ㄴ, ㄹ, ㅁ ④ ㄱ, ㄴ, ㄷ, ㅁ
⑤ ㄴ, ㄷ, ㄹ, ㅁ

정선 핵심

실체적 경합의 인정 여부

ㄱ. 금전소비대차계약서의 주채무자와 연대보증인의 명의를 연명으로 위조한 경우 → 수개의 문서위조죄의 상상적 경합 ○
ㄴ. 집주인의 재물을 절취하고 이어 임차인의 재물을 절취한 경우 → 절도죄의 실체적 경합 ○
ㄷ. 명의신탁목적물인 토지를 매각하여 횡령한 후 그 매각대금을 이용하여 다른 토지를 취득하였다가 제3자에게 담보로 제공한 경우 → 별개의 횡령죄 ×
ㄹ. 자동차를 절취한 자가 자동차등록판을 떼어 낸 경우 → 절도죄와 자동차관리법위반죄의 실체적 경합 ○
ㅁ. 감금죄와 강도상해죄 → 실체적 경합 ○

정선 해설

[ㄱ ▸ ×] 문서에 2인 이상의 작성명의인이 있을 때에는 각 명의자 마다 1개의 문서가 성립되므로 2인 이상의 연명으로 된 문서를 위조한 때에는 작성명의인의 수대로 수개의 문서위조죄가 성립하고 또 그 연명문서를 위조하는 행위는 자연적 관찰이나 사회통념상 하나의 행위라 할 것이어서 위 수개의 문서위조죄는 형법 제40조가 규정하는 상상적 경합범에 해당한다(대판 1987.7.21. 87도564).

[ㄴ ▸ O] 대판 1989.8.8. 89도664

[ㄷ ▸ ×] 피고인이 명의신탁받아 보관 중이던 토지를 임의로 매각하여 이를 횡령한 경우에 그 매각대금을 이용하여 다른 토지를 취득하였다가 이를 제3자에게 담보로 제공하였다고 하더라도 이는 횡령한 물건을 처분한 대가로 취득한 물건을 이용한 것에 불과할 뿐이어서 명의신탁 토지에 대한 횡령죄와 별개의 횡령죄를 구성하지 않는다(대판 2006.10.13. 2006도4034).

[ㄹ ▸ O] 대판 2007.9.6. 2007도4739

[ㅁ ▸ O] 대판 2003.1.10. 2002도4380

답 ③

472 □□□

죄수에 대한 설명으로 옳지 않은 것은?(다툼이 있는 경우 판례에 의함) 16 국가7급

① 수수한 메스암페타민을 장소를 이동하여 투약하고서 잔량을 은닉하는 방법으로 소지한 경우 구 향정신성의약품관리법의 향정신성의약품수수죄 외에 별도로 그 소지죄가 성립한다.

② 1개의 행위에 관하여 사기죄와 업무상배임죄의 각 구성요건이 모두 구비된 경우 양 죄는 상상적 경합관계에 있다.

③ 물품을 수입하는 무역업자가 그 물품을 같은 해에 3차례에 걸쳐 수입하면서 그때마다 과세가격 또는 관세율을 허위로 신고하여 관세를 포탈하였다면 포괄하여 1개의 관세포탈죄를 구성한다.

④ 강도범이 체포를 면탈할 목적으로 경찰관에게 폭행을 가한 경우 강도죄와 공무집행방해죄는 실체적 경합관계에 있다.

정선 핵심

① 수수한 메스암페타민을 투약하고서 잔량을 은닉하여 소지한 경우 → 향정신성의약품수수죄 외에 별도로 소지죄 O

② 신용협동조합의 전무가 담당직원을 기망하여 금원을 교부받은 경우 → 사기죄와 업무상배임죄의 상상적 경합 O

③ 무역업자가 3차례에 걸쳐 과세가격 또는 관세율을 허위로 신고하여 관세를 포탈한 경우 → 관세포탈죄의 실체적 경합 O

④ 강도죄와 공무집행방해죄 → 실체적 경합 O

정선 해설

[❶ ▸ O] 대판 2011.2.10. 2010도16742

[❷ ▸ O] 1개의 행위에 관하여 사기죄와 업무상배임죄의 각 구성요건이 모두 구비된 때에는 양 죄를 법조경합관계로 볼 것이 아니라 상상적 경합관계로 봄이 상당하다 할 것이고, 나아가 업무상배임죄가 아닌 단순배임죄라고 하여 양 죄의 관계를 달리 보아야 할 이유도 없다(대판 2002.7.18. 2002도669[전합]).

[❸ ▸ ×] 관세포탈죄는 수입물품에 대한 정당한 관세의 확보를 그 보호법익으로 하는 것이므로, 수입물품의 수입신고를 하면서 과세가격 또는 관세율 등을 허위로 신고하여 수입하는 경우에는 그 수입신고시마다 당해 수입물품에 대한 정당한 관세의 확보라는 법익이 침해되어 별도로 구성요건이 충족되는 것이므로 각각의 허위수입신고시마다 1개의 죄가 성립한다(대판 2000.11.10. 99도782).

[❹ ▸ O] 대판 1992.7.28. 92도917

답 ❸

473 □□□

다음 설명 중 가장 적절하지 않은 것은?(다툼이 있는 경우 판례에 의함) 13 경찰채용

① 강도가 강도범행을 하는 기회에 수 명의 피해자에게 각 폭행을 가하여 각 상해를 입힌 경우에는 각 피해자별로 수개의 강도상해죄가 성립하며 이들은 실체적 경합범의 관계에 있다.
② 포괄일죄로 되는 개개의 범죄행위가 다른 종류의 죄의 확정판결의 전후에 걸쳐서 행하여진 경우에는 그 죄는 2죄로 분리되지 않고 확정판결 후인 최종의 범죄행위 시에 완성되는 것이다.
③ 2개의 인터넷 파일공유 사이트를 운영하는 피고인들이 이를 통해 저작재산권 대상인 디지털 콘텐츠가 불법 유통되고 있음을 알면서도 회원들로 하여금 불법 디지털 콘텐츠를 업로드하게 한 후 이를 다운로드하게 함으로써 저작재산권 침해를 방조한 경우 위 사이트를 통해 유통된 다수 저작권자의 다수 저작물에 대한 범행 전체가 하나의 포괄일죄를 구성한다.
④ 위조통화를 행사하여 재물을 불법영득한 때에는 위조통화행사죄와 사기죄의 양 죄가 성립된다.

정선 핵심

① 강도가 한 개의 강도범행을 하는 기회에 수명의 피해자에게 폭행을 가하여 상해를 입힌 경우 → 강도상해죄의 실체적 경합 O
② 포괄일죄의 중간에 다른 종류의 확정판결이 끼어 있는 경우 → 2개의 죄로 분리되지 않고 최종의 범죄행위 시에 완성
③ 저작재산권 침해행위의 죄수
  → 디지털 콘텐츠에 대한 저작재산권 침해를 방조한 경우 : 저작권법위반방조죄의 실체적 경합 O
  → 동일한 저작물에 대한 수회의 침해행위를 각 방조한 경우 : 각 방조죄의 포괄일죄 O
④ 위조통화행사죄와 사기죄 → 실체적 경합 O

정선 해설

[❶ ▸ O] 강도가 한 개의 강도범행을 하는 기회에 수명의 피해자에게 각 폭행을 가하여 각 상해를 입힌 경우에는 각 피해자별로 수개의 강도상해죄가 성립하며 이들은 실체적 경합범의 관계에 있다(대판 1987.5.26. 87도527).
[❷ ▸ O] 대판 2003.8.22. 2002도5341
[❸ ▸ X] 피고인들에게 '영리목적의 상습성'이 인정된다고 하더라도 이는 고소 없이도 처벌할 수 있는 근거가 될 뿐 피고인들의 각 방조행위는 원칙적으로 서로 경합범관계에 있고, 다만 동일한 저작물에 대한 수회의 침해행위에 대한 각 방조행위가 포괄하여 하나의 범죄가 성립할 여지가 있을 뿐이다(대판 2012.5.10. 2011도12131).
[❹ ▸ O] 대판 1979.7.10. 79도840

답 ❸

474 □□□ 죄수에 대한 설명 중 가장 옳지 않은 것은?(다툼이 있는 경우 판례에 의함) 19 경찰간부

① 1개의 행위에 관하여 사기죄와 업무상배임죄의 각 구성요건이 모두 구비된 경우 양 죄는 상상적 경합관계에 있다.

② 강도범이 체포를 면탈할 목적으로 경찰관에게 폭행을 가한 경우 강도죄와 공무집행방해죄는 실체적 경합관계에 있다.

③ 수수한 메스암페타민을 장소를 이동하여 투약하고서 잔량을 은닉하는 방법으로 소지한 경우 구 향정신성의약품관리법의 향정신성의약품수수죄 외에 별도로 그 소지죄가 성립한다.

④ 물품을 수입하는 무역업자가 그 물품을 같은 해에 3차례에 걸쳐 수입하면서 그때마다 과세가격 또는 관세율을 허위로 신고하여 관세를 포탈하였다면 포괄하여 1개의 관세포탈죄를 구성한다.

정선 핵심

① 신용협동조합의 전무가 담당직원을 기망하여 금원을 교부받은 경우 → 사기죄와 업무상배임죄의 상상적 경합 ○
② 강도죄와 공무집행방해죄 → 실체적 경합 ○
③ 수수한 메스암페타민을 투약하고서 잔량을 은닉하여 소지한 경우 → 향정신성의약품수수죄 외에 별도로 소지죄 ○
④ 무역업자가 3차례에 걸쳐 과세가격 또는 관세율을 허위로 신고하여 관세를 포탈한 경우 → 관세포탈죄의 실체적 경합 ○

정선 해설

[❶ ▸ O] 대판 2002.7.18. 2002도669[전합]
[❷ ▸ O] 대판 1992.7.28. 92도917
[❸ ▸ O] 대판 2011.2.10. 2010도16742
[❹ ▸ X] 관세포탈죄는 수입물품에 대한 정당한 관세의 확보를 그 보호법익으로 하는 것이므로, 수입물품의 수입신고를 하면서 과세가격 또는 관세율 등을 허위로 신고하여 수입하는 경우에는 그 수입신고시마다 당해 수입물품에 대한 정당한 관세의 확보라는 법익이 침해되어 별도로 구성요건이 충족되는 것이므로 각각의 허위수입신고시마다 1개의 죄가 성립한다(대판 2000.11.10. 99도782).

관련판례 대판 2000.5.26. 2000도1338

관세법상 무신고수입죄에 있어서는 수입신고 없이 유세품을 수입할 때마다 적법한 통관절차에 의한 관세의 확보라는 법익의 침해가 있다고 할 것이어서 그 위반사실의 구성요건 충족 회수마다 1죄가 성립하는 것이 원칙이므로, 서로 다른 시기에 수회에 걸쳐 이루어진 무신고수입행위는 그 행위의 태양, 수법, 품목 등이 동일하다 하더라도 원칙적으로 별도로 각각 1개의 무신고수입으로 인한 관세법위반죄를 구성한다.

답 ❹

475
□□□

죄수관계에 관한 다음 설명 중 옳지 않은 것은 몇 개인가?(다툼이 있는 경우 판례에 의함)

18 경찰간부

> ㄱ. 범죄피해신고를 받고 출동한 두 명의 경찰관에게 욕설을 하면서 차례로 폭행을 하여 경찰관의 정당한 직무집행을 방해한 경우에는 각 공무집행방해죄는 상상적 경합의 관계에 있다.
> ㄴ. 위조통화를 행사하여 재물을 불법영득한 때에는 위조통화행사죄와 사기죄의 실체적 경합이다.
> ㄷ. 자동차를 절취한 후 자동차등록번호판을 떼어 내는 행위는 절도범행의 불가벌적 사후행위가 되는 것은 아니다.
> ㄹ. 시험을 관리하는 공무원이 타인으로부터 돈을 받고 직무상 지득한 시험 문제를 타인에게 알려준 경우 공무상 비밀누설죄와 수뢰후부정처사죄는 상상적 경합의 관계에 있다.

① 0개
② 1개
③ 2개
④ 3개

정선 핵심

ㄱ. 두 명의 경찰관에게 욕설을 하면서 폭행을 하여 직무집행을 방해한 경우 → 각 공무집행방해죄는 상상적 경합 O
ㄴ. 위조통화행사죄와 사기죄 → 실체적 경합 O
ㄷ. 자동차를 절취한 자가 자동차등록판을 떼어 낸 경우 → 절도죄와 자동차관리법위반죄의 실체적 경합 O
ㄹ. 공무상비밀누설죄와 수뢰후부정처사죄 → 상상적 경합 O

정선 해설

[ㄱ ▸ O] 피해신고를 받고 출동한 두 명의 경찰관에게 욕설을 하면서 순차로 폭행을 하여 신고처리 및 수사업무에 관한 정당한 직무집행을 방해한 경우, 각 공무집행방해죄는 상상적 경합의 관계에 있다(대판 2009.6.25. 2009도3505).

[ㄴ ▸ O] 대판 1979.7.10. 79도840

[ㄷ ▸ O] 대판 2007.9.6. 2007도4739

[ㄹ ▸ O] 피고인이 그 직무상 지득한 구술시험 문제 중에서 소론 사항을 "병"에게 알린 것은 공무상 비밀의 누설인 동시에 형법 제131조 제1항[수뢰후부정처사죄(註)]의 부정한 행위를 한 때에 해당한다(대판 1970.6.30. 70도562).

답 ❶

제1장 제2장 제3장

476 □□□

죄수에 대한 설명으로 옳지 않은 것은?(다툼이 있는 경우 판례에 의함) 17 국가9급

① A와 B가 체포하려고 하자 절도범이 체포를 면탈할 목적으로 A의 얼굴을 팔꿈치로 폭행하고, 발로 B의 정강이를 걷어 차 약 2주간 치료가 필요한 상해를 입힌 경우 포괄하여 하나의 강도상해죄만 성립한다.

② 경찰 A와 B가 甲에 대해 접수된 피해신고를 받고 함께 출동하여 신고처리 및 수사업무를 집행 중이었는데, 甲이 같은 장소에서 욕설을 하면서 A를 폭행하고 곧이어 이를 제지하는 B를 폭행한 경우 하나의 공무집행방해죄만 성립한다.

③ 甲이 집주인 A의 방 안에서 재물을 절취하고 이어 세 들어 사는 B의 방 안에서 재물을 절취한 경우 A에 대한 절도죄와 B에 대한 절도죄의 실체적 경합이다.

④ 甲이 2001.11.23.부터 2002.3.22. 사이에 직계존속을 동일한 폭력습벽의 발현으로 2회 폭행하고 4회 상해를 입힌 경우 하나의 상습존속상해죄가 성립한다.

정선 핵심

① 절도범이 체포를 면탈할 목적으로 여러 명의 피해자에게 폭행을 가하여 1인에게만 상해를 가한 경우 → 강도상해죄의 포괄일죄 O

② 두 명의 경찰관에게 욕설을 하면서 폭행을 하여 직무집행을 방해한 경우 → 각 공무집행방해죄는 상상적 경합 O

③ 집주인의 재물을 절취하고 이어 임차인의 재물을 절취한 경우 → 절도죄의 실체적 경합 O

④ 직계존속인 피해자를 폭행하고, 상해를 가한 것이 동일한 폭력습벽의 발현에 의한 것인 경우 → 상습존속상해죄 O

정선 해설

[❶ ▸ O] 대판 2001.8.21. 2001도3447

[❷ ▸ X] 판례의 취지를 고려하면, 甲이 범한 각 공무집행방해죄는 상상적 경합의 관계에 있다.

> 피해신고를 받고 출동한 두 명의 경찰관에게 욕설을 하면서 순차로 폭행을 하여 신고처리 및 수사업무에 관한 정당한 직무집행을 방해한 경우, 각 공무집행방해죄는 상상적 경합의 관계에 있다(대판 2009.6.25. 2009도3505).

[❸ ▸ O] 절도범이 갑의 집에 침입하여 그 집의 방안에서 그 소유의 재물을 절취하고 그 무렵 그 집에 세 들어 사는 을의 방에 침입하여 재물을 절취하려다 미수에 그쳤다면 위 두 범죄는 그 범행장소와 물품의 관리자를 달리하고 있어서 별개의 범죄를 구성한다(대판 1989.8.8. 89도664).

[❹ ▸ O] 직계존속인 피해자를 폭행하고, 상해를 가한 것이 존속에 대한 동일한 폭력습벽의 발현에 의한 것으로 인정되는 경우, 그중 법정형이 더 중한 상습존속상해죄에 나머지 행위들을 포괄시켜 하나의 죄만이 성립한다(대판 2003.2.28. 2002도7335).

답 ❷

477 □□□

죄수(罪數)에 대한 다음 설명 중 가장 옳지 않은 것은? 17 법원9급

① 동일한 장소에서 동일한 방법으로 시간적으로 접착된 상황에서 권총으로 처와 자식들에게 각기 실탄 1발씩을 순차로 발사하여 살해한 경우 단일하고도 계속된 범의 아래 동종의 범행을 반복하여 행하였으므로 포괄일죄에 해당한다.

② 피해자를 2회 강간하여 상해를 입힌 자가 피해자에게 용서를 구하였으나 피해자가 이에 불응하면서 강간사실을 부모에게 알리겠다고 하자 피해자를 살해하여 범행을 은폐시키기로 마음먹고 목을 졸라 질식 사망케 한 경우 강간치상죄와 살인죄의 경합범이 된다.

③ 형법 제40조의 상상적 경합의 경우 무거운 죄가 친고죄로서 고소가 취소되었다 하더라도 가벼운 죄에 대하여는 아무런 영향을 미치지 않는다.

④ 1개의 기망행위에 의하여 다수의 피해자로부터 각각 재산상 이익을 편취한 경우에는 피해자별로 수개의 사기죄가 성립하고 각 사기죄는 상상적 경합의 관계에 있다.

정선 핵심

① 단일하고도 계속된 범의로 처와 자식들에게 각기 실탄 1발씩을 순차로 발사하여 살해한 경우 → 살인죄의 실체적 경합 ○

② 강간하여 상해를 입힌 자가 강간사실을 부모에게 알리겠다고 하자 피해자를 살해한 경우 → 강간치상죄와 살인죄의 실체적 경합 ○

③ 상상적 경합관계에 있는 친고죄인 무거운 죄의 고소가 취소된 경우 → 가벼운 죄인 감금죄로 처벌 ○

④ 1개의 기망행위에 의하여 다수의 피해자로부터 각각 재산상 이익을 편취한 경우 → 사기죄의 상상적 경합 ○

정선 해설

[❶ ▸ ×] 피고인이 단일한 범의로 동일한 장소에서 동일한 방법으로 시간적으로 접착된 상황에서 처와 자식들을 살해하였다고 하더라도 휴대하고 있던 권총에 실탄 6발을 장전하여 처와 자식들의 머리에 각기 1발씩 순차로 발사하여 살해하였다면, 피해자들의 수에 따라 수개의 살인죄를 구성한다(대판 1991.8.27. 91도1637).

[❷ ▸ ○] 피해자를 2회 강간하여 2주간 치료를 요하는 질입구파열창을 입힌 자가 피해자에게 용서를 구하였으나 피해자가 이에 불응하면서 위 강간사실을 부모에게 알리겠다고 하자 피해자를 살해하여 위 범행을 은폐시키기로 마음먹고 철사줄과 양손으로 피해자의 목을 졸라 질식 사망케 하였다면, 동인의 위와 같은 소위는 강간치상죄와 살인죄의 경합범이 된다(대판 1987.1.20. 86도2360).

[❸ ▸ ○] 대판 1983.4.26. 83도323

[❹ ▸ ○] 대판 2015.4.23. 2014도16980

답 ❶

478 □□□

다음 설명 중 옳은 것은 모두 몇 개인가?(다툼이 있는 경우 판례에 의함) 16 경찰간부

ㄱ. 甲이 백화점에서 A의 신용카드를 제시하고 매출표에 서명하여 교부함으로써 물품을 구입하였다면, 甲에게는 여신전문금융업법위반(신용카드부정사용)죄와 사기죄의 실체적 경합이 성립하고 별도로 사문서 위조 및 동 행사의 죄는 성립하지 않는다.
ㄴ. 피해자에 대한 폭행행위가 동일한 피해자에 대한 업무방해죄의 수단이 된 경우, 업무방해죄가 성립하기 위해서는 일반적으로 사람에 대한 폭행행위를 수반하므로 폭행행위는 업무방해죄의 불가벌적 수반행위에 해당한다.
ㄷ. 특정범죄 가중처벌 등에 관한 법률 제5조의4 제1항에 규정된 상습절도 등 죄를 범한 범인이 그 범행의 수단으로 주거침입을 한 경우에 주거침입죄는 그 목적 여하에 불구하고 그 목적하는 죄와 별도로 성립하기 때문에 상습절도 등 죄와 주거침입죄는 상상적 경합관계에 있다.
ㄹ. 절도범인 甲이 체포를 면탈할 목적으로 체포하려는 A, B, C에게 동일한 기회에 폭행을 가하여 그중 A에게만 상해를 가한 경우, 甲에게는 하나의 강도상해죄만 성립한다.

① 1개 ② 2개
③ 3개 ④ 4개

정선 핵심

ㄱ. 신용카드부정사용죄와 사문서 위조 및 동 행사죄 → 흡수관계 O
ㄴ. 폭행행위가 동일한 피해자에 대한 업무방해죄의 수단이 된 경우 → 폭행행위는 불가벌적 수반행위 ×
ㄷ. 상습절도와 주거침입죄의 죄수
⋯› 상습절도가 야간에 주거침입하여 행하여진 경우 : 주거침입죄 ×
⋯› 상습절도가 주간에 주거침입하여 행하여진 경우 : 상습절도와 주거침입죄는 실체적 경합 O
ㄹ. 절도범이 체포를 면탈할 목적으로 여러 명의 피해자에게 폭행을 가하여 1인에게만 상해를 가한 경우 → 강도상해죄의 포괄일죄 O

정선 해설

[ㄱ ▸ O] 대판 1992.6.9. 92도77

[ㄴ ▸ ×] 피해자에 대한 폭행행위가 동일한 피해자에 대한 업무방해죄의 수단이 되었다고 하더라도 그러한 폭행행위가 이른바 '불가벌적 수반행위'에 해당하여 업무방해죄에 대하여 흡수관계에 있다고 볼 수는 없다(대판 2012.10.11. 2012도1895).

[ㄷ ▸ ×] 판례의 취지를 고려하면, 상습절도가 야간에 주거침입하여 행하여진 경우에는 별도로 주거침입죄는 성립하지 아니하나, 상습절도가 주간에 주거침입하여 행하여진 경우에는 상습절도와 주거침입죄는 실체적 경합관계가 된다는 것으로 정리할 수 있다.

> 상습으로 단순절도를 범한 범인이 상습적인 절도범행의 수단으로 주간(낮)에 주거침입을 한 경우에 주간 주거침입행위의 위법성에 대한 평가가 형법 제332조, 제329조의 구성요건적 평가에 포함되어 있다고 볼 수 없다. 그러므로 형법 제332조에 규정된 상습절도죄를 범한 범인이 범행의 수단으로 주간에 주거침입을 한 경우 주간 주거침입행위는 상습절도죄와 별개로 주거침입죄를 구성한다. 또 형법 제332조에 규정된 상습절도죄를 범한 범인이 그 범행 외에 상습적인 절도의 목적으로 주간에 주거침입을 하였다가 절도에 이르지 아니하고 주거침입에 그친 경우에도 주간 주거침입행위는 상습절도죄와 별개로 주거침입죄를 구성한다(대판 2015.10.15. 2015도8169).

[ㄹ ▸ O] 대판 2001.8.21. 2001도3447

답 ❷

479
□□□

사례와 죄수판단을 연결한 것으로 가장 적절한 것은?(다툼이 있는 경우 판례에 의함)

21 경찰승진

① 계속적으로 무면허운전을 할 의사를 가지고 여러 날에 걸쳐 무면허운전행위를 반복적으로 한 경우 – 도로교통법위반죄의 포괄일죄
② 강도가 체포면탈의 목적으로 경찰관에게 폭행을 가한 경우 – 강도죄와 공무집행방해죄의 상상적 경합
③ 동일한 공무를 집행하는 두 명의 경찰관에 대하여 동일한 장소에서 동일한 기회에 각각 폭행을 가한 경우 – 공무집행방해죄의 포괄일죄
④ 주취상태에서 운전을 하여 사람을 사상하게 함으로써 도로교통법상의 음주운전죄와 특정범죄 가중처벌 등에 관한 법률상의 위험운전치사상죄를 범한 경우 – 도로교통법위반죄와 특정범죄 가중처벌 등에 관한 법률위반죄의 실체적 경합

정선 핵심

① 수차례 무면허운전행위를 반복한 경우 → 무면허운전으로 인한 각 도로교통법위반죄의 실체적 경합 ○
② 강도죄와 공무집행방해죄 → 실체적 경합 ○
③ 두 명의 경찰관에게 욕설을 하면서 폭행을 하여 직무집행을 방해한 경우 → 각 공무집행방해죄는 상상적 경합 ○
④ 음주로 인한 특가법위반(위험운전치사상)죄와 도로교통법위반(음주운전)죄 → 실체적 경합 ○

정선 해설

[❶ ▸ ×] 무면허운전으로 인한 도로교통법위반죄에 있어서는 사회통념상 운전한 날을 기준으로 운전한 날마다 1개의 운전행위가 있다고 보는 것이 상당하므로 운전한 날마다 무면허운전으로 인한 도로교통법 위반의 1죄가 성립한다고 보아야 할 것이고, 비록 계속적으로 무면허운전을 할 의사를 가지고 여러 날에 걸쳐 무면허운전행위를 반복하였다 하더라도 이를 포괄하여 일죄로 볼 수는 없다(대판 2002.7.23. 2001도6281).

[❷ ▸ ×] 강도범인이 체포를 면탈할 목적으로 경찰관에게 폭행을 가한 때에는 강도죄와 공무집행방해죄는 실체적 경합관계에 있다(대판 1992.7.28. 92도917).

[❸ ▸ ×] 피해신고를 받고 출동한 두 명의 경찰관에게 욕설을 하면서 순차로 폭행을 하여 신고처리 및 수사업무에 관한 정당한 직무집행을 방해한 경우, 각 공무집행방해죄는 상상적 경합의 관계에 있다(대판 2009.6.25. 2009도3505).

[❹ ▸ ○] 대판 2008.11.13. 2008도7143

비교판례 **대판 2010.1.14. 2009도10845**

음주 또는 약물의 영향으로 정상적인 운전이 곤란한 상태에서 자동차를 운전하여 사람을 상해에 이르게 함과 동시에 다른 사람의 재물을 손괴한 때에는 특정범죄 가중처벌 등에 관한 법률 위반(위험운전치사상)죄 외에 업무상과실재물손괴로 인한 도로교통법위반죄가 성립하고, 위 두 죄는 1개의 운전행위로 인한 것으로서 상상적 경합관계에 있다.

답 ❹

480 □□□

죄수에 대한 설명으로 옳은 것은?(다툼이 있는 경우 판례에 의함) 21 경찰간부

① 포괄일죄의 관계에 있는 범행의 일부에 대하여 약식명령이 확정된 경우, 그 약식명령 발령 시를 기준으로 그 이전에 이루어진 범행에 대해서는 면소판결을 선고해야 한다.

② 경합범 중 판결을 받지 아니한 죄가 있는 때에는 그 죄와 판결이 확정된 죄를 동시에 판결할 경우와 형평을 고려하여 그 죄에 대하여 형을 선고한다. 이 경우 그 형을 감경 또는 면제한다.

③ 경찰공무원이 지명수배 중인 범인을 발견하고도 직무상 의무에 따른 적절한 조치를 취하지 아니하고 오히려 범인을 도피하게 한 경우, 범인도피죄와 직무유기죄가 모두 성립하고 양 죄는 상상적 경합관계에 있다.

④ 건물제공행위와 성매매알선행위의 경우 성매매알선행위가 건물제공행위의 결과에 해당하고 반대로 건물제공행위는 성매매알선행위에 수반되는 수단으로 볼 수 있으므로 별개의 죄를 구성하지 않고 위 각 행위를 통틀어 법정형이 더 무거운 성매매알선행위의 포괄일죄를 구성한다.

정선 핵심

① 포괄일죄의 일부에 대해 약식명령이 확정된 경우 → 약식명령 발령 시 전의 범행은 면소판결
② 경합범 중 판결을 받지 아니한 죄에 대한 형을 선고할 경우 → 임의적 감면
③ 경찰공무원이 지명수배 중인 범인에 대한 적절한 조치 없이 오히려 도피하게 한 경우 → 범인도피죄 ○
④ 성매매장소제공행위와 성매매알선행위의 경우 → 실체적 경합 ○

정선 해설

[❶ ▸ ○] 대판 1994.8.9. 94도1318
[❷ ▸ ×] 형법 제39조 제1항 참조

> **법령** **판결을 받지 아니한 경합범(형법 제39조)** ① 경합범중 판결을 받지 아니한 죄가 있는 때에는 그 죄와 판결이 확정된 죄를 동시에 판결할 경우와 형평을 고려하여 그 죄에 대하여 형을 선고한다. 이 경우 그 형을 감경 또는 면제할 수 있다.

[❸ ▸ ×] 피고인이 검사로부터 범인을 검거하라는 지시를 받고서도 그 직무상의 의무에 따른 적절한 조치를 취하지 아니하고 오히려 범인에게 전화로 도피하라고 권유하여 그를 도피케 하였다는 범죄사실만으로는 직무위배의 위법상태가 범인도피행위 속에 포함되어 있는 것으로 보아야 할 것이므로, 이와 같은 경우에는 작위범인 범인도피죄만이 성립하고 부작위범인 직무유기죄는 따로 성립하지 아니한다(대판 1996.5.10. 96도51).

[❹ ▸ ×] 성매매장소제공행위와 성매매알선행위의 경우 성매매알선행위가 장소제공행위의 필연적 결과라거나 반대로 장소제공행위가 성매매알선행위에 수반되는 필연적 수단이라고 볼 수도 없으므로 포괄일죄로 볼 수 없다(대판 2020.5.14. 2020도1355).

답 ❶

481 □□□

죄수에 대한 설명으로 가장 적절한 것은?(다툼이 있는 경우 판례에 의함) 17 경찰채용

① 경찰관이 검사로부터 범인을 검거하라는 지시를 받고서도 그 직무상의 의무에 따른 적절한 조치를 취하지 아니하고 오히려 범인에게 전화로 도피하라고 권유하여 그를 도피케 한 경우, 범인도피죄와 직무유기죄의 상상적 경합이다.

② 상습성이 있는 자가 같은 종류의 죄를 반복하여 저질렀다 하더라도 상습범을 별도의 범죄유형으로 처벌하는 규정이 없는 한, 각 죄는 원칙적으로 별개의 범죄로서 경합범으로 처단하여야 한다.

③ 사기의 수단으로 발행한 수표가 지급거절된 경우, 부정수표단속법위반죄와 사기죄는 그 행위의 태양과 보호법익을 달리하므로 상상적 경합범의 관계에 있다.

④ 편취한 약속어음을 그와 같은 사실을 모르는 제3자에게 편취사실을 숨기고 할인 받은 경우, 그 약속어음을 취득한 제3자가 선의이고 약속어음의 발행인이나 배서인이 어음금을 지급할 의사와 능력이 있었다면 제3자에 대한 별도의 사기죄는 성립하지 않는다.

정선 핵심

① 경찰공무원이 지명수배 중인 범인에 대한 적절한 조치 없이 오히려 도피하게 한 경우 → 범인도피죄 ○
② 상습범이 같은 종류의 죄를 반복하여 저지른 경우 → 각 죄는 원칙적으로 실체적 경합 ○
③ 사기죄와 부정수표단속법위반죄 → 실체적 경합 ○
④ 편취한 약속어음을 편취사실을 숨기고 할인 받은 경우 → 별도의 사기죄 ○

정선 해설

[❶ ▸ ×] 피고인이 검사로부터 범인을 검거하라는 지시를 받고서도 그 직무상의 의무에 따른 적절한 조치를 취하지 아니하고 오히려 범인에게 전화로 도피하라고 권유하여 그를 도피케 하였다는 범죄사실만으로는 직무위배의 위법상태가 범인도피행위 속에 포함되어 있는 것으로 보아야 할 것이므로, 이와 같은 경우에는 작위범인 범인도피죄만이 성립하고 부작위범인 직무유기죄는 따로 성립하지 아니한다(대판 1996.5.10. 96도51).

[❷ ▸ O] 대판 2012.5.10. 2011도12131

[❸ ▸ ×] 사기의 수단으로 발행한 수표가 지급거절된 경우 부정수표단속법위반죄와 사기죄는 그 행위의 태양과 보호법익을 달리하므로 실체적 경합범의 관계에 있다(2004.6.25. 2004도1751).

[❹ ▸ ×] 편취한 약속어음을 그와 같은 사실을 모르는 제3자에게 편취사실을 숨기고 할인받는 행위는 당초의 어음 편취와는 별개의 새로운 법익을 침해하는 행위로서 기망행위와 할인금의 교부행위 사이에 상당인과관계가 있어 새로운 사기죄를 구성한다 할 것이고, 설령 그 약속어음을 취득한 제3자가 선의이고 약속어음의 발행인이나 배서인이 어음금을 지급할 의사와 능력이 있었다 하더라도 이러한 사정은 사기죄의 성립에 영향이 없다(대판 2005.9.30. 2005도5236).

답 ❷

제1장 제2장 제3장

안심Touch

482 □□□

죄수에 관한 설명 중 옳지 않은 것은?(다툼이 있는 경우 판례에 의함) 20 변시

① 공무원이 취급하는 사건에 관하여 청탁 또는 알선을 할 의사와 능력이 없음에도 청탁 또는 알선을 한다고 기망하고 금품을 교부받은 경우에는 사기죄와 변호사법위반죄가 성립하고 두 죄는 실체적 경합관계에 있다.
② 본인에 대한 배임행위가 본인 이외의 제3자에 대한 사기죄를 구성한다 하더라도 그로 인하여 본인에게 손해가 생긴 때에는 사기죄와 함께 배임죄가 성립하고 두 죄는 실체적 경합관계에 있다.
③ 강도가 한 개의 강도범행을 하는 기회에 수명의 피해자에게 각 폭행을 가하여 각 상해를 입힌 경우에는 각 피해자별로 수개의 강도상해죄가 성립하며 이들은 실체적 경합관계에 있다.
④ 상습성이 있는 자가 같은 종류의 죄를 반복하여 저질렀다 하더라도 상습범을 별도의 범죄유형으로 처벌하는 규정이 없는 한 각 죄는 원칙적으로 실체적 경합범으로 처단된다.
⑤ 공무원이 직무관련자에게 제3자와 계약을 체결하도록 요구하여 계약체결을 하게 한 행위가 제3자뇌물수수죄와 직권남용권리행사방해죄의 구성요건에 모두 해당하는 경우에는 제3자뇌물수수죄와 직권남용권리행사방해죄가 각각 성립하고 두 죄는 상상적 경합관계에 있다.

정선 핵심

① 사기죄와 변호사법위반죄 → 상상적 경합 O
② 본인에 대한 배임행위가 제3자에 대한 사기죄를 구성하더라도 본인에게 손해가 생긴 경우 → 사기죄와 배임죄의 실체적 경합 O
③ 강도가 한 개의 강도범행을 하는 기회에 수명의 피해자에게 폭행을 가하여 상해를 입힌 경우 → 강도상해죄의 실체적 경합 O
④ 상습범이 같은 종류의 죄를 반복하여 저지른 경우 → 각 죄는 원칙적으로 실체적 경합 O
⑤ 제3자뇌물수수죄와 직권남용권리행사방해죄 → 상상적 경합 O

정선 해설

[❶ ▸ X] 공무원이 취급하는 사건에 관하여 청탁 또는 알선을 할 의사와 능력이 없음에도 청탁 또는 알선을 한다고 기망하고 금품을 교부받은 경우, 사기죄와 변호사법위반죄가 상상적 경합의 관계에 있다(대판 2006.1.27. 2005도8704).

[❷ ▸ O] 건물관리인이 건물주로부터 월세임대차계약체결업무를 위임받고도 임차인들을 속여 전세임대차계약을 체결하고 그 보증금을 편취한 경우, 사기죄와 별도로 업무상배임죄가 성립하고 두 죄가 실체적 경합범의 관계에 있다(대판 2010.11.11. 2010도10690).

> **비교판례** **대판 2002.7.18. 2002도669[전합]**
>
> 신용협동조합의 전무인 피고인이 조합의 담당직원을 기망하여 예금인출금 또는 대출금 명목으로 금원을 교부받은 위 각 행위는, 사기죄와 업무상배임죄의 상상적 경합관계로 봄이 상당하다.

[❸ ▸ O] 대판 1987.5.26. 87도527
[❹ ▸ O] 대판 2012.5.10. 2011도12131
[❺ ▸ O] 대판 2017.3.15. 2016도19659

답 ❶

01 타인을 공갈하여 취득한 임야를 매각한 경우, 불가벌적 사후행위에 해당한다. 19 해경승진 O | X

02 미등기건물의 관리를 위임받아 보관하고 있는 자가 피해자의 승낙 없이 건물을 자신의 명의로 보존등기를 한 때 이미 횡령죄는 완성되고, 이후 근저당권설정등기를 한 행위는 불가벌적 사후행위에 해당한다. 19 법원9급 O | X

03 1인 회사의 주주가 자신의 개인채무를 담보하기 위하여 회사 소유의 부동산에 대하여 근저당권설정등기를 마쳐주어 배임죄가 성립한 이후에 그 부동산에 대하여 새로운 담보권을 설정해 주는 행위는 불가벌적 사후행위에 해당한다. 18 해경승진 O | X

04 상공회의소 회장이 경리부장에게 지시하여 약 70일 사이에 4회에 걸쳐 상공회의소의 공금을 개인용도로 유용한 후 다시 반환하는 행위를 반복한 경우, 불가벌적 사후행위에 해당한다. 20 해경채용 O | X

05 영리를 목적으로 무면허의료행위를 업으로 하는 자가 반복적으로 여러 개의 무면허의료행위를 단일하고 계속된 범의 아래 일정 기간 계속하여 행하고 그 피해법익도 동일하다면 이들 각 행위를 포괄일죄로 처단하여야 한다. 15 법원9급 O | X

06 등기소 조사계장이 동일 법무사로부터 그가 신청하는 등기신청사건을 신속히 처리하여 달라는 부탁조로 1건당 얼마씩 일정한 기간 동종 행위를 같은 장소에서 반복한 것으로 볼 수 있어 일죄이다. 16 법원9급 O | X

07 甲이 A녀가 자동차에서 내릴 수 없는 상태에 있음을 이용하여 강간하려고 결의하고 자동차의 주행속도를 높여 A녀가 자동차에서 탈출하지 못하게 한 뒤 범행장소까지 A녀를 강제로 데려가 강간하려다 미수에 그친 경우 감금죄와 강간미수죄의 실체적 경합관계에 있다. 20 해경채용 O | X

08 甲은 미성년자인 A를 약취한 후 강간을 목적으로 A에게 상해를 가하고 나아가 A에 대한 강간 및 살인미수를 범한 경우, 상해의 결과가 A에 대한 강간 및 살인미수행위과정에서 발생한 것이라 하더라도 甲에게는 A에 대한 상해 등으로 인한 특정범죄 가중처벌 등에 관한 법률위반죄 및 A에 대한 강간 및 살인미수행위로 인한 성폭력범죄의 처벌 등에 관한 특례법위반죄가 각 성립하고 두 죄는 실체적 경합관계에 있다. 16 경찰간부 O | X

09 전자금융거래법에서 규정하는 수개의 접근매체를 한꺼번에 양도한 행위는 하나의 행위로 수개의 전자금융거래법위반죄를 범한 경우에 해당하여 각 죄는 상상적 경합관계에 있다. 20 해경간부 O | X

01 대판 1986.2.11. 85도2513

02 대판 1993.3.9. 92도2999

03 새로운 담보권을 설정해 주는 행위는 선순위 근저당권의 담보가치를 공제한 나머지 담보가치 상당의 재산상 이익을 침해하는 행위로서 별도의 배임죄가 성립한다(대판 2005.10.28. 2005도4915).

04 피고인이 횡령한 금원을 반환한 후 다시 횡령하는 행위를 반복하였다고 하여 포괄일죄의 성립에 지장이 있다고 볼 수 없다(대판 2006.6.2. 2005도3431).

05 대판 2014.1.16. 2013도11649

06 대판 1982.10.26. 81도1409

07 감금죄와 강간미수죄는 상상적 경합관계에 있다(대판 1983.4.26. 83도323).

08 대판 2014.2.27. 2013도12301

09 대판 2010.3.25. 2009도1530

정답

01 ○	02 ○	03 ×	04 ×
05 ○	06 ○	07 ×	08 ○
09 ○			

483 □□□

다음 사례에 대한 설명으로 옳은 것은?(다툼이 있는 경우 판례에 의함) 17 국가9급

> 예비군중대장 甲이 예비군훈련을 받지 않게 해 주는 대가로 乙로부터 180,000원을 교부받고 乙이 예비군훈련에 불참하였음에도 불구하고 참석한 것처럼 예비군 중대학급편성부에 '참'이라는 도장을 찍어 허위공문서를 작성하고 이를 예비군중대 사무실에 비치한 경우, 甲에게는 수뢰후부정처사죄, 허위공문서작성죄, 허위작성공문서행사죄가 성립한다.

① 허위공문서작성죄와 허위작성공문서행사죄는 수뢰후부정처사죄와 각각 실체적 경합관계이다.
② 허위공문서작성죄와 허위작성공문서행사죄는 기능적 관점에서 목적과 수단의 관계에 있으므로 상상적 경합관계이다.
③ 가장 중한 죄인 수뢰후부정처사죄를 경합범가중하여 처벌해야 한다.
④ 연결효과이론은 위 3가지 죄 모두를 상상적 경합관계로 인정하는 이론이다.

정선 핵심

① 허위공문서작성죄, 허위작성공문서행사죄와 수뢰후부정처사죄 → 각각 상상적 경합 O
② 허위공문서작성죄와 허위작성공문서행사죄 → 실체적 경합 O
③ 가장 중한 죄인 수뢰후부정처사죄로 처벌
④ 연결효과에 의한 상상적 경합이론 → 경합범관계에 있는 두 개의 범죄가 제3의 범죄와 각각 상상적 경합의 관계에 있을 때 모든 범죄 사이에 상상적 경합을 인정할 수 있다는 이론

정선 해설

[❶ ▸ ×] [❷ ▸ ×] [❸ ▸ ×] 예비군 중대장이 그 소속예비군으로부터 금원을 교부받고 그 예비군이 예비군훈련에 불참하였음에도 불구하고 참석한 것처럼 허위내용의 중대학급편성명부를 작성, 행사한 경우라면 수뢰후부정처사죄 외에 별도로 허위공문서 작성 및 동 행사죄가 성립하고 이들 죄와 수뢰후부정처사죄는 각각 상상적 경합관계에 있다고 할 것이다.❶ 허위공문서작성죄와 동 행사죄가 수뢰후부정처사죄와 각각 상상적 경합관계에 있을 때에는 허위공문서작성죄와 동 행사죄 상호 간은 실체적 경합범관계에 있다고 할지라도❷ 상상적 경합범관계에 있는 수뢰후부정처사죄와 대비하여 가장 중한 죄에 정한 형으로 처단하면 족한 것이고 따로이 경합가중을 할 필요가 없다❸(대판 1983.7.26. 83도1378).

[❹ ▸ O] 연결효과에 의한 상상적 경합이론이란 경합범관계에 있는 두 개의 독자적인 범죄가 제3의 범죄와 각각 상상적 경합의 관계에 있을 때 제3의 범죄에 의한 연결을 통해 모든 범죄 사이에 상상적 경합을 인정할 수 있다는 이론이다.

답 ❹

484 □□□

다음 설명 중 가장 옳지 않은 것은?(다툼이 있는 경우 판례에 의함) 20 경찰간부

① 비의료인이 의료기관을 개설하여 운영하는 도중 개설자 명의를 다른 의료인 등으로 변경한 경우에는 그 범의가 단일하다거나 범행방법이 종전과 동일하다고 보기 어렵다. 따라서 개설자 명의별로 별개의 범죄가 성립하고 각 죄는 실체적 경합관계에 있다고 보아야 한다.
② 피고인들이, 자신들이 개설한 인터넷 사이트를 통해 회원들로 하여금 음란한 동영상을 게시하도록 하고, 다른 회원들로 하여금 이를 다운받을 수 있도록 하는 방법으로 정보통신망을 통한 음란한 영상의 배포·전시를 방조한 행위가 단일하고 계속된 범의 아래 일정기간 계속하여 이루어졌고 피해법익도 동일한 경우 방조행위는 포괄일죄 관계에 있다.
③ 동시적 경합범에서 각 죄에 정한 형이 징역과 금고인 때에는 금고의 형기만큼 징역형으로 처벌할 수 없다.
④ 형법 제37조 후단 경합범에 대하여 형법 제39조 제1항에 의하여 형을 감경할 때에도 법률상 감경에 관한 형법 제55조 제1항이 적용되어 유기징역을 감경할 때에는 그 형기의 2분의 1 미만으로는 감경할 수 없다.

정선 핵심

① 비의료인이 개설자 명의를 다른 의료인으로 변경한 경우 → 개설자 명의별로 성립한 범죄의 실체적 경합 ○
② 단일하고 계속된 범의로 음란한 영상의 배포·전시방조 → 포괄일죄 ○
③ 동시적 경합범의 처벌 → 각 죄에 정한 형이 징역과 금고인 때는 금고의 형기만큼 징역형으로 처벌
④ 사후적 경합범의 감경 → 유기징역의 형기의 2분의 1 미만으로 감경 ×

정선 해설

[❶ ▸ O] 대판 2018.11.29. 2018도10779
[❷ ▸ O] 대판 2010.11.25. 2010도1588
[❸ ▸ ×] 징역과 금고는 같은 종류의 형으로 보아 징역형으로 처벌하므로 동시적 경합범에서 각 죄에 정한 형이 징역과 금고인 때에는 금고의 형기만큼 징역형으로 처벌할 수 있다고 보아야 한다.

> **법령** **경합범과 처벌례(형법 제38조)** ② 제1항 각 호의 경우에 징역과 금고는 같은 종류의 형으로 보아 징역형으로 처벌한다.

[❹ ▸ O] 형법 제37조 후단 경합범(이하 '후단 경합범')에 대하여 형법 제39조 제1항에 의하여 형을 감경할 때에도 법률상 감경에 관한 형법 제55조 제1항이 적용되어 유기징역을 감경할 때에는 그 형기의 2분의 1 미만으로는 감경할 수 없다(대판 2019.4.18. 2017도14609[전합]).

답 ❸

485 □□□

죄수(罪數)에 관한 설명으로 가장 적절하지 않은 것은?(다툼이 있는 경우 판례에 의함)

19 경찰채용

① 한 개의 행위가 여러 개의 죄에 해당하는 경우에는 가장 무거운 죄에 대하여 정한 형의 장기 또는 다액의 2분의 1까지 가중한다.

② 판결이 확정되지 아니한 수개의 죄 또는 금고 이상의 형에 처한 판결이 확정된 죄와 그 판결확정 전에 범한 죄를 경합범으로 한다.

③ 전기통신금융사기의 범인이 피해자를 기망하여 피해자의 돈을 사기이용계좌로 송금・이체받은 후에 사기이용계좌에서 현금을 인출한 행위는 불가벌적 사후행위로서 따로 횡령죄를 구성하지 않는다.

④ 피해자에 대한 폭행행위가 동일한 피해자에 대한 업무방해죄의 수단이 된 경우, 폭행행위가 이른바 불가벌적 수반행위에 해당하여 업무방해죄에 흡수된다고 볼 수 없다.

정선 핵심

① 한 개의 행위가 여러 개의 죄에 해당하는 경우 → 가장 무거운 죄에 대하여 정한 형으로 처벌

② 판결이 확정되지 아니한 수개의 죄 또는 금고 이상의 형에 처한 판결이 확정된 죄와 그 판결확정 전에 범한 죄 → 경합범

③ 전기통신금융사기의 범인이 피해자의 돈을 송금・이체받은 후에 사기이용계좌에서 현금을 인출한 경우 → 횡령죄 ×

④ 폭행행위가 동일한 피해자에 대한 업무방해죄의 수단이 된 경우 → 폭행행위는 불가벌적 수반행위 ×

정선 해설

[❶ ▸ ×] 한 개의 행위가 여러 개의 죄에 해당하는 경우에는 가장 무거운 죄에 대하여 정한 형으로 처벌한다(형법 제40조).

[❷ ▸ O] 형법 제37조 참조

> **법령** **경합범(형법 제37조)** 판결이 확정되지 아니한 수개의 죄 또는 금고 이상의 형에 처한 판결이 확정된 죄와 그 판결확정 전에 범한 죄를 경합범으로 한다.

[❸ ▸ O] 전기통신금융사기(이른바 보이스피싱범죄)의 범인이 피해자를 기망하여 피해자의 자금을 사기이용계좌로 송금・이체받으면 사기죄는 기수에 이르고, 범인이 피해자의 자금을 점유하고 있다고 하여 피해자와의 어떠한 위탁관계나 신임관계가 존재한다고 볼 수 없을 뿐만 아니라, 그 후 범인이 사기이용계좌에서 현금을 인출하였더라도 이는 이미 성립한 사기범행이 예정하고 있던 행위에 지나지 아니하여 새로운 법익을 침해한다고 보기도 어려우므로, 위와 같은 인출행위는 사기의 피해자에 대하여 별도의 횡령죄를 구성하지 아니한다(대판 2017.5.31. 2017도3894).

[❹ ▸ O] 대판 2012.10.11. 2012도1895

답 ❶

486 □□□

형의 가중 · 감경에 대한 설명으로 옳지 않은 것은 모두 몇 개인가?(다툼이 있는 경우 판례에 의함) 21 경찰채용

ㄱ. 임의적 감경사유의 존재가 인정되고 법관이 그에 따라 징역형에 대해 법률상 감경을 하는 경우에는 법정형의 하한만 2분의 1로 감경한다.
ㄴ. 경합범에 대하여 형법 제38조 제1항 제3호에 의하여 징역형과 벌금형을 병과하는 경우 징역형에만 정상참작감경을 하고 벌금형에는 정상참작감경을 하지 아니하는 것은 위법하다.
ㄷ. 법정형에 하한이 설정된 형법 제37조 후단 경합범에 대하여 형법 제39조 제1항 후문에 따라 형을 감경할 때에는 형법 제55조 제1항이 적용되지 아니하여 유기징역의 경우에는 그 형기의 2분의 1 미만으로도 감경할 수 있다.
ㄹ. 절도죄로 3차례에 걸쳐 징역형을 선고받고 그 형의 집행을 종료한 후, 누범기간 내에 수회의 절도범행을 저지른 경우에는 반복적으로 범행을 저지르는 절도 사범에 관한 법정형을 강화한 특정범죄 가중처벌 등에 관한 법률 (2016.1.6. 법률 제13717호로 개정 · 시행) 제5조의4 제5항 제1호가 적용되므로 별도로 형법 제35조의 누범가중한 형기범위 내에서 처단형을 정할 필요는 없다.
ㅁ. 반복된 음주운전행위에 대해 도로교통법 (2011.6.8. 법률 제10790호로 개정) 제148조의2 제1항 제1호를 적용하고 다시 형법 제35조에 의한 누범가중을 하는 것은 헌법상 일사부재리나 이중처벌금지에 반하지 아니한다.

① 1개 ② 2개
③ 3개 ④ 4개

정선 핵심

ㄱ. 징역형에 대해 법률상 감경을 하는 경우 → 상한과 하한을 모두 2분의 1로 감경
ㄴ. 동시적 병합범의 병과된 징역형과 벌금형에 대한 정상참작감경 → 징역형만 정상참작감경한 것은 위법 ×
ㄷ. 사후적 경합범의 감경 → 유기징역의 형기의 2분의 1 미만으로 감경 ×
ㄹ. 절도죄로 3차례에 걸쳐 징역형을 선고받고 집행을 종료한 후, 누범기간 내에 수회의 절도범행을 저지른 경우 → 누범가중한 형기범위 내에서 처단형 결정 ○
ㅁ. 반복된 음주운전행위에 대해 도로교통법 적용 외에 누범가중을 하는 경우 → 일사부재리나 이중처벌금지의 원칙 위반 ×

정선 해설

[ㄱ ▸ ×] 임의적 감경사유의 존재가 인정되고 법관이 그에 따라 징역형에 대해 법률상 감경을 하는 이상 형법 제55조 제1항 제3호에 따라 상한과 하한을 모두 2분의 1로 감경한다(대판 2021.1.21. 2018도5475[전합]).
[ㄴ ▸ ×] 형법 제38조 제1항 제3호에 의하여 징역형과 벌금형을 병과하는 경우에는 각 형에 대한 범죄의 정상에 차이가 있을 수 있으므로 징역형에만 정상참작감경을 하고 벌금형에는 정상참작감경을 하지 아니하였다고 하여 이를 위법하다고 할 수 없다(대판 2006.3.23. 2006도1076).
[ㄷ ▸ ×] 형법 제37조 후단 경합범(이하 '후단 경합범')에 대하여 형법 제39조 제1항에 의하여 형을 감경할 때에도 법률상 감경에 관한 형법 제55조 제1항이 적용되어 유기징역을 감경할 때에는 그 형기의 2분의 1 미만으로는 감경할 수 없다(대판 2019.4.18. 2017도14609[전합]).
[ㄹ ▸ ×] 특정범죄 가중처벌 등에 관한 법률 제5조의4 제5항 제1호(이하 '처벌규정')의 입법취지가 반복적으로 범행을 저지르는 절도 사범에 관한 법정형을 강화하기 위한 데 있고, 조문의 체계가 일정한 구성요건을 규정하는 형식으로 되어 있으며, 적용요건이나 효과도 형법 제35조와 달리 규정되어 있다. 이러한 처벌규정의 입법취지, 형식 및 형법 제35조와의 차이점 등에 비추어 보면, 처벌규정은 형법 제35조(누범) 규정과는 별개로 '형법 제329조부터 제331조까지의 죄(미수범 포함)를 범하여 세 번 이상 징역형을 받은 사람이 그 누범 기간 중에 다시 해당 범죄를 저지른 경우에 형법보다 무거운 법정형으로 처벌한다'는 내용의 새로운 구성요건을 창설한 것으로 해석해야 한다.

따라서 처벌규정에 정한 형에 다시 형법 제35조의 누범가중한 형기범위 내에서 처단형을 정하여야 한다(대판 2020.5.14. 2019도18947).

[ㅁ ▸ O] 도로교통법 제148조의2 제1항 제1호(이하 '이 사건 법률조항')는 입법취지가 반복적 음주운전행위에 대한 법정형을 강화하기 위한 데 있다고 보이고, 조문의 체계가 일정한 구성요건을 규정하는 형식으로 되어 있으며, 적용요건이나 효과도 형법 제35조와 달리 규정되어 있는 점 등에 비추어 보면, 이 사건 법률조항을 적용하고 다시 형법 제35조에 의한 누범가중을 허용한다고 하더라도 헌법상의 일사부재리나 이중처벌금지에 반한다고 볼 수 없다(대판 2014.7.10. 2014도5868).

답 ④

487 □□□

경합범에 관한 설명 중 옳은 것을 모두 고른 것은?(다툼이 있는 경우 판례에 의함)

15 변시

ㄱ. 포괄일죄의 중간에 다른 종류의 범죄에 대하여 금고 이상의 형에 처한 확정판결이 끼어 있는 경우 그 포괄일죄는 확정판결 후의 범죄로 다루어야 하므로 사후적 경합범이 되지 않는다.
ㄴ. 피고인이 A, B, C죄를 순차적으로 범하고 이 중 A죄에 대하여 벌금형에 처한 판결이 확정된 후, 그 판결확정 전에 범한 B죄와 판결확정 후에 범한 C죄가 기소된 경우 법원은 B죄와 C죄를 동시적 경합범으로 처벌할 수 없다.
ㄷ. 형법 제37조 후단 경합범의 선고형은 그 죄에 선고될 형과 판결이 확정된 죄의 선고형의 총합이 두 죄에 대하여 형법 제38조를 적용하여 산출한 처단형의 범위에서 정하여야 한다.
ㄹ. 금고 이상의 형에 처한 확정판결 전에 범한 A죄와 그 확정판결 후에 범한 B죄에 대하여는 별개의 주문으로 형을 선고해야 한다.

① ㄱ, ㄴ
② ㄱ, ㄹ
③ ㄴ, ㄷ
④ ㄱ, ㄷ, ㄹ
⑤ ㄴ, ㄷ, ㄹ

정선 핵심

ㄱ. 포괄일죄의 중간에 다른 종류의 범죄에 대하여 금고 이상의 형에 처한 확정판결이 끼어 있는 경우 → 사후적 경합범 ×
ㄴ. A, B, C죄를 순차적으로 범하고 A죄에 대하여 벌금형에 처한 판결이 확정된 경우 → B죄와 C죄는 동시적 경합범 O
ㄷ. 사후적 경합범의 처벌 → 형법 제38조 적용 ×
ㄹ. 금고 이상의 형에 처한 확정판결 전에 범한 A죄와 그 확정판결 후에 범한 B죄 → 사후적 경합범이 될 수 없으므로 별개의 주문으로 형을 선고

정선 해설

[ㄱ ▸ O] 판례의 취지를 고려하면, 포괄일죄와 금고 이상의 형에 처한 판결이 확정된 다른 범죄는 사후적 경합범이 되지 않는다고 이해하여야 한다.

포괄일죄로 되는 개개의 범죄행위가 다른 종류인 죄의 확정판결 전후에 걸쳐 행하여진 때에는 그 죄는 두 죄로 분리되지 않고 확정판결 후인 최종 범죄행위시점에 완성되는 것이다(대판 2015.9.10. 2015도7081).

[ㄴ ▸ X] A죄에 대하여 벌금형에 처한 판결이 확정되었다면 A, B, C죄는 형법 제37조 후단의 사후적 경합범에는 해당하지 아니하나, 그 판결확정 전에 범한 B죄와 판결확정 후에 범한 C죄는 형법 제37조 전단의 동시적 경합범이므로 법원은 B죄와 C죄를 동시적 경합범으로 처벌할 수 있다.

[ㄷ ▸ X] 형법 제37조의 후단 경합범(이하 '후단 경합범')에 대하여 형을 감경 또는 면제할 것인지는 원칙적으로 그 죄에 대하여 심판하는 법원이 재량에 따라 판단할 수 있고, 판결이 확정된 죄와 후단 경합범의 죄에 대한 선고형의 총합이 두 죄에 대하여 형법 제38조를 적용하여 산출한 처단형의 범위 내에 속하도록 후단 경합범에 대한 형을 정하여야 하는 제한을 받는 것은 아니다(대판 2011.89.29. 2008도9109).

[ㄹ ▸ O] 금고 이상의 형에 처한 확정판결 전에 범한 A죄와 그 확정판결 후에 범한 B죄는 사후적 경합범이 될 수 없으므로 별개의 주문으로 형을 선고해야 한다.

수개의 마약류관리에 관한 법률 위반(향정)죄의 중간에 확정판결이 존재하여 확정판결 전후의 범죄가 서로 경합범관계에 있지 않게 되었으므로, 형법 제39조 제1항에 따라 2개의 주문으로 형을 선고하여야 함에도 징역 및 벌금형이라는 하나의 병과형을 선고한 원심판결에 경합범에 관한 법리오해의 위법이 있다(대판 2010.11.25. 2010도10985).

답 ❷

488 □□□

경합관계 등에 관한 다음 설명 중 옳지 않은 것은 모두 몇 개인가? 20 법원행시

ㄱ. 반복적인 절도범행 등에 대한 누범가중처벌규정인 특정범죄 가중처벌 등에 관한 법률 제5조의4 제5항 제1호 중 '세 번 이상 징역형을 받은 사람'은 그 문언대로 형법 제329조 등의 죄로 세 번 이상 징역형을 받은 사실이 인정되는 사람을 의미하나, 전범 중 일부가 나머지 전범과 사이에 형법 제37조 후단 경합범의 관계에 있는 경우 이를 처벌조항에 규정된 처벌받은 형의 수를 산정할 때 제외하여야 한다.
ㄴ. 신용협동조합의 전무인 피고인이 조합의 담당직원을 기망하여 예금인출금 명목으로 금원을 교부받은 행위로 인한 사기죄와 업무상배임죄는 실체적 경합관계가 아닌 상상적 경합관계에 있다.
ㄷ. 유사수신행위 금지규정에 위반한 유사수신행위가 별도로 사기죄의 구성요건도 충족하는 경우 유사수신행위의 규제에 관한 법률위반죄와 사기죄는 별개의 범죄로 성립하고, 양 죄는 실체적 경합관계에 있다.
ㄹ. 공무원이 취급하는 사건에 관하여 청탁 또는 알선을 할 의사와 능력이 없음에도 청탁 또는 알선을 한다고 기망하고 이에 속은 피해자로부터 로비자금 명목으로 금원을 송금받은 행위는 사기죄와 변호사법위반죄를 구성하고, 양 죄는 상상적 경합관계에 있다.
ㅁ. 유죄의 확정판결을 받은 사람이 그 후 별개의 후행범죄를 저질렀는데 유죄의 확정판결에 대하여 재심이 개시된 경우, 후행범죄가 재심대상판결에 대한 재심판결 확정 전에 범하여졌다 하더라도 아직 판결을 받지 아니한 후행범죄와 재심판결이 확정된 선행범죄 사이에는 형법 제37조 후단에서 정한 경합범관계가 성립하지 않는다.

① 1개 ② 2개
③ 3개 ④ 4개
⑤ 없음

제1장
제2장
제3장

안심Touch

정선 핵심

ㄱ. 특가법상 누범가중처벌규정의 구성요건인 세 번 이상 징역형을 받은 사람 → 사후적 경합범의 관계에 있는 경우 처벌조항에 규정된 처벌받은 형의 수를 산정할 때 제외 ×
ㄴ. 신용협동조합의 전무가 담당직원을 기망하여 금원을 교부받은 경우 → 사기죄와 업무상배임죄의 상상적 경합 O
ㄷ. 유사수신행위법위반죄와 사기죄 → 실체적 경합 O
ㄹ. 사기죄와 변호사법위반죄 → 상상적 경합 O
ㅁ. 유죄의 확정판결을 받은 사람이 그 후 별개의 후행범죄를 저질렀는데 유죄의 확정판결에 대하여 재심이 개시되었으나 후행범죄가 재심대상판결에 대한 재심판결 확정 전에 범하여 진 경우 → 사후적 경합범 ×

정선 해설

[ㄱ ▸ ×] 특정범죄 가중처벌 등에 관한 법률 제5조의4 제5항 제1호(이하 '처벌조항')의 문언 내용 및 입법취지 등을 고려하면, 처벌조항 중 '세 번 이상 징역형을 받은 사람'은 그 문언대로 형법 제329조 등의 죄로 세 번 이상 징역형을 받은 사실이 인정되는 사람으로 해석하면 충분하고, 전범 중 일부가 나머지 전범과 사이에 후단 경합범의 관계에 있다고 하여 이를 처벌조항에 규정된 처벌받은 형의 수를 산정할 때 제외할 것은 아니다(대판 2020.3.12. 2019도17381).

[ㄴ ▸ O] 대판 2002.7.18. 2002도669[전합]

[ㄷ ▸ O] 유사수신행위의 규제에 관한 법률 제3조에서 금지하고 있는 유사수신행위 그 자체에는 기망행위가 포함되어 있지 않고, 이러한 위 법률위반죄와 특정경제범죄 가중처벌 등에 관한 법률 위반(사기)죄는 각 그 구성요건을 달리하는 별개의 범죄로서, 서로 행위의 태양이나 보호법익을 달리하고 있어 양 죄는 상상적 경합관계가 아니라 실체적 경합관계로 봄이 상당하다(대판 2008.2.29. 2007도10414).

[ㄹ ▸ O] 대판 2006.1.27. 2005도8704

[ㅁ ▸ O] 유죄의 확정판결을 받은 사람이 그 후 별개의 후행범죄를 저질렀는데 유죄의 확정판결에 대하여 재심이 개시된 경우, 후행범죄가 재심대상판결에 대한 재심판결 확정 전에 범하여졌다 하더라도 아직 판결을 받지 아니한 후행범죄와 재심판결이 확정된 선행범죄 사이에는 형법 제37조 후단에서 정한 경합범관계(이하 '후단 경합범')가 성립하지 않는다(대판 2019.6.20. 2018도20698[전합]).

답 ❶

489 □□□

죄수 및 형벌에 대한 설명으로 옳지 않은 것은?(다툼이 있으면 판례에 의함)

15 국가9급

① 법조경합은 1개의 행위가 외관상 수개의 죄의 구성요건에 해당하는 것처럼 보이나 실질적으로 1죄만 구성하는 경우이다.

② 포괄일죄인 뇌물수수범행이 종전에 없던 벌금형으로 필요적으로 병과하는 신설 조항의 시행 전후에 걸쳐 행하여진 경우, 이 신설 조항에 규정된 벌금형 산정의 기준이 되는 수뢰액은 동 규정이 신설된 이후에 수수한 금액으로 한정된다.

③ 공도화변조죄와 동 행사죄가 수뢰후부정행사죄와 각각 상상적 경합범관계에 있을 때에는 공도화변조죄와 동 행사죄 상호 간은 실체적 경합범관계에 있다고 할지라도 상상적 경합범관계에 있는 수뢰후부정처사죄와 대비하여 가장 중한 죄에 정한 형으로 처단하면 족하다.

④ 아직 판결을 받지 아니한 죄가 이미 판결이 확정된 죄와 동시에 판결할 수 없었던 경우에는 형법 제39조 제1항에 따라 동시에 판결할 경우와 형평을 고려하여 형을 선고하거나 그 형을 감경 또는 면제할 수 있다.

정선 핵심

① 법조경합의 의의 → 1개의 행위가 외관상 수개의 죄의 구성요건에 해당하는 것처럼 보이나 실질적으로 1죄만 구성하는 경우

② 뇌물수수범행이 개정 특가법 시행 전후에 행하여진 경우 → 벌금형 산정기준 수뢰액은 규정신설 후 수수금액으로 한정

③ 공도화변조죄와 동 행사죄가 수뢰후부정행사죄와 각각 상상적 경합범관계에 있는 경우 → 수뢰후부정처사죄와 대비하여 가장 중한 죄에 정한 형으로 처단

④ 아직 판결을 받지 아니한 죄가 이미 판결이 확정된 죄와 동시에 판결할 수 없었던 경우 → 형을 감경·면제 ×

정선 해설

[❶ ▸ O] 대판 2000.7.7. 2000도1899

[❷ ▸ O] 대판 2011.6.10. 2011도4260

[❸ ▸ O] 공도화변조죄와 동 행사죄가 수뢰후부정처사죄와 각각 상상적 경합범관계에 있을 때에는 공도화변조죄와 동 행사죄 상호 간은 실체적 경합범관계에 있다고 할지라도 상상적 경합범관계에 있는 수뢰후부정처사죄와 대비하여 가장 중한 죄에 정한 형으로 처단하면 족한 것이고 따로이 경합범가중을 할 필요가 없다(대판 2001.2.9. 2000도1216).

[❹ ▸ ×] 아직 판결을 받지 아니한 죄가 이미 판결이 확정된 죄와 동시에 판결할 수 없었던 경우에는 형법 제39조 제1항에 따라 동시에 판결할 경우와 형평을 고려하여 형을 선고하거나 그 형을 감경 또는 면제할 수 없다고 해석함이 상당하다(대판 2014.5.16. 2013도12003).

관련판례 **대판 2012.9.27. 2012도9295**

피고인을 금고 이상의 형에 처한 甲죄에 대한 판결이 확정되고, 그 후에 甲죄 판결확정일 이전에 저질러진 乙죄에 대하여 금고 이상의 형에 처하는 판결이 확정되었는데, 피고인의 정보통신망 이용촉진 및 정보보호 등에 관한 법률(이하 '정보통신망법') 위반범행이 甲죄 판결확정일과 乙죄 판결확정일 사이에 저질러진 경우, 정보통신망법위반죄와 판결이 확정된 乙죄는 처음부터 동시에 판결을 선고할 수 없었으므로 제1심이 정보통신망법위반죄에 대하여 형법 제39조 제1항에 따라 乙죄와 동시에 판결할 경우와 형평을 고려하여 형을 선고한 것은 위법하다.

답 ❹

제1장 제2장 제3장

정선지문OX

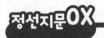

01 형법 제334조 제1항 특수강도죄가 성립할 경우 주거침입죄는 별도로 처벌할 수 없지만 형법 제334조 제1항 특수강도에 의한 강도상해죄가 성립한 경우에는 별도로 주거침입죄로 처벌할 수 있다. 20 해경간부 O | X

02 경합범으로 기소되었어도 그중 유죄로 인정된 A죄에 대해서는 상고가 제기되지 않아 확정되고 무죄로 선고된 B죄에 대하여만 상고가 제기되어 파기환송된 경우 환송 후 원심은 B죄를 유죄로 인정하여도 A, B죄를 경합범으로 하여 1개의 형으로 선고할 것이 아니라 B죄에 대하여만 별개의 형을 선고하여야 한다. 18 법원9급 O | X

03 징역형만 규정된 A죄와 징역형과 벌금형을 병과할 수 있도록 규정된 B죄가 상상적 경합관계에 있고, A죄에 정해진 징역형의 상한이 B죄에서 정해진 징역형의 상한보다 높다면 A죄에서 정한 징역형으로 처벌하여야 하고 벌금형을 병과할 수는 없다. 18 법원9급 O | X

04 피고인을 금고 이상의 형에 처한 甲죄에 대한 판결이 확정되고, 그 후에 甲죄 판결확정일 이전에 저질러진 乙죄에 대하여 금고 이상의 형에 처하는 판결이 확정되었는데, 피고인에게 공소제기된 본건 범행이 甲죄 판결확정일과 乙죄 판결확정일 사이에 저질러진 경우, 위 본건 범행에 대한 법령의 적용에서 乙전과의 죄와 동시에 판결을 할 경우와의 형평을 고려하여 형을 선고한 조치는 위법하다. 14 법원9급 O | X

05 무기징역에 처하는 판결이 확정된 죄와 형법 제37조 후단 경합범의 관계에 있는 죄에 대하여 공소가 제기된 경우, 형법 제38조 제1항 제1호가 형법 제37조 전단 경합범 중 가장 무거운 죄에 대하여 정한 처단형이 무기징역인 경우에는 흡수주의를 취하고 있는 점을 고려하여, 법원은 뒤에 공소제기된 범죄에 대한 형을 필요적으로 면제하여야 한다. 14 법원9급 O | X

01 형법 제334조 제1항 특수강도에 의한 강도상해가 성립할 경우에도 별도로 '주거침입죄'를 처벌할 수 없다고 보아야 할 것이다(대판 2012.12.27. 2012도12777).

02 대판 1974.10.8. 74도1301

03 형법 제40조의 취지에는 각 법조의 상한과 하한을 모두 무거운 형의 범위 내에서 처단한다는 것을 포함한다(대판 2008.12.24. 2008도9169).

04 대판 2012.9.27. 2012도9295

05 공소제기된 후단 경합범에 대한 형을 필요적으로 면제하여야 하는 것은 아니다(대판 2008.9.11. 2006도8376).

정답

01 × **02** ○ **03** × **04** ○ **05** ×

제3장

형벌론

제1절 형벌의 종류

001 □□□

벌금형에 대한 설명으로 옳지 않은 것은?(다툼이 있는 경우 판례에 의함) 18 국가9급

① 법정형에 징역형과 벌금형이 선택형으로 규정되어 있는 범죄에서 벌금형을 선택하여 처벌하는 경우에 노역장유치기간은 법정형에서 정한 징역형의 상한을 초과하여 정할 수 없다.
② 벌금을 선고할 때에는 납입하지 아니하는 경우의 노역장유치기간을 정하여 동시에 선고하여야 한다.
③ 벌금을 납입하지 아니하는 자에 대한 노역장유치기간은 벌금액수가 아무리 많더라도 3년을 초과할 수 없다.
④ 선고하는 벌금이 5억 원 이상 50억 원 미만인 경우에는 500일 이상의 노역장유치기간을 정하여야 한다.

정선 핵심

①·③·④ 노역장유치기간
→ 법정형에서 정한 징역형의 상한초과 가능
→ 노역장유치기간은 3년 초과 ×
→ 벌금이 5억 원 이상 50억 원 미만인 경우 : 500일 이상의 유치기간
② 벌금을 선고할 경우 → 납입하지 아니하는 경우의 유치기간을 정하여 동시에 선고

정선 해설

[❶ ▸ ×] 벌금형에 대한 노역장유치기간의 산정에는 형법 제69조 제2항에 따른 제한이 있을 뿐 그 밖의 다른 제한이 없으므로, 징역형과 벌금형 가운데서 벌금형을 선택하여 선고하면서 그에 대한 노역장유치기간을 환산한 결과 선택형의 하나로 되어 있는 징역형의 장기보다 유치기간이 더 길 수 있게 되었다 하더라도 이를 위법이라고 할 수는 없다(대판 2000.11.24. 2000도3945).

[❷ ▸ ○] [❹ ▸ ○] 형법 제70조

법령 노역장 유치(형법 제70조) ① 벌금이나 과료를 선고할 때에는 이를 납입하지 아니하는 경우의 노역장유치기간을 정하여 동시에 선고하여야 한다.
② 선고하는 벌금이 1억원 이상 5억원 미만인 경우에는 300일 이상, 5억원 이상 50억원 미만인 경우에는 500일 이상, 50억원 이상인 경우에는 1천일 이상의 노역장유치기간을 정하여야 한다.

[❸ ▸ ○] 형법 제69조 제2항

답 ❶

002 □□□ **형의 종류와 경중에 관한 다음 설명 중 가장 옳지 않은 것은?** 20 법원행시

① 징역이 금고보다 무거운 형이나, 유기금고의 장기가 유기징역의 장기를 초과하는 때에는 금고를 무거운 것으로 한다.
② 유기징역 또는 유기금고의 판결을 받은 자는 그 형의 집행이 종료하거나 면제될 때까지 공무원이 되는 자격이 정지된다. 다만, 다른 법률에 특별한 규정이 있는 경우에는 그 법률에 따른다.
③ 유기징역은 1개월 이상 30년 이하로 하고, 자격정지는 1개월 이상 15년 이하로 한다.
④ 구류는 1일 이상 30일 미만으로 한다.
⑤ 벌금은 5만원 이상으로 한다. 다만, 감경하는 경우에는 5만원 미만으로 할 수 있다.

정선 핵심

① 유기금고의 장기가 유기징역의 장기를 초과하는 경우 → 금고가 무거운 형
② 자격의 당연정지
　→ 형의 집행이 종료하거나 면제될 때까지 공무원이 되는 자격 정지
③·④ 형기
　→ 유기징역 : 1개월 이상 30년 이하
　→ 자격정지 : 1년 이상 15년 이하
　→ 구류 : 1일 이상 30일 미만
⑤ 벌금 → 5만원 이상으로 하나, 감경하는 경우에는 5만원 미만 가능

정선 해설

[❶ ▸ O] 형법 제50조 제1항
[❷ ▸ O] 형법 제43조 제2항
[❸ ▸ X] 형법 제42조, 제44조 제1항 참조

법령
징역 또는 금고의 기간(형법 제42조)　징역 또는 금고는 무기 또는 유기로 하고 유기는 1개월 이상 30년 이하로 한다. 단, 유기징역 또는 유기금고에 대하여 형을 가중하는 때에는 50년까지로 한다.
자격정지(형법 제44조)　① 전조에 기재한 자격의 전부 또는 일부에 대한 정지는 1년 이상 15년 이하로 한다.

[❹ ▸ O] 형법 제46조
[❺ ▸ O] 형법 제45조

답 ❸

003 □□□

현행 형법상 형벌에 관한 다음 설명 중 가장 옳은 것은? 14 법원9급

① 금고는 최장 45년까지 선고할 수 있다.
② 구류 20일의 선고유예는 불가능하다.
③ 자격정지는 최장 20년까지 가능하다.
④ 과료는 1,000원 이상 50,000원 미만의 금전적 형벌을 가하는 재산형이다.

정선 핵심

① 유기금고에 대한 가중형 → 최장 50년
② 구류형에 대한 선고유예 ×
③ 자격정지기간 → 1년 이상 15년 이하
④ 과료 → 2천원 이상 5만원 미만

정선 해설

[❶ ▸ ×] 형법 제42조
[❷ ▸ ○] 형법 제59조 제1항은 1년 이하의 징역이나 금고, 자격정지 또는 벌금의 형을 선고할 경우 같은 법 제51조의 사항을 참작하여 뉘우치는 정상이 뚜렷할 때에는 선고를 유예할 수 있다고 규정하고 있어 형의 선고를 유예할 수 있는 경우는 선고할 형이 1년 이하의 징역이나 금고, 자격정지 또는 벌금의 형인 경우에 한하고 구류형에 대하여는 선고를 유예할 수 없다(대판 1993.6.22. 93오1).
[❸ ▸ ×] 자격의 전부 또는 일부에 대한 정지는 1년 이상 15년 이하로 한다(형법 제44조 제1항).
[❹ ▸ ×] 과료는 2천원 이상 5만원 미만으로 한다(형법 제47조).

답 ❷

004 □□□

몰수 · 추징에 대한 설명으로 가장 적절하지 않은 것은?(다툼이 있는 경우 판례에 의함) 19 경찰승진

① 변호사법 위반의 범행으로 금품을 취득한 경우 그 범행과정에서 지출한 비용은 그 금품을 취득하기 위하여 지출한 부수적 비용이고, 몰수하여야 할 것은 변호사법 위반의 범행으로 취득한 금품 그 자체이므로, 취득한 금품이 이미 처분되어 추징할 금원을 산정할 때 그 금품의 가액에서 그 지출비용을 공제하여야 한다.
② 금품의 무상대여를 통하여 위법한 재산상 이익을 취득한 경우 범인이 받은 부정한 이익은 그로 인한 금융이익 상당액이므로 추징의 대상이 되는 것은 무상으로 대여받은 금품 그 자체가 아니라 그 금융이익 상당액이다.
③ 히로뽕을 수수하여 그중 일부를 직접 투약한 경우에는 수수한 히로뽕의 가액만을 추징할 수 있고 직접 투약한 부분에 대한 가액을 별도로 추징할 수 없다.
④ 몰수의 대상이 되는 물건은 반드시 압수되어 있는 물건에 대하여서만 하는 것이 아니므로, 몰수대상물건이 압수되어 있는가 하는 점 및 적법한 절차에 의하여 압수되었는가 하는 점은 몰수의 요건이 아니다.

정선 핵심

① 변호사법 위반의 범행으로 금품을 취득한 경우 → 추징액에서 지출한 비용 공제 ×
② 금품의 무상대여로 재산상 이익을 취득한 경우 → 추징액은 금융이익 상당액
③ 히로뽕을 수수하여 일부를 직접 투약한 경우 → 투약한 부분에 대한 가액 추징 ×
④ 몰수의 요건
⋯→ 대물적 요건 : 몰수대상물에 대한 압수의 적법성 불요

정선 해설

[❶ ▸ ×] 변호사법 위반의 범행으로 금품을 취득한 경우 그 범행과정에서 지출한 비용은 그 금품을 취득하기 위하여 지출한 부수적 비용에 불과하고, 몰수하여야 할 것은 변호사법 위반의 범행으로 취득한 금품 그 자체이므로, 취득한 금품이 이미 처분되어 추징할 금원을 산정할 때 그 금품의 가액에서 위 지출비용을 공제할 수는 없다(대판 2008.10.9. 2008도6944).

> **비교판례** 대판 2014.7.10. 2014도4708
>
> 게임산업진흥에 관한 법률(이하 '게임산업법') 제44조 제1항 위반의 범죄행위에 의하여 생긴 수익의 추징은 부정한 이익을 박탈하여 이를 보유하지 못하게 하는 데에 목적이 있으므로, 수인이 공동으로 불법게임장 영업을 하여 이익을 얻은 경우에는 그 분배받은 금원, 즉 실질적으로 귀속된 이익금만을 개별적으로 추징하여야 하고, 실질적으로 귀속된 이익이 없는 피고인에 대하여는 추징할 수 없다. 그리고 게임 이용자들에게 환전하여 준 금원이 있는 경우 그 범죄로 얻은 수익은 매출액에서 게임 이용자들에게 환전하여 준 금액을 공제하고 남은 금액이다.

[❷ ▸ ○] 금품의 무상대여를 통하여 위법한 재산상 이익을 취득한 경우 범인이 받은 부정한 이익은 그로 인한 금융이익 상당액이라 할 것이므로 추징의 대상이 되는 것은 무상으로 대여받은 금품 그 자체가 아니라 위 금융이익 상당액이라고 봄이 상당하다(대판 2014.5.16. 2014도1547).
[❸ ▸ ○] 대판 2000.9.8. 2000도546
[❹ ▸ ○] 대판 2014.9.4. 2014도3263

답 ❶

005 □□□

몰수, 추징에 관한 다음 설명 중 가장 옳지 않은 것은? 19 법원9급

① 수뢰자가 자기앞수표를 뇌물로 받아 이를 소비한 후 자기앞수표 상당액을 증뢰자에게 반환한 경우에는 증뢰자로부터 그 가액을 추징하여야 한다.
② 형법 제48조 제1항 제1호, 제2항에 의한 몰수 및 추징은 임의적인 것이므로 그 추징의 요건에 해당되는 물건이라도 이를 추징할 것인지의 여부는 법원의 재량에 맡겨져 있다.
③ 필요적 몰수의 요건을 갖추지 못한 경우라도 형법 제48조 제1항에서 정하는 임의적 몰수 요건을 충족하면 몰수할 수 있다.
④ 형법상 배임수재죄에서의 몰수, 추징은 필요적 몰수, 추징이다.

정선 핵심

① 뇌물로 받은 자기앞수표를 소비한 후 수표 상당액을 반환한 경우 → 수뢰자로부터 추징 ○
② 형법상 몰수, 추징 → 임의적 몰수
③ 필요적 몰수의 요건을 갖추지 못한 경우 → 임의적 몰수요건을 충족하면 몰수 가능
④ 배임수재죄의 몰수, 추징 → 필요적 몰수

정선 해설

[❶ ▸ ×] 수뢰자가 자기앞수표를 뇌물로 받아 이를 소비한 후 자기앞수표 상당액을 증뢰자에게 반환하였다 하더라도 뇌물 그 자체를 반환한 것은 아니므로 이를 몰수할 수 없고 수뢰자로부터 그 가액을 추징하여야 할 것이다 (대판 1999.1.29. 98도3584).

[❷ ▸ ○] 대판 2002.9.4. 2000도515

[❸ ▸ ○] 대판 1976.9.28. 75도3607

[❹ ▸ ○] 형법 제357조 제3항 참조

법령

배임수증재(형법 제357조) ① 타인의 사무를 처리하는 자가 그 임무에 관하여 부정한 청탁을 받고 재물 또는 재산상의 이익을 취득하거나 제3자로 하여금 이를 취득하게 한 때에는 5년 이하의 징역 또는 1천만원 이하의 벌금에 처한다.

③ 범인 또는 그 사정을 아는 제3자가 취득한 제1항의 재물은 몰수한다. 그 재물을 몰수하기 불가능하거나 재산상의 이익을 취득한 때에는 그 가액을 추징한다.

답 ❶

006 □□□ 몰수에 대한 설명으로 옳은 것은?(다툼이 있는 경우 판례에 의함)

20 국가9급

① 상품을 절취하여 자신의 승용차에 싣고 간 경우, 그 승용차가 단순한 교통수단을 넘어 장물의 운반에 사용한 것이라고 인정된다면 이를 범죄행위에 제공한 물건으로 보아 몰수할 수 있다.

② 몰수나 추징이 공소사실과 관련이 있는 경우 그 공소사실에 관하여 이미 공소시효가 완성된 경우에도 몰수나 추징을 할 수 있다.

③ 피고인의 소유물은 물론 공범자의 소유물도 몰수할 수 있으나, 공범자의 소유물은 공범자가 소추된 경우에 한하여 몰수할 수 있다.

④ 집행을 종료함으로써 효력을 상실한 압수·수색영장에 기하여 다시 압수·수색을 실시하면서 몰수대상물건을 압수한 경우, 압수 자체가 위법하므로 그러한 압수물의 몰수 역시 효력이 없다.

정선 핵심

① 상품을 절취하여 승용차에 싣고 간 경우 → 승용차 몰수 ○

② 몰수나 추징이 공소시효가 완성된 공소사실과 관련이 있는 경우 → 몰수·추징 ×

③ 몰수의 요건

→ 대인적 요건 : 공범자의 소유물도 공범자의 소추 여부를 불문하고 몰수 가능

④ 효력을 상실한 영장에 기한 압수물을 몰수한 경우 → 몰수는 적법 ○

정선 해설

[❶ ▸ ○] 대판 2006.9.14. 2006도4075

[❷ ▸ ×] 몰수나 추징이 공소사실과 관련이 있다 하더라도 그 공소사실에 관하여 이미 공소시효가 완성되어 유죄의 선고를 할 수 없는 경우에는 몰수나 추징도 할 수 없다(대판 1992.7.28. 92도700).

[❸ ▸ ×] 형법 제48조 제1항의 '범인'에는 공범자도 포함되므로 피고인의 소유물은 물론 공범자의 소유물도 그 공범자의 소추 여부를 불문하고 몰수할 수 있고, 여기에서의 공범자에는 공동정범, 교사범, 방조범에 해당하는 자는 물론 필요적 공범관계에 있는 자도 포함된다(대판 2006.11.23. 2006도5586).

[❹ ▸ ×] 이미 그 집행을 종료함으로써 효력을 상실한 압수·수색영장에 기하여 다시 압수·수색을 실시하면서 몰수대상물건을 압수한 경우, 압수 자체가 위법하게 됨은 별론으로 하더라도 그것이 위 물건의 몰수의 효력에는 영향을 미칠 수 없다(대판 2003.5.30. 2003도705).

답 ❶

007 □□□

몰수와 추징에 대한 설명으로 옳은 것은?(다툼이 있는 경우 판례에 의함) 21 경찰간부

① 甲주식회사 대표이사가 금융기관에 청탁하여 乙주식회사의 대출을 알선하고 그 대가로 용역대금 명목의 수수료를 받아 특정경제범죄 가중처벌 등에 관한 법률위반죄를 범한 경우, 수수료에 대한 권리는 甲회사에 귀속되기 때문에 수수료로 받은 금품을 몰수 또는 그 가액을 추징할 수 없다.

② 몰수는 범죄에 의한 이득을 박탈하는 데 그 취지가 있고 추징도 이러한 몰수의 취지를 관철하기 위한 것이라는 점에서 추징가액의 산정은 재판선고 시의 가격이 기준이 된다.

③ 형법 제48조 제1항의 '범인'에 해당하는 공범자는 유죄의 죄책을 지는 자에 국한되므로, 유죄의 죄책을 지지 않는 공범자의 물건은 몰수할 수 없다.

④ 효력을 상실한 압수·수색영장에 기하여 다시 압수를 실시하여 압수해 온 물건을 몰수하였다면, 해당 몰수는 위법한 것으로 효력이 없다.

정선 핵심

① 주식회사 대표이사인 피고인이 알선의 대가로 용역대금 명목의 수수료를 받아 특경법위반죄를 범한 경우 → 피고인으로부터 몰수·추징 가능

② 추징의 가액산정기준 → 재판선고 시의 가격

③ 몰수의 요건
→ 대인적 요건 : 유죄의 죄책을 지지 않는 공범자의 물건 몰수가능

④ 효력을 상실한 영장에 기한 압수물을 몰수한 경우 → 몰수는 적법 ○

정선 해설

[❶ ▸ ×] 피고인이 甲 회사의 대표이사로서 같은 법 제7조에 해당하는 행위를 하고 당해 행위로 인한 대가로 수수료를 받았다면, 수수료에 대한 권리가 甲 회사에 귀속된다 하더라도 행위자인 피고인으로부터 수수료로 받은 금품을 몰수 또는 그 가액을 추징할 수 있으므로, 피고인이 개인적으로 실제 사용한 금품이 없더라도 마찬가지라고 본 원심판단은 정당하다(대판 2015.1.15. 2012도7571).

[❷ ▸ ○] 대판 1991.5.28. 91도352

> **관련판례** 대판 2005.7.15. 2003도4293
>
> [1] 피고인이 범죄행위로 취득한 주식이, 판결선고 전에 그 발행회사가 다른 회사에 합병됨으로써 판결선고 시의 주가를 알 수 없을 뿐만 아니라, 무상증자 받은 주식과 다시 매입한 주식까지 섞어서 처분되어 그 처분가액을 정확히 알 수 없는 경우, 주식의 시가가 가장 낮을 때를 기준으로 산정한 가액을 추징하여야 한다.
> [2] 범죄행위로 인하여 물건을 취득하면서 그 대가를 지급하였다고 하더라도 범죄행위로 취득한 것은 물건 자체이고 이는 몰수되어야 할 것이나, 이미 처분되어 없다면 그 가액 상당을 추징할 것이고, 그 가액에서 이를 취득하기 위한 대가로 지급한 금원을 뺀 나머지를 추징해야 하는 것은 아니다.

[❸ ▸ ×] 형법 제48조 제1항의 '범인'에 해당하는 공범자는 반드시 유죄의 죄책을 지는 자에 국한된다고 볼 수 없고 공범에 해당하는 행위를 한 자이면 족하므로 이러한 자의 소유물도 형법 제48조 제1항의 '범인 외의 자의 소유에 속하지 아니하는 물건'으로서 이를 피고인으로부터 몰수할 수 있다(대판 2006.11.23. 2006도5586).

[❹ ▸ ×] 이미 그 집행을 종료함으로써 효력을 상실한 압수·수색영장에 기하여 다시 압수·수색을 실시하면서 몰수대상물건을 압수한 경우, 압수 자체가 위법하게 됨은 별론으로 하더라도 그것이 위 물건의 몰수의 효력에는 영향을 미칠 수 없다(대판 2003.5.30. 2003도705).

답 ❷

008 □□□

몰수와 추징에 대한 설명으로 가장 적절하지 않은 것은?(다툼이 있는 경우 판례에 의함)

18 경찰채용

① 행위자에게 유죄의 재판을 아니할 때에도 몰수의 요건이 있는 때에는 몰수만을 선고할 수 있다.

② 마약류 관리에 관한 법률 제67조의 몰수나 추징을 선고하기 위하여는 몰수나 추징의 요건이 공소가 제기된 범죄사실과 관련되어 있어야 하므로, 법원으로서는 범죄사실에서 인정되지 아니한 사실에 관하여는 몰수나 추징을 선고할 수 없다.

③ 형법 제134조에 의한 필요적 몰수의 경우 뇌물에 공할 금품이 특정되지 않았던 것은 몰수할 수 없고 그 가액을 추징할 수도 없다.

④ 형법 제357조에 의한 필요적 몰수의 경우 배임수재자가 배임증재자로부터 받은 재물을 그대로 가지고 있다가 증재자에게 반환하였더라도 수재자로부터 이를 몰수하거나 그 가액을 추징하여야 한다.

정선 핵심

① 몰수의 요건
→ 대인적 요건 : 유죄의 재판을 아니할 때 몰수의 요건이 있는 경우 몰수만 선고 ○
② 공소가 제기되지 아니한 범죄사실에 의해 몰수·추징하는 경우 → 몰수·추징 ×
③ 뇌물에 공할 금품이 특정되지 않은 경우 → 몰수·추징 ×
④ 수재자가 증재자로부터 받은 재물을 그대로 증재자에게 반환한 경우 → 증재자로부터 몰수하거나 가액 추징

정선 해설

[❶ ▸ ○] 형법 제49조 참조

> **법령** 몰수의 부가성(형법 제49조) 몰수는 타형에 부가하여 과한다. 단, 행위자에게 유죄의 재판을 아니할 때에도 몰수의 요건이 있는 때에는 몰수만을 선고할 수 있다.

[❷ ▸ ○] 몰수나 추징을 선고하기 위하여서는 몰수나 추징의 요건이 공소가 제기된 공소사실과 관련되어 있어야 하고, 공소사실이 인정되지 않는 경우에 이와 별개의 공소가 제기되지 아니한 범죄사실을 법원이 인정하여 그에 관하여 몰수나 추징을 선고하는 것은 불고불리의 원칙에 위반되어 불가능하다(대판 1992.7.28. 92도700).

[❸ ▸ ○] 대판 1996.5.8. 96도221

[❹ ▸ ×] 수재자가 증재자로부터 받은 재물을 그대로 가지고 있다가 증재자에게 반환하였다면 증재자로부터 이를 몰수하거나 그 가액을 추징하여야 한다(대판 2017.4.7. 2016도18104).

답 ❹

009 □□□

몰수와 추징에 관한 다음 설명 중 옳은 것은 모두 몇 개인가?(다툼이 있는 경우 판례에 의함)

18 해경간부

ㄱ. 몰수나 추징이 공소사실과 관련이 있다 하더라도 그 공소사실에 관하여 이미 공소시효가 완성되어 유죄의 선고를 할 수 없는 경우에는 몰수나 추징도 할 수 없다.
ㄴ. 어떠한 물건을 '범죄행위에 제공하려고 한 물건'으로써 몰수하기 위해서는 그 물건이 유죄로 인정되는 당해 범죄행위에 제공하려고 한 물건임이 입증되어야 한다.
ㄷ. 금품의 무상차용을 통하여 위법한 재산상 이익을 취득한 경우 범인이 받은 부정한 이익은 그로 인한 금융이익 상당액이므로 추징의 대상이 되는 것은 무상으로 대여받은 금품 그 자체가 아니라 '금융이익 상당액'이다.
ㄹ. 여러 사람이 공모하여 관세를 포탈하거나 관세장물을 알선, 운반, 취득한 경우에는 범칙자의 1인이 그 물품을 소유하거나 점유하였다면 그 물품의 범칙 당시의 국내 도매가격 상당의 가액전액을 그 물품의 소유 또는 점유사실의 유무를 불문하고 범칙자 전원으로부터 각각 추징할 수 있다.

① 1개　　② 2개
③ 3개　　④ 4개

정선 핵심

ㄱ. 몰수나 추징이 공소시효가 완성된 공소사실과 관련이 있는 경우 → 몰수・추징 ×
ㄴ. 몰수의 요건
　→ 대물적 요건 : 당해 범죄행위에 제공하려고 한 물건이어야 함
ㄷ. 금품의 무상대여로 재산상 이익을 취득한 경우 → 추징액은 금융이익 상당액
ㄹ. 관세법상 추징
　→ 징벌적 성격
　→ 물품의 소유 또는 점유사실의 유무를 불문하고 전원으로부터 각각 추징

정선 해설

[ㄱ ▸ O] 대판 1992.7.28. 92도700
[ㄴ ▸ O] 어떠한 물건을 '범죄행위에 제공하려고 한 물건'으로서 몰수하기 위하여는 그 물건이 유죄로 인정되는 당해 범죄행위에 제공하려고 한 물건임이 인정되어야 한다(대판 2008.2.14. 2007도10034).

[판결요지] 체포될 당시에 미처 송금하지 못하고 소지하고 있던 자기앞수표나 현금은 장차 실행하려고 한 외국환거래법 위반의 범행에 제공하려는 물건일 뿐, 그 이전에 범해진 외국환거래법 위반의 '범죄행위에 제공하려고 한 물건'으로는 볼 수 없으므로 몰수할 수 없다고 한 사례(대판 2008.2.14. 2007도10034).

[ㄷ ▸ O] 대판 2014.5.16. 2014도1547
[ㄹ ▸ O] 관세법상 추징은 일반형사법에서의 추징과는 달리 징벌적 성격을 띠고 있어 여러 사람이 공모하여 관세를 포탈하거나 관세장물을 알선, 운반, 취득한 경우에는 범칙자의 1인이 그 물품을 소유하거나 점유하였다면 그 물품의 범칙 당시의 국내도매가격 상당의 가액 전액을 그 물품의 소유 또는 점유사실의 유무를 불문하고 범칙자 전원으로부터 각각 추징할 수 있다(대판 2007.12.28. 2007도8401).

답 ④

010 □□□

다음 중 형법상 임의적 몰수의 대상인 것은? 15 경찰승진

① 유가증권위조죄에 있어서의 위조된 유가증권
② 배임수재에 의하여 취득한 재물
③ 공무원이 받은 뇌물
④ 아편에 관한 죄의 아편흡식기구

정선 해설

유가증권위조죄에 있어서의 위조된 유가증권은 범죄행위로 인하여 생긴 물건이므로 임의적 몰수의 대상이 된다. 그러나 배임수재에 의하여 취득한 재물(형법 제357조 제3항), 공무원이 받은 뇌물(형법 제134조), 아편에 관한 죄의 아편흡식기구(형법 제206조)는 필요적 몰수의 대상이다.

답 ❶

011 □□□

몰수와 추징에 대한 설명으로 옳지 않은 것은?(다툼이 있는 경우 판례에 의함) 17 국가9급

① 甲이 공무원 A에게 승용차 대금 명목으로 1,400만원을 뇌물로 제공하기로 약속하였다면 甲으로부터 그 뇌물로 제공하기로 약속된 승용차 대금 명목의 금품을 추징해야 한다.
② 甲이 A로 하여금 사기도박에 참여하도록 유인하기 위하여 고액의 수표를 제시해 보였다면 그 수표를 직접적으로 도박자금으로 사용하지 않았더라도 몰수할 수 있다.
③ 수뢰자가 증뢰자로부터 뇌물을 교부받아 그대로 보관하였다가 증뢰자에게 뇌물 그 자체를 반환한 경우에는 증뢰자로부터 몰수 또는 추징한다.
④ 몰수의 취지가 범죄에 의한 이득의 박탈을 그 목적으로 하는 것이고 추징도 이러한 몰수의 취지를 관철하기 위한 것인 경우에는 추징가액의 산정은 재판선고 시의 가격을 기준으로 하여야 한다.

정선 핵심

① 승용차 대금으로 1,400만원을 뇌물로 제공하기로 약속한 경우 → 추징 ×
② 사기도박에 유인하기 위해 수표를 제시한 경우 → 몰수 ○
③ 받은 뇌물을 그대로 증뢰자에게 반환한 경우 → 증뢰자로부터 몰수·추징 ○
④ 추징의 가액산정기준 → 재판선고 시의 가격

정선 해설

[❶ ▸ ×] 몰수는 특정된 물건에 대한 것이고 추징은 본래 몰수할 수 있었음을 전제로 하는 것임에 비추어 뇌물에 공할 금품이 특정되지 않았던 것은 몰수할 수 없고 그 가액을 추징할 수도 없다(대판 1996.5.8. 96도221).

> **[판결이유]** 뇌물로 약속된 위 승용차대금 명목의 금품은 특정되지 않아 이를 몰수할 수 없었으므로 그 가액을 추징할 수 없는 것임에도 이를 간과한 원심판결은 앞서 설시한 위 조항 소정의 추징에 관한 법리를 오해하여 판결에 영향을 미친 위법을 저지른 것이다(대판 1996.5.8. 96도221).

[❷ ▸ ○] 대판 2002.9.24. 2002도3589
[❸ ▸ ○] 대판 1984.2.28. 83도2783
[❹ ▸ ○] 몰수하기 불능한 때에 추징하여야 할 가액은 범인이 그 물건을 보유하고 있다가 몰수의 선고를 받았더라면 잃었을 이득상당액을 의미한다고 보아야 할 것이므로 그 가액산정은 재판선고 시의 가격을 기준으로 하여야 할 것이다(대판 1991.5.28. 91도352).

답 ❶

012 □□□

다음 설명 중 옳지 않은 것은?(다툼이 있는 경우 판례에 의함) 16 경찰간부

① 몰수의 대상이 되는 물건은 반드시 압수되어 있는 물건에 대하여서만 하는 것이 아니므로, 몰수대상물건이 압수되어 있는가 하는 점은 몰수의 요건이 아니다.
② 추징은 일종의 형으로서 검사가 공소를 제기함에 있어 관련 추징규정의 적용을 빠뜨렸다 하더라도 법원이 직권으로 이를 적용하여야 하는 것은 아니다.
③ 피해자로 하여금 사기도박에 참여하도록 유인하기 위하여 고액의 수표를 제시해 보인 경우, 위 수표가 직접적으로 도박자금으로 사용되지 아니하였다 할지라도 이를 몰수할 수 있다.
④ 대형할인매장에서 수회 상품을 절취하여 자신의 승용차에 싣고 간 경우, 위 승용차는 범죄행위에 제공한 물건으로 보아 몰수할 수 있다.

정선 핵심

① 몰수의 요건
→ 대물적 요건 : 몰수대상물에 대한 압수의 적법성 불요
② 공소를 제기함에 있어 관련 추징규정의 적용을 빠뜨린 경우 → 법원의 직권적용 ○
③ 사기도박에 유인하기 위해 수표를 제시한 경우 → 몰수 ○
④ 대형할인매장에서 상품을 절취하여 승용차에 싣고 간 경우 → 승용차 몰수 ○

정선 해설

[❶ ▸ ○] 몰수는 반드시 압수되어 있는 물건에 대하여만 하는 것이 아니므로 몰수대상물건이 압수되어 있는가 하는 점 및 적법한 절차에 의하여 압수되었는가 하는 점은 몰수의 요건이 아니다(대판 2014.9.4. 2014도3263).
[❷ ▸ ×] 추징은 일종의 형으로서 검사가 공소를 제기함에 있어 관련 추징규정의 적용을 빠뜨렸다 하더라도 법원은 직권으로 이를 적용하여야 하는 것이다(대판 2007.1.25. 2006도8663).
[❸ ▸ ○] 피해자로 하여금 사기도박에 참여하도록 유인하기 위하여 고액의 수표를 제시해 보인 경우, 위 수표가 피해자로 하여금 사기도박에 참여하도록 만들기 위한 수단으로 사용된 이상, 이를 몰수할 수 있다(대판 2002.9.24. 2002도3589).
[❹ ▸ ○] 대판 2006.9.14. 2006도4075

답 ❷

013 □□□

몰수와 추징에 관한 설명으로 가장 타당하지 않은 것은?(판례에 의함)

13 경찰간부

① 수인이 공모하여 수뢰한 경우에 개별적으로 수수한 액수를 알 수 없으면 평등하게 분할한 액을 몰수 또는 추징하여야 한다.

② 뇌물을 받은 자가 그 뇌물을 증뢰자에게 반환한 때에도 수뢰자에게 그 가액을 추징하여야 한다.

③ 몰수나 추징을 선고하기 위하여는 몰수나 추징의 요건이 공소가 제기된 범죄사실과 관련되어 있어야 하므로, 법원으로서는 범죄사실에서 인정되지 아니한 사실에 관하여는 몰수나 추징을 선고할 수 없다고 보아야 한다.

④ 변호사법 위반의 범행으로 금품을 취득한 경우, 그 범행과정에서 지출한 비용이 있더라도 추징할 금액을 산정할 때 그 금품의 가액에서 위 지출비용을 공제할 수는 없다.

정선 핵심

① 수인이 공모하여 수뢰한 경우 → 개별적 수수액수를 알 수 없으면 평등하게 분할한 액을 몰수·추징 O
② 받은 뇌물을 그대로 증뢰자에게 반환한 경우 → 증뢰자로부터 몰수·추징 O
③ 공소가 제기되지 아니한 범죄사실에 의해 몰수·추징하는 경우 → 몰수·추징 ×
④ 변호사법 위반의 범행으로 금품을 취득한 경우 → 추징액에서 지출한 비용 공제 ×

정선 해설

[❶ ▸ O] 여러 사람이 공동으로 뇌물을 수수한 경우 그 가액을 추징하려면 실제로 분배받은 금품만을 개별적으로 추징하여야 하고 수수금품을 개별적으로 알 수 없을 때에는 평등하게 추징하여야 하며 공동정범뿐 아니라 교사범 또는 종범도 뇌물의 공동수수자에 해당할 수 있다. 그리고 뇌물을 수수한 자가 공동수수자가 아닌 교사범 또는 종범에게 뇌물 중 일부를 사례금 등의 명목으로 교부하였다면 이는 뇌물을 수수하는 데 따르는 부수적 비용의 지출 또는 뇌물의 소비행위에 지나지 아니하므로, 뇌물수수자에게서 수뢰액 전부를 추징하여야 한다(대판 2011.11.24. 2011도9585).

> **비교판례** 대판 2004.4.27. 2004도482
>
> 대통령 선거와 관련하여 정치자금에관한법률 제30조 제1항을 위반하여 정치자금을 수수하거나 같은 법 제30조 제2항 제6호, 제14조에 위반하여 정치자금의 기부알선을 하는 과정에서 알선자가 정치자금을 받은 경우에, 교부받은 금품을 제공한 자의 뜻에 따라 당이나 후보자 본인에게 전달한 경우에는 그 부분의 이익은 실질적으로 범인에게 귀속된 것이 아니어서 이를 제외한 나머지 금품만을 몰수하거나 그 가액을 추징하여야 한다.

[❷ ▸ ×] 수뢰자가 뇌물을 그대로 보관하였다가 증뢰자에게 반환한 때에는 증뢰자로 부터 몰수·추징할 것이므로 수뢰자로 부터 추징함은 위법하다(대판 1984.2.28. 83도2783).
[❸ ▸ O] 대판 1992.7.28. 92도700
[❹ ▸ O] 대판 2008.10.9. 2008도6944

답 ❷

014
□□□

몰수에 관한 다음 설명 중 가장 옳지 않은 것은?(다툼이 있는 경우 판례에 의함)

16 법원9급

① 범죄행위에 제공하였거나 제공하려고 한 물건이라 하더라도 적법한 절차에 의하여 압수되어 있지 아니한 물건은 몰수할 수 없다.
② 대형할인매장에서 수회 상품을 절취하여 자신의 승용차에 싣고 간 경우, 그 절취한 물품의 부피가 상당한 크기의 것이어서 대중교통수단을 타고 운반하기에 곤란한 수준이었다면, 위 승용차를 범죄행위에 제공한 물건으로 보아 몰수할 수 있다.
③ 피고인의 소유물은 물론 공범자의 소유물도 그 공범자의 소추 여부를 불문하고 몰수할 수 있다.
④ 행위자에게 유죄의 재판을 아니 할 때에도 몰수의 요건이 있는 때에는 몰수만을 선고할 수 있다.

정선 핵심

①·③·④ 몰수의 요건
→ 대물적 요건 : 몰수대상물에 대한 압수의 적법성 불요
→ 대인적 요건 : 공범자의 소유물도 공범자의 소추 여부를 불문하고 몰수 가능
→ 대인적 요건 : 유죄의 재판을 아니 할 때 몰수의 요건이 있는 경우 몰수만 선고 ○
② 대형할인매장에서 상품을 절취하여 승용차에 싣고 간 경우 → 승용차 몰수 ○

정선 해설

[❶ ▸ ×] 몰수는 반드시 압수되어 있는 물건에 대하여만 하는 것이 아니므로 몰수대상물건이 압수되어 있는가 하는 점 및 적법한 절차에 의하여 압수되었는가 하는 점은 몰수의 요건이 아니다(대판 2014.9.4. 2014도3263).
[❷ ▸ ○] 대형할인매장에서 수회 상품을 절취하여 자신의 승용차에 싣고 간 경우, 이 승용차는 단순히 범행장소에 도착하는 데 사용한 교통수단을 넘어서 장물의 운반에 사용한 자동차라고 보아야 할 것이므로 형법 제48조 제1항 제1호 소정의 범죄행위에 제공한 물건이라고 보아 몰수할 수 있다(대판 2006.9.14. 2006도4075).
[❸ ▸ ○] 대판 2006.11.23. 2006도5586
[❹ ▸ ○] 형법 제49조 단서

법령 몰수의 부가성(형법 제49조) 몰수는 타형에 부가하여 과한다. 단, 행위자에게 유죄의 재판을 아니 할 때에도 몰수의 요건이 있는 때에는 몰수만을 선고할 수 있다.

답 ❶

015 □□□

다음은 몰수·추징에 대한 설명이다. 가장 적절하지 않은 것은?(다툼이 있으면 판례에 의함)

14 경찰채용

① 몰수나 추징이 공소사실과 관련이 있다 하더라도 그 공소사실에 관하여 이미 공소시효가 완성되어 유죄의 선고를 할 수 없는 경우에는 몰수나 추징도 할 수 없다.

② 대형할인매장에서 수회 상품을 절취하여 자신의 승용차에 싣고 간 경우, 위 승용차는 형법 제48조 제1항 제1호에 정한 범죄행위에 제공한 물건으로 보아 몰수할 수 있다.

③ 금품의 무상차용을 통하여 위법한 재산상 이익을 취득한 경우 범인이 받은 부정한 이익은 무상으로 대여받은 금품 그 자체이므로 추징의 대상도 금품 그 자체이다.

④ 변호사법 위반의 범행으로 금품을 취득한 경우 그 범행과정에서 지출한 비용은 그 금품을 취득하기 위하여 지출한 부수적 비용에 불과하고, 몰수하여야 할 것은 변호사법 위반의 범행으로 취득한 금품 그 자체이므로, 취득한 금품이 이미 처분되어 추징할 금원을 산정할 때 그 금품의 가액에서 위 지출비용을 공제할 수는 없다.

정선 핵심

① 몰수나 추징이 공소시효가 완성된 공소사실과 관련이 있는 경우 → 몰수·추징 ×
② 대형할인매장에서 상품을 절취하여 승용차에 싣고 간 경우 → 승용차 몰수 O
③ 금품의 무상대여로 재산상 이익을 취득한 경우 → 추징액은 금융이익 상당액
④ 변호사법 위반의 범행으로 금품을 취득한 경우 → 추징액에서 지출한 비용 공제 ×

정선 해설

[❶ ▸ O] 대판 1992.7.28. 92도700

[❷ ▸ O] 대형할인매장에서 수회 상품을 절취하여 자신의 승용차에 싣고 간 경우, 이 승용차는 단순히 범행장소에 도착하는 데 사용한 교통수단을 넘어서 장물의 운반에 사용한 자동차라고 보아야 할 것이므로 형법 제48조 제1항 제1호 소정의 범죄행위에 제공한 물건이라고 보아 몰수할 수 있다(대판 2006.9.14. 2006도4075).

[❸ ▸ ×] 금품의 무상대여를 통하여 위법한 재산상 이익을 취득한 경우 범인이 받은 부정한 이익은 그로 인한 금융이익 상당액이라 할 것이므로 추징의 대상이 되는 것은 무상으로 대여받은 금품 그 자체가 아니라 위 금융이익 상당액이라고 봄이 상당하다(대판 2014.5.16. 2014도1547).

[❹ ▸ O] 대판 2008.10.9. 2008도6944

답 ❸

016 □□□

몰수 및 추징에 대한 설명으로 옳지 않은 것은?(다툼이 있는 경우 판례에 의함)

15 국가9급

① 행위자에게 유죄의 재판을 하지 아니할 때에도 몰수만을 선고할 수 있으므로 실체판단에 들어가 공소사실을 인정하는 경우가 아닌 면소의 경우에도 원칙적으로 몰수할 수 있다.

② 공범자의 소유물은 그의 소추 여부를 불문하고 몰수할 수 있다.

③ 범죄행위로 인하여 주식을 취득하면서 그 대가를 지급하였더라도 그 주식 자체가 몰수되어야 하지만, 주식이 이미 처분되고 없어 그 가액상당을 추징할 때에도 대가로 지급한 금원을 뺀 나머지를 추징하여야 하는 것은 아니다.

④ 몰수대상물건이 압수되어 있는가 하는 점 및 압수가 적법한 절차에 의하여 이루어졌는가 하는 점은 몰수의 요건이 아니다.

정선 핵심

①·②·④ 몰수의 요건
→ 대인적 요건 : 면소의 경우 원칙적으로 몰수 ×
→ 대인적 요건 : 공범자의 소유물도 공범자의 소추 여부를 불문하고 몰수 가능
→ 대물적 요건 : 몰수대상물에 대한 압수의 적법성 불요

③ 처분된 주식의 가액상당액 추징 → 주식취득대가 공제 ×

정선 해설

[❶ ▸ ×] 우리 법제상 공소의 제기 없이 별도로 몰수만을 선고할 수 있는 제도가 마련되어 있지 아니하므로 실체판단에 들어가 공소사실을 인정하는 경우가 아닌 면소의 경우에는 원칙적으로 몰수도 할 수 없다(대판 2007.7.26. 2007도4556).

[❷ ▸ O] 형법 제48조 제1항의 '범인'에는 공범자도 포함되므로 피고인의 소유물은 물론 공범자의 소유물도 그 공범자의 소추 여부를 불문하고 몰수할 수 있고, 여기에서의 공범자에는 공동정범, 교사범, 방조범에 해당하는 자는 물론 필요적 공범관계에 있는 자도 포함된다(대판 2006.11.23. 2006도5586).

[❸ ▸ O] 대판 2005.7.15. 2003도4293

[❹ ▸ O] 대판 2014.9.4. 2014도3263

답 ❶

017 □□□

몰수와 추징에 관한 설명이다. 다음 중 가장 적절하지 않은 것은?(다툼이 있으면 판례에 의함) 15 경찰채용

① 몰수나 추징이 공소사실과 관련이 있다 하더라도 그 공소사실에 관하여 이미 공소시효가 완성되어 유죄의 선고를 할 수 없는 경우에는 몰수나 추징도 할 수 없다.
② 몰수의 취지가 범죄에 의한 이득의 박탈을 그 목적으로 하는 것이고 추징도 이러한 몰수의 취지를 관철하기 위한 것이라는 점을 고려하면 몰수하기 불능할 때에 추징하여야 할 가액은 범인이 그 물건을 보유하고 있다가 몰수의 선고를 받았더라면 잃었을 이득 상당액을 의미한다고 보아야 할 것이므로 그 가액산정은 재판선고 시의 가격을 기준으로 하여야 할 것이다.
③ 히로뽕을 수수하여 그중 일부를 직접 투약한 경우에는 수수한 히로뽕의 가액뿐만 아니라 직접 투약한 부분에 대한 가액을 별도로 추징하여야 한다.
④ 범인이 배임수재에 의하여 취득한 재물은 현행 형법상 필요적 몰수 대상이다.

정선 핵심

① 몰수나 추징이 공소시효가 완성된 공소사실과 관련이 있는 경우 → 몰수·추징 ×
② 추징의 가액산정기준 → 재판선고 시의 가격
③ 히로뽕을 수수하여 일부를 직접 투약한 경우 → 투약한 부분에 대한 가액 추징 ×
④ 배임수재죄의 몰수, 추징 → 필요적 몰수

정선 해설

[❶ ▸ O] 대판 1992.7.28. 92도700
[❷ ▸ O] 대판 1991.5.28. 91도352
[❸ ▸ ×] 히로뽕을 수수하여 그중 일부를 직접 투약한 경우에는 수수한 히로뽕의 가액만을 추징할 수 있고 직접 투약한 부분에 대한 가액을 별도로 추징할 수 없다(대판 2000.9.8. 2000도546).
[❹ ▸ O] 형법 제357조 제3항 참조

법령 배임수증재(형법 제357조) ① 타인의 사무를 처리하는 자가 그 임무에 관하여 부정한 청탁을 받고 재물 또는 재산상의 이익을 취득하거나 제3자로 하여금 이를 취득하게 한 때에는 5년 이하의 징역 또는 1천만원 이하의 벌금에 처한다.
③ 범인 또는 그 사정을 아는 제3자가 취득한 제1항의 재물은 몰수한다. 그 재물을 몰수하기 불가능하거나 재산상의 이익을 취득한 때에는 그 가액을 추징한다.

답 ❸

018 □□□

몰수에 대한 설명으로 가장 옳지 않은 것은?(다툼이 있는 경우 판례에 의함)

14 경찰간부

① 외국환거래법위반혐의로 체포될 당시에 미처 송금하지 못하고 소지하고 있던 자기앞수표나 현금은 몰수의 대상이다.

② 장물매각대금은 장물피해자가 있는 경우에는 몰수의 대상이 되지 못하고 피해자의 교부청구가 있으면 환부해야 한다.

③ '범인' 속에는 '공범자'도 포함되므로 범인 자신의 소유물은 물론 공범자의 소유물도 그 공범자의 소추 여부를 불문하고 몰수할 수 있다.

④ 형법 제48조 제1항 제1호에 의한 몰수는 임의적인 것이므로 그 몰수의 요건에 해당되는 물건이라도 이를 몰수할 것인지의 여부는 일응 법원의 재량에 맡겨져 있다 할 것이나, 형벌 일반에 적용되는 비례의 원칙에 의한 제한을 받는다.

정선 핵심

① 외국환거래법위반혐의로 체포 당시에 소지하고 있던 자기앞수표나 현금 → 몰수 ×
② 장물매각대금 → 몰수 ×
③ 몰수의 요건
⋯→ 대인적 요건 : 공범자의 소유물도 공범자의 소추 여부를 불문하고 몰수 가능
④ 몰수의 제한
⋯→ 비례의 원칙에 의한 제한
⋯→ 이러한 법리는 범죄수익은닉규제법에도 적용

정선 해설

[❶ ▸ ×] 체포될 당시에 미처 송금하지 못하고 소지하고 있던 자기앞수표나 현금은 장차 실행하려고 한 외국환거래법 위반의 범행에 제공하려는 물건일 뿐, 그 이전에 범해진 외국환거래법 위반의 '범죄행위에 제공하려고 한 물건'으로는 볼 수 없으므로 몰수할 수 없다(대판 2008.2.14. 2007도10034).

[❷ ▸ ○] 장물을 처분하여 그 대가로 취득한 압수물은 몰수할 것이 아니라 피해자에게 교부하여야 할 것이다(대판 1969.1.21. 68도1672).

[❸ ▸ ○] 대판 2006.11.23. 2006도5586

[❹ ▸ ○] 형법 제48조 제1항 제1호에 의한 몰수는 임의적인 것이므로 그 몰수의 요건에 해당되는 물건이라도 이를 몰수할 것인지의 여부는 일응 법원의 재량에 맡겨져 있다 할 것이나, 형벌 일반에 적용되는 비례의 원칙에 의한 제한을 받으며, 이러한 법리는 범죄수익은닉의 규제 및 처벌 등에 관한 법률 제8조 제1항의 경우에도 마찬가지로 적용된다(대판 2013.5.23. 2012도11586).

답 ❶

정선지문OX

01 "벌금을 감경할 때에는 그 다액의 2분의 1로 한다"는 규정은 그 상한액만 2분의 1로 내려간다는 것이 아니라 하한까지도 함께 내려간다고 해석하여야 한다. 15 국가9급 O|X

02 피고인이 A와 공동하여 영업으로 성매매알선행위를 함으로써 성매매에 제공되는 사실을 알면서 토지와 건물을 제공한 경우 그 토지와 건물을 몰수할 수 있다. 16 5급승진 O|X

03 밀항단속법상의 몰수와 추징은 징벌적 제재의 성격을 띠고 있으므로, 여러 사람이 공모하여 죄를 범하고도 몰수대상인 수수 또는 약속한 보수를 몰수할 수 없을 때에는 공범자 전원에 대하여 그 보수액 전부를 추징한다. 15 법원9급 O|X

01 대판 1978.4.25. 78도246[전합]

02 대판 2013.5.23. 2012도11586

03 대판 2008.10.9. 2008도7034

정답

01 ○ **02** ○ **03** ○

019 □□□

다음 사례 중 형의 임의적 감경·면제사유에 해당하는 것을 모두 고른 것은?

21 경찰간부

ㄱ. 죄를 지은 후 수사기관에 자수한 경우
ㄴ. 심신장애로 인하여 사물변별능력 또는 의사결정능력이 미약한 경우
ㄷ. 실행의 수단 또는 대상의 착오로 인하여 결과의 발생이 불가능하더라도 위험성이 있는 경우
ㄹ. 미성년자약취죄를 범한 사람이 약취된 미성년자를 안전한 장소로 풀어 준 경우
ㅁ. 범죄에 의하여 외국에서 형의 전부 또는 일부의 집행을 받은 경우

① ㄱ, ㄷ
② ㄱ, ㄴ, ㄷ
③ ㄱ, ㄷ, ㅁ
④ ㄴ, ㄹ, ㅁ

정선 해설

[ㄱ ▸ O] 형법 제52조 제1항(임의적 감면)
[ㄴ ▸ X] 형법 제10조 제2항(임의적 감경)
[ㄷ ▸ O] 형법 제27조(임의적 감면)
[ㄹ ▸ X] 형법 제295조의2(임의적 감경)
[ㅁ ▸ X] 형법 제7조 참조(필요적 산입)

법령 외국에서 집행된 형의 산입(형법 제7조) 죄를 지어 외국에서 형의 전부 또는 일부가 집행된 사람에 대해서는 그 집행된 형의 전부 또는 일부를 선고하는 형에 산입한다.

답 ❶

020 □□□

형을 임의적으로 감경 또는 면제할 수 있는 경우만을 모두 고르면? 20 국가9급

ㄱ. 자구행위가 그 정도를 초과하였지만 정황에 참작할 사유가 있는 경우
ㄴ. 실행수단의 착오로 인하여 결과의 발생이 불가능하지만 위험성이 인정되는 경우
ㄷ. 직계혈족, 배우자, 동거친족 또는 동거가족의 재물을 절취한 경우
ㄹ. 피해자의 의사에 반하여 처벌할 수 없는 죄에 있어서 피해자에게 자복(自服)한 경우
ㅁ. 범인이 자의로 실행에 착수한 행위를 중지하거나 그 행위로 인한 결과의 발생을 방지한 경우

① ㄱ, ㄷ
② ㄴ, ㅁ
③ ㄱ, ㄴ, ㄹ
④ ㄴ, ㄹ, ㅁ

정선 해설

[ㄱ ▸ O] 형법 제23조 제2항(임의적 감면)
[ㄴ ▸ O] 형법 제27조(임의적 감면)
[ㄷ ▸ X] 형법 제328조 제1항, 제344조 참조(필요적 면제)

법령
친족 간의 범행과 고소(형법 제328조) ① 직계혈족, 배우자, 동거친족, 동거가족 또는 그 배우자 간의 제323조의 죄는 그 형을 면제한다.
친족 간의 범행(형법 제344조) 제328조의 규정은 제329조 내지 제332조의 죄 또는 미수범에 준용한다.

[ㄹ ▸ O] 형법 제52조 제2항(임의적 감면)
[ㅁ ▸ X] 형법 제26조(필요적 감면)

답 ❸

021 □□□

다음 설명 중 옳지 않은 것은 모두 몇 개인가? 20 법원행시

ㄱ. 형의 양정은 법정형 확인, 처단형 확정, 선고형 결정 등 단계로 구분된다. 법관은 형의 양정을 할 때 법정형에서 형의 가중·감경 등을 거쳐 형성된 처단형의 범위 내에서만 양형의 조건을 참작하여 선고형을 결정하여야 하고, 이는 형법 제37조 후단 경합범의 경우에도 마찬가지이다.
ㄴ. 형법 제56조는 형을 가중·감경할 사유가 경합된 경우 가중·감경의 순서를 '1. 각칙 조문에 따른 가중, 2. 제34조 제2항에 따른 가중, 3. 누범가중, 4. 법률상감경, 5. 경합범가중, 6. 정상참작감경' 순으로 하도록 정하고 있다.
ㄷ. 형의 감경에는 법률상 감경과 재판상 감경인 정상참작감경이 있다. 정상참작감경 외에 법률의 여러 조항에서 정하고 있는 감경은 모두 법률상 감경이라는 하나의 틀 안에 놓여 있다. 따라서 형법 제39조 제1항 후문에서 정한 감경도 당연히 법률상 감경에 해당한다.
ㄹ. 형법 제37조 후단 경합범에 대하여 형법 제39조 제1항에 의하여 형을 감경할 때에도 법률상 감경에 관한 형법 제55조 제1항이 적용되어 유기징역을 감경할 때에는 그 형기의 2분의 1 미만으로는 감경할 수 없다.
ㅁ. 어떠한 행위가 위법성조각사유로서 정당행위나 정당방위가 되는지 여부는 구체적인 경우에 따라 합목적적·합리적으로 가려야 하고, 또 행위의 적법 여부는 국가질서를 벗어나서 이를 가릴 수 없는 것이다.

① 1개 ② 2개
③ 3개 ④ 4개
⑤ 없음

정선 핵심

ㄱ. 사후적 경합범의 형의 양정 → 처단형 내에서 양형조건을 참작하여 선고형 결정
ㄴ. 가중·감경의 순서 → 1. 각칙 조문에 따른 가중, 2. 제34조 제2항의 가중, 3. 누범가중, 4. 법률상 감경, 5. 경합범가중, 6. 정상참작 감경의 순서
ㄷ.·ㄹ. 사후적 경합범의 감경
⋯→ 법률상 감경 ○
⋯→ 유기징역의 형기의 2분의 1 미만으로 감경 ×
ㅁ. 정당행위나 정당방위가 되는지 여부 → 국가질서 안에서 합목적적·합리적으로 결정

정선 해설

[ㄱ ▸ ○] 대판 2019.4.18. 2017도14609[전합]

[ㄴ ▸ ○] 형법 제56조에 의하면 형을 가중·감경할 사유가 경합하는 때에는 1. 각칙 조문에 따른 가중, 2. 형법 제34조 제2항에 따른 가중, 3. 누범가중, 4. 법률상 감경, 5. 경합범가중, 6. 정상참작감경 등의 순서에 의한다.

[ㄷ ▸ ○] 대판 2019.4.18. 2017도14609[전합]

[ㄹ ▸ ○] 형법 제37조 후단 경합범(이하 '후단 경합범')에 대하여 형법 제39조 제1항에 의하여 형을 감경할 때에도 법률상 감경에 관한 형법 제55조 제1항이 적용되어 유기징역을 감경할 때에는 그 형기의 2분의 1 미만으로는 감경할 수 없다(대판 2019.4.18. 2017도14609[전합]).

[ㅁ ▸ ○] 대판 2018.12.27. 2017도15226

답 ❺

022
□□□

다음 [사례]에서 형의 가중 · 감경에 대한 [법원의 판단] 순서와 [결론]의 A, B에 들어갈 처단형의 범위를 옳게 연결한 것은?(단, 강도죄의 법정형은 3년 이상의 유기징역이고, 다른 상황 및 특별법의 적용은 고려하지 않음) 20 해경승진

[사례]
甲은 과거 안면도 백사장항에서 관광객을 상대로 껌을 팔다가 수입이 여의치 않자 민박집에 들어가 투숙객의 금품을 강취하였다. 甲은 강도죄로 징역 5년의 선고를 받아 복역을 마치고 2018.4.1. 출소하였다. 그리고 안면파출소 해양경찰 직원들의 도움으로 겨우 경제적인 생활을 영위하다가 2020.1.18. 아침에 소주 3명을 마시고 심신미약상태에서 다시 강도죄를 범하였다.

[법원의 판단]
ㄱ. 甲이 행위 당시 심신미약상태에 있었던 것으로 판단하여 형법 제10조 제2항의 임의적 감경사유에 따라 그 형을 감경한다.
ㄴ. 甲에게는 형법 제51조 양형이 조건에 비추어 특별히 정상참작할 만한 사유가 없기 때문에 정상참작감경은 하지 않는다.
ㄷ. 甲에게 형법 제35조의 누범요건이 있으므로 그 형을 가중한다.

[결론]
甲에게는 징역 (A) 이상 (B) 이하의 범위 내에서 선고하는 형을 정하여야 한다.

	[법원의 판단] 순서	A	B
①	ㄱ - ㄷ - ㄴ	1년 6월	30년
②	ㄱ - ㄴ - ㄷ	3년	30년
③	ㄷ - ㄱ - ㄴ	1년 6월	25년
④	ㄷ - ㄱ - ㄴ	3년	25년

정선 핵심

ㄱ. 甲이 행위 당시 심신미약상태에 있었던 경우 → 임의적 감경
ㄴ. 특별히 정상참작할 만한 사유가 없는 경우 → 정상참작감경 ×
ㄷ. 누범요건이 있는 경우 → 그 형을 가중

정선 해설

법원의 판단
형법 제56조에 의하면 형을 가중 · 감경할 사유가 경합하는 때에는 1. 각칙 조문에 따른 가중, 2. 형법 제34조 제2항에 따른 가중, 3. 누범가중, 4. 법률상 감경, 5. 경합범가중, 6. 정상참작감경 등의 순서에 의한다. 따라서 甲에게 존재하는 사유인 ㄷ. 누범가중(형법 제35조)을 우선하고, 다음으로 ㄱ. 심신미약자감경(형법 제10조 제2항)을 하게 되므로 법원의 판단순서는 ㄷ, ㄱ, ㄴ 순이 된다.

결 론
강도죄의 법정형인 3년 이상 30년 이하의 유기징역에 대해 누범가중을 하게 되면 장기의 2배까지 가중하게 되어(형법 제35조 제2항) 3년 이상 60년 이하의 유기징역이 되지만, 유기징역을 가중하는 때에는 50년까지로 하므로(형법 제42조 단서) 누범가중에 의한 형은 3년 이상 50년 이하의 유기징역이 된다. 다음 누범가중에 의한 형인 3년 이상 50년 이하의 유기징역에 대해 심신미약자감경을 하면 유기징역의 2분의 1로 하여(형법 제55조 제1항 제3호), 결국 1년 6개월 이상 25년 이하의 유기징역이 처단형이 된다.

답 ❸

023 □□□

다음 설명 중 가장 적절하지 않은 것은?(다툼이 있는 경우 판례에 의함) 20 경찰채용

① 형사사건으로 외국 법원에 기소되었다가 무죄판결을 받은 사람은, 설령 그가 무죄판결을 받기까지 상당 기간 미결구금되었더라도 이를 유죄판결에 의하여 형이 실제로 집행된 것으로 볼 수는 없으므로, '외국에서 형의 전부 또는 일부가 집행된 사람'에 해당한다고 볼 수 없고, 그 미결구금 기간은 형법 제7조에 의한 산입의 대상이 될 수 없다.

② 피고인이 수사기관에 자진 출석하여 처음 조사를 받으면서는 돈을 차용하였을 뿐이라며 범죄사실을 부인하다가 제2회 조사를 받으면서 비로소 업무와 관련하여 돈을 수수하였다고 자백한 행위를 자수라고 할 수 없다.

③ 법관은 양형을 함에 있어 법정형에서 형의 가중·감면 등을 거쳐 형성된 처단형의 범위 내에서 양형의 조건을 참작하여 선고형을 정하여야 한다.

④ 정상참작감경이란 법률상 특별한 감경사유가 없는 경우에도 피고인에게 정상참작의 여지가 있을 때 법원이 재량으로 하는 형의 감경이고, 법률상 감경사유가 있을 때에는 항상 정상참작감경이 우선해야 한다.

정선 핵심

① 외국 법원에 기소되었다가 무죄판결을 받은 사람
→ 외국에서 형의 전부 또는 일부가 집행된 사람 ×
→ 미결구금기간은 형법 제7조에 의한 산입대상 ×

② 범죄사실을 부인하다가 제2회 조사 시 돈을 수수하였다고 자백한 경우 → 자수 ×

③ 양형 → 처단형의 범위 내에서 양형의 조건을 참작하여 선고형 결정

④ 가중·감경의 순서 → 법률상 감경사유가 정상참작감경에 우선

정선 해설

[❶ ▸ O] 대판 2017.8.24. 2017도5977[전합]

[❷ ▸ O] 피고인이 금융기관 직원인 자신의 업무와 관련하여 금품을 수수하였다고 하여 특정경제범죄 가중처벌 등에 관한 법률 위반(수재)죄로 기소된 사안에서, 피고인이 수사기관에 두 번째 출석하여 조사를 받으면서 비로소 범행을 자백한 행위를 '자수'라고 할 수 없다(대판 2011.12.22. 2011도12041).

> 관련판례 **대판 2006.9.22. 2006도4883**
>
> 경찰관이 피고인의 강도상해 등의 범행에 관하여 수사를 하던 중 국립과학수사연구소의 유전자검색감정의뢰회보 등을 토대로 피고인의 여죄를 추궁한 끝에 피고인이 강도강간의 범죄사실과 특수강도의 범죄사실을 자백하였음을 알 수 있으므로 이를 자수라고 할 수 없고, 그 밖에 피고인이 자수하였다고 볼 자료가 없다.

[❸ ▸ O] 대판 2009.6.11. 2009도1518

[❹ ▸ ×] 형법 제56조에 의하면 형을 가중·감경할 사유가 경합하는 때에는 1. 각칙 조문에 따른 가중, 2. 형법 제34조 제2항에 따른 가중, 3. 누범가중, 4. 법률상 감경, 5. 경합범가중, 6. 정상참작감경 등의 순서에 의한다.

답 ❹

정선지문OX

01 자기 또는 타인의 법익에 대한 현재의 부당한 침해에 대한 방위행위가 그 정도를 초과한 때에는 그 형을 감경할 수 있을 뿐, 면제할 수는 없다. 19 법원9급 O | X

02 甲은 타인으로 하여금 징계처분을 받게 할 목적으로 공무소에 허위의 사실을 신고하였다가 그 신고한 사건의 징계처분이 확정되기 전에 자수한 경우, 형을 필요적으로 감면한다. 19 해경채용 O | X

03 형법총칙상 필요적 감경사유에는 청각 및 언어장애인, 중지범 등이 있고, 임의적 감경사유에는 심신미약, 과잉방위, 과잉피난, 불능미수, 종범, 자수 또는 자복 등이 있다. 16 변시 O | X

04 정상참작감경을 할 때 정상참작감경사유가 수개 있는 경우에는 거듭 감경할 수 없지만, 법률상 감경을 한 후에 다시 정상참작감경을 할 수는 있다. 16 변시 O | X

05 범죄의 실행에 착수하여 행위를 종료하지 못하였거나 결과가 발생하지 아니한 때에는 미수범으로서 그 형을 기수범보다 감경하지만, 자의로 실행에 착수한 행위를 중지하거나 그 행위로 인한 결과의 발생을 방지한 때에는 형을 감경 또는 면제한다. 14 국가9급 O | X

06 수사기관에 뇌물수수의 범죄사실을 자발적으로 신고하였으나 그 수뢰액을 실제보다 적게 신고함으로써 적용법조와 법정형이 달라지게 된 경우 자수가 성립하지 않는다. 19 해경승진 O | X

07 범죄사실과 범인이 누구인가가 발각된 후라 하더라도 범인이 자발적으로 자기의 범죄사실을 수사기관에 신고한 경우에는 이를 자수로 보아야 한다. 19 해경승진 O | X

08 자수라 함은 범인이 스스로 수사책임이 있는 관서에 자기의 범행을 고하고 그 처분을 구하는 의사표시를 하는 것을 말하므로, 수사기관의 직무상의 질문 또는 조사에 응하여 범죄사실을 진술한 경우는 자수로 평가할 수 있다. 16 법원9급 O | X

09 법인의 직원 또는 사용인이 위반행위를 하여 양벌규정에 의하여 법인이 처벌받는 경우, 법인에게 자수감경을 적용하기 위하여는 법인의 이사 기타 대표자가 수사책임이 있는 관서에 자수한 경우에 한하고, 그 위반행위를 한 직원 또는 사용인이 자수한 것만으로는 형을 감경할 수 없다. 16 법원9급 O | X

10 판결선고 전의 구금일수는 그 전부 또는 일부를 유기징역, 유기금고, 벌금이나 과료에 관한 유치 또는 구류에 산입한다. 18 국가7급 O | X

---

01 정황(情況)에 따라 그 형을 감경하거나 면제할 수 있다(형법 제21조 제2항).

02 재판 또는 징계처분이 확정되기 전에 자백 또는 자수한 때에는 그 형을 감경 또는 면제한다(형법 제157조).

03 종범은 필요적 감경사유(형법 제32조 제2항)임을 유의하여야 한다.

04 법률상 감경과는 달리 정상참작감경사유가 수개 있을 경우에도 거듭 감경할 수 없으나, 법률상 감경 후 형법 제55조의 범위 내에서 정상참작감경을 할 수 있다.

05 장애미수범의 형은 기수범보다 감경할 수 있다(형법 제25조 제2항).

06 대판 2004.6.24. 2004도2003

07 대판 1997.3.20. 96도1167[전합]

08 질문 또는 조사에 응하여 범죄사실을 진술하는 것은 자백일 뿐 자수로는 되지 않는다(대판 1982.9.28. 82도1965).

09 대판 1995.7.25. 95도391

10 판결선고 전의 구금일수는 그 전부를 유기징역, 유기금고, 벌금이나 과료에 관한 유치 또는 구류에 산입한다(형법 제57조 제1항).

정답

01 × 02 ○ 03 × 04 ○
05 × 06 ○ 07 ○ 08 ×
09 ○ 10 ○

제1장 제2장 제3장

024 □□□

누범에 대한 다음의 설명 중 옳지 않은 것은?(다툼이 있는 경우 판례에 의함)

15 경찰간부

① 누범에 해당하더라도 그 법정형에서 무기징역을 선택하였다면 무기징역형으로만 처벌하고 따로 누범가중을 할 수 없다.
② 포괄일죄의 일부 범행이 누범기간 내에 이루어진 이상 나머지 범행이 누범기간 경과 이후에 이루어졌더라도 그 범행 전부가 누범에 해당한다고 보아야 한다.
③ 누범이 경합범인 경우에는 각 죄에 대하여 먼저 누범가중을 한 후에 경합범가중을 하여야 한다.
④ 형법 제35조는 누범에 대하여 형의 장기 및 단기 모두 2배까지 가중하도록 규정하고 있다.

정선 핵심

① 법정형에서 무기징역을 선택한 경우 → 따로 누범가중 ×
② 포괄일죄의 일부 범행이 누범기간 내에 이루어진 경우 → 범행 전부 누범 ○
③ 가중·감경의 순서 → 누범가중이 경합범가중에 우선
④ 주범의 효과
→ 장기의 2배까지 가중하나, 단기는 가중 ×

정선 해설

[❶ ▸ ○] 경합범 중 가장 중한 죄의 소정형에서 무기징역형을 선택한 이상 무기징역형으로만 처벌하고 따로이 경합범가중을 하거나 가장 중한 죄가 누범이라 하여 누범가중을 할 수 없음은 더 말할 나위도 없다(대판 1992.10.13. 92도1428[전합]).
[❷ ▸ ○] 대판 2012.3.29. 2011도14135
[❸ ▸ ○] 형법 제56조에 의하면 형을 가중·감경할 사유가 경합하는 때에는 1. 각칙 조문에 따른 가중, 2. 형법 제34조 제2항에 따른 가중, 3. 누범가중, 4. 법률상 감경, 5. 경합범가중, 6. 정상참작감경 등의 순서에 의한다.
[❹ ▸ ×] 누범의 형은 장기의 2배까지 가중하나, 단기는 가중하지 아니한다.

법령 누범(형법 제35조) ② 누범의 형은 그 죄에 대하여 정한 형의 장기(長期)의 2배까지 가중한다.

답 ❹

025 □□□

누범에 대한 설명으로 옳은 것은?(다툼이 있는 경우 판례에 의함) 19 국가7급

① 행위책임에 형벌가중의 본질이 있는 상습범과 행위자책임에 형벌가중의 본질이 있는 누범을 단지 평면적으로 비교하여 그 경중을 가릴 수는 없다.

② 포괄일죄의 일부 범행이 누범기간 내에 이루어졌다고 하더라도 나머지 범행이 누범기간 경과 후에 이루어졌다면 선행 범죄만이 누범에 해당한다고 보아야 한다.

③ 누범을 가중처벌하는 이유는 전범에 대하여 처벌을 받았음에도 다시 범행을 하는 경우에 전범도 후범과 일괄하여 다시 처벌한다는 것이다.

④ 누범가중의 사유가 되는 전과에 적용된 법률조항에 대하여 위헌결정이 있어 재심이 가능하다는 이유만으로 그 전과의 누범가중사유로서의 법률적 효력에 영향이 있다고 할 수는 없다.

정선 핵심

① 상습범과 누범의 구별 → 형벌가중의 본질이 전자는 행위자책임, 후자는 행위책임 ○
② 포괄일죄의 일부 범행이 누범기간 내에 이루어진 경우 → 범행 전부 누범 ○
③ 누범가중의 이유 → 전범에 대하여 형벌을 받았음에도 다시 범행하였다는 데 있음
④ 누범전과에 적용된 조항에 대한 위헌결정 → 누범가중사유로서의 효력에 영향 ×

정선 해설

[❶ ▸ ×] 행위자책임에 형벌가중의 본질이 있는 상습범과 행위책임에 형벌가중의 본질이 있는 누범을 단지 평면적으로 비교하여 그 경중을 가릴 수는 없고, 사안에 누범의 책임이 상습범의 경우보다 오히려 더 무거운 경우도 얼마든지 있을 수 있다(대판 2007.8.23. 2007도4913).

[❷ ▸ ×] 포괄일죄의 일부 범행이 누범기간 내에 이루어진 이상 나머지 범행이 누범기간 경과 후에 이루어졌더라도 그 범행 전부가 누범에 해당한다고 보아야 한다(대판 2012.3.29. 2011도14135).

[❸ ▸ ×] 형법 제35조 제1항이 누범을 가중처벌하는 것은 전범에 대하여 형벌을 받았음에도 다시 범행을 하였다는 데 있는 것이지, 전범에 대하여 처벌을 받았음에도 다시 범행을 하는 경우에는 전범도 후범과 일괄하여 다시 처벌한다는 것은 아님이 명백하므로, 누범에 대하여 형을 가중하는 것이 헌법상의 일사부재리의 원칙에 위배하여 피고인의 기본권을 침해하는 것이라고는 볼 수 없다(헌재 1995.2.23. 93헌바43).

[❹ ▸ ○] 대판 2017.3.22. 2016도9032

답 ❹

026 □□□

다음 설명 중 가장 옳은 것은?

20 법원9급

① 형법 제37조 후단의 경합범관계에 있는 죄에 대하여 형법 제39조 제1항에 의하여 따로 형을 선고하여야 하기 때문에 하나의 판결로 두 개의 자유형을 선고하는 경우 그 두 개의 자유형은 각각 별개의 형이므로 형법 제62조 제1항에 정한 집행유예의 요건에 해당하면 그 각 자유형에 대하여 각각 집행유예를 선고할 수 있는 것이고, 또 그 두 개의 자유형 중 하나의 자유형에 대하여 실형을 선고하면서 다른 자유형에 대하여 집행유예를 선고하는 것도 허용된다.

② '사형, 무기금고, 유기징역, 벌금, 자격상실, 자격정지, 구류, 과료, 몰수'는 형이 무거운 것부터 순서대로 나열한 것이다.

③ 금고 이상의 형을 선고받아 그 집행이 종료되거나 면제된 후 5년 내에 금고 이상에 해당하는 죄를 지은 사람은 누범으로 처벌한다.

④ 몰수는 타형에 부가하여 과한다. 따라서 행위자에게 유죄의 재판을 아니 할 때에는 어떤 경우에도 몰수만을 선고할 수는 없다.

정선 핵심

① 사후적 경합범 → 두 개의 자유형 중 하나에 대하여 실형선고하고 다른 자유형에 대하여 집행유예 선고 가능
② 형의 경중 → 사형, 무기금고, 유기징역, 자격상실, 자격정지, 벌금 등의 순서
③ 누범가중의 요건
⋯› 금고 이상의 형을 선고받아 그 집행이 종료되거나 면제된 후 3년 내에 금고 이상에 해당하는 죄를 지을 것
④ 몰수의 요건
⋯› 대인적 요건 : 유죄의 재판을 아니 할 때 몰수의 요건이 있는 경우 몰수만 선고 ○

정선 해설

[❶ ▸ ○] 형법 제37조 후단의 경합범관계에 있는 죄에 대하여 하나의 판결로 두 개의 자유형을 선고하는 경우 그 두 개의 자유형은 각각 별개의 형이므로 형법 제62조 제1항에 정한 집행유예의 요건에 해당하면 그 각 자유형에 대하여 각각 집행유예를 선고할 수 있는 것이고, 또 그 두 개의 자유형 중 하나의 자유형에 대하여 실형을 선고하면서 다른 자유형에 대하여 집행유예를 선고하는 것도 우리 형법상 이러한 조치를 금하는 명문의 규정이 없는 이상 허용되는 것으로 보아야 한다(대판 2002.2.26. 2000도4637).

[❷ ▸ ×] 형의 경중은 사형, 무기금고, 유기징역, 자격상실, 자격정지, 벌금, 구류, 과료, 몰수의 순으로 된다.(형법 제50조 제1항, 제41조).

[❸ ▸ ×] [❹ ▸ ×] 형법 제35조 제1항, 제49조 참조

법령

누범(형법 제35조) ① 금고(禁錮) 이상의 형을 선고받아 그 집행이 종료되거나 면제된 후 3년 내에 금고 이상에 해당하는 죄를 지은 사람은 누범(累犯)으로 처벌한다.

몰수의 부가성(형법 제49조) 몰수는 타형에 부가하여 과한다. 단, 행위자에게 유죄의 재판을 아니 할 때에도 몰수의 요건이 있는 때에는 몰수만을 선고할 수 있다.

답 ❶

01 금고 이상의 형을 받고 그 형의 집행유예기간 중에 금고 이상에 해당하는 죄를 범하였다면 누범으로 처벌할 수 있다. 19 국가7급 O | X

02 누범이 성립하기 위해서는 누범에 해당하는 전과사실과 새로이 범한 범죄 사이에 일정한 상관관계가 있을 것이 요구된다. 16 국가7급 O | X

03 다시 금고 이상에 해당하는 죄를 범하였는지 여부는 그 범죄의 실행행위를 하였는지 여부를 기준으로 결정하여야 하므로 3년의 기간 내에 실행의 착수가 있으면 족하고, 그 기간 내에 기수에까지 이르러야 되는 것은 아니다. 16 국가7급 O | X

04 법정형에 유기징역형과 벌금형이 선택적으로 되어 있는 경우 벌금형을 선택하여도 누범가중을 할 수 있다. 16 국가7급 O | X

05 특별사면에 의하여 형의 집행이 면제된 후 3년 이내에 다시 금고 이상에 해당하는 죄를 범한 자에 대하여는 누범가중을 할 수 있다. 13 국가9급 O | X

06 상습범 중 일부 행위가 누범기간 내에 있고 나머지 행위가 누범기간 경과 후에 행하여진 경우 그 행위 전부에 대하여 누범가중을 하는 것은 위법하다. 13 국가9급 O | X

01 누범가중의 요건을 충족시킨 것이라 할 수 없다(대판 1983.8.23. 83도1600).

02 누범에 해당하는 전과사실과 새로이 범한 범죄 사이에 일정한 상관관계가 있다고 인정되는 경우에 한하여 적용되는 것으로 제한하여 해석하여야 할 아무런 이유나 근거가 없다(대판 2008.12.24. 2006도1427).

03 대판 2006.4.7. 2005도9858[전합]

04 법정형 중 벌금형을 선택한 경우에는 누범가중을 할 수 없다(대판 1982.9.14. 82도1702).

05 대판 1986.11.11. 86도2004

06 그 행위 전부가 누범관계에 있는 것이다(대판 1982.5.25. 82도600).

정답

01 × **02** × **03** ○ **04** × **05** ○ **06** ×

027
□□□

집행유예에 대한 설명으로 옳지 않은 것만을 모두 고른 것은?(다툼이 있는 경우 판례에 의함) 18 국가9급

ㄱ. 집행유예를 선고할 경우 법원이 명하는 사회봉사명령으로서 일정한 금전출연은 명할 수 있으나 준법경영을 주제로 하는 강연 또는 기고를 명하는 것은 허용되지 않는다.
ㄴ. 집행유예의 선고를 받은 자가 유예기간 중 고의로 범한 죄로 금고 이상의 실형을 선고받아 그 판결이 확정된 때에는 집행유예의 선고는 효력을 잃는다.
ㄷ. 3년 이하의 징역이나 금고의 형을 선고할 경우 집행유예를 선고할 수 있지만, 벌금형을 선고할 경우 집행유예를 선고할 수 없다.
ㄹ. 집행유예기간이 경과함으로써 형의 선고가 효력을 잃은 후에 집행유예취소사유가 발견된 때에는 집행유예를 취소할 수 없다.

① ㄱ, ㄷ ② ㄱ, ㄹ
③ ㄴ, ㄹ ④ ㄱ, ㄴ, ㄷ

정선 핵심

ㄱ. 일정한 금전출연을 명하는 사회봉사명령, 준법경영을 주제로 하는 강연 또는 기고를 명하는 사회봉사명령 → 허용 ×
ㄴ. 집행유예의 선고를 받은 자가 유예기간 중 고의로 범한 죄로 금고 이상의 실형을 선고받아 그 판결이 확정된 경우 → 집행유예의 필요적 실효
ㄷ. 벌금형을 선고할 경우 → 집행유예 선고 ○
ㄹ. 집행유예기간의 경과 후 취소사유가 발견된 경우 → 집행유예 취소 ×

정선 해설

[ㄱ ▸ ×] 재벌그룹 회장의 횡령행위 등에 대하여 집행유예를 선고하면서 사회봉사명령으로서 일정액의 금전출연을 주된 내용으로 하는 사회공헌계획의 성실한 이행을 명하는 것은 시간 단위로 부과될 수 있는 일 또는 근로활동이 아닌 것을 명하는 것이어서 허용될 수 없고, 준법경영을 주제로 하는 강연과 기고를 명하는 것은 헌법상 양심의 자유 등에 대한 심각하고 중대한 침해가능성, 사회봉사명령의 의미나 내용에 대한 다툼의 여지 등의 문제가 있어 허용될 수 없다(대판 2008.4.11, 2007도8373).
[ㄴ ▸ O] [ㄷ ▸ ×] 형법 제62조 제1항, 제63조 참조

> **법령**
> 집행유예의 요건(형법 제62조) ① 3년 이하의 징역이나 금고 또는 500만원 이하의 벌금의 형을 선고할 경우에 제51조의 사항을 참작하여 그 정상에 참작할 만한 사유가 있는 때에는 1년 이상 5년 이하의 기간 형의 집행을 유예할 수 있다.
> 집행유예의 실효(형법 제63조) 집행유예의 선고를 받은 자가 유예기간 중 고의로 범한 죄로 금고 이상의 실형을 선고받아 그 판결이 확정된 때에는 집행유예의 선고는 효력을 잃는다.

[ㄹ ▸ O] 대결 1999.1.12, 98모151

답 ❶

028 □□□

집행유예에 관한 다음 설명 중 가장 옳지 않은 것은?(다툼이 있는 경우 판례에 의함)

18 경찰간부

① 집행유예의 선고를 받은 자가 유예기간 중 고의로 범한 죄로 금고 이상의 실형을 선고받아 그 판결이 확정된 때에는 집행유예의 선고는 효력을 잃는다.
② 집행유예를 선고할 경우에는 보호관찰을 받을 것을 명하거나 사회봉사 또는 수강을 명할 수 있으나, 보호관찰과 사회봉사 또는 수강을 동시에 명할 수는 없다.
③ 집행유예기간 중에 범한 범죄라고 할지라도 집행유예가 실효 또는 취소됨이 없이 그 유예기간이 경과한 경우에는 이에 대해 다시 집행유예의 선고가 가능하다.
④ 형의 집행유예를 선고받은 사람이 형법 제65조에 의하여 그 선고가 실효 또는 취소됨이 없이 정해진 유예기간을 무사히 경과하여 형의 선고가 효력을 잃게 되었더라도, 그는 형법 제59조 제1항 단서에서 정한 선고유예결격사유인 '자격정지 이상의 형을 받은 전과가 있는 사람'에 해당한다.

정선 핵심

① 집행유예의 선고를 받은 자가 유예기간 중 고의로 범한 죄로 금고 이상의 실형을 선고받아 그 판결이 확정된 경우 → 집행유예의 필요적 실효
② 집행유예를 선고할 경우 → 보호관찰과 사회봉사·수강명령을 동시 명령 가능
③ 집행유예기간 중에 범한 죄에 대하여 공소가 제기된 후 재판 도중에 집행유예기간이 경과한 경우 → 다시 집행유예 선고 가능
④ 집행유예를 선고받은 사람이 선고가 실효·취소됨이 없이 집행유예기간을 경과한 경우 → 자격정지 이상의 형을 받은 전과가 있는 사람 ○

정선 해설

[❶ ▸ ○] 형법 제63조 참조

> **법령** 집행유예의 실효(형법 제63조) 집행유예의 선고를 받은 자가 유예기간 중 고의로 범한 죄로 금고 이상의 실형을 선고받아 그 판결이 확정된 때에는 집행유예의 선고는 효력을 잃는다.

[❷ ▸ ×] 형법 제62조의2 제1항은 "형의 집행을 유예하는 경우에는 보호관찰을 받을 것을 명하거나 사회봉사 또는 수강을 명할 수 있다"고 규정하고 있는바, 형법 제62조에 의하여 집행유예를 선고할 경우에는 같은 법 제62조의2 제1항에 규정된 보호관찰과 사회봉사 또는 수강을 동시에 명할 수 있다고 해석함이 상당하다(대판 1998.4.24. 98도98).
[❸ ▸ ○] 대판 2007.7.27. 2007도768
[❹ ▸ ○] 대판 2012.6.28. 2011도10570

답 ❷

029 □□□

형의 집행유예에 대한 설명으로 옳지 않은 것은?(다툼이 있는 경우 판례에 의함)

17 국가7급

① 집행유예기간 중에 범한 죄에 대하여 공소가 제기된 후 그 재판 도중에 집행유예기간이 경과한 경우에는 그 집행유예기간 중에 범한 죄에 대하여 다시 집행유예를 선고할 수 있다.
② 집행유예를 선고받은 사람이 그 선고가 실효 또는 취소됨이 없이 집행유예기간을 경과하여 형의 선고가 효력을 상실한 경우에는 선고유예결격사유인 '자격정지 이상의 형을 받은 전과가 있는 사람'에 해당한다.
③ 집행유예를 선고하면서 피고인에게 유죄로 인정된 범죄행위를 뉘우치거나 그 범죄행위를 공개하는 취지의 말이나 글을 발표하도록 하는 내용의 사회봉사를 명하는 것은 위법이다.
④ 집행유예 선고의 판결확정 전에 이미 수사단계에서 검사가 집행유예결격사유가 되는 전과의 존재를 당연히 알 수 있는 객관적 상황이 존재하였음에도 부주의로 알지 못한 경우에는 집행유예의 선고를 취소할 수 있다.

정선 핵심

① 집행유예기간 중에 범한 죄에 대하여 공소가 제기된 후 재판 도중에 집행유예기간이 경과한 경우 → 다시 집행유예 선고 가능
② 집행유예를 선고받은 사람이 선고가 실효·취소됨이 없이 집행유예기간을 경과한 경우 → 자격정지 이상의 형을 받은 전과가 있는 사람 O
③ 유죄로 인정된 범죄행위를 뉘우치거나 범죄행위를 공개하는 취지의 말이나 글을 발표하도록 하는 사회봉사명령 → 위법 O
④ 집행유예 선고의 판결확정 전에 결격사유를 알 수 있는 객관적 상황이 있음에도 부주의로 알지 못한 경우 → 집행유예 선고 취소 ×

정선 해설

[❶ ▸ O] 대판 2007.7.27. 2007도768

[❷ ▸ O] 형의 집행유예를 선고받은 사람이 형법 제65조에 의하여 그 선고가 실효 또는 취소됨이 없이 정해진 유예기간을 무사히 경과하여 형의 선고가 효력을 잃게 되었더라도, 이는 형의 선고의 법적 효과가 없어질 뿐이고 형의 선고가 있었다는 기왕의 사실 자체까지 없어지는 것은 아니므로, 그는 형법 제59조 제1항 단서에서 정한 선고유예결격사유인 "자격정지 이상의 형을 받은 전과가 있는 사람"에 해당한다고 보아야 한다(대판 2012.6.28. 2011도10570).

[❸ ▸ O] 대판 2008.4.11. 2007도8373

[❹ ▸ ×] 집행유예를 선고받은 후 형법 제62조 단행의 사유 즉 금고 이상의 형의 선고를 받아 집행을 종료한 후 또는 집행이 면제된 후로부터 5년을 경과하지 아니한 자인 것이 발각된 때라 함은 집행유예 선고의 판결이 확정된 후에 비로소 위와 같은 사유가 발각된 경우를 말하고 그 판결확정 전에 결격사유가 발각된 경우에는 이를 취소할 수 없으며, 이때 판결확정 전에 발각되었다고 함은 검사가 명확하게 그 결격사유를 안 경우만을 말하는 것이 아니라 당연히 그 결격사유를 알 수 있는 객관적 상황이 존재함에도 부주의로 알지 못한 경우도 포함된다(대결 2001.6.27. 2001모135).

답 ❹

030
☐☐☐

집행유예에 관한 다음 설명 중 가장 적절하지 않은 것은?(판례에 의함)

15 경찰채용

① 집행유예 시 받은 사회봉사명령 또는 수강명령은 집행유예기간 내에 집행한다.

② 형의 집행유예를 선고받은 사람이 형법 제65조에 의하여 그 선고가 실효 또는 취소됨이 없이 정해진 유예기간을 무사히 경과하여 형의 선고가 효력을 잃게 되었더라도 이는 형의 선고의 법률적 효과가 없어진다는 것일 뿐, 형의 선고가 있었다는 기왕의 사실 자체까지 없어지는 것은 아니므로 형법 제59조 제1항 단행에서 정한 선고유예결격사유인 '자격정지 이상의 형을 받은 전과가 있는 사람'에 해당한다고 보아야 한다.

③ 집행유예 선고를 받은 자가 유예기간 중 고의로 범한 죄로 금고 이상의 실형을 선고받아 그 판결이 확정된 때에는 집행유예의 선고를 취소할 수 있다.

④ 하나의 자유형 중 일부에 대해서는 실형을, 나머지에 대해서는 집행유예를 선고하는 것은 허용되지 않는다.

정선 핵심

① 사회봉사명령 또는 수강명령 → 집행유예기간 내에 집행

② 집행유예를 선고받은 사람이 선고가 실효·취소됨이 없이 집행유예기간을 경과한 경우 → 자격정지 이상의 형을 받은 전과가 있는 사람 ○

③ 집행유예의 선고를 받은 자가 유예기간 중 고의로 범한 죄로 금고 이상의 실형을 선고받아 그 판결이 확정된 경우 → 집행유예의 필요적 실효

④ 집행유예의 가부
⇢ 하나의 자유형 중 일부에 대해서는 실형, 나머지에 대해서 집행유예 선고 ×

정선 해설

[❶ ▸ ○] 형법 제62조의2 제1항·제3항 참조

법령 보호관찰, 사회봉사·수강명령(형법 제62조의2) ① 형의 집행을 유예하는 경우에는 보호관찰을 받을 것을 명하거나 사회봉사 또는 수강을 명할 수 있다.
③ 사회봉사명령 또는 수강명령은 집행유예기간 내에 이를 집행한다.

[❷ ▸ ○] 형의 집행유예를 선고받은 사람이 형법 제65조에 의하여 그 선고가 실효 또는 취소됨이 없이 정해진 유예기간을 무사히 경과하여 형의 선고가 효력을 잃게 되었더라도, 이는 형의 선고의 법적 효과가 없어질 뿐이고 형의 선고가 있었다는 기왕의 사실 자체까지 없어지는 것은 아니므로, 그는 형법 제59조 제1항 단서에서 정한 선고유예결격사유인 "자격정지 이상의 형을 받은 전과가 있는 사람"에 해당한다고 보아야 한다(대판 2012.6.28. 2011도10570).

[❸ ▸ ×] 집행유예의 선고를 받은 자가 유예기간 중 고의로 범한 죄로 금고 이상의 실형을 선고받아 그 판결이 확정된 때에는 집행유예의 선고는 효력을 잃는다(형법 제63조).

[❹ ▸ ○] 대판 2007.2.22. 2006도8555

답 ❸

031 □□□

다음 중 집행유예에 대한 설명 중 가장 옳지 않은 것은?(다툼이 있는 경우 판례에 의함)

20 해경승진

① 집행유예의 선고를 받은 후 그 선고의 실효 또는 취소됨이 없이 유예기간을 경과한 때에는 형의 선고는 효력을 잃는다.

② 집행유예를 선고할 경우에는 보호관찰을 받을 것을 명하거나 사회봉사 또는 수강을 명할 수 있으나, 보호관찰과 사회봉사 또는 수강명령을 동시에 명할 수는 없다.

③ 집행유예기간 중에 범한 죄에 대하여 공소가 제기된 후 그 재판 도중에 집행유예기간이 경과한 경우에는 그 집행유예기간 중에 범한 죄에 대하여 다시 집행유예를 선고할 수 있다.

④ 집행유예를 선고하면서 피고인에게 유죄로 인정된 범죄행위를 뉘우치거나 그 범죄행위를 공개하는 취지의 말이나 글을 발표하도록 하는 내용의 사회봉사를 명하는 것은 위법하다.

정선 핵심

① 집행유예가 실효·취소됨이 없이 유예기간을 경과한 경우 → 형선고의 효력 상실
② 집행유예를 선고할 경우 → 보호관찰과 사회봉사·수강명령을 동시 명령 가능
③ 집행유예기간 중에 범한 죄에 대하여 공소가 제기된 후 재판 도중에 집행유예기간이 경과한 경우 → 다시 집행유예 선고 가능
④ 유죄로 인정된 범죄행위를 뉘우치거나 범죄행위를 공개하는 취지의 말이나 글을 발표하도록 하는 사회봉사명령 → 위법 O

정선 해설

[❶ ▸ O] 형법 제65조 참조

> 법령 집행유예의 효과(형법 제65조) 집행유예의 선고를 받은 후 그 선고의 실효 또는 취소됨이 없이 유예기간을 경과한 때에는 형의 선고는 효력을 잃는다.

[❷ ▸ X] 형법 제62조의2 제1항은 "형의 집행을 유예하는 경우에는 보호관찰을 받을 것을 명하거나 사회봉사 또는 수강을 명할 수 있다"고 규정하고 있는바, 형법 제62조에 의하여 집행유예를 선고할 경우에는 같은 법 제62조의2 제1항에 규정된 보호관찰과 사회봉사 또는 수강을 동시에 명할 수 있다고 해석함이 상당하다(대판 1998.4.24. 98도98).

[❸ ▸ O] 대판 2007.7.27. 2007도768

[❹ ▸ O] 대판 2008.4.11. 2007도8373

답 ❷

032 □□□ 보호관찰 등에 관한 다음 설명 중 옳게 설명한 것은 모두 몇 개인가? 15 법원9급

ㄱ. 형의 집행을 유예하면서 사회봉사명령 또는 수강명령을 선고하려면 보호관찰을 받을 것도 함께 명하여야 한다.
ㄴ. 사회봉사명령 또는 수강명령은 집행유예 기간이 경과한 후에는 이를 집행할 수 없다.
ㄷ. 보호관찰이나 사회봉사 또는 수강을 명한 집행유예를 받은 자가 준수사항이나 명령을 위반하고 그 정도가 무거운 때에는 집행유예의 선고를 취소할 수 있다.
ㄹ. 선고유예의 조건으로 사회봉사명령 또는 수강명령을 부과할 수는 없다.

① 1개 ② 2개
③ 3개 ④ 4개

정선 핵심

ㄱ. 집행유예를 선고할 경우 → 보호관찰과 사회봉사·수강명령을 따로 명령하는 것 가능
ㄴ. 사회봉사명령 또는 수강명령 → 집행유예기간 내에 집행
ㄷ. 보호관찰이나 사회봉사 또는 수강을 명한 집행유예를 받은 자가 준수사항이나 명령을 위반하고 그 정도가 무거운 경우 → 집행유예의 임의적 취소 ○
ㄹ. 선고유예를 하는 경우 → 사회봉사명령 또는 수강명령 부과 ×

정선 해설

[ㄱ ▸ ×] [ㄴ ▸ ○] 형법 제62조의2 참조

법령 보호관찰, 사회봉사·수강명령(형법 제62조의2) ① 형의 집행을 유예하는 경우에는 보호관찰을 받을 것을 명하거나 사회봉사 또는 수강을 명할 수 있다.
② 제1항의 규정에 의한 보호관찰의 기간은 집행을 유예한 기간으로 한다. 다만, 법원은 유예기간의 범위 내에서 보호관찰기간을 정할 수 있다.
③ 사회봉사명령 또는 수강명령은 집행유예기간 내에 이를 집행한다.

[ㄷ ▸ ○] 보호관찰이나 사회봉사 또는 수강을 명한 집행유예를 받은 자가 준수사항이나 명령을 위반하고 그 정도가 무거운 때에는 집행유예의 선고를 취소할 수 있다(형법 제64조 제2항).
[ㄹ ▸ ○] 형의 선고를 유예하는 경우에 재범방지를 위하여 지도 및 원호가 필요한 때에는 보호관찰을 받을 것을 명할 수 있다(형법 제59조의2 제1항).

답 ❸

033 □□□

선고유예에 대한 설명으로 옳은 것은?(다툼이 있으면 판례에 의함) 16 국가9급

① 피고인이 범죄사실을 자백하지 않고 부인한 경우 선고유예의 요건 중 '뉘우치는 정상이 뚜렷할 때'에 해당하지 않으므로 선고유예를 선고할 수 없다.

② 선고유예의 실효사유인 '형의 선고유예를 받은 자가 자격정지 이상의 형에 처한 전과가 발견된 때'란 형의 선고유예의 판결이 확정된 후에 전과가 발견된 경우를 말한다.

③ 형의 선고를 유예하는 판결을 하는 경우에 그 판결이유에서 선고할 형의 종류와 양을 정할 필요는 없고, 선고유예가 실효되는 경우에 형의 종류와 양을 정하게 된다.

④ 형의 선고유예를 받은 날로부터 1년을 경과한 때에는 면소된 것으로 간주한다.

정선 핵심

① 범죄사실을 자백하지 않고 부인한 경우 → 언제나 선고유예 불가 ×
② 형의 선고유예를 받은 자가 자격정지 이상의 형에 처한 전과가 발견된 경우
→ 선고유예의 판결이 확정된 후에 전과가 발견된 경우를 의미
→ 판결확정 전에 결격사유를 알 수 있는 객관적 상황이 있음에도 부주의로 알지 못한 경우 : ×
③ 선고유예의 판결을 하는 경우 → 판결이유에서 선고형을 정해 놓아야 함
④ 선고유예를 받은 날로부터 2년을 경과한 경우 → 면소간주

정선 해설

[❶ ▸ ×] 선고유예의 요건 중 '뉘우치는 정상이 뚜렷할 때'가 반드시 피고인이 죄를 깊이 뉘우치는 경우만을 뜻하는 것으로 제한하여 해석하거나, 피고인이 범죄사실을 자백하지 않고 부인할 경우에는 언제나 선고유예를 할 수 없다고 해석할 것은 아니다(대판 2003.2.20. 2001도6138[전합]).

[❷ ▸ ○] 대결 2008.2.14. 2007모845

[❸ ▸ ×] 형법 제59조에 의하여 형의 선고를 유예하는 판결을 할 경우에도 선고가 유예된 형에 대한 판단을 하여야 하는 것이므로 선고유예 판결에서도 그 판결이유에서는 선고할 형의 종류와 양 즉 선고형을 정해 놓아야 하고 그 선고를 유예하는 형이 벌금형일 경우에는 그 벌금액뿐만 아니라 환형유치처분까지 해 두어야 한다(대판 1988.1.19. 86도2654).

[❹ ▸ ×] 형법 제60조 참조

> **법령** 선고유예의 효과(형법 제60조) 형의 선고유예를 받은 날로부터 2년을 경과한 때에는 면소된 것으로 간주한다.

답 ❷

034 □□□

형의 선고유예, 집행유예에 대한 설명 중 가장 옳지 않은 것은?(다툼이 있는 경우 판례에 의함) 14 경찰간부

① 형의 집행유예를 선고받은 사람이 그 선고가 실효 또는 취소됨이 없이 정해진 유예기간을 무사히 경과하여 형선고의 효력이 없어졌다고 하더라도 선고유예결격사유인 "자격정지 이상의 형을 받은 전과가 있는 자"에 해당한다고 보아야 한다.

② 현역 군인인 성폭력범죄 피고인에게 집행유예를 선고하는 경우 위치추적 전자장치의 부착을 명령할 수 없다.

③ 피고인이 별개의 사건에서 징역형의 집행유예 등을 선고받고 상고하였으나 대법원이 결정으로 상고를 기각하였는데, 그 결정일을 전후하여 피고인이 유사석유제품을 판매 및 보관하였다고 하여 구 석유 및 석유대체연료 사업법 위반으로 기소된 사안에서, 위 상고기각결정이 피고인의 유사석유제품 판매 및 보관 행위 시 이후에 피고인에게 고지되어 그때 위 판결이 확정되었다면 피고인의 범죄는 판결이 확정된 위 죄와 형법 제37조 후단 경합범에 해당한다.

④ 형법 제37조 후단 경합범 중 판결을 받지 아니한 죄에 대하여 형을 선고하는 경우에, 형법 제37조 후단에 규정된 '금고 이상의 형에 처한 판결이 확정된 죄'의 형도 형법 제59조 제1항 단서에서 정한 선고유예의 예외사유인 '자격정지 이상의 형을 받은 전과'에 포함되지 않는다.

정선 핵심

① 집행유예를 선고받은 사람이 선고가 실효・취소됨이 없이 집행유예기간을 경과한 경우 → 자격정지 이상의 형을 받은 전과가 있는 자 ○
② 현역 군인인 성폭력범죄자에게 집행유예를 선고하는 경우 → 위치추적 전자장치의 부착명령 ×
③ 상고기각결정이 유사석유제품 판매 및 보관 행위 시 이후에 피고인에게 고지되어 판결이 확정된 경우 → 사후적 경합범 ○
④ 금고 이상의 형에 처한 판결이 확정된 죄의 형 → 자격정지 이상의 형을 받은 전과 ○

정선 해설

[❶ ▸ ○] 대판 2012.6.28. 2011도10570

[❷ ▸ ○] 현역 군인인 성폭력범죄 피고인에게 집행유예를 선고하는 경우 보호관찰 등에 관한 법률 제56조가 정한 군법 적용 대상자에 대한 특례 규정상 보호관찰을 받을 것을 명할 수 없어 보호관찰의 부과를 전제로 한 위치추적 전자장치의 부착명령 역시 명할 수 없다(대판 2012.2.23. 2011도8124).

[❸ ▸ ○] 상고기각결정의 등본이 피고인에게 송달되는 등으로 그 결정이 피고인에게 고지된 시기가 피고인의 유사석유제품 판매 및 보관 행위 시 이후이어서 그때 위 판결이 확정되었다면 피고인의 범죄는 '금고 이상의 형에 처한 판결이 확정된 죄'와 '그 판결 확정 전에 범한 죄'의 관계에 있게 되어 형법 제37조 후단에서 정하는 경합범관계에 해당한다(대판 2012.1.27. 2011도15914).

[❹ ▸ ×] 형법 제39조 제1항에 의하여 형법 제37조 후단 경합범 중 판결을 받지 아니한 죄에 대하여 형을 선고하는 경우에 있어서 형법 제37조 후단에 규정된 금고 이상의 형에 처한 판결이 확정된 죄의 형도 형법 제59조 제1항 단서에서 정한 '자격정지 이상의 형을 받은 전과'에 포함된다고 봄이 상당하다(대판 2010.7.8. 2010도931).

답 ❹

035 □□□

선고유예와 집행유예에 대한 설명으로 옳은 것은?(다툼이 있는 경우 판례에 의함)

21 경찰간부

① 형의 선고를 유예하는 경우 보호관찰을 명할 수 있고, 보호관찰의 기간은 법원이 형법 제51조의 사항을 참작하여 정할 수 있다.

② 형의 선고를 유예하는 판결을 할 경우에도 선고가 유예된 형에 대한 판단을 해야 하기 때문에 그 선고형을 정해 놓아야 하고, 벌금의 경우에는 벌금액을 정해야 하지만 환형유치처분까지 할 필요는 없다.

③ 형법 제62조 제1항은 '형'의 집행을 유예할 수 있다고 규정하고 있는데 이는 하나의 형의 전부에 대한 집행유예에 관한 규정으로 해석하여야 하고, 따라서 하나의 형의 일부에 대한 집행유예는 불가능하다.

④ 형의 집행유예를 선고받은 자가 유예기간을 무사히 경과하여 형의 선고가 효력을 잃게 되는 경우, 형의 선고가 있었다는 사실 자체까지 없어지므로 선고유예결격사유인 '자격정지 이상의 형을 받은 전과가 있는 사람'에 해당되지 않는다.

정선 핵심

① 선고유예를 하는 경우 → 보호관찰 기간은 1년
② 선고유예의 판결을 하는 경우
⋯→ 판결이유에서 선고형을 정해 놓아야 함
⋯→ 유예하는 형이 벌금형 : 벌금액 및 환형유치처분까지 해 두어야 함
③ 집행유예의 가부
⋯→ 하나의 자유형 중 일부에 대해서는 실형, 나머지에 대해서 집행유예 선고 ×
④ 집행유예를 선고받은 사람이 선고가 실효·취소됨이 없이 집행유예기간을 경과한 경우 → 자격정지 이상의 형을 받은 전과가 있는 사람 ○

정선 해설

[❶ ▸ ×] 선고유예의 보호관찰기간은 1년으로 규정되어 있다(형법 제59조의2 제2항).

[❷ ▸ ×] 형법 제59조에 의하여 형의 선고를 유예하는 판결을 할 경우에도 선고가 유예된 형에 대한 판단을 하여야 하는 것이므로 선고유예 판결에서도 그 판결이유에서는 선고할 형의 종류와 양 즉 선고형을 정해 놓아야 하고 그 선고를 유예하는 형이 벌금형일 경우에는 그 벌금액뿐만 아니라 환형유치처분까지 해 두어야 한다(대판 1988.1.19. 86도2654).

[❸ ▸ ○] 대판 2007.2.22. 2006도8555

[❹ ▸ ×] 형의 집행유예를 선고받은 사람이 형법 제65조에 의하여 그 선고가 실효 또는 취소됨이 없이 정해진 유예기간을 무사히 경과하여 형의 선고가 효력을 잃게 되었더라도, 이는 형의 선고의 법적 효과가 없어질 뿐이고 형의 선고가 있었다는 기왕의 사실 자체까지 없어지는 것은 아니므로, 그는 형법 제59조 제1항 단서에서 정한 선고유예결격사유인 "자격정지 이상의 형을 받은 전과가 있는 사람"에 해당한다고 보아야 한다(대판 2012.6.28. 2011도10570).

관련판례 **대판 2004.10.15. 2004도4869**

일단 자격정지 이상의 형을 선고받은 이상 그 후 그 형이 구 형의실효등에관한법률 제7조에 따라 추후 실효되었다 하여도 이는 형법 제59조 제1항 단행에서 정한 선고유예결격사유인, "자격정지 이상의 형을 받은 전과가 있는" 경우에 해당한다고 보아야 한다.

답 ❸

036 □□□

집행유예, 선고유예에 대한 설명 중 가장 적절하지 않은 것은?(다툼이 있는 경우 판례에 의함) 20 경찰승진

① 집행유예의 선고를 받은 자가 유예기간 중 고의로 범한 죄로 금고 이상의 실형을 선고받아 그 판결이 확정된 때에는 집행유예의 선고는 효력을 잃는다.
② 집행유예 기간의 시기(始期)에 관하여 명문의 규정을 두고 있지는 않으므로 법원은 그 시기를 집행유예를 선고한 판결 확정일 이후의 시점으로 임의로 선택할 수 있다.
③ 형의 선고를 유예하는 경우에 재범방지를 위하여 지도 및 원호가 필요한 때에는 1년의 보호관찰을 받을 것을 명할 수 있다.
④ 형의 선고유예를 받은 날로부터 2년을 경과한 때에는 면소된 것으로 간주한다.

정선 핵심

① 집행유예의 선고를 받은 자가 유예기간 중 고의로 범한 죄로 금고 이상의 실형을 선고받아 그 판결이 확정된 경우 → 집행유예의 필요적 실효
② 집행유예기간의 시기 → 집행유예를 선고한 판결 확정일
③ 선고유예를 하는 경우 → 보호관찰 기간은 1년
④ 선고유예를 받은 날로부터 2년을 경과한 경우 → 면소간주

정선 해설

[❶ ▸ ○] 집행유예의 선고를 받은 자가 유예기간 중 고의로 범한 죄로 금고 이상의 실형을 선고받아 그 판결이 확정된 때에는 집행유예의 선고는 효력을 잃는다(형법 제63조).
[❷ ▸ ×] 우리 형법이 집행유예기간의 시기(始期)에 관하여 명문의 규정을 두고 있지는 않지만 형사소송법 제459조가 "재판은 이 법률에 특별한 규정이 없으면 확정한 후에 집행한다."고 규정한 취지나 집행유예 제도의 본질 등에 비추어 보면 집행유예를 함에 있어 그 집행유예기간의 시기는 집행유예를 선고한 판결 확정일로 하여야 하고 법원이 판결 확정일 이후의 시점을 임의로 선택할 수는 없다(대판 2002.2.26. 2000도4637).
[❸ ▸ ○] [❹ ▸ ○] 형법 제59조의2, 제60조 참조

법령

보호관찰(형법 제59조의2) ① 형의 선고를 유예하는 경우에 재범방지를 위하여 지도 및 원호가 필요한 때에는 보호관찰을 받을 것을 명할 수 있다.
② 제1항의 규정에 의한 보호관찰의 기간은 1년으로 한다.

선고유예의 효과(형법 제60조) 형의 선고유예를 받은 날로부터 2년을 경과한 때에는 면소된 것으로 간주한다.

답 ❷

037 □□□

선고유예제도에 대한 설명으로 옳은 것을 모두 고른 것은?(다툼이 있는 경우 판례에 의함)

18 경찰채용

ㄱ. 선고유예는 집행유예와 마찬가지로 법원이 유예기간을 정하여야 한다.
ㄴ. 주형에 대하여 선고를 유예하는 경우에는 그 부가할 몰수·추징에 대하여도 선고를 유예할 수 있으나, 그 주형에 대하여 선고를 유예하지 아니하면서 이에 부가할 몰수·추징에 대하여서만 선고를 유예할 수는 없다.
ㄷ. 피고인이 범죄사실을 자백하지 않고 부인한 경우에는 선고유예의 요건 중 '뉘우치는 정상이 뚜렷할 때'에 해당하지 않으므로 언제나 선고유예를 할 수 없다.
ㄹ. 선고유예의 실효사유인 '형의 선고유예를 받은 자가 자격정지 이상의 형에 처한 전과가 발견된 때'란 형의 선고유예의 판결이 확정된 후에 전과가 발견된 경우를 말한다.

① ㄱ, ㄴ　　② ㄴ, ㄹ
③ ㄱ, ㄷ　　④ ㄷ, ㄹ

정선 핵심

ㄱ. 선고유예를 하는 경우 → 별도의 유예기간 ×
ㄴ. 주형에 대한 선고유예를 하지 아니하는 경우 → 몰수·추징에 대한 선고유예 ×
ㄷ. 범죄사실을 자백하지 않고 부인한 경우 → 언제나 선고유예 불가 ×
ㄹ. 형의 선고유예를 받은 자가 자격정지 이상의 형에 처한 전과가 발견된 경우
　→ 선고유예의 판결이 확정된 후에 전과가 발견된 경우를 의미
　→ 판결확정 전에 결격사유를 알 수 있는 객관적 상황이 있음에도 부주의로 알지 못한 경우 : ×

정선 해설

[ㄱ ▸ ×] 선고유예는 집행유예와는 달리 형의 선고유예를 받은 날로부터 2년을 경과한 때에는 면소된 것으로 간주하여(형법 제60조), 유예기간의 단축을 인정하지 아니하고 있다.

[ㄴ ▸ ○] 대판 1988.6.21. 88도551

[ㄷ ▸ ×] 선고유예의 요건 중 '뉘우치는 정상이 뚜렷할 때'가 반드시 피고인이 죄를 깊이 뉘우치는 경우만을 뜻하는 것으로 제한하여 해석하거나, 피고인이 범죄사실을 자백하지 않고 부인할 경우에는 언제나 선고유예를 할 수 없다고 해석할 것은 아니며, 또한 형법 제51조의 사항과 뉘우치는 정상이 뚜렷한지 여부에 관한 사항은 널리 형의 양정에 관한 법원의 재량사항에 속한다고 해석되므로, 상고심으로서는 형사소송법 제383조 제4호에 의하여 사형·무기 또는 10년 이상의 징역·금고가 선고된 사건에서 형의 양정의 당부에 관한 상고이유를 심판하는 경우가 아닌 이상, 선고유예에 관하여 형법 제51조의 사항과 뉘우치는 정상이 뚜렷한지 여부에 대한 원심판단의 당부를 심판할 수 없고, 그 원심판단이 현저하게 잘못되었다고 하더라도 달리 볼 것이 아니다(대판 2003.2.20. 2001도6138[전합]).

[ㄹ ▸ ○] 대결 2008.2.14. 2007모845

답 ❷

038 □□□

다음 설명 중 옳지 않은 것만을 모두 고르면?(다툼이 있는 경우 판례에 의함)

19 국가9급

ㄱ. 형법상 몰수의 대상은 범죄의 실행행위 자체에 사용한 물건에만 한정되고, 실행행위 착수 전 또는 실행행위 종료 후의 행위에 사용한 물건은 이에 해당하지 않는다.
ㄴ. 하나의 죄에 대하여 징역형과 벌금형을 병과하는 경우 특별한 규정이 없더라도 징역형만을 정상참작감경하고 벌금형에는 정상참작감경을 하지 않을 수 있다.
ㄷ. 선고유예는 선고할 형이 1년 이하의 징역이나 금고, 자격정지 또는 벌금의 형인 경우에 한하고 구류형에 대하여는 선고를 유예할 수 없다.
ㄹ. 판결선고 전의 구금일수는 전부 또는 그 일부를 유기징역, 유기금고, 벌금이나 과료에 관한 유치 또는 구류에 산입한다.

① ㄱ, ㄴ　② ㄴ, ㄷ
③ ㄱ, ㄴ, ㄹ　④ ㄱ, ㄷ, ㄹ

정선 핵심

ㄱ. 몰수의 요건
⇢ 대물적 요건 : 실행행위의 착수 전 또는 종료 후의 행위에 사용한 물건도 몰수 ○
ㄴ. 하나의 죄에 대하여 징역형과 벌금형을 병과하는 경우 → 징역형만 정상참작감경한 것은 위법 ○
ㄷ. 구류형에 대한 선고유예 ×
ㄹ. 판결선고 전의 구금일수 → 전부를 유기징역, 유기금고, 벌금이나 과료에 관한 유치 또는 구류에 산입

정선 해설

[ㄱ ▸ ×] 형법 제48조 제1항 제1호의 "범죄행위에 제공한 물건"은, 가령 살인행위에 사용한 칼 등 범죄의 실행행위 자체에 사용한 물건에만 한정되는 것이 아니며, 실행행위의 착수 전의 행위 또는 실행행위의 종료 후의 행위에 사용한 물건이더라도 그것이 범죄행위의 수행에 실질적으로 기여하였다고 인정되는 한 위 법조 소정의 제공한 물건에 포함된다(대판 2006.9.14. 2006도4075).
[ㄴ ▸ ×] 하나의 죄에 대하여 징역형과 벌금형을 병과하는 경우, 특별한 규정이 없는 한 징역형에만 정상참작감경을 하고 벌금형에는 정상참작감경을 하지 않는 것은 위법하다(대판 2009.2.12. 2008도6551).

> 비교판례 **대판 2006.3.23. 2006도1076**
> 형법 제38조 제1항 제3호에 의하여 징역형과 벌금형을 병과하는 경우에는 각 형에 대한 범죄의 정상에 차이가 있을 수 있으므로 징역형에만 정상참작감경을 하고 벌금형에는 정상참작감경을 하지 아니하였다고 하여 이를 위법하다고 할 수 없다.

[ㄷ ▸ ○] 대판 1993.6.22. 93오1
[ㄹ ▸ ×] 판결선고 전의 구금일수는 그 전부를 유기징역, 유기금고, 벌금이나 과료에 관한 유치 또는 구류에 산입한다(형법 제57조 제1항).

답 ❸

039 □□□

다음 중 괄호 안의 숫자의 합은?

20 해경채용

ㄱ. 형법은 형사미성년자로 (　　)세 되지 아니한 자의 행위는 벌하지 아니한다고 규정하고 있다.
ㄴ. 소년법상의 소년은 (　　)세 미만자를 말한다.
ㄷ. 형법은 금고 이상의 형을 선고받아 그 집행이 종료되거나 면제된 후 (　　)년 내에 금고 이상에 해당하는 죄를 지은 사람은 누범으로 처벌하고, 누범의 형은 그 죄에 대하여 정한 형의 장기의 (　　)배까지 가중한다.
ㄹ. 형의 선고유예를 받은 날로부터 (　　)년을 경과한 때에는 면소된 것으로 간주한다.
ㅁ. 가석방의 기간은 무기형에 있어서는 (　　)년으로 하고, 유기형에 있어서는 남은 형기로 하되, 그 기간은 (　　)년을 초과할 수 없다.

① 59　　② 60
③ 69　　④ 70

정선 핵심

ㄱ. 14세 되지 아니한 자의 행위 → 불가벌
ㄴ. 소년법상의 소년 → 19세 미만인 자
ㄷ. 누범가중의 요건과 효과
⇢ 요건 : 금고 이상의 형을 선고받아 그 집행이 종료되거나 면제된 후 3년 내에 금고 이상에 해당하는 죄를 지을 것
⇢ 효과 : 누범의 형은 그 죄에 대하여 정한 형의 장기의 2배까지 가중
ㄹ. 선고유예를 받은 날로부터 2년을 경과한 경우 → 면소간주
ㅁ. 가석방기간
⇢ 무기형 : 10년
⇢ 유기형 : 남은 형기로 하되, 10년 초과 ×

정선 해설

ㄱ. 14세 되지 아니한 자의 행위는 벌하지 아니한다(형법 제9조).
ㄴ. 이 법에서 "소년"이란 19세 미만인 자를 말하며, "보호자"란 법률상 감호교육을 할 의무가 있는 자 또는 현재 감호하는 자를 말한다(소년법 제2조).
ㄷ. 형법 제35조 참조

법령 누범(형법 제35조) ① 금고(禁錮) 이상의 형을 선고받아 그 집행이 종료되거나 면제된 후 3년 내에 금고 이상에 해당하는 죄를 지은 사람은 누범(累犯)으로 처벌한다.
② 누범의 형은 그 죄에 대하여 정한 형의 장기(長期)의 2배까지 가중한다.

ㄹ. 형의 선고유예를 받은 날로부터 2년을 경과한 때에는 면소된 것으로 간주한다(형법 제60조).
ㅁ. 가석방의 기간은 무기형에 있어서는 10년으로 하고, 유기형에 있어서는 남은 형기로 하되, 그 기간은 10년을 초과할 수 없다(형법 제73조의2 제1항).

답 ❷

040 □□□

형법에 관한 다음 설명 중 가장 옳지 않은 것은?

20 법원행시

① 형법은 범죄를 목적으로 하는 단체 또는 집단을 조직하거나 이에 가입 또는 그 구성원으로 활동한 사람은 그 목적한 죄에 정한 형으로 처벌하고, 다만 형을 감경할 수 있다는 조항을 두고 있다.

② 인신매매범죄에 대한 형법 규정은 대한민국 영역 밖에서 죄를 범한 외국인에게도 적용하는 규정을 두고 있다.

③ 3년 이하의 징역이나 금고 또는 500만원 이하의 벌금형을 선고할 경우에만 1년 이상 5년 이하의 기간 형의 집행을 유예할 수 있다.

④ 가석방의 기간은 무기형에 있어서는 10년으로 하고, 유기형에 있어서는 남은 형기로 하되, 그 기간은 10년을 초과할 수 없다.

⑤ 형법은 공무원이 직권을 이용하여 제7장 공무원의 직무에 관한 죄 이외의 죄를 범한 때에는 그 죄에 정한 형의 2분의 1까지 가중하도록 하는 규정을 두고 있다.

정선 핵심

① 범죄단체조직죄 → 사형, 무기 또는 장기 4년 이상의 징역에 해당하는 범죄에 대하여만 적용
② 인신매매죄 → 외국인의 국외범에게 형법 적용 O
③ 3년 이하의 징역, 금고, 500만원 이하의 벌금형을 선고할 경우 → 집행유예 O
④ 가석방기간
  → 무기형 : 10년
  → 유기형 : 남은 형기로 하되, 10년 초과 ×
⑤ 형법 제135조 → 공무원의 직무상 범죄에 대한 형의 가중

정선 해설

[❶ ▸ ×] 사형, 무기 또는 장기 4년 이상의 징역에 해당하는 범죄를 목적으로 하는 경우에만 형법 제114조가 적용된다.

법령 범죄단체 등의 조직(형법 제114조) 사형, 무기 또는 장기 4년 이상의 징역에 해당하는 범죄를 목적으로 하는 단체 또는 집단을 조직하거나 이에 가입 또는 그 구성원으로 활동한 사람은 그 목적한 죄에 정한 형으로 처벌한다. 다만, 형을 감경할 수 있다.

[❷ ▸ O] 2013.4.5. 개정형법은 세계주의를 도입하여 형법 제287조부터 제292조까지 및 제294조는 대한민국 영역 밖에서 죄를 범한 외국인에게도 적용한다고 규정하고 있으므로 대한민국 영역 외에서 인신매매범죄를 범한 외국인에게도 우리 형법이 적용된다.
[❸ ▸ O] 형법 제62조 제1항 본문
[❹ ▸ O] 가석방의 기간은 무기형에 있어서는 10년으로 하고, 유기형에 있어서는 남은 형기로 하되, 그 기간은 10년을 초과할 수 없다(형법 제73조의2 제1항).
[❺ ▸ O] 공무원이 직권을 이용하여 본장 이외의 죄를 범한 때에는 그 죄에 정한 형의 2분의 1까지 가중한다. 단 공무원의 신분에 의하여 특별히 형이 규정된 때에는 예외로 한다(형법 제135조).

답 ❶

01 집행유예 선고를 받은 자가 유예기간 중 고의로 범한 죄로 금고 이상의 실형을 선고받아 그 판결이 확정된 때에는 집행유예의 선고를 취소할 수 있다. 13 경찰간부 O | X

02 집행유예의 요건 중 '3년 이하의 징역 또는 금고의 형'이라함은 법정형이 아닌 선고형을 의미한다. 14 국가9급 O | X

03 자격정지 이상의 형을 받은 전과가 있는 사람에 대하여는 선고를 유예할 수 없고, 형의 선고유예를 받은 사람이 유예기간 중 자격정지 이상의 형에 처한 전과가 발견된 때에는 유예한 형을 선고한다. 16 법원9급 O | X

01 집행유예의 선고는 효력을 잃는다(형법 제63조).

02 대판 1989.11.28. 89도780

03 형법 제59조 제1항 단서, 제61조 제1항

정답

01 × 02 ○ 03 ○

041 □□□

형벌에 대한 설명으로 옳지 않은 것은?(다툼이 있는 경우 판례에 의함) 15 국가9급

① 회사합병의 경우 피합병회사의 공·사법상 권리와 의무는 모두 합병으로 인하여 존속하는 회사에 승계되므로 양벌규정에 의한 법인의 처벌도 합병으로 인하여 존속하는 법인에 승계된다.
② 몰수하기 불능한 때에 추징하여야 할 가액의 산정은 재판선고 시의 가격을 기준으로 해야 한다.
③ 범죄행위에 제공하려고 한 물건은 범인 이외의 자의 소유에 속하지 아니하거나 범죄 후 범인 외의 자가 사정을 알면서 취득한 경우에는 이를 몰수할 수 있다.
④ "벌금을 감경할 때에는 그 다액의 2분의 1로 한다"는 규정은 그 상한액만 2분의 1로 내려간다는 것이 아니라 하한까지도 함께 내려간다고 해석하여야 한다.

정선 핵심

① 양벌규정에 의한 법인의 처벌 → 존속법인에게 승계 ×
② 추징의 가액산정기준 → 재판선고 시의 가격
③ 몰수의 요건
 ⇢ 대물적 요건 : 범죄행위에 제공하려고 한 물건
 ⇢ 대인적 요건 : 범인 외의 자의 소유에 속하지 아니하거나 범죄 후 범인 이외의 자가 사정을 알면서 취득한 경우에는 몰수 ○
④ 벌금의 감경 → 하한까지도 2분의 1로 감경하는 것을 의미

정선 해설

[❶ ▸ ×] 법인이 형사처벌을 면탈하기 위한 방편으로 합병제도 등을 남용하는 경우 이를 처벌하거나 형사책임을 승계시킬 수 있는 근거규정을 특별히 두고 있지 않은 현행법하에서는 합병으로 인하여 소멸한 법인이 그 종업원 등의 위법행위에 대해 양벌규정에 따라 부담하던 형사책임은 그 성질상 이전을 허용하지 않는 것으로서 합병으로 인하여 존속하는 법인에 승계되지 않는다(대판 2015.12.24. 2015도13946).

[❷ ▸ ○] 대판 1991.5.28. 91도352

[❸ ▸ ○] 형법 제48조 제1항 제1호 참조

> **법령** 몰수의 대상과 추징(형법 제48조) ① 범인 외의 자의 소유에 속하지 아니하거나 범죄 후 범인 외의 자가 사정을 알면서 취득한 다음 각 호의 물건은 전부 또는 일부를 몰수할 수 있다.
> 1. 범죄행위에 제공하였거나 제공하려고 한 물건

[❹ ▸ ○] 대판 1978.4.25. 78도246[전합]

답 ❶

042 □□□

다음 설명 중 가장 옳지 않은 것은?(다툼이 있는 경우 판례에 의함) 12 법원9급

① 집행유예의 요건에 관한 형법 제62조 제1항이 '형'의 집행을 유예할 수 있다고만 규정하고 있다고 하더라도, 하나의 자유형 중 일부에 대해서는 실형을, 나머지에 대해서는 집행유예를 선고하는 것은 허용되지 않는다.

② 하나의 판결로 두 개의 징역형을 선고하는 경우에 그중 하나의 징역형에 대하여만 집행유예를 선고할 수 있다.

③ 벌금과 과료는 판결확정일로부터 60일 내에 납입하여야 한다. 단, 벌금을 선고할 때에는 동시에 그 금액을 완납할 때까지 노역장에 유치할 것을 명할 수 있다.

④ 형의 선고를 유예할 수 있는 경우는 선고할 형이 1년 이하의 징역이나 금고, 자격정지 또는 벌금의 형인 경우에 한하고 구류형에 대하여는 선고를 유예할 수 없다.

정선 핵심

①·② 일부집행유예의 가부
→ 하나의 자유형 : 일부에 대해 실형, 나머지는 집행유예 선고 ×
→ 하나의 판결로 두 개의 징역형 : 하나의 징역형에 대하여 집행유예 선고 ○

③ 벌금과 과료
→ 납입기간 : 판결확정일로부터 30일 내
→ 노역장 유치 : 벌금을 완납할 때까지 노역장에 유치할 것을 명할 수 있음

④ 구류형에 대한 선고유예 ×

정선 해설

[❶ ▸ ○] 하나의 자유형 중 일부에 대해서는 실형을, 나머지에 대해서는 집행유예를 선고하는 것은 허용되지 않는다(대판 2007.2.22. 2006도8555).

[❷ ▸ ○] 형법 제37조 후단의 경합범관계에 있는 죄에 대하여 하나의 판결로 두 개의 자유형을 선고하는 경우 그 두 개의 자유형은 각각 별개의 형이므로 형법 제62조 제1항에 정한 집행유예의 요건에 해당하면 그 각 자유형에 대하여 각각 집행유예를 선고할 수 있는 것이고, 또 그 두 개의 자유형 중 하나의 자유형에 대하여 실형을 선고하면서 다른 자유형에 대하여 집행유예를 선고하는 것도 우리 형법상 이러한 조치를 금하는 명문의 규정이 없는 이상 허용되는 것으로 보아야 한다(대판 2002.2.26. 2000도4637).

[❸ ▸ ×] 형법 제69조 제1항 참조

> **법령** 벌금과 과료(형법 제69조) ① 벌금과 과료는 판결확정일로부터 30일 내에 납입하여야 한다. 단, 벌금을 선고할 때에는 동시에 그 금액을 완납할 때까지 노역장에 유치할 것을 명할 수 있다.

[❹ ▸ ○] 대판 1993.6.22. 93오1

답 ❸

043 □□□

형법상 형(刑)에 대한 설명으로 옳은 것은? 21 국가9급

① 판결선고 후 누범인 것이 발각된 때에는 그 선고한 형을 통산하여 다시 형을 정하여야 한다. 단, 선고한 형의 집행을 종료하거나 그 집행이 면제된 후에는 예외로 한다.
② 집행유예의 선고를 받은 자가 유예기간 중 벌금 이상의 형을 선고받아 그 판결이 확정된 때에는 집행유예의 선고는 효력을 잃는다.
③ 가석방의 처분을 받은 자가 감시에 관한 규칙을 위배하거나 보호관찰의 준수사항을 위반한 때에는 가석방처분을 취소한다.
④ 징역 또는 금고의 집행을 종료하거나 집행이 면제된 자가 피해자의 손해를 보상하고 자격정지 이상의 형을 받음이 없이 7년을 경과한 때에는 본인 또는 검사의 신청에 의하여 그 재판의 실효를 선고할 수 있다.

정선 핵심

① 판결선고 후 누범인 것이 발각된 경우 → 다시 형을 정할 수 있으나 집행을 종료하거나 면제된 후에는 예외
② 집행유예의 선고를 받은 자가 유예기간 중 고의로 범한 죄로 금고 이상의 실형을 선고받아 그 판결이 확정된 경우 → 집행유예의 필요적 실효
③ 가석방 처분을 받은 자가 감시에 관한 규칙을 위배하거나 보호관찰의 준수사항을 위반한 경우 → 가석방의 임의적 취소
④ 징역 또는 금고의 집행을 종료하거나 집행이 면제된 자가 피해자의 손해를 보상하고 자격정지 이상의 형을 받음이 없이 7년을 경과한 경우 → 형의 재판상 실효

정선 해설

[❶ ▸ ×] 형법 제36조 참조

> **법령** 판결선고 후의 누범발각(형법 제36조) 판결선고 후 누범인 것이 발각된 때에는 그 선고한 형을 통산하여 다시 형을 정할 수 있다. 단, 선고한 형의 집행을 종료하거나 그 집행이 면제된 후에는 예외로 한다.

[❷ ▸ ×] 집행유예의 선고를 받은 자가 유예기간 중 고의로 범한 죄로 금고 이상의 실형을 선고받아 그 판결이 확정된 때에는 집행유예의 선고는 효력을 잃는다(형법 제63조).
[❸ ▸ ×] 가석방의 처분을 받은 자가 감시에 관한 규칙을 위배하거나, 보호관찰의 준수사항을 위반하고 그 정도가 무거운 때에는 가석방처분을 취소할 수 있다(형법 제75조).
[❹ ▸ ○] 형법 제81조

답 ❹

044 □□□

형법상 형의 시효 · 소멸에 대한 설명으로 가장 적절하지 않은 것은? 17 경찰채용

① 징역 또는 금고의 집행을 종료하거나 집행이 면제된 자가 피해자의 손해를 보상하고 자격정지 이상의 형을 받음이 없이 5년을 경과한 때에는 본인 또는 검사의 신청에 의하여 그 재판의 실효를 선고할 수 있다.

② 자격정지의 선고를 받은 자가 피해자의 손해를 보상하고 자격정지 이상의 형을 받음이 없이 정지기간의 2분의 1을 경과한 때에는 본인 또는 검사의 신청에 의하여 자격의 회복을 선고할 수 있다.

③ 시효는 형이 확정된 후 그 형의 집행을 받지 아니한 자가 형의 집행을 면할 목적으로 국외에 있는 기간 동안은 진행되지 아니한다.

④ 시효는 사형, 징역, 금고와 구류에 있어서는 수형자를 체포함으로, 벌금, 과료, 몰수와 추징에 있어서는 강제처분을 개시함으로 인하여 중단된다.

정선 핵심

① 징역 또는 금고의 집행을 종료하거나 집행이 면제된 자가 피해자의 손해를 보상하고 자격정지 이상의 형을 받음이 없이 7년을 경과한 경우 → 형의 재판상 실효

② 자격정지의 선고를 받은 자가 피해자의 손해를 보상하고 자격정지 이상의 형을 받음이 없이 정지기간의 2분의 1을 경과한 경우 → 복권

③ 형이 확정된 후 그 형의 집행을 받지 아니한 자가 형의 집행을 면할 목적으로 국외에 있는 기간 → 시효의 정지

④ 사형, 징역, 금고와 구류에 있어서는 수형자를 체포하거나, 벌금, 과료, 몰수와 추징에 있어서는 강제처분을 개시한 경우 → 시효의 중단

정선 해설

[❶ ▸ ×] 형법 제81조 참조

법령 | 형의 실효(형법 제81조) 징역 또는 금고의 집행을 종료하거나 집행이 면제된 자가 피해자의 손해를 보상하고 자격정지 이상의 형을 받음이 없이 7년을 경과한 때에는 본인 또는 검사의 신청에 의하여 그 재판의 실효를 선고할 수 있다.

[❷ ▸ ○] 자격정지의 선고를 받은 자가 피해자의 손해를 보상하고 자격정지 이상의 형을 받음이 없이 정지기간의 2분의 1을 경과한 때에는 본인 또는 검사의 신청에 의하여 자격의 회복을 선고할 수 있다(형법 제82조).

[❸ ▸ ○] 시효는 형이 확정된 후 그 형의 집행을 받지 아니한 자가 형의 집행을 면할 목적으로 국외에 있는 기간 동안은 진행되지 아니한다(형법 제79조 제2항).

[❹ ▸ ○] 시효는 사형, 징역, 금고와 구류에 있어서는 수형자를 체포함으로, 벌금, 과료, 몰수와 추징에 있어서는 강제처분을 개시함으로 인하여 중단된다(형법 제80조).

답 ❶

045 □□□

다음 설명 중 가장 옳지 않은 것은? 21 법원9급

① 피고인 이외의 제3자의 소유에 속하는 물건의 경우, 몰수를 선고한 판결의 효력은 원칙적으로 몰수의 원인이 된 사실에 관하여 유죄의 판결을 받은 피고인에 대한 관계에서 그 물건을 소지하지 못하게 하는 데 그치지 않고, 그 사건에서 재판을 받지 아니한 제3자의 소유권에도 영향을 미친다.

② 형법 제37조 후단 경합범에 대하여 형법 제39조 제1항에 의하여 형을 감경할 때에도 법률상 감경에 관한 형법 제55조 제1항이 적용되어 유기징역을 감경할 때에는 그 형기의 2분의 1 미만으로는 감경할 수 없다.

③ 형사소송법 제459조가 "재판은 이 법률에 특별한 규정이 없으면 확정한 후에 집행한다."라고 규정한 취지나 집행유예 제도의 본질 등에 비추어 보면 집행유예를 함에 있어 그 집행유예 기간의 시기(始期)는 집행유예를 선고한 판결 확정일로 하여야 한다.

④ 형법 제51조의 사항과 뉘우치는 정상이 뚜렷한지에 관한 사항은 형의 양정에 관한 법원의 재량사항에 속하므로, 상고심으로서는 형사소송법 제383조 제4호에 의하여 사형・무기 또는 10년 이상의 징역・금고가 선고된 사건에서 형의 양정의 당부에 관한 상고이유를 심판하는 경우가 아닌 이상, 선고유예에 관하여 형법 제51조의 사항과 뉘우치는 정상이 뚜렷한지에 대한 원심판단의 당부를 심판할 수 없다.

정선 핵심

① 제3자의 소유물에 대한 몰수판결 → 제3자의 소유권에 영향 ×
② 사후적 경합범의 감경 → 유기징역의 형기의 2분의 1 미만으로 감경 ×
③ 집행유예 기간의 시기 → 집행유예를 선고한 판결 확정일
④ 형의 양정에 관한 사항 → 상고심은 원칙적으로 원심판단의 당부 심판 ×

정선 해설

[❶ ▸ ×] 피고인 이외의 제3자의 소유에 속하는 물건에 대하여 몰수를 선고한 판결의 효력은 원칙적으로 몰수의 원인이 된 사실에 관하여 유죄의 판결을 받은 피고인에 대한 관계에서 그 물건을 소지하지 못하게 하는 데 그치고 그 사건에서 재판을 받지 아니한 제3자의 소유권에 어떤 영향을 미치는 것은 아니다(대판 1999.5.11. 99다12161).
[❷ ▸ ○] 대판 2019.4.18. 2017도14609[전합]
[❸ ▸ ○] 집행유예를 함에 있어 그 집행유예기간의 시기는 집행유예를 선고한 판결 확정일로 하여야 하고 법원이 판결 확정일 이후의 시점을 임의로 선택할 수는 없다(대판 2002.2.26. 2000도4637).
[❹ ▸ ○] 대판 2003.2.20. 2001도6138[전합]

답 ❶

046 □□□

다음 중 형의 선고유예와 집행유예에 대한 설명으로 가장 옳지 않은 것은? 20 해경승진

① 형의 선고유예를 받은 날로부터 2년을 경과한 때에는 면소된 것으로 간주한다.
② 형의 집행을 유예하는 경우에는 보호관찰을 받을 것을 명하거나 사회봉사 또는 수강을 명할 수 있다.
③ 집행유예의 선고를 받은 후 그 선고의 실효 또는 취소됨이 없이 유예기간을 경과한 때에는 형의 선고는 효력을 잃는다.
④ 집행유예의 선고를 받은 자가 유예기간 중 고의 또는 과실로 범한 죄로 금고 이상의 실형을 선고받아 그 판결이 확정된 때에는 집행유예의 선고는 효력을 잃는다.

정선 핵심

① 선고유예를 받은 날로부터 2년을 경과한 경우 → 면소간주
② 집행유예를 선고할 경우 → 보호관찰을 받을 것을 명하거나 사회봉사 또는 수강명령 가능
③ 집행유예를 선고받은 사람이 선고가 실효·취소됨이 없이 집행유예기간을 경과한 경우 → 집행유예 선고의 효력 상실
④ 집행유예의 선고를 받은 자가 유예기간 중 고의로 범한 죄로 금고 이상의 실형을 선고받아 그 판결이 확정된 경우 → 집행유예의 필요적 실효

정선 해설

[❶ ▸ O] 형의 선고유예를 받은 날로부터 2년을 경과한 때에는 면소된 것으로 간주한다(형법 제60조).
[❷ ▸ O] 형의 집행을 유예하는 경우에는 보호관찰을 받을 것을 명하거나 사회봉사 또는 수강을 명할 수 있다(형법 제62조의2 제1항).
[❸ ▸ O] 집행유예의 선고를 받은 후 그 선고의 실효 또는 취소됨이 없이 유예기간을 경과한 때에는 형의 선고는 효력을 잃는다(형법 제65조).
[❹ ▸ X] 형법 제63조 참조

법령 집행유예의 실효(형법 제63조) 집행유예의 선고를 받은 자가 유예기간 중 고의로 범한 죄로 금고 이상의 실형을 선고받아 그 판결이 확정된 때에는 집행유예의 선고는 효력을 잃는다.

답 ❹

047 □□□ 다음 설명 중 가장 옳지 않은 것은? 17 법원9급

① 피고인이 대형할인매장을 1회 방문하여 범행을 할 때마다 수개 품목의 수십만원어치 상품을 절취하여 이를 자신의 승용차에 싣고 간 경우 그 승용차는 형법 제48조 제1항 제1호 소정의 범죄행위에 제공한 물건이므로 몰수할 수 있다.

② 체포될 당시 미처 송금하지 못하고 소지하고 있던 자기앞수표나 현금은 장차 실행하려고 한 외국환거래법 위반의 범행에 제공하려는 물건일 뿐 그 이전에 범해진 외국환거래법 위반의 범죄행위에 제공하려고 한 물건으로 볼 수 없으므로 이를 몰수할 수 없다.

③ 징역 또는 금고는 무기 또는 유기로 하고 유기는 1개월 이상 30년 이하로 한다. 단, 유기징역 또는 유기금고에 대하여 형을 가중하는 때에는 50년까지로 하고 자격의 전부 또는 일부에 대한 자격정지는 1개월 이상 15년 이하로 한다. 그리고 유기징역 또는 유기금고에 자격정지를 병과한 때에는 징역 또는 금고의 집행을 종료하거나 면제된 날로부터 정지기간을 기산한다.

④ 누범전과는 금고 이상의 형을 받아 그 집행을 종료하거나 면제받은 후 3년 이내에 금고 이상에 해당하는 죄를 범한 경우인데 일반사면된 전과는 누범가중사유가 되지 아니하나 복권된 전과사실은 누범가중사유에 해당한다.

정선 핵심

① 대형할인매장에서 상품을 절취하여 승용차에 싣고 간 경우 → 승용차 몰수 O
② 외국환거래법위반혐의로 체포 당시에 소지하고 있던 자기앞수표나 현금 → 몰수 ×
③ 자격의 선고정지
 ⟶ 정지기간 : 1년 이상 15년 이하
 ⟶ 기산점 : 자격정지를 병과한 때에는 징역 또는 금고의 집행을 종료하거나 면제된 날로부터 기산
④ 누범가중의 요건
 ⟶ 일반사면된 전과 : 누범가중사유 ×
 ⟶ 복권된 전과사실 : 누범가중사유 O

정선 해설

[❶ ▸ O] 대판 2006.9.14. 2006도4075
[❷ ▸ O] 대판 2008.2.14. 2007도10034
[❸ ▸ ×] 전조에 기재한 자격의 전부 또는 일부에 대한 정지는 1년 이상 15년 이하로 한다(형법 제44조 제1항).
[❹ ▸ O] 판례에 의하면 일반사면된 전과(대판 1964.3.31. 64도34)는 누범가중사유가 되지 아니하나 복권된 전과사실(대판 1981.4.14. 81도543)은 누범가중사유에 해당한다.

관련판례 **대판 1986.11.11. 86도2004**

형의 선고를 받은 자가 특별사면을 받아 형의 집행을 면제받고 또 후에 복권이 되었다 하더라도 형의 선고의 효력이 상실되는 것은 아니므로 실형을 선고받아 복역타가 특별사면으로 출소한 후 3년 이내에 다시 범죄를 저지른 자에 대한 누범가중은 정당하다.

답 ❸

048 □□□

다음 설명 중 가장 옳지 않은 것은?(다툼이 있는 경우 판례에 의함) 20 경찰간부

① 유죄의 확정판결에 대하여 재심개시결정이 확정되어 법원이 그 사건에 대하여 다시 심판을 한 후 재심의 판결을 선고하고 그 재심판결이 확정된 때에는 종전의 확정판결은 당연히 효력을 상실하므로, 누범전과가 될 수 없다.

② 형의 집행유예를 선고받은 후 형법 제65조에 의하여 그 선고가 실효 또는 취소됨이 없이 정해진 유예기간을 무사히 경과하여 형의 선고가 효력을 잃게 되는 경우에는 선고유예의 판결을 할 수 있다.

③ 집행유예의 선고를 받은 후에 그 선고가 실효 또는 취소됨이 없이 유예기간이 경과하더라도 형의 선고가 있었다는 사실 자체가 없어지는 것은 아니다.

④ 징역이나 금고의 집행 중에 있는 사람이 행상(行狀)이 양호하여 뉘우침이 뚜렷한 때에는 무기형은 20년, 유기형은 형기의 3분의 1이 지난 후 행정처분으로 가석방을 할 수 있다.

정선 핵심

① 누범가중의 요건
→ 유죄의 확정판결에 대한 재심판결이 확정된 경우 : 종전의 확정판결은 누범가중사유 ×

②·③ 집행유예를 선고받은 사람이 선고가 실효·취소됨이 없이 집행유예기간을 경과한 경우
→ 선고유예 ×
→ 형선고사실 자체는 인정

④ 가석방의 요건
→ 징역이나 금고의 집행 중에 있는 사람이 행상(行狀)이 양호하여 뉘우침이 뚜렷한 때에는 무기형은 20년, 유기형은 형기의 3분의 1이 지날 것

정선 해설

[❶ ▸ ○] 유죄의 확정판결에 대하여 재심판결이 확정된 때에는 종전의 확정판결은 당연히 효력을 상실하므로, 누범전과가 될 수 없다.

> 피고인이 폭력행위 등 처벌에 관한 법률 위반(집단·흉기등재물손괴등)죄 등으로 징역 8월을 선고받아 판결이 확정되었는데(이하 '확정판결'), 유죄의 확정판결에 대하여 재심개시결정이 확정되어 법원이 그 사건에 대하여 다시 심판을 한 후 재심의 판결을 선고하고 그 재심판결이 확정된 때에는 종전의 확정판결은 당연히 효력을 상실한다(대판 2017.9.21. 2017도4019).

[❷ ▸ ×] 판례의 취지를 고려하면, 형의 집행유예를 선고받은 후 형의 선고가 효력을 잃게 되더라도 선고유예의 판결을 할 수 없다.

> 형의 집행유예를 선고받은 사람이 형법 제65조에 의하여 그 선고가 실효 또는 취소됨이 없이 정해진 유예기간을 무사히 경과하여 형의 선고가 효력을 잃게 되었더라도, 이는 형의 선고의 법적 효과가 없어질 뿐이고 형의 선고가 있었다는 기왕의 사실 자체까지 없어지는 것은 아니므로, 그는 형법 제59조 제1항 단서에서 정한 선고유예결격사유인 "자격정지 이상의 형을 받은 전과가 있는 사람"에 해당한다고 보아야 한다(대판 2012.6.28. 2011도10570).

[❸ ▸ ○] 대판 2012.6.28. 2011도10570

[❹ ▸ ○] 징역이나 금고의 집행 중에 있는 사람이 행상(行狀)이 양호하여 뉘우침이 뚜렷한 때에는 무기형은 20년, 유기형은 형기의 3분의 1이 지난 후 행정처분으로 가석방을 할 수 있다(형법 제72조 제1항).

답 ❷

049 □□□

집행유예와 선고유예에 대한 설명이다. 아래 설명 중 옳지 않은 것은 모두 몇 개인가?(다툼이 있는 경우 판례에 의함) 22 경찰간부

ㄱ. 선고유예의 요건 중 '뉘우치는 정상이 뚜렷할 때'라 함은 피고인이 죄를 깊이 뉘우치는 것을 의미하기 때문에 범죄사실을 자백하지 않고 부인하는 경우에는 선고유예를 할 수 없다.
ㄴ. 집행유예의 선고가 실효 또는 취소됨 없이 정해진 유예기간을 무사히 경과하여 형의 선고가 효력을 잃게 된 경우, 형법 제59조 제1항 단서에서 정한 선고유예결격사유인 "자격정지 이상의 형을 받은 전과가 있는 사람"에 해당하지 않는다.
ㄷ. 법원이 사회봉사명령으로서 일정액의 금전출연을 주된 내용으로 하는 사회공헌계획의 성실한 이행을 명하는 것은 허용될 수 없으나, 유죄로 인정된 범죄행위를 뉘우치거나 그 범죄행위를 공개하는 취지의 말이나 글을 발표하도록 하고 이를 위반하는 경우 집행유예의 선고를 취소할 수 있도록 하여 그 이행을 강제하는 것은 허용된다.
ㄹ. 형법 제62조의2의 규정에 의하여 보호관찰이나 사회봉사 또는 수강을 명한 집행유예를 받은 자가 준수사항이나 명령을 위반하고 그 정도가 무거운 때에는 집행유예의 선고를 취소해야 한다.

① 1개 ② 2개
③ 3개 ④ 4개

정선 핵심

ㄱ. 범죄사실을 자백하지 않고 부인한 경우 → 언제나 선고유예 불가 ×
ㄴ. 집행유예의 선고가 실효·취소됨이 없이 집행유예기간을 경과한 경우 → 자격정지 이상의 형을 받은 전과가 있는 사람 ○
ㄷ. 유죄로 인정된 범죄행위를 뉘우치거나 범죄행위를 공개하는 취지의 말이나 글을 발표하도록 하는 사회봉사명령 → 위법 ○
ㄹ. 보호관찰이나 사회봉사 또는 수강을 명한 집행유예를 받은 자가 준수사항이나 명령을 위반하고 그 정도가 무거운 경우 → 집행유예의 임의적 취소 ○

정선 해설

[ㄱ ▸ ×] 선고유예의 요건 중 '뉘우치는 정상이 뚜렷할 때'가 반드시 피고인이 죄를 깊이 뉘우치는 경우만을 뜻하는 것으로 제한하여 해석하거나, 피고인이 범죄사실을 자백하지 않고 부인할 경우에는 언제나 선고유예를 할 수 없다고 해석할 것은 아니다(대판 2003.2.20. 2001도6138[전합]).

[ㄴ ▸ ×] 형의 집행유예를 선고받은 사람이 형법 제65조에 의하여 그 선고가 실효 또는 취소됨이 없이 정해진 유예기간을 무사히 경과하여 형의 선고가 효력을 잃게 되었더라도, 이는 형의 선고의 법적 효과가 없어질 뿐이고 형의 선고가 있었다는 기왕의 사실 자체까지 없어지는 것은 아니므로, 그는 형법 제59조 제1항 단서에서 정한 선고유예 결격사유인 "자격정지 이상의 형을 받은 전과가 있는 사람"에 해당한다고 보아야 한다(대판 2012.6.28. 2011도10570).

[ㄷ ▸ ×] 법원이 형법 제62조의2의 규정에 의한 사회봉사명령으로 피고인에게 일정한 금원을 출연하거나 이와 동일시할 수 있는 행위를 명하는 것은 허용될 수 없다. 또한 법원이 피고인에게 유죄로 인정된 범죄행위를 뉘우치거나 그 범죄행위를 공개하는 취지의 말이나 글을 발표하도록 하는 내용의 사회봉사를 명하고 이를 위반할 경우 형법 제64조 제2항에 의하여 집행유예의 선고를 취소할 수 있도록 함으로써 그 이행을 강제하는 것은, 헌법이 보호하는 피고인의 양심의 자유, 명예 및 인격에 대한 심각하고 중대한 침해에 해당하므로, 이는 허용될 수 없다(대판 2008.4.11. 2007도8373).

[ㄹ ▸ ×] 형법 제64조 제2항 참조

법령 집행유예의 취소(형법 제64조) ② 보호관찰이나 사회봉사 또는 수강을 명한 집행유예를 받은 자가 준수사항이나 명령을 위반하고 그 정도가 무거운 때에는 집행유예의 선고를 취소할 수 있다.

답 ❹

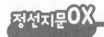

01 무죄의 판결을 선고하는 경우, 피고인이 무죄판결공시취지의 선고에 동의하지 아니하거나 피고인의 동의를 받을 수 없는 경우를 제외하고 무죄판결공시의 취지를 선고하여야 한다. 19 경찰채용 O | X

02 경합범가중 시 징역과 금고는 같은 종류의 형으로 간주하여 징역형으로 처벌한다. 20 법원행시 O | X

03 벌금 또는 과료에 관한 노역장유치기간에 산입된 판결선고 전 구금일수는 형법 제72조 제2항(가석방의 경우에 벌금이나 과료가 병과되어 있는 때에는 그 금액을 완납하여야 한다)의 경우에 있어서 그에 해당하는 금액이 납입된 것으로 간주한다. 20 법원행시 O | X

04 사형의 시효는 사형을 선고하는 재판이 확정된 후 그 집행을 받음이 없이 50년을 경과함으로 인하여 완성된다. 15 국가9급 O | X

01 형법 제58조 제2항

02 형법 제38조 제2항

03 형법 제73조 제2항

04 재판이 확정된 후 그 집행을 받지 아니하고 30년이 지나면 완성된다(형법 제78조).

정답

01 ○ **02** ○ **03** ○ **04** ×

PASSCODE

경찰 형법총론

부록 2022년 기출문제

SD에듀
(주)시대고시기획

제 1 장

형법의 기초이론

제1절 죄형법정주의

001 □□□

죄형법정주의에 관한 설명으로 옳지 않은 것을 모두 고른 것은?(다툼이 있는 경우 판례에 의함)

22 경찰채용

ㄱ. 법규범의 문언은 어느 정도 가치개념을 포함한 일반적·규범적 개념을 사용하지 않을 수 없는 것이기 때문에 기본적으로 최소한이 아닌 최대한의 명확성을 요구한다.
ㄴ. 유추해석 금지의 원칙은 형벌법규의 구성요건과 가벌성에 관한 규정에 준용되므로 형벌법규의 적용대상이 행정법규가 규정한 사항을 내용으로 하고 있는 경우에 그 행정법규의 규정을 해석하는 데에도 마찬가지로 적용된다.
ㄷ. 대법원 양형위원회가 설정한 '양형기준'이 발효하기 전에 공소가 제기된 범죄에 대하여 위 '양형기준'을 참고하여 형을 양정한 경우, 소급효금지의 원칙에 위반된다.
ㄹ. 알 수 없는 경위로 가상자산을 이체받은 자가 가상자산을 사용·처분한 경우 이를 형사처벌하는 명문의 규정이 없다고 하더라도 착오송금 시 횡령죄 성립을 긍정한 판례를 유추하여 신의칙을 근거로 배임죄로 처벌하는 것은 죄형법정주의에 반하지 않는다.
ㅁ. 형법 제258조의2 특수상해죄의 신설로 형법 제262조, 제261조의 특수폭행치상죄에 대하여 그 문언상 특수상해죄의 예에 의하여 처벌하는 것이 가능하게 되었다는 이유만으로 형법 제258조의2 제1항의 예에 따라 처벌할 수 있다고 하는 것은 죄형법정주의에 반한다.

① ㄱ, ㄴ, ㄷ
② ㄱ, ㄷ, ㄹ
③ ㄱ, ㄷ, ㅁ
④ ㄴ, ㄹ, ㅁ

정선 핵심

ㄱ. 명확성의 원칙 → 최소한의 명확성 요구
ㄴ. 유추해석 금지의 원칙 → 행정법규의 해석에도 적용
ㄷ. 양형기준 적용 → 소급효금지의 원칙 위반 ×
ㄹ. 알 수 없는 경위로 이체받은 가상자산을 처분한 자를 횡령죄로 처벌하는 경우 → 죄형법정주의 원칙 위반 ○
ㅁ. 특수폭행치상죄를 특수상해죄의 예에 의하여 처벌 → 죄형법정주의 원칙 위반 ○

정선 해설

[ㄱ ▸ ×] 법규범의 문언은 어느 정도 가치개념을 포함한 일반적, 규범적 개념을 사용하지 않을 수 없는 것이기 때문에 명확성의 원칙이란 기본적으로 최대한이 아닌 최소한의 명확성을 요구하는 것으로서, 그 문언이 법관의 보충적인 가치판단을 통해서 그 의미내용을 확인할 수 있고, 그러한 보충적 해석이 해석자의 개인적인 취향에 따라 좌우될 가능성이 없다면 명확성의 원칙에 반한다고 할 수 없다(대결 2008.10.23. 2008초기264).

[ㄴ ▸ ○] 대판 2011.7.14. 2009도7777

[ㄷ ▸ ×] 대법원 양형위원회가 설정한 '양형기준'이 발효하기 전에 공소가 제기된 범죄에 대하여 위 '양형기준'을 참고하여 형을 양정한 경우, 피고인에게 불리한 법률을 소급하여 적용한 위법이 있다고 할 수 없다(대판 2009.12.10. 2009도11448).

[ㄹ ▸ ×] 원인불명으로 재산상 이익인 가상자산을 이체받은 자가 가상자산을 사용·처분한 경우 이를 형사처벌하는 명문의 규정이 없는 현재의 상황에서 착오송금 시 횡령죄 성립을 긍정한 판례를 유추하여 신의칙을 근거로 피고인을 배임죄로 처벌하는 것은 죄형법정주의에 반한다(대판 2021.12.16. 2020도9789).

[ㅁ ▸ ○] 형벌규정 해석에 관한 법리와 다음과 같은 폭력행위 등 처벌에 관한 법률의 개정 경과 및 형법 제258조의2의 신설 경위와 내용, 그 목적, 형법 제262조의 연혁, 문언과 체계 등을 고려할 때, 특수폭행치상의 경우 형법 제258조의2의 신설에도 불구하고 종전과 같이 형법 제257조 제1항의 예에 의하여 처벌하는 것으로 해석함이 타당하다(대판 2018.7.24. 2018도3443).

답 ❷

002 □□□

죄형법정주의에 대한 설명으로 옳은 것은?(다툼이 있는 경우 판례에 의함) 22 국가9급

① 도로교통법상 도로가 아닌 곳에서 운전면허 없이 운전한 행위를 무면허운전으로 처벌하는 것은 유추해석금지원칙에 반하지 않는다.

② 개정형법의 시행 이전에 죄를 범한 자에 대하여 개정형법에 따라 보호관찰을 명할 경우, 형벌불소급원칙 또는 죄형법정주의에 위배된다.

③ 종전보다 가벼운 형으로 형벌법규를 개정하면서, 개정된 법의 시행 전의 범죄에 대해서 종전의 형벌법규를 적용하도록 그 부칙에 규정하는 것은 형벌불소급원칙에 반한다.

④ 처벌법규의 구성요건에 법관의 보충적인 해석을 필요로 하는 개념을 사용하였다고 하더라도 통상의 해석방법에 의하여 건전한 상식과 통상적인 법감정을 가진 사람이면 당해 처벌법규의 보호법익과 금지된 행위 및 처벌의 종류와 정도를 알 수 있도록 규정하였다면 처벌법규의 명확성에 배치되는 것은 아니다.

정선 핵심

① 도로가 아닌 곳에서의 무면허운전을 처벌하는 경우 → 유추해석 금지의 원칙 위반 ○
② 개정형법에 따라 보호관찰을 명할 경우 → 형벌불소급의 원칙 위반 ×
③ 부칙으로 개정법 시행 전 범죄에 종전 형벌법규 적용 → 형벌불소급의 원칙 위반 ×
④ 법관의 보충적인 해석 필요 → 명확성의 원칙 위반 ×

정선 해설

[❶ ▸ ×] 도로에서 운전하지 않았는데도 무면허운전으로 처벌하는 것은 유추해석이나 확장해석에 해당하여 죄형법정주의에 비추어 허용되지 않는다. 따라서 운전면허 없이 자동차 등을 운전한 곳이 위와 같이 일반교통경찰권이 미치는 공공성이 있는 장소가 아니라 특정인이나 그와 관련된 용건이 있는 사람만 사용할 수 있고 자체적으로 관리되는 곳이라면 도로교통법에서 정한 '도로에서 운전'한 것이 아니므로 무면허운전으로 처벌할 수 없다(대판 2017.12.28. 2017도17762).

[❷ ▸ ×] 보호관찰은 보안처분의 성격을 갖는 것으로 사회를 방위하기 위한 합목적적인 조치이므로 형벌불소급의 원칙이 적용되지 아니하여, 개정형법(재판시법)에 의하여 보호관찰을 받을 것을 명하는 것은 형벌불소급의 원칙에 반하지 아니한다.

개정형법 제62조의2에서 말하는 보호관찰은 형벌이 아니라 보안처분의 성격을 갖는 것으로서, 과거의 불법에 대한 책임에 기초하고 있는 제재가 아니라 장래의 위험성으로부터 행위자를 보호하고 사회를 방위하기 위한 합목적적인 조치이므로, 그에 관하여 반드시 행위 이전에 규정되어 있어야 하는 것은 아니며, 재판 시의 규정에 의하여 보호관찰을 받을 것을 명할 수 있다고 보아야 할 것이고, 이와 같은 해석이 형벌불소급의 원칙 내지 죄형법정주의에 위배되는 것이라고 볼 수 없다(대판 1997.6.13. 97도703).

[❸ ▸ ×] 형법 제1조 제2항 및 제8조에 의하면 범죄 후 법률이 변경되어 형이 구법(舊法)보다 가벼워진 경우에는 신법에 의한다고 규정하고 있으나 신법에 경과규정을 두어 이러한 신법의 적용을 배제하는 것도 허용되는 것으로서, 형을 종전보다 가볍게 형벌법규를 개정하면서 그 부칙으로 개정된 법의 시행 전의 범죄에 대하여 종전의 형벌법규를 적용하도록 규정한다 하여 헌법상의 형벌불소급의 원칙이나 신법우선주의에 반한다고 할 수 없다(대판 1999.7.9. 99도1695).

[❹ ▸ ○] 대판 2014.1.29. 2013도12939

답 ❹

003
□□□

유추해석(적용) 금지의 원칙에 관한 설명 중 가장 적절하지 않은 것은?(다툼이 있는 경우 판례에 의함) 22 경찰채용

① 위법성조각사유처럼 피고인에게 유리한 규정의 범위를 제한적으로 유추적용하게 되면 행위자의 가벌성의 범위가 확대되므로 이는 가능한 문언의 의미를 넘어 범죄구성요건을 유추적용하는 것과 같은 결과가 초래되어 허용될 수 없다.

② 형벌법규의 적용대상이 행정법규가 규정한 사항을 내용으로 하는 경우, 그 행정법규를 해석함에 있어서는 유추해석 금지의 원칙이 적용되지 아니한다.

③ 유추해석은 피고인에게 유리한 경우에는 가능한 것이나, 문리를 넘어서는 이러한 해석은 그렇게 해석하지 아니하면 그 결과가 현저히 형평과 정의에 반하거나 심각한 불합리가 초래되는 경우에 한하여 가능하다.

④ 공직선거법 제262조의 '자수'를 통상 관용적으로 사용되는 용례에서 갖는 개념 외에 '범행발각 전'이라는 또 다른 개념을 추가하는 것은 형 면제 사유에 대한 제한적 유추를 통해 처벌범위를 실정법 이상으로 확대하게 되어 유추해석 금지의 원칙에 반한다.

정선 핵심

① 가벌성의 범위를 확대하는 제한적 유추 → 유추해석 금지의 원칙 위반 ○
② 유추해석 금지의 원칙 → 행정법규의 해석에도 적용
③ 유추해석하지 않은 결과가 형평과 정의에 반하거나 심각한 불합리가 초래되는 경우 → 피고인에게 유리한 유추해석 가능
④ 범행발각 전 자수로 한정 → 유추해석 금지의 원칙 위반 ○

정선 해설

[❶ ▸ ○] 대판 1997.3.20. 96도1167[전합]

[❷ ▸ ×] 형벌법규의 해석은 엄격하여야 하고 명문규정의 의미를 피고인에게 불리한 방향으로 지나치게 확장해석하거나 유추해석하는 것은 죄형법정주의의 원칙에 어긋나는 것으로서 허용되지 않으며, 이러한 법해석의 원리는 그 형벌법규의 적용대상이 행정법규가 규정한 사항을 내용으로 하고 있는 경우에 그 행정법규의 규정을 해석하는 데에도 마찬가지로 적용된다(대판 2011.7.14. 2009도7777).

[❸ ▸ ○] 형벌법규의 해석에 있어서 유추해석이나 확장해석도 피고인에게 유리한 경우에는 가능한 것이나, 문리를 넘어서는 이러한 해석은 그렇게 해석하지 아니하면 그 결과가 현저히 형평과 정의에 반하거나 심각한 불합리가 초래되는 경우에 한하여야 할 것이고, 그렇지 아니하는 한 입법자가 그 나름대로의 근거와 합리성을 가지고 입법한 경우에는 입법자의 재량을 존중하여야 하는 것이다(대판 2004.11.11. 2004도4049).

[❹ ▸ ○] 공직선거법 제262조의 "자수"를 '범행발각 전에 자수한 경우'로 한정하는 풀이는 "자수"라는 단어가 통상 관용적으로 사용되는 용례에서 갖는 개념 외에 '범행발각 전'이라는 또 다른 개념을 추가하는 것으로서 결국은 '언어의 가능한 의미'를 넘어 공직선거법 제262조의 "자수"의 범위를 그 문언보다 제한함으로써 공직선거법 제230조 제1항 등의 처벌범위를 실정법 이상으로 확대한 것으로서 죄형법정주의의 파생원칙인 유추해석 금지의 원칙에 위반된다(대판 1997.3.20. 96도1167[전합]).

답 ❷

제2절 형법의 적용범위

004 □□□

범죄의 본질에 관한 甲과 乙의 이론에 대한 설명 중 옳은 것은 모두 몇 개인가?

22 경찰채용

甲 : 형법적 평가의 중심은 외부적인 행위와 현실적으로 발생한 결과에 두고 책임과 형벌을 결정해야 한다.

乙 : 그렇지 않다. 외부적 행위와 현실적으로 발생한 결과가 아니라, 이를 발생시킨 행위자의 반사회적 성격에 두고 책임과 형벌을 결정해야 한다.

ㄱ. 甲은 미수범의 처벌근거를 구성요건적 결과 실현에 근접한 위험에 있다고 주장하고, 乙은 행위자의 법적대적(法敵對的) 의사에 있다고 주장한다.

ㄴ. 甲은 공동정범의 본질을 행위 속에 표현된 의식적인 공동작용이라고 주장하고, 乙은 공동정범이 각자 최소한 하나의 객관적 구성요건 실현에 스스로 참여한 것이라고 주장한다.

ㄷ. 甲은 책임의 근거를 행위자의 반사회적 성격에 기인해 행위자가 사회방위처분을 받아야 하는 지위가 책임이라 주장하고, 乙은 행위자가 적법행위를 할 수 있었음에도 불구하고 위법행위를 했기 때문에 가해지는 도의적 비난이라 주장한다.

ㄹ. 甲은 공범의 종속성에 대해 타인으로 하여금 죄를 범하게 하려는 의사 자체가 외부로 표명되는 이상 정범의 실행행위와 상관없이 독자적으로 가벌성이 인정된다고 주장하고, 乙은 정범의 실행행위가 있어야 그 정범의 실행행위에 종속해서만 공범이 성립할 수 있다고 주장한다.

① 1개 ② 2개
③ 3개 ④ 4개

정선 핵심

ㄱ., ㄴ., ㄷ., ㄹ. 甲(객관설)과 乙(주관설)의 구별

甲(객관설)

→ 미수범의 처벌근거 : 구성요건적 결과 실현에 근접한 위험
→ 공동정범의 본질 : 각자 최소한 하나의 객관적 구성요건 실현에 참여(범죄공동설)
→ 책임의 근거 : 도의적 비난(도의적 책임론)
→ 공범의 성립 : 정범의 실행행위에 종속해서 공범 성립(공범종속성설)

乙(주관설)

→ 미수범의 처벌근거 : 행위자의 법적대적 의사
→ 공동정범의 본질 : 행위 속에 표현된 의식적인 공동작용(행위공동설)
→ 책임의 근거 : 행위자의 반사회적 성격(사회적 책임론)
→ 공범의 성립 : 정범의 실행행위와 상관없이 독자적으로 가벌성 인정(공범독립성설)

정선 해설

[ㄱ ▸ O] 甲(객관설)은 객관주의 범죄이론에서 주장되는 견해로 미수범의 처벌근거는 행위자의 의사가 아니라 구성요건의 결과 실현에 근접한 위험성, 즉 결과불법에 대한 높은 개연성에 있다고 주장하고, 乙(주관설)은 주관주의 범죄이론에서 주장되는 견해로 행위에 의하여 외부로 표시된 범죄적 의사 내지 법적대적 의사에 있다고 주장한다.

[ㄴ ▸ X] 甲은 공동정범의 본질을 공동정범이 각자 최소한 하나의 객관적 구성요건 실현에 스스로 참여한 것이라고 주장하나(범죄공동설), 乙은 행위 속에 표현된 의식적인 공동작용이라고 주장한다(행위공동설).

[ㄷ ▸ X] 甲은 책임의 근거를 행위자가 적법행위를 할 수 있었음에도 불구하고 위법행위를 했기 때문에 가해지는 도의적 비난이라 주장하나(도의적 책임론), 乙은 행위자의 반사회적 성격에 기인해 행위자가 사회방위처분을 받아야 하는 지위가 책임이라 주장한다(사회적 책임론).

[ㄹ ▸ X] 甲은 정범의 실행행위가 있어야 그 정범의 실행행위에 종속해서만 공범이 성립할 수 있다고 주장하나(공범종속성설), 乙은 공범의 종속성에 대해 타인으로 하여금 죄를 범하게 하려는 의사 자체가 외부로 표명되는 이상 정범의 실행행위와 상관없이 독자적으로 가벌성이 인정된다고 주장한다(공범독립성설).

답 ❶

005 □□□

형법의 시간적 적용범위에 관한 설명으로 가장 적절한 것은?(다툼이 있는 경우 판례에 의함)

22 경찰채용

① 구법에 규정된 형이 '3년 이하의 징역'이고 신법에 규정된 형이 '5년 이하의 징역 또는 1천만원 이하의 벌금'이라면 벌금형이 병과되었다는 점에서 형이 경하게 변경된 것이므로 형법 제1조 제2항에 따라 신법을 적용하여야 한다.

② 법률이념의 변경에 의한 것이 아니라 다른 사정의 변천에 따라 그때그때의 특수한 필요에 대처하기 위하여 법령이 개폐된 경우라 하더라도 형법 제1조 제2항이 적용된다.

③ 법원이 인정하는 범죄사실이 공소사실과 차이가 없이 동일한 경우에는 비록 검사가 재판시법인 신법의 적용을 구하였더라도 그 범행에 대한 형의 경중의 차이가 없으면 공소장 변경절차를 거치지 않아도 구법을 적용할 수 있다.

④ 포괄일죄에 관한 기존 처벌법규에 대하여 그 표현이나 형량과 관련한 개정을 하는 경우가 아니라 애초에 죄가 되지 아니하던 행위를 구성요건의 신설로 포괄일죄의 처벌대상으로 삼는 경우에는 신설된 포괄일죄 처벌법규가 시행되기 이전의 행위에 대하여도 신설된 법규를 적용하여 처벌할 수 있다.

정선 핵심

① 구법의 징역형을 무겁게 개정하면서 벌금형을 선택할 수 있도록 한 경우 → 행위시법인 구법의 형 적용 O
② 다른 사정의 변천에 따라 특수한 필요로 법령을 개폐하는 경우 → 행위시법 적용 O
③ 범죄 후 법률이 개정되었으나 형의 경중에 차이가 없는 경우 → 공소장 변경절차 없이 구법 적용 O
④ 신설된 포괄일죄 처벌법규가 시행되기 이전의 행위 → 소급효금지의 원칙 적용 O

정선 해설

[❶ ▸ ×] 행위시법인 구 변호사법 제54조에 규정된 형은 징역 3년이고 재판시법인 현행 변호사법 제78조에 규정된 형은 5년 이하의 징역 또는 1천만원 이하의 벌금으로서 신법에서는 벌금형의 선택이 가능하다 하더라도 법정형의 경중은 병과형 또는 선택형 중 가장 중한 형을 기준으로 하여 다른 형과 경중을 정하는 것이므로 행위시법인 구법의 형이 더 경하다(대판 1983.11.8. 83도2499).

[❷ ▸ ×] 형법 제1조 제2항의 규정은 형벌법령 제정의 이유가 된 법률이념의 변천에 따라 과거에 범죄로 보던 행위에 대하여 그 평가가 달라져 이를 범죄로 인정하고 처벌한 그 자체가 부당하였다거나 또는 과형이 과중하였다는 반성적 고려에서 법령을 개폐하였을 경우에 적용하여야 할 것이고, 이와 같은 법률이념의 변경에 의한 것이 아닌 다른 사정의 변천에 따라 그때 그때의 특수한 필요에 대처하기 위하여 법령을 개폐하는 경우에는 이미 그 전에 성립한 위법행위를 현재에 관찰하여도 행위 당시의 행위로서는 가벌성이 있는 것이어서 그 법령이 개폐되었다 하더라도 그에 대한 형이 폐지된 것이라고는 할 수 없다(대판 1997.12.9. 97도2682).

[❸ ▸ O] 법원이 인정하는 범죄사실이 공소사실과 차이가 없이 동일한 경우에는 비록 검사가 재판시법인 개정 후 신법의 적용을 구하였더라도 그 범행에 대한 형의 경중의 차이가 없으면 피고인의 방어권 행사에 실질적으로 불이익을 초래할 우려도 없어 공소장 변경절차를 거치지 않고도 정당하게 적용되어야 할 행위시법인 구법을 적용할 수 있다(대판 2002.4.12. 2000도3350).

> **유사판례** **대판 2011.4.14. 2010도5606**
>
> 피고인이 이 사건 공소사실 기재 범행으로 2004.1.28. 수수하였다는 금액은 3억 6,000만원인데 특정경제범죄 가중처벌 등에 관한 법률이 2007.5.17. 법률 제8444호로 개정되었어도 위 수수액에 관하여는 개정 전후를 통하여 형의 경중이 없으므로 행위시법인 개정 전의 위 법률의 해당 조항을 적용하여야 한다.

[❹ ▸ ×] 포괄일죄에 관한 기존 처벌법규에 대하여 그 표현이나 형량과 관련한 개정을 하는 경우가 아니라 애초에 죄가 되지 아니하던 행위를 구성요건의 신설로 포괄일죄의 처벌대상으로 삼는 경우에는 신설된 포괄일죄 처벌법규가 시행되기 이전의 행위에 대하여는 신설된 법규를 적용하여 처벌할 수 없다(형법 제1조 제1항)(대판 2016.1.28. 2015도15669).

답 ❸

006 □□□

형법의 적용범위에 대한 설명으로 옳은 것은?(다툼이 있는 경우 판례에 의함)

22 국가9급

① 재판이 확정된 후 법률이 변경되어 형이 구법보다 가벼워진 경우에는 형의 집행을 면제한다.
② 인신매매죄는 대한민국 영역 밖에서 죄를 범한 외국인에게도 적용된다.
③ 외국인이 대한민국 영역 외에서 대한민국 국민 명의의 사문서를 위조한 때에는 대한민국 형법을 적용한다.
④ 죄를 지어 외국에서 형의 전부 또는 일부가 집행된 사람에 대하여 법관은 재량으로 그 집행된 형의 전부 또는 일부를 선고하는 형에 산입하지 않을 수 있다.

정선 핵심

① 재판이 확정된 후 법률이 변경되어 형이 구법보다 가벼워진 경우 → 종전의 형 집행
② 인신매매죄 → 외국인의 국외범에게 형법 적용 ○
③ 외국인이 대한민국 영역 외에서 국민 명의의 사문서를 위조한 경우 → 형법 적용 ×
④ 외국에서 형의 전부 또는 일부가 집행된 경우 → 집행된 형기 산입

정선 해설

[❶ ▸ ×] 재판이 확정된 후 법률이 변경되어 형이 구법보다 가벼워진 경우에는 형의 집행을 면제하는 것이 아니라, 형법 제1조 제2항, 제3항의 반대해석상 종전의 형을 그대로 집행한다.

[❷ ▸ ○] 2013.4.5. 개정형법은 세계주의를 도입하여 형법 제287조부터 제292조까지 및 제294조는 대한민국 영역 밖에서 죄를 범한 외국인에게도 적용한다고 규정하고 있으므로 대한민국 영역 외에서 인신매매 범죄를 범한 외국인에게도 우리 형법이 적용된다.

[❸ ▸ ×] 외국인이 대한민국 영역 외에서 대한민국 국민 명의의 사문서를 위조한 경우에는 형법 제5조 제6호에 해당하지 아니하고, 제6조의 대한민국 또는 대한민국 국민의 법익을 직접 침해하는 경우도 아니어서 우리 형법이 적용되지 아니한다.

> **관련판례** **대판 2006.9.22. 2006도5010**
>
> 중국 북경시에 소재한 대한민국 영사관 내부는 여전히 중국의 영토에 속할 뿐 이를 대한민국의 영토로서 그 영역에 해당한다고 볼 수 없을 뿐 아니라, 사문서위조죄가 형법 제6조의 대한민국 또는 대한민국 국민에 대하여 범한 죄에 해당하지 아니함은 명백하다. 따라서 원심이 내국인이 아닌 피고인이 위 영사관 내에서 공소외인 명의의 여권발급신청서 1장을 위조하였다는 취지의 공소사실에 대하여 외국인의 국외범에 해당한다는 이유로 피고인에 대한 재판권이 없다고 판단한 것은 옳고, 거기에 상고이유의 주장과 같이 재판권에 관한 법리오해 등의 잘못은 없다. 상고이유는 받아들일 수 없다.

[❹ ▸ ×] 죄를 지어 외국에서 형의 전부 또는 일부가 집행된 사람에 대해서는 그 집행된 형의 전부 또는 일부를 선고하는 형에 산입한다(형법 제7조).

답 ❷

제 2 장

범죄론

제1절 구성요건론

제1관 | 행위의 주체와 객체

007 □□□

법인의 형사책임에 관한 설명 중 가장 적절하지 않은 것은?(다툼이 있는 경우 판례에 의함)

22 경찰채용

① 법인격 없는 사단과 같은 단체는 법인과 마찬가지로 사법상의 권리의무의 주체가 될 수 있음은 별론으로 하더라도 법률에 명문의 규정이 없는 한 그 범죄능력은 없다.

② 양벌규정에 의해 법인이 처벌되는 경우, 공모한 수인의 사용인 가운데 A, B법인의 사용인은 직접 실행행위에 가담하지 않고 C법인의 사용인만 실행행위를 분담한 경우에도 A, B법인은 C법인과 공동정범이 될 수 있다.

③ 양벌규정에 따라 사용자인 법인 또는 개인을 처벌하기 위해서는 형벌의 자기책임 원칙에 비추어 위반행위가 발생한 그 업무와 관련하여 사용자인 법인 또는 개인이 상당한 주의 또는 감독의무를 게을리한 과실이 있어야 한다.

④ 판례는 양벌규정의 적용대상자를 업무주가 아니면서 당해 업무를 실제 집행하는 자에게까지 확장하고 있어, 법인격 없는 공공기관도 개인정보보호법상 양벌규정에 의해 처벌될 수 있고, 해당 업무를 실제로 담당하는 소속 공무원도 양벌규정에 의해 처벌받을 수 있다.

정선 핵심

① 법인격 없는 사단과 같은 단체 → 범죄능력 ×
② 공모한 사용인 중 A, B법인의 사용인과는 달리 C법인의 사용인만 실행행위를 분담한 경우 → A, B, C법인은 공동정범 ○
③ 양벌규정에 따른 처벌 → 사용자인 법인 또는 개인에게 과실 필요
④ 법인격 없는 공공기관과 그 소속 공무원 → 양벌규정에 의해 처벌 ×

정선 해설

[❶ ▸ ○] 법인격 없는 사단과 같은 단체는 법인과 마찬가지로 사법상의 권리의무의 주체가 될 수 있음은 별론으로 하더라도 법률에 명문의 규정이 없는 한 그 범죄능력은 없고, 그 단체의 업무는 단체를 대표하는 자연인인 대표기관의 의사결정에 따른 대표행위에 의하여 실현될 수밖에 없다(대판 2017.4.7. 2016도21283).

[❷ ▸ ○] 양벌규정에 의하여 법인이 처벌받는 경우에 법인의 사용인들이 범죄행위를 공모한 후 일방법인의 사용인이 그 실행행위에 직접 가담하지 아니하고 다른 공모자인 타 법인의 사용인만이 분담실행한 경우에도 그 법인은 공동정범의 죄책을 면할 수 없다(대판 1983.3.22. 81도2545).

공동정범에 있어서는 범죄행위를 공모한 후 그 실행행위에 직접 가담하지 아니하더라도 다른 공범자의 분담실행한 행위에 대하여 공동정범의 죄책을 면할 수 없다고 할 것인바, 기록에 의하면, 피고인의 사용인 공소외 1과 다른 피고인의 사용인 또는 대표자와의 사이에 정당한 절차를 거치지 아니하고 물품을 수입하기로 공모한 사실을 수긍할 수 있으므로 공소외 1이 물품매도확인서를 발행한 것에 불과하고 그 후에 제반수입절차에 하등 관여한 바가 없다 하더라도 다른 공모자가 분담실행한 정당한 절차를 거치지 아니하고 한 수입행위에 대하여 공동정범으로서의 죄책을 면할 수 없다고 할 것이니 같은 취지에서 한 위 판시조치는 정당하고 거기에 소론과 같은 위법이 있다고 할 수 없다(대판 1983.3.22. 81도2545).

[❸ ▸ O] 대판 2021.9.30. 2019도3595

[❹ ▸ X] 구 개인정보 보호법은 제2조 제5호, 제6호에서 공공기관 중 법인격이 없는 '중앙행정기관 및 그 소속기관' 등을 개인정보처리자 중 하나로 규정하고 있으면서도, 양벌규정에 의하여 처벌되는 개인정보처리자로는 같은 법 제74조 제2항에서 '법인 또는 개인'만을 규정하고 있을 뿐이고, 법인격 없는 공공기관에 대하여도 위 양벌규정을 적용할 것인지 여부에 대하여는 명문의 규정을 두고 있지 않으므로, 죄형법정주의의 원칙상 '법인격 없는 공공기관'을 위 양벌규정에 의하여 처벌할 수 없고, 그 경우 행위자 역시 위 양벌규정으로 처벌할 수 없다고 봄이 타당하다(대판 2021.10.28. 2020도1942).

답 ❹

008 □□□

양벌규정에 대한 설명으로 옳지 않은 것은?(다툼이 있는 경우 판례에 의함)

22 국가9급

① 법인이 설립되기 이전의 행위에 대하여는 법인에게 어떠한 선임감독상의 과실이 있다고 할 수 없으므로, 특별한 근거규정이 없는 한 법인이 설립되기 이전에 자연인이 한 행위에 대하여 양벌규정을 적용하여 법인을 처벌할 수는 없다.

② 지방자치단체가 그 고유의 자치사무를 처리하는 경우 지방자치단체는 국가기관의 일부가 아니라 국가기관과는 별도의 독립한 공법인으로서 양벌규정에 의한 처벌대상이 되는 법인에 해당한다.

③ 합병으로 소멸한 법인이 종업원 등의 위법행위에 대하여 양벌규정에 따라 부담하던 형사책임은 합병으로 존속하는 법인에 승계된다.

④ 양벌규정에 면책규정이 신설된 것은 법률의 변경에 의하여 그 행위가 범죄를 구성하지 않거나 형이 구법보다 가벼운 경우에 해당한다.

정선 핵심

① 법인 설립 이전의 자연인의 행위 → 양벌규정을 적용하여 법인 처벌 ×
② 지방자치단체가 고유사무를 처리하는 경우 → 양벌규정에 의한 처벌대상 O
③ 양벌규정에 의한 법인의 처벌 → 존속법인에게 승계 ×
④ 양벌규정에 면책규정이 신설된 경우 → 형법 제1조 제2항의 적용 O

정선 해설

[❶ ▸ O] 법인이 설립되기 이전의 행위에 대하여는 법인에게 어떠한 선임감독상의 과실이 있다고 할 수 없으므로, 특별한 근거규정이 없는 한 법인이 설립되기 이전에 자연인이 한 행위에 대하여 양벌규정을 적용하여 법인을 처벌할 수는 없다고 봄이 타당하다(대판 2018.8.1. 2015도10388).

[❷ ▸ O] 국가가 본래 그의 사무의 일부를 지방자치단체의 장에게 위임하여 처리하게 하는 기관위임사무의 경우 지방자치단체는 국가기관의 일부로 볼 수 있고, 지방자치단체가 그 고유의 자치사무를 처리하는 경우 지방자치단체는 국가기관의 일부가 아니라 국가기관과는 별도의 독립한 공법인으로서 양벌규정에 의한 처벌대상이 되는 법인에 해당한다(대판 2009.6.11. 2008도6530).

[❸ ▸ ×] 법인이 형사처벌을 면탈하기 위한 방편으로 합병제도 등을 남용하는 경우 이를 처벌하거나 형사책임을 승계시킬 수 있는 근거규정을 특별히 두고 있지 않은 현행법하에서는 합병으로 인하여 소멸한 법인이 그 종업원 등의 위법행위에 대해 양벌규정에 따라 부담하던 형사책임은 그 성질상 이전을 허용하지 않는 것으로서 합병으로 인하여 존속하는 법인에 승계되지 않는다(대판 2015.12.24. 2015도13946).

[❹ ▸ ○] 판례의 취지를 고려할 때 구 주택법 제100조 제1항 단서와 같은 면책규정의 신설은 법률의 변경에 의하여 그 행위가 범죄를 구성하지 않거나 형이 구법보다 가벼운 경우에 해당한다.

구 주택법 제100조의 양벌규정은 2009.2.3. 법률 제9405호로 개정되면서 사업주인 법인이 그 위반행위를 방지하기 위하여 해당 업무에 관하여 상당한 주의와 감독을 게을리하지 아니한 경우에는 양벌규정에 의하여 처벌하지 않는다는 내용의 단서 규정이 추가되었는바, 이는 범죄 후 법률의 변경에 의하여 그 행위가 범죄를 구성하지 아니하거나 형이 구법보다 경한 경우에 해당한다고 할 것이다(대판 2011.3.24. 2009도7230).

답 ❸

제2관 | 인과관계와 객관적 귀속

009 □□□ **인과관계에 대한 설명으로 옳지 않은 것은?(다툼이 있는 경우 판례에 의함)** 22 국가9급

① 교사 甲이 제자 A의 잘못을 징계코자 좌측 뺨을 때려 A가 뒤로 넘어지면서 사망에 이른 경우, A는 두께 0.5밀리미터밖에 안 되는 비정상적인 얇은 두개골을 갖고 있었고, 또 뇌수종을 가진 심신허약자로서 좌측 뺨을 때리자 급격한 뇌압상승으로 넘어지게 된 것이라면, 甲의 행위와 A의 사망 간에는 인과관계가 없다.

② 甲이 A를 2회에 걸쳐 두 손으로 힘껏 밀어 땅바닥에 넘어뜨리는 폭행을 가함으로써 그 충격으로 인한 쇼크성 심장마비로 사망케 하였다면, 비록 A에게 그 당시 심관상동맥경화 및 심근섬유화 증세 등의 심장질환 지병이 있었고 음주로 만취된 상태였으며 그것이 A가 사망함에 있어 영향을 주었다고 해서, 甲의 폭행과 A의 사망 간에 상당인과관계가 없다고 할 수 없다.

③ 강간을 당한 A가 집에 돌아가 음독자살하기에 이른 원인이 강간을 당함으로 인하여 생긴 수치심과 장래에 대한 절망감 등에 있었다면, 강간행위와 A의 자살행위 사이에 인과관계를 인정할 수 있다.

④ 甲과 乙이 공동하여 A를 폭행하고 그 무렵 당구장 3층에 있는 화장실에 숨어 있던 A를 다시 폭행하려고 甲은 화장실을 지키고 乙은 당구치는 기구로 문을 내려쳐 부수자, 이에 위협을 느낀 A가 화장실 창문 밖으로 숨으려다 실족하여 떨어짐으로써 사망하였다. 이 경우, 甲과 乙의 폭행행위와 A의 사망 사이에는 인과관계가 있다.

정선 핵심

인과관계의 인정 여부

① 폭행으로 두개골이 비정상적으로 얇은 피해자가 사망한 경우 → ×
② 지병이 있는 피해자를 두 손으로 힘껏 밀어 쇼크성 심장마비로 사망하게 한 경우 → ○
③ 강간행위 후 피해자가 자살한 경우 → ×
④ 공동으로 폭행하여 피해자가 창문 밖으로 숨으려다 실족하여 사망한 경우 → ○

정선 해설

[❶ ▸ ○] 대판 1978.11.28. 78도1961

[❷ ▸ ○] 피해자를 2회에 걸쳐 두 손으로 힘껏 밀어 땅바닥에 넘어뜨리는 폭행을 가함으로써 그 충격으로 인한 쇼크성 심장마비로 사망케 하였다면 비록 위 피해자에게 그 당시 심관성동맥경화 및 심근섬유화 증세등의 심장질환의 지병이 있었고 음주로 만취된 상태였으며 그것이 피해자가 사망함에 있어 영향을 주었다고 해서 피고인의 폭행과 피해자의 사망 간에 상당인과관계가 없다고 할 수 없다(대판 1986.9.9. 85도2433).

[❸ ▸ ×] 강간을 당한 피해자가 집에 돌아가 음독자살하기에 이른 원인이 강간을 당함으로 인하여 생긴 수치심과 장래에 대한 절망감 등에 있었다 하더라도 그 자살행위가 바로 강간행위로 인하여 생긴 당연의 결과라고 볼 수는 없으므로 강간행위와 피해자의 자살행위 사이에 인과관계를 인정할 수는 없다(대판 1982.11.23. 82도1446).

[❹ ▸ ○] 피고인들이 공동하여 피해자를 폭행하여 당구장 3층에 있는 화장실에 숨어 있던 피해자를 다시 폭행하려고 피고인 갑은 화장실을 지키고, 피고인 을은 당구치는 기구로 문을 내려쳐 부수자 위협을 느낀 피해자가 화장실 창문 밖으로 숨으려다가 실족하여 떨어짐으로써 사망한 경우에는 피고인들의 위 폭행행위와 피해자의 사망 사이에는 인과관계가 있다고 할 것이므로 폭행치사죄의 공동정범이 성립된다(대판 1990.10.16. 90도1786).

관련판례 **대판 1991.10.11. 91도1755**

피고인이 여러 공범들과 피해자를 상해하기로 공모하고, 피고인 등은 상피고인의 사무실에서 대기하고, 실행행위를 분담한 공모자 일부가 사건현장에 가서 위 피해자를 상해하여 사망케 하였다면 피고인은 상해치사범죄의 공동정범에 해당한다.

답 ❸

010 □□□

다음 중 상당인과관계가 인정되기 가장 어려운 경우는?(다툼이 있는 경우 판례에 의하고, 전원합의체 판결의 경우 다수의견에 의함) 22 법원9급

① 피고인이 고속도로 2차로를 따라 자동차를 운전하다가 1차로를 진행하던 甲의 차량 앞에 급하게 끼어든 후 곧바로 정차하여, 甲의 차량 및 이를 뒤따르던 차량 두 대는 연이어 급제동하여 정차하였으나, 그 뒤를 따라오던 乙의 차량이 앞의 차량들을 연쇄적으로 추돌케 하여 乙을 사망에 이르게 하고 나머지 차량 운전자 등 피해자들에게 상해를 입힌 경우, 피고인의 정차행위와 사상의 결과 발생 사이

② 한의사인 피고인이 피해자에게 문진하여 과거 봉침을 맞고도 별다른 이상반응이 없었다는 답변을 듣고 알레르기 반응검사를 생략한 채 환부인 목 부위에 봉침시술을 하였는데, 피해자가 위 시술 직후 아나필락시 쇼크반응을 나타내는 등 상해를 입은 경우, 알레르기 반응검사를 하지 않은 과실과 피해자의 상해 사이

③ 4일 가량 물조차 제대로 마시지 못하고 잠도 자지 아니하여 거의 탈진 상태에 이른 피해자의 손과 발을 17시간 이상 묶어 두고 좁은 차량 속에서 움직이지 못하게 감금한 행위와 묶인 부위의 혈액 순환에 장애가 발생하여 혈전이 형성되고 그 혈전이 폐동맥을 막아 사망에 이르게 된 결과 사이

④ 폭행 또는 협박으로 타인의 재물을 강취하려는 행위와 이에 극도의 흥분을 느끼고 공포심에 사로잡혀 이를 피하려다 상해에 이르게 된 사실 사이

정선 핵심

인과관계의 인정 여부

① 급하게 끼어든 후 정차하여 뒤따라오던 피해자들을 사망하게 하거나 상해를 입힌 경우 → ○

② 알레르기 반응검사 없이 환부에 봉침 시술을 받은 후 상해를 입은 경우 → ×

③ 피해자를 장시간 감금하여 혈전으로 사망한 경우 → ○

④ 재물을 강취하려고 하자 공포심에 사로잡혀 피하려다 상해에 이르게 된 경우 → ○

정선 해설

[❶ ▸ ○] 편도 2차로의 고속도로 1차로 한가운데에 정차한 피고인은 현장의 교통상황이나 일반인의 운전 습관·행태 등에 비추어 고속도로를 주행하는 다른 차량 운전자들이 제한속도 준수나 안전거리 확보 등의 주의의무를 완전하게 다하지 않을 수도 있다는 점을 알았거나 충분히 알 수 있었으므로, 피고인의 정차 행위와 사상의 결과 발생 사이에 상당인과관계가 있고, 사상의 결과 발생에 대한 예견가능성도 인정되므로, 피고인에게 일반교통방해치사상죄가 인정된다(대판 2014.7.24. 2014도6206).

[❷ ▸ ×] 한의사인 피고인이 피해자에게 문진하여 과거 봉침(蜂針)을 맞고도 별다른 이상반응이 없었다는 답변을 듣고 알레르기 반응검사를 생략한 채 환부에 봉침시술을 하였는데, 피해자가 위 시술 직후 쇼크반응을 나타내는 등 상해를 입은 경우, 피고인이 알레르기 반응검사를 하지 않은 과실과 피해자의 상해 사이에 상당인과관계를 인정하기 어렵다(대판 2011.4.14. 2010도10104).

[❸ ▸ ○] 대판 2002.10.11. 2002도4315

[❹ ▸ ○] 폭행 또는 협박으로 타인의 재물을 강취하려는 행위와 이에 극도의 흥분을 느끼고 공포심에 사로잡혀 이를 피하려다 상해에 이르게 된 사실과는 상당인과관계가 있다 할 것이고 이 경우 강취 행위자가 상해의 결과의 발생을 예견할 수 있었다면 이를 강도치상죄로 다스릴 수 있다(대판 1996.7.12. 96도1142).

답 ❷

제3관 | 구성요건적 고의

011 □□□

고의에 관한 설명으로 옳지 않은 것을 모두 고른 것은?(다툼이 있는 경우 판례에 의함)

22 경찰채용

ㄱ. 행정상의 단속을 주안으로 하는 법규라 하더라도 명문규정이 있거나 해석상 과실범도 벌할 뜻이 명확한 경우를 제외하고는 형법의 원칙에 따라 고의가 있어야 벌할 수 있다.
ㄴ. 형법 제167조 제1항의 일반물건방화죄에서 '공공의 위험발생'은 고의의 인식 대상이 아니다.
ㄷ. 형법 제136조 제1항의 공무집행방해죄에 있어서의 범의는 상대방이 직무를 집행하는 공무원이라는 사실과 이에 대하여 폭행 또는 협박을 한다는 인식, 그리고 그 직무집행을 방해할 의사를 내용으로 한다.
ㄹ. 방조범은 2중의 고의를 필요로 하므로 정범이 정하는 범죄의 일시, 장소, 객체 등을 구체적으로 인식하여야 하며, 나아가 정범이 누구인지 확정적으로 인식해야 한다.
ㅁ. 친족상도례가 적용되기 위하여는 친족관계가 객관적으로 존재하여야 하나, 행위자가 이를 인식할 필요는 없다.

① ㄱ, ㄴ, ㄷ　　② ㄱ, ㄹ, ㅁ
③ ㄴ, ㄷ, ㄹ　　④ ㄷ, ㄹ, ㅁ

정선 핵심

ㄱ. 행정단속법규 → 명문규정상, 해석상 과실범을 처벌할 뜻이 명확한 경우를 제외하고는 고의가 있어야 처벌
ㄴ. 일반물건방화죄의 공공의 위험발생 → 행위자는 이를 인식할 필요
ㄷ. 공무집행방해죄의 고의 → 직무집행을 방해할 의사 ×
ㄹ. 종범의 성립요건
　→ 방조자의 고의 : 정범에 의하여 실현되는 범죄의 구체적 내용과 정범이 누구인지 확정적으로 인식할 필요 없음
ㅁ. 친족상도례 → 고의의 인식대상 ×

정선 해설

[ㄱ ▸ O] 대판 2010.2.11. 2009도9807

[ㄴ ▸ X] 일반물건방화죄는 구체적 위험범이므로 공공의 위험을 발생하게 한다는 사실에 대한 고의가 있어야 한다(형법 제167조 제1항).

[ㄷ ▸ X] 공무집행방해죄에 있어서의 범의는 상대방이 직무를 집행하는 공무원이라는 사실, 그리고 이에 대하여 폭행 또는 협박을 한다는 사실을 인식하는 것을 그 내용으로 하고, 그 인식은 불확정적인 것이라도 소위 미필적 고의가 있다고 보아야 하며, 그 직무집행을 방해할 의사를 필요로 하지 아니하다(대판 1995.1.24. 94도1949).

비교판례 **대판 1974.12.10. 74도2841**

경찰관서에 허위신고를 하였으나 위계행위로 인하여 공무집행을 방해하려는 의사가 없는 경우에 위계에 의한 공무집행방해죄는 성립하지 아니한다.

[ㄹ ▸ X] 판례의 취지를 고려할 때 방조범의 고의는 정범이 정하는 범죄의 일시, 장소, 객체 등을 구체적으로 인식할 필요가 없으며, 나아가 정범이 누구인지 확정적으로 인식할 것을 요하지 아니하고 미필적 인식으로 족하다.

저작권법이 보호하는 복제권의 침해를 방조하는 행위란 정범의 복제권 침해를 용이하게 해주는 직접·간접의 모든 행위로서, 정범의 복제권 침해행위 중에 이를 방조하는 경우는 물론, 복제권 침해행위에 착수하기 전에 장래의 복제권 침해행위를 예상하고 이를 용이하게 해주는 경우도 포함하며, 정범에 의하여 실행되는 복제권 침해행위에 대한 미필적 고의가 있는 것으로 충분하고 정범의 복제권 침해행위가 실행되는 일시, 장소, 객체 등을 구체적으로 인식할 필요가 없으며, 나아가 정범이 누구인지 확정적으로 인식할 필요도 없다(대판 2007.12.14. 2005도872).

[ㅁ ▸ O] 친족상도례는 객관적 구성요건요소가 아니라 인적 처벌조각사유이므로 고의의 인식대상에 해당하지 아니한다.

답 ❸

012 □□□

범죄의 주관적 요소에 관한 설명 중 가장 적절하지 않은 것은?(다툼이 있는 경우 판례에 의함) 22 경찰채용

① 고의의 본질에 관한 용인설(인용설)에 따르면 구성요건적 결과를 용인하는 의사만으로도 고의가 인정되어 미필적 고의는 고의에 포함되나, 인식 있는 과실은 고의에 포함되지 않는다.

② 회사의 노동조합 홍보이사가 노조 사무실에서 '새벽 6호'라는 책자를 집에 가져와 보관하고 있다가 국가보안법 제7조 제5항의 이적표현물소지죄로 체포된 경우, 그 홍보이사에게 목적범인 이적표현물소지죄가 성립하기 위해서는 이적행위를 하려는 목적의 확정적 인식이 있어야 한다.

③ 살인예비죄가 성립하기 위해서는 살인죄를 범할 목적 외에도 살인준비에 관한 고의가 있어야 한다.

④ 피고인이 범죄구성요건의 주관적 요소인 고의를 부인하는 경우, 그 범의 자체를 객관적으로 증명할 수 없으므로 사물의 성질상 범의와 상당한 관련성 있는 간접사실 또는 정황사실을 증명하는 방법으로 이를 입증할 수밖에 없다.

정선 핵심

① 용인설(인용설)에 의하는 경우 인식 있는 과실 → 고의에 포함 ×
② 목적범인 이적표현물소지죄의 성립 → 목적의 미필적 인식으로 충분
③ 살인예비죄의 성립요건
 ⇢ 주관적 요건 : 살인죄를 범할 목적 외에도 살인준비에 관한 고의 필요
④ 피고인이 고의를 부인하는 경우 → 간접사실 또는 정황사실을 증명하여 입증

정선 해설

[❶ ▸ ○] 미필적 고의와 인식 있는 과실의 구별에 관한 용인설에 의하면 행위자가 구성요건적 결과발생의 가능성을 인식하면서 이를 용인하는 경우에는 미필적 고의가 된다는 견해로, 용인하지 아니하는 경우에는 인식 있는 과실이 되어 고의에 포함되지 않는다.

[❷ ▸ ×] 구 국가보안법 제7조 제5항 위반죄의 목적은 같은 법 제1항 내지 제4항의 행위에 대한 적극적 의욕이나 확정적 인식까지는 필요 없고 미필적 인식으로 족한 것이므로 표현물의 내용이 객관적으로 보아 반국가단체인 북한의 대남선전, 선동 등의 활동에 동조하는 등의 이적성을 담고 있는 것임을 인식하고, 나아가 그와 같은 이적행위가 될지도 모른다는 미필적 인식이 있으면 위 조항의 구성요건은 충족된다(대판 1992.3.31. 90도2033[전합]).

[❸ ▸ ○] 살인예비죄가 성립하기 위하여는 형법 제255조에서 명문으로 요구하는 살인죄를 범할 목적 외에도 살인의 준비에 관한 고의가 있어야 하며, 나아가 실행의 착수까지에는 이르지 아니하는 살인죄의 실현을 위한 준비행위가 있어야 한다(대판 2009.10.29. 2009도7150).

[❹ ▸ ○] 대판 2022.5.12. 2020도18062

답 ❷

013 □□□

고의에 대한 설명으로 옳지 않은 것은?(다툼이 있는 경우 판례에 의함) 22 국가9급

① 범행의 미수에 그치고자 하는 내심의 상태를 가지고 행위를 한 경우, 고의가 인정될 수 있다.

② 성적 수치심 또는 혐오감의 유발 여부는 일반적이고 평균적인 사람들을 기준으로 하여 판단함이 타당하고, 특히 성적 수치심의 경우 피해자와 같은 성별과 연령대의 일반적이고 평균적인 사람들을 기준으로 하여 그 유발 여부를 판단하여야 한다.

③ 고의는 행위 당시에 존재해야 하므로 사후고의는 형법의 고의에 속하지 않는다.

③ 살인죄에 있어서 고의는 반드시 살해의 목적이나 계획적인 살해의 의도가 있어야만 인정되는 것은 아니고, 자기의 폭행 등 행위로 인하여 타인의 사망이라는 결과를 발생시킬 만한 가능성 또는 위험이 있음을 인식하거나 예견하였다면 족한 것이다.

정선 핵심

①, ③ 고의의 인정 여부
→ 미수의 고의를 가지고 행위를 한 경우 : 고의 ×
→ 사후고의 : 고의 ×
② 성적 수치심의 유발 여부 → 피해자와 같은 성별과 연령대의 일반적이고 평균적인 사람들을 기준으로 판단
④ 살인죄의 구성요건
→ 고의 : 결과를 발생시킬 만한 가능성 또는 위험이 있음을 인식·예견하는 것으로 충분

정선 해설

[❶ ▸ ×] 형법상의 고의는 기수의 고의이어야 하므로 범행의 미수에 그치고자 하는 내심의 상태를 가지고 행위를 한 경우, 고의가 인정될 수 없다.

[❷ ▸ ○] 대판 2017.6.8. 2016도21389

[❸ ▸ ○] 고의는 실행행위시에 존재하여야 하므로 사후고의는 고의로 인정되지 아니하고 과실범의 문제가 고려될 수 있을 뿐이다.

[❹ ▸ ○] 살인죄에 있어서의 범의는 반드시 살해의 목적이나 계획적인 살해의 의도가 있어야 하는 것은 아니고 자기의 행위로 인하여 타인의 사망의 결과를 발생시킬 만한 가능 또는 위험이 있음을 인식하거나 예견하면 족한 것이고 그 인식 또는 예견은 확정적인 것은 물론 불확정적인 것이라도 소위 미필적 고의로 인정된다(대판 1988.2.9. 87도2564).

답 ❶

제4관 | 구성요건적 착오

014 □□□

甲은 乙에게 A를 살해하라고 교사하였다. 甲의 청부를 받아들인 乙은 A라고 생각되는 사람이 골목길에 들어서는 것을 보고 그가 집에 들어가려는 순간을 기다려 총을 쏘았다. 사망을 확인하기 위하여 다가가서 보니 죽은 사람은 A가 아니라 A와 꼭 닮은 동생 B였다. 이 사례에 관한 설명으로 옳은 것은?(다툼이 있는 경우 판례에 의함) 22 경찰채용

① 乙의 착오를 객체의 착오로 보고 구체적 부합설을 따르는 견해에 의하면 乙에게는 살인미수죄와 과실치사죄의 상상적 경합이 인정된다.
② 만일 乙이 A가 오는 것을 보고 총을 쏘았으나 빗나가서 그 옆에 있던 C 소유의 자전거에 맞고 자전거의 일부가 손괴된 경우, 乙의 행위는 발생사실인 과실재물손괴죄로 처벌된다.
③ 乙의 착오를 객체의 착오로 보고 이에 기반을 둔 甲의 착오도 객체의 착오로 보는 경우, 구체적 부합설을 따르는 견해에 의하면 甲에게는 살인미수죄와 과실치사죄의 상상적 경합이 인정된다.
④ 乙의 착오를 객체의 착오로 보고 이에 기반을 둔 甲의 착오를 방법의 착오로 보는 경우, 법정적 부합설을 따르는 견해에 의하면 甲은 살인죄의 교사범으로 처벌된다.

정선 핵심

① 乙의 객체의 착오로 A가 아닌 B가 사망한 경우 → 구체적 부합설에 따르면 B에 대한 살인죄
② 乙의 방법의 착오로 C 소유의 자전거가 손괴된 경우 → 법정적 부합설에 따르면 A에 대한 살인미수죄
③ 甲의 착오를 객체의 착오로 보는 경우 → 구체적 부합설에 따르면 B에 대한 살인교사죄
④ 甲의 착오를 방법의 착오로 보는 경우 → 법정적 부합설에 따르면 B에 대한 살인교사죄

정선 해설

[❶ ▸ X] 구체적 사실의 착오 중 객체의 착오사례이다. 구체적 부합설에 의하면 乙에게는 B에 대한 살인죄가 성립한다.
[❷ ▸ X] 추상적 사실의 착오 중 방법의 착오사례이다. 판례의 태도인 법정적 부합설에 의하면 A에 대한 살인미수죄와 C 소유의 자전거에 대한 과실재물손괴죄의 상상적 경합이 성립하나, 과실재물손괴죄는 불가벌이므로 乙은 A에 대한 살인미수죄로 처벌된다.
[❸ ▸ X] 정범 乙의 착오를 공범 甲의 객체의 착오로 보는 경우, 구체적 부합설에 의하면 甲에게는 B에 대한 살인교사죄가 성립한다.
[❹ ▸ O] 정범 乙의 착오를 공범 甲의 방법의 착오로 보는 경우, 법정적 부합설에 의하면 방법의 착오의 경우에도 발생한 결과에 대하여 고의기수책임을 인정하므로 甲은 B에 대한 살인교사죄로 처벌된다.

답 ❹

제2절 위법성론

제1관 | 위법성의 일반이론

015 □□□

甲은 층간소음문제로 평소 다툼이 있던 아파트 위층에 앙갚음을 할 마음으로 돌을 던져 유리창을 깨뜨렸다. 그런데 위층에 살던 A는 빚 독촉에 시달리다 자살하기로 마음먹고 창문을 닫은 채 연탄불을 피운 결과, 연탄가스에 중독되어 쓰러져 있던 상태였다. 유리창을 깨뜨린 甲의 행위로 인하여 A는 구조되었다. 이 사례에서 甲이 무죄라는 견해에 관한 설명으로 가장 적절하지 않은 것은? 22 경찰채용

① 범죄성립에 있어서 결과반가치만을 고려하는 입장에서 주장될 수 있다.
② 객관적으로 존재하는 정당화요건은 기수범 처벌에 대한 감경 가능성으로만 고려될 수 있다.
③ 객관적 정당화사정의 존재가 행위자에게 유리하게 작용하는 경우이다.
④ 주관적 정당화사정이 있는 경우와 없는 경우를 동일하게 취급한다는 비판이 가능하다.

정선 핵심

①, ③, ④ 위법성조각설
→ 범죄성립에서 결과반가치만 고려
→ 객관적 정당화상황의 존재가 행위자에게 유리하게 작용
→ 주관적 정당화요소가 있는 경우와 없는 경우를 동일하게 취급한다는 비판
② 불능미수범설 → 객관적 정당화상황은 기수범 처벌에 대한 감경 가능성으로만 고려

정선 해설

[❶ ▸ O] [❸ ▸ O] [❹ ▸ O] 불법개념의 본질이 결과반가치에 있다는 결과반가치론(또는 이를 전제로 하는 위법성조각설)에 의하면 주관적 정당화요소가 없어도 객관적 정당화상황만 존재하면 위법성이 조각되어 무죄가 된다고 이해한다.❶ 객관적 정당화사정의 존재가 행위자에게 유리하게 작용하는 경우이다.❸ 그러나 결과반가치론은 객관적 정당화상황이 존재하여 결과반가치가 탈락되더라도 행위반가치는 남아 있는 경우를 적법하다고 보아, 주관적 정당화요소가 있는 경우와 없는 경우를 동일하게 취급한다는 문제가 있다.❹
[❷ ▸ X] 우연방위의 경우, 객관적 정당화상황의 존재로 결과반가치는 배제되나 행위반가치는 그대로 존재하여 미수범의 불법구조와 유사하므로 불능미수의 규정을 유추적용해야 한다는 불능미수범설에 의하면, 객관적 정당화상황의 존재로 기수범에 비하여 그 형을 감경할 수 있게 된다.

답 ❷

제2관 | 피해자의 승낙

016 □□□

피해자의 승낙에 관한 다음 설명 중 옳고 그름의 표시(○, ×)가 모두 바르게 된 것은?(다툼이 있는 경우 판례에 의함) 22 경찰채용

ㄱ. 형법 제24조에 따라 위법성이 조각되는 피해자의 승낙은 개인적 법익을 훼손하는 경우에 법률상 이를 처분할 수 있는 사람의 승낙을 말할 뿐만 아니라 그 승낙이 윤리적, 도덕적으로 사회상규에 반하는 것이 아니어야 한다.
ㄴ. 문서명의인이 문서의 작성일자 전에 이미 사망했어도 문서명의인이 생존하고 있다는 점이 문서의 중요한 내용을 이루거나 그 점을 전제로 문서가 작성되어 공공의 신용을 해할 위험이 있는 경우에는 사문서위조죄가 성립하나, 그 문서에 관하여 사망한 명의자의 승낙이 추정되는 경우에는 피해자의 승낙에 따라 위법성이 조각된다.
ㄷ. 형법 제24조 피해자의 승낙은 정당방위, 긴급피난, 자구행위와 같이 '상당한 이유'라는 명문의 규정을 두고 있다.
ㄹ. 의사의 불충분한 설명을 근거로 환자가 수술에 동의하였다면 피해자의 승낙으로 수술의 위법성은 조각되지 않는다.

① ㄱ(×) ㄴ(×) ㄷ(○) ㄹ(×)
② ㄱ(×) ㄴ(○) ㄷ(○) ㄹ(○)
③ ㄱ(○) ㄴ(×) ㄷ(×) ㄹ(×)
④ ㄱ(○) ㄴ(×) ㄷ(×) ㄹ(○)

정선 핵심

ㄱ. 피해자의 승낙 → 법익을 처분할 수 있는 자의 승낙이 사회상규에 반하지 않아야 함
ㄴ. 사문서위조죄가 성립하는 문서에 대해 사망한 명의자의 승낙이 추정되는 경우 → 위법성 조각 ×
ㄷ. 피해자의 승낙 → 상당한 이유에 대한 규정 ×
ㄹ. 의사의 불충분한 설명을 근거로 환자가 수술에 동의한 경우 → 피해자의 승낙으로 위법성 조각 ×

정선 해설

[ㄱ ▸ ○] 형법 제24조의 규정에 의하여 위법성이 조각되는 피해자의 승낙은 개인적 법익을 훼손하는 경우에 법률상 이를 처분할 수 있는 사람의 승낙을 말할 뿐만 아니라 그 승낙이 윤리적, 도덕적으로 사회상규에 반하는 것이 아니어야 한다(대판 1985.12.10. 85도1892).

관련판례 **대판 1989.11.28. 89도201**

피할만한 여유도 없는 좁은 장소와 상급자인 피고인이 하급자인 피해자로부터 아프게 반격을 받을 정도의 상황에서 신체가 보다 더 건강한 피고인이 피해자에게 약 1분 이상 가슴과 배를 때렸다면 사망의 결과에 대한 예견가능성을 부정할 수도 없을 것이며 위와 같은 상황에서 이루어진 폭행이 장난권투로서 피해자의 승낙에 의한 사회상규에 어긋나지 않는 것이라고도 볼 수 없다.

[ㄴ ▸ ×] 사망한 사람 명의의 사문서에 대하여도 문서에 대한 공공의 신용을 보호할 필요가 있다는 점을 고려하면, 문서명의인이 이미 사망하였는데도 문서명의인이 생존하고 있다는 점이 문서의 중요한 내용을 이루거나 그 점을 전제로 문서가 작성되었다면 이미 문서에 관한 공공의 신용을 해할 위험이 발생하였다 할 것이므로, 그러한 내용의 문서에 관하여 사망한 명의자의 승낙이 추정된다는 이유로 사문서위조죄의 성립을 부정할 수는 없다(대판 2011.9.29. 2011도6223).
[ㄷ ▸ ×] 처분할 수 있는 자의 승낙에 의하여 그 법익을 훼손한 행위는 법률에 특별한 규정이 없는 한 벌하지 아니한다(형법 제24조).
[ㄹ ▸ ○] 대판 1993.7.27. 92도2345

답 ❹

제3관 | 정당행위

017 □□□

형법 제20조 정당행위에 관한 다음 설명 중 가장 옳지 않은 것은?(다툼이 있는 경우 판례에 의하고, 전원합의체 판결의 경우 다수의견에 의함) 22 법원9급

① 형법 제20조에 정하여진 '사회상규에 위배되지 아니하는 행위'란 법질서 전체의 정신이나 그 배후에 놓여 있는 사회윤리 내지 사회통념에 비추어 용인될 수 있는 행위를 말하므로, 어떤 행위가 그 행위의 동기나 목적의 정당성, 행위의 수단이나 방법의 상당성, 보호이익과 침해이익의 법익 균형성, 긴급성, 그 행위 이외의 다른 수단이나 방법이 없다는 보충성 등의 요건을 갖춘 경우에는 정당행위에 해당한다.

② 어떠한 행위가 위 요건들을 충족하는 정당한 행위로서 위법성이 조각되는 것인지는 구체적인 사정 아래서 합목적적, 합리적으로 고찰하여 개별적으로 판단되어야 하므로, 구체적인 사안에서 정당행위로 인정되기 위한 긴급성이나 보충성의 정도는 개별 사안에 따라 다를 수 있다.

③ 어떠한 행위가 형법 제20조의 정당행위에 해당한다는 것은 그 행위가 단지 특정한 상황하에서 범죄행위로서 처벌대상이 될 정도의 위법성을 갖추지 못하였다는 것을 의미하는 것이 아니라, 그 행위가 적극적으로 용인, 권장된다는 의미이다.

④ 어떠한 글이 모욕적 표현을 포함하는 판단이나 의견을 담고 있을 경우에도 그 시대의 건전한 사회통념에 비추어 살펴보아 그 표현이 사회상규에 위배되지 않는 행위로 볼 수 있는 때에는 형법 제20조의 정당행위에 해당하여 위법성이 조각된다고 보아야 하고, 이로써 표현의 자유로 획득되는 이익 및 가치와 명예 보호에 의하여 달성되는 이익 및 가치를 적절히 조화할 수 있다.

정선 핵심

①, ② 정당행위의 인정요건
→ 목적의 정당성, 방법의 상당성, 법익 균형성, 긴급성, 보충성
→ 긴급성이나 보충성의 정도는 개별 사안에 따라 다를 수 있음
③ 정당행위라는 이유로 위법성이 조각된다는 것 → 처벌대상이 될 정도의 위법성을 갖추지 못하였다는 의미
④ 모욕적 표현이 사회상규에 위배되지 않는 행위로 볼 수 있는 경우 → 정당행위 ○

정선 해설

[❶ ▸ ○] [❸ ▸ ×] 형법 제20조에 정하여진 '사회상규에 위배되지 아니하는 행위'란 법질서 전체의 정신이나 그 배후에 놓여 있는 사회윤리 내지 사회통념에 비추어 용인될 수 있는 행위를 말하므로, 어떤 행위가 그 행위의 동기나 목적의 정당성, 행위의 수단이나 방법의 상당성, 보호이익과 침해이익의 법익 균형성, 긴급성, 그 행위 이외의 다른 수단이나 방법이 없다는 보충성 등의 요건을 갖춘 경우에는 정당행위에 해당한다 할 것이다.❶ 한편 어떠한 행위가 범죄구성요건에 해당하지만 정당행위라는 이유로 위법성이 조각된다는 것은 그 행위가 적극적으로 용인, 권장된다는 의미가 아니라 단지 특정한 상황하에서 그 행위가 범죄행위로서 처벌대상이 될 정도의 위법성을 갖추지 못하였다는 것을 의미한다❸(대판 2021.12.30. 2021도9680).

갑 아파트 입주자대표회의 회장인 피고인이 자신의 승인 없이 동대표들이 관리소장과 함께 게시한 입주자대표회의 소집공고문을 뜯어내 제거함으로써 그 효용을 해하였다고 하여 재물손괴로 기소된 사안에서, 피고인이 위 공고문을 손괴한 조치는, 그에 선행하는 위법한 공고문 작성 및 게시에 따른 위법상태의 구체적 실현이 임박한 상황하에서 그 위법성을 바로잡기 위한 것으로 사회통념상 허용되는 범위를 크게 넘어서지 않는 행위로 볼 수 있다는 이유로, 이와 달리 본 원심판단에 정당행위에 관한 법리오해의 잘못이 있다고 한 사례(대판 2021.12.30. 2021도9680).

[❷ ▸ ○] 대판 2021.3.11. 2020도16527

[❹ ▸ ○] 어떠한 글이 모욕적 표현을 포함하는 판단이나 의견을 담고 있을 경우에도 그 시대의 건전한 사회통념에 비추어 살펴보아 그 표현이 사회상규에 위배되지 않는 행위로 볼 수 있는 때에는 형법 제20조의 정당행위에 해당하여 위법성이 조각된다고 보아야 하고, 이로써 표현의 자유로 획득되는 이익 및 가치와 명예 보호에 의하여 달성되는 이익 및 가치를 적절히 조화할 수 있다(대판 2021.8.19. 2020도14576).

부사관 교육생이던 피고인이 동기들과 함께 사용하는 단체채팅방에서 지도관이던 피해자가 목욕탕 청소 담당에게 과실 지적을 많이 한다는 이유로 "도라이 ㅋㅋㅋ 습기가 그렇게 많은데"라는 글을 게시하여 공연히 상관인 피해자를 모욕하였다는 내용으로 기소된 사안에서, '도라이'는 상관인 피해자를 경멸적으로 비난한 것으로 모욕적인 언사라고 볼 수 있으나, 피고인의 위 표현은 동기 교육생들끼리 고충을 토로하고 의견을 교환하는 사이버공간에서 상관인 피해자에 대하여 일부 부적절한 표현을 사용하게 된 것에 불과하고 이로 인하여 군의 조직질서와 정당한 지휘체계가 문란하게 되었다고 보이지 않으므로, 이러한 행위는 사회상규에 위배되지 않는다고 한 사례 (대판 2021.8.19. 2020도14576).

답 ❸

제4관 | 기타 위법성 종합문제

018 □□□

다음은 위법성조각사유에 관한 어떤 규정을 설명한 것이다. 이 규정을 적용할 때 甲을 벌하지 아니하는 경우에 해당하는 것은?(다툼이 있는 경우 판례에 의함) 22 경찰채용

> 이 규정은 사회상규라는 초법규적 위법성조각사유를 일반적·포괄적 위법성조각사유로 명문화해 놓은 것으로서, 다른 위법성조각사유에 대한 일반적 보충적 성격을 지니고 있는 것으로 볼 수 있다.

① A가 칼을 들고 찌르자 甲이 그 칼을 뺏어 반격을 가한 결과 A에게 상해를 입힌 경우
② 甲이 자신의 차를 가로막고 서서 통행을 방해하는 A를 향해 차를 조금씩 전진시키고 A가 뒤로 물러나면 다시 차를 전진시키는 방식의 운행을 반복한 경우
③ 甲과 A가 공모하여 교통사고를 가장해 보험금을 편취할 목적으로 A에게 상해를 입힌 경우
④ 甲이 방송국 시사프로그램을 시청한 후 방송국 홈페이지의 시청자 의견란에 "그렇게 소중한 자식을 범법행위의 변명의 방패로 쓰시다니 정말 대단하십니다."는 등의 표현이 담긴 글을 게시한 경우

정선 핵심

① 甲이 칼을 뺏어 반격을 가한 결과 A에게 상해를 입힌 경우 → 정당방위 ×
② 피해자를 향해 차를 조금씩 전진시키는 행위를 반복하는 경우 → 정당방위, 정당행위 ×
③ 보험금을 편취할 목적으로 A에게 상해를 입힌 경우 → 피해자의 승낙 ×
④ 방송국 홈페이지의 시청자 의견란에 모욕적 언사를 작성·게시한 경우 → 정당행위 ○

정선 해설

[❶ ▸ ×] 피해자가 칼을 들고 피고인을 찌르자 그 칼을 뺏어 그 칼로 반격을 가한 결과 피해자에게 상해를 입게 하였다 하더라도 그와 같은 사실만으로는 피고인에 대한 현재의 부당한 침해를 방위하기 위한 행위로서 상당한 이유가 있는 경우에 해당한다고 할 수 없다(대판 1984.1.24. 83도1873).

[❷ ▸ ×] 자신의 차를 가로막는 피해자를 부딪친 것은 아니라고 하더라도, 피해자를 부딪칠 듯이 차를 조금씩 전진시키는 것을 반복하는 행위 역시 피해자에 대해 위법한 유형력을 행사한 것이라고 보아야 하고, 정당방위나 정당행위에 해당하지 않는다(대판 2016.10.27. 2016도9302).

[❸ ▸ ×] 피고인이 피해자와 공모하여 교통사고를 가장하여 보험금을 편취할 목적으로 피해자에게 상해를 가하였다면 피해자의 승낙이 있었다고 하더라도 이는 위법한 목적에 이용하기 위한 것이므로 피고인의 행위가 피해자의 승낙에 의하여 위법성이 조각된다고 할 수 없다(대판 2008.12.11. 2008도9606).

[❹ ▸ ○] 대판 2003.11.28. 2003도3972

답 ❹

019 □□□

위법성조각사유에 대한 설명으로 옳지 않은 것은?(다툼이 있는 경우 판례에 의함)

22 국가9급

① 법률에서 정한 절차에 따라서는 청구권을 보전할 수 없는 경우에 그 청구권의 실행이 현저히 곤란해지는 상황을 피하기 위하여 한 행위는 상당한 이유가 있는 때에는 벌하지 아니한다.
② 타인의 법익에 대한 현재의 위난을 피하기 위한 행위는 상당한 이유가 있는 때에는 벌하지 아니한다.
③ 어떠한 물건에 대하여 자기에게 그 권리가 있다고 주장하면서 이를 가져간 데 대하여 피해자의 묵시적인 동의가 있었더라도 위 주장이 후에 허위임이 밝혀졌다면 피고인의 행위는 절도죄의 절취행위에 해당한다.
④ 폭력행위 등 처벌에 관한 법률에 규정된 죄를 범한 사람이 흉기로 사람에게 위해를 가하려 할 때 이를 예방하기 위하여 한 행위는 벌하지 아니한다.

정선 핵심

①, ② 자구행위, 긴급피난 → 위법성조각사유 ○
③ 어떠한 물건을 가져가는 것에 대하여 묵시적 동의가 있는 경우 → 양해에 해당하여 절도죄 ×
④ 폭처법 제8조 제1항 → 예방적 정당방위 인정

정선 해설

[❶ ▸ ○] 법률에서 정한 절차에 따라서는 청구권을 보전(保全)할 수 없는 경우에 그 청구권의 실행이 불가능해지거나 현저히 곤란해지는 상황을 피하기 위하여 한 행위는 상당한 이유가 있는 때에는 벌하지 아니한다(형법 제23조 제1항).

[❷ ▸ ○] 자기 또는 타인의 법익에 대한 현재의 위난을 피하기 위한 행위는 상당한 이유가 있는 때에는 벌하지 아니한다(형법 제22조 제1항).

[❸ ▸ ×] 판례의 취지를 고려할 때 행위자가 물건을 가져갈 당시에 피해자의 묵시적 동의가 있었다면 절도죄의 구성요건해당성을 배제하는 양해에 해당한다.

> 피고인이 피해자에게 이 사건 밍크 45마리에 관하여 자기에게 그 권리가 있다고 주장하면서 이를 가져간 데 대하여 피해자의 묵시적인 동의가 있었다면 피고인의 주장이 후에 허위임이 밝혀졌더라도 피고인의 행위는 절도죄의 절취행위에는 해당하지 않는다(대판 1990.8.10. 90도1211).

[❹ ▸ ○] 이 법에 규정된 죄를 범한 사람이 흉기나 그 밖의 위험한 물건 등으로 사람에게 위해(危害)를 가하거나 가하려 할 때 이를 예방하거나 방위(防衛)하기 위하여 한 행위는 벌하지 아니한다(폭처법 제8조 제1항).

답 ❸

020 □□□

자구행위에 대한 설명으로 옳지 않은 것은?(다툼이 있는 경우 판례에 의함) 22 국가9급

① 과잉자구행위의 경우에는 과잉방위의 경우와 달리, 야간이나 그 밖의 불안한 상태에서 공포를 느끼거나 흥분하거나 당황하였기 때문에 그 행위를 하였을 때에는 벌하지 아니한다는 규정이 존재하지 않는다.

② 채무자가 부도를 내고 도피하자 채권자가 채권확보를 위하여 채무자 소유의 가구점에 관리종업원이 있는데도 그 가구점의 시정장치를 쇠톱으로 절단하고 들어가 가구들을 무단으로 취거한 행위는 자구행위에 해당하지 않는다.

③ 타인의 청구권을 보전하기 위한 자구행위는 인정되지 않지만, 청구권자로부터 자구행위의 실행을 위임받은 경우에는 가능하다.

④ 토지소유권자가 타인이 운영하는 회사에 대하여 사용대차계약을 해지하고 그 토지의 인도 등을 구할 권리가 있다는 이유로 그 회사로 들어가는 진입로를 폐쇄한 경우, 그 권리를 확보하기 위하여 다른 적법한 절차를 취하는 것이 곤란하지 않았더라도, 정당한 행위 또는 자력구제에 해당한다.

정선 핵심

① 불가벌적 과잉자구행위 → 명문 규정 ×
② 채권확보를 위하여 피해자의 가구점에서 가구를 들고 나온 경우 → 자구행위 ×
③ 자구행위의 실행을 위임받은 경우 → 자구행위 가능
④ 토지의 인도를 구할 권리가 있는 토지소유권자가 진입로를 폐쇄한 경우 → 정당행위 ×

정선 해설

[❶ ▸ O] 자구행위의 경우에는 불가벌적 과잉방위(형법 제21조 제3항)와 같은 불가벌적 과잉자구행위 규정은 존재하지 아니한다.

[❷ ▸ O] 대판 2006.3.24. 2005도8081

[❸ ▸ O] 자구행위에서의 청구권은 원칙적으로 자기의 것이어야 하므로, 타인의 청구권을 위한 자구행위는 인정되지 않는다. 예외적으로 청구권자로부터 자구행위의 실행을 위임받은 경우에는 타인의 청구권을 위한 자구행위도 가능하다.

[❹ ▸ ×] 피고인이 이 사건 토지의 소유권자로서 공소외 주식회사에 대하여 사용대차계약을 해지하고 이 사건 토지의 인도 등을 구할 권리가 있다는 이유만으로 공소외 주식회사로 들어가는 진입로를 폐쇄한 것은, 그 권리를 확보하기 위하여 다른 적법한 절차를 취하는 것이 곤란하였던 것으로 보이지 않아 그 동기와 목적이 정당하다거나 수단이나 방법이 상당하다고 할 수 없고, 또한 그에 관한 피고인의 이익과 피해자가 침해받은 이익 사이에 균형이 있는 것으로도 보이지 않으므로 정당한 행위라고 할 수 없다(대판 2007.5.11. 2006도4328).

답 ❹

021 □□□ **다음 설명 중 가장 옳지 않은 것은?(다툼이 있는 경우 판례에 의하고, 전원합의체 판결의 경우 다수의견에 의함)** 22 법원9급

① 사용자가 적법한 직장폐쇄 기간 중임에도 불구하고 일방적으로 업무에 복귀하겠다고 하면서 자신의 퇴거요구에 불응한 채 계속하여 사업장 내로 진입을 시도하는 해고 근로자를 폭행, 협박하였다면 이는 사업장 내의 평온과 노동조합의 업무방해행위를 방지하기 위한 정당방위 내지 정당행위에 해당한다.

② 피해자가 불특정·다수인의 통행로로 이용되어 오던 기존통로의 일부 소유자인 피고인으로부터 사용승낙을 받지 아니한 채 통로를 활용하여 공사차량을 통행하게 함으로써 피고인의 영업에 다소 피해가 발생하자 피고인이 공사차량을 통행하지 못하도록 자신 소유의 승용차를 통로에 주차시켜 놓은 행위가 사회상규에 위배되지 않는 정당행위에 해당한다고 할 수 없다.

③ 아파트 입주자대표회의 회장이 다수 입주민들의 민원에 따라 위성방송 수신을 방해하는 케이블TV방송의 시험방송 송출을 중단시키기 위하여 위 케이블TV방송의 방송안테나를 절단하도록 지시한 행위를 긴급피난 내지는 정당행위에 해당한다고 볼 수 없다.

④ 아파트 입주자대표회의의 임원 또는 아파트관리회사의 직원들인 피고인들이 기존 관리회사의 직원들로부터 계속 업무집행을 제지받던 중 저수조 청소를 위하여 출입문에 설치된 자물쇠를 손괴하고 중앙공급실에 침입한 행위는 정당행위에 해당하지 않지만, 관리비 고지서를 빼앗거나 사무실의 집기 등을 들어낸 것에 불과한 행위는 정당행위에 해당하여 위법성이 조각된다.

정선 핵심

① 사용자가 적법한 직장폐쇄 기간 중 진입을 시도하는 해고 근로자를 폭행, 협박한 경우 → 정당방위 ○
② 영업에 피해가 발생한 피고인이 승용차를 통로에 주차시켜 놓은 경우 → 정당행위 ×
③ 아파트 입주자대표회의 회장이 케이블TV방송의 안테나 절단을 지시한 경우 → 긴급피난 ×
④ 아파트 입주자대표회의의 임원의 정당행위의 인정 여부
 ⋯→ 저수조 청소를 위하여 중앙공급실에 침입한 행위 : ○
 ⋯→ 관리비 고지서를 빼앗거나 사무실의 집기를 들어낸 행위 : ×

정선 해설

[❶ ▸ ○] 대판 2005.6.9. 2004도7218

[❷ ▸ ○] 이 사건 건축공사현장으로 차량은 물론 손수레의 출입마저 불가능하여 건축인부들이 손으로 자재를 운반하기도 하였고, 아침 일찍 들어갔던 차량들이 빠져나오지 못한 적도 있었던 사실 및 정면에서 바라볼 때 피고인의 휴게실의 출입문은 이 사건 통로와 반대쪽에 설치되어 있는 사실을 각 인정할 수 있는바, 앞서 본 법리에 이러한 사실관계를 비추어 보면, 피고인의 위와 같은 행위가 그 수단과 방법에 있어서 상당하다거나, 긴급 불가피한 수단이었다고 볼 수 없으므로 이를 가리켜 사회상규에 위배되지 않는 정당한 행위에 해당한다고 할 수는 없다(대판 2005.9.30. 2005도4688).

[❸ ▸ ○] 아파트 입주자대표회의 회장이 다수 입주민들의 민원에 따라 위성방송 수신을 방해하는 케이블TV방송의 시험방송 송출을 중단시키기 위하여 위 케이블TV방송의 방송안테나를 절단하도록 지시한 행위를 긴급피난 내지는 정당행위에 해당한다고 볼 수 없다(대판 2006.4.13. 2005도9396).

[❹ ▸ ×] 아파트 입주자대표회의의 임원 또는 아파트관리회사의 직원들인 피고인들이 기존 관리회사의 직원들로부터 계속 업무집행을 제지받던 중 저수조 청소를 위하여 출입문에 설치된 자물쇠를 손괴하고 중앙공급실에 침입한 행위는 정당행위에 해당하나, 관리비 고지서를 빼앗거나 사무실의 집기 등을 들어낸 행위는 정당행위에 해당하지 않는다(대판 2006.4.13. 2003도3902).

답 ❹

022 □□□

다음 설명 중 가장 옳지 않은 것은?(다툼이 있는 경우 판례에 의하고, 전원합의체 판결의 경우 다수의견에 의함) 22 법원9급

① 현재의 부당한 침해로부터 자기 또는 타인의 법익을 방위하기 위하여 한 행위는 상당한 이유가 있는 경우에는 벌하지 아니한다.

② 방위행위가 그 정도를 초과한 경우에는 정황에 따라 그 형을 감경하거나 면제한다.

③ 법률에서 정한 절차에 따라서는 청구권을 보전할 수 없는 경우에 그 청구권의 실행이 불가능해지거나 현저히 곤란해지는 상황을 피하기 위하여 한 행위는 상당한 이유가 있는 때에는 벌하지 아니한다.

④ 형법 제22조 제1항의 긴급피난이란 자기 또는 타인의 법익에 대한 현재의 위난을 피하기 위한 상당한 이유 있는 행위를 말하고, 여기서 '상당한 이유 있는 행위'에 해당하려면, 첫째 피난행위는 위난에 처한 법익을 보호하기 위한 유일한 수단이어야 하고, 둘째 피해자에게 가장 경미한 손해를 주는 방법을 택하여야 하며, 셋째 피난행위에 의하여 보전되는 이익은 이로 인하여 침해되는 이익보다 우월해야 하고, 넷째 피난행위는 그 자체가 사회윤리나 법질서 전체의 정신에 비추어 적합한 수단일 것을 요하는 등의 요건을 갖추어야 한다.

정선 핵심

①, ③ 정당방위, 자구행위 → 위법성조각사유 ○
② 형법 제21조 제2항의 과잉방위 → 임의적 감면
④ 긴급피난의 상당한 이유 인정요건 → 보충성의 원칙, 최소침해의 원칙, 균형성의 원칙, 적합성의 원칙

정선 해설

[❶ ▸ O] 현재의 부당한 침해로부터 자기 또는 타인의 법익(法益)을 방위하기 위하여 한 행위는 상당한 이유가 있는 경우에는 벌하지 아니한다(형법 제21조 제1항).

[❷ ▸ X] 방위행위가 그 정도를 초과한 경우에는 정황(情況)에 따라 그 형을 감경하거나 면제할 수 있다(형법 제21조 제2항).

[❸ ▸ O] 법률에서 정한 절차에 따라서는 청구권을 보전(保全)할 수 없는 경우에 그 청구권의 실행이 불가능해지거나 현저히 곤란해지는 상황을 피하기 위하여 한 행위는 상당한 이유가 있는 때에는 벌하지 아니한다(형법 제23조 제1항).

[❹ ▸ O] 긴급피난이란 자기 또는 타인의 법익에 대한 현재의 위난을 피하기 위한 상당한 이유 있는 행위를 말하고, 여기서 '상당한 이유 있는 행위'에 해당하려면, 첫째 피난행위는 위난에 처한 법익을 보호하기 위한 유일한 수단이어야 하고, 둘째 피해자에게 가장 경미한 손해를 주는 방법을 택하여야 하며, 셋째 피난행위에 의하여 보전되는 이익은 이로 인하여 침해되는 이익보다 우월해야 하고, 넷째 피난행위는 그 자체가 사회윤리나 법질서 전체의 정신에 비추어 적합한 수단일 것을 요하는 등의 요건을 갖추어야 한다(대판 2016.1.28. 2014도2477).

답 ❷

제1관 | 책임능력

023 □□□

원인에서 자유로운 행위에 대한 설명으로 옳지 않은 것은?(다툼이 있는 경우 판례에 의함)

22 국가9급

① 사람을 살해할 의사를 가지고 범행을 공모한 후 대마초를 흡연하고 범행하였다면 심신장애로 인한 감경을 할 수 없다.
② 음주운전을 할 의사를 가지고 음주만취한 후 운전을 결행하여 교통사고를 일으켰다면 심신장애로 인한 감경을 할 수 없다.
③ 위험의 발생을 예견하고도 자의로 심신장애를 야기한 자의 행위에 대하여는 심신장애에 관한 형법 제10조 제1항 및 제2항의 적용이 배제된다.
④ 피고인이 자신의 차를 운전하여 술집에 가서 술을 마신 후 운전을 하다가 교통사고를 일으켰다는 사실만으로는 피고인이 음주할 때 교통사고를 일으킬 수 있다는 위험성을 예견하고도 자의로 심신장애를 야기한 경우에 해당하지 않는다.

정선 핵심

① 살인을 공모한 후 대마초를 흡연하고 범행한 경우 → 심신장애로 인한 감경 ×
② 음주운전의사로 음주만취한 후 교통사고를 일으킨 경우 → 심신장애로 인한 감경 ×
③ 위험의 발생을 예견하고 자의로 심신장애를 야기한 경우 → 형법 제10조 제1항, 제2항 적용 ×
④ 피고인이 술을 마신 후 운전을 하다가 교통사고를 일으킨 경우 → 자의로 심신장애를 야기한 경우에 해당

정선 해설

[❶ ▸ O] 피고인들이 피해자들을 살해할 의사를 가지고 범행을 공모한 후에 대마초를 흡연하고, 각 범행에 이른 것으로 대마초 흡연 시에 이미 범행을 예견하고도 자의로 위와 같은 심신장애를 야기한 경우에 해당하므로, 형법 제10조 제3항에 의하여 심신장애로 인한 감경 등을 할 수 없다(대판 1996.6.11. 96도857).

> 피해자를 범행장소로 유인하여 잔인한 방법으로 살해하여 매장한 다음, 곧이어 위 살인범행을 숨기기 위하여 위 피해자의 행방을 찾고 있던 피해자의 애인을 최초의 범행장소 부근으로 유인하여 참혹하게 살해하여 매장한 점 등 기록에 나타난 여러 양형조건 등에 비추어 보면 피고인들에 대하여 사형을 선고한 제1심을 유지한 원심의 양형이 심히 부당하다고 볼 수 없다고 한 사례(대판 1996.6.11. 96도857).

[❷ ▸ O] [❸ ▸ O] [❹ ▸ ×] 형법 제10조 제3항은 "위험의 발생을 예견하고 자의로 심신장애를 야기한 자의 행위에는 전2항의 규정을 적용하지 아니한다"고 규정하고 있는바,❸ 이 규정은 고의에 의한 원인에 있어서의 자유로운 행위만이 아니라 과실에 의한 원인에 있어서의 자유로운 행위까지도 포함하는 것으로서 위험의 발생을 예견할 수 있었는데도 자의로 심신장애를 야기한 경우도 그 적용 대상이 된다고 할 것이어서, 피고인이 음주운전을 할 의사를 가지고 음주만취한 후 운전을 결행하여 교통사고를 일으켰다면 피고인은 음주 시에 교통사고를 일으킬 위험성을 예견하였는데도 자의로 심신장애를 야기한 경우에 해당하므로 위 법조항에 의하여 심신장애로 인한 감경 등을 할 수 없다❷❹(대판 1992.7.28. 92도999).

답 ❹

024 □□□

법률의 착오에 대한 설명으로 옳지 않은 것은?(다툼이 있는 경우 판례에 의함)

22 국가9급

① 제한책임설은 위법성조각사유의 전제사실에 관한 착오를 법률의 착오로 보는 것이다.
② 변호사자격을 가진 국회의원이 의정보고서를 발간하는 과정에서 선거관리위원회에 정식으로 질의를 하여 공식적인 답변을 받지 않고 보좌관을 통하여 선거관리위원회 직원에게 문의하여 답변을 들은 것만으로 선거법규에 저촉되지 않는다고 오인한 경우, 그 오인에 정당한 이유가 있다고 하기 어렵다.
③ 가처분결정으로 직무집행정지 중에 있던 종단대표자가 종단소유의 보관금을 소송비용으로 사용함에 있어 변호사의 조언이 있었다는 것만으로 보관금 인출사용행위가 법률의 착오에 의한 것이라 할 수 없다.
④ 자신의 행위가 건축법상의 허가대상인 줄을 몰랐다는 사정은 단순한 법률의 부지에 불과하고 법률의 착오에 기인한 행위라고는 할 수 없다.

정선 핵심

① 위법성조각사유의 객관적 전제사실의 착오
⋯→ 제한적 책임설 : 법적 효과에 있어서 구성요건적 착오와 동일
② 변호사 자격을 가진 국회의원이 선거관리위원회 직원에게 문의하여 의정보고서를 발간한 경우 → 정당한 이유 ×
③ 종단대표자가 종단소유의 보관금을 소송비용으로 사용한 경우 → 법률의 착오 ×
④ 자신의 행위가 건축법상의 허가대상인 줄을 모른 경우 → 법률의 착오 ×

정선 해설

[❶ ▸ ×] 제한적 책임설은 위법성조각사유의 전제사실에 대한 착오가 구성요건적 착오는 아니지만 구성요건적 착오와의 구조적 유사성을 근거로 구성요건적 착오의 규정이 적용되어야 한다는 견해로서 유추적용설과 법효과제한적 책임설로 나누어진다. 위법성조각사유의 전제사실에 관한 착오를 법률의 착오로 보는 것은 엄격책임설이다.

[❷ ▸ ○] 피고인이 그 보좌관을 통하여 관할 선거관리위원회 직원에게 문의하여 의정보고서에 선거구 활동 기타 업적의 홍보에 필요한 사항 등의 내용을 게재하는 것이 허용된다는 답변을 들은 것만으로는, 자신의 지적 능력을 다하여 이를 회피하기 위한 진지한 노력을 다하였다고 볼 수 없고, 그 결과 자신의 행위의 위법성을 인식하지 못한 것이라고 할 것이므로 그에 대해 정당한 이유가 있다고 하기 어렵다(대판 2006.3.24. 2005도3717).

[❸ ▸ ○] 가처분결정으로 직무집행정지 중에 있던 종단대표자가 종단소유의 보관금을 소송비용으로 사용함에 있어 변호사의 조언이 있었다는 것만으로 보관금 인출사용행위가 법률의 착오에 의한 것이라 할 수 없다(대판 1990.10.16. 90도1604).

[❹ ▸ ○] 대판 2011.10.13. 2010도15260

답 ❶

025 □□□

형법 제16조 법률의 착오에 관한 다음 설명 중 가장 옳지 않은 것은?(다툼이 있는 경우 판례에 의하고, 전원합의체 판결의 경우 다수의견에 의함) 22 법원9급

① 형법 제16조에서 자기가 행한 행위가 법령에 의하여 죄가 되지 아니한 것으로 오인한 행위는 그 오인에 정당한 이유가 있는 때에 한하여 벌하지 아니한다고 규정하고 있는 것은 단순히 법률의 부지를 말하는 것이 아니다.

② 형법 제16조는 일반적으로 범죄가 되는 경우이지만 자기의 특수한 경우에는 법령에 의하여 허용된 행위로서 죄가 되지 아니한다고 그릇 인식하고 그와 같이 그릇 인식함에 정당한 이유가 있는 경우에는 벌하지 않는다는 취지이다.

③ 법률 위반 행위 중간에 판례에 따라 그 행위가 처벌대상이 되지 않는 것으로 해석되었던 적이 있었던 경우에는 자신의 행위가 처벌되지 않는 것으로 믿은 데에 정당한 이유가 있다고 할 수 있다.

④ 부동산중개업자가 부동산중개업협회의 자문을 통하여 인원수의 제한 없이 중개보조원을 채용하는 것이 허용되는 것으로 믿고서 제한인원을 초과하여 중개보조원을 채용함으로써 부동산중개업법 위반행위에 이르게 되었다고 하더라도 그러한 사정만으로 자신의 행위가 법령에 저촉되지 않는 것으로 오인함에 정당한 이유가 있는 경우에 해당한다거나 범의가 없었다고 볼 수는 없다.

정선 핵심

①, ② 법률의 착오
→ 법률의 부지 포함 ×
→ 죄가 되지 아니한다고 그릇 인식함에 정당한 이유가 있는 경우에는 벌하지 않는다는 취지
③ 법률 위반 행위 중간에 판례에 따라 처벌대상이 되지 않는 것으로 해석되었던 경우 → 정당한 이유 ×
④ 제한인원을 초과하여 중개보조원을 채용한 경우 → 정당한 이유 ×

정선 해설

[❶ ▸ ○] [❷ ▸ ○] 형법 제16조에서 "자기가 행한 행위가 법령에 의하여 죄가 되지 아니한 것으로 오인한 행위는 그 오인에 정당한 이유가 있는 때에 한하여 벌하지 아니한다."라고 규정하고 있는 것은 단순한 법률의 부지를 말하는 것이 아니고,❶ 일반적으로 범죄가 되는 경우이지만 자기의 특수한 경우에는 법령에 의하여 허용된 행위로서 죄가 되지 아니한다고 그릇 인식하고 그와 같이 그릇 인식함에 정당한 이유가 있는 경우에는 벌하지 않는다는 취지이다❷(대판 2015.2.12. 2014도11501).

[❸ ▸ ×] 법률 위반 행위 중간에 일시적으로 판례에 따라 그 행위가 처벌대상이 되지 않는 것으로 해석되었던 적이 있었다고 하더라도 그것만으로 자신의 행위가 처벌되지 않는 것으로 믿은 데에 정당한 이유가 있다고 할 수 없다(대판 2021.11.25. 2021도10903).

> 피고인 1은 다시 보기 링크사이트인 '(사이트명 1 생략)', '(사이트명 2 생략)', '(사이트명 3 생략)'(이하 위 3개 사이트를 합쳐서 '이 사건 사이트')를 운영하는 사람이고, 피고인 2는 이 사건 사이트의 광고수익금 관리, 링크 글 게시 등을 하는 사람으로, 피고인 1은 2013.9.경 이 사건 사이트 또는 (사이트명 4 생략), (사이트명 5 생략)의 회원가입 여부와 상관없이 불특정다수의 이용자가 스스로 선택한 시간과 장소에서 아무런 제약과 대가 없이 PC와 모바일을 통해 위 성명불상자가 업로드해 놓은 방송 프로그램, 영화 등의 각종 저작물을 링크를 클릭할 때마다 개별 송신이 이루어지게 하였고, 피고인 2는 피고인 1의 부탁을 받고 이 사건 사이트를 관리하면서, 2014.7.25.부터 2016.1.22.까지는 이 사건 사이트에 삽입된 광고에서 발생한 수익을, 2014.2.20.부터 2016.2.22.까지는 피고인 2의 여동생 공소외 2 명의의 농협은행 계좌로 광고수익을 받아 피고인 1이 수령할 수 있도록 하고, 위 '(사이트명 1 생략)' 사이트의 페이스북 계정을 신규로 개설하여 접속차단에 대비한 우회경로 사이트를 안내한 경우, 피고인들은 공모하여 성명불상자의 공중송신권 침해행위 도중에 그 범행을 충분히 인식하면서 그러한 침해 게시물 등에 연결되는 링크를 이 사건 사이트에 영리적·계속적으로 게시하였고, 이로써 공중의 구성원이 개별적으로 선택한 시간과 장소에서 침해 게시물에 쉽게 접근할 수 있도록 하여 침해 게시물을 공중의 이용에 제공하는 성명불상자의 범죄를 용이하게 하였으므로 공중송신권 침해의 방조범이 성립할 수 있다고 한 사례(대판 2021.11.25. 2021도10903).

[❹ ▸ ○] 대판 2008.8.18. 2000도2943

답 ❸

026
□□□

범죄의 성립에 관한 설명으로 가장 적절한 것은?(다툼이 있는 경우 판례에 의함)

22 경찰채용

① 성장교육과정을 통하여 형성된 내재적인 관념 내지 확신으로 인하여 행위자 스스로의 의사결정이 사실상 강제된 상태에서 행한 행위도 형법 제12조에 정한 강요된 행위에 해당한다.
② 자신의 행위가 위법함을 인식하지 못한 이유가 단순한 법률의 부지로 인한 경우라 하더라도 그 오인에 정당한 이유가 있는 경우에 한하여 책임이 조각된다.
③ 음주운전을 할 의사를 가지고 음주만취한 후 운전을 결행하여 교통사고를 일으킨 경우는 음주시에 교통사고를 일으킬 위험성을 예견하였는데도 자의로 심신장애를 야기한 경우에 해당하므로 과실에 의한 원인에 있어서 자유로운 행위에 해당한다.
④ 법률의 착오와 관련하여 위법성의 인식에 필요한 노력의 정도는 행위자 개인의 인식능력이 기준이 되는 것이므로, 행위자가 어떤 사회집단에 소속되어 있는가는 고려할 필요가 없다.

정선 핵심

① 성장교육과정에서 형성된 내재적인 관념으로 의사결정이 사실상 강제된 상태에서 행위한 경우 → 강요된 행위 ×
② 법률의 착오 → 법률의 부지 포함 ×
③ 음주운전의사로 음주만취한 후 교통사고를 일으킨 경우 → 과실에 의한 원인에 있어서 자유로운 행위
④ 위법성인식을 위한 노력 정도 → 행위자가 속한 사회집단에 따라 달리 평가되어야 함

정선 해설

[❶ ▸ ×] 형법 제12조에서 말하는 강요된 행위는 저항할 수 없는 폭력이나 생명, 신체에 위해를 가하겠다는 협박 등 다른 사람의 강요행위에 의하여 이루어진 행위를 의미하는 것이지 어떤 사람의 성장교육과정을 통하여 형성된 내재적인 관념 내지 확신으로 인하여 행위자 스스로의 의사결정이 사실상 강제되는 결과를 낳게 하는 경우까지 의미한다고 볼 수 없다(대판 1990.3.27. 89도1670).

[❷ ▸ ×] [❹ ▸ ×] 형법 제16조에서 "자기가 행한 행위가 법령에 의하여 죄가 되지 아니한 것으로 오인한 행위는 그 오인에 정당한 이유가 있는 때에 한하여 벌하지 아니한다."라고 규정하고 있는 것은 단순한 법률의 부지를 말하는 것이 아니고,❷ 일반적으로 범죄가 되는 경우이지만 자기의 특수한 경우에는 법령에 의하여 허용된 행위로서 죄가 되지 아니한다고 그릇 인식하고 그와 같이 그릇 인식함에 정당한 이유가 있는 경우에는 벌하지 않는다는 취지이다. 그리고 여기서 정당한 이유가 있는지 여부는 행위자에게 자기행위의 위법의 가능성에 대해 심사숙고하거나 조회할 수 있는 계기가 있어 자신의 지적능력을 다하여 이를 회피하기 위한 진지한 노력을 다하였더라면 스스로의 행위에 대하여 위법성을 인식할 수 있는 가능성이 있었음에도 이를 다하지 못한 결과 자기 행위의 위법성을 인식하지 못한 것인지 여부에 따라 판단하여야 할 것이고, 이러한 위법성의 인식에 필요한 노력의 정도는 구체적인 행위정황과 행위자 개인의 인식능력 그리고 행위자가 속한 사회집단에 따라 달리 평가되어야 한다❹(대판 2015.2.12. 2014도11501).

[❸ ▸ ○] 대판 1992.7.28. 92도999

답 ❸

027 □□□

기대가능성에 관한 설명 중 가장 적절하지 않은 것은?(다툼이 있는 경우 판례에 의함)

22 경찰채용

① 기대가능성의 판단기준을 국가에 두면 국가는 국민의 적법행위를 기대하므로 기대가능성이 없다는 이유로 책임이 조각되는 경우가 축소될 수 있다.

② 甲이 담배제조업 허가 없이 전자장치를 이용해 흡입할 수 있는 니코틴이 포함된 용액을 제조한 경우, 궐련담배제조업의 허가기준은 존재하나 전자담배제조업에 관한 허가기준이 없는 이상 甲에게 담배제조업 관련 법령의 허가기준을 준수하거나 허가기준이 새롭게 마련될 때까지 법 준수를 요구하는 것을 기대할 수 없다.

③ 형법 제12조의 '저항할 수 없는 폭력'은 심리적 의미에 있어서 육체적으로 어떤 행위를 절대적으로 할 수 밖에 없게 하는 경우와 윤리적 의미에서 강압된 경우를 의미한다.

④ 영업정지처분에 대한 집행정지 신청이 잠정적으로 받아들여졌다는 사정만으로는 구 음반 비디오물 및 게임물에 관한 법률 위반으로 기소된 피고인에게 적법행위의 기대가능성이 없다고 볼 수 없다.

정선 핵심

① 국가표준설 → 기대불가능성을 이유로 책임이 조각되는 경우가 축소
② 담배제조업 허가 없이 니코틴이 포함된 용액을 제조한 경우 → 기대가능성 ○
③ 저항할 수 없는 폭력 → 심리적 폭력과 윤리적 폭력 포함
④ 영업정지처분에 대한 집행정지신청이 잠정적으로 받아들여진 경우 → 기대가능성 ○

정선 해설

[❶ ▸ ○] 국가표준설은 국가는 항상 국민에게 법질서의 준수를 기대하고 있으므로 기대가능성이 없어 책임이 조각되는 경우는 거의 있을 수 없게 된다.

[❷ ▸ ×] 궐련담배제조업에 관한 허가기준은 이미 마련되어 있는 상황에서 담배제조업 관련 법령의 허가기준을 준수하거나 허가기준이 새롭게 마련될 때까지 법 준수를 요구하는 것이 죄형법정주의 원칙에 위반된다거나 기대가능성이 없는 행위를 처벌하는 것이어서 위법하다고 보기 어렵다(대판 2018.9.28. 2018도9828).

[❸ ▸ ○] 대판 2009.6.11. 2008도11784

[❹ ▸ ○] 영업정지처분에 대한 집행정지 결정은 피고인이 제기한 영업정지처분 취소사건의 본안판결 선고 시까지 그 처분의 효력을 정지한 것으로서 행정청의 처분의 위법성을 확정적으로 선언하지도 않았으므로, 위 집행정지 신청이 잠정적으로 받아들여졌다는 사정만으로는, 구 음반·비디오물 및 게임물에 관한 법률위반으로 기소된 피고인에게 적법행위의 기대가능성이 없다고 볼 수는 없다(대판 2010.11.11. 2007도8645).

답 ❷

제4절 미수론

제1관 | 예비죄

028 □□□

범죄의 예비에 대한 설명으로 옳은 것은?(다툼이 있는 경우 판례에 의함) 22 국가9급

① 형법의 규정에 따르면 범죄의 예비행위가 실행의 착수에 이르지 아니할 때에도 원칙적으로 처벌의 대상이 된다.
② 예비죄를 처벌하는 규정을 독립된 구성요건 개념에 포함시킬 수는 없다고 보는 것은 죄형법정주의의 원칙에 합치하지 않는다.
③ 살인예비죄가 성립하기 위하여는 살인죄를 범할 목적이 있어야 하지만 살인의 준비에 관한 고의까지 요하는 것은 아니다.
④ 범죄의 예비는 이를 처벌한다는 취지와 그 형을 함께 규정하고 있을 때에만 처벌할 수 있다.

정선 핵심

① 범죄의 예비행위가 실행의 착수에 이르지 아니한 경우 → 특별한 규정이 없는 한 불가벌
② 예비죄 처벌규정을 독립된 구성요건 개념에 포함시킬 수는 없다고 보는 경우 → 죄형법정주의의 원칙 위반 ×
③ 살인예비죄의 성립요건
⇢ 주관적 요건 : 살인죄를 범할 목적, 살인의 준비에 관한 고의
④ 예비죄의 구성요건과 그 형을 함께 규정한 경우 → 예비죄로 처벌 가능

정선 해설

[❶ ▸ ×] 범죄의 음모 또는 예비행위가 실행의 착수에 이르지 아니한 때에는 법률에 특별한 규정이 없는 한 벌하지 아니한다(형법 제28조).

[❷ ▸ ×] 범죄의 구성요건 개념상 예비죄의 실행행위는 무정형·무한정한 행위이고 종범의 행위도 무정형·무한정한 것이고 형법 제28조에 의하면 범죄의 음모 또는 예비행위가 실행의 착수에 이르지 아니한 때에는 법률에 특별한 규정이 없는 한 벌하지 아니한다고 규정하여 예비죄의 처벌이 가져올 범죄의 구성요건을 부당하게 유추 내지 확장해석하는 것을 금지하고 있기 때문에 형법 각칙의 예비죄를 처단하는 규정을 바로 독립된 구성요건 개념에 포함시킬 수는 없다고 하는 것이 죄형법정주의의 원칙에도 합당하는 해석이라 할 것이다(대판 1976.5.25. 75도1549).

[❸ ▸ ×] 살인예비죄가 성립하기 위하여는 주관적 요건으로 살인죄를 범할 목적 및 살인의 준비에 관한 고의도 필요하다고 보아야 한다.

> 甲이 乙을 살해하기 위하여 丙, 丁 등을 고용하면서 그들에게 대가의 지급을 약속한 경우, 甲에게는 살인죄를 범할 목적 및 살인의 준비에 관한 고의뿐만 아니라 살인죄의 실현을 위한 준비행위를 하였음이 인정되므로 살인예비죄가 성립한다(대판 2009.10.29. 2009도7150).

[❹ ▸ O] 판례의 취지를 고려할 때 예비를 처벌한다는 취지와 그 형을 함께 규정하고 있을 때 범죄의 예비를 처벌할 수 있다.

> 부정선거관련자처벌법 제5조 제4항에 동법 제5조 제1항의 예비·음모는 이를 처벌한다고만 규정하고 있을 뿐이고 그 형에 관하여 따로 규정하고 있지 아니한 이상 죄형법정주의의 원칙상 위 예비·음모를 처벌할 수 없다(대판 1977.6.28. 77도251).

답 ❹

제2관 | 기타 미수론 종합문제

029 □□□

미수범에 대한 설명으로 옳지 않은 것은?(다툼이 있는 경우 판례에 의함) 22 국가9급

① 장애미수범(형법 제25조)에 해당하기 위하여는 물론이고 중지미수범(형법 제26조)에 해당하기 위하여도 실행의 착수가 있어야 한다.

② 중지미수범은 임의적 형감면사유에 해당하지만, 불능미수범(형법 제27조)은 필요적 형감면사유에 해당한다.

③ 상대방을 살해할 목적으로 낫을 들고 상대방에게 다가섰지만 제3자가 이를 제지하는 사이에 상대방이 도망함으로써 그 목적을 이루지 못한 경우는 살인죄의 미수범에 해당한다.

④ 불능미수범에서 말하는 '실행의 수단 또는 대상의 착오'는 행위자가 시도한 행위방법 또는 행위객체로는 결과의 발생이 처음부터 불가능하다는 것을 의미한다.

정선 핵심

① 장애미수 또는 중지미수의 구성요건
→ 실행의 착수 : 필요

② 미수범의 처벌
→ 중지미수 : 필요적 감면
→ 불능미수 : 임의적 감면

③ 낫을 들고 상대방에게 다가섰지만 목적을 이루지 못한 경우 → 살인죄의 미수 ○

④ 실행의 수단 또는 대상의 착오 → 수단의 불가능성 또는 객체의 불가능성

정선 해설

[❶ ▸ ○] 미수범이란 범죄의 실행에 착수하여 행위를 종료하지 못하였거나 결과가 발생하지 아니한 때를 말하므로, 장애미수(형법 제25조)뿐만 아니라 중지미수(형법 제26조)의 경우에도 실행의 착수가 있어야 한다.

[❷ ▸ ×] 중지미수는 필요적 감면사유(형법 제26조)이지만, 불능미수는 임의적 감면사유(형법 제27조)에 해당한다.

[❸ ▸ ○] 피고인이 격분하여 피해자를 살해할 것을 마음먹고 밖으로 나가 낫을 들고 피해자에게 다가서려고 하였으나 제3자가 이를 제지하여 그 틈을 타서 피해자가 도망함으로써 살인의 목적을 이루지 못한 경우, 피고인이 낫을 들고 피해자에게 접근함으로써 살인의 실행행위에 착수하였다고 할 것이므로 이는 살인미수에 해당한다(대판 1986.2.25. 85도2773).

[❹ ▸ ○] 불능미수범의 '실행의 수단 또는 대상의 착오'는 수단의 불가능성 또는 객체의 불가능성을 말한다. 즉, 행위자가 시도한 행위방법 또는 행위객체로는 결과의 발생이 처음부터 불가능하다는 것을 의미한다.

답 ❷

030 □□□

예비와 미수에 관한 설명으로 옳은 것은 모두 몇 개인가?(다툼이 있는 경우 판례에 의함)

22 경찰채용

ㄱ. 미수범이란 행위를 종료했더라도 결과가 발생하지 아니한 경우를 말하는 것이므로 결과가 발생한 경우에는 미수범이 성립할 여지가 없다.
ㄴ. 강도치상죄와는 달리 강도상해죄는 강도가 미수에 그쳤다면 상해가 발생하였어도 강도상해죄의 미수에 해당한다.
ㄷ. 대법원은 예비죄의 실행행위성을 긍정하는 입장에 서 있으므로 예비죄의 공동정범뿐만 아니라 예비죄에 대한 종범의 성립도 긍정한다.
ㄹ. 저작권 침해 게시물을 인터넷 웹사이트 서버 등에 업로드하여 공중의 구성원이 개별적으로 선택한 시간과 장소에서 접근할 수 있도록 이용에 제공하였더라도 공중에게 침해 게시물을 실제로 송신하지 않았다면 저작권법상 공중송신권 침해는 기수에 이르지 않는다.
ㅁ. 교사를 받은 자가 범죄의 실행 자체를 승낙하지 아니하거나 실행을 승낙하고 실행의 착수에 이르지 않은 경우, 교사자는 예비·음모에 준하여 처벌된다.

① 1개
② 2개
③ 3개
④ 4개

정선 핵심

ㄱ. 구성요건적 결과가 발생하였으나 인과관계나 객관적 귀속이 부정되는 경우 → 미수범
ㄴ. 강도미수에 그쳤으나 피해자에게 상해를 입힌 경우 → 강도상해죄 O
ㄷ. 예비죄에 대한 종범 → 부정(판례)
ㄹ. 저작권 침해 게시물을 업로드하여 제공하였으나 실제로 송신하지 않은 경우 → 공중송신권 침해는 기수
ㅁ. 교사를 받은 자가 범죄의 실행을 승낙하지 아니하거나 실행을 승낙하고 실행의 착수에 이르지 않은 경우 → 교사자는 예비·음모에 준하여 처벌

정선 해설

[ㄱ ▸ X] 원칙적으로 구성요건적 결과가 발생한 경우에는 미수를 생각할 여지가 없으나, 행위와 결과 사이에 인과관계나 객관적 귀속이 부정되는 경우에는 미수범이 성립할 수 있다.
[ㄴ ▸ X] 피고인이 이 사건에서 강도미수에 그쳤다 할지라도 강도행위 과정에서 피해자에게 상해를 입힌 이상 강도상해죄가 성립할 것이다(대판 1969.3.18. 69도154).
[ㄷ ▸ X] 형법 제32조 제1항 소정 타인의 범죄란 정범이 범죄의 실현에 착수한 경우를 말하는 것이므로 종범이 처벌되기 위하여는 정범의 실행의 착수가 있는 경우에만 가능하고 형법 전체의 정신에 비추어 정범이 실행의 착수에 이르지 아니한 예비의 단계에 그친 경우에는 이에 가공하는 행위가 예비의 공동정범이 되는 경우를 제외하고는 종범의 성립을 부정하고 있다고 보는 것이 타당하다(대판 1976.5.25. 75도1549).
[ㄹ ▸ X] 정범이 침해 게시물을 인터넷 웹사이트 서버 등에 업로드하여 공중의 구성원이 개별적으로 선택한 시간과 장소에서 접근할 수 있도록 이용에 제공하면, 공중에게 침해 게시물을 실제로 송신하지 않더라도 공중송신권 침해는 기수에 이른다(대판 2021.9.9. 2017도19025[전합]).
[ㅁ ▸ O] 교사를 받은 자가 범죄의 실행을 승낙하고 실행의 착수에 이르지 아니하거나 교사를 받은 자가 범죄의 실행을 승낙하지 아니한 때에는 교사자를 음모 또는 예비에 준하여 처벌한다(형법 제31조 제2항, 제3항).

판례변경 **대판 2021.9.9. 2017도19025[전합] - 저작권법위반방조**

[1] 공중송신권을 침해하는 게시물이나 그 게시물이 위치한 웹페이지 등(이하 통틀어 '침해 게시물 등')에 연결되는 링크를 한 행위라도, 전송권(공중송신권) 침해행위의 구성요건인 '전송(공중송신)'에 해당하지 않기 때문에 전송권 침해가 성립하지 않는다. 이는 대법원의 확립된 판례이다. 링크는 인터넷에서 링크하고자 하는 웹페이지나 웹사이트 등의 서버에 저장된 개개의 저작물 등의 웹 위치 정보 또는 경로를 나타낸 것에 지나지 않는다. 인터넷 이용자가 링크 부분을 클릭함으로써 침해 게시물 등에 직접 연결되더라도, 이러한 연결 대상 정보를 전송하는 주체는 이를 인터넷 웹사이트 서버에 업로드하여 공중이 이용할 수 있도록 제공하는 측이지 그 정보에 연결되는 링크를 설정한 사람이 아니다. 링크는 단지 저작물 등의 전송을 의뢰하는 지시나 의뢰의 준비행위 또는 해당 저작물로 연결되는 통로에 해당할 뿐이므로, 링크를 설정한 행위는 전송에 해당하지 않는다. 따라서 전송권(공중송신권) 침해에 관한 위와 같은 판례는 타당하다.

[2] • 공중송신권 침해의 방조에 관한 종전 판례는 인터넷 이용자가 링크 클릭을 통해 저작자의 공중송신권 등을 침해하는 웹페이지에 직접 연결되더라도 링크를 한 행위가 '공중송신권 침해행위의 실행 자체를 용이하게 한다고 할 수는 없다.'는 이유로, 링크 행위만으로는 공중송신권 침해의 방조행위에 해당한다고 볼 수 없다는 법리를 전개하고 있다. 링크는 인터넷 공간을 통한 정보의 자유로운 유통을 활성화하고 표현의 자유를 실현하는 등의 고유한 의미와 사회적 기능을 가진다. 인터넷 등을 이용하는 과정에서 일상적으로 이루어지는 링크 행위에 대해서까지 공중송신권 침해의 방조를 쉽게 인정하는 것은 인터넷 공간에서 표현의 자유나 일반적 행동의 자유를 과도하게 위축시킬 우려가 있어 바람직하지 않다. 그러나 링크 행위가 어떠한 경우에도 공중송신권 침해의 방조행위에 해당하지 않는다는 종전 판례는 방조범의 성립에 관한 일반 법리 등에 비추어 볼 때 재검토할 필요가 있다. 이는 링크 행위를 공중송신권 침해의 방조라고 쉽게 단정해서는 안 된다는 것과는 다른 문제이다.

• 정범이 침해 게시물을 인터넷 웹사이트 서버 등에 업로드하여 공중의 구성원이 개별적으로 선택한 시간과 장소에서 접근할 수 있도록 이용에 제공하면, 공중에게 침해 게시물을 실제로 송신하지 않더라도 공중송신권 침해는 기수에 이른다. 그런데 정범이 침해 게시물을 서버에서 삭제하는 등으로 게시를 철회하지 않으면 이를 공중의 구성원이 개별적으로 선택한 시간과 장소에서 접근할 수 있도록 이용에 제공하는 가벌적인 위법행위가 계속 반복되고 있어 공중송신권 침해의 범죄행위가 종료되지 않았으므로, 그러한 정범의 범죄행위는 방조의 대상이 될 수 있다.

• 저작권 침해물 링크 사이트에서 침해 게시물에 연결되는 링크를 제공하는 경우 등과 같이, 링크 행위자가 정범이 공중송신권을 침해한다는 사실을 충분히 인식하면서 그러한 침해 게시물 등에 연결되는 링크를 인터넷 사이트에 영리적 · 계속적으로 게시하는 등으로 공중의 구성원이 개별적으로 선택한 시간과 장소에서 침해 게시물에 쉽게 접근할 수 있도록 하는 정도의 링크 행위를 한 경우에는 침해 게시물을 공중의 이용에 제공하는 정범의 범죄를 용이하게 하므로 공중송신권 침해의 방조범이 성립한다. 이러한 링크 행위는 정범의 범죄행위가 종료되기 전 단계에서 침해 게시물을 공중의 이용에 제공하는 정범의 범죄 실현과 밀접한 관련이 있고 그 구성요건적 결과 발생의 기회를 현실적으로 증대함으로써 정범의 실행행위를 용이하게 하고 공중송신권이라는 법익의 침해를 강화 · 증대하였다고 평가할 수 있다. 링크 행위자에게 방조의 고의와 정범의 고의도 인정할 수 있다.

• 저작권 침해물 링크 사이트에서 침해 게시물로 연결되는 링크를 제공하는 경우 등과 같이, 링크 행위는 그 의도나 양태에 따라서는 공중송신권 침해와 밀접한 관련이 있는 것으로서 그 행위자에게 방조 책임의 귀속을 인정할 수 있다. 이러한 경우 인터넷에서 원활한 정보 교류와 유통을 위한 수단이라는 링크 고유의 사회적 의미는 명목상의 것에 지나지 않는다. 다만 행위자가 링크 대상이 침해 게시물 등이라는 점을 명확하게 인식하지 못한 경우에는 방조가 성립하지 않고, 침해 게시물 등에 연결되는 링크를 영리적 · 계속적으로 제공한 정도에 이르지 않은 경우 등과 같이 방조범의 고의 또는 링크 행위와 정범의 범죄 실현 사이의 인과관계가 부정될 수 있거나 법질서 전체의 관점에서 살펴볼 때 사회적 상당성을 갖추었다고 볼 수 있는 경우에는 공중송신권 침해에 대한 방조가 성립하지 않을 수 있다.

답 ❶

031 □□□

미수범 성립에 대한 판례의 입장으로 옳지 않은 것만을 모두 고르면? 22 국가9급

> ㄱ. 특수강간이 미수에 그쳤지만, 피해자에게 상해의 결과가 발생한 경우 – 특수강간치상죄의 미수범 인정
> ㄴ. 체포의 고의로 피해자의 팔을 잡아당기거나 등을 미는 등의 방법으로 피해자를 끌고 갔으나 일시적인 자유박탈에 그친 경우 – 체포죄의 미수범 인정
> ㄷ. 주간에 절도의 목적으로 타인의 주거에 침입하였지만, 아직 절취할 물건의 물색행위를 시작하기 전인 경우 – 절도죄의 미수범 부정
> ㄹ. 민사소송법상의 소송비용액확정절차에 의하지 아니한 채, 단순히 소송비용을 편취할 의사로 소송 비용의 지급을 구하는 손해배상청구의 소를 제기한 경우 – 사기죄의 불능미수범 인정

① ㄱ, ㄴ　② ㄱ, ㄹ
③ ㄴ, ㄷ　④ ㄷ, ㄹ

정선 핵심

ㄱ. 특수강간이 미수에 그쳤으나 피해자에게 상해를 입힌 경우 → 특수강간치상죄 ○
ㄴ. 체포의 고의는 있었으나 일시적인 자유박탈에 그친 경우 → 체포죄의 미수 ○
ㄷ. 주간에 절도의 목적으로 주거에 침입하였지만, 물색행위를 시작하기 전인 경우 → 절도죄의 미수 ×
ㄹ. 소송비용을 편취할 의사로 손해배상청구의 소를 제기한 경우 → 사기죄의 불능범 ○

정선 해설

[ㄱ ▸ ×] 성폭력범죄의 처벌 및 피해자보호 등에 관한 법률 제9조 제1항에 의하면 같은 법 제6조 제1항에서 규정하는 특수강간의 죄를 범한 자뿐만 아니라, 특수강간이 미수에 그쳤다고 하더라도 그로 인하여 피해자가 상해를 입었으면 특수강간치상죄가 성립하는 것이다(대판 2008.4.24. 2007도10058).

[ㄴ ▸ O] 판례의 취지를 고려할 때 체포의 고의로 피해자를 끌고 갔으나 일시적인 자유박탈에 그친 경우라면 체포죄의 미수에 해당한다.

> 체포죄는 계속범으로서 체포의 행위에 확실히 사람의 신체의 자유를 구속한다고 인정할 수 있을 정도의 시간적 계속이 있어야 하나, 체포의 고의로써 타인의 신체적 활동의 자유를 현실적으로 침해하는 행위를 개시한 때 체포죄의 실행에 착수하였다고 볼 것이다(대판 2018.2.28. 2017도21249).

[ㄷ ▸ O] 대판 1992.9.8. 92도1650

[ㄹ ▸ ×] 소송비용을 편취할 의사로 소송비용의 지급을 구하는 손해배상청구의 소를 제기하였다고 하더라도 이는 객관적으로 소송비용의 청구방법에 관한 법률적 지식을 가진 일반인의 판단으로 보아 결과 발생의 가능성이 없어 위험성이 인정되지 않는다고 할 것이므로 사기죄의 불능범에 해당한다(대판 2005.12.8. 2005도8105).

답 ❷

제5절 공범론

제1관 | 정범 · 공범의 일반이론

032 □□□

필요적 공범에 대한 설명으로 옳지 않은 것은?(다툼이 있는 경우 판례에 의함)

22 국가9급

① 공무상비밀누설죄에 있어서 비밀을 누설하는 행위와 그 비밀을 누설받는 행위는 대향범 관계에 있지만, 처벌받지 않는 대향자는 처벌받는 대향자의 교사범이 될 수 있다.
② 형법은 절도의 죄, 강도의 죄 및 도주의 죄에 관하여 '2인(또는 2명) 이상이 합동하여' 죄를 범하는 경우를 규정하고 있다.
③ 합동범이 성립하기 위하여는 객관적 요건으로서의 실행행위가 시간적으로나 장소적으로 협동관계에 있다고 볼 수 있는 사정이 있어야 한다.
④ 뇌물공여자와 뇌물수수자 사이에서는 각자 상대방의 범행에 대하여 형법 총칙의 공범규정이 적용되지 않는다.

정선 핵심

① 공무상비밀누설죄에 있어서 처벌받지 않는 대향자 → 처벌받는 대향자의 교사범 ×
② 특수절도, 특수강도, 특수도주 → 합동범 규정 ○
③ 합동범의 성립 → 공모와 시간적 · 장소적 협동관계 필요
④ 뇌물공여자와 뇌물수수자 사이 → 형법 총칙의 공범규정 적용 ×

정선 해설

[❶ ▸ ×] 판례의 취지를 고려할 때 대향범 관계에 있는 '비밀을 누설받은 행위'에 대하여 처벌규정이 없고 이에 대하여 공범에 관한 형법 총칙 규정도 적용되지 아니하므로, 처벌받지 않는 대향자(비밀을 누설받은 대향자)는 처벌받는 대향자의 교사범이 될 수 없다.

> 2인 이상 서로 대향된 행위의 존재를 필요로 하는 대향범에 대하여는 공범에 관한 형법 총칙 규정이 적용될 수 없는데, 형법 제127조는 공무원 또는 공무원이었던 자가 법령에 의한 직무상 비밀을 누설하는 행위만을 처벌하고 있을 뿐 직무상 비밀을 누설받은 상대방을 처벌하는 규정이 없는 점에 비추어, 직무상 비밀을 누설받은 자에 대하여는 공범에 관한 형법 총칙 규정이 적용될 수 없다고 보는 것이 타당하다(대판 2011.4.28. 2009도3642).

[❷ ▸ ○] 형법은 특수절도(형법 제331조 제2항), 특수강도(형법 제334조 제2항), 특수도주(형법 제146조)의 경우에 합동범을 규정하고 있다.
[❸ ▸ ○] 대판 1992.7.28. 92도917
[❹ ▸ ○] 뇌물공여죄와 뇌물수수죄 사이와 같은 이른바 대향범 관계에 있는 자는 강학상으로는 필요적 공범이라고 불리고 있으나, 서로 대향된 행위의 존재를 필요로 할 뿐 각자 자신의 구성요건을 실현하고 별도의 형벌규정에 따라 처벌되는 것이어서, 2인 이상이 가공하여 공동의 구성요건을 실현하는 공범관계에 있는 자와는 본질적으로 다르며, 대향범 관계에 있는 자 사이에서는 각자 상대방의 범행에 대하여 형법 총칙의 공범규정이 적용되지 아니한다(대판 2015.2.12. 2012도4842).

답 ❶

제2관 | 간접정범

033 □□□

간접정범에 관한 설명 중 가장 적절하지 않은 것은?(다툼이 있는 경우 판례에 의함)

22 경찰채용

① 국헌문란의 목적을 달성하기 위해 그러한 목적이 없는 대통령을 이용하여 비상계엄 전국확대조치를 한 것은 간접정범의 방법으로 내란죄를 실행한 것이다.

② 처벌되지 아니하는 타인의 행위를 적극적으로 유발하고 이를 이용하여 자신의 범죄를 실현한 자는 간접정범의 죄책을 지게 되고, 그 과정에서 타인의 의사를 부당하게 억압하여야만 간접정범에 해당하는 것은 아니다.

③ 자기의 지휘·감독을 받는 자를 교사하여 범죄를 실행하게 한 때에는 정범에 정한 형의 장기 또는 다액의 2분의 1까지 가중한다.

④ 간접정범의 실행의 착수시기를 이용자의 이용행위 시로 보는 경우, 이용자의 이용의사가 외부로 표현되기만 하면 실행의 착수가 인정되어 미수범의 처벌 범위가 축소될 수 있다.

정선 핵심

① 국헌문란의 목적을 가진 자가 목적이 없는 대통령을 이용하여 비상계엄 전국확대조치를 한 경우 → 내란죄의 간접정범 ○

② 간접정범 → 타인의 행위를 이용하는 과정에서 타인의 의사를 부당하게 억압 불요

③ 자기의 지휘·감독을 받는 자를 교사하여 범죄를 실행하게 한 경우 → 정범에 정한 형의 장기 또는 다액의 2분의 1까지 가중

④ 실행의 착수시기를 이용행위 시로 보는 경우 → 미수범의 처벌 범위 확대

정선 해설

[❶ ▸ ○] 비상계엄 전국확대가 국무회의의 의결을 거쳐 대통령이 선포함으로써 외형상 적법하였다고 하더라도, 이는 피고인들에 의하여 국헌문란의 목적을 달성하기 위한 수단으로 이루어진 것이므로 내란죄의 폭동에 해당하고, 또한 이는 피고인들에 의하여 국헌문란의 목적을 달성하기 위하여 그러한 목적이 없는 대통령을 이용하여 이루어진 것이므로 피고인들이 간접정범의 방법으로 내란죄를 실행한 것으로 보아야 할 것이다(대판 1997.4.17. 96도3376[전합]).

[❷ ▸ ○] 대판 2008.9.11. 2007도7204

[❸ ▸ ○] 자기의 지휘, 감독을 받는 자를 교사 또는 방조하여 범죄행위의 결과를 발생하게 한 자는 교사인 때에는 정범에 정한 형의 장기 또는 다액에 그 2분의 1까지 가중하고 방조인 때에는 정범의 형으로 처벌한다(형법 제34조 제2항).

[❹ ▸ ×] 간접정범의 실행의 착수시기를 이용자의 이용행위 시로 보는 경우, 이용자의 이용의사가 외부로 표현되기만 하면 실행의 착수가 인정되어 구성요건실현의 위험성이 없는 경우에도 실행의 착수가 인정됨으로써 미수범의 처벌 범위가 지나치게 확대되는 문제가 있다.

답 ❹

034 □□□

공동정범에 관한 설명 중 가장 적절하지 않은 것은?(다툼이 있는 경우 판례에 의함)

22 경찰채용

① 甲이 A투자금융회사에 입사하여 다른 공범들과 특정 회사 주식을 허위매수 주문 등의 방법으로 시세조종 주문을 내기로 공모하고 시세조종 행위의 일부를 실행한 후 A회사로부터 해고를 당하여 공범관계에서 이탈한 경우, 甲이 다른 공범들의 범죄실행을 저지하지 않은 이상 그 이후 공범들이 행한 나머지 시세조종행위에 대해서도 공동정범이 성립한다.

② 예인선 정기용선자의 현장소장 甲은 사고의 위험성이 높은 시점에 출항을 강행할 것을 지시하였고, 예인선 선장 乙은 甲의 지시에 따라 사고의 위험성이 높은 시점에 출항하는 등 무리하게 예인선을 운항한 결과 예인되던 선박에 적재된 물건이 해상에 추락하여 선박교통을 방해한 경우, 甲과 乙은 업무상과실일반교통방해죄의 공동정범이 성립한다.

③ 甲・乙・丙주식회사가 A주식회사의 주식 총수의 5/100 이상을 보유하여 자본시장과 금융투자업에 관한 법률상 주식 등 변경 보고의무를 공동으로 부담하게 되었고, 동법은 이러한 보고의무를 이행하지 않는 자를 처벌하는 진정부작위범인 주식 등 변경 보고의무 위반죄를 규정하고 있음에도 불구하고 甲과 乙주식회사만이 공모하여 보고의무를 이행하지 않은 경우, 보고의무가 있는 甲주식회사, 乙주식회사, 丙주식회사에게 주식 등 변경 보고의무 위반죄의 공동정범이 성립한다.

④ 강도를 모의한 甲, 乙, 丙이 A에게 칼을 들이댄 후 전화선으로 A의 손발을 묶고 폭행하여 반항을 억압한 후 甲이 다른 방에서 물건을 찾는 사이 乙과 丙이 공동으로 A를 강간하고 다 같이 도주한 경우, 甲에게는 강도강간죄의 공동정범이 성립하지 않는다.

정선 핵심

① 공모관계의 이탈
　→ 실행의 착수 후 이탈 : 관여하지 않은 포괄일죄 관계에 있는 시세조종행위에 대하여 공동정범 O

② 현장소장의 출항지시로 예인되던 선박의 적재물이 추락하여 선박교통을 방해한 경우 → 업무상과실일반교통방해죄의 공동정범 O

③ 甲, 乙주식회사만 공모하여 변경 보고의무를 이행하지 아니한 경우 → 주식 등 변경 보고의무 위반죄의 공동정범 ×

④ 강도를 모의한 공모자 중 1인이 초과하여 강간을 행한 경우 → 강도강간죄의 공동정범 ×

정선 해설

[❶ ▸ O] 대판 2011.1.13. 2010도9927

[❷ ▸ O] 예인선 정기용선자의 현장소장 甲은 사고의 위험성이 높은 해상에서 철골 구조물 및 해상크레인 운반작업을 함에 있어 선적작업이 지연되어 정조시점에 맞추어 출항할 수 없게 되었음에도, 출항을 연기하거나 대책을 강구하지 않고 예인선 선장 乙의 출항연기 건의를 묵살한 채 출항을 강행하도록 지시하였고, 예인선 선장 乙은 甲의 지시에 따라 사고의 위험이 큰 시점에 출항하였고 해상에 강조류가 흐르고 있었음에도 무리하게 예인선을 운항한 결과 무동력 부선에 적재된 철골 구조물이 해상에 추락하여 해상의 선박교통을 방해한 경우, 甲과 乙은 업무상과실일반교통방해죄의 공동정범이 성립한다(대판 2009.6.11. 2008도11784).

[❸ ▸ ×] 판례의 취지를 고려하면 丙주식회사는 甲, 乙주식회사와 주식 등 변경 보고의무를 공동으로 부담하게 되었으나 甲, 乙주식회사와 공모하여 보고의무를 이행하지 아니한 것이 아니므로, 진정부작위범인 자본시장법위반죄의 공동정범은 성립하지 아니한다고 보는 것이 타당하다.

자본시장법 제445조 제20호는 제147조 제1항을 위반하여 주식 등 대량보유·변동 보고를 하지 아니한 자를 처벌한다고 규정하고 있다. 그 규정 형식과 취지에 비추어 보면 주권상장법인의 주식 등 대량보유·변동 보고의무 위반으로 인한 자본시장법 위반죄는 구성요건이 부작위에 의해서만 실현될 수 있는 진정부작위범에 해당한다. 진정부작위범인 주식 등 대량보유·변동 보고의무 위반으로 인한 자본시장법 위반죄의 공동정범은 그 의무가 수인에게 공통으로 부여되어 있는데도 수인이 공모하여 전원이 그 의무를 이행하지 않았을 때 성립할 수 있다(대판 2022.1.13. 2021도11110).

[❹ ▸ O] 피고인은 원심공동피고인의 강간사실을 알게 된 것은 이미 실행의 착수가 이루어지고 난 다음이었음이 명백하고 강간사실을 알고 나서도 암묵리에 그것을 용인하여 그로 하여금 강간하도록 할 의사로 강간의 실행범인 원심공동피고인 1과 강간 피해자의 머리 등을 잡아준 원심공동피고인 2와 함께 일체가 되어 원심 공동피고인들의 행위를 통하여 자기의 의사를 실행하였다고는 볼 수 없다 할 것이고 따라서 결국 강도강간의 공모사실을 인정할 증거가 없다고 하지 않을 수 없다(대판 1988.9.13. 88도1114).

답 ❸

035 ☐☐☐ **공동정범에 대한 설명으로 옳지 않은 것은?(다툼이 있는 경우 판례에 의함)** 22 국가9급

① 2인 이상이 공동가공하여 범죄를 실현하려는 의사의 결합이 있으면 공모관계는 성립한다.
② 공동정범이 성립하기 위하여는 범죄행위 시에 행위자 상호 간에 주관적으로는 서로 범죄행위를 공동으로 한다는 공동가공의 의사가 있어야 하고, 그 의사의 연락이 묵시적이거나 간접적이거나를 불문한다.
③ 공동정범이 성립하기 위하여 반드시 범죄의 실행 전에 모의가 있어야만 하는 것은 아니다.
④ 고의는 미필적 인식으로도 족하므로, 타인의 범행을 인식하면서 제지하지 않고 용인한 것만으로도 공동가공의 의사는 인정된다.

정선 핵심

①, ②, ③, ④ 공동정범의 주관적 성립요건
→ 공동가공하여 범죄를 실현하는 의사의 결합이 있는 경우 : 공모관계 O
→ 묵시적이거나 간접적 의사의 연락 불문
→ 범죄의 실행 전에 모의 불요
→ 공동의 의사로 특정한 범죄행위를 하기 위하여 일체가 되어 다른 사람의 행위를 이용하여 자기의 의사를 옮기는 것

정선 해설

[❶ ▸ O] 대판 2016.8.29. 2016도6297
[❷ ▸ O] 공동정범은 범죄행위시에 그 의사의 연락이 묵시적이거나 간접적이거나를 불문하고 행위자 상호 간에 주관적으로 서로 범죄행위를 공동으로 한다는 공동가공의 의사가 있음으로써 성립하는 것이다(대판 1984.1.31. 83도2941).
[❸ ▸ O] 공동정범이 성립하기 위하여는 반드시 공범자 간에 사전에 모의가 있어야 하는 것은 아니며, 우연히 만난 자리에서 서로 협력하여 공동의 범의를 실현하려는 의사가 암묵적으로 상통하여 범행에 공동가공하더라도 공동정범은 성립된다(대판 1984.12.26. 82도1373).
[❹ ▸ ×] 공동정범의 주관적 요건으로서 공동가공의 의사는 타인의 범행을 인식하면서도 이를 제지하지 아니하고 용인하는 것만으로 부족하고, 공동의 의사로 특정한 범죄행위를 하기 위하여 일체가 되어 서로 다른 사람의 행위를 이용하여 자기의 의사를 옮기는 것을 내용으로 하는 것이어야 한다(대판 1998.9.22. 98도1832).

밀항단속법 제3조 제1항에서 규율하는 밀항행위는 여권위조행위와는 전혀 별개의 행위로서 밀항에 반드시 위조여권이 필요한 것도 아니고 위조여권을 반드시 밀항행위에만 사용할 수 있는 것도 아니라는 이유로, 여권위조행위에 가담한 것만으로는 공동가공의 의사로 밀항행위에까지 가담하였다고 볼 수 없다고 한 사례(대판 1998.9.22. 98도1832).

답 ❹

036 □□□

동시범에 관한 설명으로 옳은 것은 모두 몇 개인가?(다툼이 있는 경우 판례에 의함)

22 경찰채용

ㄱ. 시간적 차이가 있는 독립행위가 경합한 경우, 그 결과발생의 원인된 행위가 판명되지 아니한 때에 형법 제263조가 적용되는 경우를 제외하고는 형법 제19조가 적용된다.
ㄴ. 독립행위가 경합하여 상해의 결과를 발생하게 한 경우에 있어서 원인된 행위가 판명되지 아니한 때에는 각 행위자를 미수범으로 처벌한다.
ㄷ. 형법 제263조의 동시범은 강간치상죄에는 적용할 수 없다.
ㄹ. A가 甲으로부터 폭행을 당하고 얼마 후 함께 A를 폭행하자는 甲의 연락을 받고 달려온 乙로부터 다시 폭행을 당하고 사망하였으나 사망의 원인행위가 판명되지 않았다면, 형법 제263조가 적용되어 甲과 乙은 폭행치사죄의 공동정범의 예에 의하여 처벌된다.

① 1개　② 2개
③ 3개　④ 4개

정선 핵심

ㄱ. 시간적 차이가 있는 독립행위가 경합한 경우 → 원칙적으로 형법 제19조 적용 ○
ㄴ. 독립행위가 경합하여 상해의 결과가 발생하였으나 원인된 행위가 판명되지 아니한 경우 → 동시범의 특례적용 ○
ㄷ. 강간치상죄 → 동시범의 특례적용 ×
ㄹ. A가 甲에게 폭행을 당하고 甲으로부터 연락을 받은 乙에게 다시 폭행을 당하였으나 사망의 원인행위가 판명되지 않은 경우 → 폭행치사죄의 공동정범 ○

정선 해설

[ㄱ ▸ ○] 상해죄의 동시범의 특례규정인 형법 제263조가 적용되는 경우를 제외하고는 시간적 차이가 있는 독립행위가 경합한 경우, 그 결과발생의 원인된 행위가 판명되지 아니한 때에는 형법 제19조가 적용된다.
[ㄴ ▸ ×] 독립행위가 경합하여 상해의 결과를 발생하게 한 경우에 있어서 원인된 행위가 판명되지 아니한 때에는 상해죄의 동시범의 특례규정인 형법 제263조가 적용되어 공동정범의 예에 의하여 처벌된다(형법 제263조).
[ㄷ ▸ ○] 대판 1984.4.24. 84도372
[ㄹ ▸ ×] 판례의 취지를 고려할 때 甲과 乙은 A를 폭행하는 것에 대한 공동가공의 의사가 있으며 결과적 가중범의 중한 결과인 A의 사망을 예견할 수 없었던 경우가 아니라면, 甲과 乙에게는 폭행치사죄의 공동정범이 성립한다.

독립행위가 경합하여 특히 상해의 결과를 발생하게 하고 그 결과발생의 원인이 된 행위가 밝혀지지 아니한 경우에는, 상해죄의 동시범의 특례규정인 형법 제263조에 의하여 공동정범의 예에 따라 처단(동시범)하는 것이므로 공범관계에 있어 공동가공의 의사가 있었다면 이에는 동시범등의 문제는 제기될 여지가 없다(대판 1985.12.10. 85도1892).

답 ❷

037
□□□

정범 및 공범에 관한 설명으로 가장 적절하지 않은 것은?(다툼이 있는 경우 판례에 의함)

22 경찰채용

① 공모공동정범에 있어서 공모자가 공모에 주도적으로 참여하여 다른 공모자의 실행에 영향을 미친 때에는 범행을 저지하기 위하여 적극적으로 노력하는 등 실행에 미친 영향력을 제거하지 아니하는 한 공모관계에서 이탈하였다고 할 수 없다.
② 피교사자가 교사자의 교사행위 당시에는 일응 범행을 승낙하지 아니한 것으로 보여진다 하더라도 이후 그 교사행위에 의하여 범행을 결의한 것으로 인정되는 이상 교사범의 성립에는 영향이 없다.
③ 甲이 책임무능력자를 이용하여 범행한 사례에 있어서 공범의 종속 정도와 관련하여 제한종속형식설을 취하는 경우, 공범의 우위성에 따라 甲에게는 교사범이 성립하므로 간접정범이 성립할 여지가 없다.
④ 어느 행위로 인하여 과실범으로 처벌되는 자를 교사 또는 방조하여 범죄행위의 결과를 발생하게 한 자는 교사 또는 방조의 예에 의하여 처벌한다.

정선 핵심

① 공모관계의 이탈
→ 실행의 착수 전 이탈 : 주도적 공모자는 실행에 미친 영향력을 제거해야 함
② 피교사자가 교사행위 당시는 아니나 그 후 종전의 교사행위에 의하여 범행을 결의한 것으로 인정되는 경우 → 교사범 ○
③ 책임무능력자를 이용하여 범행한 경우 → 제한적 종속형식에 의한 경우에도 의사지배가 인정되면 간접정범 성립 ○
④ 어느 행위로 과실범으로 처벌되는 자를 교사 또는 방조한 경우 → 교사 또는 방조의 예에 의하여 처벌

정선 해설

[❶ ▸ ○] 대판 2008.4.10. 2008도1274
[❷ ▸ ○] 피교사자가 범죄의 실행에 착수한 경우 그 범행결의가 교사자의 교사행위에 의하여 생긴 것인지는 교사자와 피교사자의 관계, 교사행위의 내용 및 정도, 피교사자가 범행에 이르게 된 과정, 교사자의 교사행위가 없더라도 피교사자가 범행을 저지를 다른 원인의 존부 등 제반 사정을 종합적으로 고려하여 사건의 전체적 경과를 객관적으로 판단하는 방법에 의하여야 하고, 이러한 판단 방법에 의할 때 피교사자가 교사자의 교사행위 당시에는 일응 범행을 승낙하지 아니한 것으로 보여진다 하더라도 이후 그 교사행위에 의하여 범행을 결의한 것으로 인정되는 이상 교사범의 성립에는 영향이 없다(대판 2013.9.12. 2012도2744).

> **[유의사항]** 헌법재판소가 자기낙태죄(형법 제269조 제1항), 업무상동의낙태죄(형법 제270조 제1항)조항에 대하여 헌법불합치결정을 하면서 정한 개정시한까지 입법자가 당해 조항을 개정하지 않음으로써 동 조항들은 그 효력을 상실하였다. 따라서 현행법에 의하면 산부인과 의사의 낙태수술행위는 구성요건해당성이 인정되지 아니하여 불가벌이 되는 것으로 이해하여야 한다.

[❸ ▸ ×] 甲이 책임무능력자를 이용하여 범행한 경우, 책임무능력자의 행위는 구성요건해당성과 위법성이 인정되므로 제한적 종속형식에 의하면 甲에게 공범이 성립할 수 있으나, 우월적 의사지배가 인정된다면 간접정범이 성립할 수 있다.
[❹ ▸ ○] 어느 행위로 인하여 과실범으로 처벌되는 자를 교사 또는 방조하여 범죄행위의 결과를 발생하게 한 자는 교사 또는 방조의 예에 의하여 처벌한다(형법 제34조 제1항).

답 ❸

038 □□□

공범에 관한 설명으로 가장 적절하지 않은 것은?(다툼이 있는 경우 판례에 의함)

22 경찰채용

① 신분관계로 인하여 형의 경중이 있는 경우에 신분이 있는 사람이 신분이 없는 사람을 교사하여 죄를 범하게 한 때에는 형법 제33조(공범과 신분) 단서가 형법 제31조(교사범) 제1항에 우선하여 적용된다.

② 교사범이 성립하기 위해 교사범의 교사가 정범의 범행에 대한 유일한 조건일 필요는 없다.

③ 종범은 정범의 실행행위 중에 이를 방조하는 경우는 물론이고 실행의 착수 전에 장래의 실행행위를 예상하고 이를 용이하게 하는 행위를 하여 방조한 경우에도 성립할 수 있고, 이 경우 정범이 실행에 착수하지 않았다 하더라도 종범 성립에는 영향이 없다.

④ 형법상 방조행위는 정범의 실행행위를 용이하게 하는 직접, 간접의 모든 행위를 가리키는 것으로서 작위에 의한 경우뿐만 아니라 부작위에 의하여도 성립된다.

정선 핵심

① 가감적 신분자가 비신분자에게 가공한 경우 → 형법 제33조 단서 우선적용 ○
② 교사범의 성립요건
⇢ 교사행위 : 교사가 정범의 범행에 대한 유일한 조건 필요 ×
③ 정범의 실행의 착수 전에 방조한 경우 → 정범이 실행에 착수하지 않았다면 종범 ×
④ 부작위에 의한 방조 → 성립 ○

정선 해설

[❶ ▸ ○] 형법 제31조 제1항은 협의의 공범의 일종인 교사범이 그 성립과 처벌에 있어서 정범에 종속한다는 일반적인 원칙을 선언한 것에 불과하고, 신분 때문에 형의 경중이 달라지는 경우에 신분이 있는 사람이 신분이 없는 사람을 교사하여 죄를 범하게 한 때에는 형법 제33조 단서가 형법 제31조 제1항에 우선하여 적용됨으로써 신분이 있는 교사범이 신분이 없는 정범보다 중하게 처벌된다(대판 1994.12.23. 93도1002).

[❷ ▸ ○] 대판 1991.5.14. 91도542

[❸ ▸ ×] 종범은 정범이 실행행위에 착수하여 범행을 하는 과정에서 이를 방조한 경우뿐 아니라, 정범의 실행의 착수 이전에 장래의 실행행위를 미필적으로나마 예상하고 이를 용이하게 하기 위하여 방조한 경우에도 그 후 정범이 실행행위에 나아갔다면 성립할 수 있다(대판 2013.11.14. 2013도7494).

[❹ ▸ ○] 형법상 방조행위는 정범의 실행을 용이하게 하는 직접, 간접의 모든 행위를 가리키는 것으로서 작위에 의한 경우뿐만 아니라 부작위에 의하여도 성립되는 것이다(대판 2006.4.28. 2003도4128).

답 ❸

039 □□□

공범에 대한 설명으로 옳지 않은 것은?(다툼이 있는 경우 판례에 의함) 22 국가9급

① 방조범에서 요구되는 정범의 고의는 정범에 의하여 실현되는 범죄의 구체적 내용까지 인식할 것을 요하는 것은 아니다.

② 교사범이 그 공범관계로부터 이탈하기 위하여는 피교사자가 범죄의 실행행위에 나아가기 전에 교사범에 의하여 형성된 피교사자의 범죄 실행의 결의를 해소하는 것이 필요하다.

③ 신분이 있어야 성립되는 범죄에 신분 없는 사람이 가담한 경우에는 그 신분 없는 사람은 그 범죄의 공범이 될 수 없다.

④ 교사범이 성립하기 위하여 범행의 일시·장소·방법 등의 세부적인 사항까지 특정하여 교사할 필요는 없다.

정선 핵심

① 방조범의 정범의 고의 → 정범에 의한 범죄에 대한 미필적 인식으로 충분
② 공범관계의 이탈 → 실행행위에 나아가기 전에 교사범에 의하여 형성된 피교사자의 범죄 실행의 결의를 해소해야 함
③ 비신분자가 진정신분범에 가담한 경우 → 비신분자도 진정신분범의 공범 가능
④ 교사범의 성립요건
→ 교사행위 : 범행의 세부적인 사항까지 특정 불요

정선 해설

[❶ ▸ O] 방조범에서 요구되는 정범의 고의는 정범에 의하여 실현되는 범죄의 구체적 내용을 인식할 것을 요하는 것은 아니고 미필적 인식이나 예견으로 족하다(대판 2018.9.13. 2018도7658).

[❷ ▸ O] 교사범이 그 공범관계로부터 이탈하기 위해서는 피교사자가 범죄의 실행행위에 나아가기 전에 교사범에 의하여 형성된 피교사자의 범죄 실행의 결의를 해소하는 것이 필요하다(대판 2012.11.15. 2012도7407).

> 피고인은 2011.11. 초순경과 2011.11.20.경 공소외인에게 전화하여 ○○은행 노조위원장인 피해자의 불륜관계를 이용하여 공갈할 것을 교사하여, 이에 공소외인은 2011.11.24.경부터 피해자를 미행하여 2011.11.30.경 피해자가 여자와 함께 호텔에 들어가는 현장을 카메라로 촬영한 후 피고인에게 이를 알렸고, 피고인은 2011.12.7.경부터 2011.12.13.경까지 공소외인에게 여러 차례 전화하여 그 동안의 수고비로 500만원 내지 1,000만원을 줄 테니 촬영한 동영상을 넘기고 피해자를 공갈하는 것을 단념하라고 하여 범행에 나아가는 것을 만류하였으나, 공소외인은 피고인의 제안을 거절하고 2011.12.9.경부터 2011.12.14.경까지 위와 같이 촬영한 동영상을 피해자의 핸드폰에 전송하고 전화나 문자메시지 등으로 1억원을 주지 않으면 여자와 호텔에 들어간 동영상을 가족과 회사에 유포하겠다고 피해자에게 겁을 주어 2011.12.14.경 피해자로부터 현금 500만원을 교부받은 경우, 피고인의 교사행위와 공소외인의 공갈행위 사이에는 상당인과관계가 인정된다 할 것이고, 피고인의 만류행위가 있었지만 공소외인이 이를 명시적으로 거절하고 당초와 같은 범죄 실행의 결의를 그대로 유지한 것으로 보이는 이상, 피고인이 공범관계에서 이탈한 것으로 볼 수도 없다고 한 사례(대판 2012.11.15. 2012도7407).

[❸ ▸ ×] 신분이 있어야 성립되는 범죄에 신분 없는 사람이 가담한 경우에는 그 신분 없는 사람에게도 제30조부터 제32조까지의 규정을 적용한다. 다만, 신분 때문에 형의 경중이 달라지는 경우에 신분이 없는 사람은 무거운 형으로 벌하지 아니한다(형법 제33조).

[❹ ▸ O] 교사범이 성립하기 위하여는 범행의 일시, 장소, 방법 등의 세부적인 사항까지를 특정하여 교사할 필요는 없는 것이고, 정범으로 하여금 일정한 범죄의 실행을 결의할 정도에 이르게 하면 교사범이 성립된다(대판 1991.5.14. 91도542).

답 ❸

040 □□□

교사범에 관한 다음 설명 중 가장 옳지 않은 것은?(다툼이 있는 경우 판례에 의하고, 전원합의체 판결의 경우 다수의견에 의함) 22 법원9급

① 교사자의 교사행위에도 불구하고 피교사자가 범행을 승낙하지 아니한 경우에는 이른바 실패한 교사로서 형법 제31조 제3항에 의하여 교사자를 음모 또는 예비에 준하여 처벌할 수 있을 뿐이다.

② 교사자가 피교사자에 대하여 상해를 교사하였는데 피교사자가 살인을 실행한 경우, 일반적으로 교사자는 상해죄에 대한 교사범이 되는 것이고, 다만 교사자에게 피해자의 사망이라는 결과에 대하여 과실 내지 예견가능성이 있는 때에는 상해치사죄의 교사범으로서의 죄책을 지울 수 있다.

③ 교사범이란 타인(정범)으로 하여금 범죄를 결의하게 하여 그 죄를 범하게 한 때에 성립하는 것이므로, 피교사자가 이미 범죄의 결의를 가지고 있을 때에는 교사범이 성립할 여지가 없고, 교사범의 교사가 정범이 그 죄를 범한 유일한 조건이어야 한다.

④ 스스로 본인을 무고하는 자기무고는 형법 제156조 무고죄의 구성요건에 해당하지 아니하여 무고죄를 구성하지 않는다. 그러나 피무고자의 교사·방조하에 제3자가 피무고자에 대한 허위의 사실을 신고한 경우에는 제3자의 행위는 무고죄의 구성요건에 해당하여 무고죄를 구성하므로, 제3자를 교사·방조한 피무고자도 교사·방조범으로서의 죄책을 부담한다.

정선 핵심

① 실패한 교사 → 교사자를 음모 또는 예비에 준하여 처벌(형법 제31조 제3항)
② 상해를 교사하였으나 사망이라는 결과에 대하여 예견가능성이 있는 경우 → 상해치사죄의 교사범 ○
③ 교사범의 성립요건
  → 교사행위 : 피교사자가 이미 범죄의 결의를 가지고 있는 경우 교사범 ×
  → 교사가 정범이 죄를 범한 유일한 조건일 필요 ×
④ 피무고자의 교사·방조로 피무고자에 대한 허위의 사실을 신고한 경우 → 무고죄의 교사·방조범 ○

정선 해설

[❶ ▸ ○] 교사를 받은 자가 범죄의 실행을 승낙하지 아니한 때에는 교사자를 음모 또는 예비에 준하여 처벌한다(형법 제31조 제3항).

[❷ ▸ ○] 교사자가 피교사자에 대하여 상해를 교사하였는데 피교사자가 이를 넘어 살인을 실행한 경우, 일반적으로 교사자는 상해죄에 대한 교사범이 되는 것이고, 다만 이 경우 교사자에게 피해자의 사망이라는 결과에 대하여 과실 내지 예견가능성이 있는 때에는 상해치사죄의 교사범으로서의 죄책을 지울 수 있다(대판 1997.6.24. 97도1075).

[❸ ▸ ×] 교사범이란 타인(정범)으로 하여금 범죄를 결의하게 하여 그 죄를 범하게 한 때에 성립하는 것이고 피교사자는 교사범의 교사에 의하여 범죄실행을 결의하여야 하는 것이므로, 피교사자가 이미 범죄의 결의를 가지고 있을 때에는 교사범이 성립할 여지가 없으나, 교사범의 교사가 정범이 죄를 범한 유일한 조건일 필요는 없으므로 교사행위에 의하여 정범이 실행을 결의하게 된 이상 비록 정범에게 범죄의 습벽이 있어 그 습벽과 함께 교사행위가 원인이 되어 정범이 범죄를 실행한 경우에도 교사범의 성립에 영향이 없다(대판 1991.5.14. 91도542).

[❹ ▸ ○] 대판 2008.10.23. 2008도4852

답 ❸

제6절 특수한 범죄

제1관 | 부작위범

041 □□□ **부작위범에 대한 설명으로 옳지 않은 것은?(다툼이 있는 경우 판례에 의함)** 22 국가9급

① 자기의 행위로 인하여 위험발생의 원인을 야기한 자가 그 위험발생을 방지하지 아니한 때에는 그 발생된 결과에 의하여 처벌된다.

② 형법 제18조에서 규정한 부작위는 법적 기대라는 규범적 가치판단 요소에 의해 사회적 중요성을 가지는 사람의 행태이다.

③ 부작위에 의한 업무방해죄가 성립하기 위해서는 그 부작위를 실행행위로서의 작위와 동일시할 수 있어야 하는바, 피고인이 일부러 건축자재를 피해자의 토지 위에 쌓아 두어 공사 현장을 막은 것이 아니고 당초 자신의 공사를 위해 쌓아 두었던 건축자재를 공사대금을 받을 목적으로 공사 완료 후 치우지 않은 경우는, 위력으로써 피해자의 추가 공사 업무를 방해하는 업무방해죄의 실행행위로서 피해자의 업무에 대한 적극적인 방해행위와 동등한 형법적 가치를 가진다.

④ 퇴거불응죄는 부작위가 처음부터 구성요건적 행위로 예정되어 있는 경우로 진정부작위범에 해당한다.

정선 핵심

① 위험발생의 원인을 야기한 자가 위험발생을 방지하지 아니한 경우 → 발생된 결과에 의하여 처벌

② 부작위범의 부작위 → 법적 기대에 의해 사회적 중요성을 가지는 사람의 행태

③ 공사대금을 받을 목적으로 건축자재를 공사 완료 후 치우지 않은 경우 → 적극적인 방해행위와 동등한 형법적 가치 ×

④ 퇴거불응죄 → 진정부작위범 ○

정선 해설

[❶ ▸ ○] 위험의 발생을 방지할 의무가 있거나 자기의 행위로 인하여 위험발생의 원인을 야기한 자가 그 위험발생을 방지하지 아니한 때에는 그 발생된 결과에 의하여 처벌한다(형법 제18조).

[❷ ▸ ○] 대판 2015.11.12. 2015도6809[전합]

[❸ ▸ ×] 피고인이 일부러 건축자재를 피해자의 토지 위에 쌓아 두어 공사현장을 막은 것이 아니라, 피고인이 당초 자신의 공사를 위해 쌓아 두었던 건축자재를 공사 완료 후 치우지 않은 것에 불과한 사실을 알 수 있고, 비록 피고인이 공사대금을 받을 목적으로 위와 같이 건축자재를 치우지 않았다고 하더라도, 피고인이 자신의 공사를 위하여 쌓아 두었던 건축자재를 공사 완료 후에 단순히 치우지 않은 행위가 위력으로써 피해자의 추가 공사 업무를 방해하는 업무방해죄의 실행행위로서 피해자의 업무에 대하여 하는 적극적인 방해행위와 동등한 형법적 가치를 가진다고 볼 수는 없다(대판 2017.12.22. 2017도13211).

> 피고인이 갑과 토지 지상에 창고를 신축하는 데 필요한 형틀공사 계약을 체결한 후 그 공사를 완료하였는데, 갑이 공사대금을 주지 않는다는 이유로 위 토지에 쌓아 둔 건축자재를 치우지 않고 공사현장을 막는 방법으로 위력으로써 갑의 창고 신축 공사 업무를 방해하였다는 내용으로 기소된 사안에서, 공소사실을 유죄로 인정한 원심판결에 부작위에 의한 업무방해죄의 성립에 관한 법리오해의 잘못이 있다고 한 사례(대판 2017.12.22. 2017도13211).

[❹ ▸ ○] 진정부작위범과 부진정부작위범 구별에 관한 형식설(통설)에 의하면 법률에 명문으로 부작위에 의하여만 실현될 수 있도록 규정된 범죄인 퇴거불응죄, 다중불해산죄 등은 진정부작위범에 해당하게 된다.

답 ❸

042 □□□

부작위범에 관한 설명 중 옳지 않은 것은 모두 몇 개인가?(다툼이 있는 경우 판례에 의함)

22 경찰채용

ㄱ. 압류된 골프장 시설을 보관하는 회사의 대표이사 甲이 그 압류시설의 사용 및 봉인의 훼손을 방지할 수 있는 적절한 조치 없이 골프장 개장 및 압류시설 작동을 의도적으로 묵인 또는 방치하여 봉인이 훼손되게 한 경우, 甲에게는 부작위에 의한 공무상표시무효죄가 성립한다.
ㄴ. 국가연구개발사업의 연구책임자 甲이 처음부터 소속 학생연구원들에게 학생연구비를 개별 지급할 의사 없이 공동관리계좌를 관리하면서 사실상 그 처분권을 가질 의도하에 이를 숨기고 산학협력단에 연구비를 신청하여 지급받은 경우, 甲의 행위는 산학협력단에 대한 관계에 있어서 기망에 의한 편취행위에 해당한다.
ㄷ. 위치추적 전자장치의 피부착자 甲이 그 장치의 구성 부분인 휴대용 추적장치를 분실한 후 3일이 경과하도록 보호관찰소에 분실신고를 하지 않고 돌아다닌 경우, 분실을 넘어서서 상당한 기간 동안 휴대용 추적장치가 없는 상태를 방치한 부작위는 전자장치 부착 등에 관한 법률 제38조에 따른 전자장치의 효용을 해한 행위에 해당하지 아니한다.
ㄹ. 甲은 법무사가 아님에도 자신이 법무사로 소개되거나 호칭되는 상황에서 자신이 법무사가 아니라는 사실을 밝히지 않은 채 법무사 행세를 계속하면서 근저당권설정계약서를 작성해 준 경우, 甲에게는 부작위에 의한 법무사법 위반(법무사가 아닌 자에 대한 금지)죄가 성립한다.
ㅁ. 대출자금으로 빌딩을 경락받았으나 분양이 저조하여 자금조달에 실패한 甲과 乙은 수분양자들과 사이에 대출금으로 충당되는 중도금을 제외한 계약금과 잔금의 지급을 유예하고 1년의 위탁기간 후 재매입하기로 하는 등의 비정상적인 이면약정을 체결하고 점포를 분양하였음에도, 금융기관에 대해서는 그러한 이면약정의 내용을 감춘 채 분양 중도금의 집단적 대출을 교섭하여 중도금 대출 명목으로 금원을 지급받은 경우, 甲과 乙의 행위는 사기죄의 요건으로서의 부작위에 의한 기망에 해당하지 아니한다.

① 1개 ② 2개
③ 3개 ④ 4개

정선 핵심

ㄱ. 압류된 골프장시설에 대한 적절한 조치 없이 개장하여 봉인이 훼손된 경우 → 공무상표시무효죄 ○
ㄴ. 처음부터 학생연구비를 지급할 의사 없이 산학협력단에 연구비를 신청하여 지급받은 경우 → 편취행위 ○
ㄷ. 휴대용 추적장치가 없는 상태를 방치한 경우 → 전자장치의 효용을 해한 행위 ○
ㄹ. 법무사 행세를 계속하면서 근저당권설정계약서를 작성해 준 경우 → 부작위에 의한 법무사법 위반죄 ○
ㅁ. 비정상적인 이면약정을 감춘 채 금원을 대출받은 경우 → 부작위에 의한 기망 ○

정선 해설

[ㄱ ▸ ○] 압류시설의 보관자 지위에 있는 공소외 회사의 대표이사인 피고인으로서는 적어도 위 압류, 봉인에 의하여 사용이 금지된 골프장 시설물에 대하여 위 시설물의 사용 및 그 당연한 귀결로서 봉인의 훼손을 초래하게 될 골프장의 개장 및 그에 따른 압류시설 작동을 제한하거나 그 사용 및 훼손을 방지할 수 있는 적절한 조치를 취할 의무는 존재한다고 보아야 할 것이고, 그럼에도 피고인이 그러한 조치 없이 위 개장 및 압류시설 작동을 의도적으로 묵인 내지 방치함으로써 예견된 결과를 유발한 경우에는 부작위에 의한 공무상표시무효죄의 성립을 인정할 수 있다고 보아야 할 것이다(대판 2005.7.22. 2005도3034).

[ㄴ ▸ ○] 연구책임자가 처음부터 소속 학생연구원들에 대한 개별 지급의사 없이 공동관리계좌를 관리하면서 사실상 그 처분권을 가질 의도하에 이를 숨기고 산학협력단에 연구비를 신청하여 이를 지급받았다면 이는 산학협력단에 대한 관계에 있어 기망에 의한 편취행위에 해당한다(대판 2021.9.9. 2021도8468).

[ㄷ ▸ ×] 피고인이 술을 마시다가 전자장치의 구성 부분인 휴대용 추적장치를 분실한 후 보호관찰소에 분실신고도 하지 아니한 채 선배와 함께 낚시를 하러 다니는 등, 휴대용 추적장치의 분실을 넘어서서 상당한 기간 동안 휴대용 추적장치가 없는 상태를 임의로 방치하여 전자장치의 효용이 정상적으로 발휘될 수 없는 상태를 이룬 행위는 전자장치의 효용을 해한 행위로 보아야 한다(대판 2012.8.17. 2012도5862).

[ㄹ ▸ O] 대판 2008.2.28. 2007도9354

[ㅁ ▸ X] 대출자금으로 빌딩을 경락받았으나 분양이 저조하여 자금조달에 실패한 피고인들이 수분양자들과 사이에 대출금으로 충당되는 중도금을 제외한 계약금과 잔금의 지급을 유예하고 1년의 위탁기간 후 재매입하기로 하는 등의 비정상적인 이면약정을 체결하고 점포를 분양하였음에도, 금융기관에 대해서는 그러한 이면약정의 내용을 감춘 채 분양 중도금의 집단적 대출을 교섭하여 중도금 대출 명목으로 금원을 지급받은 경우, 대출 금융기관에 대하여 비정상적인 이면약정의 내용을 알릴 신의칙상 의무가 있다고 보아 이를 알리지 않은 것은 사기죄의 요건으로서의 부작위에 의한 기망에 해당한다(대판 2006.2.23. 2005도8645).

답 ❷

043 □□□

(가)와 (나)에 관한 설명으로 가장 적절하지 않은 것은?(다툼이 있는 경우 판례에 의함)

22 경찰채용

> (가) 일정한 기간 내에 잘못된 상태를 바로잡으라는 행정청의 지시를 이행하지 않았다는 것을 구성요건으로 하는 범죄
> (나) 형법 제250조 제1항의 살인죄와 같이 그 규정 형식으로 보아 작위를 내용으로 하는 범죄를 부작위에 의하여 범하는 범죄

① (가)와 (나)의 구별에 있어 형식설에 의할 경우, 형법 제103조 제1항의 전시군수계약불이행죄와 형법 제116조의 다중불해산죄는 (가)의 경우에 해당한다.
② 유기죄에서의 보호의무를 법률상·계약상 보호의무로 국한하는 입장에 따르면 (나)에서의 보호의무는 유기죄의 보호의무보다 넓게 된다.
③ (나)는 고의에 의해서는 물론 과실범 처벌규정이 있는 한 과실에 의해서도 성립가능하다.
④ (나)의 요건으로 행위정형의 동가치성을 요구하는 것은 형사처벌을 확장하는 기능을 한다.

정선 핵심

① 전시군수계약불이행죄, 다중불해산죄 → 진정부작위범
② 부진정부작위범의 보호의무 → 유기죄에서의 보호의무보다 큼
③ 과실에 의한 부진정부작위범 → 성립 가능
④ 부진정부작위범에서의 행위정형의 동가치성 → 형사처벌을 축소하는 기능

정선 해설

[❶ ▸ O] 법률에 규정된 구성요건의 형식에 따라 진정부작위범과 부진정부작위범을 구별하는 형식설에 의하면, (가)는 진정부작위범, (나)는 부진정부작위범의 개념에 대한 설명이다. 형법 제103조 제1항의 전시군수계약불이행죄와 형법 제116조의 다중불해산죄는 진정부작위범이므로 (가)의 경우에 해당한다.

[❷ ▸ O] 유기죄에서의 보호의무는 법률상·계약상 보호의무로 국한된다는 것이 학설·판례의 일반적인 태도이나, 부진정부작위범(나)의 보호의무는 법령, 계약뿐만 아니라, 선행행위, 조리에 의하여도 인정될 수 있어 유기죄의 보호의무보다 넓게 된다.

[❸ ▸ O] 과실에 의한 부작위도 가능하고 보증인의무와 과실에서의 객관적 주의의무가 중첩되므로 과실심사의 범위 내에서 주의의무가 인정된다면 과실에 의한 부진정부작위범이 성립할 수 있다.

[❹ ▸ X] 행위정형의 동가치성이란 보증인지위에 있는 자의 부작위가 작위적 방법이 의한 구성요건의 실현과 동등한 것으로 평가될 수 있어야 부진정부작위범의 구성요건에 해당한다는 것으로, 부진정부작위범에서 이를 요구하는 것은 형사처벌을 축소하는 기능을 한다.

답 ❹

044 □□□

다음 사례 중 甲에게 업무상과실이 인정되는 것은 모두 몇 개인가?(다툼이 있는 경우 판례에 의함)

22 경찰채용

ㄱ. 지하철 공사구간 현장안전업무 담당자 甲은 공사현장에 인접한 기존의 횡단보도 표시선 안쪽으로 돌출된 강철빔 주위에 라바콘 3개를 설치하고 신호수 1명을 배치하였는데, A가 그 횡단보도를 건너면서 강철빔에 부딪혀 상해를 입은 경우
ㄴ. 병원 인턴 甲은 응급실로 이송되어 온 익수환자 A를 담당의사 乙의 지시(이송 도중 A에 대한 앰부 배깅과 진정제투여 업무만을 지시)에 따라 구급차에 태워 다른 병원으로 이송하던 중 산소통의 산소잔량을 체크하지 않아 산소공급이 중단되어 A가 폐부종 등으로 사망한 경우
ㄷ. 골프장의 경기보조원 甲은 골프 카트에 A를 태우면서 출발에 앞서 안전 손잡이를 잡도록 고지하지 않고, 이를 잡았는지 확인하지도 않은 채 출발 후 각도 70°가 넘는 우로 굽은 길에서 속도를 줄이지 않고 급하게 우회전하여 A가 골프카트에서 떨어져 상해를 입은 경우
ㄹ. 담당 의사가 췌장 종양 제거수술 직후의 환자 A에 대하여 1시간 간격으로 4회 활력징후를 측정하라고 지시하였는데, 일반병실에 근무하는 간호사 甲이 중환자실이 아닌 일반병실에서는 그러할 필요가 없다고 생각하여 2회만 측정한 채 3회차 이후 이를 측정하지 않았고, 甲과 근무를 교대한 간호사 乙역시 자신의 근무시간 내 4회차 측정시각까지 이를 측정하지 아니하여, A는 그 시각으로부터 약 10분 후 심폐정지상태에 빠졌다가 이후 약 3시간이 지나 과다출혈로 사망한 경우
ㅁ. 건축자재인 철판 수백 장의 운반을 의뢰한 생산자 甲이 절단면이 날카롭고 무거운 철판을 묶기에 매우 부적합한 폴리에스터 끈을 사용하여 철판 묶음 작업을 한 탓에 철판쏠림 현상이 발생하였고, 이로 인하여 철판을 차에서 내리는 과정에서 철판이 쏟아져 내려 화물차 운전자 A가 사망한 경우

① 1개 ② 2개
③ 3개 ④ 4개

정선 핵심

업무상과실 인정 여부

ㄱ. 지하철 현장안전업무 담당자가 주의의무를 다하였으나 피해자가 공사현장에 인접한 횡단보도를 건너면서 강철빔에 부딪혀 상해를 입은 경우 → ×
ㄴ. 병원 인턴이 산소잔량을 체크하지 않아 환자를 사망에 이르게 한 경우 → ×
ㄷ. 골프카트 운전자가 승객의 안전을 확인하지 아니하고 급하게 우회전하여 피해자가 상해를 입은 경우 → ○
ㄹ. 담당 의사의 지시를 무시하고 간호사들이 활력징후를 측정하지 아니하던 중 피해자가 과다출혈로 사망한 경우 → ○
ㅁ. 부적법한 철판 묶음 작업으로 인해 하차과정에서 화물차 운전자가 사망한 경우 → ○

정선 해설

[ㄱ ▸ ×] 지하철 공사구간 현장안전업무 담당자인 피고인이 공사현장에 인접한 기존의 횡단보도 표시선 안쪽으로 돌출된 강철빔 주위에 라바콘 3개를 설치하고 신호수 1명을 배치하였는데, 피해자가 위 횡단보도를 건너면서 강철빔에 부딪혀 상해를 입은 경우, 제반 사정에 비추어 피고인이 안전조치를 취하여야 할 업무상 주의의무를 위반하였다고 보기 어렵다(대판 2014.4.10. 2012도11361).

[ㄴ ▸ ×] 담당 의사로부터 이송 도중 환자에 대한 앰부 배깅(ambu bagging)과 진정제 투여 업무만을 지시받은 피고인에게 일반적으로 구급차 탑승 전 또는 이송 도중 구급차에 비치되어 있는 산소통의 산소잔량을 확인할 주의의무가 있다고 보기는 어렵고, 피고인이 산소부족 상태를 안 후에 취한 조치(즉시 심폐소생술을 시행하는 한편 가장 가까운 병원으로 구급차를 운행하도록 한 조치)에 어떠한 업무상 주의의무 위반이 있었다고 볼 수 없다(대판 2011.9.8. 2009도13959).

[ㄷ ▸ ○] 대판 2010.7.22. 2010도1911

[ㄹ ▸ O] 1시간 간격으로 활력징후를 측정하였더라면 출혈을 조기에 발견하여 수혈, 수술 등 치료를 받고 환자가 사망하지 않았을 가능성이 충분하다고 보일 뿐 아니라, 甲과 乙은 의사의 위 지시를 수행할 의무가 있음에도 3회차 측정시각 이후 4회차 측정시각까지 활력징후를 측정하지 아니한 업무상과실이 있다고 보아야 함에도, 甲, 乙에게 업무상과실이 있거나 위 활력징후 측정 미이행 행위와 환자의 사망 사이에 인과관계가 있다고 단정하기 어렵다고 본 원심판단에 법리오해의 위법이 있다(대판 2010.10.28. 2008도8606).

[ㅁ ▸ O] 피고인들은 수백 장의 철판의 운반을 의뢰하면서 이들 철판이 운반 과정에서 서로 흐트러지지 않도록 적절한 단위로 나누어 받침목 등과 함께 서로 단단히 묶는 등의 작업을 소홀히 하는 잘못을 범하였고, 그러한 주의의무 위반과 철판 하차 과정에서 철판이 쏟아져 내려 피해자가 사망에 이르게 된 위 사고 사이에는 상당인과관계가 있다고 할 수 있다(대판 2009.7.23. 2009도3219).

답 ❸

045 □□□ **다음 설명 중 옳지 않은 것은?(다툼이 있는 경우 판례에 의함)** 22 국가9급

① 피고인이 자동차를 운전하다 횡단보도를 걷던 보행자 甲을 들이받아 그 충격으로 횡단보도 밖에서 甲과 동행하던 피해자 乙이 밀려 넘어져 상해를 입은 경우, 피고인의 운전과 乙의 상해 사이에 인과관계가 인정된다.

② 범행을 기억하고 있지 않다는 사실만으로 바로 범행 당시 심신상실 상태에 있었다고 단정할 수는 없다.

③ 채권자 A가 채무자 甲의 신용상태를 인식하고 있어 장래의 변제지체 또는 변제불능에 대한 위험을 예상하고 있거나 예상할 수 있었다면, 甲이 구체적인 변제의사, 변제능력, 거래조건 등 거래 여부를 결정지을 수 있는 중요한 사항을 허위로 말하였다는 등의 사정이 없는 한, 그 후 제대로 변제하지 못했다는 사실만으로 甲에게 사기죄의 고의가 있다고 볼 수 없다.

④ 고속국도에서는 보행으로 통행, 횡단하거나 출입하는 것이 금지되어 있음이 원칙이지만, 도로 양측에 휴게소가 있는 경우에는 고속국도를 주행하는 차량의 운전자는 그 도로상에 보행자가 있음을 예상하여 감속 등 조치를 할 주의의무가 예외적으로 있다 할 것이다.

정선 핵심

① 자동차로 보행자를 충격하여 동행하던 피해자에게 상해를 입힌 경우 → 인과관계 ○
② 범행을 기억하고 있지 않은 사실이 있는 경우 → 바로 심신상실 ×
③ 변제지체 또는 변제불능 위험을 예상하고 있거나 예상할 수 있었던 경우 → 사기죄의 고의 ×
④ 고속국도를 주행하는 운전자 → 양측에 휴게소가 있더라도 감속할 주의의무 ×

정선 해설

[❶ ▸ O] 피고인이 자동차를 운전하다 횡단보도를 걷던 보행자 甲을 들이받아 그 충격으로 횡단보도 밖에서 甲과 동행하던 피해자 乙이 밀려 넘어져 상해를 입은 경우, 위 사고는, 피고인이 횡단보도 보행자 甲에 대하여 구 도로교통법에 따른 주의의무를 위반하여 운전한 업무상과실로 야기되었고, 乙의 상해는 이를 직접적인 원인으로 하여 발생하였다는 이유로, 피고인의 행위가 구 교통사고처리 특례법 제3조 제2항 단서 제6호에서 정한 횡단보도 보행자 보호의무의 위반행위에 해당한다(대판 2011.4.28. 2009도12671).

비교판례 **대판 2000.9.5. 2000도2671**

고속도로를 운행하는 자동차의 운전자로서는 일반적인 경우에 고속도로를 횡단하는 보행자가 있을 것까지 예견하여 보행자와의 충돌사고를 예방하기 위하여 급정차 등의 조치를 취할 수 있도록 대비하면서 운전할 주의의무가 없고, 다만 고속도로를 무단횡단하는 보행자를 충격하여 사고를 발생시킨 경우라도 운전자가 상당한 거리에서 보행자의 무단횡단을 미리 예상할 수 있는 사정이 있었고, 그에 따라 즉시 감속하거나 급제동하는 등의 조치를 취하였다면 보행자와의 충돌을 피할 수 있었다는 등의 특별한 사정이 인정되는 경우에만 자동차 운전자의 과실이 인정될 수 있다.

[❷ ▸ ○] 대판 1985.5.28. 85도361
[❸ ▸ ○] 판례의 취지를 고려할 때 채권자 A가 채무자 甲의 변제지체 또는 변제불능에 대한 위험을 예상하고 있거나 예상할 수 있었다면, 甲이 중요한 사항을 허위로 말하였다는 등의 사정이 없는 한 甲에게 사기죄의 고의가 있다고 볼 수 없다.

피해자가 피고인의 신용상태를 인식하고 있어 장래의 변제지체 또는 변제불능에 대한 위험을 예상하고 있거나 예상할 수 있었다면, 피고인이 구체적인 변제의사, 변제능력, 거래조건 등 거래 여부를 결정지을 수 있는 중요한 사항을 허위로 말하였다는 등의 사정이 없는 한, 피고인이 그 후 제대로 변제하지 못하였다는 사실만 가지고 변제능력에 관하여 피해자를 기망하였다거나 사기죄의 고의가 있었다고 단정할 수 없다(대판 2016.6.9. 2015도18555).

[❹ ▸ ×] 고속국도에서는 보행으로 통행, 횡단하거나 출입하는 것이 금지되어 있으므로 고속국도를 주행하는 차량의 운전자는 도로 양측에 휴게소가 있는 경우에도 동 도로상에 보행자가 있음을 예상하여 감속등 조치를 할 주의의무가 있다 할 수 없다(대판 1977.6.28. 77도403).

답 ❹

제3관 | 결과적 가중범

046 □□□

판례의 입장으로 옳지 않은 것은? 22 국가9급

① 차량의 내왕이 번잡하고 보행자의 횡단이 금지되어 있는 육교 밑 차도를 주행하는 자동차 운전자가 전방 보도 위에 서 있는 피해자를 발견했다 하더라도 육교를 눈앞에 둔 피해자가 특히 차도로 뛰어들 거동이나 기색을 보이지 않았다면, 운전자로서는 일반보행자들이 교통관계법규를 지켜 차도를 횡단하지 아니하고 육교를 이용하여 횡단할 것을 신뢰하여 운행하면 족하다.
② 결과적 가중범의 경우 행위자가 행위 시에 중한 결과의 발생을 예견할 수 없을 때에는 그 행위와 결과 사이에 인과관계가 있다 하더라도 중한 죄로 벌할 수 없다.
③ 내란죄에서 국헌문란의 목적은 확정적 인식을 요한다.
④ 피고인이 자신의 구타행위로 상해를 입은 피해자가 정신을 잃고 빈사 상태에 빠지자 사망한 것으로 오인하고, 자신의 행위를 은폐하고 피해자가 자살한 것처럼 가장하기 위하여 피해자를 베란다 아래의 바닥으로 떨어뜨려 사망케 하였다면, 피고인의 행위는 포괄하여 단일의 상해치사죄에 해당한다.

정선 핵심

① 육교 밑 차도를 주행하는 운전자 → 일반보행자들이 육교를 이용하여 횡단할 것을 신뢰하여 운행하면 충분
② 결과적 가중범의 성립요건
 ⋯→ 고의의 기본범죄, 중한 결과의 발생, 인과관계, 객관적 귀속
 ⋯→ 중한 결과에 대한 예견가능성
③ 국헌문란의 목적 → 미필적 인식으로 충분
④ 구타행위로 상해를 입은 피해자를 베란다 아래로 떨어뜨려 사망케 한 경우 → 상해치사죄 ○

정선 해설

[❶ ▸ ○] 육교 밑 차도를 주행하는 자동차운전자가 전방 보도 위에 서 있는 피해자를 발견했다 하더라도 운전자로서는 일반보행자들이 교통관계법규를 지켜 차도를 횡단하지 아니하고 육교를 이용하여 횡단할 것을 신뢰하여 운행하면 족하다 할 것이고 불의에 뛰어드는 보행자를 예상하여 이를 사전에 방지해야 할 조치를 취할 업무상 주의의무는 없다(대판 1985.9.10. 84도1572).

유사판례 **대판 1993.2.23. 92도2077**

차량의 운전자로서는 횡단보도의 신호가 적색인 상태에서 반대차선상에 정지하여 있는 차량의 뒤로 보행자가 건너오지 않을 것이라고 신뢰하는 것이 당연하고 그렇지 아니할 사태까지 예상하여 그에 대한 주의의무를 다하여야 한다고는 할 수 없다.

[❷ ▸ ○] 형법 제15조 제2항이 규정하고 있는 이른바 결과적 가중범은 행위자가 행위 시에 그 결과의 발생을 예견할 수 없을 때에는 비록 그 행위와 결과 사이에 인과관계가 있다 하더라도 중한 죄로 벌할 수 없다(대판 1988.4.12. 88도178).

[❸ ▸ ×] 내란선동죄에서 국헌을 문란할 목적은 범죄 성립을 위하여 고의 외에 요구되는 초과주관적 위법요소로서 엄격한 증명사항에 속하나, 확정적 인식임을 요하지 아니하며, 다만 미필적 인식이 있으면 족하다(대판 2015.1.22. 2014도10978[전합]).

[❹ ▸ ○] 대판 1994.11.4. 94도2361

답 ❸

047 □□□

결과적 가중범에 관한 다음 설명 중 가장 옳지 않은 것은?(다툼이 있는 경우 판례에 의하고, 전원합의체 판결의 경우 다수의견에 의함) 22 법원9급

① 특수공무집행방해치상죄는 원래 결과적 가중범이기는 하지만, 이는 중한 결과에 대하여 예견가능성이 있었음에도 불구하고 예견하지 못한 경우에 벌하는 진정결과적 가중범이 아니라 그 결과에 대한 예견가능성이 있었음에도 불구하고 예견하지 못한 경우뿐만 아니라 고의가 있는 경우까지도 포함하는 부진정결과적 가중범이다.

② 결과적 가중범의 공동정범은 기본행위를 공동으로 할 의사가 있으면 성립하고 결과를 공동으로 할 의사나 그 결과의 발생을 예견할 수 있었을 것을 요하지 않는다.

③ 기본범죄를 통하여 고의로 중한 결과를 발생하게 한 경우에 가중처벌하는 부진정결과적 가중범에서, 고의로 중한 결과를 발생하게 한 행위가 별도의 구성요건에 해당하고 그 고의범에 대하여 결과적 가중범에 정한 형보다 더 무겁게 처벌하는 규정이 있는 경우에는 그 고의범과 결과적 가중범은 상상적 경합관계에 있다.

④ 부진정결과적 가중범에서 고의로 중한 결과를 발생하게 한 행위가 별도의 구성요건에 해당하고 그 고의범에 대하여 더 무겁게 처벌하는 규정이 없는 경우에는 결과적 가중범이 고의범에 대하여 특별관계에 있으므로 결과적 가중범만 성립하고 이와 법조경합의 관계에 있는 고의범에 대하여는 별도로 죄를 구성하지 않는다.

정선 핵심

① 특수공무집행방해치상죄 → 부진정결과적 가중범 ○

② 결과적 가중범의 공동정범 → 결과를 공동으로 할 의사는 불요하나, 결과의 발생을 예견할 수 있었을 것은 필요

③, ④ 부진정결과적 가중범의 죄수

⇢ 고의범에 대하여 결과적 가중범에 정한 형보다 더 무겁게 처벌하는 경우 : 고의범과 결과적 가중범의 상상적 경합 ○

⇢ 더 무겁게 처벌하는 규정이 없는 경우 : 결과적 가중범 ○

정선 해설

[❶ ▸ ○] 대판 1995.1.20. 94도2842

[❷ ▸ ×] 판례의 취지를 고려할 때 결과를 공동으로 할 의사는 필요 없으나 중한 결과에 대한 객관적 예견가능성은 있어야 한다.

> 결과적 가중범인 상해치사죄의 공동정범은 폭행 기타의 신체침해 행위를 공동으로 할 의사가 있으면 성립되고 결과를 공동으로 할 의사는 필요 없으며, 여러 사람이 상해의 범의로 범행 중 한 사람이 중한 상해를 가하여 피해자가 사망에 이르게 된 경우 나머지 사람들은 사망의 결과를 예견할 수 없는 때가 아닌 한 상해치사의 죄책을 면할 수 없다(대판 2000.5.12. 2000도745).

[❸ ▸ ○] [❹ ▸ ○] 기본범죄를 통하여 고의로 중한 결과를 발생하게 한 경우에 가중처벌하는 부진정결과적 가중범에서, 고의로 중한 결과를 발생하게 한 행위가 별도의 구성요건에 해당하고 그 고의범에 대하여 결과적 가중범에 정한 형보다 더 무겁게 처벌하는 규정이 있는 경우에는 그 고의범과 결과적 가중범이 상상적 경합관계에 있지만,❸ 위와 같이 고의범에 대하여 더 무겁게 처벌하는 규정이 없는 경우에는 결과적 가중범이 고의범에 대하여 특별관계에 있으므로 결과적 가중범만 성립하고 이와 법조경합의 관계에 있는 고의범에 대하여는 별도로 죄를 구성하지 않는다❹(대판 2008.11.27. 2008도7311).

답 ❷

제7절 죄수론

제1관 | 죄수의 일반이론

048 □□□

(가)와 (나) 사례에 관한 죄수의 기초이론에 따른 설명 중 가장 적절하지 않은 것은?

22 경찰채용

> (가) 공무원 甲은 직무와 관련하여 乙로부터 매월 1일 100만원씩 10회에 걸쳐 뇌물을 수수하였다.
> (나) 甲이 A를 살해하기 위하여 A의 음료수에 치사량의 독약을 한 번 넣고 가버린 후 그 음료수를 나누어 마신 A와 그의 비서가 사망하였다.

① 자연적 행위표준설에 따르면 (가)는 수죄, (나)는 일죄가 된다.
② 법익표준설에 따르면 (나)는 전속적 법익인 생명을 침해한 것으로 법익주체마다 1개의 죄가 성립한다.
③ (가)에서 구성요건표준설로는 甲의 10회에 걸친 뇌물수수 행위가 일죄인지, 수죄인지 명확하게 결정할 수 없다는 비판이 있다.
④ 의사표준설에 따르면 (가)의 경우 甲이 10회의 뇌물수수 과정에서 단일한 범의를 가졌는지를 불문하고 일죄가 된다.

정선 핵심

① 행위표준설 → (가)는 수죄, (나)는 일죄
② 법익표준설 → (나)는 A에 대한 살인죄와 비서에 대한 살인죄의 상상적 경합 ○
③ 구성요건표준설 → (가)의 甲의 행위가 일죄인지, 수죄인지 불명확하다는 비판
④ 의사표준설 → (가)의 경우 범의의 단일성과 계속성이 인정되면 포괄일죄 ○

정선 해설

[❶ ▸ ○] 자연적 의미의 행위의 수에 의하여 죄수를 결정하는 행위표준설에 의하면 (가)는 행위가 10개이므로 수죄가 되나, (나)는 행위가 1개이므로 일죄가 된다.

[❷ ▸ ○] 법익표준설에 의할 때 (나)는 전속적 법익인 생명을 침해한 것으로 법익주체마다 1개의 죄가 성립하므로, A에 대한 살인죄와 그 비서에 대한 살인죄가 모두 성립한다.

[❸ ▸ ○] 구성요건표준설에 의할 때 (가)는 구성요건을 일회 충족한 것인지 아니면 수회 충족한 것인지 구분하기 어렵다는 문제가 있다.

[❹ ▸ ×] 의사표준설에 따를 때 (가)의 경우 甲이 10회의 뇌물수수 과정에서 범의의 단일성과 계속성이 인정되고 피해법익도 동일하다면 포괄일죄가 성립한다고 볼 수 있으나, 범의의 단일성과 계속성이 인정되지 아니하면 각 범행은 실체적 경합의 관계에 있다고 보는 것이 타당하다.

답 ❹

제2관 | 일죄와 수죄

049 □□□

죄수에 관한 설명으로 가장 적절한 것은?(다툼이 있는 경우 판례에 의함) 22 경찰채용

① 예금주인 현금카드 소유자를 협박하여 그 카드를 갈취한 다음 피해자의 승낙에 의하여 현금카드를 사용할 권한을 부여받아 이를 이용하여 현금자동지급기에서 현금을 인출한 행위는 공갈죄와는 별도로 절도죄를 구성한다.

② 음주로 인한 특정범죄 가중처벌 등에 관한 법률위반(위험운전치사상)죄는 중한 형태의 도로교통법위반(음주운전)죄를 기본범죄로 하는 결과적 가중범으로 그 행위유형과 보호법익을 이미 모두 포함하고 있으므로, 특정범죄 가중처벌 등에 관한 법률위반(위험운전치사상)죄가 성립하면 도로교통법위반(음주운전)죄는 이에 흡수되어 따로 성립하지 아니한다.

③ 공무원이 직무관련자에게 제3자와 계약을 체결하도록 요구하여 계약 체결을 하게 한 행위가 제3자뇌물수수죄의 구성요건과 직권남용권리행사방해죄의 구성요건에 모두 해당하는 경우에는 제3자뇌물수수죄와 직권남용권리행사방해죄가 각각 성립하고 두 죄는 상상적 경합관계에 있다.

④ 업무방해죄와 폭행죄의 관계에 있어 피해자에 대한 폭행행위가 동일한 피해자에 대한 업무방해죄의 수단이 된 경우, 그러한 폭행행위는 이른바 불가벌적 수반행위에 해당하여 업무방해죄에 대하여 흡수관계에 있다.

정선 핵심

① 갈취한 신용카드로 예금을 인출한 경우 → 공갈죄 ○
② 음주로 인한 특가법위반(위험운전치사상)죄와 도로교통법위반(음주운전)죄 → 실체적 경합 ○
③ 제3자뇌물수수죄와 직권남용권리행사방해죄 → 상상적 경합 ○
④ 피해자에 대한 업무방해의 수단으로 피해자를 폭행한 경우 → 폭행죄와 업무방해죄의 상상적 경합 ○

정선 해설

[❶ ▸ ×] 피고인이 피해자로부터 현금카드를 사용한 예금인출의 승낙을 받고 현금카드를 교부받은 행위와 이를 사용하여 현금자동지급기에서 예금을 여러 번 인출한 행위들은 모두 피해자의 예금을 갈취하고자 하는 피고인의 단일하고 계속된 범의 아래에서 이루어진 일련의 행위로서 포괄하여 하나의 공갈죄를 구성한다고 볼 것이다(대판 1996.9.20. 95도1728).

[❷ ▸ ×] 음주로 인한 특정범죄 가중처벌 등에 관한 법률위반(위험운전치사상)죄와 도로교통법위반(음주운전)죄는 입법 취지와 보호법익 및 적용영역을 달리하는 별개의 범죄이므로, 양 죄가 모두 성립하는 경우 두 죄는 실체적 경합관계에 있다(대판 2008.11.13. 2008도7143).

[❸ ▸ ○] 대판 2017.3.15. 2016도19659

[❹ ▸ ×] 피해자에 대한 폭행행위가 동일한 피해자에 대한 업무방해죄의 수단이 되었다고 하더라도 그러한 폭행행위가 이른바 '불가벌적 수반행위'에 해당하여 업무방해죄에 대하여 흡수관계에 있다고 볼 수는 없다(대판 2012.10.11. 2012도1895).

답 ❸

050 □□□

죄수에 관한 설명 중 가장 적절하지 않은 것은?(다툼이 있는 경우 판례에 의함)

22 경찰채용

① 주거침입강간죄는 사람의 주거 등을 침입한 자가 피해자를 강간한 경우에 성립하는 것으로서 주거침입죄를 범한 후에 사람을 강간하여야 하는 일종의 신분범이고, 선후가 바뀌어 강간죄를 범한 자가 그 피해자의 주거에 침입한 경우에는 강간죄와 주거침입죄의 실체적 경합범이 된다.

② 피해견인 로트와일러가 묶여 있던 자신의 진돗개를 공격하자, 진돗개 주인이 피해견을 쫓아버리기 위해 엔진톱으로 위협하다가 피해견의 등 쪽을 절단하여 죽게 한 행위는 구 동물보호법 위반죄(잔인한 방법으로 죽이는 행위)와 재물손괴죄가 성립하고, 양자는 상상적 경합의 관계에 있다.

③ 공직선거법 제18조 제3항(형법 제38조에도 불구하고 제1항 제3호에 규정된 죄와 다른 죄의 경합범에 대하여는 이를 분리선고하여야 한다)은 선거범이 아닌 다른 죄가 선거범의 양형에 영향을 미치는 것을 최소화하기 위하여 형법상 경합범 처벌례에 관한 조항의 적용을 배제하고 분리하여 형을 따로 선고하여야 한다는 취지이기에, 선거범과 상상적 경합 관계에 있는 모든 죄는 통틀어 선거범으로 취급하여서는 아니 된다.

④ 수개의 등록상표에 대하여 상표법 제230조의 상표권 침해행위가 계속하여 이루어진 경우에는 등록상표마다 포괄하여 1개의 범죄가 성립하나, 하나의 유사상표 사용행위로 수개의 등록상표를 동시에 침해하였다면 각각의 상표법 위반죄는 상상적 경합의 관계에 있다.

정선 핵심

① 강간범이 피해자의 주거에 침입한 경우 → 강간죄와 주거침입죄의 실체적 경합 ○

② 자신의 애완견을 공격하는 피해견을 엔진톱으로 절단하여 죽인 경우 → 구 동물보호법 위반죄와 재물손괴죄의 상상적 경합 ○

③ 선거범과 상상적 경합 관계에 있는 모든 죄 → 통틀어 선거범으로 취급

④ 상표법 위반죄의 죄수

⇢ 수개의 등록상표에 대하여 상표권 침해행위가 계속하여 이루어진 경우 : 등록상표마다 포괄하여 1개의 범죄 ○

⇢ 하나의 유사상표 사용행위로 수개의 등록상표를 동시에 침해한 경우 : 각각의 상표법 위반죄는 상상적 경합 ○

정선 해설

[❶ ▸ ○] 주거침입강제추행죄 및 주거침입강간죄 등은 사람의 주거 등을 침입한 자가 피해자를 간음, 강제추행 등 성폭력을 행사한 경우에 성립하는 것으로서, 주거침입죄를 범한 후에 사람을 강간하는 등의 행위를 하여야 하는 일종의 신분범이고, 선후가 바뀌어 강간죄 등을 범한 자가 그 피해자의 주거에 침입한 경우에는 이에 해당하지 않고 강간죄 등과 주거침입죄 등의 실체적 경합범이 된다(대판 2021.8.12. 2020도17796).

[❷ ▸ ○] 피고인의 행위는 동물보호법 제8조 제1항 제1호에 의하여 금지되는 '목을 매다는 등의 잔인한 방법으로 죽이는 행위'에 해당한다고 봄이 상당할 뿐 아니라, 재물손괴 부분과 상상적 경합관계에 있어 이들 전부에 대하여 하나의 형을 선고하여야 한다(대판 2016.1.28. 2014도2477).

[❸ ▸ ×] 공직선거법 제18조 제3항은 "형법 제38조에도 불구하고 제1항 제3호에 규정된 죄와 다른 죄의 경합범에 대하여는 이를 분리 선고하여야 한다."라고 규정하고 있는바, 그 취지는 선거범이 아닌 다른 죄가 선거범의 양형에 영향을 미치는 것을 최소화하기 위하여 형법상 경합범 처벌례에 관한 조항의 적용을 배제하고 분리하여 형을 따로 선고하여야 한다는 것이다. 그리고 선거범과 상상적 경합관계에 있는 다른 범죄에 대하여는 여전히 형법 제40조에 의하여 그 중 가장 중한 죄에 정한 형으로 처벌해야 하고, 그 처벌받는 가장 중한 죄가 선거범인지 여부를 묻지 않고 선거범과 상상적 경합관계에 있는 모든 죄는 통틀어 선거범으로 취급하여야 한다(대판 2021.7.21. 2018도16587).

[❹ ▸ ○] 수개의 등록상표에 대하여 상표법 제230조의 상표권 침해행위가 계속하여 이루어진 경우에는 등록상표마다 포괄하여 1개의 범죄가 성립한다. 그러나 하나의 유사상표 사용행위로 수개의 등록상표를 동시에 침해하였다면 각각의 상표법 위반죄는 상상적 경합의 관계에 있다(대판 2020.11.12. 2019도11688).

답 ❸

051 □□□

다음 중 상상적 경합관계가 아닌 것은?(다툼이 있는 경우 판례에 의하고, 전원합의체 판결의 경우 다수의견에 의함) 22 법원9급

① 뇌물을 수수하면서 공여자를 기망한 경우 뇌물수수죄와 사기죄
② 수개의 접근매체를 한 번에 양도한 경우 각 전자금융거래법위반죄
③ 공무원이 취급하는 사건에 관하여 청탁 또는 알선을 할 의사와 능력이 없음에도 청탁 또는 알선을 한다고 기망하여 돈을 받은 경우 사기죄와 변호사법위반죄
④ 허위 또는 과장된 사실을 알리는 등 소비자를 유인하는 방법으로 기망하여 돈을 편취한 경우 사기죄와 방문판매업법위반죄

정선 핵심

① 뇌물을 수수하면서 공여자를 기망한 경우 → 뇌물수수죄와 사기죄의 상상적 경합 ○
② 수개의 접근매체를 한 번에 양도한 경우 → 각 전자금융거래법위반죄의 상상적 경합 ○
③ 공무원이 취급하는 사건에 관하여 청탁 또는 알선을 한다고 기망하여 돈을 받은 경우 → 사기죄와 변호사법위반죄의 상상적 경합 ○
④ 소비자를 유인하는 방법으로 기망하여 돈을 편취한 경우 → 사기죄와 방문판매업법위반죄의 실체적 경합 ○

정선 해설

[❶ ▸ ○] 뇌물을 수수함에 있어서 공여자를 기망한 점이 있다 하여도 뇌물수수죄, 뇌물공여죄의 성립에는 영향이 없고, 이 경우 뇌물을 수수한 공무원에 대하여는 한 개의 행위가 뇌물죄와 사기죄의 각 구성요건에 해당하므로 형법 제40조에 의하여 상상적 경합으로 처단하여야 할 것이다(대판 2015.10.29. 2015도12838).

[❷ ▸ ○] 대판 2010.3.25. 2009도1530

[❸ ▸ ○] 피고인이 공무원이 취급하는 사건에 관하여 청탁 또는 알선을 할 의사와 능력이 없음에도 청탁 또는 알선을 한다고 기망하고 이에 속은 피해자로부터 이른바 청탁자금 명목으로 금품을 받았다면 이러한 피고인의 행위는 형법 제347조 제1항의 사기죄와 변호사법 제111조 위반죄에 각 해당하고 위 두 죄는 상상적 경합의 관계에 있는 것이다(대판 2007.5.10. 2007도2372).

[❹ ▸ ×] 방문판매 등에 관한 법률 제45조 제2항 제1호에 규정된 금전거래를 통한 형법 제347조 제1항의 사기죄와 방문판매 등에 관한 법률 제45조 제2항 제1호의 위반죄는 법률상 1개의 행위로 평가되는 경우에 해당하지 않으며, 또 각 그 구성요건을 달리하는 별개의 범죄로서, 서로 보호법익을 달리하고 있어 양죄를 상상적 경합관계나 법조경합 관계로 볼 것이 아니라 실체적 경합관계로 봄이 상당하다(대판 2000.7.7. 2000도1899).

답 ❹

052 □□□ **경합범에 대한 설명으로 옳은 것은?(다툼이 있는 경우 판례에 의함)** 22 국가9급

① 경합범 중 판결을 받지 않은 죄가 있는 때에는 그 죄와 판결이 확정된 죄를 동시에 판결할 경우와 형평을 고려하여 그 죄에 대하여 형을 선고하되 그 형을 면제할 수는 없다.
② 경합범에 의한 판결의 선고를 받은 자가 경합범 중의 어떤 죄에 대하여 사면을 받거나 형의 집행이 면제된 때에는 다른 죄에 대하여 다시 형을 정한다.
③ 형법 제37조 전단은 '판결이 확정되지 아니한 수개의 죄'를 경합범으로 규정하고 있으므로, 한 개의 행위가 수개의 죄에 해당하는 경우도 형법 제37조 전단의 경합범이 될 수 있다.
④ 형법 제37조 후단은 '금고 이상의 형에 처한 판결이 확정된 죄와 그 판결확정 전에 범한 죄'를 경합범으로 규정하고 있으므로, 약식명령이 확정된 죄도 형법 제37조 후단의 경합범이 될 수 있다.

정선 핵심

① 경합범 중 판결을 받지 아니한 죄에 대한 형을 선고할 경우 → 임의적 감면
② 경합범 중의 어떤 죄에 대하여 사면을 받거나 형의 집행이 면제된 경우 → 다른 죄에 대하여 다시 양정
③ 한 개의 행위가 수개의 죄에 해당하는 경우 → 상상적 경합 ○
④ 약식명령이 확정된 죄 → 형법 제37조 후단의 경합범 ×

정선 해설

[❶ ▸ ×] 경합범 중 판결을 받지 아니한 죄가 있는 때에는 그 죄와 판결이 확정된 죄를 동시에 판결할 경우와 형평을 고려하여 그 죄에 대하여 형을 선고한다. 이 경우 그 형을 감경 또는 면제할 수 있다(형법 제39조 제1항).
[❷ ▸ ○] 경합범에 의한 판결의 선고를 받은 자가 경합범 중의 어떤 죄에 대하여 사면 또는 형의 집행이 면제된 때에는 다른 죄에 대하여 다시 형을 정한다(형법 제39조 제3항).
[❸ ▸ ×] 한 개의 행위가 수개의 죄에 해당하는 경우에는 형법 제40조의 상상적 경합이 성립한다.
[❹ ▸ ×] 형법 제37조 후단에서 '금고 이상의 형에 처한 판결이 확정된 죄와 그 판결확정 전에 범한 죄'를 경합범으로 규정하고 있으므로, 벌금형을 선고한 판결이나 약식명령이 확정된 죄는 형법 제37조 후단의 경합범이 될 수 없다(대판 2017.7.11. 2017도7287).

답 ❷

제 3 장

형벌론

제1절 형벌의 종류

053 □□□

형벌에 관한 설명 중 가장 적절하지 않은 것은? 22 경찰채용

① 징역 10년 형을 선고받은 甲은 그 형의 집행이 종료하거나 면제될 때까지 다른 법률에 특별한 규정이 있는 경우를 제외하고는 공무원이 되는 자격, 공법상의 선거권과 피선거권, 법률로 요건을 정한 공법상의 업무에 관한 자격이 정지된다.

② 甲에게 징역 12년 형이 확정된 후 그 집행을 받지 아니하고 15년이 경과했다면, 그 기간 내에 형의 집행을 면할 목적으로 국외에 3년 동안 나가 있던 것이 확인된 경우라도 형의 시효는 완성된다.

③ 법원이 중상해죄(1년 이상 10년 이하의 징역)로 유죄가 인정된 甲에게 형의 가중감경사유 중 형법 제10조 제2항(심신미약)과 제35조(누범)만을 적용하여 형을 선고할 경우, 甲에게 선고할 수 있는 형의 최하한은 징역 6월이다.

④ 법원이 피고인 甲에게 30억원의 벌금을 선고하는 경우, 이를 납입하지 아니하는 것을 대비하여 500일 이상의 노역장 유치기간을 정하여 동시에 선고하여야 한다.

정선 핵심

① 징역 10년 형을 선고받은 甲 → 공법상 자격의 당연정지
② 징역 12년 형이 확정된 후 집행을 받지 아니하고 15년이 경과한 경우 → 형의 집행을 면할 목적으로 국외에 3년 동안 있었다면 형의 시효는 완성 ×
③ 중상해죄로 유죄가 인정된 甲에게 누범가중과 심신미약 감경을 적용하는 경우 → 처단형의 최하한은 징역 6월
④ 30억원의 벌금을 선고하는 경우 → 500일 이상의 노역장 유치기간을 동시에 선고

정선 해설

[❶ ▸ O] 유기징역 또는 유기금고의 판결을 받은 자는 그 형의 집행이 종료하거나 면제될 때까지 공무원이 되는 자격, 공법상의 선거권과 피선거권, 법률로 요건을 정한 공법상의 업무에 관한 자격 등이 정지된다. 다만, 다른 법률에 특별한 규정이 있는 경우에는 그 법률에 따른다(형법 제43조 제2항).

[❷ ▸ ×] 징역 12년을 선고한 재판이 확정된 후 그 집행을 받지 아니하고 15년이 지나면 형의 시효가 완성되나(형법 제78조 제3호), 형이 확정된 후 그 형의 집행을 받지 아니한 자가 형의 집행을 면할 목적으로 국외에 있는 기간 동안은 형의 시효는 진행되지 아니하므로(형법 제79조 제2항), 甲이 그 기간 내에 형의 집행을 면할 목적으로 국외에 3년 동안 나가 있었다면 형의 시효는 완성되지 아니한다.

[❸ ▸ O] 판례에 의하면 누범 가중을 함에 있어서는 그 죄에 정한 형의 장기 2배까지 가중할 수 있는 것이고 단기에 관하여도 2배로 가중하는 것은 아니며(대판 1969.8.19. 69도1129), 형법 제55조 제1항 제3호에 따라 유기징역형을 감경할 경우에는 '단기'나 '장기'의 어느 하나만 2분의 1로 감경하는 것이 아니라 '형기', 즉 법정형의 장기와 단기를 모두 2분의 1로 감경함을 의미하므로(대판 2021.1.21. 2018도5475[전원]), 형법 제56조 제3호에 의하여 누범가중을 하면 처단형은 '1년 이상 20년 이하의 징역'이 되고, 형법 제56조 제4호에 따라 임의적 감경사유인 심신미약 감경을 하게 되면 결국 처단형은 '6개월 이상 10년 이하의 징역'이 된다. 다른 가중·감경 사유가 없는 경우 법원이 甲에게 선고할 수 있는 형의 최하한은 징역 6월이다.

[❹ ▸ O] 벌금을 선고할 때에는 이를 납입하지 아니하는 경우의 노역장 유치기간을 정하여 동시에 선고하여야 하며, 선고하는 벌금이 5억원 이상 500억원 미만인 경우에는 500일 이상의 노역장 유치기간을 정하여야 한다(형법 제70조). 따라서 법원이 피고인 甲에게 30억원의 벌금을 선고하는 경우, 이를 납입하지 아니하는 것을 대비하여 500일 이상의 노역장 유치기간을 정하여 동시에 선고하여야 한다.

답 ❷

054 □□□

형법 제48조 제1항에 따라 몰수할 수 없는 것은?(다툼이 있는 경우 판례에 의하고, 전원합의체 판결의 경우 다수의견에 의함) 22 법원9급

① 사기도박에 참여하도록 유인하기 위하여 피해자에게 제시하였으나 직접 도박자금으로 사용되지는 않은 수표

② 이미 범한 외국환거래법위반혐의로 체포될 당시에 향후 외국환거래법을 위반하여 송금하기 위하여 소지하고 있던 자기앞수표나 현금

③ 甲과 乙이 공모하여 사행행위를 한 경우 甲에 대한 재판에서 사행행위에 제공된 乙소유의 현금

④ 뇌물로 제공한 현금으로 위법한 절차에 의하여 압수된 경우

정선 핵심

몰수할 수 있는지의 여부

① 사기도박에 유인하기 위해 제시하였으나 도박자금으로 사용되지 않은 수표 → O

② 외국환거래법위반혐의로 체포될 당시에 송금하기 위하여 소지하고 있던 자기앞수표나 현금 → ×

③ 공범 중 일인에 대한 재판에서 사행행위에 제공된 다른 공범소유의 현금 → O

④ 위법한 절차에 의하여 압수된, 뇌물로 제공된 현금 → O

정선 해설

[❶ ▸ O] 대판 2002.9.24. 2002도3589

[❷ ▸ ×] 체포될 당시에 미처 송금하지 못하고 소지하고 있던 자기앞수표나 현금은 장차 실행하려고 한 외국환거래법 위반의 범행에 제공하려는 물건일 뿐, 그 이전에 범해진 외국환거래법 위반의 '범죄행위에 제공하려고 한 물건'으로는 볼 수 없으므로 몰수할 수 없다(대판 2008.2.14. 2007도10034).

[❸ ▸ O] 판례의 취지를 고려할 때 공범인 乙 소유의 현금은 사행행위에 제공되었으므로 형법 제48조 제1항에 의하여 몰수할 수 있다고 판단된다.

> 성인오락실 업주인 丙이 손님들에게 상품권을 경품으로 제공하고, 乙이 인접한 곳에서 이를 현금으로 환전해주며, 甲은 丙에게 환전소에서 회수한 상품권에 해당하는 수량만큼의 신상품권을 추가 할인하여 공급한 경우, 甲, 乙, 丙을 사행행위 등 규제 및 처벌특례법 위반죄의 공동정범이 성립하고, 손님들이 성인오락실에서 경품으로 제공받은 상품권을 현금으로 환전해주는 환전소에서 압수한 현금과 상품권은 사행행위 등 규제 및 처벌특례법 위반 범행에 제공하였거나 제공하려 한 물건 또는 범죄행위로 취득한 물건으로서 이를 몰수할 수 있다(대판 2007.3.15. 2006도8929).

[❹ ▸ ○] 몰수는 반드시 압수되어 있는 물건에 대하여서만 하는 것이 아니고, 몰수대상물건이 압수되어 있는가 하는 점 및 적법한 절차에 의하여 압수되었는가 하는 점은 몰수의 요건이 아니라는 판례(대판 2003.5.30. 2003도705)의 취지를 고려하면, 위법한 절차에 의하여 압수된 현금도 몰수할 수 있다고 보는 것이 타당하다.

답 ❷

제2절 형의 양정

055 □□□

형의 양정에 관한 다음 설명 중 가장 옳지 않은 것은?(다툼이 있는 경우 판례에 의하고, 전원합의체 판결의 경우 다수의견에 의함) 22 법원9급

① 필요적 감경의 경우에는 감경사유의 존재가 인정되면 반드시 형법 제55조 제1항에 따른 법률상 감경을 하여야 함에 반해, 임의적 감경의 경우에는 감경사유의 존재가 인정되더라도 법관이 형법 제55조 제1항에 따른 법률상 감경을 할 수도 있고 하지 않을 수도 있다.

② 형법은 형의 가중·감경할 사유가 경합된 때에 그 적용 순서에 관하여, 각칙 조문에 따른 가중, 제34조 제2항에 따른 가중, 누범 가중, 법률상 감경, 경합범 가중, 정상참작감경 순으로 규정하고 있으므로, 법관이 처단형을 결정하는 과정에서 최종선고형을 머릿속에 그리면서 임의적 감경 여부를 결정하는 것은 법리적·논리적 순서에 부합한다고 볼 수 없다.

③ 유기징역형에 대한 법률상 감경을 하면서 형법 제55조 제1항 제3호에서 정한 것과 같이 장기와 단기를 모두 2분의 1로 감경하는 것이 아닌 장기 또는 단기 중 어느 하나만을 2분의 1로 감경하는 방식이나 2분의 1보다 넓은 범위의 감경을 하는 방식 등은 죄형법정주의 원칙상 허용될 수 없다.

④ 형법이 '형을 감경할 수 있다.'고 규정하고 있는 것은 임의적 감경사유가 인정되더라도 그에 따른 감경이 필요한 경우와 필요하지 않은 경우가 모두 있을 수 있으니 임의적 감경사유로 인한 행위불법이나 결과불법의 축소효과가 미미하거나 행위자의 책임의 경감 정도가 낮은 경우에는 감경하지 않은 무거운 처단형으로 처벌할 수 있도록 한 것이다.

정선 핵심

① 법률상의 감경
 → 필요적 감경 : 형법 제55조 제1항에 따라 반드시 감경
 → 임의적 감경 : 법관의 재량에 의해 형법 제55조 제1항에 따라 감경 여부 결정
② 처단형 결정과정에서 최종선고형을 염두에 두며 임의적 감경 여부를 결정하는 경우 → 법리적·논리적 순서에 부합
③ 징역형에 대한 법률상 감경을 하면서 장기와 단기를 모두 2분의 1로 감경하지 아니하는 경우 → 죄형법정주의 원칙 위반 ○
④ 임의적 감경사유를 규정하고 있는 경우 → 불법과 책임을 고려하여 감경하지 아니할 수도 있다는 의미

정선 해설

[❶ ▸ ○] 필요적 감경의 경우에는 감경사유의 존재가 인정되면 반드시 형법 제55조 제1항에 따른 법률상 감경을 하여야 함에 반해, 임의적 감경의 경우에는 감경사유의 존재가 인정되더라도 법관이 형법 제55조 제1항에 따른 법률상 감경을 할 수도 있고 하지 않을 수도 있다(대판 2021.1.21. 2018도5475[전합]).

[❷ ▸ ×] 법관이 처단형을 결정하는 과정에서 피고인에 대한 양형조건들을 참작하여 최종 선고형을 머릿속에 그리면서 임의적 감경 여부를 결정하는 것이 법리적·논리적으로 잘못이라 할 수 없다. 형의 양정, 즉 양형은 법정형을 기초로 하여 형벌의 종류를 선택하고 이를 가중하거나 감경하여 처단형을 정한 다음 그 처단형의 범위에서 구체적인 선고형을 정하는 과정으로 이루어진다(대판 2021.1.21. 2018도5475[전합]).
[❸ ▸ ○] 유기징역형에 대한 법률상 감경을 하면서 형법 제55조 제1항 제3호에서 정한 것과 같이 장기와 단기를 모두 2분의 1로 감경하는 것이 아닌 장기 또는 단기 중 어느 하나만을 2분의 1로 감경하는 방식이나 2분의 1보다 넓은 범위의 감경을 하는 방식 등은 죄형법정주의 원칙상 허용될 수 없다(대판 2021.1.21. 2018도5475[전합]).
[❹ ▸ ○] 형법이 '형을 감경할 수 있다'고 규정하고 있는 것은 임의적 감경사유가 인정되더라도 그에 따른 감경이 필요한 경우와 필요하지 않은 경우가 모두 있을 수 있으니 임의적 감경사유로 인한 행위불법이나 결과불법의 축소효과가 미미하거나 행위자의 책임의 경감 정도가 낮은 경우에는 감경하지 않은 무거운 처단형으로 처벌할 수 있도록 한 것이다. 그리고 그에 대한 판단 권한 내지 재량을 법관에게 부여한 것이다(대판 2021.1.21. 2018도5475[전합]).

답 ❷

제3절 선고유예 · 집행유예 · 가석방

056 □□□

선고유예와 집행유예에 관한 다음 설명 중 가장 옳지 않은 것은?(다툼이 있는 경우 판례에 의하고, 전원합의체 판결의 경우 다수의견에 의함) 22 법원9급

① 주형에 대하여 선고를 유예하지 아니하면서 부가형인 몰수·추징에 대해서만 선고를 유예할 수는 없다.
② 선고유예는 자격정지 이상의 형을 받은 전과가 없는 경우에 2년 동안 형의 선고를 유예하고, 그 유예기간이 경과한 때에는 면소된 것으로 간주하는 제도이다.
③ 금고 이상의 형을 선고한 판결이 확정된 때부터 그 집행을 종료하거나 면제된 후 3년까지의 기간에 범한 죄에 대하여 형을 선고하는 경우에는 집행유예를 할 수 없다.
④ 법원이 선고유예 또는 집행유예를 하는 경우에는 보호관찰을 받을 것을 명하거나 사회봉사 또는 수강을 명할 수 있다.

정선 핵심

① 주형에 대한 선고유예를 하지 아니하는 경우 → 몰수·추징에 대한 선고유예 ×
② 선고유예 → 자격정지 이상의 형을 받은 전과가 없는 경우에 2년 동안 형의 선고를 유예하고, 유예기간이 경과한 때에는 면소된 것으로 간주하는 제도
③ 금고 이상의 형을 선고한 판결이 확정된 때부터 그 집행을 종료하거나 면제된 후 3년까지의 기간에 범한 죄에 대하여 형을 선고하는 경우 → 집행유예 ×
④ 선고유예 → 보호관찰을 받을 것을 명할 수는 있으나 사회봉사·수강명령 ×

정선 해설

[❶ ▸ ○] 대판 1988.6.21. 88도551
[❷ ▸ ○] 1년 이하의 징역이나 금고, 자격정지 또는 벌금의 형을 선고할 경우에 제51조의 사항을 고려하여 뉘우치는 정상이 뚜렷할 때에는 그 형의 선고를 유예할 수 있다. 다만, 자격정지 이상의 형을 받은 전과가 있는 사람에 대해서는 예외로 한다. 형의 선고유예를 받은 날로부터 2년을 경과한 때에는 면소된 것으로 간주한다(형법 제59조 제1항, 제60조).

[❸ ▸ O] 금고 이상의 형을 선고한 판결이 확정된 때부터 그 집행을 종료하거나 면제된 후 3년까지의 기간에 범한 죄에 대하여 형을 선고하는 경우에는 집행유예를 할 수 없다(형법 제62조 제1항 단서).
[❹ ▸ ×] 선고유예의 경우에는 보호관찰을 받을 것을 명할 수 있을 뿐이나, 집행유예의 경우에는 보호관찰을 받을 것을 명하거나 사회봉사 또는 수강을 명할 수 있다(형법 제59조의2 제1항, 제62조의2 제1항).

답 ❹

057 □□□

보호관찰 등에 대한 설명으로 옳지 않은 것은?(다툼이 있는 경우 판례에 의함)

22 국가9급

① 형의 선고를 유예할 때 재범방지를 위하여 지도 및 원호가 필요하다면 보호관찰을 받을 것을 명할 수 있다.
② 형의 집행을 유예하면서 보호관찰과 사회봉사를 함께 명할 수 있다.
③ 형의 집행을 유예하면서 내린 사회봉사명령 또는 수강명령은 집행유예기간 내에 이를 집행한다.
④ 보호관찰을 명한 집행유예를 받은 자가 준수사항을 위반하고 그 정도가 무거운 때에는 집행유예의 선고를 취소하여야 한다.

정선 핵심

① 선고유예와 보호관찰 → 지도·원호가 필요한 때 보호관찰을 받을 것을 명령 가능
②, ③, ④ 집행유예와 보호관찰
→ 집행을 유예하면서 보호관찰과 사회봉사를 함께 명령 가능
→ 사회봉사명령 또는 수강명령은 집행유예기간 내에 집행
→ 보호관찰 준수사항을 위반하고 정도가 무거운 때에는 집행유예의 선고 취소 가능

정선 해설

[❶ ▸ O] 형의 선고를 유예하는 경우에 재범방지를 위하여 지도 및 원호가 필요한 때에는 보호관찰을 받을 것을 명할 수 있다(형법 제59조의2 제1항).
[❷ ▸ O] 형법 제62조에 의하여 집행유예를 선고할 경우에는 같은 법 제62조의2 제1항에 규정된 보호관찰과 사회봉사 또는 수강을 동시에 명할 수 있다고 해석함이 상당하다(대판 1998.4.24. 98도98).
[❸ ▸ O] 사회봉사명령 또는 수강명령은 집행유예기간 내에 이를 집행한다(형법 제62조의2 제3항).
[❹ ▸ ×] 보호관찰이나 사회봉사 또는 수강을 명한 집행유예를 받은 자가 준수사항이나 명령을 위반하고 그 정도가 무거운 때에는 집행유예의 선고를 취소할 수 있다(형법 제64조 제2항).

답 ❹

제4절 기타 형벌론 종합문제

058 □□□

형법의 규정과 상응하는 것만을 모두 고르면? 22 국가9급

ㄱ. 벌금형의 경우에 선고유예는 물론이고 그 액수에 상관없이 집행유예를 할 수 있다.
ㄴ. 과료를 납입하지 아니한 자는 1일 이상 30일 미만의 기간 노역장에 유치하여 작업에 복무하게 한다.
ㄷ. 형을 선고받은 사람에 대해서는 시효가 완성되면 그 집행이 면제된다.
ㄹ. 가석방 기간 중 고의 또는 과실로 지은 죄로 금고 이상의 형의 선고를 받아 그 판결이 확정된 때에는 가석방 처분은 효력을 잃는다.
ㅁ. 집행유예의 선고를 받은 후 그 선고의 실효 또는 취소됨이 없이 유예기간을 경과한 때에는 형의 집행을 종료한 것으로 본다.

① ㄱ, ㄹ
② ㄴ, ㄷ
③ ㄴ, ㄷ, ㅁ
④ ㄷ, ㄹ, ㅁ

정선 핵심

ㄱ. 벌금형
→ 선고유예 : 제한 없이 가능
→ 집행유예 : 500만원 이하의 벌금형을 선고할 때에만 가능
ㄴ. 과료를 납입하지 아니한 자 → 1일 이상 30일 미만의 기간 노역장 유치
ㄷ. 형을 선고받은 사람에 대하여 시효가 완성된 경우 → 집행 면제 ○
ㄹ. 가석방 기간 중 고의로 지은 죄로 금고 이상의 형을 선고받아 판결이 확정된 경우 → 가석방 실효 ○
ㅁ. 집행유예의 선고를 받은 후 선고가 실효·취소됨이 없이 유예기간을 경과한 경우 → 형의 선고 실효 ○

정선 해설

[ㄱ ▸ ×] 벌금형에 대한 선고유예의 경우에는 제한이 없으나, 집행유예는 500만원 이하의 벌금의 형을 선고할 때에만 가능하므로 500만원을 초과하는 벌금형이나 노역장유치에 대해서는 집행유예를 할 수 없다(형법 제59조 제1항, 제62조 제1항).

[ㄴ ▸ ○] 벌금을 납입하지 아니한 자는 1일 이상 3년 이하, 과료를 납입하지 아니한 자는 1일 이상 30일 미만의 기간 노역장에 유치하여 작업에 복무하게 한다(형법 제69조 제2항).

[ㄷ ▸ ○] 형을 선고받은 사람에 대해서는 시효가 완성되면 그 집행이 면제된다(형법 제77조).

[ㄹ ▸ ×] 가석방 기간 중 고의로 지은 죄로 금고 이상의 형을 선고받아 그 판결이 확정된 경우에 가석방 처분은 효력을 잃는다(형법 제74조).

[ㅁ ▸ ×] 집행유예의 선고를 받은 후 그 선고의 실효 또는 취소됨이 없이 유예기간을 경과한 때에는 형의 선고는 효력을 잃는다(형법 제65조).

답 ❷

참고문헌

[형법총론]

- 이재상 · 장영민 · 강동범, 형법총론, 박영사, 2019
- 오영근, 형법총론, 박영사, 2021
- 이용식, 형법총론, 박영사, 2020
- 신동운, 형법총론, 법문사, 2021
- 배종대, 형법총론, 홍문사, 2021
- 송헌철, 형법총론, 좋은책, 2021
- 신호진, 2021 형법요론 이론 · 판례 기본서, 문형사, 2021
- 이용배, 2021 로스쿨 신체계 형법강의, 우리아카데미, 2021
- 정주형 · 곽효영, 2021 All-in-one 로스쿨 형법, 제이앤제이, 2020

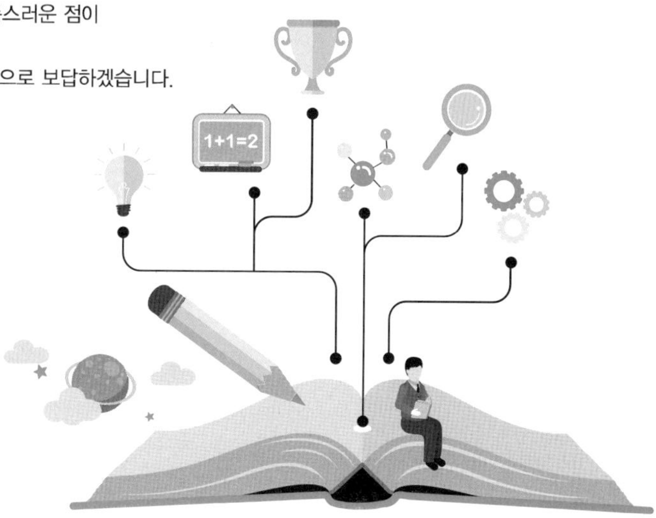

2023 PASSCODE 경찰 형법총론 정선기출 600제

개정1판1쇄 발행	2023년 01월 05일(인쇄 2022년 11월 24일)
초 판 발 행	2022년 01월 05일(인쇄 2021년 12월 23일)
발 행 인	박영일
책 임 편 집	이해욱
저 자	안정현 · 시대법학연구소
편 집 진 행	안효상 · 백승은 · 정호정
표지디자인	김도연
편집디자인	표미영 · 박서희
발 행 처	(주)시대고시기획
출 판 등 록	제10-1521호
주 소	서울시 마포구 큰우물로 75 [도화동 538 성지 B/D] 9F
전 화	1600-3600
팩 스	02-701-8823
홈 페 이 지	www.sdedu.co.kr
I S B N	979-11-383-3710-6 (13360)
정 가	27,000원